CCIEE 中国国际经济交流中心 China Center for International Economic Exchanges | 智库丛书

变局

中国智库专家视角 上

CHANGE

ZHONG GUO ZHI KU ZHUAN JIA SHI JIAO

陈文玲 著

中国经济出版社
CHINA ECONOMIC PUBLISHING HOUSE
·北京·

图书在版编目（CIP）数据

变局：中国智库专家视角／陈文玲著．--北京：中国经济出版社，2020.11（2021.3 重印）

ISBN 978-7-5136-6217-8

Ⅰ.①变… Ⅱ.①陈… Ⅲ.①国际关系-文集 Ⅳ.①D81-53

中国版本图书馆 CIP 数据核字（2020）第 122408 号

责任编辑　严　莉　闫明明
责任印制　巢新强
封面设计　赵　飞

出版发行　中国经济出版社
印 刷 者　北京建宏印刷有限公司
经 销 者　各地新华书店
开　　本　787mm×1092mm　1/16
印　　张　58.5
字　　数　1032 千字
版　　次　2020 年 11 月第 1 版
印　　次　2021 年 3 月第 2 次
定　　价　198.00 元（上、下册）
广告经营许可证　京西工商广字第 8179 号

中国经济出版社 **网址** www.economyph.com **社址** 北京市东城区安定门外大街 58 号 **邮编** 100011

本版图书如存在印装质量问题，请与本社销售中心联系调换（联系电话：010-57512564）

世界面临百年未有之大变局，中美关系是决定变局走向的关键变量之一。中国国际经济交流中心在推动中美关系健康发展方面做了一些工作，文玲同志是其中重要的一员。她长期主持中美关系和经贸合作课题的研究工作，经常参加双边交流活动，和美方重要人士对话，一些建议和策略获得有关方面的积极评价。

在此，我对文玲同志的新著出版表示祝贺。书中的很多观点，对于推动构建以协调、合作、稳定为基调的中美关系具有参考价值，相信会给大家带来思考和启迪。

曾培炎

二〇二〇年六月

凭借着对中国及世界经济的深入了解，以及在国际上广泛的人脉关系，陈文玲女士对中美关系，尤其是对中美经贸领域，有着极为透彻以及客观的观察。当前中美经贸关系充满不确定性，经济全球化面临重大挑战，陈文玲女士的这本内容丰富的合集，对我们是很好的启迪。

董建华

二〇二〇年六月

陈文玲女士这部佳作从政治与经济的结合上剖析了当今世界最重要也最复杂的中美关系，很值得一读。它实际上告诉人们：中美关系已回不到从前，但应该也能够创造优于从前的未来。

戴秉国

二〇二〇年十月

中美关系处在重要的历史时刻，不冲突不对抗是两国人民利益所在。为避免误解误判，双方学界亟须开展深入的、理性的思想交流，甚至是激烈的观点交锋。“头脑风暴”能帮助我们在乱局中拨云见日，帮助中美关系的航船行稳致远。陈文玲女士的新著代表了中方学者的认真探索。期待两国学界有更多这样的思想成果问世。

崔天凯

二〇二〇年十月

陈文玲女士敏学博思，笔耕不辍，是当下政策研究和学术研究界最勤奋的领军人物之一。《变局》是她最新的力作，汇集了她近年来对国际格局转换趋势和中美关系剧变的前沿性思考与评判。其实，此书选编的诸多专论、研究报告、重要演讲、媒体访谈等在问世之时就已引起国内外各方广泛的关注和赞誉，我也是作为读者或听众之一接近和熟悉了陈文玲女士的立场和观点，并深为感佩。“嘤其鸣矣，求其友声。”我希望所有关注和思考“百年未遇之大变局”的朋友们通过研读此书，会领略到作者扎实的事实论证和缜密的逻辑思辨所带来的启示和共鸣。

吴白乙

二〇二〇年十月

陈文玲女士作为中国国家高端智库的专家学者和带头人之一，在中美人文交流领域发挥了重要作用。她的文章、报告和演讲，为美方人士客观准确地了解中国国情和思想观点，提供了丰富的参照物；同时，她的独特视角和远见，也为中国人探究中美关系提出了明确的战略思路。这本书从一个侧面反映了中国思想界对当代美国和外部世界了解的深度和广度，值得认真研读和思考。

王缉思

二〇二〇年十月

序 言

从历史大视野看中美关系的力作

李肇星

习近平主席指出，“世界面临百年未有之大变局”，而在变局中，中美关系对未来的影响很大。中美关系是中美两国关注的问题，也是世界各国的聚焦点。普天之下，人民最伟大。面对中美关系的新问题，中国人民在以习近平同志为核心的党中央领导下站在人类道义制高点，积极推进以和平、协调、平等、合作为基调的中美关系。历史将证明，中国选择的道路符合中美和世界人民的共同利益，必然会越走越宽广，受到全世界人民的支持。对美而言，昨天的选择使美逞强多年，今天如逆历史潮流而动则将害人害己。

冷静辨析中美关系的未来，是两国智库学者共同的使命。中国国际经济交流中心成立十年来研究中美关系的若干成果颇有影响力。中心总经济师陈文玲女士就是站在中美关系研究前沿学者群中令人瞩目的一位。即将出版的《变局——中国智库专家视角》一书，主要汇集了她2016年以来关于中美关系的思考。其中有她在与美方重量级中国问题专家交流中坦诚的观点，也有对特朗普上台以来对华政策的逻辑分析。令人惊喜的是，书中蕴含着不少值得人们近思远虑的新意。

第一，文玲女士作为非政府人士和学者针对中美关系变局的一些见解与建议颇有历史深度和前瞻广度。其《应面向未来50年、100年构建中美建设性伙伴关系》等文章提出当今世界面临南北之变、东西之变、大国之变、新旧之变与经济全球化内涵之变，分析影响中美关系的“修昔底德陷阱”等理论误区，不仅是从经贸角度看问题，更是从国际秩序变化、经济格局演变、大国关系调整的全局看问题。她指出，在历史长周期中，包括在经济实力、制度规范、秩序关系、文化引力等方面美国引领作用已下降，这就为理解美对华发起贸易战乃至将摩擦延伸至科技、金融等领域，以及走向单边主义、孤立主义与保护主义并引发大国信用风险、盟友体系分化瓦解、国际治理体系破损……提供了可信理论基础。

第二，文玲的观点有依据，切中要害，有首创性。她发表于《人民论坛》的《美国掠夺世界财富的经济武器与运作密码》，还有《特朗普战略转向的实质究竟是什么》以及《从文化视角认识经济全球化与中国和平崛起——兼评特朗普、彭斯等鹰派的历史常识性错误》等文章，对中美关系进行全局性大思考，使用的数据多，对问题了解深，引用的观点案例客观，分析解读全面透彻，在当今学者中是难能可贵的。

第三，文玲在与美方人士的交流中不卑不亢，有理有节。本书包含了她近几年到美国访问的调研报告和会见美方及其他外方人士的交流记录，从中可以看到基辛格、佐立克等美前高官、学者关于中美关系的一些理性认识，发现美对华政策中的积极因素。美方在交流中提出的观点有些是荒谬的，充满偏见。文玲没有回避，实实在在，有理有据地直击对方要害，努力用扎实的数据和具体合作案例说服对方，收到较好效果。美国战略与国际问题研究中心著名的中国问题专家甘思德，就称赞与文玲的交流是“最近几年中美智库交流中最具有建设性的一次对话”。布热津斯基的儿子马克·布热津斯基则表示，赞成文玲与之对话中的“每一个字和每一句话”。文玲以自己的学养和正义立场感染了对方。这种能在辨析中把不同意见的人士变为朋友、在美国主场尽情挥洒真善美的灵光真令人欣喜。

第四，文玲走出书斋做工作，在咨政启民、引导舆论方面表现出色。她对中美关系研究中问题的边界、内涵认知清楚，以中美人民和世界人民的共同关注为中心，高质量地调研，在服务对美工作大局中发挥了智库学者应有的作用。她连续多年参加由中国国际经济交流中心与美国全国商会共同举办的“中美工商领袖和前高官对话会”、“中美企业家对话”、中美智库对话、纽约基辛格中心中美关系闭门讨论会、中国香港和新加坡中美关系研讨会，犀利、生动地讲述我方立场，得到各国同行的赞赏。她还两次在中央电视台《中国经济大讲堂》评述中美关系、世界经济，数十次接受媒体采访，在国经中心的“经济每月谈”

中讲中美关系，广受大众欢迎。

2017 年 4 月，正值美朝关系的紧张时刻，我和她共同参加了中日韩三方半岛局势会议。当时气氛紧张，许多人劝她不要去，但她还是坚定与会。不久前我得知她在出席 2019 年 11 月“创新经济论坛”时不慎脚部骨裂。面对伤痛，她毅然乘升降机登机赴美参加中美关系闭门研讨会，真不愧是一位有担当的学者。

作为在美常驻多年、在美 50 个州都有朋友的中美关系发展的见证人，我祝贺文玲女士的新著问世，希望她继续以独有的勤奋和认真思考，为践行习近平主席的先进外交理念做贡献，也希望她永远听党的话、把一切以人民为中心的精神传承下去。

2020 年 3 月 3 日

于北京中国人民外交学会

自　序

回首向来萧瑟处

陈文玲

人的生命是漫长的过程，置于茫茫宇宙之中，融入滚滚历史长河之中，只不过是微茫的一颗颗沙砾，是几乎无人感知的涓涓细流。尽管如此，人还是要在岁月中跋涉，在湍流中激荡，只有当你的命运和祖国的命运联系在一起的时候，当你的行为与捍卫祖国的尊严和权益交织在一起的时候，一颗颗沙砾才能化作群山的一隅存在，涓涓细流才能成为大海中的一朵浪花。

我们生活在百年未有之大变局和中华民族伟大复兴的历史长周期中，这是中国智库工作者报效祖国的难得机遇。我有幸生活和工作在这个伟大的时代，有幸在国务院研究室和中国国际经济交流中心这些独特的平台上，进行战略研究、决策研究和政策研究，为我的祖国建言、立言和发声，这是我生命中最有价值的时刻，是智库研究者和中国知识分子实现报国之志的时代馈赠。

我是幸运的，是幸福的，也是忙碌的。2016 年曾经出版了 11 部我之前发表过的论文集，我也陆续在核心期刊和重要报刊上发表了几百篇著述。2016 年之后又有一批研究成果成为我“思维的足迹”，其中最重要的分四大类：第一类是中美问题研究；第二类是“一带一路”问题研究；第三类是世界经济形势跟踪研究；第四类是国内重大问题研究。“回首向来萧瑟处”，对于中美问题的研究，是我研究和工作的重中之重，也是我研究成果中最厚重的部分。

2010 年我参加了由董建华先生主持的中美基金会重大课题“未来十年中美经贸关系研究”。中国国际经济交流中心承担了该重大课题的主要研究任务，曾培炎理事长作为课题指导、王春正执行副理事长作为课题负责人，我作为课题组组长组织研究团队，高质量地完成了课题研究任务。我撰写了其中《未来十年全球经济研判》和《未来十年中国经济研判》的专题报告，组织大家进行修改并进行课题总纂。中国国际经济交流中心完成的研究成果，受到董建华先生和中美经济学家的高度评价，成果于2013年5月下旬和6月上旬分别在美国和中国发布。

近10年来，我任中国国际经济交流中心总经济师，主要负责组织中心的研究工作。在中美关系相关研究中，我带领中心课题组完成了《美国新一轮战略调整与布局》《中美构建FTA研究》《中美基础设施双向投资研究》《构建中美新型大国关系研究》《对特朗普执政的预判与应对研究》《对美国抹黑中国谎言的批判》《长周期构建中美关系的体制机制研究》等重要课题。其中，我个人撰写了近百篇相关内参和重要文章，在服务决策和引导舆论中发挥了重要的作用。我有幸参加了12轮中国国际经济交流中心与美国全国商会共同举办的“中美工商领袖与前高官对话”，多次参与相关会议文稿起草，多次到美国进行实地调研，多次与美国智库学者和有关机构交流对话，多次受邀在重要会议上做专题演讲，多次接受国内外重要媒体采访，这使我有了大量研究中美关系相关问题并进行表达的机会。

这次，我把2016年以来关于中美关系的重要研究与思考汇编成册，形成即将出版的《变局——中国智库专家视角》上、下册，其中既有我在与美方智库机构、重量级中国问题研究专家交流中提出的观点、辨析与诠释、思考与建议，也有针对特朗普政府上台以来对华政策变化的相关理论表述与逻辑分析。这些成果既是我个人的研究成果，也反映了中心近几年做美方工作的轨迹，毫无疑问，在国家高端智库和所有中国人在这一历史时刻所做的努力中，我也贡献了其中重要的一部分。

当前，国际形势处于急剧变化与演化之中，某种程度上国家战略谋划和竞争能力将决定一个国家的胜负与未来。伴随着中国大国崛起和中国特色社会主义新时代的到来，中国距离实现中华民族伟大复兴中国梦从来没有像今天这样近，这也是美国疑虑、焦虑、误判并采取逆历史潮流行动实行战略转向的动因。中国总体向上的长周期不会改变，中国经过艰苦奋斗实现“两个一百年”梦想的进程不会被打断，我们既面临更严峻的挑战，也面临难得的历史机遇，这为中国智库和智库研究者发挥作用创造了更大的空间。

中国国际经济交流中心作为中央确定的第一批高端智库试点单位，在曾培炎理事长的带领下，做了若干重要问题的研究、建言献策和咨政启民的工作，其中始终把中美问题研究作为国际交流和研究的重中之重，在智库相关评价、评估中，中美关系研究的专项评价位于全国智库的前列。曾培炎理事长亲自组织每一场会议，他的主旨发言是每一场会议的主题，是一次次动之以情、晓之以理引导舆论的思想成果。13 轮中美“二轨”对话致辞、中美企业家小型对话、新加坡和香港召开的相关的中美会议致辞都堪称论述中美关系相关问题的经典。2019 年 7 月 8 日在中国香港召开的“中美关系：现状与未来”国际会议上，他对“美国吃亏论”一笔一笔地算账，受到与会者包括美国参会者的赞赏，产生了广泛的国际影响。在新加坡“中美关系：为亚洲与世界打造共同愿景”国际会议上，他解析了“中美脱钩论”，拉响了世界上空的警报。而所有这些论述，从观点的提出到文稿的修改，他都亲力亲为，使参与其中的我，无时无刻不受到感染和教益。为了组织好新加坡会议致辞，他反复推敲和修改，10 月 1 日参加了新中国 70 周年大庆的全天活动，10 月 2 日上午又到会议室开始了文稿推敲。在这个群体中工作，感受到的是博大的爱国情怀，是以国家富强为己任的担当精神，是用思想的武器战胜对手的力量。

作为国家高端智库中的一员，能在历史关键时刻于特殊岗位上实现报国之志，这是非常难得的人生经历。领导和同事们的信任与支持，也给了我勇气，给了我力量，给了我发挥作用的机会。所以，我所有的工作和研究成果，都与这个大的时代背景有关，都与落实习近平主席关于中美关系的一系列重要指示有关，都与我所在的工作岗位有关，都与那些共同为之奋斗的智库同仁有关，都与每一位中国人的情怀有关。

作为对我研究、工作与思考的真实记录的一部独特著作，与一般学术著作和研究成果不同的是，它是多年政策研究工作的延续。我深深体会到，智库工作者要为国家立言、立论、立德、立策，就必须不断学习，只有学习才能看到未来趋势并敢于探索创新的道路，才能有勇气和担当。学习能力和知识水平，决定了一个智库研究者能站多高、看多远、走多久，决定了其思想的深度、高度和厚度。

智库研究者应该具有大视野、大胸怀和大格局，得之不喜，失之不忧，宠辱不惊，进退有度，云淡风轻。荀子在《劝学》中说：“吾尝终日而思矣，不如须臾之所学也；吾尝跂而望矣，不如登高之博见也。登高而招，臂非加长也，而见者远；顺风而呼，声非加疾也，而闻者彰。假舆马者，非利足也，而致千里；假舟楫者，非能水也，而绝江河。”从古至今，所有的学问和思想没有生而知之，只有学而知之。荀子的《劝学》历久不衰，成为鼓励人们学习的经典，它告诉我们学习可以登高博见，学习可以横渡江河，学习可以宁静致远。

在智库工作中，我深深体会到，要做好智库工作必须把学习作为自己终身的必需品和一种生活方式，在书山学海中遨游，才能遇见更好、更有见识和更具智慧的自己；向那些站在历史峰巅、拥有学识和胸怀抱负的人学习，才能“求其上，得其中”；向中华民族文化宝库中的国学经典学习，才能以铜为镜正衣冠、以人为镜明得失、以史为镜知兴替；向习近平思想体系和党中央一系列战略部署学习，才能始终把握正确的研究方向。

2020 年 1 月

变局
中国智库专家视角

总目

目录(上)

第一部分　重要文章

第二部分　研究报告

第三部分　主旨演讲

变局

中国智库专家视角

第一部分

重要文章

当前国内外经济形势与双循环新格局的构建

（《河海大学学报（哲学社会科学版）》，2020年9月9日）

摘要：本文被《新华文摘》2020年第20期全文刊载。文章认为，2020年以来，新冠肺炎大流行给各个国家和地区带来了巨大的挑战，世界陷入“二战”以来最严重的经济大衰退。当前国际社会面临的问题可以概括为5个“失”：疫情失控、经济失速、政策失灵、民主失范和治理失效。围绕这5个方面对当前国际形势展开分析，有助于其他国家肯定中国抗击疫情的努力，尊重中国的贡献，学习中国的经验，走向全球通力合作，进而挽救世界经济。当前，中国应推动形成以国内大循环为主体、国内国际双循环相互促进的新发展格局，使中国经济成为世界经济复苏的稳定根据地，重中之重则是要建立顺畅的物流体系，因为现代智慧物流是中国高质量发展的基础设施，也是未来新基础设施和传统基础设施相互连接融通的着眼点。

关键词：疫情失控；经济失速；政策失灵；民主失范；治理失效；新发展格局；国内大循环；国内国际双循环；智慧物流

2020年以来，中国面临的国际形势非常严峻，挑战之大超出所有人的预期；世界变化之巨超出所有人的预期；中国在抗击新冠肺炎疫情中，经济恢复的速度和取得的成就也超出所有人的预期[1]。世界银行（以下简称WB）、国际货币基金组织（以下简称IMF）、经济合作与发展组织（以下简称OECD）对中国经济的预期最高不过1.2%。但是，在新冠肺炎疫情和复杂严峻的国际形势面前，在中国共产党的领导下，经过全体中国人民的努力，中国经济第二季度已经实现了3.2%的增长，转负为正，成果来之不易，这为全年的经济实现正增长和超出三大国际组织的预期奠定了基础。

一、当前的国际形势：疫情失控、经济失速、政策失灵、民主失范、治理失效

从2020年的国际形势来看，世界陷入“二战”以来最严重的经济大衰退，大多数国家和地区遇到的问题很多是中长期的。当前的挑战极其严峻，可以概括为5个“失”，即疫情失控、经济失速、政策失灵、民主失范、治理失效。围绕这5个方面，本文对2020年以来的国际形势展开分析，旨在说明在当前的严峻形势下，所有国家和地区都应该充分肯定中国为人类战胜疫情所做出的不懈努力和卓越贡献。一些国家和地区应该彻底转变对中国的歪曲认识，携手走向全球通力合作，共同挽救世界经济，有效遏制疫情，保障人民生命财产安全。中国不是为了凸显自己的伟大，而是用事实证明中国经过努力可以做到的事情，其他国家和地区只要能够按照中国的做法、尊重中国的创造、学习中国的经验，当然也包括吸取其中的教训，也是可以做到的。

（一）疫情失控

毫无疑问，现阶段中国已经取得了抗击疫情的战略性成果，从暴发初期仅用两个多月便控制了疫情，到现在外防输入、内防反弹，做到了可防、可控、可追溯、可医治。中国确实是全世界做得最好的国家。2020年6月，北京出现局地疫情之后，不到一个月疫情就得到了控制，22个小时就找到了源头；几天内北京市民开始进行核酸检测，不到三周就检测了约1100万人，所有患者都服用了中药，实现了零死亡率。从全球对疫情控制的程度和力度看，这样的速度、效率和效果在全球也只有中国做到了。但是从全球看，这次疫情真的失控了。

一是美国失控，其新冠肺炎确诊人数几个月保持在世界第一位。截至2020年8月25日，全球累计确诊病例达到2365万例，累计死亡病例超过81万例；其中美国累计确诊病例接近600万例，累计死亡病例超过18万例。美国疾控中心首席专家福奇表示，美国不排除未来十万十万地增长。美国急于复工复产、黑人弗洛伊德之死引发的大规模骚乱、美国总统竞选活动都是疫情的助燃器。美国作为全球医疗技术最好、医疗条件最好、经济条件最好的大国，现在医疗救治却跟不上，核酸检测也跟不上，政府组织领导失灵。出现这样的情况出乎人们的预料，也出乎世界对美国的判断，美国没给世界树立一个好的典范，反而树立了一个反面典型。从美国确诊第一例新冠肺炎病例到7月11日特朗普总统在公共场合首次戴上口罩，竟然用时几

个月，现在美国还有 11 个州不允许戴口罩。

二是一些发展中国家的疫情仍然严重失控。比如巴西的疫情，开始的时候是排在全球 100 位之后，而现在高居第二位，确诊病例已经超过 362 万例，死亡病例超过 11 万例。连巴西总统都患上了新冠肺炎，这和他的理念有很大关系。再比如印度，原来疫情控制得还比较好，但现在排到第三位了，印度确诊病例已经超过 310 万例，死亡病例接近 6 万例。俄罗斯确诊病例接近 100 万例，死亡病例接近 2 万例。南非确诊病例超过 60 万例，死亡病例超过 1.3 万例。这些新兴经济体和发展中国家的疫情非常严重，甚至有的已经失控。

三是原来远离新冠肺炎疫情的一些国家和地区现在疫情加快蔓延。墨西哥、加拿大、多米尼加共和国、沙特阿拉伯、智利、阿根廷、土耳其、埃及、伊拉克、印度尼西亚等的疫情也急剧蔓延。新冠肺炎疫情现在已经覆盖了全球 214 个国家和地区，非洲 54 个国家和地区覆盖了 52 个。因此，目前全球疫情失控，除了中国现在对疫情做到了可防、可控、可追溯、可医治，亚洲的日本、韩国、老挝等基本能够控制，欧洲的英国、意大利、法国、德国等逐步能够控制，还有众多国家基本失控，面临极其严峻的挑战[2]。

（二）经济失速

疫情失控以后，经济肯定要停滞。即使是美国要复工复产，在保护人的生命、抗击疫情和恢复经济之间也要权衡。因此，全球面临极其严峻的挑战，这次疫情失控导致世界经济失速，使世界经济陷入“二战”以来最严重的大衰退。WB、IMF、OECD、美国联邦储备系统、欧盟委员会等组织都做出了判断，尽管数据不一样，但是它们的结论基本一致，即世界进入“二战”以来——有的认为是 1929 年、1930 年大萧条以来，有的认为是 2008 年以来——经济最糟糕的时刻。从实际情况看，至少是“二战”以来最严重的经济大衰退。

这次经济大衰退有以下 5 个特点：

第一，世界经济陷入同步性衰退。无论是发达经济体还是新兴市场和发展中经济体都同步进入衰退，无一例外（见表 1）。WB 预测，全球 93% 的经济体陷入经济大衰退。发达经济体 2020 年经济活动萎缩 7%，新兴经济体将收缩 2.5%。

表1　全球经济体经济增长预测年度同比情况　（%）

年份	全球	发达经济体	美国	欧元区	德国	法国	意大利	日本	英国	新兴市场和发展中经济体	中国	印度	俄罗斯
2018	3.6	2.3	2.9	1.9	1.5	1.7	0.9	0.8	1.4	4.5	6.6	6.8	2.3
2019	2.9	1.7	2.3	1.3	0.6	1.5	0.3	0.7	1.4	3.7	6.1	4.2	1.3
2020*	-4.9	-8.0	-8.0	-10.2	-7.8	-12.5	-12.8	-5.8	-10.2	-3.0	1.0	-4.5	-6.6
2021*	5.4	4.8	4.5	6.0	5.4	7.3	6.3	2.4	6.3	5.9	8.2	6.0	4.1
2020**	-1.9	-1.9	-2.1	-2.7	-0.8	-5.3	-3.7	-0.6	-3.7	-2.0	-0.2	-6.4	-1.1
2021**	-0.4	0.3	-0.2	1.3	0.2	2.8	3.5	-0.6	2.3	-0.7	-1.0	-1.4	0.6

注：*为2020年6月《世界经济展望》预测值；**为2020年6月《世界经济展望》预测值与2020年4月《世界经济展望》预测值之差。

数据来源：IMF《世界经济展望》。

第二，经济大衰退的程度极深。中国第一季度的经济增速为-6.8%，是改革开放以来唯一一次季度负增长。中国2019年GDP增长6.1%，第一季度是6.4%，2020年第一季度从6.4%增长到-6.8%，数值相差13.2%。中国经济增速第二季度由负转正，增长了3.2%，但主要靠投资拉动。按照OECD的预测，全球经济2020年将下滑6%，IMF预测将下滑4.9%。OECD预测，日本经济将萎缩6%，在最坏的情况下将会萎缩7.3%，WB预测将下滑6.1%；OECD预测欧元区将萎缩9.1%；美国将萎缩7.3%，在最坏的情况下将萎缩8.5%。现在全球第二波疫情又开始蔓延，欧元区经济将萎缩11.5%，其中法国会萎缩14.1%，英国会萎缩14%。IMF 6月对世界经济的预测与4月的预测时间上虽然仅差两个月，但对世界经济的看衰程度更深了，4月预测全球经济增速是-3%，如果疫情控制不住的话将下滑至-6%以下；而6月则预测全球经济增速最低将下滑至-4.9%以下，这次疫情带来的损失高达12万亿美元，比2008年由美国次贷危机引发的国际金融危机给世界经济带来的损失要严重得多[1]。

第三，经济衰退持续时间长。这也是这次经济大衰退的一个特点[1]。一般来说，如果经济增长速度持续两个季度低于3%，就应该视为经济衰退。2020年以来，实际上从第二季度开始，世界经济就已经进入衰退期，因此全年的经济衰退期肯定不止持续两个季度，也不会只持续四个季度。按照现在美国控制疫情的情况，巴西和印度等国家的疫情还比较严重，如果2020年底全球疫情仍然控制不住，世界经济衰退期就会更长。按照基辛格从政治角度的说法，这次疫情会影响几代人。从经济角度来说，WB、IMF 和 OECD 三大国际组织一致认为，2020 年全球经济是“二战”以来最严重的大衰退，虽然预测 2021 年世界经济会转为正增长，但是，能不能真正实现还有待观察。即使转为正增长，也会低于这几个国际组织预测的经济恢复数值，因为这次疫情影响程度深，短期内难以扭转颓势。

第四，这次经济大衰退波及面广。WB 预测，全球人均收入预计下降 3.6%，这是全球人均水平，还不算极端贫困的国家和地区，如果算上这些国家和地区则下降会更多。190 多个国家和地区的人均收入下降，数百万人会陷入极端贫困中。不论是在 2008 年由美国次贷危机引发的国际金融危机中，还是在 1929—1930 年的世界经济危机中，收入下降的面都没有这么宽。全球性的企业破产、失业会像潮水一般涌现，很多人的生存将会非常困难。

第五，世界经济恢复增长具有极大的不确定性。一是当前的疫情继续恶化；二是美国的单边主义、保护主义、民粹主义和霸凌主义加剧，对中国的遏制围堵加剧；三是美国大选存在不确定性，英国脱欧对欧洲的显性和隐性冲击；四是世界大国的竞争博弈，一些地方的局部战争；五是一些国家和地区的天灾人祸，包括蝗灾、水灾、旱灾等。

全球经济失速仅靠一个国家的单一力量难以解决，即使现在中国控制住了疫情，成为世界上唯一一个经济最稳定的国家，但是仅凭中国一国之力使全球经济恢复增长已十分困难，更不用说迅速恢复到原来的经济发展状态。

（三）政策失灵

政策失灵也是当前非常突出的问题。目前，全球货币政策已无太大空间。美国连续实行货币“放水”，政府财务报表负债从 2019 年的 4.3 万亿美元已经上升到现在的 7.3 万亿美元，增加了 3 万亿美元。其中第一次救助经济纾困 2.2 万亿美元，现在美国又准备出台 2.5 万亿美元救助政策。很多国家开始效仿美国采取宽松货币政策，加速印钞的国家已经超过 40 个，实行负利率的国家已经超过 30 个，今年 3 月当美国实行无限量宽松货币政策时，跟进的国家就有 35 个。所以，现在全球很多国家的货币政策已经失效，利率负利率、国债负收益，印了这么多钞票，如果货币政策再加码，经济就一定会崩盘。中国也有些人提出财政赤字货币化，如果将这种思路转换为政策，将是非常危险的。以美国为首的很多国家货币政策空间被严重挤压，如果美国继续实行无底线宽松，对世界经济来说将是一场灾难。将来这些廉价的钞票流到哪里，就是哪里的灾难，流到哪个市场，就会给哪个市场带来重创。因为这种廉价钞票入市后收购的是那些国家的优质资产，会搅乱市场的秩序。笔者认为，不论是美国还是其他国家，为救助经济纾困实行宽松的货币政策和财政政策都是必要的，例如G20抗击疫情特别视频会议也倡议全球拿出5万亿美元纾困，但现在的问题是一些国家特别是美国大规模印钞，其中一部分的确是纾困，而很大一部分却进入了各种市场（包括股市和房市），并没有起到救助经济纾困的作用。

财政政策的空间也被严重挤压。在抗击疫情中，绝大部分国家采取财政政策救助经济，经济学家估算全球用财政政策救助经济合计超过10万亿美元。欧盟在初期5000亿欧元的基础上，近期再用7500亿欧元救助经济。德国放弃之前致力于收支平衡的战略，初期用占GDP 10%的财政资金救助陷入困境的企业。日本用占GDP 20%的财政资金救助经济。英国的救援行动花费超过4000亿英镑，占GDP的15%。一些国家和地区救助经济的财政支出甚至占到GDP的40%。各国的宏观经济政策包括货币政策、财政政策几近失灵，大部分国家和地区对于就业更是束手无策，大量的企业破产、员工失业，只要经济不恢复，这个全球性问题就难以缓解或者解决。

（四）民主失范

民主失范也是全球性的问题。这个问题虽然看起来和经济关联度不大，但直接影响着经济的恢复和发展。比如西方的民主、西方的制度、西方对待疫情的方式、西方的执政理念等，实际上导致这场疫情迅速蔓延和急剧恶化。从某些政客的执政理念如把“群体免疫”和“不戴口罩”当作政治正确并将病毒政治化，到西方一些民众形成的文化价值观促使反智主义蔓延、泛滥，因此导致一些国家疫情难以控制。比如，美国一家饭店门口公开写明“到本店不用隔离”“不用保持距离”“不用戴口罩”“可以拥抱”“欢迎入住”等。这实际上反映出文化的差异，特别是集体意志与个人自由之间的对立[3]。在新冠肺炎疫情这次大考中，这种民主失范的确导致了一场大灾难。在美国疫情如此严重的情况下，总统大选演讲照样进行，而且大部分民众都没有戴口罩，人员非常密集。

美国在抗击疫情中的表现世人皆知，这真的是一种民主的变异、民主的失态、民主的失范，西方国家所谓民主的华丽外表已经被剥了下来。这种民主失范导致疫情加剧，当然不仅是美国，也包括其他一些国家。因此，这看起来是一场制度之争，好像和经济关系不大，但是这种意识形态以及制度的优劣比较对疫情控制产生了直接影响，而疫情控制的好坏又直接关系经济增长。如果全球疫情不能得到控制，那么，全球的产业链就不能重新链接，全球的经济活动、人员往来就不能重启，中国在全球产业链中的地位也将受到极大挑战[4]。因此，它对世界经济的影响是非常大的。

美国的一些政客不断嫁祸给中国、世界卫生组织（以下简称 WHO）和欧洲，甚至嫁祸给传染病权威专家福奇。在美国和其他一些西方国家成为“政治正确”的是，从政客到一些民众都认为戴口罩侵犯了人权。可见，在疫情中暴露出来的一些西方国家的偏见表明其原以为无比正确的价值观有多么扭曲。美国 18 万人的生命都不能换取一个常识，可见反智主义有多么严重。

（五）治理失效

治理失效，或者叫治理失序，也是比较严重的问题。有人在纽约时代广场设立了一个“死亡时钟”广告牌，时钟每天显示美国因疫情死亡的人数。纽约广场上原来有一个美国国债时钟，国债时钟就是为了控制美国发债，因为美元和黄金挂钩，各国货币跟美元挂钩，美元的信用就是全世界的稳定之锚，所以要控制美国国债发行的规模，这个时钟的极点是 10 万亿美元。美国国债时钟到 2008 年就已经失效了，因为在 2008 年之前的数百年中，美国增加印钞不到 10 万亿美元，2008 年国际金融危机之后实施了连续 4 轮的宽松货币政策，印钞已经超过了 10 万亿美元，而现在已超过了 26 万亿美元。到 2020 年底，预计美国政府债务报表会超过 9 万亿美元，美国国债会超过 28 万亿美元。

作为世界上第一大经济体，美国在抗击疫情和本国经济治理上已经失效，在国际治理上也发挥不了领导者的积极作用。美国目前已经退出了 13 个国际组织。7 月 6 日，在全球需要合作抗击疫情时，美国毅然退出 WHO，将于 2021 年 7 月 6 日正式生效。美国的一系列“退群”行为，导致一批国际组织陷入“停摆”危机[5]。美国还退出控制军事行动的《伊核协议》《中导条约》《开放天空条约》等，美国的这一系列行为在国际安全方面给全球治理带来了极大的挑战。

总之，疫情失控、经济失速、政策失灵、民主失范、治理失效这五大问题是世界经济难以很快出现转机的重要原因。中国出现了重大的转机，取得了各国及国际组织都没有预料到的成就。这给了世界一个非常重要的启示：疫情严重的国家，包括以美国为首的遏制、打压、围堵中国的国家应该深刻地反思，中国是围堵不住的。中国有规模巨大的市场，有完善的制造业体系，有中国共产党的领导，有制度的优势，具备形成国内大循环的条件，能够做到“达则兼济天下，穷则独善其身”。遏制中国、打压中国、围堵中国的后果必然是倒逼中国加快发展，加快补短板，加快形成更为配套、更具创新能力、更具核心竞争力的产业结构和经济结构，使中国能够在下一轮国际竞争中胜出。

二、构建以国内大循环为主体、国内国际双循环相互促进的新格局的必要性

中共中央政治局在2020年7月30日召开的会议上，分析研究了当前的经济形势，部署了下半年经济工作，会议特别强调要加快形成以国内大循环为主体、国内国际双循环相互促进的新发展格局。8月24日，习近平总书记主持召开经济社会领域专家座谈会时发表了重要讲话，指出要以畅通国民经济循环为主构建新发展格局。“要推动形成以国内大循环为主体、国内国际双循环相互促进的新发展格局。这个新发展格局是根据我国发展阶段、环境、条件变化提出来的，是重塑我国国际合作和竞争新优势的战略抉择。”[6]从当前和长远来看，中国既能实现国内大循环，也能实现双循环。

（一）世界经济短期难以复苏

世界经济进入“二战”以来最严重的大衰退，什么时候复苏具有极大的不确定性。IMF在2020年4月14日做了一次预测，6月24日又做了一次预测，一次比一次悲观，它预测世界经济2020年增幅会在－4.9%左右。WB和OECD也在6月做出了预测，而目前的预测结果比6月还悲观，它们的观点都是世界经济将进入“二战”以来最严重的大衰退，2021年会出现反弹。笔者认为，这次经济大衰退会比“二战”时期更严重，应该是1929—1930年经济大萧条以来最严重的衰退，极有可能进入经济大萧条。受“一战”影响的国家和地区主要在欧洲，受“二战”影响的国家和地区主要集中在欧洲和亚洲，欧洲在两次战争中都是主战场。当然，“二战”时中国也是主战场，中国也是抗击法西斯的主战场，但是这两次战争毕竟没有影响到全球所有国家和地区，有的国家并没有卷入战争。然而，现在的新冠肺炎疫情不亚于“一战”“二战”，它使所有的国家和地区都卷入了这场由病毒引发的战争，而且对人的生命安全构成了极大的威胁，它造成了生命危机、公共卫生安全危机、经济危机、社会危机、信仰危机、信任危机同时迸发。因此，世界经济什么时候能结束大衰退？有人前段时间还讨论，世界经济趋势是V形、W形，还是U形。[7]

V形是不可能的，2020年肯定看不到希望。三大国际组织预测2021年会出现反弹，都预测反弹在4%以上，高的是5%以上，但笔者认为不太可能，因为到现在

都快过去 8 个月了，如果疫苗没有生产或大规模应用、疫情不能得到控制，经济就不能恢复常态。经济不能恢复常态是一场“灾难”，美国政客现在带头搞各种各样的经济脱钩，这对世界经济既是一场“政治病毒”，也是另一场“灾难”。这两场“灾难”叠加在一起就是雪上加霜，导致的结果就是世界经济难以复苏，难以走出困境。

在抗击疫情中，中国虽然是一枝独秀，但是能不能把全球都带动起来？显然不能。中国没有那么大的带动力量。世界经济像一艘巨轮，它要靠船上的所有水手共同努力，只有中国这一个水手是推动不了全球这艘大巨轮的，或者说中国还不能带动世界经济复苏。当然，从 2008 年到现在，中国在世界经济增量中占 30% 左右，即使 2020 年中国占到世界经济增量的 40% ~50%，世界经济还会是负增长。美国经济不会走出困境，因为美国经济增长第一季度为 -5% 左右，第二季度按照年化率会达到 -32.9%，第三季度按照年化率会达到 -40% 左右，全年经济增长会在 -8% 左右，因此，2021 年美国经济决不会出现 V 形增长。正如基辛格所说，这场疫情将结束世界现有秩序，将会影响几代人。

V 形是没有可能，那 W 形呢？现在也不具备这个条件。U 形呢？也还要等待。笔者认为，2020 年、2021 年两年将是 L 形。这个 L 形不是说经济下了一个台阶的 L 形，而是从山顶、悬崖峭壁直接跌到谷底后的 L 形。这样的 L 形会持续多长时间？它会不会形成非常陡峭的下跌，然后再陡峭地上升？这是不大可能的。所以，世界经济会在 2020 年下跌到谷底，2021 年一部分国家就会实现正增长，其他一些国家在能够控制疫情的情况下经济逐步复苏，但是 2021 年全球经济还难以实现正增长。2022 年，如果疫情能够得到控制，世界经济会缓慢地复苏[8]。

1929—1930 年的经济衰退持续了近 6 年，也有人说是 13 年。笔者认为，这次新冠肺炎疫情导致的经济大衰退可能会持续 3 ~4 年，如果全球能够合作抗击疫情、战胜疫情，不要把全球化碎片化或切割成为“人类的大峡谷”，那么，可能会在几个大国的共同努力下，在其他主要国家的共同参与下，全球经济会早日实现复苏，否则将会更加困难。2008 年国际金融危机导致全球经济持续了 10 余年的低增长，这次新冠疫情造成的危机比 2008 年的程度更深，为走出困境所遇到的挑战也更为严峻。

（二）中国经济会成为世界经济复苏的稳固根据地

中国经济增长的态势总体上好于其他国家，在战胜疫情的同时可以实现稳中求进、稳中求好、稳中求远。中国仍然具有经济发展的强大韧性、空间和潜力，还有独特的比较优势和集成优势。

第一，中国有超大规模市场的可持续发展红利。我们有超大规模的市场，2019年社会消费品零售总额已经超过40万亿元，2021年消费品市场规模就会超过美国。2019年房地产市场销售额是16万亿元，物流市场是298万亿元。中国现在的市场总规模是400万亿元。中国对世界市场有依赖，但世界市场对中国也有依赖，在某种程度上看，一些国家对中国的依赖程度要比中国对它们的依赖程度更深。仅从美国贸易战加征的关税看，也就是说中国出口到美国市场的商品为：500亿美元+2000亿美元+3000亿美元=5500亿美元。如果没有中国出口到美国市场的这5500亿美元商品，美国的零售市场就会塌陷，美国的制造商没有这些中间品、零部件的贸易，这些制造业也会难以运转[8]。因而，事实上中国既能实现国内市场的大循环，也能实现和国际市场的对接与循环。

第二，中国具有完备的制造业配套体系，很多制造业领域在国内都有完整的产业供应链。其实，国际贸易只是一种交易手段，实质上体现的是一个国家的制造业生产能力，从一个国家能生产多少可输出的商品，可以判断一个国家的制造能力强大与否。中国制造能力在2010年超过美国，位居世界第一，2019年占全球制造业产值的比重为30%左右，在2018年占到27.7%，中国具有全球制造业的39个大类、191个中类、525个小类，是全球产业配套体系最完备的国家。可贸易的商品实际上就是制造业能力的体现，这是我们保持良好发展态势的基础。

第三，中国正在成为具有强大进口、出口、转口能力的全球性贸易中心。原来中国作为出口大国已经是全球120多个国家和地区的第一大贸易伙伴，从2013年开始就成为货物贸易第一出口大国。中国2018年召开了第一届国际进口博览会，随着以后每年一届影响的不断扩大，中国正在向着进口大国迈进，加上类似中国义乌小商品市场5000个左右批发市场的采购贸易，若干年后中国将会成为全球最活跃的国际贸易中心。特别是下一代贸易方式——数字贸易在中国发展很快。跨境电商的数字贸易2020年1—6月增速高达40%以上，比线下贸易增速要快得多。截至目前，中国已经有105个跨境电商试点。跨境电商就是数字贸易的前身，或者说是数字贸易的基础，中国数字贸易在世界上已经形成了先发优势。中国不仅是出口大国，体现中国的生产制造能力，而且将成为进口大国，体现中国超大规模的市场优势，再加上转口贸易，中国即将成为商流、物流、资本流、信息流和知识流等要素禀赋流通速度最快、效率最高的国际贸易中心。

第四，中国和“一带一路”沿线特别是周边国家的经济合作关系越来越紧密。

截至2019年，中国和国际组织在“一带一路”沿线相关国家的投资已经超过6万亿美元，中国与“一带一路”沿线相关国家的贸易已经占到贸易总额的30%左右。据中国海关总署统计，2020年上半年，中国与东盟的贸易额达到2.09万亿元人民币，已经超过了欧盟，东盟成为中国第一大贸易伙伴，美国下降到了第三位。除此之外，RCEP“10+5”基本上已经达成了协议，正在加快推进和落实；中日韩自贸区进程也在加快。中国周边国家对于疫情的控制好于欧洲、非洲、北美、南美，是中国形成以国内大循环为主体、内外双循环互动的最优选择，最有可能形成更为紧密的产业链链接。

第五，中国迈向未来的战略目标是清晰的，战略步骤是正确的，特别重要的是全国人民表现出空前的爱国热情。哈佛大学肯尼迪政府学院最近发布的一项调查报告显示，他们连续13年抽样调查和采访了超过3万名中国人，得出的结论是93.1%的中国人对中国政府是满意的，这个比例超过了所有的国家。如果这份报告是中国某机构做的，有人可能会说一定是作假，但哈佛大学站在第三方立场的研究成果，客观公正地看世界、看中国，得出的结论是具有一定说服力的。在分析中国形势的时候，我们应该具有强大的自信和必胜的决心，中国前进的步伐是任何人也挡不住的。疫情严重的美国更需要和中国合作。中国是一个有胸怀的国家，只要能够面向未来、能够真诚合作，中国仍然会敞开大门、敞开胸怀，和美国真诚地合作，帮助美国从疫情中走出来，使世界经济恢复动力。如果两个大国能够同时实现经济复苏和增长，整个世界经济就会逐渐复苏。

三、实现双循环的关键环节：提升现代物流能力

循环的本质是要“互联互通”，通达通畅，没有“通”，双循环是不可能实现的。[9]当前，中国要走出困境、要保持稳中求进而且要在这个基础上保持高质量发展，必须考虑双循环的核心词——“通”。如何实现双循环的通达？研究现代物流就具有特别重要的意义。

在整个社会化大流通中，现代物流成本越来越成为流通总成本的主体部分。因为商流、信息流、资本流和知识流等这些所有的要素禀赋流通，都可以通过互联网实现替代，降低寻找市场、信息的时间成本，甚至可以使之降为零，但需要筛选、过滤。资本流也可以通过网络支付瞬间完成。商流、信息流、资本流和知识流都可以是低成本的、无障碍的、瞬间完成的，但是唯有“物”在物理意义上的流动是不

能被替代的，只能用现代物流技术（包括智慧物流、绿色物流、信息化物流）替代传统物流。其实，这种替代已经经历了几个过程。美国在“二战”时期已经开始对物流供应链进行探索，那是一套战时后勤系统。20 世纪五六十年代，日本大力发展现代流通，并且正式提出现代物流理论、体系、概念，逐渐形成现代物流。从 20 世纪 80 年代开始，中国引入现代物流概念和技术，目前已形成了自己的现代物流体系。因此，现代物流在整个流通过程和流通成本中将成为主体。

（一）现代物流过程的时间主体

在社会化大生产中，生产、流通、消费都会被纳入全过程。这种全过程流通所花费的时间在生产环节只占时间成本的 10%，其余 90% 的时间花费在流通过程中。在产品构成成本中，如制造业产品的成本，物流成本普遍占到了 40% ~60%，农产品的物流成本占比高于制造业产品，价值低、重量大的制造业产品的物流成本会更高。因此，流通成本最终取决于物流成本，物流成本的高低是双循环是否可以“通”的关键。

（二）智慧物流将会成为产业链、供应链、服务链、价值链之间的中枢神经

中国之所以能形成产业链、供应链、服务链、价值链，一是因为有了信息系统，二是因为有了以现代物流技术为支撑的现代物流体系，包括在物流理念中的一单到底、多式联运、减少班倒次数等传统物流在互联网技术与未来 5G、物联网、人工智能、区块链等的发展与支持下，会因为信息技术支持而转变为现代物流。信息成为物流的流程设计、流程路线、流动方式、物流成本的先导性要素，因此，在产业链、供应链、服务链、价值链中，物流能否形成这些链接的中枢神经更为关键，比如在供应链中，假如物流断链，供应链也会断链。贸易断链是商流的断链，是资金链的断链。但是，最可怕的就是物流链的断链，如果商品物流运输过程出现问题，就会导致产业链断链。因此，现代物流既是制造业的灵魂，也是连接产业链的中枢神经[9]。

（三）新发展格局的重中之重是要有顺畅的物流体系

中国在抗击疫情的考验中，证明了我们花费很长时间与精力所构建的现代物流体系是可靠的。但是，仍然有很多问题亟待解决，如物流体系的成本高昂，在很多方面的链接还不是全过程、无障碍、高速率的链接。比如现在的物流信息传输，从

甲地到乙地之间的传输，有的地方链接很好，有的地方则是“断头路”。笔者曾在海尔工厂做过调研，发现工厂中的物流体系非常顺畅、低成本、无人化，但在跟社会物流连接时，时间成本提高，物流速度降低，物流成本增加。所以，整个社会大物流体系还没有形成现代化、智能化、国际化和市场化，这还算不上高质量发展。

要真正形成以国内大循环为主体、国内国际双循环相互促进的新发展格局，国内物流体系必须高速、顺畅，通向国际大物流的体系也要达到同样的标准。中国一定要有高标准的物流体系、智慧物流等新技术的支撑，也就是现代物流体系。供应链体系的重构、再造或者新业态的形成，其核心就是要降低成本，提高效率，发掘出社会的第三利润源。也就是说，除了制造利润、研发利润，还有很大一部分利润来自供应链，通过物流体系、物流技术的支撑，形成全社会的第三利润源。第三利润源将极大地降低经济社会发展的成本，提高经济社会发展的质量，提高投入产出率。这就是智慧物流在高质量发展中如此重要的原因。

（四）加快智慧物流建设的基础设施是新基建

新基建将为中国迈向第二个百年目标、真正实现高质量发展、产业升级奠定新基础。我们原来说新基建就是5G、数字技术等，甚至包括电动车的充电桩。但是，笔者认为，新基建应该包括最现代、最高效、最低物流成本的现代物流体系。这种物流体系不是分散在每一个企业、每一个工厂、每一个程序中，而是应该形成中国社会化的大物流体系，进而支撑中国的产业链、供应链、服务链、价值链稳定，支撑国内大循环，支撑国内国际双循环，支撑中国巨大规模的市场，满足人民日益增长的美好生活对于物流的需求，实现中国在国际上巨大贸易流量所需要的现代物流能力。

未来新基建必须瞄准支撑双循环、高质量发展的现代物流体系，特别是智慧物流。智慧物流和传统物流有很大的区别，它不是片段的、碎片化的。尽管中国现在有这种物流系统，并且在疫情期间能基本保证13亿人宅在家中的衣食住行和一线医务人员所需的物资，但这和中国制造业能力分不开，和巨大的市场能力分不开，和中国的社会动员能力分不开，和党中央的正确领导、强大的指挥体系分不开。当然，笔者认为，未来中国需要适应战时需求，类似此次疫情的大灾难的需求，包括外部环境变化、内部天灾人祸等特殊情况。中国非常需要国家安全支持体系、国家经济运行支持体系、人员生活保证支持体系，概而言之就是现代物流体系，让它越来越智能化、绿色化、可视化，让它具有强大的支撑能力。我们没有把数字经济潜在的巨大能力变成数字化的产业、数字化的平台、数字化的物流和数字化的业态，这是很可惜的。中国在有些方面走在世界前列，但关键是我们还要把它变成自己的竞争力。

在新基建的建设中，也不能忽略传统基础设施建设，比如公路、铁路、航空、港口等也存在补短板的问题。补短板就是因为中国的基础设施还没有实现智能化，因此，和中国的大流量、流通方式、流速和流通成本还不能结合起来。[9]那么，如何实现立体化、智能化发展呢？能否形成陆海空网相连接的物流系统？怎样形成实现国内国际贸易一体化的快速物流系统？未来的智慧物流创建非常关键，这是我国高质量发展的基础设施，也是未来新基础设施和传统基础设施相互连接融通的着眼点。

参考文献

[1] 陈文玲．世界经济大衰退的五个特点［N］．北京日报，2020－08－24.

[2] 杨子晖，陈雨恬，张平淼．重大突发公共事件下的宏观经济冲击、金融风险传导与治理应对[J]．管理世界，2020，36(5)：13－35.

[3]刘卫东．新冠肺炎疫情对经济全球化的影响分析[J]．地理研究，2020，39(7)：1439－1449.

[4] 唐任伍，李楚翘，叶天希．新冠病毒肺炎疫情对中国经济发展的损害及应对措施[J]．经济与管理研究，2020，41(5)：3－13.

[5]崇泉．新冠疫情对经济全球化与WTO的影响及中国的对策建议[J]．国际贸易问题，2020(6)：19－25.

[6]习近平．在经济社会领域专家座谈会上的讲话[N]．人民日报，2020－08－25(002).

[7] 陈文玲．四大不确定性因素使世界经济呈L型缓慢复苏[DB/OL]．中国网，[2020－08－12]. http://fangtan. china. com. cn/2020－08/12/content_76591612. htm.

[8] 陈文玲．中央政治局会议为中长期发展定调[DB/OL]．中国网，[2020－08－12]. http://fangtan. china. com. cn/2020－08/12/content_76591270. htm.

[9] 陈文玲．掌握“双循环”新格局与高质量发展战略核心［DB/OL］．中国国际经济交流中心，［2020－08－18］．http://www. cciee. org. cn/Detail. aspx？newsId＝18156.

深度认识全球变局下的中国

（《人民论坛·学术前沿》，2020 年 7 月 8 日）

摘要：本文刊发在人民日报《学术前沿》2020 年 9 月（下）上。文章对引发全局变局的十大变量进行了系统分析，对中国的过去、现在和未来进行了深入研究。文章指出，要深度认识全球变局下的中国，就要认识世界面临百年未有之大变局的主要变量是什么；就要认识中国从何处来，现在在何处，未来向何处去；就要在此基础上，分析中国面临的严峻挑战和深层次问题，展望中华民族伟大复兴的中国梦的愿景。这是坚定“四个自信”的重要思想修养，习近平总书记关于认识世界、认识中国的一系列重要讲话精神，是我们深度认识变动中的中国与世界的重要纲领。

关键词：全球变局；“四个自信”；中国道路

习近平总书记指出：“我们从哪里来，我们走向何方，中国到了今天，我无时无刻不提醒自己，要有这样一种历史感。历史就是历史，历史不能任意选择，一个民族的历史是一个民族安身立命的基础。”深度认识全球变局下的中国，就要认识世界面临百年未有之大变局的主要变量是什么；就要认识中国从何处来，现在在何处，未来向何处去；就要在此基础上，认识实现中华民族伟大复兴的中国梦的愿景。这是坚定“四个自信”的重要思想修养。习近平总书记关于认识世界、认识中国的一系列重要讲话精神，是我们深度认识变动中的中国与世界的纲领。

概括地讲，世界在前 100 年历史中，经历了两次世界大战，瓦解了两个阵营，瓦解和正在瓦解两个体系，改变了三个世界格局。所谓瓦解了两个阵营，即瓦解了原来的社会主义阵营和资本主义阵营。原来两大阵营边界非常明晰，即以美国为首的资本主义阵营和以苏联为首的社会主义阵营，这两大阵营的对垒和博弈持续了几十年。到 1991 年，这两大阵营特别是社会主义阵营基本上被瓦解，世界从冷战时期的“两个超级大国”格局变成了“一超多极”格局，只剩美国一个超级大国。所谓瓦解和正在瓦解两个体系，即在 20 世纪下半叶瓦解了世界殖民体系。几百年形成的全球殖民体系，主要由西方发达国家控制，比如英国控制了56个殖民地，法国控制了48个殖民地，西班牙、葡萄牙、美国等也都有自己的殖民地国家。这个殖民体系在“一战”“二战”之后，通过世界民族解放运动已基本被瓦解，150多个国家先后成为独立的国家。未来最有可能瓦解的第二个体系，即以美国为首的盟友体系，当前美国盟友之间角斗很激烈，美国原来的68个铁杆盟友正在走向瓦解，作为盟友体系的代表组织G7的作用日益式微。所谓改变了三个世界格局，即毛泽东同志1974年对当时世界的一种划分。第一世界是美国、苏联两个超级大国；亚非拉和其他地区的发展中国家为第三世界；处于两者之间的发达国家为第二世界。1991年之后，第一世界少了苏联一极，只剩下美国一极；第二世界出现很大分化，一些老牌工业化国家走向衰落；而第三世界则出现一大批新兴经济体和发展比较快的国家，代表性国家是“金砖国家”，或一批闪耀登场的新兴经济体“E11国”。

一、世界面临百年未有之大变局

对于世界面临百年未有之大变局的讨论，见仁见智。从历史发展的长周期和内在发展的规律来看，世界未来大变局中主要有十大变量。

变量之一：影响世界经济、政治、外交、文化格局的最大变量——中国的和平崛起。

按照安格斯·麦迪森的计算，在公元元年中国GDP占到世界总量的26.2%，公元1500年中国成为世界第一大经济体。公元1820年中国GDP占到了世界总量的32.9%，远高于欧洲国家的总和。然后下降到1870年的17.2%，1913年的8.9%，从1950年到1980年一直在4.5%左右。1840年之后，是中国开始走向衰败的百年。经过新中国成立70年、改革开放40年，中国重回世界舞台，中国已经和平崛起。到2019年，中国实现GDP 14.4万亿美元，占全球的17%，是美国的67%。15世纪以来，西方主要大国的现代化竞争和霸权更迭主要是通过海外殖民即构建殖民体系、对外掠夺、领土扩张和发动侵略战争实现的。从15世纪末一直到现在，曾经出现葡萄牙、西班牙、哈布斯王朝、奥斯曼帝国、瑞典、英国、法国、俄国、德国、日本、美国、苏联作为强势者崛起。这些国家成为挑战者的16次“超车”，在历史上都有标志性事件。其中14次起因于车祸引发了战争，只有2次是和平交替，比如美国替代英国，但也充满了竞争和激烈的斗争。中国人民在中国共产党的领导下，奋力拼搏，砥砺前行，付出了极大的牺牲和努力，同时敞开心胸，敞开改革开放的大门，实现了从经济弱国向经济大国的跨越，正在迈上建设社会主义强国的新征程。不靠殖民，不靠战争，不靠征服，不靠掠夺，中国和平崛起成为世界发展史上的一抹亮色，成为发展中国家争取发展机会和取得发展成果的独特借鉴，成为当今世界难得的靠人民与政府同心同德创造国家奇迹的典范。因此，中国和平崛起决不仅使本国人民成为受益者，其带给世界的影响也是深刻的，是深远的，并将是根本性的。

变量之二：第一帝国的落日辉煌，昔日“自由灯塔”失去往日光芒，美国将进入由盛转衰的长周期。

这是可以预见的情境，历史上昨天的选择决定了今天的命运，而今天的选择将决定明天的命运。近100年来，美国有六次全球战略大转移。第一次战略转移是从西半球转向两洋，肢解了西班牙，接近了太平洋；第二次战略转移是利用“一战”，从两洋转移，登陆欧洲，最终导致英国衰落；第三次战略转移是从欧洲扩大到日本和太平洋地区，同时在欧亚大陆获取“二战”胜利的大部分成果，彻底肢解了老欧洲；第四次战略转移是解体了苏联与华约，使欧亚大陆基本破碎；第五次战略转移则锁定了中东伊斯兰世界，发动1991年海湾战争，然后是伊拉克战争、两伊战争，终结了十字军东征以来基督教地区和伊斯兰地区的千年博弈；第六次战略转移是捕猎式的战略东移，遏制并准备肢解中国。而在第六次战略推进过程中，暴发了美国由隔岸观火到自燃的疫情，导致了一场新的大变局，使美国第六次战略转移成为自残的过程和走向衰落的拐点。

一是全球新冠疫情蔓延，美国表现令人遗憾。到2020年8月16日，全球累计确诊病例已经超过了2100万例，死亡人数超过了70万人。三个多月来，美国确诊病例和死亡人数一直排在世界第一。2月2日，美国从中国撤侨的时候，美国国内只有几例确诊病例；3月2日，美国只有103例；3月13日，WHO宣布新冠全球大流行时，美国超过1459例；而现在美国累计确诊病例超过550万例，死亡病例超过17万例。一个医疗条件最好、战时动员能力最强的国家，在面临公共卫生危机和人的生命危机时的表现，实在令人不敢恭维。

二是美国国家信用大幅度损耗。信用损失是一个国家的最大损失，人无信不立，国无信不兴，国家信用的损耗必将使其失去它在全球应有的地位和影响力。美国国家信用的损耗当然是从美国政府政客开始的，近几年，美国领导人不仅在讲话、推特、行动上出尔反尔，而且闹出了很多国际政治笑话，做出了很多违背国际规则和国际常识的诡异行动和幼稚行为。

三是美国社会各种矛盾交织，多重危机叠加，进入自己挖掘的陷阱难以自救。

比如与主要大国之间的矛盾，国内的贫富矛盾、种族矛盾、两党矛盾、信仰矛盾。贫富矛盾、种族矛盾、两党矛盾一直存在，现在美国引以为豪的所谓普世价值遭到了最严峻的挑战，社会的信仰危机、信用危机、信任危机发展到极致，美国开国总统华盛顿、解放黑人的总统林肯、“二战”后救助经济功劳最大的总统罗斯福，这些伟大的总统的政绩被质疑，铜像被涂抹，甚至被推到河里；在美墨战争、南北战争中立下赫赫战功的将军罗伯特·李的雕塑也被推到河里。美国再次出现经济危机，包括股市熔断、债台高筑、油价下跌、美元零利率、国债负收益、货币大放水等。IMF 原来预测美国 2020 年经济增速是 -5.9%，实际上，第二季度美国经济增速就已下降 32.9%。现在疫情仍然严重，美国经济增长速度全年将下降到 20% 以上。

四是美国民粹主义、麦卡锡主义、反智主义的幽灵弥漫。这特别令人痛惜。当政客的利益绑架了民意，使一个国家民族主义、民粹主义高涨，乃至成为社会思潮或者自认为的先进思想的时候，这个国家往往就会出现反人类的行动或者举动。纳粹悍然发动“二战”，就是日耳曼民族自认为是人类最优民族的集体疯狂，使希特勒个人疯狂转化为国家疯狂。美国现在有些像当时的德国，民粹主义泛化，麦卡锡主义、反智主义达到了极致，人类常识性的错误在美国却成为“政治正确”的标志。虽然英国原来提倡“群体免疫”，意大利也曾强调个人自由，但现在都逐渐放弃了原来的做法，而美国 50 个州中至今仍有 11 个州不允许戴口罩。

五是美国收购世界财富的经济武器逐渐失灵。全球去美元化、去美债化加剧，美国长臂管辖运作密码已大白于天下。原来很多国家和企业认为，受到美国长臂管辖制裁“天经地义”，现在越来越多的国家、企业和人民认识到，美国实施的长臂管辖，就是把国内法律法规变成“域外的法权”，以此剥夺其他国家的权利和利益。美国近十年内在欧洲因执行长臂管辖制裁别国企业获得了 1900 亿美元的罚款，这些钱都进了美国财政部的金库。截至 2019 年底，美国共对 219 家中国企业进行制裁，2020 年又增加了 44 家。长臂管辖是美国控制全球的经济武器。美元是收割机，长臂管辖是收割机，美国大批量创造知识产权也是收割机。比如化学药品生产出来以后，要有 15~20 年的保护期，意味着在此期间就要收取由创新创造的垄断利润，如果其他国家的这项技术没有超越美国，这种巨额垄断利润将永远存在。美国收割世界财富的经济武器，从美元到长臂管辖、从知识产权收费到贸易讹诈等，其内在运作密码以及运行机理已经大白于天下，所以，经济武器也将渐次失灵。欧盟等国家和地区前些年也制定了专门针对美国长臂管辖的《阻断法》等。

六是美国的民主政治也在变异，美国的总统大选变成了金钱的比赛，变成了财团代理人的竞争，现在则直接变成美国资本家亲自执政。美国现在制定的很多政策都带有明显的商人思维痕迹。2018 年初我曾经撰文说，美国特朗普政府已经成为“交易型的政府”，所有东西都变成了交易的筹码，连美国的盟友、驻军都变成了一种商业的交易。现在美国政府要求，凡有美国驻军的盟友，除了必须承担美国驻军的费用之外，还要上缴 50% 的利润。更为重要的是，美国在世界的领导地位开始滑落，第一帝国将呈现“落日辉煌”。美国这一所谓“山巅上的国家”将从山巅上跌落下来，其所谓“自由的灯塔”也将渐渐熄灭。美国当前变局对世界整个格局演化非常重要。世界从“两超”变“一超”，而这“一超”也将随着时间推移不复存在，霸权国家的历史或将结束。

变量之三：世界上大国之间的角力日益加剧，更多情况下大国关系取决于自身利益关系的排列组合。

大国之间的竞争博弈异常激烈。现在世界主要国家都有着民族复兴再造历史辉煌的梦想。不仅中国有中华民族伟大复兴的“中国梦”，曾经的“美国梦”也是美国和很多国家人民的向往。普京在任第一届俄罗斯总统时说：“给我 20 年，还你一个强大的俄罗斯。”印度总理莫迪的梦想也是要使印度成为世界性大国，他推进了印度制造、数字印度、创业印度、智慧城市和税制改革等。土耳其埃尔多安的梦想是在土耳其成立 100 周年的时候，即 2023 年实现土耳其的民族复兴，把土耳其变成连接亚欧的东西方大通道，谋求成为伊斯兰世界的领导者，试图恢复奥斯曼帝国。法国总统马克龙不仅要实现重振法国的“法国梦”，而且提出重塑欧盟。默克尔自 2005 年执政德国 15 年，使德国成为欧盟的轴心国家，她的梦想也是使德国成为世界强国。日本前首相安倍晋三推出“俯瞰地球仪外交”，即站在顶峰看世界，来寻找日本在世界的地位，所以，安倍晋三力争使日本全面恢复“正常国家”地位，并谋求在国际上的大国地位。

可以看到，大国之间竞争博弈异常激烈，且大国之间很难划分阵营，不再是非此即彼的关系，它们之间的关系组合主要基于国家利益，有交集、有竞争、有博弈、有汇合。世界从过去单极即“一超”发展为多极、多元、多样。与此同时，逆世界潮流而动的沉渣泛起，特别严重的是以美国为代表的利己主义、单边主义、保护主义、民族主义、民粹主义和霸凌主义。民粹主义甚至成为一种“潮水”，不仅一些国家领导人是民粹主义代表，比如美国的特朗普、巴西总统伯索纳罗等，一些国家的社会民众也陷入民粹主义热浪中。大国之间激烈的竞争博弈将在很大程度上决定人类生存发展与安全的程度和方向。世界向何处去？是坚持单边还是多边？是保持单极还是多极？是一个国家的利益至上，保持一个国家第一，把一个国家的利益凌驾在全球利益之上，还是构建“人类命运共同体”，坚持共商共建共享？大国带领世界向何处去？这是当今世界的一个重要变量。

过去十年，世界已经出现了“断线层”，未来则可能会现“大峡谷”。美国格雷厄姆·艾利森在《注定一战——中美能避免“修昔底德陷阱”吗?》一书中指出：“苏联在第二次世界大战后严重挑战美国领导地位的思想，对当今大多数美国人来说是难以想象的。我让哈佛大学学生去读20世纪中期最受欢迎的经济学教科书保罗·萨缪尔森的《经济分析基础》（1964），苏联是1991年解体的，27年后，接近30年时间，他们看到这本书时，都感到十分困惑。”保罗·萨缪尔森是美国得过诺贝尔奖的非常有名的经济学家。他在这部经济学著作中预测，到20世纪80年代中期，苏联的GDP将超过美国。之后格雷厄姆·艾利森在书中论述了苏联瓦解的过程，他说：“经过了40年的斗争，柏林墙于1989年倒塌，华沙条约组织于1991年解体，在1991年的圣诞日，苏联帝国最终分崩离析。”

历史有惊人的相似之处。1964年美国权威的教科书预测苏联经济总量将在20世纪80年代超过美国，但经过美国的一系列全方位斗争，包括对苏联的和平演变，在世界上构建盟友体系围堵苏联，实行联华抑苏大战略，最后使苏联解体，摧毁了社会主义阵营。现在世界三大机构均预测，到2050年，中国将是世界第一大经济体，全球很多研究机构都在预测“中国什么时候会超过美国”。中国从过去对美国望尘莫及到现在望其项背，美国已经把中国作为最大的竞争对手，拉开架势对中国进行全政府方式的遏制，如何避免重现苏联悲剧，将是中国面临的最大的战略挑战，也是对中国智慧与战略耐力的考验。艾利森在书中指出：“从未见过世界上出现像中国这样造成世界力量平衡发生如此快速的结构性变化。美国如果是一家公司，在第二次世界大战的几年里，它占据了全球经济市场的50%，到1980年，这个数字下降了22%，而中国连续30年高达两位数的经济增长，使美国在全球经济市场份额减少到16%。如果按照现在的趋势继续发展，在未来30年，美国占全球经济产出的份额将进一步下降到11%；同期中国从1980年的2%（其实1978年我们还不到2%）上升到2016年的18%（虽然按照2019年一般汇率算我们只上升到17%），并将在2040年达到30%。”

变量之四：南北关系出现重大调整，新兴经济体和发展中国家板块整体崛起。

OECD统计，从1991年到2017年，发达国家占全球GDP总量从78.7%下降到57.8%，发达国家G7包括美国、英国、德国、法国、意大利、加拿大、日本七个工业化国家，“二战”结束时经济总量占全球GDP的比重为80%，现在则下降到30%以下。新兴经济体和发展中国家占全球GDP的比重从1990年的19%上升到2018年的58.5%，对全球经济增长的贡献率高达80%。特别是2008年以后，新兴市场经济体和发展中国家对世界经济增量的贡献在80%以上，2008年以后，中国对世界经济增量的贡献年均在30%。全球南北关系已经发生并将继续发生重大调整，原来是北强南弱，现在是南北势均力敌，未来将是南强北弱，世界经济格局将由此发生根本性变化，不仅将带来对世界治理体系的挑战，还将在东西方文化、文明交融的同时交错和交锋。虽然全球市场是开放的，世界经济联系日益紧密，但支撑西方发达经济体、代表“北”的势力、话语权和所谓价值观影响与日俱减，而代表具有勃勃生机的新发展力量的理论、理念和文化文明的影响力则与日俱增。这是近代西方统治世界500年的历史上，从来没有出现过的人类生产力的大解放和思想的大解放，以西方文化统治的意识形态和主流价值观，虽然目前仍占统治地位，但受到了空前的挑战。

变量之五：科技革命加速极大解放了生产力，正在颠覆人们的生产方式、生活方式乃至生命方式。

16—17世纪世界开始了现代科学革命。18世纪以英国为代表的蒸汽机革命推动了机械化，19世纪以美国为代表的电的发明推动了电气化，20世纪美国发明了互联网推动了信息化。当前第四次科技革命扑面而来，世界科技发展处于快速进步之中，数字化、网络化、智能化融合发展，新技术、新业态、新产业变革加快，颠覆性技术、新兴技术不断突破。突出体现在以下两个方面：

第一，数字技术爆发式发展成为新一轮技术革命的主角。中国从2G跟随、3G追赶、4G并跑到5G领先，在一些领域成为科技创新的前沿部队。全球互联网、物联网、大数据、人工智能、机器人、云服务、云计算、计算机超算、3D打印等数字技术创新，实际上是颠覆性的，不仅颠覆了人们的生产方式，还颠覆了人们的生活方式乃至生命方式。5G技术本质上是数字化基础设施，和道路交通航线一样，没有意识形态属性，美国把它政治化和意识形态化，用举国之力打压中国在数字革命中走在世界前沿的科学技术，这是非常愚昧的。

第二，科学理论和思想的革命使人类认知产生了飞跃。第一次科学革命的主导学科是力学突破，始于哥白尼创立太阳中心说，发展到牛顿《自然哲学的数学原理》出版；第二次科学革命以化学原子论、生物进化论和电磁理论等的认知变革为特征；第三次科学革命以相对论和量子力学出现为标志；当前的第四次科学革命包括对物质结构的认识、对宇宙演化的认识、对生命起源的认识、对意识本质的认识，这些重大科学问题都有原创性的突破。

人类历史迄今为止最伟大的事件，就是科技革命与工业革命。马克思、恩格斯指出："资产阶级在它不到一百年的时间，所创造的生产力比过去一切世代创造的全部生产力还要多，还要大。"在工业革命之前，人类发明几乎无一例外是靠长期的经验积累，有时候需要用几代人的时间。如造纸术，公元1世纪中国蔡伦发明了造纸术，但直到8世纪才传到阿拉伯国家，通过阿拉伯传到了大马士革和巴格达，后来进入非洲的摩洛哥，在十一二世纪又经过西班牙和意大利进入欧洲。到1150年，距离蔡伦发明造纸术1000年后，在西班牙出现第一个造纸的作坊；又100年之后，意大利出现第一个造纸厂；再100年后法国出现第一个造纸厂。可见，工业革命之前，科学技术传播路径非常狭窄，传播周期极其漫长。工业革命之后，科技革命、工业革命、经济全球化加速发展，实现了从线性发展到指数级、爆发式增长。

当前，世界处于四个"第四次"的历史交汇期，将演奏一场激昂的交响乐。这四个"第四次"是指第四次科学革命、第四次科技革命、第四次产业革命正在发生以及即将迎来第四次经济全球化。从历史维度看，欧美工业革命两个世纪的发展速度，远远超过前面的2000多年。而在中国，新中国开始工业化，改革开放使中国进入现代商业文明之后，目前正在赶超欧美在两个世纪的发展中创造的科学革命、科技革命和产业革命，与发达国家并肩进入新一轮经济全球化。中国在少数领域，开始"领跑"世界；在一些领域，开始与西方发达国家"并跑"；在更多领域，中国还处于"跟跑"地位。但是，中国已经办成了历史上2000多年办不成的事情，新中国特别是改革开放之后的中国，迸发出巨大的创新能量。

变量之六：全球产业变革继续深化，新的产业形态、产业布局、产业组织方式、产业分工体系都将进入深度调整。

产业链、供应链、服务链、价值链将在四个"第四次"交汇期重构。特别是这次全球性疫情大流行，迫使产业链从原来美国推动的人为"脱钩"发展到病毒引发的自然"熔断"，全球产业布局加快调整。产业链、供应链、服务链与价值链，以制造业体系与配套体系最完备的平台为基础，形成更为经济、合理、快速、高效的传输与组织结构。全球产业链将因此东移，即全球产业链最主要部分——产业集群龙头企业会以亚太地区为主，亚太地区会以亚洲为主，亚洲会以东北亚地区为主。与此同时，欧洲、北美会成为全球产业链的次大陆。

当前全球疫情仍在肆虐，WHO认为，新冠疫情将有可能长期化，甚至可持续数十年之久，疫情之后的产业转移和要素重组，会颠覆前三次产业转移的规律。前三次全球产业转移具有三个特点：一是渐进式地从一个制造业基地转移到另一个制造业基地；二是在不同国度和地域之间的转移，如从欧洲向美国，从美国向日本、西德、“亚洲四小龙”，然后向中国等新兴经济体国家转移；三是由发达国家向发展中国家或者其他国家转移，从低端产业开始转移，逐步发展到高端产业的转移，全球产业链总体上处于垂直分工状态。

疫情之后，产业链、供应链、服务链、价值链重构会出现几个比较重要的选择方向。一是必然靠近规模最大的市场或者市场需求最旺盛的地方；二是必然靠近科技创新能力最强的地方；三是必然靠近人力资本和技术工人最充裕的地方；四是必然靠近制造业产业配套和服务体系最完备的地方；五是必然靠近资源最富集的地方；六是必然靠近国家或地区政治环境、政策环境、市场环境最稳定和最优越的地方。从全球来看，包括从亚洲来看，同时满足这六个条件的国家和地区，只有中国。

中国有巨大的规模市场优势，创新能力正在迅速提高，人力资本充裕，制造业产业配套体系完整，政治环境稳定，市场环境稳定，政策环境稳定。可以推断，不论是在前三轮经济全球化中，还是疫情之后，各国制造业独立的时代已经结束，新的产业形态、产业布局、产业组织方式、产业分工体系都将是全球化的。唯一可以缩短的是分工简单的产业或者产业链，更加复杂、多维、相互依赖、国际化的产业链、供应链、服务链和价值链，绝对不可能再回到“孤岛”时代和手工作坊时代。它只会更加数字化、智能化、供应链化和资本化，社会化大生产的分工将更加细密，产业链、供应链连接会更加紧密，而非脱钩或者解构。目前全球贸易品中，2/3 是中间品，疫情之后中间品贸易仍将是国际贸易的主体，绝对不会因为哪个国家政客的意愿，而违背经济发展规律和产业发展规律，违背科学技术发展作为产业变革的内在推动力，不会因人为力量向哪一个国家转移。

变量之七：全球能源供求关系、能源结构、能源贸易流向、能源价格、能源技术出现重大变化，能源格局将深度调整。

全球能源将发生历史性、根本性和颠覆性变化，对国际政治格局、经济格局和地缘关系将产生重要影响。

第一，全球能源供给关系将发生根本性变化，总体上供大于求，石油作为战略性资源的使命行将结束。基辛格说过：“谁控制了石油，就控制了所有国家；谁控制了粮食，就控制了人类；谁控制了货币，就控制了全球经济。”石油曾经长期作为战略性资源，全球总体上供求失衡，供小于求，世界上各国都在争夺石油，美国当时是世界上最大的石油输入国，近几十年发动的战争几乎都是为了争夺能源。而现在页岩气革命使美国成为最大的能源输出国，加上世界能源结构性变化，新能源快速发展，全球能源供求关系发生着基础性变化，未来供大于求将成为总的发展态势。按照联合国能源组织的预测，到 2040 年，全球能源需求每年仅增长 0.6%，大大低于经济增长的速度，因此，能源供给侧大战将是常态。2020 年 4 月 20 日，美国能源出现负价格，一桶油价格为 -37.63 美元，后来恢复到 20 美元左右，之后到 35 美元，再到 45 美元，这就是供给侧大战的表现，是主要生产国利益纠葛博弈的结果。现在全球能源价格又在暴涨，有机构预测，每桶石油价格会涨到 180 美元。这种供给侧大战会引发价格跌宕起伏，价格大跌主要由一些能源生产国增产导致，价格大涨则由联合限产或者一方对另一方遏制打击导致。

第二，全球石油贸易中心、能源贸易中心将从大西洋盆地地区转向太平洋地区。根据国际能源署预测，2017—2040 年全球能源增量主要发生在“一带一路”区域，中国、印度、中东、东南亚是全球增长最快的国家和地区。2025 年排在第一位的是中国，排在第二位的是印度，2025 年以后，印度有可能超过中国，成为能源的第一需求大国。2040 年，全球 70% 的石油出口到亚洲，60% 的天然气出口到亚洲，亚洲将成为世界能源贸易中心。

第三，新能源在能源总量中的比重将持续提高。清洁能源、绿色能源、低碳经济、可循环的经济发展和能源发展方式，将成为各个国家共同的追求。所以，193 个国家签署了关于气候变化的《巴黎协定》，即使美国退出，其余所有的国家也都仍在跟进，只有美国在“光棍跳舞”。这说明清洁、绿色、低碳、可循环是世界共同追求的目标，因为人类共同面临全球气候变暖的严峻挑战。

变量之八：国际金融体系可能走向重构，世界将渐次进入“去美元”“去美债”和“去美元结算体系”的“后美元时代”。

1944 年布雷顿森林体系赋予了美元作为原来锚定的准国际货币的地位，美元和黄金挂钩，各国货币和美元挂钩，在各国外汇储备中占有绝对的优势，在全球贸易结算货币分布中也占绝对的优势。现在则进入由盛转衰的历史拐点，以美元为主的结算体系或将逐渐结束历史使命，欧盟的英国、法国、德国 2018 年底和伊朗建立结算体系，到 2019 年 10 月 4 日增加到 8 个欧洲国家，2020 年又有 11 个国家加入了这个结算体系。中国建立的跨境支付体系，目前推进人民币主权数字加密货币；俄罗斯建立了金融信息传递系统。美国原来用美元结算体系作为实施长臂管辖收割世界财富的武器，而现在“去美元”则成为一种“潮流”，绕开美元结算体系重新构建金融结算体系也成为一种“潮流”。最近几年，利用本币和欧元或人民币结算的国家达到34个，60多个国家和地区把人民币纳入了国家货币储备体系。疫情之后，“去美元”速度会大大加快，据《华尔街日报》报道，2020年6月美国印了13.3万亿美元，其中用于抗击疫情的纾困款为2.2万亿美元。目前美国国债的25%由外国政府持有，44%由外国投资者持有，现在至少有22个国家的美债债主在抛售美债；2020年3月以来，全球多国又抛售了2.8万亿美元美债。

很多国家在加快增持黄金，13个国家已经运回存储在美国的黄金，全球还有80多个国家在美国纽约地库储藏着7000多吨黄金，其中中国有600吨。中国黄金储量到2020年4月达1948吨，排世界第七位；德国排在第二位，有3370吨；俄罗斯是储备黄金增长非常快的国家，有2242吨；美国是黄金储量最大的国家，有8313吨。但在“二战”结束时，美国黄金储量占全球的80%，储存了2.13万吨黄金。为什么当时美元和黄金挂钩？因为美国通过“一战”“二战”成为世界兵器工厂，成为世界制造业基地，在金银本位的货币体系下，赚取了以欧洲为主的世界大部分国家的大量黄金。所以，布雷顿森林体系向美国倾斜，把美元作为基准货币，35美元相当于1盎司黄金，美元与黄金挂钩，各国货币与美元挂钩。

美元由盛转衰的历史拐点到底会有多长？英镑作为主要货币称霸世界持续了125年，美元替代英镑是个漫长的过程。美国经济总量1874年超过英国，美元替代英镑用了70年。从1913年美联储成立到2013年的100年间，发行的美元大约有10万亿，而2008年国际金融危机增发货币超过10万亿美元，而美国当前的国家信用损耗，超发货币急剧增加，疫情以来已经超发货币超过10万亿美元。布雷顿森林体系1971年8月15日解体，但美元沿袭了准国际货币职能和惯性，仍然是美国称霸世界的经济武器。但美国信用这种超级超速损耗，使各国对美国利用美元、美债和美元结算体系依赖的同时也表现出厌弃和鄙夷，这会大大缩短美元称霸的周期，导致出现更加多元的国际货币。一批新的金融机构在国际金融市场上越来越活跃，亚投行在发出倡议时，第一批成员是57个，目前发展到102个，仅次于世界银行。金砖国家新开发银行已经开始运行，总部设在上海，上合组织金融机构基本上已经成形。从全球看可以预期，一是国际性的几大金融机构会变革，以适应世界潮流；二是随着美国国家信用的下降，美元、美债信用也急剧下降，未来将形成美元、欧元、人民币三足鼎立之势；三是美元结算体系松动。

美元结算体系SWIFT是全球性金融结算体系，一个总部设在比利时布鲁塞尔，另一个总部设在美国纽约，涵盖了世界几乎所有国家的大银行，近几十年成为美国长臂管辖的工具。不论是哪个国家、哪个企业或者个人，只要违背了美国的意愿，美国就会利用这个庞大的结算体系对其进行制裁，如制裁伊朗、古巴、委内瑞拉、苏丹等。物极必反，各国正在建立独立于美元的结算体系，欧盟在建立，俄罗斯在建立，中国的人民币、石油和黄金挂钩，已建立起独立的能源结算体系。人民币国际化推进步伐在加快，基于主权的数字加密货币正在推进，而且将比美元结算体系的结算技术更为先进。中国、欧洲、英国、俄罗斯、日本等国家和地区都在推动发展数字货币，将形成世界共识并大规模应用，基于主权的数字货币一旦联网，美元结算体系就会彻底瓦解。

变量之九：全球治理体系变革，在更多不确定性和不平衡性中寻求世界继续前行的规制。

全球经济正在经历复杂的调整与演化，与全球治理格局相互影响。西方主导的所谓“自由主义国际秩序”进入深刻的调整期，将重构全球的治理主体、治理议题、治理理念、治理路径、治理规则和治理规范，调整各国的治理行为，提高基于全球共同利益的治理成效。除此之外，会出现一批新的多边或者国际机构，原来三大国际机构，包括世界银行、IMF、WTO，实际是美国推动建立的，是美国主导的国际机构。现在世界银行、IMF、WTO 越来越具有相对的独立性，多年形成的国际规则和标准被认可，并根据世界发展做了一些有利于发展中国家的调整。美国对这些原来由其主导建立的国际经济机构越来越不满意，认为它们正在走向“背叛”自己的道路。在全球疫情蔓延期间，世界秩序与全球治理面临大挑战，除了疫情之外，美国特朗普主义化、去全球化的意识形态，也成为一些特朗普铁粉的执念和认知，美国社会思想认识空前混乱。美国背离了自己推动建立的世界秩序，之前大规模地“退群”，2020 年 7 月 6 日又退出了 WHO。

全球治理体系和机制进入加速变革期，影响全球治理体系的因素发生重大变化。逆全球化与全球化大潮逆流涌动，新旧经济形态、新旧发展动能、新旧发展方式交织错落，围绕新旧治理理念、治理方式和新旧规则的竞争加剧，对全球治理提出了新的挑战。治理主体呈现多元化、多极化趋势，主要大国难以就单一世界秩序达成一致，在地区和全球议题上追求各自的战略和利益，世界不确定性、不稳定性显著增加。所以，现在世界上的“失败国家”增加，难民如潮水涌动，英国脱欧导致欧盟遭到重创，民粹主义盛行，中美关系恶化，气候变暖继续恶化，这些都将加速世界秩序的调整甚至崩溃，如果不停止人类的愚昧与固执，很有可能退回到“丛林时代”。

变量之十：一场百年不遇的新冠疫情大流行和大封锁，成为当前影响世界变局的最大变量。

这是当前影响世界走势的最大变量。新冠疫情大流行导致百年不遇的全球大封锁，受疫情影响的主要经济体的经济连续数月处于停滞状态。全球性生命危机、公共卫生危机、经济危机、社交危机、信仰危机、信任危机、政治危机和全球治理危机相互交织，从来没有如此多的危机同时发生。在经济危机中，又包括债务危机、金融危机、产业链断链的危机、大宗商品价格危机、粮食危机、难民危机等交织在一起。所以，百年未遇的全球大封锁，会使世界经济在2020年出现1929—1930年经济大萧条以来最严重的大衰退。2020年以来，IMF、世界银行、OECD都做出了预测，判断全球经济将进入“二战”以来最严重的大衰退，90%以上甚至95%以上的经济体将出现负增长。IMF 2020年4月14日预测，印度经济增长1.9%，中国经济增长1.2%，6月24日IMF调整了预期，中国增长1%，印度增长-3.2%，除中国之外，基本上没有正增长的国家。

疫情导致了传统认知的世界观、价值观、生命观的大分野。西方的价值观正在崩溃，1991年，36岁的弗朗西斯·福山写了《历史的终结》一书，结论是社会主义已经终结于以美国为代表的自由市场经济体制。但在疫情中他多次指出，“新自由主义已死”，“美国重返法西斯主义”。这场疫情让世界看到，一些国家的不负责任导致了新冠病毒肆虐，政客利益绑架了国家利益，西方所谓价值观绑架了人的生命价值。在疫情最严重的美国，美国最权威的传染病专家的建议毫无作用，总统连选连任的竞选演说没有停止，由白人警察跪压黑人男子使其窒息而死引发了大规模骚乱。一些所谓发达国家反智主义空前严重，西方社会民众对于自由价值和生命价值产生的认识冲突，在疫情期间表现得淋漓尽致。

美国的社会大撕裂，在疫情中达到了一个历史高点。美国前国务卿坎贝尔2020年3月18日表示，“这场疫情会成为美国的苏伊士运河时刻”。“苏伊士运河时刻”发生在1956年，是结束英国霸权地位的标志性事件。现在美国4600万人申请失业救济，美联储预测，更多人将长期失业；美国黑人占美国总人口的14%，各地爆发针对种族歧视和警察暴力的抗议活动，已经从黑人平权发展到黑人特权，提出了将6月19日设立为“黑人节”，建立和白宫相对应的黑宫，建设华盛顿黑人自治区，反种族歧视走向异化。美国国务院前顾问的新书《涉事之屋》引起了全世界的关注，该书揭露了美国特朗普政府种种决策的内幕。这一切都说明，“老美国”实际上已经毁灭，曾经的“自由灯塔”“山巅上的国家”已经不复存在。

这次全球疫情的大流行引发了一系列变化，使人们再次反思“世界到底向何处去”。2020 年 4 月 3 日，96 岁的基辛格在《华尔街日报》发表文章《新冠大流行将永远改变世界秩序》，他认为新冠疫情对人类健康的攻击可能是短暂的，但其引发的政治和经济动荡可能会影响几代。疫情暴发之前，基辛格就反复强调，中美两国对抗的后果将比引发欧洲危机的“一战”“二战”更为严重。毫无疑问，这次疫情比中美贸易战对全球的影响及其产生的后果还要严重。基辛格最近表示：“如果美国失败了，谁都不会好过，尤其是中国！中国一定要救美国。”我个人认为，基辛格作为美国伟大的战略家，当然更多的是考虑美国战略利益，他深深担忧美国会由此走向衰落。

福山现在谈得最多的是“新自由主义已死”，“法西斯卷土重来，最大的变数是美国。当危机袭来时，美国由现代史上最不称职、最能分裂社会的领导人掌舵，这是何其不幸。大萧条刺激了孤立主义、民族主义、法西斯主义和第二次世界大战，但也造就了新政，以及最终的非殖民化”。福山指出：“中国实际上创造发明了现代国家政治，比任何一个欧洲国家都早得多，中国制度是对全球现代国家政治的重大贡献，这场疾病大流行是一次全球政治的严厉测试，有些国家既有能力又有合法性，这样的国家将相对顺利地通过测试，还可能通过改革变得更加强大，更具韧性，为未来的卓越表现打好基础。”

二、中国从何处来，现在在何处？

习近平总书记指出，实现中华民族伟大复兴，是近代以来中华民族最伟大的梦想。中国共产党一经成立就把实现共产主义作为党的最高理想和最终目标，义无反顾肩负起中华民族伟大复兴的历史使命，团结人民进行了艰苦卓绝的斗争，谱写了气吞山河的壮丽史诗。当今世界正经历百年未有之大变局，我国正处于中华民族伟大复兴关键时期，我们党正带领人民进行具有许多新的历史特点的伟大斗争，形势环境变化之快，矛盾风险挑战之多，对我们党治国理政考验之大前所未有。

中国是有五千年文明史的国家，有近代反帝反封建、争取民族独立富强的 170 多年历史，有中国共产党成立 99 年的奋斗史，有新中国成立 70 多年的发展史，有党的十一届三中全会以来 40 多年改革开放的历史。这些历史都是人民书写和创造的。在中国历经坎坷的近代史中，鸦片战争导致中国被帝国主义列强践踏，开放国门，割地赔款，开埠通商，丧权辱国，使中国沦为半殖民地半封建社会。无数志士仁人探求救中国的道路，经历过洋务运动、戊戌变法、辛亥革命，直到中国共产党诞生才找到了救亡图存的道路。如今，新中国的和平崛起成为世界大变局中的最大变量。

（一）中国从站起来到富起来，实现了从贫穷向全面建成小康社会的伟大变革

新中国是在一片废墟上建立起来的。1949 年和全面抗战之前的 1936 年相比，工业总值下降了 50%；粮食作物产量从 1936 年的 1.5 亿吨下降到 1.1218 亿吨。1949 年，中国的工业总产值才 466 亿元人民币，现在是 5 万多亿美元，那时候人均 GDP 是 23 美元，现在人均 GDP 已经超过 1 万美元。新中国成立 70 多年来，中国从站起来到富起来，成了一个名副其实的经济大国。

一是中国已经成为世界第二大经济体。新中国成立 70 多年来，特别是改革开放 40 多年来，中国的经济规模平均每 8 年翻一番，现在已经跃居世界第二位。中国 1985 年超过了印度，而新中国成立初期印度人均 GDP 是中国人均 GDP 的 2 倍。中国 GDP 1986 年突破 1 万亿元，1991 年突破 2 万亿元，2000 年突破 10 万亿元，超过了加拿大、意大利；2006 年超过了法国、英国；2007 年超过了德国；2010 年超过了日本，上升为世界第二大经济体。2017 年中国 GDP 突破 80 万亿元，2019 年达到 99.1 万亿元，占全球 GDP 的 17%，是美国 GDP 的 67%。

二是中国已经成为第一大贸易体。从 1949 年到 1978 年，中国对外贸易几乎为零，香港是内地通向国际市场的唯一通道。1971 年尼克松、基辛格访华开启了中美关系的“破冰之旅”；1979 年卡特、布热津斯基时期中美建交。1978 年，中国进出口贸易总额才 206 亿美元，居全球第 29 位。2001 年 12 月 21 日中国加入 WTO，中国国际贸易快速发展，到 2013 年，中国成为第一货物贸易进出口国家。2017 年，中国进出口总值达到 4.1 万美元。2019 年货物进出口贸易总额 31.54 万亿元人民币，相当于 4.6 亿美元；服务贸易总额 54152.9 亿元，相当于近 8000 亿美元。中国贸易已经占全球的 12%，成为全球 120 多个国家和地区的第一大贸易伙伴。

三是中国实现了从落后的农业国演进为第一制造业大国。1952 年中国农业增加值占 GDP 的 50.5%（现在占 8.2%），当时的农业人口占全部人口的 83.5% 以上，占就业人口的 88%。而现在城市的常住人口已经超过 60%，这是非常大的变化。“二战”后，1947 年美国推出了马歇尔计划，持续了 4 个财政年度，帮助西欧振兴经济，西欧总共接受美国各种形式的援助 131.5 亿美元，其中 90% 是赠予。而新中国成立初期百废待兴，西方国家对中国采取的是封锁和扼杀，只有苏联向中国提供了16.5亿美元的贷款，加上社会主义阵营其他国家提供的贷款，中国总共获得了24亿美元贷款。在艰难的国际环境中，在“一五”时期、“二五”时期，中国制定了包括156个工业项目的国家计划，20世纪60年代在三线建设布局工业，到1978年，中国全部工业固定资产总值才9000亿元人民币。改革开放之后，我国制造业承接了全球制造业产业转移和要素重组，从劳动力密集型产业到电子信息产业，再到重化工和现代智能制造，抓住了世界产业结构调整机遇，使中国成为世界制造业基地。2010年，中国制造业总产值占全球比重达到了19.68%，2019年中国制造业总产值占全球比重达到了30.4%。

四是中国正在成为创新大国。从1956年到1967年，中国制定了12年科技发展规划。1963—1972年，中国制定了10年科技发展规划。1978年召开了全国科学大会，向科学技术现代化进军。1978—1985年，中国制定了8年科技规划纲要。1985年通过了《中共中央关于科学技术体制改革的决定》。2006年制定了《国家中长期科学和技术发展规划纲要（2006—2020年）》，这是2020年15年的中长期科技发展规划，其中部署了16个重大专项、8个技术领域的27项前沿技术、18个基础科学、4个重大科学研究计划。2010—2020年，国家制定了《国家中长期科学人才发展规划（2010—2020）》《国家重大科技基础设施建设中长期规划》。除此之外，国家还制定了国家科技攻关计划、星火计划、973计划、863计划、火炬计划等；建立了国家重点实验室、国家级经济技术开发区、高新技术产业开发区、国家自主创新示范区；等等。

中国迈向创新大国的脚步从来没有停止过。尽管如此，中国科技创新能力或者制造业创新能力与发达国家相比还是有很大差距。工信部部长苗圩曾经在2015年“两会”上对记者说：“中国制造业总体上处于第三梯队。”经过5年的努力，加上已经奠定的基础，中国目前有可能已经进入了第二梯队，有了局部的重大突破。比如说“两弹一星”，是在中国最困难时期和改革开放之前最重要的科技创新。改革开放之后，中国发展了载人航天工程、天眼工程、“悟空”号暗物质粒子探测卫星、“墨子”号量子科学实验卫星、深海探测工程、5G、超级计算机、汉字激光照排系统、北京正负电子对撞机、高速铁路、三代核电、新能源汽车、杂交水稻、青蒿素等。特别是当前集中国力与企业之力，正在攻克颠覆性技术、前沿技术和共性技术，并有了重要进展。在有些领域，中国开始进入“无人区”。

五是中国已经成为全球性金融大国。新中国白手起家，建立了统一的法定货币制度。20 世纪 50—70 年代，中央金融机构只有中国人民银行一家。到现在为止，中国已经建立了现代银行金融体系，共有金融机构 4588 家，金融总资产 268 万亿元，到 2019 年末，外汇储备 3.1 万亿美元，位居全球第一。1978 年，中国外汇储备总共才 1.67 亿美元，还不如现在一个企业拥有的外汇多。所以，多年以来，中国外贸出口的指导思想和口号一直都是出口创汇，因为当时中国确实没有外汇，难以走向国际市场。中国证券现在总资产是 7 万亿元，保险业总资产 18 万亿元。民间资本在股份制银行超过 40%，在城市银行超过 50%，在农村合作医疗机构超过 80%。目前中国债券市场规模为 90 万亿元，是全球第二大债券市场。1984 年发行了第一只股票，1990 年中国上海、深圳两大交易所成立，目前上市公司有 3700 家，市值达 54 万亿元，是全球第二大股票市场。中国还是全球第二大保险市场，2019 年，我国保险行业保费收入为 4.26 万亿元，突破 4 万亿元大关，较 2018 年增长 12.17%。中国建立了面向全球的金融开放体系，包括推进人民币国际化进程，2016 年 10 月 1 日，中国人民币加入 IMF，成为 SDR 篮子里五种货币之一，占总额的 10.92%。

六是中国已经成为一个开放的大国。中国历史上特别是清代以降的 200 多年，实行的是闭关锁国政策。新中国成立初期直到中美建交之前，中国不是不开放，而是被西方实行了经济封锁，以美国为首的西方世界对中国的经济封锁持续了 30 年。改革开放 40 多年，中国从“引进来”到“走出去”，从渐进式改革到全方位开放，从加入 WTO 组织到全面融入经济全球化，从 4 个经济特区到 219 个国家级经济技术开发区、168 个国家级高新技术开发区，还有综合保税区、出口加工区、边境经济合作区、国家级新区等。从 2013 年 9 月在上海设立国家自由贸易试验区，到经过 4 次扩围，目前发展到 18 个省份的 55 个片区的国家自贸区试点。近几年中国发展了 105 个跨境电商试点城市，奠定了发展下一代贸易方式——数字贸易的基础。中国已经签署了 19 个包括 25 个国家和地区的 FTA，还有正在谈判的 12 个，进入研究的 8 个。近年来，中国又迈出了新的对外开放步伐，包括“一带一路”、京津冀协同发展、长江经济带战略、粤港澳大湾区、上海新片区、海南自由贸易港等。

（二）中国具有独特的制度优势，这是中国迅速崛起并立于不败之地的制度性保障

深度认识中国，就要认识中国特色社会主义制度是当代中国发展进步的根本制度保障，没有执政党领导中国人民开辟创造人民美好生活的道路，没有政治的进步，

就不可能有经济体制改革的成功。

第一，中国共产党是当今世界最大的政党，创建了中国稳定和完善的国家制度。

一是中国共产党作为执政党，经过长期探索，建立了完善的政党制度。中国共产党是世界上唯一一个有9000万人的大执政党，具有最广泛的社会基础。中国共产党建立了一党领导、多党合作，一党执政、多党参政的政治制度，充分发挥各党派的作用，既不同于西方国家政党的两党制和多党制，也不同于苏联的一党制。党的执政宗旨具有“人民性和先进性”，执政纲领具有前瞻性和战略性，执政团队有连续性和稳定性，执政制度有长期性和全局性。从党的一大到党的十九大，尤其是新中国成立后从党的八大到党的十九大，中国共产党带领下的国家从苦难辉煌中一路走来，国际地位和影响力与日俱增，日益走近世界舞台中心。

二是建立了稳定和完善的国家制度体系。人类历史上各种制度的产生、发展、兴盛、消亡，就是制度创造和选择的过程，就是不断选择和创造最优制度的进程。只有最优的制度，才是一个国家最大的智慧与保障。在中国共产党的领导下，我国确立了国体、政体、根本政治制度、基本经济制度和各个方面重要的制度，既包括政党的制度、人民代表大会制度、政治协商制度，也包括立法制度、行政制度、司法制度等，中国已经形成了一整套治国理政的稳定制度框架。

三是坚持党的集中统一领导。中国共产党作为14亿人口大国的执政党，肩负着艰巨的、复杂的历史使命，在把握人类发展一般规律基础上，探索中国经济社会发展的特殊性，研究生产力和生产关系、上层建筑与经济基础的调整变革规律，是马克思主义指导下的创新型政党。

四是坚持人民的主体地位。以人民为中心是党执政的核心价值理念，人民群众是社会变革的决定性力量。中国过去和现在都是世界上最大的发展中国家，未来争取经过几十年努力成为发达国家。中国共产党坚持人民是主体力量，坚持人民群众创造历史的人民观，把人民群众当作历史发展的主体，当作历史发展的动力，当作推动经济社会发展的力量源泉。一切为了人民，一切依靠人民，让人民分享改革发展成果。

五是有不断进行自我扬弃和自我完善的能力。在巨大的、强烈的政治和社会变迁中，既保持先进性，又不断与时俱进。比如经济制度的扬弃，从新中国成立初期到1978年，中国实行的是计划经济体制，1978年之后改革开放，我国经济制度实现巨大变革，从计划经济迈向市场经济。坚持市场化取向改革，直到市场发挥决定性作用，成为完全的市场经济国家。比如对权力的制约与监督、反腐行动等，也是中国共产党不断进行自我扬弃和自我完善的过程。

六是向世界贡献中国智慧和中国方案。如20世纪50年代中国提出的“和平共处五项原则”，现在习近平主席提出的“人类命运共同体”理念、“一带一路”建设的共商共建共享基本原则等。

第二，从宏观管理制度方面看，中国拥有制度优势。

中国有很多方面的制度优势，仅从国家宏观的经济管理制度分析，就可以看出中国制度的稳定性与持续性。

一是中国有长周期的国家战略目标。中国共产党有“两个一百年”的奋斗目标：第一个一百年是到中国共产党成立100周年时全面建成小康社会；第二个一百年是到新中国成立100周年时，建成富强、民主、文明、和谐、美丽的社会主义现代化强国。中国共产党确定了“三步走”战略，发展到现在的“两个阶段”即2020年全面建成小康社会后，到2035年实现社会主义现代化、2050年建成社会主义现代化强国。中国共产党一直在不断地描绘着宏伟的蓝图。

二是国家有五年计划和五年规划。第一个五年计划是1953—1957年，基本任务是集中主要力量发展重工业，建立我国社会主义工业化的初步基础等。从“一五”“二五”一直到“十五”计划，从“十一五”开始，国家将“五年计划”改为“五年规划”，体现了20世纪80年代以来改革开放带来的政府市场与企业组织关系的调整，目前正在研究制定“十四五”规划。

三是自1994年开始，党中央每年召开中央经济工作会议，对当年经济社会发展工作进行总结，对第二年经济社会工作作出部署。每年召开“两会”，部署全年经济社会发展各项重要工作。这是根据国家全局性战略目标和战略部署召开的年度会议。

四是制定长周期的专项规划。比如中国高铁发展既有长周期规划，也有五年规划和年度规划，如2016年制定了中国高铁发展中长期（2030）规划，到2030年修建3.6万千米高铁，实现“八纵八横”网络体系。疫情之后，国家制定了新的高铁发展规划，未来要实现“十纵十横”高铁网络体系。这些长周期的专项规划非常重要，是国家落实长周期战略目标的时间表和路线图，是国家五年规划和长周期战略衔接落地的制度性安排。

我国日常的经济社会运行工作，既有中央政治局会议、中央政治局常务会议，确定中国经济社会发展方略和重大方向；也有国务院常务会议，基本上是每周一次，讨论中国经济社会运行中的一些重大问题，研究出台一些重大政策措施。除了党中央、国务院的会议制度，国务院相关部委，如国家发展改革委、中国人民银行、商业部、外交部、农业部、环保部等，也都有相关的本领域、主管部门的部委文件和会议制度，以指导分管领域开展工作。

除此之外，还有体制内的决策咨询部门，包括中央政策研究室、国务院研究室、国务院参事室等，还有智库和各类为决策提供咨询服务的研究机构。2015 年，中央确定了 25 家高端智库试点，包括一批高校研究机构、民间智库和大型企业的研究机构等。现在，各类智库正迅速发展。

从战略目标到长周期的专项规划，到五年计划、五年规划，再到每年度的工作安排，以及日常针对经济社会运行中的热点、难点、痛点问题，进行重大问题的例行会议，各个部委的工作部署，各类智库，这些都发挥了重要的作用，是我们的制度优势。

第三，能集中力量办大事。

1998 年亚洲金融危机爆发，中国才开始修建高速公路，形成了发达的高速公路体系。2008 年的国际金融危机爆发，中国启动了 4 万亿元经济救助计划，其中很大一笔资金投入了“铁公基”，逐渐形成了中国高速铁路体系，从“四纵四横”到“八纵八横”，再到未来的“十纵十横”，中国迎来了高铁时代。

在抗击新冠肺炎疫情的过程中，中国的制度优势非常突出。这次全球性新冠疫情是 1918 年西班牙大流感以来传播速度最快、感染范围最广、防疫难度最大的突发性公共卫生事件。习近平总书记亲自指挥，亲自部署，统揽全局，召开 14 次中央政治局常务会议、4 次中央政治局会议和其他会议。国务院建立联防联控机制，国务院常务会议每周研究重大事项，联防联控机制每天向全国通报抗击疫情重大情况。全国一盘棋，高度服从党中央的统一指挥，坚持人民至上、生命至上，全面动员，全员参战，人民解放军和医务工作者驰援武汉，人民警察、商业物流、快递小哥、社区工作者昼夜兼程，中国 14 亿人都是抗击新冠疫情的参与者。中国几千年文化培养了一个厚德的民族，而且人民群众对于党中央、对于政府是高度信赖的。中央怎么指挥，政府怎么安排，全体人民就怎么做，不论男女老少。2018 年英国《经济学人》智库对 50 个国家发起问卷调查，当问到“对自己国家未来发展的信心”时，参与调查的中国人对中国有强烈信心的占比高达 91. 4%，高居榜首。2020 年 7 月，美国哈佛大学肯尼迪学院公布了连续 13 年持续跟踪调研数据，显示中国人对政府的满意度高达 94. 1%，还是高居榜首。

三、中国面临的严峻挑战和深层次问题

中国确实已经成为一个令人尊敬的经济大国、开放大国、金融大国、创新大国、贸易大国、制造业大国，但中国自身还存在很多深层次矛盾，面临的挑战和问题也很严峻。

（一）一些值得深刻思考的大问题

如何面对全球存在的“四大赤字”与日俱增的困局？我们面对的是怎样一个更加不确定和更具挑战性的世界？如何应对来自国际社会的输入性风险？如何推动世界从根本上解决和平赤字、发展赤字、治理赤字和信任赤字等问题？当前世界这些赤字是增加了而不是减少了，特别是信任赤字增加了，治理赤字也增加了，发展赤字始终就有。现在联合国190多个国家中，排在第1位到第10位的国家占世界经济总量的80%，排在第11位到第20位的国家占10%，其余170个国家占10%。从中可以看出，全球发展赤字是非常大的。同时，由于美国退出《中导条约》《伊核协议》，准备退出《开放天空条约》等，陡然增加了战争的风险，使和平赤字也大幅增加。所以，现在全球“四大赤字”不是减少了，而是与日俱增。中国应该采取什么样的态度和行动推动世界解决这些问题？是听之任之，各扫门前雪，还是有所作为、大有作为、主动作为？这是摆在中国面前的难题，也是摆在世界面前的难题。

如何判断百年未有之大变局？习近平主席多次指出：“世界面临百年未有之大变局。”很多学者往往能解释清楚前一百年的变局和当前的变化，但对未来百年大变局则很迷茫，没有穿透历史看未来的眼光、眼界和眼力，缺乏透过现象分析人类社会发展规律的知识储备。对国家的信心忽高忽低，对打击遏制我们的对手判断忽强忽弱，如何看待和应对逆全球化的潮流？如何推动全球形成对“人类命运共同体”的共识？如何构建可以得到全球认知和跨国界经济合作的长效机制？

如何真正形成中国的举国制度优势？在建设社会主义现代化强国和实现中华民族伟大复兴的新征程中，如何推进国家治理体系和国家治理能力的现代化？如何让我们的制度更加成熟和定型？如何创造优于资本主义制度的经济效率和国家治理能力？如何既发挥好国家、政府的主导作用，发挥好集中力量办大事的举国体制优势，又更好地发挥市场的决定性作用、企业在市场机制运行中的主体作用？

如何实现国家的长治久安？如何跳出历史周期论，迈过“中等收入陷阱”？如何突破西方现代化的危机，正确认识西方自由民主制度的倒退乃至终结，解决一些

领域和一些人的全盘西化问题？在中国实现中华民族伟大复兴的进程中，我们是否做好了作为世界性大国的思想准备？我们如何进行伟大斗争、从事伟大事业、实现伟大梦想，建设伟大工程？

如何实现从世界大国向世界强国的迈进？孙中山先生在《治国方略》中就提出，“中国应该而且能够超过美国”。毛泽东同志1958年提出了新中国的超越梦想：“15年超英，20年赶美”。当“大跃进”失败之后，毛主席在七千人大会上指出：“要赶上和超过世界上最先进的资本主义国家，没有一百多年的时间，我看是不行的。”

习近平总书记在2012年提出“中华民族伟大复兴的中国梦”。这个“中国梦”分为两个阶段，其中到2050年即21世纪中叶，中国要实现中华民族伟大复兴的中国梦，建成社会主义现代化强国，正好和毛主席说的“没有一百多年的时间是不行的”相吻合，届时正好是新中国成立100年。中国早就超过了英国，赶美也是完全可以实现的，当然，我们不能犯战略性错误或者颠覆性错误，中国前进的步伐不能在中途被打断。

按照世界银行的标准，中国还需要下更大力气解决相对贫困问题。中国经过多年努力，特别是习近平总书记高度重视解决中国绝对贫困问题，到2020年按照中国标准将实现零贫困，这是人类历史上的伟大奇迹，是对世界脱贫事业的巨大贡献。但总的来看，目前的脱贫还是中国标准的脱贫，2020年脱贫的贫困线一年是4000元人民币，平均每天约1.25美元，这是联合国2009年的贫困线标准。2017年，世界银行重新设定了贫困线的标准，赤贫购买力水平为每人每天1.9美元，中低收入水平贫困线为每人每天3.2美元，中高收入水平贫困线为每人每天5.5美元。中国2010年上升成为中上等收入国家，按照世界银行新的标准，2017年中国贫困人口为3.08亿人，贫困率为22.16%。中国GDP现在已是美国的67%，2019年，人均GDP却刚刚超1万美元，位于全球第65，而美国人均GDP为6.5万美元，中国仅是美国的1/6多一点。即使未来中国经济总量超过美国，人均GDP也仍不到美国的1/4。从世界横向比较来看，中国已成为中上等收入国家，按照世界银行新的贫困线标准，中国相对贫困人口还有3亿人左右。

中国制造业总体上大而不强。2015年工信部苗圩部长指出，从全球制造业发展水平来看，中国总体上处于第三梯队，现在五年过去了，中国正在从第三梯队迈向第二梯队。2015年，中国政府出台了《中国制造2025》，这也是美国遏制打压中国并在2018年3月22日出台“301调查”报告的直接“引线”。“两个一百年”的战略目标是到2020年全面建成小康社会，到2050年建成社会主义现代化强国。现在已经实现了第一个一百年的奋斗目标，距离实现第二个一百年奋斗目标还有30年时间，要实现第二个一百年目标，中国人只有继续奋力拼搏，才能有所突破、有所前进，才能达到世界一流水平。其实《中国制造2025》是奋斗目标和实现路径，目的在于推动我国制造业十大战略性新兴产业发展。而现在中国制造业总体上大而不强，所以才被美国一剑封喉，出现中兴通讯这样的事件；才被美国进行技术制裁，出现对华为等企业进行围堵的无理举措；才被进行技术切割，出现美国推动全球产业链断裂的危险局面。美国的长板正好是中国制造业的短板，2018年6月13日，中国有关部门对外公布，我们还有60个重大科学和重大工程技术难题、240多项被“卡脖子”的技术。

中国未来有可能会出现人口危机。中国很快将进入深度老龄化社会。2000年中国和全球同步进入老龄化社会。2019年末，中国60岁以上人口为2.54亿，占总人口的18.1%；65岁以上人口为1.76亿，占12.6%。预计到2020年，中国65岁以上人口将占到14%，到2050年将占到35%，按照联合国的标准，60岁以上人口占10%、65岁以上人口占7%就进入老龄化社会，占14%即深度老龄化社会，占20%就是超级老龄化社会。因此，中国2020年就进入了深度老龄化社会。

我们还会进入深度少子化社会。据WHO统计，1950—2020年，中国女性生育率从6.11%下降到1.69%。根据国家统计局1月17日的统计数据，2019年新生儿为1465万，是新中国成立以来最低值。未来十年，年轻劳动力将减少30%，0~10岁人口占总人口的比重将从1982年的33.6%下降到16.2%，少年儿童人数将从1982年的3.4亿下降到3.2亿，2027年，中国将步入人口负增长时代。2030—2050年，中国人口将减少7800万，到2065年，人口规模将降至12.48亿。少年儿童占比低于15%被判定为超级少子化社会。深度老龄化、深度少子化以及将来人口数量下降、劳动力短缺将是中国面临的大问题。印度、印度尼西亚和非洲国家人均年龄为28~30岁，劳动力红利将持续释放10~20年，而中国平均年龄为38~40岁，人口红利特别是将体力劳动作为主要支付能力的劳动力会急剧下降。

中国贫富差距问题还在加重。这是一个全球性问题。中国的贫富差距主要体现在三个方面：一是从名誉家庭资产来看，根据央行2019年城镇家庭资产负债情况的调查，中国城镇居民家庭总资产均值为317.9万元，其中住房拥有率为96%，总资产中房产占比相当大。从调查结果来看，中国富有的10%的家庭平均资产是1500万元，加起来占全社会总资产的47.5%，接近50%；其次10%的家庭加起来占

23%，底层的20%仅占2.8%。按净资产分组，前10%的家庭拥有17.1%的财富，前20%的家庭拥有64.5%的财富，前40%的家庭拥有82.6%的财富，底层的20%的家庭仅拥有2.3%的财富。二是从基尼系数来看，联合国有关组织规定，基尼系数低于0.2，属于收入绝对平均，0.2~0.3属于比较平均，0.3~0.4属于相对合理，0.4~0.5属于差距较大，0.5以上属于收入悬殊。中国的基尼系数1978年是0.317，1994年是0.434，2016年是0.789，2017年是0.467，2018年、2019年以后，国家统计局不再公布相关数据。现在联合国150个有统计的国家，基尼系数超过0.49的国家不到10%，我国位列其中。三是从收入差距来看，这表现在很多方面，既包括国民经济总投资与总储蓄的差额、工业品和农产品的剪刀差，这是新中国成立以来一直存在的问题，也包括工资分配的地区差、单位差、行业差、官兵差，还包括体力劳动与脑力劳动收入差、资产性收入与劳动性收入的差别。

仍存在明显的区域差距和城乡差距。中国存在四大差距，即东西差距、南北差距、城乡差距、内地与沿边的差距。现在东西差距有所缩小，如在原来西部12个省份里，一些地方像重庆、四川、陕西等脱颖而出，使东西差距缩小。但南北差距却在加大，东北三省近40年GDP总量在全国占比下降了一半，全国的经济重心进一步向南转移。中国城乡从收入、教育、医疗、消费、就业、公共服务到基础设施、市场环境，差距也非常大，虽然这些年有所缩小，但是和发达国家相比，城乡差距仍然很大。还有内地与沿边的差距，沿边地区有2.2万千米，沿海地区有1.8万千米。沿边邻国大部分是发展中国家或贫困国家，中国沿边省份大部分也是欠发达省份。虽然“一带一路”建设使沿边地区变成了对外开放的前沿，但沿边地区主体省份的带动力、经济实力严重不足。

生态安全面临重大挑战。中国存在几大污染问题，虽然近年来加大了治理力度，但治理的任务仍然严峻。①**大气污染，**2018年国家提出“打赢蓝天保卫战三年计划”，在汾渭平原、长三角、京津冀三大重点区域进行大气环境治理。但到2019年，全球十大污染城市中中国就占7个，包括太原、北京、乌鲁木齐、兰州、重庆、济南、石家庄。在中国500个大城市里，只有不到1%的城市能达到世界卫生组织规定的空气质量标准。②**水环境污染，**现在的海河、辽河是重度污染，淮河、黄河、松花江是中度污染，长江、珠江水质良好，但一些江段、河段也受到污染。浅层地下水50%受到污染，淡水资源40%不能饮用，近海污染严重。③**土壤污染，**包括有机物、无机物、重金属的污染，还有重污染企业的用地、工业的废弃地、工业园区的废弃地、固体废物的集中处理场地，以及现在采油区、采矿区、污染灌溉区、干线、公路两侧的土壤污染。④**化学品污染**，包括一些化工厂向水中排放的废水。由于化学品污染出现了一些癌症村，还有一些化学品添加剂或包装转移到食品里的安全风险，这个问题值得高度重视。一位美国高级记者写了一本名为《百年谎言》的书，揭示了世界从1906年出现第一种化学品后，化学品平均几分钟就出现一个新品。这些化学品作为食品添加物、化妆品添加物，90%以上没有进行毒副实验。因此，美国是使用化学品最早和最多的国家，一个人早上起来不到1小时，就会接触到126种化学品。美国医疗费用总支出占GDP的17%～18%，但是美国人的寿命为77.3岁，比中国的人均预期寿命77岁才多0.3岁。

水土流失，石漠化、荒漠化，生物多样性被破坏等问题。中国在修复、恢复、保护生态方面付出了巨大努力，习近平总书记提出的“绿水青山就是金山银山”已经成为生态文明建设的指导思想。从美国航天局航拍的世界地图上看，中国新增绿色面积占全球的一半以上。但是，中国也是生物多样性受威胁最严重的国家之一，有4000～5000种高等植物受到威胁。有人正在把稀缺的种子保留下来，建设原生种子博物馆，这令人感动，但也令人担忧，因为我们的很多生物种类濒临灭绝。

四、中国奋斗目标——自豪地立于世界民族之林

新中国成立以来，经济发展时间节律基本上是30年一个周期，第一个周期是从1949年到1978年，师从苏联，实行社会主义计划经济体制；第二个周期是从1978年到2008年，师从美国，学习并融入以西方为主的市场经济体系；第三个周期，苏联模式、美国模式的弊端都越来越明显，我们既不能照搬苏联模式，也不能照搬美国模式，必须探索中国自己的发展道路与适合中国国情的发展模式。

党的十九大报告再次指出，从党的十九大到党的二十大是“两个一百年”奋斗目标的历史交汇期。从2020年到21世纪中叶可以分为两个阶段：第一个阶段，2020—2035年，在全面建设小康社会的基础上，再奋斗15年基本实现社会主义现代化；第二个阶段，从2035年至21世纪中叶，在基本实现社会主义现代化的基础上再奋斗15年，把我国建成富强、民主、文明、和谐、美丽的社会主义现代化强国。经过新中国成立70多年，特别是改革开放40多年，中国取得了伟大成就，未来中国还将有很多重要的战略红利，包括巨大的市场红利、基础设施的红利、人力资本的红利、实体经济为主的红利、战略组合的红利、历史文化的红利。中华民族将自立于世界民族之林。中国为什么能实现这样的愿景？有以下几个重要的决定性因素：

（一）中国在道德、道义和文化价值观上占据了世界高地

在东西方文明的对决中，中国必将胜出。习近平主席指出："文化是一个国家、一个民族的灵魂，文化兴国运兴，文化强国运强，没有高度的文化自信，没有文化的繁荣兴盛就没有中华民族的伟大复兴。"季羡林先生在 1992 年 3 月的《21 世纪：东方文化的时代》中写道："21 世纪是东方的世纪，西方在资本主义法治到帝国主义，自以为是天之骄子，第一次世界大战从 1914 年打到 1918 年，基本上是欧洲人打欧洲人。战后 20 世纪 20 年代，欧洲思想出现了反思的热潮，他们思考的是为何自认为文化至高无上的欧洲都要自相残杀。看来西方不行了，要看东方。有本风行一时的书叫《欧洲的没落》，说欧洲要垮台，要灭亡，仰望东方。当时中国的《老子》《庄子》非常流行，《老子》德文译本有五六十种。第二次世界大战打了 6 年，死的人比'一战'还多，战后欧洲再次出现仰望东方的反思热潮。当时除了《老子》《庄子》外，又增加了禅宗、中医、《易经》，还有印度大乘佛教。"季羡林先生还指出："一位英国史学家汤因比在他所著的《历史研究》中，把各国民族的历史做了一个总结，他认为，人类共同创造了 23 个或 26 个文明或文化可以贯穿千秋。从他的哲学基础出发得出的结论是，西方的文化将来要消灭。""21 世纪，东方文化的时代，这是不以人们主观愿望为转移的客观规律。"

当代政客和战略家也有很多反思，法国总统马克龙说："必须承认西方霸权或许已经终结。法国、英国、美国让西方伟大 300 年，法国是文明，英国是工业，美国是战争。我们习惯了这种伟大，它让我们在全球经济和政治中掌控绝对的支配权。但是事情正在变化，有些危机来自我们西方国家自身的错误，而有些则来自新兴国家的挑战。美国是我们长期的盟友，同时它也是一个长期绑架我们的盟友。文明逐渐消失，欧洲逐渐消失，西方霸权的时刻也会一同消失，最终世界将围绕两个极点运转，即美国和中国，欧洲就必须在这两个统治者之间做出选择，欧洲将无情地失去控制权。"德国总理默克尔指出："中国已经崛起成为一个主要经济大国。"中国的成功证明，不同制度的国家可以殊途同归，中国在经济社会发展上取得的成功给西方模式带来了挑战。随着时间推移，中国理论、道路、制度、文化将得到世界大多数国家认识、认知与认同。

（二）中国经济将实现从大国到强国的超越

中国经济从高速增长阶段转向高质量发展阶段，社会生产力将迈上更大台阶，经济实力将大幅度提升，将建成高质量现代化经济体系，将产生一批具有全球竞争

力的世界一流企业和企业家。

中国将成为经济强国。如果未来 15 年中国经济年均增长 4.8% ~5.6%，到 2035 年在全球占比将达到 27.25% ~31.45%，对世界经济增长的贡献占比将超过 1/3。按照这样的速度，中国可以在 2035 年进入中等发达国家行列，2050 年建成社会主义现代化强国，人均发展水平达到美国的 70%。世界银行预测，2030 年中国经济总量将达到 240 万亿元，人均 GDP 超过 3 万美元。

中国将成为制造强国。中国制造业到 2050 年可以连续迈上三个大台阶。到 2025 年，将基本形成数字化基础设施，实现“互联网 + 智能制造”；到 2035 年，基本形成新一代智能制造，制造业总体水平达到世界先进水平；到 2050 年，建成制造业强国。

中国将成为科技强国。中国制定并将启动 2021—2035 年国家中长期科技发展规划。到 2020 年中国进入创新型国家行列，2035 年左右跻身创新型国家前列，2050 年成为世界科技创新强国。2018 年中国创新能力排在全球第 17 位，2019 年为第 14 位，2025 年将进入前 8 位，2035 年将进入前 5 位，中国将成为世界科技中心和先进制造业中心。

中国将会产生一批具有全球竞争力的世界一流企业和企业家，这个群体是未来中国进入世界经济强国行列的先进生产力。到目前为止，世界 500 强企业、独角兽企业中中国企业占比均已超过美国，居全球第一位，未来中国企业的创造创新能力将得到极大提升。

（三）中国将建立最完备最先进的基础设施

在原来的高铁网、高速公路网、航空网、航海网、港口网等硬件基础设施的基础上，数字化的基础设施建设速度会大大加快，而且将引领世界。以 5G 为代表的数字化基础设施将会加快形成工业互联网、物联网、车联网、人工智能、云计算、高速宽带网络、传统互联网智能化升级，未来将实现万物互联、万物遥感、万物可视、万物智能。

在新基建方面，2020 年 3 月 23 日，赛迪《新基建发展白皮书》中指出：到 2025 年，七大领域新基建直接投资将达到 10 万亿元，带动投资积累或超过 17 万亿元。如在 5G 方面，预计 2020—2025 年，5G 基站将会发展到 500 万 ~600 万座，每座 50 万元，投资规模将达到 2.5 万亿元，预计带动全产业链投资 5 万亿元。5G 商用将直接带动经济总产出 10.6 万亿元，直接创造经济增加值 3.3 万亿元。中国将是世界上第一个在全域实现5G覆盖的国家，新一轮科技革命、数字经济的发展以及由数字经济派生的新业态新商业模式和新生活场景，都会使中国在全球起到引领作用。

在价值赋能的基础设施方面，未来中国数字化基础设施如5G、工业互联网、物联网、车联网、人工智能、一体化大数据中心、云计算、固定宽带网络、传统互联网智能化升级等将成为中国经济几十年发展的重要基础设施。如工业互联网，2025年市场规模将突破1.2万亿元，基础设施约占总规模的41%，软件与应用规模占31%，通信与平台占28%，工业安全软件规模占0.8%。再如物联网，预计2020—2025年，至少有30亿~50亿个终端联网，投资2万~3万亿元，在万物遥感的基础上形成万物互联。中国还将在智能制造、智能农业、智能城市、智能交通、智能电网、智能金融、智能物流、智能教育、智能医疗、智慧文旅方面快速发展。

在将潜在优势变成显性优势的基础设施方面，会进一步形成“十纵十横”的高铁网络体系，更多城市之间的城际列车将成为城市群、城市带的链接通道。中国还有把潜在优势变成显性优势的基础优势，如高铁网络、新能源汽车、充电桩等。中国现在新能源汽车占到全球的53%，在全球排第一位，但充电桩是短板，应加速建设新能源汽车充电桩网络体系，推动新能源汽车替代传统能源汽车。中国将充分利用和放大中国形成的技术支撑体系的优势，释放和发挥北斗、航天、航海等重大科技基础设施以及超级计算机、数据库、区块链、传感器、虚拟现实、开源性平台等的巨大潜能。

（四）中国将建成全球经济最活跃和现代商务环境最优的市场

一是中国具有巨大市场规模优势。2019年，社会消费品零售总额达41.2万亿元，物流市场总规模达298万亿元，国际贸易总额达31.54万亿元，房地产市场销售规模近16万亿元，合计近400万亿元。“十二五”期间中国社会零售商品总额年均增长15.6%，“十三五”时期年均增长10%左右，未来10年预计年均增长8%左右，届时中国市场规模将超过1000万亿元。

二是未来中国将成为全球贸易中心、能源交易中心。中国是120多个国家的第一大贸易伙伴，广交会进出口贸易、上海进口博览会、接近5000个类似义乌的小商品批发市场，正在成为全球采购贸易中心。因此，中国未来将不是一般意义上的贸易强国，而是世界的进口、出口、转口贸易中心，会成为全球的交易中心。2020年以前，巩固经贸大国地位；2035年，基本建成经贸强国；2050年全面建成经贸强国。

三是中国将成为全球重要的金融中心之一。随着人民币国际化和国际信用度的提高，人民币在全球储备货币中的占比、在全球贸易结算货币分布中的占比会大幅提升，人民币将成为三大支柱货币。预计2035年人民币在全球贸易结算货币分布中的占比将超过20%，2050年超过30%；人民币离岸中心从目前13个增加到50个。人民币能源交易中心占比将从目前的12%提高到2035年的25%左右，到2050年提高到40%左右。

四是中国将成为现代商务环境最优的国家之一。按照世界银行的评估，2017年中国现代商务环境排在第78位，2018年排在第46位，2019年排在第31位。2025年将进入前20位，2035年进入前10位，2050年进入前5位。按照国际组织评价，中国现代商务环境最优的是香港，中国香港一直排在全球前5位，粤港澳大湾区是国家的重大战略，实施《港区国安法》之后，香港社会将会恢复长期稳定，使香港现代商务环境优势在粤港澳大湾区放大，从而为全国的现代商务环境进一步改善提供经验。

五是中国将成为全球最开放、最活跃、最现代化的市场。中国目前有1.2亿个市场主体。2019年，数字经济规模为31.3万亿元，手机移动支付渗透率达94.7%，移动支付较5年前增长了27倍，达到266.2万亿元。

（五）中国将成为人民生活幸福指数较高的国家

一是学习中国。中国将建成学习型国家，实行15年义务教育，高等教育毛入学率达70%以上，一批大学和学科进入世界一流行列或者前列，具有源源不断的原创性创造能力。

二是健康中国。已经实现《健康中国2020》，人均预期寿命77.3岁；正在实施《健康中国2030》，人均预期寿命79岁；迈向更高水平的健康中国，提供公平可及、系统连续、覆盖全人群和全生命周期的医疗服务，满足人民健康需求。到2050年，我国主要健康指标进入世界前列。联合国新的年龄划分标准为：0～17岁为未成年人，18～65岁为青年人，66～79岁为中年人，80～99岁为老年人，100岁及以上为长寿老人。中国还需要加快发展，成为富裕且公平的国度，提高人的全生命周期的生存质量、生活质量和生命质量。

三是美丽中国。构建人与自然生命共同体，推进美丽乡村、美丽城市、美丽山川、美丽生态建设，推进绿色制造、绿色能源、绿色消费、绿色发展。力争在2030年进入全面生态盈余期，2050年实现绿色现代化，全面建成生态文明社会。

四是幸福中国。超越以经济现代化、物质现代化为标志的西方现代化，以人的现代化为中心，提高全体人民的福祉。实现高水平生活状态与公共服务体系；使人的自由度和创造力极大提高；政治清明，实现社会治理从人治到法治的转变；政府更负责任，决策更加科学民主，权力得到有效监督；社会更加公平、更加包容、更加和谐、更加安全、更加稳定。

（六）中国将实现国家治理体系与治理能力的现代化

新中国成立后建设了现代国家制度，改革开放后则创新完善了国家制度，而党的十八大以来形成了国家治理现代化思想。到2035年，我国基本实现国家治理体系和治理能力现代化，人民平等参与、平等发展的权利得到充分保障，法治国家、法治政府、法治社会基本建成，各方面制度更加完善。到21世纪中叶，我国将实现国家治理体系和治理能力现代化，物质文明、政治文明、精神文明、社会文明、生态文明全面提升。实现国家体系与治理能力现代化的核心要义，是以人民对美好生活的向往作为国家治理现代化的目标，实现治理能力的现代化、民本化、民主化、法制化、制度化、高效化、协同化。

（七）中国日益成为受世界认同和尊敬的国家

普京表示："中国和俄罗斯是世界秩序的维护者。两国的关系是绝对不可能被动摇的，正是由于我们两国的存在，才使世界形成较为和平稳定的友好秩序。"（文章发表于俄罗斯《国家利益》杂志）

李光耀指出："中国的发展使得中国人的预期和抱负不断提升，中国人想和美国人平等分享这个世纪。中国可能取代美国，成为亚洲乃至世界的第一大国。中国不是霸权国家，中国希望通过自己不断提升的影响力赢得世界的尊重。"（摘自李光耀《中国与世界》）

习近平总书记提出的"人类命运共同体"是21世纪人类新文明。从和平共处五项原则到共商共建共享共赢，中国已成为维护世界和平发展的重要力量。中国将不断推动构建开放型世界，是全球高标准开放规则的参与者、维护者、建设者、创造者与领导者，将与更多国家和地区构建平等的、建设性合作伙伴关系，将与参与国共同推进"一带一路"建设，构建高标准自贸区网络，扩大与世界各国文化价值观和利益重叠交汇部分。中国将积极参与应对和解决全球性挑战与问题，在气候变化、恐怖主义、公共卫生危机、难民问题、粮食安全、能源安全、金融安全、领土安全、人口老龄化等全球性问题和议题方面发挥积极作用。中国将担当起完善全球治理体系的大国责任，在维护国际组织权威性的同时渐进式改善，在维护既有国际标准规则的同时填补空白，推动构建超越冲突、超越发展阶段、超越单边利益的国际治理体系，提高全球治理体系的包容性、公平性、效能性、均衡性、协调性、创新性与多元性。

（八）中国道路将为世界做出五大贡献

一是中国发展道路打破了原来福山提出的“历史的终结”，结束了西方新自由主义的神话。新自由主义和所谓“华盛顿共识”逐渐失去了过去的神圣感。从“柏林墙倒塌”到“美墨墙修建”，从西方自由主义的休克疗法到西方自由主义自身的纠结甚至休克，从西方发达国家超强的动员能力到这次新冠疫情中的全面溃败，凸显了中国道路的正确。

二是发展中国家可以依靠选择与西方发达国家不同的道路得到发展。中国解决了占全球1/4人口的生存问题，使人民生活总体上达到全面小康水平。所以，占全球国家总数80%以上的发展中国家，可以从中国艰苦卓绝的努力中寻找到适合自己的发展道路，走自己的发展之路，这是中国对人类做出的重大贡献。

三是中国的道路丰富了世界政治制度的多样性。中国根据自身的发展阶段和实际情况，包括发展水平、人口规模、资源禀赋、历史文化、国际环境和人民意愿，设计并形成了一套适应中国的发展制度。中国制度的重要价值，就是不照抄照搬，实事求是，因地制宜，寻找国家发展之“大道”。中国快速发展并取得成功，丰富了世界政治制度的多样性，对世界做出了制度性贡献。

四是展示中国文化的世界魅力。几千年的中国文化博大精深，造就了傲立于世的灿烂文明，逐渐形成了具有高度文化认同感与极富生命力的文化精神，既具有当代价值，也具有世界意义。中国人的精神境界、政治抱负、民族气节、宽容气度、进取精神，形成了中国人的骨气和底气。这是中国能通过付出与隐忍获取发展的重要原因，也是这次抗击新冠疫情中14亿人气出一孔的内在逻辑。

五是解构了“国强必霸”的逻辑。中国促进世界多极平衡，反对单极独霸，坚决走和平发展的道路，提供维护世界和平的公共产品，以和平的方式实现中华民族伟大复兴。中国将与世界各国携手建设开放、和平、共享、更加美好的世界。

参考文献

[1]习近平谈治国理政(1—3卷)[M].北京:外文出版社,2018.

[2]习近平在中国共产党第十九次全国代表大会上的报告[EB/OL].人民网,http://cpc.

people. com. cn/n1/2017/1028/64094 – 29613660. html.

[3]李忠杰. 共和国之路——中华人民共和国全景通览[M]. 北京:中共中央党校出版社,2019.

[4]陈文玲. 中国与世界——以中国视角解析国际问题(上、下)[M]. 北京:中国经济出版社,2016.

[5]陈文玲. 透视中国——中国相关国家战略报告(上、下)[M]. 北京:中国经济出版社,2016.

[6]陈文玲. 透视中国——中国宏观经济报告[M]. 北京:中国经济出版社,2016.

[7][美]格雷厄姆·艾利森. 注定一战——中美能避免修昔底德陷阱吗? [M]. 陈定定,傅强,译. 上海:上海人民出版社,2019.

[8]国务院发展研究中心课题组. 百年大变局——国际经济格局新变化(上、下)[M]. 北京:中国发展出版社,2018.

[9]刘迎秋,王红领,等. 走向经济强国之路——中国经济的超越梦想与现实[M]. 北京:中国社会科学出版社,2018.

[10]《改革开放 40 年》编写组. 改革开放 40 年[M]. 北京:中国统计出版社,2018.

[11]胡鞍钢,等. 2050 全面建设社会主义现代化强国[M]. 杭州:浙江人民出版社,2018.

当前中美关系中的美国战略转向与战略实施

（中国社会科学网，2020 年 6 月 28 日）

导语：本文为 2020 年 6 月 28 日在中国社会科学网发表的文章。作者指出，中美两个大国的竞争与博弈更加激烈，美国对华的总体战略，已经从“战略转向”转向全方位“战略实施”和“战略打击”。美国已经成为破坏中美关系、世界和平、世界秩序、全球经济的最大的负能量，也是引发全球问题的爆破筒和炸药包。美国如果继续沿着唯我独尊、唯我独大、唯我独霸的道路走下去，只能被整个世界边缘化。中美两个国家的竞争和博弈，最终的也是最好的结局，应该是走向深度合作，两个大国彼此尊重，构建面向未来 50 年甚至 100 年的大国建设性合作伙伴关系，共同对世界负责，对人类负责。中美两个国家走向合作，对中国有利，对美国有利，对世界也有利。

关于当前的中美关系，我主要谈四个观点：

第一个观点，中美两个大国的竞争与博弈更加激烈，美国对华的总体战略，已经从“战略转向”转向全方位“战略实施”和“战略打击”。

2017 年 12 月 18 日美国出台《国家安全战略报告》，把中国作为了最大的竞争对手。之后出台《美国国家安全战略报告》、《核态势评估报告》、特朗普三年的国情咨文以及《美利坚合众国对中华人民共和国的战略路径》。如果说 2017 年是战略转向，今天的美国已经从原来将中国确定为主要竞争对手，转向至“战略实施”和越来越凶狠的“战略打击”。

这种“战略实施”和“战略打击”，推动了美国“战略转向”深化，主要体现在以下五个方面：

一是国家整体转向。美国从一个开放的国度，经济全球化、贸易便利化和自由化的旗手，彻底转向至单边主义、保护主义、霸凌主义、利己主义，也是当代新帝国主义。美国对很多国家进行颜色革命，利用代理人发动战争，操纵一些国家反对势力颠覆政权。近两年对中国内政粗暴干涉，制造国家分裂，包括干涉中国的香港、台湾、新疆、西藏问题，竟然针对中国的国内问题在美国立法，简直荒谬到了极点。

二是深化战略转向。打击遏制和围堵的对象越来越集中在中国。2017 年《美国国家安全战略报告》中，排在第一位的竞争对手是中国、俄罗斯，美国最近出台的《美利坚合众国对中华人民共和国的战略路径》等文件，把中国从“对手”调整为“敌手”。我们看到美国战略已经彻底转向，不是原来的选择性转向，现在的目标非常集中，就是中国。

三是价值观转向。美国政客已经不再提民主、平等、自由、博爱、全球主义，而是转向极端利己的单向度思维，即美国利益至上、美国第一、让美国再次伟大。把谋求美国利益最大化、美国政客利益优先化，作为国家价值观选择，非常自私、狭隘、赤裸裸。原来很多国家和人民，一直以来把美国作为全球自由主义的旗手，认为美国是人类自由的天堂、人类发展的巅峰国家，崇尚美国的价值观。现在美国的价值观已经从高峰跌入谷底，自由天堂正在成为人间炼狱。

四是经济布局转向。美国总统特朗普提出“制造业独立”，经济顾问库德洛提出美国企业回迁美国，政府补偿费用。中国疫情严重时，美国商务部部长罗斯幸灾乐祸，认为可以加速制造业回流。美国已经采取行动，切断产业链、供应链、科技链、服务链和创新链，力图解体全球产业布局，肢解价值链连接内在逻辑。贸易战、科技战、金融战同时开打，中美经贸关系原来是中美关系的“压舱石”和“稳定器”，现在成为竞争博弈最激烈的战场。

五是民意转向。共和党与民主党两党达成共识，社会民意形成主流，攻击中国成为“政治正确”。美国著名调查机构皮尤中心 2020 年 5 月发布民意调查结果，占比高达 66% 的美国人对中国没有好感，比一年前增加了 20 多个百分点。这说明，美国执政者对中国的污名化，已经产生了相当大的社会影响，如果没有特别重大的事件发生，这种舆论转向还将会持续。

第二个观点，美国已经成为破坏中美关系、世界和平、世界秩序、全球经济的最大的负能量，也是引发全球问题的爆破筒和炸药包。

现在世界上发生的重大事件和几乎所有的国际问题，肇事者都是美国，挑战者也都是美国。在中美关系上，中国一直希望而且用行动推动与美国合作，习近平主席反复指出，合作是中美关系的唯一正确选项。习近平主席 2017 年在美国和特朗普进行海湖庄园会晤时强调，我们有一千条理由把中美关系搞好，没有一条理由把中美关系搞坏。可见中国心之诚。而且，中国一直在采取行动，包括落实中美双方提出的“百日计划”，履行中美第一阶段经贸协议承诺；在13轮中美经贸谈判中做出妥协让步，使2020年1月15日达成中美第一阶段经贸协议；顾全大局，在美国实行长臂管辖政策将中国企业列入实体名单，甚至通过第三国逮捕孟晚舟时，采取了克制的态度。

但是，美国一直在破坏中美关系，而且始终在加大破坏的力度。2019年底，美国把中国216个高科技企业纳入了实体名单，2020年又增加了33个，其中13个还是我们的高校，1个是公安部对法律案件的认证中心。这种打击已经不只是对美国与我国相关联的企业、产业链、供应链、科技链的打击，而且涉及了中国具有竞争力的大学，即连中国的大学都不能进行高科技领域的教育，切断了这些学校与美国教育界的联系。美国近日准备驱逐中国3000～5000名研究生，主要涉及军事领域的研究生。

美国已经突破了底线，包括美国对我国香港问题的干预和立法，对台湾问题的干预和立法，对新疆、西藏相关问题的立法，早就大大突破了中美正常关系的底线。美国已经不愿意当世界警察了，反对全球主义，逆经济全球化，退出了13个国际组织和国际性公约，包括近日退出WHO。现在世界负能量的主要释放者是美国，世界上重大事件的主要肇事者也是美国。美国单方面极大地破坏了中美关系，继续发展或者恶化，未来很有可能使中美关系倒退到中美建交之前的水平，美国正在剪切与中国的经济联系，如果全部切断了，中美两个国家就会进入绝交状态。

美国对世界秩序的破坏，包括两伊战争、伊拉克战争、科威特和叙利亚战争，所有战争的背后都有美国的身影。美国是一个强权国家，也是历史上强权国家中，最有战争需求偏好的国家。美国244年的历史，其中只有16年没有战争，其他时间都有战争，不是国际战争，就是国内战争。美国具有很强的战斗能力，但是这种强大的战斗能力，决不应用来干预别的国家内政、破坏世界和平。

第三个观点，美国如果继续沿着唯我独尊、唯我独大、唯我独霸的道路走下去，只能被整个世界边缘化。

美国应该树立几个新的价值观，也就是必须回归人类道德底线。

第一，人的生命高于一切，人的生命价值高于一切。这一点在抗击疫情中可以看得很清楚，美国疫情之所以快速蔓延，迅速成为世界第一，实际上就是因为政客利益高于一切，而美国人民的生命安全，对于执政者来说并不是很重要。美国人口占全球的比重不到5%，但迄今因新冠疫情死亡的人数占到全球近30%。美国政客甩锅对中国数据质疑，质疑中国为什么死的人这么少，污名化中国数字造假。实际不是中国的数字造假，而是中国执政者把人的生命价值放在第一位，坚持人的生命高于一切。反观美国政客，放弃人的生命价值，执政理念发生了极大的偏差。美国这次疫情的死亡人数，超过了美国的历次战争，包括越战、伊拉克战争、美西战争、美法战争，甚至超过“一战”。美国历次战争没有摧毁那么多人，疫情却死亡了这么多人，美国的执政者，是不是应该思考人的生命价值何在？最近，美国白人警察跪压一名黑人男子致其窒息死亡，全美暴发很多示威游行。在一定意义上说，这不是暴乱，这是人们对无视生命价值的愤怒，这种怒火比新冠死亡的怒火燃烧得还要强烈，当然，这怒火中也有在疫情中死亡这么多人的因素，也有人们失业、生活没有着落的因素。

第二，美国必须回归到世界和平、人类共同发展高于一切的价值观，而不是美国利益至上、美国第一、只有美国一个国家伟大。必须重新梳理和正确处理大国关系，回归正常，在尊重、信任和均衡的基础上，做出理性、明智的选择。一味坚持“丛林法则”和“零和游戏”，最终会走到“天尽头”。

第三，美国应回归国际合作的正确道路，不仅经济上需要国际合作，科技创新需要国际合作，抗击疫情更需要国际合作。原来很多善良的中国人以为，抗击疫情是中美合作的重大契机，没想到却成为美国打击中国、遏制中国、索赔中国、讹诈中国，变本加厉对中国遏制加码的机遇。美国的大方向偏离了轨道，整体战略错了，价值观扭曲了，美国将因此由盛转衰，由于这次错误有可能再一次站在悬崖峭壁边缘。

第四个观点，中国在与美国的竞争和博弈、全球经济政治外交格局演化和深度调整中，应该保持战略清醒，保持战略定力。

第一，不能有战略误判，要知己知彼。我们对美国了解还不够正确或者准确，网上很多传言包括文章失之偏颇。我们既要认识到美国现在的强大，也要认识到现在的美国正在错误道路上越走越远，如果美国不能改弦更张，必然走向衰败。这两点不能偏废，如果只认识到其强大，我们就会轻易屈服，如果只认识到其必然衰落，我们就会因为轻敌而发生误判。

第二，我们既不能低估自己，也不能高估自己。中国经历新中国成立 70 多年，特别是改革开放 40 多年，经济总量确实大了，国家竞争力也强了，但是我们还有很多短板，特别是制度性改革滞后，现代国家治理能力和治理体系的构建任务艰巨。我们取得的成绩确实是伟大的，是人类历史上罕见的，包括实现零贫困，2020 年全面建成小康社会，但是其他方面仍有短板，这些问题值得深思。

第三，我们既要韬光养晦，也要有所作为。韬光养晦是中国面向国际复杂竞争的一个重大谋略，这个谋略是中国当时发展阶段的选择。2019 年 4 月到韩国参加济州国际论坛时，我们拜会了一家韩国智库，韩国智库专家说，现在中美两国的竞争和博弈，就像两头大象打架，受害的是小草。我觉得韬光养晦可以，但是当中国成为第二大经济体后，韬光养晦是养不住的，也要有所作为。有所作为，就是该发声该表态的时候要发声要表态，该坚决的时候要坚决，该斗争的时候要斗争，该妥协的时候要妥协。韬光养晦和有所作为不是矛盾的，韬光养晦绝对不是不作为，韬光养晦也绝对不是不发声。

第四，扎扎实实做好自己的事情。中国的事情很多，责任很重，难度很大。这次“两会”《政府工作报告》布置了下一阶段工作任务，习近平总书记在抗击疫情期间召开了十几次政治局常务会，做出了一系列部署，一手抓抗击疫情，一手抓复工复产，中国取得了抗击疫情的战略性成果。我们应不张扬、不脱轨、不走调、不称霸，扎扎实实做好自己的事情。

第五，我们要坚持在处理国内外问题，特别是处理国内问题的时候，既防“左”，又防“右”，特别是防“左”。“左”的思潮一旦泛滥，容易形成民粹主义，世界民粹主义泛滥虽然主要是由于贫困引起的，但在一些国家是由于意识形态的助推，这会给人的思想带来极大混乱。

我认为，中美两个国家的竞争和博弈，最终的也是最好的结局，应该是走向深度合作，两个大国彼此尊重，构建面向未来 50 年甚至 100 年的大国建设性合作伙伴关系，共同对世界负责，对人类负责。中美两个国家走向合作，对中国有利，对美国有利，对世界也有利。

当前世界的十大风险与希望

（《参考消息》，2020 年 6 月 17 日）

导语：本文为 2020 年 6 月 17 日《参考消息》特别策划："新冠疫情与世界变局"专题报道之十九。文章指出：疫情是当前世界经济及国际格局演化的最大变量，与世界原有的存量风险交织，给我们带来了极大挑战，当前和今后一个时期世界面临十大风险。诸如生命安全风险、产业链断链风险、通胀风险、债务危机、金融风险、粮食危机等。3 月已经出现了史上最壮观的金融市场的跌宕起伏，未来风险只会增加，不会减少。世界经济重心在亚太地区，亚太地区的重心在亚洲。中国给世界带来了新理念，带来了处理国家关系的正确原则，带来了发展的新机会和新希望。世界经济不管有多少惊涛骇浪，不管有多少崇山峻岭，只要中国是稳固的根据地，就一定会"柳暗花明又一村"。

最近，习近平总书记指出，要坚持用全面、辩证、长远的眼光分析当前经济形势，努力在危机中育新机、于变局中开新局。必须在一个更加不稳定、不确定的世界中谋求我国发展。我认为，疫情作为当前引发全球性风险陡然加剧的最大变量，与世界原有的存量风险交织错落，给我们带来了极大挑战，同时也蕴含巨大机遇。

第一，疫情是当前世界经济及国际格局演化的最大变量，疫情已经或者将导致十大风险。

一是生命风险，或者叫公共卫生安全风险。疫情已经覆盖 214 个国家和地区，新冠肺炎确诊者超过 400 万人，有些国家疫情非常严重，美国确诊病例占全球近 1/3，欧洲 44 个国家占全球 1/2。亚洲除中国之外的其他国家，疫情总体上控制得不错，包括印度，原来是世贸组织最为担忧的国家，控制得也不错。但是疫情对人类脆弱生命的侵袭还没有停止。

二是产业链断裂的风险，这个风险是使全球经济进入大衰退的助推力。因为疫情加速蔓延，全球几十年形成的制造业布局，遭到前所未有的破坏，产业链、供应链的正常连接关系，被各国经济社会运行大停顿截断。

三是通胀风险，这是具有最大不确定性的风险。美国带头实施无限量、无底线的宽松货币政策，几十个国家跟进，已经在全球形成了货币放水潮，加上低利率、零利率、负利率，将会引发通货膨胀。在一定时点上，一些国家的通缩将转为通胀，而且通货膨胀在一些国家已经出现苗头，中国第一季度通胀率也在上升。

四是债务风险，这种风险是在积累的债务风险之上，叠加了抗击疫情之后大规模借债的风险。2019 年全球债务已经超过 250 万亿美元，美国债务已经超过 23 万亿美元。当前大部分国家货币政策的空间越来越小，均积极采取财政政策救治经济，目前各国已经投入和计划投入的资金加总超过 20 万亿美元，这是各个国家历史上财政政策中支出最大的一次，一些国家债务风险会陡增。

五是金融风险，2020 年 3 月已经出现了史上最壮观的金融市场跌宕起伏的景象。宽松的货币政策，低利率、零利率、负利率，石油价格暴跌，加上疫情在全球肆虐，金融市场跌宕起伏，风险只会增加，不会减少。美国在 2020 年 3 月 9 日、3 月 12 日、3 月 16 日、3 月 18 日股市四次熔断，全球几十个国家“与之共舞”。

六是粮食风险，中国是可以排除这种风险的，而一些国家和地区难以幸免。世界粮农组织近日发布报告指出，2020 年全球将有 2.65 亿人陷入粮食危机，东非的蝗灾，一些国家的大旱，一些国家原来就有数亿人挨饿，加上疫情影响，会出现严重的粮食危机。

七是能源风险，供给侧将受到巨大挑战。现在主要表现是供给侧大战，当原油期货价格下降到 20 美元的时候，美国已经有 500 多家页岩油、页岩气能源企业关闭，如果价格继续下降没有反弹的话，美国还将有 1100 家能源企业关闭。未来能源需求总体上供大于求，但是由于现在的疫情，能源生产停顿，需求侧也面临很大风险。

八是贸易和投资的风险，这种风险取决于疫情延续时间的长短。全球贸易大幅度下降，WTO 预测，2020 年将出现 8% ~32% 的负增长。全球人流、物流、信息流、资本流受阻，外贸将面临巨大风险。疫情影响再加上一些国家人为阻断外来投资，根据国际组织预测，全球外商直接投资将下降 40% 以上。

九是安全风险，包括人身安全、地缘安全、整个国际社会的安全。中国还面临国家统一的严峻挑战，美国连续对中国台湾、香港、新疆、西藏进行“立法”，粗暴干涉中国内政，威胁我国国家安全。美国军舰不断进入南海，对中国进行挑衅，

11 艘航空母舰中 8 艘部署在亚洲地区。

十是战争风险，这种风险的负能量正在释放。一些国家不排除用战争的手段转嫁国内社会矛盾，转嫁国内经济危机。一些国家污名化中国，推动形成反华排华声浪，叫嚣向中国索赔以转嫁国内经济可能崩盘的巨大风险。

现在世界正面临前所未有的挑战，是整个世界从 1929 年、1930 年经济大萧条之后最严峻的时刻，可以说是全球的“至暗时刻”。

第二，世界经济的重心在亚太地区，亚太地区的重心在亚洲，中国抗击疫情取得重大战略性成果，奠定了产业链、供应链应率先与周边国家连接的基础。

中国制造业产值占全球的 30% 左右，2020 年第一季度因为中国停工停产影响到了全球的产业链，特别是和中国关联度比较高的产业链。现在中国基本上已经复工复产，但是订单却大幅度下降，这是由于和中国产业链紧密连接的一些国家疫情严重，处于生产停产停工状态。在全球产业链联系比较紧密的国家和地区之间，存在断链的风险。

全球产业链在疫情之后，有可能在一段时间内缩短。全球大致分北美、欧洲、亚洲三大板块。三大板块中最有优势的是亚太地区，亚太地区最有优势的是亚洲。在亚洲经济中，RCEP（不包括印度）的经济规模在全球经济中所占比重为 28.9%，CPTPP 经济规模占全球比重为 13.1%。另外，日本和欧盟已经签署 FTA，经济规模占全球的 28.1%，美加墨自贸区即北美板块占到全球的 27.6%。从制造业看，中国、日本、韩国加上东盟、印度等国家和地区，是世界重要的制造业基地，大约占全球制造业产值的近 50%。因此，从全球的经济规模、产业布局看，世界经济重心还是在亚太地区，特别是亚洲。亚洲制造业重心有两个，一个是东北亚的中日韩，另一个是东盟。2019 年欧盟是中国的第一大贸易伙伴，是中国出口第一大市场，东盟是中国出口第二大市场，中国与东盟 2019 年的贸易额超过 5800 亿美元，已超过美国。2020 年 1—4 月，东盟成为中国第一大贸易伙伴，欧盟排在第二位，美国下降到第三位。

因此，为抗击疫情，中国率先复工复产，中国周边国家抗击疫情也比其他地区情况好。在疫情可控的情况下，亚洲地区有可能最先实现产业链、供应链连接。加上亚洲的人口规模优势、劳动力规模优势和巨大的市场规模优势，可能会成为全球制造业最先恢复、市场繁荣最先恢复的地方。

对于一些产业链、供应链联系比较密切的疫情严重国家，也需要进行具体分析、精准施策。例如，从中国电子通信全球产业看，尽管有些高端核心零部件高度依赖美国，但也不是那么可怕。产业链断链，带来的会是全球产业链上所有企业的疼痛。从上游产品来说，以原材料和芯片为主，美国占了绝对的优势；上游原材料占据优势的是日本，如光刻胶等。中国产品在全球产业链分布上，主要是处于中游和下游。中游以元器件为主，包括天线、光模块、光纤连接器、光纤预制棒等，90%以上在中国生产。下游的产品包括光缆、5G基站、光通信设备、网络设备服务器等，80%的主体企业在中国。我们可以看到，日本是上游原材料的主体，美国是高端芯片的主体。在这样的情况下，美国核心零部件即使是处在高端、顶端或者尖端，芯片也只不过是全产业链中的零部件，如果零部件没有和中游、下游结合，它就不能成为最终产品，只是库存的零部件。因此，美国企业包括高通、博通、英特尔、苹果等高技术企业，实际上都强烈要求中美企业合作，认为不能打断中美之间的这种产业链关系。

我认为，全球产业链现在断链，是因为正处在全球疫情的非正常状态下，等到全球经济恢复、疫情过去之后，中国会成为产业链最先恢复与集聚的国家。目前，在全球疫情还在继续蔓延的情况下，可以形成若干国内的全产业链，实现内循环。中国和日韩、东盟、南亚产业链关联度比较高，可以在控制疫情的情况下，形成亚洲产业链的重新连接，形成中循环。在半导体和电子通信高科技产业，全球合作是大趋势，产业链、供应链连接也是大趋势，在全球恢复生产之后，产业链、供应链还会重新连接，实现国际大循环。产业链不会因为一些政客的政治意愿，形成几套不同的体系、几大鸿沟、几大板块。全球经济、产业链、供应链都会逐渐弥合与连接，就像地球板块漂移一样，逐步形成一种稳定的经济状态和稳定的产业链、供应链关系。

第三，疫情对世界经济冲击非常大，全球面临极大的不确定性，在这种情况下，全球应该加强合作而不是对抗。

我们现在面临百年未有之大变局，除了当前面临的巨大风险与挑战，正能量也在加快集聚。面向未来的高科技，包括5G、物联网、云计算、云服务，其本质都是为了提高效率，提高经济的联动、共享的程度，降低经济成本。未来的世界一定是一个互联互通的世界，这是百年未有之大变局的经济大趋势，谁阻断谁就是受损者，谁就是落伍者，谁就是全球化的边缘者。昨天的选择决定了今天，今天的选择决定了明天。

今天的中国，做出的选择是非常明智和理性的，也是正确的。美国利用金融霸权和话语权，制造了很多“去中国化”的假象，但是中国秉持人类命运共同体的理念，从坚持正确处理大国关系的五项基本原则，到现在推动互联互通，“一带一路”

建设给各参与国都带来了好处，使很多发展中国家、贫困国家看到了重大发展机遇，是极不确定的世界的“稳定之锚”。缅甸把推进“一带一路”中缅经济走廊的建设作为经济工作的重中之重；老挝将中老经济走廊建设作为下一个5年计划的重中之重，中老铁路连接准备建设的中泰铁路，会形成2000多千米的泛亚铁路中线，直接连通泰国湾、孟加拉湾。参与“一带一路”建设的这些国家看到了实实在在的发展机会，得到了实实在在的好处。老挝已经把中老经济走廊沿线作为老挝未来重点发展的经济带，其他国家也期待疫情之后，通过“一带一路”建设，加快经济发展重启推进进程。

中国已经给世界带来了新的理念，带来了处理国家之间关系的正确原则，带来了发展的新机会和新希望。世界没有理由选择落后，选择后退，选择对抗，选择分裂。世界经济不管有多少惊涛骇浪，不管有多少崇山峻岭，只要中国是稳固的根据地，就一定会“柳暗花明又一村”。

疫情冲击下如何避免全球经济大衰退

（《中国党政干部论坛》，2020 年 5 月 18 日）

导语： 本文发表在 2020 年 5 月 18 日《中国党政干部论坛》上。文章指出，蔓延全球的新冠肺炎疫情使多种危机，包括人的生命危机、公共卫生危机、人类赖以生存的地球的生态危机、金融危机、大宗商品的市场危机，以及有可能引发的经济危机等交织在一起，而经济危机已经超出了以往单纯由经济因素引发的范畴。这次疫情，至少有五个大的方面超出了预期。中国必须集中力量做好自己的事情，这是立身之本，也是当务之急。必须独辟蹊径，发挥我们的既有优势，解决经济存量的深层次矛盾和问题，进一步深入推进改革开放，使中国经济强大的动力不减，全力渡过这次难关。总的来说，当前要做好“五防”。

新冠肺炎疫情全球蔓延、急剧恶化使当前国际形势非常严峻。2020 年 3 月 31 日，联合国秘书长古特雷斯指出，新冠肺炎疫情是“二战”以来最严重的全球危机，也是联合国成立以来的最大考验。在此之前，他还提出“世界经济将走向大衰退”。4 月 8 日，在中央政治局常委会会议上，习近平总书记强调，面对严峻复杂的国际疫情和世界经济形势，我们要坚持底线思维，做好较长时间应对外部变化的思想准备和工作准备。4 月 17 日，中央再次召开政治局常委会会议，这次会议用了几个词：“极不寻常”“突如其来”“前所未有”。会议指出，2020 年第一季度极不寻常，突如其来的新冠肺炎疫情，给我国经济社会发展带来前所未有的影响。当前经济发展面临的挑战前所未有，必须充分估计困难风险和不确定性，切实增强紧迫感，抓紧做好经济社会发展的各项工作。中央对形势的判断非常准确，整个世界正面临极其严峻的挑战，我们对此要有清醒的认识，并做好充分应对。

一、新冠肺炎疫情及造成的影响超出预期

蔓延全球的新冠肺炎疫情使多种危机，包括人的生命危机、公共卫生危机、人类赖以生存的地球的生态危机、金融危机、大宗商品的市场危机，以及有可能引发的经济危机等交织在一起，而经济危机已经超出了以往单纯由经济因素引发的范畴。对于这次疫情，至少有五个大的方面超出了预期。

（一）新冠肺炎疫情蔓延范围之广、速度之快、对人类的危害之大超出预期

截至 2020 年 5 月 7 日，除中国以外全球确诊的新冠肺炎患者已有 370 多万人，美国已经确诊 120 多万人，增长速度特别快。全球有确诊病例的国家和地区已经达到 200 多个。这一次疫情虽然不是战争，但是它对于全球经济的摧毁，不亚于一场战争。这次疫情的严重性给人类带来的灾难世所罕见。现在世界疫情“震中”从中国转移到欧洲、美国，第三波正向发展中国家蔓延。这些国家特别是印度、土耳其、巴西、印度尼西亚等，已经成为全球产业链中的重要组成部分，或者是全球的能源资源所在地，这些国家疫情的蔓延会对全球经济特别是产业供应链产生非常大的影响。

（二）全球经济形势急转直下超出预期

一是股市熔断。2020 年 3 月 9 日、3 月 12 日、3 月 16 日、3 月 18 日，短短不到 10 天时间美国股市 4 次熔断，而美国股市历史上总共也只有 5 次熔断。

二是油价暴跌。油价从上一轮接近 147 美元/桶到 4 月 20 日 WTI 结算价格为 -37.63元/桶，现在稳定在 20 美元/桶。我们知道，沙特阿拉伯的石油成本是 9 ~ 10 美元，俄罗斯的石油成本在 20 美元左右，美国页岩气、页岩油的成本在 40 美元左右，所以这是一场全球供给侧的价格大战。如果美国、沙特阿拉伯、俄罗斯等产油国为了各自的利益妥协、谈判，那么未来几个月石油价格还会暴涨。以石油为代表的大宗商品的市场急剧动荡，这也是超出预期的。

三是货币贬值。美国在股市第二次熔断的时候连续两天每天向股市注入 5000 亿美元的流动资金，而且 3 月 17 日下调到零利率，实行 7000 亿美元的量化宽松政策，到 3 月 23 日美国推出了无限量宽松货币政策。之后，欧盟、日本等 35 个国家立即跟进，目前已经有 40 多个国家实施了货币宽松政策。可以说，这一轮的货币宽松或者是货币注水，已经形成了全球潮，零利率、负利率的国家有 40 多个，2019 年全

球国债的负收益已经达到 17 万亿美元，其中 2019 年一年就增加了 3 万亿美元。所以，货币政策的空间越来越小。

四是债台高筑。全球债务现在累计 250 万亿美元，美国国债疫情前已经达到 23.3 万亿美元，最近又发行 2 万亿美元，但也许只是杯水车薪，未来美国可能还会继续推出美元救市计划，实际上就是加快印钞速度。所以总体来看，货币政策已经没有太大空间。

总的来看，目前我们面临的是这样一个全球经济格局：股市熔断、油价暴跌、货币贬值、债台高筑，它导致的经济危机集聚的要素越来越多。这次应是 1929 年、1930 年以来世界经济面临的最大挑战。

（三）全球分裂、分割、阻断的程度和范围超出预期

为了阻止疫情蔓延，现在各个国家都采取了切断和世界上疫情严重国家的人员往来以及其他方面的联系，包括人流、物流、资本流的切断、切割，人与人之间正常的社交活动几乎停顿。这在世界历史上是绝无仅有的，从没有哪一种病毒、瘟疫使全世界发生这样大规模的隔断。疫情之前有些国家提出要经济脱钩、科技脱钩，现在则是疫情导致这些中断，包括国家之间人流的中断，这也是超出预期的。

（四）当前人为推动和肢解经济全球化的言行和举措超出预期

美国最近提出了一系列的脱钩政策。2020 年 4 月 9 日库德洛表示，美国政府可以支付制造业回流 100% 的直接费用，包括厂房设备、知识产权、装修等费用。美国政府还要求收回中国电信在美的经营权，阻止其为进出美国的国际通信提供电信服务。美国参议员正在提出“医疗供应链安全法”“保护药品供应链免受侵害法”。在美国的带动下，一些国家也在跟进，提出“经济主权回归”。日本最近推出了 108.2 万亿日元的经济刺激方案，其中 22 亿美元用于协助在华的日商将生产线撤回日本；德国联邦内阁也决定修改对外贸易和支付法，阻止目前遭受疫情影响的德国企业被外资收购；等等。总的来看，现在一些西方国家政客企图通过政府推动与中国脱钩从而肢解经济全球化。无论是他们的言论还是现在实质上的行动，都是严重超出预期的，也是前几轮经济全球化中从来没有出现过的现象，是一次最大的“历史倒车”。

（五）一些国家的傲慢与偏见超出预期

一些西方国家特别是原来的工业化国家，对于发展中国家和东方文化，确实存在因傲慢与偏见引发的文化隔阂、文化差异、文化对抗的现象。但是在疫情面前，

一些国家的傲慢与偏见超出预期。一些国家只顾抹黑中国，中国的做法、中国的经验、中国的医术，中国用生命和努力换来的60天的时间没有被珍惜。可以说，正是一些国家的傲慢和偏见导致了全球疫情的大流行。直到现在，以美国为首的西方国家的一些政客仍在甩锅、栽赃、追责、索赔、恶名化中国，想把中国对世界的贡献、中国为世界争取的时间变成转嫁疫情带来的经济危机甚至国家信用危机，以及国家可能崩盘的危机的方面。美国社会形成了一种舆论潮，一些西方国家也在跟进。当前舆论形势呈现出几个特别突出且超出预期的特点：一是从民间开始转向官方；二是从舆论声讨转向制定索赔方案；三是从污名化中国转向恶名化中国；四是从疫情阻击战转向舆论阻击战；五是从暗潮涌动的潜流转向逐渐形成合流。

二、疫情之下中国应该怎样应对

在以习近平同志为核心的党中央坚强领导下，统一领导、统一部署、统一指挥，我国疫情防控打了一场漂亮的人民战、总体战和阻击战，取得了重大战略成果。当前，疫情防控仍然严峻复杂，疫情还在全球蔓延，对于我国来说，集中力量做好自己的事情是立身之本，也是当务之急。我们必须独辟蹊径，发挥我们的既有优势，解决经济存量的深层次矛盾和问题，进一步深入推进改革开放，使中国经济强大的动力不减，全力渡过这次难关。总的来说，当前要做好“五防”。

（一）内防反弹，外防输入

虽然当前国内疫情持续好转，但抗击疫情的弦不能松，尤其是外防输入的任务非常重，绝对不能发生第二波大规模的回潮。当前要切实落实好联防联控机制，外交、领事、移民、海关、边检等部门通力协作，做好入境人员健康申报查验、体温监测筛查和医学巡查，对确诊病例、疑似病例、有症状人员、密切接触者四类人员，按规定落实转运、隔离、留观等防控措施。

（二）防金融冲击

特别要防范以美国为首的这一轮货币放水。有人估计，美国会无限期、无限量连续投放7万亿美元，这么巨大的资金流量冲向中国，会给中国的资本市场带来巨大冲击和影响，我们必须制定有针对性的预案。围绕对冲国际输入性的风险，我国金融应从以下方面进一步做好工作：

一是靶向支持。2019年全球40多个中央银行采取了宽松的货币政策，零利率与负利率已成趋势。大灾之下，建议我国货币政策做出相应调整，提升银行整体信贷投放能力，尽可能减小疫情对经济的影响。具体来说，金融业应支持这次灾后重建的重点地区，如帮助湖北尽快稳步恢复正常的经济社会秩序；支持制造业中在产业链、供应链、服务链、价值链上的关键环节、龙头企业；支持这次损失最大的服务业；支持公共卫生基础设施建设。

二是强化逆周期调节。金融应逆周期调节，疫情造成的困难是暂时的，要瞄准中国经济稳步发展和长远发展的方向，瞄准下一个经济周期的爆发点和关键点，提前布局金融支持的方向。

三是疏通货币政策传导机制。进一步顺畅传导机制，真正解决中小企业贷款难的老大难问题，形成信用评价体系，利用网络快速申办。

四是结构性调整供给方式。建立满足多层次消费需求的新的金融供给体系。例如，现在银行营业网点大大减少，小微企业业务应当交由与之相匹配的小银行来办理。如果大型银行用大数据、低价格来覆盖小微金融服务，会形成新的垄断，影响供给体系和需求体系匹配的金融生态的真正建立。蚂蚁金服、苏宁金融、微众银行等这些金融科技支撑的银行，可以为服务小微企业贡献很大力量，应适当放宽优秀金融科技公司的准入标准。

五是真正使金融成为拉动经济增长的引擎。应当意识到，下一步拉动经济增长仅靠日用消费品，力度是不够的，亟须使房地产等关联性强的行业尽快恢复元气和生机，金融信贷应逐步回归正常轨道，发挥拉动经济的联动效应。一要满足对房产的刚性需求，金融行业应做好功课，准确探究刚性需求在哪个环节、哪个城市、哪个年龄段。二要扩大弹性需求，鼓励改善型的住房需求。三要鼓励养老住房建设，应配合税收政策调整，通过免税支持一部分有条件的人以房养老，这对构建国家健康养老体系来说非常重要。另外，应在全国范围调整限购政策，明确自住房、改善住房、养老房与炒房的界限，针对不同城市，制定科学合理的政策。

（三）防供应链断裂

中国制造业产值在“非典”时期才占全球的6.8%，现在占全球的30.9%。中国在全球产业链、供应链、服务链中的地位相当重要。因为2020年1—2月中国停工停产，世界产业链受到很大影响，据美国一个企业联合组织做的调查，300个企业中39%的企业供应链断裂，都是因为和中国连接度比较高的生产企业的产业链断掉。现在我国复工复产，但是因为疫情蔓延，一些国家停工停产，很多地方企业、行业订单大幅度下降，来自国际的需求量萎缩，所以，防供应链断裂是当前保持中国经济增长的一个非常重要的方面。

防供应链断裂，当前必须形成国内制造业的大循环。首先，要对产业链断裂的情况进行冷静分析。实际上，我国服装、鞋帽、箱包、玩具、家具等传统制造业还具有全产业链的优势。我国产业链断掉的只是小部分，主要在一些转型升级、迈向中高端的制造业行业，比如高端汽车的发动机、半导体行业的高端芯片等。这种断裂抑制了我国制造业转型升级的步伐，但不会影响我国国内市场的内循环和国内市场的供给。所幸我国具有最完备的制造业体系，必须抓紧做制造业的产业分析，在已经形成的区域空间腾挪中寻找经济发展的空间，特别是制造业发展的空间。要抓紧时间连接产业链，有的产业链在国内就可以找到相匹配的供应商和产业的中端、低端、高端环节，形成在国内的全产业链。其次，要抓紧“补链”。对于一些短期内可能会受境外疫情影响的产业链，可以寻找可替代的产业环节，有意识地在区域之间进行产业链的补链。再次，要“扩链”。在疫情可控的情况下，抓紧时间把我国与亚洲的供应链连接起来，使我们与周边一些国家，如日本、韩国、缅甸、柬埔寨等能形成互补、互动、互助的新的产业链、供应链、服务链，保证亚洲经济的活跃度不减，这对未来世界经济复苏是有很大作用的。最后，要抓紧时间“强链”。要强化优化产业链，强化国内的链接，使我们的产业链、供应链可预期、可控、可持续。现在产业链的构成、供应链的构成非常复杂，必须做实做细。

（四）防经济大幅度下降或塌陷

因为疫情影响，现在我国稳增长受到很大挑战。为了尽量减小疫情对经济的影响，目前我国已经采取了很多措施，出台了一些财政政策、货币政策，扶助中小企业，扶植困难群体等。近期国务院常务会议又做了具体部署，提出一系列量化的政策支持措施，要求具有把战略转化为政策的能力，其中重点是要优化调整区域经济格局，将其作为中国经济加快复苏和发展的最大腾挪空间。

经过若干年的调整，我国已经形成了区域经济总体布局，包括东、中、西、东北四大板块，包括“一带一路”、京津冀协同发展、粤港澳大湾区、长江经济带等区域发展战略，也包括党中央、国务院布局的大都市圈，等等。当前，在外部压力加大、世界经济不确定性增加的情况下，我们可以从区域经济格局的调整中寻找新动力、新动能、新增长点、新增长极。怎样发挥区域经济的韧性和作用呢？

第一，继续做好“一带一路”文章。“一带一路”经过6年布局，已经形成初步框架。现在要率先从“一带一路”主体省份做起，把功夫下在国内，提高主体省份的经济水平、基础设施水平和带动能力。比如，中巴经济走廊，起点在新疆最南部的城市喀什，中老经济走廊、中缅经济走廊的主体省份是云南，中国—中南半岛经济走廊的主体省份是广西，中国—中亚—西亚经济走廊的主体省份是新疆，中蒙俄经济走廊的主体主要是东北三省，特别是黑龙江省。要把主体省份基础设施建设做好，促进这些省份的经济社会稳定发展，以增强疫情过后这些主体省份对“一带一路”的带动能力。要着眼于把“一带一路”建设作为一个跨国界、跨时空、跨世纪、长周期的国际经济合作重大行动，为疫情之后继续推进“一带一路”建设奠定更好的基础。

第二，着眼于已形成的区域经济框架，创造国内市场的大循环。全球疫情严重，各种阻隔和壁垒在某种程度上切断了原有的经济联系，当前我们必须着眼于构建国内市场的内循环。客观上来分析，我国一部分消费，比如原来1.5亿人出境旅游的消费外溢，已经回流回归，主要的消费市场快速转向国内。所以，中国经济是大海，不是小池塘，国内这个大市场，既是对外商最大的吸引力，也是恢复我国经济最大的内在潜力和动力。国内市场主要靠中国现实的购买力来支撑，在疫情期间，既压抑了消费需求也积累了消费需求，中国最先战胜疫情，存量的消费需求可以加快释放，原来外溢的消费需求可以加快回归，实际上这是一种自然的回流。所以，首先要把国内市场大循环和区域经济调整结合起来，形成更加强大的国内市场。

第三，加大投资力度，特别是优化区域布局的投资力度。新基建里有五个方面都是下一代的数字化基础设施。为了赢得中国经济发展的长周期，这种投资方向是非常正确的。必须立足长远，通过这些软基础设施、数字化基础设施，支撑中国未来转型升级实现跨越。我国大批企业已经具有自我发展、自我生存、自我创造的能力。要立足于搞活并稳定微观经济，特别是民营企业、小微经济，保持中国经济微观主体活力，不仅要让它们活下去，还要让它们活得更好，只有这样，才能稳住中国经济的基本面。

（五）防一些国家转嫁经济危机、金融危机、疫情危机

当前，中国必须高度重视防转嫁、防讹诈，并做好预案。首先，中国必须加快立法进行反制，例如国家、企业和个人在外资产安全法及国家金融安全法等。在世界难以形成国际法和规则的情况下，在关系我国未来全球布局及我国企业和人民的生命安全的领域快速立法，防止一些国家疫情之后恶意转嫁危机。其次，要向世界

卫生组织汇报中国抗击疫情的实际情况，并大力宣传中医药在抗击疫情中发挥的重要作用。再次，要使中国抗击疫情的过程与成效公开透明，包括对于开始出现问题的官员的处理、对李文亮事件的调查结果等。最后，如果美国等西方国家执意讹诈中国，必要时我们可采取对等的制裁手段。

这场新冠肺炎疫情在人类历史上是一次重大灾难，也是世界百年未有之大变局的一个导火索，后面会有更漫长的变革。这次疫情会引发人类思想的革命、精神的激荡、观念的改变，会引发包括国际政治、经济、外交格局的演化。当前疫情仍在全球蔓延，外部疫情会向我国输入性回流，在一定程度上加剧我国疫情防控压力，同时会通过贸易、投资、金融、产业链、人员跨境流动等渠道，给我国经济增长和社会发展带来新挑战，并给全球增长带来更大压力。而从另一个角度来看，这场疫情也会促使我国产业链重构，使贸易结构、贸易方向、贸易流量发生改变。疫情使我们看到了国家治理、公共卫生体系的短板，这会促使我们更快地补短板，来适应整个国际政治、经济、外交、地缘政治、地缘经济、地缘外交格局的演化，我国会在这种演化中发挥更加重要的作用。因此，面对外部经济环境恶化带来的冲击，我们绝对不能恐慌，自乱阵脚，要看到中国独特的优势，只要中国经济是稳的，稳中向好，稳中向远，不出大的颠覆性的问题或者犯颠覆性的错误，中国在历史的长周期中就一定会不断成功地实现跨越。

美国掠夺世界财富的经济武器与运作密码

（《人民论坛·学术前沿》，2020 年 3 月）

导语：本文发表在 2020 年第 6 期《人民论坛·学术前沿》上，被《瞭望》周刊、中宏网、马洪基金会、昆仑策等多家媒体全文转发，产生了广泛的影响。中美关系走向是影响当前和未来世界格局变化的最大变量。在中美的这场竞争博弈中，我们不仅要看到经贸关系，更要看到美国巩固霸权地位的制度设计。美国通过操控美元、长臂管辖的域外权力、基础研究和科技创新的举国体系、贸易讹诈以及军事打击配合经济战略这些"收割机"，攫取了世界财富，并能继续获得更大利益，形成对中国的全面战略遏制与围堵。中美竞争最后比拼的是制度设计，是现代国家的治理能力。

中美关系的走势关系世界的经济、政治、外交、军事格局演化，关系地缘政治、地缘经济、地缘格局的演化。现在中美关系走向，是影响当前和未来世界格局变化的最大变量，全世界都聚焦于中美关系。在中美的这场竞争博弈中，我们不仅要看到经贸关系，更要看到美国巩固霸权地位的制度设计。我认为，经贸关系是所有问题浮出水面最浅的部分，是最表象化的那部分，当前中美关系，表面上看可能是贸易争端、贸易冲突，其实质是从贸易开始不断向制造业、高科技、金融、网络、军事、地缘政治经济的拓展，组合起来形成了美国对中国的全面战略遏制与围堵。

中国能不能顺利实现"两个一百年"奋斗目标？能不能真正实现到 2050 年建成社会主义现代化强国？能不能成为全球公认的世界一流强国？这关系中国的命运和前途，也关系世界的命运和前途。联合国秘书长古特雷斯 2019 年 9 月在联合国会议上指出，当前中美这种竞争和博弈继续下去的话，将会出现一个世界、两套体系、两套标准、两个市场，世界经济将出现"大分裂"。所以，中美之间现在的这种竞争和博弈，关系整个人类和世界的前途命运。

从媒体报道或一般的学术讲座中，我们看到的只是贸易摩擦的过程，以及贸易摩擦中两国的博弈状态。但是我认为，要从战略层面、从本质上来看当前中美这场竞争与博弈。中美贸易摩擦持续了一年半，其后果是美国没有想到的，也是中国没有想到的，那就是，贸易摩擦越激烈，美国经济下行速度越快。2019 年第一季度美国 GDP 增长 3.1%，第二季度增长 2%，下降了 1.1 个百分点，按比例来说，下降幅度超过了 30%，全年经济增速 2.3%，大大低于预期。当然，中国经济也受到了影响，2020 年第一季度增速 6.4%，第二季度 6.2%，第三季度 6.0%，全年 6.1%，制造业荣枯指数下降到 50 以下，失业率 5% 左右。全球的国际贸易，从原来 WTO 预计的 3.7% 下降到 2.6%，再下降 1.1 个百分点，下降幅度超过 30%。2018 年 IMF 对全球经济的预测是比较乐观的，预测 2019 年增长速度是 3.9%，但 2019 年以来四次下调了预期，从 3.7% 到 3.5%、3.3%、3.2%，最后调低到 3.0%，为十年以来最低增速。

中国面对的是世界最强大国家的遏制与打压。当最强大的国家把我国当成竞争对手或者竞争敌手的时候，一方面，说明我国已经强大了，强大到令对方感到不安。这就好比是拳击赛，比赛的选手基本上是一个量级。所以，从这点折射出，新中国成立 70 多年来取得了伟大的成就，我们可以很骄傲地说，中国已经成为世界最强大国家的竞争对手。70 多年前，中国一穷二白，在一片废墟上建立起来一个国家。经过 30 年努力，基本建成了工业体系；又经过 40 多年改革开放的快速发展，特别是加入 WTO，加入世界经济体系以后的超常发展，中国已经成为第二大经济体，第一大贸易体。中国制造业产值排名世界第一，人民币成为世界五大货币之一，占 SDR 篮子里货币总量的 10.92%。同时，中国成为创新大国，一批企业已经走入“无人区”，当然这样的企业数量还不多，我国的制造业总体上还处于中低端，但是在结构上已经具有了与美国抗衡的基础。另一方面，我们必须高度重视、应对这场已经到来的竞争博弈，因为我们面对的是世界第一强国——美国。

美国为什么会如此强大？美国为什么会成为世界第一大强国，而且这种强大持续了 100 多年？美国成为强国，保持强大，形成霸权，到底原因何在？我们只有研究美国更深层次的战略与制度设计，认清霸权背后的逻辑，才能知道我们如何不被最强大的对手打倒。本文主要围绕美国掠夺世界财富的经济武器——“收割机”——做一些初步研究，分析美国有哪几台“收割机”，以及如何“收割”世界财富。

第一台“收割机”就是美元。美元是美国霸权的支柱之一，它是美国在国际经济大循环中的第一台“收割机”，随着美国信用的损耗正在受到质疑与挑战。第二台“收割机”是美国长臂管辖的域外权力。在科技战中，美国的长臂管辖成为杀伤力最强的经济武器。第三台“收割机”是美国基础研究和科技创新的举国体系。美国从多方面构建支持基础研究的体系，靠原始创新形成的高科技优势，几乎收获了美国在全球科技创新领先领域产生的所有垄断利润。第四台“收割机”是贸易讹诈。随着美国制造业转移和国内产业结构调整，美国必须用没有任何实物和黄金作为支撑的信用货币——美元，来交换其他国家的实物商品，然后再依据本国法律法规对出口国进行制裁，这纯粹是一种贸易讹诈。第五台“收割机”是网络武器。互联网根服务器和数据霸权，使美国在数字经济发展中抢占了制高点。第六台“收割机”是用军事打击配合经济战略，获取军火商和战利品双重利润，这也是美元霸权的支柱。美国霸权的最主要支柱就是美元、美军和美国建立域外法律权的举国体制。现在美国已经对中国、对世界开动了这些“收割机”，攫取了大量财富，并将继续获得更大利益。

一、美元是美国在国际经济大循环中的“收割机”

货币的本质是一般等价物，价值尺度是其最基本、最重要的职能，流通手段、储藏手段、支付手段和世界货币则是其伴生的职能。而美元却成为世界上唯一可以掠夺其他国家财富的经济武器。美元作为“收割机”，是靠美元在世界上的流通实现的，即“剪羊毛”。它是怎么获得这种权利的呢？美国最早增加了黄金的储备，成为迄今为止的第一大黄金储备国。1914 年“一战”爆发以后，美国没有卷入战争，发了战争财。第一次工业革命时期，世界制造业中心在欧洲，欧洲几个主要大国用储备黄金去美国购买武器，美国因此积累了大量黄金。“一战”之后，美国的经济总量超过了德国、法国、英国。“二战”美国也没有参与，意大利、德国、日本这些国家的损耗相当大，“二战”末期意大利投降，德国进入战略防御，日本经济接近崩溃。法国和苏联经济也在战争中遭到重创。战前，苏联经济规模已经达到美国的 60% 左右，和中国现在占美国经济规模的比重大致相当。那时候苏联有集体农庄，有大型装备制造业。两次战争都没有卷入的美国，成了世界制造业第一的国家，成了国际贸易第一的国家，成了黄金储备第一的国家。“二战”之后美国的国际贸易和制造业都占到全球的 50%。1930 年，美国的贸易总额是 52 亿美元，还不如现在一个跨国公司多，但是当时全球的贸易额才 306 亿美元，美国占全球贸易比重相当大。“二战”之后，美国成为真正的经济大国、制造业大国和贸易大国。

“二战”结束的时候，各国都要购买美国的工业制成品，当时国际货币体系是金本位制，要用黄金做国际贸易结算货币，大量黄金又一次流入美国，美国黄金占到全球的59%，占资本主义世界的2/3。这个时候，时任美国财长怀特提出国际货币体系改革，实行美元与黄金挂钩，各国货币再和美元挂钩，推动形成了布雷顿森林体系。所以，黄金是美国获取国际货币地位的硬实力。1944 年 7 月，布雷顿森林体系成立，布雷顿森林体系核心就是“双盯住、双挂钩”，美元与黄金挂钩，各国货币与美元挂钩，当时 35 美元相当于 1 盎司黄金，在这样的情况下，美元实际上就成了国际货币。当时美国黄金储备最高的时候达到了 2. 13 万吨，占世界黄金储备的80%。这就是美国能通过布雷顿森林体系很快成为世界霸主的奥秘。从此，美元成为国际货币，美国成了世界第一大强国，而且一直保持至今。

布雷顿森林体系从 1944 年一直持续到 1971 年，1971 年美国经济出了一点问题，法国总统戴高乐提出，把 23 亿美元兑换成黄金拉回到法国，已经拉了一船，当要拉第二船且其他国家准备效仿的时候，美国总统尼克松于 1971 年 8 月 15 日宣布，美元不再跟黄金挂钩，宣告了布雷顿森林体系的瓦解。

布雷顿森林体系瓦解之后，美元就与黄金没有关系了，与其他实物也没有任何关系，与其他国家的货币没有任何区别，成为信用货币，成为靠美国的强大信用作支撑的一种货币。但是，由于大家习惯于用美元作为结算和储蓄的主要货币，所以，之后几十年美元还是世界的准国际货币。

美元与黄金或其他任何实物都没有关系了，它如何继续维持霸权呢？

第一，美国建立了“石油美元”，通过 OPEC 组织绑定石油用美元结算。OPEC 组织是中东产油国的联盟，产油排在第一位的是沙特阿拉伯，到目前为止，中东地区石油产量占全球的40%，沙特阿拉伯石油产量占中东的40%，伊朗也是中东地区石油生产大国。美国原来是世界上最大的石油进口国，主要来源正是中东地区，世界主要国家进口能源，主要来源也基本上都是中东地区。中东最早实际上就是由全球几大垄断性的公司控制着资源，其中就有东印度公司、美孚公司等。有一本书叫作《石油战争》，记述了围绕石油的博弈竞争甚至战争的情况。当时，中东的产油成本仅为 2 美元，在上一轮油价没有炒高之前，国际期货每桶石油成本是十几美元，期货价格最低在 9. 8 美元左右。上一个周期最高时 1 桶石油 146 美元。之后 2017 年最高时 1 桶也是 146 美元，最低的时候 1 桶 28 美元，现在又回到了 1 桶 65 美元。沙特阿拉伯率先发起在 OPEC 组织进行石油交易的时候，必须用美元结算。也就是说，石油价格和美元的价格保持恒定关系，石油价格与美元使用是一种绑定关系，凡是进行石油交易，都必须百分之百用美元结算。这样，石油就成为脱离了黄金的美元的一个新的标的物。石油在当时具有稀缺性和战略性，是全球争夺的第一资源，美元通过与石油绑定得以继续保持霸权地位。随后，大宗商品的期货交易也形成了美元的结算体系。

第二，一方面国际贸易货币结算继续使用美元，另一方面各个国家用美元储备去购买美国国债，形成美元的国际大循环。美国国债现在已经达到 22.7 万亿美元，全球有 31 个美债持有国。外国债权人持有美国国债现在接近 7 万亿美元，占到 30% 以上，其余的由美国机构、企业和个人持有。中国原来是美债第一持有国，最高的时候达到 1.2 万亿美元以上，现在减持了 800 多亿美元，剩 1.1 万亿美元，排在第一位的是日本。从 2019 年开始，美国短期国债和长期国债收益率曲线倒挂，美债信用在下降，美元的信用也在下降。

第三，通过货币贬值或者升值“剪羊毛”。美元脱离了布雷顿森林体系以后，主要是通过货币的升值、贬值“剪羊毛”。总体上看经历了七个周期，约每 10 年，美元走入贬值通道；约每 6 年，美元进入升值通道。这一轮美元升值还不到 6 年，2015 年 12 月第一次，2016 年 12 月第二次，2017 年三次，2018 年两次。2019 年美元开始进入贬值通道，本来还应该继续升值，大约应该到 2020 年，但是特朗普总统认为，如果美元再升值美国股市就垮了。特朗普总统最主要的政绩之一，就是使美国股市保持坚挺。他第一次在联合国大会讲话中表示，在他执政一年半期间，股市连续涨了 74 次，他是美国最伟大的总统。2020 年 2 月特朗普总统在总结三年工作时说，他执政以来股市上涨了 70%。特朗普与其他总统不同，只要看到股市跌了，他就进行直接干预。从 2018 年 10 月开始，特朗普连续 13 次怒怼鲍尔森，鲍尔森基本上屈服了，美联储 2019 年调整了货币政策方向，美元汇率已经两次贬值。原来美联储是收紧货币的，在美元升值的同时开始继续财政债务缩表，准备用五年时间把 4.5 万亿美元缩表到 2.3 万亿美元。缩表刚刚收缩了 5000 亿美元，就被特朗普总统给打断了，财政赤字重回 4.5 万亿美元，2019 年会再增加 1 万亿美元债务。货币贬值是美元收割世界财富的一个工具，有专家计算了一下，布雷顿森林体系解体时的 100 美元，只相当于现在的 2.89 美元，这就是美元贬值的速度。而所有买美国国债，还有在贸易和交易中使用美元的全球其他国家和地区，在美元升值和贬值的过程中，大多数是纯粹的利益受损者。

第四，利用战争打击保持美元霸权地位。比如海湾战争、科索沃战役、伊拉克战争。当时的背景是欧元诞生，欧元在世界贸易结算货币分布中比重不断上升，到目前为止，美元已经下降到40%左右，欧元占的比重已经上升到35%左右，所以才有美国针对欧元使用战争手段保持美元霸权地位的案例。美元不仅有霸权地位，而且现在实际上还是锚定的准国际货币，主要是因为各国使用的惯性和美国霸权仍然还在。在国际贸易结算体系中，从1944年到1971年布雷顿森林体系解体之前，80%以上的结算货币是美元，2018年末，美元占比下降到40.4%，而欧元占34.1%，英镑占7.07%，日元占3.3%，人民币占2.15%，其他货币（除了加拿大元、港元占1.5%，还有澳大利亚元）总共占8.59%。美元在国际贸易结算货币分布中仍是占比最高的。美元在外汇储备中也是占比最高的，2019年末，全球外汇储备总数是11.4万亿美元，其中美元的外汇储备为6.74万亿美元，占61.8%，2018年底占62.3%。现在IMF的SDR篮子里尽管有了五大货币，但美元储备占比始终在62%左右，第二位欧元占20%，日元占5.2%，英镑占4.5%，人民币占1.95%。在外汇储备中，虽然美元占比从2001年的71.5%下降到目前的61.8%，但仍然是占比最高的货币。中国最高的时候有超过4万亿美元的外汇储备，现在一揽子货币里占比最高的也仍然是美元。美元的准国际货币地位还将持续相当长的一段时期。另外，现在世界上用美元做锚定物的国家占85%，目前还不可能用其他国家的货币做锚定物，来分析本国国际货币的升和降。

第五，美国创造了全球的美元结算清算体系。利用这个体系阻断被美国制裁的国家、企业、个人的国际结算清算，这将对制裁者造成致命打击。这个体系是对世界各国包括中国最大的威胁，它包括：

一是环球同业银行的金融电讯协会（SWIFT）。它是世界国家间统一的银行间支付信息传输系统，有全球200多个国家的1.1万多个银行加入。全世界总共才有220个左右的国家和地区，该系统基本上都涵盖了，有1.1万个大银行，几乎所有的银行间的结算都要通过这个系统进行。现在欧盟要绕过美国搞一个结算体系，因为它要跟伊朗做生意。中国于2015年也建立了人民币期货交易市场，用人民币结算，然后和黄金挂钩。俄罗斯也建立了独立的结算体系。这些结算体系能不能和美国抗衡呢？还远远不能，美国主导的这个全球结算清算体系非常强大，即使是一些国家和地区建立了另外的结算体系，也不可能完全脱离这个庞大的结算体系。

二是美联储转移大额付款的系统（Fedwire）。它是银行间的大额付款转账系统，有了这个体系，美国就可以监控各国大额交易，它经常把大额的短期信用暴露给其参与者和监管者。这个系统是从1914年开始运行的，至今已运行了100多年。

三是美国纽约清算银行同业支付系统（CHIPS）。它是全球最大的私营支付结算系统之一，是替代纸票据清算的一个电子系统，主要进行跨国的美元交易清算，所有用美元进行的交易，都要用这个系统结算。

当然，以上三个是最主要的，美国还有其他一些结算清算和银行监管系统。我曾经在 2001 年带队赴美国调研美国社会信用体系，发现美国银行监管体系是由若干专业化程度很高、分类非常细密的监管部门组成的，有十几个银行证券专门监管机构。银行间的往来业务，包括私人和银行发生的交易关系，都有美国主导的清算结算体系和监管体系介入。

这就是美元的霸权，美元的贬值、升值可以影响世界；美元在国际交易中的地位、在储备货币中的地位、在全球结算清算体系中的地位，都可以影响世界。

美元的强盛周期会有多长呢？2011 年，中国国际经济交流中心在北京召开全球智库峰会，邀请了美国前国务卿基辛格。基辛格当时在会上讲，“我今天发言想讲一个故事，是美元替代英镑的故事，这是一个漫长的历史过程”。他这么说是有潜台词的，当时如果听不懂的话，现在则可以看得很清楚，言外之意是，人民币还是要悠着点，不要想那么快替代美元，这绝对没有那么容易，即使人民币能够替代美元，那也将是一个漫长的历史过程。

英镑作为国际上最强大的交易货币和储备货币，它的周期是 125 年，直到被美元替代。1874 年美国经济总量超过英国，但是美元取代英镑是在美国经济总量超过英国之后又经历了 70 年。从 1913 年美联储成立到 2013 年正好 100 年，美国发行的美元大约有 10 万亿，美国国债控制在 10 万亿美元之内。纽约有一个国债钟，美国发行国债要向国民公布，在这个钟上显示美国背负了多少国债，国债钟当时设计的最高限度是 10 万亿美元，即美国国债不能超过 10 万亿美元，超过国债钟上 10 万亿美元的极限，意味着这个国家经济会崩溃。

美国从发行 100 万美元到发行超过 10 万亿美元，用了大约几十年时间。但是 2008 年国际金融危机之后，经历了四轮宽松货币政策，现在又进入了新一轮的宽松货币政策，这十多年发行的美债超过过去差不多 100 年的总和。美国国债现在达到 22. 7 万亿美元，是美国国债钟上限的两倍多。短时间内人民币不可能完全替代美元，现在和美元最接近的不是人民币，是欧元，英镑、日元在国际贸易中的占比也越来越小。但是中国的大国信用是上升的，中国经济体量是上升的，因此未来若干年后，将会形成美元、人民币、欧元三足鼎立的国际货币体系。短期内可能没有一种货币能像当年美元替代英镑一样替代美元，因为全球不可能形成新的布雷顿森林体系，与当时相同的情况几乎不会发生。

现在各国都在增加黄金储备，2018 年和 2019 年是近几十年各国央行增加黄金储备最多的年份。中国一年的黄金产量大约为 400 多吨，要达到当年美国几万吨的黄金储量，现在几乎不太可能。而美国到底还有没有那么多的黄金储备？各国储备在美国的 7000 吨黄金还在不在美国纽约地库？如今已成疑问。

现在已有十几个国家取回自己储备在美国的黄金，德国已取回 1000 多吨黄金，俄罗斯已取回 80% 的黄金，匈牙利全部取回，大约几十吨。现在中国官方黄金储备接近 2000 吨，但是中国人喜欢黄金，民间存的黄金首饰、金条等初步估计在 3 万吨左右，超过国家的黄金储备总量，如果恢复金本位，中国可能最有优势。其次是印度，印度人也喜欢黄金，大量黄金储备也在民间。再次是日本，日本人喜欢白金，装饰品大都是白金，可能白金储量更多。

所以，人民币国际化周期不会太短，千万不要认为人民币会很快替代美元。我认为，美元的霸权地位还将长期存在。即便是俄罗斯从八个方面“去美元”，建立独立的结算体系，欧盟也“去美元”建立独立的结算体系，但如果没有颠覆性变革，美元的霸权地位也仍然会延长到 2050 年以后。

然而从现在开始，美元将进入由盛转衰的拐点。为什么呢？从布雷顿森林体系成立到现在，美元是美国霸权最主要的支柱，之所以现在将由盛转衰，就是因为美国的大国信用损耗，且出现了一个标志性的人物，就是自称最伟大的总统——特朗普。美国《华盛顿邮报》有一个专门小组跟踪总统发的 Twitter，到目前为止他发了 35000 多条 Twitter，其中有 10000 多条是谎言，是前后矛盾或者传导错误信息的语言。但是实事求是地讲，还有 2 万多条是真的，节省了很多印刷费、会议费，利用新媒体一竿子插到底，中间没有层次。我到美国调研并和美国的智库专家对话的时候，向他们提出一个问题，美国政府从来也不开会，国家也不发多少文件，如何判断政府的政策方向呢？有专家回答说，我们现在已经形成一个习惯，每天早晨六点钟第一件事，就是看总统发的 Twitter。美国现在国家信用损耗非常大，不光是说话不算数，也包括一系列战略上的重大失误，用眼前利益替代长远利益，使美国的大国形象受到极大的损害。美国正在从山巅上和自由灯塔上跌落下来，国家信用跌落到有史以来的最低水平。

美国霸权靠美元支撑，美元靠信用支撑，国家信用下降，美元的信用也会下降。全球“去美元”“去美债”的过程已经开始了。世界上 35 个国家已经开始了“去美元”的过程，16 个石油输出国绕开美元进行结算，伊朗、委内瑞拉建立了独立结算体系，35 个美国的债权国中 21 个都在减持美债，中国也在减持，且速度比较快。

而将使美元地位发生颠覆性变化的，是一些国家推行的主权加密货币，也就是用区块链技术支撑的各国之间基于主权发行货币的电子化链接方式。这里需要特别指出的是，区块链技术并不应该是支撑比特币的技术，而是支撑国家主权数字货币的技术。如果 IMF、世界银行或者 OECD 也加入推行的话，世界形成数字货币认同和运行体系，对于美元的替代进程会大大加快，也可能会发生巨变。欧盟央行行长拉加德提出，将根据特别提款权推出类似比特币的全球数字货币，但是主权货币而非比特币。IMF 总裁格奥尔基耶娃最近发声谴责美国发动的贸易战，IMF 准备推动欧亚经济联盟制定无美元支付体系。日本也在全球主导建立用于主权加密货币支付的国家金融网络体系。中国央行已经批准了数字货币研发，数字人民币也在计划之中。我认为，可能最早能实现数字货币和无现金化的是中国，中国移动支付渗透率截至 2017 年底是 77.2%，有关国际组织调查认为，目前中国的移动支付渗透率已经高达 94.7%。这些国家和国际组织推动主权加密货币，会加快以美元为主的结算清算方式和体系被替代的进程。

美国将由盛转衰，“去美元”“去美债”的进程已经开始。一些国家在探索和尝试独立于美元的清算结算体系。欧盟建立了独立于美元 SWIFT 的交易机制 SPY；英国、法国、德国为了和伊朗进行石油交易，于 2018 年底建立了一个独立的结算体系 INSTEX，2019 年 10 月 4 日又增加了 8 个欧洲国家，现在体系中有 11 个国家；中国从 2015 年开始建立人民币跨境支付系统 COPS；俄罗斯建立了金融信息传输系统 SPES。

一些国家开始减少美元储备或者是美元在贸易交易中的使用率。例如，俄罗斯要求购买武器的国家，不能用美元结算，必须用卢布、人民币、欧元结算。

一些国家这两年加快抛售美债，有 21 个国家抛售，其中俄罗斯持有的美国国债仅剩 108 亿美元。10 年期国债和 2 个月国债收益率已经倒挂，30 年期与 3 个月国债收益率也已倒挂，现在美国财政部想发行 50 年到 100 年的长期国债。我认为，未来收益率曲线倒挂的可能性会更大，50 年、100 年的国债发行可能会受阻。

二、长臂管辖是美国发动的经济战中的“核武器”

长臂管辖是美国发动的经济战中的“核武器”，不仅完全背离国际司法所坚持的“一个国家不应该在另一个国家领土上行使国家权力”的原则，践踏了法治精神，而且也成为美国攫取他国经济利益的一台“收割机”。

美国长臂管辖相关法律主要形成于冷战后。1989 年柏林墙倒塌，1991 年苏联解体，美国学者福山写了《历史的终结》，他认为美国的民主政治制度已经使历史终结在此刻。1993 年，当时的美国国务卿向国会提出，要将政府曾经用于抵抗敌人的手段和资源用来应对全球的经济竞争。

长臂管辖就是如此。本来这是美国国内的法律界的术语，即是说美国有关机构可以超过法院所在地，而在域外执行法律管辖权。这是美国创造的特有的经济武器，即用法律的形式输出本国法律执行的范围，获得域外利益。当然在这个经济武器之前，还有一些长臂管辖法律在其他方面发挥作用。美国主要发挥长臂管辖作用的法律有 1996 年的《赫尔姆斯—伯顿法》、1996 年的《托马斯法》、2002 年的《萨班斯—奥克斯利法案》、2016 年的《对恐怖主义实行法律制裁法案》、2018 年的《外国投资风险现代化法案》、2018 年的《澄清合法使用境外数据法案》。原有的美国法律在全球仍然在使用，并且发展成长臂管辖的重要内容，比如说 1970 年的《银行保密法》和《犯罪组织侵蚀合法组织法》、1976 年的《外国主权豁免法》和 1977 年的《反海外腐败法》。美国长臂管辖法律已经被滥用和泛化，而且使用到整个世界。长臂管辖基本分三个层次：

第一个层次是初级制裁。初级制裁是对国家的制裁。被制裁的国家，不能与其他国家发生经济往来。比如说美国先后制裁的古巴、伊朗、叙利亚、苏联、苏丹、委内瑞拉。美国对中国从 1949 年到 1979 年期间实行的制裁，也属于初级制裁，这是对整个国家的制裁。当时外部世界不能跟中国进行经济往来，所以那个时候中国内地进出口只有香港一个通道，中国内地商品只有通过香港才能出口到国际市场。1978 年中国国际贸易总额才 206 亿美元，现在已经接近 5 万亿美元。

第二个层次是限制美国本国的企业和境外组织 、个人与被制裁的对象国之间的经济往来。

第三个层次是本国和外国都与被制裁对象断绝交往，而且还要和同被制裁对象有经济交往的行为者断绝交往。这个层次的制裁现在泛化得非常厉害。它的本质：一是实行域外管辖权；二是要坚持最低限度联系；三是不可预见性和随意选择性。美国是对全球各国进行经济制裁的主要发起者，它确立了许多长臂管辖的法律，然后根据这些国内法律去制裁其他国家，比如说美国 337 条款及《反海外腐败法》《托马斯法》《出口管制法》《海外账户纳税遵从法》，都是长臂管辖的法律基础，都是美国可以用国内法律去制裁国际上任何一个国家的所谓依据。到目前为止，美国已经对世界上接近 40 个国家、一半以上人口进行过经济制裁，而且获得了很大收益。

例如，《赫尔姆斯—伯顿法》是美国针对古巴制定的法律，通过此法案对古巴进行禁运。苏联曾是古巴的最大支持者，苏联1991年解体，古巴失去了后盾。美国1992年通过了《古巴民主法》，禁止美国海外的分支机构与古巴进行贸易。1996年，《赫尔姆斯—伯顿法》通过，这个法案延续1992年美国对古巴的禁运，并且从美国国内企业和个人扩大到美国所有境外的企业与个人，即在美国国内不能与古巴有贸易，在境外也不能与古巴有贸易。这部法律包括四大部分，第一部分是对卡斯特罗政府进行国际制裁，第二部分是要在古巴扶持一个亲美政权，第三部分、第四部分是经济制裁的内容。其实，在这个法案出台之前，西班牙、意大利、德国、法国和古巴的贸易非常频繁，占到古巴所有贸易的45%。这个法案出台以后，和古巴的贸易关系和行为都被认定为非法，古巴几乎受到全球封锁。

又如，现在在长臂管辖中发挥很大作用的是《托马斯法》。《托马斯法》是一位名叫托马斯的美国国会议员提出的法案，该法案于1996年8月5日通过，主要针对伊朗和叙利亚，目的是切断支持恐怖主义的经济来源。其中的一个要点就是，任何企业和个人在伊朗和叙利亚年投资超过4000万美元，直接投资或间接扶持两国石油、天然气行业，就应当受到处罚。违法者被美国列入“特别指定国民名单”，出现在名单上的企业和机构，美国市场将对其关闭。美国财政部的海外资产控制办公室负责对这些禁运国家的制裁，罚没的款项归美国财政部。美国对于当时的伊朗、叙利亚的禁运政策，国际上通行的说法叫“焦土政策”，各个国家的企业和个人都不敢与被制裁的国家做生意，否则就会在经济上遭受极大打击。美国2017年4月对中兴通讯的审查依据的正是这部法律。中兴通讯在美国的分公司向伊朗出口设备里的一部分零部件是美国生产的，因此被认定违反了这部法律。2017年4月，中兴通讯因此遭受惩罚，美国宣布对其实行为期7年的禁供，即2025年3月13日之前，美国公司不得向中兴通讯供应核心零部件芯片以及关键设备。

《反海外腐败法》是美国把长臂管辖变成国际法的一部法律，它使美国的国内法律具有了域外法权的属性。这部法律自1977年通过，发挥了近半个世纪的作用。该法律规定，在世界上任何地方发生的案件，涉事企业或旗下任何一家分支机构，甚至是办事处，只要与美国有某种联系，比如用美元进行结算，或者用互联网发电子邮件的服务器在美国，美国司法部就可以展开调查或者是实施制裁。全球有很多海外腐败案均是美国跨国进行调查和制裁的，罚款都归美国所有。为了把美国的国内法律转化为国际标准，美国一开始找了很多国际组织磋商，这些组织都不答应，最后找到OECD。恰逢当时在美国发生了400多起海外行贿的案子，美国开始确实也是为了打击国内企业在海外行贿。但后来美国认为这部法律可以变成国际标准，并说服了 OECD。1997 年 12 月 17 日，OECD 通过了《反对在国际商务交易活动中行贿外国公职人员公约》，全球绝大部分经济体加入了美国的反腐败标准体系。这部美国法律转化为国际执法标准以后，就随之转化为美国跨国执行能力。OECD 通过的这部法律，基本照搬了美国的法律，并且允许跨国执法。这样，美国逐渐编织了一个非常庞大的监视网络，把世界上很多国家领导人、企业都纳入其中，实质上形成了美国深层次的世界霸权。

美国现在正在建立的是长臂管辖的数据霸权，或者叫作网络霸权。这个霸权允许美国的执法机构收集各种信息和数据，将很多国家、组织、个人置于美国长臂管辖之下。2001 年“9·11”事件中，恐怖主义袭击使美国遭受了重创，美国因此制定了《爱国者法案》，在全球打击恐怖主义，建立了一种信息霸权。按照原来的法律规定，美国执法机构不能随便查阅美国信用评级公司核心机密，包括企业的商业秘密、个人的隐私等。《爱国者法案》取消了这些限制，美国执法机构可以随意查阅一切他们认为对国家安全有威胁的信息和数据。

这样，美国迅速依据新的法律建立了一个信息共享的集权机制，所有的执法机构都可以共享来自社会信用评价公司的和一切他们认为可以查阅的东西。为什么被美国列入实体清单这么可怕？因为一旦被列入实体清单，不是一个部门对其实行制裁，而是所有共享信息的部门共同或者按照分工进行制裁，而且，这种制裁就是在美国信息技术先进的条件下赋予的特殊权力，其传输速度是非常快的，大数据系统对这些执法系统也是开放的。

还有一些长臂管辖的法律现在正在推进，也会非常快地形成域外执法能力，其中最重要的是《云法案》，全称《澄清数据在海外合法使用权》。任何拥有各种通信、记录或其他信息的公司，像大数据、网络公司，凡是产生数据的，无论是不是在美国注册的，数据是否存储在美国，只要和美国发生某种联系，比如说企业在美国上市、其发邮件的根服务器在美国、用美元进行交易等，美国都有权力监管和控制该公司数据。

长臂管辖使美国获得了巨额收益。一是想打击谁就打击谁，而且是依据国内法律打击别的国家、企业和个人，《爱国者法案》等明文规定，美国可以根据其中条款，对任何人、任何地方的资金进行核查、冻结；二是美国确实从中受益，从 2009 年到 2017 年，美国仅从欧洲就通过长臂管辖拿走了 1900 亿美元罚款，而且获取了大量企业的数据、大量的企业罚款，一些巨型企业受长臂管辖制裁倒闭后被美国企业收购，阿尔斯通案、法国巴黎银行案都是美国长臂管辖的典型案例。

美国通过长臂管辖对中国企业进行制裁。2018 年 4 月，美国商务部工业安全局对华为实行制裁，对华为所有子公司都实行禁供。2019 年 6 月，美国商务部将天津海光、中科曙光、成都海光、无锡江南计算研究所等都纳入了它的制裁名单；8 月，又把 44 家中国企业列入了美国出口管制清单，实施技术封锁；10 月 8 日，美国把 28 家中国企业列入实体名单，有 6 家是高科技企业。目前被美国列入实体名单的企业达到 216 家，这是值得重视的，包括中国腾讯、科大讯飞、大疆无人机等都在美国的实体清单中。唯一一个后来从清单中撤出来的就是大疆无人机，大疆无人机在深圳生产，出口量占全球的 80%，现在美国国防部 40% 的无人机都是大疆制造生产的。所以，应美国国防部的要求，大疆无人机被从名单上撤下来了，这是中国企业进入名单后唯一一个被撤下来的，因为美国国防部还需要它生产的产品。

与此同时，与长臂管辖相关恶法的抗争，也始终没有停止过，最典型的是《欧盟阻断法案》。这部法律是 1996 年制定的，因为当时美国利用长臂管辖法案从欧洲拿走的钱最多。该法案的主要精神有以下几个方面：一是抵制性立法，严禁本国国民服从美国法律的命令；二是制裁性立法，对遵守美国法而不遵守欧盟法的主体实施制裁，不得按照美国的法律办；三是否认性立法，不承认美国法以及美国法派生的决定或者命令的法律效力，不承认以它作为执行的依据；四是补偿性立法，准许有关企业或者公民在欧洲法院起诉美国案件中的受益方或者是胜诉方，对冲美国的法律制裁效果。当前，中国必须加强研究美国的长臂管辖，制定应对长臂管辖的相应法律，依法废除美国恶法对我国企业实行的不合理制裁。

三、高科技是美国获取超额垄断利润的“收割机”

中美贸易摩擦是序曲，而科技竞争才是问题的实质、焦点、核心。从历史看，科学技术无国界，世界科技中心不会永远停留在一个国家。按照世界科技中心的衡量标准，即科学成果占世界总量的 25% 以上，世界上曾经先后有意大利、英国、法国、德国、美国成为世界科技创新中心。而世界制造业中心差不多几十年转移一次，第一轮制造业中心在英国，然后从英国转移到美国，从美国转移到西德、日本，再从日本、“亚洲四小龙”转移到以中国为首的新兴经济体。

美国靠高科技发展优势和与之相匹配的制度设计，获取了超额的垄断利润。一是靠美国企业，主要是知识密集型企业赚了大量的钱。按照《日本经济新闻》2019年1月的报道，十年前全球企业净利润25%来自美国企业，2018年这个数值将近40%，十年间增长了3.8倍。美国最大的50家跨国公司，65%的国外利润来自知识产权密集型产业，比如科技和药物。全球十大PC制造商营业收入中，苹果占7%，但利润却占35%，主要来自专利收入。不仅是苹果，芯片企业包括美国的博通、高通、英特尔也是如此，其他国家企业每用一个芯片都要向他们缴纳专利费，生产电视机的企业要缴，生产手机的企业也要缴，这就是美国收获的巨额专利费。

二是靠知识产权交易直接获得收入。2016年全球知识产权跨境许可收入是2720亿美元，其中美国占45%，欧盟占24%，日本占14%，中国占不到5%。中国知识产权使用费，对外支出一年是358亿美元，而收入只有56亿美元，逆差达到300多亿美元，主要是对美国企业的付费，这说明我国现在的原始创新能力与发达国家还有很大差距。

三是靠无形资产获得收益。美国企业的无形资产加起来占到总资产的26%，代表技术实力的专利和品牌的无形资产估值是4.4万亿美元，是世界上估值最高的。日本企业无形资产占总资产的6.4%，估值是0.45万亿美元。而我国企业创造的无形资产，在企业报表里还没有体现。

四是靠高技术举国体制创造垄断利润。美国科技与创新的举国体制首先表现在税收制度上，对企业开办实验研究费的优惠税收政策，已经形成永久性制度。1986年，美国制定了《国内税收法》，一切商业性公司和机构从事基础研发的经费新增值部分按20%退税，个人研发新增值退税也是20%。

美国还通过法律限制尖端的高科技产品出口，以及国外企业收购美国高科技企业。现在则主要限制中国，2018年第一季度就否决了9个中国企业在美国的并购案。按照美国最大的统计集团荣鼎集团的统计，中国企业2016年在美国的投资额是456亿美元，2017年下降到290亿美元，2018年下降到48亿美元，2019年继续下降。主要就是因为美国限制中国企业在美国投资并购，所有有关联的交易，只要被美国认为是高科技的投资都受到了限制。

围绕高科技获得超额垄断利润，美国构建了完整的法律法规体系。包括专利制度，如1972年的《技术评估法》、1984年的《国家合作研究法》、促进科技成果转化的法律法规、著名的《史蒂文森—怀勒技术创新法》等。一系列的法律法规体系，是支持美国科技创新举国体制的制度保障。

美国特别重视动用国家力量支持基础研究。创新有三种：原始创新、集成创新、引进消化吸收再创新。一直以来中国比较重视和采用后两种。但在美国，国家的主要力量用于支持基础研究，研发经费占 GNP 的 2.5% 以上。联邦政府 1/3 的科研经费，通过商业合同即招标的办法投给企业和大学所属科研单位。美国国防部科技预算 20% 以上用于基础研究，把国家的重大战略需要转化为若干基础研究项目，然后向企业和研发机构招投标，再用商业合同的形式给予大额的经费支持。

美国支持中小企业创新。美国不仅是给中小企业减税，还允许中小企业和政府共同出资进行研究并取得专利，鼓励把知识产权注册给中小企业，要求国家实验室促进成果向中小企业转移，允许中小企业使用国家实验室，为中小企业创新专门开辟了 NASDAQ 股票市场，为中小型科技企业提供直接融资。

还有一个举国体制，就是美国的政府采购体制。美国 1761 年就制定了《联邦采购法》，由美国国防部、能源部、航天局这些部门进行政府公共品采购。美国国会批准预算，批准为科研经费的，1/3 以上以商业合同的形式，也就是政府以招投标的形式，用市场化的办法资助企业或者研发机构，每年高达几千亿美元。美国瞄准前沿技术，通过国家预算把科研经费变成法定程序，在管理前沿技术的政府部门直接招投标，用市场化的办法给企业资助。这实际上是市场经济体制下现代国家治理的制度性安排，反映了国家治理能力与水平。美国的举国体制是一种制度化、机制化、流程化的设计与管理，这个体系运行起来效果很好。

美国还采取举国体制设计推动了一些重大项目，像曼哈顿计划、阿波罗登月计划、星球大战计划、信息技术长期研究项目、纳米技术国家计划、工业互联网计划、“人工智能 2030”计划，这些计划都是举全国之力推动的。

最后一个方面很重要，就是重视教育和人才。美国人均教育经费是 3200 美元，中国是 423.8 美元，美国是我国的 8 倍。2017 年美国接受留学生 460 万人，其中来自中国的 2017—2018 年是 36.33 万人。美国的“人工智能 2030”计划是特朗普签署的最新推出的计划，仅教育方面就包括学徒计划、奖学金计划、技能提升计划、计算机科学教育计划、职业教育计划等。

美国靠高科技获取了超额的垄断利润。比如说原创药，可以有 15 年、20 年的专利保护期。美国药品有专利法保护，就是为了保证技术创新产生的高额利润。当然，美国现在正在切断高科技的链条，如果切断科技链，美国的创新优势也会失去，进而失去全球最大的互联网市场和创新策源地。中国作为世界唯一一个十亿级用户同时在线的互联网应用场景，是最活跃、最具创新性的应用研究市场。像华为、中兴通讯等中国企业，60% 的零部件来自美国，高通、博通、英特尔、亚马逊的关键零部件设备大部分是出口到中国。所以，如果产业链断掉的话，美国不仅会失去中国这个最大的市场，还会失去全世界最大的科技创新策源地。中国可以创造互联网应用场景，也是最活跃的科技成果转化和应用市场，美国再高的科技水平也得转化和应用，虽然科技创新的原创市场大部分在美国，但是最大的转化和应用市场在中国。所以，这两个国家有天然的互补性，如果真的把互补性去掉的话，美国还会失去产业链有效连接和相互依存的全产业链优势，这对中国不利，对美国不利，对全球也不利。

全球已经形成的产业链之间，实际上没有任何产权所属关系，没有任何行政上的隶属关系，是靠市场自发地发现上下游关系，发展链接关系，形成供给与需求匹配的过程，逐渐形成若干产业链和产业链生态体系，一旦打断则是产业链的整体损失。比如说，华为现在有 92 个大的供应商，其中 32 个供应商在美国。现在全球产业链、供应链、服务链和价值链已经形成，相互依存，一荣俱荣、一损俱损，哪怕只是对一个关键零部件的阻断，也会导致整个产业链的断裂。

四、贸易讹诈是美国获取额外财富的重要手段

尤瓦尔·赫拉利在《人类简史》序言中说："特朗普时期所散发的是浓浓的虚无主义。至于正在崛起的中国，则呈现几乎完全相反的景象，一方面保持了国内政治稳定，另一方面对世界其他地区更为开放。事实上，如果从自由贸易和国际合作的层面去看，中国更像是全球化的积极倡导者。"中国是经济全球化的积极倡导者、建设者和推动者；美国则在国际贸易上大搞封闭主义、保护主义，是在开历史的倒车。美国使用贸易讹诈的办法，意在额外获取其他国家的财富。

实际上，美国长期用信用货币从其他国家换取大量实物商品和服务，美国与 102 个国家有贸易逆差。贸易逆差为什么能产生？不是国家和国家协商的结果，而是国际市场需求与供给能力相互匹配的结果。在几十年时间里，美国一般制造业的制造能力转移了，世界上多数国家的工厂成为给美国市场提供商品的供应商。而美国用一张张的信用货币，用最便宜的纸张，获取了 102 个国家具有价值和使用价值的实物商品和服务。各国在生产，美国在消费，各国在出口，美国在进口，美国成为全球最大的、价格最低的市场。

而且，美国的经济形态从以实体经济为主转向以虚拟经济为主。从 20 世纪末到现在，美国去工业化已经接近半个世纪，大量制造业早已转移，产业已经空心化。

美国制造业“二战”结束的时候占全球比重高达50%，在中国改革开放初期仍占到33%，而目前只占到15%左右。美国制造业体系已经不完备，没有能力生产出市场所需要的大部分工业制成品，所以才需要进口，这是美国市场的刚需。中国是美国最大的进口国，所谓贸易逆差，就是美国从中国进口多、向中国出口少，中国占美国贸易逆差的48%，接近50%。应该说中国是美国经济、美国市场需求的最大提供者，是对满足美国家庭日常生活需求最大的贡献者，是对美国保持低成本、高福利贡献最大的国家，美国应该感谢中国，而绝不是把中国当成敌人。

美国的贸易讹诈武器，一是无差别的贸易攻击，也就是对进口国加征关税。依据的是胡佛总统1930年制定的《斯穆特—霍利关税法》，这部关税法是通过立法对其他国家加征高额关税，当时美国进口关税从40%左右上升到59%，导致贸易战，世界因此陷入十几年的经济大萧条。美国还根据1962年的《贸易扩大法》进行“232调查”，对特定产品进口是否危害国家安全进行调查，包括2018年美国发起的对12个国家进口钢铝产品的贸易制裁，以钢铝进口涉及国家安全为由，对这些国家发起贸易制裁。

二是利用知识产权进行贸易讹诈。主要是进行“337调查”，即根据1930年的《关税法》第337节以及相关修正案进行调查。这项调查具有制裁性，是最具杀伤力和变通性的贸易保护手段。可能导致因为一家企业败诉，该国其他生产该产品的企业全部退出美国市场的结果。

三是产业损害救济。根据美国《1974年贸易法》第201条进行的调查，主要是反倾销、反补贴和贸易保障措施。2017年美国对中国生产的光伏电池的制裁，就是依据这个条款进行的调查。

四是“301调查”。现在对中国2500亿美元输美商品进行的贸易制裁，就是根据301条款做出的。“301调查”是美国贸易保护的武器，根据美国《1974年贸易法》第301条和美国《1988年综合贸易与竞争法》第1301条第1310节，对美国认为贸易不公平行为进行调查并做出处罚。美国从1972年到2019年初，对贸易伙伴发起了125起“301调查”，其中对中国进行制裁的规模最大。

五是国家安全调查。依据的是1962年《贸易扩展法》第232条，这一条是对特定商品进口是否威胁到美国国家安全进行调查，立案以后270天向总统提交报告，90天以后决定是否采取制裁措施。

五、网络霸权也是美国的经济武器

世界正在进入数字经济时代，大数据、云服务、云计算、人工智能迅速发展应用，使大国竞争聚集于网络空间。美国具有先发优势，在技术标准制定、网络空间关键资源控制和国家在网络空间主权管辖边界拓展等方面，已经占据了制高点。支撑全球互联网运营的根服务器总共 13 个，1 个主根服务器设在美国，12 个副根服务器中有 9 个在美国。美国生产的 CPU（中央处理器）产量占全球的 92%，在系统软件中占 86%，在全球近 3000 个世界级大数据库中占 70%。世界上 47 个国家建立了网络部队，67 个国家建立了非军方网络安全机构，美国网络部队规模最大。2018 年 8 月，特朗普签署了 2015 年以来美国首份网络战略，可以进行攻击性网络行动。网络霸权为美国创造了收割世界财富的新武器。

为了维护网络霸权，2015 年美国制定了几个重要法律，如《网络安全法》《国家网络紧急状态令》。制裁中国企业中兴通讯，依据的就是《网络安全法》《国家网络紧急状态令》。还有就是增加了断网的威胁，美国 2018 年 6 月 11 日制定了网络终止原则；以及网络攻击，2018 年以来，位于美国的 3325 个 IP 地址向中国境内 3607 个网站植入木马病毒，采取很多网络攻击行动，像“棱镜计划”、“金色激光”行动、“发光交响乐”行动、针对伊朗的“奥运会”行动等，这都是很复杂的网络攻击。这些计划背后的意义是不仅可以利用网络霸权控制他国，而且可以使美国获得巨大经济利益。例如，根据 2007 年开始的“棱镜”秘密项目，安全部门可以直接进入美国分布于全球的中心服务器挖掘数据、收集情报，微软、谷歌、雅虎、苹果等 9 家美国互联网巨头也都参与其中。

各国也有一系列应对美国网络霸权的计划，包括中国的“雪人计划”，希望在 IPv6 时代突破全球 13 个根服务器的布局，包括“一带一路”建设中推进数字丝绸之路与网上丝绸之路。俄罗斯也在建立完全属于自己的网络系统，并进行了断网演练。将来比较厉害的是全球共治框架——互联网协议第六版本。这个协议因为它的 IP 网址多，可以让地球上每一粒沙子都有一个 IP 网址，根服务器将增加到 25 台，在中国、美国、俄罗斯、日本、印度、德国、法国等 16 个国家完成部署。25 台中 3 台主根服务器分别在中国、美国和日本。中国正在推进下一代互联网国家工程，全球排名前 50 位的网站支持率达 42%，虽然支持率较高，但是仍处于测试阶段，完全替代美国还有一个过程。在 5G 的基础设施、大规模的应用场景、业态变革、商业模式创新上，现在中国处于领先地位。5G 的标准，中国占了 35%，其中华为占了 15%，这就是当前令美国着急的地方。所有企业，包括民营企业，只要科技水平处于前沿，有可能超过美国，就有可能遭到美国倾举国之力的打压。

我们应该看到，中美之间现在的这场竞争与博弈，是中国迈向现代化强国躲不过的坎，也是中国真正成为强国必须经历的一个“蝉蜕”的过程。因此，我们不仅要研究当前，也要研究长远；不仅要研究贸易战表层的东西，也要研究美国国家的治理体系，还有美国形成举国体制的科技创新机制。知己知彼，百战不殆。把自己国家的事情办好，不是说一句话就能做到的。办好自己国家的事情后，也不一定就能超越对手，要超越对手，关键是要了解对手，从而确定我们怎么做才能更优。现在中美聚焦的问题看起来是贸易战、科技战、金融战，但最后比拼的是制度设计，是现代国家的治理能力。

参考文献

[1][法]阿里·拉伊迪. 隐秘战争——美国长臂管辖如何成为经济战的新武器[M]. 北京：中信出版社,2019.

[2][法]弗雷德里克·皮耶鲁齐. 美国陷阱——如何通过非经济手段瓦解他国商业巨头[M]. 北京：中信出版社,2019.

[3]陈文玲. 对当前中美经贸关系走势的分析与研判[J]. 人民论坛·学术前沿,2019(7).

[4]陈文玲. 特朗普战略转向的实质究竟是什么——与特朗普交易型政府必须算清的几笔账[J]. 人民论坛·学术前沿,2018(4).

[5]国务院新闻办. 关于中美经贸关系的事实与中方立场[Z]. 2018-09-24.

[6]关于中美经贸磋商的中方立场[Z]. 2019-06-02.

[7]陈文玲. 世界经济正处于历史的十字路口——对当前和今后一个时期国际经济发展趋势的几点看法[J]. 全球化,2019(5).

[8][美]理查德·罗伯茨. 手持柴火的灭火人——揭秘美国全球经济领导力及其潜在的危机[M]. 北京：东方出版社,2018.

对当前中美经贸关系走势的分析与研判

（《人民论坛·学术前沿》，2019年7月）

摘要： 当前，中美之间的博弈不是世界第一、第二的博弈，而是正义与非正义的博弈，是前进和后退的博弈，是开放与封闭的博弈，是经济全球化与逆全球化的博弈。那些陈旧的、过时的经验教训或者理论，有一定的借鉴意义，但解决不了当前中美之间的问题。美国表面上来势汹汹，霸权地位支撑了其霸凌主义行径。但实质上美国已经输了，如果不能改弦易辙，只会输得更惨。中美关系唯一正确的选项是合作。这场竞争与博弈不是遭遇战，而是一场持久战。它不是短期通过贸易谈判可以解决的事情，是一个长周期的问题，将伴随着中国崛起成为社会主义现代化强国的全过程，对此我们必须有战略定位、战略耐力、战略反制能力。

关键词： 中美关系；贸易战；新型大国关系

世界经济格局演化和中美之间的斗争有很大关系，中美之间的矛盾与斗争，将是未来百年未有之大变局中最大的变量。这个最大的变量如果处理得好，将对整个世界产生正向的溢出效应，世界将会变得更好；如果相互对抗、斗争、博弈，甚至冷战、脱钩、断裂，对世界经济、政治、外交、军事与和平发展将会产生巨大的负面溢出效应。当前的中美关系，特别是中美经贸摩擦和斗争，实质上已经超出了中美两个国家的双边范畴，不仅将决定两个国家的命运，而且将决定人类的命运、世界的命运。

一、中美关系唯一正确的选项是合作，两国元首的五次会晤和多次通话总基调是要保持协调、合作、稳定的中美关系

合作是处理好中美关系唯一正确的选项。中国与美国所有的斗争，贸易战也好，科技战也好，金融战也好，网络战也好，最终都是为了走向合作。正如毛泽东同志

所言，我们的战是为了和，不战不能和，战不赢不能和。

其实，在和美国的这场前所未有的历史博弈中，并不存在什么“修昔底德陷阱”，那是古希腊时期的事情，根本套用不到现在的中美关系上，套用不到现在的大国竞争与博弈上。当前中国和美国的竞争与博弈在历史上是空前的，是在当代科技高度发展、全球的经济文化各个方面的要素高度融合、分工和交易越来越细密、世界的联系越来越紧密的情况下产生的。所以，不能用历史上任何一个时期的事例来类比，包括日美贸易摩擦。日美贸易摩擦时，日本还不像现在的中国已经成为制造业大国，也没有中国现在的制造业地位高，日本那时候仅仅是 GDP 占到了美国的 60%。总之，用美国与日本、俄罗斯、德国、法国等之间的摩擦，用苏联在冷战之后解体等历史情形，都不足以解释当前中美之间的斗争和博弈。

当前中美之间的斗争和博弈不是世界第一、第二的博弈，而是正义与非正义的博弈，是前进和后退的博弈，是开放与封闭的博弈，是经济全球化与逆全球化的博弈。

习近平主席在奥巴马执政时期就提出构建中美新型大国关系，核心内容是不冲突不对抗、相互尊重、互利共赢。而在特朗普执政时期呢？第一任国务卿蒂勒森在访问中国的时候，原封不动地引用了习近平主席这几句话，并且说要构建稳定的面向未来 50 年的中美关系，可惜的是，特朗普并不是政治家。2016 年 11 月 9 日，特朗普赢得美国总统选举当天，习近平主席即向他发去贺电，在贺电中明确提出，中美是最大的发展中国家、最大的发达国家，是世界前两大经济体，中美两国在促进世界和平稳定、经济繁荣方面肩负着重要的责任，拥有广泛的共同利益，发展长期稳定、健康的中美关系，符合两国人民的根本利益，也是国际社会的普遍期待。2016 年 11 月 14 日，习近平主席和特朗普通电话，强调中美建交 37 年以来两国关系不断向前发展，给两国人民带来了实实在在的利益，也促进了世界和地区的和平、稳定、繁荣。事实证明，合作是中美两国唯一正确的选项。在特朗普 2017 年 1 月 20 日正式就任前，习近平主席又发了贺电，并且和特朗普通了电话，确定的基调就是中美两国必须合作，中美两国合作对世界是幸事、是好事、是要事、是大事。

特朗普正式就任总统后，先后与习近平主席有五次见面和会晤，在这五次见面和会晤中，特朗普的表态都是正面的、正确的，并且中美两国元首历次通话总基调也都是正向的。但是在实际的行动中，美国却采取了另外一种态度。

第一次会晤：2017 年 4 月 6—7 日，习近平主席和特朗普总统在美国佛罗里达州海湖庄园举行了会晤。两国元首高度评价中美关系取得的历史性进展，同意在新的起点上推动中美关系取得更大的发展。当时的小插曲是特朗普的孙女、外孙演唱了中国歌曲《茉莉花》，背诵了《三字经》和唐诗。特朗普“演技”还是很好的，第一次会晤就表现出对中华文化的热爱。

第二次会晤：2017 年 7 月 8 日，在汉堡召开的 G20 会议期间，两国元首见面形成共识。特朗普还特别指出，当前中美关系发展的态势很好，美方愿同中方拓展相关领域的对话与合作，在重大国际和地区问题上保持沟通协调。第二次会晤特朗普说得也很好。

第三次会晤：2017 年 11 月 8—10 日，特朗普访问中国。中国对这次访问极其重视，王毅部长在当时的记者招待会上答记者问时说，特朗普总统这次访问中国，中国是按照“国事 +”高规格接待的。特朗普这次访问中国，签署了 34 个合作项目，合作项目金额高达 2535 亿美元，满载而归。特朗普在参观故宫的时候，还拿出了平板电脑，播放他孙女唱的中文歌曲，可以说表现也很好。而且特朗普当天就在推特上换上了他在故宫和习近平主席合影的照片。

然而，这次会晤之后，特朗普并没有“消停”下来。就在 2017 年底，美国开始提出对中国进行贸易制裁，2018 年 2 月 27 日正式提出对中国输美的 500 亿美元商品加征 25% 关税。在此次美国对中国商品加征关税之前，我正好带领小型专家团在美国调研。当 3 月 22 日正式宣布加征关税后，我问美国智库专家特朗普加征关税的依据是什么。他们说，贸易谈判办公室给特朗普总统报的单子，是对中国 300 亿美元输美商品加征关税。特朗普当时一看就说，这个数量太小，起码要增加一倍，马上决定对 600 亿美元商品加征关税。可见，美国总统做的是“拍脑袋决策”，没有任何依据。

可以说，中美贸易战 2018 年 3 月 22 日就正式开启了，而美国开启贸易战的依据至少有三个方面是站不住脚的。第一，加征商品的数量没有任何依据，是总统拍脑袋拍出来的。他说，300 亿美元太少，拍脑袋要 600 亿美元，最后公布的却是 500 亿美元。第二，加征关税的依据是不合法的。其是根据美国 1930 年的关税法案、1962 年的贸易扩大法案、1974 年的贸易法等美国国内的法律法规对另外一个国家进行的贸易制裁，没有任何国际法和国际规则的依据。第三，在美国加征关税的 500 亿美元商品中，尤其针对“中国制造 2025”中提出的十大战略性新兴产业的产品。

“中国制造 2025”是中国的内政，是中国自己的产业政策。美国批评中国不能有产业政策，说中国出台的产业政策是干预市场，是举国体制，但实际上他们也在搞举国体制。美国克林顿时期制订了信息高速公路计划，奥巴马时期制订了重振制造业计划、先进制造业计划、先进制造业伙伴计划。特朗普最近推出了美国 2030 年的 AI 计划，计划里政府支持产业的政策，力度比中国大得多。“中国制造 2025”只不过提出了制造业发展的目标和十大战略性新兴产业，文件中只不过提出了提高产品国有化的比重，而美方却认为我们提出的是中国产品在世界占有率的目标。实际上，世界占有率是专家提出的一些看法，并没有写入国家文件。因此，美国针对“中国制造 2025”确实是犯了方向性错误。在“301 调查”报告中，美国对“中国制造 2025”根本就没有弄明白。特朗普宣布对中国输美 500 亿美元商品加征关税后，中国政府马上做出同等规模、同等数量的反制。美国接着提出再增加对中国输美 600 亿美元商品征税，中国也提出对美输华 600 亿美元商品的反制措施。但是 2017 年中美之间的贸易额是 5880 亿美元，美国对中国的出口是 1300 亿美元，剩下都是中国对美国的出口顺差。2018 年中美贸易额增加到了 6335 亿美元，逆差不但没有减少，反而逆市上扬。美国对华贸易逆差，按照美国商务部数字 2017 年 2700 多亿美元，到 2018 年达到 3700 多亿美元。美国接着提出，对我国 2000 亿美元输美商品加征 25% 关税，首先从 2018 年 9 月 1 日到 12 月 1 日要加征 10%，中国不能采取反制措施，否则到 2019 年 1 月 1 日就提高到 25%。

第四次会晤：在这种情况下，2018 年 12 月 1 日，习近平主席和特朗普总统在阿根廷布宜诺斯艾利斯进行了第四次会晤，达成了两国元首共识，原定一个小时的会谈，最后延长到两个半小时。元首共识里最重要的一句话就是取消相互加征的高额关税，指示两国经济团队加快磋商，朝着取消所有加征关税的方向达成互利双赢的具体协议。

从以上中美元首四次会晤中可以看到，前三次中国都做出了具有极大诚意的实际行动。2017 年 4 月 6 日海湖庄园会晤之后，中国主动提出“百日计划”，推动中美两国改善关系。“百日计划”一共形成十条承诺，其中有八条是中国的承诺，美国承诺派高级代表团参加中国 2017 年 5 月在北京召开的“一带一路”国际合作高峰论坛。“百日计划”做出的承诺，中国都兑现了，在保证中国市场需求的基础上，中国在解决美国提出的贸易逆差问题上，显示了足够的诚意。中国政府又提出双方要继续制订一年期的合作计划，而这个时候美国开始对中国进行贸易制裁，要求中国必须取消“中国制造 2025”计划。美国贸易谈判办公室主任莱特希泽在美国公开讲，我们不能让中国实现“中国制造 2025”，如果实现了，中国十大产业就会全面超越美国，美国的地位就会受到威胁。我们可以清晰地看到，不管中国政府做出多少承诺，采取多少措施，做得多么好，美国还是要坚持对中国实施贸易制裁。

2018年12月1日两国元首在阿根廷会晤之后，中美双方开始了紧张的贸易磋商：第八轮、第九轮、第十轮、第十一轮。在整个贸易谈判当中，美国对中国不断提高价码，步步紧逼，极限施压，力图使中国签下“城下之盟”。一开始说要增加从美国进口商品1000亿美元，后来加到2000亿美元，然后直接加到3000亿美元。我们2019年4月15—21日到美国调研，和美国专家讨论这个问题的时候，美国国际战略研究中心（CSIS）一位研究中国问题的战略专家说，他们一个专门跟踪中美贸易谈判的研究团队得出的结论是，即使中美达成了贸易协定，中国承诺从美国进口商品达到美方要求的数量，也会由于美国没有那么多商品可出口，从而在一年之后一切回到原点。2017年，中国从美国进口芯片875亿美元，从全球进口2600亿美元，现在美国政府要求高通、博通、英特尔等企业一律对华为禁供，对中兴禁供，而且对中兴的禁供时间延续到2025年3月13日，正好是实现“中国制造2025”那一年。所以，由于美国对高技术产品禁供，即使中国企业想多进口美国的商品，美国也没有，那么消除逆差也就不可能实现。

第五次会晤：2019年G20大阪会议之前，习近平主席访问俄罗斯，在圣彼得堡论坛上有一个会议互动环节。习近平主席在会议上向国际社会，也向特朗普政府发出清晰的信号。习近平主席说，中美之间出现经贸摩擦，但中美已经是“你中有我、我中有你”，所以他相信他的美国朋友特朗普总统也不愿意看到中美关系全面割裂开来。习近平主席还指出，当前的贸易摩擦问题是全球化和逆全球化的问题，全球化是一个历史潮流，这个潮流还会继续发展，逆全球化也是当前的一种现象，但是他视其为全球化大潮中的一种回头浪，它会激起一些涟漪和浪花，但阻挡不了全球化这种时代大势，要解决全球化遗留的问题，各国不能因噎废食，也不能采取保护主义。

2019年6月，在G20会议期间，习近平主席与特朗普总统会晤。习近平主席指出，中美合则两利、斗则俱伤，合作比摩擦好，对话比对抗好，两国利益高度交融、合作领域广阔，应避免落入所谓冲突对抗的陷阱，实现相互促进、共同发展。特朗普总统表示，珍视同习近平主席的良好关系，两国元首保持密切联系非常重要；美方重视美中关系，对中方没有敌意；美方愿同中方开展合作，希望美中关系越来越好。两国元首会晤达成的最重要共识是：双方同意继续推进以协调、合作、稳定为基调的中美关系。双方宣布将在平等和相互尊重的基础上重启经贸磋商。

中国在处理中美经贸摩擦的态度上展现了大国的胸襟与气度。在美国发起贸易战的起点上，中国牢牢把握双边关系发展的正确方向，坚持在互惠互利基础上拓展合作，在相互尊重基础上管控分歧，采取各种措施解决两国关系现有及可能出现的各种问题，努力推动中美关系行稳致远，以更好造福两国人民，惠及世界人民。

为什么在整个中美贸易战中，中国的态度一直是不愿打，不怕打，必要时不得不打，一定奉陪到底呢？中国不愿打的一个原因是，为中国经济发展以及未来实现“两个一百年”奋斗目标创造良好的外部环境。另一个原因是，中美两国的双边关系已经超出了双边范畴，其对全球的影响非常大。美国和中国这两个国家占全球人口的25%，占世界贸易总量的25%；中国加美国的经济总量、制造业产值总量均占世界的40%以上；中国对世界的增量贡献，加上美国的增量贡献，占50%以上；在世界SDR货币篮子里，作为国际货币，美元占40%以上，人民币占10.92%，加起来超过50%；在对创新的贡献方面，中美两国总和占70%以上。如果世界上第一大经济体、第二大经济体携手合作，对世界经济发展绝对具有非常强的正向引领性作用。

中国和美国是世界上两个最有影响力的国家，都是联合国安理会常任理事国、WTO重要成员、APEC重要成员、G20重要成员，而且都是核大国，对世界和平、世界经济、世界贸易的影响都是巨大的。在能不能成为全球领袖型国家的民意测验中，美国非常权威的调查机构盖洛普的结论是，美国在走下坡路，从2010年至今，美国的调查指数下降了17个百分点；中国在走上坡路，中国的认可度提高了20多个百分点。

中国和美国是拉动世界经济增长最强大的动力，2008年以前主要是美国，2008年以后主要是中国。分析对比中国改革开放40多年的有关数据可以看到，如果从1978年算，到2018年美国对世界增量的贡献年均为22.4%，中国年均为19.6%。1978—2008年，美国是世界经济增长的“火车头”。在这之后特别是2008年次贷危机导致国际金融危机后，美国作为世界经济“火车头”的拉动力量在减弱。而中国2008—2018年在国际经济增长中占比年均高达30.6%，2018年仍然在30%以上。据联合国世界投资报告的数据，2017年、2018年，全球跨国直接投资持续下降，下降幅度分别高达23%、19%。而中国2017年、2018年吸收外资分别实现了2%、1.5%的增长，实际利用外资金额分别为1363.2亿美元和1383亿美元，均创造了历史新高。2019年1—6月，中国实际利用外资金额同比增长7.2%。

所以，世界经济能不能复苏，能不能健康发展，能不能快速发展，取决于中美这两个大国是合作性竞争还是对抗性冷战。同时，中美两个国家是世界最大的消费市场，中国2018年的市场规模和美国持平，未来中国将是世界上最大的市场。按照国家统计局最新公布的数据，中国已经有 4 亿人规模的中等收入群体。美国全部人口是 3.2 亿人，日本 1.26 亿人，欧盟加起来 3.75 亿人，中国中等收入群体的人数超过了其中任何一个经济体的总人口。中国市场有巨大的活力与空间，市场红利将是最大的红利。美国市场也很大，但其是一个存量市场。这两个最大的市场能不能继续发展，对世界经济的影响非常大。

经过几十年的发展，现在中美两个国家的经贸关系相互交织，“你中有我，我中有你”。习近平主席多次强调，中美两国经济高度融合，一荣俱荣，一损俱损，合则两利，斗则俱伤。从 1979 年中美建交到 2018 年，中美双边贸易增长了 352 倍。1979 年，中国和美国的货物贸易额只有 25 亿美元，2018 年达到 6335 亿美元，服务贸易额 2018 年则达到 1253 亿美元。到目前为止，中国是美国的第一大贸易伙伴、第一大出口市场、第六大进口来源地，是美国的飞机、大豆、汽车、集成电路最主要的出口市场。美国是中国的第一大贸易伙伴、第三大出口市场、第一大进口来源地。中美双向直接投资累计近 1600 亿美元，美国在华投资项目已经超过 7 万多个。美国很多大企业在中国都有投资，美中贸易全国委员会每年都开展美在华企业调查，近 20 年来的调查数据显示，美国在华企业的利润率超过了在全球的平均利润率，中国已经成为美国很多在华公司的第一利润来源地。美国在中国投资累计 851.9 亿美元，2017 年在华实现利润达到 500 亿美元。近两年，美国用投资安全法限制了中国企业的投资。中国企业在美投资额最高的一年是 2016 年，按照美国荣鼎集团数据，中国企业对美投资 465 亿美元。2017 年美国开始打压中国企业赴美投资，当年投资额下降到 290 亿美元，2018 年下降到 80 亿美元。美国一方面限制高技术产品出口，另一方面限制中国企业投资，特别是限制中国企业投资或在美国购并高技术企业。2018 年，被美国以国家安全为由否决的中国企业投资高达 250 亿美元。

中美金融领域的联系也非常紧密。截至 2019 年 3 月 1 日，中国拥有美国国债 1.12 万亿美元，2017 年是 1.18 万亿美元，一年减持 600 多亿美元。美国的金融机构作为中国金融机构的战略投资者或者投资人，投资的收益超过了 300 亿美元。这还是一个不完全的数字，初步估计 2017 年美国自中国获得资金流总额为 1.37 万亿美元，累计获得来自中国的流动资金 7.3 万亿美元。美国一方面在中国投资形成中国的外汇储备，另一方面中国的外汇储备转化为美国国债、美元资产流入美国。美国的投资对中国经济发展、就业起到了重要的作用，美国企业在中国赚的钱形成了美元储备，变成了美国国债，用很低的资金成本支撑了美国的经济发展。可见，在金融方面中美也形成了相互交织的状态。

从 2006 年开始，中美之间建立了每年一次的中美高层战略经济对话，到特朗普任总统后废止了，没有了这个机制。中美原来有 90 多个对话机制，近两年也没有作用了。后来虽然又形成了四个对话机制，但是长达一年时间基本没有对话。

二、中美经贸关系从中美关系的“压舱石”和“稳定器”变成竞争博弈的焦点，美国的战略误判、战略转向和战略实施路径发生了历史性倒错

中美建交 40 年形成了相互交织的中美经济关系，当前非正常的中美关系与之相比有非常大的落差，处理不好就会使中美建交 40 年巨大的存量资产付诸东流。

第一，美国对华关系发生了战略转向。这个战略转向就是美国把中国当成了最大的竞争对手。把原来中美既竞争又合作的关系变成了以竞争为主，甚至以对抗性博弈为主。美国战略转向是从 2017 年 12 月美国出台《美国国家安全战略报告》开始的，该报告明确提出，对美国安全威胁排在第一位的是中国、俄罗斯；排在第二位的是伊朗、朝鲜；排在第三位的是恐怖主义等非传统安全因素。2001 年“9·11”事件以后，美国一直把恐怖主义放在安全威胁第一位，第二位是其所谓的“流氓国家”，第三位是其他大国。但是这份报告开先河地把美国战略斗争重点、竞争重点变成了中国，目标非常清晰，这就是美国的战略转向。之后的核威胁安全报告、全球军力报告以及国情咨文等重要的美国国家文本，都一再强调和强化了这种战略转向。

第二，转移美国日益激烈的社会矛盾。美国社会贫富矛盾非常突出，财富占有率的 99% 和 1% 的关系，导致华尔街富人和美国穷人之间的矛盾。而特朗普能够当选就得益于白人中的穷人、“铁锈地带”的工人，还有那些生活水平下降的中产阶级成为他的支持者，希望特朗普能改变他们的生存状态。美国人口普查局 2017 年的数据显示，美国有 4000 万人生活在贫困之中。美联储发布的《2018 年美国家庭经济状况报告》显示，美国 1% 的富人有美国财富总量的 40%，40% 的家庭拿不出 400 美元救急。财富集中在哪里呢？集中在华尔街的精英手里，集中在像特朗普这样的大资本家手里。

面对这种社会矛盾，美国政府要转移视线，把国内矛盾焦点向国外转移，要找一个发泄社会不满情绪的出口，而中国就成了其视线转移的重要目标。他们希望美国所有的人都把这个账记在中国人身上，把中国当作最大的战略竞争对手，忽略造

成美国整个社会深刻矛盾的根本原因和内部原因。特朗普非常情绪化，他在公开演讲中说：“中国人好日子过得太久了。”他在竞选演说时就说过：“中国是发达国家，美国才是发展中国家。”

第三，导致2008年国际金融危机的根本性问题没有解决。2008年金融危机时，实际上美国的坏账超过50多万亿美元。最终这些坏账是怎么消失的呢？是通过美元的升值贬值，通过美债的卖出买入，通过黄金的升值贬值，通过石油价格的高涨下跌，从而在不同方面转移了危机形成的巨额负资产。尽管美国试图通过各种途径转移或者消解经济泡沫，但并没有解决导致2008年国际金融危机的根本性问题。导致金融危机的主要矛盾，就是美元是信用货币，而这些与实物和黄金没有任何关系的价值符号，成为金融衍生品，成为泡沫经济的源头。美国最早的货币体系是金本位制、银本位制，以金银为结算体系。后来是双挂钩制，即布雷顿森林体系，美元和黄金挂钩，各国货币和美元挂钩，美元和黄金保持固定的比值，1盎司黄金相当于35美元。现在1盎司黄金相当于多少美元？最多时2011年达到1921美元，2019年6月是1440多美元。美元一直处在贬值通道，虽也有升值，但贬值时间长，升值时间短。美元的贬值和升值都会给世界货币体系带来混乱，美元已经不再是和实物挂钩的货币，不再是和黄金挂钩的货币，而是在一个国家强权支持下、国家信用扩张支撑下的经济武器。所以，金融危机的根本性矛盾是解决不了的，因为美元仍然是准世界货币，承担着国际货币的职能，仍然是美国用来“剪”世界各国“羊毛”的经济武器。因此，这次中美之间的贸易冲突，从更深层次上看，也是金融货币体系矛盾的爆发。

第四，美国精英阶层认为几十年对华政策失败了。从1978年到现在，美国希望中国通过改革开放融入世界体系，成为像美国这样的“民主国家”，而且永远要做美国的“跟班”。美国各界开展了一个对华政策的大讨论，认为美对华政策已经失败。美国从奥巴马时期就开始实施重返亚太战略，对中国实行遏制挤压政策。奥巴马当时提出，制定国际规则不能让像中国这样的国家说了算。特朗普把这种大辩论形成的对中国的认知误判转变为战略误判，对华实施全面战略转向且非常极端，变成了对华的打击行动。

第五，美国对中国的制度有认识偏差。美国有很多人认为，美国的市场经济和中国的市场经济不同，美国坚持自由市场经济、企业行为为主，而中国是用举国体制和美国单个企业进行竞争。所以，中国经济发展快了，他们就认为，中国的体制出了问题，制度设计出了问题，中国改革开放之后没有融入美国所希望的那个体系。

实际上，美国也是举国体制，但是中国的举国体制能办大事，而美国办大事比较难。现在美国真正把中国当成战略竞争对手，把中国当成了敌手。美国战略转向是基于美国重大的战略预判和美国自身深刻的社会矛盾，包括两党矛盾、种族矛盾和贫富矛盾，是美国多种社会矛盾积聚的一个大爆发。特朗普的当选就得益于美国各种矛盾的爆发。美国没有像中国一样的整套组织管理制度，而是谁当总统谁说了算，特朗普当总统头两年把白宫的主要领导换了83%，基本上都换完了。国务卿换了两任，安全顾问等岗位也都换了人。历任美国总统组阁以后都比较稳定，唯独特朗普组阁以后换人的频率非常高，美国法律也没有办法对他形成制约。特朗普政府现任的24个内阁成员，还有6个是临时的，对此特朗普感觉很好。他说他很愿意用临时的，看谁不行可以马上解雇。特朗普解雇执政团队的方法很简单，就是发个推特，说“你不用来了，你被解雇了”，然后这个人就从白宫消失了。特朗普执政团队经过这两年的“大清洗”，现在核心成员都是鹰派，还有鹰派中的鹰派。所以，现在贸易战表面上看是逆差、顺差问题，实际上已经形成了两国的战略博弈。

三、特朗普具有鲜明的个性特征，决定了其行为的乖戾，美国执政的鹰派团队已异化为资本家集团，美国已经形成交易型政府运作方式

特朗普的独特经历和任职的时代背景，使他成为结束美国一个历史时代的人。特朗普政府执政团队的几个主要鹰派人物已组成冷战思维和好战分子的代表性集团。美国出现特朗普这样的总统，既有偶然性，也有必然性，更有独特性。

他是一个政治素人。他没有当过任何一级政府领导，没有任何一级的从政经验，只担任过特朗普集团的董事长、自家企业的负责人。2018年曾提出竞选美国下一任总统的布隆伯格，还具有三任纽约市市长的资历，但特朗普是纯粹的政治素人。

他是一个成功商人。他曾三次破产，又三次崛起，在交易中极限施压，成功做成了多次买卖。任美国总统之前他的资产评估是35亿美元，虽然比不上布隆伯格的500亿美元，但也是一个大资本家，是一个成功的房地产商。因此，在特朗普的决策和行为中，商人思维的烙印成为一种泛在。

他是一个率性狂人。特朗普是一个非常疯狂的人，历届美国总统没有这么疯狂的，对于与美国有贸易逆差的国家特别是对中国极限施压，对伊朗极限施压，对委内瑞拉极限施压，对俄罗斯极限施压。下一步美国将继续与中国开展贸易谈判，准备谈成之后再和日本谈。原来美国和日本谈判时间确定在2月，为了跟中国达成协

议以后再跟日本谈，把中国当成样板威胁日本，所以把与日本的谈判时间推迟到几个月以后。可见，他的所有行动几乎都是疯狂的，包括美伊战，以及对叙利亚的几次导弹打击、轰炸。

他是一个孤家寡人。实际上特朗普周边的鹰派也没有几个人，最强硬的就是贸易谈判办公室主任莱特希泽。莱特希泽是1986年逼日本签订《广场协议》和日美贸易谈判的副代表。中国国际经济交流中心代表团2018年12月3—7日到美国，与美国总商会共同举办中美“二轨”对话，在对话过程中，美国总商会会长请到了特朗普的女婿库什纳。会长问库什纳，中美的贸易谈判会是什么样一个前景。库什纳说，他对中美贸易谈判抱有很高的期待，莱特希泽是一个谈判高手，总统非常信任他，总统给了他充分授权，他完全可以在谈判中决定任何事项。可见，美国与中国进行贸易谈判，不管参加多少人，但真正起主导作用的是莱特希泽。

日美谈判之后，莱特希泽在美国四大律师事务所中最大的一个事务所工作，专打国际贸易官司，直到这次被特朗普起用。莱特希泽对中国的贸易谈判，一开始和与日本的打法基本相同，居高临下，极限施压，提高要价，想让中国签订一系列退让妥协的协议。第九轮谈判之后，美国社会各方面认为美国赢了，中国将很快同意签字了。甚至有美国媒体报道，中国做出了很多妥协和退让。特朗普发的推文也说，中美贸易谈判很快就要结束了，这个协议将由他和习近平主席亲自签署。莱特希泽说是贸易协议，特朗普更正说应该是协定，希望它更加稳定。在中美第十轮谈判之后，即莱特希泽到中国来进行第十轮贸易谈判之后，中方对文本提出了修改意见，由外交部正式递交美国，美国贸易谈判代表团报给特朗普以后，特朗普和莱特希泽愤怒了。特朗普马上发推文，决定对中国2000亿美元输美商品加征25%关税，如果中国反制，将对剩余的3250亿美元中国输美商品加征25%关税。

第十一轮贸易谈判受阻，刘鹤副总理在美国召开记者招待会，第一次把两国谈判的分歧向全世界公开：一是要求美方必须取消加征的高额关税；二是中国不能做出不切实际的承诺，美国不能强买强卖；三是必须保持协议文本的平衡性，在文本的表达上必须平等、对等、相互尊重，美国不能只要求中国做承诺，对中国建立监督落实机制，而美方却不做承诺和退让。

对于贸易战，中国不愿意打，因为中国不愿意破坏和平发展的环境，不愿意破坏中美建交40年来积累的“你中有我、我中有你”的经济联系，不愿意由于中美两个大国的对抗性博弈给世界经济、世界和平带来负面影响。中国不怕打，因为中国在经济体量、发展速度、发展质量、发展能力和战略博弈能力等方面，已经能够和美国在很多领域进行斗争并反制。当然，中国在很多高科技领域还比不上美国，教育、医疗、军事能力总体上也比不上美国，但是中国的优势非常明显，如市场规模、科技创新的后发优势、人才储备，都有很大的潜力。此外，我们在一些领域的创新走向居世界前列，包括高铁、智能电网、深海探测等。

旧中国积贫积弱、备受欺凌，中国共产党领导中国人民浴血奋战，推翻了三座大山，非常不容易。新中国成立70多年来，特别是改革开放40多年来，在中国共产党的领导下和中国人民的艰苦奋斗下，中国成为世界第二大经济体、第一大贸易体、制造业产值排在第一位的国家，人民币已经成为国际货币，取得了举世瞩目的成绩。中国正在成为创新型国家，实力、底气、韧性和战略博弈能力远超过去，我们肯定更加不怕打。如果美国非要打，我们就不得不打，并且坚决奉陪到底。

在贸易战上，美国实际上已经完全输了。特朗普提出在大阪G20会议期间与习近平主席见面的时候，再决定是不是加征关税。并在与福克斯电视台连线时说，习近平主席必须参加G20，如果不参加，他将立刻启动高额关税，如果中国反制，将在现有的25%的基础上翻番。特朗普自5月30日至今，攻击了35个国家，所以连美国人也说特朗普疯了，国际社会上很多人都说特朗普疯了。当年胡佛总统也对对手加征高额关税，最后导致全球经济衰退13年，但是他也没有像特朗普这样疯狂。如果特朗普还要继续打下去，美国经济包括美国股市都不排除下跌甚至崩盘的可能。在中国宣布对美国反制的5月10日，美国股市就下跌了600个点，美国经济由于贸易战受到极大影响。当前特朗普的第一个需求是什么？就是竞选下一届总统，连选连任。在这种情况下，他们是揣着明白装糊涂，虽然对中国极限施压，但内心还是特别着急想回到谈判桌上来，特别希望能和中国签订贸易协议。但他们所希望的贸易协议是不平等协议，是要回到第九轮之前那个磋商文本上的协议。

中国是绝对不会让步的。从2018年2月开始一直到2019年5月9—10日，这11轮谈判中美国有三次大的出尔反尔，而且每次提出重启谈判的都是美国。第一次是在2018年2月，美国对中国500亿美元商品加征25%的关税。两国元首在此之前也都提出不能相互加征关税，而且我们在2017年11月给了特朗普2500多亿美元的大单，这对其执政是一个很大的帮助，是他回去吹嘘在中国取得的重大成果。但他接下来就对中国输美商品加征关税。第二次是在2018年5月19日，两国谈判达成相互取消加征关税的共识，但美国5月29日就毁约，重提对中国输美2000亿美元商品加征关税。第三次是在2019年5月，2018年12月1日，两国元首在阿根廷就经贸问题进行了讨论并达成共识，而2019年5月10日美国就宣布对2000亿美元商品提高加征关税力度。可以说，一年多来，整个过程都是美国在出尔反尔。

四、美国发起的贸易战已经对中美两国乃至世界经济产生了极大的破坏性，美国抹黑中国的种种谎言难以形成对中国的国际舆论包围圈

美国的霸凌主义行径，不仅没有达到其想要的目的，反而把自己的真实面目暴露在世界人民面前。

第一，美国的做法损害了中美两国利益和全球利益，已产生了多方面的破坏作用。

美国第一、美国利益至上、让美国再次伟大，已经从特朗普竞争演说词演变成了美国战略和决策的出发点和目标，成为美国以自身利益最大化打击和遏制其他国家发展的行动，产生了多方面的破坏作用。

一是破坏了国际秩序、国际规则以及多边贸易体系。美国用国内法律法规作为贸易打击和制裁的工具，违背了 WTO 最惠国待遇、差别待遇、关税约束等一些基本规则。全球与美国有贸易逆差的 102 个经济体，如中国、欧盟、日本、印度、越南等，现在都遭受了这样的威胁或者打击。

二是破坏了世界经济向好的形势。2016 年，IMF、世界银行、国际经合组织都预测，2017 年世界经济将全面转好，75% 的经济体将实现经济的增长和恢复增长。但是，由于美国发起贸易战，从 2017 年到 2018 年世界经济形势急转直下，现在则是 75% 的经济体受到重创。2018 年以来，IMF 对世界经济增速的预测连降三次，从 3. 9% 到 3. 7% ，到 3. 5% ，再到 3. 3% ，对美国经济的预测也连降三次。WTO 预测，2019 年全球贸易增速将从 3. 7% 下降到 2. 6% 。最近美联储预测，美国经济增速 2019 年可能会下降到 2. 1% ，2020 年会降至 1. 9% 。有很多研究机构以及巴菲特、索罗斯等金融家都认为，如果特朗普政府再这样折腾下去，美国经济可能会崩盘，会出现比 2008 年国际金融危机更大的经济危机。

三是破坏了已经形成的全球产业链、供应链、服务链和价值链布局。美国对中国企业断链、断供、断流的风险加大，以经济规律、产业转移和要素组合规律形成的全球产业链、供应链、服务链和价值链，将受到人为的破坏，进而导致很多企业破产、亏损、成本增加、产业无序转移。被迫进行的产业转移，成本肯定是会大幅度增加的。现在不少企业已转移到中国周边的泰国、柬埔寨、日本等。产业链转移原来是一个比较长的过程，有比较强的适应度、舒适度和自由度，是随着科技革命、

成本驱动、环境约束、资源约束而产生的自发选择过程。现在纯粹是被贸易战和其他政治选择切断了产业链，如芯片的断供、高技术产品的断供，包括对伊拉克、伊朗的经济断流。对伊朗的两次制裁，第一次是 2018 年 11 月 5 日，美国命令所有国家都不能跟伊朗做生意，依据的是美国国内法律——长臂管辖的法律。当时豁免了 8 个国家，包括中国，但是规定了每个季度的贸易量，不能超过这个数字。到 2019 年 5 月 5 日，连豁免国待遇也没有了，所有国家都不能和伊朗做生意。但是现在谁听他的呢？中国没有听，还在与伊朗做生意；俄罗斯、欧盟没有听，绕开美元结算体系在和伊朗做生意。美国下一个要制裁的是印度，终止对印度普惠国待遇，对印度输美商品加征关税，但是印度也仍在和伊朗做生意。美国“挥舞大棒乱打群雄”，使全球产业链受到了极大的影响，正常形成的国际产业格局也受到极大的影响。

四是破坏了正常发展的中美经贸关系。中美经贸关系一直是中美关系的“压舱石”和“稳定器”。现在，美国的战略误判使中美关系由原来的和平竞争、合作竞争正在转向对抗性竞争和战略性博弈，即从“竞合”关系转向“零和”博弈。中美经贸摩擦乃至贸易战，中美双方都是受损者。近两年，中国企业对美投资持续大幅度下降，2017 年降幅高达 62.3%，2018 年在 2017 年大幅下滑的基础上降幅为 10%，2019 年 1—5 月下降幅度上升至 17.6%。以大豆为例，2017 年中国进口大豆 9550 万吨，其中美国大豆 3200 多万吨，金额 140 亿美元，占美国出口大豆的 62%。2018 年，中国进口大豆 8800 万吨，其中从美国进口下降到 1700 万吨，金额降到 70 亿美元左右。

五是破坏了美国自身的经济发展。美国经济现在是一路向下，美国商会、哥伦比亚大学都对美国经济做出预测，如果美国对中国所有出口美国的商品加征关税，美国未来十年至少损失 1 万亿美元。美国商会和荣鼎集团 2019 年 3 月联合发布的报告显示，受中美经贸摩擦影响，2019 年及其未来四年美国 GDP 每年将减少 640 亿 ~ 910 亿美元。美国智库“贸易伙伴”的研究表明，如果对中国输美商品全部加征 25% 关税，将使美国 GDP 下降 1.1%，就业岗位减少 216 万个，一个四口之家每年多支出 2294 美元。

六是破坏了美国的大国形象。原来被称为“山巅之城”的美国正从巅峰开始下滑，所谓“自由灯塔”的光芒也正在消逝。美国的大国形象之所以受到了非常大的影响，主要是因为丢掉了真正的美国精神。美国精神的核心是契约精神、商业精神、贸易便利化自由化，也包括民主、自由、平等，即所谓的普世价值观。从美国现在的种种行为来看，美国还是民主国家吗？美国的做法还是民主国家的做法吗？美国还是市场经济国家吗？美国过去是经济全球化、贸易便利化自由化的旗手，现在已经放弃了；美国原来是国际秩序、国际规则的主导者、推动者和建设者，现在是破坏者、搅局者和肇事者；美国原来主张并向全球提供公共产品，现在几乎退出其认为会影响美国利益的国际组织、国际共识和约定。由于出尔反尔，美国国家信用受损，对美国形象造成的损伤不可估量。而在中美两国的博弈中，中国威信的上升是因为中国站在了道德道义制高点上。中国是在推动世界和平发展、共享发展、协同发展，是在创造与各个国家共同发展的机遇与格局。中国是在扎扎实实做事，是在通过互联互通推动经济发展，造福于更多的国家和人民。而美国是在“找事”，挑起矛盾，使世界秩序和规则大乱。信用丧失、大国形象颠覆、美国精神丢失，将使美国由盛转衰。基辛格曾说，特朗普结束了一个时代，但是他没有解释这个“时代”是什么。我认为这个“时代”就是美国的黄金时代，现在美国已经开始从黄金时代踏入历史的转折点，逐步走向“黄铜时代”甚至“砖头时代”。

七是破坏了中国和平崛起和快速发展的外部环境。美国现在与中国之间博弈的集中表现是贸易之争，但实质上是制造业之争、高科技之争，未来不排除会有金融之争、网络之争、国家安全之争，包括中国台湾问题也是美国的一张牌。发起争端的是美国，从贸易之争到国家安全之争，这显示出美国战略转向的行动配合，这实质上是国运之争，是世界前途和人类命运之争。中国和中国人民不得不面对现实，奋起抗争。

这场竞争与博弈不是遭遇战，而是一场持久战。它不是短期通过贸易谈判就可以解决的事情，是一个长周期的问题。我们必须提高战略定位、战略耐力、战略反制能力，才能从这场历史大比拼中胜出。我认为，它将伴随着中国崛起成为社会主义现代化强国的全过程。在这个过程中要准备好受打压，准备好受遏制，丢掉幻想，准备斗争。那么，换个美国总统是不是会好一点？我认为，换个美国总统，可能打法不一样，但是为了保持美国的霸权地位，他们的核心价值观是一样的。为什么美国要保持霸权地位？因为这种霸权地位能使美元成为美国的经济武器，成为其获取其他国家利益的“收割机”，唯有如此，美国才能用低的成本、低的投入获得高的收益，才能把别人收获的财富放进自己的存钱罐里。美国的威信下降，信用崩塌，作为信用货币的美元也会面临崩塌的问题，如果美国的信用崩塌，美元未来必然会失去在世界上的垄断地位，世界必然会出现多元化的货币体系。美元在贸易结算货币分布中现在占比39.6%。以前占多少？“二战”后的几十年中高达90%以上。现在欧元占比34%，人民币国际化刚开始，占比2.12%，比重还比较小。但多元货币结算体系已经开始形成了，欧元建立了一个绕过美元进行石油结算的体系，目的是和伊朗做生意。俄罗斯等 8 个国家从美国拉回了在纽约地库储存的黄金。四大联合国安理会常任理事国现在大幅压缩美国国债。当一个国家没有信用时，所有靠信用支撑的东西，包括经济武器都会失去往日的锋芒。

美国的做法破坏了世界和平发展、合作共赢的大势，包括各个方面的制裁，包括颠覆别的国家政权，进行“颜色革命”，制造文明冲突，包括现在的制造冷战局面，使全球制造业供应链脱钩，使人的流动阻隔，等等。

第二，美国在对华战略转向后，启动了舆论战，散布了多种抹黑中国的谎言。

美国《华盛顿邮报》专门有一个小组跟踪特朗普，他们有一个统计，特朗普执政 839 天说了 10796 句谎言，平均每天 12 句。一个大国的领袖做到这种程度，成为世界笑柄，其实挺可悲的。

谎言之一，美国重建了中国。美国建国才 200 多年，中国历史 5000 多年。特朗普、彭斯说美国用 25 年时间重建了中国，可以说没有任何依据。美国有什么能力和可能重建中国?

谎言之二，中美贸易逆差美国吃亏了。实际上，美国占了最大的便宜。美元作为实质上的信用货币，利用其曾经作为世界货币的使用惯性，在国际贸易上占据了巨大的优势。美国对全球 102 个经济体存在贸易逆差，这些经济体用自己生产的实物商品换取美元，大部分又购买了美国国债或者美国商品，使美国二次受益。美元作为结算货币和储备货币，需要承担为国际贸易结算清偿的职能，美国贸易逆差背后，利益基础和国际货币的根源，使之肯定产生逆差。按照经济学原理，一国出现贸易逆差，意味着这个国家的国民享受到了更多的物质财富，它是超出本国生产能力的福利与收益。美国用美元换得的中国商品最多，2018 年中国输美商品占美贸易逆差的 48%，换句话说，美国用中国商品的低价格、低成本保证了本国的低通胀和高福利。40 多年来，中国通过改革开放学习世界最先进的东西，包括学习借鉴美国先进的东西，获得了发展；而美国从中国和其他发展中国家用最低的成本获得了低价格的商品，保持了几十年的低通胀、低成本，保持了美国几十年的持续增长，保持了美国的超额收入。

谎言之三，中国盗窃美国知识产权。2018 年 9 月，中国发布了《关于中美经贸摩擦的事实与中方立场》白皮书，介绍了中国知识产权保护体系构建，介绍了中国知识产权的发明、使用和保护制度。中国重视知识产权保护，打击破坏知识产权的行为，设立了 3 个知识产权法院、16 个知识产权法庭、200 多个知识产权保护中心。

谎言之四，美国加征的关税全部由中国承担。特朗普总统说，美国对中国输美商品加征的25%关税，其中美国承担4%，中国承担21%，美国从中国征收了1000多亿美元关税，是贸易战从中国获得的最大便宜。但美国专家说，美国征税额最多100多亿美元，各国智库研究机构，包括中国智库专业队伍计算的结果是，中国输美加征的这些高额关税，90%以上由美国进口商承担。进口商承担后要向美国的制造商转移，要向美国市场转移，要向美国消费者转移。现在美国经济为什么会受到这么大的影响呢？这就是其中非常重要的原因。

谎言之五，美国已经打败了中国。2019年6月10日，特朗普和CNBC电话连线时说，自他上任以来，中国已经损失了15万亿~20万亿美元。他上任总共才两年，2018年中国GDP总量是13.6万亿美元，2017年是12万多亿美元。美国媒体CNN反驳说，中国GDP全部损失掉了吗？中国财富全部转移到美国了吗？特朗普一直鼓吹高额关税对中国打击很大，已经把中国打败了，但实际上加征关税的500亿美元的商品中，70%是中间品和投资品，2000亿美元的商品中，78%是中间品和投资品。所以每次美国举办企业听证会，90%以上的企业都坚决反对。2019年6月17日，美国贸易谈判代表办公室开始调查听证，准备对3000亿美元的商品加征关税，其中60%以上是消费品。也就是说，高额关税已经转移到美国生产者身上，下一步将转移到消费者身上。除了特朗普公开的这些信息，2019年5月15日，中国国际经济交流中心和美国总商会进行了小规模内部交流对话，了解到美方最着急的事儿就是向中国政府传递美国政府的想法，希望中国能尽早地回到谈判桌上来，越快越好，越早越好。所以，实际上打贸易战美国经济是撑不下去的，按美国的打法也是打不下去的。他们希望能够尽快与中国谈判，让中国接受他们的“协议”。

第三，这场中美贸易战，总体看两败俱伤，都有损失，但实质上中国赢了，美国输了。

美国从表面上看来势汹汹，掌握着主动权、打击权和国内规则外溢权，霸权地位支撑了其霸凌主义行径，但实质上美国已经输了，如果不能改弦易辙，只会输得更惨。

输在了道义上。美国站在世界的对立面，逆经济全球化大势而动，成了“世界的孤儿”“时代的弃儿”。美国坚持美国第一、美国利益至上，企图用打击中国、俄罗斯和一切有悖于美国利益的国家，来换取美国的伟大，用围堵扼杀中国科技企业保持美国的领先，用国内法律法规替代国际规则维护美国的利益，其核心诉求和重要关切经不起推敲，受到了越来越多的批评和反对。

输在了朋友圈上。美国现在不仅打击中国，也打击俄罗斯，甚至连盟友也不放过，四处打击所有与美国利益有冲突的国家和企业乃至个人。特别是 2019 年 5 月 30 日以来，特朗普提出对 36 个国家进行打击，包括贸易打击、网络打击和军事打击。美国国会一些人说特朗普疯了，认为特朗普可能不再适合担任美国总统，要成立一个总统健康情况调查小组，对特朗普的精神状态进行调查。

输在了人心上。一开始，美国社会、企业和政府认为特朗普对华强硬，教育和惩罚一下中国可以给自身带来好处。但现在越打越大，越打越不靠谱，已经伤及自身，最终这种贸易战打法是打不赢的。社会民众从对华强硬的亢奋期进入中美关系利益攸关的反思期，美国民粹主义的市场正在逐步收缩，继续坚持这种做法将使美国遭受重大挫折。

美国将会失去未来。如果中美两国形成建设性合作伙伴关系，不冲突、不对抗、相互尊重、互利共赢，美国的大国地位、美元的霸权地位、科技优势、技术创新形成的垄断利润还会延续更长时间。而美国这一系列行为将使其丧失这些存量霸权带来的天然优势，尽管美国今后还会有一些发展和突破，但综合优势和以霸权支撑的局面不会长久。美国一些人竟然把贸易冲突上升为对华的文明冲突，把冷战思维、霸权思维、商人思维、孤岛思维集于一身，想通过把中美之间的贸易冲突上升为文明冲突，激化两个大国的关系。这种打法也必定会失败。

2017 年，一份权威杂志英国《经济学人》对 50 个国家进行了抽样调查，民意测验显示，91.4% 的中国受访者对国家的未来持最为乐观的态度。在对“你的国家是否在往好的方向发展”这一问题的回答中，有 83% 的受访中国人给予了肯定回答，居所有国家和地区首位；38% 的美国人认为自己的国家在变好；这一比例在意大利和德国仅为 12% 。这个调查结果从一个侧面反映了人心向背，在中美的这场博弈中，现在的胜方是中国，未来的胜方也一定会是中国。

五、中美贸易战这场博弈带给我们的深刻启示

近几年，中国国际经济交流中心围绕服务党中央重大部署和决策做工作，接受了很多服务国家战略的重要任务和研究。我们接待了美国很多研究机构和智库的专家学者，包括美方国会议员助手代表团、大型企业代表团、记者团等，围绕中美问题开展了几十场对话交流。在这一过程中，我越来越感觉中美这场博弈与斗争，对中国来说是一个千载难逢的历史机遇，它使全世界对中国进行了再认识，中国的国

际威望也因此迅速提高。

我们今天研究美国发起的这场贸易战和中国与美国的斗争，应该看到这是一个决定中国前途命运的重要历史时刻。中国通过努力让世界看清了美国，也让世界看清了中国，中国的威信、话语权、影响力在直线上升，而美国却进入了由盛转衰的时代。

中美贸易战这场博弈带给我们一些深刻的启示：其一，违背世界发展大势和历史潮流，终将成为“世界的孤儿”和“时代的弃儿”，美国正在陷入空前的孤立中。其二，当一个国家的执政者丧失了道德、信用和理智，把一个国家的利益和规则凌驾在其他国家利益和国际规则之上，这个国家终将由于它的过度嚣张和信用损耗，受到时代和人民的唾弃，受到惩罚。其三，世界经济发展史上若干次重大经济危机都是“三分天灾，七分人祸”，美国正在成为导致全球不确定性加剧的风险源和导火索，换句话说，它是当今世界最大的“人祸”。其四，中美唯一正确的选项是合作，中美和则世界兴，中美斗则世界乱，中美破则世界衰，中美两个大国和则两利，斗则双输。其五，中美贸易战仅仅是开始，即使休战也并不是结束，而是新的开始。现在潘多拉的盒子已经打开，我们要丢掉幻想、准备斗争，做好全面应对。以更宽广的国际视野推动改革开放、经济发展，重新进行谋篇布局，把中国的事情做好。

参考文献

[1]习近平主席关于中美关系和处理中美经贸问题的一系列重要讲话[Z].

[2]国务院新闻办公室.《关于中美经贸摩擦的事实与中方立场》白皮书[Z]. 2018－09－24.

[3]国务院新闻办公室.《关于中美经贸磋商的中方立场》白皮书[Z]. 2019－06－02.

[4]陈文玲. 世界经济正处于历史的十字路口[J]. 全球化,2019(5).

[5]陈文玲. 中国与世界——以中国视角解析国际问题(上、下)[M]. 北京:中国经济出版社,2016.

[6]陈文玲. 特朗普战略转向的实质究竟是什么——与特朗普交易型政府必须算清的几笔账[J]. 学术前沿,2018(6).

世界经济正处于历史的十字路口
——对当前和今后一个时期国际经济发展趋势的几点看法

（《全球化》，2019 年 5 月）

摘要：当前，在世界范围内，存在着深层次矛盾和问题，是人类社会面临的共同挑战，也是影响世界经济健康、持续发展的重要动因。世界经济正处于一个历史的十字路口，我们面对的是百年未有之大变局，各国到了与全球同频共振的时代，国际贸易格局、国际制造业格局、全球能源格局、全球金融体系和格局都在发生深刻调整与变化。从当前和未来一个时期来看，世界经济增长的动力源发生了根本性变化，影响世界经济格局的最大变量是中国，中国将长期保持世界经济"稳定之锚"的地位。本文第二大部分被《新华文摘》2019 年第 15 期刊载。

关键词：世界经济；全球经济格局；人类命运共同体

习近平主席指出，放眼世界，我们面对的是百年未有之大变局。我们刚刚走过了改革开放 40 年的历程，走过中华人民共和国 70 年，蓦然回首，中国发生了翻天覆地的变化，世界也发生了翻天覆地的变化，所谓沧海桑田即是如此。从 20 世纪后半期到 21 世纪初，由于中国快速发展与和平崛起，世界格局特别是经济格局发生了历史性、根本性、基础性变化，影响世界经济格局的最大变量是中国。近年来，由于一些国家施行单边主义、保护主义、民粹主义、霸凌主义、分裂主义和军国主义，给处于稳定、和平、持续发展中的全球经济带来了不确定性和极大风险，而中国成了世界经济的"稳定之锚"。世界正处于一个历史的十字路口。各国到了与全球同频共振的时代，世界经济格局已经并将继续发生调整和演化，认识这个充满矛盾的时代，认识这个充满希望的时代，站在人类道德道义的制高点上，有所为有所不为，是我们在当前选择正确方略的基点。

一、深刻认识当今世界存在的十大矛盾

在世界范围内，存在着深层次矛盾和问题，这些矛盾和问题有延续既往的，也有不断增加的，是人类社会面临的共同挑战，也是影响世界经济健康、持续发展的重要动因。

（一）贫富矛盾

世界经济发展的不公平问题表现为贫富之间的矛盾，既包括富国与穷国之间的矛盾，也包括富人与穷人之间的矛盾，人类社会贫富差距从来没有如现在般严重。在世界经济发展中，有的国家即某些西方发达国家是用经济霸权、经济武器一轮又一轮地“剪”发展中国家的“羊毛”；有的国家是利用天赐资源，可以轻易地收获财富；有的国家则是依靠正确的战略选择、道路选择，依靠人民的智慧和努力付出获得快速发展。总体来看，富国越来越富，穷国越来越穷。加入联合国的197个国家中，排在前10位的国家所创造的GDP占全球经济总量的80%；排在第11位到第20位的国家，占全球经济总量的10%；剩下的170多个国家创造的GDP，总共占全球经济总量的10%。全球排在前20位的国家GDP总量占了全球经济总量的90%，世界经济的增量和财富量，越来越向发达国家和后来快速发展的国家集中。据瑞士信贷研究部门发布的2017年财富报告，全球财富已经达到280万亿美元，比10年前增长了27%，其中50%来自美国。富人与穷人的差距也越来越大，英国《卫报》2018年4月7日报道，到2030年，世界最富有的1%的人，将掌握2/3的财富，2008年以来世界最富有1%的人的财富，以每年6%的增速增长，预计到2030年持有的财富将从目前的140万亿美元增长到305万亿美元，占世界财富的64%。应该说，贫富矛盾是当前一些国家和地区产生民粹主义的重要根源。

（二）南北矛盾

南北矛盾即大多数地处南半球发展中国家和大多数地处北半球发达资本主义国家之间的矛盾。南北关系指发达国家和发展中国家的关系，“二战”以后，一般把发达国家称为“北”，把发展中国家称为“南”。第二次世界大战之前，南方国家大部分是北方国家的殖民地、半殖民地，受北方国家的奴役、殖民和剥削。“二战”以后，发达国家GDP曾占全球的70%左右，主导建立“二战”之后三大国际机构的也是发达国家，所形成的国际机构、国际秩序、国际规则，代表和维护的是发达

国家利益，发展中国家基本没有发言权。近几十年以来，南北关系发生了很大变化，新兴经济体和发展中国家持续快速发展，经济体量越来越大，到目前为止，GDP总量占到全球的60%，而发达国家则下降到40%。世界上出现了“金砖五国”“灵猫六国”和“E11国”等一批新兴经济体，在联合国、WTO、IMF等国际组织中的地位和话语权不断提升，在G20、金砖国家会晤机制、上合组织等机制或组织中起着决定性作用。新兴经济体和发展中国家整体崛起，推动原来的南北关系发生深刻变化，新兴经济体、发展中国家与发达国家在国际社会和世界经济发展中的话语权、主导权、规则制定权的竞争和博弈，在某种程度上、在一定的时点非常激烈。

（三）新旧矛盾

新旧矛盾主要指新旧动能转换过程中产生的矛盾。互联网、物联网、人工智能、云计算、云服务等新一代信息技术，导致了新经济、新动能的产生，旧的经济形态、旧的产业业态和旧的发展动能正在被新经济、新动能、新技术、新业态、新商业模式所替代。一方面，国家之间和地区经济之间的联系越来越紧密，产生了包容发展、共享发展和共同发展的内在需求。另一方面，一些国家之间的矛盾越来越突出，旧的管理思维习惯、旧的管理方式、旧的管理流程与新经济、新业态之间的矛盾越来越激烈，管理者与被管理者之间的矛盾越来越突出。1996年，中国开始引进国外沃尔玛、家乐福等零售企业，到现在，中国市场引进了几乎所有国外的商业业态，中国新的商业业态迅速发展。2017年底，中国移动支付率就达到了77.2%，2018年已超过80%，中国老百姓和大部分商家是全球使用现金最少的群体。中国在37个城市进行国家跨境电商试点，2017年，中国电子商务交易额达到29.16万亿元，2018年突破37万亿元。美国互联网革命走在全球前列，著名的摩尔定律正在失效，更快的更新速度早已超过了摩尔定律范畴，芯片已经从60多纳米降到28纳米、12纳米、7纳米，美国高通、英特尔开始研究生产5纳米芯片。原创性技术和最高端的产品大部分在美国，中国拥有商业技术应用最广泛基础和最大市场，全球独角兽企业前十名中有6个是美国企业，4个是中国企业。当新旧动能加快转换的时候，美国特朗普政府打击的正是这种新业态，对亚马逊征税，增加大包裹邮寄的资费，尽管国际贸易发生了翻天覆地的变化，全球产业链、供应链、服务链已经形成，但仍旧依据1809年的原产地原则、1930年的关税法、1974年的贸易法来制定全球贸易政策。中国在新旧动能转换中，也有一些相关政府部门管理方式、管理流程和管理思维固化，在一定的情况下，起到了阻滞作用而不是推动作用。

（四）收支矛盾

全球性的收支矛盾，即高债务和财政支出能力之间的矛盾日益突出。据国际金融协会统计，目前全球债务已经高达 247 万亿美元，这是有史以来的最高水平。根据该机构 2018 年 10 月公布的数据，美国的主权债务达到 21.8 万亿美元，政府主权债务占国内生产总值的 106%；日本债务规模占国内生产总值的 260%；欧洲债务规模平均占 95%，其中一些国家债务率更高，如希腊达到 179%、意大利达到 138%、英国达到 89%。中国政府债务规模总体可控，中央政府加上地方政府债务，占 GDP 的 37%，家庭债务也在可控范围，但企业债务在 250% ~260%，总杠杆率为 249%。总体看，全球财政支出拮据，美国要保持在世界上的霸权地位，但财政支出能力并没有那么强大，且每年债务增加 1 万多亿美元，预计到特朗普总统第一任卸任时债务将达到 25 万亿美元，如果特朗普连任，卸任时将达到 30 万亿美元。欧洲特别是北欧这些高福利国家，正在减少老百姓的福利，但遭到了强烈抵制并不断产生新的社会矛盾。在一些贫困国家，财政支出能力更加不足。

（五）单边主义和多边主义的矛盾

当今世界单边主义和多边主义博弈空前激烈。“二战”之后，美国等国家主导建立了世界银行、IMF 和 WTO，构建起有利于西方发达国家的国际秩序与国际规则，总体上是维护多边主义和发展多边关系，使全球保持了几十年和平发展的环境。随着发展中国家和新兴经济体加快发展，美国认为原有的国际秩序和国际规则不能保障自己的权益和利益最大化，于是走向它的反面，近年来采取的一系列做法，基本上都是单边主义和保护主义。其中很重要的一条，就是把美国国内的法律法规和标准作为处理全球问题的依据和规则，凌驾于其他国家利益之上，凌驾于全球规则之上。美国原来是经济全球化、贸易投资便利化自由化的旗手，现在变成了破坏全球秩序和规则的搅局者，世界经济受到的挑战和不确定性的最大风险源，恰恰来自原来国际秩序和规则的构建者、主导者、建设者。美国在全球处理贸易关系时，正从在多边框架下解决问题，转向一对一地进行双边谈判、极限施压、各个突破。原来的美加墨自由贸易区（NAFTA）瓦解，美国先跟墨西哥进行双边谈判，然后与加拿大进行双边谈判，建立新的美墨加自由贸易区。与韩国一对一重新谈判美韩自贸区，与中国一对一地进行多轮贸易谈判，未来和欧盟、日本、印度等主要贸易对象的谈判都将采取双边的方式。通过这种单边主义的做法，美国实现国家利益最大化，以期在此基础上重构以美国利益为核心的全球性制度安排。

（六）开放和封闭的矛盾

世界上开放和封闭之间的矛盾比过去更加显性化。改革开放40年，中国走的是坚持开放大门越开越大的道路。1978年开始，从最早在广东承接第一单加工贸易，实行从试点开始、从东南沿海开始、从“三来一补”的国际贸易开始的渐进式开放，到2001年12月21日，中国正式加入世界贸易组织，开始了制度性、高标准地与世界市场和规则全面接轨的开放，中国非常好地履行了对世界贸易组织的承诺，废除了20多万部地方性法律法规，废除了2000多部国家和相关部委的法律法规。2006年12月21日，中国加入WTO五年期满，关税总水平从15.3%下降到了9.8%，目前下降到了7.5%。到2006年，中国的开放领域达到102个。习近平主席向世界庄严地承诺，中国改革开放的大门只会越开越大，绝不会关上。2018年4月在博鳌论坛上提出了从四方面推进开放的重大部署，人民银行行长易纲宣布了金融领域11项开放措施，国务院发布了22个领域的开放措施。而有些国家，原来是开放的经济体，具有成熟的市场经济制度和机制，现在却正在走封闭主义和保护主义的道路。修墙是物理上的隔离；高关税是在国际贸易领域铸就的“高墙”；限制或禁止高技术产品出口，是人为地切断全球产业链。这些做法是按照传统的、工业化时代的、世界没有深度联系的经济形态和封闭的思维来处理当代问题。开放代表着前进，代表着动力，代表着未来，代表着光明，代表着发展，而封闭代表着后退，代表着落后，代表着守旧，代表着将走向孤立。

（七）实体经济与虚拟经济的矛盾

实体经济与虚拟经济发展失衡的矛盾，引发的全球性问题甚为严重。世界当代经济由两种基本经济形态构成，实体经济与虚拟经济，但是两者必须是匹配的，实体经济是产生虚拟经济的基础，而虚拟经济是实体经济产生的增量或者变量。实体经济和虚拟经济不存在谁优谁劣的问题，也不存在应该有谁、不应该有谁的问题，两者必须同时有且不能失衡。当前最突出的问题是全球性经济“脱实向虚”并没有得到有效遏制，一些国家过度服务化和制造业空心化问题长期得不到解决，而一些后发国家正在效仿并将其作为经济结构调整的目标；一些国家过度金融化和衍生化，由此导致的金融危机还没有真正过去，新的金融泡沫和经济泡沫又在加快堆积；一些国家房地产过度投机化，脱离价值、使用价值，形成“吸金”狂魔，这种经济循环绑架了政府政策。当虚拟经济超过实体经济、过度膨胀的时候，虚拟经济的大厦就会坍塌。现在虚拟资本市场上流动的货币，是实体经济的几十倍、几百倍，甚至几千倍。马克思所说的资本，即资本经过商业资本，然后到生产资本，再到增值的资本这样从资本到资本的过程，货币必须充当其中的媒介，这样才能完成实体经济的运行过程。而现在的货币特别是虚拟货币和金融衍生品，不再需要经过商业资本、生产资本和生产过程，金融市场的主体成为从货币到货币的交易。最极端的情况是在一些国家盛行比特币，即虚拟数字货币，与实物和作为媒介的货币已经没有任何联系。比特币炒得最高的时候，1 比特币相当于 20000 美元，一些炒家用区块链技术做比特币，把这个虚拟的大厦建设得非常宏伟，有人赚了钱退出来了，而没赚钱的人如果继续待在里边，肯定会被这无形的、坍塌的大厦永远地淹没。

（八）老龄化和社会保障能力之间的矛盾

这个问题也是世界性难题。2000 年，全球进入老龄化社会，60 岁以上老人占 10% 以上，65 岁以上老人占 7% 以上，之后老龄化速度加快，目前进入老龄化社会的国家已超过 100 个。美国和欧盟等发达国家和地区 1950 年进入老龄化社会，日本 1970 年进入老龄化社会，美日欧目前已“深度老龄化”。世界银行数据显示，日本是全球人口老龄化最严重的国家，65 岁以上的老年人占人口比例高达 27%；其次是意大利占 23%、德国占 21%、法国占 20%、英国占 19%、加拿大占 17%、澳大利亚占 16%、美国占 15%、俄罗斯占 14%、中国占 1%。中国未富先老，正在并将经历人口快速老龄化、急速老龄化、深度老龄化和重度老龄化阶段，到 21 世纪中叶，老年人口将从 2017 年的 2.4 亿人增加到 4.9 亿人，人口老龄化水平将高达 49%。众多国家进入老龄化社会，急速老龄化与社会保障福利能力不足的矛盾非常激烈，北欧国家原来从摇篮到坟墓的全流程社会福利制度面临严峻挑战，成为导致欧债危机的重要动因，老龄化排在全球前十位的国家，几乎都遇到了同样的问题。近期，联合国对人口年龄划分标准做了调整，1 ~ 17 岁为未成年人，18 ~ 65 岁为青年人，66 ~ 79 岁为中年人，80 ~ 99 岁为老年人，100 岁以上为长寿老人，人们的预期生命周期大大延长，社会福利的支付周期也将随之大大延长，全球性保障能力不足的矛盾越来越凸显。

（九）大国竞争与博弈越来越激烈

世界主要大国都不甘心居于人下，每个国家都在做强国梦，都走在强国的道路上，几乎没有一个国家肯在大国之间绝对地选边站，为了别国利益牺牲本国利益，大国之间的竞争与博弈日益激烈。“二战”以后，先是两个超级大国的抗衡与冷战，1982 年里根任美国总统之后，冷战的一方苏联解体，世界经济形成了“一超多极”，一个超级大国是美国，多极为欧盟、日本、中国、俄罗斯、印度、东盟10国等国家和地区。当今世界进入了一个“强人”时代。美国特朗普的梦想是两个第一位、一个伟大，即美国第一。特朗普成为美国历届总统中排在第一位的领导者，让美国再次伟大；普京任俄罗斯总统之初，说出“给我20年，还你一个强大的俄罗斯”的豪言壮语，目前已任了三届总统，第四届任期结束正好是20年；印度莫迪总理在自己家乡学习中国改革开放，被称为“印度的邓小平”，当选总理后的目标是把印度建成一个强国，直接目标是超过中国，印度是近十年经济增速和军事武器购买额增速最快的国家；安倍晋三实行“俯瞰地球”外交，极力将日本由战败国恢复为正常国家，特朗普候任总统时，安倍晋三听说美国要退出TPP，赶去恳求特朗普不要退出TPP，美国总统毅然退出后，日本扛起了CPTPP的大旗；英国脱欧；德国与法国推动建立欧洲军队；等等。世界主要大国都在寻求复兴之路或强国之路。在激烈的竞争博弈中，各国根据自己的利益诉求和核心关切，不断地进行基于利益的排列组合，这成为影响世界经济结构性调整和变动的重要动因。现在中俄关系处于历史上最好的阶段，中日、中印关系逐渐改善，中欧关系、中非关系、中阿关系日益紧密。大国关系调整结束了全球发展“各人自扫门前雪，莫管他人瓦上霜”的独善其身时代，也结束了传统盟友的捆绑关系，世界更加多元、多极、多样和多边，大国之间的关系更像是中国春秋战国时期的“合纵连横”，在新的国际竞争与发展格局中，世界经济发展的回旋空间不是被压缩了，而是扩大了。

（十）多元文明和文化的冲突

当今世界，多元文明和文化虽有融合，但更多地表现为冲突。有不同文明之间的鸿沟和冲突，有不同宗教之间的鸿沟和冲突，有不同价值观之间的鸿沟和冲突，有不同文化习俗之间的鸿沟和冲突，也有代际鸿沟和冲突。在多元化的世界中，没有一种文化可以替代另一种文化，但有的国家把其他国家的宗教、意识形态乃至文化习俗作为打击对象，引发了全球动荡和所在国的强烈反对。有的国家制定“长臂管辖”法律，对具有文化宗教纠纷的国家实行经济制裁，不允许其他国家与之做生意，不惜动用国家力量针对该国家某个企业，封杀企业或者逮捕企业高管。有的国家在一些地区挑起宗教争端，引发地区局部战争，导致这些国家和地区经济凋敝，人民流离失所。亨廷顿在《文明的冲突》中指出，冷战后导致世界冲突的根源不再是意识形态，而是文化方面的差异，是文明的冲突，世界上存在中华文明、西方文明、印度文明、伊斯兰文明、东正教文明、日本文明、拉美文明、非洲文明等。能否认识到多元文明与文化的相通性，是保持全球经济增长、造福于世界人民的重要着眼点。在中国周边国家中，近一半是伊斯兰国家，为什么这些国家和中国没有宿怨？因为中国在多元文明中尊重其发展生存的权益和文化价值观。哪一个国家没有加快经济发展和过好日子的需求？哪一个国家没有发展的梦想？各国人民的梦想和追求，应该建立在多元文化的共生共存之中。

二、全球经济格局已经并将继续发生深刻变化与调整

2019 年新年伊始，主要国际机构纷纷下调对未来两年全球经济和贸易增长预期。1 月 8 日，世界银行最新一期《全球经济展望》报告，将 2019 年和 2020 年全球经济增速预测值分别下调至 2.9% 和 2.8%；1 月 21 日，国际货币基金组织发布报告，将 2019 年和 2020 年的全球经济增长预期也分别下调至 3.5% 和 3.6%。世界经济正处在一个历史的十字路口，是前进还是后退，是开放还是封闭，是多边还是双边，是经济全球化还是极端保护主义，是构建命运共同体还是把一个国家的利益凌驾在全球利益和全球规则之上，不仅关系到中国、美国以及中美竞争博弈的未来，也关系到世界经济发展的未来，关系到人类发展的未来。这是两种价值观、两种思想、两种道路、两种命运的激烈博弈，世界正在上演一场非常曲折的、具有生动故事情节的大剧，世界经济格局已经并将继续发生重大调整和变化。

（一）国际贸易格局正在发生深刻调整与变化

随着新一轮科技革命引发了贸易形态的改变，加之美国近两年对全球发动的贸易战，全球贸易规则、贸易机构乃至贸易体系均面临严峻挑战，国际贸易格局正在并将继续发生重要演化。

（1）国际贸易规则处于新一轮变革和重构期。当前国际贸易规则改革从酝酿期发展到了爆发期。美国从 2017 年开始，一直宣称世界贸易组织和贸易规则对美国不公平，主张取消 WTO 规则中的差别待遇原则。2019 年 1 月 15 日，美国向世贸组织提交了题为《一个无差别的世贸组织：自我认定的发展地位威胁体制相关性》的文件，要求取消一大批发展中成员享受特殊和差别待遇的权力，否定发展中国家与发达国家的差距，WTO 多边贸易体制和贸易规则受到了挑战。与此同时，美国通过双边而非多边的形式展开贸易谈判，以重构以美国利益为核心的新的贸易规则。一些超大型区域贸易协定如 TPP、TTIP、CPTPP、RCEP 贸易谈判，正在成为构建新的国际贸易规则体系的重要平台，更加注重议题的广泛性和规则的高标准。奥巴马在卸

任总统前的最后一年，在西点军校演讲时指出，美国至少还要领导世界100年，制定国际规则必须由美国人说了算，不能让像中国这样的国家在制定国际规则时说了算。特朗普执政时期美国更加霸道，威胁称如果不能保障美国利益，就要退出WTO，转而又发动一些国家企图把中国请出WTO。美国主张的WTO规则改革，其核心主张是取消发达国家与发展中国家差别化对待的规则，取消中国的发展中国家地位，力图把“二战”之后发达国家“剪羊毛”剪到“战利品”的回馈部分再一次吞吃到自己的肚子里。WTO改革到底向何方去？国际贸易秩序、贸易规则和贸易体系如何重构？这对国际贸易格局将产生决定性影响。

（2）全球贸易品的结构发生了重大变化。中间品贸易比重快速增加成为最重要的表现。“一战”的时候，甚至到“二战”时期，世界贸易中的商品仍基本都是最终产品，随着经济全球化深入发展，全球产业链、供应链、服务链和价值链重构，基于新型国际分工体系的世界贸易结构发生了根本性变化，大量的国际贸易标的物由中间产品构成。WTO可持续发展研究中心的研究成果表明，全球中间产品贸易额已经达到世界贸易总额的2/3，东亚国家高达4/5。传统贸易理论认为，一个国家贸易的比较优势是指这个国家内部资源产生贸易效能与其他国家比较的优势，而在新的贸易结构中，则指一个国家和另外一个国家要素集成能力的比较，是一个国家搭载的平台吸收优质资源综合优势的比较。如由一个国家生产的商品，我们还能找到全部要素都是本国的吗？各国出口的商品中，有很多零部件、很多模块、很多产品都已经不是这个国家制造的，而是其他许多国家制造的。我曾经到苏州工业园区做过调研，这个地方生产的一个计算机模块，已经过13次进出口了，这个产品从中国出口，但是其中有的零部件是在马来西亚生产的，有的是在越南生产的，有的是在菲律宾生产的，这就是全球产业链上中间产品的出口与进口。2018年中美发生贸易摩擦，美国对中国加征高额关税的第一批500亿美元商品，其中70%是中间品和投资品；之后对2000亿美元商品加征10%关税，其中78%是中间品和投资品。中间品贸易实质上是全球产业链的跨国贸易，具有一荣俱荣、一损俱损的特征，切割产业链惩治基于制造业连接的贸易，必将遭到惩罚。

（3）下一代贸易方式——E国际贸易呼之欲出。E国际贸易是第四次科技革命的产物，是当今生产力发展水平、科技革命、业态变革与生产力发展水平等变量相互作用形成的贸易形态的演化。20世纪80年代以来，全球贸易流动呈现出跨国界、多边化、多元化、多样化和网络化的链接状态，将全球范围内分离的生产过程和环节，单一、分散的生产商、供应商、中间商和消费者汇聚在一起，形成了前所未有的市场集成力量。包括生产商集成、供应商集成、中间商集成和消费者集成，由此产生巨大的贸易规模、贸易流量，并不断改变着贸易方向，产生了更加智能、便捷、快速和自由的下一代贸易方式——E 国际贸易，使不同国家之间的经济联系和贸易往来变得比以往任何时候都更加紧密，这是国际贸易方式颠覆式的演化或变革。下一代贸易方式与下一代制造业业态，共同使传统的国际贸易和制造业时空界限和地理界限日渐模糊，最终产品的生产和价值通常不再由一个国家独立完成，国际贸易一方面推动生产消费的跨国分离，另一方面又通过全球价值链和 E 国际贸易平台使它们重新连接。以往的国际贸易方式有一般贸易、加工贸易、小额边境贸易、采购贸易等，由单一企业或个体来组织，而下一代贸易方式——E 国际贸易，会保留原有的贸易内容，但贸易方式完全不同。全球跨境电商、数字贸易、贸易的线上线下融合发展迅速，正在加快催生下一代贸易方式——E 国际贸易。例如，形成跨国界的无障碍流通体制、大通关体制和认证认可制度。中国已经在 37 个城市进行跨境电商试点，跨境电商正在向下一代贸易方式演化；美国的数字贸易迅速发展，形成了数字贸易先发优势；各国贸易方式产生了数据化和数字化之变。这种由参与贸易的个体和新群体形成的贸易流动，将打破传统的地理和行政疆界，使无形的网络链接、贸易的数字化成为国际经济与贸易联系的推进器，推动国际贸易规则和全球治理体系的重塑，推动形成对国际贸易治理机制如 WTO 的改造和提升，推动下一代贸易方式朝着普惠、公平、自由、便利、共享的方向发展。

（二）国际制造业格局正在发生深刻调整与变化

制造业发展和格局演化直接影响世界经济，全球制造业生态系统和产业布局发生了重大变化，第五轮产业转移与要素重组加快进行，第四轮经济全球化与第四次工业革命并驾齐驱，全球产业链、供应链、服务链、价值链正在深度调整。

（1）第五轮产业转移与要素重组加快进行。全球范围的制造业布局大体经历了五轮大规模转移：第一轮发生在 20 世纪初，当时制造业中心主要在英国，其制造业产值曾经占世界制造业产值的 30% 左右，之后开始向美国转移；第二轮时制造业中心在美国，美国制造业产值在 1895 年超过英国，曾经占世界制造业产值的 50% 以上，20 世纪 50 年代钢铁、纺织等产业向日本、西德转移；第三轮时制造业中心在日本、西德，20 世纪 60—80 年代，日本制造业产值占世界的 16%，日本、西德开始向“亚洲四小龙”和部分拉美国家转移轻工、纺织等产业；第四轮时制造业中心转移到中国等新兴经济体，是在 20 世纪 80 年代初，从欧美日等发达国家和“亚洲四小龙”等国转移来的劳动密集型和低技术、高消耗产业；第五轮产业转移已经开始，正在从中国向东南亚、南亚、非洲、拉美等国家和地区转移，特别是劳动密集型产业如纺织、服装、鞋帽、箱包等，有很多已转移到印度、越南、马来西亚、印度尼西亚、孟加拉国等国家。产业大规模转移主要有三个原因：一是科技革命引发的产业变革；二是资源环境的承载能力；三是成本驱动。全球五轮大规模的产业转移和要素重组，每一轮都有它内在的机理。中国改革开放初期，美国制造业产值占世界制造业总产值的33%，而中国不到2%；到2016年，中国制造业产值占世界的25.5%，美国则下降到15%，这就是上述三个主要原因导致世界产业几度转移的结果。第五轮产业转移则主要基于后两个原因，即资源环境难以支撑中国经济超高速增长和土地、劳动力等综合成本的抬升。2019年，中国贸易顺差比2017年收窄18.3%，通过产业转移和扩大进口，预测未来五年内将实现进出口基本平衡。

（2）全球产业链、供应链、价值链将重新布局。一方面，全球产业布局会形成链状连接，虚拟连接的产业链、供应链、服务链和价值链将成为更具有黏性、依赖性的经济联系。这种产业联系和经济联系的调整不是靠政府命令、政府规划，而是由于市场机制的决定性作用形成的内在联系，产业的高端会越来越集中在创新能力强的地方，而产业的中低端会越来越集中在那些资源密集的地方，产品最终配置或集成的环节一定会靠近市场。另一方面，也不排除人为因素打断产业链的风险，诸如在美国发起的全球性贸易战特别是中美贸易摩擦中，采取单边主义、封闭主义、保护主义和霸凌主义的态度，采取切断产业链联系的做法，必然伤及产业链上庞大的虚拟企业群体，包括美国企业本身，在一定条件下会倒逼产业链进行调整和再调整。2018年8月，美国贸易谈判办公室征求美国企业家对中国输美500亿美元商品加征高额关税的意见，95%的美国企业表示强烈反对，因为这些企业与中国企业已形成了产业链上下游关系，它们考虑的是企业可以承受的转移成本。另外，产业链，特别是中低端产业链，正在向具有劳动力红利、人力资本红利和市场红利的国家转移，形成新的产业链布局。2018年中国有13.9亿人口，劳动力平均年龄为38岁；印度有13.2亿人口，劳动力平均年龄为28岁；非洲有12亿人口，劳动力平均年龄为27岁；印度尼西亚有2.58亿人口，劳动力平均年龄不到30岁。中国之外的这些国家和地区劳动力月工资平均在100~150美元，中国的工资水平要比之高5~8倍。改革开放初期，中国几亿农民进入城市，基本上是以体力劳动为主要支付方式的劳动者，以低工资、低福利和产品的低价格进入产业链中低端。现在以体力劳动为主的人口红利释放空间被大大压缩，全球产业链特别是劳动密集型产业正在自动迁移或再次重构。

（3）智能制造成为制造业发展的重要趋势。世界第四次工业革命已经到来，“高速移动互联网＋人工智能”，下一代信息技术、人工智能技术的普遍应用，从替代人的体力劳动到部分地替代人的脑力劳动，使制造业形态发生非常大的变革，出现了智能工厂、智能车间、智能生态系统、智能工作流程等。特别是5G技术的应用，加速形成万物互联、万物感知、万物可视和万物智能，产业互联网普遍应用，新一代人工智能加速进化，将重塑产业形态和产业结构。采取国家战略或产业政策支持智能制造发展，成为国际通行的做法。德国政府率先在2011年推进“工业4.0”，2018年推出《德国工业战略2030》，加强国家干预，加快培育龙头企业，全面推进智能制造。美国先是在奥巴马时期紧跟德国，推出工业互联网和先进制造业振兴计划，2016年以来白宫科学技术办公室连续发布《为人工智能未来做准备》《国家人工智能研发战略计划》和《人工智能、自动化与经济》三份重要报告。特朗普政府更将其提升为国家加快发展AI战略，2019年2月11日，特朗普签署了《维持美国人工智能行政领导力的行政令》，启动“美国人工智能倡议”，次日美国国防部网站推出《2018国防部人工智能战略摘要：利用人工智能促进国家安全与繁荣》。中国先后推出工业化与信息化两化融合战略、“中国制造2025”、加快实施新一代人工智能战略规划，2019年将围绕基础理论、关键共性技术、新型感知、智能芯片等方面，继续在5G以及后5G更高速的移动互联网基础上布局研发项目和基础能力建设，推动科技成果转化和制造业转型同步进行，支撑智能制造高质量发展。中国已具有世界最完备的制造体系，中国制造业正在从中低端向中高端迈进，有些领域正在迈向高端或者顶端，智能制造将是下一个突破口。日本、韩国、法国、英国、瑞士、意大利等国在智能制造领域各有所长，智能制造将成为现代制造业的核心竞争力。

（4）高端制造在向知识高地、创新高地和知识产权保护高地转移。产业链高端、顶端和新材料、新技术、核心关键零部件等，在向知识高地和创新高地转移。以新加坡为例，新加坡是个城市型国家，在2016年世界银行关于全球营商水平评价中，新加坡排在第一位，营商环境全球最优，不仅是好的知识高地、创新高地和知识保护高地，还有利于大金融家、大企业家、大科学家投资和居住，集聚了现代金融中最高端的企业，全球1/10的芯片企业集聚在新加坡，全球40%的高端硬盘产品也产自新加坡。再以中国深圳为例，从40年前的一个小渔村发展成为创新型城市，GDP已经超过香港，将成为在世界率先开展5G试点的城市，成为国家、省级实验室等创新载体最多的城市，成为超前布局物联网、智能网联汽车的城市，成为最先建设全面感知体系和基础设施智能化的城市，形成高端制造的创新高地，聚集了一大批无人机、电动汽车、基因工程等制造行业和芯片等核心零部件的高端制造商。知识产权组织发布的“2018 年全球创新指数报告”，通过统计 80 个指标，对世界 126 个主要经济体的创新能力进行了排序，排名前 20 位的为瑞士、荷兰、瑞典、英国、新加坡、德国、爱尔兰、韩国、日本、中国香港、卢森堡、法国、中国、加拿大、挪威和澳大利亚等，中国是唯一进入前 20 位的发展中国家，这与中国内地深圳、北京、上海、广州、重庆、西安等创新型城市崛起，聚集了一大批高端制造与创新载体密切相关。为保证中国制造业稳步迈向中高端，中国构建了知识产权保护体系，建立了 3 个知识产权法院，一个在北京，一个在上海，一个在广州；建立了 16 个知识产权法庭，200 多个知识产权保护中心。

（三）全球能源格局正在发生深刻调整与变化

全球能源转型与布局调整处在历史的关键转折期，能源将从总体上的短缺状态转向总体上的供大于求，能源供给侧结构性调整和供求的地域分布将发生重大变化，新能源将逐步替代传统能源。

（1）能源将从总体上的短缺状态转向总体上供大于求。世界石油增速逐步放缓，据国际能源署发布的《2016 世界能源展望》报告，全球能源需求 2040 年将比 2016 年增长 30.1%，年均增长率仅为 1%。OECD 研究数据显示，全球从 2012 年开始，能源需求呈疲弱态势，分别为 1.4%、2.0%、1.1%、1.0%。预测到 2035 年全球将产生 36% 的能源增量，而 GDP 增量仅为 17%，能源增长速度大大快于经济增速。2019 年 2 月 15 日英国 BP 发布《世界能源展望 2019》，预测从 2017 年至 2040 年，全球能源消费有所增加，生活水平提高导致的能源需求将比 2019 年增加 1/3，印度、中国和其他亚洲国家加起来占增量的 2/3，且仍有 2/3 的人口生活在人均能源消费较低的国家。基辛格曾经说过，谁掌握了石油，谁就控制了所有国家；谁控制了粮食，谁就控制了人类；谁掌握了货币发行权，谁就掌握了世界。在全球能源是稀缺性战略性商品的时代的确如此，发生在中东地区的两伊战争、伊拉克战争、科威特战争，无不是围绕着在中东抢夺石油而进行的大战。随着全球性能源供求关系的调整，需求方将成为决定能源市场价格走势的决定性力量。国际能源署预测，到 2040 年，全球能源需求增长都来自发展中经济体，中国将保持能源第一需求大国的地位，2040 年之后可能被印度超越，这些国家将成为具有市场优势的一方。

（2）能源供给侧结构性调整将继续深化。全球能源结构朝多元、低碳、清洁、高效、安全的方向演进，能源供给侧结构性调整从来没有停止过，总的趋势是化石能源占比不断下降，可再生能源占比不断上升，石油和煤炭在一次能源中占比总体呈下降趋势。全球煤炭储量已经从 20 世纪末的 1 万亿吨，下降到目前不足 0.9 万吨，过去 10 年煤炭满足了全球能源增长的几乎 50%；石油替代煤炭成为世界主要能源经历了几十年，目前占全球能源比重达到 33%；煤炭、石油正在被快速发展的天然气替代或部分替代。国际能源署发布的报告称，煤炭是全球消费增长最慢的能源，年均增幅 0.6%，2030 年天然气将取代煤炭，成为仅次于石油的第二大能源，2050 年煤炭、油气和非化石能源将呈现三分天下的局面，能源需求增量的 90% 为清洁能源。锂电池、石墨烯等可再生能源增长最为迅速，BP 预测，可再生能源将成为增长最快的能源，到 2035 年之前年均增长 6.6%，到 2035 年在全球发电能源中占比达到 16%，将提供全球 1/3 的发电增量。核电、水电、生物质能、其他可再生能源，到 2035 年在一次能源中占比将达到 23%，太阳能将比 2016 年增长 8 倍，风能将增长 4 倍。原来能源短缺的国家，由于能源结构的调整，变成了能源富集的地方，老挝几年前还是一个极其缺电的国家，自 2013 年参与“一带一路”建设以来，中国的十几个能源企业在此开发水电，使老挝成为电力自给国和输出国，开始向缅甸、泰国和越南出售电力资源。

（3）能源生产和需求的地域发生重大调整。能源生产和需求地域总体上呈供给西移、需求东移的特征，世界能源贸易中心正在从大西洋盆地转向亚太地区。随着美国页岩气革命，美国、加拿大、巴西、委内瑞拉等美洲地区国家将成为非常规油气开发输出的地区，美国 2019 年成为油气的最大生产国，日产油气量达到 1100 万桶，超过了沙特阿拉伯和俄罗斯，美国还将在近年成为世界上最大的石油输出国。欧美 2035 年之后对能源的需求将停滞，中国、印度成为需求增长最快的国家，未来 10 年，印度能源消费量将翻一番，年均增长 5% ~6%，中国能源消费量将增长 40% 左右，年均增长 5% 左右。加上日本、韩国等亚洲国家的市场需求，到 2035 年亚太地区将成为全球石油、天然气的消费中心和贸易中心。2018 年，中国推出人民币石油期货，石油期货交易可以用人民币结算，与黄金挂钩。欧洲布伦特期货市场全球份额从 60% 下降到 2018 年末的 52%，美国纽约石油期货从 38% 下降到 32%，人民币石油期货占比 14%，新加坡、迪拜等石油交易所经过几十年发展，目前全球占比 2%。

（4）石油价格将在震荡中持续走低。近几十年以来，具有最大不确定性的产品价格是石油价格，1973 年和 1979 年两次大的石油危机，导致石油价格从 3 美元/桶上升到 13 美元/桶，后来不到 7 年时间又上升到 36 美元/桶；而 20 世纪 80 年代中期，石油价格暴跌至每桶 10 美元以下。20 世纪 70 年代以后，石油有了明显的资源、政治和金融三重属性，这一轮石油价格上涨是一个较长的历史周期，从 9.8 美元/桶持续上升，一直涨到 146 美元/桶，之后急转直下，到 2016 年最低降到 28 美元/桶。2017 年、2018 年石油价格在一定区间宽幅震荡，最高点达到 86 美元/桶，最低点降到 40 美元/桶，并有持续走低的趋势。影响当前和未来一个时期石油价格的主要因素：一是成本，由于美国页岩气革命的持续推进，大大降低了能源开采成本，从开始每桶 55 美元降低到目前的 15 美元，水能、核能、太阳能的成本也不断降低；二是石油美元松动，独立于美元的欧元支付体系、俄罗斯石油结算方式和十几个石油输出国去美元化，使美国通过石油美元结算体系控制价格的硬约束松动；三是供给侧方面的原因，石油、天然气和其他能源多元化供给的结构已经形成，能源输出国亦从原来集中在中东地区转向美国、俄罗斯、中亚、西亚、东南亚、南亚等国家和地区，原来欧佩克组织通过控制生产从而控制价格的机制逐步失效。美国未来作为最大的油气输出国，将逐步改写石油、天然气作为战略性、储备性资源的特性，石油被赋予的政治、资源、金融三重属性也将渐渐失去，争夺需求市场将成为生产者的共同选择，市场决定价格的机制将发挥决定性作用。

（四）全球金融体系和格局正在发生深刻调整与变化

2008 年国际金融危机波及全球经济，美国依靠美元霸权地位成功地转嫁了危机和风险，美国 34 家大银行经过抗压和风险测试平安着陆，美元依然强势如故。近两年美国四处出击，既打贸易战，也打金融战，继续用美元、美债、美元石油、美元期货收割战利品，但他们忘却了一个基本事实，美元在布雷顿森林体系瓦解后，早已经成为靠国家信用支撑的虚拟货币。美国国家的信用缺失和损耗，使国际金融体系开始了新一轮扬弃，美元信用遭到质疑，美元结算体系松动，美债风光不再，多元化货币结构逐步形成，各个国家重新将黄金作为避险工具。

（1）以美元为基准的国际货币体系受到了质疑。17—18 世纪英国金融体系形成并逐渐居于世界霸主地位，一直持续到第二次世界大战结束后，1944 年建立布雷顿森林体系，美元替代英镑成为国际货币，美元霸权地位成为美国霸主地位的重要支柱。当时美国经济实力最强，制造业、贸易、科技、军事力量雄踞全球第一位，全球建立布雷顿森林体系时，美国黄金储量达到 2.3 万吨，占全球黄金储备的 80%，美元与黄金挂钩，各个国家货币与美元挂钩。1971 年 8 月 15 日尼克松总统宣布美元不再与黄金挂钩，布雷顿森林体系瓦解，美元成为信用货币，但是由于美国的国家信用和经济实力仍在，各国存在使用美元作为结算货币和储备货币的路径依赖，加上美国主导的全球石油美元结算体系，保障了没有任何内涵的美元继续充当准国际货币。而实际上美元已经变成一张张绿纸片，它不再与黄金挂钩，不再与任何实物商品挂钩，仅用几美分成本就可以印一张，但却能换到与面额同等价值的实物。近两年，美国极端霸凌、霸道、霸权，加之特朗普政府出尔反尔，极大损耗了美国政府信用，导致美元霸权地位受到空前挑战。例如，美国不仅单方面废止《伊核协议》，还勒令所有国家不得在 2018 年 11 月 5 日之后与伊朗做生意，制裁委内瑞拉、俄罗斯等石油输出国，导致十几个国家放弃使用美元进行石油结算，这层原先没有捅破的窗户纸，已无法继续阻隔人们对美元实质的认识，形成了“去美元化”“去美债化”的全球性行动。尽管美元在国际贸易货币结算币种中占比近 40%，在国际货币储备中占比高达 62%，但由于美国国家信用的降低，将开启美元由盛转衰的周期。如果没有这个转折，美元霸权地位可能还将延续 40～50 年，而现在则可能大大缩短被替代的时间。

（2）世界上众多国家重新将黄金作为避险工具。随着美元信用的降低，越来越多的国家大幅度增加黄金储备，已经或正在运回存放在美国、英国和法国的境外黄金储备。2000—2008 年，全球黄金储备从 3.3 万吨下降到 3 万吨，2008 年国际金融危机爆发以后，特别是近两年，黄金储备急剧增加，中国从 2008 年的 600 余吨上升到 2018 年的 1852.5 吨，俄罗斯从 2008 年的 500 吨上升至 2018 年的 2113 吨，印度、巴西、土耳其、哈萨克斯坦、匈牙利、波兰也在增持黄金。目前，美国黄金储量 8133.5 吨，居全球第一位；德国 3369.7 吨，居全球第二位；意大利 2451.8 吨，居全球第三位；法国 2436 吨，居全球第四位；俄罗斯 2168.3 吨，居全球第五位；中国大陆 1885.5 吨，居全球第六位；瑞士 1040.0 吨，居全球第七位；日本 765.2 吨，居全球第八位；荷兰 612.5 吨，居全球第九位；印度 598.6 吨，居全球第十位。需要注意的是，2018 年是近半个世纪中全球黄金储备增长最高的年份，各国央行购买的黄金增加了 74%。德国、荷兰、比利时、土耳其等九个国家已经或准备运回储存在他国的黄金。综观全球，美国作为排在第一位的黄金储备国的地位短期难以撼动，增加黄金储量也不一定可以满足黄金作为结算货币、储备货币的需要，但各国增加黄金储备，确实是在用脚对美元投出不信任票。

（3）全球多元化金融体系和货币体系正在逐步形成。国际金融体系中，世界银行、IMF 等国际金融机构和亚洲开发银行、欧洲复兴银行等区域性金融机构长期并存，到 21 世纪，渐次加入了代表发展中国家发展权益和金融需求的新的金融机构。2015 年中国倡议成立了亚洲基础设施投资银行（以下简称“亚投行”），目前自愿加入的成员已经达到 93 个，成为成员数量仅次于世界银行的多边金融机构，印度是该行的最大受益者，亚投行投资的项目中有 1/4 用于印度发展。2015 年在南非德班成立的金砖国家新开发银行，为避免在下一轮金融危机中受到货币不稳定的影响，计划构筑共同的金融安全网，一旦出现货币不稳定，可以借助这个资金池兑换一部分外汇应急。2010 年成立的上海合作组织（以下简称“上合组织”），正在筹建上合组织开发银行，将进一步扩大本币结算合作，推动形成上合组织银联体机制。人民币国际化已经迈出坚实的步伐，成为与美元、欧元、英镑、日元并驾齐驱的国际货币，2016 年 10 月 1 日，人民币正式加入国际货币基金组织（IMF）特别提款权（SDR）货币篮子。中国央行公布了 2018 年金融数据，以人民币进行贸易结算的跨境货物贸易、服务贸易及其他经常项目、对外直接投资、外商直接投资分别发生 3.66 万亿元、1.45 万亿元、8048.1 万元、1.86 万亿元。跨境贸易人民币结算业务发生 5.11 万亿元，直接投资人民币业务发生 2.66 亿元。根据 IMF 数据，截至 2018 年第四季度，各经济体持有的外汇储备中，人民币资产上升到 1.89%。2019 年 1 月人民币国际支付比例提升到 2.15%，排名第五。中国已经与近 40 个国家签署了双边本币互换协议，互换金额超过 3 万亿元。欧元正在谋求建立独立于美元的结算体系，俄罗斯大量使用卢布进行军售和贸易结算，石油生产国开始使用欧元、人民币、卢布和本币进行贸易结算，多元化货币体系和结算体系正在构建。

三、中国将长期保持世界经济“稳定之锚”的地位

从当前和未来一个时期来看，世界经济增长的动力源发生了根本变化。“二战”以后长达几十年时间里，拉动世界经济增长的“火车头”是美国，从 1978 年到 2017 年，美国对世界增量的年均贡献率为 18.4%，中国是 17.9%。但是从 2008 年之后，中国成为拉动世界经济增长的“火车头”，到 2018 年中国经济对世界经济增量的贡献率年均为 30.6%，是对世界经济增长贡献最大的国家，当前和今后相当长时期，中国都将是世界经济的“稳定之锚”。

（一）中国将会延长“四个周期”

党的十九大报告提出了中国到 21 世纪中叶要实现的宏伟蓝图：2035 年实现社会主义现代化，2050 年建成富强、民主、文明、和谐、美丽的社会主义现代化强

国。所谓强国不应只是强调本国特色，而应该是在国际比较、横向比较中的强国。展望未来，中国经济会延长“四个周期”。

（1）会继续延长战略机遇期。2000 年，党的十六大报告提出，从现在起未来 20 年中国处于重要战略机遇期。2020 年，中国的战略机遇期还没有结束，而新的战略机遇期又近在眼前。党的十九大和 2018 年中央经济工作会议指出，我国发展仍处于并将长期处于重要战略机遇期。和平、发展、合作仍然是时代主题，经济全球化大势并未逆转，新一轮科技革命和产业革命将产生爆发性力量，破解世界性难题迫切需要国际合作，中国发展的外部环境并没有发生根本性改变。新中国成立 70 年，特别是改革开放 40 年来中国经济快速发展，中国成为世界和平发展的重要力量，在全球治理中发挥着越来越重要的作用。中国提出的“一带一路”倡议得到国际社会的认可和响应，成为服务于世界经济发展的全球公共产品。短短 6 年，中国与 124 个国家、29 个国际组织签署了“一带一路”合作文本，形成了互联互通、携手发展的格局。国内京津冀协同发展战略、长江经济带发展战略、粤港澳大湾区和雄安新区等一系列新区域发展布局，增加了中国经济发展的韧性和回旋空间。美国战略转向把中国作为主要战略竞争对手的做法，成为中国加大改革开放、做好自己的事情的外部压力并将转化为高质量发展的动力。2000 年，中国的经济体量、国际影响力、在全球经济中的作用，还都和今天不能同日而语；今日之中国将以更大的胸襟和实力，迎接新的战略机遇期。

（2）会继续延长经济发展周期。中国经济高速增长和中高速增长的发展周期已持续了 40 年，40 年平均增长速度达 9.4%，2010—2015 年平均增长速度为 7.2%。近三年保持 6.5% 左右的增速，但每上升 1 个百分点，就相当于 5 年前的 1.5 个百分点，相当于 10 年前的 2 个百分点。按照 2018 年中国实现 GDP 达到 13.6 万亿美元，中国经济每增长 1 个百分点，绝对量为 1360 亿美元，6.6% 的增速下绝对量为 1.4 万亿美元，差不多相当于俄罗斯、澳大利亚一个国家的经济总量。“十三五”期间，中国确定 GDP 增长速度目标为 6.5%，2019 年政府确定目标为 6% ~6.5%，2020 年只要完成 6%，就可以在实现五年目标的同时，实现党的十八大人均 GDP 翻两番的目标。“十四五”“十五五”期间，中国如果能够持续保持 5% 以上的增长速度，中国经济高速增长和中高速增长就能保持半个世纪，这确实是人类经济发展史上的奇迹。预测未来十年，中国经济发展的周期还会延长，如果发生了颠覆性产业革命或者技术革命，中国创新驱动获得突破性进展，把目前还落后于美国、欧盟等国家地区的共性技术、基础性技术和前沿技术的短板补上来，中国经济增长不仅会速度更快，而且会实现更高质量的发展。中国经济发展周期会延长，还在于改革开放重塑了经济微观主体，国有企业、民营企业中出现了一批具有国际竞争力的企业，迈入国际一流企业的行列。中国的企业充满了活力、动力和竞争力，这是中国经济长期向好、长期保持发展动力的重要基础。地方政府也是中国经济发展的很大助力和动力，中国的地方政府这些年形成了竞争机制，在改革开放过程中，地方政府发挥了积极作用，在对微观主体的支持态度和力度上，地方政府比中央某些部委更大更直接。如果加大生产关系的调整，使之适应生产力发展，加大上层建筑改革，使之适应经济基础的调整，中国经济发展的长周期会进一步延长。

（3）会继续延长制造业繁荣周期。按照联合国分类的 39 个工业大类、191 个中类和 225 个小类，中国是拥有所有门类的国家。世界上的发达国家，包括美、日、欧都没有完整的产业链。2018 年中国制造业产值已达到全球制造业的 30%，而且正在稳步迈向中高端，曾经有一段时间在产业结构的调整中，一些地方出现了偏差，在三次产业结构调整中，不断缩小制造业比重，增加服务业比重，并以此作为产业转型升级的目标，盲目追求服务业占比。这一次中美之间的贸易摩擦，使我们懂得了一个道理：贸易摩擦是一个表象，而制造业发展水平才是竞争核心。制造业作为强国之基、强国之要、大国之重器受到空前重视，实体经济发展将得到越来越大的支持，中国渐次形成的巨大产能，将成为我们在新一轮全球竞争中的优势，大大拉长中国制造业的繁荣周期。2018 年，中国高端制造业增长速度达到 19%，而传统产业不到 3%，中国战略性新兴产业的发展、高技术产业发展也更加迅速。

（4）会继续延长消费者的生命周期。中国消费者的预期寿命延长带来的消费增长将成为拉动中国经济增长的新动力。2018 年，中国人平均预期寿命达到 76.4 岁，北京、上海超过 80 岁。按照“中国健康 2030”规划，到 2020 年中国人均预期寿命将达到 77 岁，到 2030 年达到 79 岁。中国社会基本矛盾转为满足人民群众日益增长的对美好生活的需求和发展不平衡、不充分之间的矛盾，而美好生活的需求是人的全生命周期的需求。消费者全生命周期的消费需求，将成为拉动中国不断产生市场红利的基本动因，健康消费、医疗消费、体育消费、养老消费、休闲旅游消费、文化消费、时尚消费、颜值消费、网络消费等，这些满足人们吃穿用住基本消费需求之外的潜在消费需求，将成为中国保持世界第一强劲市场地位的新增长点。中国餐饮业年销售额已超过 4 万亿元，外食成为主要生活方式；中国旅游规模 2017 年达到 50 亿人次，2018 年超过了 55 亿人次；中国汽车销售和生产都达到 3000 万辆，在世界第一位保持了很多年。中国人生命周期的延长，购买力水平和生活品位的提高，使消费成为拉动中国经济增长的主要动力，中国市场红利成为中国经济持续发展和吸引全球投资与资源配置的耐力和底气。

（二）中国将实现“四个 100%”

中国将继续拉长四个周期，随着量的积累将在一定时点产生新的飞跃，在可见的未来 10 年之内，中国将实现“四个 100%”。

（1）将会实现 100% 的人口脱离贫困。中国 1978 年农村贫困发生率高达 97.5%，改革开放 40 多年使 7.4 亿人脱离了贫困，按照现行贫困标准，2013—2018 年中国分别使 1650 万人、1232 万人、1442 万人、1240 万人、1289 万人、1386 万人脱离贫困。2019 年还剩 600 万贫困人口，届时将全部脱离贫困。一个 14 亿人口的国度，实现 100% 脱离贫困，这确实是前无古人的，在当今所有国家中也是绝无仅有。这是世界人类发展史上的一个伟大成就，是中国对世界和平发展所做出的重大贡献，也是中国受到越来越多国家和人民认可并赞赏的原因。中国人民从站起来到富起来用了 70 年，从富起来到强起来可以预期。中国发展的道路与成就，与全球还有 8 亿多人处于绝对贫困和饥饿之中形成对照，甚至与一些发达国家尚有几千万贫困人口形成对照。

（2）将会实现 100% 的社会保障全覆盖。中国建立了比较完善的社会保障框架，将实现 100% 的社会保障全覆盖。作为现代国家最基本的经济制度之一，我国已经通过立法制定了保险、救助、补贴等制度，保障全体社会成员基本生存与生活需要，特别是保障了公民在年老、疾病、失业、生育、死亡、遭遇灾害、面临生活困难时的特殊需要。党的十九大报告要求，全面建成覆盖全民、城乡统筹、权责清晰、保障适度、可持续的多层次社会保障体系。我国目前已经建立了养老保险、医疗保险、失业保险、工伤保险和生育保险制度，正在完善社会福利制度、社会救济制度和社会优抚制度。按照党中央部署，到 2020 年“覆盖城乡居民的社会保障体系基本建立”，这意味着，2.55 亿老年人口的养老保险、13.9 亿人的医疗保险将实现 100% 的全覆盖。

（3）将会实现 100% 的 5G 网络全覆盖。中国将聚焦信息基础设施网络全局性、基础性、战略性的重大项目，率先实现 100% 的 5G 全覆盖。中国将加快数字经济时代的信息基础设施建设，通过互联网、物联网、大数据、云服务、AI 技术等下一代信息技术，实现数据的本体化、标准化、一体化。中国的高能计算、智慧城市、EWTP、移动支付等走在了世界前列，随着万物互联、万物感知、万物可视、万物智能时代的到来，制造业业态、服务业态、贸易业态乃至人们的生活、生存方式将出现新的变革，中国960万平方公里的黄色国土加上340万平方公里的蓝色领海上，将再次发生翻天覆地的变化。

（4）将会逐步实现祖国山川水域100%的治理。中国启动大规模国土绿化行动，加快实施生态保护修复重大工程，推进森林城市、森林城市群、森林公园、国家湿地、国家级生态保护区建设，实行河长制、湖长制，治理空气污染，加大生态治理。到2020年，中国森林覆盖率将达到23.04%，2035年达到26%，21世纪中叶达到世界平均水平。2019年2月《自然—可持续发展》杂志发文，一项跟踪17年的研究表明，自2000年后，中国和印度大约贡献了全球绿化增长面积的1/3，中国植被面积仅占全球的6%，但在全球绿地增长面积中贡献了25%的增长率。中国的荒山断流正在变为“绿水青山”，还将进一步变成“金山银山”，一个美丽的中国正在还原并书写更加美丽的篇章。

参考文献

[1]习近平.决胜全面建成小康社会　夺取新时代中国特色社会主义伟大胜利[Z].在中国共产党第十九次全国代表大会上的报告,2017.

[2]习近平.习近平谈“一带一路”[M].北京:中央文献出版社,2018.

[3]陈文玲.中国与世界:以中国视角解析国际问题(上、下)[M].北京:中国经济出版社,2016.

[4]陈文玲.推动“一带一路”走深走实[J].开放导报,2019(1).

[5]陈文玲.“一带一路”建设开启新全球化伟大进程[J].人民论坛·学术前沿,2017(4).

[6]中国国际经济交流中心课题组.E国际贸易——下一代贸易方式的理论内涵与基础框架[M].北京:中国经济出版社,2018.

中美关系真谛

——不冲突、不对抗，求同存异、互利共赢

（《明报》，2018 年 12 月 10 日）

导语：①中美贸易摩擦是美对华出现的重大战略误判所致，美国对华存在“理解赤字”与“信任赤字”，这是影响当前中美关系的重要非物质因素。②中国改革开放确是瞄准世界最先进国家、学习最先进经验的过程，从中国政府到民间都希望学习美国先进的管理经验、科学技术、发展理念、经济制度和经济运行方式，但中国在学习过程中并没有出现像美国有些人所说的“剽窃”。③短期看，贸易摩擦会使中国受到一些伤害，中国市场、产业链均会受到很大影响，对美国的出口成本会增加；但长远来看，贸易摩擦将倒逼中国加速改革，形成更多政策集成优势。

“习特会”为中美贸易战按下了“暂停键”，但未来向何处去依然存在不确定性。在两国关系的十字路口，如美国选择继续遏制中国，由于出发点有偏差，其结果也将是令人遗憾的。

2017—2018 年，我和中国国际经济交流中心研究团队一直在中美贸易战前沿工作，我参加了中美智库对话、中美“二轨”对话，与美国国会议员助手代表团、美国世界大型企业联合会、美国记者代表团、美国彼得森研究所等对话。与美国各阶层的交流对话让我意识到，美国对华存在“理解赤字”与“信任赤字”，这是影响中美关系的重要非物质因素。2018 年愈演愈烈的中美贸易摩擦，是美国对华出现的重大战略误判。

美国毫无疑问是当今世界最强大的国家。美国的发展得益于建立了一个良好政体，长期以来能实现均衡、有约束、在法制轨道上的发展。美国的市场经济制度和政治文明都是人类文明的产物。同时我们也应当看到，霸权思维是美国等一些大国固有的思维。美国霸权地位有几大支柱：一是美元经济霸权，布雷顿森林体系瓦解后，美元依然是国际货币，是美国经济霸权的核心和基础。二是军事霸权，美国

2018年军费开支是世界第二至第十名的总和，是中国军费开支的4倍多。三是科技霸权，全球原创性、最尖端、最前沿的研究集中在美国，且美国限制高新技术产品出口。四是外交霸权，美国主导建立的三大国际组织WTO（世贸组织）、世界银行、IMF（国际货币基金组织），主要代表美国利益维护全球秩序。

特朗普总统执政以来，很快兑现了竞选目标：GDP（本地生产总值）增速2018年有望超过3%，失业率10月为3.7%，通胀保持在2%左右，减税正大刀阔斧地进行，股市总体处于上升通道。这给美国社会打了一针强心剂，但背后也有隐忧：美国社会的矛盾已到临界点，美国近22万亿美元的巨额债务等潜在经济风险加快集聚。针对中国的贸易争端是不是有转移其国内注意力的考虑呢？

一是把中国当成竞争对手，扩大渲染了“中国威胁论”。美国强硬派认为中国是对“美国第一”的最大威胁和美国称霸世界的最大拦路虎，如不遏制中国，美国就没有希望了，认为中美关系没有可能再回到起点。那么这个起点是什么呢？起点是中国应永远低于美国，中国应是美国的学生，中国应永远用低成本劳动力价格向美国源源不断输出物美价廉的商品，以保障美国的低通胀、高福利。在全球产业链分工中，中国应永远处于中低端，中国永远不能在科技领域追赶上美国。可是发展中国家与发达国家一样，拥有成长、发展、使本国民众过上更好生活的权利。中国文化推崇“各美其美”“美美与共”，发展合作共赢的良性竞争而非遏制他国，这更有利于世界和平与进步。

二是对中国的认知缺少了一些基础。比如美方曾有观点认为美国重建了中国。但是事实呢？中国拥有5000年历史文明，其文脉一直没有中断过，它曾创造了人类历史上的辉煌。中国改革开放将古代中华文明与现代文明结合起来，创造了发展奇迹，起决定性作用的是其内在原因。中国人经过一代一代的艰苦努力、辛勤奋斗，使国家一步一步走到今天，这一切不能说成是他国恩赐。中国改革开放确是瞄准世界最先进国家、学习最先进经验的过程，从中国政府到民间都希望学习美国先进的管理经验、科学技术、发展理念、经济制度和经济运行方式，但中国在学习过程中并没有出现像美国有些人所说的“剽窃”。学习是每一个人、每一个国家天赋的权利，且学习借鉴不等于照搬。各国有不同的历史、国情、文化及不同的发展阶段，所以要选择不同的发展道路、发展模式，中国的学习过程不等于将他国制度文化理念完全输入、复制到中国。美国鹰派将这一常识变成竞争性博弈的理由，这对两国关系不利，也说明他们对中国的认识存在极大偏差。

三是解决问题所采取的手段应当遵循国际规则和经济规律。美国对华制裁的理由基于美国1930年关税法和1974年贸易法，用单边主义、国内规则，替代了多边主义、国际规则。美国若有解决问题的诚意，应该在WTO规则的基础上谈判、商讨、仲裁。没有规则，世界经济交往就会失序，就只能恃强欺弱。此外，用高额关税保护本国市场于双方无益。以制裁清单为例，中国出口到美国的500亿美元商品中有70%是中间品和投资品，2000亿美元商品中有78%是中间品和投资品。中间品和投资品均是产业链上的环节，其价格波动会直接转嫁到美国生产商和制造商身上。美国限制对华高技术产品出口包括人工智能、3D打印、机器人等，意味着将产业链上的高端和中低端产品继续切割，而产业链一旦断裂就必然伤及链条上的所有企业，美国股市的表现已说明了这种影响，现在这种疼痛正在传导中。并且，短期利益也使美国长期战略利益和大国形象受损。数十个石油产出国打算放弃美元结算，有的国家在考虑建立新支付体系和结算体系，持有美债的国家中有相当一部分开始减持、抛售美债，一些国家开始运回在美国纽约地库的黄金。这是由于在与中国和其他国家的贸易摩擦中，美国放弃了国际规则和国家信用。美国的做法让世界开始反思。

美国过去是国际秩序的建设者、主导者、引领者，而现在一系列“退群”和重组举动，是要重建美国利益至上的新国际经济体系，这需要抛弃一些基本原则。同时，贸易战的升级很难取得预期效果，中国经济耐受性在提高。短期看，贸易摩擦将使中国受到一些伤害，中国市场、产业链均会受到很大影响，对美国的出口成本会增加。但长远来看，贸易摩擦将倒逼中国加速改革，形成更多政策集成优势。2018年正好是中国改革开放40周年，中国还会继续深化改革。这是一个经济全球化时代，中国开放的大门之所以愈开愈大，一方面是要继续引进外商直接投资，引进优质资源，另一方面是要加快“走出去”，与世界更多国家通过“一带一路”互联互通、共同合作，创造并共享发展新机遇。中国的空间不是压缩，而是扩大了。

2018年11月我与美国前国家安全顾问、地缘战略理论家布热津斯基之子，美国驻瑞典原大使——马克·布热津斯基进行了对话，马克总结了两国关系正常化的两个关键：一是中美之间要求同存异；二是中美关系正常化本身并不是一个目标，最终目标应是推动两国关系长远发展。2019年将迎来中美建交40周年，马克的总结富有新的历史意义。不冲突不对抗、相互尊重、求同存异、互利共赢，这就是中美关系的真谛。

珍视中美关系　合理解决经贸摩擦

（《光明日报》，2018 年 9 月 26 日）

导语：①贸易战不是解决当前中美经贸问题的钥匙，无益于中美关系长远大局和两国共同利益，更无益于世界经济健康发展；②世界制造业发展和国际贸易都有自身规律，靠遏制他国发展保持领先地位，有违客观规律；③中国与西方政治制度不尽相同，这成为西方攻击、不满中国的原因之一；④中美两国应坚持共同演进、互利共赢，建立基于战略互信并面向全球、面向未来的新型大国关系。

9 月 24 日，中国国务院新闻办公室发布《关于中美经贸摩擦的事实与中方立场》白皮书，阐明中国对中美经贸摩擦的政策立场，以推动中美经贸问题合理解决。应当看到，贸易战不是解决当前中美经贸问题的钥匙，无益于中美关系长远大局和两国共同利益，更无益于世界经济健康发展。

首先，世界制造业发展和国际贸易都有自身规律，靠遏制他国发展保持领先地位，有违客观规律。世界制造业转移的原因：一是要素成本驱动；二是劳动力因素；三是资源环境压力。当三者都出现变化时，就会出现产业转移。世界制造业转移先后经历了四轮：第一轮在欧洲，第二轮转移到美国，第三轮转移到日本和“亚洲四小龙”国家，第四轮转移到中国和新兴市场经济体。目前，第五轮产业转移已经开始，从中国向东南亚、南亚、拉美等地区转移。

以美国钢铁行业为例，美国钢铁工人从之前的 77 万人到现在的 14 万人，一部分原因是钢铁产业向日本、“亚洲四小龙”和北美一些国家转移，另一部分原因是向国内服务业转移，是各产业之间的相互替代。有些人将这些现象的原因归结为中国“夺”走美国就业岗位和经济发展机会，是有失偏颇的。

国际贸易的实质，是市场需求与市场供给之间通过市场寻求匹配的过程，是跨国界的商品交换。美国居于全球价值链的中高端，对华出口多为资本品和中间品；中国居于中低端，对美出口多为消费品和最终产品。两国发挥各自比较优势，双边贸易呈互补关系。中国对美国出口的“高技术产品”，大多只是在华完成劳动密集型加工环节，包含大量关键零部件和中间产品的进口与国际转移价值。两国均从中美贸易中获益，美国的收益也是实实在在的，包括就业岗位、经济增长、消费者福利、经济结构升级等，而并没有所谓的“吃亏”。

因而美国能否保持现有国际地位，不在于他国的发展或超越，关键在美国自身。同样对中国来说，能否实现发展目标，关键也在自身。中国本来就是发展中国家，面临发展时间短，发展不充分、不平衡的问题。中美贸易摩擦让中国进一步认识到自身与美国等发达国家存在的差距，中国也在积极改变。《关于中美经贸摩擦的事实与中方立场》白皮书指出，中国坚定保护产权和知识产权，中国坚定保护外商在华合法权益，中国坚定深化改革、扩大开放。

其次，从世界范围和历史长期来看，人类对社会制度的探索永无止境，不同制度的交流恰恰有利于制度选择与更新。中国与西方政治制度不尽相同，这成为西方攻击、不满中国的原因之一。但换个角度看，是否该心平气和地看待中国的独特性及其对人类的贡献呢？

中国有5000年文明历史，有悠久文化。历史上西方借鉴了中国科举制度及一些理念，今天中国改革也借鉴了西方市场经济理念和有益经验。中国共产党执政下的中国解决了13.9亿人的吃穿住行问题，并致力于让民众过上更好生活。改革开放40年，中国使7亿多人摆脱贫困，占全球脱贫人口的76%。同时，中国改革进程没有止步，各方面取得的成绩显著。且中国依然是一个转型中的国家，从计划经济向市场经济体制转轨需要过程，政治文明也需要逐步实现。中国有巨大的人口基数及几千年封建制度历史，与美国国情基础非常不同，直接比较是不合适的。

进入21世纪，中国提出一系列理念和政策主张，包括设立亚投行、共建“一带一路”、构建人类命运共同体等，其出发点都是要与各国分享发展机遇，通过降低国家间壁垒、提升互联互通水平来实现共同发展、共享繁荣。中国不是要取代美国，而是要完善现有国际政治经济体制，推动经济全球化朝更开放、包容、平衡、共赢的方向发展。

最后，就中美关系而言，中美建交近40年来两国关系获得的进展、两国人民多年来结下的友谊、两国经济文化社会多方面合作与交融，值得珍惜。

中美正式建交以来，两国关系既有风和日丽，也有风吹浪打，一路走来非常不易。两国民众间的交流交往已常态化，两国经济已高度融合，两国文化互相影响。就中美两国而言，中美经贸关系已成为中美关系的“压舱石”。根据《关于中美经贸摩擦的事实与中方立场》白皮书，2017年中美双边货物贸易额达5837亿美元，是1979年建交时的233倍。美国是中国第二大服务贸易伙伴，中国是美国第三大服务出口市场，美国是中国服务贸易最大逆差来源地。截至2017年，美国累计在华设立外商投资企业约6.8万家，实际投资超过830亿美元，中国对美直接投资存量约670亿美元。彼得森研究所做了量化分析，如果中美两国能启动FTA（自由贸易协议）谈判，构建中美FTA，可使双方贸易额增加5000亿美元，可给美国带来480万人的就业。

中美两国GDP总量合计占全球的40%，制造业产值合计占全球的40%，人口合计占全球的25%，对外贸易合计占全球近25%。当前中美关系特别是经贸摩擦处理得如何，会成为影响两国经济发展乃至世界经济发展的一个非常大的变量。

未来中美关系回到正常轨道上，仍具备可能：一是元首引领的外交。自特朗普任总统以来，中美两国元首保持比较顺畅、友好的良性互动，总体基调正面。二是经贸关系直接影响两国各方面关系，最后双方还是要妥善处理这一问题。与此同时，我们也要认识到在全球产业布局下，贸易形态及产业形态都已发生变化，许多规则需调整、完善。三是美国应尊重新兴市场经济体和发展中国家的崛起，尊重这些国家人民的选择和他们走过的道路。四是从长远来看，两国普通民众间日益频繁深入的人文交流，就像一张巨大的网，使中美两国在各方面联系紧密，更像是无所不在的空气，维系着中美关系的健康生存。中美关系的根基，最终仍然是两国广大的民众。

因此，应像保护生命一样保护来之不易的中美关系，保护并增进两国人民间来之不易的了解、理解和信任。可以看到，中国依然保持着耐心和诚意，克制应对美国加码，力图引导中美关系向健康方向发展。这不是中国理屈，而是中国的大度与境界。《关于中美经贸摩擦的事实与中方立场》白皮书用事实说话、执正义论争、据规制辨析，向世界发出了更具逻辑性和系统性的中国声音。美国应幡然醒悟，即使不可能“放下屠刀立地成佛”，也必须悬崖勒马。中美两国仍应坚持共同演进、互利共赢，建立基于战略互信从而面向全球、面向未来的新型大国关系。

面对美战略转向为何不能闲庭信步

（《中国经济时报》，2018 年 7 月 18 日）

导语： 未来应从加强元首引领性外交、推进中美对话与交流、宣传中国正确主张、以经济为重心推进中美经济深度合作、推动下一代贸易方式——E 国际贸易发展等五方面积极推进中美关系健康发展。尽管中美关系几十年来总体上是向前发展的，但也充满了矛盾和问题，特朗普执政期间这种摩擦、博弈和竞争仍是常态，而特朗普如果听任鹰派主张将开弓之箭对准中国，使摩擦、博弈和竞争的振幅和烈度加大，是绝对不会有好结果的。

当前中美关系正站在一个十字路口，非常胶着、非常纠结、非常复杂，也非常敏感。中美关系早已超过双边意义，“中美关系到底向何处去”不仅关系美国和中国这两个全球第一、第二大经济体自身的安全与发展，也关系世界的和平繁荣与稳定。中国开启了习近平中国特色社会主义新时代，美国则开启了一个特朗普交易型政府的新时代。

而最近一段时间，美国战略转向、舆论转向，国际斗争的优先选项从反恐转向大国博弈与竞争，或者叫斗争与对抗。如何正确判断把握美国战略选择转向的实质，如何分析认识美国向中国、俄罗斯乃至全球发起进攻的深层次动因，是智慧处理与美国的关系特别是经贸关系的前提。

我认为，未来应从以下五个方面积极推进中美关系健康发展：

第一，继续坚持并加强元首引领性外交，这对稳定发展了中美关系至关重要。实践证明，习近平主席把住了中美关系的“缰绳”，主动作为并发挥了巨大作用，精心培育了元首引领性外交，使两国总体上保持了良性互动，是过去、现在和未来处理好中美关系最重要的方向盘和稳定器。特别是在美国战略转向的关键节点上，如何熄灭美国鹰派燃起的“怒与火”，使特朗普决策时，权衡利弊后选择与中国合作性博弈而不是对抗性博弈，元首引领性外交将继续发挥决定性作用。同时也应认识到，当一个国家非常贫穷的时候，当一个国家领袖还没有形成全球影响力的时候，没有哪个国家会把其当作竞争对手，因此当中国被全球最强大国家当作竞争对手的时候，这首先是中国和中国领袖的骄傲，说明中国正在强大，说明中国领袖具有越来越高的国际威信和影响力。

第二，继续推进中美对话与交流，利用好经过多年努力建立的与美国多层次、多渠道对话机制开展工作。特朗普执政一年多中美关系总体保持平稳，非常不容易，非常不简单。面对美国战略转向和行动，要继续保持平稳发展，并非靠中国单方面智慧就可以实现，必须保持顺畅的、良性的、常态化的各种渠道的交流对话。习近平主席与特朗普总统在2017年4月庄园会晤中明确提出四大对话机制应进入快速轨道，中方负责的国家领导人和部门非常明确，且始终在积极开展工作，美国也需要明确国家层面的主要牵头人和具体部门，保证对话的时效性、可操作性和落地能力。中美原来建立的92个对话机制也应恢复对话，还可以开辟新的对话渠道，没有对话的对战，只会“剪不断理还乱”，愈战愈乱，而没有赢家。

第三，上下动员组织一场世界范围的舆论战，积极宣传中国一系列正确主张。在舆论战中我们一定要占上风，因为我们是“得道者”，习近平主席提出的全球观、义利观、安全观等一系列全球治理的理念和主张，站在人类道德道义制高点上，不仅立得住脚，而且必将在未来产生更为广泛的影响。中国要做世界和平的建设者、全球发展的贡献者、国际秩序的贡献者，这是党的十九大报告提出的中国与世界相处之道。中国是这样说的，也是这样做的。我们一定要把习近平主席提出的一系列理论、理念、主张、倡议、方案推向全球，使人类命运共同体等先进理念，成为构建21世纪人类新文明的思想基础。应在全球范围全方位、多渠道、多方式开展工作，尤其是注重开展针对国际组织、区域次区域组织、主要经济体和感同身受国家的工作。应利用好重大国际会议和活动发声，举办中国外交年等重大活动进行讨论，积极组织智库专家和全球知名学者开展更为广泛而有效的工作。

第四，继续坚持以经济为重心推进中美经济深度合作，不使中美关系的“压舱石”松动。中美关系自建交后风雨兼程，总体上相向而行。现在美国社会包括美国总统认为，需要反思美国把中国培养成竞争对手的对华政策，可以肯定地说，这种反思真的是思“反”了。应该反思的恰恰是：为什么中美关系磕磕绊绊，而不是乘风破浪，在“你中有我、我中有你”的经济融合中获得共同利益？我认为，美国战略转向如果是加强与中国合作，构建更加紧密的战略合作伙伴关系，那才真正会使美国再次伟大，共商共建共享一定会给两国和世界带来福音。

——如果共同推进中美 FTA，可以给两国带来巨大发展空间。2013 年，中国国际经济交流中心和美国彼得森国际经济研究所都研究了如何推动中美 FTA 进程的问题。彼得森国际经济研究所 2014 年 1 月发布的研究成果认为，如果中美建成 FTA，中美贸易量会在原有的基础上增加 5000 亿美元。之前中美贸易已发展了 40 多年，2017 年贸易总额达到 5600 多亿美元，如果建成 FTA，未来贸易总额将超过 1 万亿美元，可以由此增加 480 万个就业岗位。

——如果共同加快完成中美 BIT 谈判，可以带来巨大发展空间。实际上，中美都需要对方企业的投资，应抓紧构建两国企业可预期的投资环境和制度保障。如果完成 BIT 谈判，中国企业赴美投资不仅会重回 2016 年 456 亿美元的规模，而且将保持两位数增长速度，不仅美国可以获得大量的资本，而且双方企业投资也可以获得制度性保障。中美 BIT 已经有过 29 轮谈判，基本条件已经具备，双方应在所形成的共识的基础上完成最终谈判。

——如果美国积极参与中国提出的“一带一路”建设，可以带来巨大发展空间。习近平主席 2013 年提出了“一带一路”重大倡议，持续产生了广泛、深刻、重大的国际影响，四年来得到了 80 多个国际组织响应，与 56 个国家签署了战略对接、规划对接的协议，与 40 多个国家签署了产能合作协议，与相关国家合作建设了 70 多个产业园区，形成了陆上、海上、天上、网上和冰上几个空间维度的丝绸之路建设格局。“一带一路”将成为世界经济发展史上通过共商、共建、共享实现共同发展、共同富裕的伟大实践，通过互联互通而非更加封闭的做法携手创造人类新文明的路径。中美应通过共同推进“一带一路”建设，把“一带一路”建设既作为全球的公共品，也作为中美合作的契合点。

第五，中美要面向未来做增量，特别是面向未来推动下一代贸易方式——E 国际贸易发展。有一篇文章说，特朗普正大踏步迈向 19 世纪，特朗普政府目前打贸易战的依据，既非 WTO 等国际规则，也非可以引领未来的探索尝试，而是严重过时、严重违背国际规则、严重损害被单边制裁国家利益、严重损害美国形象的不合时宜也不合理的条款。我认为，美国没有必要在即将“过去已去”的过时的贸易形态、贸易理念、贸易理论、贸易方式和贸易结构上纠结和斗争，就好比铆足了劲挥舞着拳头却不知道打谁，或者一旦落拳就一定会打错人。美国需要正视现在，面向未来，拥抱未来，因为“未来已来”。中国国际经济交流中心用两年多的时间进行了面向未来下一代贸易方式——E 国际贸易的研究，提出了发展“E 国际贸易”的理论体系和基础框架，并参加了 2017 年 WTO 组织的第 96 场专题讨论。如果尽快把美国数字贸易和中国跨境电商发展的优势结合起来，推动形成下一代贸易方式——E国际贸易，在增量上形成共识，就可以不必纠结于过去的存量中无法说清和无法分清的问题，而是面向未来，创造更加广阔的合作空间。

总之，今后的中美关系还会继续向前发展，尽管会有风吹浪打，也不能闲庭信步，但一定会绕过暗礁寻找到合适的路径，到达更加光明的彼岸。有一点也应该指出，尽管中美关系几十年总体上是向前发展的，但也充满了矛盾和问题，特朗普执政期间的这种摩擦、博弈和竞争仍是常态，而特朗普如果听任鹰派主张将开弓之箭对准中国，使摩擦、博弈和竞争的振幅和烈度加大，是绝对不会有好结果的。全世界都已经看到，中国正在努力倡导实现更好的国际关系特别是大国关系的智慧之道，使中美关系从整体上看是合作性的博弈、合作性的竞争，而不是对抗性的博弈与竞争，使全球更多的国家和地区共商共建共享发展之路与和平之路。中国是“得道者”，是包容者，也一定将是获胜者。敦促特朗普总统与其怂恿者三思而后行，要知道，处理中美关系，可不是像发推特一样可以“随便说说”的事情。

中美贸易摩擦的背后是美国对中国发展的战略恐惧

（《今日中国》，2018 年 4 月）

导语：美国发起“301 调查”，是美国战略转向在经贸领域的一种体现，未来中美两个大国之间的竞争和博弈将是常态。美国在“301 调查”报告中对中国的无端指责源自美国的战略焦虑，不仅针对中美贸易问题，更是要全面遏制中国现代化进程，全面围堵中国产业从中低端迈向中高端，针对的是未来 2050 年的中国宏伟蓝图。美国“301 调查”报告也是美国社会出现误判、误解和误区的表现，而不仅仅是美国政府。全球都要讲国际规则和国际秩序，既不能把一个国家的利益凌驾于全球利益之上，也不能把一个国家的国内规则凌驾于国际规则之上，更不能把一个国家的主观臆想凌驾于国际经济政治外交格局之上。

北京时间 2018 年 4 月 4 日凌晨，美国政府依据其“301 调查”单方认定结果，宣布将对原产于中国的 1300 余种进口商品加征 25% 的关税，涉及约 500 亿美元的中国对美出口额。对于美国这种无视国际贸易规则的单边行为，中国立即做出回应，当天下午宣布对原产于美国的大豆、汽车、化工品等 14 类 106 项商品加征 25% 的关税，涉及中国自美约 500 亿美元的进口额。4 月 6 日凌晨，美国总统特朗普发推文考虑再对 1000 亿美元的中国进口商品征税；中国随即表明态度，如果美国公布这新增 1000 亿美元征税产品清单，中方将毫不犹豫、立刻进行大力度反击。这起由美国挑起的贸易摩擦正呈现出不断升级的趋势，而这背后的动因和实质到底是什么呢？《今日中国》特约中国国际经济交流中心总经济师、执行局副主任陈文玲做出分析。

美国发起这场贸易摩擦，醉翁之意不在酒。这次贸易摩擦是美国战略转向在经贸领域的一种体现。最近美国出台的四五个报告，包括美国安全战略报告、核威胁报告、国情咨文等，其内容中非常突出的一点就是美国的战略转向。美国国家战略原来主要针对的问题，第一位是反恐，这个问题基本上在全世界形成共识，然后是半岛无核化，也就是朝鲜问题，还有伊朗无核化，并没有明确提出来把中国作为第一个打击遏制的对手。但现在美国连续出台的几个报告，都把中国列在了首位。中美两个大国的关系，会影响到全球政治经济外交格局，这种大国的博弈和激烈竞争将会成为一种常态。

一、无端指责源自战略焦虑

美国最近的“301 调查”报告已经在全球掀起了轩然大波。我们首先要认清它的实质，这是一个粗暴地干涉中国内政的调查报告。它把中国近些年所有重要文件都梳理了一遍，从习近平总书记的党的十九大报告，再到国家“十二五”“十三五”规划和“中国制造 2025”，国务院若干文件，还有发改委、工信部、各省的文件，行业协会的文件，甚至包括一些企业上市说明。正如我国驻 WTO 大使指出的一样，该报告完全是东拼西凑，基本上看不出逻辑关系。报告中论点论据非常混乱，有些论据甚至是错误的，论证也是错误的。中国的历次五年规划、政府工作报告、国务院文件等都是依法行使治理国家权力的方式，是中国的内政，美国没有权力跨过国际组织，对中国国内的执政方式和执政纲领，以及我国现在出台的若干合法文件横加指责。把一个国家的利益凌驾于国际规则之上，绝对是逆历史潮流而动的错误行径，我们应该认清“301 调查”报告错误的实质。

另外，从“301 调查”报告我们应该注意到美国的一个转向，也就是从单纯贸易问题转向全面遏制中国现代化进程，全面围堵中国产业从中低端迈向中高端，针对的是未来 2050 年的中国宏伟蓝图。我认为美国现在有点怕，它正在经历从战略疑虑到战略焦虑再到战略误判过程，直到随心所欲，自乱阵脚。

美国的焦虑也有其深层次的社会原因。从特朗普竞选一直到现在，美国社会始终处在混乱之中。中国高科技的发展、中国制造业的发展，这是美国最惧怕的。我国制造业产值按 2016 年数据占世界的 25.5%，美国则下降到 15% 多。我国改革开放初期，美国制造业产值占全球的 1/3 以上，“二战”时期美国制造业产值最高时占到世界的 50%。所以这样一个位置的变化，绝对不仅是 GDP 的变化、经济总量的变化，最重要的是制造能力的变化。我国制造业产值 2010 年超过美国，占全球的 19.8%，而美国下降到 19.4%。制造业意味着什么？意味着一个国家的根本，意味着军事生产能力，意味着国家经济持续繁荣的能力，因此我们说制造业是“强基之要”。当我国制造业在中低端的时候，美国还没有怎么惧怕，现在我国产业迈向中高端，在这个过程中国家出台了一系列引导产业迈向中高端的大政方针，引起美国很大的恐慌。

在我们和美国相关智库座谈时，他们提出，“中国制造2025”实际上是在用国家行为支持高技术产业发展，我说“对，那是肯定的”。美国也曾经以国家行为来支撑其高技术产业发展，克林顿时期的“信息高速公路”，是用国家行为支持信息产业发展，2011年美国保障先进制造业领导地位也是用国家行为保持制造业发展处在先进水平，特别是2014年加速先进制造业发展的联邦政府的文件，全都是在引导美国制造业迈向更高端。德国2011年出台的《德国2020高技术战略》，2013年9月提出的“工业制造4.0”，无一不是国家行为。日本也有机器人计划等。为什么唯有中国受到调查及指责，而且还加上惩罚，这完全没有道理。当然我们要清醒地认识到，我国制造业水平和美国现在还不在一个量级，美国制造业总体上在高端，它在世界上是第一梯队，中国目前总体上还在中低端，处在跟跑阶段，部分行业、产业、产品达到了并跑，而极少部分才是领跑，与美国相比，我们还有很大差距。中国是在靠自己努力走向国际市场，稳步地实现转型升级，这个过程还很长，美国提前下手，就是为了打乱我国制造业迈向中高端的进程。

二、美国社会的误解和误判

美国“301调查”报告也是美国社会出现误判、误解和误区的表现，而不仅仅是美国政府。我们在跟一些智库交流的时候，一些知名的智库专家提出来，“中国制造2025”是用国家行为来引导制造业发展，说中国有的部门文件提出要强迫美国企业向中国企业转让技术，特别是新能源汽车等。实际上中国政府并没有这样的文件。我国的企业在技术转让方面，付出了代价，进行了公平谈判。转让不转让是自愿的，是美国企业和中国企业进行平等的交易交换，这完全符合国际法，符合美国企业的利益，也符合中国企业的利益。

美国的战略误判还表现在，一些美国的智库学者、政府官员提出，美国推动中国走向开放道路，把中国引进WTO组织，有可能是做错了，培养出了自己的对手，现在中国强大了，成为对美国的威胁。这种反思在美国社会有相当大的市场，这是美国的社会舆论转向。而且特别突出的一点是，共和党、民主党在这一点上趋向一致。我觉得美国的社会舆论出现了很大误判，就是把中国看得比美国强大。美国有民意调查显示，很多人认为中国是世界上最强大的国家，而美国则排在第二位。我们也有学者的观点和美国提出的论调差不多，也有国际组织像世界银行和国际货币基金组织以购买力平价为依据，2014 年就评出中国是世界最大的经济体。这些都使美国社会产生了误判。实际上人民币在全球交易和支付结算中所占比例 2017 年仅为 1.23%，而美元是 62%，还没有可比性。

因此，我们要特别重视美国社会对中美经贸关系，中美国际地位、经济地位的误判，要引导大家认识到中国和美国的巨大差距。2017 年我在德国柏林中德经济对话当中也谈了这个观点。德国一些人也很惧怕，一些著名首席经济学家谈到“中国制造 2025”时，认为对德国产生了威胁。我们对中国现在的发展阶段必须要有清醒的认识，也要引导国际舆论向理性客观的方向发展。中国要付出极大的努力才能达到我们所设定的发展目标，实现党的十九大报告提出的目标，起码还要 30 多年时间，而且需要付出极大努力。

三、有理、有力的反击

特朗普入主白宫后，换将率是历届政府最高的，现在高达 35% 以上。白宫 150 个编制，现在仅有 60 个到位。此外，特朗普不用智库和专家，主流智库基本被排除在外，温和派和主和派基本上也都被排除了，只留了建制派中的鹰派。现在特朗普只用唯其是从、和自己气息一致的人。所以美国政府跟我国博弈的能力，目前来讲还是比较弱的。可以说特朗普政府正沿着错误的道路越走越远，一错再错。大方向的错误和选择对手的错误，将会导致美国在这场博弈战中的极大失败。

中国在这场博弈中，处于有理、有利、有节的地位。从各个方面看我国都是符合国际规则的，我国是“得道者”。当然也不能得理不让人，我国的谈判大门是敞开的，中国一直主张谈，但美国单方面不谈，所以才有了贸易摩擦。全球都要讲国际规则和国际秩序，不能把一个国家的利益凌驾在全球利益之上，也不能把一个国家的国内规则凌驾于国际规则之上，更不能把一个国家的主观臆想凌驾到国际经济政治外交格局之上。中国崛起是支持人类走文明和平发展道路最稳定的力量，美国现在倒成了一个最大的变量——特朗普的这种执政方式，让美国在世界政治经济外交和地缘格局等各个方面都成为一个最大的变量，而且它的方向错了，这会加快它在长周期中的衰败速度。

美国战略重点转向后，中国要有长期应对的思想准备，还要有战略准备，所以中国还要积极地做工作，争取打好持久战。与此同时，智库需要发挥更大作用。近日我到美国交流的最大体会就是，智库之间的沟通非常重要，智库只有面对面地交流沟通，才能解疑释惑，如果专家、学者、民间没有沟通，只是两个国家打来打去，既伤害了我们已经培养起来的中美之间的感情，也会使特朗普在错误道路上越走越远。

总之，现在是一个特殊的时期，这个特殊的时期不仅是全中国人民在关注，整个世界也在密切关注，中美关系已经超出了双边的意义，具有世界性的意义。中美和则世界兴，中美斗则世界乱，中美破则世界衰。

特朗普战略转向的实质究竟是什么
——与特朗普交易型政府必须算清的几笔账

（《人民论坛·学术前沿》，2018 年 4 月）

导语：①必须准确判断和把握美国战略转向，既要看清特朗普与历届美国总统执政目标实质相同，也要看透特朗普总统其人其事其执政特征；②特朗普撕掉了美国作为资本主义国家的传统价值观、美国总统是大资本代言人、正确处理国际关系原则、冷战结束后国际上处理大国关系政治正确这四张面纱；③特朗普政府使美国从倡导包容、开放、贸易和投资的自由化、便利化的旗手转向封闭、孤立、保守、民粹和超保护主义的打手；④特朗普是典型的非传统政治家、非建制派、非主流派、非精英派，其个人经历、个人风格烙印在执政中日益凸显；⑤必须跟特朗普和主战的鹰派算四笔账；⑥当前中美贸易战凸显出美同时对华遏制、打击和战略围堵的意图，将有损美国信用和国家形象；⑦处理中美关系应保持战略定力，坚持推动可持续、可预期、可接受的良性互动、理性互动和机制性互动，形成稳定、正向和具有引领作用的大国关系。

近一段时间，美国战略转向、舆论转向，国际斗争的优先选项从反恐转向大国博弈与竞争，或者叫斗争与对抗。如何正确判断把握美国战略选择转向的实质，如何分析认识美国向中国乃至全球发起贸易争端和进攻性行动的深层次动因，是智慧处理中美关系特别是中美经贸关系的前提。

一、必须准确判断和把握美国战略转向，既要看清特朗普与历届美国总统执政目标实质相同，也要看透特朗普总统其人其事其执政特征

特朗普总统原来是一个成功商人，是一个政治素人，也是一个性格乖戾的人。现在一年过去了，我给他一个总的判断，特朗普作为总统还是一个“半成品”。为

什么说他是一个“半成品”？因为他还没有完成从商人到政治家、到国家领袖的“生产制造”过程，仍在“生产制造”和“打磨”过程中。其实，特朗普执政一年多也在转型升级，他现在有的时候、某些场合的行为和讲话，包括他在国际社会上的亮相，与他竞选总统演讲的时候、与他当总统初期都有了很大的变化，变得越来越像政治家了，但只是像，还不是，所以我说他还只是一个“半成品”。

中国国际经济交流中心2018年1月8日与美国总商会进行“二轨”对话时，美方一位代表说，“特朗普是一个不常见的政治家，是一个不常见的总统，但他确实是美国总统，而且还会当三年，也许会连任，所以我们还是要了解特朗普、理解特朗普”。另一位美方代表说，“两个国家发生矛盾，当一个国家缺少智慧的时候，另一个有智慧的国家就应该运用智慧把实际成果展现给缺少智慧的国家，从而影响对方”。我理解他是在说：中国还是有智慧的，而美国现在缺少点智慧。从历史发展的长周期来看，美国处于整体上向下、中国处于整体上向上的历史大趋势中，尽管这个周期很长，但中国的发展与崛起已成为世界稳定发展的最大正能量，并将继续成为全球政治经济外交格局深刻调整与演化的重要变量。中国走出了一条独特而成功的道路，不仅没有得到世界第一大经济体和综合实力、国际竞争力最强的美国的充分尊重、理解与正确评价，反而被视为竞争对手、修正主义国家、经济侵略者，美国社会相当多的人产生了战略疑虑、战略焦虑、战略过虑和战略误判。特朗普当政和历届美国政府执政目标是一脉相承的，就是维护美国霸权，包括放大存量霸权和创造增量霸权，包括打压遏制潜在竞争对手。除此之外，特朗普与历届美国总统最大的区别有三点：

（一）特朗普使美国从软帝国主义、软实力、巧实力转向了交易型帝国主义和相信硬实力的现实主义

特朗普把美国曾经作为核心竞争力的很多软的东西变得更软了，甚至聊胜于无，他强调硬实力，强调现得利，强调美国利益至上。特朗普撕掉了美国一直忽悠世界的四张面纱。

一是撕掉了美国作为资本主义国家的传统价值观的面纱。从自由、民主、平等、博爱等美国所谓“普世价值观”的输出到放弃价值观的输出，转而在全世界赤裸裸地追求利益最大化，使美国政府成为交易型政府。英国皇家国际问题研究所主任罗宾·尼布利特在最近发表的《危险的新世界》中指出：“美国从一个虽不完美却仍热心的世界领导者向一个以自私为主的超级大国的变化加速了。特朗普用他的‘美

国第一'口号废除了美国的战后共识，即自由贸易和政治开放有利于所有参与者。"特朗普在他的推特上公开发文说，当一个国家在与其他国家做生意过程中损失了上万亿美元的时候，贸易战是好的，而且很容易取胜。特朗普这些做法和不加修饰的表达，逐渐使美国标榜的普世价值观和推崇的"自由灯塔"变得黯淡无光，美国民主制度的"样板"渐渐失去了"榜样的力量"。

二是撕掉了美国总统是大资本代言人的面纱。第 45 届美国总统直接由商人当政、由资本家当政、由利益集团当政，这和历届的美国总统都不一样。历届美国总统都是资本的代言人或某一个财团、利益群体的代言人，现在特朗普本身就是自己的代言人、大资本的代言人、利益集团的代言人。恢复化石能源、钢铁等是给传统产业的资本家代言，放松金融监管是给金融资本家代言，在世界各地挑起战争售卖军火是给军火商代言，特朗普直接成了资本代言人、利益代言人、商人代言人。美国人引以为自豪的"美国梦""美国主义"和曾经令西方世界向往的"山巅之城"在 21 世纪之初陷入分裂和对立的旋涡中，而特朗普不仅是美国社会分裂和对立的产物，也是导致美国社会分裂乃至全球更大不确定性的新动因。

三是撕掉了正确处理国际关系原则的面纱。特朗普放弃了美国所谓"全人类人权捍卫者"的角色，把世界变成了美国战略的演练场。例如，在亚太地区，利用朝核矛盾，把中国、韩国、日本、朝鲜、俄罗斯都装到战事纠纷里面，韩日朝争端的背后实质上是大国博弈，一下子就把半岛变成大国博弈的演练场，但当平昌冬奥会朝韩矛盾缓和后，特朗普又准备 5 月直接与金正恩会谈，想成为推动半岛和平的收割者。当然也不排除美国确实正在实行战略转向，与大国竞争博弈已经排在朝核问题之前。又如，特朗普重提"印太战略"，有意识地推进形成美日印澳同盟抗衡中国，提出要构建和中国"一带一路"相近的基础设施投资计划；利用中国台湾问题作为与中国角力的筹码，近日签署"台湾旅行法"和采取触碰中国底线的做法，无视中国的核心利益与关切。特朗普是政治素人，连美国作为幌子的处理国际问题的原则也不再提及，认准的只有一条，就是通过各种手段攫取最大利益。叙利亚战争打了 7 年，特朗普说已经打出去 7 万亿美元了，2017 年过去了，中东地区不是比过去好了，而是更坏了。但特朗普并没有纠错，而是又一次性发射 59 枚战斧导弹，不仅没有解决叙利亚问题，反而加剧了地区紧张局势和叙利亚危机，尽管近日特朗普发出准备从叙利亚撤出的言论，但叙利亚危机并没有结束。特朗普借机中东之行进行挑拨，使沙特阿拉伯等四个国家立即与卡塔尔断交。他在中东挑起新的争端，准备 3 年后把耶路撒冷作为以色列首都，设美国大使馆。他肆无忌惮，出手即乱，表面上没有章法，实际是用一种战略挑拨手段，用杠杆来撬动国际上的矛盾点，把矛盾点放大成一个个地缘政治、地缘经济的冲突面或者火药桶，放大成他认为对战略竞争对手的遏制，放大成美国乱中取胜、火中取栗的低成本、高收益。

四是撕掉了冷战结束后国际上处理大国关系政治正确的面纱。他直接向中国、俄罗斯宣战，并把美国的对手分成了三类，中俄排在第一类，朝鲜、伊朗为第二类，而反恐则从首要任务降为第三类。这里非常重要的是，他把战略重点从反恐转向与中、俄直接竞争与抗衡，而且将中国排在俄罗斯的前面。美国连续推出了《国家安全战略报告》《国情咨文报告》《核态势报告》《全球威胁安全报告》《2017—2018贸易评估报告》和美国总统首份经济报告等，特朗普还准备将来在处理国际关系的时候援引《国际紧急状态经济权利法》，这样就可以绕过国会直接处理国际上的问题，使他在处理国际关系上有更大的灵活度和权力。所以，实际上特朗普已经使美国从软帝国主义、软实力、巧实力变成了交易型的帝国主义和靠硬实力打击遏制对手发展的超现实主义，变成了世界秩序的破坏者、分裂者、挑拨者，矛盾和麻烦的制造者。当然，不光特朗普总统是这样的，历届美国总统也都存在这样的问题，实质相同，目标也相同。奥巴马时期虽然有战略收缩，有关核安全也和俄罗斯达成了相关协议，但是他的核心观点也是要维持美国霸权，他即将离任时在美国西点军校讲，在规则制定上不能让像中国这样的国家说了算，美国至少还要再领导世界100年。特朗普和奥巴马等总统的初衷以及目的是一致的，只不过做法不同而已。

（二）特朗普政府使美国从倡导包容、开放、贸易和投资的自由化、便利化的旗手转向封闭、孤立、保守、民粹和超保护主义的打手

在这个转变上特朗普比美国历届总统都突出，历届总统一直到奥巴马都可以说是开放型世界经济的引领者、建设者和推动者。1945年“二战”后建立了三大国际机构，美国起了主导作用，“二战”之后建立国际秩序，美国也起了主导作用。现在美国在开放型世界经济潮流中采取了封闭主义、孤立主义、保护主义、民粹主义，主要通过“经济战+”“贸易战+”“货币战+”“网络战+”，与外交、军事、文化等形成一体化战略布局，主观臆想成为藏在蚂蚁身后的大象，扮演吃亏者、受损者和遭受经济侵略者，以此向更多国家和地区提出更多利益诉求。

——或者向各国包括盟国直接要订单，通过订单获取利益。比如访问沙特阿拉伯获得订单1100亿美元；访问中国签署订单2500亿美元；印度仅预定美国第五代战机就有300架，一架价值1亿美元，共300亿美元；日本安倍晋三送货上门，要

在美投资1500亿美元，在基础设施领域投资4500亿美元；连越南总理到美国访问时特朗普都要大谈和越南的贸易逆差，直获越南80亿美元订单。所以，特朗普不是仅仅针对中国，而是跟世界上几乎所有国家都在做交易。与竞争对手做交易，与盟国也做交易，他要的首先是订单，是现实利益。

——或者对美国进口的商品高额征税。用早已经过时的国内条例，对与美国有顺差的国家进行单边制裁，征高额税收。通过“双反”和特殊保障措施，对进口商品高额征税，通过几十年前美国国内制定的早已过时的规制或制度条款如“301”“201”“232”和“337”等，对其他国家实行违背WTO原则的单边制裁。例如对普通铝合金卷调查，依据的是美国1930年制定的《关税法》，已经落后了近百年，对钢铁征税依据《1974年贸易法》，落后了44年。当时美国是世界钢铁生产大国，1973年钢铁产量达到峰值1.3亿吨，美国在几十年内把制造业转移到北美或亚太地区，本国不生产而又有需求，于是进口增加，顺差增大。2018年3月1日，特朗普宣布要对进口钢铁征收25%的关税，对进口铝征收10%的关税，之前还曾对进口汽车、洗衣机、工具箱等品类商品征收高额进口税。美国1/3的钢铁和近50%的铝靠进口，需要从110个国家（地区）进口钢铁，其中从中国进口的仅占2%，排在第11位。2017年1—9月，中国出口美国的钢铁占出口钢铁量的1%，钢材占0.1%，实际上数量是不大的，但是特朗普搞得挺热闹，而且变成一个全球行动。他身边的鹰派主张美国单独制裁中国，特朗普开始却没有选择单挑中国，而是在全球对所有与美国产生贸易顺差的国家进行高额征税，但势头咄咄逼人，且存在一定变数。近期这种变数已成为定数，矛头直指中国，钢铁和铝的贸易制裁已经排除了占进口量90%以上的8个国家和地区，依据“301调查”把高额征税扩大到中国涉及总额600亿美元的1300种商品。目前与美国有贸易顺差的国家和地区全球有101个，联合国组织有193个成员，还有2个观察员，其中一半以上国家对美国有贸易顺差。据有关研究机构测算，美国2018年如果一意孤行大打贸易战，将使全球市场贸易额暴跌40%。

——或者起用对华主战的鹰派人物，为开打经济战、贸易战、货币战、网络战和军事行动升级做准备，这是非常值得关注的动向。班农被踢出了白宫，满怀怒与火，曾经的政治盟友已分道扬镳，他们之间的对峙将会长期存在。但值得重视的是，特朗普刚刚起用了一批鹰派人物，美国国务院、中央情报局、经济委员会、国家安全顾问等安全、外交、经济领域决策层大换血，鹰派人员悉数上位。被边缘化一年的纳瓦罗直接任总统助理，负责贸易事务，他曾经推出《死于中国之手》《即将到来的中国战争》等非常极端的研究成果，把矛头对准了中国，特朗普竞选总统的时候，他提出对中国征收45%的关税、与中国打汇率战的主张。目前，美国主管贸易的“三驾马车”包括商务部长罗斯、美国总统助理兼贸易谈判办公室主任纳瓦罗和贸易谈判代表莱特希泽都是对华的强硬派，而对华强硬成为如今美国政治正确与否的新的衡量标准。最近，特朗普任命美国太平洋司令部司令哈里斯为澳大利亚的大使，哈里斯是军队中非常强硬的鹰派，对华主战。至此，特朗普政府决策层核心成员大部分已经换为鹰派，围绕在特朗普周围的不是学者和政策制定者中的鹰派，就是军队中的鹰派。国防部长等建制派军人、谋士和操盘手，大部分都持有冷战思维，至少是“凉战”思维，甚至连稍微温和一点的家人如女儿、女婿都被排除在决策核心圈之外。特朗普周围这些人的对华战略和政策主张，对美政治、军事、经济、外交会产生越来越大的影响，成为特朗普政府战略选择的主导力量。特朗普执政初期就任用了纳瓦罗，但是纳瓦罗与美国商务部部长矛盾非常突出，与财政部长的矛盾也很突出，被束之高阁和边缘化，现在又被特朗普请回来了，重新集结在更加激烈的、与大国竞争与博弈的队伍中。目前，在对华强硬的战略转向下，共和党、民主党中的鹰派重新集结，社会舆论正在转向。

——或者切断产业链、供应链、价值链的连接，退出多边组织。特朗普不仅退出 TPP、《巴黎协定》、联合国教科文组织，还声称准备退出联合国人权组织。美国重启北美自贸区谈判、美韩自贸区谈判、TTIP 谈判，将来如果不符合美国认为的“公平贸易”和“对等贸易”，也不排除退出 WTO。北美自由贸易区是世界最早的区域经济一体化组织，加拿大、墨西哥与美国经济已高度融合，也要重启谈判。令全球始料不及和难以理解的极端选择，是特朗普提出与邻居墨西哥“高筑墙”，要知道，美墨边界线长达 3218 千米。最近特朗普发布了修墙规划，未来十年要新建 500 千米，加固原有的 655 千米，这个墙要修 5 ~9 米高。2017 年 10 月 28 日我到德国参加了中德高级别经济学家对话，其间去参观了柏林墙。柏林墙当年修了 165. 5 千米，3. 3 米高，但是一夜之间就被冲垮了，现在仅剩下几千米供参观的涂鸦墙。世界上还有一个特别著名的墙叫巴以墙，就是巴勒斯坦和以色列之间修的墙，这个墙修了 360 千米，它的高度是 8 米。柏林墙一夜之间被冲垮，巴以墙也没有解决巴以矛盾。修墙的老祖宗是中国的秦始皇，但是他修墙是为了防御外部侵略，最后成了壮观的世界文化遗产。现在特朗普把修墙作为封闭、孤立、保护的一种手段，企图修墙对人员往来实行物理隔离，但修墙肯定隔离不了空气，隔离不了产业链、供应链、价值链，隔离不了人与人之间的正常交往，更隔离不了全世界的经济关系与日益紧密的联系。其实，修墙对于特朗普来说既无济于事，又浪费钱财，还引发了近邻国家的强烈不满，这种做法确实是比较蠢的。

（三）特朗普是典型的非传统政治家、非建制派、非主流派、非精英派，其个人经历、个人风格烙印在执政中日益凸显

与历届美国总统不同的特点，从他采取的行动看，可以概括为重商主义、霸权主义、实用主义、利己主义、保护主义五个“主义”。

绝对的重商主义。古典重商主义还有新古典重商主义只不过是经济学流派的名称，是专家、学者的学术观点，是供决策参考的经济理论主张。而特朗普在执政中的重商主义，则是由他商人出身所决定的，同时由于他头脑中缺少国际经济学、国际政治学、国际关系学等方面的基础知识，把经济利益放在一切利益之上，让自己成为“美利坚合众国有限责任公司”董事长，让政府成为交易型的政府，这是绝对的重商主义。当年里根任总统时经济政策采取货币供给学派主张，他用了足足两个月时间请专家教授讲授经济学，弄明白自己采取的经济政策的基本内涵。而特朗普没有，他用的是商人、军人和家人，用的是利益集团的负责人，用的是极端的鹰派，用的是随心所欲的“推特治国”。

绝对的霸权主义。美国霸权在特朗普执政后在强化，而不是在弱化。他的一系列举措，都是为了让美国“再次伟大”，让美国在世界上独领风骚，让美国通过霸权攫取更大利益。比如他提出美国要研究新的核武器，而且要扩大核武器的使用范围。不让别人进行核试验，而美国却在拥有最多最强核武、核导和最先进武器的情况下，仍要大力度加码，从全世界来看，核讹诈也不过如此。核讹诈无助于任何国家和地区无核化，反而将引发新一轮核军备竞赛，在这个意义上美国成了全球核不安全的源头。美国霸权主义也包括在全球布军，目前美国核潜艇 2/3 部署在亚太地区，而亚太地区本来是世界经济转移并发展的重心，而非战争的重地。

绝对的实用主义。美国总统是个“奇葩”，在跟你做交易的时候会做出各种姿态，包括跟安倍晋三的握手，那段握手的视频在微信群传播得很快；包括特朗普到中国来访问，表演得也很好，把小孙女读中国古诗的视频放给全中国人民看，表现出他对中国人民的友好。然而拿到了 2500 亿美元大订单后，回过头来马上制裁中国，这是绝对的实用主义。

还有利己主义、保护主义，把一个国家的利益凌驾在各国利益之上。这是特朗普现在执政的实质，我们在看他“表演”的时候，他一会儿“扮白脸”，一会儿“扮红脸”，但是都万变不离其宗。中国有川剧变脸，但是特朗普的变脸比川剧变脸

还来得快，他是一个“神人”，创造了美国历史上的“神话”。

客观地看，特朗普是美国历史上最勤奋的总统，发推特一年几千条，每出台一项新的规章或一项新的行政令，同时就会废除22项旧的建制派的行政命令和法规，他勤奋、讲效率，用企业家精神和效率治理国家。当然，他也是最张扬、最固执的总统，他率真、本真，像一个向风车宣战的“堂吉诃德”，向媒体宣战，向建制派宣战，向中俄宣战，向盟友宣战，他并不像政治家一样冠冕堂皇，用各种幌子和政治正确的外衣装饰自己，而是想怎么说就怎么说，想怎么做就怎么做。可以想见，如果没有美国政治上三权分立，没有已有的法治社会规则、规制、规范约束，没有社会舆论等软约束，也许任何“缰绳”都拴不住这头冲进瓷器店的大象。

但也必须看到，特朗普正在向人们认为的建制派政治家总统转型，他最近在联合国的演讲和“国情咨文”就一改常态。特朗普的劣势是商人，而他的优势恰恰也是商人，市场博弈使他成为最懂经济的总统。假如他的经济政策使美国经济真的振兴并加快发展了，他的若干弱点和缺陷将被美国社会、盟友乃至更多国家忽略不计，出现所谓“一俊遮百丑”的局面。现在美国一些媒体、精英开始转向，正视自己国家的总统，甚至一些媒体、智库专家说特朗普将成为美国历史上最伟大的总统。特朗普的民意支持率上升到42%，达到自己执政以来的历史高点。所以，我们对特朗普不能误判，不能看低，不能看俗，也不能看短，尤其是他在懂经济、敢作为、不服输、不惧战和直奔主题做工作方面，会有非常大的优势并发挥重要作用，尽管他仍会受到各种制约，但是激烈的博弈中特朗普日渐占据主动和上风已见端倪。

二、正因为特朗普总统懂经济，我们才必须跟特朗普和主战的鹰派算几笔账，纠正特朗普及其怂恿者的错误认识

（一）美国目前和今后一个时期在全球到底算老几?

特朗普一直说“美国第一”“美国优先”“让美国再次伟大”，这几乎成了美国当前制定战略与政策，采取不明智、不理智行动的源头。让人感觉好像美国早已经不行了，早就不是世界第一了，不是那么伟大或者强大了，在美国皮尤调查中心的民意调查中，认为世界上最强大国家是中国的竟然超过了是美国的比重，中国也有个别学者认为中国已经远超美国。世界上一些国际组织、机构、智库和学者也为此立论，诸如世界银行、IMF早在2014年就提出按照购买力平价计算中国GDP总量超过了美国的结论。美国、中国和整个世界真的有必要搞清楚，美国在世界上到底

算老几。从某种程度上看，这是美国战略转向正确与否的前提。

——从美元在全球地位来看，美元当前和今后几十年在全球仍处于霸权地位。美元在 SDR 篮子里占 47.1%，在全球外汇储备中占 63.5%，在大宗商品的贸易结算中占近 60%，全球以美元作为“锚货币”的国家占比从 1950 年的 30%、1980 年的 50% 发展到目前的 83%。美元在全球资本流量中的比重从 2008 年的 60% 上升到目前的 75%。从整体上看，美元霸权地位短期内是不可能被打破的，尽管人民币国际化的进程已经开启，但全球使用人民币的比重仅占全球货币交易总量的 1.12%，所以人民币和美元根本不在一个量级。从美元的霸权地位来说，美国仍然是世界第一，而且保持第一的时间不会太短。2011 年，在中国国际经济交流中心举办的全球智库峰会上，基辛格当时在发言中谈了一个观点，他说历史上美元替代英镑是一个漫长的过程，言外之意就是人民币替代美元也将是一个漫长的过程。所以，从美元的地位看，美国霸权地位短期内不会消失，在相当长的时期内仍然是世界第一，是世界的老大。当然，如果美国不能好自为之，想通过美元霸权一次次“剪”别人的“羊毛”，把全球经济秩序和金融秩序搅得稀巴烂，则必然加速美元被抛弃的进程。

——从经济总量特别是人均 GDP 来看，美国也将在相当长时期内保持世界第一。2017 年按照年均美元汇率换算，美国的 GDP 总量为 19.36 万亿美元，占全球 GDP 总量的 24%；中国的 GDP 总量为 12.2 万亿美元，占全球总量的 15%，是美国的 63.2%。假如按照中国未来年均增长 6%、美国年均增长 2% 计算，中国经济总规模与美国持平需要到 2035 年实现。美国现在在全球到底算老几？这不能靠感觉、错觉和幻觉，而要用数字说话。即使到 2035 年，中美两国经济总量持平的时候，根据中国最新的第六次人口普查数据，中国是 13.7 亿人，而美国目前是 3.2 亿人，按人均 GDP 算中国与美国还有 4 倍多的差距。世界银行最新推出衡量国家财富的计算方法，衡量标准从总量变成人均，这将是未来国际比较统计方式改革的一个趋势，计算一个国家到底是不是一个强国，是不是一个富国，只算总量肯定不行，一定要算人均拥有量。如果按人均计算，中国至少还需要 50 年以上才有可能和当前美国人均 GDP 持平，更何况，美国经济总量和人均拥有量肯定还会增加。

——从科技和教育来看，尤其是高科技产业，美国目前和今后一个时期总体上也排在世界第一位。美国会聚了全球 70% 以上的诺贝尔奖获得者，世界科学研究前沿大约八成来自美国，在世界 500 强科学研究机构 2015 年度排名中，美国有 198 所大学和科研机构被列入，前 10 名研究机构中有 9 所来自美国。全球十大科技顶尖级公司，美国占据了 8 家，美国拥有全球顶尖级的实验室，在航空航天、信息技术、医学技术、军事工业等领域，雄踞世界之首。在全球的前沿领域中，美国在 143 个前沿领域都有核心论文入选，且在 108 个前沿领域的核心论文数排在第一位。“二战”以前，英国人和德国人获诺贝尔自然科学奖最多，“二战”后美国几乎垄断了自然科学的奖项。

——从制造业发展水平来看，美国制造业水平总体上处于中高端，创新能力排在世界第一位。尽管中国制造业产值从 2010 年开始超过美国，居全球第一位，目前占世界制造业产值 25% 以上，一些领域从跟跑到并跑，个别领域甚至领跑，但从总体上看，还处于从产业中低端向中高端转型升级的进程之中，如果说全球制造业分为四级梯队，第一梯队仍是以美国为主导的全球科技创新中心；第二梯队是高端制造领域，包括欧盟、日本；第三梯队是中低端制造领域，中国在整体上是从中低端迈向中高端的第三梯队；第四梯队主要是单一的资源输出国。

——从军事实力来看，美国还会在相当长时期内居世界第一。2018 年，美国军费超过 7000 亿美元，占全球军费的 1/3，而中国军费仅有美国的 1/4，美国每年军费支出规模比世界前 10 名国家中其他 9 个国家的总支出还要大。美国出售军事武器量绝对世界第一，占全球武器售卖量的 34%，销往 98 个国家和地区。

当然，美国还有很多方面是世界第一，如跨国公司的数量世界第一，国际知名品牌世界第一，互联网根服务器和服务能力世界第一。所以，让美国第一、让美国再次强大本身就是一个伪命题，美国在世界上纵横捭阖，近几十年制造和参与战争付出了十几万亿美元的代价，美国国内贫富悬殊，美国社会心理损伤严重，但从根本上看不出需要“让美国再次强大和重回世界第一”的问题。美国的根本问题不是来自外部的竞争博弈和威胁，而是美国国内的分裂和日益显性化的社会矛盾。中国更不会对美国构成威胁，当代中国、刚刚从站起来到富起来的中国是美国发展的助力，而不是阻力，除了常识性的中美经济日益融合、“你中有我、我中有你”外，习近平主席的胸襟与在处理中美关系上始终保持的耐力、定力和主动塑造能力，是保持中美关系总体平稳的决定性因素。特朗普现在战略转向，过早地、过快地、过分地把中国作为战略竞争者和遏制对象，真的是选错了时代、选错了对手、选错了方向、选错了方法，也选错了竞技场。中国经济总量上确实在稳步上升，但是从经济总量和人均水平上看，中国与美国的差距至少分别还有 17 年、50 年；中国的影响力和国际威信也确实在上升，但始终主动地向美国和一切国家学习，与世界各国和地区修好，维护新型经济全球化，维护多边体制，与更多的国家、地区共同构建人类命运共同体。所以，在这个背景下，把中国当成阻力和打击对象，不仅无法分享中国发展、中国倡议和互联互通带来的机遇和收益，无法把中国释放的能量变成中美两国共同享用、共同获益的机遇，也无法发挥和放大美国自身的优势和影响力，反而影响了美国的整体利益。需要特别指出的是，中国经过党的十九大和刚刚召开的“两会”，确立了全球最强大的领导集体，以习近平同志为核心的党中央具有丰富的执政经验和国际斗争能力，且会保持相当长时期的稳定性，特朗普总统如果把中国作为对手进行角力或搏杀，胜算几乎为零。

（二）在中美经贸关系上，美国到底是受损者还是获利者？

这个账也需要和特朗普总统算一下。怎么看、怎么算美国都是获利者，而非受损者。特朗普总统认为美国受损最大的是什么呢？是挂在嘴边的贸易逆差。但是我认为，贸易逆差恰恰是美国的收益而不是付出。因为国际货币体系从 1971 年布雷顿森林体系瓦解之时，美元就成了信用货币，不再与黄金挂钩，美元本质上就是一张纸，就是国家信用支持下的一个货币符号，这张纸币不管面额多大，其成本都只有 4 美分，美国用一张张纸币购买了大量的实物商品，实际上从哪个国家进口多，就从哪个国家获益多。在这个意义上，美国从中国获益最多，因为中国对美出口的贸易顺差占了美国贸易逆差的 40% 以上。实质上是中国用低价格、大量的实物商品支撑了美国的高消费、高福利、低成本、低价格、低通胀，这本来是对美国巨大的贡献，但却成了被谴责、被制裁、被索要利益的口实，这不仅滑天下之大稽，上演了新时代“农夫与蛇”的故事，也损害了美国正在和继续获得的巨大利益及美国人民的福利。

还应该指出，美国次贷风波引发全球金融危机之后，中国当时出手救市投入了 4 万亿元，虽然至今仍遭受非议，但是恰恰是那个时候的 4 万亿元投资使中国在金融危机之后成为世界经济增长的“火车头”，使世界没有出现 1929 年大危机式的经济塌陷，给了美国休养生息的时间，经过 10 年的长周期才让美国喘过气来。如果没有中国的贡献，就没有现在世界经济的复苏，就没有美国经济的复苏。当然，中国投资的 4 万亿元，一部分变成了长时期对中国经济社会起支撑作用的东西，如高铁和互联网等高技术含量的基础设施，另一部分则加剧了钢铁等产能过剩，这些问题成为中国供给侧结构性改革的重点和难点，加大了自身发展付出的代价和成本。而中国出口到美国市场的钢铁不及美国进口钢铁的 2%，不及中国钢铁产能的 1%。对于中国的政策，对于中国正在努力解决的国内问题，美国应因中国对美国、对世界的贡献和付出而心怀感激才对，起码应该理解和正确评价，因为美国确确实实是受益者，而不是受损者。

另外，中国购买美国国债1.3万亿美元，实质上是美国用低成本卖出了美国国债，满足了美国经济发展需要的大量资本。美联储的债务总额从2008年的8700亿美元发展到目前的4.5万亿美元，其中中国购买了1.3万亿美元，接近30%。中国和日本等国家用外汇储备购买的美国国债支撑了美国低成本的、可长周期使用的资金池，使美国在资本充裕的情况下实现经济复苏和经济低成本发展，这也是对美国的巨大贡献。中国企业对美国的直接投资，也帮助美国经济加快了复苏，从2004年到2016年中国对美投资725亿美元，2015年投资150亿美元，2016年上升到456亿美元，到2017年，由于美国加大安全审查力度，中国企业对美投资大幅度下降了76.8%，其中高技术领域投资下降80%。2018年伊始，美国否决蚂蚁金服等9家中国企业在美投资或并购，美国的安全审查把中国企业投资看作豺狼虎豹，对其打压、抵制或阻碍。可以说，这方面美国也没算清账。比如，针对美国基础设施投资需求，2012—2013年中国国际经济交流中心与彼得森研究所共同研究过，到2022年美国基础设施投资缺口是3.6万亿美元。特朗普最近发布美国预算，未来需要的基础设施投资总额为1.5万亿美元，而美国联邦政府仅能投资2000亿美元，其他资金要靠地方政府和社会融资。而美国将投资能力最强的中国企业拒之门外，是不是也没有算清楚账？

（三）到底是美国负天下人，还是天下人负美国？

现在美国总统觉得世界各国几乎都对不起他，那么到底是美国对不起大家还是大家对不起美国，这个问题只有从更长一段时间看，才能说得更清楚。从历史上看，美国之所以成为最强的国家，而且长期保持第一，我认为是美国占尽了世界的便宜，而非美国吃了大亏。

第一，美元霸权，美元把信用货币做成了结算货币，做成了储备货币，做成了直接交易的货币，赚了全世界的钱，赚了世界的实物商品，还一次一次地“剪羊毛”，美元是占了世界的大便宜。1971年，尼克松总统单方面宣布废止美元与黄金挂钩、废止各国货币与美元挂钩，导致布雷顿森林体系瓦解，这实际上是美国对全世界最大的一次爽约，在世界货币体系演化中，美国爽约的后遗症至今无法治愈。

第二，2008年美国爆发金融危机是从国内次贷风波开始的，这个危机放大到全球，引发了全球的金融危机，美国是肇事者。全球金融资产从1980年的12.1万亿美元扩张到2007年的265万亿美元，占世界GDP比重从109%上升到331%。美国金融衍生品则从2002年的106万美元上升到2008年的531万亿美元。美国通过印钞权印发了大量钞票，实行四轮量化宽松货币政策，利用美元在全球仍具有的准国际货币地位，逐渐转移了国内危机并消解了膨胀起来的巨额虚拟衍生品，但是欧洲债务危机、发展中国家经济危机此起彼伏，世界近10年从来没有消停过。实际上，美国应该对引发的国际金融危机和世界经济低迷负起责任，但它却“金蝉脱壳”了。

第三，美国制造的地区危机包括局部战争，比如叙利亚、伊拉克、“两伊”战争，导致了国家分裂，导致了难民潮。难民流到欧洲，欧洲出问题，流到什么地方，什么地方出问题，难民危机成了世界性的危机。2015年，由于叙利亚危机等，全球一年就新增难民6000万人，德国采取了开放的难民政策，几年涌入几百万难民，甚至导致默克尔执政中遇到空前难题和批评。一些国家产生的难民问题的肇事者是美国，而美国却拒绝难民进入。

第四，美国原来是国际贸易投资、国际秩序的缔造者、引领者、建设者，现在则开始走向反面，退出联合国教科文组织，退出《巴黎协定》，扬言如果达不到美国要求就准备退出WTO，再退可能就该直接退出联合国了。所以可以看出，美国把自己亲手缔造的组织、主导或倡议的精神、经过几十年努力建立的国际规制与秩序，把曾经引领性的正确主张、原则和对多边具有引领性的约束放弃了。就这一点来说，如果全世界秩序和规制发生颠覆性的变化，真正的修正主义是美国，而不是中国。

（四）中美经贸如果产生对抗性博弈，到底谁会伤得更重？到底谁会输不起？

现在中美之间的博弈，最终的关键不是看谁赢得起，而是看谁输得起。经贸领域的博弈从来不可能单向度获益，而是两败俱伤，从长远看、从整体看、从战略看，一定是美国输不起，也会是美国伤得更重。长期困扰美国的一系列社会痼疾不可能靠贸易战解决，这样做只能是火上浇油。

一是美国联邦债务将会继续增加。奥巴马就任时，美国联邦债务10.6万亿美元，2014年11月突破18万亿美元，美国人均债务为56250美元，目前美国联邦债务高达21万亿美元。特朗普继续大力举债，增加军费、增加基础设施投资等都需要钱，仅减税一项初步测算就将增加支出1.4万亿美元。奥巴马政府两度关门，特朗普政府2017年也遭遇了关门的危机，贸易争端的结果只能是增加美国的高债务风险。

二是中美两个大国一旦开始贸易战，将危及国际经济秩序和贸易秩序。现在中国和美国的贸易总量占全球的25%左右，经济总量占全球的40%左右，人口总量占23%左右，在SDR篮子里面，美元和人民币合计占到52%。中美合则两利，斗则双输，中美各项经济指标合起来占全球这么大的比重，真的是大到不能破，大到不能倒，大到不能对抗和任性。中美合则世界稳，中美斗则世界乱，中美破则世界衰。如果中美发生对抗性博弈，特朗普单挑中国，真正打起贸易战来，一定是美国伤得更重，一定是美国由于扰乱了全球正常的贸易秩序而受到国际社会反对。

三是中国不会俯首帖耳，一定会采取有效措施进行反制。过往的实践证明，中国不愿打贸易战，但也不怕打贸易战，愿意主动化解矛盾，但也绝不会坐以待毙，指望中国不进行反制简直是天方夜谭，美国的非理性保护主义终将“搬起石头砸自己的脚”。回顾美国原来采取的贸易保护主义，主要是限制高科技的产品出口，结果倒逼了中国高科技产业加快发展。假如说美国当初对此采取开放态度，中国将会成为其高科技产品的巨大市场，而我们自己很多高科技产业和产品可能就发展不起来，进而会产生严重的路径依赖。恰恰是因为美国对中国的封闭政策，倒逼中国奋发努力，中国才实现了科技上的一个又一个突破。现在美国挥舞“301调查”大棒欲打断中国制造业迈向中高端的步伐，遏制高技术产业发展，不仅不可能阻挡中国前进，反而会逐步抵消或减弱美国的科技竞争力。特别重要的是，美国有很多大宗商品的主要出口市场在中国，包括飞机，未来到2030年的订单是2000架，包括大豆、粮食、牛肉等农产品，也包括一些高技术产品。中国是美国出口商品增长速度最快的国家，如果失去了中国这个巨大的市场，对美国的出口将造成重创。特朗普在中国访问签订了2500亿美元订单，如果贸易战真的开打，而且单挑中国，中国也一定会终止其中的订单。当然，中国也会有损失，但是随着“一带一路”建设的推进，随着中国与周边国家、欧洲和非洲等地区国家经济关系日益紧密，逐步形成了全球市场多元化的布局，我们不会在贸易上因为缺少了美国而走上绝路，而美国则会因为缺少了中国而受到重创。

四是美国会因此大幅度降低国际威信。美国的做法对国际贸易规制和贸易理论产生了颠覆性破坏。2018年2月，美国耶鲁大学经济学家斯蒂芬·罗奇在《如何输掉一场贸易战》中指出，贸易战使美国处于不利地位并破坏国际秩序稳定，贸易战中不存在制胜战略，作为一个法治国家，美国很难在一个以规制为基础的全球贸易体系之外行动。持这种观点的有识之士在美国不在少数，美国的主流智库、知名经济学家、45家行业组织、众多企业家都对特朗普发出了忠告。从目前来看并预测未来，特朗普把贸易战当作一场全球性大买卖、讨价还价的博弈场，决定了贸易摩擦将是持久战和常态化问题。对美国贸易战持坚决反对态度的所有国家、国际组织的作用与规则，都无法拉回这匹已经出轨、准备大战一场的“野马”。欧盟国家中的德国，亚洲国家韩国、日本，北美的加拿大、墨西哥对贸易战的反应比中国更加激烈，假如美国贸易战大棒抡向102个对美国有顺差的国家，世界范围的经济大战硝烟弥漫之时，也是美国斯文扫地之日。

三、处理中美关系应保持战略定力，坚持推动可持续、可预期、可接受的良性互动、理性互动和机制性互动，形成稳定、正向和具有引领作用的大国关系

面对美国特朗普总统在鹰派推动下的战略转向，面对美国社会沉渣泛起的恐中、排中、抑中言论与行为，一方面，中国应继续保持战略定力、战略耐力、战略谋划能力与战略反制能力；另一方面，必须积极主动诠释中国主张，坚决捍卫中国合法权益和全球正常的公平、公正、可持续的经济秩序，晓之以据，晓之以理，晓之于天下。必须一改在一些情况下我们有理也不说、有理也不主动说、有理也不敢说、有理也不会说的状态，政府部门、国家智库、专家学者、企业家和人民群众应在国际新形势下拧成一股绳，遵照习近平主席提出的理论、理念和要求，上下一条心，打一场反对经济战、贸易战、货币战和网络战的舆论战，与国际上反对经济战的所有力量形成合力，使“得道者多助，失道者寡助”。推动国际环境朝着有利于我国和各国和平发展的方向前行，将此作为一次难得的化挑战为塑造中国软实力与话语权的重大机遇，提升民族自信心、自豪感和自强感，提升中国进入习近平中国特色社会主义新时代的国际影响力、国内动员力和行动力。除此之外，未来应从以下五个方面积极推进中美关系健康发展：

第一，继续推进中美对话与交流，利用好经过多年努力建立的与美国多层次、多渠道对话机制开展工作。特朗普执政一年多中美关系总体保持平稳，非常不容易，非常不简单。面对美国战略转向和行动，如何继续保持平稳发展，不是靠中国单方面智慧就能解决的问题，必须保持顺畅的、良性的、常态化的各种渠道进行交流对话。习近平主席与特朗普总统在2017年4月庄园会晤中明确的四大对话机制应进入快速轨道，中方负责的国家领导人和部门非常明确，始终在积极工作，美国也需要明确国家层面的主要牵头人和具体部门负责人，保证对话的时效性、操作性和落地能力。中美原来建立的92个对话机制也应恢复，还可以开辟新的对话渠道，中方不

能被动等待召唤，而应创造条件和渠道开展深入交流与对话，没有对话的对战，只会愈战愈乱，没有赢家。

第二，继续坚持并加强元首引领性的外交，这对稳定发展中美关系至关重要。实践证明，习近平主席把住了中美关系的“缰绳”，主动作为并发挥了巨大作用，精心培育了元首引领性外交。特朗普总统对习主席是尊敬的，两国元首总体上保持了良性互动，这是过去、现在和未来处理好中美关系最重要的方向盘和稳定器。特别是在美国战略转向的关键节点上，如何熄灭美国鹰派燃起的“怒与火”，使特朗普决策时不敢太任性，不敢也不愿破坏与习近平主席建立的信任与友谊，权衡利弊后选择与中国合作性博弈而不是对抗性博弈，元首引领性外交将继续发挥决定性作用。同时也应认识到，当一个国家非常贫穷的时候，当一个国家领袖还没有形成全球影响力的时候，没有哪个国家会把其作为竞争对手，而当前中国被全球最强大国家作为竞争对手，这首先是中国和中国领袖的骄傲，说明中国正在强大，说明中国领袖具有越来越高的国际威信和影响力。因为特朗普基本放弃了智库、温和派官员和主流媒体的建言，所以元首引领性外交当前尤为重要，直接做特朗普的工作，可以起到各种方法都难以企及的巨大作用。应使特朗普及鹰派明白，中国进入中国特色社会主义新时代，首要任务仍然是做好自己，并不想与任何国家争第一。虽然中国未来的蓝图已经绘就，但是如果美国执意挑起事端，如果经济战阻碍了中国前行的进程，中国的反制也将成为中国战略转向的首选，中国决不允许任何国家、任何个人破坏中国经济社会发展的进程，决不允许破坏占全球人口 1/5 的人民追求更美好生活和幸福的选择与权利。

第三，上下动员打一场世界范围的舆论战，积极宣传中国一系列正确主张。在舆论战上我们一定要占上风，因为我们是“得道者”，习近平主席提出的全球观、义利观、安全观等一系列全球治理的理念和主张，站在了人类道德、道义制高点上，不仅立得住脚，而且必将在未来产生更为广泛的影响。中国要做世界和平的建设者、全球发展的贡献者、国际秩序的贡献者，这是党的十九大报告提出的中国与世界的相处之道。中国是这样说的，也是这样做的，我们一定要把习近平主席提出的一系列中国理论、理念、主张、倡议、方案推向全球，使人类命运共同体等先进理念成为构建 21 世纪人类新文明的思想基础。应在全球范围全方位、多渠道、多方式开展工作，尤其是注重开展针对国际组织、区域次区域组织、主要经济体和感同身受国家的工作。应利用好重大国际会议和活动发声，举办中国外交年等重大活动进行讨论，积极组织智库专家和全球知名学者开展更为广泛而有效的工作。

第四，继续坚持以经济为重心推进中美经济深度合作，使中美关系的“压舱石”不松动。中美关系自建交后风雨兼程，总体上相向而行。现在美国社会包括美国总统认为，需要反思美国把中国培养成竞争对手的对华政策，可以肯定地说，这种反思真的是思“反”了。应该反思的恰恰是：为什么中美关系磕磕绊绊，而不是乘风破浪，在“你中有我、我中有你”的经济融合中获得共同利益？我认为，美国战略转向如果是加强与中国合作，构建更加紧密的战略合作伙伴关系，那才真正会使美国再次伟大，共商共建共享一定会给两国和世界带来福音。

——如果共同推进中美 FTA，可以给两国带来巨大发展空间。2013 年，中国国际经济交流中心和美国彼得森国际经济研究所都研究了如何推动中美 FTA 进程的问题。彼得森国际经济研究所 2014 年 1 月发布的研究成果认为，如果中美建成 FTA，中美贸易量会在原有的基础上增加 5000 亿美元。之前中美贸易已发展了 40 多年，2017 年贸易总额达到 5600 多亿美元，如果建成 FTA，未来贸易总额将超过 1 万亿美元，可以由此增加 480 个就业岗位。

——如果共同加快完成中美 BIT 谈判，可以带来巨大发展空间。实际上，中美都需要对方企业的投资，应抓紧构建两国企业可预期的投资环境和制度保障。如果完成 BIT 谈判，中国企业赴美投资不仅会重回 2016 年 456 亿美元的规模，而且将保持两位数增长速度，不仅美国可以获得大量的资本，而且双方企业投资也可以获得制度性保障。中美 BIT 已经有过 29 轮谈判，基本条件已经具备，双方应在所形成的共识的基础上完成最终谈判。

——如果美国积极参与中国提出的“一带一路”建设，可以带来巨大发展空间。习近平主席 2013 年提出了“一带一路”重大倡议，持续产生了广泛且重大的国际影响，与 86 个国际组织和国家签署了 101 个合作文件，与 40 多个国家签署了产能合作协议，与相关国家合作建设了 75 个经贸合作园区，形成了陆上、海上、天上、网上和冰上几个空间维度的丝绸之路建设格局。“一带一路”将成为世界经济发展史上通过共商、共建、共享实现共同发展、共同富裕的伟大实践，通过互联互通而非更加封闭的做法携手创造人类新文明的路径。中美应通过共同推进“一带一路”建设，把“一带一路”建设既作为全球的公共品，也作为中美合作的契合点。

第五，中美要面向未来做增量，特别是面向未来推动下一代贸易方式——E 国际贸易发展。有一篇文章说，特朗普正大踏步迈向 19 世纪，特朗普政府目前打贸易战的依据，既非 WTO 等国际规制，也非可以引领未来的探索尝试，而是严重过时、严重违背国际规制、严重损害被单边制裁国家利益、严重损害美国形象的不合时宜也不合理的条款。我认为，美国没有必要在即将“过去已去”的过时的贸易形态、贸易理念、贸易理论、贸易方式和贸易结构上纠结和斗争，就好比铆足了劲挥舞着拳头却不知道打谁，或者一旦落拳就一定会打错人。美国需要正视现在，面向未来，拥抱未来，因为“未来已来”。中国国际经济交流中心用两年多的时间进行了面向未来下一代贸易方式——E 国际贸易的研究，提出了发展“E 国际贸易”的理论体系和基础框架，并参加了 2017 年 WTO 组织的第 96 场专题讨论。如果尽快把美国数字贸易和中国跨境电商发展的优势结合起来，推动形成下一代贸易方式——E 国际贸易，在增量上形成共识，就可以不必纠结于过去的存量中无法说清和无法分清的问题，而是面向未来，创造更加广阔的合作空间。

总之，今后的中美关系还会继续向前发展，尽管会有风吹浪打，也不能闲庭信步，但一定会绕过暗礁寻找到合适的路径，到达更加光明的彼岸。有一点也应该指出，尽管中美关系几十年总体上是向前发展的，但也充满了矛盾和也问题，特朗普执政期间的这种摩擦、博弈和竞争仍是常态，而特朗普如果听任鹰派主张将开弓之箭对准中国，使摩擦、博弈和竞争的振幅和烈度加大，是绝对不会有好结果的。全世界都已经看到，中国正在努力创造更好的国际关系特别是大国关系，使中美关系从整体上看是合作性的博弈、合作性的竞争，而不是对抗性的博弈与竞争，使全球更多的国家和地区共商共建共享发展之路与和平之路。中国是“得道者”，是包容者，也一定将是获胜者。敦促特朗普总统及其怂恿者三思而后行，立即终止已大错特错的行动，不要再犯新的错误。要知道，处理中美关系，可不是像发推特一样可以“随便说说”的事情。

推动中美两国迈向新型战略合作伙伴关系

——基于中美两国“一带一路”合作的视角

（《全球化》，2018 年 1 月）

摘要：美国对“一带一路”的态度朝着正面积极的方向转变，这是构建稳定、可持续的中美关系的重要契机。中美双方应共同尊重各自的重大利益和关切，共同扩大“一带一路”框架性下中美合作的存量，创造增量，寻找更多的利益交汇点和战略交汇点，推动中美关系沿着正确方向持续向前发展，更多地造福两国人民和世界人民。中国需要积极化解美国有关方面对“一带一路”建设的重大关切和疑虑，构建可持续的新型中美战略合作伙伴关系，把“一带一路”建设成为中美超越双边对抗性博弈的新平台和新路径，构建面向新时代更可持续、更包容的新型中美合作关系。

关键词：“一带一路”；中美关系；战略合作伙伴；新时代

习近平总书记在党的十九大报告中对中国特色社会主义新时代进行了全面战略部署，明确提出要积极发展全球伙伴关系，扩大同各国的利益交汇点，推进大国协调和合作，构建总体稳定、均衡发展的大国关系框架；以“一带一路”建设为重点，推动形成全面开放新格局。“一带一路”中美合作有可能成为新型大国关系合作的重要抓手。应该看到，美国总统特朗普执政后对中国“一带一路”倡议的态度与奥巴马政府时期相比有了转变，这为中美“一带一路”合作创造了可能性和可行性，这种新共识是“一带一路”中美合作的思想基础。面向未来，中美双方应共同尊重各自的重大利益和关切，共同扩大“一带一路”框架性下中美合作的存量，创造增量，寻找更多的利益交汇点和战略交汇点，推动中美关系沿着正确方向持续向前发展，更多地造福两国人民和世界人民。

一、总体看美国对“一带一路”的态度朝积极方向转变，这是构建稳定、可持续中美关系的重要契机

2013 年习近平总书记提出“一带一路”倡议以来，美国各界展开了广泛的讨论与研判。奥巴马政府时期，由于对中国提出的“一带一路”倡议缺乏必要的了解，美国各界总体上持消极观望和抵制怀疑态度，美国主流媒体把“一带一路”视为中国版“马歇尔计划”，是中国应对美国重返亚太和“亚太再平衡”战略的一种应激反应，认为中国试图建立周边经济联系以谋求在欧亚大陆的地缘政治利益，构建一个“去美国化”的欧亚地缘战略格局。尽管美国商界对“一带一路”倡议可能带来的投资机会有所关注，但总体看，积极回应的声音是比较微弱的。

特朗普就任美国总统后，美国内外政策开始调整，中美关系出现新的发展契机。2016 年 11 月，特朗普总统的安全和外交事务顾问詹姆斯·伍尔西公开撰文称，美国应支持中国在全球事务中寻求更大发言权，奥巴马政府反对中国倡导建立亚投行是一个“战略性”错误，希望特朗普政府对“一带一路”做出“热烈得多”的回应。2017 年 5 月 11 日，美国商务部长罗斯在美中贸易“百日计划”成果简报会上宣布美方将派代表参加“一带一路”国际合作高峰论坛。之后特朗普总统助理、白宫国安会亚洲事务高级主任波廷杰率团出席了 2017 年 5 月 14 日召开的“一带一路”国际合作高峰论坛并在会上表示，美国公司准备参与“一带一路”项目，美国驻华大使馆和美国公司组成了美国“一带一路”工作组，参与“一带一路”倡议下的合作。这是“一带一路”倡议提出以来，美国官方给予的最为积极的回应。2017 年 6 月 22 日，美国总统特朗普在会见首轮中美外交安全对话的中方代表时，首次表达了美国愿意就“一带一路”的基础设施项目与中国合作的态度。可以看出，特朗普执政后美国对“一带一路”的态度出现了从消极观望到开始合作的转变。

美国对“一带一路”的态度转变“耐人寻味”，却也在“情理之中”，原因主要有以下几点：一是“一带一路”已在全球获得广泛认同。“一带一路”倡议自提出以来，已得到全球 100 多个国家和国际组织的响应，各方表达了强烈的参与意愿，并已经收获了不少早期成果，而美国迟迟没有回应。以亚投行为例，奥巴马政府“抵制”亚投行，时任美国财政部长的雅各布以亚投行达不到管理和贷款方面的所谓“全球最高标准”等为借口，多次劝说其盟友不要加入这一机制，但英国、德

国、法国、韩国、澳大利亚等国选择成为亚投行的创始成员国，此后加拿大也申请加入了亚投行。随着“一带一路”建设不断向纵深推进，各方参与热情越来越高，特别是2017年5月在北京举行的“一带一路”国际合作高峰论坛得到全球众多国际组织、国家的积极响应，美国的态度也是顺应了这种全球性共识与期待。二是美国开始认识到中美在“一带一路”框架下存在广泛的共同利益。“一带一路”以基础设施建设为抓手，带动贸易、投资、资金和人员的流动与流通。这一倡议所覆盖的人口、经济规模以及大规模投资带来的商机，是作为全球最大经济体的美国难以拒绝的。中美除了在基础设施建设、科技创新、环保、生物科技、医药卫生等领域有着巨大的合作空间，还可以携手在“一带一路”沿线国家等第三方市场共同开发和合作。三是“一带一路”可能成为世界最大的区域经济合作平台和新型经济全球化的动力。经济全球化是不以人的意志为转移的客观历史进程，现代信息技术和科技革命使得全球经济呈现出新的跨国界、多边化、多元化、多样化和网络化的连接状态。当美国越来越呈现出贸易保护主义倾向甚至挑战全球贸易规则时，中国却成为经济和贸易全球化的有力支持者、建设者与引领者。“一带一路”以政策沟通、设施联通、贸易畅通、资金融通、民心相通为合作重点，致力于将欧亚大陆分散、断裂和割裂的资源、生产、服务和消费连接起来，推动全球各国更加合理地在全球范围内配置资源和要素，融入并共享全球产业链、供应链和价值链。可见，“一带一路”将成为新型全球化的动力和载体，为全球包容增长、共享增长与可持续增长和平衡发展提供新机遇，这也是包括美国在内的某个单一国家无法阻挡的。四是美国国内政治经济环境变化也促使美国态度发生转变。特朗普是作为反建制、反精英、反主流价值观的代表走上历史舞台的，是美国国内经济、社会、政党内部矛盾冲突加剧的结果。美国要真正实现使“美国再次伟大”的目标，肯定绕不开与全球第二大经济体中国的合作。“一带一路”框架下中美合作的前景广阔，随着“一带一路”深入推进，美国对“一带一路”倡议的战略意图疑虑下降，也促使美国态度发生重大变化。五是中美两国元首会晤是美国对“一带一路”倡议的态度转变的关键原因。中美两国元首均意识到中美双方合作是唯一正确选择，均有推动双方在“一带一路”框架下合作的意愿。中国国家主席习近平亲自展开卓有成效的对美工作，与特朗普建立顺畅的对话沟通机制，是当前中美关系向好的决定性因素。习近平主席在2017年4月对美国进行访问期间，同美国总统特朗普达成了多项共识，成果丰硕，美国派代表参加“一带一路”国际合作高峰论坛是中美经济合作“百日计划”的早期收获成果之一。

美国态度转变有着重要的意义，也是发展长期、稳定、可持续中美关系的重要契机。作为世界最大的发达国家，美国对“一带一路”倡议的态度转变说明美国已认识到这一倡议的重要性与可行性，将对世界上一大批国家和地区参与“一带一路”建设产生重大影响，预示着“一带一路”合作将会更加深入发展。从全球治理角度看，美国态度转变也说明中国方案和中国倡议得到认可，中国的全球领导力正在上升。

二、应有针对性地积极化解美国有关方面对“一带一路”建设的重大关切和疑虑

尽管特朗普执政后美国对“一带一路”倡议的态度开始朝积极方向转变，但美国各界对“一带一路”的战略意图、目标以及“一带一路”对中美关系的影响尚未形成清晰的认识，各种疑虑并没有消除，我们应予以关注和重视。

（一）对地缘政治的过分关注影响了美国对“一带一路”的整体看法

美国曾经是现有国际关系、国际秩序和国际规则的缔造者、制定者及支持者。近年来，随着以中国为代表的发展中国家和新兴经济体实力上升，以美国为代表的西方发达国家实力相对下降，从根本上改变了世界力量格局，国际秩序和全球治理规则进入了新旧规则的转换期、动荡期、调整期，美国国内产生了严重的“战略焦虑症”和“不适应症”。一些人认为中国崛起、中国方案和中国倡议正在挑战美国建立的现有世界秩序，过分强调中美战略竞争的一面。美国诸多关于中国“一带一路”倡议的文章都将重心放在分析中国提出“一带一路”倡议的战略意图和所谓的“真正动机”上，这种思维表现出作为长期主导国际秩序的发达国家美国对崛起大国中国的担忧。尽管中国不断强调“一带一路”不是中国的“独奏”，而是“大合唱”，并邀请美国等国家参与，但美国各界仍普遍关注“一带一路”的地缘政治意图，认为“一带一路”是中国的地缘战略，是中国谋求欧亚霸权的重要举措。

目前美国政府、智库及学者对“一带一路”的战略意图和目标主要有以下几种误判：一是认为“一带一路”倡议将重构欧亚大陆地缘政治战略格局，旨在建立中国主导的霸权地位，试图建立“以中国为中心”“去美国化”的世界秩序，这也是美国一些人最担忧的。二是从经济层面认为“一带一路”试图重构欧亚大陆这一全球最大的经济市场。认为“一带一路”倡议的实施将摆脱以美元为基础的全球金融

体系，有孤立美国的企图。三是认为“一带一路”是对美国“亚太再平衡”战略的一种回应。中国谋求战略上的“西向”，旨在打破美国的战略包围，还可作为扩大中国海外军事存在的借口。此外，还有一些分析认为“一带一路”可以提高中国的能源、粮食安全和海上通道安全，破解所谓的“马六甲困境”，解决中国的产能过剩问题。

可以看出，尽管美国一些学者如康纳对中国提出的“一带一路”给予了高度评价，写出《超级版图》等著作，认为互联互通将改写世界版图，将给全球带来巨大的好处，但美国社会对中国“一带一路”倡议总体上还缺乏正确认识。对于美国对“一带一路”倡议的战略焦虑与不适，我们应予以理解、关注并及时化解。

（二）美国智库与专家对“一带一路”面临的风险和可持续发展能力表示担忧

在美国看来，尽管“一带一路”愿景与行动令人振奋，中国政府也为此采取了切实的行动，但该倡议能否顺利推进和实现可持续发展还面临诸多挑战和风险。美国的一些研究指出，由于中国机构缺乏审查项目可行性的相关经验，中国投资的“一带一路”项目投资风险很大，如中国缅甸的密松水电站项目和波兰高速公路项目等。中国对国外文化和其他国家政治利益的不敏感也引起了美国对“一带一路”倡议可持续发展能力的担忧。在美国看来，“一带一路”涉及的中东、中亚和南亚地区民族和宗教问题复杂，一些国家存在政局不稳的内患，这些都会对“一带一路”建设构成现实挑战，如“一带一路”旗舰项目中巴经济走廊穿过了印度和巴基斯坦领土争议地区，存在较大的政治风险和安全风险。此外，美国对“一带一路”倡议可持续发展能力的担忧部分还来自中美两国政治、经济、国家与社会关系的差异，美国普遍认为，“一带一路”代表了一种国家主导的经济管理模式，中国对“一带一路”相关国家的政治声誉投资和担保可能会妨碍这些脆弱国家的经济发展。这是一种经济实用主义，也使我们面临着较大的政治风险。

（三）美国学界和智库仍习惯用战略竞争思维来审视中国“一带一路”倡议的影响

“一带一路”重大倡议自提出以来，在国际上得到越来越多的积极响应和广泛支持。到目前为止，中国已经与74个国家和国际组织签署了“一带一路”合作文件，并收获了一批早期成果，这说明“一带一路”倡议具有很强的可行性。随着“一带一路”建设的深入推进，美国国内对“一带一路”的认识不断深化，希望美国积极回应并参与“一带一路”倡议的呼声增加。尽管如此，美国学界和智库仍有一些人用战略竞争思维审视“一带一路”倡议，认为“一带一路”倡议对美国产生的消极影响大于积极影响，挑战大于机遇。关于“一带一路”对美国产生的消极影响和挑战，美国学界和智库的担忧集中表现在三个方面：一是认为“一带一路”将依托亚投行和丝路基金等机制挑战美国长期主导的国际经济金融体系。二是认为“一带一路”有可能重构欧亚大陆地缘政治版图，将挑战美国建立的现有国际秩序，与美国形成战略竞争态势。三是认为“一带一路”若成功将有利于中国发展模式挑战西方发展模式及价值观。当前，美国国内有关中美关系零和博弈的思维根深蒂固，我们的舆论宣传和政策解释工作还有待加强，从战略竞争视角看待中国倡议和方案的思想和看法将长期存在，对此我们要有清醒的认识。

（四）美国州和地方政府、商界对中国的绿色发展、劳工标准和环境标准等存在疑虑

对于参与“一带一路”项目，美国州和地方政府、企业界人士比联邦政府更为积极。在中国驻旧金山总领馆举行的2017年国庆招待会上，加利福尼亚州州长布朗表示，加州愿响应中国“一带一路”倡议。布朗在2017年6月访华期间就曾表示，加州高度赞赏并愿积极参加共建“一带一路”项目，期待加强同中国在经贸投资、清洁技术、低碳环保等领域的合作，推进人文交流等。2017年4月，美国花旗银行从中国银行得到了一张总价值30亿美元的合同，帮助在“一带一路”沿线地区开设分支机构。美国国际开发署贸易与监管改革办公室高级顾问吴嘉在2017年10月2日举行的中美投资研讨会上表示，过去几年来“一带一路”建设推进速度很快，超出了许多美国人的预期。美国商界，特别是运输、物流、能源、服务等领域的企业非常渴望参与“一带一路”项目。不过，美国学界对中国“一带一路”项目的开放度、标准等仍存在疑虑。美国的一些分析报告指出，过去中国的一些经济政策名义上是“双赢”的，但实际执行过程中的利益分配条款和标准均对中国有利，因而对“一带一路”的互利共赢目标表示担忧。此外，由于缺乏企业“走出去”的第三方评估机制，个别企业在海外进行掠夺式经营、破坏当地生态环境、不尊重当地宗教文化信仰，使美国等西方国家对“一带一路”建设的绿色发展、环境标准、劳工标准等产生了疑虑。

三、构建长周期、可持续的新型中美战略合作伙伴关系，把“一带一路”建设作为中美超越双边对抗性博弈的新平台

当前，美国对“一带一路”倡议态度正朝着积极方向转变，美国的这种态度在一定程度上取决于“一带一路”自身的发展以及中美关系如何发展。作为全球第二、第一大经济体，中美关系直接关系到全球经济乃至世界的和平与稳定。中美两国在“一带一路”建设中存在诸多利益交汇点，双方可以超越竞争，在多领域寻求合作。

（一）构建面向新时代更可持续、更包容的新型中美合作关系

中美关系是当前世界最重要的双边关系，作为世界第二、第一大经济体，中美两国之间的关系和合作，不仅会对两国产生影响，对全世界都会产生巨大的影响，两国和平相处、合作共赢是两国人民之福，也是世界各国人民之幸。随着中国国家实力和国际影响力的持续上升，美国对中国相对优势的逐渐缩小，中美关系发展进入新的历史阶段，突出表现为中美关系之间的结构性矛盾日益凸显：一是中美权力结构性矛盾与战略竞争增强。2010 年，中国超越日本成为世界第二大经济体，成为全世界实力最接近美国的国家，中国国家综合实力以及国际影响力日益增强，客观上形成了在世界经济、政治、文化以及地区影响力方面同美国与欧洲的竞争局面。美国认为中国对美国长期国际体系主导地位形成了挑战，特别是美国特朗普总统上任后，提出和实施了诸如“美国优先”、制造业回迁、退出跨太平洋伙伴关系协定（TPP）等政策措施。与此同时，中国表现出对于经济全球化的坚定信心，提出了“一带一路”倡议，成为经济全球化的旗手，这种实力结构对比下，中美在全球领导力方面的竞争更加显性化。二是中美在国际体系结构性变迁中制度竞争加强。国际制度是国际体系运行的规范化表征和工具性保障，当国际体系的权力结构发生改变时，国际制度与治理体系也要求变革转型。随着以中国为代表的新兴国家的群体性崛起，旧的规则、制度和体系的弊端日益凸显，2008 年金融危机的爆发更是凸显了当前全球治理体系的不足，全球治理体系进入改革调整阶段。此外，为更好地实现与其他国家之间的合作共赢，在现有国际体系框架下，中国根据发展需要提出了“一带一路”倡议和亚投行等国际治理机制，客观上形成了中美之间的制度竞争。三是中美战略互疑加深。随着当代国际体系转型进程的逐步深入，在中美两国之间的结构性矛盾不断上升的条件下，中美之间战略互信的缺失将使中美关系发展面临

更加复杂的困难和挑战，中美关系不稳定性因素增加。当前，中国的最大担心是美国试图阻挠中国的现代化，阻止中国成为世界强国；而美国的最大恐惧则是一个巨大且“去美国化”的中国以及中国主导的世界秩序。

随着中美结构性矛盾日益凸显，有关中美“修昔底德陷阱”和中美关系担忧的声音不绝于耳。我认为，对于中美关系的担忧以及社会上出现的关于中美是否会陷入“修昔底德陷阱”的疑问，不能简单地套用历史上一些大国关系的演化路径。中美贸易规模已经达到5580亿美元，两国人员往来每年约有500万人，这种联系的强度，是历史上以往大国之间所没有过的，两国共同利益远大于分歧，这是中美两国关系的正向效应。中美在资源、市场、资金、技术等方面具有很强的互补性，开展合作是两国市场主体优化资源配置的自发选择。中美共同面临贫困、恐怖主义、环境、核安全、跨国犯罪、传染病流行等诸多全球性问题，需要携手合作才能解决。越来越多的事实证明，中美两国合作是世界人民之福，两国对抗则是世界人民之祸。正如习近平主席所指出的，“中美两国关系好，不仅对两国和两国人民有利，对世界也有利。我们有一千条理由把中美关系搞好，没有一条理由把中美关系搞坏，合作是中美两国唯一正确的选择。”

目前，中美关系是“你中有我，我中有你，一荣俱荣，一损俱损”。未来中美两个大国的关系取决于两国之间相互交融的程度，取决于民意，更取决于决策者的态度。双方决策者应具有这种化干戈为玉帛的胸襟与能力，这是保持中美两个大国关系走向的决定性因素。当前中美双方领导人均意识到合作是中美关系的唯一正确选择，致力于超越零和博弈，规避更大的地缘政治和经济风险。2017年4月，习近平主席在美国佛罗里达州海湖庄园同美国总统特朗普进行了积极而富有成果的会晤，进一步稳固了中美关系大局，为新时期两国关系发展指明了方向。2017年11月，美国总统特朗普对中国进行国事访问期间，中美两国元首进行了深入交流，达成了多方面共识，进一步明确中美关系走合作共赢之路的新定位，推动了“一带一路”中美合作和中美关系正常稳定发展。据统计，美国总统特朗普访华期间中美两国企业共签署合作项目34个，金额达2535亿美元，广泛涉及“一带一路”建设、能源、化工、环保、文化、医药、基础设施、智慧城市等领域。在当前和今后一段时期内，我们应着眼于“一带一路”中美合作，找准两国之间的利益交汇点，找准两国共同开发第三方市场的合作基点，找准并兼顾各自的重大关切和重大利益，扩大中美合作领域、空间和利益，使中美关系能在一个长周期内稳定、稳步发展，逐步形成面向新时代、有利于两国乃至世界的新型大国合作关系，建立更加稳定、可持续、更具包容性、具备更长周期的中美关系。

（二）“一带一路”框架下中美合作的主要领域

鉴于“一带一路”在中国经济外交政策中的核心地位以及中美关系对国际体系的重要性，“一带一路”倡议在任何情况下都应被视为加强两国之间合作的重要平台与路径。

中美关系有竞争的一面，更有可以合作的一面。2016 年，美国与中国的双边贸易额已经达到 5196 亿美元，同年双边的投资存量额也增长到 1700 亿美元。在过去的 10 年中，美国向中国的出口年均增长了 11%，而中国对美国的出口年均增长了 6.6%。根据荣鼎集团和美中关系全国委员会发布的《中美双边投资研究项目报告》，2016 年中国在美国当年投资超过 460 亿美元，约为 2015 年的 3 倍；与此同时，美国对中国的直接投资并无明显增长。实际上，中美两国的经济具有很强的互补性，如果能够展开合作，将会实现经济的有力增长。特朗普提出“美国优先”“美国第一”，“一带一路”框架下的中美合作可以增加美国产品对中国的出口，可以吸引中国资金到美国投资建厂，帮助美国重振制造业和增加就业。让美国再次强大的新美国梦与中华民族伟大复兴的中国梦是相通相融的，中美完全可以在诸多领域展开合作。

第一，基础设施领域。特朗普政府正在制订投资超过 1 万亿美元的基础设施计划，据美国土木工程师学会预计，美国基础设施的实际投资需求是 4.5 万亿美元。中国在基础设施“硬件”建设方面拥有丰富的经验，而美国在人力资源、能力建设、治理改革等“软件”建设方面具有优势，中美两国在基础设施建设方面具有巨大的合作空间。

第二，制造业领域。美国高端制造业遍布全球，但缺乏完整的上下游产业链。中国拥有 39 个工业大类、191 个中类、525 个小类，已成为全世界制造业体系最完善的国家。中美两国制造业完全可以互补，重构产业链，形成优势互补的产业链体系。

第三，创新领域。美国在高科技、管理、治理等方面具有创新优势，在产学研结合、产品检验、规划和企业管理方面经验丰富；中国移动互联网发展迅速，拥有资金优势，两者结合可以实现互利共赢。此外，中美在环保、服务业、医药卫生、生物科技、文化等领域的互补性也很强。

第四，共同合作开发第三方市场。和中国相比，美国与不少沿线国家更有历史渊源，熟悉当地情况，具有丰富的人脉、运营和管理经验，中美可以携手开拓沿线国家等第三方市场，培育新的经济增长点，实现中美产业融合和发展。

第五，全球公共领域。当前全球化趋势不可逆转，然而全球性问题不断凸显，贫困、贫富差距、全球治理、恐怖主义威胁、核武器扩散、极地、空间等问题成为中国、美国乃至整个人类社会普遍面临的难题，这是任何一个单一国家都无法解决的。在“一带一路”框架下，中美在反恐、网络、极地、深海、太空等全球公共领域具有广阔的合作空间和前景，有利于解决人类共同面临的问题和挑战，符合中美双方的共同利益，如果能够以合作思维发挥“一带一路”中美合作的合力，“一带一路”将真正成为全球公共品，成为改善全球治理的新平台。

四、相关建议

“一带一路”建设是中国进入中国特色社会主义新时代、回应国际社会关切、体现中国立场主张、加快开放发展的总战略。美国加入“一带一路”建设不仅符合中国利益，也符合美国利益。要更好地促进美国对中国提出的“一带一路”倡议的理解和支持，争取找到双方更多的利益结合点。

（一）发挥元首外交对两国关系的战略引领作用

目前，“一带一路”的国际影响力正在持续扩大，中美关系基本平稳，以特朗普总统为代表的美国政府对“一带一路”的态度正朝着积极方向转变，这是加强中美在“一带一路”框架下合作的重要契机。因此，应继续发挥元首外交对两国关系的战略引领作用，把“一带一路”中美合作作为中国特色社会主义新时代探索处理中美关系的突破口与切入点，扩大中美合作领域，拓展中美合作空间和利益，推动建立更可持续、更加包容的新型中美合作关系。

“一带一路”是中美合作的重要平台，应争取早日签订“一带一路”中美战略合作框架协议，明确“一带一路”中美合作的方向、重点和路径，明确协议落实的时间表和路线图，建立中美务实推进“一带一路”建设的长效工作机制。这将直接关系到“一带一路”框架下中美的合作，直接关系到“一带一路”的长远可持续发展，直接关系到中美关系大局。

当然，我们也要注意到美国国内对中国的战略焦虑和疑虑，对特朗普政府的外交政策不应报以过高的期望，需积极做好转化工作，顺势而为。

（二）高度重视并清晰表明我国对美国参与“一带一路”建设持开放的态度

作为全球前两大经济体，中国提出的“一带一路”必然会受到中美关系的影响。从推进“一带一路”建设的大局来看，维持中美关系稳定，避免发生大起大落的动荡，仍然是中国对美外交的主题。“一带一路”是一个面向全球开放、包容的大平台，符合新型全球化发展的内在要求，已在国际上获得了广泛的支持，此后的顺利推进在很大程度上取决于自身如何发展。因此，我们要保持战略定力，坚定不移、有序推进“一带一路”建设，把着力点放在解决中国经济自身的发展问题，以及与相关国家进一步对接的共同利益上。对于美国参与“一带一路”建设的基本态度是，既要保持开放也要保持战略定力，不急不躁，这应是我们处理“一带一路”中美关系的一种自信与风范。我们欢迎美国超越意识形态和零和博弈思维的影响，积极参与“一带一路”建设，但没有必要让渡更多的自身利益去获得美国对“一带一路”建设的参与，也不能使美国产生错觉，认为中国可以不惜一切代价寻求中美在“一带一路”框架下的合作。

（三）建立中美合作与沟通对话机制，动态回应美国各界的关切与疑虑

随着“一带一路”建设的推进，美国各界对“一带一路”的态度、关切和疑虑不断变化，应多维度建立推进中美合作与沟通对话的机制，动态回应美国各界对“一带一路”的重大关切与疑虑。一是在“中美全面经济对话”机制下设立“一带一路”对话论坛。加强与特朗普政府进行“一带一路”政策沟通，不断提升其支持和参与“一带一路”建设的政治意愿。二是设立中美“一带一路”智库交流合作平台。当前美国对中国“一带一路”倡议的负面看法和错误解读部分来自智库和学界，因此，应加强中美双方的政策沟通与信息共享，加强中美智库之间的交流和合作研究，共同诠释“一带一路”的理念、战略意图、目标和共同愿景，共同回答“一带一路”建设过程中的重大关切与疑虑。三是建立中美省州合作平台机制。地方交流是推动美国对接“一带一路”倡议的良好方式。地方政府能实实在在地看到“一带一路”下中美合作的巨大空间，应从地方政府层面出发，逐渐改变美国社会对“一带一路”的整体认识。四是完善与美国商会、商界等民间力量的沟通对话机制。商界、企业家、从业者是中美经贸合作的先锋。商人对机遇与风险有着比学者更敏锐的嗅觉。与政客和智库不同，美国企业界有着务实、创新的传统，少有政治和意识形态禁忌。因此，应注重加大与美国商会、相关美国企业等民间力量的沟通，

为美国企业参与“一带一路”建设打造更便利的“接口”。

（四）加强中美之间的战略对接工作

随着美国政府对“一带一路”态度的转变，中美“一带一路”合作开始进入务实阶段，应加强研究“一带一路”与美国的各种对接工作。一是加强研究中美之间的战略对接。近年来美国提出并推动了一些地区经济一体化方案，如“新丝绸之路”“印太经济走廊”“亚太全面能源伙伴计划”“湄公河下游倡议”等，应抓紧研究“一带一路”与美国战略的契合点，形成相向而行的战略选择。二是加强研究相关规划对接。在战略对接基础上，根据求同存异、权责明确、分布有序原则，抓紧深入研究区分中美之间的竞争领域和合作领域，建立识别这些领域的机制，在此基础上优先研究编制中美共同利益领域如基础设施、能源、科技、文化等领域的专项规划，明确落实规划的时间表和路线图。三是加强研究重大项目对接。尽快落实《中美合作推进“一带一路”项目调研》首份中美合作协议，同时，应尽快满足美国地方政府、商界参与“一带一路”建设的愿望，形成一批中美“一带一路”建设重点项目和优先推进项目，争取早日收获成果。四是加强服务能力的对接。应充分利用美国一流跨国公司在管理、技术、标准等方面的服务优势，与我国的产业链、基建、资金优势强强联合，共同开发拓展第三方市场。五是加强研究智力对接。大力支持中国智库与美国智库、学者、研究机构在“一带一路”框架下的深度合作，加强中美智库在项目调研及学术研究领域的交流与合作，推进各界对“一带一路”倡议、“百日计划”等重要议题形成正确认识，加强智库合作研究，为美国政策及商界对接“一带一路”倡议、寻求互利共赢提供智力支持。

（五）用增量思维来主动塑造和创新中美关系新格局

尽管中美关系被普遍认为竞争与合作并存，不过中美政府均意识到合作是中美关系的唯一正确选择，并致力于超越零和博弈。应通过扩大中美合作领域和空间以应对竞争领域日益激烈的竞争，并将中美经贸关系“压舱石”效应拓展到第三方市场，共同培育新的经济增长点，用增量思维来主动塑造中美关系，为“一带一路”创造宽松的外部空间。E 国际贸易是代表未来发展方向的下一代贸易方式和新兴贸易业态，中国目前具备先发优势，应将 E 国际贸易作为推动中美合作的重要工作，摈弃传统贸易中你输我赢的零和博弈，共同塑造引领未来全球经济发展的新规则。探索中美基础设施合作方式，可以通过投资、相互持股或将中国持有的美国国债转化为可投资的资金从而形成对美巨大的投资能力，逐步减少在美资产的风险。探索解决美对华贸易逆差的新思路，选取食品加工等在美国有综合成本优势的产业先行先试，双方共同推进“中国品牌＋美国代工＋返销中国”模式，破解中美贸易逆差难题。找准共同开放第三方市场的合作基点，培育中美合作新的经济增长点，实现中美产业和发展的融合。

（本文由陈文玲和颜少君共同撰写）

中美能否真正超越“修昔底德陷阱”

（《明报》，2017 年 11 月 13 日）

导语：①未来中美两个大国的关系取决于决策者，取决于民意，也取决于两国之间相互交融的关系；②习近平主席对中美关系的判断，推动了中美关系朝着一个可预期、可持续、良性互动的方向发展；③在美国采取贸易保护主义、孤立主义、封闭主义的情况下，中国反其道而行之，是经济全球化的推动者、建设者，甚至可以成为引领者；④超越“修昔底德陷阱”的更好的中美关系，既对中美两国有利，也给予了全世界、全人类、未来的历史最正面的回答。

“修昔底德陷阱”，是指古希腊著名的历史学家修昔底德对公元前 431 年到公元前 404 年斯巴达与雅典展开的战争的一个概括，这个战争的结局是你输我赢、你死我活。也就是说，有一个支配型的大国和一个新崛起的国家，新崛起的国家必须战胜支配型大国，才能成为一个新兴大国。

一、合作性博弈可能性更大

习近平主席多次指出，太平洋足够大，可以容得下中美两个大国，中美两国完全可以走出“修昔底德陷阱”。现在中美两国之间的互动，更多的是良性互动，比奥巴马时期的中美关系更趋缓和，合作性博弈替代对抗性的博弈可能性更大。

习近平主席和特朗普总统在各国领导人中是各种互动最多的，中美之间，对世界上很多焦点问题、难点问题、战略性问题进行了广泛的交流。对于国家领导人来说，这种化干戈为玉帛的胸襟与能力，是保持中美两个大国关系走向的决定性因素。换句话说，未来中美两个大国的关系取决于决策者，当然也取决于民意，取决于两国之间相互交融的关系。

习近平主席在和特朗普总统通话的时候，强调中美加强合作的必要性、紧迫性进一步上升。他特别提出，搞好中美关系符合两国人民的根本利益，也是中美两个大国对世界应有的担当。在习近平主席和特朗普总统海湖庄园会晤时，对于中美关系，习近平主席特别提出："我们有一千条理由把中美关系搞好，没有一条理由把中美关系搞坏。"

二、当前将是重要历史转折点

习近平主席对中美关系的定调，推动中美朝着一个可预期、可持续、良性互动的方向发展，进一步把中美关系搞好。从两国领导人的互动来看，习近平与特朗普首次会晤期间，中美双方宣布建立外交安全、全面经济、执法及网络安全、社会和人文等4个高级别对话机制，之后中美共同磋商的"百日计划"中关于改善中美经贸关系的10个措施，也都是在实实在在地解决中美之间存在的一些矛盾和问题。

这次是特朗普首次访华，两位元首就新时代的中美关系发展达成了多方面共识，双方将进一步发挥元首外交对中美关系的战略引领作用，加强高层及各级别交往，在互利互惠的基础上拓展合作领域，在相互尊重的基础上管控好分歧，加强两国人民间的相互了解和友谊，合作应对重大国际、地区问题和全球性挑战。我认为，将来我们再回过头来看中美关系发展进程的时候，当前是一个重要的历史转折点。

所谓新时代的中美关系，是超出双边意义，超出当代意义，会对未来产生持续的影响，并且超出了经济意义的新型大国关系，即不仅是要确立中国和美国的经贸关系，也会在政治、经济、外交、军事等方面开创一个崭新的、超越冷战思维和以意识形态划线的中美关系。

三、特朗普对华善意有待转变成制度性安排

当然，中美关系仍面临很大的挑战，也有很大的不确定性。但现在从特朗普竞选到当选总统，再到他现在执政来看，我认为，特朗普总统还是言必行、行必果的，听其言、观其行，他的行动和所表述的是一致的。当然他也遇到了很大阻力，但还在往前走。特朗普和一般的政治家不同的是，他具有企业家的韧性，这种在市场上经过反复摔打锤炼出来的韧性，在他治理国家的过程中表现得非常突出。

特朗普对中国的善意和态度，还有待于进一步转化成制度性的安排和长周期的中美关系的构建，真正建立面向未来50年的中美关系，并形成一个制度框架。如果实现，那么我认为这个总统在中美关系上就是很伟大的。

四、地位交错阶段中国可能成为经济全球化引领者

中美关系和中美两个国家都正处在历史转折关头。对中国来说，其正在从经济大国迈向经济强国，与此同时，在美国采取贸易保护主义、孤立主义、封闭主义的情况下，中国反其道而行之，是经济全球化的推动者、建设者，甚至可以成为引领者。中美两国地位发生了特别大的变化，正好交错甚至是颠倒过来了。

在这种情况下，中国代表的是一种历史发展的方向，是时代潮流，是民心所向。美国原来是经济全球化的旗手，推动了贸易的便利化、自由化，“二战”之后推动建立了联合国，形成了布雷顿森林体系，建立了相关国际机构，重建有利于全球发展的国际秩序，使世界保持了60年的增长。那个时候美国代表了时代潮流，代表了发展的方向，是引领者。现在历史又出现惊人的相似，世界又处在当时那种情况下。中国一方面要从经济大国迈向经济强国，另一方面还要担当更多的历史责任，要向全世界、向更多的国家特别是发展中国家提供公共品，如“一带一路”，就是中国的方案、中国的倡议、中国的公共品。这种历史的交错和历史的演化在当前及今后的影响是非常深刻的，这种调整也是非常重大的。

五、需找到利益交汇点实现互利共赢

中美两国要想真正超越“修昔底德陷阱”，必须在寻找中美利益交汇点、实现真正的互利共赢上下功夫。当前，中美之间的关系是“你中有我，我中有你，一荣俱荣，一损俱损”。中美之间的贸易额2016年是5196亿美元，按照单一国家来说，美国是中国第一大贸易伙伴、第一大出口市场。中国现在对美国的出口额比中美建交的时候扩大了210倍。

比如制造业，美国提出重振制造业，并且中国的制造业现在占世界的比重接近30%，中国制造业有39大项、191中项、525小项，是全世界制造业体系最完善的国家，比美国还要完善。

在这种情况下，中美制造业完全可以互补，甚至可以互换。因为价值链是跨国界的，可以把我国的优势产业形成全球的价值链；同样，美国的高端制造业产业链也在全球，比如波音飞机，中国有好几个波音飞机零部件的制造基地。如果美国把国门封上，和中国制造业就不能产生良性互动。

又如投资，美国现在的债务有20万亿美元，如果加上2017年新增的1万亿美

元债务，再加上未来 10 年 1 万亿美元的基础设施投资，将达到 22 万亿美元。实际上现在美国的投资能力和中国没法比，我国 2016 年基础设施投资 1.75 万亿美元，制造业的投资是 2.76 万亿美元，这两项投资共 4 万亿美元。所以在投资方面，特别是基础设施建设方面，中美之间的利益交汇点非常多，中国有着世界上最大的工程承包集团，世界上前十位工程承包企业中前 8 位都是中国的。

六、可重构产业链优势互补

在中国“一带一路”倡议的推进过程中，中美之间也有利益交汇点。美国的“新丝绸之路计划”和中国“一带一路”交汇点是非常多的，这也是美国派工作组来参加“一带一路”会议的原因，因为看到了利益交汇点。对于高科技产业，美国原来限制对中国出口，但是美国的这种限制，实质上是限制了美国高技术产品市场的扩大。

就机器人来说，现在世界家政机器人方面生产能力最强的是日本，高技术机器人生产能力最强的是美国、德国，而中国是一个最大的市场。虽然中国也有几百家生产企业，但还处于中低端。美国的高端产业和中国的中低端产业可以形成产业链，实现互补。中国现在处于产业链高端的如高铁，有成套设备可以输出，特朗普提出要修高铁，完全可以与中国合作，重新联结和形成新的产业布局。像在马来西亚、巴基斯坦，中国建立了高铁机车的生产车间，形成了产业链。中美之间也可以重构产业链，形成新的优势互补的产业体系。

中美之间只要有一个正确的思路和美好的愿景展望，并采取实实在在的行动，中美两国关系就能向好的方面发展；面对的很多问题如果用诚意解决，不是用冷战思维来考虑的话，也能迎刃而解。

七、给予全世界最正面的回答

此次特朗普访华，两国签署了创纪录的经贸合作大单。这是中美两国互利互惠合作前景广阔的最具说服力的证明，也是深化两国利益交汇的大手笔，未来一定会对中美两国关系的良性发展产生积极影响。

总体上，当前的中美关系是积极的、正面的。一个超越“修昔底德陷阱”的更好的中美关系，既对中美两国有利，也对全世界、全人类的未来给予了最正面的回答。

第二部分

研究报告

处于敏感时间节点上美各界对华态度
——中国国际经济交流中心小型专家组赴美调研报告

（2019 年 4 月 28 日）

2019 年 4 月 15—20 日，中国国际经济交流中心总经济师陈文玲一行四人赴华盛顿、旧金山调研，在我驻美使领馆协助下，拜访美方国安会中国事务处、美方贸易谈判代表办公室中国事务处、国会能源与商业委员会办公室、旧金山湾区协会等机构，走访战略与国际问题研究中心、布鲁金斯学会、保尔森基金会、加州伯克利大学、美国中经合投资集团等智库与机构，就中美关系、中美经贸谈判、美国 2020 年大选等议题与美各界进行广泛交流，形成若干基本判断、深度思考与建议。

此次交流活动的一个重要目标是通过沟通对话来消除误解误判、凝聚共识，引导中美关系朝着协调、合作和稳定的方向发展。陈文玲总经济师带领调研组在交流活动中阐述我方观点，回应美方关切，提出中美合作建议，取得了良好效果。例如，美国国际战略研究中心资深研究员、中国问题专家甘思德高度评价了双方的交流对话，认为“这是最近几年中美智库交流中最具有建设性的一次对话”。调研情况如下：

一、美方的主要观点

此次出访正值中美贸易谈判关键时期，美国社会各方均较为敏感。双方在交流中坦诚相见、观点鲜明、各抒已见，对话有交锋，有碰撞，也有共识。总体判定，近期中美贸易谈判有极大概率达成协议，美方对此抱有乐观态度；美对华战略转向确已形成，并继续向多领域拓展；虽然美国社会对特朗普政府负面评价较多，但民主党与共和党均认为特朗普政府关于遏制中国的做法是正确的。从当前美国社会民意和竞选走势来看，特朗普大概率将会连选连任。美方主要观点集中表现在五个方面。

（一）中美贸易谈判近期有望达成，但建立落实和执行机制更为重要

保尔森基金会副主席戴青丽认为，之前谈判最大的困难是双方没有就相关议题找到各自对应的主管部门进行具体磋商，目前这一问题已经解决，因而谈判进程加速。近期双方谈判的焦点议题主要涉及云服务的跨境投资，中国政府在数据监管方面要求外资必须遵循中国的监管法律，美资公司担心数据安全以及由此引发的核心知识产权保护问题。同时，对于中国数据公司进军美国市场，美国产业界也持反对态度。白宫国安会中国事务处处长卡纳帕蒂认为，这次会达成符合美方期望的协议，但这只是开始。关于高科技领域、知识产权问题的谈判将会是长期的，也是美方十分关切的。这次谈判美方要求建立执行机制的原因，就是预料到未来会有更多问题出现。美国企业对中国是否会履行承诺没有信心，但美方看到了中国改善关系和解决问题的诚意。

贸易谈判代表办公室助理贸易代表助手温兰德认为，贸易谈判是美国处理与中国关系时建立的新行为模式，这一模式的重点是根据美国的利益和目标，以交易和施压的办法达成有效的协议。可以肯定，协议涵盖的领域包括我们长期讨论的所有贸易方面的焦点问题。在达成协议后，美方重点关注协议文本是否能得到有效执行和协议的长期效力。美国企业及其他相关机构都将对协议的执行给予评估，但决定协议是否得到执行的评估权力仍在决策层。在协议得到有效执行、美国企业评估反馈良好的情况下，双方才能够形成信任基础，才有可能就长期的深层次问题提出解决方案，但方案目前看不会是 FTA 或者 BIT，因为这两种协议都需要经国会批准，这在目前美国的政治环境中不现实。战略和国际问题研究中心资深研究员威廉·赖因施认为，目前谈判进展顺利，很大可能达成协议，但美方关注协议的执行情况，在政府补贴和国企改革方面双方达成妥协难度大。甘思德认为，即使达成协议，很可能也是短期的，特朗普关注贸易赤字，而莱特希泽关注通过施压解决出现贸易赤字的结构性问题。因为很难判断美方的要价和中方的出价各自会到什么程度，也许一年后还会重回原点，关键是美国不可能有那么多商品出口给中国。

（二）美对华战略转向确已形成，中美关系不会再回到从前

卡纳帕蒂指出，美对华战略和策略不再是发展建设性关系来改变中国，包括改变中国的政治模式或者通过合作寻求中国改变。美方战略调整的定位是将中国定义为战略竞争者，用商业化思维，通过交易方式寻求中国行为确实能满足美国利益需求的可能。温兰德认为，美国政界认为特朗普政府已经设立了对华政策的基准，这

一基准得到两党的广泛支持，中美关系已经进入新时期，今后不会因为总统大选而发生大的变化。无论哪个党执政，对中国都不再是通过对话，而是以逼迫交易的方式获得行之有效的结果，这方面不会有大的改变。甘思德认为，美国对华政策的调整得到两党广泛支持，无论是民主党还是共和党，对中国的态度都不会很好。比如关于高科技的竞争，孟晚舟事件虽然是个人事件，但体现了双方的竞争。两党对中国关注的重点不同，共和党关注贸易和军事安全等方面，认为中国正在挑战美国的权力地位，是一个系统性和战略性的对手。民主党关注劳工权益、人权、经济治理等议题，认为中国的经济发展和财富分配体制偏向大公司，是不公平、不平衡的，这会影响到美国和全球。无论哪个党执政，都会要求中国改变。

（三）签署贸易协议只是开始，中美科技领域竞争将成为重点

卡纳帕蒂指出，从现在开始，中美之间类似贸易谈判模式的交易化行为将会更多地出现，在网络安全、知识产权保护、高科技、军事、中国南海、中国台湾等多个议题中，美方都会频繁行动使中国满足美方目标。双方将以类似体育竞赛的模式互相竞争，这是一种良性竞争，不是对抗性竞争，对抗性竞争并无必要。这种行为模式将会持续很长时间，直到双方积累了一定程度的信任，才有可能出现新的改变。布鲁金斯学会高级研究员杜大伟认为，高科技竞争将会是未来一个时期中美竞争的焦点。涉及知识产权保护和技术转让的议题，将会是两国长期谈判的焦点，目前美方针对中国高科技领域快速发展，正在以立法形式对敏感技术出口进行管控，美商务部正在起草相关办法，对敏感技术范围定义得相当宽泛，关键技术、基础技术、核心技术都是美方关切的重点，这些技术领域的合作未来很可能不会发生。

旧金山湾区协会首席经济学家兰多夫指出，美国科技公司中来自中国的投资将会受到政府严格审查，政府正在起草的办法将会列出管控的科技投资范围，这将会影响中美之间的科技创新合作。湾区风投公司中经合集团副总裁朱芳芳认为，目前美国政府和相关机构对在美华人科学家的审查更加严格，尤其是关注接受来自中国的资金支持和获得中国政府“千人计划”等称号的华人科学家。美国科技公司对华人的录用也受到影响，针对华人员工获得公司技术资料的防范措施更加严格。

（四）如果不出意外，特朗普有很大概率连选连任

布鲁金斯学会高级研究员克雷恩认为，从经济角度看，特朗普有很大概率连任。历史上美国总统没有连任的非常少，“二战”以来只有两位，且这两位任内都发生了较大的经济衰退。目前特朗普任内美国经济表现很好，特朗普政府通过债务扩张

来推高增长，这对长期财政稳健不利，但就业比较充分，通胀也符合预期，债务虽有不良，但整体还是比较乐观。美联储近期放缓升息，对经济也是利好。经济对大选的影响主要取决于投票年春季和夏季的经济状况，特别是当年第二季度的经济数据。由于货币政策的滞后效应，特朗普现在就开始施压美联储。特朗普在美国各个种族中都有铁杆支持者，不仅是白人男性，也包括白人女性，还有近 30% 的拉丁裔非法移民和 1/8 的美国黑人。从选区结构来看，这次大选将会以 2010 年的人口结构来划定选区，一些经济落后地区选民这几年迁移比较多，而经济落后地区在选举中投票的话语权更大。特朗普不会获得多数票，但只要能够得到多数选举人票就可以当选，因此要关注选区划分带来的影响。贸易谈判代表办公室温兰德表示，特朗普已经赢得一次大选，这已经说明他有着坚定的支持群体。目前特朗普的大部分承诺特别是对华政策言必行、行必果，获得美国国内广泛支持，有利于他连任。

赖因施认为，特朗普只需要在合适和正确的地区拿到足够多的选举人票就可以确保当选，目前来看，他具有利用游戏规则拿到足够选票的能力。当然，选举结果也要取决于与特朗普对决的人选，竞争者不一样，对选举结果的影响也很大。国会能源和商业委员会办公室主任罗丽莎认为，从第一次选举来看，特朗普的支持率只有 38% 却当选，是因为有很多人虽然并不公开支持他却把票投给他。目前来看，2020 年大选民主党并没有很清晰的选举策略，也没有明确的政治口号吸引选民，而特朗普的思路明确且任内经济表现良好，大部分人认为自己的生活有了新的希望，金融业的情况也是几十年内最好的，这些都是有利于其连任的条件。杜大伟则认为，2020 年大选将会是竞争激烈的选举，两党得票率将不相上下，相比之下，民主党拜登在青年人中的支持率很高，这也值得关注。

（五）增加中美经贸关系利益交汇点，推动中美经贸关系向好的方面发展

布鲁金斯学会克雷恩认为，涉及金融、电信、医疗、旅游、教育、娱乐产业等领域的服务贸易，市场空间和潜力巨大，中国放开市场准入让更多的美国公司进入中国市场，是符合美国产业界期待的做法，应该成为今后中美经贸合作的重要方面。杜大伟认为，如果中美之间开启关于经贸合作的长期制度性框架谈判，建议首先是开启涉及投资保障的 BIT 谈判，进一步再考虑 FTA。但这两个选项在当前环境下都不现实。中美可以在多边框架中推动服务合作、投资保障、知识产权保护等一系列议题的谈判，从更大的一体化市场中寻求合作收益，但需注意特朗普政府拒绝签署

多边协定。甘思德认为，中美之间的合作并不是一定要通过改变中国政治体系获得深层次互信，而是只要能够找到共同遵守的规则和利益交汇点，双方就能够继续推动经贸关系的发展。双方都应该跳开竞争博弈的思路，从合作发展的思路来考虑两国关系，从增加共同收益的角度来看，美国可以利用中国的基建能力完善美国的基础设施，中国也可以通过放开市场来让美资企业在华公平竞争，扩大双方的合作面。国会能源和商业委员会办公室主任罗丽莎认为，美国天然气出口需要稳定的购买方，中国的能源需求巨大，未来双方肯定会形成契合的合作关系，但具体的合作细节还是会受到地缘政治等因素影响。美国西部各州与中国的合作非常紧密，希望能够继续推动经贸合作向前发展。

二、我方主要观点与美方回应

在各场交流活动中，陈文玲总经济师就中美战略转向、中美关系未来发展方向、中美经贸制度化设计、中美合作重要意义及中美合作重点领域等方面做了阐述，多数观点得到美方认同。

（一）美国战略转向是错误的，不符合中美的当前利益和长远利益

陈文玲指出，尽管美国各界对中美战略转向达成了共识，但不能因为达成共识就说战略转向正确。这种共识是暂时的，是不正确的。希特勒发动第二次世界大战之前的民粹主义，也形成了社会共识，但是这种共识是错误的。不能认为民粹主义占了上风、成了主流，它就是对的，将来放到历史长的周期来看，这种民粹主义肯定要被唾弃，而且肯定是要失败的。美国这么早地把中国当成竞争对手，是用了太大的力量做了当前最不应该做的一件事情，如果美国和中国合作，比现在这种对抗性竞争收益要大得多。美方认为中国挑战了美国权威，实际上你们叫权威，我们叫霸权。美国本来不应该把中国作为竞争对手，但是非要树立一个敌人，树立一个靶子，会消耗很大的精力，结果必然是既没有打败对手，自己也受了伤。中国的目标并不是打败美国，也不是把美国当成要超越的对象。中国最大的力量是用来解决内部问题的。比如说这两年，中国政府集中力量在脱贫。中国创新领域还在学习和追赶阶段，就整体创新能力在全球产业创新中的位次而言，美国处在高端和顶端，中国总体上还处在中低端。即使在一些领域，中国企业有突破，美国也不必害怕和着急。美国政府从蓬佩奥到博尔顿，到中东欧等很多国家去游说，动员他们不要买中国华为的产品，但中国政府却从来没有因为存在安全问题，号召大家都不要买苹果

手机，苹果手机在中国的销量仍然是全世界最高的。

（二）要巩固来之不易的贸易谈判成果，必须形成常态化的制度性安排

中美之间的九轮谈判，实际上是很艰难的一个过程，因为既要找到对口，又要一条一条进行贸易协商条款的磋商。中美之间要解决贸易和一些结构性问题，需要建立具有长效机制的制度性框架，比如说启动和构建 FTA。美韩自贸区谈判了 12 年，中美 FTA 谈判的时间也可能比较长，启动谈判并不需要国会批准，真正决定建立 FTA 的时候，才会需要国会批准。中美双方智库和学者应该建议政府启动并推进 FTA 谈判，至于谈多长时间，取决于双方谈判的要价，以及谈判最后能不能达成共识。中美两个国家贸易总量已经占到了全球的 25%，GDP 已经占到了全球的 40%，制造业产值占到全球的 40%，建立 FTA 制度性框架，将从根本上解决中美两国经贸问题，使中美两国有稳定的经贸关系，双方都可以获得巨大收益。中美 FTA 谈判具有标志性的意义，标志着中美在贸易谈判之后将进入一个制度性框架和轨道，可以向全世界释放一个正面信息，这是世界经济一个最大的稳定要素。万事开头难，只要开始就是一个标志性的事情，就能释放一个非常强烈的信号，谈成谈不成、谈多长时间另当别论，但是只要谈就说明中美两国关系在朝好的方向发展。中美两国在奥巴马时期，进行了 30 多轮的 BIT 谈判，加上这次双方的贸易谈判，已经有了很好的基础。

（三）美国必须转变对华态度，若放弃互利共赢原则，中美利益都不会得到保障

当前中美关系处在一个非常关键的时刻，也是一个历史的十字路口。这是一个非典型的时刻，不应该是中美关系的常态。美中关系的常态是作为世界第一大经济体和第二大经济体，应该秉承平等的、对等的、相互尊重的、优势互补的大国合作伙伴关系，对世界经济做出两个大国共同的贡献。现在是竞争性合作大于合作性竞争，在某一个时段甚至出现对抗性情况，这实际上是令两国和世界人民不安的。特朗普任期还有一年多，下一届会是什么样还不一定，如果说特朗普连任的话，这样的贸易政策如果持续下去，将给美国经济带来很大的不确定性，也会给中国经济带来很大不确定性。美国曾经是一个非常令人尊敬的国家，是一个非常开放的国家，也是市场经济最发达的国家，是中国曾经学习的样板。1978 年中国开始改革开放，1979 年中美建交，这两个 40 年几乎是同步的，这不是简单的时间巧合，而是一种历史的必然，体现出中美两个国家的关系是合作大于竞争的。不能只是单纯考虑本

国的利益，而是需要站在对方的角度，考虑到对方国家的民意。中国需要站在美国的立场上考虑美国的民意，美国也需要站在中国的立场上考虑中国的民意，两个国家要以平等的、双向的、对等的态度来对待对方。要建立一个基于信任、基于规则、基于制度的可以长期保持信任的中美两国关系。要确保这种大国关系是可预期的，是建设性的，是可以给两国和世界带来好处和示范效应的。

（四）中美都应跳出当前的贸易问题，从世界利益的全局来考虑处事之道

中美两国关系虽然是双边问题，但是早已超越了双边意义，全世界现在都在看中美。特朗普总统只讲交易，只讲生意，只讲赚钱，这是不够的，必须要考虑美国作为一个大国，肩负着历史使命和时代使命。特朗普在国际会议上明确说过，不再坚持全球主义，坚持美国至上、美国第一。当然，无论哪一个国家都会坚持自己国家利益至上，这并不是什么错误。但是坚持本国利益至上和本国第一，前提是要不损害全球利益，不给全球带来大的风险和不确定性，而不是把一个国家的利益凌驾在其他国家和全球利益之上。两个国家建立建设性的合作伙伴关系，不仅对中美经济稳定有很大的好处，而且两个世界上最大经济体的合作，会在全球产生巨大的正向的溢出效应。当前的中美贸易谈判对全世界来说，有三个方面的意义：第一，如果能够达成比较好的协议，对于全世界来说就是一个稳定的因素，中美贸易战给世界经济带来的不确定性会减少。第二，中美贸易谈判如果是公平的、双向的，则对双方都是有好处的，美国接下来和欧盟、日本、印度及其他国家的双边谈判也会非常顺利。假如说这个谈判结果，大家看到是单向的、不公平的、施压的，那么这种示范效应就会是负面的。第三，如果在这个谈判基础上，再形成进一步的 FTA 或 BIT 等制度性安排，就可以使好的中美经贸关系真正常态化。

（五）美国需要消除对中国的错误认知，误判将导致一损俱损

在很多方面，美国对中国的看法都是错误的，美国应重新认识中国。中国已经完全不是过去的那个中国了，如果说美方还停留在十年、二十年甚至三十年之前来看今天的中国，那么很多问题是解释不通的，也不符合中国现在的实际。例如，在人权方面，现在中国是走向好的一面，美国是走向差的一面。在知识产权方面，近十几年以来，中国政府下了很大的力气来进行知识产权体系构建，不是解决单个问题，而是立足一个体系的构建，建立了一整套知识产权保护体系。在制造业方面，美国对于中国的转型升级、制造业走向中高端和“中国制造 2025”过度敏感，认为

这是对美国的威胁，这真是有点自作多情。这是因为美国很多官员对于中国经济结构不了解，也不了解中国经济转型的动因。中国制造业规模虽然占全球的比重大，但是受资源环境的承载压力增大、劳动力成本等因素影响，制造业很难在原有的水平上发展，必须进行结构性调整。中国产业迈向中高端，不是要跟美国竞争，而是中国根据自身发展的需要和考虑各方面条件约束，必须进行转型升级。实际上，美国经济和中国经济已经形成了一个命运共同体，一荣俱荣，一损俱损。美国的产业有的是在高端，有的是在顶端，但是它只有与处于中游、下游的这些企业形成全球的产业链，才能实现美国这些企业的市场价值，如果说禁止美国这些产品出口，实际上损伤的是美国企业。中国是美国天然的第一大能源市场，美国农产品最大市场也在中国，如果贸易战继续下去，美国将失去很多大宗产品的最大市场。

（六）中美关系无法回到过去，但是可以共同开创未来

两个国家现在要解决的最大问题是消除信任赤字，没有信任的话，一切都无从谈起。不可能两个国家的学者都唱赞歌，要有不同观点的交流，要有思想的碰撞。当前必须解除很多重大认识上的误区，而这些认识上的误区，实际上有些过去存在，但现在早已经成为过去式；有些现在存在，但是正在改进，未来可能会成为新的过去式；有些现在存在，可能还没有达成共识，但是需要讨论寻找问题的答案，需要交流，需要达成共识，然后才能解决。中美在货物贸易、服务贸易以及教育医疗等方面都有巨大合作空间。2018 年中国出口美国的贸易顺差并未减少，贸易战打了半天反而增加了 17.2%。实际上，进口方面中国确实有很大空间，关键是美国要改变。一是美国高技术产品不再禁止向中国出口，因为高技术产品的价值量是大的；二是美国的飞机必须尽快改进，未来中国市场需要美国几千架飞机，进口额也会大幅增加；三是美国的一些军事装备，如航空母舰等，也可以向中国出口。另外，服务贸易肯定是中美合作的一个巨大领域。现在中国的旅游市场是开放的，并不限制游客到哪个国家去旅游，特别是因私护照并没有什么限制。现在全球有 50 多个国家对中国游客落地签证，但是美国对中国签证却越管越严，赴美旅游并不是中国没有放开，而是美国没有放开，美国放开的话，中国的游客会有很多。中国现在有 2.55 亿老年人，美国总共才 3.2 亿人，中国的老年人快和美国全国人口差不多了。同时由于生活方式、运动方式存在问题，现在中国慢性病群体占比非常大，比如说高血压、脑血管疾病、心血管疾病患者现在达到 2.7 亿人，糖尿病患者达 9700 万人。所以，对中国医疗服务是非常大的市场。中美教育领域也有很大合作空间，广东珠海

横琴在做试点，澳门大学已经开始在横琴办分校。

在投资方面，中美也有很大合作空间。实际上现在中国有很多家美资企业，美国也有一些中国企业。但是贸易摩擦加剧之后，美国修改了关于外商投资的很多规定，加强了安全审查，到2018年中国对美国的投资已经下降到48亿美元，据美国荣鼎公司计算，2016年中国企业对美投资是456亿美元，2017年下降到260亿美元。现在美国债务问题很严重，已经达到22.2万亿美元，修一堵墙需要80亿美元，还要向其他的盟友加征军费才能实现。如果放开投资，来自中国的投资对美国会有什么坏处呢？中美之间地方合作非常重要，由于美国体制和中国体制不一样，美国是各个州自治，所以州有很大的权力，为了推动州的发展，美地方政府可以和中国企业合作，这是非常重要的路径。

以上主要观点得到美方认同和积极回应，也引发了美方对一些问题的再思考、再认识。比如我们提出中国智库学者访美受限的问题，白宫国安会中国事务处处长卡纳帕蒂表示下一步会慎重考虑这个问题。比如我们提出面向未来的数字贸易问题，贸易谈判代表办公室助理贸易代表助手温兰德也认为，这是未来贸易发展的重要方向，需要高度重视。比如我们提出目前双方谈判成果来之不易，美方也认为确实应珍惜这个谈判成果。比如我们谈到中方为贸易谈判做出的努力，美方高度评价刘鹤副总理，保尔森基金会副主席戴青丽强调，“过去的九轮谈判，刘鹤先生在美国赢得了非常好的声誉，他的智慧，以及他能够在这种困难的情况下，有创造性地来做一些艰难决策的能力，现在已经被双方认可”。

三、推动中美关系健康发展的建议

这次赴美调研，总体气氛紧张，美国社会焦虑感和对立感在加深，对中国长期斗争的战略正在变成各项落地政策。中国必须早做准备，从长计议。

（一）对美斗争要做长期的、全面的战略性准备，必须丢掉幻想准备战斗

美对华战略和政策已全面转向，对华政策的实施路径和行为模式转向交易和压迫，以斗争求利益的取向明显。美国会更关注自身发展，对优势领域的保护和限制将更加严格，我们不仅要从贸易和经济的角度来衡量中美关系，还必须从美国转向军事、安全、科技等全方位与中国竞争的角度考虑更长周期的、更具战略性的对美策略。在此情景下，我国对美斗争应做长期、全面的准备，要以两手对两手，一手

抓合作，一手抓竞争。基点是力促合作和深度嵌入，战是为了和，不战不能和，战不赢不能和。要用我们的谈判周旋、竞争博弈、果断反遏制来赢得合作，在合作中扩大利益交汇点，扩大价值观的重叠部分，促进社会民意的转化。对于美国的战略转向必须有清醒认识，中美关系已不可能回到从前，竞争博弈甚至是对抗性博弈会多于合作。要丢掉幻想，准备战斗，学习毛泽东军事战略思想，打持久战，打舆论战，打实力战。从当前战略防守稳步转向战略相持阶段，在中国真正获得经济、科技、军事实力超越的情况下，再转向战略反攻阶段。当然这个周期会比较长，会伴随实现第二个百年目标的全过程。当前战略应聚焦实现“两个一百年”目标，聚焦产业链、价值链迈向中高端和建设制造强国，聚焦让人民生活更加美好，坚持核心利益不动摇，坚持符合我国利益，坚持符合改革开放大方向。

（二）当前应抓好达成贸易协议之后的宣传准备工作，凝聚党内和社会共识

目前外界关于中美贸易协议的相关传闻和信息较多，从不同立场、角度出发对中美贸易协议内容进行猜测，在某种程度上看，不利于稳定预期。对于贸易协议的相关内容和已经形成的谈判框架，准备承诺的谈判口径应首先向党内中高级干部进行传达解读：哪些方面是我们做出的让步，通过让步需换得哪些长期利益；哪些方面是我们坚持的底线，哪些方面还有做工作的空间；哪些是我们正在和美方谈判中争取的条件，还需要做哪些工作才可以实现。通过传达解读向党内释放信息，以我们思想政治工作的优势凝聚党内共识，团结一致开展对美工作。避免谈判后突然向外释放信息，引起不必要的不同看法和歪曲解读。而且，美方正不断通过各种渠道释放特朗普巧妙施压迫使中国屈服的消息，已引起了一些对我们的工作十分不利的社会舆论。要制定谈判内容的解读预案，分步骤、分阶段地向社会释放正确信息，引导预期。要使大家对谈判结果有正确的认识，尽管美国已声称赢得了谈判的胜利，但要指出美方获得的是短期利益，失去的是长期战略利益，而我们获得的是长期利益和巨大的历史回旋空间。

（三）高度重视 2020 年美国大选动向，重点做好特朗普连选连任的应对预案

从贸易谈判开始到 2020 年，美国大选前的一年多时间是我对美斗争的窗口期，在这个时段会发生一些难以预料的事件，直接或间接影响中美关系。要在贸易谈判协议达成后，尽快对美国内政治、经济与社会状况进行整体评估，结合特朗普个人特质、核心团队的政策取向对特朗普政府第一任期执政经历进行分析总结，研究美国内两党政治势力变迁等情况，对贸易谈判后中美关系发展所面临的各种情境做出

预测分析，提出应对方案。美国大选仍然会比较激烈，应特别关注若特朗普成功连任，其全球战略布局会有哪些调整，会对中美关系提出哪些新的诉求，实施何种策略。我们必须谋定而后动，以清晰准确的预案和行动，应对美局势变化和中美关系可能出现的新情况、新问题。

（四）必须从长周期谋划中美关系，把握历史发展大趋势

从历史情况来看，美国无论是民主党还是共和党执政，都会出现周期性的对华态度变化。一般是竞选阶段对华态度强硬，第一任期对华进行战略遏制，不得已在第二任期寻求对华合作。特朗普若连任，第二任期大概率不会遵从以往规律，而是将会继续对华强硬，但从更长历史周期来看，中美关系也只是再经历四年的波折。特朗普任期也只是美国历史的一瞬，是非典型的历史时期，中美关系从长远来看只有合作才符合双方利益。从长周期的视角来看，随着中国国际地位的进一步提升、“一带一路”建设的推进和经济体量的持续增加，加之中国站在人类道德道义制高点和世界和平发展制高点，习近平主席提出的一系列理论和理念受到国际社会普遍认同，中国大幅度提高了国际地位和全球影响力。美方最终会认识到中国是最好的战略合作伙伴，而非敌人，只有同中国进行良性合作和竞争，才能延缓自身的衰落。美国国内仍有相当力量支持对华合作，尤其是与中国经济联系紧密的各州和企业。要通过细致工作使美方认识到尊重中国，建立平等互利、合作共赢、共商共享的中美关系才符合双方根本利益，才能够共同促进全球治理发展。目前可就中美关系未来发展做些基础研究，包括制度性合作框架和双方战略关系的重新定位，可通过智库联合研究，先期探索中美 BIT 和中美 FTA 的框架内容和实施路径。

（五）深化中美经济领域合作，选准与美开展合作的重大领域

中美产业互补的特点明晰，从经济合作的角度来看，两国可进一步开展合作的领域有很多，可在这些领域形成合作的重大事项和安排，从而进一步加强两国经济融合，使中美关系不论在何种情况下都不可能脱钩。目前来看，在能源、交通基础设施、生物科技以及医疗、教育、旅游、娱乐等方面的服务开放和双向投资，可以在贸易谈判达成的基础上继续推动合作。在双边 FTA、WTO 改革、全球治理、气候变化以及重新签署“中导条约”等方面，中美双方可以开展更深入的双边合作。

（本报告由陈文玲、张焕波、田栋共同撰写）

美国战略转向使中美关系面临严峻挑战

——中国国际经济交流中心小型专家学者团赴美调研报告

（2018 年 4 月）

2018 年 3 月 25—29 日，由中国国际经济交流中心总经济师陈文玲率领的小型专家学者团赴美国华盛顿、纽约访问。在美期间，专家学者团拜访了美国彼得森国际经济研究所创始人、名誉所长伯格斯滕，高级研究员杰弗里，美国全国商会高级副总裁傅瑞伟，美国战略与国际问题研究中心和中国研究项目副主任甘思德，卡内基国际和平基金会亚洲项目资深研究员黄育川和美中关系全国委员会副会长白莉娟、荣鼎集团总监康谦等美国主要研究机构和行业组织负责人。双方围绕当前最受关注的中美关系、中美经贸关系、美国内政和双方在重点领域合作等问题坦诚深入地交换了看法，开展了智库专家对美工作。代表团一行还与我国驻美使馆公使李克新、驻纽约总领馆总领事章启月大使就中美关系的最新动向交流了看法。陈文玲总经济师应邀在我国驻美使馆为 70 多名中青年外交官作“当前大国博弈与中美关系”专题讲座，受到好评。现将在美工作的主要情况汇报如下：

一、美国对华战略和政策处于一个历史的重要转折关头，美对华战略转向有可能形成社会共鸣与合流

这次赴美访问之前，所联系的有关美政府相关部门一概闭门不见，在美期间我们会见了几位在美顶尖级中美问题智库专家和知名社会活动家，也了解到一些比较重要的情况。

（一）美方普遍认为，当前中美关系处于一个比较困难的战略拐点，美国战略转向有相当广泛的民意基础

特朗普政府已明确将中国当作首要挑战和主要战略竞争者，不管是短期政治需要还是从长远大国博弈出发，美方都将加大对中国的竞争与阻遏，经贸、中国台湾、

中国南海等敏感问题将不时爆发，下阶段中美关系将面临更多挑战。

甘思德、黄育川、康谦等认为，近期美战略界围绕对华政策的大讨论大体形成一些基本共识，而且这些共识是跨党派的：过去的中美关系发展，尽管产生了不少积极成果，但过去几十年美对华政策总体上是失败的，不但在政治上未能引导中国走向西方式的民主政体，未能在经济上推动中国真正融入自由经济体系，反而推动中国沿着自己的道路不断发展壮大，对美国利益构成重大挑战，现在到了必须认真反思并重新确定未来美对华政策的时候了。事实上，奥巴马第二个任期中后期美对华政策就有了较大转变，更多聚焦于与中国的大国竞争与对抗上。2016 年大选期间，希拉里与特朗普竞选纲领中对华政策的惊人一致突出反映了这一点。因此，目前美对华政策转向并非特朗普的个人决定，而是一定程度上得到了美主流社会的认可。

甘思德认为，美对华政策并非主动改变，而是因为中国变了，美国不得不随之调整。自中国实行改革开放以来，美国花了近 40 年时间来促使中国和世界接轨，但效果并不理想。站在美国人的角度来看，党的十八大以来新时代中国同之前相比变化很大：经济上，对经济的干预、管理和控制更强，市场化改革陷入停滞甚至倒退；政治上，中国特色政治制度更成熟自信，公民社会的自由和发展空间减少；外交上，更加强调有所作为，给现行国际体系带来诸多改变，甚至在一些领域“另起炉灶”。总的来看，以前是中国适应世界，强调中国与世界接轨，现在是想要世界适应中国，要与中国接轨。在这一点上，美战略界与特朗普政府看法是一致的，区别在于如何界定新战略的目标和实施路径，即是推动中国朝着自由、民主方向发展，使其最终融入现行国际体系，还是有效约束中国的实力和野心；是通过联合国、WTO 等多边和双边机制来影响中国，还是通过脱钩中美经济、重启冷战式大国竞争来遏制中国。目前美战略界对此没有统一意见，特朗普内心的真正想法也无从确定，但现在美战略思想界面临一个重大问题，那就是同特朗普之间缺乏有效的沟通，即使能把话传过去，特朗普也往往是左耳进、右耳出，很难对总统决策产生实质性影响。因此，美战略界一些人也希望中方通过贸易战给特朗普一个教训，打痛特朗普，促使其回归建制派路线。

黄育川认为，美政府将中国明确定位为主要战略竞争者，并据此调整对华政策十分正常。经济决定政治，是社会生活中更深层次的东西。不同于美俄之间政治、军事对抗和地缘争夺，中美之间更多的是根本经济利益的竞争。从长远来看，改革开放以来，中国经济迅猛增长成为世界第二大经济体，根据目前中美两国经济发展态势，未来10～20年，中国很可能将超越美国成为世界最大经济体，这对自1894年以来雄霸世界经济舞台长达123年的美国来说，是一件极其难以接受的事情。从近期情况分析，中国经济转型升级是中美冲突不可避免的根源之一。美国目前约85%的就业人口来自服务业，因此当中国经济以一般制造业为重心时，中美经济互补性强、合作空间大，但目前中国正逐渐转为以服务业为重心的现代经济体，且在信息技术、大数据、人工智能、金融等领域成为仅次于美国的“重量级选手”，中美两国产业重合度陡升，经济互补性逐步让位于竞争冲突，不管是社会精英还是广大相关从业者都很难不对中国充满警惕甚至敌意。

黄育川提出，中美之间真正的大问题是彼此的社会民意，目前美国内对华社会民意基础正在逐渐扭转，原来反华的愈加反华，不反华的开始反华，友华的从主动发声到闭口不谈或噤若寒蝉。可以看到，近期美国内对特朗普对华强硬的政策拥护者众，很少人认为他不应该对华示强。而批评者主要集中在特朗普的工作方式上，如用力过猛、未有效利用WTO等多边机制等，这一点尤其值得中国高度重视，因为特朗普靠的是普通民众的支持，对他来说，没有比民众一张张选票更重要的东西了。

（二）美方认为，当前中美经贸冲突是美国战略转向的组成部分，特朗普发动贸易战是错的，但也并不因此认为中国的做法是对的

在会谈中可以感到，甘思德、黄育川、康谦等都不同程度地参加了美国“301调查”的相关工作，而当前经贸问题是中美关系中摩擦最集中的部分。美方认为，特朗普采取对华经贸强硬措施在美国内有着较为深厚的社会基础，不同于特朗普执政初期和退出TPP、NAFTA时遭到的广泛批评，这次“301调查”对华制裁得到了更多人的支持。美工商企业界、战略思想界、两党政治精英和大量普通民众，普遍反对特朗普发起对华贸易战，但却希望推动政府在中美经贸关系中能更好地维护美方利益。他们指出，特朗普凭借商人本能意识到美中经贸关系中存在的问题，但其应对方法不得要领，采取的政策未能切中要害，解决不了实际问题。通过“301调查”等单边主义方式发起对华贸易战，丧失了道义制高点，将本来有理的事情做成了没理的。甘思德直言，希望看到中方将美有关“301调查”措施诉至WTO，让WTO来裁决谁对谁错。中美经济联系十分广泛密切，一旦打起贸易战，不仅中方受损，美方损失也很大，其后果必然是两败俱伤。黄育川认为，对中国输美产品加征25%的惩罚性关税，对美国造成的损害甚至比中国还大，在华生产企业受到的影响和在美市场引起的连锁反应，其严重性难以预料。傅瑞伟认为，中美经贸关系稳定发展是两国企业界的福音，单边

行动不是解决中美经贸关系不公平、不对等的有效途径，他个人同特朗普在对华贸易政策上有着严重分歧。特朗普对华经贸政策缺乏经济理论逻辑和数据实证支撑，不管是500亿美元惩罚性关税还是1000亿美元减少赤字的目标都未经过审慎的分析和论证，很可能是特朗普“拍脑门”定下来的数字。黄育川刚刚出版的研究中美经贸关系的新书即将翻译成中文版，其中详细论证了美国的贸易逆差同中国的贸易顺差之间并无直接因果关系。起草TPP文本的杰弗里认为，钢铁问题在中美经贸关系中占比极小，为此刻意出台“232”贸易限制措施，因小失大。

美方同时直言，中美经贸关系中确实长期存在不公平、不对等问题，特别是在市场准入、知识产权保护等问题上中方应做出更大努力。伯格斯滕、傅瑞伟、白莉娟等谈到，美工商企业界过去一直是支持中美关系发展的中坚力量，多次联合起来阻止了美政府对中国不利政策的出台，为增进两国经贸互利合作、推动中美关系向前发展发挥了重要作用。但近年来明显感到这种支持力量在减弱，甚至一些企业在推动特朗普政府采取对华强硬经贸政策。其中部分原因在于中国市场发展更完善、竞争更激烈，导致企业利润空间减少，更多的则是因为中国市场准入门槛提高，贸易壁垒增多，知识产权保护未见改善，强制性技术转移问题愈演愈烈，生产经营中产生的问题多次反映得不到解决，甚至找不到沟通渠道。美许多企业对在华投资经营感到失望、沮丧甚至愤怒。

关于“中国制造2025”，傅瑞伟表示，包括全国商会众多会员企业在内的美企业界对“中国制造2025”极为担忧，并通过多种渠道向中国政府表明了关切，但这并不是出于国家战略的考虑，而是为了推动相关产业的理性、健康发展。和中国一样，很多国家都有制定推进产业发展的政策举措，但市场的极端复杂性往往使有关产业政策产生弊大于利的后果。特别是，中国市场体量巨大、影响深远，如果中国有关产业政策实施不当，不仅将极大干扰中国国内经济发展，而且还会在经济全球化推动下产生严重的溢出效应。20世纪八九十年代，中国政府举国家之力支持钢铁、水泥、电解铝等传统产业，21世纪以来又大力推动光伏、风电等新兴产业。在这些产业政策的刺激下，中国相关行业的确呈现爆发式发展，但都毫无例外地带来了严重的产能过剩问题，在大幅降低有关产品附加值的同时，造成全球相关产业结构性失衡，既损害了中国自身利益，也给美国相关企业带来了重大损失。因此，美企业界希望中方审慎地推进“中国制造2025”有关产业政策。

对于如何妥善解决中美经贸问题，傅瑞伟、伯格斯滕、杰弗里等认为，中美经贸问题应该通过对话协商，以互惠互利方式解决，过去几十年双方凭借这个经验解决了双边关系中的许多重大问题，现在更应该加强沟通对话，并表示愿为此发挥积极作用。傅瑞伟特别强调，全面经济对话非常重要，是中美双方围绕经贸问题展开对话与合作、解决矛盾和分歧的重要平台，双方应继续用好这一平台。黄育川、伯格斯滕等认为，短期来说，中方可考虑通过从美进口一定数量的农产品、能源、飞机等产品来减少中美贸易赤字，满足特朗普对外宣传和国内政治的需要，从长期来看，希望中方借此机会倒推国内经济体制改革，扩大开放市场准入，切实保护知识产权，营造良好营商环境，美方也应在中方关切的领域拿出实际行动。伯格斯滕、杰弗里提出，中美双方应重启 BIT 谈判，将彼此的经贸关切在 BIT 框架下进行充分讨论和协调，以达成双方都可接受的解决方案，共同做大合作蛋糕。也可考虑用新思路来处理中美经贸问题，鉴于特朗普已放风有意重返 TPP，中方可通过适当方式向特朗普表明，如美方愿同中方一道加入 TPP 并就此展开谈判，中方愿积极考虑，根据他们对特朗普的了解，如能推动中国共同加入 TPP，特朗普会将其视为重大政绩，且有了 TPP 框架的维护，中美经贸关系将更健康稳定。黄育川认为，中方要妥善处理中美经贸关系，除了双边渠道外，最重要的是要在两个地方找到盟友：一是在国际上拉住欧盟、日本、东南亚国家，从未来经济结构上看，中欧、中日经济互补性远大于中美经济互补性，彼此有合作对美的良好条件，东南亚国家是中国企业拓展世界市场的重要战略依托，目前双方经济同质竞争较多，但随着中国经济转型升级，双方合作空间巨大；二是在美国内培养更多盟友。

（三）美方认为，美国内政治出现了重大变化，只要特朗普不出现致命过失，下次大选特朗普仍有较大概率连选连任，各方包括他们自己都要为此做好相应准备

甘思德表示，要理解当前美国内政治逻辑，就绕不开特朗普，特别是绕不开特朗普的当选。特朗普当选有五个重要注脚：经济问题上，美国从制造业经济过渡到服务业经济，造就了大片的“铁锈地带”和失意的产业工人；种族问题上，少数族裔大量增加且拥有更多就业机会，白人唯一主导地位受到严重冲击；社会问题上，新科技革命和全球化不断拉大社会贫富差距，美纺锤形社会结构面临瓦解风险；政党政治上，民主、共和两党均出现党内纪律涣散、高层控局能力差等问题，导致有钱、有选票就能上位；信息流转上，社交媒体的兴起打破了传统主流媒体横亘在社会精英和普罗大众之间的垄断壁垒。不管是自觉还是他觉，总之在美政坛中，只有特朗普通过推特最直接、最大声地回应了这些问题，这使他牢牢控制了相当部分选民，这才是特朗普当选的最大原因，也是他执政以来，虽然面临丑闻缠身、执政团队混乱等一系列问题，但支持率却稳步上升的最大原因。

荣鼎集团总监康谦说，近期，特朗普对其执政团队内部外交安全、经济领域决策层进行了一番“大换血”，蒂勒森、麦克马斯特、科恩等“稳健派”黯然离去，蓬佩奥、博尔顿、库德洛等鹰派人物上位，莱特希泽、纳瓦罗等强硬派得势，这些人事变动将对美未来内外政策走向产生重大影响。特朗普上台之初，起用蒂勒森、麦克马斯特、科恩等“稳健派”实际上是向共和党高层和建制派做出的妥协。经过一年多总统生涯的实习、适应期，特朗普已基本摸清美政治运行的门路，并利用前期的不断试探积累起信心，特别是一年多来美经济形势一路向好，减税、改革移民政策等一系列举措使其基本盘进一步稳固，因此他果断出手，将符合自己胃口、对自己效忠的人马推上位。在此过程中，共和党高层几乎没有发挥作用，这固然是因为总统有宪法授权，但更反映了中期选举背景下，共和党高层不敢同手握大量选民的特朗普闹翻。未来2~3个月内，美政府高层人事变动仍将继续，特朗普将抓住机会完成自己的人事布局。可以预见，未来美外交政策将更趋强硬，鹰派色彩将更浓，将会给中美关系带来更多复杂因素。同时也要看到，特朗普喜欢大权独揽，特别忌讳属下发挥个性、抢自己风头，蓬佩奥、莱特希泽等鹰派实际上拥有的授权有限，只能在特朗普规定的“圆圈内”展现强硬，否则只会步蒂勒森等的后尘。

康谦、黄育川等认为，从目前趋势看，只要特朗普不出现致命过失，下次大选他仍有较大概率连选连任，各方包括他们自己都要为此做好相应准备。美方普遍认为，过去一年中美关系的发展超出外界预期，其中最大的原因在于习近平主席同特朗普总统之间建立起良好的工作关系和个人友谊。黄育川建议，中方应继续加大做特朗普本人工作，既针对他本人性格、喜好等因素设计安排好元首外交，通过两国元首直接交往引导其对华政策，也要充分抓住他最注重迎合选民的特点，设计有针对性的工作方案，在向美开放服务业、帮助美增加就业等方面拿出一些实际举措，以扩大在特朗普选民基本盘内的影响力。

二、中方专家组积极做美方工作，针对美方提出的观点和看法，中方给予回应并收到较好效果

在认真听取美方观点的基础上，陈文玲总经济师和代表团成员有针对性地做美方工作，阐述了我国在相关问题上的主要立场和观点。这种面对面的交流，虽然双

方不乏交锋，仍有分歧，但在一定程度上消除了误解，在一些问题上达成了共识。

（一）关于目前中美关系的发展，挑起事端的责任方是美国，希望美方迷途知返，回到中美正常对话的轨道

中方表示，当前中美关系正处在一个十字路口，非常胶着、非常纠结、非常复杂，也非常敏感，中美关系早已超越双边意义。中美和则世界兴，中美斗则世界乱，中美破则世界衰。中国开启了习近平新时代中国特色社会主义新征程，中国最主要的事情是做好自己，使中国人民过上幸福生活，使一个13.7亿人口的国家实现零贫困、实现社会保障和公共服务全覆盖，这是中国对世界最大的贡献。习近平主席运用政治智慧主动引领中美关系朝着稳定、可控、可预期的方向发展，两国领导人多次会面和通话，中方表达了足够的诚意。只有中美两国合作，才能迎接太平洋时代的到来，中美合作是两国唯一的正确选择。中国的“百日计划”、一年期计划、在朝核问题等方面的主动作为是中国的隐忍，是给美国做出正确选择的时间和空间，而并不是向美国示弱。美国却开启了一个特朗普交易型政府的新时代，作为一个锱铢必较的商人，他把全世界作为大生意场，成了“美利坚合众国有限公司”董事长。近一段时间，美国战略和国内舆论明显转向，其国际竞争的优先选项从反恐转向与中国和俄罗斯这样的大国博弈与竞争，而且中国位列俄罗斯之前。美国连续出台了《国家安全战略报告》《国情咨文》《核态势报告》《2017—2018贸易评估报告》和美国总统首份经济报告等，不仅在经济上采取了一系列措施针对中国，特朗普还签署了“台湾旅行法”，美国军舰停靠在中国台湾，触碰了中美关系的底线。美国现政府给全球的清晰信号是将斗争矛头集中对准中国，使中国不得不进行强力反击，但中国战是为了和，不战不能和，战不赢不能和，因为美国采用单边主义、采取违背国际规则和令人难以容忍的霸权主义做法，只会破坏中美关系，破坏世界经济好不容易复苏的势头，破坏国际规则和国际秩序。中国做好了两手准备，面对特朗普无理行为给予坚决反击，也随时准备开展谈判，以免殃及池鱼。希望特朗普改弦易辙，不要一错再错，需拿出足够的诚意，使两国关系重回40多年发展的主干道上来，沿着正确的方向前进。

（二）“301调查”报告是美国严重违背WTO国际贸易规则的单边行为，是美国战略转向在经贸领域的体现

中方表示，特朗普政府把美国政府变成了交易型的政府，只要不符合美国利益的，不管是国内法还是国际法，一律加以拒绝或废除，而应用的则是过时的、陈旧的、不适用的40多年以前的美国国内《1974年贸易法》。美国对华的“301调查”是贸易战的升级，从关注贸易延伸到中国制造业、高科技产业、政府执政方式、中国共产党领导和军民融合这些中国国内的战略、规划、政策和意识形态。

在美期间，正值英文版“301调查”和中文版摘要发布当天，连夜通读文本，我方在与美方专家交换意见时提出：此次美国发布的“301调查”，置国际多边贸易摩擦解决机制于不顾，用一部过时的国内法律衡量别国的国策和政策，是严重干涉别国内政的粗暴行为，这是历史上从来没有过的“国际笑话”。报告中所引用的理论、观点、数据和事例，一是来自中国国家领导人的公开讲话、“中国制造2025”等有关规划和文件；二是援引美国在华企业的观点或者是中国美国商会的调查；三是用了大量的“似乎、好像、可能”等推断性的表达。我们认为，“301调查”报告中很多数据和数据来源并不能作为征税的依据，有些似是而非的推断需要美国进一步澄清。

中方强调指出，“301调查”报告不仅涵盖了中美贸易，而且还扩大到了制造业。此次调查表面上针对的是知识产权保护问题，但是其涵盖内容远远超出了知识产权的范围，实质是表达对中国政府引导相关产业发展、推动中国制造业迈向中高端的严重不满，是对中国高技术产业发展和超越的恐惧。其实各个国家都在制定战略或政策推进和引导重点产业发展，如德国2011年提出“工业4.0”，2013年制定相关文件，专门有两个政府部门负责推进，还给予财政补贴。如美国克林顿政府时期著名的“信息高速路计划”，奠定了美国信息产业的基础。日本也有先进制造业、机器人等国家计划。但是中国政府同样的做法却被美国指责为知识产权问题。我们认为，美国出台的“301调查”报告比贸易战更为严重，世界上还没有任何贸易制裁扩大到其他国家的制造业转型升级，扩大到一个国家的治理方式和产业政策，这已经超出了贸易的范畴。

中方的看法对参与交流对话的美方学者产生了思想震动。美国战略与国际问题研究中心甘思德表示，“301调查”中提出的问题，也和中国谈了很多年，但是没有结果，原认为中国的做法是在一步一步地瓦解国际贸易体制，美国贸易代表在国内受到很大压力，但现在需要重新思考。

傅瑞伟指出，美国商会大部分的会员希望看到稳健的中美经贸关系，同时在华投资企业也有各自的关切。美国总商会的任务是既要维护中美关系健康发展，又要帮助会员企业解决在华遇到的问题。当然特朗普政府采取的政策与之前都不同，我们也会采取相应的措施加以应对，在特朗普宣布对钢铁和铝产品加征关税之前，多诺霍会长就公开表示强烈反对。最近美国45家行业组织反对贸易战，美国总商会就是参与者。

（三）美国社会关于中国改革开放倒退的看法是错误的，中国改革攻坚正在继续进行，开放的大门永远不会关上

针对美方提出的问题，即认为美国民主、共和两党在对华政策和判断上趋于一致，感觉中国变了，没有按照美国希望的方向去改变，中方提出，中国的改革正从过去摸着石头过河朝进行整体设计方向发展，因为经济体量大了，法律法规和规章制度健全了，不能再摸着石头过河了，必须依法治理国家。根据2017年统计，中国人口达到13.9亿人，接近全世界人口的1/5，需要有长远打算和目标。分“三步走”的战略不是党的十九大报告才提出的，其实1987年在党的十三大报告就提出分“三步走”战略，只是根据中国发展的阶段把实现目标的时间提前了。中国政府提出2020年脱贫的目标是零贫困，这样的目标史无前例，过去数十年中国减贫人数占全球贫困人口的76%。中国提出的所有目标，如果没有规划，根本不可能实现，规划后如果没有付出艰苦努力，也根本不可能实现。中国一直在学习美国如何建章立制，如何依法治国，现在法制化程度更高了，国家和社会的管理和决策更加科学化，任何人企图像以往那样突破相关法律和规定都将很困难。全世界应该把中国的发展进步看成是对世界的贡献。如果像中国这样的大国不能保持安定，变成叙利亚和伊拉克那样的情况，全世界的发展将被严重拖累。2008年全球金融危机爆发后，中国投入4万亿元人民币救市，抵御和对冲了输入性风险，对全球经济产生了积极拉动作用，美国乃至世界应该感谢中国。

中方强调，中国将继续加大改革开放的力度，中国对外开放的大门永远不会关上。中国在上海首先设立了自贸区，又在4个省设立了自贸区，现在共有11个自贸区。自贸区的试点目标就是与高标准的投资进行对接，而且中国政府要求加快步伐，负面清单不断缩短，从200多项到122多项，到现在的70多项，还准备继续缩短。近五年党中央出台了1500多个文件推进开放，当然这些文件需要切实加以落实，并且让国际社会看到明显效果。即使美方不提出来，中国这些年也在主动部署进一步开放，正如全世界都看到的事实。同时，对于美国关切的问题，相信国内有关部门都会进行认真梳理，下大力气去切实解决。

对于中方的回应，美方专家有所接受，但也有一些认识需进一步沟通。甘思德表示，中美两国的沟通越来越困难，因为对于基本事实认知不同，不仅是政府，智

库也是这种情况。中国改革开放时期与美国追求的目标一致，即中国从计划经济向市场经济过渡，变成普通的国际社会成员，但是现在不同了，美对华政策的调整是因为中国变了，是中国的改革开放、全球治理目标发生了很大的变化，而且中方之前的承诺并未落实，否则美方不会进行这样的抵制。他同意中方认为的特朗普政策和做法是错误的，但是特朗普的不正确并不代表中国的正确，中美双方都要努力。

（四）美方对中国钢铁加征高额关税的依据不符合历史事实，中国钢铁出口与美国产业结构和就业没有任何联系

中方认为，把中国的钢铁业发展和美国就业机会流失及美国的产业衰减挂钩是完全没有道理的。中国并没有抢美国制造业的就业机会。20 世纪 70 年代美国钢铁业就业人口是 70 万人，现在降到 14 万人，钢铁产量从原有的 1.3 亿吨降到现在的 8700 万吨。美国钢铁业并没有向中国转移，而是 1973 年达到峰值 1.3 亿吨之后，在 20 世纪 80 年代就向日本转移了。直到 20 世纪 90 年代后，中国钢铁产品才出口到美国，此时距美国钢铁产业转移完成已过去十几年了，特朗普总统宣称中国夺走了美国钢铁工人就业机会是不成立的。

中方强调，中国产业政策与改革开放一样是一个渐进的过程，的确有许多不完善的地方，如产能过剩，有的是市场行为，但有的是行政干预的结果。政府近几年在推进供给侧结构性改革，就是要解决在资源配置过程中行政干预过多的情况。美方提到的光伏产业、钢铁和铝产业产能过剩的问题，并不是由美国或其他任何国家首先提出的，而恰恰是由中国自己提出来的。几年前，中国就进入了经济发展的新常态，而且把供给侧结构性改革作为主线，其关键词是结构性，就是要找出导致产能过剩和结构不合理的原因，进行体制机制改革，主动解决这些影响中国自身发展的问题。需要强调的是，中国产生产能过剩的一个重要原因被外界忽视了，就是 2008 年金融危机后，全球各国携手应对，中国投入 4 万亿元人民币救市，为美国经济争取了喘息的机会，也挽救了全球经济。对政府当时的做法，中国内部存在很大分歧，也有很多人认为中国并没有发生危机，没有必要出手救美国。但事实是，自此中国经济每年的增量都占全球经济增量的 30% 以上，拉动了全球经济增长。中国政府当时的决策总体看是正确的，在国内对高铁、互联网的投资成为长期支持中国经济发展的基础，但对钢铁、煤炭、铝业、光伏产业等领域的投资，导致了这些产业产能的急剧扩张。所以客观地看，中国是用自己的投资给美国，乃至世界经济恢复带来了 10 年的缓冲期。中国点燃了自己，照亮了别人，把产能过剩的问题留给了

自己。直到现在中国还在很痛苦地解决这些问题，这是中国为全球经济复苏付出的代价。希望美国智库和专家在这个问题上实事求是，对美国社会各界进行客观正确的引导。

美方对中方观点表示认同，希望中国有效推进具体的改革开放措施。美方同时表示，中方与美方签署了2535亿美元的大单，中方通过对美采购表达了良好的诚意，但是仅靠减少贸易逆差，还无法从根本上解决两国间的深层次问题。

（五）中美智库曾做过中美合作路径的研究，提出了中美合作的重点领域和路径，应继续开展合作研究

在与彼得森国际经济研究所伯格斯滕和杰弗里交流中，双方回顾了曾经开展的合作研究，很有感慨。中方指出，2012年中国国际经济交流中心（以下简称“国经中心”）与彼得森国际经济研究所同时启动对中美自贸区的研究，双方研究了12个方面的推进路径，均认为应该尽快启动。2013年曾培炎理事长访问彼得森国际经济研究所，当时中美正在谈判“双边投资保护协定”（Bilateral Investment Treaties，BIT），曾培炎理事长建议后面再加一个“T”（Trade），即贸易，当时双方也就此达成了高度一致。记得彼得森的研究结论是：如果启动BITT，利用投资加贸易，可以使中美贸易额增加5000亿美元，就业人员增加480万人次。所以，特朗普政府与其用单边主义手段解决经贸摩擦，不如换一种思路，推动世界第一和第二大经济体开展更多合作。中方拿出最大诚意，制订了“百日计划”，增加了对美国飞机、牛肉进口等；又准备制订一年计划，但还未实施，特朗普总统就采取了一系列制裁措施，对象包括光伏产品、工具箱和铝箔板等，接着对钢铝加征高额关税，再接着依据“301调查”报告扩大到制造业500亿美元1300种产品。中美之间首先要对话而不是对战，共同商量解决问题的办法，对战是没有结果的。当年彼得森国际经济研究所提出美韩建立自贸区的建议，美国政府也是不认可的，后来经过12年的努力才得以达成。所以，如果我们能够换一种思路，情况会好得多。

中方认为，双方可以推进中美自贸区和“双边投资和贸易协定”（BITT）的谈判，当年国经中心和彼得森国际经济研究所的研究结果今天仍然可以作为重要参考。目前中美GDP总量占全球的40%，贸易总量占全球的25%，制造业总量占全球的40%，特别提款权SDR货币篮子中，中美两国所占份额合计约为52%，中美两国完全有条件结成更加紧密的经济关系，两个国家合作可以为世界带来更大的利益和好处。此外，中美应抓紧完成“双边投资保护协定”（BIT）的谈判，现在已经谈了

34 轮，只要接着谈，就可以很快谈成。签署“双边投资保护协定”，可以给中美双方企业提供可预期的市场环境和制度性保障。美国政府认为中国企业赴美投资威胁到了美国的国家安全而加以收紧，2017 年中国企业赴美投资下降了 76.8%，高技术企业投资下降了 80%，2018 年美国国家安全审查委员会又先后阻挡了 9 家中国企业对美国企业的并购，美国的政策不利于吸引外来投资。如果中美“双边投资保护协定”谈成的话，美国企业在华投资也会受到保护，包括知识产权方面的保护。中国也十分欢迎美国企业加入“一带一路”倡议，中方愿意与美国企业共同开发第三方市场，或者共同寻找其他双方感兴趣的合作点，这也将给双方带来巨大的好处。目前，中国与 86 个国家和国际组织签署了“一带一路”合作协议，中国在相关国家和地区建立了 75 个产业园区。如果彼得森国国际经济研究所能与国经中心继续研究合作，帮助特朗普转换思路，加强合作，寻求共同利益，而不是打贸易战，将使中美两国、相关国家和世界经济免受负面影响。

中方强调，中国在加快与美国进行“双边投资保护协定”谈判的同时，开启了与欧盟的“双边投资保护协定”谈判，进行投资规模的谈判。国经中心对美韩自贸区文本进行了逐条研究，发现中国市场化的程度、贸易便利化和投资便利化的程度与美韩自贸区的条款基本接近，大部分都能够达到。所以我们认为通过“跨太平洋伙伴关系协定”或者将“区域全面经济伙伴关系协定”和“跨太平洋伙伴关系协定”进行对接，或者建立更大范围的亚太自贸区，对于中美两个大国都是有好处的。但是现在的问题是，“跨太平洋伙伴关系协定”因为美国的退出而弱化了，中国加入的意愿也相应减弱了。伯格斯滕先生说得很对，这是一个很大的错误，很严重的战略错误。国经中心希望与彼得森国际经济研究所就目前的中美经贸关系做专项联合研究，共同解决目前的难题。

伯格斯滕表示，非常赞同陈文玲总经济师的意见。双方对话十分关键，但是并不够，中方应该制定政策和有相应的问题解决机制来解决美方的关切，签订“双边投资保护协定”也是一种可能性。正如中国企业到美国投资受到阻挡，美国今后也有可能阻挡美国企业赴华投资，这种趋势将持续并有可能恶化，中美双方需要新的方式来解决目前的问题。其实中国可以将自身的情况与 TPP 11 条款进行比较，看看哪些达到了，哪些还存在困难，国经中心与彼得森国际经济研究所可以分别进行研究。在目前的情况下，中美两国其实比当年我们研究的时候更加需要“跨太平洋伙伴关系协定”。伯格斯滕表示，中国如选择加入是对美国加入最大的推动力。这样特朗普总统就可以宣布胜利，宣称他达成了更高标准的“跨太平洋伙伴关系协定”，连中国都愿意加入了，所以美国也要加入。建议将中国加入“跨太平洋伙伴关系协定”与减少中美贸易不平衡相结合，从而解决两国深层的问题。

此次到访的其他美国智库和社会组织也表达了与中国智库继续加强交流沟通的愿望。傅瑞伟表示，过去多年来与国经中心的交流与合作富有成效，希望今后继续加强合作。多诺霍会长请傅瑞伟副会长转达他对曾培炎理事长的问候，期望2018年5月率团访华，与曾培炎理事长当面交流。美国战略与国际问题研究中心的甘思德表示，他每年都要去中国，2017年去了8趟，希望2018年4月去中国的时候能够和国经中心专家一起继续深入讨论。双方已经约定交流的具体时间。彼得森国际经济研究所的伯格斯滕表示，积极考虑共同研究的提议，如果国经中心有一个具体的研究方向或方案，双方可以就此展开进一步交流。

三、几点建议

美国战略转向使中美关系面临新的挑战。调研发现，我国对美国挑起的贸易战有所准备，舆论也跟得上，制裁措施相继出手，反制战打得很漂亮。但总体上看，我国一些部门对美国战略转向及贸易战的真实战略意图警觉度不够，准备也不足，仍处于被动应对阶段。我们认为，必须清醒地认识到美国战略转向不是心血来潮，美国从贸易战入手，利用“301调查”在经济上出重拳，直指“中国制造2025”、知识产权、高技术反制、军民融合等领域，意图全面遏制中国发展，阻碍或打断中国迈向现代化强国的进程，更严峻的挑战和形势还在后面。可以预见，未来美国将围绕其战略转向在政治、经济、外交、军事等领域进行一系列调整与布局。对此我们必须高度警觉，高度重视美国战略转向对中美关系短期和中长期的影响，提前做好预案，采取强有力的应对举措，以“不战而屈人之兵”为上，同时也要准备战，战是为了和，不战不能和，战不赢不能和。

（一）高度重视美国战略转向，必须保持战略定力、战略耐力和战术谋划能力

《国家安全战略报告》是美国战略转向的重要标志，是美国社会各界普遍形成的对中国感知集中爆发的重要节点。调研发现，美国智库专家、学界、企业界和社会舆论空前一致地对“中国崛起力量”表现出强烈恐慌和担忧，恐华、排华、遏华似乎成为社会合流。我们认为，未来一段时期，中美经济领域的竞争和贸易摩擦将是常态，对抗性斗争和博弈不可避免，将是中美关系发展的动荡期和调整期，中美

双方能否有效管控分歧，有智慧地处理双边关系，不仅关系到中美关系能否健康发展，也关系到世界能否繁荣稳定地发展。我们必须保持战略定力、战略耐力和战术谋划能力。在当前中国国力极大提升但距离“两个一百年”目标实现还很远的情况下，不管美国施加多大压力，我们均应保持战略定力，决不能被特朗普及鹰派“唬住”，不能因美国自乱而“随鸡起舞”也乱了阵脚。必须充分认识到，目前美国对华的社会舆论和民意转向才刚刚开始，带有很强的民粹主义色彩，比较无序和非理性，在道义道德上也是站不住脚的。同时也要充分认识到，未来一段时期中美合作性博弈将更多转向竞争性博弈，斗争曲线有高有低，但美国对我国的围堵、遏制将是常态。因此，中美比拼的是战略定力、战略耐力和战略谋划能力，要全面认识到中美经济领域竞争和贸易争端的长期性和复杂性，把对美进行常规斗争作为我对美工作的重中之重。强化在全球对美斗争的战略谋划能力，形成政治、经济、外交、军事一揽子顶层设计，形成系统化的战略安排。在具体时点的战术安排上，也要事先依据数据、论点、论据进行谋划，打舆论战、时间差和组合拳。做好对美应对方案的预判与反制措施，解决过去单一部门单打独斗的问题，在以习近平同志为核心的党中央领导下，多部门联动，政府、社会、企业、行业组织和智库联动，国内国外联动，形成对美的强大压力。

（二）强化中美元首外交的战略引领作用，与美国开展多维度、多渠道、多样化的对话和交流

历史的经验教训表明，打贸易战从来都不是解决问题的正确途径，也不是仅靠中国单方面智慧就能解决的，对话才是解决中美问题的正确思路。特朗普执政一年多以来，习近平主席与特朗普总统保持了良好的沟通和互动，这对中美关系起到了战略引领作用，要继续坚持中美元首外交的战略引领作用，就重大敏感问题增信释疑，推动中美关系相向而行，回到正常的外交轨道。在特殊情况下，必须加强中美社会人文交流等多维度、多渠道、多样化的对话交流，既要加强中美元首引领性外交，进行会晤、通话或领导人发布声明表明态度；也要加强外交安全对话、全面经济对话、执法及网络安全对话、社会和人文对话等 4 个高级别对话机制，使之进入快速轨道，保证对话的时效性、操作性和落地能力；还要充分利用美国联邦体制下地方政府独立性强的特点，加强我省市与美友好省市的交流合作，扩大中美合作的地方基础。我们认为，当前智库交流合作可以起到独特作用，尽管特朗普对绝大部分智库学者弃之不用，但其影响社会舆论与中美关系未来的作用不可小觑，应加强

中美智库、学界之间的交流合作，共同回应各自的重大关切与疑虑，引导社会舆论。扩大中美合作的民意基础和舆论基础至关重要，应加强中美商界企业之间的交流合作，促进中美关系通过企业之间的连接朝着合作方向发展，加强中美社会人文交流，形成对中美关系的深度共同认知。

（三）加快构建新时期对外开放和外交新格局，对冲美国战略转向的风险和外部影响

我们认为，当前和未来一段时期，全球大国博弈与竞争将空前激烈，世界主要经济体和国家都致力于实现自己的强国梦，使自己站在世界巅峰，世界格局正从冷战时期的美苏博弈发展到后来的“一超多极”，再发展到目前主要大国“合纵连横”的新阶段，世界政治、经济、外交、军事正在重新洗牌和布局。能否在对美的斗争中胜出，关键在于我国能否在全球范围谋划创新外交格局，继续形成新型全球合作伙伴关系，必要时突破这一点，实行结盟政策，与关键国家和地区结盟，建立更紧密的合作关系，结成对美斗争的统一战线。抓住美最不得人心、严重违背人类道义和国际规则即损害全球共同利益的软肋，突破美国战略联盟的薄弱环节，形成对我有利的国际新格局。建议当前实施“四轮驱动”战略：一是驱动中俄关系之轮。深化中俄全面战略合作伙伴关系，实行实际上的结盟政策。共同推动中国与亚欧联盟的战略、规划对接，将“一带一路”建设落到实处，推动中俄冰上丝绸之路建设，联合开发北极航道，使中俄在资源共享、技术共享、发展机遇与成果等方面有新突破。拓展与俄的战略交汇点，推动形成金砖国家机制、上合组织、APEC、东亚峰会等两国共同发力的新局面。二是驱动中欧关系之轮。使中国与欧盟国家、英国等欧洲国家的关系在原有关系上更进一步，加快推动中欧自贸区、中英自贸区谈判进程，推进亚欧互联互通，恢复历史上亚欧板块的活力与昔日辉煌。三是驱动中国—东盟关系之轮。尽快完成 RCEP 谈判进程，建成“10 + 6”自贸区。在当前日本等一些国家有分歧的情况下，率先形成“10 + 3”“10 + 4”和“10 + 5”自贸区，推动中国—东盟关系从黄金 10 年走向钻石 10 年，通过中老经济走廊建设，连接泰国，辐射柬埔寨，直达泰国湾，率先打通中国—中南半岛经济走廊。四是驱动中国—朝鲜半岛、日本关系之轮。应对日、韩、朝分而治之，对朝鲜访华形成的成果应继续维护、延续，并构建更紧密的战略联系，在防止美国“反水”的同时，防止朝鲜“左顾右盼”；积极推进中、日、韩自贸区进程，争取日本、韩国参与中国“一带一路”建设。

与此同时，中国在非洲已形成先发优势，应将这一地区作为“一带一路”建设的重要区域，抓紧调整并拓展原有的布局，突破最初的几廊几路提法，给非洲明确的合作建设“一带一路”的信号。还应抓住特朗普修建与墨西哥隔离墙的机遇，加大与墨西哥、加拿大等北美国家经贸往来的力度，积极发展与南美我方主要大豆进口国巴西、阿根廷的经贸往来，创造条件与这些国家进行自贸区谈判。

（四）继续拉紧中美经济合作纽带，使中美关系的“压舱石”不松动

一是中美共同推动双边和多边的区域合作。中美 BIT 已经过 34 轮谈判，基本条件已经具备，应在此基础上尽快完成 BIT 和 BITT 谈判，或启动中美自由贸易区（FTA）可行性研究与谈判进程，推动 TPP 和 RCEP 等区域经济整合，继续强化中美关系的“压舱石”。二是加强中美在“一带一路”框架下的合作。“一带一路”是中美合作的重要平台和新契合点。在当前和今后一段时期内，应着眼于“一带一路”中美合作，找准两国之间的利益交汇点，找准两国合作共同开发第三方市场的合作基点，找准并兼顾各自的重大关切和重大利益，扩大中美合作领域、空间和利益，使中美关系能在一个长周期内稳定、稳步发展。三是加强中美金融等宏观经济政策协调领域的合作。中美应共同构建国内、中美双边以及全球三个层面的宏观经济政策协调机制。要从全球视野、国际视野制定本国的各项经济政策，提高中美两国宏观经济政策的协调度，加强中美金融领域的合作，充分利用联合国、国际货币基金组织、世界银行、G20、APEC 等国际组织与国际机制，逐步建立和完善全球宏观经济政策协调机制。

（五）应尽快回应美社会各界的重要关切与疑虑，有针对性、快速有效地做好对美工作

我们认为，美国战略取向转变是长期过程，短期内不会再改变。目前美国社会包括企业界、学术界、行业组织、民众等在内的舆论转向对我尤为不利，做好对美工作刻不容缓。我们不能满足于采取对等、对应措施，等美国出牌，我们必须主动出牌，主动做工作。当前中美关系处在关键的十字路口，必须加大对美工作力度。应坚持内外有别，政府举措与民间交流合作往来有别。对外要有理有力有节，坚持我方的一贯态度、口径和举措不变，坚决反对美方的单边主义做法与行径，坚决运用 WTO 规则和其他必要方式捍卫我方的合法权益。对内要针对当前美国对我国的重大疑虑与关切抓紧做好以下工作：一是应对美国“301 调查”中涉及中国出台的政策、规定及相关表述进行全面系统梳理。对美国单边指责且子虚乌有的规定或表

述要予以坚决回击。对美国单边指责但确实存在不符合 WTO 规则的国内相关政策及表述做到心中有数，并以此次美国“301 调查”报告凸显的国内政策不适应国际发展需要为突破口，全面梳理修订我国国内相关政策，提升国家治理体系和政府治理现代化水平。制定相应改革方案，加快推进改革，切实解决和纠正问题，避免引发世界其他国家连锁反应，与美国形成合流。二是对当前美国严重干预我国内政的行径坚决予以回击。如我国政府制定的“中国制造 2025”的合法性、我国支持高技术产业发展的合法性、军民融合的合法性等，这是我国内政，也是国际惯例，必须给予清晰、明确、准确的回应。应打好组合拳，把舆论战、防御战、反击战和持久战结合起来，在中美这次比拼中获胜，给美国深刻教训，为今后更为持久、巩固、互相尊重的中美关系奠定基础。三是对美国社会当前对我国进一步改革开放的质疑要予以澄清。2018 年正值我国改革开放 40 周年之际，要大力宣传中国改革开放取得的成就，特别是要系统梳理改革开放采取的举措，主动诠释中国进一步改革开放的决心和态度，落实中国改革开放的战略部署与政策体系。以改革开放 40 周年为契机，以此次中美贸易争端凸显我国确实存在的问题倒逼国内改革，推动我国各项改革取得新突破。四是改善我国内外宣传工作机制。针对美国社会各界空前高涨的对中国崛起的恐惧和战略疑虑，建议我国继续按照新时代党的战略部署积极稳妥地推动国内各项改革和经济建设，舆论宣传方面可适度“韬光养晦”，以减少美国对我国的战略恐惧。针对美国关注的“中国发展道路”、进一步改革开放问题以及政治制度、知识产权等问题，有方法、有策略地开展宣讲，给出清晰解答，形成正确的舆论导向。五是加大国内高端智库专家“走出去”做工作的力度。解除束缚国家高端智库的制度和政策障碍，支持我国智库与美国智库开展中美各领域的合作研究，共同发布相关研究报告，从美方角度向美国社会阐释中美合作的巨大利益、诠释中国道路和中国主张。目前美国智库对我国的了解比我国智库对美国的了解要深入得多，我国政府相关管理部门对智库管理的特殊性认识不够，在思想方法和实际管理上基本等同于一般性事业单位。“出国难”是国内智库交流应解决的问题，也应取消不合理的出国次数与天数的限制，允许智库根据工作需要自主决定有关事项，加大国内高端智库专家“走出去”做美国和相关国家工作的力度。

（本报告由陈文玲、袁幽薇、颜少君、李政共同撰写）

主动塑造中美两国更长远、更具建设性的经贸关系
——中美高端智库纽约“中美经贸关系对话会”简述

（2017 年 6 月）

2017 年 6 月 14 日，中国国际经济交流中心与美国亚洲协会政策研究院在美国纽约举办了“中美高端经贸对话会”。本次对话会围绕“中美经贸关系：新的合作”“中美经贸关系：百日计划及后百日计划”和“中美在全球经济体系中的合作”议题展开深入讨论。会上国家有关部委向媒体介绍了中国发布的《中美经贸关系研究报告》及《“一带一路”白皮书》。

全国政协副主席董建华、国务院新闻办公室原主任赵启正、中国驻美大使崔天凯、美国亚洲协会政策研究院院长陆克文、纽约前市长布隆伯格等出席会议并做了主旨演讲。来自中国国际经济交流中心、中国社会科学院、国务院发展研究中心、中国宏观经济研究院、美国亚洲协会政策研究院、美中关系全国委员会等的智库专家和企业界代表 54 人参加了会议。

本次智库对话会是在 2017 年 4 月中美两国元首海湖庄园会晤取得积极、富有成效的成果，中美全面经济对话机制框架下收获“百日计划”早期成果并将着手讨论“中美经济合作一年计划”的背景下举行的。旨在通过两国智库专家的直接对话和讨论、思想的碰撞和交流，解疑释惑，增进共识，引导舆论，向两国政府提出更具战略性、前瞻性、创新性和操作性的思路和建议，促进中美经济关系健康、稳定、持续发展。中美代表围绕会议议题进行了坦诚、深入并具有建设性的对话，发挥了智库“思想先行”和“智者先行”的独特作用。

一、凝聚了智慧与思想，提出了深化中美经贸关系的思路与建议

对话会代表一致认为，中国国家主席习近平与美国总统特朗普的良性互动和主动作为，尤其是两国元首海湖庄园会晤成功且富有成效，为发展面向未来的中美建设性发展合作伙伴关系奠定了基础。新时期的中美经贸关系，仍然是中美关系的

“压舱石”和“推进器”，构建建设性、持久性和机制性的两国经贸关系，寻找更多的利益交汇点、战略共同点和政策包容点，采取更多取向一致的行动，既可以为中美两国人民，也可以为世界上更多国家人民创造可预见和可感知的发展机遇及新的福祉。

（一）当前处于中美关系发展的关键时期，主动塑造并建设两个重要国家之间更好、更强、更长远、更具建设性的关系，是我们肩负的真正历史使命

全国政协副主席董建华指出，现代中美关系从1972年尼克松总统与毛泽东主席会面开始，九位美国总统和五位中国领袖携手推动了这一关系。中美关系不仅对两国有益，对世界也是如此。尽管任重而道远，但已经有了一个良好的开端，这是个好兆头，预示着中美关系能以建设性的方式前进。中国认识到为了追求和平，需要成为可靠的国家，这正是中国努力的方向。在这一世界观的指引下，中国希望与所有的国家建立良好关系，中美关系尤为重要。为全球共同利益做出贡献，是中美两国承担的一项高尚而美好的事业。在此基础上，发展建设性的关系永远都是可能的。对于全世界而言，让我们支持习近平主席和特朗普总统做出的努力，他们让这一关系变得更为紧密。中国驻美大使崔天凯指出，历史学家告诉我们，历史上曾出现16次新兴大国和守成大国相遇的案例。在这16次案例中，12次以战争或冲突收场，4次实现了相对平稳过渡。中国和美国的相遇，当然不应该以战争或冲突收场，也应该不同于那4次相对平稳的过渡。我们追求的不是全球主导权从一个国家转向另一个国家，我们的目标是建立一种新型、互利、应对共同挑战的伙伴关系，一个利益共同体。如果我们成功实现这一目标，将掀开历史崭新的一页，不仅造福中美两国，也有利于世界。纽约前市长布隆伯格指出，今天中美合作越紧密，前进的步伐就越迅速。中国的发展可以促进美国的发展，中国的进步令人振奋。开放之路没有尽头，中美两国应当坐下来谈判和沟通，而不是互相指责，生活和外交都不是零和游戏。只要我们共同努力，就可以超额完成既定目标，使我们未来更加强大。今天就是伟大变革的开始，让我们聚在一起，不仅为中美两国共同的未来，也为全世界的未来而努力。中国国际经济交流中心总经济师陈文玲指出，历史是现在留给未来的记忆和痕迹，中美向好、向远、向前发展的建设性关系，是今天中美两国，包括两国首脑、政府、智库、企业家和中美人民共同谱写的历史，将成为留给未来的光辉一页。目前两国合计经济总量占全球的40%、对世界经济增长的总贡献占45%、制造业

合计占全球的 40%、投资占 30%、货物出口占 25%、货币占 SDR 货币篮子的 52.6%、占全球外汇储备的 50%，对于两国和世界来说，大到不能倒，大到不能破，大到不能离，大到不能任性和随意。中美关系正站在新的历史起点上，中美两国合则两利，并可以产生巨大的、正面的溢出效应，成为稳定国际关系特别是全球经济增长的“定海神针”。

（二）中国提出的“一带一路”倡议和在北京召开的“一带一路”国际合作高峰论坛，在美引起了强烈反响，推动美国政府和企业参与其中日渐成为社会认知

美国亚洲协会政策研究院主席陆克文指出，一个月前，他在北京参加了“一带一路”国际合作高峰论坛，论坛规模盛大，给他留下了深刻印象。“一带一路”倡议确实是世界级的，强烈建议美国各界关注“一带一路”相关议题。实施如此大规模的计划不可避免地会遇到问题，但提出这一旨在减贫的宏大计划本身就值得国际社会尊重。更重要的是，美国社会试图了解“一带一路”现象，开始重新审视“一带一路”和中美关系，当开始对比美国的数据时，看到这一倡议比“马歇尔计划”更宏大，人们为这一倡议的巨大规模感到震撼。在谈论丝绸之路的时候，我们知道它在历史上的作用，不过今天这个倡议是更加宏伟的丝绸之路，不只是在陆地上，也在海上，这是马可波罗和他的朋友们做梦都想不到的壮举。国务院新闻办公室原主任赵启正指出，中国希望将自己的经验与全世界分享，特别是与发展中国家分享。“一带一路”与“马歇尔计划”完全不同，“马歇尔计划”附带政治条件，受援国需要接受美国的这些条件才能获得援助，这就是东欧没有被纳入计划的原因。这一点决定了两者是完全不同的。“一带一路”建设，中国是提倡者，也乐意促进。但是，中国并没有操控，也不会单方面地推行“一带一路”，而是希望发展中国家能参与进来，中国愿意提供融资和专家经验，特别是对那些亟须帮助的重点地区。所以，理解“一带一路”的关键是，这是在全球化时代促进经济增长的一种方式。亚洲协会总裁、亚洲协会首席执行官、美国前副国务卿施静书指出，“一带一路”是一个具有重要意义的倡议，许多美国人不理解倡议的关键内容。亚洲协会应当担负起搭建桥梁的责任，帮助人们了解这个倡议，探索美国如何参与“一带一路”建设。世界需要中国，中国一直以来也在致力于解决本国问题的同时与世界分享中国智慧。虽然“一带一路”倡议的提出仅有几年时间，但是它必将行稳致远。美中关系全国委员会主席欧伦斯指出，“一带一路”让他回想起 2005 年，他认为习近平主席提出的“一带一路”与佐利克12年前的设想不谋而合，即中国应该在全球金融体系的建设中发挥领导作用。令他惊讶的是美国的反应并不积极。“一带一路”不仅能够减贫，还能遏制恐怖主义，因为我们知道恐怖主义在贫困地区十分猖獗。为什么美国不感到欢欣鼓舞？这是不应该的。奥巴马总统的一个失误就是没有在亚投行创立时加入，但现在美国加入还来得及。美国Tupelo王周克璐指出，对于中国倡导的“一带一路”建设，美国应该加入其中，这符合美国的利益。美国可以向中国展示自己并不是人们想象的经济霸权者，也可以做完全不同的事情。通向双赢的漫长道路上一定各有得失，中美双方应以多种方式进行合作，有时需要让步使对方面子上好看，包括亚投行的领导问题。尽管“一带一路”是中国提出的倡议，但也与各国和投资企业的代表进行磋商，这表明它不仅仅是服务于中国的利益。

（三）直面问题，解疑释惑，澄清影响中美经贸关系的纠结点，更有理性和诚意地高效率推进中美经贸关系健康发展，是当前两国应该同时发力的重要选项

中国国际经济交流中心副理事长魏建国指出，我们希望中美“百日计划”能够早日实现，中国主动提出制定这一计划，代表了中方三方面想法：一是中方对解决中美之间特别是经贸领域存在的问题抱着积极的态度，而且会尽最大努力去解决这些问题。二是希望通过中方解决问题的计划，表现出中国说话算话的诚意，表达中国与美国诚信合作的期望。三是通过“百日计划”谈判，希望美国能注意到中方提出的问题并以同样态度予以解决。采取更有执行力的“百日计划”，能够短期内解决双方经贸方面的问题，这对双方都是有益的。中国宏观经济研究院副院长毕吉耀指出，许多人都担心中美之间会爆发贸易战争。幸运的是，中美双方元首的会晤十分成功，中美希望通过合作共赢的方式来解决两国之间的贸易问题。“百日计划”针对双方关切的具体经贸问题，采取先易后难的解决方式，力争在百日内取得可以看得见、见效快的成果，有助于增强双方解决更多、更难经贸问题的信心。这种灵活务实的解决经贸问题的方法，有助于避免因纠缠于一些双方都难以解决的问题而可能陷入困境，为中美经贸关系发展创造良好的氛围。中国社会科学院世界政治与经济研究所所长张宇燕指出，在讨论中美经济贸易关系时，人们容易情绪化，认为是中美贸易逆差导致了美国失业人数增加，这其实是一种误解，通过强制调整双方贸易赤字来解决问题的做法，一定会导致两败俱伤。不能以赤字作为衡量中美经贸关系的尺子，美国失业率居高不下是因为经济复苏乏力，制造业就业减少源于技术进步和制造业向服务业的转移，并且美国劳动力就业市场本身也存在管理问题。据美国哥伦比亚大学研究成果，2000—2014 年中国对美的贸易赤字，对上游企业就业虽有一定负面影响，对下游企业就业的影响却是正向的。事实证明，就业与贸易赤字关系不明显，美国失业率高的年份，正是贸易赤字少的时候，贸易赤字和就业反倒呈负相关状态。另外，中国在贸易中形成顺差，外汇储备又回流到美国，对美国就业产生了积极的影响。亚洲协会政策研究所副主席、美国前贸易谈判副代表 Wendy Cutler 指出，在 2016 年的总统竞选中，中美两国在经济关系走向上都有很大的疑虑。今天我们重点关注贸易、金融、投资结构和宏观经济关系等综合经济对话。特别是在贸易方面，美国和中国在“百日计划”中达成协议，相信该计划会为两国带来巨大的共同利益。如中国同意向美国开放牛肉市场，放宽对外资信用评级机构和信用卡公司的限制，同意促进批准生物技术产品应用；美国同意重新开放中国进口禽类市场，放宽对中国 LNG 出口的限制，派代表参加“一带一路”会议等。对于这些，政府和企业的褒贬不一，他个人认为，这些成果意味着中美经贸关系又向前迈进了一步，并继续为持续合作营造良好的氛围。

（四）应该以创新思维设计中美经济关系的未来，中美经济关系既不是“也无风雨也无晴”，也不是“轻舟已过万重山”，应该用真诚的友谊与合作给世界带来惊喜

崔天凯大使指出，在处理中美经贸关系时，我们应该牢记：中美经贸关系本质上是互利的，不是零和游戏。中美之间经济依存度高，并仍在不断加深。贸易战、货币战、单边保护主义都不是选项。当然，双方之间存在一定竞争是不可避免的，但竞争让双方都变得更好更强。竞争不应排斥合作，也不是为了消除竞争的另一方，因为没有竞争就没有发展的动力。作为全球最大的两个经济体，中美经济保持强劲和可持续发展关系到世界经济走向，如何处理中美经济关系将对全球经济治理的发展和有效性产生重大影响。

布隆伯格指出，中美互为彼此最大的贸易伙伴，利益息息相关。气候变化、贸易和金融都是他所关心的领域。2016 年，中国人民银行授权中国银行纽约分行担任第一家美国人民币业务清算行，也是第一家获美国债券发行牌照的银行。彭博成为首家发布中国固定收益指数的机构，还建立了人民币债券平台，为中国债券市场的开放提供了全力支持。基础设施投资是促进经济增长的最佳途径，中国宏伟的“一带一路”倡议呼吁在整个区域建设新的基础设施。“一带一路”沿线国家的 GDP 和贸易额占世界总额的50%以上，为投资者带来了新的机遇。这些面向未来的重要举措缓解了贸易摩擦。

美国亚洲协会副总裁 Tom Nagorski 指出，目前来说最根本的问题是：中美合作之间有共同点吗？我们在过去的一年中，经历了无休止的政治方面的竞争，尤其是总统竞选期间。而且我们听到许多流言声称中国是货币操纵者，也有各种各样的恐惧，认为中美之间会爆发贸易战。但是这些讨论已是过去式。值得关注的是陆克文先生和布隆伯格市长提到的气候变化领域，美国采取了与中国完全不同的态度，这是美国的一次倒退。

美国亚洲协会董事会联席主席 Henrietta Fore 指出，希望双方可以一起为基础设施建设做出贡献，并通过“一带一路”建设平台重新思考中美之间的合作。两国应该一起合作，去推进整个项目的发展。让我们用真诚的友谊与合作给世界带来惊喜，让我们在该地区进行包容性贸易。中美之间的合作方式十分重要。例如，通过规则框架的透明化协议，共同回答中美之间共有的关于基础设施建设方面资金流通的问题。又如，美国人民为我们的高速公路网络系统和水坝系统感到自豪，优秀先进完善的基础设施是美国的骄傲之源。而我们访问中国时，也为中国发达的铁路系统和先进的民航设施感到惊讶，也为你们感到骄傲。这些非常重要，因为这是铺垫两国合作道路的奠基石。美国标准普尔首席经济师及执行副总裁 Paul Sheard 指出，美国大选在国际秩序方面带来了一个非常重要的转折。美国不再愿意或无法继续在世界经济领导地位发挥作用，崛起的中国则通过“一带一路”向美国表示了希望共同分担世界责任的愿望。美国并没有从世界舞台退出，而是为中国的崛起和发展做出让步，希望营造双赢的局面。美国过去一直处于支持自由贸易全球化的前沿。我们都知道在自由贸易市场中，有赢家也有输家，而这些损失不仅仅体现在经济方面，也反映在政治领域。我们不应该从赢家和输家这个角度来看待中美贸易合作，而应该从互利共赢的角度来看待双方的共同利益，经济学家们必须重新审视贸易赤字的实际含义。

中国国际经济交流中心总经济师陈文玲指出，处理好中美经贸关系，必须向前看、向远看、向深处看，应用创新思维来认识和拓展中美经贸合作的新空间。比如制造业，中国具有全世界最完备的工业体系，高铁、航天、深海勘探、大型计算机、核能核电已经迈入世界第一梯队，而美国在制造业上也处于世界顶端，中美可以重建和优化产业链，形成互补、互动，甚至互换，不必盲目竞争。比如贸易，不能用传统的顺差和逆差来评估贸易，应大力发展面向未来的下一代贸易方式——数字贸易（E 国际贸易），推动两国贸易和全球贸易寻找新的增长点，而不是争端点。应尽快开启中美 FTA 谈判，美国彼得森国际经济研究所和中国国际经济交流中心的研究表明，若如此，将会增加 5000 亿美元的贸易额和 480 万人的就业机会，我们需要找到新的发展空间和打开这一空间的钥匙。

（五）中美在全球经济体系中的合作至关重要，中美必须相向而行，推动全球治理体系和国际秩序中的对抗性博弈转向合作性博弈

中国国家发展改革委西部司副司长肖渭明指出，在全球化的过程中，我们忽视了经济的平衡发展，造成了一些失衡，必须认真对待这一问题。作为世界上最大的两个经济体，我们有义务鼓励要素自由流动，并提供资金促进经济活动的繁荣。在新一轮全球化中，我们必须探讨如何在全球和平、和谐中实现发展，实现双赢和多赢的局面。习近平主席指出，我们不能走地缘博弈的老路，要走合作共赢的新道路。我们必须协调一致，开创新局面，建立新的大家庭。

中国国务院发展研究中心对外经济研究部部长赵晋平指出，长期以来，美国在全球治理体系中起到主导作用，经验丰富，成为引导全球化的力量，中国的积极参与使得全球化更全面，中美作为世界上两个最大的经济体，在完善全球治理体系中负有重大责任。我们面对充满不确定性的世界，越是在艰难的背景下，越要相信中美两国都是受益者，也应该是有序全球经济环境的倡导者。有了良好的外部环境，美国对华出口才能大幅增长，中美两国相互投资的良好势头才能继续保持。完善全球经济秩序，必须维护公平、公正、和平的自由贸易和投资环境，维护 WTO 多边框架。落实《WTO 贸易便利化协定》，每年将会为全球带来将近 1 万亿美元的经济收益，并大大降低贸易成本。

美国 Ssarfort Holding 董事长 Kenneth Courtis 指出，说到全球经济治理，他曾深度参与了新加拿大基础设施银行（CIBA）的创立，2017 年底之前立法就会通过、生效。对于各类基础设施银行的治理，他认为亚投行是全球的金标准，与其所见的银行包括亚行相比，具有考虑最为周全的治理结构。我们不能再纠结于是否加入亚投行，而是应该拥抱亚投行，否则我们就没有机会了。中国和美国必须更加紧密地合作，以应对不可避免的挑战和冲击。对于气候变化问题，华盛顿可以探讨如何降低可再生能源的成本，更好、更快地部署与世界同步以应对气候变化。

阿里巴巴集团副总裁、阿里研究院院长高红冰指出，阿里巴巴下周要在美国底特律和当地市政府联合召开商务会议，我们希望为城市发展做出贡献。中小企业的

创新更需要被关注，中美两国中小企业有战略互补性，中小企业也期待能参与全球化进程，互联网基础设施为中小企业提供了参与全球化的便利和平台，希望美国为中小企业发展提供支持。美国数字化互联网公司为全球化提供了极大的平台，两国都在数字商务领域居全球领先地位。中美已经成为全球数字经济发展的双子塔，双方必须承担责任构建更好的框架。全球化发展需要重视年轻人，“80 后”“90 后”对全球经济的理解和思考很重要，我们要倾听年轻人的声音，邀请他们参与全球化和贸易的发展。

二、本次活动的几个特点与启示

本次在美国纽约举办的“中美高端经贸对话会”总体看是成功的，也是卓有成效的，与国内组织的智库相关活动不同。本次中美高端智库经贸对话会有以下三个突出特点：

（一）本次活动站位高、起点高、组织周密，是一次国家决策者、政府相关部门、国家高端智库专家和企业家共同参与的国际交流活动，显示出正向的集成效应

本次活动紧密配合两国元首在中美关系方面的良性互动与重要部署开展工作。全国政协副主席、中国国际经济交流中心顾问董建华先生亲自率队，国务院新闻办领导及国家发改委、商务部、外交部派员参加，国家高端智库联合行动是中美高端智库之间开展对话的创新。会议议题设计以推动中美经贸关系“百日经济计划”早期收获为良好开端，共同致力于形成更为全面的互利双赢成果，进一步加强机制性安排，促进中美两国关系朝着“更加稳定、更可持续、更具建设性”的方向健康发展。会议议题充分考虑了美方智库的要求和建议，增加了中方政府部门官员介绍“一带一路”白皮书和《关于中美经贸关系的研究报告》的环节，得到美方与会代表的一致好评，引导了讨论方向，引发了激烈讨论，收到了超出预期的效果。会议期间，赵启正、郭卫民、魏建国带队到访美中关系全国委员会，进行了更为深入和亲切的交流，进一步增进理解并增强了中美智库之间的合作。中宣部、国务院新闻办公室高效组织国内外媒体进行采访与报道，形成了舆论关注点和聚焦点。中方主办方中国国际经济交流中心会前、会中、会后做了大量具体工作，保障了活动顺利开展。由于形成了合力，短短几天的活动形成了集成效应。

（二）要推动中美经贸关系迈向新平衡，就必须摆脱传统的思维和做法，发挥智库独特作用，更多地进行面对面沟通与交流

在这方面美国智库比中国智库具有更大的主动性和独立性，中国智库大多数情况下是利用撰写文章等形式建言献策，与美国一流智库相比有很大差距。其主要原因除了缺少智库思想品的生产方式和转化能力，还缺少在一线与国际一流智库思想碰撞和激荡的历练，缺少出国调研、讨论、合作研究的机会，同时对智库若干不合理的约束与限制也制约了智库自主地、创造性地开展工作。智库工作跟不上习近平主席的要求和在国际上发出的重要倡议和重要论述，跟不上国家重大战略部署和意愿，跟不上国际上充满变数的形势发展，跟不上新经济、新业态、新商业模式和企业的积极实践。更多地创造类似这次在纽约举办的智库之间的对话，通过现场激发灵感，真实地解疑释惑形成新认知，其效果大大好于“纸上谈兵”。本次对话代表一致认为，中美关系仍存障碍，导致中美之间贸易摩擦以及爆发贸易战的潜在因素并没有消除，中美经贸关系不应以“贸易平衡”为主线和核心基础，而应超越“零和”博弈，面向未来，共同寻找经济增长点和利益共同点，积极创造更加公平的竞争环境基础，逐步消除结构性矛盾。这些看法就是在充满争议的讨论中形成的。坦率地进行交流与沟通，可以让智库更好地发挥作用，配合国家战略做更多政府不便开展的工作。

（三）以更大的勇气和智慧，进行更多的有效策划与行动，推动中美关系健康平稳发展，做好中美之间公共外交工作特别是智库交流沟通十分重要

从对话会看，中美智库专家和企业家还存在很多不同看法，在促进中美关系健康发展上，这次交流充分发挥了对话交流与摩擦“减震器”的独特作用。智库如果能够形成更多基于讨论和争论基础上的共同认知，可以形成正向的舆论导向，引导两国社会舆论乃至引导国际社会建立基于中美互信的建设性伙伴关系，对中美未来可能发生的风险、挑战与障碍防患未然。智库在中美公共外交乃至全球治理建言献策方面可以发挥更大作用，这种专题讨论效果尤为突出，中美智库在一些重点领域联合开展前瞻性、专题性协商与对话应成为一种重要的工作方式。如可以就会议上美方非常感兴趣的中美共同参与“一带一路”建设、中美在新型全球化中的角色、中美如何推动面向未来的下一代贸易方式——数字贸易（E 国际贸易）等议题进行专题对话，提出智库建议的路线图和时间表，提出具体的项目建议和开拓中美经贸合作潜在领域的方案等。

三、几点建议

举办此次活动，既锻炼了队伍，发挥了国家高端智库的作用，也进一步为国家高端智库发展明确了工作方向。国家高端智库不仅在推动中美关系方面应加强智库作用，更应该增强加快建设中国特色国家高端智库的紧迫感，提升智库建设服务大国崛起需要、建设与大国地位相适应的国际一流智库的信心和决心。

（一）加强智库能力和素质建设，全面提升国家高端智库服务中国战略决策的能力

本次中美高端智库经贸对话会取得了成功，但中美关系特别是经贸关系的健康发展，我国实现中华民族伟大复兴的中国梦，新型全球化中我国应发挥的引导作用，诠释和维护国家整体战略布局与战略意愿，真正建立起智慧云涌、思想迭出的高端智库，仍然任重而道远。习近平主席在我国外交新境界、国家发展战略新布局、站在人类道德道义制高点上提出的新思想，亟待智库专家积极诠释并形成舆论引导能力，加强高端智库能力与素质建设刻不容缓。国家高端智库应紧密配合习近平主席为推动中美关系提出的理念与部署，主动开展工作。应更多地以各种活动形式，形成国家部委机构、国家高端智库、企业家的共同行动，直面问题并通过工作有效化解矛盾和问题，全面提高服务国家战略的整体水平。

（二）改变高端智库研究的趋同化和浅层次表述，推动智库研究朝专业化、学理化、实操化方向发展

当前我国智库建设风起云涌，除了25家国家高端智库试点外，各种类型智库多达5000多家。但是智库同质化竞争激烈，水平参差不齐。我国正处于历史新起点上，亟须研究并提出中国理论、中国方案、中国议题，诠释中国道路、中国战略和中国行动。当前处理好中美关系，仍然是我国外交关系和建立良好外部环境的重中之重。前一时期，国内各智库学者做了很多宣介、阐释工作，取得积极效果，但要发挥更大作用，就必须在学理上回答诸如“一带一路”倡议所涉及的全球发展、世界经济、国际政治、历史文化等各方面问题，深入研究与相关国家包括美国战略与规划对接、项目推进实施、总体效果评估等更具专业化和实操性的课题，增强服务国家战略的针对性和实用性。

（三）抓紧解决束缚国家高端智库的制度和政策障碍，加大国内高端智库专家“走出去”做工作的力度

目前政府相关管理部门对智库发展的特殊要求关注不够，智库在思想方法和实际管理上基本等同于一般性事业单位。“出国难”是国内智库交流首先应该解决的问题，应取消不合理的出国次数与天数的限制，允许智库根据工作需要自主决定有关事项。智库对外开展工作无论是从专业方向上还是在对象国范围上都应有大致侧重和分工。国内智库在关注与美、欧等发达国家交流的同时，也应与一些发展中国家智库交流沟通，对不发达国家国内智库通过合作给予帮助，使这些国家智库成为中国声音的合奏者。必须避免趋同化研究和“走马观花式”考察，精心策划“走出去”开展工作的内容，提出先于行动的谋略与方案。

（四）建立有关部门、国内高端智库与“走出去”企业、机构的机制化对接合作机制

形成服务于国家战略的共同行动机制，建议有关部门牵头组织国家高端智库与有关政府部门、企业联合编队，开展有效的国际交流活动，形成中央政府部门与国家高端智库更有效的对接机制，解决决策需要和智力咨询服务脱节问题。应进一步推动国家高端智库与参与国际合作的地方政府、“走出去”的企业、金融部门、科研机构等各类机构的联络和合作，使智库需求方与供给方充分对接，同时让智库的研究、交流、咨询服务“接地气、用得上、有效果”。

降低美中贸易逆差的一条新思路
——以在美进行食品加工业离岸贸易为例

（2017 年 6 月）

导语：由于美国食品加工成本远低于中国，中美两国可在食品加工业采取“中国品牌＋美国代工＋返销中国”合作模式，这对于削减美中贸易逆差、创造美就业岗位、倒逼中国食品行业转型升级具有重要意义。建议把该模式纳入中美“百日计划”谈判和全面经济对话机制中，积极推动中美 BIT 谈判，建立“双检双放行”机制，创新跨境电商监管模式，同步推动美国扩大高技术产品出口，扩大中美农产品贸易、能源贸易，加强中美服务贸易合作等，多管齐下解决美中贸易逆差问题。

美对华贸易逆差一直令特朗普耿耿于怀。如何回应特朗普在贸易逆差问题上的关切，共同找到实现中美贸易平衡的策略和路径，是“百日计划”谈判以及今后一个时期双方需面对的当务之急。近期，中国国际经济交流中心“特朗普执政后中美关系变化”课题组与美国得州农工大学、Harvest Water Cooper 公司等食品行业有关专家进行讨论，形成了一些看法和建议，对缓解美中贸易逆差具有一定价值。

一、可将“中国品牌＋美国代工＋返销中国”的经济合作模式作为削减美中贸易逆差的一条新思路，并在食品加工业先行先试

据美方统计，2016 年美国货物贸易逆差约 7500 亿美元，其中对华货物贸易逆差 3660 亿美元，占 48.8%。特朗普高度关注的对华逆差，既是“百日计划”的核心议题，也是今后我们会必然面对的问题。我国应尽快找到既能缓解逆差又于我国有利的策略。

从贸易账户看，减少美中贸易逆差有两种方式：一是减少我国对美国出口，美国是我国重要出口目的国，该方式会对我国经济增长产生冲击；二是增加美国产品

进口，但可能会挤占我国企业国内市场占有率。一种较好的方式是选取若干产业，采取“两头在我、中间在美”，即品牌和市场在我国、加工制造在美国的做法，中国提供品牌、技术和部分原料，在美国加工制造，再使产品出口中国，将我国改革开放初期的加工贸易方式转化为我国在美国离岸加工贸易，削减美中贸易逆差。

采取该模式有一个重要先决条件，即该产业在美加工制造成本要低于我国。由于美国农畜业发达，农畜产品质优价廉，土地、能源、物流等成本较低，自动化机械化水平也较高，替代了高成本劳动力，因此食品加工成本远低于我国。以 Harvest Water Cooper 公司在浙江省和加利福尼亚州生产香肠的数据作对比，中国除劳动力成本约为美国的一半外，其余成本均远高于美国：原材料成本约是美国的 1.12 倍、土地成本为 9.01 倍、物流成本为 1.88 倍、借贷成本为 2.40 倍、能源成本为 3.17 倍、零配件成本为 3.23 倍、税负为 3.38 倍。由于美国食品加工业机械化水平较高，劳动力成本在总成本中占比较低，劳动力成本实际上与我国东部地区相差无几。因此，在美国加工食品即便经远洋运输至我国，到岸价也比在我国生产成本低约 15%。近期，特朗普提出新的税改，计划将企业所得税由 35% 下调至 15%，如该方案能够通过，那么美国食品加工成本相对我国将进一步大幅下降。

美方专家建议，根据新的形势和成本比较优势，中国应鼓励食品加工环节转移至美国，美国贴牌生产后将产品返销中国，既能缓解美中贸易逆差，又能推动中国品牌走向世界，中美将深化产业链合作，密切两国产业联系，是一件互利共赢的好事。

二、在食品加工业试验这种模式，对缓解中美贸易逆差、在美创造就业具有重要作用

美国具有较强的食品加工生产能力，是世界第一食品生产大国。据美国经济分析局数据，2015 年食品加工业产值约为 2575 亿美元，占美国 GDP 的 1.39%，根据投入产出表计算，与其相关的零售、包装、设计、研发、能源供应、厂房建设、废品回收等关联产业总规模达到 9454 亿美元，占美国 GDP 的 5%。尽管美国食品加工业已形成一定规模，但产品出口规模相对较小，2016 年美国食品对外出口约 200 亿美元，仅为其产值的 7.6%，这与美国食品加工制造的比较优势和产业规模极不相称。中国是世界食品进口大国，据中国质检总局数据，目前我国每年进口加工食品约 500 亿美元，其中从美国进口仅 55 亿美元，约占我国进口食品总额的 11%，这

一贸易规模与中美两国庞大的市场需求和供给能力极不相称。

中美双方专家共同认为，可以将美国巨大的食品生产潜力和中国巨大的食品消费能力紧密对接，在加工食品领域推广“中国品牌＋美国代工＋返销中国”模式。专家估计，由于当前中美加工食品贸易基数很小，如果双方通力合作，再过几年食品进口贸易规模达到现在的10倍应不是难事。假设我国食品企业每年能够向美国食品代工企业发出500亿美元订单，将会带动我国向美国出口食品原料及相关设备100亿美元，那么美对华货物贸易逆差会直接减少400亿美元。美方统计的2016年中美贸易逆差为3660亿美元，但根据中美两国商务部的联合研究，由于统计口径、转口贸易等因素，美方统计结果存在高估，如扣除中国加工贸易中的进口成分和美对华服务贸易顺差后，2016年美对华贸易总体逆差应为1648亿美元，如果食品加工可以产生400亿美元的贸易顺差，将占到美对华实际贸易逆差的约1/4。

此外，该模式也将为美国创造大量就业机会，按每1亿美元产值雇用342人的美非农产业雇佣率平均值计算，500亿美元订单将直接解决就业17.1万人，间接解决就业62.8万人，总计约80万人，这也将是特朗普十分乐见的。

三、美国食品安全标准高、监管严，有助于推动我国食品品牌“走出去”，倒逼食品业供给侧结构性改革

为保障食品安全，美国实行严格的高标准食品安全监管。美国食品安全监管主要由食品药品管理局（FDA）、农业部（USDA）、商业部三个部门负责，执行FDA和USDA两套高标准。与我们交流的德州农工大学佘昕涛博士目前已在美国建立了一家食品加工公司，并争取到了FDA和USDA的标准认证。据他反映，美国食品安全监管极为严格，FDA负责标准检查，农业部对食品企业实行分区派员监管，一旦发生问题就令生产线马上停工。严格的标准和完善的检查流程使美国食品成为世界上公认的最安全的食品之一。

我国食品安全问题较为突出，在美国进行贴牌加工后，将处于美国严格监管下的高标准、高品质产品回销国内，会在国内食品市场产生鲶鱼效应，倒逼国内食品行业消费升级和供给侧结构性改革。由于经FDA和USDA标准认证的食品出口到全球大多数国家是免检的，中国食品在美国加工后可销往全球，也会推动我国食品品牌“走出去”，提升我国食品品牌国际影响力。通过这一模式，我国国内食品企业可以由产业加工的“微笑曲线”低端逐步升级至掌握品牌、设计、研发、渠道的

“微笑曲线”高端，这将是我国食品行业实现全球布局、整合全球供应链、培育一批世界顶级企业和品牌的重大突破。

四、几点建议

（一）将“中国品牌+美国代工+返销中国”模式作为解决美对华贸易逆差的有效方式，纳入中美“百日计划”谈判和全面经济对话机制中

近期中美已开展旨在解决中美贸易不平衡问题的“百日计划”，美方提出的解决方案仍围绕汇率、贸易逆差、政府补贴等传统议题，我方可向美方提出解决问题的新思路，双方共同推进“中国品牌+美国代工+返销中国”的模式，选取食品加工等在美国有综合成本优势的产业先行先试。中美两国政府应在“百日计划”谈判和全面经济对话中，共同商讨如何为该模式创造贸易、投资、通关、检验检疫、政府监管的便利条件。

（二）推动美方立即重新启动中美 BIT 谈判

目前中美 BIT 谈判已完成了 31 轮磋商，并已交换了 3 次负面清单，特朗普上台后，中美 BIT 谈判已被搁置。中美共同开展“中国品牌+美国代工+返销中国”合作，客观上要求美方必须对我方企业赴美投资的安全和权益做出保障，这也是中美 BIT 谈判的关键内容。我国应积极推动特朗普重启中美 BIT 谈判，并加速谈判进程，争取早日在负面清单、投资安全审查等关键问题上达成共识。

（三）中美共同推行“双检双放行”，畅通食品进出口通道

中美食品检验检疫标准不同是制约两国开展大规模食品贸易的一个突出瓶颈。两国政府应积极推动美国 USDA 和 FDA 标准与中国食品安全标准互认，鼓励我国食品企业积极争取美国 USDA 和 FDA 认证，使我国食品行业标准尽快向美国看齐。实现标准互认后，中美应共同推行“双检双放行”，经美国 USDA 和 FDA 认证过的食品在我国可实现免检，符合我国检验检疫标准的出口食品，美国也应对等实现免检，建立中美食品贸易绿色通道。

（四）推动我国跨境电商监管模式创新，打通美国食品进出口的新通道

目前我国加工食品进出口，除传统的一般贸易外，越来越多地依赖跨境电子商务方式。“4·8”新政后，跨境电商产业受到较大冲击。尽管目前“4·8”新政已

按下暂停键，但新政走向何方尚未确定。建议近期抓紧推动跨境电商监管方式改革，不能将其简单归类为一般贸易而采取烦琐复杂的一般贸易海关监管，要考虑到跨境电商小额度、多批次的实际特点，研究设立面向下一代贸易——E国际贸易的新型监管体系，借之抢占国际贸易规则的制高点。

（五）多管齐下缓解中美贸易逆差

“中国品牌+美国代工+返销中国”如在食品行业试验有效，对缓解中美贸易逆差确有作用，未来可将该模式向纺织、建材等我国成本正在快速上升、美国加工成本渐具优势的产业拓展，进一步降低美中贸易逆差。同时也应认识到，尽管该模式是缓解逆差的一种方式，但要根治美中贸易逆差问题，还需同步推进美国扩大高技术产品出口，扩大中美农产品贸易、能源贸易，加强中美服务贸易合作等工作，多管齐下实现中美贸易平衡发展。

（本报告由陈文玲和梅冠群共同撰写）

特朗普执政后中美关系面临的挑战与应对

（2016 年 12 月）

注：本报告为中国国际经济交流中心2016年重大基金课题“中美新型大国关系的挑战与应对”的总报告。本报告在特朗普刚刚就任美国总统之时，对未来中美关系提出预判，是国内较早对特朗普时代中美关系走向进行研判的报告，研判结论基本符合后来中美关系的实际变化。本报告报送中央和政府有关决策部门参考，得到有关决策部门的高度重视。

2016 年 11 月 9 日，唐纳德·特朗普（Donald J. Trump）赢得美国大选，当选美国第 45 任总统。特朗普的当选出乎全球主流媒体、智库和政界人士的预料，成为 2016 年最大的“黑天鹅”事件之一。由于特朗普在竞选前后有一些涉华的负面言论，因此上台后对华战略与政策走向呈较大不确定性。未来中美关系能否继续健康发展下去，还是回到“修昔底德陷阱”的老路上来，是当前亟待做出的一个大判断。如果特朗普瞄准中国“开火”，未来他可能聚焦在哪些领域、采取哪些手段，我们需要提前研判并提出应对之策。

一、对特朗普执政思路的总体研判

特朗普在竞选和“百日新政”计划中提出了一系列政策措施，其实质是保持和巩固美国在全球的霸权地位，要在坚持“美国优先”的原则下，通过对外非理性保护主义和对内新重商主义“使美国再次伟大”。为进一步增强美国的全球霸权地位，特朗普需要对全球大国关系进行重新调整，其中中国是特朗普最主要的针对对象，未来一个时期，中美在经贸领域和东亚地缘领域的冲突和摩擦可能会更加激烈，对此我们应该有清醒的认识。

（一）“特朗普新政”的实质是保持美国在世界的霸主地位

“二战”以后，美国成为世界超级强国，在战后70年的发展中，积累了大量的存量霸权：经济上，美国是世界上最大的发达国家，美元一直是世界上最为重要的国际货币，美国主导了全球经济规则的制定，美国经济政策的一举一动牵动着全球市场的波动；政治上，美国是联合国安理会常任理事国，控制着世界上主要的国际组织，美国率领的发达国家集团掌握着全球财富、资源的分配权；军事上，美国是世界上军事实力最为强大的国家，作为世界上最大的军费支出国，美国每年的军费支出规模比前十名国家中其他九名的支出总规模还要大，美国及其分布在全球的军事盟友共同维护着当前全球地缘格局的稳定；文化上，美国所推崇的自由民主理念与美国的商品、美元、军队一道被推向世界的每一个角落。可以说，美国过去是，现在是，将来一个时期也会是世界上最具影响力的超级强国。

但近年来，特别是次贷风波和国际金融危机以来，美国经济遭到严重冲击，昔日荣光不再，美国的全球霸主地位也正在发生动摇。在过去7年，美国劳动参与度是自20世纪70年代以来的最低水平，每5个家庭中就有一个家庭全部失业，每小时实际工资和周薪甚至低于1973年；美国基础设施也较为破旧，国家公路系统严重老化，机场吞吐能力严重不足，高铁等新型现代交通系统尚未开始建设，特朗普甚至说“比起中国的机场、铁路、火车，美国就像是第三世界国家”；国内贫富差距越拉越大，华尔街精英掌握了美国大部分财富，而广大工薪阶层、中产阶级只能为生计四处奔波，美国精英和普通民众隔阂越来越大，甚至滋生出矛盾对立情绪，美国社会面临分裂；美国的全球影响力也正在衰落，随着中国等发展中国家的迅速崛起，全球多极化的浪潮不可逆转。在这一背景下，美国一定会把战略重心转移到维护全球霸主地位上来，以维护其在全球的战略利益。

在2016年的美国大选中，亿万富翁唐纳德·特朗普喊出“使美国再次伟大”的口号，利用美国尖锐的社会矛盾，以反全球化、反建制化的方式，利用推特等新媒体传播工具，得到了广大工薪阶层、中西部民众以及农村民众这些“沉默的大多数”的支持，一举赢得大选，让舆论大跌眼镜。特朗普不是他一个人的代表，而是一个社会剧烈变化的外在代表，其竞选和当选都是这个社会外在变化的重要表现，是在全球化过程中产业转出美国、美国贫富差距拉大的背景下，对美国传统主流政治模式的一次颠覆，是借共和党的“壳”而实现政治“上市”。表面看起来，特朗普的政策是美国的内部调整，但实质上，其政策制定的出发点和落脚点更多的是通过内部调整增强美国的竞争力，以增强其在全球的影响力：要通过减税政策推动全球资本、产业、财富回流美国，要通过保护主义使美国获得在国际贸易竞争中的相对优势，要通过放弃《多德—弗兰克法案》这一史上最严格的金融监管法案使美国继续保持全球金融中心的地位，要通过基础设施建设、发展制造业重新培育美国经济新的增长点，使美国重新成为拉动世界经济增长的火车头。特朗普的所有政策均围绕保证和增强美国的霸主地位而设计，希望通过一些大手笔的改革和极端的政策，为美国经济重振雄风、重新恢复在全球的影响力而积蓄力量。

（二）特朗普将对全球大国关系进行再调整

要加强美国的全球霸主地位，特朗普必须首先认清哪些国家是美国全球霸主地位的真正挑战者，哪些国家仅是美国主观判断的挑战者但其实际上并不具有挑战能力。特朗普认为奥巴马政府没有分清“谁是美国的敌人，谁是美国的朋友”，他上台后将会对美国与全球主要大国的关系进行调整。

当今的全球政治格局是美国、俄罗斯、欧盟、中国四大板块的竞争、博弈与合作。美俄关系是特朗普调整全球大国关系的主要突破口，特朗普认为奥巴马在处理美俄关系上犯了严重的战略错误，俄罗斯并没有挑战美国全球霸权的实力，俄罗斯更应成为美国维护中东等地区安全的合作伙伴，而不是战略对手。特朗普在竞选时频频向普京示好，并多次明确表示要改善美俄关系。特朗普上台后，美国很可能会解除对俄罗斯的制裁，甚至不排除在乌克兰问题上向俄罗斯妥协以换取俄罗斯在一些重大战略问题上与美国的合作。欧洲是美国传统意义上的盟友，二者在国际安全和全球价值观上有重大的共同利益，尽管美国与欧洲在一些经济问题特别是国际经济新规则制定等问题上意见相左，但二者的共同利益远远大于分歧，特朗普上台后预计将会继续巩固美欧关系。如果特朗普认为俄罗斯和欧盟都不会成为美国霸权地位的挑战者，那美国的对手只有一个，就是中国。

相比近年来美国经济和影响力的相对衰落，中国在全球的地位正在日益提升。随着全球化进程的推进，中国顺应世界产业转移的大趋势，充分利用低成本和大市场优势，实现了连续三十多年的经济高速增长，成为世界第二大经济体、第一大贸易体和第一制造业大国，中国的道路、模式、方案、力量正在被越来越多的国家所认知，在全球治理和国际秩序重构中正在发挥越来越重要的作用。美国的科技创新能力一直在全球遥遥领先，但中国正在快速追赶，在航天、高铁、核电、深水等领域，中国已进入了世界第一梯队，在数字经济、互联网经济等领域，中国也将美国甩在身后。在全球治理领域，中国正在发挥越来越积极和重要的作用，“一带一路”倡议得到沿线各国的高度认可，三年来建设进展显著，已经有100多个国家和国际组织参与其中，中国同沿线30多个国家签署了“一带一路”合作协议，同20多个国家开展国际产能合作。亚洲基础设施投资银行的设立是对“二战”后美国主导的国际金融格局的重要突破。在G20、金砖国家集团等新的国际机制中，中国正在扮演十分关键的角色。在防核扩散、气候变化、地区安全、国际反恐等国际重大问题上，没有中国的配合，美国均难以独自解决。美国有人甚至提出了“G2”的概念，认为未来的国际社会要靠美中共治，但从另一个侧面来看，美中共治也就意味着快速崛起的中国对美国霸主地位形成了直接挑战。

如何抑制中国的影响力，保证美国的霸主地位和对国际秩序的控制权，是美国必须要面对的一个重大问题。奥巴马、希拉里执政时期，美国推出“亚太再平衡”战略，军事上封锁中国，经济上推行将中国排除在外的TPP规则，限制中国的发展空间。但“亚太再平衡”除炒作了中国南海、东海钓鱼岛等问题外，并未对中国发展起到根本的限制作用，反而倒逼中国形成了更强的突破能力和更大的地区影响力。特朗普提出要使美国“再次伟大”，不禁让人要问：是什么原因导致美国“不再伟大”？环顾全球，除中国外的其他国家都不具备与美国长期竞争并威胁美国霸主地位的能力。将“坐二望一”的经济体作为打击对象一直是美国的重要国策，中国正如当年的欧盟和日本，成为美国的主要针对对象。特朗普正是认识到了中国可能会使美国失去全球霸主地位，因此推出“让美国再次伟大”的概念，呼吁“美国人民团结一致为一个目标奋斗就能够恢复这一地位而使美国继续作为自由、力量和繁荣的世界灯塔”。在竞选中，特朗普已经发出了针对中国的强硬声音，如中国偷走了美国工人的工作机会、要对中国征收45%的关税、要把中国列为“汇率操纵国”、认为中国人为制造了气候变化的骗局等。在竞选成功后，特朗普又与中国台湾当局领导人蔡英文通电话，挑战“一个中国”原则。2017年1月20日，特朗普就将上台执政，他的哪些竞选主张将变成施政主张将见分晓。可以预想，特朗普上台后将会延续奥巴马政府的对华战略方针，尽管压制中国的手段和方法可能较奥巴马政府有所不同，但将中国作为主要竞争对手的战略取向是不会变的，未来特朗普将会通过各种手段，贬低、打压、限制、削弱、围堵中国，中美之间的矛盾与冲突可能会更加激烈。

（三）特朗普的主要执政方针是“对外保护主义+对内新重商主义”

根据特朗普的竞选言辞、百日施政纲领以及他的内阁成员任命等信息，可以将特朗普的主要执政方针概括为对外保护主义和对内新重商主义。在对外经济政策中，中国是特朗普式贸易保护主义最主要的施政对象，在对内经济政策中，中国是“特朗普新政”溢出效应和波及效应的主要承担国。

二、特朗普上台后我国面临的挑战

近年来，中美两国竞争、博弈加剧，中美贸易摩擦频繁，经济规则之争愈演愈烈，地缘政治领域时有冲突。特朗普上台后，中美在经贸领域、地缘问题上可能会有更激烈的交锋，我国可能会面临更加严峻的外部挑战。

（一）特朗普可能会对中国部分品类进口产品征收高额关税，中美经贸的“压舱石”可能会出现一定松动

特朗普在竞选时提到，要对中国全部进口产品征收45%的关税，这相当于与中国打全面贸易战。从法律层面来看，特朗普作为总统并没有这一权限，仅凭特朗普个人意愿恐怕很难直接推出这一政策。根据美国法律规定，只有两个法案能赋予特朗普这一权力：一是《1917年禁止与敌国贸易法案》，该法案赋予总统在战时或美国面临危机和紧急状态时，管控对外贸易、冻结并取得外国资产的权力；二是《1977年国际紧急经济权利法案》，其启用条件是美国面临“异常和极端威胁”。当前中美之间既非交战状态，中国也非美国的“异常和极端威胁”，特朗普若为征收45%的关税强行引用这两个法案必将遭到立法和司法机构的质疑。即使特朗普将该关税政策提交国会，预计通过审议的可能性也不大。美国众多国会议员是中美贸易与投资的受益者，不会支持特朗普的这项可能导致贸易大战的政策。虽说美国国会现在主要由共和党掌控，但特朗普的保护政策与共和党的理念背道而驰，一向不为共和党所容，民主党更是凡遇特朗普都必反对，预计这项关税政策很可能只停留在其竞选时的“说说而已”。

不过特朗普很有可能会针对中国采取具体领域的反倾销措施，特别是在轮胎、钢板、纺织、化工等行业对中国企业开展更多的贸易调查并单方面提高关税或限量进口。这一政策有三方面依据：一是《1962年贸易扩大法案》中的“232条款”，该条款赋予美国总统限制进口某国产品或征收高额关税以维护国家安全的权力；二是《1974年贸易法案》中的“301条款”，该条款授权美国总统以提高关税方式报复贸易对象的不公平贸易行为；三是《1974年贸易法案》中的“122条款”，该条款赋予美国总统应对美国大规模国际收支赤字的特别权力，作为纠正严重税收赤字的救济措施，特朗普可对某进口产品征收最多15%的关税或采取限量进口措施，也

可两者并用，但时间不能超过 50 天。以上这些反倾销政策是无须经过国会的，操作起来灵活便捷，可能会成为特朗普的施策偏好。

（二）特朗普可能会修改“汇率操纵国”认定标准，并通过新的立法将汇率操纵国与贸易制裁捆绑起来

特朗普在竞选总统时提出，要将中国列为“汇率操纵国”，引起美国学界一片哗然。根据美国法律，中国并不符合汇率操纵国的定义，将中国列为汇率操纵国是一种严重违背事实的行为。长期以来，美国根据《1988 年汇率和国际经济政策协调法》认定他国的汇率操纵行为，判断标准包括外汇储备的骤然增长、资本项目控制及限制国际支付、本国经济出口依赖度等，根据该标准，自 1988 年以来，韩国、中国大陆和中国台湾地区均曾被认定为汇率操纵国，从 1992 年到 1994 年，中国大陆被 5 次认定为汇率操纵国。1994 年世界贸易组织（WTO）成立，美国政府一度停止对汇率操纵国的认定，因为认定他国为汇率操纵国与 WTO 宗旨相违背。2003 年以来，随着中国加入 WTO 后对美贸易顺差的迅速攀升，美国又重新开始打着汇率操纵国的幌子对中国施压。

根据美国《2015 年贸易便利和执法法》，判断一国是否是汇率操纵国有三条量化标准：一是对美贸易盈余超过 200 亿美元；二是经常项目盈余超过国内生产总值的 3%；三是通过汇率干预买入的外汇超过 GDP 的 2%。根据美国财政部每半年向国会提交的《美国主要贸易伙伴外汇政策》报告，在 2016 年 4 月的报告中，我国对美贸易顺差 3567 亿美元，经常项目顺差 3.1%，但净卖出外汇达到 3.9%，不符合第三项条件；在 2016 年 10 月的报告中，我国对美贸易顺差 3561 亿美元，但经常项目顺差为 2.4%，净卖出外汇达到 5660 亿美元，不符合第二、第三项条件。事实上，美国方面也普遍认为，即便中国在 2003—2014 年进行了汇率操纵，但近两年中国非但没有进行汇率操纵，反而一直进行反向操作，人民币总体处于升值状态。但我们要谨防特朗普要求国会修改“汇率操纵国”认定标准，甚至为中国量身设计一套新标准，使我国成为“汇率操纵国”。

退一步来说，即便中国被列为汇率操纵国，按现行法律，特朗普除要求美国财政部长与中国协商矫正汇率外，并不能采取任何实际举措，在汇率操纵国认定后美国并无操作空间，这也是中国在 1992 年 5 月、1992 年 12 月和 1994 年 7 月三次被列为汇率操纵国后，再未被贴上“汇率操纵国”标签的主要原因。实际上，自 2005 年以来，美国参众两院就持续提出关于将汇率操纵与惩罚性关税直接挂钩的法案，但这些法案一直没有通过，我们要谨防特朗普再度将这些法案拿出来在参众两院进行热炒，利用共和党在国会的控制优势推动这些法案通过。

（三）特朗普综合施政将产生虹吸效应，可能会导致我国高端制造业大量流向美国

为吸引全球产业、资本、财富流向美国，控制美国产业继续向其他国家转移，同时也为降低美国制造业运行成本，为重振制造业创造空间，特朗普提出了自里根以来规模最大的结构性减税措施。在个人所得税方面，将联邦个人所得税由目前七档简化为12%、25%和33%三档，最高档将由目前的39.6%降至33%。在企业所得税方面，主张将最高联邦企业所得税率由目前的35%降至15%，向参与基础设施建设的私人股权融资提供82%的税收减免。在海外投资税方面，将跨国公司海外收入税率降为8.75%，对把工厂搬到他国、雇用他国员工却想把产品售回美国的企业，征收高达35%的产品关税。

特朗普的减税政策出台的可能性极大，其不仅不违反任何国际贸易协定，也很容易得到国会的支持。减税唯一的限制条件是财政赤字。目前美国财政赤字有所缓解，2015年美国联邦财政赤字达到了2007年以来的最低水平，占国内生产总值的2.5%，低于3%的国际警戒线，这也为特朗普实施宽松的财政政策创造了空间。如果美国减税政策成功出台，将可能对我国产生较大冲击。近期美国波士顿咨询公司发布报告，其以工人小时工资、劳动生产率、能源成本、汇率等因素来测算各国制造业综合成本，如果美国制造业的平均成本为100，那么中国则为96。中国由于劳动力、土地价格的上涨，资金、环境成本一直居高不下，中美两国制造业成本正在快速接近。目前美国制造业成本呈现“五低”特点，即低土地成本、低能源价格、低物流成本、低运营成本、低税负，未来很可能形成相对于中国的综合成本优势，将对中国企业产生实质性吸引，这是瞄准中国制造业的精准打击，将逆转长期以来形成的产业转移方向，重塑中美产业分工格局，使美国重新成为世界制造业大国。

（四）特朗普任内美联储可能会继续加息，人民币会持续面临贬值压力

金融危机以来，美国采取了四轮量化宽松政策，全球各主要货币相对美元普遍升值，在过去18个月，人民币、欧元、日元、雷亚尔、卢布分别较美元升值7%、20%、30%、60%、80%。随着美国经济增长趋势向好，失业率保持在较低水平，美联储分别在2015年底和2016年底进行了两次加息。根据特朗普新政计划，未来

将会实施大规模的减税和基础设施建设等经济刺激措施，美国通胀水平可能会有所提升，出现所谓的“特朗普通胀”，为控制通胀，美联储在2017年可能会启动新一轮的加息。在加息预期的刺激下，未来美元将进入升值通道，一改“疲弱美元”为“强势美元”。

美元加息可能对我国产生五方面重大影响：一是由于美元加息升值已形成市场预期，人民币面临较大的贬值压力；二是国内股市、债市等证券市场资金可能大量撤出流向海外，国内金融市场可能会出现大幅震荡；三是国内资产价格特别是房地产价格可能会下跌，20世纪90年代的日本经济大幅衰退、东南亚经济危机都发生了资本大量流出、国内资产价格暴跌的现象，本轮美元加息我国面临相似形势，房地产是国内资金的主要沉淀池，如果资金大量流出很可能会导致房地产价格大幅下跌，这甚至会形成国内金融行业的系统性风险；四是资金流出造成国内企业融资困难，特别是一向融资较难的民营企业可能会面临更加严重的融资瓶颈，一些利润较薄的加工制造企业可能会因资金链断裂而被“清洗”；五是资本账户开放进程受阻，目前我国人民币国际化进程正在有序推进，特别是人民币纳入SDR篮子后，人民币国际化进入了一个新阶段，但美元继续加息可能会使人民币国际化进程短期受阻，当前央行面临两难困境，若继续推进人民币国际化，势必要求国内资本账户进一步放开，但这会加剧国内资本外流，未来一定时期，央行可能会加强对资本账户的管制，以控制资金流出规模，在推进人民币国际化长期目标实现的同时，更加注重金融稳定这一短期利益。

（五）特朗普会继续在中国周边做文章，以增加与中国合作博弈的筹码

奥巴马、希拉里执政时期，美国政府力推“亚太再平衡”战略，在西太平洋地区给中国造成较大地缘政治压力，中国南海、东海、台海问题及朝核问题联动，对中国形成战略牵制。目前特朗普还没有形成如“亚太再平衡”一样系统的地缘战略，但可以初步判断，未来特朗普并不会完全抛弃“亚太再平衡”所取得的成果，会继续拿“三海一核”问题做文章。不过特朗普与奥巴马的思维方式会显著不同，奥巴马政府所采取的是现实主义的地缘政治思维，而特朗普只会将这些问题作为向中国要价的筹码，特朗普大规模基建计划和减税计划所带来的财政赤字压力也不允许他真正把大量美国国力耗费在这些远离本土的地方，特朗普将从奥巴马时期的直接干预、亲自出手转为由盟国来买单、为盟友站台。我们预测，未来特朗普可能在中国周边进行四方面调整：

一是“联俄”。特朗普认定俄罗斯没有实力成为，也不会成为美国的对手，他认为奥巴马政府对俄罗斯怀有过度的敌意，国力已经衰弱的俄罗斯构不成对美国的真正威胁，奥巴马没有搞清谁是真正的敌人、谁是真正的朋友。未来特朗普很可能会推动解除对俄罗斯的经济制裁，甚至不排除承认克里米亚归属俄罗斯，用在乌克兰问题上的妥协换取俄罗斯在中东与东亚问题上与美国的合作。对特朗普来说，抛开意识形态偏见，与俄罗斯合作的好处是巨大的，这不仅有利于美国从欧洲脱身，而且还能够与俄罗斯合作，尽快解决中东的恐怖主义势力，关键是未来一旦美国与中国发生冲突，俄罗斯能够保持中立地位。中俄是重要战略合作伙伴，中俄的走近在一定程度上与美国的外部压力是分不开的，如果美俄合作，势必会对中俄关系的紧密度产生一定削弱作用，中国作为美国最主要地缘战略对手的地位将更加凸显，特朗普在中国周边造势也就更具要价能力。

二是“亲日”。日本是美国的亲密盟友，也是中国在东亚地区的最主要地缘政治竞争对手，美日合作对于制衡牵制中国具有重大意义，符合美国的战略利益。特朗普竞选成功后，日本首相安倍晋三第一时间赶赴美国，与特朗普开展沟通与对话，表示希望继续巩固美日关系，希望两国关系能够保持连续性，不希望两国关系因大选而发生剧烈波动，释放出强烈的合作信号。特朗普对安倍晋三的态度总体是非常欢迎的。中国是美国在全球最主要的竞争对手，如果没有美日合作，仅凭韩国及东南亚若干小国是远远不能发挥对华牵制作用的，这点特朗普十分清楚，他上台后，将会进一步加强美日关系，这点是毋庸置疑的。至于特朗普在竞选时多次表示，美国要从日本撤军，让日本自己承担安保责任等，实质上是希望日本能够为美国提供地区安全的公共服务买单，提供更多驻军费用，同时也希望日本能够采购更多的美国军备，这一表态仅是特朗普向日本要价的一个筹码。

三是“固韩”。朝核问题是事关美国国家安全的最核心问题之一，美国在朝核问题上的底线是“核导合一”。奥巴马执政八年，由于朝鲜尚未触碰美国的这一底线，因此奥巴马一直采取战略忍耐态度，而目前朝鲜已进行了五次核试验和多次中远程导弹试验，正在日益逼近美国底线，美朝双方在朝核问题上的回旋空间越来越小。在这种情况下，特朗普上台后，必然要调整对朝政策。特朗普未来有两条路可以选：①与朝鲜开展对话，希望朝鲜以“弃核”来换取解除制裁，特朗普在竞选期间声称可以同金正恩“边吃汉堡边对话”。但朝鲜“弃核”可能性很小，特朗普的这一想法可能只是一厢情愿。②对朝实行全面制裁，甚至不排除对朝实行定点军事打击，但这需要韩国的直接支持，美韩关系将会继续巩固。特别是，特朗普在处理朝核问题上必须要得到中国的支持，通过在韩部署萨德给予中国压力以换取中国合作仍将是特朗普的可行手段。牵制中国是美韩关系进一步走近的重要原因，预计萨德系统布置速度可能加快，2017 年 6 月前可能就会完成部署。

四是“挺台”。在“三海一核”问题中，南海最主要声索国菲律宾与中国关系大大缓和，杜特尔特表示将“搁置”国际仲裁就中国南海问题的裁决，不希望将裁决强加于中国，中国南海问题热度大大下降，而中国东海钓鱼岛体量太小，不能撬动地缘大格局，朝核问题美国又无法掌控，真正能做出文章的只剩下中国台湾问题。2016 年 12 月 2 日，特朗普与中国台湾当局领导人蔡英文通了电话，接受蔡英文对他当选美国总统的祝贺，这是 1979 年美国与中国台湾中断外交关系以来，美国总统或候任总统与中国台湾当局领导人的首次通话。目前一些美国和中国的专家学者普遍从特朗普不懂东亚外交事务、此次通话是一场外交事故的角度来进行解读，但实际上是特朗普故意为之，很可能是未来特朗普希望拿中国台湾问题做文章的一种铺垫，他希望一方面通过渲染中国台湾问题，扩大对中国台湾的军售规模，另一方面拿中国台湾问题约束中国，在经济问题上寻求利益，希望中国在服务业市场开放、知识产权保护、国有企业投资、接受美国对中国特定领域征税等方面做出让步。

（六）特朗普在军事上将采取扩张主义思维，本质上是将矛头指向军事实力快速崛起的中国

特朗普在大选期间半公开提出了其核心军事战略，明确提到要使美国“强大到没有人、绝对没有人能够给美国制造麻烦的程度”，要通过“无可置疑的军事实力”阻止冲突，要求美国国会全面停止减少国防预算，并增加军费开支，重建美国军队，表示要“大大增加”美国武器库中的潜艇、舰艇和战斗部队，将陆军扩大到 54 万人，实现空军 1200 架现代化战斗机、海军 350 艘舰艇、陆战队 36 个营，发展先进的导弹防御系统，对网络防御能力全面升级、完善等。从全球大国格局来看，日欧是美国的传统盟友，俄罗斯又是特朗普努力改善关系的对象，美国快速扩张的军力只有一个指向，那就是在东亚地区抗衡和抑制中国。美国主导的东亚发展格局一直是“二战”以来其利益所在，向中国拱手让出东亚地区的主导权不符合美国利益，特别是在“亚太再平衡”TPP“一条腿”已跛的情况下，军事布局之“腿”若再短，美国国家利益将遭受巨大冲击。因此，特朗普政府不太可能在美国军事投入增加的背景下减少亚太地区的军事投入和部署。作为美国全球战略重心，亚太地区的军事力量部署不仅不会弱化，反而可能会加强。

增强美国军事能力面临着财政约束。特朗普提出上任后将大力推进基础设施投资计划和大规模的减税计划，这将进一步加剧国内财政债务压力，因此特朗普必须找到美国军力扩张的买单者。特朗普一直宣称美国厌倦了做世界保护者，要让日韩等盟国承担安保责任，如果它们不承担美国驻军经费就让它们自生自灭，甚至还表示，当选后会考虑让日本和韩国发展核威慑能力，并撤走在日韩的驻军。目前美国在日本和韩国分别驻扎了4.7万和2.8万美军，如果特朗普撤军，将改变整个东亚地区的军事力量对比格局，日韩两国对此尤为紧张。但从长期来看，特朗普提出这一说法更可能是让日韩等盟友提供更多经费的一种谈判策略，特朗普政府可能会与韩国、日本就提供安全防务的权利与义务进行重新谈判，韩国、日本将不得不为美国在亚太地区的军事部署承担更多费用，付出更大的代价。

三、未来中美关系和美国经济的可能情景

当前美国经济正在逐渐走出经济危机泥潭，呈现快速复苏特点，未来美国经济是否仍能保持平稳向好的势头，取决于特朗普会采取何种政策。我们认为，视特朗普政策选择的不同，未来美国经济可能会出现三种情景；与此同时，这些政策选择也会影响中美关系的走向，未来中美关系也可能会出现三种情景。

（一）美国经济可能会出现的三种情景

“二战”以来，美国一直是经济全球化、经济自由化和国际经济规则建构的积极倡导者，也是一波接一波的全球化浪潮中最大的受益者之一。当前，全球化的一些负面效应被折射到美国内部的经济、社会、政治问题中，特朗普成为美国逆全球化、反全球化力量的代言人，未来特朗普上台后是否会选择这些保护主义政策，或是改变思维方式，秉承开放、合作、共赢理念，担负起大国责任，将直接决定着美国经济的未来。

情景一：特朗普通过税收、汇率、管制等方面的综合施策，使美国成为全球资本、产业、财富回流的洼地，重新成为拉动全球增长的火车头，这是对特朗普而言最乐观的情景。

特朗普上台后，将采取对内新重商主义、对外保护主义的“两手”政策。对内，他将出台三项重大政策：一是大规模的基础设施建设计划，以创造更多就业机会，使经济刺激方式由货币宽松转向财政宽松；二是实施大规模结构性减税计划，吸引全球企业赴美投资，控制美国企业对外投资；三是废除《多德—弗兰克法案》，

放松金融管制，为基础设施建设和产业投资提供廉价资金。对外，他可能会采取极端贸易保护政策，如退出“跨太平洋伙伴关系协定”（TPP）、重谈北美自由贸易协定（NAFTA）、对中国产品征收高额关税、将中国列为“汇率操纵国”等。如果特朗普能够得偿所愿，全球资本、产业、财富回流美国，国内形成若干可持续的经济增长动力源，未来美国经济将会在一个较长时期保持在3%甚至4%以上的高位增长区间，美国将再次成为拉动全球经济增长的火车头。但必须特别说明的是，这一结果的出现是在其他国家没有出台针对美国的反贸易保护政策、竞争性减税政策的前提下，美国单边施策的情景，是理想状态下才能实现的结果。

情景二：美国与一些主要国家打起减税战和贸易战，不但美国吸引全球产业回流的目标不能实现，而且将会引起贸易萎靡、财政赤字加剧、失业率上升、贫富差距拉大，这是对特朗普而言最悲观的情景。

经贸领域的国家博弈从来都不是单向的，吃亏受损的一方也从来不会坐以待毙。特朗普要通过减税来招商引资，这也是各国所忌惮和谨防的，目前英国已提出拟大幅减税挽留海外投资，中国也一直在推行结构性减税、“营改增”减税等措施，未来美国将有可能掀起一场全球范围内的减税大战，如此一来美国减税效果必将不彰。贸易保护政策亦是如此，如果特朗普采取以邻为壑的单边政策，必将遭到贸易国以牙还牙的反击，如果特朗普在关税和汇率问题上对中国施压，中国也必将对美国产品征收惩罚性关税或实行贸易配额，甚至会大规模出售美元债券，从贸易战升级为金融战。这样不但会导致美国出口骤减、全球产业回流无望，而且会出现财政赤字暴增、金融市场震荡，刚刚从金融危机阴霾中走出的美国经济可能会再次掉入深渊，特朗普的美国梦也会成为泡影。

情景三：特朗普改变狭隘的思维方式，顺应不可逆的全球化浪潮，担负起全球大国的责任，同时从分配入手解决美国内部的结构性问题，那么即使美国经济不能进入高速增长轨道，也会长期保持平稳增长，这是对美国最有利的情景，也是世界各国乐见其成的情景。

商人有商人的思维，作为商人的特朗普只需关心自己企业的经营、与对手的竞争，无须致力于改变甚至不用过多关注企业之外的世界。总统有总统的责任，不仅要统筹全盘，处理好国际与国内、增长与分配、长期与短期、战略与策略等各方面的关系，更需担负好全球大国责任、维护好世界和平稳定与经济增长。这意味着特朗普总统必须调整思维方式，破除孤立主义、排他主义、民粹主义、干预主义、保护主义，以负责任的态度制定和实施政策；要推动美国经济更加开放、更加包容，制度设计更加注重分配，照顾大多数民众的利益，不能将美国内部的问题全部推到全球化头上；要推动世界经济重新回到 WTO 的多边轨道上来，以既定的国际贸易规则来指导行为，而不是点燃贸易战的烽火狼烟；要推动国际秩序的多元参与、民主协商，而不是用传统的现实主义地缘政治观，用制衡之术和军事威胁的方式来达成协议；要推动形成权责明确、合作共赢的全球治理模式，形成各国对全球发展的稳定预期。我们希望，特朗普总统能够抛弃狭隘的国家利益观，不要寄希望于第一种情景，做任何主观的、不切实际的幻想，也不要追求第二种情景，掀起全球的贸易大战，要与各国一道，推动第三种情景的实现。只有这样，才能使美国经济在共赢的格局中实现平稳增长，使美国能够在风平浪静的大洋上越行越远，而不是在暴风骤雨和惊涛骇浪中濒临险境。

（二）中美关系可能出现的三种情景

中美关系是当今世界最重要、最复杂的双边关系之一。作为全球最大的发展中国家和发达国家，中美两国关系走向不仅关系到各自国家的利益，还影响到世界格局的稳定。回顾中美两国自建交以来 30 余年的历史，两国既携手共度春光明媚的“蜜月期”，也经历了危机四伏的“紧张期”，一直以来，两国之间保持着一种不断反复的不稳定关系。特朗普上台后，中美关系将如何演变，我们认为，可能会出现以下情景：

（1）基准情景：竞争与合作并存。

中美两国关系的未来基准情景即竞合情景。两国将保持和平发展的基调，不会爆发大规模的战争和冲突，经济也不会陷入严重持久的危机，金融系统保持相对稳定，两国也不会发生决裂冲突，但在经贸、地缘政治等领域两国存在一定博弈，总之将保持一种既竞争又合作的关系。在经贸领域，特朗普通过实施大规模减税措施、对中国实施贸易反倾销措施、将中国列为“汇率操纵国”，希望改变美国对中国的贸易逆差，使美国成为全球资本、产业、财富回流的洼地，将制造业从中国手里重新抢回来；中国为回应美国的贸易保护措施，将对从美国进口的一些品类商品征收惩罚性关税，对内实行结构性减税以抵消美国减税影响，并通过推进“一带一路”、RCEP 协定，开辟新的贸易市场，削弱对美国经济的依赖度。在地缘政治领域，特朗普将继续加强与日韩等东亚盟友的关系，在中国台湾、南海等地区进行战略布局以牵制中国，在中国周边增强军事力量；中国则有可能在台海和南海地区继续与美国发生碰撞，但冲突的激烈程度总体可控，不会发生大规模的军事冲突。在这一模式下，中美竞争博弈会更加频繁复杂，但合作依然是中美关系的主流，中美经贸关系虽然变数较多，但总体仍呈更为紧密的发展趋势，中美经济都将保持中等速度增长，预计2020—2030年中国经济增速将保持在5.6%～6.3%，美国也将以2.5%左右的增长率平稳增长，预计到2030年美国实际GDP总量可达到约24.8万亿美元，而届时中国经济总量将以约24.1万亿美元稍稍落后于美国，中国综合国力将与美国十分接近。

（2）理想情景：共建合作共赢的新型大国关系。

理想情景即合作共赢情景，在此情景下，中美两国利益达到较高的融合，通过优势互补，求同存异，包容发展，采取协调一致的行动，共同维护世界秩序，打造一个新的“中美国”。如果特朗普能够改变狭隘的思维方式，顺应不可逆的全球化浪潮，破除孤立主义、排他主义、民粹主义、干预主义、保护主义，以负责任的态度制定和实施政策，担负起全球大国的责任，形成各国对全球发展的稳定预期，那么即使美国经济不能进入高速增长轨道，也会长期保持平稳增长。在这一模式下，未来中国经济将继续保持中高速增长，美国经济增长率也将接近20世纪90年代的经济繁荣时期，达到3.5%的高水平。到2030年，中美经济均将实现“二次腾飞”，中美两国各自占全球GDP份额均有所提升，到2030年在亚太地区可能会形成一个更加广泛的、超越世界贸易组织的制度安排，中国将与美国一同在全球治理中承担更多责任，而美国也愿意接受中国的崛起，两国共同形成全球合作领导力。

（3）悲观情景：两国在经济和军事领域爆发大规模冲突。

悲观情景即极端对抗情景，在此种情景下，中美两国可能会爆发全面的贸易战、金融战乃至军事冲突。在经贸领域，若特朗普不顾国际舆论、WTO原则和国会的反对，在总统权限内，强行推动各种极端的、单边的贸易保护措施，如对美国进口中国产品实行全面高关税，对中国赴美投资采取最严格的安全审查机制等。中国也将对美国进口产品征收高额关税或实施配额制，甚至会大幅出售美国国债，造成美国金融市场动荡，中美两国的经贸摩擦将可能会升级为全面的贸易战和金融战。这样不但会导致美国出口骤减、全球产业回流无望，而且会出现财政赤字暴增、金融市场动荡，刚刚从金融危机阴霾中走出的美国经济可能会再次掉入深渊，特朗普的美国梦也会成为泡影。在地缘领域，在特朗普的支持下，日本对华敌意将更强、“台独”势力更加猖狂、中国南海问题被炒作得更热，中国为维护主权、稳定周边安全形势将被迫采取军事手段，中美在西太平洋地区可能会爆发军事冲突。作为两个国防实力、动员能力都十分强大的大国，一旦发生冲突，冲突规模可能会很难控制。两国间的关系恶化不仅会加深中美两国各自国内的困境，还会给世界经济带来负外部性，随时可能爆发的大国交战及全球范围内的政治动荡很难为经济发展提供稳定环境，使全球经济陷入泥潭。特别是如果中美爆发冲突，其他国家被迫要“选边站”，这将形成全球性的国家集团对抗格局，全球各地区的地缘矛盾都将因此被重新激发，整个世界都将处于动荡不安中。在这一情景下，中美两国经济增速跌至历史最低点，到2030年中国GDP平均增长率仅维持在4.5%~5%，美国增长率也只在1%左右，甚至个别年份有负增长的可能。与此同时，两国军费激增，2030年中国军费开支将达5000亿美元，约为美国军费总开支的85%，中美军事实力差距进一步缩小。

四、相关建议

特朗普上台后，美国大政方针走向将发生较大调整，美国对华政策、中美关系也将发生较大调整，对此，我们一方面必须保持战略定力，不慌不乱，静观其变，另一方面必须未雨绸缪，提前谋划，掌握主动，有谋略地把握好中美关系的大方向。

（一）保持战略定力，有谋略地把握好中美关系的大方向

尽管“特朗普新政”引发国内社会对中国未来发展的强烈担忧，诸如特朗普对华征收高关税和认定“汇率操纵国”会导致中国经济剧烈下滑，大幅减税会导致中国资本和产业大量流向美国等声音，但我们认为，对此首先应冷静观察，保持战略定力。“特朗普新政”还存在一些矛盾，如特朗普同时推进基础设施建设和减税，财政压力能否承担得住，如果承担不住，特朗普会先放弃哪个？特朗普通过重振制造业创造更多就业机会，但同时又收紧移民政策，那么劳动力成本抬升，将对美国制造业发展以及基础设施建设不利。如果特朗普仅对华开展贸易战，那么东南亚、南亚、墨西哥等对美国仍具有生产成本优势，“回归制造业”还能否实现？特朗普大规模投资和减税将引发通胀，加之就业情况改善，美联储势必会在两次加息的基础上再次加息，这反过来又会遏制美国企业投资。诸如此类的矛盾未来可能都会出现，如果特朗普的政策目标没有实现，国内就业率和收入分配问题没有更好解决，未来折射到对华关系上会有什么变化，还需进一步观察。

其次，对于特朗普可能会采取的一些极端政策，我们应有更多谋略，要善于站在国际道德道义、国际舆论的制高点上，利用国际多边规则来应对与处理。特朗普在大选时，所放出的大量保护主义、孤立主义、种族主义、狭隘的宗教主义等各类“大嘴”言辞，让全世界都十分震惊，他所抛出的逆全球化潮流而动的政策，中国

虽是最主要的对象国，但其针对的也不只是中国，中国在反对特朗普非主流的政策行为时不仅要靠自己的力量，还要善于利用国际舆论、道德力量来影响美国。同时，中国要善于利用通行的国际规则来解决问题。比如，按照美国《2015 年贸易便利与执法法》定义，中国并不是“汇率操纵国”，这一定义与 IMF 对“汇率操纵”的定义是一致的，如果特朗普强行修改“汇率操纵”认定标准，把中国列为“汇率操纵国”，那么我们可以诉诸 IMF，利用 IMF 规定予以解决；如果特朗普毫无依据地针对中国出台单边的贸易保护措施，将不符合 WTO 原则和规则，我们可以利用 WTO 规则予以坚决反击；如果特朗普将“汇率操纵国”和贸易保护政策通过国会立法形式捆绑起来，我们也可以在 WTO 提起诉讼。

（二）要向特朗普明确提出我们的主张和红线

特朗普具有鲜明的性格特点、独特的行事风格和不同于一般政客的人生经历，他的个人特质十分重要，将会直接影响他未来的执政风格和政策取向。他的性格表现出几个特点：一是务实主义，特朗普的思维是商人思维，他不擅长于长远的战略设计，而是更喜欢制定一些短期目标并付诸实施，他并不具有美国人不惜一切代价向全世界输出价值观的救世主精神和理想主义情怀，他只在乎美国自己的收益，不惜牺牲所有国家的利益而保证美国利益最大化；二是创新大胆，特朗普喜欢“戏剧化的”“夸张的”“吸引眼球”的提法，可能会成为历任美国总统中最具创新力的总统，他会提出各种各样令人应接不暇的议题，会给美国与各国关系特别是与中国关系造成很多麻烦；三是不择手段，在特朗普眼里，一切问题、一切原则都可以被当成讨价还价的筹码，让人难以对他的行为和政策进行预测。面对这样一个总统，我们不要急于应对他的每句言辞、每个议题，被他牵着鼻子走，我们要直接向特朗普表明我们的主张和态度，划出我们的底线和红线，如果特朗普敢于逾越，我们将态度强硬、毫不犹豫地采取反制措施。这样做尽管短期我们可能会面临经贸摩擦加剧或是地缘冲突风险上升的风险，但从中长期来看，这是维护我国利益不被特朗普侵犯的根本手段。

（三）坚定自身发展战略不动摇，做好自己的事是掌握中美博弈主动权的关键

这些年来，美国在经济领域给予我国的战略压力，很多都与我国自身的改革不到位、不彻底有关。比如，奥巴马政府利用 TPP 规则排挤我国，这固然与美国针对我国设置规则的战略意图有关，也与我国的开放水平有待提高、知识产权保护不力、

国有企业改革不彻底等因素有关，TPP 规则对我国而言因标准过高而难以接受。例如，特朗普拿汇率问题做文章，要把我国列为“汇率操纵国”，一个重要的原因是我国金融领域开放程度不高，汇率市场化等关键机制尚未形成。又如，我们所担心的特朗普大规模减税导致我国产业和资本外流的问题，其实质是我国财税体制改革还没有完成，企业税负成本仍然偏高。解决好中美之间的问题，避免在两国博弈中处于被动的地位，最重要的还是先把自身的事情做好。

对内，我们要坚定不移推进供给侧结构性改革，在利率市场化、汇率市场化、财税改革、知识产权保护等中美博弈的关键领域提前布局，特别是针对特朗普减税可能引发的全球减税浪潮，我们也应尽早考虑减税问题，降低企业成本。对外，要继续稳步推进“一带一路”建设，继续巩固“一带一路”三年多来形成的基础和优势，尽早形成能与美国全球战略相抗衡的新的战略格局。同时，要加快自贸区试点建设进程，加快形成立足周边、辐射“一带一路”、面向全球的高标准自贸区网络，不断扩大开放程度。抓紧推进中国—东盟自贸区升级版建设，积极推进中欧 BIT 和中日韩自贸区的谈判进程。特别是要坚持 RCEP 谈判不能松懈，在特朗普已公开表态美国要退出 TPP 的情况下，应该主动作为，尽快形成与美国博弈的回旋空间和筹码。当前 RCEP 谈判的最大障碍是规则问题，按照规则必须东盟及六方所有谈判国全部同意，RCEP 才能通过，而由于日本、印度态度不积极甚至搅局，RCEP 谈成难度很大。可研究效仿 TPP 谈判规则对 RCEP 谈判规则做出改革，如规定同意签署协议的谈判国成员达到一定数量，或同意国经济总量达到一定比例，RCEP 就可生效，这样可大大推进 RCEP 的谈判进程。

（四）积极推进中美 BIT、BITT、FTA 谈判，探讨建立亚太自贸区，牢固中美关系的“压舱石”

特朗普明确提出，反对 TPP 等多边协定，要与各国一对一地谈双边经贸协定。中美 BIT 是当今世界最重要的双边经贸协定之一。特朗普上台后，短期内政策重心会放到国内，近一两年中美 BIT 可能并不会成为他的重点，但从长期来看，随着中国对美投资、从美进口规模越来越大，美国也将有更强烈的谈判意愿和动机。我们下一步仍要继续加快推进中美 BIT 谈判，争取早日达成一项互利共赢、高水平的双边协定。目前中美 BIT 的谈判点仍在于负面清单长度，近期中美交换了第三轮负面清单改进出价，取得重大进展。建议我国应继续加快推进国内自由贸易区试点，在试点情况基础上，加大开放力度，特别是加大服务业领域的开放力度，缩短负面清单长度，争取早日与美国实现对接并达成共识。如果BIT谈判能够取得重大进展，未来可在BIT积极推进的同时，采取适当的方式、在适当的时机、以适当的路径推动开启中美BITT谈判（BIT + Trade）。启动中美BITT谈判，不仅对两国经济发展有益，增加政治互信，也能够向世界传递积极信号，推动世界经济繁荣稳定，促进更加符合实际的21世纪新国际经济规则的产生。未来可在BITT的基础上，争取早日启动中美FTA谈判，牢固中美新型大国关系的“压舱石”。

2014年APEC北京峰会提出要开展FTAAP的可行性研究，形成亚太自贸区的北京路线图。在推进FTAAP建设上，美国意图以TPP为蓝本形成FTAAP的框架和规则，我国则希望以RCEP为蓝本形成FTAAP建设的双轨制。特朗普赢得大选后，由于其明确反对TPP，美国未来可能退出或暂停TPP，FTAAP的建设路线可能发生重要变化。从目前情况看，FTAAP建设主要可选择两种路线：一是RCEP路线，在后TPP时代，RCEP是亚太地区最大的区域经贸协定，可以成为亚太自贸区建设的一个较好基础，但由于目前美国未参与其中，RCEP各成员国利益诉求不同，RCEP的谈成和拓展都有一定的难度，未来应积极推进RCEP谈判进程，在适当时机可考虑吸纳美国及其他经济体加入，逐步拓展形成FTAAP。二是中美BIT、BITT、FTA路线，中美可通过BIT、BITT谈判，形成双方共同认可的投资贸易标准，形成标准后逐步吸纳其他亚太国家加入进来。由于该标准是最大的发达国家和最大的发展中国家都认可的标准，对亚太其他国家均具有普遍的代表意义，因此容易被各国所接受。如果FTAAP能够构建成功，将会带来地区贸易和投资的便利化和资本、人员、技术等生产要素自由流动，将为亚太乃至全球带来新的发展动力，中美新型大国关系也将在FTAAP的框架内得到稳固。

（五）加强与美国多层次沟通机制建设

特朗普执政后，中美关系面临较大的不确定性，中美之间比以往任何时候都更需要深化沟通交流、增进互信。第一，必须进一步密切两国首脑之间的交流联系，这是避免两国战略误判的最主要沟通机制。第二，要进一步完善中美战略与经济对话机制，中美战略经济对话、中美战略与经济对话是中美两国共同探讨和解决事关两国关系发展的战略性、长期性、全局性问题的重要制度安排，目前中美两国已经举办了五轮中美战略经济对话和八轮中美战略与经济对话，在开放天空、应对气候变化、签证便利、BIT谈判、知识产权保护等领域取得了大量合作成果。未来中美战略与经济对话不但要开展下去，而且要开展得更好，要创新组织形式。可考虑将战略轨和经济轨分开，战略对话主要探讨影响两国关系的重大战略性问题，经济对话重点要找到切实有效且操作性强的重要经济问题解决方案。第三，应建立两国央行、商务、投资等部门间的直接对话沟通交流机制，针对特朗普提出的向中国征收45%的关税、“汇率操纵国”等可能导致两国贸易大战的政策，必须要通过两国部门间的对话，对可能导致的恶性结果予以充分估计，并将信息反馈给特朗普，避免其主观臆断、信口开河的政策对两国关系造成巨大损害。第四，要加强中美民间交往、交流、交融。解决未来更多的问题，不仅需要政府的推动，更需要得到两国人民的理解和支持，需要通过民间更多的交流，增加共信、共识、共知和共赢。中美民间机构中不乏一些商界领袖，对两国政治经济影响较大，我们要多发挥这些企业家的作用，让他们成为拉近两国关系的民间大使。我们也要发挥智库的作用，通过智库间的对话，共同探讨形成一些重大问题的解决方案，进一步凝聚共识、弥合分歧。

（本报告由陈文玲、梅冠群共同撰写）

第三部分

主旨演讲

对中美关系最新走向的解析

——在中国国际经济交流中心第132期“经济每月谈”上的发言

（2020年9月21日）

导语：本文是在2020年9月21日国经中心第132期“经济每月谈”上的分享，就中美关系新走势进行解析。美国已从原来对华贸易战转向了全政府行为地对中国的战略打击，实施全方位的遏制与打击，或者叫全方位的围剿；我国必须高度关注和警惕的动向则是美国全球性反华体系的重构。此外，还就美国大选情况及其最新动向发表看法。

非常有幸参加国经中心第132期“经济每月谈”，这一期主要讨论中美关系的新走势。今天我想就中美关系，特别是对美国与中国关系的最新走势进行梳理，谈谈自己的观点，概括起来包括四个方面。

一、美国已从原来对华贸易战转向了全政府行为地对中国的战略打击

美国对华实施战略转向，把中国作为最主要的战略竞争对手，从2017年8月18日开始进行“301调查”，到2018年3月22日推出“301调查”报告，对中国输美商品加征500亿美元的高额关税，经过13轮贸易谈判，到2020年1月15日，签署了中美第一阶段的经贸协议。可见，中美两国关系这两年以贸易战为主。现在来看，已从以贸易战为主转向了全政府行为，而不是单一部门和单一领域的打击。从以下几个方面说明美国采取的是全政府行为。

第一，特朗普发布美国总统令。美国对TikTok的打击，特朗普不仅亲自布局，而且发布总统令。对华为的打击也是多次发布总统令。总统令是国家最高行政长官的直接命令，具有很强的权威性和杀伤力。

第二，国会提出议案或者立法对中国进行打击。从美国国会来看，这一届166

届国会，从 2019 年 1 月 1 日到 2020 年 8 月，美国国会议员共提出 366 项涉华议案，创美国历史纪录新高，是中美建交以来美国国会提出涉华议案最多的一届。在这 366 个涉华议案里，其中涉及经贸问题的有 70 个，涉及供应链的有 58 个，涉及信息通信的有 52 个，涉及人权和民主的有 46 个，涉及中国影响力的有 44 个，涉及新冠疫情的有 23 个，涉及移民问题的有 16 个，涉及气候变化和环境的有 10 个。我认为，美国国会的做法已经成为美国反华全政府行为的重要组成部分。这意味着，不仅是特朗普在发布总统令，实际上国会也在全力配合，通过法律武器对中国实行战略转向和战略打击。

第三，组建针对中国的专门组织。美国政府组建了“中国行动小组”，这是一个在特朗普的领导下成立的针对中国政府的特别行动小组。美国国防部长也曾公开表示，国防部要成立国际政策办公室，成立中国战略研究小组。而且他还要求美国国防大学一半以上的课程要研究中国，研究中国人民解放军的作战纲领、作战目标和训练方式等。

第四，政府有关部门形成了协同机制。政府各个部门协同，商务部、财政部、贸易谈判办公室、国防部、司法部、国土安全部等政府部门紧密配合、各司其职，采取的行动和国家战略转向的方向都是一致的。比如对华为实行禁供由商务部负责，对华为孟晚舟在加拿大进行逮捕由司法部负责。对中兴通讯的长臂管辖，进行罚款的由财政部负责，将其列入实体清单的是商务部。美国对华战略转向与打击，已经形成了高度的政府部门协同。

这几年我一直强调一个观点，即中美贸易战是当前中美关系最浅层次的博弈，是水面上的浮萍。从美国现在的全政府行为来看，我们不能停留在前两年贸易战的认识水平上，必须认识到美国现在的进一步战略转向，认识到美国对中国采取的是全政府行为打击。

二、实施全方位的遏制与打击，或者叫全方位的围剿

这一点更为突出。如果说原来中美关系集中在贸易战，那么这两年最激烈的是科技战。到目前为止美国把近 300 家中国企业列入了实体清单，对列入实体清单的企业进行了多个方面的打击与遏制，包括禁供、中断以美元为主的结算体系、实施清洁网络计划等行动。比如，把中国 13 家大学列入实体清单，目的是中断我国使用用于科研的互联网软件设计系统，阻断中国科技基础研发的步伐，釜底抽薪。

实际上，这两年中美博弈最激烈的是科技战。此外，金融领域也开始了很激烈的博弈，如美国对中国在美上市公司下一步的行动，即中概股退市，美国已经释放了这个信号；又如关于中国在美资产的安全，有国会议员提出相关议案，提议冻结中国购买的美国国债；还有美国现在大规模的货币放水，无量化的宽松货币政策，无底线的货币政策等，都会对世界、中国产生很大的影响。

网络战刚刚上演。从美国对中国 TikTok、微信在美国下架开始，美国正在实施清洁网络计划。清洁网络计划主要针对中国在美国有影响力的七个互联网企业，包括中国移动、中国联通、腾讯、阿里巴巴、TikTok 等，这七家中国互联网企业在美国已经落地多年，美国实行清洁网络计划后，将从五个方面清洁中国网络企业在美国的运营痕迹。这五个方面包括：一是清洁商店，即手机里的商店、App 应用程序中的商店，从应用商店里下架；二是清洁应用程序；三是清洁云，禁用中国网络企业提供的云服务；四是清洁运营商；五是清洁海底光缆，当发展到这一步时，离美国对中国真正断网就不远了。所以，我个人认为，所谓清洁网络计划，就是彻底切断中国与美国乃至世界的网络联系。现在只是开始，先对中国在美有网络服务的企业进行限制，下架中国网络企业的 App、应用平台，接下来就是云、运营商、光缆等。随着美国清洁网络计划的纵深发展，会对中国与世界的网络连接形成更大的压力，我国必须做好战略应对。

美国对中国企业赴美投资的安全审查早就收紧了，现在收得更紧。中国企业在美投资 2016 年是 456 亿美元，2017 年下降到 280 亿美元，2019 年下降到 48 亿美元，2020 年不到 2 亿美元。美国对中国企业投资收紧，特别是中国企业在美购并企业的投资，已经以安全为由停顿。

综上可见，美国对中国战略打击在经济上是全方位的。其他方面的打击也不断拓展，比如在外交领域，美国关闭了中国驻美国休斯敦领事馆，中国也对等关闭了美国驻成都领事馆。在军事上，美国不断进行挑衅，在中国东海，特别是南海和台海，挑衅风浪非常大，可见在战争方面美国摩拳擦掌。

特别重要的是，现在的全方位打击已经延伸到意识形态，延伸到中国共产党领导，延伸到中国的国家制度，延伸到中国的文化、文明。这就意味着，未来将会有东西方文明的对决和博弈，所以，美国对华全方位的战略打击和遏制，和开始这两年集中在贸易领域有所不同。贸易战可以谈判，中国可以多进口美国生产的商品。2020 年 1 月 15 日签署了中美第一阶段经贸协议，中国对做出的承诺正在努力实施和落实。但是美国向其他方面战略的拓展，就不是在做交易，而是纯粹在实施战略打击，打断中国发展的进程，摧毁中国的制度，摧毁中国坚持的意识形态。对美国的这种战略转向，以及战略转向后的全政府行为方式和全方位战略打击，我们必须有充分的认识。

三、美国全球性反华体系的重构

大家都知道，特朗普总统执政以来不断“退群”，目前已经退出 13 个国际组织和国际公约。2020 年以来，美国外交领域最突出的一个特点是建群，即构建反华的包围圈，构建全球性反华的新组织机构。

到目前为止，比较有代表性的组织有以下 4 个。一是美日印澳联盟。二是“五眼联盟家 +”，“五眼联盟”原来是美国、英国、加拿大、澳大利亚、新西兰五个国家，这几个国家情报互通，在日本首相安倍晋三退位之前，日本外长和美国达成了一个初步协议，就是日本准备加入“五眼联盟”，成为第六只眼。三是 G7 扩容，G7 有七个成员国家，原计划 2020 年 6 月在美国开会，但由于德国总理默克尔因疫情不方便参加，特朗普总统把会议推迟到 9 月，并提出 G7 扩容，计划首先吸纳 4 个国家，即印度、澳大利亚、韩国和俄罗斯。俄罗斯表示没有中国参加的国际组织是不完整的，俄罗斯不会参加，韩国没有明确表态，但是澳大利亚和印度选边站队，站在了美国一边，表示要积极参加 G7 并抗衡中国。所以，G7 扩容是美国重新“建群”非常重要的一个战略步骤。四是“蓝点计划”，专门针对中国提出的“一带一路”倡议，第一批规划的 28 个国家中就包括东盟的 6 个国家，目标就是指向中国的“一带一路”。最近，美国国务卿蓬佩奥、美国情报局局长、美国国防部部长和美国国家总统安全助理四个巨头在讲话中提出，要构建基于意识形态的新的民主国家联盟。还有人主张美国退出联合国，关闭联合国大厦，重建以民主国家为主体的新的世界民主国家联盟。拜登在他的竞选演说和施政纲领中，也有这一方面内容，因此我们不能不关注这个动向。即现在美国从原来的“退群”到重新“建群”是一个非常重要的新动向，而且“建群”的最主要目标就是抗衡中国，组建反华包围圈。

四、关于美国大选情况和最新动向

民主党和共和党经过提名产生了两名候选人，一名是共和党现任总统特朗普，另一名是民主党的候选人拜登。现在特朗普和拜登的执政纲领都已经公布。他们公布的施政纲领最主要的内容是什么呢？特朗普的口号是“为你而战”，执政纲领包括十个议题，其中有几项涉及中美关系。第一条是美国国内就业问题。第二条是根除新冠，这既是国内问题，也和中美关系有关。第三条是结束对中国的依赖，对此特朗普提出了五项举措，一是要从中国回流100万个就业岗位；二是对从中国回到美国的制造业企业减免税收；三是对从中国迁移回来的制药企业和机器人行业的企业，除了补偿费用之外，百分之百地减免税收；四是如果美国企业继续与美国限制的中国企业发生业务联系，将对其取消联邦政府的政策支持；五是要让中国对新冠病毒在世界各地的传播负全责。所以，所谓结束美国对中国的依赖，每一项措施的打击力度都非常致命。当然，制造业回流能否实现是另外一个问题，但是它的政策方向是很明确的。第四条是医保，是国内问题。第五条是教育，也是国内问题。第六条既是全球问题，又是中国问题，叫什么呢？叫“排干沼泽”，意思是对美国声称所有有害于美国的国际组织予以坚决抵制，要排干全球主义的沼泽，实质上就是更加坚定地逆全球化和去全球化。当然，如果说按照这样的执政纲领进一步发展，排干全球主义的沼泽，美国就会成为全球“孤儿”。美国总统特朗普在几次国际会议上表示，美国要去掉全球经济意识，保持美国优先、美国第一。第七条是保卫检查，是国内问题。第八条是结束非法移民，保护美国工人。第九条是为未来而创新，我认为其目标指向也是中国，因为未来创新将集中在三大领域，一是5G，二是太空，三是月球。第十条即坚持美国优先的外交政策，延续了特朗普美国优先、美国第一的执政纲领。

总的来说，特朗普的执政纲领和外交路线有一个很明显的特点，就是坚持单边主义、保护主义、民粹主义、美国至上主义，针对中国并孤立于世界，继续分裂全球化。如果他赢得竞选，就会继续执行这套执政纲领，因此可以预见这将给中国、美国、世界带来重大影响，使经济全球化走向碎片化，对中国战略的遏制力度会更大。

拜登的执政纲领是25条，包括国内治安问题，包括非法移民问题，主张要拆除美墨边境墙，给非法移民敞开福利，大力推动庇护非法移民的城市，重启“抓了就放”的移民政策等，与特朗普政府的做法针锋相对。能源方面的政策是，重归《巴黎协定》，并制定了具体目标。还有教育问题是针对国内的。在拜登的对华政策中有一条是要建立基于民主国家的新的民主国家联盟，制造业回流美国也是拜登的执政纲领，特别是强调医疗供应链要加快回流到美国，保护美国人民健康安全。拜登竞选纲领透露出来的几项政策信息：一是会重回世界多边组织，如明确提出重回《巴黎协定》，重回WHO、伊核协议，重回更多的国际组织，在更多的国际组织发挥更大的作用。二是明确提出重构盟友体系，特朗普这几年基本解构了盟友体系，使盟友体系内部发生了非常大的变化。拜登明确主张重构盟友体系，其主要目标是联合盟友用占世界超过半数的经济能力抗衡中国。三是重构产业链、供应链，建立基于安全的供应链特别是医疗供应链。四是会重拾奥巴马、希拉里的政治遗产，奥巴马、希拉里在对华政策上，最大的政治遗产是什么呢？我认为是重返亚太战略，是构建 TPP、TTIP 两大自贸区，这种“排华”的自贸区战略设计，不排除拜登会重新拾起来，作为抗衡中国的筹码。

所以，现在特朗普批评拜登对华不够强硬，拜登批评特朗普对华不够强硬，但两个人指责的方向是一致的，都是对华要更加强硬。当然，我们原来认为，这些美国政客在竞选的时候为争取选票而对华强硬，但是从特朗普总统执政来看，他竞选时的主要政治主张，在上任后都变成了政策和行动。拜登虽然是建制派，但我认为他要想真正战胜特朗普，就一定要兑现承诺，特别是在对华政策上要有所作为。所以总的来看，我个人认为，从中美关系最新的发展走势看，不是在向好，回归到正常、正确、合作共赢的轨道上来，回归到建设中美新型大国关系的轨道上来，而是美国在进一步提升对中国战略遏制的力度，提升美国的战略高度，加大美国对华战略打击的力度。

这几年特朗普政府对中国从战略转向到实施战略打击，现在我们则看到，下一届政府不管是谁执政，都会延续这种总体战略。所以，中国在迈向第二个百年进程中，2035 年要基本实现社会主义现代化，2050 年要建成社会主义现代化强国，面临的形势更加严峻。当今世界面临百年未有之大变局，科技革命加速，中国等发展中国家的国际地位上升，这些都是正能量，而且是世界经济发展的主流。但是我们面临的国际环境具有极大的不确定性，其中最大的不确定性就是中美关系，就是美国能不能接受一个和平发展的中国，能不能接受一个日益强大的中国，能不能接受一个让 14 亿人能过上更加美好生活的中国。

中国的所作所为，首先要被世界各国认知，中国对世界的贡献，对人类的贡献，对世界减贫的贡献，对世界资源环境改善的贡献，应该得到世界各国的尊重和赞赏，特别是美国应该高兴而不是遏制和打压。在抗击疫情这次大考中，中国考出了好成绩，美国应该向中国学习，应该与中国合作。我认为，不管是从美国的疫情来看，还是从美国现在的经济情况来看，美国最好的合作伙伴都是中国，如果美国能够回头是岸，才是美国未来保持其经济强国、政治强国、军事强国的一个正确之道，否则只能步入由盛转衰的历史长周期轨道，甚至进入万劫不复之地。

中美的力量对比还会沿着现在的轨道发展，因为中国到21世纪中叶要建成社会主义现代化强国，中国"两个一百年"的目标不会改变，中国迈向未来的脚步不会停止。美国对于中国总体上在战略层面已经形成共识，认为对中国的遏制已经晚了十年，如果不抓紧这十年对中国进行遏制和打击，中国就会真正超过美国。世界银行、IMF、OECD对2050年做出预测，还有国际上很多权威智库和研究机构也对2050年长周期做出经济预测，都一致认为到2050年排在世界第一位的是中国，绝大部分机构认为排在第二位的是印度，第三位才是美国。

这可能是一个历史的大趋势，是不可能以一个国家的意志为转移的。一个国家的发展存在生命周期，既有起飞阶段，又有发展的平台期，也有衰落期，甚至有自由落体的时候。但是，我们不希望美国那么快地走向衰落，真诚希望美国能够长周期保持世界强国的地位，保持世界第一。历史发展有其内在规律，未来美国如果采取只允许美国第一，别的国家不能在任何方面超过它，特别是在科技领域、金融领域，那么，这种博弈还会继续下去。只要美国不改变现在的战略方向，不改变制定这种战略的冷战思维，中美之间的战略博弈就不会停止。

关于中美之间利益的共同点，怎么避免和化解分歧点？我认为这个问题也很重要，实际上中美之间既有很多共同点，也有很多合作点。比如刚才朱光耀部长谈到的数字经济、新经济和新动能。现在世界上形成了创新的两大动力源，美国是数字经济走在前列的原始创新的创新源，中国是数字化经济转型、数字化应用、数字化商业模式、数字化生活场景创造的创新源。其实，这两大创新源应该是天然的合作伙伴，如果把美国原始创新优势与中国应用创新优势结合起来，那么对世界发展来说将是巨大贡献，既对美国经济发展形成更大的带动力，也使中国经济释放出更大的潜能，所以在这方面中美就是天然的合作伙伴。而且，近两年国际相关组织发布的互联网报告做出的系统分析也证明了这一点，在全球500个最大的互联网App平台中，中美两个国家合计占90%以上，在全球的独角兽企业中，中美两个国家合计占75%。所以，中美两国最大的合作点是面向未来的，是数字经济形态下的创新合作。这种创新合作会给中美带来更加美好的未来。如果美国采取对抗态度，这当然对中国不利，但对美国自身而言，即使美国处在产业链、供应链、价值链高端甚至尖端，若没有应用创新的配合，原始创新的动力也会递减。

再比如说中美之间的贸易合作、各个领域的经济合作，仍然是中美关系的压舱石和稳定器。刚才张永军说，为什么拜登要放弃对中国加征高额关税？为什么第一阶段的协议即从美国进口的承诺到现在才落实46%？今年已经过去8个月了，但是不管是美国的莱特希泽还是纳瓦罗，都说中国在努力落实协议，中国落实协议做得很好，连特朗普也认为中国落实得很好。这是因为他们从几年的贸易战结果中已经看到贸易战两败俱伤，而且从某种程度上说对美国的伤害更重。对美国而言，如果没有中国制造和中国商品，美国的消费者、制造商、高科技企业都会受到很大的伤害。所以，世界经济现在相互依赖、相互融合、相互支撑，各国彼此高度关联，在这种情况下，产业链、供应链、服务链、价值链实际上已经紧密交织在一起，交织错落，你中有我，我中有你，一荣俱荣，一损俱损。因此，中美之间的经济联系仍然是压舱石，仍然是稳定器。中国美国商会最近对300多个美国在华企业进行调研，93%的企业表示在中国有盈利，不会离开中国；70%的企业表示在中国还要准备进一步增资；还有一些企业像特斯拉则是在中美贸易战中把产业链转移到中国，苹果在美国关闭了5个商店，而在中国的商店增加到59个。这些都很说明问题，这就是经济联系的内生力量，是经济上互相联系的结果，不是哪个政客想拆就拆得了的。

还有就是美国地方政府与中国各级政府和企业的经济联系，实际上和联邦政府是不一致的，美国地方政府欢迎中国的投资，希望和中国进行深度合作。

另外，目前美国在一些短板上需要中国。如果美国在抗击疫情过程中采用中国经验，或者认可中国文化中国中医药，还有中国疫苗，那么能够挽救美国的只有中国。美国现在的经济大幅度下滑，一季度增速为-5%左右，二季度按年化率为-32.9%，我估计三季度比二季度不会好到哪儿去。美国2008年次贷风波引发国际金融危机经历了10年的低增长，实际上美国金融危机的影响持续了10年。这次美国作为占世界GDP份额最大的国家，其经济是负增长还是深度的负增长，对世界经济影响非常大。中美经济合作比任何时候都重要，美国要挽救经济颓势，只有回到与中国合作的正确道路上来。

其实，美国现在在全球治理方面遇到了空前的挑战，既包括盟友的挑战，也包括原来可输出价值观的挑战，还包括美国大国形象、大国信用坍塌的挑战。与中国合作可以重塑美国的大国形象，可以使全球保持和平发展的环境。成为负责任大国曾是美国对中国的要求，现在应该变成中国和世界对美国的要求。只有这样，中美之间才能有更多的共同点，才能避免将分歧点放大甚至成为对抗点。

我们需要用哲学的思维拨开笼罩在世界上空的阴霾

——在纽约中美关系闭门会第四时段的发言

（2019 年 12 月 8 日）

导语：我们需要用哲学的思维，从更长的历史周期来看待当今世界的形势。世界面临百年未有之大变局，正处于一个历史的十字路口，现在如何选择，决定了明天世界的命运、人类的命运。我们不仅要有眼光，有鉴别的能力，而且要有眼力，要有看透这些事情的能力。还要有眼界，就是透过事物形成正确认识的视野，要有更大的心胸与格局。解铃还须系铃人，导致中美问题的系铃人是美国，解铃人也应该是美国。发动贸易战、科技战、金融战乃至局部战争，表面和背后都有美国的身影。美国用国内规则、国内法律替代国际机构、国际规则，制裁中国、欧盟、日本、韩国、印度等众多国家和地区，自己也在“退群”，实际上是摒弃了多边主义的原则，主动与世界“脱钩”。

谢谢主持人！谢谢各位参加会议的中美同仁！非常感谢给我这样的发言机会，我先说明一下，今天上午设置的议题是谈美国，而且是谈美国对当前国际秩序可以另外选择的做法，作为中国学者谈这个问题，我有一些观点，会建设性地谈谈看法。我想谈四个方面的观点：

第一个观点，我们需要用哲学的思维，从更长的历史周期来看待当今世界的形势。

毫无疑问，世界面临百年未有之大变局，而且正处于一个历史的十字路口，现在如何选择，决定了明天世界的命运、人类的命运。所以，在看待这些问题的时候，我认为我们不仅要有眼光，也就是我们要有鉴别的能力，而且我们要有眼力，要有看透这些事情的能力，还要有眼界，就是透过事物形成我们的见识，以及我们的格局。

当前的世界布满阴霾，大家非常担忧。我在 2019 年 11 月 20—22 日参加创新经济论坛，我坐在会场左边第一排，亲耳聆听了基辛格博士的特别对话，我也看到了他 11 月 15 日在美国发表的一个演讲。昨天又一次亲耳聆听了基辛格先生的真知灼见。他的一个核心思想讲的是世界需要平衡，但是我认为他更深层次的意思是担忧。他有一句话特别著名，引人深思，也是在中国传播得最快的，就是说如果中国和美国产生更为激烈的冲突和对抗，可能会产生实质性的灾难，比摧毁欧洲文明的第一次世界大战、第二次世界大战更为严重。

在 2019 年 9 月的联合国大会上，古特雷斯秘书长也提出，一个新的风险正出现在地平线上，他最大的担心是世界出现大分裂的可能，世界将由此分裂成两个最大的经济体阵营，制造出两个彼此竞争的世界，每一个都有各自的货币、贸易和金融机制，单独的互联网和人工智能技术，还有各自由于零和博弈形成的地缘政治和军事战略。我认为，当前的这种担忧，正在向世界蔓延，进而引发整个世界对经济发展以及对未来世界和平与发展的担忧。

那么，对于导致这些问题的原因，我认为要用哲学的思想来分析，就是要找到主要矛盾，找到主要矛盾的主要方面。主要矛盾和导致矛盾的主要方面，我个人认为的也不一定对，可能美国朋友也不一定同意。我个人认为，矛盾的主要方面在美国，因为美国现在毫无疑问还是第一大经济体，是科技力量最强大的国家，也是军事力量最强大的国家。从美国总统到美国几乎所有的智库、企业家乃至民众都认为，美国仍然是世界上不可战胜的、最强大的国家，其他国家必须听命于美国。

因此，解铃还须系铃人，系铃人是美国，解铃人也应该是美国。发动贸易战、科技战、金融战乃至局部战争，表面和背后都有美国的身影。美国用国内规则、国内法律替代国际机构、国际规则，来制裁中国、欧盟国家、日本、韩国、印度等众多国家和地区，自己也在“退群”，实际上是摒弃了多边主义的原则，主动与世界“脱钩”。这是我的第一个观点。

第二个观点，美国现在这样的做法，导致自己面临最大的问题和挑战，这对美国的影响是灾难性的。

对于美国来说，现在面临的挑战是什么？美国现在的这些做法，虽然是特朗普总统提出的，大家认为他是一个比较奇特的人，好像是非建制派，但是他的思想、主义和做法与过去几届美国总统是一脉相承的，为了保持美国第一、美国利益至上、美国永远伟大的国际地位，采取了各种超出人们想象的做法，对中国、对世界，也对美国自己造成了很大的风险。当前，我认为美国最大的风险，有四个大的方面。

第一，美国大国信用损耗的风险。这个风险现在是非常大的，因为从特朗普总统上任以后，他有一个鲜明的个人特征，也是和以前的建制派所不同的，就是他有极端的随意性，由于他是商人出身，也是极端的重商主义者，我认为他已经把美国的政府变成了“美利坚合众国有限责任公司”，他是这个公司的董事长。其实，美国政府现在已经变成了交易型的政府，不仅是对中国，对 102 个与美国有贸易逆差的国家，都采取了同样的无差别贸易打击政策。我们不能说贸易战只针对中国，实际上美国实行的是无差别的贸易打击，而且依据的所有的东西，都是美国国内的法律法规。

最重要的是，这位“伟大的”美国总统出尔反尔、极限施压、反复无常，不仅是在处理国际问题上，在国内问题上同样如此。所以，这就使美国的大国信用加快损耗。国家的信用水平支撑着一个国家的货币，支撑了一个国家在国际社会的软竞争力、软实力。我个人认为，美国现在软实力受到极大程度的消耗，导致靠国家信用支撑的东西贬值。比如说国际社会一些国家开始“去美元”“去美债”，欧盟 2018 年制定了专门针对美国长臂管辖的《欧盟阻断法》，等等。这都是针对美国这一系列对其他国家的打击行为所采取的应对措施和对抗性做法。所以，我想如果世界形成了一种不管是表面上还是实质上的与美国的对抗，美国大国地位都会急剧下降。

第二，美国面临最大的风险可能是盟友体系分化瓦解的风险，而这个风险并非杜撰。“二战”以后，两个体系先后受到了挑战。第一个体系是殖民体系，英国 56 个殖民国家，法国 49 个，包括被殖民的地区，这个殖民体系已经瓦解。第二个体系是美国所建立的世界上最强大的盟友体系，把现在的欧盟看成一个整体，美国有 60 多个盟友，现在这个盟友体系遭到了空前的挑战。比如，法国总统马克龙已经明确提出“北约正在经历脑死亡”，当然特朗普总统不同意，在会议上针锋相对，争论得相当厉害，但是这些盟友，以前跟随美国是坚定不移的，没有任何怀疑地拥护，现在已经发生了分歧，不仅有不同的声音、不同的看法，甚至有不同的打算、不同的行动。

原来对盟友，美国提供的是公共品，是无偿的，现在美国特朗普总统不仅要让他们缴纳驻军军费，而且还要缴纳 50% 的利润，这在美国历史上从来没有过。所以，我认为美国的盟友体系可能存在分化瓦解的风险。

第三，给国际治理带来极大风险，但会反作用于美国。当前国际秩序、国际机构、国际规则，包括国际上形成的共识和公约，遭到空前的挑战，这个挑战者是原来维护世界秩序和构建秩序的国家，主导世界秩序和国际规则的美国。原来是带头构建者，现在却变成了带头的挑战者，那么这样一种挑战，可能的结果有两个：一是美国主动和世界脱钩、和国际组织脱钩。我算了一下，美国现在已经退出了12个“群”，可能未来还会退，连《开放天空条约》也准备退出，还多次说过要退出WTO。二是对现有的国际组织，包括WTO、联合国、其他组织，美国都欠费，美国在联合国是欠费最多的。WTO争端解决机制面临停摆，大法官只剩下一位，如果不能解决这个问题，未来就面临WTO机制和工作难以运行的局面。

实际上世界面临的这种风险，就是昨天讨论小工将军所指出的“金德尔伯格陷阱”。将来全球公共品的短缺或者出现真空，这可能是一个非常大的问题。在这样一种情况下，美国不是受益者，而是最大的受损者，因为美国用几十年的时间积累的无形资产的大厦会轰然倒塌，美国自己构建的世界主导体系，未来将对自己形成最大的制约。

第四，美国面临再次爆发金融危机的极大风险。20世纪以来，美国经历了21次经济衰退、12次经济危机，每次危机过去之后，都会发生一次大的调整。但是现在美国有几个可能难以过去的坎儿：一是高债务，最新数据是23万亿美元，财政赤字从缩表4.5万亿美元，现在又重回到4.5万亿美元，而且赤字还在继续增加。二是高杠杆，美国已经积累了相当多的泡沫，美国的汇率从2008年4轮宽松货币政策，到2015年12月升值，再到这次贬值，是不正常的。美元自1971年8月15日布雷顿森林体系解体以来，大约经历了7个周期，一般贬值的周期是10年左右，升值的周期是6年左右，而这一次美元升值4年就戛然而止，掉头转向贬值。全球性的流动性泛滥已经开始并加快蔓延，35个国家已经跟进采取宽松货币政策。这是美国的货币政策导致的风险，也会给美国自身带来很大的风险。三是美国国债长短期收益率曲线的倒挂，2个月的短债与10年期长期国债利息倒挂，3个月的与30年的倒挂，这个问题大家都很清楚。四是PMI荣枯指数下降到50以下，美国2019年以来一直在50以下，最低的时候到了47。这些经济指标和反映经济发展情况的先行指数，已经出现了衰退的迹象，从GDP来说，美国增速从第一季度的3.1%下降到第二季度的2%、第三季度的1.9%，预计第四季度会在1.5%左右。特朗普总统最大的愿望是连选连任，2019年美国GDP会在2.5%以下，如果2020年第一季度还延续这样的形势，我真的不知道他能否连选连任。

第三个观点，当前国际秩序面临非常严峻的挑战，不仅需要美国认真应对，也需要中国和世界各国共同应对。

第一，国际机构的运行存在挑战，国际机构发挥的作用正在弱化。比如WTO面临停摆，7名大法官到年底只剩下1位，贸易仲裁机制将无法发挥作用。美国是用单边主义的做法，来替代多边和国际规则，不管是美加墨自贸区（现在变成了美墨加自贸区），还是美韩或美日，实际上都是单边对单边。全球公共品供给体系和能力会弱化，或者会出现真空地带。

第二，全球经济体系分化、分裂乃至存在“脱钩”风险。我认为，这个问题是比较严重的，如果美国继续采取攻击性手段遏制中国，中美两个国家继续对抗性竞争和博弈，这种分化会加剧。中美贸易战继续打下去，产业链、供应链和价值链将会重构。上个月我到北京亦庄做了一个美资企业的调查，在这里不妨和美国的朋友讲一下，有一个叫瓦里安的美国企业，是生产治疗癌症的速锋刀的制造商，速锋刀刀头部分在美国生产，组装基地是在中国北京亦庄，零部件 60% 来自中国，所以速锋刀刀头从中国进口零部件，要缴纳 25% 的税，速锋刀生产之后出口到中国，要缴纳 25% 的税，在中国完成组装，这些整机 95% 以上再次出口到美国，还要缴 25% 的税，这样一个美资企业在中国投资生产，其中 60% 的零部件缴纳了 75% 的关税，所以这个企业就要考虑产业链重构。面对这种情形，对于下一步产业链如何转移，是向美国转移，还是向越南转移，这个企业中国区的负责人说，是向中国转移，速锋刀刀头部分也转移到中国。一是中国劳动力成本低于美国；二是未来的市场靠近中国；三是主要的零部件，60% 以上来自中国，要把关税降下来，只能向中国转移。所以，美国发起贸易战导致产业链重构，未见得对中国不利，只是会损害中国，我想也会损害一部分在中国投资的美资企业的利益。

第三，目前的国际贸易结构已经发生巨大变化，而治理体系严重不适应。美国制裁其他国家的思维和方式还停留在 19 世纪。目前国际贸易中 2/3 是中间品，东亚 4/5 是中间品。来美国之前，我参加了中国外交学会举办的中日“二轨”对话，日本丸川教授讲，日本向中国出口的产品，86% 是中间品。所以，世界贸易已非“二战”时期的贸易，不是美国《1930 年关税法》《1974 年贸易法》或者《1962 年贸易扩大法》那个时候的贸易形态了，贸易结构发生了根本性变化。但是美国打贸易战，仍然按照原来的规则来打，这本身就没有道理。实际上现在新的贸易方式，比如说线上线下向融合的 E 国际贸易，其规则领域尚属空白，WTO 组织也好，各个国家也好，还没有形成管理和监督的共识，没有形成通行的规则。而这种贸易形态发展非常快，增长的速度年均在 25% 以上，国际机构改革和这个方面的规则严重不适应。

第四，各国经济增长分化，缺乏全球性宏观经济政策协调机制。经济增长的分化越来越严重，像印度尼西亚、孟加拉国、越南、泰国、埃塞俄比亚等，经济增速都在7%以上。中国2019年经济增速会在6.2%左右，我估计“十四五”期间将会在5.5%～6%，而发达经济体增速整体在2%以下，一些经济体甚至会出现负增长、负利率、负收益。因此，世界将会出现一个局面，就是新兴经济体和发展中国家占世界经济增量的比重越来越大，发达经济体则出现总体收缩。但是全球秩序和规则，是“二战”之后形成的以西方国家为主导的体系和制度，一方面需要改进，提高发展中国家的权重和发展权，另一方面需要维护，这个体系保障了战后75年的和平发展。到2050年，据世界银行公布的数据，前十大经济体中，有7个是现在的发展中国家和新兴经济体；据美国盖洛普调查机构公布的数据，前十大经济体中有6个是发展中国家和新兴经济体。那个时候，约占世界经济增量比重70%的是现在的发展中国家和新兴经济体，30%的是发达国家。在世界银行公布的数据中，美国排在第二位；在盖洛普调查机构公布的数据中，美国排在第三位。所以，我现在就在想，是不是美国也做好了当世界老二的准备？当然，这是按历史长周期来说，现在美国肯定是老大，但是未来历史的发展不以人的意志为转移，不以美国意志为转移，也不以中国的意志为转移。

第五，由于中美之间目前的这种对抗，使一些国家“选边站”非常痛苦。昨天我在讨论时说新加坡李显龙明确表示不愿意在中美之间选边站队，包括韩国、以色列、欧盟，最近就这个问题都发表了自己的观点。正如基辛格先生在创新经济论坛上所讲的，中美两个国家现在可能会相互踩脚，虽然还没有发展到冷战、热战，但是我个人认为，现在起码应该是凉战、对弈、博弈。

第六，意识形态的冲突可能会再度兴起，民粹主义沉渣泛起。意识形态的冲突加剧，可能会给世界带来极大的思想混乱。

第四个观点，美国当前可以另外做出的选择是换一种思路，“退一步海阔天空”。

我觉得美国是一个非常聪明、充满智慧的国家，特别是美国的智库在全球排在第一位，也是发展历史最长的现代智库。所以，我想美国的智者应该为美国政府支招。因为当今的世界是一个超复杂系统，是一个超双边价值的多边存在，是不同利益排列组合出的矩阵，是一个新的世界体系。中美两国关系是超大型国家相处的复杂关系，很难说非此即彼、非白即黑，而应该是习近平主席所说的中美两国“一荣俱荣，一损俱损”。

王毅外长在美国的讲话非常好，中美两个国家谁也离不开谁，谁也没有占谁的便宜，谁也不能替代谁，谁也无法战胜谁。虽然美国的科技水平现在名列前茅，但是中国也在奋起直追。美国的军事力量很强，但是你们也不敢用核武器，核武器仍是所有对抗的终极手段。虽然中国的核武器少，但是如果美国用的话，中国的核武器也够用。所以，我想，既然最后谁也不能战胜谁，那么唯一正确的选择就是合作。

对于美国可以做出的另外更为睿智的选择，我想提几点建议：

第一，当务之急，最智慧的选择，也是最直接的路径，就是处理好中美关系，重回中美关系的正常轨道，稳定国际秩序，在稳定的基础上解决存量问题，直面增量问题，我觉得这可能是中美两个国家最好的选择。因为不仅是贸易往来，在科技领域实际上中国和美国也密不可分。比如说美国对华为禁供，美国将有些中国公司列入制裁的实体清单，中国公司并没有因此停止创新的脚步，华为也没有停止发展。华为 2019 年 1— 9 月的销售额达到了 6000 多亿元，投入研发经费累计达到了 4000 多亿元，研发经费投入占销售额的 15%。

我到华为研发基地东莞松山湖去看过，1.5 万人集中搞研发，上海还有 1.5 万人搞研发，华为研发力量在世界上是比较强的。我也去美国硅谷看过。我认为，中美各有各的长处，美国是原始创新的策源地，中国是原始创新最大的应用、转化策源地，两个都是创新策源地。我看过 2019 年世界的大数据报告，中美两个国家互联网区块链相关技术合计占全球的 75%，云服务公共平台创造的市场价值合计占全球的 75%，90 个大的 App 平台里面，中美两个国家占 90%。所以，我认为两个国家的合作会引领世界的发展，如果两个国家对抗和脱钩，不仅会影响中国、影响美国，还会拖累世界。美国的高通、博通、英特尔，它们生产的芯片，60% 是出口到中国的。现在禁供以后，中国企业会“休克”，但是“休克”的时间不会太长，但是美国失去了市场，要想再回来，不容易。

我想中美两个国家合作，可以给美国带来诸多好处：一是可以使中美两个国家的利益最大化。二是可以延长美国作为强国的历史周期。三是可以延长美元、美军、美国科技的发展周期。四是可以使国际秩序重新回到正确轨道。而且，可以在此基础上，首先维护现有的国际秩序、国际规则，同时可以实现无痛感的变革，就是不使全世界各个国家感到痛苦，特别是不使美国和中国都感到痛苦。可以实现无震荡调整，也可以实现无差别普惠，给各个国家持续发展带来福祉。

中美两个国家现在人口和贸易均占世界的 25%，制造业和 GDP 均占世界的 40%，两个国家的研发费用总计占世界的 46.4%，两国货币在 IMF SDR 篮子中占到了 53%。在原创性的成果中，中美合计占 70%，在下一代信息技术中占 90%，在独角兽企业中占 90%，在世界 500 强中占 50% 以上。所以，这两个国家有什么理由不合作？有什么理由对抗？有什么理由放弃合作给两国带来的巨大利益？

第二，中美共同促进世界秩序守正容变，防止“公地悲剧”。“二战”后美国主导和推进的国际秩序、国际规则，尽管总体上是西方主导的，构建的规则有利于发达国家，但是主流是积极正向的，它维护了世界几十年的和平发展秩序与环境，不宜进行颠覆性变革甚至推倒重来。维护几十年来国际机构的运转，就是维护多边、维护绝大多数国家的共同利益。我们需要的是面向未来，填补那些不适应数字经济、智能链接或者实体经济与虚拟经济并存融合的治理规则。

第三，共同创造基于规则和共享发展的普惠的、泛在的、建设性的合作伙伴关系。不能把一个国家的利益或者法律凌驾于国际规则之上，凌驾于其他国家利益之上。

我就说到这里。谢谢各位！

在第二时段的简短发言：

刚才几位美国朋友都谈到“一带一路”，这个倡议从提出到现在已经六年了。习近平主席为什么提出这个倡议？这个倡议的价值和初衷，刚才阮宗泽院长都谈了，我再补充几句。“一带一路”建设进展是很快的，总的进展已经有 137 个国家、30 个国际组织与中国签署了 197 份合作文本，这些文本不一定都能落实，但是大部分项目都在推进。

2018 年我们做了中老经济走廊、中缅经济走廊规划的研究，这也是 2019 年第二届“一带一路”峰会国家直接签署的项目。比如说，老挝原来只有 3.5 千米的铁路，到 2020 年中老铁路会从中老边界修到万象，长达 414 千米，紧接着和泰国的铁路有一个连接线，中老泰的铁路未来就会修通。它会给东南亚，特别是泛亚中线地区的发展带来巨大好处，会形成老挝沿中老铁路经济带。老挝这个国家原来的梦想，就是把“陆锁国”变成“陆联国”，没有修铁路之前是做不到的，但是通过“一带一路”建设，在中国和第三方投资的帮助下，现在已经变成现实了。

对中国提出的“一带一路”倡议，美国方面有很大的质疑，有人认为这是中国的债务陷阱。恰恰相反，这为希望发展的国家搭建了一个平台，使这些贫困国家找到了发展的道路、发展的希望、发展的机会。“一带一路”建设本质上是共商、共建、共享，是让更多的国家分享发展的机会。这些投资，包括亚投行的投资，不是到处撒钱，而是市场化的运作。现在亚投行投资的几十个项目中，其实排在投资第一位的是印度。投资这些项目都要经过事先的评估，而且评估的时候，所有的亚投行理事国家都参与。英国的一个财务大臣到我们中心来专门讨论过亚投行的机制，他认为亚投行的机制是国际化的。2016 年，我在美国纽约参加中美智库关于中美经贸关系的讨论时，美国的一位金融家也认为，亚投行是世界最高的标准，没有之一。所以我想说，中国和参与“一带一路”建设的国家用几年实践、自己的做法，来说明“一带一路”从倡议到形成跨国界的经济合作行动，是大家共同参与的结果，而非中国在胁迫、强迫、号召、引诱哪个国家参与。

我再补充一句，其实英国当世界老大当了 125 年，美国接替英国成为世界老大，到现在已经 144 年了。不是说老大当的时间长，就一定要换，但是老大必须得有老大的做派，老大得像老大的样子。需要包容老二、老三、老四，包容这个世界。而不能说，只允许我是世界老大，所有违背我意愿的、不能帮我当老大的国家和个人，就是我的敌人，就是我的对手，就要千方百计地进行打击和遏制。我觉得这就失去了老大的风范。

谢谢！

理解世界面临百年未有之大变局的几个视角

——在相关部门闭门座谈会上的发言

（2019 年 11 月 12 日）

习近平主席多次指出："世界面临百年未有之大变局。"我们只从经济方面看大变局还不够，必须多维度、多视角进行总括性分析。前一段时间我发表了题为《世界经济正处在历史的十字路口》的文章，对世界经济从四个领域进行了梳理，解析经济领域包括金融、能源、制造业、贸易等领域的大变局。

世界百年未有之大变局有几个标志，诸如南北之变、东西之变、大国关系之变、新旧之变与世界经济形势之变。

一、南北之变

南北之变即新兴经济体和发展中国家板块整体崛起，而且会加快速度，使原来南北关系发生重大调整；以美国为首的"北"，正处于一个历史的拐点，从中美贸易战开始，在历史长周期中，美国将会由盛转衰，发达经济体在世界经济中的比重会逐渐下降。

所谓"南"，就是以中国为代表的新兴经济体和发展中国家板块，从占世界经济总量的比重看，目前新兴经济体和发展中国家占 56%，发达经济体占 44%，新兴经济体和发展中国家已经超过了发达经济体。"二战"结束的时候，发达国家与发展中国家两个板块经济占世界经济的比重分别是 70% 和 30%。到 2035 年，原来的发展中国家和新兴经济体会成为世界经济增长的主导力量，占到全球经济的 70% 左右。

最近世界银行和美国普华永道分别发布了对世界经济到 2050 年的预测，届时排在世界前 10 位的经济体，世界银行预测，其中有 7 个是现在的发展中国家和新兴经济体，中国第一、美国第二、印度第三；普华永道预测，其中有 6 个是现在的发展中国家和新兴经济体，中国第一、印度第二、美国第三。也就是说，不论哪个研究机构或国家组织预测，进入世界前10位的，或者说拉动世界经济增长的主要力量，都是发展中国家和新兴经济体，日本等原来的发达国家已经排到第10位以后。这个大的变局，可能是百年未有之大变局中最大的变局，以前几百年的世界一直由西方主导，发达国家主导着全球秩序与全球规则，这样的历史将渐次结束。美国日裔学者福山在柏林墙倒塌时认为，世界将终结于西方民主制度，而我认为这个终结并没有发生，而是将开启新的历史。

中国现在是一个世界经济发展、世界和平和多边体系的定盘星。中国GDP已经占到了全球GDP的16%，2008年国际金融危机以来，占全球经济增量年均在30%左右，成为拉动世界经济增长的火车头。中国进出口占世界贸易总量的12%左右，已经成为120个国家和地区的第一大贸易伙伴、70多个国家和地区的第二大贸易伙伴。中国制造业产值占到全球制造业产值的29.4%，并具有全球最完备的制造业体系。印度、印度尼西亚、巴西、越南、孟加拉国、埃塞俄比亚等一批发展中国家，发展的势头也非常猛，这些国家大都是人口大国，同时也是资源大国。所以，南北之变，可能是未来世界百年未有之大变局中最大的一个，决定了未来的全球治理、全球的经济布局与体系演化，决定了世界绝不会是美国或者某个国家永远当老大，也不会是某一个国家永远保持霸权、永远保持世界第一。奥巴马任总统最后一年，他在西点军校演讲的时候说，美国起码还要领导世界100年，而特朗普的执政理念是要使美国永远保持伟大、永远保持第一。但是面向未来，青山遮不住，毕竟东流去，经济全球化的发展大势、发展中国家谋发展的大势不可阻挡。

二、东西之变

所谓东西之变，我认为是以西方文化价值观为主体的世界，将吸收东方文化的营养和精髓，形成文明的互鉴和多元文化的融合。以前世界以西方话语体系、西方思想体系、西方民主制度为主导，按照福山所讲的，柏林墙推倒以后，西方民主制度将替代所有的制度，历史将定格在西方发达经济体所倡导的制度和模式中。而现在，历史正在走向新的终结，福山在新一篇文章中提出的观点是，现在必须要考虑社会主义，法国总统马克龙也说，西方的民主到了历史终结之日，北约已经进入“脑死亡”。2019年11月18日，联合国第三次委员会通过反对美化纳粹主义的决议，178个国家投票，121个国家赞成，55个国家弃权，只有美国和乌克兰反对。

所以，我认为在话语权表达、在形成全球认知和公约等方面会出现东升西降。过去几百年是西风东渐，未来东风西渐的可能性加大，但是既不是西风压倒东风，也不是东风压倒西风，而是在广袤的太平洋形成回旋的暖湿流，交汇交融交流，形成滋润和灌溉世界的雨露，而非寒霜。

目前在全球价值观、安全观、治理观等方面，在人类道德道义制高点上，中国已经先行了一步。习近平主席提出了构建人类命运共同体的理念，在各种国际会议上提出了全球发展观、全球安全观、全球治理观、全球价值观，提出共商共建共享等处理国际关系的基本原则，提出建设开放型世界等一系列的理念和主张，产生了越来越大的影响，在世界上引起了越来越大的共鸣。这说明，当今世界是一个缺少思想的世界，缺少能够凝聚人类共识的核心理念，缺少跨越宗教、文化、发展阶段、不同国家历史关系，使人类社会、各个国家能够产生共鸣的思想，人类发展最迫切需要的正是这种思想。而这种思想，我认为目前美国是没有的，当然基辛格先生是战略家，美国一些智库也在研究一些重大战略问题，但是美国缺少这样有远见卓识的领袖。特朗普作为一个伟大国家的领袖，他发的推特里面并没有执政理念和全球思维，还没有真正形成“特朗普主义”，也还没有形成“特朗普战略”。

特朗普执政两年以来，甚至这一届总统任期结束的时候，会不会给美国留下什么成体系的思想遗产、政治遗产？他如果连选连任，能否跳出美国利益至上的窠臼，站在人类和世界的角度思考和处理问题？世界上具有几千年历史的东方思想、东方文明，以及世界多元文明正在兴起。在人类文明、全球价值观、人类道德道义制高点上，在凝聚全球全人类的思想方面，我认为总体上会是东升西降，或者东西渐变和东西交融。这些变局刚刚开始，未来随着中国国家综合国力的提高，随着中国2035年以后将成为世界第一大经济体，随着“一带一路”倡议真正成为全球性经济合作行动或者全球新型公共产品并且取得预期的效果，中国必将是世界和平发展的“领头羊”。这只“领头羊”不仅是世界经济发展的动力，而且有可能成为思想的引领者。

三、大国关系之变

大国之间的关系，不再是冷战时期两个超级大国形成的两大阵营的对垒，也不再是冷战结束以后形成的一超多极、一国独大，而是多极化，存在欧盟、日本、中国、俄罗斯、印度等多极。未来的世界，大国之间会根据不同的利益关系不断产生新的排列组合，有点像中国古代春秋战国时期的“合纵连横”。所有的大国，包括过去曾经的大国，像土耳其，现在都在做强国梦，都在谋划国家未来怎么能够在国际竞争中获得更高的地位，获得更多的权益。这一点我们可以看得很清楚，不管是普京也好，莫迪也好，安倍也好，特朗普也好，当然习近平主席也是如此，都要带领自己的国家复兴发展伟大。法国总统马克龙以新生代世界思想领袖的身份出现，他的很多发言，我感觉和西方的传统政客不太一样，有历史穿透感，有很多创新的思想，并没有囿于西方的话语体系。

最近，我到新加坡去参加有关中美关系的国际研讨会，发现新加坡总理李显龙、前总理吴作栋的发言，都已经抛开了新加坡这样的小国怎样做才能左顾右盼的顾虑，考虑的不仅是自己话语权的表达，更有体现全球视野的思想和主张，努力推动世界走向和平发展的轨道。对所有的大国和小国来说，需要越来越平等和对等，这和整个世界变局有很大的关系，大国之变是国际关系中一个最大的变量。

中美关系之变是大国之变中的首要。今天的格局是昨天选择的结果，今天的选择将是形成明天格局的关键。从长周期来看，中美选择合作而非对抗，不仅可以使美国延长作为第一强国的周期，也可以为中国顺利实现“两个一百年”目标创造良好的外部环境，还可以为世界发展繁荣进步创造巨大的正向溢出效应。反之，现在将是美国由盛转衰的拐点。中国从中美贸易战以后，成为世界舞台的聚焦点，党的十九大提出中国日益走近世界舞台的中央。我个人认为，从这一年半的中美贸易战来看，中国一不小心被美国狠狠地推进了世界舞台的中央，不是离它越来越近了，而是现在就在中央。世界大国之变，这场世界级的竞争博弈，毫无疑问主角就是中国和美国。

记得2014年我带中心课题组到俄罗斯做“一带一路”相关调研，和俄罗斯国防大学的校长、远东研究所副所长进行交流对话，那个时候俄罗斯正受到美欧的联合制裁，但他们都说，我们要提醒你们，尽管美国和欧洲制裁的是俄罗斯，但是只要能喘过气来，他们制裁和斗争的第一对象一定是中国。俄罗斯一些智库还是很有战略视野的，那一次对话给我的印象非常深刻。后来通过几年的时间，特别是特朗普总统上台以后，从2017年12月18日美国国家战略安全报告开始，美国主要斗争的矛头就指向了中国。

我认为，贸易战只不过是水中的浮萍，是中美所有竞争博弈的序幕，也是经济竞争中最表层的东西。更深层次的东西，即长周期的竞争和博弈还会继续下去，只要我们不放弃中国道路，不放弃“两个一百年”的梦想，不放弃要成为社会主义现代化强国的目标，只要美国不放弃霸权思维，就一定会打下去。因为美国如果失去霸主地位，那么美元也将失去作为“收割机”的资格，失去利用长臂管辖收割其他国家财富的机会，失去美国靠科技创新收获超额垄断利润和财富的可能，失去网络部队和数据霸权。

实际上，美国恐惧的不是失去第一的称谓，而是害怕失去霸主地位，从而失去美国经济武器的锋芒，失去收割别的国家庄稼的机会。这个变化对美国来说是太大的变化了，是令人不寒而栗的前景，而最有可能使他这些武器失灵的，就是中国。美国把战略竞争和打击的重点转向中国，并不是因为中国做错了什么，而是中国做对了什么。

四、新旧之变

新旧之变集中表现在经济全球化的内涵上。从历史上看，往往是思想革命先于科技革命，科技革命先于产业革命，产业革命先于经济全球化，这些都是有规律可循的。思想革命上百年甚至几百年爆发一次，科技革命大部分是 60 ~ 80 年爆发一次，产业革命是 40 ~ 50 年爆发一次，经济全球化则是 30 ~ 40 年一轮。当今世界，新的思想革命、新的科技革命、新的产业革命和新一轮经济全球化正在同步发展，完全交织在一起，这在历史上是从来没有过的。而且未来已来，扑面而来。信息革命、数字革命、数字经济形成的互联网、物联网、人工智能、大数据、云计算、云服务、量子计算等新的变革使整个世界的经济形态、经济联系、经济结构和经济动能发生了根本性变化，这些东西交织在一起密不可分。哪个属于思想革命？哪个属于科技革命？哪个属于产业革命？哪个属于经济全球化？它们之间是什么关系？有没有清晰的边界？没有，已经完全交织在一起了。

比如说经济形态，当代经济形态演化成两种基本经济形态，即实体经济与虚拟经济，两者并驾齐驱。不能一说脱虚向实，就放弃虚拟经济，也不能一说发展虚拟经济，就放弃实体经济。不只是虚拟经济会过度膨胀，引发泡沫经济，实体经济也会产生泡沫。比如房地产的价格暴涨，价格脱离价值，虽然房地产属于实体经济的范畴，但是也会产生泡沫经济。发展虚拟经济必须适度并合理界定品种，金融衍生品过度膨胀，就会引发泡沫经济，现在的比特币、天秤币就完全是泡沫堆积。

这两种经济形态都是合理的存在，都是由于数字经济和新一代信息技术引发的经济形态演化，实质上二者是交织在一起的。互联网是实体还是虚拟？线上和线下是实体还是虚拟？既有实体，也有虚拟，这两种经济形态交织并存。但是这两种经济形态相对独立运行，商流、物流、信息流、资本流都各有自己的流通规律。但是在一定的时点是会交织或者交汇的，像期货市场到最后一定要交割一样。

现代经济的联系，特别是产业的联系，会出现虚拟链条的联系，形成若干产业链、供应链、服务链和价值链，这些联系并没有任何行政隶属关系，没有任何产权隶属关系，也没有任何的人情世故，由市场机制发挥决定性作用，使需求和供给相匹配形成连接。目前全球产业链、供应链和价值链，也包括习近平主席讲的数据链、创新链、区块链，未来都会形成生态链，成为一个看不见却更强大的、实际存在的状态或者场景。这些连接关系会比以前所有的关系，包括产权关系、行政隶属关系等更紧密，黏性更强，更具有相互依赖性。就像中兴通讯的一个芯片供应环节若被打断，将导致整个产业链瘫痪，瞬间休克，就是这个道理。所以，这种连接一旦形成一个产业链，哪怕是一个环节断裂，哪怕是一个零部件缺失，都会使整个链条断裂，它摧毁的是整个链条在全球的布局。原来的世界经济联系，可能更多的是人为推动的，未来市场机制的所谓决定性的作用，不是哪一个政府想打断就能打断的，也不是特朗普政府对中国企业禁供就可以打断的。而一旦打断之后，我想就像切割一条大的巨蟒一样，不论是腰部受伤，还是头部受伤，这条蟒都会死掉，尾部受伤暂时不会死，但是也会很痛苦。所以，所谓产业链、供应链、服务链和价值链，就是世界经济运行中若干个企业命运共同体。

经济表征也有新的特点。世界经济会由于互联网、物联网的出现，形成一种网络连接的状态，既包括现在的互联网、物联网，也包括实体的高铁网、航空网、高速公路网、管道网。网络连接的本质要求是网络的节点要连通、要畅通，因此，“一带一路”互联互通这条主线，就符合未来经济形态的发展要求。所以，当这种经济形态一旦形成网络状态，那么任何人打断或者拆解，受到的都是全球性打击。有人现在担心美国从根服务器上动手，但一旦网络被打断，那么打断的必然是世界经济发展，最终被葬送的也将包括美国自己。

未来经济结构和经济动能还会发生根本性的变化。特别是中美两个大国，未来应该是最大的创新策源地。我看了最近的关于 2019 年的大数据报告，算了一笔账，我觉得非常有说服力。就是在大数据发展过程中，中美两个国家占区块链相关专利的 75%，占全球公共云计算市场的 75%，占全球物联网支出的 50%，占全球 70 个最大的数字平台市值的 90%。世界 7 个超级平台占全球总市值的 2/3，其中美国有 5 个，即微软、苹果、亚马逊、谷歌和脸书，中国有 2 个，即腾讯和阿里。

现在有几个标志性的变化，说明未来中美之间在创新方面即新旧动能转化中会有很大变化。

第一个标志性变化就是在世界银行关于国家创新能力的评价中中国的位置变化。刚刚发布的2019年报告显示，中国从第17位上升到了第14位，是发展中国家唯一一个进入前20位的，未来进位的速度会更快。

第二个标志性变化就是跨公司500强中，中国企业数量首次超过美国。2019年500强中的中国企业有129家，美国企业有121家。

第三个标志性变化就是全球的独角兽企业数量，中国首次超过美国。2019年全球累计452家独角兽企业，其中中国180家，美国179家。

第四个标志性变化就是在全球竞争力报告中，中国已上升到第28位，而评价开始时中国仅排在100多位。

第五个标志性变化就是中国现代营商环境的变化。根据世界银行对190个国家的评价，中国从2017年的第78位上升到2018年的第46位，2019年上升到第31位。中国政府想要做成的事情，一定会见效非常快，随着中国对外开放举措的实施、政府行为方式的转变、放管服务等方面改革，现代营商环境会有更大改善。

第六个标志性变化就是中国成为与美国互补性最强的创新策源地。美国作为原创性基础研究、原创性新一代技术的发源地或者策源地走在世界前列，中国在新一代信息技术转化的应用场景创造、商业模式创造方面已经成为全球最大市场，同时成为创新应用的策源地，双方具有很强的互补性。对于世界来说，当新旧动能交替处于突破点的时候，如果中美两个国家合作的话，将是世界经济社会发展最大的动能，也将产生最大的正面溢出效应；如果两个国家处于对抗性博弈状态，二者都是受损者，给世界带来的福利也会大大减少。

五、世界经济形势之变

世界经济形势出现了趋势性变化，当前呈现出“五低”和“三高”。所谓“五低”：一是低增长。IMF连续四次调低了2019年世界经济预期，可能还会有第五次调低；世界银行也调低了预期；OECD是调低了0.7个百分点。世界经济增速降至近十年以来最低的增长速度。二是低利率甚至负利率。几十个国家实行极低利率，实行负利率的超过了20多个国家。美国特朗普总统一年以来40多次怒怼鲍威尔，最近提出要求，美国也要实行负利率。三是低通胀。全球性低通胀和大部分国家低通胀同步。前几天我和意大利原经济部副部长杰拉奇交流，他也谈到低通胀，欧洲几乎所有国家都是低通胀。现在一些国家实行宽松的货币政策，预期目标之一是达到2%的通胀率。四是低收益。现在投资回报率普遍降低，全要素生产率降低，特别是长期国债收益率降低。全球长期国债负收益率的数量达到17万亿美元，其中近三个月增加了4万亿美元。五是低生育率。原来是西方发达国家生育率极低，现在韩国、俄罗斯等国的生育率也在下降，将来人口赤字可能是世界经济发展的一个很大问题。中国生育率也在降低，育龄妇女生育愿望不强，原来国家计生委开会是研究怎么控制人口增速，怎么保持一胎化。最近我参加了几个讨论会，讨论的却是怎么制定政策鼓励生育。国开行和OECD联合做的一项研究指出，21世纪末中国人口数可能会下降到7亿，这是非常可怕的一个数字，而届时黑色人种人口数会上升到44亿。现在如果中国不考虑到人口的问题，特别是汉族人的低生育率的问题，未来不仅会有劳动力有无红利的问题，中华民族繁衍延续可能都会面临挑战。

所谓“三高”：一是高债务。2019年全球债务高达260万亿美元，是历史最高水平。二是高杠杆。全球2018年GDP总量85万亿元，而金融衍生品高达700万亿美元。中国也好，其他国家也好，都存在高杠杆问题。三是高龄化。与少子化相对应，日本、美国、英国、德国、意大利已经进入深度老龄化社会，中国2000年和世界同步进入老龄化，2018年出生人口首次下降。目前世界上进入老龄化的国家已经超过了100个，老龄化、高龄化将成为一个世界性的问题。

上述问题在当前都有表现，但是未来有一些可能会越来越严重。中国内地经济发展和区域发展的优势在于谋定而后动，在于我们既有“两个一百年”的远期目标、有10～15年的中长期目标、有连续性的5年规划，也有每年一度的经济工作安排。我曾经连续几年研究推动粤港澳建立合作框架的问题，发现香港也好，澳门也好，根本就没有内地这样的五年规划，也没有智库。昨天意大利经济部原副部长讲，意大利一个国际化智库也没有，他想在意大利建设一个智库，在意大利吸引更多有国际视野的专家，帮助意大利出出主意。意大利经济确实是非常不景气，意大利参加“一带一路”合作是他当副部长的时候推动的。下一步怎么办？怎么能取得成效？这是让他非常着急的问题。所以我们未来有一些大的抓手要抓住，其中“一带一路”绝对是一个非常大的抓手，“一带一路”六年前开始形成了目前跨国经济合作局面，现在137个国家、30个国际组织与中国签署了合作文本。如果没有这样的格局，美国对中国的围堵和打压遏制就会容易得多。正因为我们有了一个国际上更大的腾挪空间，所以我们比美国更游刃有余。

美国的盟友体系由于特朗普现在的行事毫无章法受到影响，他不是一位战略家，也不是建制派，实质上是在实战中形成了极端商人思维的国家特殊领导者。美国的朋友圈发生了很大变化，但中国的朋友圈扩大了，在战略博弈上，我认为中国在道德道义上占了优势。在做买卖上，在极限施压的气势上，特朗普占了优势，但是美国得到的可能只是局部利益、短期利益、当前利益，而失去的则是长期利益、战略利益和整体利益。所以，中国在坚持开放大门永远敞开的同时，必须把改革真正做到位。

比如，中央提出的改革措施怎么能落到实处？必须改革的领域到底怎么改？在全球创新人才竞争中，我们能不能改革创新？引进的顶尖级科学家和领军人才，个人所得税能不能降到和中国香港同等水平？香港 15%，粤港澳大湾区是 15%，其余地方都难以突破。深圳率先把 45% 的个人所得税降了下来，政府补贴 30%，收个人所得税 15%，深圳创新首先从人才制度创新开始。深圳 20 年之前就给小型企业每年 200 万元的贴息贷款，20 年后深圳一大批中小型创新企业发展起来，像华为、腾讯、大疆无人机、比亚迪等，以前都是中小型企业。

我们要真正推进改革，真正把政策落到实处，而不是空谈、玄谈、平谈，谈是谈不出来的，还必须得干，如果没有真正脚踏实地地干，只说不干，经济奇迹根本不可能实现。我认为这是一个方向性问题。

我 2018 年到西安去做调研，开发区一位领导告诉我他的时间分配，4/5 的时间在学习、在会上，必须处理的工作则是晚上加班干，周六周日基本不休息。这怎么能干好活？改革开放初期不管白猫和黑猫，抓住老鼠就是好猫，发展是硬道理，大家都在考虑怎么发展，现在很多人大部分时间在务虚。有的基层干部不敢担当，我们说你不能懒政，你必须作为。但是如果我作为了，要做事就不会十全十美，甚至还会犯一些错误，有一些事情需要尝试，需要大胆改的时候，谁来负试错的责任？因此，敢担责任的干部越来越少了。

我们正在迎来一个崭新的时代，中国要与世界最强大的国家出手过招，要进行历史长周期战略博弈。怎么能解决自身存在的问题？怎么做才能使每一个人都成为一个永动机，每个企业都成为一个永动机，每一级政府都成为一个永动机，像改革开放初期一样，永远保持创新的活力，而不是由这种看起来很革命的东西形成生态体系，使很多企业有了思想负担，使政府公务员有了思想负担，使知识分子有了思想负担？企业如果有想法，看不清未来的政策方向，可以用脚投票，溜了。官员如果有想法，怕犯错误，不敢担当，就容易不作为或者懒得作为，公务员队伍缺少创造的活力，文章做得很好，说得也很好，文件也写了很多，但是没有真正解决问题。最后社会形成的思想共识，将产生巨大的潜在负能量，这是造成经济大幅度下滑的最危险动因。我们要创造真正最优的制度，与美国进行长周期的博弈，才能真正取得胜利。

多边还是单边决定了世界前途命运

——在新加坡“中美关系：打造亚洲和世界的未来”分论坛上的发言

（2019 年 10 月 30 日）

这一场分论坛讨论的是“多边主义及其他”。我认为，有两个大的问题值得大家考虑。世界是要多边还是要单边呢？我发现现在世界上有一台最大的“推土机”，要推掉多边主义大厦，推掉刚才朱光耀部长所谈到的国际机构、国际组织、国际协调机制。包括美国一系列“退群”，退出联合国教科文组织、联合国人权组织、《巴黎协定》、TPP、《中导条约》，昨天新的消息是准备退出《武器贸易条约》《开放天空条约》等。美国还要退到什么地方？靠自己的单边主义还能不能维持一个国家的伟大、强大，永远保持第一？这是第一个问题。第二个问题是：单边主义能否行得通？从三个方面来看是行不通的：①单边主义是以某个国家第一的单一思维和单一世界处理问题。而现在的世界是一个超多元化国家云集的世界，是一个超复杂系统集成的世界，是一个多维度联系的世界，也是一个超意识形态共存的世界。在这样一个世界，单边主义不可能盛行，单边主义也担当不了推动世界和平、繁荣和进步这样的重大责任。②全球经济发生革命性变化。我认为，世界上首次出现第四次工业革命、第四次科技革命、第四轮经济全球化交织在一起的情况。以前的情况最多是两个方面交织或者重叠在一起，现在是三个维度的东西交织在一起，形成了新的全球经济形态、全球经济联系、全球产业链接，新的思想革命将进一步引发科技革命，科技革命将更快地推动产业革命，产业革命将渐次推动新一轮经济全球化。在这样一种情况下，没有多边主义的协调，没有新的适应这种变化的国际秩序、国际规则，如何才能使这个世界在科技创新方面形成新的共治？如何使世界经济保持不竭的动力？如何形成对人类发展和平进步更有用的或更有利的制度安排？③从长周期看，世界还是要发展的，还是要进步的，各个国家追求幸福、追求发展的憧憬是不会被浇灭的。最近，世界银行和美国普华永道都发布了到 2050 年的预测：美国普华永道预测，排在前十位的国家，有六个是现在的发展中国家；世界银行预测，经济规模排在前十位的国家中有七个是发展中国家。普华永道预测届时美国将排在世界第三位；世界银行预测，美国届时将排在中国后面，成为第二位。我想问一下，美国做没做好这样的思想准备？看没看到世界历史发展的潮流？美国永远保持第一，让美国继续领导世界 100 年，甚至 1000 年，世界和人类还要不要进步呢？其他国家还有没有发展的权利呢？所以，我认为现在维护多边主义，就是维护世界的和平、发展的大环境，就是保障各个国家共同发展的权益，只有共同努力和多边合作才能给世界带来新的希望。

谢谢！

当前国际经济形势的特点与对中美贸易摩擦的大概率判断

——在“读懂中国”广州国际会议上的发言

（2019 年 10 月）

一、平行研讨会：世界经济和中国经济展望

对当前的国际形势我还是比较担忧的，北京的雾霾已经消去，但是世界经济的雾霾仍然密布。目前世界经济有四个“低”两个“高”。

四个“低”：一是低增长。国际货币基金组织 2019 年 4 次下调了世界经济增长预期，从 3.7% 下调到 3.5%、3.3%、3.2%、3%。现在下调的趋势能不能停得住，最大的变量还是中美贸易战能不能停止。全球贸易增长从 3.7% 下降到 2.6%，投资额在 2017 年下降了 23%，2018 年下降了 19%，2019 年还在继续下降，所以大家看到的首先是世界经济低增长。二是低利率。世界上很多国家现在采取超低利率，甚至负利率，已经有 17 个国家出现了负利率的情况，也就是说，在银行存钱还得给银行交钱，没有一分钱的利息反而贴息。全球负利率国债已经达到 17 万亿美元，其中有 4 万亿美元是最近 3 个月新增的。这很可怕，不管是十年、二十年还是三十年的收益率，都不如两个月、三个月的收益率，你在这个国家买了长期国债非但收不到钱，最后可能还要赔钱。三是低通胀。全球都存在低通胀现象，包括美国、日本。我国虽然猪肉价格出现了一些问题，现在的通胀率仍在 2% 左右。低通胀也是现在世界经济的一个突出表现。四是低收益。全球的全要素生产率在降低，经济的投入产出收益也在降低。以上是从四个“低”来概括当前的世界经济现状。

两个“高”：一是高债务。世界的债务规模达到有史以来的最高水平。不同国际组织数据不一样，但通行的看法是债务总额已经达到 247 万亿美元，这在全球来说是骇人听闻的。最新数据显示，美国国债已经达到 22.72 万亿美元，并且还在继续增长，每年的债务会增长 1 万亿美元左右。二是高杠杆、高泡沫。全球性宽松货

币政策已经开始，2019 年美国两次调整降低利息，35 个国家已经跟进，新一轮的流动性泛滥、高杠杆已经开始。应该特别指出的是，有些国家积聚的泡沫正在快速增长，比如美国脸书推出的天秤币已经遭到全世界的抵制，包括德国、法国、意大利已经立法禁止天秤币进入市场，但它在全球推广的速度仍然非常快。最高的时候，一个比特币被炒到 2 万美元，最低回落到 4000 多美元，现在又上涨到 6000 多美元。这种泡沫，比 2008 年美国通过金融衍生工具形成的泡沫危害更大。因此，我认为世界经济布满阴霾，问题比较多。

世界经济有没有亮点？我认为也有亮点。一是现在第四轮经济全球化、产业革命、科技革命相互交融，第一次汇聚在一起。新一轮的科技革命孕育着新旧动能转换的巨大空间和潜力，如果能有新技术、新业态、新商业模式的革命性突破，将会给人类、给世界经济带来新的强大增长动力。二是新型公共产品的出现。尤其是中国提出的“一带一路”倡议，得到 136 个国家、30 个国际组织的响应，已经签订 195 份合作文本，形成目前最大规模的国际经济合作行动，共商共建共享将给世界带来新的希望。发展中国家、发达国家从中国走出的道路、中国提出的建议中看到了世界发展的希望，也看到了自己国家发展的希望。

二、“中美经贸摩擦和新一轮经济全球化”闭门研讨会

非常感谢马凯硕主持人。我今天的发言主要有三个观点：

第一，中美贸易战中国赢了吗？美国赢了吗？世界赢了吗？我认为都没有赢，而且打了一年半，中国经济下行压力加大，经济方面的数据刚才朱民副会长已经说了。美国经济压力也在加大，第二季度经济增长已经下降到 2%，第三季度纽约联储预计会降至 1.9%，2020 年会降到 1.5%，美国国债收益率曲线倒挂，经济萧条的先行指标已经显现。世界也没有赢，IMF 4 次下调了预期增长率，从最初的 3.9% 下调到 3.7%、3.5%、3.3%，现在已经到了 3% 的低点，对 2020 年的形势也不看好。对外投资从 2017 年开始下降，2018 年下降，2019 年也在下降。贸易增长率从 3.7% 调到 2.6%。因此，我认为中美贸易战不是双输，而是多输。

第二，我有四个大概率的判断。①中美贸易摩擦两败俱伤，但是会有间歇性的止战。13 轮贸易谈判之后，我认为在下个月召开的智利 APEC 会议上，会有阶段性的协议，并起到止战作用，对世界经济会有促进作用。②中国的和平崛起是不可阻挡的大趋势。而且“两个一百年”的目标一定能够实现，世界必须正视这个事实，

美国也必须正视一个大国的崛起，以前是美国俯视中国，现在必须要平视。当然我们即便是经济总量超过了美国，和美国比也还有很大差距，我们也不会俯视其他的国家。③中美的合作会给整个世界包括各个国家的发展带来正面的溢出效应，而且这种溢出效应是乘数级的，而不是加数级的。脱钩是不可能的，经济脱不了钩，科技也脱不了钩，中美两个国家谁也离不开谁，谁也战胜不了谁，合作是唯一正确的选择。④中美重启合作、走向合作的道路是大概率事件。因为最后谁也战胜不了谁，不如两个国家携手合作。中美两国的人口和贸易均占全球的25%，中美的GDP和制造业总值均占全球的40%，中美两国货币在SDR的5种货币中约占53%，中美的创新研发投入合计占全球的46.4%，70个最大的互联网App平台中中美两国共占90%，中美在区块链相关技术领域合计占全球的75%。我认为，中美两个国家合作不仅有利于中国，有利于美国，还有利于带动整个世界发展，包括世界经济发展。包括创新和科技研发在内，中美走向合作有很多的领域，我就不一一说了。

第三，中美这两个大国到底怎么相处？定位是什么？是战略性竞争对手，是一般的朋友，还是非敌非友？我认为由于巨大的经济利益和合作可以带来巨大收益，以及对世界的引领作用，中美两个大国一定会形成长周期的建设性合作伙伴关系。

一些国家政客强行打断全球产业链必将受到客观规律的惩罚
——受邀在韩国对外经济政策研究院的专题演讲与问答

（2019 年 9 月 23 日）

导语：过去百年，美国经历了黄金时代、霸权时代、搅局时代、衰落时代四个时代，美国的大国信用在加速损耗，美国的地位、影响力、大国形象受到了非常大的损害，美国的国际威信也在急剧下降。未来将会在退出《中导条约》、挑起地缘矛盾、掀起全球贸易战等多个方面对全世界造成损害。中国应与各国一道，在全球发起一场反对贸易战、反对切断产业链的国际性行动，使国际经济不至于受到像 1930 年那样的重创。

今天非常高兴接受韩国对外经济政策研究院的邀请，来和大家就中美关系及全球产业链的布局进行有关问题的讨论。

2019 年 5 月 28—31 日，我在韩国参加济州国际论坛，正好也参加了那一场中美关系的讨论。在座的各位韩国朋友对中美关系肯定非常关注，不仅是韩国，像我们周边的这些国家，日本、印度、印度尼西亚、俄罗斯等，甚至几乎世界上所有的国家都在关注中美关系向何处去。

现在世界上的地缘政治、经济、外交、军事的格局发生了深刻的调整和演化。习近平主席多次指出，当今世界面临百年未有之大变局。

中国和韩国有着非常紧密的经济关系，韩国很多企业在中国有投资，中国也有很多企业在韩国有投资。我在韩国参加济州国际论坛的时候，也拜访了韩国的一些企业，还有一些智库和研究机构，它们也都非常关注中美关系的走势。

从全世界看，存在着各种矛盾和纠葛，但是中美关系是所有矛盾和纠葛中最突出的，也是最惹人注目的。我先和大家一起讨论，美国的主要变化是什么。我认为美国在过去百年的时间，经历了四个时代，面向未来的百年，还会继续发生变化。

一是美国的黄金时代。我认为是在 20 世纪 20 年代，那个时候美国的 GDP 增加了48%，制造业产值占了全球50%以上，美国成为第二次、第三次科技革命和工业革命的核心国家，掌握了全球50%以上的黄金。那个时候美国是一个制造业强国，那个时候没有全球的产业链、供应链、服务链、价值链，那个时候的制造业是在一个国家、一个工厂、一条生产线上完成的。大家可能看过《摩登时代》，就是那个时候工业的写照。

在这之前，世界的制造业中心是在英国，英国是第一次工业革命、第一次科技革命的核心国家，它的纺织业非常发达，那个时候英国在全世界有53个殖民地。法国也是工业化国家，当时在全球有48个殖民地，它与英国是第二次科技革命的核心国家。到20世纪20年代，这个核心就转移到了美国，因为美国发现了电的应用方法，不仅照亮了美国，也照亮了世界。

二是美国的霸权时代。美国在全世界确立了自己的霸主地位，成为世界上最强大的国家。美国主要做了几件事，其中一件事情是主导建立了三个国际机构，这三个国际机构就是IMF（国际货币基金组织）、世界银行和WTO。

可以说这三个国际机构是美国主导推动建立的，国际规则主要也体现了美国的诉求和西方发达国家的诉求。美国建立霸主地位，还有一个标志性的事件，就是1944年在全球建立了布雷顿森林体系，这是国际货币一个新的体系，美元替代英镑，成为具有霸主地位的国际货币。当时布雷顿森林体系的核心是“双钉住”，也叫“双挂钩”，就是美元和黄金挂钩，各国货币和美元挂钩，实行固定的汇率联系制度。

1944年，布雷顿森林体系刚刚成立的时候，35美元相当于1盎司黄金，大家知道现在1600多美元相当于1盎司黄金，黄金的价格一路上涨，美元一路贬值。布雷顿森林体系刚刚建立时的100美元，现在的价值已经缩减为2.89美元。大家可以看到，美元实际上是美国霸权的经济武器，大家都说“剪羊毛”，实际上就因为美元具有这样一个霸主地位。美国的霸权时代除了确立了美元的地位，还逐渐将自己打造成了一个科技的强国、制造业的强国、军事的强国。

这就是美国的霸权时代，而这个霸权时代我认为从“二战”之后，经济大萧条结束之后，美元体系确立之后，一直持续到现在。美国现在仍然具有美元霸主地位，仍然有科技霸主地位，仍然有军事霸主地位。由于欧元的出现，美国在贸易结算货币分布中的比重从原来的80%以上下降到了现在的40.4%。欧元的比重上升到了35%左右，日元、英镑分别占不到10%，人民币国际化实际上是从2010年才开始提出的，现在占结算货币的比重在2%左右。

美国仍然是科技的强国，特别是诸多领域还在产业链的高端、顶端和尖端，美国在很多领域还占据制高点。比如说半导体行业，大家都知道竞争非常激烈，韩国在半导体行业也是非常发达的，有三星这些企业，是世界级的企业。但是整个半导体的产业链最高端，恐怕还受制于美国。

比如说中国的华为，在全球有 92 个大的供应商，其中 32 个是美国的供应商。像美国的高通和博通这些企业，都是华为的供应商，60% 的芯片是销往中国的。2017 年中国进口全球的芯片 2600 亿美元，其中从美国进口 875 亿美元。2018 年从全球进口芯片 3130 亿美元，由于特朗普政府禁供和限供，所以从美国进口是下降的，从韩国进口是上升的。

作为全球供应链中的一环，华为需要芯片，但是华为现在已经具备自己生产芯片的能力，如果供应链没有打断的话，华为仍然会坚持从美国进口。而美国高通、博通、英特尔这些企业生产高端芯片，包括 7 纳米、5 纳米等芯片，是需要光刻机的。而光刻机全世界只有荷兰一个国家一家工厂可以生产，荷兰生产光刻机，其中又有一些零部件，只有美国能够生产。荷兰出口光刻机，因为有美国的零部件，所以还必须要经过美国的认可，这就是产业链上既互相依赖，又互相制约的关系。

2018 年 4 月，美国对中国的中兴通讯进行制裁，因为中兴通讯在美国有分公司，中兴通讯在美国的分公司向伊朗出口的设备里面有美国的零部件，而美国长臂管辖的法律规定，向伊朗这些受美国限制的国家出口装有美国零部件的这些机械设备，就是违反了美国的法律，就会受到制裁。

所以，我们可以说现在美国在科技领域占据了一些制造业产业链链条的高端、顶端，它仍然是一个科技的强国。

美国仍然是一个军事的强国，美国的军费 2018 年是 7160 亿美元，比第二位到第十位的总和还要多。

这就是美国的霸权时代，它认为自己是霸主。

三是近两年美国进入了一个搅局时代。美国现在成了经济全球化、世界秩序、世界规则最大的破坏者，既是搅局者，也是肇事者，现在世界所有的风险和最大的变量都来自美国，而美国最大的变量来自最不靠谱的总统。据《华盛顿邮报》对美国总统两年多推特的跟踪，他执政两年多发了 35000 多条推特，特朗普总统非常勤奋，每天三四点钟开始发推特，有时候早晨连续能发 38 条。

我在 2018 年 3 月和 2019 年 4 月两次到访美国，和美国智库的专家，还有美国一些政府部门，包括一些美国国会议员及其助手进行交流，他们说现在形成了一种新的习惯，就是每天早晨6点钟起来以后，第一件事就是看总统的推特。

美国不像中国每年有“两会”，有好多的会议，美国总统的推特直接就可以触及每一个老百姓。但是我想因为他太勤奋了，发的推特太多了，很多推特可能他自己是记不住的，他上午说的话可能下午就不算了，今天说的话明天就不算了，这个月说的话下个月就不算了。他的出尔反尔，不守信用，实际上也是由他的推特引起来的。

《华盛顿邮报》统计了一下，说总统这两年发了3万多条推特，其中1万多条推特是错误的，是谎言。美国总统的推特既对国际问题发声，可以向某个国家开骂，连续骂上几天，也可以随时在推特上对他的下属进行任免，包括国务卿蒂勒森，都是通过推特免职的。所以，美国几乎所有的事情，都要从总统推特里面去寻找答案。

所以，我们可以说特朗普总统是一个最勤奋的总统，是一个最会利用新媒体执政的总统。他把世界的秩序和规则，包括国际体系已经搞乱了，给世界带来了很大的影响。比如说在特朗普当总统之后，做的几件最大的事，第一个就是“退群”，美国退出了联合国教科文组织、联合国人权组织、《巴黎协定》、《伊核协议》、《中导条约》、《全球移民协议》、《维也纳外交关系公约》、万国邮联、TPP。

昨天特朗普在联合国大会上有一场演讲，他又提出来美国要推进WTO改革，如果WTO再没有改革的行动，美国将退出WTO。我和美国世界大型企业联合会有一次交流对话，我问他们：如果特朗普总统准备退出WTO，那么退出WTO以后，还准备退什么？是不是要退出联合国呢？如果退出联合国还不行的话，是不是要退出地球呢？是不是总统先生准备组建太空军队，把他送到宇宙上去，统治整个宇宙呢？

另外，他现在对国际贸易，对全球的产业链、供应链、服务链和价值链，起到了破坏作用，他的做法是在切断全球的经济联系，采取新的保护主义。

美国不仅对中国发起了贸易战，他对原来的美加墨北美自由贸易区也重新进行了谈判，原来叫美加墨自贸区，现在叫美墨加自贸区。美国现在通常进行双边谈判，先使墨西哥屈服，然后再和加拿大谈，形成对美国更加有利的新的条约。

现在全球对美国有贸易逆差的国家一共102个，其中也包括韩国。而实际上贸易逆差意味着什么呢？在1971年8月15日布雷顿森林体系解体之后，美元已经和黄金、实物商品没有任何关系了，但是可以用印刷的美元纸币来换取其他国家的实物商品和服务。印一张美元多少钱？几十美分。但是这些几十美分的100美元纸币，都变成了物美价廉的商品，美国实际上是最大的获益者。但是特朗普一直在说美国吃亏了，美国贸易逆差是全世界赚了美国的钱。

中美之间的贸易，从1979年建交时的25亿美元，扩大到2018年的6335亿美元，中国出口到美国的商品，现在被特朗普全部征税了，也就是说，他已经占了中国很多年的便宜，然后还要占更大的便宜。第一批加税的500亿美元商品，主要是针对“中国制造2025”中所提出的十大战略性新兴产业中的核心零部件。第二批加税的2000亿美元商品，主要是针对中国的制造业。500亿美元商品中70%是中间品和投资品，2000亿美元商品中78%是中间品和投资品。他想把中美两国产业链上的联系，通过高关税和禁供切断，但是难以达到切断的目的。

2019年8月23日，特朗普又宣布对中国出口到美国的剩下3000亿美元商品加征10%的关税。到目前为止，对中国加征高额关税的商品，已经达到了5500亿美元。但是加征的这些高额关税，现在主要还是由美国进口商承担，因为是美国进口商来中国采购的，并不是中国向美国强行推销的。所以美国的贸易逆差，2018年整个加起来是6220多亿美元，中国占贸易逆差的比重高达48%。可以说是中国的低价优质的商品，支持了美国市场的低通胀、低价格、国民的高福利和美国经济发展的低成本。

美国加征的这些高关税并没有解决贸易逆差的问题，中国2018年对美出口，贸易逆差增加了12%，2019年1—8月又增加了8%，这说明美国市场对中国制造业这些产品的依赖度是相当高的。美国对其原来的友好国家、最惠国也在进行贸易制裁。包括对欧盟，在2019年他的波音737MAX800出事以后，中国从法国进口了300架空客，美国紧接着就对欧盟展开补贴调查，另外对欧盟进行贸易制裁。美国上个月对印度也进行了贸易制裁，对印度输美40亿美元的商品加征关税，同时取消印度最惠国待遇。为什么呢？因为印度坚持要从伊朗进石油，坚持要从俄罗斯进武器。

现在日本也在向美国学习，日本对韩国进行断供，实际上也是在切断产业链，紧跟着美国老大哥的步伐，且有过之而无不及，从产业链的关系上，通过切断产业链，通过对三种核心的零部件禁止供应，破坏两个国家经济原来自然的紧密联系。我认为，如果不是美国的这种搅局，世界的贸易秩序、贸易规则、国际贸易体系都是正常的。国际贸易是世界经济增长的动力，也是各个国家正常经济交往、交流和交易的跨国市场经济行为。

除了贸易之外，在科技方面，美国也在切断联系。在金融方面，美国利用美元的这种霸主地位“剪羊毛”。美元地位虽然是下降了，但是仍然占据着全球外汇储备的62%、贸易结算货币的40%。美国仍然在利用美元的霸主地位，对全世界资本市场产生着很大的影响。

四是美国的衰落时代。特朗普在竞选的时候，曾经雄心勃勃地宣称他可以让美国的 GDP 年均保持在 4%，但是第一年 GDP 不到 3%，第二年是 2.9%，2019 年第一季度是 3.1%，第二季度就下滑到 2.0%。

中国是美国出口农产品最大的市场，比如说大豆，美国在 2017 年出口到中国的大豆 3280 万吨，占美国出口总量的 62%。从 2018 年 3 月开始中美贸易谈判，已经谈了 12 轮，10 月初将在美国进行第 13 轮的谈判。最近一个重要的情况，就是中国从美国增加农产品的进口，其中从美国进口大豆 60 万吨。

现在美国已经有 1000 多家农场主破产，这是美国历史上最大规模的农场主破产。算一算账，在正常贸易情况下，我国一年进口美国 3000 多万吨大豆，现在谈了 12 轮，进口 60 万吨，贸易战到底美国是吃亏了，还是占便宜了呢?

美国切断产业链，对中兴通讯禁供，对华为禁供，美国的企业受到非常大的影响，特别是和华为、中兴已经形成产业链上下游关系的美国企业，比如像高通、博通、英特尔这些企业。因为它们 60% 以上的产品都是供中国企业的，如果失去这个市场，美国这些企业的产品再高端，也是没有市场价值的。美国禁供之后，华为开始用备胎，芯片用海思，设备运行系统用鸿蒙，实际上华为 20 多年来一直在进行研发，和韩国的三星企业一样，在研发上投入了很多。华为累计研发费用已经达到 4000 多亿元，在半导体行业形成的发明与专利，在世界上是位居前列的。其实中兴通讯也是位于前列的，按照国际组织的统计，中兴通讯位居半导体行业第三。

我曾经去华为企业做过调研，也到华为的研发中心做过调研，华为现在的研发中心在上海有一个，有 1.5 万名研发人员，在广东东莞松山湖的中心还有 1.5 万人，都是在进行原始的创新研究。松山湖差不多有五六千亩的土地，是华为的研发中心，那里建了一个欧洲小镇，完全是欧式建筑，有绿地、湖泊，有中餐、西餐，有环岛的小火车，他们为研发人员创造了最好的生活条件和工作条件。

美国用举国之力打压一个中国的企业，这是破天荒的，也是世界贸易史上的奇闻。相同的情况是，美国对法国阿尔斯通也使用了长臂管辖法律，最后使阿尔斯通被美国企业购并。但是美国打压华为，还有中兴通讯，现在把 40 多家中国企业列入它的实体名单，第三批可能有 100 多家中国企业会被列入它的实体名单，这些企业在高科技领域，或在某一个方面是超过美国的，它们认为这些企业是对美国的威胁。

我刚才谈到美元在 1944 年成为世界货币，和黄金挂钩，各国货币与美元挂钩，到 1971 年 8 月 15 日，布雷顿森林体系瓦解，美元就成了信用货币。现在由于美国对于国际秩序、国际规则的傲慢无知与无视，退群也好，退出条约也好，退出一些多边组织也好，美国开始了逆全球化的进程。

因此，我们可以看到现在世界上开始了去美元化进程。原来全球进行石油交易必须用美元进行结算，美国控制了全球的结算体系，从而绑定美元。现在欧盟已经绕过美国，建立了独立的结算体系。中国的石油期货用人民币进行结算，和黄金直接挂钩。30 多个持有美债的国家，这两年以来有 21 个连续抛售美国国债。俄罗斯基本上快清仓了。2018 年全球的央行增持黄金达到了 700 多吨，是历年以来增持黄金最多的年份，2019 年又在加速。中国从 2018 年到现在增持了 92 吨黄金，中国黄金储量现在达到了 1952 吨，排在世界第五位，黄金储量最大的仍然是美国，现在有 8113 吨，然后是德国，俄罗斯排在中国之前，现在有 2200 吨黄金。

美国现任总统不是一个政治家，他是一个商人，唯利是图是他的本质特征。因此，美利坚合众国现在成了“美利坚有限责任公司”，特朗普任董事长，他把美国政府变成了交易型政府。他在跟世界各个国家打贸易战，跟世界所有的国家算经济账。请他的盟友国家缴纳军费，并且在军费的基础上再加收 50% 的利润，所有的问题都变成了商业的交易。

所以，美国的大国信任度在加速损耗，美国的地位、影响力、大国形象受到了非常大的损害，美国的国际威信也在急剧下降。美国还将在很多方面继续搞乱这个世界，我认为最危险的有两个方面：

第一，退出和俄罗斯签订的《中导条约》，还准备退出《武器贸易条约》，这就解除了对美国发动和参加战争的约束，解除了发展威胁性武器的约束，使世界的和平风险陡然加大。

第二，美国不是在全球促进合作，而是在寻找机会，挑拨离间，破坏地缘政治经济关系，使一些地区纠纷不断、战事不断，美国从中可以获得新的利益。比如，中国和日本曾经经济关系非常密切，日本是中国的第一大贸易伙伴，中国也是日本的第一大贸易伙伴，中日正在准备共同推动货币互换，并且推动亚元的建立。在这个时候美国在背后进行挑拨，挑起了“钓鱼岛事件”，中日从此进入冷战，后来日本就成了中国的第五大贸易伙伴。

比如，美国对伊朗进行制裁，要求世界各国从 2018 年 11 月 5 日开始停止从伊朗进口石油，作为对伊朗的制裁。从 2019 年 5 月 5 日禁止所有的国家和伊朗进行贸易，否则将受到美国制裁。中国、印度仍然从伊朗进口石油，日本也和伊朗签订了新的协议。因为整个中东石油的产量占世界的 40%，沙特阿拉伯的产量占中东的

40%，排在第二位的就是伊朗，伊朗是一个石油产出比较多的国家。

实际上联合国经过多年的工作，推动6个大国包括伊朗共同签署了《伊核协议》，伊朗承诺不再进行核武器的生产，各个国家解除对伊朗的制裁。这个《伊核协议》是来之不易的，可以说是世界和平的一个门闩。

美国对伊朗进行制裁，伊朗坚决反制，伊朗和美国之间形成了很强的对立关系。特朗普总统曾经希望伊朗能坐到谈判桌上来，他在推特上说，只要伊朗的领导人给他打一个电话，就可以恢复谈判。但是伊朗领导人说，那是不可能的，美国对伊朗的制裁本身就是非法的。

6月特朗普访问日本，本来想请日本去伊朗做说客，但是安倍晋三到伊朗以后，和伊朗很快签订了关于石油采购和国家合作的协议。所以大家可以看到，全球这种局部的战争风险，地缘政治经济格局背后的变化，都有美国的影子。当中日关系在走向合作的时候，出现了“钓鱼岛事件”。2018年中日韩三国领导人在日本召开会议，决定加快推进中日韩合作进程，中日韩的关系正在走向合作的情况下，日韩又发生了激烈的矛盾。

我们可以说，美国不希望世界是和平的，希望自己永远是老大，美国永远第一，美国利益至上，让美国再次伟大，让美国永远伟大，这恐怕是美国执政者的基本目标。所以美国正在以单边主义来替代多边，以双边谈判替代多边磋商，以国内法律法规制裁其他国家，替代国际规则。表面上看起来现在发生的只是中美贸易摩擦，但实际上美国搅乱的是整个世界。

IMF组织2019年以来连续四次调低了2019年世界经济增长速度的预期，从3.7%降到3.5%，从3.5%降到3.3%，从3.3%降到3.2%。世界贸易组织对全球的贸易增长预测，已经从原来的3.7%下降到了2.6%。

我5月在韩国开会期间，韩国有一个智库专家跟我说，他喜欢一段话，两个大象打架，小草是无辜的。尽管小草是无辜的，但是它一定会受到践踏。所以，现在世界正站在历史的十字路口，到底向哪里去的问题，摆在中国、美国、各个国家，包括韩国的面前。

我认为如果一个国家的执政者丧失了道德、信用和理智，把一个国家的利益和规则凌驾于其他国家的利益和规则之上，凌驾于全球的利益和规则之上，这个国家将由于它的过度嚣张和信用的损耗，受到世界各国的唾弃，将成为世界孤儿，并且会受到自身这种行为的惩罚。

从世界经济发展史的若干次重大危机来看，都是三分天灾，七分人祸，现在人祸正在成为天灾的导火索。1930 年的经济大萧条，美国推出了一部法律，叫《斯穆特—霍利关税法》，它提高了 2 万多种进口商品的税率，平均关税由 1929 年的 40. 1%（当时是非常高的）上升到 1932 年的 59%，招致了其他国家的报复，美国的出口总额从 52 亿美元跌到 16. 5 亿美元。现在全球的贸易量中，中国占 12%，是 4. 6 万亿美元，全球整个贸易量中已经达到几十万亿美元，而 20 世纪 30 年代的美国贸易量是世界上最高的，才只有 52 亿美元，高关税导致其贸易量下降差不多2/3，当时全球贸易总额是 306 亿美元，后来下降到 120 亿美元，收缩了近 50%。

这一场世界经济危机，孕育出了希特勒的纳粹主义，希特勒当时也是由于德国负债累累，所以才向外扩张，也促使日本产生了对外扩张的军国主义。德国法西斯主义、日本的军国主义，再加上意大利独裁者，成了第二次世界大战的三大肇事者和战争的发动者。

直到“二战”结束，罗斯福新政，世界才重新回归到自由贸易的轨道上。现在全球贸易在轨道上已经运行了几十年，美国又脱轨了，从轨道上率先脱离出来，正在开历史的倒车。过去 100 年曾经发生过 48 次经济危机，1921 年德国爆发的超级通胀，1929 年美国的经济大萧条，都使世界经济受到了重创，唯有 2008 年美国次贷风波引发的国际金融危机，因为中国成为世界经济增量中的最主要的国家，才使世界免于进入长时间的衰退。

所以对于美国发起的贸易战也好，科技战也好，网络战也好，中国的态度始终是一致的。第一，不愿意打，我们不愿意破坏中国和平发展的外部环境，不愿意对世界经济的发展造成负面的影响。第二，不怕打，中国有取胜的信心。第三，不得不打，中国对美国采取的是反制不是进攻，美国对中国进行制裁，中国会进行合理的反制。但是还有一句话，就是中国一定会奉陪到底。

我认为全球各个国家，包括中国、韩国，我们都面临着共同的挑战和共同的风险，我们应该在全球发起一场反对贸易战、反对切断产业链的国际性行动，使国际经济不至于受到像 1930 年那样的重创。

实际上，每个国家发展起来都很不容易，每个国家积累财富也很不容易，每个国家的发展都是靠自身的努力，没有一个国家是靠别人的恩赐。所以我认为各个国家有权利选择自己的道路，有权利维护自己的权益。

40 年前的中国，其国际贸易总额是 25 亿美元，其 GDP 是 1500 多亿美元。当然中国在成立初期是一片废墟，但是经过前 30 年，中国恢复了经济。改革开放 40 年，中国加快了经济发展，到目前为止，中国的 GDP 已经排到了世界第二位，经济总量已达到了13.6万亿美元，2018年的增量是1.4万亿美元，从改革开放初期是美国GDP的不到5%，现在上升到是美国GDP的66%。

中国现在的国际贸易额占到了全球的12%，为4.6万亿美元，未来中国的国际贸易还会快速增长，因为中国过去主要是靠出口，从2018年开始在上海建立了进口博览会，2019年规模会更大，加大从国外的进口，也是我国贸易的主要政策和方针。

中国制造业产值占世界制造业产值的28.8%，接近30%，现在中国的制造业在世界上拥有41个大类、191个中类、5225个小类，是全球制造业类别最完备的。也就是说，在产业链、服务链、供应链和价值链方面，中国有最配套的体系，最配套的能力，也是世界上制造业投资、人力资本保障、产业配套能力保障等方面最优的国度。当然，韩国制造业也是很优秀的。

中国还是世界上最大的市场。中国的社会消费品零售总额2019年会达到40万亿元，和美国消费品市场已经持平，但是中国有13.95亿人，美国只有3.2亿人，中国持续的人民群众收入水平提高，会使中国成为潜力最大的市场、发展最快的市场。

8月29日美国中国商会公布了它们在华的年度报告，根据它们对900家在华最大的美资企业的调查，认为目前97%的在华企业都是盈利的，88%的企业不准备削减在中国的投资，46%的美资企业在华的利润超过全球平均利润。当然，中国制造业由于成本驱动，实际上在2008年就开始向东南亚、南亚、非洲一些国家转移，主要是服装、鞋帽、箱包、玩具、纺织等劳动密集型产业。但是越来越多的企业，特别是需要产业配套能力强的企业，需要劳动力、人力资本比较优的企业，仍选择留在中国，或者是正在转移到中国，中国在吸引外商直接投资上，是大国中唯一增加的。全球外商直接投资2017年、2018年大幅度下降，2019年受贸易战的影响，仍然是持续下降，只有中国吸引外商投资规模仍然是上升的。

中国正在加快开放，制定一系列对外开放政策，包括出台了《外商投资企业法》，这些对外开放新的举措，将为外商的投资创造更好的市场环境。中国是不会切断任何国家的产业链，不会给任何国家的企业制造麻烦的。

当今世界第四轮科技革命、第四轮产业革命、第四轮经济全球化高度交织在一起，这是人类历史上从来没有过的革命性变化。

韩国对外经济研究所所长提问：

今天机会非常难得。您介绍了很多中美之间的看法和观点。刚才您讲到了中美两国之间贸易战也好，技术战也好，中国的立场有三个，其实中国并不想打，但是如果不得不打的话，中国也是绝对不怕的，如果真要打起来，中国也有信心获得胜利。

我本人想问的问题，就是刚才前面您介绍到了无论是高端技术也好，或者是高端的一些产业，或者是美元的霸主地位，在这种情况下，中国最终如果取得胜利，内部的动力是什么？这是第一个问题。

第二个问题，如果中国和美国真要打起来，中国如果赢了美国，您觉得大概需要多长的时间？

陈文玲：

首先中国不愿意打，是基于中美两个国家的比较，在科技、军事、货币地位方面，确实是中国不如美国。

但是中国有信心最后获胜，主要是因为中国在历史的长周期中是整体向上的，美国在历史长周期中是整体向下的。这个长周期有多长，就是刚才所长问的需要多长时间，我认为会到21世纪中叶。

您说我们为什么比他们差，但是却能取胜呢？我认为主要有以下几个方面原因：

第一，中国是正义方，中国是站在道德和道义的制高点上的，正义的事业一定是会胜利的。中国维护国际秩序，维护国际规则，遵守国际秩序和规则，中国也成为世界经济秩序和规则的建设者、参与者和推动者，而美国现在成了世界秩序和规则的破坏者，所以两相比较，中国是站在正确的一面，站在正义的一面。

前段时间，我看了各个国家驻WTO大使的几场辩论会。参加辩论会的有韩国、新西兰、澳大利亚等几十个经济体，几乎所有的国家在贸易自由化、便利化和多边主义方面，都是站在中国一边。

第二，中国有巨大的市场，有全球最大市场的潜力。我认为，中国未来最大的红利是市场红利，中国社会消费品零售总额现在是40万亿元，每年增长的速度在9%左右，前些年更高一点，“十二五”时期年均15%。中国中产阶层、中等收入群体目前已经达到了4亿人，美国全国的人口才3.2亿人。因此，中国这个市场，我觉得对各国的投资者、各国的企业来说，都是最大的利润来源。

第三，从2008年国际金融危机以来，中国成为世界经济增长的最大贡献者。从2008年到现在对世界经济增长年均贡献率在30%以上，2018年仍然达到30%，同年美国对世界经济增长的贡献率是15.3%。

中国现在的经济增速还在6%以上，美国的增速最高的时候在3%左右，贸易战越打增速越低，中国GDP增速仍然将保持是它的一倍。按照这样的速度，在2035

年之前，中国的 GDP 总量就会超过美国。

第四，全球的产业链、供应链、服务链和价值链已经形成。世界制造业的布局是全球化的，在全球化的产业布局情况下，产业链上的这些企业是没有任何行政隶属关系的，没有政府之间的关系，也没有产权持有的关系，但是产业链上的某一个零部件，或者某一个模块，或者是某一个服务环节，相互依赖的黏性要靠这些关系形成的黏性。现在全球市场上很多产品都不是在一个国度、一条生产线上完成的，而是在反复流通和贸易中成型的。现在全球贸易 2/3 是中间品，东亚 4/5 是中间品，也就是说，国际贸易产品最终产品所占比重越来越小。美国在 1930 年贸易总额仅仅是 52 亿美元，现在是 5 万亿美元左右，全球是几十万亿美元，但是全球贸易额结构发生了实质性变化，中间品占比越来越高，意味着产业链构成和运行的国际化程度越来越高，大部分贸易品已经不是最终品。

第五，中国是 120 多个国家和地区的第一大贸易伙伴，是 70 多个国家和地区的第二大贸易伙伴。中国市场现在成为和世界市场经济联系最密切的国家，大家在贸易方面依存度越来越高。

中国现在也已经成为一个创新的大国。我刚才讲了，我们有很多企业现在已经进入了世界创新的第一梯队，已经具备很强的创新能力。中国每年有 800 多万毕业的大学生，累计有 900 多万名博士生和硕士生，有 600 多万工程师。中国的人才储备丰富，创新体系正在加快建立，还建设了 700 个国家实验室或国家重点实验室，中国的创新能力在迅速提高。

美国的遏制和打压，使中国很多企业顿悟。原来认为在全球产业链上，我们做中低端就可以了，有美国企业做高端、顶端，大家在产业链上各得其所。但是，现在美国政府已经把这个格局打乱了，所以中国企业下定决心走创新道路，一定要在核心的关键技术、共性技术、颠覆性技术、前沿技术方面加速追赶。

第六，中国对世界各国的希冀，是希望自己好，别人也好，大家共同好；而美国是希望别人乱，颠覆人家政权或者直接发动局部战争。中国希望别人和，合作共赢；而美国希望别人打，火中取栗。我们的这种理念根本不同，会导致世界上人心的归属不同，而世界上人心的归属，就是国家信用和国家形象的基础。靠国家信用支撑的美元霸权日渐式微就是美国信用损耗的必然结果。美国的科技，其实是靠世界各国的科学家支撑起来的。我到美国去调研，发现排在第一位的科学家是华裔的，第二位是印度裔的。

所以，我们是有信心的。时间一定是在中国一边，成功一定是在中国一边，胜利一定是在中国一边，而中国是和全世界各国人民站在一边的。

谢谢各位！

提问：

我是首尔经济新闻的特派员，问您两个方面的问题。刚才听您介绍了中美两国之间的贸易摩擦问题。据我了解，也有很多传闻说美国之所以会挑起跟中国的贸易战，是认为中国在强制性进行技术转移，还有产业补贴等一些不公平的制度，尤其是在2019年5月，中美两国之间几乎要达成了一致的协议，但是最后还是决裂了。问题是什么？是因为中国不承认有这种不公平的制度存在呢，还是中国虽然承认有这种不公平的制度，但是短期内很难去改善它？这是第一个问题。

第二个问题，刚才您讲到美国的这种做法会破坏全球的产业链。在这种情况下，华为推出了自己开发的一些新的跟安卓系统不一样的产品和系统。如果全球产业链被打断的话，中国未来是通过自己的这种自主产业链去应对，还是通过其他的一些方法去应对这种全球产业链的破坏呢？

陈文玲：

这两个问题都很难回答，我尝试从两个方面回答，先回答您的第一个问题。

第一个问题，您说美国认为中国存在强制性技术转让，还有产业补贴，所以发起了贸易战，在2019年5月基本上达成一致协议。

我想就这个问题展开谈一下。中国知识产权保护工作已经推进40多年了，国际知识产权保护组织总干事认为，中国现在知识产权保护是世界上最完备的，也是工作做得最好的。现在中国已经建立了3个知识产权法院、16个知识产权法庭、200多个知识产权保护中心，对于违反知识产权、侵占知识产权的行为，通过法律手段、行政制裁等多种手段进行制裁，我想韩国在华的企业也是看得到的。

强制性技术转让，也是美国企业向美国政府的反映。我2018年3月21—25日在美国调研，跟美国CSIS的一位中美战略研究专家对话的时候，恰好“301调查”报告在3月22日出台，在美国看到了这个报告，我就问他：美国制裁中国有什么依据？他说他们只是听说，但是还没有美国企业敢向美国政府直接反映，怕影响在中国运营。

中国和美国谈判，在这个过程中中国始终问美国有什么实际的例子，到目前为止美国一个也没有提出来。我们驻美国大使崔天凯，在参加美国智库的会议上也多次公开说：如果你们认为中国有侵犯知识产权的具体案例，请你告诉我，中国政府会追究、会改进。但是也没有人告诉他。

中国在2019年3月召开“两会”的时候，出台了《外商投资企业法》，这个法律再一次明确规定了十几个“不得”，其中有一个就是不得强制性进行技术转让。尽管美国没有提出来实例，但是中国政府已经把它写入了法律。

关于产业补贴，我认为确实应该改革，应该取消直接的补贴，变成政府公共政策采购，和美国的做法以及国际上通行做法保持一致。据我了解，我们相关研究部门和政府部门也在进行关于产业补贴的调研，包括国有企业补贴等各个方面的全面调查，以改进这一方面的工作。在这个方面，是美国的诉求也好，是欧盟的诉求也好，各个国家的诉求都是中国需要通过改革进一步解决的问题。

但是，美国是农业补贴大国，在全世界排在第一位，美国对产业的补贴是通过政府公共采购体系实现的。比如说下一代信息技术，这些是先由美国国会批准预算，再把钱交到美国国防部，国防部将其变成招标项目，进行政府公共政策采购。所以我认为中国应该向美国学习，不要直接补贴到企业，可以通过构建公共政策采购的办法，建立一套新的流程和机制。这样的话，企业可以公平地去竞争，通过市场的办法实现国家在公共领域所需要公共品的购买。

我认为，在中美贸易谈判中，中国需要深化改革的、需要进一步开放的、需要做自身的改变的方面，是与美国提出来的诉求一致的，如果符合我们改革开放的方向，符合国际规则和我国的核心利益，中国是会接受的。

第二个问题，就是关于全球产业链的问题。我觉得全球产业链是不可能被打断的，如果人为地切割，美国的企业也会受到损失。我认为全球的产业链有可能会重构，不是因为这种人为的切割，而是因为科技革命引发的产业形态的变革。

我周日上午开会时候问一个美国制药企业：特朗普发了命令，你们会不会撤回美国？他说我们绝不会撤回美国，因为最大的市场在中国。

我认为，产业链的转移是一个市场的过程，是市场推动形成的。此外，也有创新的驱动，它要靠近创新的高地，要靠近市场，要靠近产业链，靠近服务最完备的地方。所以我认为这是有规律可循的，而不是某些政客就能够完全改变产业链，人为地让它重构。产业链的转移成本、重构成本是特别高的，因为产业链形成的过程，不是行政力量干预就能完成的，它依靠的是市场的力量，是一个逐渐的、自愿的、自发的、互相依赖、互相依存、供给需求匹配的过程。这样一个过程，你想强行割断，或者是强行命令企业到哪里去，企业是不会去的，除非美国政府开除他的美国国籍，一旦如此，那么离战争就不远了。

我想，这是中国企业不愿意看到的，也是美国企业不愿意看到的，更是世界各国企业都不愿意看到的。

美对华遏制行为的实质
——在马洪基金会2019年秋季理事报告会上的专题演讲

（2019年9月22日）

导语：当前世界正面临百年未有之大变局，大变局的核心、大变局的起点、大变局的拐点是从这两年中美贸易战开始的，中美贸易战是影响世界经济最大的风险和变量。美国发起贸易战对国际秩序、国际规则、多边贸易体制变化造成了极大危害，破坏了全球的产业链、供应链、服务链，断链、断供和断流的风险会给全球的制造业带来很大打击。美国从对华强硬的亢奋期到社会共识期，即一定要打击中国、遏制中国，再不遏制中国就晚了，最近又到了反思期、分裂期，对特朗普开始发出质疑。中美贸易战不是遭遇战，而是持久战，除了贸易领域外，未来在制造业、高科技、金融、网络、国家安全各方面都会有不同形式的竞争与博弈，中美两国的竞争博弈将贯穿一个历史的长周期。

非常荣幸接受马洪基金会、深圳综合开发研究院的邀请，有机会和大家一起讨论关于中美经贸关系及发展趋势。他们之前推送了一些我的文章，大家从网上可能也看到了一些我的文章。这次交流机会非常难得，文章已经有的、贸易谈判的过程，大家已经知道了，我就不多占用宝贵的时间，主要谈谈我的一些研究和判断，希望大家一起交流。

最近这些天我正在读《今日简史》，作者曾经写了《人类简史》《未来简史》。这本书中有一个主题词特别深刻，即“永远不要低估人类的愚蠢”。我认为现在人类的愚蠢就在于有的人非要把已经挺好的世界搞乱，非得破坏人类和平发展的大势。“人类用简单的世界分析方式，以适应自己的石器时代的大脑”，现在石器时代的大脑可能已经不存在了，都留在墓地了，但思维停留在19世纪的大脑现在还存在，而且正在世界舞台上发挥着重要的作用。

美国有一位非常知名的学者2018年发表了一篇文章，题目是《特朗普正带领美国大踏步地走向19世纪》。这位思维停留在19世纪的国家领导人，在世界舞台上扮演着非常重要的角色，其中一个最重要的角色，就是把维持40年的斗而不破、既竞争又合作的中美关系完全破坏了。

12月18日是值得记住的日子，美国发布了《美国国家战略发展报告》，这个报告首次提出了美国的战略转向，把中国定位为修正主义国家、美国的战略威胁者、经济侵略国家。之后美国《核安全威胁报告》、《全球军力报告》、国情咨文报告都给中国戴上了这样的帽子，推动美国战略全面转向。2018年3月22日开始，中美贸易战正式开打，以美国对中国500亿美元商品加征关税为始。

2018年3月20—25日，我正好在美国做关于中美关系相关问题调研，我和美国的一些智库、美国的政府有关部门、一些研究中美战略的学者进行对话交流。3月21日美国“301调查”报告出台，我也问了美国战略与国际问题研究中心中国商业与政治经济项目主任、中美战略专家甘思德一些问题。我问他：美国准备出台“301调查”报告，你们列举了那么多都是“听说”“大概”“据调查”的所谓事情，如果出台这样的报告来制裁中国，有什么真凭实据？他回答说这些是美在华企业的反映，这些企业不敢暴露名字，怕在中国经营受到打击。因为认为“301调查”报告是不太靠谱的，所以我又问：美国准备出台制裁中国的600亿美元输美商品，这个数字怎么来的？甘思德告诉我：荣鼎集团副总裁也告诉我，出台制裁数字之前征求专家意见，专家提出应对中国加征300亿美元的关税。这个方案报给特朗普，特朗普看完以后说，这个方案不行，这个数字太少，起码要翻一番，立马就从300亿美元翻到600亿美元。原来美国总统在决策的时候也是这样“拍脑袋”拍出来的。后来报告出台的时候是500亿美元，对中国输美500亿美元商品加征25%的关税。中国政府很快做出了回应，对美国出口到中国的500亿美元商品进行同等力度、同等规模的反制。这样开始了中美贸易战的第一个回合。

在第一批加征关税的500亿美元输美商品中，70%是中间品和投资品。什么叫中间品？中间品就是在产业链上没有形成最终产品之前的产品，是在产业链上流通的以零部件或者模块形式表现的贸易品。美国的企业开始有反应了，于是美国提出和中国进行谈判，这样就开始了中美第一轮贸易谈判。

2018年2月美方提出进行贸易磋商，3月22日出台“301调查”报告，加征中国输美共1100亿美元商品的关税。美国对我输美商品加征关税按顺序分几批：开始是钢铝产品，总额30亿美元，可以忽略不计。第一批是500亿美元，加征25%的关税；第二批是2000亿美元，加征10%的关税，之后提高到25%，2019年8月提高到 30%；第三批是 3000 亿美元，开始加征 10% 的关税，2019 年 8 月提高到 15%。美国轮番加征关税，我国的反制也随之进行。贸易谈判马上进入第 13 轮了，前面 12 轮贸易谈判的情况，大家都很清楚，我不再赘述。

谈判过程中，美国有四次出尔反尔。第一次是 2018 年 2 月美国提出进行贸易磋商，但 3 月 22 日宣布，对 500 亿美元商品加征 25% 的关税。第二次是 2018 年 5 月 19 日双方达成《共同声明》，明确提出取消相互加征的高额关税，不到 10 天，2018 年 5 月 29 日美国提出要对 500 亿美元商品 7 月之后分三批加征 25%、20%、10% 的关税。第三次是 2018 年 12 月 1 日，在阿根廷布宜诺斯艾利斯两国元首达成共识，但 2019 年 5 月 10 日，美方提出对 2000 亿美元输美商品加征 25% 的关税。

第四次 11 轮贸易谈判停顿后，2019 年 7 月 31 日美方派代表到中国进行第 12 轮贸易谈判，地点选在上海的和平饭店，美国财长和莱特希泽、纳瓦罗也来了，中方是刘鹤副总理率团队与他们会谈，会谈之前双方有两次通话。5 月中旬美国对中国加征关税，第 11 轮谈判无果而终，刘鹤在美国召开记者招待会，谈了中美贸易谈判的三大分歧。启动第 12 轮贸易谈判之前，5 月 15 日在我们中心有一个小型的中美内部对话会，美国总商会来了六位，中方参加了七位。美方参会代表讲，他们来之前见过总统，一上午美方代表只说了一个主题，就是希望尽快恢复谈判，而且越快越好、越早越好，希望中美双方回到谈判桌上来。我们会发现，中美贸易谈判每次出尔反尔的都是美方，每次提出恢复谈判的也是美方，每次都是习近平主席应邀和特朗普通话，每次都是美国提出来恢复谈判，然后极限施压再加码，中国反制，美国再次加码，贸易谈判失败以后，美国再次提出谈判，循环往复。第 12 轮谈判的时候，中国更加淡定了，大家关注到和平饭店谈判有一个背景墙，上面的书法是篆体字，上面的字大家可能看不懂，我给大家念一下：

云来山更佳，云去山如画；云遮山晦明，云共山高下；依仗立云沙，回首见山家。

这是元代张养浩写的元曲。什么意思呢？概括起来就是一句话：愿意来就来，愿意走就走。这也代表了中国的态度：谈，大门敞开；打，奉陪到底。诗的原意是，云飘过来的时候，增加了山中景色的美，使山更加美丽，云飘走的时候，青山仍然如画。山因为云的遮盖，有的时候晦暗，云和山共同描绘出一幅景色。中国还是希望与美方合作共赢的，但是，“依仗立云沙，回首见山家”，有云也行，没云也行，而山永远矗立在那儿。

第12轮谈判无果而终，美国的贸易谈判代表回到美国，向特朗普汇报情况以后，特朗普愤怒，2019年8月1日决定对中国余下的3000亿美元输美商品加征10%的关税，9月1日实行。8月24日他又一次宣布，把原来已经加征关税的2500亿美元商品的关税从25%提高到30%，准备加征关税的3000亿美元商品的关税从10%提至15%。什么概念呢？中国所有出口到美国的商品百分之百加征关税，全覆盖，没有任何例外。

2019年8月30日，美国贸易代表办公室宣布，对中国输美1250亿美元商品的关税从10%提升到15%，美国东部时间8月30日实施。9月2日宣布，将9月1日生效的对2500亿美元输美商品加征关税的关税率从25%提高至30%，在9月20日前征求意见。

特朗普最近发了一条推特，鉴于中华人民共和国成立70周年大庆，征税时间从10月1日推迟到10月15日，以实际行动庆祝我们的国庆。我认为，中美关系现在正处在特殊的时期，2018年是中国改革开放40周年，2019年恰恰又是中美建交40周年，我们正在一个关键的时点上。美国现在对中国极限施压，尽管恢复贸易谈判，但加征关税越提越高。时间从推迟60天到推迟90天然后到10月1日施行，鉴于中华人民共和国成立70周年再推迟15天，推迟到10月15日。

中方当然每次都做出相应的回应，2019年8月23日对原产于美国的5078个税目760亿美元输华商品加征5%～10%的关税，9月1日开始生效。9月2日，对美宣布9月1日起实施的对第一批3000亿美元商品加征15%关税提起诉讼，要求在WTO的机制下解决问题。

但是，WTO贸易争端解决机制现在停摆了。贸易仲裁机制需要大法官，WTO一共有七个大法官，现在四个已经到期退下来了，包括中国的张月姣。WTO是美国主导成立的，按照WTO的规则，应该美国派人或者同意其他国家派人，但是美国现在一个也不派，等于WTO只剩三个法官，WTO的仲裁机制失效。尽管如此我们仍要起诉，其他国家也向WTO提出起诉，但是无法仲裁。

2019年8月13日、9月5日，刘鹤副总理应邀和莱特希泽、姆努钦通话，国家发展改革委副主任、国家统计局局长宁吉喆和商务部副部长王受文、中财办副主任廖岷都在场。双方同意10月初在华盛顿举行第13轮对话，9月18—20日，中财办副主任廖岷带队到美国进行前期的准备工作。

中美贸易谈判12轮下来，之所以屡屡受阻，责任完全在美国。2019年5月第

11 轮谈判之后，刘鹤副总理在美国召开记者招待会，提出中美贸易谈判的两大分歧点：一是中国要求取消加征的高额关税，美方始终不肯放下关税大棒，不仅不放下，还越举越高，加税的覆盖面越来越大，税率越来越高。二是美国要求中国加大从美国进口商品，而且要做出承诺，要有监督执行机制。实际上 2018 年 12 月 1 日两国元首在阿根廷会晤的时候，中国已经答应扩大从美国进口，在贸易谈判中也答应了从美国加大进口，据说我们承诺从美国扩大 2000 亿美元的进口数额。之后美方认为中国的市场大得很，还可以继续压榨油水，从 2000 亿美元提高到 3000 亿美元，又加到 3300 亿美元。在第 10 轮谈判的时候，中国政府对文本做了部分修改，通过外交部正式递交美国。之前四次都是美国出尔反尔，这次我们对文本做正式修改，按说两国的贸易磋商，不能只能你修改不能我修改，然而这次修改却激怒了特朗普，特朗普认为中国撕毁了协议。

中国刘鹤副总理讲，美国不能要求中国做出不切实际的承诺，不能强买强卖。所谓强买强卖，就是你让我多进口多少就得进口多少，中国可以承诺，但超过承受能力的承诺是不可能实现的。我们在 2019 年 4 月接受外交部的任务去美国调研，和美国的智库交流对这些问题的看法，美国有一家智库专门成立了跟踪中美贸易谈判的专题研究小组，他们的结论是，即使中美两国达成了协议，中国也签署了协议，同意从美国进口多少多少商品，一年以后也会回到原点，因为那是不可能实现的。为什么不可能实现？他们说：美国能出口什么呢？中国承诺扩大进口，美国出口什么呢？假设中国承诺了进口 3300 亿美元商品，美国有多少商品可以满足这 3300 亿美元？我们可以算一下账，2017 年国际贸易正常的时候，中国从美国进口是 1300 多亿美元，其中进口大豆 3280 万吨，价值 140 亿美元，农产品加上牛肉、高粱、猪肉、猪下水，美国产的猪蹄，十个猪蹄有九个出口到中国，加起来不到 300 亿美元。中国每年进口几百架飞机，我们是美国 737MAX800 最大的用户，已经进口了 92 架，原来计划每年进口 100 架，加上其他的飞机每年 300 多架。一架飞机多少钱？1.25 亿美元，进口飞机总共 300 多亿美元。我们进口美国的能源，根据这家智库的计算，即使在 2018 年的基础上翻一番，也仅 30 亿美元而已。再加上其他的商品，美国出口给中国的就是这几大类，农产品、能源、飞机，还有半导体零部件。2017 年美国半导体零部件出口中国 875 亿美元，只有这么大的供给量，其他高科技产品美国禁止向中国出口，美国高技术产品和核心零部件，对 163 个国家都是开放的，只对十几个国家禁止出口，其中就包括中国。

2018 年 12 月 3—7 日在美国进行第 11 轮会谈期间，我们和美国总商会组织

“中美工商领袖与前高官对话”，美国总商会多诺霍会长请到特朗普的女婿库什纳。多诺霍会长问库什纳：对中美贸易谈判是什么看法？他回答说，他是很乐观的，中美谈判会达成协议，因为莱特希泽是非常棒的谈判高手，总统对他很信任，总统对他充分授权，他谈判是很有经验的。他举了美墨加谈判的例子，他说美国和墨西哥谈判的时候，墨西哥的外长到白宫来，这一年多来了 100 多趟，他们和墨西哥外长开玩笑说，他可以到白宫来上班了。美国和墨西哥达成协议以后，接着和加拿大谈。以前北美的自贸区协议叫美加墨自由贸易区，重新谈判双边对双边，谈判以后现在叫美墨加自由贸易区，墨西哥在前面了。库什纳说：“我们参加谈判的团队人很少，我们在低调而高效地开展工作。”美国已经脱离多边，采取双边一个一个攻克的方式，用它的强势逼迫你就范，然后再进攻下一个堡垒。我认为，他们想快速攻下中国这个堡垒，和中国进行贸易谈判并签署协议以后，接下来要和日本谈判、和印度谈判，原定于和日本的谈判是在 2019 年 2 月，他们预计第 10 轮、第 11 轮谈判中国会和美国达成协议，把和日本的谈判推迟到 6 月，到 6 月的时候特朗普访问日本，说鉴于日本首相安倍晋三参加大选，再给延长几个月时间。美国对中国的施压没有奏效，至今还没有达成协议，反过来美国近期和日本达成一个协议，但双方的核心诉求都没有满足。

通过《华尔街日报》爆出来的新闻，我们可以看到谈判文本相当的不平衡，比如说美国要求中国落实承诺，要建立核查机制，比如说美国对中国加征高额关税中国不得反制，中国不得向 WTO 组织提起诉讼等，这些霸王条款，不能体现两个国家对等和平等的关系。刘鹤副总理是第一次暴露中美之间贸易谈判三大分歧的人。贸易战本身是非法的，既不是根据 WTO 的规则，也不是对违背 WTO 规则行为的制裁，而是美方自己认定吃亏了，给中国戴了很多顶帽子，对中国强制制裁，依据的是美国自己的法律、法规，主要是 1930 年的《关税法》、1962 年的《贸易扩大法》、1974 年的《贸易法》，还有那些长臂管辖的法律。

刚才乐正秘书长讲，习近平主席指出我们正面临百年未有之大变局。百年未有之大变局不是过去时，不是已有的大变局，是现在的进行时和未来时。我觉得大变局的核心、大变局的起点、大变局的拐点是从这两年中美贸易战开始的，所以中美贸易战不仅是中国每个人都关心的问题、每个企业都关心的问题、每届政府都关心的问题，也是全世界几乎所有国家都关心的问题。

中美贸易战打到这种程度，美国政客原来的面纱，一张一张都被撕下来了，比如说美国原来主张的经济全球化、贸易便利化自由化，比如说输出的普世价值——

自由、民主、平等、博爱，比如说原来向全球提供公共产品，等等。美国对整个世界造成了很大危害。首先是对国际秩序、国际规则、多边贸易体制造成了极大危害。美国有102个贸易逆差国，美国用印制的美元，从102个国家购买商品、购买服务，进口多出口少，逆差成为美国的纯收益。中国占美国贸易逆差比重最大，2017年占48%，2018年占47%。美国用美元这种和实物、黄金不挂钩的货币，实际上等于是用信用购买了实物商品和服务，吃亏的不是美国，而是中国和其他逆差国，中国低工资、低福利、低价格的产品，支撑了美国高福利、低通胀、低成本生活，支持了美国人民用低价格满足他们的生活需求，逆差是对美国的贡献而非剥夺。

中美贸易战是影响世界经济最大的风险和变量，现在已经形成全球共识。2016年世界经济开始驶出浅水域，走出美国造成的2008年国际危机阴影，75%的经济体出现复苏、向好的形势。2017年国际组织预测，世界经济会出现全面复苏。由于中美贸易战，2018年出现了全面的逆转，世界经济开始下行。

2019年形势发展变化更快，IMF对世界经济增长的预测从3.9%调到3.7%、3.5%、3.3%，最新的一次，8月调到了3.2%。世界银行预测为2.9%，联合国贸发组织预测为2.6%，WTO原来预测2019年国际贸易将增长3.7%，现在下降到2.6%。2008年之前国际贸易年均增长7%以上，2008年受美国金融危机的影响，下降到5%左右，2019年下降到2.6%，世界贸易的增长速度已降低到历史上最低水平。

美国现在这种打法破坏了全球的产业链、供应链、服务链，现在断链、断供和断流的风险会对全球的制造业带来很大的打击。2018年9月22日，美国贸易谈判办公室征求几百家美资企业的意见，2019年8月征求几百家企业的意见，95%的美国企业反对打贸易战。它们在全球产业链和中国企业已经形成上下游的关系，比如说，华为的92家大的供应商，其中32家在美国，美国的博通、高通的高技术产业，生产的芯片60%是供中国企业的。打击中国、禁止对中国企业提供核心零部件，等于把产业链切断了，中国有损失，美国也受损害，实际上是两败俱伤。

上个月我带队做了相关调研，到了北京亦庄的一家美资公司，这家企业专门生产放疗设备，公司的名字叫瓦里安，它们生产的放疗设备是全世界最先进的，一台设备大约由2万个零部件组成。其中速锋刀头部是在美国生产的，有4000多个零部件，其中有些需要从中国出口的零部件，出口美国时要加征25%的关税。在美完成速锋刀刀头部分的生产过程，完成刀头部分生产之后，需要出口到中国，组装在北京亦庄完成，进口又加征25%的关税。这个企业已经在北京亦庄十几年了，工厂负责人告诉我，他们的困难在于到美国生产速锋刀头加征25%关税，速锋刀头做成的模块出口中国安装，中国加征25%的关税。因为这种放疗设备特别先进，对于癌症患病部位切割是无创伤的，通过速锋刀的照射准确定位，把它在体内切割以后变成极小的分子被吸收掉，是不需要做外部切除手术的，包括目前最先进的微创也不用。现在很多中国人出国医疗旅游或是做手术，其实都是用这种人工智能手术刀做的。目前中国只有三个地方有这种仪器——上海瑞金、北京西肿瘤和北京协和，其他的地方都还没有，包括深圳也没有。据说，前列腺癌患者手术，最短的两秒钟、最长的十几秒就做完了，无痛、无感。工厂的口号是“让癌症不再恐怖”，这种理念和技术非常先进，是目前世界上最先进的设备。我原来不知道最后的生产集成在亦庄。

工厂负责人告诉我，他们最近几年出口一共接近400台，90%都是出口到美国，美国高技术+人工智能的手术刀，全世界很多国家患者包括中国的患者都到美国去治疗癌症。但是这样的美资企业现在感觉非常难受，速锋刀进口到中国还要加一道税，生产出来的整机主要出口美国，美国再加征25%关税，意味着一部分零部件需要加征75%关税。我问企业：现在所有零部件在中国占多大比重？他说目前占整机的60%，我问：在这种情况下企业怎么办？他说准备把速锋刀生产部分从美国转移到中国。

特斯拉生产线转移到中国，美国福特汽车新增生产线也转移到中国，为什么？我昨天上午参加了一个会议，遇到美国强生制药的中国区总裁，他说我们是不会从中国转移出去的，因为最大的市场在中国。2019年8月29日，美国中国商会刚刚做了一个调查，美在华97%的企业是盈利的，88%的企业是不准备削减在华投资的，46%的企业利润率高于全球的平均利润率。这种大型的企业需要产业链配套、服务链配套，加上需要中国人力资本的支撑和运行，是不可能撤离中国的。

对美国贸易战和极限施压分析透了以后，你就会知道没什么了不起的。原来最大的市场是美国，今天的社会消费品零售总额中国和美国已经持平，我们其他方面的市场都比美国大得多。破坏全球供应链、产业链、服务链和价值链，造成的影响也让企业很难受。2018年4月美国对中兴通讯全面断供，中兴通讯董事长第二天宣布企业进入休克状态。有关领导请我们中心对中兴通讯事件做调研，提出应对方案。我们当时请了中兴通讯高管和各方面的人士座谈。实际上当时的情况就是“一剑封喉”，美国对中兴通讯停供的核心零部件，使整个产业链上所有企业受损，一时间没法运行。

我们看到，2019年中兴通讯经过一年的努力，公布已经攻克7纳米芯片技术，正在攻克5纳米芯片技术。我也问了有关主管部门，他们说实际上还没有达到量产，这是设计水平不是生产水平，企业生产水平可以达到11纳米。我2019年5月到上海调研的时候，上海电子信息公司生产遥感技术设备用的是28纳米芯片。不同的行业用的纳米级是不一样的，不是所有的制造业、半导体行业都必须用5纳米芯片，也不是说将来5纳米到3纳米还要继续变小，变成没有什么载体了，再先进的、再核心的零部件，如果不与全球的产业链、供应链、服务链、价值链连接在一起，也没有任何价值，换句话说，就是无法实现垄断利润。全球产业链、供应链、服务链和价值链布局，不是行政隶属关系的布局，不是国家间协商布局，它是制造业企业在市场上寻求供给和需求的自然、自发的过程，而这种链条一旦形成，将具有非常强的黏性，它们相互支撑、相互依赖，不是谁想打断就能断的，如果一旦断掉，哪怕是一个零部件，哪怕是一个核心环节，整个链条上的所有企业都是受损者。

美国现在的做法破坏了中美经贸关系。中美建交40年以来，在中央领导的讲话中，在中国政府关于中美经贸关系的两次白皮书中，中美经贸关系都是中美关系的“压舱石”和“稳定器”。现在“压舱石”还能不能压得住？“稳定器”还能不能稳得住？这个挑战非常严峻。美国政府现在的做法，是对中美经贸关系历史性的逆转。原来中美经贸关系是融合，是通过合作以及不断地寻求竞合实现相融、互补、互利、共赢，现在则是你给我加税，我给你加税，你加税我要反制，然后美方再次加码和极限施压。

中国的态度始终是一贯的。不愿打，不怕打，必要时不得不打。我们从开始到现在一直是这样几句话。大家不要以为新闻发言人，包括外交部、商务部的语言表达匮乏，只有这几句话，实际上，这几句话就是中国的原则。首先是我们不愿意打，“两个一百年”目标是我们的大局，实现中华民族伟大复兴是我们的大局，我们不愿意破坏中国和平发展的外部环境。其次是我们不怕打，从前在“三座大山”的压迫下，中国人民浴血奋战都在所不辞，后来经过70年努力，已经发展到今天的规模和实力，真的没有什么了不起。70年前我们经过那么艰苦的浴血奋战建立了新中国；新中国成立之后以美国为首的西方对中国全面封锁，我们也能冲破封锁；冷战时期美国、苏联同时遏制中国，中国也能破解。今天的中国经过70年的发展，特别是经过改革开放40多年的发展，和过去任何一个时期都不可同日而语。我们虽然还比不上美国，但是世界银行、IMF认为，1994年按照购买力平价计算中国就已超过美国了。美国盖洛普中心和皮尤调查中心从2016年起开展调查，其中一道选择题是：你认为世界上排在第一位的强国是哪个国家？民意测验认为第一名是中国，接近50%，认为美国是最强大国家的比之低十几个百分点。

按照经济总量，中国已经在世界排在第二位，制造业占世界总量的28.8%，国际贸易占12%，人民币国际化成为IMF纳入SDR篮子里的货币，在五大货币里中国占10.92%。中国的创新能力也在提高，出现了一批华为、中兴通讯、大疆、福建晋华这样的企业，现在进入美国的实体名单的企业，实际上都是很值得骄傲的，能进入这个名单，说明企业在某一个方面已经站在世界前列。大家在深圳应该感到特别骄傲，一开始中美贸易战特别是科技战，大家就说，闹了半天特朗普政府是在跟深圳打贸易战，后来范围又缩小了，其实是在跟深圳南山区粤海街道办事处打贸易战。

中美贸易战期间，我感觉美国正在实现几个转变，中国也在实现几个转变。美国从对华强硬的亢奋期到社会共识期，即一定要打击中国、遏制中国，再不遏制中国就晚了，最近又到了反思期，正在发展到分裂期，对特朗普开始发出质疑。中国开始底气不足，被动应对，这个时期占了相当长的时间。因为我们不愿意打，但我们的市场对中美贸易战反应过度，特朗普发一条推特，就会造成股市下跌，美国加征关税，股市下跌，贸易谈判破裂，股市下跌，我们的股市大起大落。美国特朗普特别骄傲，2019年初在联合国大会上他说："我执政不到两年，股市上升74次。我是美国最伟大的总统，但我不能排第一，我应该排第二，第一位应该是华盛顿。"他觉得已经把中国打得落花流水了，同时中国社会还是有恐慌心理的，对中美贸易战真正的实质和未来的判断处于比较茫然和恐惧状态。经过一年半时间的打打谈谈，可以说中国老百姓已经淡定了，领导人则始终淡定，整个社会也都比较淡定了，包括股市、债市、房市，包括对特朗普、贸易摩擦谈判，基本上能见招拆招了。我到延安学习的时候到枣园去参观毛泽东同志写《论持久战》的场景，非常感慨。抗日战争最低迷的时候，中国最艰难困苦的时候，毛泽东同志在延安窑洞把全世界关于军事的所有著作都找来，把媒体报道的关于日本侵略中国的所有材料都找来，在窑洞里点着煤油灯看，他看了整整15天，看完所有材料，然后用七天七夜写了5万字的《论持久战》。我们现在用电脑打5万字七天也够累的，那个时候毛泽东同志是用毛笔写的。那个时候没有墨，老百姓用家里锅底灰再加上胶制成墨，毛泽东同志就用它写了5万字的《论持久战》，分析了我国的抗日战争将经历的三个阶段，即从战略防御到战略相持再到战略反攻。实际上中美贸易战也是这样，在战略防御阶段我们是防御而不是进攻，我们首先是不愿意打；然后是战略相持，贸易谈判谈了12轮，将继续谈下去；我相信我们一定也会有战略反攻阶段。我们希望最后的结果是共同走向合作共赢。

中美建交40年，概括起来是四个字“斗而不破”，小布什也好、克林顿也好、奥巴马也好，其实一直都有对中国的战略。1971年开始对中国是接触；第二个阶段是“接触+合作”；第三个阶段是“合作+遏制”；第四个阶段是特朗普时期，是“遏制+脱钩”。现在中美关系处在非常艰难的时刻，也是考验中国智慧的时刻。

中美贸易战对美国经济也有很大的影响，美国2018年全年经济增速2.9%，2019年第一季度为3.1%，第二季度由于中美贸易战降到2.0%，降幅达到30%以上。美联储、美国高盛集团、美国摩根大通预测，美国2019年经济增速会下降到2%以下，2020年可能会出现经济危机，目前美国国债收益率曲线，出现经济衰退先行指标下降，这说明中美贸易战对美国的影响也是很大的，如果不悬崖勒马，后果不堪设想。

我认为对美国最大的影响是其大国信用和形象，美国从山巅上的国家、世界很多人向往的国家跌落下来，作为“自由灯塔”的美国已经熄火了。从价值观输入到价值观扭曲，对美国大国信用的损耗是巨大的。我们知道美元是建立在国家信用基础上的，其本质是信用货币，但是现在美国在世界上根本就没有信用可言。基辛格说，“中美关系回不到过去”，“特朗普结束了一个时代”。我认为，特朗普在结束了一个时代的同时又开始了一个时代。什么时代？就是美国由盛转衰的时代，全球大国合纵连横，美国的盟友体系正在瓦解。美国在几乎所有国家都已经失信了。特别是对中国，几乎所有的中国人，不管学习多少次文件、开多少会议，怎么统一思想、统一意志，对于美国的看法都不容易改变。比如，说美国不是一个讲信用的国家，可能有人信、有人不信，有人甚至还要为美国辩护。但通过一年半的贸易摩擦和特朗普数次的出尔反尔，不用辩论大家就都信了。《华盛顿邮报》有记者专门跟踪美国总统的推特，总统非常勤奋，上任两年多，发了3万多条的推特，多的时候一天发几十条，一般从早晨三四点钟就开始发，美国的老百姓、美国的企业、美国的国会议员，现在很多人早晨六点钟第一件事情，就是看总统发的推特。然而，他的推特有1万多条是谎话、错误的话和错误的信息。特朗普的行政效率很高，一竿子插到底，新媒体利用得很好，节省了很多国家执政的费用，但是他也说了很多错话、办了很多错事，特别是失信于民的错事。连任命主要官员都是靠推特，美国国务卿相当于我国的外交部部长，国务卿蒂勒森原来是美孚的董事长，对特朗普跟得很紧，选举时立了大功，他认为当特朗普说错话或者办错事情的时候，他要给特朗普“擦屁股”，但特朗普认为他发出了不和谐的声音，在他出访非洲的时候，特朗普发了一条推特就把他解雇了。特朗普是政治素人，他不讲规则，美国也没这个规则。我们任命一个干部要考察，免一个干部也要考察、谈话、公示、发文。特朗普啥都不用，推特就解决了。情报局局长科恩也是，科恩正在德国出访，特朗普发一条推特“你被免了”，他的职务就这么简单地失去了。执政两年他的换人率达到83%，是美国历届总统中最高的。我2018年和美中关系全国委员会从事多年中美关系研究的一位资深专家谈，我说：美国总统有这么大的权力，他想免谁就免谁，想用谁就用谁，既不用经过任何手续，也不用谈话、见面，就推特上说了一句“你不用来了”，难道没有人有意见吗？没有谁能管得了特朗普吗？这位会长对我讲，这是美国总统的权力，因为美国是民主国家，总统选举前经历过民主的程序，谁当总统谁组阁，任免官员他说了算，这是他的权力。但是历届总统都没像特朗普这么快免人、这么快辞退，办得这么利索，这肯定是没有的。老布什、小布什两任白宫换人率都是17%，奥巴马是37%，里根是59%。美国大国的信用和形象受到很大的影响，他创造了很多“国际笑话”。

美国对中国最大的影响不是中国经济，而是对中国经济和美国经济都产生了很大的负外部影响。尤其是从贸易战开始，一开始很多人寄希望于贸易谈判达成协议，然后中美两国相安无事，中国还是一心一意地搞自己的经济建设。但是现在我们看到，美国正在全面打压、遏制中国，美国战略转向已经形成。从科技摩擦到贸易摩擦，现在美国又在金融领域开始了对中国的打击。2019年8月5日中国的汇率刚过7，第二天美国财政部就宣布中国是汇率操纵国。大家可以看到，美国在幕后支持中国香港这场动乱，如果继续乱下去，香港会失去国际金融中心的地位。现在十个国际金融中心，中国占了三个：香港、上海、北京。但是上海和北京与全球金融体系连接的程度、开放的程度，以及对于国际风险防范的水平都不如香港，香港是中国非常难得的具有自由市场经济制度，与西方经济可以直接连接、对话的体制机制独特的地方。香港乱了，对中国的外部环境会产生了很大的影响。我在有些文章中也提到，现在从贸易战已扩展到科技战，美国贸易战瞄准的就是“中国制造2025”，对500亿美元的输美商品加征高额关税就是针对“中国制造2025”，针对中国要发展的战略性新兴产业，其中所有的中间品都在十大战略性新兴产业中。

中国金融领域最大的风险是2020年金融全开放。中国经常项下的金融早就开放了，资本项下43项也已经基本开放，只剩下了最后六七项，现在推出的金融改革政策，意味着2020年银行、证券、保险等金融领域全面开放，我国将面临金融领域如何防控风险的问题。习近平总书记在省部级领导干部会议上讲话的主题就是“防风险”。还有未来的网络，美国在陆权、海权、航空权上具有优势，现在在争夺网络权和太空权，网络军队9000多人，网络攻击能力美国排在第一位，斯诺登案件大家都知道。还有国家安全之争。我们面临的安全问题，一是怎么使香港稳定下来，成为我们国家独特的、宝贵的资源，而不是负担，更不是被他们利用的反共前沿。二是中国台湾问题，近两年美国先后通过七部法律，其中两部涉台，即“台湾安全法”“台湾旅行法”，这些法律公布以后，意味着美国可以有高官访问中国台湾，可以在中国台湾建立办事机构、可以在中国台湾驻军。三是从2018年开始美国对中国新疆问题指手画脚，最近特朗普任命了一个公共事务主任，籍贯就是中国新疆。还有达赖现在仍然在美国人手里，达赖曾经获得过诺贝尔和平奖，在国际上有一定的影响。中国台湾问题、中国香港问题、中国新疆问题、中国西藏问题，已成为我们国家领土安全最大的威胁。现在，美国在做这些文章，我们对于贸易战的认识不能只是算算数字，这确实是一场两个大国世纪性的竞争，超复杂的竞争和博弈。

美国这些做法，也会影响到世界和平、发展、合作大势，美国退出了无数的群，对中国、日本、印度、伊朗进行制裁，所有的制裁依据都是美国国内法律，没有一个是WTO规则，没有一个是国际法。对伊朗制裁用的是美国的长臂管辖法律，美国用长臂管辖法律制裁了很多人，包括法国的阿尔斯通，直到被美国的企业收购，把这个企业彻底消灭。他也想对中国的华为采用同样的手法，没想到中国华为5G技术在世界站住脚了，中国的5G标准占全球的35%，其中华为占了15%。美国对华为制裁是不生效的，但用长臂管辖法律制裁会发挥很大的作用。比如说有一些国家生产的、我们要进口的高端机器，它的核心零部件有一部分是来自美国，本来是可以向中国出口的，但由于有美国生产的核心零部件，出口必须要经过美国同意。美国的长臂管辖法律就是管这些的，中兴通讯的美国分公司因为向伊朗出口了含有美国核心零部件的设备，而受到美国制裁。美国还一直在世界上颠覆其他国家政权，推动冷战脱钩，世界的和平和发展中，美国是最大的不安全因素。

美国抹黑中国、打压中国、遏制中国，也造了很多的舆论，概括起来主要有九大谎言，我给大家梳理一下：

谎言一，特朗普、彭斯多次说，过去25年里，美国重建了中国。我认为，这既缺乏历史常识，也表现出美国政客的傲慢、无知和偏见。中华文明5000年、新中国成立70年、改革开放40多年，取得的所有成绩，可以说都取决于中国自身的变革与努力，取决于中国人民的勇敢和勤奋。改革开放40多年，我们的确学习了美国和西方先进的东西，这是必须承认的。之所以改革开放，就是为了打开大门学习、引进最先进的东西。但是再先进的东西也得应用，也得奋斗，也得付出，这是所有中国人在中国共产党的领导下、在历届政府的带领下共同完成的伟大世纪性的转变，中国从站起来到富起来，现在正在走向强起来。

谎言二，贸易逆差美国吃亏了，中国从美国拿走了巨大好处。贸易逆差是美元曾经作为世界货币在国际贸易上占据的巨大优势。美国印制一张百元美钞的成本不过几美分，但其他国家为获得这张美钞，必须提供价值相当于100美元的实实在在的商品和服务。美国通过贸易逆差输出美元，102个贸易顺差国向美国输出商品，换来的美元大部分购买美债或者美国商品又流入美国，第二次被收割。中国是美国最大的市场，占美国出口大豆的60%，出口飞机的25%，未来20年中国需要8090架飞机，价值1.3万亿美元，航空服务1.6万亿美元。中国是美国农产品第二大进口国、石油第一大进口国。美元作为贸易结算货币和储备货币，客观上需要承担为国际贸易提供清偿能力的职能，美国贸易逆差背后有其深刻的利益基础和国际货币制度根源。

按照国际经济学理论，一国出现贸易逆差，意味着该国国民享受了更多的物质财富，得到了超出本国生产能力的福利与收益。美国2018年货物贸易逆差高达8900多亿美元，中国输美商品逆差占48%。这说明，中国长期支持了美国经济以低价格、低通胀、低成本和高福利的外部性获得超额收益。

谎言三，中国盗窃美国知识产权及商业机密。2018年发布国际知识产权指数发展报告，用40个指标对全球50个经济体进行评价，中国位列第25，较2017年上升2位。知识产权国际组织总干事认为，中国知识产权的保护取得了非常大的成绩，是目前世界上做得最好的。中国本身早已是知识产权大国，我们的专利数量位居世界第二，专利申请总量达到了432万件，其中发明专利154万件，连续八年居世界首位。中国10家企业进入企业国际专利申请量的前50位，如华为、中兴通讯等企业，华为科研投入累计4000多亿元，现在专利发明位居世界第一。半导体行业，中兴通讯在研发上投入很多，在世界半导体行业排在第三位。中国创新能力、知识产权创造能力，以及企业创新与产业转换能力都在飞速提高。中国通过40年努力，已经建立起知识产权法律保护体系，现在设有3个知识产权法院，分别在上海、北京、广州；有16个知识产权法庭、200多个知识产权保护中心；还有违反知识产权的处罚体制机制。

谎言四，美国加征高关税由中国承担，中国经济很不好。特朗普说，美国现在收到1000多亿美元关税，加征25%的关税，中国企业承担了21%，美国企业承担了4%。我们和美方专家多次讨论过这个问题，格林斯潘2018年11月在中国上海参加一个会议，他在会议上指出，美国加征的高额关税，全部由美国承担并转嫁给了美国的制造商和美国的消费者。

为什么中国也有感觉？在这两天中心与美国商会召开中美企业小型对话会的时候，美方代表说他们在跟中国做生意的时候，上下游产业链上的企业是协商议价，加征的关税由美国进口商承担一部分，中国出口商承担一部分，共同消化，不然产业链就会断掉。特朗普在推特上还说，自他上任以来已经使中国损失了15万亿~20万亿美元，当天就受到CNN反驳："中国一年GDP是13.6万亿美元，不知道总统先生怎么让他们损失了那么多的？"中国人不太清楚美国加征关税给我们造成多大损失，实际上现在损失最大的是美国，特别是从中国进口商品的企业。

谎言五，强制美国在华企业转让技术。中国没有一项国家法律法规和政府规定，允许强迫外资企业强制性转让技术，美国"301调查"报告也至今没有提出任何确凿的证据。美国等发达国家企业在商业合作过程中发生的技术转移，源自发达国家企业出于利益最大化，通过交易或利益交换，主动进行的技术转让。其目的是延长依靠创新技术获取利润的时间，为新技术研发应用腾出空间和要素资源，间接分担其研发成本。产品生命周期理论表明，任何一种产品都会因新技术的应用而经历一个由盛到衰的周期。跨国公司在努力开发新技术的同时，技术转让和许可是常用的商业合作模式。20世纪90年代以来，美国微软、英特尔、高通、宝洁、通用电气、朗讯等公司相继在中国设立研发机构，利用中国人力资本获得适应中国市场的专利或技术，多年来美国在华企业通过技术转让与许可获得了巨额利益回报。

谎言六，中国华为威胁美国的国家安全。华为任正非讲得非常好，他说5G就是基础设施，相当于麦克风。麦克风有罪吗？麦克风实际上就是传声的。你的声音不好听，你没唱出歌，能怨麦克风吗？这些谣言其实已经不攻自破了，全世界对于华为的信任度是很高的。现在面临最大的风险是，美国有可能支持其他国家的企业，或是自己搞一套标准破坏整个世界的标准，将来就会形成这样的局面：华为基础设施在30个国家的50多万个基站是一套标准，美国是一套标准，世界上的两套标准就会对整个世界的基础设施建设、5G下一代的信息基础设施建设造成割裂。

谎言七，美国之所以战略转向，原因在于中国。近百年来美国进行了五次战略转向：第一次是从西半球向两洋，实行19世纪以"门罗主义"为外交和内政原则的理念；第二次是从两洋转到欧洲，这个转向导致了称霸世界300年的英国和法国的衰落；第三次是以欧洲作为一个立足点扩大到日本和太平洋地区；第四次是解体华约与苏联，在冷战中获胜；第五次是锁定中东伊斯兰世界，夺取苏联的势力范围，结束自十字军东征以来基督教地区和伊斯兰教地区的千年博弈。美国的战略转向每次都是大的转移，都是朝着塑造世界霸权的方向在努力，目前对中国是第六次转向。

从奥巴马时期开始，包括 TTP、TTIP 两大自由贸易区就是排他的，排斥的就是中国，特朗普上台第一天就废除了 TTP。假设希拉里上台，恐怕 TTP、TTIP 都开始实施了，中国将被排除在两大自由贸易区之外，对中国来说可能战略压力更大。特朗普不是战略家，我觉得他现在还是瞎打，基本上没有形成完整的特朗普战略或特朗普主义，使国家有一个完整的体系，使国家政府运行的系统非常顺畅，使各方面可以形成合力。在西方体系的推动下，中国坚持改革开放加入世界体系，这个世界体系可以说是“二战”以后以西方为主的体系。加入这个体系，我们加入了经济全球化，中国取得了很大的发展，所以特朗普说，我们允许中国加入 WTO，使中国像坐火箭一样上升。改革开放给中国带来希望，中国的开放之门只会越开越大。

谎言八，中国经济崩溃论，从几十年前一直说到现在。特朗普说在中国的很多美国企业要搬走，之后又命令美国企业搬回美国国内。中国的经济确实在下行，2018 年 GDP 增速是 6.6%，2019 年第一季度是 6.4%，第二季度是 6.2%，估计 2019 年全年应该在 6.2% ~6.3%，下半年经济压力还是有的。现在最大的问题是什么？一是中美贸易战使企业投资，特别是外资企业投资意愿递减，观望的情绪在蔓延，谁都怕产业链被打断以后自己成为受损者。二是企业家、企业主体现在创造力还没有充分地释放出来，现在制造业正在从大城市，如深圳、上海、北京向三线、四线、县级城市下沉。我到过几个县级市调研，发现很多大企业已经进入县级市了，比如说安徽的广德，一个工厂的轴承出口量占全球的 80%，这家企业是从东南沿海转移过去的。现在还有一些属于创新的、走在世界前列的企业，没有被列入美国的名单，它们非常低调，也怕被美国盯上。中国以前发布的最新研究成果速度太快，而现在企业进展不再高调宣传，不愿意让美国人知道，我们现在开始懂得低调了，不能还没做成先发布了。

我举个例子，比如说大飞机，大飞机的核心零部件，包括大飞机的原材料都是靠进口的，我们的大飞机生产制造技术和波音、空客差太远了，说中国已经领先世界是不对的。中国现在适应能力很强，我们有一大批企业正在下沉，有些企业的成功还没有表现在我们的 GDP 上，现在政府在加快放管服的改革。我看到苏州的一家企业，有政府支持的一个 App 平台，帮助外来务工人员注册。个人注册有多快？人脸识别，只要和他的 App 联网，比如说“我叫李桂琴，身份证号码是……”，说完后就注册成功了，所有的事App平台都帮你全部办成，包括未来的社保、讨薪、缴税都由它完成，这是一个市里的区级平台，2018年零散的创业者交税达到6.83亿元。据《政府工作报告》2018年公布的数据，中国一天登记创业1.84万户，2019年涨了1000户，达到1.94万户，全国经营主体1.1亿户，中国13.95亿人，差不多13个人一个企业，再刨除新生儿童和老年人，大家都在创业。2019年的失业率上升到5%，说明中美贸易战对我们也有影响，特别是对出口型企业产生的影响更大。而且很多出口型企业，特别是服装、鞋帽、箱包等企业，2008年开始向南亚、东南亚转移，现在的转移速度比原来加快了。

谎言九，贸易冲突是“对华的文明冲突”。美国造谣以后没有在世界得到响应，得到的只是批判，我认为美国的冷战思维、按人种划分文明，应该受到批评。提出文明冲突的美国政策规划室主任是一名黑人女性，她说美国人和中国人之间是人种之争、文明之争。2019年在中国召开的亚洲文明对话大会上，习近平主席专门讲了关于文明的融合问题，是对这一谬论的有力回击。

中美贸易战给了我们很多的深刻启示：

（1）违背世界发展大势和历史潮流将成为“世界孤儿”和“时代弃儿”，美国将开启由盛转衰的历程。

（2）美国已经从经济全球化、贸易便利化自由化的主导者变成了国际秩序、国际规则的搅局者、破坏者、肇事者。

（3）当一个国家执政者丧失了道德、信用和理智，把一个国家利益和规划凌驾在其他国家利益和规则之上，这个国家将由于它的嚣张和信用损耗受到时代的唾弃和惩罚。中国越自信，美国越焦虑；中国越从容，美国越被动；中国越开放，美国越孤立。中国体量越来越大，我们还要迈向高质量发展，还要提高我们的产业层次，原来美国对我们是战略疑虑、战略互疑然后是战略焦虑，现在我觉得特朗普是战略疯狂。

（4）世界经济发展史上出现若干次重大经济危机，都是三分天灾，七分人祸。现在世界经济发展、世界和平最大的风险和导火索都来自美国，美国不仅在经济上破坏规则，而且退出《中导条约》，突破了对其战争的约束。美国也退出了《伊核协议》，这个协议联合国谈了很多年。现在中东战火不断、此起彼伏，背后都有美国的影子。

（5）合作是中美关系唯一的正确选项，中美和则世界兴、中美斗则世界乱、中美破则世界衰。中美占世界人口、贸易的25%，制造业产值和GDP总量都占世界的

40%，对世界经济的拉动力量和两国货币占世界货币比重都超过50%。所以，这两个国家如果合作，对世界经济将起到正向推动作用、溢出作用，如果对抗，就不仅是各国选边站的问题，世界和平发展的风险也会陡然增加。

（6）中美贸易战不是遭遇战，而是持久战。贸易冲突只是序幕，我们必须丢掉幻想，准备战斗。美国打开了潘多拉的盒子，接下来制造业、高科技、金融、网络、国家安全各方面都会有不同形式的竞争与博弈。

（7）中美两国的竞争博弈将贯穿一个历史长周期。我认为这个长周期会从现在一直持续到2050年，那时中国将建成社会主义现代化强国，中国真正意义上超过美国，得到全世界的认可。而且在历史长周期中，中国不能犯战略性的错误，不能倒退，必须有战略定力。取胜的关键是，谁能把国内的事情做好，谁的制度更优，谁为世界和平与发展做的贡献就更大。

面对美国战略转向我们怎么办？

——在中国企业500强大会上的专题演讲

（2019年9月1日）

导语：中美博弈取决于政府的战略、策略与政策，但最终将取决于中国企业的创造力。美国对华遏制，一是因为对华战略发生了变化；二是为了转移美国的社会矛盾；三是执政者发生变化；四是在国际事务上的大国关系之变；五是美国的价值观发生了很大的变化。中美博弈可分为贸易、科技等多个层面，中国要真正胜出，只有把在产业链、供应链、服务链、价值链上的某一个零部件、某一个模块、某一个服务环节，做成世界隐形冠军，做成无可替代。

中美问题大家肯定是非常关注的，不仅是在座的各位关注，每一个中国人都关注，世界上绝大部分国家和人民也关注。中美关系已经超出了双边意义，对全球经济、社会、和平发展可以说是最大的影响变量。中美关系如何？是合作还是摩擦？是冷战、脱钩还是融合、包容？是走向建设性的合作伙伴关系还是走向对抗、对立和对弈？这不仅关系到中国经济的发展，关系到美国经济的发展，也关系到全球经济的发展与世界和平大势。

这几年，我对中美问题的研究，包括重要文章、研究报告、媒体采访、会议发言、专题讲座和与美方的交流对话，累积了差不多接近70万字的材料。有些文章大家在网上可以找到，最新的一篇文章是《对中美经贸关系的分析与研判》，发表在人民日报社《学术前沿》第7期上，22000字。对中美经贸关系包括中美贸易谈判历程，美国发起贸易争端的危害，对世界经济和两国经济，对全球产业链、供应链、服务链和价值链，对全球贸易规则、贸易秩序、贸易体系的破坏，文中都有比较系统的分析。

今天在座的各位是500强企业的企业家，从某种意义上说，未来中美这场博弈、竞争，能不能取胜，一方面取决于政府战略、策略与政策，另一方面我认为最终将取决于中国企业的创造力，取决于中国企业的发展水平，取决于中国企业能不能成为和美国企业直接抗衡的力量。要突破美国对中国设置的瓶颈，特别是制造业的瓶颈、高技术的瓶颈，要靠谁呢？必须靠企业，靠企业家，靠企业为载体集聚顶级科学家形成的创造、创新能力。政府、企业、行业协会、社会民众应该像现在美国社会形成高度共识一样，也要有高度共识。从前美国社会很分裂，但是在对华强硬方面已经形成了社会共识、两党共识。当然，美国现在仍然分裂，但特朗普对中国发起贸易争端，有深厚的社会基础。

今天我想从三方面和大家谈一谈我对中美关系、中美问题的分析和看法。

一、美国到底怎么啦？

美国为什么这样？仅仅是因为特朗普上来当总统就这样吗？这是认识与美国斗争的非常重要的问题。美国对华战略的逻辑演变，不是从特朗普总统开始的，而是从1972年中美建交之后，始终伴随着中美关系发展，只是不同时期表现形式不同而已。

中美关系发展通常分成四个阶段。中美关系的“破冰之旅”始于1971年，尼克松、基辛格到中国来访问，拉开了中美接触的序幕。1979年改革开放第二年，中美正式建交。美国总统卡特的安全顾问布热津斯基和基辛格的位置一样，他代表总统到中国访问，做了大量推动中美建交的工作。我2018年在中心接待了到访的布热津斯基的儿子、外交家马克·布热津斯基。马克·布热津斯基从家里拿来了他父亲生前没有公开过的40幅照片，还有他父亲的私人日记，一幅一幅地回放照片，并且读了他父亲的私人日记。他父亲记载下来了中美建交一幕一幕的片段。按照私人日记中的记载，当时是美国伸出了橄榄枝，推动中美建交，美国方面是为了联华抑苏，联合中国来对抗苏联，推动中美建立了正常关系。当时世界上两个超级大国同时对中国进行遏制打压，中国要突破这样的重围，于是对美国进行了积极回应。邓小平访问了美国，在访美日程中专门安排到布热津斯基家里做客。那时候形成新的中美俄大三角关系，中国和美国实际上是站在一起的。

在和中国建交的事情上，布热津斯基对邓小平说，我们还是要向苏联通报的。我觉得世事沧桑，沧海桑田，四十年河东，四十年河西，而不是三十年河东，三十年河西。

中美建交以后，第一阶段是接触。两个国家从原来没有外交关系，到正式建立外交关系。新中国成立初期，以美国为首的西方社会是不承认中国的，对中国进行封锁和围堵，希望把新中国扼杀在摇篮里。但是它们没有成功，中国坚强地站了起来。到1976年，美国的战略发生了转变，准备联合中国抑制苏联，中国在两个超级大国的打压下，选择了和美国接触。1978年中国实行改革开放，1979年中美两国建交，这两个时间几乎重叠，这不是偶然，而是必然。

第二阶段是“接触＋防范”。小布什执政是从2001年到2008年，那时候中国的GDP是美国的1/12。小布什政府对中国的战略是什么呢？就是“接触＋防范”，防范是美国对中国始终坚持的战略底线。

第三阶段是奥巴马时期，从2008年到2016年，美国对华的政策是“接触＋遏制”。大家可以看到，到奥巴马时期，就开始遏制中国了，那时候中国GDP是美国的40%。2018年，中国GDP是美国的66%，而建交初期不到5%。中国改革开放40年的经济变化，也是中美建交这40年中美实力此消彼长的过程。

第四阶段是特朗普，美国最奇葩的总统上台，延续了美国对中国的遏制一面，减少了接触的一面，减少了合作的一面，增强了对抗的一面。特朗普2016年11月20日候任总统，2017年1月20日正式就任总统，他的对华战略是什么呢？如果让我概括，我认为是“遏制＋脱钩”，而且现在正在加快推进。

特朗普和美国历任总统有一个共同点，就是要维护美国的霸主地位。历任美国总统从政治上、意识形态上、政治制度上对我国都有防范，但仍然和我国接触。中国经济总量到奥巴马时期是美国的40%，美国认为中国有可能加快发展，特别是我国加入WTO以后，所以采取了“接触＋遏制”。

到特朗普时期中国经济总量达到美国的66%。制造业占全球的28.8%，制造业41大类、191中类、525小类一应俱全，成为制造业体系最完备的国家。改革开放初期，美国制造业产值占全球的33%，中国制造业产值占全球的2.18%，现在中国接近30%，而美国下降到了14%以下，这也是中美之间此消彼长的体现。“二战”结束的时候，美国制造业产值占全球的50%，中国改革开放初期美国占33%，现在占17%。美国承接英国产业转移是第二轮产业转移，美国产业向外转移是从钢铁、汽车开始的，主要转移到日本和西德，当时东西德还没有合并；后来从日本、西德转移到“亚洲四小龙”，这是第三轮产业转移。第四轮制造业转移从东亚和东南亚转移到了中国和新兴经济体，还有后来发展比较快的E11国。世界制造业布局不断发生变化，特别是当前由于中美经贸关系的不确定性，加之中国制造业的成本驱动，世界经济格局包括制造业正在发生新的变化。

从贸易上来看，中国从2013年起货物贸易量超过了美国，成为世界第一大货物贸易体。我国对美国的出口商品比美国对我国的出口商品要多几倍。实际上2017年美国就在做发起贸易战的准备，从2017年8月开始进行“301调查”。2017年中国与美国贸易额是5880亿美元，到2018年中国和美国的贸易额达到了6335亿美元，中国对美国出口的商品比美国对中国出口的商品多了4000多亿美元。从美国总统特朗普提出加征关税开始，500亿美元、2000亿美元、3000亿美元，实际上他提的是3250亿美元，加起来是多少呢？是5750亿美元。

美国对中国的出口2017年是1300亿美元。我国对美国加征关税开始是500亿美元，最新一轮2019年8月23日对美国750亿美元商品加征关税，分了四档：25%、20%、10%、5%。中美第12轮贸易谈判已经结束了，第13轮谈判在9月，中国经贸团队还会不会到美国去？我个人认为，还是会去的，贸易谈判还会进行，但是底线还要坚持。

谈判是为了什么呢？谈判是为了走向合作。但是美国在谈判中已经有四次出尔反尔，最大的一次就是这次。在2019年6月29日，中美两国元首在日本大阪会晤，美方承诺，不再新征关税，没有几天，到第12轮贸易谈判时，美国和中国谈判团队在上海和平饭店进行谈判之后无果而终，特朗普马上决定加征关税，对3000亿美元中国输美商品加征关税，其中1600亿美元商品加征到15%，剩余加征到10%。8月23日再一次加码，对已经加征关税的2500亿美元商品加征关税到30%，剩余的3000亿美元商品加征关税到15%。一部分从9月1日开始实行，另一部分在12月圣诞节之后开始实行，主要是和美国圣诞节关联度比较大的商品。大家知道，美国有一幅漫画，问：圣诞老人是从哪儿来的？答：圣诞老人是从中国来的。圣诞老人、圣诞树都是中国制造的，大都是中国义乌制造的，所以把这部分商品甩出来圣诞节之后征税。

现在贸易战并没有结束，而且在不断升级。贸易谈判谈了12轮，美国多次出尔反尔，贸易战升级到对所有输美商品加征关税，其中2500亿美元的商品关税突破了25%，加征到了30%，3000亿美元商品关税从10%加征到15%，贸易征税的规模史无前例。

二、美国为什么遏制中国？

所以，我们必须要分析美国为什么要这样做。我想从以下五个方面来分析特朗普政府为什么要这样做：

（一）美国战略之变

美国国家战略发生了大的转向，2001 年 9 月 11 日，纽约“双子座”被基地组织给炸了，用飞机撞击摧毁了两座高 410 米的纽约标志性建筑。从“9·11”事件之后，一直到 2017 年 12 月，美国的国家安全战略报告、美国的核威胁报告、美国的全球军力报告、美国的国情咨文等，几乎所有的国家重大文件的战略取向，排在第一位的都是恐怖组织和恐怖主义袭击。排在第二位的是流氓国家，原来列出十几个，包括伊朗、委内瑞拉、朝鲜、安哥拉等。排在第三位的是其他大国。基本上都是这样的排序。

从 2017 年 12 月开始，美国的战略转向从美国国家安全战略报告开始，把中俄作为对美国最大的安全威胁，排在美国安全战略报告首位，成为对美国威胁最大的、排在第一位的要素。中国和俄罗斯之间，又把中国放在了俄罗斯之前。排在第二位的是流氓国家，但流氓国家缩小成伊朗、朝鲜。排在第三位的是恐怖主义袭击。可见，美国整个战略发生大转向。

在美国，对华强硬成为主流和政治正确。美国的执政团队经过两年的调整，核心团队调整了 83%，当然还不止 83%，现在换人率已经超过 90%，执政团队都已经悉数换成鹰派，而且很多是鹰派中的鹰派，是非常强硬的对华强硬派。比如说纳瓦罗，他原来就是三流的经济学家，写的《谁杀死了美国》，当然说的是中国；他写的《致命中国》，与事实也大相径庭。他从没来过中国，但是却研究中国，得出的结论是，中国是美国最大的威胁。

现在与中国进行经济贸易谈判的贸易谈判代表莱特希泽，70 岁，是原来美日贸易谈判的副代表，也非常强硬。他是一个律师，专门打国际贸易的官司，和日本谈判的时候，逼日本减少对美国的出口，包括汽车、钢铁，还联合四个国家逼日本签订《广场协议》。日元被迫大幅度升值，导致日本进入衰退的 20 年。这次和中国进行贸易谈判，主谈判手就是他。我们中心 2018 年 12 月 3—7 日到美国华盛顿，与美国总商会举办第 12 轮“中美前高官和企业家对话”，美国总商会会长多诺霍先生请到了特朗普女婿库什纳，美国总商会会长和他进行了对话，有一个多小时。会长问库什纳对中美贸易谈判前景如何看。库什纳说：“我认为前景是乐观的，因为莱特希泽是非常棒的谈判高手，总统对他非常信任，给他充分的授权，我们现在的谈判团队是小规模的谈判团队，低调而高效地开展工作。美加墨自由贸易区重新谈判，先是和墨西哥双边谈判，墨西哥的外长差不多来了美国 100 多趟，我们和他开玩笑说，你可以到白宫来上班了。”莱特希泽代表美国的强硬派进行贸易谈判，美加墨贸易谈判，先和墨西哥谈成了，然后再和加拿大谈，以前叫美加墨自由贸易区，重新谈判以后，叫美墨加自由贸易区，墨西哥先投降了，然后加拿大也就拿下来了。美国准备和中国谈判达成贸易协议，原计划在第 10 轮或第 11 轮结束谈判。12 月 1 日习近平主席和特朗普总统在阿根廷布宜诺斯艾利斯元首会晤再次达成共识，紧接着进行第 10 轮、第 11 轮谈判。但是美国没有预料到，第 10 轮谈判之后中国对文本中的一些内容做了修改，对于那些不平等的、居高临下的、文本不平衡的，还有美国过高的要价等条款，提出了修改意见。第 11 轮谈判的时候，刘鹤副总理召开了记者会，公布了中美之间三个重要分歧：

第一个重要的分歧是中国要求取消相互加征的所有关税。在 2018 年 5 月 19 日谈判的时候，美国就承诺，而且也发了共同声明，要取消相互加征的高关税，不到 10 天的时间，5 月 29 日美国就出尔反尔，马上对中国输美商品加征高额关税。第 10 轮谈判之后，中国政府对谈判文本进行了修改。第二个重要分歧是不能让中国做出不切实际的承诺，也就是不能强买强卖。本来在阿根廷布宜诺斯艾利斯两国元首达成共识，中国可以增加从美国进口商品，我们的市场也有需求，比如说美国的大豆、生猪、牛肉、能源，实际上中国市场都是有需求的。贸易摩擦之前，2017 年进口美国的大豆是 3200 多万吨，占美国大豆出口的 62%。贸易摩擦之后，2018 年，直线下降 60% 多，2019 年就进口几十吨，这是贸易摩擦的结果。第三个重要分歧是文本的平衡性。什么叫文本的平衡性？就是两个国家在文本的表述上必须平等和相互尊重。据《华尔街日报》披露，文本上表述美国要求中国增加多少进口数量，如果中国达不到，美国将对中国重新恢复加征关税，中国不得进行反制，中国不得向 WTO 组织起诉。这样的文本表述，霸道霸凌到了极端的程度，这不像是两个平等的大国，更像是一个霸主国家对被他殖民国家的一种表述方式，中国不可能在这方面让步。2019 年 4 月 15—21 日，外交部派我带领小型专家团到美国调研。我们和美国相关智库、贸易谈判办公室中国负责人、美国国安部门中国室负责人、美国相关大学代表等交流对话，接触了一些人。我们和美国最大战略研究机构的一位研究中美问题专家会谈，我 2018 年 3 月去美国时也和他有过一次会谈，那时候，他的态度还处于美国全民主张对华强硬的共识阶段，情绪亢奋，对中国的意见很大。他们认为中国加入 WTO、加入世界经济体系后发展很快，但是没有尊重 WTO 规则，批评中国强制技术转让，企业盗窃知识产权。当时我问：您能不能举出例子来？他告诉我说，美国企业有这些反映，但是没有一个美国企业敢实名举报，因为企业在中国还要生存和运营，所以它们不敢说具体事情。我说：我看了你们的“301 调查”报告，你们要据此对中国加征关税，没有任何的真凭实据，说企业怕报复，但是如何才能推动中国改善营商环境？把这些问题提出来才能使中国政府有所改进。你们必须提出来真凭实据。2019 年这次我们到了美国，还是这位中美关系战略研究专家，他告诉我，他们专门组织了跟踪中美贸易谈判的研究课题组。他非常明确地说，中美贸易谈判即使达成协议，一年以后也会回到原点。即使中国承诺多进口，但是美国能出口什么呢？美国有什么商品能够值这么多钱呢？美国出口中国的能源在原有的基础上翻一番，最多 30 亿美元，美国大豆出口最多是 140 亿美元，整个农产品不超过 300 亿美元。美国飞机一年出口 300 多架，每架值 1 亿多美元，也不到 400 亿美元。这些商品加起来的钱，大约就是 2017 年中国从美国进口的 1300 亿美元，2018 年的 1500 多亿美元。美国向中国出口什么才能消除贸易逆差呢？

中国确实需要美国高技术产品、军工产品、量子产品等高技术的东西，但美国是禁止向中国出口的。美国对世界上 163 个国家都允许高技术产品出口，只对几个国家禁止，其中对中国始终是禁止的。中国朱镕基总理、吴仪副总理去美国谈判，每次都在谈美国能不能放松高技术产品出口，但是美国始终都没有对中国开放过。那么，现在在美国要对中国打压遏制的情况下，更不可能对中国放松高技术产品出口了。因此，如果高技术产品不出口，农产品总共不到 300 亿美元，飞机 300 亿美元，美国还有什么可出口的呢？美国这位专家说一年以后还会回到原点，结果还没到一年就回到原点了，贸易协议没有达成，加征关税愈演愈烈。所以，美国战略转向，这是美国对中国发起贸易战的原因，贸易战只是遏制中国的初步动作，目的是用贸易高关税的大棒来打击中国。

（二）转移美国的社会矛盾

美国社会矛盾包括两党矛盾、种族矛盾、阶级矛盾，现在已经到了峰值，美国处于高度的分化状态。共和党和民主党势不两立，这个先不说。穷人和富人差距越来越大，美国 1% 的富人掌握着 40% 的财富。美国联邦储备局做过一个调查，美国 40% 的家庭存款不到 400 美元，50% 以上的家庭存款不到 600 美元，美国是借贷消费的国家，特朗普政府关门 35 天，80 万公务员没有任何的工资，只能去打零工。所以，美国的贫富矛盾非常激烈，而且到目前为止，美国有 3800 万人要靠领食品券生活，4000 万人处于相对贫困状态。美国相对贫困当然比我们的标准高，但在美国相对贫困的人口占比很大，美国只有 3.2 亿人，4000 万相对贫困人口占了 10% 以上。

美国的种族矛盾也非常激烈，黑人和白人的矛盾从来没有像现在这样激烈，白人至上主义已经成为民粹主义非常重要的表现形式。当然美国内外矛盾也很激烈，包括与中国、与其他国家的。美国各方面矛盾已经激化到一定的程度。美国社会矛盾需要转移，需要找一个发泄的地方，特别是“铁锈地带”的工人、失业群体、失落的中产阶级，他们是美国总统选票的基础。美国转移社会矛盾找到的对象就是中国，他们说中国夺走了他们的就业岗位，中国的产能过剩，美国制造业转移到了中国，美国就业岗位转移到中国，中国剥夺了美国人的就业岗位。他们怎么使美国社会同仇敌忾？怎么让老百姓痛恨中国呢？美国特朗普公开演讲时说，中国人好日子过得太久了，中国现在是发达国家，美国才是发展中国家。美国特别有名的调查中心，盖洛普调查中心进行民意测验，从2016年开始的设问就有“你认为世界上最强大的国家是哪个国家”，接近50%的美国人回答是“中国”，比回答美国是最强大国家的人多十几个百分点。美国政客宣传，中国现在不得了了，中国强大了，中国的日子过得好了，而这些都是从美国拿走的。特朗普在很多场合和他的推特上讲，每年中国从美国这儿拿走5000亿美元，现在钱数又涨了，是拿走上万亿美元。中国怎么拿走你的钱的呢？中国出口给你的是商品，你付的是美元，现在的美元与实物商品、黄金没有任何关系，只是信用货币，换走了实物商品和服务，怎么叫中国剥削了美国，拿了美国的钱呢？美国副总统彭斯2018年10月的“铁幕讲话”说“我们用25年的时间，重建了中国”，特朗普也跟着喊美国重建了中国，使中国过上好日子，美国现在落后了，美国没有高铁，美国没有这个没有那个。我认为，现在的世界是颠倒的，颠倒者就是美国，它在转移矛盾，把这些怨气，把美国自身的这些矛盾转移到中国身上，当然它也向欧洲、日本、韩国转移，但最主要还是向中国转移。

（三）美国执政者之变

原来美国的执政者是利益集团的代言人，比如说克林顿是律师，20世纪80年代的里根是演员，是美国电影协会的主席，老布什“二战”当过兵，是“二战”时的战斗英雄，驾着飞机专门轰炸过日军。老布什的父亲是全美棒球冠军，布什家族是比较富足的。但从华盛顿开始，所有的美国总统都是政治家，都是政客，都是建制派。

现在美国换了一个总统，本身就是资本家，他当总统的时候进行家产评估，他的身价是35亿美元。特朗普三次破产，三次崛起，直到成为美国总统。特朗普真的是交易型总统，原来没当总统就精通交易，撰写了《交易的艺术》一书，书中就谈到了极限施压和谈判技巧。他真的有商业头脑，他把特朗普这个名字注册成商标名，美国有特朗普大厦、特朗普酒店，都是花钱买的以特朗普名字命名的商标。纽约第五大道特朗普大厦真的是他的财产，其他的特朗普品牌的商业或者商品都用了以他的名字命名的商标。特朗普商标卖了多少钱，据说卖了 5 亿美元，其中有一个商品是抽水马桶，这个马桶商标就叫特朗普。

除了特朗普本人，他身边用的人大都是资本家。原来的国务卿是美孚集团的董事长蒂勒森，现在财政部部长姆努钦是大财团的董事长，莱特希泽是四大律师事务所之一的负责人，专门负责打国际贸易官司。美国现在是资本家直接执政，所以，现在的美国叫“美利坚合众国有限责任公司”，特朗普是董事长。特朗普淡化了意识形态，但是强化了经济利益，把所有的对象当作交易对象。我认为，现在的美国是交易型政府，所有的东西都是拿来做交易的。高关税，多收税费是交易；在中东挑起动乱，中东开始打仗，卖军火是交易；放宽金融管制，把奥巴马为了防止金融危机再度爆发的法案废除了，是为了金融资本家进行交易。

美国的盟友原来是 88 个，现在是 66 个，欧盟算是一个。美国在盟国驻军一直是美国出钱，这是美国为了自身利益提供的“公共产品”。特朗普执政后，在盟国驻军需要盟国出钱，从 2018 年开始还加收 50% 的利润，即是说我在你这儿驻军，你除了给我提供军费之外，我还要加收 50% 作为利润。特朗普在全世界和欧盟、日本、韩国、印度、中国打，都围绕一个字——“钱”，怎么样使美国获得更多的利益，从别人那里拿来更多的钱。可以说现在的美国正在因蝇头小利失去大国信用，失去战略利益，失去长远利益，失去美国几十年建立的盟友体系，失去在国际秩序和国际体系中的地位。

特朗普是一个政治素人，他过去没有当过官，从商人一下子就当上了总统。所以，他对体制内建制派运作完全不懂，而且他也完全不屑一顾。听美国专家讲，特朗普不看文件，我们天天学习，他什么文件都不看，向自己看齐。候任的时候，奥巴马签署了那么多文件，他看不看呢？据说一个都不看，只废不看。每签署一个行政令，就废掉奥巴马原来签署的 22 个行政令。他一上台当总统，把奥巴马任命的 480 多个外交官“一刀切”全免了，美国一年多时间，在好多国家没有大使，包括在澳大利亚这样的盟国都没有大使，一年多后把亚太地区总司令哈里斯派到澳大利亚，然后很快又把他撤回美国了。特朗普完全不按规矩办事，而且他想撤谁就撤谁，撤的时候非常简单，发一条推特就完了。蒂勒森是他的第一任国务卿，相当于外交部部长，到非洲访问，还没有回来，特朗普发了一条推特，说“你被解雇了”，蒂勒森就不能再进白宫了。不像我们中国有中组部和各级组织部门，先进行考察，如果你不合格，然后组织谈话，然后任免，严重的再处理。特朗普什么过程都没有，就在推特说你被解雇了，从此你就不要再进白宫了。几乎所有人任免都是这样的，包括情报局局长科恩，解雇的时候科恩也没有在美国，因为科恩坚持调查美国总统特朗普“通俄门”，所以特朗普对他恨之入骨，特朗普曾经把他叫来问：你认为做情报局局长对美国总统最重要的是什么？科恩说“忠诚”。后来科恩调查特朗普，被他认为是对他极大的不忠诚，就把科恩免职了。国务卿、情报局局长、国家安全顾问乃至美国 24 个机构的负责人基本上都免了一遍。到目前为止，还有 6 个内阁成员是临时的。特朗普也不回避自己的观点，他在推特上说，我非常喜欢用临时的，临时的好处理。《华盛顿邮报》专门有一个课题组跟踪总统每天发的推特，不光是《华盛顿邮报》，包括美国国会议员和美国各个部门的人，很多人每天早晨六点钟第一件事是要看总统发出的推特，总统所有的政策和人事任免，都发在推特上。他很勤奋，凌晨三四点钟起来发推特，到六点钟已经发了一堆了。据统计，特朗普两年多发了 3 万多条推特。美国不像中国，有中央文件和国务院文件，有各级各类会议。美国什么文件都没有，就是发推特。然而据《华盛顿邮报》统计，在这些推特中有 1 万多条推特是谎言，是错误的话，是前后矛盾的话。

特朗普总统实际上特别希望听好听的话、听表扬的话，据说，在他的办公室里面放着四台电视，其中有一台电视是专门负责表扬总统的新闻。美国副总统彭斯专门组织了一个团队，收集各个方面对总统的表扬。前两天美国总统特朗普很高兴，前天他发推特说，我现在在共和党的支持率已经达到了 94%，民意支持率已经达到了 51%，而盖洛普、CNN 的民意调查中，总统的民意支持率已经达到了新低。

美国总统和他的执政团队撕下了三张面纱：一是撕下了政治家的面纱，美国直接就是资本家执政。二是撕下了经济全球化、贸易便利化自由化面纱，高举逆全球化的旗帜。三是撕下世界老大的面纱，变成了“黑社会老大”，想打谁就打谁，想免谁就免谁。我 2018 年赴美调研的时候，曾经与一位资深中美关系组织的副会长讨论这个问题，我问：现在美国总统这么随便，这么任性，想免除谁就免除谁，美国人民没有意见吗？没有人来管一管特朗普？他回答说，这是总统的权力，美国总统在竞选时，是充分民主的，是全民选举的，经过民主程序，总统有权力组阁和任免。但任何总统都没有像特朗普这样，老布什、小布什执政两任换人率 17%，克林顿执政的时候换人率 39%，任何人都没有达到特朗普这个水平。特朗普及其执政团队，把原来所谓建制派的做法基本上抛弃了。

（四）在国际事务上的大国关系之变

中国和美国“斗而不破”保持了40多年，从主流上来说经济上联系越来越紧密，合作领域越来越宽。在奥巴马时期，虽然是“合作+遏制”，但是那个时候中美之间还有96个对话机制，而且中美之间在很多国际问题上已达成共识。比如说关于签署气候变暖的《巴黎协定》，两个国家率先批准，向联合国递交了国家批准文本。奥巴马做出关于核安全的保证，并因此获得了诺贝尔和平奖。

特朗普完全不按规矩办，大国关系、国际关系实际上发生了很大的变化。对中国高关税的贸易战，和中国的科技战、金融战，都已经开始或者正在出现。未来有没有网络战？有没有军事斗争？我想中国都应该有充分认识和准备，因为在美国与所有大国的关系中，对中国的打压遏制是首位的。与此同时，美国和欧盟现在也在掐，和日本也有矛盾，虽然签署美日贸易协议，但实际上美国诉求没有满足，日本的诉求也没有满足。原来美国和印度关系非常好，现在取消了对印度的最惠国待遇，对印度出口美国40亿美元的商品加征关税。为什么呢？因为印度执意要买俄罗斯军事武器，执意要从伊朗进口石油。美国劝说印度，不要从俄罗斯购置武器，但是正如基辛格所讲的，印度实际上是在大国之间寻求平衡、寻求利益的国家。印度现在是武器购买排在首位的国家，有的武器要从俄罗斯买。印度还要从伊朗进口石油，是排在中国之后的第二大进口国，中东石油产量占全球的40%，沙特阿拉伯占了中东的40%，伊朗仅次于沙特阿拉伯。美国制裁伊朗，2018年11月5日要求各国不能再从伊朗进口石油，但排除了8个国家。2019年5月5日，美国要求所有国家一律停止从伊朗进口石油，如果再从伊朗进口石油，谁进口美国就制裁谁。按照美国和欧佩克组织达成的协议，凡是进行石油交易，都必须用美元结算。美元原来是国际货币，与黄金挂钩，35美元相当于1盎司黄金，布雷顿森林体系1971年8月15日解体之后，美元和黄金已经没有任何关系了，但是美国为了维持美元霸主地位，使美元继续充当国际货币，所以绑定了石油，所有的石油交易必须用美元结算。这种情况下，伊朗就用本币和对方国家的本币进行结算，所以，现在印度用印度卢比和伊朗货币进行结算，中国进口用人民币结算。特朗普对伊朗喊话，说只要伊朗给他打一个电话，双方就可以坐下来谈。但是伊朗就是不给美方打电话，不跟美方谈判。日本也从伊朗进口石油，特朗普到日本访问，请安倍晋三去做工作。安倍晋三访问伊朗，却和伊朗签订了关于石油贸易等的协议，加强了和伊朗的关系。美俄的关系、美日的关系、美印的关系、美伊的关系、美韩的关系，都处在变动的过程中。

冷战时期世界是两个超级大国对垒；冷战结束之后“一超多极”，一个超级大国就是美国，多极就是美日欧再加上中国、印度、俄罗斯等国家；而现在是“合纵连横”，大国之间的竞争博弈异常激烈，再也没有国家绝对选边站队。2011 年，中国国际经济交流中心与美国商会在美国举办第二轮中美“二轨”对话的时候，有一天中午，基辛格在一家中餐馆宴请国务院原副总理曾培炎。当时基辛格说，中美唯一正确的选项就是合作，中美两个国家如果走向对抗，世界秩序就会大乱，各国就会选边站队。

实践证明，中美两个国家对抗或者对弈或者斗争，直接影响了世界经济发展形势。IMF、世界银行、OECD 都下调了对世界经济增长的预期，但是并没有出现基辛格先生所说的“选边站队”。各个大国根据国家权利、国家的核心利益，进行的是利益关系的重新排列组合。比如说在自由贸易方面，我可能站在中国一边，比如说在武器进口方面，可能站在美国一边，根据自己国家利益在调整大国关系。我看现在的大国没有绝对的“小跟班”，除了澳大利亚之外。但现在澳大利亚也有很大的改变，美国安全顾问蓬佩奥到澳大利亚，谈在澳设置中程常规导弹基地被拒绝。美国要在亚洲寻找导弹基地，和韩国谈，韩国不同意，和日本谈，日本不同意，现在澳大利亚也不同意，到目前为止，美国在亚洲要设置的导弹基地一个也没有谈成。由此就可以知道，世界以前的盟友关系、依附关系正在改变。欧洲以前是靠美国军队保护的，现在的欧洲已经对美国失去依赖和信心，默克尔、马克龙多次商量要建立欧洲军队。欧洲原来没有独立结算体系，所有石油结算要用美国主导的全球结算体系，中国也要用它的结算体系。美国对伊朗制裁以后，欧盟主席容克 2018 年 9 月 3 日说：我们在美国进口石油只占 2%，为什么非得要用美国的结算体系呢？欧盟一定要绕过美元建立自己的结算体系。后来欧盟经过几个月的努力，建立了自己的结算体系，用欧元和伊朗进行石油交易结算，用欧元和俄罗斯进行结算。

大国的关系之变是什么样的变化呢？是变得更加多元化、多样化、多极化，而且是纵横捭阖，大国之间出现强人之争。目前大国的执政者主要有三类：第一类是强人执政，怀揣梦想，推动自己的国家再现历史辉煌；第二类是民粹主义者，把自己的利益凌驾于其他国家和全球利益之上，以保持自己第一或者伟大；第三类是年轻气盛且雄心勃勃的新一代。比如，普京是不是强人？普京说：给我 20 年，还你一个强大的俄罗斯。2014 年，我到俄罗斯调研的时候，听说普京最崇拜彼得大帝。在俄罗斯的首都莫斯科的莫斯科河上修建了一艘巨轮景观，扬起风帆的船上站着彼得大帝，彼得大帝化装成工人到欧洲取经，学习欧洲先进的技术，回来振兴沙俄，后来把沙俄变成强国。彼得大帝，还有叶卡捷琳娜二世，是俄罗斯历史上最辉煌时期的沙皇，现在莫斯科河的巨轮上站着彼得大帝。我们与俄罗斯智库交流，还和有关人员交流，发现他们都把普京称为“普京大帝”。普京是一个强人，就是民间传说中的“谁说我就打谁”的强人。所以，俄罗斯虽然 GDP 下降，是单一的资源型国家，但是不能否认俄罗斯是战略大国，包括其军事生产能力。印度莫迪是瑜伽的高手，和别人握手，可以使对方手上留下印记。而特朗普与安倍晋三握手，握得安倍晋三龇牙咧嘴，和副总统彭斯握手，握得他趺趺撞撞，几乎要摔跟头。他和所有人的握手都要显示自己的力量。但是他最怕的是和莫迪握手，莫迪曾经和一个人握手，把一个人的手上的血握没了，手上留下的是握手的白印，所以莫迪访问美国，特朗普给了他一个大大的熊抱，莫迪瑜伽内功太厉害。安倍晋三是日本执政时间最长的首相，这之前日本是十年九相，几乎每年换相。安倍晋三也是一个强人，而且他的外交有伸有屈，他的屈实际上是伸。美国退出了 TPP，他马上扛起大旗，一只脚站在亚洲当 CPTPP 的头，另一只脚站在欧洲，和欧盟很快就建立了日欧 FTA。日本目前在所有国家当中，是建立 FTA 规模最大的国家。土耳其埃尔多安也是一个强人，他的梦想是恢复奥斯曼帝国，土耳其是 53 个伊斯兰国家的“领头羊”。菲律宾杜特尔特也是强人。马来西亚马哈蒂尔 92 岁了，也是一位强人，他先后废了三个总理，三个总理都是他扶上去的，然后又废掉了，这些人实在都不行，所以他 92 岁又披挂上阵了。他们都是第一类执政者。

第二类是民粹主义者。黑天鹅飞了一只又一只，还有灰犀牛，特朗普就是一只黑天鹅，谁也没想到他会飞出来。2016 年 4 月，我们去美国进行智库调研，接触到的近 10 家智库预测美国总统都是希拉里，没有一家智库预测是特朗普。他们对我们说，美国只要有点品位的人，要说投票投给了特朗普都不好意思，怕别人说怎么投给这么差的人。结果黑天鹅就飞出来了，还一飞冲天了。2019 年 6 月 18 日特朗普在佛罗伦萨发表竞选演说，口号是“让美国继续伟大”。而且他公开说：我是美国最伟大的总统，当然我不敢说是第一，因为第一是华盛顿，只能说我排在他后面。在特朗普推特上也有很多自我表扬的话，像他有这么强的自信心，内心这么强大，这么多人骂他还面不改色——当然心还跳——的人，世界上真的绝无仅有。在美国国内，包括到英国出访，人们做大的仿真特朗普都是裸体的，美国的特朗普裸体巨大雕像就矗立在街头，他也没有羞耻感。2018 年北约七国领导人会面，大家都那样看着他，照片叫“光明顶”，是默克尔在推特里发出来的。

所以，这也是国际格局调整演化的一个非常重要的原因。特朗普宣称：美国如果没有我，美国经济就得垮台，我已经让美国伟大了，我再选任总统，可以让美国继续伟大，如果美国换了人当总统，美国经济肯定会垮台，只有我才能挽救美国经济。现在的特朗普、英国的约翰逊都是典型的民粹主义者，他们是第二类执政者。第三类则是金正恩、马克龙等新生代。

（五）美国的价值观发生了很大的变化

原来美国维护全球秩序和全球规则，努力成为世界秩序与规则的主导者、推动者、建设者，而现在它是搅局者、破坏者、肇事者，角色完全不一样。“二战”以后世界银行、IMF 和 WTO 三大组织都是美国主导成立的。现在美国对三大组织都有意见，当然意见最大的是 WTO。特朗普总统退群，已经退出了联合国人权组织、联合国教科文组织、全球移民组织、《巴黎协定》、TPP、《中导条约》、世界邮政组织、《维也纳外交关系公约》，准备退出世界武器条约，还准备退出 WTO。

2018 年，我接待了美国世界大型企业联合会访华团，和他们讨论关于特朗普退群问题时说：特朗普总统如果下一步还要继续退群，退出 WTO 以后，还能退什么呢？只能退出联合国了。如果联合国退了以后，还没有实现特朗普梦想，我想可能他要退出地球了。所以特朗普现在正在组建太空军队，想让太空军队把他送到太空，然后就可以统治整个宇宙了。我说到这里，大家就笑了。他的价值观完全不一样了，把大国的权利和责任都放弃了。

他还放弃了美国的“普世价值”。原来美国历届总统在当选以后，通常在进行总统首次演讲的时候，一只手扶在《圣经》上，另一只手向美国人民宣誓。你们看一下美国总统就职演说，几乎每一篇最后的话都是：上帝保佑我们美国。内容中肯定有要把美国所谓民主、自由、博爱等“普世价值”向全世界输出。

特朗普把这些东西放弃了，即使在美国国内民主、自由都不存在了。美国原来当世界警察，还貌似公正和维护世界秩序，现在世界警察也不当了，如果你让我当可以，你必须给我钱，再给我一点利润，我要收保护费了。美国放弃了传统价值观和传统美国在世界上承担的角色，这是一个很大的改变。

以上这些才是美国对中国遏制的几个主要原因，而不是我们所一般理解的，还有一般人所说的“中国经济增长了，对美国出口多了，美国觉得吃亏”。美国说吃亏了，但是我认为都是“借口”，都是由头，醉翁之意不在酒，而在于以“贸易战”作为序曲，进行接下来的“科技战”“金融战”，同时不排除军事战。

前一段时间，我和香港明天更美好基金带领的企业代表对话，与 21 位中国香港企业家进行了两个半小时的交流。他们提出了三个问题：对国际形势怎么看？对中国经济发展怎么看？对中国香港问题怎么看？实际上，中国香港问题也是中美问题，香港暴乱是美国金融战的组成部分。我认为美国与中国的金融战第一战就是汇率战，第二战就是香港保卫战，美国想把香港搞乱，使香港丧失国际金融中心地位，使香港资本外流，流到美国纽约和新加坡。更加危险的是2020年，我国金融领域全部开放，美国华尔街大鳄会不会在中国炒作？热钱会不会流出、流入？我们能不能挡得住外部输入性风险？

三、我们怎么办？

美国如果不放弃关税大棒，继续对中国科技进行遏制打压，我们对美国就不能放开金融，当然这还有待于中央做决策。分析当前的经济形势，实际上还是蛮严峻的。

这场中美关系的博弈的初级层次即贸易战，实际上美国已经输了。在全产业链中，中国制造业的比重高，美国市场需要的工业品自己不能生产，要从102个国家进口，可以试想如果打贸易战，如果中国不向美国出口的话，像中国这么大规模的替代国一时间将难以找到。而且我们出口美国的商品，在第一批加征关税的500亿美元商品中，70%是中间品和投资品；第二批加征关税的2000亿美元商品中，70%是中间品和投资品；第三批加征关税的3000亿美元商品中，50%是最终消费品。和生产者、制造商关系密切的，必然遭到制造企业的反对，和市场及消费者关系密切的，必然遭到消费者的反对。我认为，贸易战越打，美国越被动。而且美国加征的高额关税，完全是由美国进口商承担，美国征税的主体是美国企业，是由美国企业承担从中国进口商品的关税。这些被征税企业可能会和中国企业商量：你是不是要承担一些？但是纳税主体是美国企业。

美国在很多科技领域仍然领先中国，比如说美国的人均教育经费是我国人均教育经费的8倍，顶尖级的科学家是我国的8.7倍，美国接受留学生是我国的5.2倍，美国高校入学率是我国的2倍。

所以，从科技创新能力看，任正非所讲的基础教育，还有原始创新、共性技术、颠覆性技术，中国和美国差距比较大。我们在全产业链上高端、顶端、尖端的东西少，也缺少像德国企业中的隐形冠军。也就是说，我们只有把一个零部件、一个模块做到世界冠军，才是最重要的制胜之宝。我曾经到一个在江苏苏州太仓的德企去调研，一家德企生产高档汽车里面的一个轴承，由十几个零部件组成的，做得像工艺品一样，在全球汽车领域销售占90%。这样的企业，什么样的贸易战能打垮呢？2018年中宣部做改革开放40年百企调研，我带队到福耀玻璃和阿里巴巴调研，我和曹德旺从早晨9点钟开始谈，一直谈到下午1点20分，讨论了好多问题。其中我就问了他一个问题：现在中美贸易战对你有没有影响？他说，对他没有任何影响。因为美国高端汽车生产用的都是他的玻璃，他的玻璃功能多，可以供制冷用电，可以产生光伏电源，可以满足汽车内的动力需要，玻璃未来还有换气的功能、通风的功能、保温的功能、隔音的功能，包括宝马和福特，最高端的车都是用他的玻璃，而且他的玻璃比其他品牌的汽车玻璃便宜1/3。

我认为，我们国家要想真正战胜对手，只有超越对手，只要把产业链、供应链、服务链、价值链上的某一个零部件、某一个模块、某一个服务环节做成世界隐形冠军，无可替代，那么什么样的贸易战都不能打垮我们。

美国现在公布的企业实体名单，第一批公布了3个：中兴、华为、大疆无人机。大疆无人机也是民营企业，生产的无人机占全球无人机市场的80%。第二批公布45个，第三批又公布100多个。

而且在美国实体名单上的这些企业，80%以上都是民营企业。当然也有国有企业，国有企业本来就是他们打击的对象，就是他们阻止进入的对象，现在又扩大打击民营企业。2019年7月8日，我们中心和董建华先生、中美基金会联合在中国香港召开了中美经贸关系现状与未来专题研讨会。老布什三儿子尼尔·布什参加并发言，董建华先生发言，曾培炎理事长发言，美国很多朋友包括美国前贸易谈判代表都发言了，大家一致反对贸易战，愿意珍惜过去40年形成的越来越紧密的关系。会议组织得非常成功。

其实在这个会议上，大家都在反思：中美关系为什么会走到这一步呢？我认为，现在在美国，从2017年特朗普上台以后，开始一年还比较平稳，后来发起贸易战，短短一年多时间经历了三次反转，开始是对华强硬亢奋期，加征高额关税后，一些企业、农场主、消费者受到伤害，美国进入反思期，现在进入质疑期或者分化期，对特朗普政策质疑，产生质疑的企业、人、经济学家越来越多。

所以我想，贸易战肯定是导致美国由盛转衰历史长周期中的一个重要时点。百年未有之大变局，中美关系是一个重要变量，今天的贸易战就是一个转折点，就是美国从最强大的国家转向衰退的开始。

美国挑起了中美贸易战，它现在是世界和平与发展最大的风险，会影响世界经济的增长，IMF对世界经济预测已经从2019年初的3.7%、3.5%、3.3%下调到

3.2%，连续四次调低了预期；已经影响到国际贸易的规则、贸易的秩序，甚至会瓦解贸易体系；会影响到世界和平的发展，美国已经退出《中导条约》，马上准备退出《特定常规武器公约》。而且，美国在中国台湾问题上先后出台了5部相关法律，其中两部是专门针对中国台湾的法律，即“台湾保障法”“台湾旅行法”。以前，美国官员不能到中国台湾旅行，现在涉台法律有三点突破，美国的高官可以到中国台湾旅游，美国可以在中国台湾设立办事机构，将来军队可以驻扎中国台湾，美国已经触碰了中国台湾问题的底线。现在美国在幕后操纵把中国香港搞乱了，中国香港也成为美国手里的一张牌。搞乱中国香港，把香港国际金融中心地位毁掉，这就是美国金融战的一个组成部分。中国台湾问题将成为美国未来军事战的组成部分。

所以，现在美国贸易战牌出了，结果是两败俱伤。科技牌出了，有赢有输。华为5G肯定会超过美国，中国国家工信部已经发放四张5G商业牌照，上海2020年会完成试点。我们到华为北京最新展馆去参观，看到华为5G设备体积已经很小了，直接挂到电线杆上就行了。我们国家2G、3G、4G已经有了几百万个基站，升级改造很快，5G设备可以直接利用，中国5G肯定领先美国。美国很着急，让一个企业宣布美国已经实现了5G，最后大家使用觉得还是4G。

美国的做法，还会影响世界和平发展。《中导条约》是里根和叶利钦签订的，也是有划时代意义的。美国退出《中导条约》以后，大规模发展中程常规导弹，在亚太地区寻找导弹基地，现在还没有找到。美国如果退出《武器贸易条约》，美国发动战争就真的没有任何约束了。现在美国太疯狂了，疯狂到什么程度呢？2019年5月10日中国反制美国加征关税以后，到5月30日，20天内美国攻击了36个国家。最新的一条消息是前几天在什么地方刮台风，每个台风的热量相当于两千个扔到广岛的核炸弹。2019年大西洋季风特别活跃，台风可能要登陆，气象部门向特朗普汇报，台风有可能会穿越大西洋到北美，会从美国路过。特朗普说：既然要从大西洋过，我们就用核武器阻挡它。世界舆论一片哗然，一个台风热当量相当于2000枚炸广岛的核武器，就是这样常识性的问题特朗普都不清楚。他基本上已处于疯狂状态，所以说美国国会有人提出弹劾总统，认为他基本上是疯了。

美国驻世界卫生组织两位专家，从特朗普一上任就认为特朗普精神有毛病，现在更认定他有精神病。美国国会在6月成立了专门的重大课题研究小组，小组的名称就是“总统疯没疯特别评估组”，7月开始评估，现在结果还没有出来。所以，现在世界最大的不确定性、最大的风险来自美国，而美国最大的风险，来自掌握着决策权的不靠谱的总统。

中美科技领域的竞争博弈比贸易战更为考验我们的智慧与能力

——在中国科学院相关讨论会议上的发言

（2019 年 6 月 3 日）

导语：中美两个大国的竞争与博弈，将贯穿中国实现社会主义现代化强国的整个进程。贸易战的结果是两败俱伤，但美国在贸易战中将会败得更惨。应对美国在科技领域对中国的遏制，是一项比贸易战更为艰巨的任务，需要更具智慧的改革与创新。当前中美之间科技领域的斗争将是历史长周期的竞争博弈。要从研究全球产业链、供应链、服务链与价值链构成入手，制定应对之策，研究科技领域中的重点领域、重点行业、重大技术突破瓶颈的总体战略。要突破美国在科技领域对中国的遏制，解决“卡脖子”的瓶颈问题，就要加大对引进人才的改革力度，构建最优的制度体系。

非常感谢邀请我参加今天的会议。科技部召开过一次中美科技领域竞争形势分析会，我也参加了，潘院长在那次会上做了很好的发言，我也发了言。上次受到中科院邀请，你们和广东省社科院联合成立了研究粤港澳大湾区的智库，在会议上我听潘院长讲了中科院的研究方法，受到很大启发。我认为中科院智库是中国智库，特别是研究科技问题智库的一个典范。我特别欣赏构建的这一套研究系统，比如对科技中长期发展问题研究有很长的时间跨度，跨了 25 年，到 2035 年，而且基本准确，我感到挺震撼。

我认为，中科院的研究是专业化理论研究，是智库的基础性研究，这种长周期专业化研究一般智库做不到。国经中心比较多的研究是围绕党中央部署进行的短平快研究，是应用性研究，真正要做像中科院这样长周期的重大课题，一般没有技术储备、人才储备、研究能力的培育的智库，是做不出来的。所以，非常敬佩中科院基于专业协作的基础研究和长周期战略研究，而且还能把其中特别有用的或者短平快的研究方法提炼出来，这样两方面的结合，可能是智库支撑国家制定大的方略的一种有效方法。具有这样能力的智库，一定是非常重要的智库，这种智库的作用可能要大于一般智库。

中美两个大国的竞争与博弈，将贯穿中国实现社会主义现代化强国的整个进程。在未来的历史长周期中，我们能不能取胜，能不能实现建设社会主义现代化强国，不在于现在贸易战能不能打胜，而在于未来科技战能不能打胜。当中国真正成为科技强国的时候，才能称之为强国。贸易强国，包括我国 GDP 总量成为强国，这都不足以叫强国；哪怕我国人均 GDP 赶上美国了，只要科技这个短板没有补上，就不能算是强国。

一、中美贸易战使我们明白了自己的力量，贸易战两败俱伤，但美国在贸易战中将会败得更惨

现在贸易战打了两年，打着打着，大家忽然都明白了，特朗普的贸易战打败了。为什么？它不符合贸易的发展规律，不符合经济发展的规律，不符合国际规则，也不符合美国战略的需求。如果把中国当成美国最主要的竞争对手，真正实现战略转向，把中国当成最大的威胁，那就应该集中力量打击中国。当前特朗普对中国的遏制与打击，表面上主要集中在贸易上，而且四面出击，到处发力，但是内功却用在科技上。特朗普政府把整个手掌张开，并没有攥成一个拳头。一年多的贸易战，有三件事情打明白了：

第一，打贸易战解决不了任何问题。用高关税不仅不管用，而且加征的高关税 90% 以上由美国进口商承担，然后再转移到美国的生产者、消费者身上。我在 2017 年 1 月 15 日中央电视台《市场分析室》专题节目中就做了这样的分析，从七个方面论述了贸易战美国会遭到失败。现在确实就是这样，这两天 IMF 的报告出来了，美国各个方面的报告也都出来了，美国对中国加征的关税，90% 以上由美国承担，而且正在向市场传递。

第二，特朗普极限施压已经失灵。现在，特朗普急于回到谈判桌上来，前一段时间美国总商会和中心有一个中美前高官的内部小型交流会，他们说来之前是见了特朗普总统的。他们在会谈中强调的一个中心意思是，希望两国回到谈判桌上来，越早越好，越快越好。原来中方是准备由杨洁篪国务委员、刘鹤副总理、王毅国务委员兼外交部长会见他们。会议前一天即 2019 年 5 月 14 日下午杨洁篪会见了他们，

5 月 15 日内部对话会议召开了一上午，到中午吃饭时候，曾培炎理事长对美国总商会多诺霍会长说，因为中国正在举办亚洲文明对话，今天下午王毅部长和刘鹤副总理就不能会见大家了，他们要跟主要领导同志一起参加活动。多诺霍说："我们来之前是见了特朗普的，他是知道我们来的，希望中心转达我们的三个想法：一是希望双方能尽快回到谈判桌上来。二是越快越好，回到谈判桌上来，早比晚好。三是表示对中国领导的感谢。"

第三，美国发起的贸易战已经失败。不仅是加征的高额关税转嫁到了美国国内，2018 年中美贸易达到 6335 亿美元，比 2017 年 5880 亿美元大幅度上升，中国和美国的贸易额不但没有减少，反而增加了，逆差也没有减少，反而增加了。而且，美国有 102 个贸易逆差国，美国不仅对中国的贸易逆差增加了，对全球其他国家的贸易逆差也都增加了。2018 年美国货物贸易逆差超过 8900 亿美元，减去服务贸易的顺差，贸易逆差总额 6220 亿美元。所以，加征高额关税这个东西并没有奏效，美国搬起石头砸了自己的脚，而且还受到全球大部分国家的反对，在贸易战中空前孤立。

特朗普 2019 年 6 月 18 日将在佛罗里达州宣布参加下任总统竞选。在日本大阪 G20 峰会期间，习近平主席与他会见是 6 月 28 日，也就是说，是在他宣布竞选总统之后。所以，贸易战现在对他能否连选连任总统影响很大，对美国经济社会影响很大。2018 年中国从美国进口大豆下降到 1700 万吨，2017 年是 3400 万吨，2019 年 1—5 月下降 87%。特朗普现在第一目标是总统的连选连任，现在这些农民的选票、原来"铁锈地带"工人的选票、原来支持他对中国强硬的各个方面的选票，决定他能不能连选连任，而这些人由于贸易战各自受到的影响，正在反思美国政府的做法，正在发生新的分化。

另外，近期美国经济状况决定特朗普能不能连选连任。虽然美国 2019 年第一季度经济增速是 3. 2%，但 5 月开始下降了，对主要贸易逆差国的贸易额在急剧下降，社会消费品零售总额大幅下降，十年期国债与 3 个月短期债券收益率倒挂，预计第二季度 GDP 会明显下降。IMF 最近预测 2019 年美国 GDP 差不多要比原来预测的下降一个百分点。美联储预测，2019 年美国 GDP 将下降到 2. 1%，2020 年将到 1. 9%，比原来低接近 30%，特朗普的雄心壮志有可能化为泡影。

二、应对美国在科技领域对中国的遏制，是一项比贸易战更为艰巨的任务，需要更具智慧的改革与创新

刚才，我听了有关问题的研究思路和讨论，有这么几个印象。

第一，美国出了一个特别不靠谱的总统，但是美国有一个特别靠谱的体制框架。这个总统特别不靠谱，瞎打、任性、随意，现在还没人能制裁得了他，但是美国却有一个特别靠谱的体制框架。美国在科技安全方面的构架，比特朗普总统的作用大多了。特朗普实际上就是一个商人，认为高关税是他的有力武器，对自己国家的国力认识还不够，如果有足够认识的话，对中国的打压必然更厉害。我个人认为，美国对中国的认识，比中国发展成就和中国战略布局起码晚了十年，美国对中国真正采取行动起码晚了五年。美国对华为的打压遏制从 2018 年真正开始，实际上是在华为已经取得了重大突破之后，他们才开始行动。其实贸易战也打晚了，中国货物贸易从 2013 年就超过美国，现在是 120 多个经济体的第一大贸易伙伴，是 70 多个国家的第二大贸易伙伴，而 10 年前这个位置是美国的。

但是，美国的科技领域运行体系和政府管理框架太厉害了，这个体系框架和制度供给是它的核心竞争力，使美国高科技长盛不衰，未来对我国具有最大威胁的就是它的制度性供给。我们现在研究美国，不能只是研究具体的技术，还要研究美国的这种制度性供给。应该对照在科技方面我们有哪个领域的短板，有哪个领域的长项，这些问题都要研究得很清楚。我们还应该下功夫搞清楚美国科技创新与安全的制度供给和体系框架，特别是其框架是怎么衔接的，是怎么运作的，以为我所用。刚才方老师说他去了阿里巴巴调研，我 2018 年 8 月也到阿里巴巴调研过，是中宣部组织的改革开放 40 年百企调研，座谈中他们也谈到了中美这种体系框架的比较。阿里巴巴拿出 10 亿元资金，构建下一代智慧城市，建设下一代的阿里云。美国是政府财政拿钱，并不直接给企业补贴，而是由国防部进行政府公共品采购，把这些国家重大项目变成若干个政府采购项目，然后向企业发包，像亚马逊、英特尔和谷歌等企业，通过这些重大项目支持一次就可以拿到数百亿美元。阿里巴巴拿出的是 10 亿元人民币，是企业自己拿钱；美国是政府拿钱，但是通过政府采购的方法补贴企业。通常情况下，中国政府支持企业，采取的是直接补贴的方式。中国的管理框架与这样的制度构成，怎么能与美国竞争？中国这些企业都是单兵作战。华为也是单兵作战 20 多年，2018 年华为投入 1000 多亿元研发经费，都是企业从市场挣的钱。目前

中国还没有建立政府采购公共品的体系，没有把政府补贴通过市场化操作转化为政策的链条，可能这是我们最大的一个差距。不靠谱的总统，靠谱的体系，这是我的第一个感受。

第二，当前中美之间科技领域的斗争将是历史长周期的竞争与博弈。我们是可以看得见未来的，但看不见未来的硝烟和战役。从未来的长周期看，中国的创新能力不断提升，可以突破美国一个又一个的阻碍。从“两弹一星”到芯片，美国所有的限制和遏制我们都能突破，但是在突破的过程中，到底什么地方乌云密布，什么地方有硝烟，什么地方有战役，现在我们却看不见。我们要研究的正是这些大家看不见的东西，把它挖掘出来，变成可视的东西，变成可预期的东西，这个方面的研究特别重要。

第三，从研究全球产业链、供应链、服务链与价值链构成入手，制定应对之策。应该把主要的行业，特别是重要的核心技术作为研究的重点。现在中国哪些产业链与美国关联度高？一旦美国对我国断链、断供以后，对中国哪些产业链会产生巨大的影响？对全球哪些产业链会产生巨大的影响？近两天中美贸易战转到了墨西哥，特朗普准备对墨西哥全部商品加征 5% 的关税，如果实施，企业转移到墨西哥也会受到影响，那么全球产业链还会怎样转移？全球产业链整个被打断或者重组以后，全球科技创新未来会是一个什么前景？美国霸凌主义和单边主义行径，不仅是对中国，对全球在科技领域和制造业的产业链、供应链、服务链和创新链都会产生影响，这种影响到底会有多大？这是我们必须要研究的问题。

华为有 92 个大的供应商，其中在美国有 32 个，美国禁止高技术产品出口，特别是芯片出口，华为也好，中兴通讯也好，产业链都会受影响，还牵动了其他国家产业链上的企业，包括供应商、销售商、服务商。一个企业会牵动多少个供应链上的企业？这是我们需要研究透的。全球的产业链、供应链、服务链是最主要的三个链，创新链在这其中，价值链是所有链的总和价值，企业在价值链高端还是低端，是企业整体竞争力的价值表现。

第四，应该研究科技领域重点领域、重点行业、重大技术突破瓶颈的总体战略。技术层面的问题要研究，更要研究未来长周期应对美国遏制中国的总体战略思路框架。从当前中美的竞争博弈看，已经发生了重大变化，特别是在科技领域从合作性竞争转化为对抗性博弈。我们希望与美国和世界各国合作，但是美国不会与我们合作，尤其是美国占据高端、顶端和尖端的科技领域，你不能战胜它、打败它，它就绝对不会主动与你合作。正如潘院长所说，我们只有打破美国的封锁，它才能降低价格，只有全面突破瓶颈，它才能跟你合作。

三、要突破美国在科技领域对中国的遏制，解决“卡脖子”的瓶颈问题，就要加大对引进人才的改革力度，构建最优的制度体系

中国要做以下几个方面的重大调整：

第一，要进行科技领域的全面战略调整，既不是局部的调整，也不只是科技部内部机构的调整，而应该是整个国家科技战略的调整，对此应该比对贸易战更加重视。我们过去把贸易战看得太重了，一些人还没有看到贸易战只是序曲，之后还会有制造业之争，其核心就是高科技之争。制造能力现在美国已经竞争不过我们了，中国制造业产值2018年占到了全球的28.8%，美国现在不足15%，而“二战”刚结束时美国占全球的50%。1978年，美国制造业产值占全球的33%，现在中国接近30%。不仅是制造业规模，中国还有完整的制造业体系，在联合国工业组织工业门类的39个大类、191个中类、525个小类中，中国225种产能排在世界第一位，所以完备的制造业能力，现在美国肯定比不上我们。美国一直想重振制造业，实际上是想全面恢复和重振制造业体系，现在看不太可能。所以，美国一些人觉得中国制造业规模超过了美国，又向中高端迈进，一些领域向高端、顶端迈进，在规模上超过美国的同时，技术也超过美国，产业再迈向中高端，美国还能当老大吗？美国还能有霸权吗？美国还能用美元去做收割机，轻易地收割别人的财富吗？如果这一切都失去了，美国的强大将不复存在。所以，美国气急败坏，特朗普和鹰派团队已经急了，已经疯了，用来打压中国的所有手段，都是非理性的，也都是没有国际规则依据的。

中国应该全面调整国家战略，如加快建立国家创新体系。原来认为要全部靠市场、靠企业，没有形成国家创新体系，现在“国家队”必须强化力量，而不能弱化。原来在国家机构的部委改革中，把科研机构都撤销了，都让它市场化、社会化了，有机构市场化成功了，像南车的前身就是部委科研机构，有的就消失了，科研人员失散了。现在对中科院这样的“国家队”，我认为要下大力气做大做强，真正给他们以财力支持，让他们组织全社会力量进行科研攻关。支持中科院不仅仅是支持中科院中的机构，而是使中科院发挥龙头的作用，组织全社会的力量去攻关。把过去分散的力量组织起来，针对中国科技短板各个击破，把这个被动状态彻底改变过来。

第二，抓紧建立政府公共品采购体系，把企业作为创新主体的作用真正发挥起

来。要建立一种全新的支持企业创新的国家采购公共品制度，类似美国政府采购制度。没有国家采购制度，就无法形成让企业赚了钱再去投研发、用于公共品生产的良性循环，结果肯定是道路越走越窄。中国企业有创新的积极性，有爱国热情，但是必须有一个长效机制，特别是要支持企业下大力气进行基础性研发，进行共性技术研发，进行前沿技术研发。必须加快建立政府公共品采购体系，建立类似于美国国防部这样的政府采购转换流程，就体现国家战略意图的重大项目向企业招投标，然后给予它们巨资支持，让企业去做科技成果产业转化。

第三，不仅要对科学家队伍给予优厚待遇，还要突破一些固化的思维和制度约束。原来都说制导弹的不如卖鸡蛋的，过去“两弹一星”的英雄，我们看到邓稼先当时原子弹奖了10元钱，氢弹奖了10元钱，两弹一共奖励20元钱。我们是要学习这种“两弹一星”精神，但是现在要把中国科技真正搞上去，除了精神力量，还必须提高科学家的待遇，进行制度性改革和政策支持。例如，科研机构和智库的科研经费普遍没法花，浙大副校长办了一个公司，就是为了灵活地将科研经费用于科研，结果给抓起来了，判了那么多年刑，最后查来查去，实际上没有问题，深层次原因只不过是科研经费没法使用。习近平总书记在会议上讲了几次要改革科研管理体制，把科研人员解放出来，中办、国办联合发文，但是现在也没有真正解决问题，管理和报销的手续依然如故。

第四，我们要加快吸引全球顶尖科学家，就要敢于突破一些自设的制度约束。现在有几个大问题解决不了，比如没有国内身份证，只持有国外绿卡，就买不了机票、高铁票，孩子上学问题也解决不了。再如现在个人所得税过高能否得以解决？双重国籍允许不允许？印度引进的科学家是可以多重国籍的，而我国双重国籍是一定不允许的。这里我指的是顶尖级科学家、领军人才，不是所有人。智库专家出国做工作，天数的限制到现在也没有突破。

我个人认为，对于顶尖科学家和顶尖人才，应该允许双重国籍，印度多重国籍都可以，很多国家都在争夺人才，我们不能固守旧的管理方式。我2019年4月15—20日去美国调研，在硅谷召开了几个座谈会，了解到在硅谷清华校友会有12000人，北大校友会有8000人，还有科技大、中科院和其他中国院校毕业的精英，在美国创新创业者很多，说实在的，只要国内政策环境好，他们马上就会回来。有一位研究中国在美留学生的专家做了一项统计，截至目前，硅谷包括整个美国的华人科学家核心人员已经回国了4000多人，都是顶尖级的人才。他们说，已经回国的4000多人，有各个领域的顶尖级人才。关键是中国要用好，能不能用好，能不能留住，这是关键，也会对在美的中国人产生影响。

第五，要切实解决引进人才的工作便利问题。现在引进的领军人才、科学家在国内工作，上国外网络都上不去，要查一些科研资料，什么推特、谷歌等，都不能上。网络管制封锁了意识形态，也封锁了科技资源的查阅。这是我们自己的问题，要从国家大的战略上来考虑。现在，贸易战我们可以打败美国，但是科技战能不能打败美国，能不能胜出？自己不改革，很多方面就难以确立比较优势，怎么能打败对手？自己的战略和政策不调整，自己就会把自己搞被动了，人家来了也留不住，上学上不了，坐车坐不了，查材料查不了，还有很多干不了的事，如社会保险、日常医疗无法跨国通用等。要留住人才，不仅要为其提供优厚的待遇，更重要的是最可预期、最好的工作和创业环境。

第六，对于不适应科技发展的政策，必须立刻做出调整，不能光说政策支持。怎么支持？必须有时间表和路线图，必须有具体的政策设计。比如说这一次美国对华为打压以后，现在出台了一个特别好的政策，而且马上就宣布延续对半导体行业免二减三的税收政策。但是单一政策是不行的，还必须有一个组合的政策支持体系，包括我们的金融、融资政策，包括股权分配、上市政策，要全面研究形成支持科技发展的政策体系。

第七，全面调整我们的打法。现在的打法是兵来将挡、水来土掩，基本上是被动应战，这种打法真的不行。智库要发挥像中科院智库这样的作用，做长远谋划，谋定而后动，有准备、有计划、有谋划，主动出击。如果没有系统的研究，怎么能主动出击呢？出击也是乱出击。可以考虑建立一套仿美国的安全构架，而且要比它的构架更严密，这样才有可能打败对手。

第八，配合科技领域的博弈打好舆论战。比如说我们的宣传舆论，怎么样内外有别，既不说“厉害了我的国”，一下子把我们的秘密说出去了，也不说中国与美国斗争肯定不行。舆论战要打，要引导好社会舆论，光靠任正非一个人在国际上说不行。

应该全面调整我们的打法，不能说美国都干了，还不让我们说。美国举国之力打击华为和中国高科技企业，干哪个方面的事，就在哪个方面造舆论，对中国步步紧逼，不断地深化和延伸。美国都干了，还不让我们批评怎么行？我觉得有时候我们自己的战略和打法是有问题的。

还有，未来还是要加强和美国的对话和沟通，2019 年 4 月这一次去美国是外交部委派的，我们与美国贸易谈判办公室莱特希泽的助手、美国白宫国安办中国处的处长、美国国会议员办公室主任、美国 CSIS 的甘思德进行了交流，还有布鲁金斯的杜大伟，这些都是美国各方面的核心人物，还有鲍尔森基金会的副主席、美国贸易谈判前副代表，后来又到了硅谷召开座谈会。我觉得对话就是比不对话强，我对白宫国安办中国处处长直言不讳：现在你们美国不仅是在科技上要切断与中国的联系，连人文交流都要切断，中国学者对于美国有什么威胁？我们都是来促进中美关系向好向远的，假如这些交流的渠道都不通，这两个国家关系都断掉了，对于两国将是灾难，希望你们办事处的工作人员做正面工作。

我感觉只要积极做工作，就能起作用。最近一段时间可能对于智库的拒签少了，听说社科院专家准备去美国参加会议了。所以，我个人认为，对话比不对话好，对话比对抗好。我们这次与甘思德对话，和他算了一笔账，如中美合作带来的收益。例如美国的基础设施建设，还有 3.6 万亿美元的缺口，虽然美国国会通过了 2 万亿美元的投资预算，但是美国的基础设施建设能力和中国怎么比？中国的高铁运行里程已经有 2.9 万千米，2030 年将达到 3.6 万千米。我们的高铁运行无故障，中国这么好的高铁技术美国不用，非要用盟友澳大利亚的，结果交付的 400 辆车厢没有用就报废了，铁轨也不能用，美国到底图什么？当然还谈了很多类似的问题。

甘思德说：“今天的对话我认为是我对中国进行研究几年以来，包括在中国参加对话和我在美国接待的中国团中，最有建设性的一次谈话。”他听进去了以后，可能未来不定在哪个时点上起作用。所以，我觉得中美对话不能停止，这应是我们的一个正确打法，而且要加大与地方州政府、学校各个方面的学者的合作和交流。

我们在研究贸易问题的时候，曾经概括了几句话，其中就有习近平主席反复指出的，“合作是中美唯一正确的选择”。中美和则世界兴，中美斗则世界乱，中美破则世界衰。美中两个大国，世界第一大经济体和第二大经济体，合作的正向溢出效应对全球、全人类都是有好处的。如果两个国家采取对抗性的斗争，世界各国就得选边站，国际秩序、国际规则、国际格局就得重写，这个过程将会是非常痛苦的过程，将给各个国家带来痛苦，而不光是对中国和美国有负面影响。如果真正产生了对抗、冷战和割裂，我觉得离第三次世界大战也就不远了。

在日本召开 G20 峰会期间中美两国元首能否达成协议？
——在韩国济州论坛中美关系讨论会上的发言

（2019 年 5 月 31 日）

论坛主持人：

安仲勇教授　韩国中央大学 CSIS 前主席、韩国企业协会会长

论坛发言嘉宾：

美国：杰弗里 · J. 肖特　美国彼得森国际经济研究所高级研究员

韩国：崔康日　梨花大学教授

中国：陈文玲　中国国际经济交流中心总经济师

日本：渡边淳一　日本关西国际学院院长、日本庆兴义塾大学名誉教授

导语：美国特朗普政府现在对中国极限施压，但他希望中国能够尽快回到谈判桌上来，和中国达成协议。美国在高端和顶端的科技领域封锁不住中国，其自身也会遭到重创。美国发起贸易战，使美国大国信用丧失殆尽，大国威信受到了很大的影响。美国以局部利益，牺牲掉了长期的利益；以短暂的贸易利益，牺牲掉了战略利益。

主持人：

6 月 G20 将在日本召开，届时习近平主席和特朗普总统会见面，请问陈总经济师，您认为是否会签订中美贸易协定？奇迹会发生吗？

陈文玲：

谢谢主持人！这里我想说两句话，一句是奇迹也许会发生，另一句是奇迹也许不会发生。为什么说奇迹也许会发生呢？这取决于特朗普总统的个性，特朗普总统在和金正恩隔空喊话的时候，也是骂得很凶，就是马上就要开战的架势，但是转眼之间就在新加坡握手言和了。

美国特朗普政府现在对中国极限施压，来势汹汹。2018 年 12 月 1 日在阿根廷与习近平主席见面的时候，又达成了共识。以前每次通话和见面的时候也都达成共识，表态表得特别好，但是下面的行动又完全不是这么回事，极限施压、出尔反尔，不守信用。所以按照他现在这种打法，奇迹也许也不会发生。特别是从贸易谈判开始，加征关税经历了 11 轮四个阶段，2018 年 3 月 22 日，对中国输美 500 亿美元商品加征 25% 关税；2018 年 9 月开始，对中国输美 2000 亿美元商品加征 10% 关税；2019 年 5 月 10 日对 2000 亿美元商品关税加征到 25%；6 月 17 日将对 3250 亿美元输美商品展开调查，准备加征 25% 关税。所以，你看特朗普的行动不是往好处走，而是朝着破裂这个方向走，而且越来越疯狂。从贸易战开始转向对中国高技术产品、高技术企业进行打压，这种打压超出国际规则，违背常理，用一切手段，用一个国家的力量对另外一个国家的企业下手。现在不仅仅是对华为一个企业，还公布了 13 个企业。中国人感觉非常不理解的是什么呢？是美国不是标榜是自由市场经济国家吗？美国在整个国际社会主张市场经济，还把中国列为非市场经济国家，但是美国作为一个市场经济国家，为什么不允许其他国家的企业在国际市场上平等地进行交易呢？这是市场经济国家的行为吗？

现在美国打压的中国高科技企业，大都集中在深圳，所以中国网民调侃说，美国政府现在正跟深圳市南山区粤海街道办事处开发区社区进行贸易战。但是实际上，中国高科技企业不仅在深圳，也分布在全国，比如说北京、上海、杭州、成都等。这种打压，包括用国家的力量去对一个企业的高管进行绑架，所有这些行为都不是市场经济的行为，都不应该是一个号称自由的国度——美国的行为。按照这样的走势，我认为即使两国领导人见面，也不会达成协议，所以我说这个奇迹不会发生。

但是奇迹也有可能发生，为什么呢？因为现在特朗普实际上压力很大，他在日本最新放出的口风，是说他希望中国能够尽快回到谈判桌上来，想和中国达成协议。为什么呢？因为美国现在加征的所有高额关税，90% 转嫁到了美国企业和美国消费者身上。彼得森研究所做过这方面研究，刚才彼得森研究所所长谈了这个方面的看法，但是他没有谈这个结论。IMF 最新的研究结果是，美国现在加征的高额关税，将由美国的出口商来承担，因此它转嫁给了美国的生产商、美国的消费者。所以，美国每次加征高额关税，推出来的时候美国股市都大跌，跌得最厉害的是和中国高科技企业联系最紧密的那些企业，整个板块上的企业都是下跌的。

所以，我说奇迹也许会发生。实际上美国特别是特朗普心里很着急，他为了竞选下一任总统，需要美国有一个好的经济形势。但是贸易战打起来了以后，对中国加征高额关税，中国不可能不进行反制。在这种情况下，美国经济不会好。当然，也会对中国经济带来影响，但是美国经济崩塌的可能性更大。特朗普希望回到谈判桌上来，所以奇迹也有可能会发生。

谢谢！

主持人：

美国现在对中国华为进行制裁，有可能断供，那会对中国带来多少影响？会不会因此导致中国高科技企业遭到重创？

陈文玲：

非常感谢您的提问，您提的问题也是中国担忧的问题。美国在高技术领域，特别是在一些半导体的尖端、顶端，在核心零部件等方面，确实是在世界的顶峰。

但是，这些高端和顶端的产品和中国的企业、世界的企业，已经形成了产业链，形成了上下游的关系。在有些领域，中国是在产业链的上游，但是为数不多，比如说像华为，但是绝大部分产业还处在中低端。美国切断产业链，美国企业生产的这些中高端的产品卖给谁呢？高通也好，博通也好，英特尔也好，这些企业生产的核心零部件，特别是芯片60%以上是卖给中国企业的。中国2017年进口芯片，在全球是2600亿美元，其中从美国进口875亿美元，都是美国的高端芯片。现在美国打击华为，博通、高通、英特尔这些企业压力也非常大。这一段时间美国延长了90天给华为的供货期，所以这些企业都在加班，昼夜加班，不停地加班，所以任正非说“我流泪了”。其实，我认为美国企业一方面是为了给华为供货，另一方面是为了减少自身的损失。因此，我认为美国将来断供的话，肯定是两败俱伤，即使华为受到了影响，中兴受到了影响，但是影响更大的是美国这些高技术企业。他的产品卖给谁？他上哪里去寻找像中国这么大的市场？美国企业从全球产业链退出来吗？因此，我不太担忧，我想早晚有一天，美国这些企业的疼痛、破产，甚至倒闭，会让美国政府感到非常大的压力，等他再转回头来的时候，那么中兴也好，华为也好，还有中国一大批企业可能已不再需要你的产品。国家创新体系都在攻克芯片，把这个作为我们必须打破的瓶颈。中国人想做的事情，中国企业的创新能力，是可以完成这个转变的，只不过是时间早和晚的问题。

所有美国想封锁中国的东西，从新中国成立以来，没有一个能够真正封锁住中国，从“两弹一星”到现在的芯片。华为现在的芯片，海思的麒麟芯片已经发展到7纳米了。我前一段时间去上海做调研，上海现在做遥感系统，这个遥感系统可以形成巨大的商业应用规模，他们使用的芯片是28纳米的。世界最先进的松下成像技术，用的也是28纳米的芯片。所以不是说芯片纳米级别越小，应用范围就越大、越广，不同纳米级的芯片在不同的产业、行业、产品上都可以应用。因此，绝大部分的产业链，美国是封锁不住的。个别行业和领域你处在顶端和尖端，能封锁别人，但同时也会使自己的企业受到重创，而且这种重创不是一般的，它会导致美国出口市场的消失，除了芯片，能源也是同样的道理。

所以，我认为时间越久，美国的企业、市场、消费者会感觉越疼痛，美国也就越被动，这是我的主要看法。

主持人：

中国市场规模很大，未来发展的前景如何？很多人对中国知识产权保护问题非常关注，请您介绍一下这方面情况。还有韩国部署萨德之后，中国政府限制中国公民赴韩国旅游和到乐天居住，对此您有什么看法？

陈文玲：

您提的问题是非常具有挑战性，也是非常敏感的一个问题。前半部分很好回答，也不敏感，中国市场确实很大，像一片大海，中国消费拉动经济占的比重，这几年都在70%以上，是中国经济增长主要的拉动力量。2018年，中国的旅游人次达到55亿，餐饮业的收入超过了4万亿元。中国市场的确很大，中国的游客在很多国家购物，其实对这些国家的经济都有相当的影响，有的影响大一点，有的影响小一点。

中国实际上战略纵深感是很强的，因为它有东部、中部、西部、东北，加上现在的“一带一路”建设，和周边的国家互联互通，形成了越来越大的市场。而且中国有进口，有出口，有广州进出口交易会，有上海进口博览会，将来中国会成为国际贸易的中心，不仅是制造业产出国，而且未来会进口、出口、转口，中国市场是非常大的。我对中国市场充满信心，中国市场将会是中国最大的红利。

您关注的另外几个问题，我也可以回答您。关于知识产权的问题，中国政府实际上是非常重视的，因为不仅是国际社会进入中国的投资企业知识产权需要保护，中国的企业、中国创造的知识产权也需要保护。从全球看，目前中国的专利发明权仅次于美国，在世界排第二位，中国在核心期刊发表的论文，在世界上位于第一，是美日韩三个国家的总和。

现在中国一大批企业在创新上下了很大的功夫，比如说华为，它在2018年的研发投入就超过了1000亿元，在半导体行业，华为的研发投入、获得发明和专利数都排在第一位，发明和专利数排在第三位的则是中兴通讯。你可以看到，中国的企业创新投入了多少钱。中国2018年创新投入占GDP的比重是2.18%，仅次于美国。

中国在创新上取得的这些成绩，包括高铁、核电、智能电网等，也需要知识产权保护，因为中国也在进行国际产能合作，也在输出技术。知识产权保护绝对不是应美国的需要而做的，美国需要，我们也需要，所以对于知识产权的保护，中国政府做了很多工作。到目前为止，我可以说几个数字，中国建立了 3 个知识产权法院，一个在北京，一个在上海，一个在广州；建立了 16 个知识产权的法庭；建立了 200 多个知识产权的保护中心。所以，中国知识产权不是一个零散的、碎片化的东西，而是一个成体系的保护制度安排，从法律上的立法，然后到建立健全执法机构和监督机构。中国企业违反知识产权法是不行的，国外进入中国的企业违反知识产权法也是不行的。所以，中国已经判决了一些违反知识产权法的案例，有判决中国企业违反知识产权法的案例，也有判决美国高通在中国违反知识产权法的案例。

至于您说的萨德，还有乐天，我可以直言不讳地说，部署萨德伤害了中国人民的感情，在离中国这么近的地方，在中国的家门口安装萨德，全天候地对中国进行监视，中国肯定是反对的！美国是没有道理的，监督朝鲜，你就在朝鲜周边安装，你在韩国安装干什么？引起朝韩的矛盾，也引起了中国很大的忧虑。所以，中国肯定是反对的，中国老百姓的情绪，政府是管不住的。当时有一条乘坐几千人的大船，已经到济州岛了，人们就是不上岸，不是说中国政府要求你不要上岸，那都是老百姓自发的。

主持人：

中国目前是否完全解决了知识产权保护问题？

陈文玲：

我相信您刚刚看到了中美两个国家的美女主播隔空辩论，刘欣也谈到了这个问题。中国的确是建立了知识产权保护体系，而且对知识产权保护非常重视，打击假冒伪劣商品，有的时候将假冒伪劣商品付之一炬，在各个国家都没有这种极端打击力度。

但是，有没有企业仍然侵犯了知识产权，包括商标权？这肯定还是会有的。不仅中国有，我记得日本在当年高速发展时期，韩国是“亚洲四小龙”的时候，曾经都是假冒伪劣商品的集散地。后来随着产业转型升级，随着社会不断地进步，这些问题越来越少。中国随着经济的发展，以及知识产权保护体系的建立，我相信违反知识产权保护的行为会受到法律越来越严厉的制裁，它将在社会上没有立足之地。

说中国现在一个案例都没有，不可能，如果是这样，我们中国建立法院、法庭、知识产权保护中心就没有用了。但是，其他国家也有，美国也有，需要各个国家共同对知识产权进行保护。

我特别赞成彼得森国际经济研究所杰弗里先生的发言，我们以前也进行过多轮讨论，我也到彼得森国际经济研究所去过多次。您再给我 2 分钟，我想说几句话：

第一，现在的中美贸易战也好，美国发起的和其他国家的贸易冲突也好，责任在美方，而不在对方。现在由于特朗普政府这种所作所为，使美国大国信用丧失殆尽，大国威信受到了很大的影响。美国以局部利益，牺牲掉了长期的利益；以短暂的贸易利益，牺牲掉了战略利益。这对美国来说是由盛转衰的一个加速器，或者是一个转折点。

第二，我们必须面向未来，当前要解决中美贸易摩擦，已经不是技术层面的问题，也不是就贸易谈贸易就能解决的问题。刚才美国、韩国、日本的专家都主张基于规则的自由贸易，我同意他们的看法。

第三，对美国政府提出几点忠告或者叫警告：

一是美国政府必须悬崖勒马，对各个国家加征高额关税，你们依据的是美国自己的法律法规，不顾国际秩序和国际规则，不是基于规则的胡乱行为必须停止，必须悬崖勒马。

二是美国必须实行对华战略转向的再转向。美国对华的战略转向产生了重大误判，美国必须实行战略再转向。现在美国把中国当成主要战略对手，当成敌对的力量，这是完全错误的，是方向性的错误。中美两国应该建立建设性的合作伙伴关系，共同面向人类、面向世界、面向未来，携手建立更美好的世界。

三是特朗普当总统不够格，应该沉下心来学习如何做国家领导人。当然，我说他不够格没有用，但是我确实觉得他的心智不太成熟，我建议美国的经济学家，像彼得森国际经济研究所这些资深的专家，去给特朗普总统讲一讲经济学的理论，让他能懂一点经济学的原理、贸易的规律、贸易的秩序，让他稍微守一点规矩。

谢谢！

中美竞争与博弈胜出的关键是看谁能处理好国内发展问题

——在2019年清华五道口全球金融论坛上的发言

（2019年5月25日）

导语：从历史长周期看，中美贸易战将成为一个重构大国关系和世界格局的重要转折点。在这样的大变局中，中美大国的竞争与博弈取决于一个大国道德道义的力量，取决于一个大国选择道路的正误，取决于一个大国对于全球事务、对于人类命运的基本立场。中国代表着前进、代表着开放、代表着未来，而美国现在正在大踏步地往后走、往回走。中国将在贸易、科技、网络、能源、粮食、军事等各领域面临与美国的全方位博弈。改革开放增加了中国的战略纵深，在中国若干创新制高点上，核心是要打造知识的高地、人才的高地、智力的高地，只有这样，中国经济才能实现高质量发展。

谢谢主持人！谢谢邀请我参加这次会议，五道口每年的金融会议影响很大。今天论坛主题本来是全球化条件下的改革开放，但是讨论一下子转到中美贸易冲突，转到中美之间的竞争与博弈了。的确，我们正面临着百年未有之大变局，这个大变局是“未有”，而不是“已有”，不是让我们回顾过去的一百年，实际上“未有”讲的既是现在进行时，也是未来时。所以，这里的百年未有之大变局，它的核心要义是当代大国之间的竞争与博弈，在大国竞争与博弈中聚焦点现在在美中，世界第一大经济体与第二大经济体。

我想谈三个观点：

第一个观点，从历史长周期看，现在将成为一个重构大国关系和世界格局的重要转折点。这个世界发展到当代，已经和过去大不一样了。因为新一代科技革命兴起，通过互联网、物联网、人工智能、大数据、云计算、云服务，还有新的产业布局和关联，已经形成了全球性的产业链、供应链、服务链、价值链。世界的分工交易内容与形式都发生着重大演化，贸易量非常大，而且在国际贸易品中2/3是中间品，东亚地区4/5是中间品。世界金融格局也发生了很大的变化，多元的货币体系开始重构，当然其中美元占比最大，但是人民币国际化和多元结算方式的进程已经开始。

在这样的大变局中，大国的竞争与博弈取决于什么呢？取决于一个大国道德道义的力量，取决于一个大国选择道路的正误，取决于一个大国对于全球事务、对于人类命运的基本立场。所以，在这样的一个大变局中，中美两个国家的比较就非常明显了。中国是站在了人类道德道义的制高点上，“构建人类命运共同体”，推进“一带一路”建设，按照共商共建共享处理国家之间的合作关系。在北京召开的第二届“一带一路”国际合作高峰论坛上，我们可以清晰地看到，中国理念和倡议得到了绝大多数国家和国际组织的认可和响应，有127个国家、29个国际组织和中国签订了175份“一带一路”合作的文本。这就说明“得道者多助”，说明世界各国政府和人民看到的中国是通过互联互通，通过共享发展给世界经济带来了新的动力。而美国现在是封闭、保守、孤立的，甚至将经济民粹主义发展到极致。经济民粹主义不是我说的，是美国两位经济学家撰写的《特朗普经济学：美国重振经济的第一计划》一书里提出来的，他们的定义就是特朗普把经济民粹主义带到了白宫。在这种情况下，特朗普的核心理念是美国第一、美国利益至上。美国第一、美国利益至上是没有错的，也是各个国家为自己本国发展应该坚持的东西。但问题是特朗普政府要把美国第一、美国利益至上，凌驾在其他国家的利益之上，凌驾在全球的利益和规则之上。因此，我认为全世界已看得越来越清楚，中国代表着前进、代表着开放、代表着未来，而美国现在正在大踏步地往后走、往回走。

在历史长周期中，中国处于民族伟大复兴的进程中。中国经济总量已经排在世界第二位，2018年实现13.6万亿美元，是美国经济总量的66%，增量就达到1.4万亿美元。2017年中国经济增速为6.6%，2019年增速为6%～6.5%，如果未来十年保持5%左右的增速，我们就将保持半个世纪的高速增长和中高速增长，预测到2030年中国经济总量会超过美国。但即使总量超过了美国，人均也只是美国的1/5～1/4。所以，中国必须立足于办好自己的事，且任重道远。

从历史长周期看，正义在我们这一边，时间在我们这一边，世界大多数国家和人民在我们这一边。因此，未来在中国一边。

第二个观点，中国必须做好自己的事情，决不能把做好自己的事情作为一个口号。从国家领导人到各级政府官员，再到普通老百姓，都说这一句话“我们一定要做好自己的事情”。但是如果这句话仅仅是停留在口头上，是做不好自己的事情的。我认为，我们现在的开放，实际上该开放的都开放了，中国已百分之百地履行了对 WTO 的承诺。我可以和大家负责任地说，在中国加入 WTO 的前五年，每年对落实 WTO 情况进行评估，我是 WTO 五年政策评估专家小组的成员。当时 WTO 对中国给予了高度评价，认为我们百分之百地履行了承诺，现在世界上一些非议是不正确的。中国现在的开放水平和程度，比落实承诺的那个时候还要高，而且还正在继续扩大开放，金融领域到 2020 年就将实现全开放。在 2018 年博鳌论坛上，中国人民银行行长做出了承诺，金融领域将从 11 个方面推进开放。所以，中国开放我认为步子迈得很大，改革出的文件多，在报纸、文件、会议上力度非常大，但是对于解决改革中深层次矛盾和问题，我认为力度还很不够。比如说现在大国之间科技竞争这么激烈，我们要吸引顶尖科学家和中国留学生，吸引各个国家创新型领军人才来到中国，能不能就人才引进进行改革，马上推出见效的、有用的、可预期的政策，真正能和美国展开人才竞争呢？比如，允许不允许这样的科技人才持有双重国籍？他从美国来到中国，允许不允许他缴纳的个人所得税比在美国还要低？允许不允许他的社会保障、医疗保险转移到中国在中国使用？允许不允许他在中国能够上网查到他所需要的材料？因此，我觉得我们面临的中美这场大的竞争与博弈，不仅仅在贸易领域，其实我们面临的风险也很大，贸易、科技、网络、能源、粮食、军事等，我们在各个方面的博弈，都会面临着非常大的风险，急需我们进行更深层次的改革，建立能与美国，也包括与其他的国家，特别是大国之间的竞争与博弈的体制机制。当然也必须加快建立与世界各国进行深度合作的体制机制。而这种体制机制不是在口头上的，不是在文件上的，而必须是实实在在的，能使人们感觉得到，真正对人才有吸引力，我们需要更优的体制机制。换句话说，中美之间现在不仅是贸易之争，也有制造业之争、高科技之争、金融之争和网络空间之争，还有制度之争、政策之争、战略之争。

第三个观点，改革开放增加了中国的战略纵深。除了过去的东部、西部、东北、中部等几个板块的区域布局，现在还有长江经济带、京津冀、粤港澳大湾区、雄安新区等，加上我们已经有的各种特殊经济功能区，我们在创造无数个创新的制高点。在中国若干创新制高点上，我们的核心是要打造知识的高地、人才的高地、智力的高地，如此中国经济才能实现高质量发展。

所以，中国的战略纵深越深、越广，未来中国在大国竞争与博弈中胜出的把握就越大，我们的后发优势和积蓄的能量就越大。

谢谢各位！

嘉宾讨论环节：

鞠建东：

下面我们接着讨论，第一个问题还是接着李稻葵教授讲的“怎么看”的问题。您现在觉得怎么一下子到了冲突甚至“战”的时候。两个月之前，觉得好像还是很乐观的，有没有可能两个月以后又弹起来了，过一段时间又朝什么方向发展？甚至刚才宋教授讲的，有没有可能向金融领域，甚至向更多领域，如区域安全领域发展？对于这些问题，我刚才的理解是，情绪化是非常不好的，理性的分析是非常重要的。

我的第一个问题是：怎么看？现在，会不会翻烙饼？会翻到哪儿去？

陈文玲：

我接着稻葵院长的话说。现在各方面的信息量特别大，信息大爆炸，但是很多信息都不准确，当然稻葵的“剧透”是准确的，网上的信息却有很多不准确。比如说松下断供，网上今天刚发布了这个消息，明天就说是假新闻了。很多微信中传的都是这样的假新闻，是造成市场波澜接着又澄清的假新闻。可能也有一些是属于真新闻，美国那边发布了贸易谈判文本，不知道是不是真的，但是删得特别快，还没来得及看就删了。我们要批评特朗普，批评彭斯 10 月 4 日“铁幕讲话”等，如果找不到完整的讲话，怎么进行有针对性的批评？删得太快了。所以，有时候信息捕捉也是比较困难的。除了稻葵可以“剧透”，我是很难“剧透”的，因为我一说人家就以为是真的了。

但是我可以“剧透”一下我们最近与美国有关机构的一个小型的内部交流，美方透露了一个信息，说现在实际上美方很着急，核心一句话就是希望中国能够尽早回到谈判桌上来，越早越好。习近平主席说中国改革开放越快越好，但是美国方面说的是要抓紧谈判，越早越好，越快越好，要使中方尽早回到谈判桌上来，这才是美国现在的心态，强硬和疯狂只是为了掩盖自己的空虚与恐惧。

而且特朗普总统，正如稻葵所指出的，他是一个交易型总统。我认为，他不仅是交易型总统，而且是交易中没有长远眼光的总统，不讲信用，出尔反尔，极限施压，以为他的交易艺术能在与中国的谈判中奏效，但他完全错了！他派出的贸易谈判代表真正说话算数的，特朗普充分授权的是谁？是莱特希泽。莱特希泽今年 69 岁，是当年日美贸易谈判美国的贸易谈判副代表，他用和日本谈判的那一套手段和中国谈判，加上他缜密的律师思维，再加上特朗普的极限施压。因此，两国贸易谈判文本的磋商，费了很长的时间和很大的精力，最后针对主要分歧点刘鹤副总理 5 月 12 日在美国见记者的时候谈得非常清楚。凤凰台播出了 14 分钟，中央台播出的是6分零6秒，在凤凰台的这14分钟里，刘鹤副总理讲了中美贸易谈判受阻的三个大的分歧，这个报道报纸上都有，我就不再重复了。实际上核心的只有一个，那就是美国希望我们尽快达成协议，达成一个特朗普所说的令美国满意的协议、对美国有好处的协议，而不是对双方都有好处的协议。美国居高临下，颐指气使，极限施压，霸凌霸权霸道已经到了极致。中国是个主权国家，美国在贸易谈判中提出的好多条款甚至涉及中国内政。

所以，我认为中美贸易谈判第10轮没谈成是件好事，教育了中国人民和世界人民，如果谈成了那可能就是另外一个剧本，没谈成目前这个剧本挺好的。我们把分歧点告诉了全世界，而造成分歧的责任完全在美方，尽管特朗普大发雷霆，但看着快煮熟的鸭子飞了，他的内心是很着急的。所以，这个大剧未来还会继续演，中美未来还会接着谈，但是中国未来是不会让步的。中国的核心利益不会让步，中国的国家主权不会让步，中国的基本原则不会让步，中国人民群众关切以及与自己切身利益相关的核心诉求不会让步。一句话，打算阻断中国发展和崛起的道路，这一点是绝对不允许的。

另外，我再补充几句话，本来我不应该再说了，但因为今天正好在清华，在五道口，我突然感慨清华的学子们在美国有很多人。4月15—20日我带小型专家团到美国调研，正好在美国硅谷和清华校友会的投资者有过座谈。他们告诉我，清华的校友会，包括内地的清华和台湾的清华，现在在硅谷有12000人，北大有8000人。还有来自中国科技大，来自全国各大学校的佼佼者。我就在想，科技是人类共同创造的财富，美国的科技走上顶峰，有中国人的功劳，有清华培育的这些人才的功劳。中美是断不了线的，中美是必须合作的，合作是中美唯一正确的选择，中美合则世界兴，中美斗则世界乱，中美破则世界衰。我们中国有那么多优秀的学生，我们有那么多宝贵的人力资源，我们有那么多的人民币在美国形成美元资产，我们的产业链和美国已经形成了上下游密不可分的连接。特朗普不懂经济，更不懂贸易，也不懂金融，他还没有稻葵教授的水平，他当总统是不够格的。

鞠建东：

谢谢陈总经济师，我们对这个话题“怎么看”，我觉得大家都是说了两边，一个是刚才陈总经济师说的，我们全球价值链里面中美两国利益交错，一千个理由中美要和好，要共同努力为全世界服务，利益交融在一起。另外，美国一百年以来长期是全球的主导国家，作为全球主导国家有它的意义所在。我们不想挑战美国的主导位置，我们只想正常地增长，但是你仔细想想，你正常增长是什么含义？你的人口是它的4倍，现在是15%～20%的人均GDP，将来你的规模就是它的2倍了，你正常增长就自然而然地改变了美国对全球主导的位置。但是有哪一个国家，有哪一个领导人，甚至即使像特朗普这样的人不允许中国经济正常地增长？同时也有基本的利益冲突在里面。正是因为既有合作又有冲突，所以我们才会看到这种翻烙饼的现象。

第二个问题，给定现有的情况，我们怎么开放？比如说华为这个情况，到处去跑，跑到日本，跑到欧洲。它们在高科技领域都要把中国摁下去，而且要封锁起来。在这样的情况下，我们怎么开放？我们能不能开放？我想针对这个问题请几位讨论一下。

陈文玲：

刚才他们几位谈得非常好，我再补充一下。如果是大国的开放，真正世界一流大国的开放，必须是高质量的开放。我们以前的开放是渐进式的开放，是局部开放，从试点开始的开放。我们走过了40多年改革开放的道路，但是中国发生实质性的变化是加入WTO之后，我们真正融入了世界经济体系，加入WTO以后是中国在40多年发展中发展最快、发展最好的阶段。

但是我们现在又到了新的阶段，从高速增长阶段要迈向高质量发展的阶段，因此我们需要高质量的开放。对于高质量的开放，我觉得有三个要点：

第一，要重构中国的开放格局。以前是从东南沿海开始渐次地开放，而新一轮的开放是东西互济、海陆统筹、陆海空网冰，多维度立体化丝绸之路并举，这样的开放，就是开放格局的重构。中国的边界，一共是4万千米，其中有1.8万千米是海岸线，2.2万千米是边境线。改革开放第一轮开放的是东南沿海地区，现在则是沿边地区，沿边地区将成为对外开放的前沿和桥头堡。比如说云南的瑞丽就是中缅经济走廊的起点，西双版纳勐腊就是中老经济走廊的起点，新疆喀什就是中巴经济走廊的起点，广西就是中国—中南半岛经济走廊的起点。因此，原来的中国沿边地区是改革开放的末梢，现在变成了改革开放的前沿。所以，改革开放的整个区域布局在重构，这也是更为均衡的高质量的开放。

第二，高质量的开放需要我们从“引进来”到“走出去”学会在全球配置资源，让全球的优质资源能够为我所用，是更高水平的开放。现在，中国企业国际化经营能力正在提高，我们现在在“一带一路”相关国家六年多投资超过6万亿元，我们与“一带一路”相关国家贸易额占中国进出口总额比重接近30%。现在企业“走出去”和国家大战略相结合，在全球配置资源已经开始。我曾经调研中土集团、中电投集团、三一重工等几个大的集团公司，它们的业务现在70%在“一带一路”沿线国家。

第三，高质量的开放，就是要对已经开放的领域补短板。比如说，刚才稻葵说我们的服务领域已经做得非常好了，但是教育服务、医疗服务开放仍然是我们的短板。在一些领域我们的对外开放程度不够，优质资源的引进不够，还没有形成鲶鱼效应，把整个水池搅动起来，搅动不是搅混，是激起改革的动力。比如说，中国制造业的开放实际上是早于服务业的，但是制造业在人才引进、技术引进、知识产权保护等方面还有短板。中国高度重视知识产权的保护，现在建立了3个知识产权法院、16个法庭、200多个知识产权保护服务中心。但是企业的商业秘密、个人隐私权的保护还不够，这些特别核心的问题，还有一些国际社会关注的问题，实际上是不光美国关注，日本、欧洲也都关注的一些共性问题，在服务业开放和制造业开放中涉及知识产权保护的问题和个人隐私权保护的问题，也的确没有完全解决。

我们要在开放中防风险，包括金融开放、制造业开放、服务业开放，在有些核心的、敏感的领域，我们对风险的防控能力还非常薄弱。因此，我觉得中国经济要高质量地发展，就要高质量地开放，就要与国际一流企业进行竞争。中国已经与国际社会成为一体了，没有高质量的开放，就不能满足开放条件下的竞争要求。中国移动支付率2017年达到77.2%，2019年按照有关国际市场调研组织最新发布的数字是94.7%。卖菜的、卖粮食的、卖馒头的全都使用移动支付。所以，我觉得现在中国确实开放程度、创新程度很高，但关键是最核心的东西，涉及国际社会关注的东西，需要研究怎么在开放中完善体系、制度和运行机制。

谢谢！

鞠建东：

谢谢！我们尽管有中美贸易争端，但我们还有85%以上的全球市场，所以我们还可以有更广深度、更高质量的开放。

有一些朋友说得好，即使在高科技领域美国试图孤立中国，但如果我们更高质量地开放，很有可能使美国自己反而被孤立了，被孤立之后还是会回到中国这个大市场来。所以我们还是很有信心的。今天四位嘉宾给我们带来了非常精彩的关于中美贸易争端、关于全球化变局中的改革与开放的讨论。鉴于时间关系，这一次这个论坛就到这结束了，请大家以热烈的掌声再次感谢四位专家给我们做的分享，也谢谢各位老师和同学参加今天的论坛。谢谢大家！

美国将为当前的疯狂行为付出长期的沉重代价
——在北京大学中美关系研讨会上的发言

（2019 年 5 月 20 日）

导语： 当前中美关系正在出现重大转变，美国社会总体上处于非理性状态。中国的朋友圈越来越大，美国的朋友圈则在缩小。美国发起的与中国的贸易战，醉翁之意不在酒，是把经济民粹主义发展到极致，是把贸易战作为一个经济武器，对全球发起的一次美国利益至上、以美国利益为核心重构世界经济体系和经济规则的一个肇始，而这个过程还将加快。美国的做法违背了经济的规律，违背了贸易的规律，违背了产业发展的规律，违背了人类前进的规律，违背了社会发展规律，违背了历史发展的潮流。

这段时间在频繁讨论中美贸易摩擦、中美关系。现在中国人都关注，全世界都关注，在座的各位可能也都特别关注。

我想谈三个观点：

第一个观点，中美关系现在处于一个非正常时期。这个观点不是我说的。我 2019 年 4 月 15—20 日带领一个小型专家团，和美国智库专家、美国有关政府部门人员进行了多方面接触，美方一位研究中美战略的著名专家说，现在中美正处在一个非正常时期，如果下一任总统不是特朗普，也可能会有转变。

中国从 1978 年改革开放，1979 年与美国建交，正好是一个同步发展的情形，中国和美国关系从主流上讲是合作共赢。中国在改革开放这 40 多年中，因为有了和美国合作的大背景，所以在和平合作的时代潮流中保持了 40 多年经济的高速发展。中国经济快速发展，与我们坚持对外开放、与美国关系总体比较平稳，以及两国关系主流是互利共赢是分不开的；与中国重塑经济体制——构建市场经济体制，向美国等发达国家的市场经济体制、美国和世界各国的高科技、美国教育等各方面学习也是分不开的。

现在发生了一个非常重大的转变，中国社会感觉不适应，美国社会也感觉不适应。但是现在为什么美国能够形成两党共识，为什么美国社会能够形成对中国强硬的主流呢？我认为有三个原因。第一，是我们学习追赶的速度太快了，我们在40年前对美国望尘莫及，现在可望其项背，美国觉得你向我学得太好了，已经快超过我了。第二，美国社会总体上处于非理性状态。美国有两位作者写了一部著作，叫《特朗普经济学》，称特朗普的经济学是经济民粹主义，他们认为特朗普是用经济民粹主义的政策来治理美国，包括减税、保护主义等。加上美国的社会矛盾、贫富矛盾和种族矛盾等激化，就形成了美国现在的非理性状态，包括两党、社会、一些鹰派强硬派，甚至有点像希特勒发动“二战”之前德国那时候的社会情绪。2017年我去德国参加中德经济学家对话，去看了德国“二战”纪念馆，德国发动“二战”，是由于“一战”德法大战后，德国的经济和社会处于比较困难的时期，支撑不下去，要转移这种社会矛盾，于是爆发了第二次世界大战。所以现在美国社会处在非理性的状态，强硬派把向中国发起挑战、把中国作为假想敌，作为转移美国社会深层次矛盾的一个出口，或者说作为一个转移视线的冲突点。第三，从全世界来看，中国提出“一带一路”国际经济合作倡议，提出“人类命运共同体”这个21世纪人类文明的先进理念，得到了越来越多的国家和国际组织的响应，中国在国际上的地位和影响力与日俱增。在这样的比较之下，似乎中国的朋友圈越来越大，美国的朋友圈则在缩小。美国原来有很多的盟友和小兄弟，现在由于他的贸易战，由于他的很多非理性行为和错误选择，盟友也不那么盟了，铁哥们也不那么铁了。在某种程度上，中国这边很红火，国际会议一个接一个，中国的影响力越来越大，这也对美国形成了很大的、无形的压力，美国感到中国影响到自己的霸主地位了。

在这种情况下，美国罕见地形成了两党共识，形成了社会共识，美国参议院和众议院，一个是共和党执政，另一个是民主党执政，都没有一票反对意见，一致通过了“台湾保证法”，这使中美关系一下回到1972年之前，中美建交时的三个公报等于被推翻。

如果我们从长周期来看中美关系，从美国第一艘商船“中国皇后号”启程到广州，到现在200多年了，其中60年和平通商，110多年是侵略和反侵略战争，22年是美国对新中国的孤立和封锁，那个时候我们几乎与世界隔离。

40年改革开放，40年中美建交，中美建交之后，中美关系总体上走在一个前进的轨道上，但现在出现了一些状况。在这个轨道上或许扳道岔扳错了，可能导致列车脱轨，也可能导致列车本来应该一直向南，结果一下偏向东南或者西南了。所以，我们认识中美关系发展，还要把它放在一个历史的长周期来看。而对现在美国所有的非理性的说法、非理性的情绪、非理性的状态、非理性的行动，我们必须保持战略的定力，要清醒地进行战略判断。我们要认识到美国的主旨，就是要保持美国的霸权，其实不光是特朗普总统，奥巴马卸任之前在西点军校演讲的时候就讲，美国至少还要领导世界 100 年，不能让像中国这样的国家在制定国际规则时说了算。我们在座的各位可能都等不到 100 年之后了，美国能不能领导到那时候，现在全世界的人可能都看不到。而且，奥巴马说不能让像中国这样的国家在制定国际规则的时候说了算，实质上就是要保持美国霸权，美国利益至上、美国第一。特朗普总统又将此发展到了极致，要让美国再次伟大。所以，在美国经济学家与刚刚上任的特朗普总统讨论经济政策的时候，说特朗普的减税政策、放宽市场准入，还有贸易政策等，如果能全面实施，他们认为美国的 GDP 会增长 3% 以上，特朗普说不，我至少要让美国 GDP 增长 5% 以上。但是他执政第一年没达到这个目标，2018 年经济增速是 2. 9% ，2019 年按特朗普这个打法，虽然第一季度是 3. 2% ，但是我认为美国经济会下行，IMF 也已经降低了对美国经济的预期。美联储对美国的预测是最悲观的，2019 年 GDP 增长 2. 1% ，2020 年是 1. 9% 。

我认为美国未来会为现在这种行为而付出长期代价，他不仅扰乱了世界秩序，使世界经济增长下行，使世界贸易规则遭到破坏，给中国经济带来影响甚至重创，而且也给美国自己带来了影响甚至重创。

第二个观点，美国发起的与中国的贸易战，醉翁之意不在酒。这是把经济民粹主义发展到极致，把贸易战作为一个经济武器，对全球发起的一次美国利益至上、以美国利益为核心重构世界经济体系和经济规则的一个肇始，而这个过程还将加速。即使特朗普下台，换一个总统也不会改弦易辙，仍然是要构建以美国利益为核心、美国利益至上的新的国际体系，以保持美国霸主地位。

第三个观点，面对中美贸易战，我们怎么来认识当前面临的所有挑战？我认为，一方面要把我们的对手当成纸老虎，另一方面还要把对手当成真老虎，在特殊的时期还需要把对手当成母老虎，而且目前正在发飙。我觉得，现在特朗普政府的发飙已经达到极致，也到了一个临界点。贸易战是两个国家打，现在变成一个发达国家打另一个发展中国家的一个个企业，打了中兴打华为，现在又在打大疆，今天公布要打的是海康威视，是做视频设备的。所以，深圳人特别“高兴”，说现在美国正在和中国深圳打一场贸易战，因为这些企业都在深圳。网民又进一步缩小了范围，说美国现在正在和深圳南山区粤海街道办事处科技园区社区打一场贸易战，因为美国列入实体清单管制的这些企业都在深圳的这个社区。

我觉得美国真是没意思，他们能打赢吗？真打不赢。美国打击中兴通讯的时候说中兴是国有企业，国有企业得到了国家补贴，要求中国国有企业市场中立、竞争中立。美国这几十年一直在谈这个问题，而且以此攻击中国是“国家资本主义”。现在美国政府新制裁和限制名单上的都是民营企业，华为是肯定打不垮的，现在大疆也发声明了，今天表示要打的海康威视，我估计马上也会发声明。

列宁当年指出，资本主义最高阶段是垄断的、腐朽的、垂死的，我认为目前还要加上两句话，是疯狂的，是丑陋的。美国现在的行径，我认为确实是丑陋的，尽管我们真的希望继续向美国学习，我们希望很好地与美国合作，到现在华为任正非还说，如果美国允许美国企业出口，我仍然要从美国进口芯片，我仍然希望和美国进行合作。他希望把美国的政客和美国的企业、美国的人民分开。我认为中国企业家的胸怀确实是非常博大的，这就决定了中国的企业一定会取胜。因为中国、中国企业、中国人民经过5000年文明的养育，有深厚的文化内涵，有真正博大的胸襟。美国崛起200多年，是一个伟大的奇迹，但是文化的滋养还不够。美国很多方面确实走在了人类的前面，但是实际上是集中和使用了全人类的智慧和人力。

我这次从美国调研回来之前，在硅谷和一些硅谷的创业者座谈，我发现在硅谷我们北大的校友已成为科技创新的骨干人才、精英人才，还有高管，北大校友会有8000多人，清华，包括大陆的清华还有台湾清华，合起来有12000人。还有中国科技大毕业的，还有各个地方毕业的大学生、硕士、博士等。原来很多人把美国当成自由的天堂，去追求、去学习、去工作、去创造，这些人给美国创造的科技成果难道不是人类的财富吗？硅谷现在的中国人比印度人多，来自世界的科学家在那里创造了科技的巅峰、科技的顶峰，是人类共同的财富。而且，这些人类的共同财富，不管是在产业链的顶端、高端、中低端，如果不和产业链连成一体的话，就不能转化为产业或者产品，就不能应用和造福于人类。美国打断的不是华为、大疆等个别企业的产业链，打断的是世界上具有创造力和技术研发能力企业的发展道路，打断的是全球整个产业发展前进的步伐。美国的做法违背了经济的规律，违背了贸易的规律，违背了产业发展的规律，违背了人类前进的规律，违背了社会发展的规律，违背了历史发展的潮流。因此，我们今天看这个问题，我认为必须面向未来，中美还是要合作，还是要走合作共赢的道路。

习近平主席提出要构建中美新型大国关系，即“不冲突、不对抗，相互尊重、互利共赢”。我认为，这是中美关系正常化应该坚持的原则。美国现在已经放弃这个原则，就是要跟你冲突，就是要跟你对抗，就是要高你一等，就是要打断你前进的步伐，所以才出现了刘鹤副总理在美国讲的关于文本的平衡性问题。我们大家可以看到来自外媒的那些文本，那些充满冷战思维的、居高临下的文本。中国人绝对不能接受这种“城下之盟”，中国不怕恫吓。党中央的决策是完全正确的，我们要坚决维护中国的核心利益，坚决维护中国的重大关切，坚决维护中国发展的成就、未来的前景，不能被任何人打断我们前进的步伐。

谢谢各位！

美国发起的贸易战已经失败
——在中国人民大学中美贸易问题讨论会上的发言

（2019 年 5 月 12 日）

导语：贸易战产生了负面的溢出效应，对全球秩序、全球规则、全球贸易体系都提出了严峻挑战，破坏了全球几十年和平发展的秩序规则。美国启动对华贸易战、科技战、金融战，将形成对中国全面的遏制。美国对华战略转向已经形成，也不会再向后转，所以对全球和平发展的秩序和环境都会产生很大影响。美国的贸易战是失效的，美国的贸易逆差并没有有效解决，全球产业链在重构中并没有加快向美国转移，美国发起贸易战的目的，是恫吓中国、遏制中国、围堵中国，这个目的也没有达到。未来中美不能脱钩，继续谈判，谈谈打打，这是常态，中美贸易战将是一场持久战。中国应积极推动“一带一路”等重大倡议，实行市场多元化战略，对冲中美博弈对我们的不利影响。

参加今天这个会议我非常高兴，这是一个重要的历史机遇。为什么说是历史机遇呢？因为中美全面经济对话中方牵头人昨天刚刚回到北京，经历了 40 小时的风风雨雨回到北京。中方牵头人刘鹤副总理在美国接受采访的时候，表明了中国的态度、中国的立场，准确地发出中国的声音，有大国的理性、淡定、从容，也有大国的坚守、大国的原则、大国的立场和态度。

我认为，自中美贸易谈判以来，中方牵头人从来没有发出过声音，这次我觉得他的记者访谈是一个最清晰的，也是让全世界都明白的声音。他谈了贸易谈判中美在哪些地方是相同的，在哪些地方是不同的，现在我们和美国谈判到了一个什么关键节点上，让中国老百姓和全世界一下子都清楚了。

中国是有底线的、有立场的、有忍耐的、有让步的，中国也是坚持原则的、有核心利益的。

我分析中美贸易谈判从第一轮到第十一轮的节点，实际上每一轮重启都是美国提出来的。为什么每一轮都是美国提出来？

实际上我在 2017 年 1 月 15 日中央电视台《市场分析室》专题节目中，就对中美贸易战进行了分析，贸易战如果打起来，美国将在 7 个方面受到损失，美国的损失将比中国要严重，到现在我还坚持这个观点，就不再重复了。

这十一轮贸易谈判经历了一年多时间，我算了一下，有两个元宵节、两个母亲节、两个劳动节、一个儿童节、一个情人节、一个清明节、一个青年节，几乎都是在节日期间，足见两国谈判团队是非常辛苦的，占了很多的休息时间。可以说两国的谈判团队还是做了大量的、艰苦的、细致的、有耐心的工作，包括两国的具体磋商。

我认为，两国坚守本国的利益没错，中国没有错，美国也没错，但是责任完全在美方。谈判是没错的，但是导致谈判受阻和曲折的原因在美方。特别是 2018 年第二轮谈判，就是中方牵头人到了美国，双方签署了“5·19 声明”，当时承诺双方取消全部加征对方的关税，后来不出 10 天美方马上推翻。

这一次和上次不同的是什么？这次是在中美全面经济对话中方牵头人去美国之前，特朗普就发出推特，要加征 2000 亿美元商品的关税，从之前的 10% 加征到 25%，除了 5 月 10 日中午宣布对 2000 亿美元商品加征从 10% 到 25% 的高额关税，现在又启动了制定对剩余的 3250 亿美元商品加征关税方案。

所以，按照列宁所说的，虽然美国还不能说是帝国主义，但是实际上是资本主义发展到了最高阶段，不仅是垄断的、腐朽的、垂死的，而且是疯狂的，是已经失去理智的，进入了一种疯癫状态的霸权国家。

这种状态就有可能推动世界发生百年未有之大变局，世界真正的变局我认为是从中美的贸易战、中美的博弈开始的。历史大变局过去都是渐进的，而现在是一个历史大变局的转折点或者爆发点。

第一个方面，贸易战产生了负面的溢出效应。

贸易战实际上已蔓延到了全球，对全球秩序、全球规则、全球贸易体系都提出了严峻挑战，破坏了全球几十年和平发展的秩序规则以及人们的预期，我认为这一点是比较可怕的。

2017 年特朗普上台，全球的外商直接投资下降 23%，2018 年全球外商直接投资发达国家下降 40%，2019 年上半年全球外商直接投资增速下降 41%。而中国 2018 年增长 3%，我们认为中国吸引外商直接投资增速下降幅度比较大，但是比全球要好得多，比发达国家好得多。

所以，美国对以中国为首的国家和地区发起的贸易战，对全球投资造成了很大影响，对全球的贸易也造成了很大影响，全球贸易量 2018 年也急剧下降。

全球经济已经经历了十年危机，刚从浅水域驶出来进入整体复苏。IMF、世界银行、联合国贸发组织的所有预测都是 2017 年世界经济将全面复苏，75% 的经济体将走出衰退和经济增幅下降的态势，走向复苏和增长。在这样的一个形势下，美国出了这么一个总统，总统又经过不断调整，最后集合了一批鹰派的、落伍的强硬派，我觉得这群人是非常落后于时代的，他们有一个共同的特点，都是老人、商人和狂人，年龄大都在 70 岁以上。

特朗普在民主党拜登出来竞选下一任总统以后，说拜登太老了，他说我是多么年轻啊！他周边现在这些人，莱特希泽 69 岁，纳瓦罗也是 70 多岁，莱特希泽在日美贸易战中是贸易谈判副代表，他现在与中国贸易谈判的路数与日美贸易摩擦时期日美贸易战的打法完全一样。

比日美贸易战增加了什么呢？增加了特朗普的谈判艺术，极限施压，这就使中美贸易战沿着这个轨迹上演的时候，增加了更多的不确定性、更多的风险。中美贸易战产生了巨大的负向溢出效应，会对全球的产业链产生影响，对全球的贸易体系产生影响。

第二个方面，美国的外交政策也出现了非常大的混乱。

全世界都知道特朗普“退群”，但原来退的是经济的群、社会的群，现在退的是抑制战争的群，与贸易战结合起来，就对全球和平发展造成了很大威胁。

不仅对全球经济造成了很大威胁，而且对世界和平发展造成了很大的威胁，对地缘政治、地缘安全、地缘经济也造成了很大的威胁，包括中东、俄罗斯、中国台湾，比如在对中国极限施压的同时，参议院全票通过“台湾保证法”。

这样和他的贸易战结合起来，加上他的科技战，将来我认为他还会启动金融战，将是对中国全面的遏制。美对华战略转向已经形成，不会再向后转，所以对全球的和平发展秩序、和平发展环境、和平发展期待都会产生很大影响。

第三个方面，中美贸易战对中国的影响，美对华的战略转向将是长期的。

贸易战只是开始，而不是结束，这句话不是我说的。我们 2019 年 4 月 15—21 日到美国和各界有 10 次的座谈会，其中有一次是和美国白宫相关部门的中国室处长座谈，我问他美国战略转向是不是真正形成了，他说的确是形成了，而且贸易战只是开始，而不是结束。

我说，你认为下一步会转向哪些方面？他说下一步会在科技方面全面展开。实际上科技战现在已经展开了，从孟晚舟事件到中国留学生政策，到王文这么优秀的中国学者被取消赴美护照签证，美对华战略转向已经全面展开。美国对中国的遏制打压，是一场持久战，而不是遭遇战。这里有几个方面说明，美国的贸易战是失效的。

第一个失效，美国想解决贸易逆差问题，但是贸易逆差还是继续大幅上升，2017 年美国贸易逆差是 5020 亿美元，2018 年达到 6100 亿美元，这是扣除了服务贸易的，货物贸易逆差是 8900 多亿美元。美国发起的贸易战包括和中国、欧盟、日本、印度，但是所有的结果都一样，美国贸易逆差仍然直线上升，而没有下降。

第二个失效，全球产业链在重构中并没有加快向美国转移。产业链的重构，包括供应链、服务链、价值链转移是一个比较长的过程，一般要有十几年甚至二三十年的转移过程，一旦形成之后，不会因为你减税就马上转移，相反像特斯拉、福特等企业，现在还在向中国转移，因为它们寻求的是市场，寻求的是产业链配套。所以，这个方面的目的也没有达到，重振美国制造业增加的就业并没有多少，这一次的贸易战还会导致美国失去将近 100 万个就业岗位。

第三个失效，美国发起贸易战的目的是恫吓、遏制、围堵中国，这个目的也没有达到。

我认为特朗普的梦想是实现两个第一，就是想成为美国排在第一位的总统，想使美国第一。特朗普想成为里根第二，里根当时搞垮了苏联，但是特朗普绝对搞不垮中国。中国在历史的长周期中，正在稳步地向前走、向上走，更加开放、更加进步，美国则是稳步地向后退、向后转，是在倒行逆施。

美国正在用传统的打法来打现代贸易战。我看了专家算的一笔账，就是在对我国 500 亿美元商品加征关税的时候，占 70% 的是中间品和投资品，对 2000 亿美元商品加征关税时，其中 78% 是中间品和投资品。中间品和投资品占这么大的一个比重，自然是由美国的企业、消费者、农场主来承担。

美国格林斯潘曾经连任三届美联储的主席，他从来都不发出清晰的声音，但是在中国上海参加一次关于中美问题讨论会时，他明确地说，美国加征高额关税，最终的承担者将是美国的消费者和美国的企业。这个话斩钉截铁，而且美国和全球很多研究机构也都是这样说的。

我 4 月带小型专家组到美国调研，和美国 CSIS 研究中美问题的专家及专门跟踪研究中美贸易战的一个团队交流，经过大概一上午的座谈后，他们说：我们的预判是，即使中美达成了协议，一年以后还会回到原点。为什么这么说？我们算了这笔账，即使中国承诺了增加多少多少美元的进口，美国能出口什么？美国出口什么产品能值那么多钱？农产品顶多几百亿美元，出口能源翻番的话顶多30亿美元，总不能都卖大飞机吧？

他们认为，美国没有什么可出口的，我当时说：关键不是美国没有可出口的，是我们需要的东西你不给。取消高技术产品出口的限制美国做承诺了吗？既然是贸易谈判，对美国出口管制也应该做承诺，你不放开出口管制，就不能说我不进口。我花钱买你的商品，你也得卖给我啊！所以他们认为，一年以后又会回到原点，因为美国出口的额度达不到那么多。

贸易逆差本身就是跨国的市场交易行为，就是市场需求去寻求供给的匹配过程，如果你没有这种供给能力，我进口什么美国商品？因此，贸易逆差按照美国现在的打法，是绝不会消除的。

还有美元霸权。美元从1971年就成为信用货币，正如中国政府白皮书所说的，美国用几分钱一张的美元换了我大量的实物商品，按说美国是获益者，是得到了纯收益，但为什么他还要打呢？

我认为美国就是没事找事，就是要遏制你。孟晚舟在加拿大被扣留，被美国采取国家流氓行为绑架了，美国还有什么干不出来的呢？蓬佩奥、博尔顿到处煽风点火，不让买华为的产品，这是什么行为？这不是没事找事吗？中国企业做生意碍着美国什么事儿了？一个国家用举国之力去对付一个企业，已经抛弃了自由市场经济的原则。

所以，我认为美国发起的贸易战并没有达到预期的目的。中国不是吓大的，中方牵头人说中国不怕，中华民族不怕，讲得特别好。

有什么可怕的？贸易战加速了美国的衰落，更加坚定了中国建成社会主义现代化强国的信心，坚定了中国通过自己努力、通过改革开放高质量发展、走向未来的信心。

几条简单的建议：

第一，中美不能脱钩，继续谈判，谈谈打打，这是常态，中美贸易战将是一场持久战。就像毛泽东在《论持久战》中论述的一样，抗日战争经历了从战略防御到战略相持再到战略反攻三个阶段。我认为中美贸易战也会有这么几个发展变化的阶段。美国既是纸老虎，也是真老虎，真老虎獠牙露出来的时候，也还是比较凶猛的，被他咬一口或者咬断了气，不太值得，所以必须经过战略防御、战略相持、战略反攻这样一个过程。

第二，坚决维护国家的核心利益，维护我们的重大关切，维护大国尊严。这是不能含糊的，因为新中国成立后我国摆脱了“三座大山”的压迫，改革开放 40 多年摆脱了贫困，现在在我们富起来的道路上，谁阻止我们前进的步伐，谁就是我们的敌人，别说你把我当作战略竞争对手，美国政府现在这样做，我们也会把你当成对手，这叫“逼上梁山”。

第三，和国家重大战略相配合，实行市场多元化战略。要推进“一带一路”跨国经济合作，在中国北京召开的“一带一路”国际合作高峰论坛，第一届会议、第二届会议成果丰硕，已经充分说明了全球多数国家和国际组织对“一带一路”的拥戴、认知、参与的程度。我们中心对“一带一路”的相关国家进行跟踪研究，与对外经贸大学、汤森路透、国开行发布了贸易与投资指数报告，汤森路透和国内外 100 多家媒体进行了报道。我们的道路越走越宽，我们在“一带一路”沿线国家累计投资超过 6 万亿美元，2018 年贸易额达到 8.43 万亿元人民币，已经占贸易总额接近 30% 了。

现在我们和东盟贸易额 5100 亿美元，和韩国 3000 亿美元，和日本 2000 亿美元，和俄罗斯 1000 亿美元，和欧盟 6400 亿美元，这些加起来，是很大的市场。美国退出的将是一个具有广阔空间和巨大潜力的市场，最后受损失的是美国，美国将会受到长期惩罚。

中美经济博弈带给我们的启示
——在人大重阳金融研究院《名家大讲堂》上的演讲

(2019 年 3 月 25 日)

导语：当前世界正面临百年未有之大变局，中国成为世界经济变局的最重大影响因素，美国已从经济全球化的最大受益者变成最大的搅局者。当前中美两国正在进行激烈博弈，这是遏制与反遏制的博弈，是制裁与反制裁的博弈，是中国在走向繁荣、强大，成为社会主义现代化强国的过程中，与准备打断这个进程的第一大国之间的博弈。

如果说过去是中国的崛起改变了世界的格局，现在则是中美之间的博弈在进一步改写世界历史。历史长周期将因中美之间的博弈重新开始，世界也面临百年未有之大变局，由于中国之变、美国之变，导致了世界之变。美国最大的变化，就是从经济全球化最大的受益者变成现在最大的搅局者。大家都关注中美这场跨世纪史诗级的博弈。为什么不叫它为贸易摩擦？为什么不叫它贸易战？因为我认为，它不仅仅是经济博弈，经济博弈只是一个方面，它将是中美全方位的博弈。

一、美国从经济全球化的最大受益者变成最大的搅局者

从 20 世纪 20 年代至今，美国经历了四个时代：

第一，美国的黄金时代。从 20 世纪 20 年代开始，10 年内经济总量增加 48%，制造业产值占全球 50% 以上。美国成为第二次、第三次技术革命与工业革命的核心国家，掌握着全球 50% 以上的黄金。

第二，美国的霸权时代。在“二战”之后，美国主导建立了三个国际机构：IMF、世界银行、WTO。这三个国际组织是在美国的主导下推动建立起来的，因此，也形成了以美国等西方国家为核心的国际秩序和国际规则。这个国际秩序和国际规

则，又巩固了美国的霸主地位。进一步巩固美国霸主地位的是 1944 年建立的布雷顿森林体系，实现了双挂钩的货币政策，世界各国的货币和美元挂钩，美元和黄金挂钩，当时是 35 美元相当于 1 盎司黄金，美元就成了世界货币。美元的霸主地位就从 1944 年布雷顿森林体系开始确立了，而美元的霸主地位又给美国剪世界各国的“羊毛”提供了经济的武器。

美国还成了世界科技强国、制造业强国。其实美国制造业最辉煌的时候是美国作为工业大国的时期，当时美国是钢铁制造大国、汽车制造大国、飞机生产大国等，这些都是标志性的。看美国的动画片，那些钢铁大侠是美国工业大国的标志，那时候美国是制造业的强国，制造业的产值曾经占到全球制造业产值的 50% 以上。1978 年，美国制造业产值占到全球的 33% 以上，而那时候中国制造业产值不足世界的 5% 。

美国还是世界军事强国，到现在美国的军事实力仍然雄厚，而且其军事投入是世界最大的，2018 年军费预算是 6680 亿美元，2019 年特朗普总统要争取 7160 亿美元军费。

第三，美国的搅局时代。美国一直在搅局，最明显的搅局是特朗普任总统之后，真正开始了搅局的时代。我归纳一下他的搅局行为：

“退群”：退出联合国教科文组织、人权组织、《巴黎协定》、《伊核协议》、《中导条约》、《全球移民协议》、《维也纳外交关系公约》、万国邮联、TPP 等。

寻衅：包括发动贸易战、科技战、金融战，政权更迭，颜色革命，军事打击等。

禁穆：发布“禁穆令”，禁止穆斯林难民进入。

修墙：美墨边境 3100 千米要修墙，原有 1100 千米墙也需要修缮，2018 年计划新修 317 千米，需要 57 亿美元。但修墙需要 57 亿美元，国会不同意，特朗普决定政府关门，关了 35 天还是不同意，只好又开门，开了门之后还是不同意，特朗普宣布国家进入紧急状态，紧急状态被国会否定，12 个州也对他提出起诉，最后紧急状态被废掉。现在特朗普总统正在对军事盟友收 150% 的军费作为收入。

脱钩/隔离：切断全球供应链、产业链、价值链，实行保护主义、民粹主义，有人还主张与中国彻底脱钩。

第四，美国的衰落时代。现在世界经济、世界外交、世界地缘格局由于美国的不确定性、美国的搅局存在极大的风险。特朗普总统这种理念和行为，极有可能导致美国进入衰落的时代。而美国的衰落时代，我认为就是以中美经济博弈作为历史转折点，美国将加速进入衰落的长周期。世界去美元化、去美债化、去美国化已经开始，并将成为时代潮流。

二、中国从站起来、富起来到强起来

中国也在变，中国变成了一个充满自信、受到尊重、有国际威望、在世界上使人们能够看到希望的大国。中国从站起来到富起来，再到强起来，正在以崭新的面貌屹立在世界东方。中国现在已经成为世界第二大经济体、第一大贸易体、制造业产值排在第一位的国家，中国已经成为金融大国、科技创新大国，也是军事大国。按照军事能力评估，中国现在排在第三位，前面是美国、俄罗斯，也有人评估中国排在第二位，只在美国之后。中国已经形成的基础设施可以长期支持中国经济的发展。中国还形成了新的发展红利，原来的劳动力红利渐次失去，但新的人力资本红利正在释放，市场红利是我们的最大底气，战略组合红利给中国带来了更大发展空间。

比如中国"一带一路"倡议提出来到现在 6 年，取得了丰硕的成果。截至 2019 年 3 月 6 日，中国已经与 123 个国家和 29 个国际组织签署了 171 份共建"一带一路"合作文件。近日，意大利顶住了美国警告的压力，在与中国国家主席习近平举行的一个签字仪式上正式加入了"一带一路"，意大利应该是第 124 个签署"一带一路"合作谅解备忘录的国家。"一带一路"从倡议变成了全球行动，变成了全球的公共产品。联合国一共 193 个国家，124 个国家加入"一带一路"倡议，占了全球国家总数的 2/3。这么多国家和国际组织携手共建"一带一路"，仅仅用了 6 年的时间，为什么呢？因为中国的理念、中国的主张、中国的道路、中国发展的模式在世界上引起了强烈的反响和共鸣，得到越来越多的认可和赞赏。

三、中美经济博弈给我们的启示

（一）不作死就不会死，出来混迟早要还的

大家对中美经济博弈的过程都非常清楚了，因为真正的经济博弈实际早就开始了。贸易战是从 2018 年 3 月 22 日开始的，特朗普宣布对中国 600 亿美元的商品加征高额关税；4 月又宣布最后定下来是对 500 亿美元商品加征高额关税；之后反反复复，这一过程将近一年，这一年进行了七轮贸易谈判。我认为，中美经济博弈，第一条启示是"不作死就不会死"，"出来混迟早要还的"，现在的问题是美国"作"出来的，"天下本无事，有人专挑事"。

美国挑起的“事”违背经济发展客观规律。比如禁止高新技术产品出口，禁止真正的高技术像5G技术、华为技术进入，一个出一个进，都是选择性地禁止。实质上你禁止的是什么呢？是科技转化为价值和使用价值的过程。因为中国的制造业发展是有后发优势的，但在很多领域还处在中低端，而全球已经形成了产业链、供应链、价值链，在这个链条上，有高端、中端、低端，总体上我们在中低端，在一些高技术领域，美国是在高端甚至顶端，比如芯片，现在的5纳米、7纳米芯片确实是美国掌握的技术。一旦切断了这个产业链，美国禁止出口，这些顶端产品就不能转化为市场价值，因为像高通、英特尔这些最顶端的芯片70%是供给中国企业的，现在被贸易战切断了，美国这些企业就得大量地裁员，因为企业效益在急剧下滑。就这一点来说，特朗普总统是不懂经济发展的客观规律的。

对于贸易也是一样。和美国有贸易关系的国家全球有101个，其中绝大多数国家对美都有贸易顺差，美国的贸易逆差额总共8000多亿美元。之所以有这么大的逆差，是因为美元在布雷顿森林体系建立后成为一种具有霸主地位的货币，布雷顿森林体系1971年8月15日解体，解体之后美元还充当着实际上的国际货币，但是它已经不再和黄金挂钩了，不和实物商品挂钩了，只和它需要买的商品挂钩，也就是《中国政府白皮书》所说的，美国用几分钱的成本印出美元，用它来换取我们大量的实物商品。所以，美国肯定是贸易逆差，我认为，贸易逆差换句话说就是美国的纯收入。总统特朗普、贸易代表莱特希泽，他们的思想还停留在传统贸易阶段，停留在美元是国际货币的阶段。如果他们能够知道他们实际上是最大的受益者，贸易战就不会打得这样如火如荼。

美国现在这种做法，违背了世界发展的时代潮流。因为世界是面向未来的世界，是联系越来越紧密的世界，特别是由于新一代信息技术革命，出现了互联网、物联网、人工智能、大数据、云计算、云服务，通过虚拟的空间把世界连为一体，把实体经济、虚拟经济连为一体，把制造业和服务业连为一体，把消费端和供给端连为一体，这个世界变小了，并且由于这种联系和连通，它的共享程度提高了，分工和交易的方式发生了急剧的变化。而现在美国发动的贸易战瞄准的是传统贸易的得和失，算的是顺差、逆差的账，而且禁止出口，禁止进口，这都是传统的贸易理念。

美国现在的数字贸易实际上是数字品的贸易，我们讲的数字贸易是数字化的贸易，是货物贸易的数字化，是数字品贸易的数字化，是数字经济条件下新的贸易形态——E国际贸易，而美国现在讲的还是传统的贸易。面向未来的数字经济，它会使我们的制造业业态、服务业业态、贸易业态发生革命性的变化。我认为，现在应该是各个国家，尤其美国和中国，排在世界第一位、第二位的两个大国携手来研究未来这些新的规则、新的规制，怎么能有利于人类社会的发展，怎么能有利于世界经济的发展，而不是像现在这样打来打去，连迷踪拳都说不上，更可能只是混乱拳。这种打法真的是打乱了美国自己，打乱了中美关系，也打乱了世界秩序。

本来世界就不平静，世界上很多深层次矛盾都没有解决，如贫富矛盾、南北矛盾、收支矛盾、高债务、高风险的货币政策、网络空间发展与治理的矛盾等，这些矛盾都是人类面临的共同矛盾、环境污染带来的矛盾，传染性疾病与健康的矛盾，也是人类共同面临的矛盾。我们应该携起手来共同解决人类面临的这些难题，跨越一个个陷阱，让整个人类社会更加美好。

美国的做法违背了国际治理的内在要求。“二战”以后建立的新秩序，使整个世界保持了几十年的和平、发展、合作的主流，这也是美国等国家曾经对世界做出的贡献。但过去的“举旗者”现在变成了“搅局者”，所以，国际秩序、国际规则现在都受到了极大的挑战。

美国的做法违背了人类的道德道义。习近平主席提出构建人类命运共同体的核心理念，而现在美国的核心理念就是“美国第一”“美国利益至上”“让美国再次伟大”。特朗普上台以后就把白宫的网站主题词变成“让美国再次伟大”。他 2018 年 9 月在联合国演讲，演讲的核心思想就是“美国利益至上”，他说他一年取得的成就超过历届美国总统，联合国会场上一片哗然。他把美国的利益看得太重了，每个国家都会把自己的国家利益放在第一位，但不会因为把国家利益放在第一位而违背国际规则，违背人类社会发展的规律。

在几年前，特朗普总统还没有上任之前，美国的媒体、学者还在说，拒绝全球化就是拒绝太阳的升起。而今天美国的政界，特别是特朗普总统在 2018 年的演讲中明确提出来，美国不再坚持，也反对全球主义。美国一些鹰派人物说：“全球化带给美国千千万万工人的只有贫穷和悲伤，完全消灭了我们的中产阶级，美国至上而不是全球主义，这将成为我们的信条。”所以，美国现在走的这条道路是走向孤立、封闭、保守、后退的道路。

美国有学者发表文章，题目是《美国总统特朗普正带领美国大步迈向 19 世纪》，这个标题我认为很好，因为美国政府现在和世界各国打贸易战依据的都不是国际规则，而是美国 1974 年的贸易法，譬如依据这部法律的“301 调查”条款形成的“301 调查”报告；美国 1930 年的关税法，譬如利用其中第 232 条进行的钢铝贸易制裁。美国发起贸易战是想减少贸易逆差，但是打了一年，它的逆差并没有减少，结果是美国在一年中净损失 78 亿美元，进口下降 31.5%，出口下降 11%，关税成本全部由美国消费者和生产者承担。这个研究是哥伦比亚大学和其他一些学校的学者的共同研究得出的，他们写了一本书叫《回到保护主义》，这是他们最新计算的数据。

（二）一个国家的执政者若丧失了道德、信用和理智，把一个国家利益和规则凌驾在其他国家利益和国际规则之上，这个国家将由于它的过度嚣张和信用损耗，受到时代的唾弃和惩罚

2018 年 8 月，托马斯·弗里德曼在定义美中关系的历史时这样描述当前的世界:“当前的局势完全是一场斗争，为的是重新制定全球最老和最新的超级大国——美国与中国——经济和权力关系的规则。这不是一场贸易的口角。”我刚才说这一场中美之间的贸易战只是序幕，它后面还会有几个层次全面的博弈，但却开启了美国走向衰落的历史转折点，就是因为在这场博弈中，美国总统特朗普显示了他的个性:

第一，绝对重商主义。他是个商人，把所有的东西都变成了商品的交易，而在这个交易中讲究交易的艺术，其中屡试不爽的是极限施压。几乎处理所有问题的时候都采用这样一种商人的思维，极端的重商主义。

第二，极端个人主义。利用这种极端的个人主义，美国总统特朗普是想实现两个第一，一是美国第一；二是特朗普要成为美国排在第一位的总统。他认为他取得的成绩已经超过了历届美国总统。美国有个油画家画了一幅油画，把历届美国共和党的总统画到了一张相框里，特朗普总统坐在正中间，穿着白色衬衣，打着红色领带。特朗普感觉好极了，非常高兴，就把这幅画挂在了白宫里。

第三，极端的保护主义。包括禁穆、修墙等，现在采取的很多措施都是为了保护美国本国的利益。现在美国出现极端的民粹主义，社会矛盾已经达到了一个峰值，包括黑人、白人的种族矛盾，民主、共和两党矛盾，穷人、富人的贫富矛盾。美国的这种社会矛盾现在确实在一个巅峰，对中国的强硬也是一种转嫁社会矛盾的途径。为什么说是转嫁矛盾的途径呢？特朗普说美国那么多人失业了，都是中国夺去了他们的工作岗位。

中国现在的制造业是否夺走了美国的就业岗位？我举个例子，美国最高峰时 1974 年钢铁产能 1.3 亿吨，美国 1974 年制定贸易法，同步降低钢铁的库存，钢铁产值从 1.3 亿吨峰值降到后来的 8700 万吨，用了 20 多年时间。美国钢铁产能先是

转移到了日本和西德，然后从日本、西德逐渐转移到“亚洲四小龙”，然后转移到中国。因此，我们和美国的产业转移是有个时间过渡带的，中国的就业岗位和美国的就业岗位没有关系。美国钢铁产业的工人最多时有77万，后来降到现在的14万。60多万人到哪儿去了？并不是中国抢走了，一是转移到本国服务业；二是随着产业转移到了其他国家。所以，美国提出的很多观点经不起推敲。用这种民粹主义情绪和认识偏差来处理国际的问题，更是唯恐世界不乱。

现在美国还在走向军国主义或帝国主义，利用军事霸权压制他国。2017年12月，《美国国家安全战略报告》描述美国的战略转向，美国以前的竞争对手、打击对象排在第一位的，从2001年以来一直是恐怖主义；第二位是“流氓国家”，包括伊朗、朝鲜、委内瑞拉等；第三位是大国之间的竞争。现在完全颠倒了，大国竞争排在第一位，大国竞争的顺序是中国和俄罗斯，中国排在第一位；第二位还是“流氓国家”，缩小到两个，即朝鲜和伊朗；第三位是恐怖主义。从此，美国的核威胁报告、国情咨文以及后面出台的一系列重要报告，都把中国作为最主要的战略竞争对手，给中国“戴”了很多的“帽子”：“修正主义国家”“国家资本主义”“经济侵略者”“债务输出国”等。这种情况下，贸易摩擦只是中美经济博弈的序幕，经济博弈则是全面博弈的开始。

在整个过程中，没有一个中美之间的摩擦是中国发动或发起的，中国一直处在应战状态，或者说不得不应战。当然，“战”是为了“和”，不战不能和。其实中国也希望不战而屈人之兵，希望有一个好的外部环境，使中国能够在改革开放道路上继续走下去，使我们真正能到达胜利的彼岸，使“两个一百年”的目标顺利实现，使中华民族能屹立在世界民族之林。

所以，中国从本质上真的是不愿打，但我们也不怕打。这场贸易战，使我们更加自信。而中国越自信，美国越焦虑；中国越从容，美国越被动；中国越开放，美国越孤立。美国在奥巴马时期与中国出现战略互疑，北大王缉思和美国布鲁金斯的李侃如写了一篇很重要的文章《中美战略互疑》，讨论为什么会导致战略互疑。我认为，特朗普担任总统以后，战略互疑就变成了战略焦虑，过去中国看美国望尘莫及，40年前我们是要仰望美国；40年后美国蓦然回首，中国已从后面追了上来，而且还很可能超过去，所以美国焦虑了。“战略焦虑”不解决，那么臆想中的所有行动就都是错的。

（三）世界经济发展史上的若干重大经济危机，都是“三分天灾，七分人祸”，美国正在成为导致全球不确定性加剧的风险源和导火索

1930 年，美国实施《斯穆特—霍利关税法》，提高了 2 万多种进口商品税率，平均关税水平由 1929 年的 40.1% 升至 1932 年的 59.1%。此举招致其他国家报复，美国出口总额从约 52 亿美元跌至 16.5 亿美元，拖累全球贸易总额从 360 亿美元降至 120 亿美元。而这场世界经济灾难在德国孕育出了希特勒的纳粹统治，在日本则催生了对外扩张的军国主义。罗斯福不得不实施新政，重归自由贸易之路。

当前美国依据国内法律法规，对中国和出口美国的国家实行贸易制裁，对其他国家经济进行遏制打击，纯粹为新的人祸。

（四）合作是中美关系唯一正确的选择，中美和则世界兴，中美斗则世界乱，中美破则世界衰

基辛格先生说，现在中美关系再也回不到从前，但它却可以开启一个新的历史。回不到从前那是肯定的，因为时光不会倒流，但如果能共同面向未来，就可以创造新的奇迹。所以，习近平主席多次讲“中美和则两立，斗则两败”，我概括出一句话“中美和则世界兴，中美斗则世界乱，中美破则世界衰”，中美应该坚持斗而不破，如果斗争到破裂，或者脱钩，那么世界肯定要走向衰落，因为世界上第一大经济体与第二大经济体分道扬镳，将在世界上产生巨大的影响。

中美关系从来没有像今天这样紧密。2017 年，中美之间的进出口贸易额达到 5800 亿美元。2018 年，贸易战打了一年，进出口急剧上升，上升到 6335 亿美元，双向投资累计 2400 亿美元，中美互为第一大贸易伙伴。这两个国家的经济现在已经互相交叉融合，想切都切不断。现在一年 500 万人来往于中美之间，中国 30 多万人在美国留学。美国制定新的留学政策，不让中国学生进入其重要的、关键的高科技学科和领域，其实这些都挡不住中国前进的步伐。

中美两个国家现在的 GDP 总量占全球的 40%，制造业产值占全球 40%，贸易占全球 25%，人口占全球 25%，而货币在 SDR 篮子里占到 52%。所以，中美两个国家如果能够合作，给世界带来的是正向的作用，溢出效应就会造福于人类。如果两个国家对抗性斗争，很多国家会选边站，世界就会大乱。记得 2011 年，基辛格说过一句话：“中美唯一正确的选择是合作，如果中美两个大国产生对抗性的博弈，那么世界就会选边站，就会使世界的秩序发生根本性的改变。”

现在随着中国的发展，中国对世界经济增量的贡献从 2018 年到现在年均为

30.6%，中国的分量确实是越来越重了，无视、敌视、恐惧或遏制中国的崛起是不现实的。而如果换一种思路，从对抗到合作，从遏制到欢迎，那么整个世界会大不一样，美国也会大不一样。

（五）中美贸易战不是遭遇战，而是持久战

贸易冲突只是拉开了中美经济博弈的序幕，打开了“潘多拉盒子”之后，还将有几个层次或几个方面的竞争与博弈。

第一，制造业上的竞争与博弈。现在中国制造业产值已经占到世界的1/4，美国的制造业产值从中国改革开放之初占到世界的1/3，到现在占世界的15%。美国的体量小了，但它在高端、顶端；中国体量大了，但在中端、低端，只在某些领域进入高端。这样的全球产业链布局，如果是制造业进行合作，对两个国家都有好处，这种连接会更加紧密，各个环节都会得到在产业链上共生的利润。

但是美国认为，中国的制造业规模大，而且还想迈向中高端，想超过美国。美国的“301调查”报告就是根据美国1974年的贸易法“301调查”条款做的调查。3月22日美国总统特朗普宣布对我国600亿美元商品加征关税，接着发布“301调查”报告英文版，主要针对《中国制造2025》中的十大战略性新兴产业。中国制定这些产业政策，按莱特希泽的说法，如果能实现的话，那将全面超越美国，而美国是不会让中国超越的，所以现在要全面阻止制造业向中国转移，要全面遏制《中国制造2025》，利用各种手段来振兴美国的制造业，使制造业向美国回流。他把中国的做法叫“国家资本主义”，把中国的产业政策叫“政府干预市场”。但美国也干预市场了，美国制定了很多个振兴制造业的国家计划，特朗普总统原来不采取这些做法，但上个月也出台了关于“美国发展AI战略2030”的国家计划。所以，对《中国制造2025》美国不再拿出来说事儿，因为他们在制定AI 2030国家战略，比中国政府制定产业政策的干预程度要深得多。

第二，高科技的竞争与博弈。如果说贸易竞争是激烈的，制造业竞争是剧烈的，那么高科技竞争则是惨烈的。因为高科技是致命的，一下就能把你置于死地，这也是美国对中兴通讯、对华为、对晋华进行制裁想要达到的效果。2017年我们进口的芯片价值2600亿美元，美国对中国芯片禁止出口之后，中国对美国出口不仅没有停，出口额反而加大了。

第三，金融的竞争与博弈。接下来，我认为还会有金融的博弈，包括美国利用美元的霸权来打击中国，中国还有1.2万亿美元美国国债；包括它的货币政策，中

国金融开放之后我们会面临输入性的金融风险。金融博弈可能会比高科技博弈更加惊心动魄。金融上如果他想获得利益，可以不通过实物在物理上的转移、商品在使用价值的转移，而直接获得巨额利润，那不是利润，那直接就是货币。

现在中美贸易谈判已经进入第八轮和第九轮。美国贸易谈判代表莱特希泽、姆努钦将于2019年3月28—29日访华，在北京进行第八轮中美经贸高级别磋商，刘鹤副总理将于4月初应邀访美，在华盛顿进行第九轮中美经贸高级别磋商。中美元首2018年12月1日在阿根廷布宜诺斯艾利斯形成的共识，就是要全部取消相互加征的关税，但特朗普近日在他的推特上表示，美方正讨论在相当长时间内保留对中国商品加征关税的权力以确保达成协议，并确保中方会遵守协议。《华尔街日报》报道，美国认为，要保证中国履行这些承诺就要派人到中国来，监督中国落实，而且对中国加征关税，中国不能进行反制，不能向WTO起诉。这简直是霸道、霸权、霸凌！中国外交部、商务部发言人昨天都已经对记者发表讲话，任何实施机制都必须是双向的、公平的、平等的。

可以看到，在中美两国元首的努力下，谈判团队非常辛苦，王受文在记者招待会上接受记者提问时说，那个时间美国政府在关门，中美贸易谈判加班，中午吃的都是汉堡，刘鹤副总理和莱特希泽喝的白开水。我们认为，中美之间的博弈是遏制与反遏制的博弈，是制裁与反制裁的博弈，是中国在走向繁荣、强大、成为社会主义现代化强国的过程中，与准备打断这个进程的第一大国之间的博弈。

历史长周期告诉我们，中国经过40多年改革开放，已经和40多年前不能同日而语，已经从过去的贫穷、落后的国家成为被世界第一大强国作为最重要、最大竞争对手的国家，这是中国的进步和骄傲。中国从历史长周期看是向上、向好的，只要我们没有大的战略失误或颠覆性错误，中国一定会成为世界上最受尊重的、最开放的、最稳定的和最繁荣的国家；而美国却正在走向反面。

在这场跨世纪、史诗级的博弈中，因为中国是站在世界经济全球化潮流的前沿，是站在为人类提供公共产品的前沿，是站在提供共商、共建、共享的平台和渠道的前沿，是站在人类道德道义的前沿，因此人气爆棚，受到欢迎。中国解决了14亿人吃饭问题，2020年要建成全面小康社会，实现零贫困，这些都是中国人干出来的。所以，很多的发展中国家、贫困国家从中国走过的道路中看到了未来自己的希望，真正产生了梦想、憧憬和期待。

而当一个大国把霸权、霸道、欺凌别的国家作为它的武器，来占尽世界便宜的时候，它最终将遭到世界的唾弃、历史的遗弃和人民的背弃。所以，福山说的“历史的终结”并未终结，我认为将开始新的历程，历史将翻开新的一页。

对沃顿商学院最牛校友
美国总统特朗普的几点批评意见
——在宾大沃顿商学院中国中心
《投融资周末大讲堂》上的主旨演讲

（2019 年 1 月 12 日）

导语：①中美之间的竞争与博弈分为五个层次：第一层次是贸易战；第二层次是制造业之争；第三层次是金融之争；第四层次是高科技之争；第五层次是国运之争。②中美和则世界兴，中美斗则世界乱，中美破则世界衰，中美战则世界垮。

刚才沃顿商学院中国中心的负责人站在这里底气很足，他觉得沃顿很了不起。主持人姚雪松说，现在坐地铁都能听到北京大爷大妈在议论中美贸易战。其实，我在家里小区走路的时候，也听到一群一群的大爷大妈在谈中美贸易战。我认为，大家实际上都在批评沃顿，因为发起贸易战的美国总统特朗普就是沃顿的校友，也是你们感到最牛的校友。沃顿培养出很多商业精英，一不小心培养出来一个国家领袖——美国总统，而这个总统在全世界最能整事儿。

这次会议我做主旨演讲，准备了很多材料，之前还想一边讲一边看一下，现在我也不想看材料了，主要想批评一下沃顿的校友特朗普。

今天围绕中美关系问题，与大家分享一下我对中美关系的一些研究和思考。大家知道，最近中美两国用了三天时间在中国进行副部级的谈判。中美分别发表了谈判进展声明，都认为谈判取得了进展。我认为中国很内敛，说话很含蓄，美方则认为取得了重大进展，特朗普兴高采烈地说谈判取得重大胜利。到底中美贸易战会走向何方？应该怎么来看待中美关系？现在的中美关系中问题的实质是什么？这些东西不能停留在大爷大妈的认识水平上，当然北京是个讲政治的地方，出租车司机也能讲出来很多国内外大事，站在这里可能也能讲半天。但是，作为我们大家所关注的中美关系，我认为它是一个更深层次的问题，是一个更加具有战略性、方向性的根本性问题。我认为，现在世界发展到了一个历史的十字路口。是前进还是后退？是开放还是封闭？是单边主义还是多边主义？是把一个国家利益凌驾在全球利益、凌驾在其他国家利益之上还是构建人类命运共同体？是王道还是霸道？这些问题都不可回避地摆在了中美两个大国面前，摆在了世界各个大国面前，摆在了所有国家和地区面前，也摆在了全人类面前。

我认为，中美之间的竞争与博弈分为五个层次。第一个层次是贸易战它只不过是序曲，拉开了中美之间长周期博弈的一个序幕。尽管中国非常内敛，非常克制，一直说是中美贸易摩擦或贸易摩擦升级，但实际上全球通称其为贸易战，而且很激烈，美国也认为是一场贸易战，而且他们认为自己取得了很大胜利。其实，美国醉翁之意不在酒，美国发起的这场贸易战，不仅针对中国，也针对盟友，针对 101 个向美国出口的国家。它的内涵是什么呢？是要重构世界规则、世界秩序和世界体系，建设以美国利益为核心的，把美国利益凌驾在全球利益之上、凌驾在全世界各国利益之上的一个新的世界体系。

第二个层次是和贸易战紧密关联的制造业之争。美国也好，欧盟也好，日本也好，西方主要经济体现在对中国的批评，主要是针对中国制造业发展和转型升级。我认为，在中国经济总量成为世界第二大经济体之后，并没有引发美国和西方世界的恐慌。2010 年，中国制造业产值首次超过美国，国内似乎没有什么感觉，但是美国“二战”以后保持了几十年的制造业第一地位被中国取代了，美国就觉得发生了根本性改变。那一年按照联合国工业组织的统计，中国制造业产值占到了全球的 19.8%，美国下降到 19.4%，相差 0.4%，这是中国首次超过美国。中国制造业产值超过美国，这在美国引起了很大的震动，特别是在美国的智库、精英、战略家中。一个国家制造业发展的规模和水平意味着什么？意味着这个国家将来所具有的军事生产能力，意味着这个国家贸易品的价值、价格在国际市场上将攀升到一个新的阶段，意味着国之重器、国家之基发生了重大变化。

第三个层次是随之而来的金融之争。美元在人民币国际化之前，在欧元成立之前，它就是准世界货币。1971 年 8 月 15 日布雷顿森林体系解体，当时法国总统戴高乐认为美国出现了经济问题，怕在美国储存的黄金贬值甚至拉不回来，于是派了一艘船到美国去把一轮船黄金拉回到法国。其他国家要效仿的时候，当时的美国总统尼克松向全世界宣布，美元不再与黄金挂钩，各国货币也不再与美元挂钩。因此，法国的第二船黄金没有拉回来，其他国家的黄金至今还存在美国纽约地下金库里。世界货币从布雷顿森林体系解体到牙买加体系形成，变成了浮动汇率，各个国家货币汇率实际上与美元不再有固定的关系，美元与黄金也不再有固定的关系。在布雷顿森林体系解体的时候，35 美元相当于 1 盎司黄金，40 年过去以后，现在美元只相当于当初价格的 2. 89%，美元一直走在贬值的通道上。美元贬得最厉害的时候，黄金的价格到了每盎司 1400 多美元。我记得特别清楚，2015 年第一季度，黄金从 1400 多美元降到了 1200 多美元，在中国掀起了抢购黄金的热潮，抢购黄金的都是中国大妈，主要买黄金饰品和金砖金条，当年第一季度全国抢购了 300 多吨黄金。我在国经中心 2015 年 4 月经济每月谈上谈了一个观点，我说现在每盎司黄金下降了 200 多美元，但是并不是买黄金的最佳时刻，中国大妈并不了解国际货币体系的变革，她们不知道黄金是从 35 美元 1 盎司涨到了 1400 多美元。当时有媒体是标题党，我们的会还没结束，就有媒体报道“中国国际经济交流中心总经济师陈文玲指出，中国大妈购买黄金将血本无归”。当时我和与我同时在经济每月谈上发言的专家戏谑说，你可以为我做证，其实我刚才说的是中国大妈不懂得国际货币体系的变革，还是高估了黄金的价格。我认为那个时候抢购黄金不是最合适的时机，现在实践证明那时候确实不是最好的时机。刚才我说这个是什么意思呢？就是说美元虽然不再充当和黄金直接挂钩的布雷顿森林体系中的国际货币，但实际上布雷顿森林体系解体之后，全球大宗商品结算货币的 80% 以上仍是美元，欧佩克组织所有石油国进行石油交易结算的货币，全部都是美元，国际储备货币 80% 以上是美元。所以，美元实际上还是准国际货币。在这样的情况下，欧元成立以后对美元是个冲击，大家知道现在在全球贸易结算货币分布中，美元已经从当初占 80% 以上，下降到现在的 39%，欧元占了 30% 多。为什么美国当时打压欧洲？就是因为欧盟成了欧元区，欧元要和美元抗衡，美元如果再充当国际货币剪世界“羊毛”就不会那么顺畅。

人民币原来与美元没有冲突，我国实际上从 2010 年才开始用人民币进行贸易结算的试点。当时全国包括香港有四个试点，然后再扩大到十几个试点，然后再推进用人民币进行贸易结算。现在人民币在国际结算中的比重不到 2%。中国外汇储备过去全部都是美元，2005 年 7 月 21 日外汇改革采取一揽子货币。现在人民币国际化有几个方面实际上是刺痛了美国：一是中国发起成立了亚投行、丝路基金、金砖国家银行，上合组织现在也正在筹建银行，这些新的银行和金融机构，对美国主导的国际金融体系尤其是美元霸权，不能不说是个冲击，它确实是一个国际货币的增量。二是人民币 2016 年成为 IMF 的 SDR 货币篮子里边的主要货币，人民币占到五种主要货币总量的 10. 92%。关键是现在人民币的国际化进程超出预期，我觉得中国实际上是在控制着，我们不愿意那么快推进人民币国际化。但是现在由于美国的大国信用下降，有 60 多个国家开始把人民币作为储备货币，全世界有 1600 个银行开展了人民币结算和清算业务，而且这个比重还在上升。三是因为现在美元既没有黄金支撑，也没有实物支撑，美元的信用在下降。十几个石油国家正在放弃用美元结算，31 个持有美债的国家有二十多个减持或者抛售，减持的幅度最大的像俄罗斯基本快清空了，日本原来跟美国最紧，而 2019 年却连续七次减持，中国也连续七次减持，所以美元、美债的信用都在急剧下降。2018 年 11 月，美国发行了 1100 亿美元美债，认购率不到 5%，大家不敢买，因为美国没信用而直接影响了美元信用。但中国同期在中国香港发行了 30 亿美元无信用评级债券，认购率高达 500%，很多投资者想买都买不上。所以，美国能不着急吗？这种金融之争是我们可以预料到的，美国是肯定要对中国下手的。还有一个最刺痛美国的地方就是中国带头形成了实质上的有黄金作信用支撑的货币，人民币、石油、黄金正在形成一个闭环。上海的能源期货交易市场，其中的石油用人民币结算，可以和黄金挂钩，这等于又回到了类金本位时代，又回到了布雷顿森林体系。所以，美元“剪羊毛”还那么方便吗？美元说我贬值我就贬值，说我升值就升值，作为储备货币，作为结算货币，随意“剪羊毛”现在已经不行了，美国能不着急吗？2018 年中美贸易战，中国政府发表的白皮书其实也采用了很多专家的观点，也包括我 2018 年很早就在《人民日报》《学术前沿》上发表的一篇 16000 字的文章提出的关于美元是张纸，美国是在用价值几分钱的美元换取实物的观点。我很高兴在政府白皮书里用了这一观点，我国政府提出了非常鲜明的观点，在国际社会产生了非常强烈的反响。欧盟主席容克 2018 年 9 月 3 日明确提出，欧洲从美国进口的能源只占我们能源进口总数的 2%，其余 98% 是从别的国家进口的，包括从伊朗以及其他地方，为什么一定要用美元结算呢？我们要建立独立于美元的欧元支付体系。

第四个层次是高科技之争，这实际上与制造业之争紧密关联。在世界上 525 种主要的工业品大类中，中国 225 种产能在世界排在第一位，我国现在已经具备了世界上最完备的多元化的工业体系，从中低端到中高端再到高端，当然处于产业链高端的还比较少。为什么美国这么焦虑？中国的制造业规模很大，2010 年超过美国，2015 年占到全球的 25.5%。但是制造业规模大并不可怕，原来中国制造是地摊货，是低端产品，是支撑美国高福利、低价格的产品，是美国人民享受第三世界劳动力红利、人力红利的一个转换通道。现在中国制造业要迈向中高端，这对美国来说就非常可怕了。我们制定的“中国制造 2025”，我也反复读了，其实我们的目标实现的时间太短了，第一步，到 2025 年迈入制造业强国行列；第二步，到 2035 年整体达到世界制造业强国阵营中等水平；第三步，到新中国成立100周年时，综合实力进入世界制造强国前列。第一步到2025年就要迈入世界制造强国行列，哪有那么快？我认为我们要是真的成为世界制造业强国，应该和建成社会主义现代化强国同步，到2050年实现还是有可能的。莱特希泽公开说，如果中国能实现“中国制造2025”，那中国将全面超越美国，美国要保持霸主地位就是不可能的，所以必须对中国进行制裁。

我国政府是没问题的，制定产业政策的出发点非常好，制造业转型升级一定要迈向中高端，这绝对是正确的，只是规划时段拉得太短了。对中国制造业的转型升级，不仅美国着急，欧盟也着急。我2017年10月28日在德国柏林参加了一个中德顶尖级经济学家对话。中国有10位经济学家参加，德国有10位经济学家参加，包括德国“工业4.0”的起草者、德意志银行首席经济学家、德国财政部首席经济学家等。特别有意思的是，当德国经济学家提出“中国制造2025”是不是对德国的挑战时，中国的经济学家在和德国经济学家对话时，自己就开始辩论政府到底应该不应该制定产业政策。当时中国驻德大使刚从中国国内参加党的十九大回来，当着德国经济学家的面，给大家宣讲了中国共产党的十九大报告精神。在之后两国经济学家对话时，我谈了自己的观点，我认为政府制定产业计划、产业规划、产业战略是世界通行的做法，美国有产业战略和产业政策，德国也有产业规划和产业政策。“中国制造2025”是引导性规划，而不是强制性的计划。经过近40年的改革开放，中国仍在从计划经济向市场经济过渡的完善过程中，有些方面还不可避免地带有计划经济色彩。我们的一些政府公务员的确有对前沿问题、实践问题、实际发生的一些问题把握不准的情况。但是应该肯定，改革开放不仅是企业家做出了贡献，首先是邓小平这一代领导人制定了这些正确的大战略和政策，整个市场经济制度再造，才有了中国的今天。而中国政府制定产业政策是集世界之所长，用世界各国的经验来推动中国经济发展，才取得了举世瞩目的成就。中国政府制定产业政策的方向和主流是正确的，但问题确实也有，现在我们仍然对不合时宜的、不符合市场经济规律的东西在继续进行改革。如果没有市场经济制度重构，如果没有改革开放，中国的企业家现在在哪儿呢？

实际上，中国的制造业正在迈向中高端，一些行业和领域已走到了世界前沿。大家都知道，华为的5G技术标准，占世界5G标准的比重最高。为什么很多国家5G采用华为标准，请华为建设基站？因为主要的发明专利在华为，另外，中兴通讯的发明专利在全世界排第三位。所以美国先打掉了我们的中兴，想再打掉华为。华为现在已经和26个国家签订了国家协议，在这些国家建立基站，而且华为的技术还在升级。所以美国急了，采取了不入流的国家行为对华为高管进行绑架。大家都知道孟晚舟在加拿大被羁押，据称张首晟自己也跳下去了。所以你说这个层次的竞争激烈不激烈？现在中国“千人计划”中从美国回来的所有人，在美国基本上都受到调查。美国对于高科技方面专业的中国留学生现在也开始关闭。所以，这种高技术的竞争是非常激烈的。

第五个层次则是国运之争。从“二战”之后历史长周期看，过去是美国第一，美国至上，美国永远称霸，美国用冷战思维和极端自私的“组合政策”，欺负和剥削其他国家。但是中国可以靠艰苦奋斗，可以靠聪明智慧，可以靠着自己的战略正确，走近世界舞台中央，靠近世界前沿。中国的 GDP 现在位列世界第二，制造业产值位列世界第一，还在稳步迈向中高端。中国的货物贸易 2013 年居世界第一位，占到全球贸易额的 12%，美国占到 10%。所以，大家说现在是老大和老二之争，当时美国对苏联是这样，后来对日本是这样，对德国是这样，现在对中国也是这样。

我觉得非也，并不是因为中国现在处于世界老二，美国按照常规的、历史的霸权思想和冷战思维打压老二。我认为美国确实实行了整体战略转向，战略转向的目标所指，越来越集中在中国身上。从 2001 年的“9·11”事件之后，美国一直把全世界性反恐排在国家斗争的第一位，然后把朝鲜、委内瑞拉、伊朗这些它认为的“流氓国家”排在第二位，第三位才是大国竞争，大国竞争中以前是把俄罗斯排在前面的。现在美国整个战略，包括 2017 年《美国国家安全战略报告》《美国核态势发展报告》和美国国情咨文，也包括 2018 年出台的两个国家战略报告、美国全球军力报告，还有特朗普的一系列竞选演说和他任总统之后的重要讲话里面，都进行了重新排序，把大国竞争放在第一位，大国竞争里面把中国放在第一位，俄罗斯放在中国后面，把“流氓国家”放在第二位，“流氓国家”缩小为伊朗和朝鲜，而把恐怖主义放在第三位。

美国这种战略转向不仅仅体现在特朗普个人身上，包括美国的很多学者，包括很多战略家，包括我们中心接待的像美国国会议员助手代表团、美国记者团等，我觉得在和他们整个交往中，也给我们一个非常清晰的信号，就是在对华强硬的问题上，绝不是特朗普的个性表现，不是特朗普一个人说了算，而是美国社会民主党、共和党的高度共识。两党在其他问题上是分裂的，但是在对华问题上是大体一致的，而且美国社会也形成了高度共识。前一阶段美国展开了一场大的辩论，就是美国对华政策到底是不是失败的，大部分人的结论是美国对华政策是全面失败的。为什么呢？我们是 1979 年建立的中美外交关系，但是从 1971 年就开始交往，1972 年尼克松和基辛格到中国访问。在这40年美国战略界认为，要把中国拉入世界体系，要推动中国改革开放，希望中国发展起来以后，成为美国的盟友，但是回过头来，发现中国没有按照美国设计的路线走，只是越变越强，越变越大，离美国越来越近，所以美国有些人认为美国对华政策是失败的。

10月4日彭斯在所谓的“铁幕讲话”中说：美国用25年重建了中国，但是中国还不改革，还不开放，还剽窃美国知识产权，强制美国技术转让。大家可以看到，美国给中国扣了很多帽子，比如说中国是美国最大的战略竞争对手，是国家资本主义，是经济侵略者，是世界上最大的修正主义国家，是债务输出国，这些帽子越扣越多，千方百计抹黑中国。比如说现在特朗普最器重的白邦瑞，写了一本书叫《百年马拉松》。白邦瑞是“中国通”，中文水平相当高，但他在美国没有学术地位，只是三流学者，而现在在特朗普那儿非常红。《百年马拉松》写什么呢？他说中国非常的狡诈，与美国早就开启了百年马拉松竞赛。他用中国《孙子兵法》三十六计议论和解释，认为中国韬光养晦发展这么多年，就是“明修栈道，暗度陈仓”，他用三十六计一计一计来研究中国的谋略，他据此认为中国要跟美国进行百年马拉松比赛。我觉得白邦瑞的水平太低了，中国春秋战国诸子百家，兵家就只是其中一家，你怎么不研究孔子？你怎么不研究庄子？不研究我们老子的《道德经》呢？

美国副总统彭斯就更不用说了，他10月4日的发言被称为“铁幕讲话”，其中大量观点是对中国的抹黑，其实他也是想借此讨好特朗普。原来白宫事务主要是彭斯在管，很多人是彭斯的人。特朗普上任两年，白宫主要官员换人率高达83%。美国一家媒体对美国总统任职两年换人率做了一个比较，排在第一位的特朗普换人率83%，排到第二位的里根换人率59%，排在第三位的奥巴马换人率37%，小布什、老布什换人率17%，是最稳定的。

我记得2018年8月跟美国国会议员助手代表团对话的时候，我用了一个《华盛顿邮报》的例子，我说据《华盛顿邮报》统计，从特朗普先生当总统到现在为止，他的错误言论非常多，推特中高达4229条是前后矛盾的，或是错误的，有的根本就是不靠谱的，统计分析得非常详细。我举这个例子，是想说作为一个大国你要有信用，总统要是言而无信，今天说的话明天不算数了，上午说的话下午不算数了，现在说的话一会儿就不算数了，这样一个国家别人怎么跟你打交道？结果对方有一个人马上就说了：我想问您一个问题，我们美国有《华盛顿邮报》这么优秀的报纸，能够跟踪美国总统，并且能够披露美国总统的错误，请问中国有没有这样的机制？你们中国的领导人的错误，有没有报纸敢披露？我回答说：我们领导人没有特朗普这个特质，特朗普总统是推特治国，他天天发推特，我们领导人哪可能天天去发推特呢？我们领导人不发推特，中国是有着14亿人口的国家，领导人说出话来要对人民负责任，我们的领导人表态基本都是书面的，基本上是挑不出错误来的。我的意思就是，现在中美之间的国运之争更激烈了，也是最根本的竞争。

我认为，现在中国的国运来了挡都挡不住。我们并不想当头儿，我们还想韬光养晦，但是养不住了，就像大象躲在蚂蚁后面，已经躲不了了。习近平主席2017年1月19日在达沃斯论坛上发表了重要讲话，指出：打贸易战会两败俱伤。搞保护主义，就像把自己关在一个小黑屋里，看似躲过了风吹雨打，但是也同时隔绝了阳光和空气。这话是多么深刻！当今世界，美国特朗普倒戈不干了，对自己曾经倡导和推动的经济全球化不赞成了，保护主义、民粹主义盛行。这种情况下，中国的发声才显得如此珍贵与重要。

英国《经济学人》2018年11月对全球50个国家做过一项民意调研，问了三大类问题。第一类问题是“你对自己国家的满意度”。中国人的满意度高达91.4%，美国38%，意大利12%。这真是第三方独立的调查，从中可以看到改革开放给中国带来的变化，人民群众获得感、满足感、幸福感的提高。所以美国很着急，特朗普竞选演说时就说：我们美国是第三世界，我们国家铁路、公路都这么破，人家中国的那么好，中国才是发达国家。最近特朗普又说：我们美国也是发展中国家，只不过发展得比较快而已。

现在这个国运之争，比任何时候都激烈。美国总统特朗普的理想就是实现“两个伟大”“一个第一”。所谓“两个伟大”，一个是他要成为美国历史上最伟大的总统，最近美国一位画家画了一幅油画，在一间房间里边，特朗普总统坐在历届美国共和党总统的正中间，穿着白色衬衣，打着红色领带，据说深受特朗普喜爱，已经挂在了白宫；另一个是要永远保持美国第一，使美国成为最伟大的国家。当然，奥巴马时期也是这样，奥巴马任职最后一年在西点军校讲，美国至少还要领导世界100年，不能让中国这样的国家在规则制定上说了算。可见，霸权主义、冷战思维、美国至上，美国哪个总统都一样，只不过性格不同、表现不同、打法不同而已。

当然，最高层次的斗争是人类命运和世界前途的道路、道义之争。国际秩序、国际规则、国际上的这些关系到底怎么处理，这关系到人类命运，关系到世界前途。习近平主席提出构建人类命运共同体理念，提出共商共建共享处理国家之间关系的原则，提出“一带一路”的伟大倡议。“一带一路”是中国提出的经济合作计划，是通过互联互通，降低成本、提高收益、提高共享水平的新型公共产品。

反观美国，现在是封闭主义、单边主义、霸凌主义，现在为造墙政府关门都20多天了，80万名公务员全部停薪，38万人回家休息，42万人无薪工作，一部分公务员现在开始上街游行了。特朗普一定要修建这个围墙，特朗普说，民主党认为修建水泥墙不好，那我就改成钢结构的！那就更费钱了！美国现在要封闭，要造墙隔离，而我们中国要开放，而且开放的大门要越开越大。所以，世界面临着重大的方向性选择。

我的主题可以概括为四句话：中美和则世界兴，中美斗则世界乱，中美破则世界衰。我展开解释一下这三句话是什么意思。

中美和则世界兴。实际上美国现在完全可以换一个思路，按照习近平主席提出的处理中美新型大国关系的原则，不冲突、不对抗、相互尊重、互利共赢。我认为，中美合作会给世界带来新的能量，会给世界带来超出双边关系的好处，就是巨大的正向溢出效应。我算了一笔账，中美两个国家人口占全世界的25%，贸易占全世界的25%，制造业产值占全世界的40%，GDP占全世界的40%，两个国家的货币在SDR货币篮子里占52%。所以，这不是老大和老二的关系，我认为不要用常规的思路去解释老大和老二，作为一个在世界上影响力最大的、现在实力最强的国家和另一个未来发展最快的而且最有可能成为一流强国的国家，怎么能形成一股合力，使之成为世界经济发展、科技发展、和平发展、绿色发展、文明发展的动力，即习近平主席在一系列重要讲话中提出的和平之路、繁荣之路、共享之路、创新之路、开放之路、绿色之路和文明之路，这才是最重要的。

现在世界上最不稳定、最不确定的力量是美国。美国今天和中国谈判，答应说我们不再相互征高额关税了，没有过几天就反悔，再过几天就说要增加2000亿美元商品的关税，2000亿美元之后再增加2670亿美元。这还怎么打交道？还有人敢和它打交道吗？中美两个国家合作是对人类有利的，站在人类道德道义制高点上，中美合作具有巨大的溢出效应。我说的更高层次竞争，实际上是决定了世界命运的选择。如果中美合作，世界经济发展周期可以延长，和平周期可以延长，人类迈向幸福生活的步伐也会加快。所以说，中美和则世界兴。

中美斗则世界乱。我记得2011年我们中心到美国华盛顿参加中美“二轨”对话，一天中午基辛格在一个中餐馆和中国代表一起吃饭，他说中美唯一的出路是合作，当然这句话我们的领导人也多次说过。他说：中美两个国家如果针锋相对，世界就会选边站。后果是什么呢？世界大乱。实际上，我认为现在环顾整个世界，大国之间的博弈都是围绕自己国家的核心利益和核心关切，进行利益的排列组合。世界已经从两个超级大国、一超多强、一超多极，现在发展到合纵连横和日益激烈的大国博弈。大国之间的竞争与博弈空前激烈。大家可以看到，这些大国不再像冷战时期，绝对是站在中国一边或美国一边，而是根据自己的核心利益、价值取向、发展阶段，在这个问题上可能是站在你这一边，在那个问题上则站在另一边，这和过去完全不同。比如说对 WTO 改革，美国、日本、欧盟、加拿大等形成了 WTO 改革的一些共识，我觉得改革重点都是针对中国。但是关于自由贸易与投资，关于反对增加关税，反对单边主义，反对霸凌主义，所有的这些国家，包括欧盟、日本、韩国，都与中国主张是一样的。所以，不要指望在所有的问题上，哪个国家跟你完全一致，这已经不可能。现在是如此，今后也是如此。所以说，中美斗则世界乱。

中美破则世界衰，那就好理解了。如果中美两个国家真正脱钩，世界进入新冷战，必将引发世界性经济衰退。2008 年国际金融危机，因为 G20 的合作，因为全球公共经济政策的取向一致，所以没有像 1929 年经济大萧条那样持续 13 年。如果中美脱钩，世界不再合作，再加上后面继续发酵，完全可能出现当时贸易下降 66%、经济 13 年走不出衰退低谷的情景。世界好不容易用了十年从美国引发的世界经济危机走出来了，世界经济的大船好不容易驶出浅水域，美国现在又让它驶回去了。美国专家写了一篇文章，我觉得写得特别好，他的文章题目就是《特朗普正带领美国大踏步地迈向 19 世纪》。美国现在发动贸易战应用的所有的法律法规都是过时的：1930 年的关税法，1974 年的贸易法，甚至 1809 年的原产地原则。1776 年工业革命时，世界上还没有形成现代这样的全球产业链、供应链、服务链和价值链，还没有这么紧密的经济联系。现在，全球贸易品 2/3 是中间品，东亚贸易品甚至 4/5 是中间品，也就是说，世界贸易中中间品的贸易是主体，最终产品占的比重越来越小。这充分说明，全球价值链的联系越来越紧密，很难在一个国家完成一个产品的全部生产过程。所以，美国能切断全球产业链吗？如果真正切断了，受到损失的不仅是中国，也不仅是美国，还会包括世界上很多国家。

美国现在为什么要谈判？特朗普是商人，他要做生意，他要计算他的收益。我认为，他已经觉得在以上几个方面如果不与中国谈判，美国的生意会受到重大影响：

——美国的能源出口会受到重大影响。美国现在已经成为最大的能源生产国，从 2018 年 9 月，美国日产石油和天然气已经超过了 1100 万桶，超过了沙特阿拉伯、俄罗斯。2017 年习近平主席和特朗普总统海湖庄园会晤后，中美制定了“百日计划”，中国履行承诺，从美国扩大能源、农产品、飞机的进口。其中 2017 年中国从美国进口能源增长了 8 倍，2018 年 1—9 月中国从美国进口的能源占美国出口能源的 15%。美国将来作为能源出口的第一大国，他最大的出口市场在哪里？肯定在中国。中国到2035年之前，会达到能源使用的峰值。在达到峰值之前，会一直是全世界能源进口的一个最大市场。美国失去中国这个最大的能源需求市场得不偿失。

——美国大豆出口会受到重大影响。我国2019年从美国进口大豆大幅度减少，到9月和10月基本上清零了。美国政府准备拿出120亿美元补贴豆农，到10月才到位不到10亿美元。但是美国政府能否永远补贴下去？如果一旦不补贴了，2020年出口怎么办？中国这个最大市场没有了，美国豆农怎么办呢？现在美国豆农有的绕道新西兰，再往中国出口；有的囤积大豆，等待时机；有的快撑不住了，濒临破产。美国豆农3.5万人，加上为豆农服务的人总共11万人，分布在7个州，都是美国特朗普的票仓。

——美国飞机出口会受到重大影响。波音飞机的董事长说，中国到2035年计划从美国进口3700架波音飞机。中美贸易战继续打下去，我们肯定不会增加从美国的飞机进口了，既可以改从空客进口，也可以自己扩大生产，还有正在和俄罗斯共同研发的C929，2022年也会下线。你说波音着急不着急？太着急了！

——美国畜产品出口会受到重大影响。中国是美国最大的猪肉、牛肉出口市场，现在猪肉、牛肉都出不去了，美国着急不着急？

——美国芯片出口会受到重大影响。美国高端芯片最大的出口市场是中国。2017年中国进口芯片价值是中国进口商品里面排在第一位的，高达2600亿美元，比进口能源的价值还高，其中875亿美元来自美国。像高通、英特尔生产的芯片卖给谁？高端的供给我们华为、中兴，还有我们的一些产业链上的中低端企业。现在美国高通等企业生产的芯片卖不出去了，这些高技术产品没人买了，产业链被切断了，出口受到影响了，你说它着急不着急？

——美国重振制造业会受到重大影响。特朗普想通过减税吸引企业、制造业、资本回流，但是总体上看，美国大企业没有大规模回流，而且还往外走了。特斯拉到上海办厂了；福特汽车在美国和澳大利亚关了7个分厂，但却向中国的分厂增加了投资；包括美国的一些高技术企业正在关闭。你说它着急不着急？

特朗普快急死了。修墙用政府关门要挟还修不成，他着急不着急？所以，我特别理解特朗普，他心情太不好了，他说：你们圣诞节都在外面通宵达旦地欢庆，我自己独守白宫，独自发愁。我听说特朗普同时看四台电视，有三台电视专门播表扬特朗普的新闻，一台电视播实事新闻。肯定是这三台电视收集到的表扬他的话越来越少，你说他着急不着急？太着急了。所以，我们先让他着急一下吧，我们抓紧时间干，把中国自己的事干好，满怀信心地迈向未来。谢谢各位！

美国特朗普政府已经“成功地”搞乱了世界
——对中美经贸关系的几点看法

（2018 年 12 月 18 日）

导语：在中国建筑工程行业企业家大会上的发言。①美国对华国家战略发生了很大调整，贸易战只不过是个序幕；②中国将创造更长的战略机遇期，延长经济中高速发展的周期；③美国社会现在是有史以来最混乱的时候，现在的美国社会处于分裂状态。

各位与会企业家代表：

大家上午好！刚才听了曹玉书会长的讲话，非常受启发。他从五个方面提出企业在未来市场竞争中要把握好的关系，我认为不仅对企业是非常重要的，其实对于国家也同样重要，特别是像处理好奋发有为与韬光养晦的关系等，这都是非常重要的战略思路。今天曹会长召开的是工程建筑行业的年会，参加工程建筑行业协会的大都是我们国家大型建筑行业的投资企业负责人，大家对国际形势都非常关注。借今天的宝贵机会，对于中美经贸问题，当然不仅局限于贸易摩擦，还包括中美关系以及世界经济格局，谈谈近几年我研究的一些体会，与大家共同分享。

现在世界格局发生了非常重大的变化，而这个变化的主角是中国和美国。从 19 世纪末到 21 世纪初，世界经济发生了大的格局变化，最大的变量是中国。由于中国的和平崛起，改变了世界的整个格局，包括南北格局，包括全球治理体系、全球秩序与规则、全球经济格局的构成以及演化。中国经济持续快速稳定发展，改革开放 40 年间，每年以 9.5% 的速度递增，成为世界第二大经济体，成为世界第一大贸易体，成为世界上制造业产值排在第一位的国家；人民币成为国际货币基金组织 SDR 篮子里边的主要货币。中国实际上已经成为拉动世界经济增长的“火车头”，成了世界经济最大的一个稳定的力量，我们称之为世界经济的“稳定锚”。而当今世界，原来推动经济全球化、贸易便利化自由化的最大推动力，或者我们过去叫经济全球化的旗手——美国，反倒成了引发世界经济动荡的最大变量，它给世界经济带来了最大的不确定性，或者说带来了极大的冲击。

现在对中美经贸问题，对中美两个国家的关系，不仅是中国关注，我认为全世界都在关注，大家都聚焦在中美关系上。实际上，中美经贸问题，不是一个贸易摩擦和贸易摩擦升级的问题。美国的醉翁之意不在酒，在贸易竞争和博弈背后，第二个层次就是制造业之争。第三个层次，我认为是高科技之争、金融之争。第四个层次则是国运之争、发展道路之争。第五个层次是人类命运和世界发展前途之争。

中国经过40年改革开放，重塑经济制度，焕发了经济发展的原动力和活力。经过40年的时间，中国几代领导人始终朝着一个方向，带领十几亿中国人民艰苦奋斗，取得了今天来之不易的，也是举世瞩目的成就。这是对世界、对人类的重大贡献，这个重大贡献给发展中国家、新兴经济体和一切爱好和平、崇尚美好明天和未来的人们带来了希望，点燃了理想和憧憬之光。与此同时，也使世界上经济、军事、科技实力最强大的国家，开始产生了战略疑虑，它们怀疑，中国发展这么快，还韬光养晦，到底想干什么呢？但是没过多长时间，它们就从战略疑虑变成了战略焦虑。它们蓦然回首，发现中国追赶得这么快，离它们越来越接近，过去中国对美国望尘莫及，现在则已望其项背。美国很多人焦虑了，发生了严重的战略错判，这是系统性、方向性错判。

从2017年特朗普上台之后，他就在《美国国家战略安全报告》《核安全态势报告》和国情咨文三个最重要的报告中，把国家斗争或者国家打击的主要对象转向了中国，而且把中国排在俄罗斯前边，并列为需要打击或者遏制的第一梯队。在2001年“9·11”事件之后，美国排在第一位的打击对象一直是恐怖主义，这也是全球形成的共识，中国也参与了打击恐怖主义的全球性行动。而现在美国把打击恐怖主义放在了第三位，把中国、俄罗斯放在了第一位，然后把朝鲜和伊朗放在第二位。所以，美国国家整体战略发生了很大的调整，大家现在关注着贸易战，但贸易战只不过是个序幕。

美国的战略错判和战略转向引发了美国的战略失据。为什么叫战略失据？就是说，实际上由于美国的战略错判，他采取的一系列行动都是非理性的、非规则的，也是非正义的。我们常说基于规则的国际经济关系，而美国现在恰恰在进行基于非规则的经济乱战。因此，它的整体战略态势开始气势汹汹，极端霸凌主义，然后导致众叛亲离，在全球形成了越来越孤立的一种美国至上、唯美国利益论，他们反对全球主义，反对一切他们认为不符合美国利益的国际秩序和规制，站在了大多数国家的对立面。美国的战略失据，我认为现在成了整个世界历史和发展长周期的重要转折点。如果美国继续这样走下去，必然会加速美国的衰落。我们不能说美国会很快衰亡，但是它起码将开始加速衰落。它将从山巅上跌落下来，从自由主义灯塔上跌落下来，从经济、科技、军事的巅峰上跌落下来，而这个历史进程已经开启。

反观中国，我认为将创造更长的战略机遇期，延长经济中高速发展的周期，稳步地迈向中华民族伟大复兴的明天。所以，我们所经历的现在是最复杂的、最严峻的一个历史时刻，对中国是挑战，也给了中国最大的机遇、最大的希望，开启了中国有最大可能成为世界强国的一个难得的历史窗口。为什么这么说？美国的社会矛盾、种族矛盾、党派矛盾、贫富矛盾和内外矛盾已经集聚到一定的峰值，美国社会正在严重分裂。现在，天上掉下来一个特朗普，他加剧了美国这种分裂，加剧了美国社会矛盾的爆发。我认为，特朗普总统已经从以下四个方面发挥了重要的作用：

第一，特朗普已经“成功地”搞乱了世界，他现在把整个世界搞得一塌糊涂。我说他成功地搞乱了世界，首先是他对“二战”后已经形成的国际机构、国际秩序和国际规则是不放在眼里的。比如说《巴黎协定》，全球参与该协定的签署国是197个，已经履行国内程序批准加入《巴黎协定》的国家是167个，美国政府也批准了加入的程序。美国上一任总统奥巴马和习近平主席2016年在杭州召开的APEC会议上，正式向联合国秘书长递交了国书，做出了庄严承诺。但是特朗普已经退出了这个协定。再比如，联合国费了好大的劲儿，经过几年的艰苦谈判，六个国家达成《伊核协议》，特朗普说退就退出来了，而且用国内法实行“长臂管辖”，用勒令的办法，不允许所有国家与伊朗做生意。包括美国退出区域性组织TPP，这本来是奥巴马、希拉里遏制中国重返亚太的一个旗舰项目。美国不仅无视或蔑视一系列国际性协议和区域性协议，想退就退，还无视或蔑视国际组织。比如说退出联合国教科文组织、联合国人权组织。本来联合国人权组织一直是美国打压中国的工具，现在美国首先退出来了，它不再讲人权了。比如美国退出了全球移民组织，不再受移民组织的制约。比如说美国退出了万国邮联等国际性的组织，可以不受包裹邮资的限制。因为美国的利益至上，特朗普退出了很多全球性的共识和条约，比如美国2018年还退出了《维也纳外交关系公约》，这是所有外交官需要遵守的条约，美国不愿受约束就果断退出来了。据说特朗普总统上任后免了480位外交官，很多国家长达一年多没有外交官，澳大利亚空了一年多，后来调太平洋司令去澳大利亚当大使，然后没当半年又撤回美国去了，美国现在在有些国家仍然没有外交官。他现在又退出了和俄罗斯签署的《中导条约》，给世界带来了战争的风险。所以，我感觉特朗普的最大“功劳”，就是他“成功地”搞乱了整个世界。

第二，特朗普已经“成功地”搞乱了和盟友的关系。美国的盟友体系是非常强大的，“二战”以后，美国和相关国家建立了 88 个盟友关系。我们中国是结伴不结盟，现在共有 92 对伙伴关系，这些伙伴关系分 12 种类型，最紧密的是全天候战略合作伙伴关系。当然，我们还有全面战略协作伙伴关系、全面战略伙伴关系、全面合作伙伴关系和合作伙伴关系等，而美国一直是盟友关系。原来这些盟友跟美国都是密不可分的，美国承担着保卫盟友的责任及义务，还有金钱帮助，盟友们唯美国马首是瞻。现在大家可以看到，美国整个盟友体系也处在分离和分裂状态，比如说欧盟，现在法国总统马克龙提出来要建军队，德国总理默克尔表态支持，特朗普在推特上开始骂街。北约也是如此，北约原来由美国承担 68% 的费用，特朗普总统说我承担这么多费用，你们都不交，我也不再承担这些费用了。所以美国的盟友，包括日本、韩国，原来都是它的坚定盟友，现在都在反思，或者是在与美拉开距离，或者表示与中国加强合作，这在原来是不可能的。

第三，特朗普已经“成功地”搞乱了中美关系。本来中美建交 40 年，始终是在一个合作的轨道上前进，尽管有各种的风波，有时风雨有时晴，但是总体上还是在合作的轨道上。前一段时间，美国著名的战略家布热津斯基的儿子马克·布热津斯基，到中心与我们做了一个学术交流。他把布热津斯基在中美建交中所做的工作，留下来的 40 幅没有向各界展示的照片，以及他父亲的私人日记，做了一个 PPT，边放边与我们交流，希望我们给予回应，我跟他谈了一个多小时。马克·布热津斯基认为，从他父亲那个时候中美建交 40 年，实际上坚持了两条，第一条是求同存异，第二条就是建交不是唯一的目的，目的是发展两国持续的友好关系，这才是中美两国应该共同努力的。我说：您抓住了中美关系的真谛，中美关系应该坚持不冲突、不对抗，相互尊重、互利共赢。

回顾中美建交这 40 年，还没有一个总统像现在的这个总统，还没有一个执政团队像现在的执政团队，这么非理性，这么强硬，这么任性。我最近看了一个统计数据，历届美国总统在上任两年内的换人率，就是白宫主要人员的换人率，特朗普高居榜首。这两年白宫和他的团队换人率高达 83%，也就是说，可能除了他的几个亲信没换，其余全部换了。排在第二位的是里根，他的换人率是 59%；排在第三位的是奥巴马，他的换人率是 37%；换人率最低的是老布什和小布什，这两位总统两年的换人率都是 17%。我们 2018 年 3 月到美国与美国的一些智库的战略学家，还有一些社会组织负责人进行交流的时候，我问了美中关系全国委员会一位副会长一个问题：特朗普总统想开谁就开谁，想换谁就换谁，他怎么能这么随便？美国对他没有制约吗？他回答说，美国总统是在他当选之前，经过充分的民主选举出来的，选举之后政府则是由美国总统组阁，这就是他的权力。但是历史上美国总统确实从来没有人这么频繁地换人。特朗普换人的方式是非常简洁的，它不用像我们还要经过中组部考察，还要谈话，还要任免，他就发一个推特，说你不用来了，你就被解雇了。美国国务卿蒂勒森还在非洲访问，还在那里抨击中国，鼓动非洲要防范中国，说中国是经济侵略者、债务输出者等，他的话音还没落，他还没回到美国，特朗普发一个推特，说他被免职了，于是他就不能再进白宫了。

白宫150个编制，到目前为止只有60个岗位在岗，还有90个空缺，60个里边还换了83%。我们可以看到，美国总统身边几乎全部换上了强硬的鹰派。包括美国贸易谈判的“三驾马车”，一个是美国的商务部，一个是美国的贸易办公室，一个是贸易谈判代表办公室，这“三驾马车”现在都在对中国展开贸易战。中国国际经济交流中心2018年12月3—7日，由曾培炎理事长带队到美国去做工作，和美国总商会进行“中美工商领袖与前高官对话”。在此期间，曾培炎理事长会见了基辛格，会见了布隆博格，会见了布鲁金斯学会约翰·桑顿。在对话的晚宴上，特朗普女婿库什纳出席了晚宴，美国总商会的会长亲自主持，与他进行了将近一个小时的对话。库什纳说：特朗普现在这个团队是一个低调而高效的团队，别人说我们什么我们都不解释，也不向外部发布什么，尽管外界有很多误解。举例说，外界都说美国和墨西哥的关系不太好，但是实际上墨西哥外长到美国白宫已经来了100多趟，我们跟墨西哥的谈判非常有效，已经达成了协议，实际上这是外界不知道的。他说：现在对中国90天的贸易谈判也正在紧张地进行。大家都知道，中美贸易战的整个进程，从30亿美元开始，到500亿美元，然后再到2000亿美元，特朗普说如果中国反制，到2019年1月1日从加征10%增加到25%，在阿根廷“习特会”之后延长了90天，决定3月2日开始执行，但是也取决于90天的谈判情况。库什纳说，“我们现在正在进行紧张的谈判准备，正在和中国进行沟通”。他说美国也希望能谈成，为什么？根据我的分析，以下几个方面决定了他为什么希望谈成：

一是美国2018年出口中国的商品同比下降了25%。比如说芯片，2017年中国从全球进口芯片规模是2600亿美元，其中从美国进口875亿美元。像高通、英特尔企业生产的芯片，它是属于高端，但它必须变成整个产业链的相对固定化的需求，才能实现产品的价值。而实际上这些企业的芯片出口到中国，就是卖给像华为或者像中兴通讯这样的一批企业。在整个产业链上，美国是在高端，它的产品要和中端、低端整个产业链连接起来，才能在市场上交换价值，但是美国限制高技术产品出口，中国如果对其出口也加征关税，这就意味着美国企业的出口目的地如果是中国，然后在中国组装以后再回到美国，需要加征50%的关税，美国加25%，中国加25%，所以美国出口到中国的这些高端的、顶端的产品就无法进行交易，这些企业和产业链上的产品出口基本上被打断了。

二是中国对美国大豆制裁的影响。2017年中国在全球进口大豆9500万吨，其中从美国进口3280万吨，占进口大豆的34%。2018年中国前面对美国出口中国500亿美元商品制裁的时候，其中就有美国的大豆，后边几个月我国从美国进口大豆几乎降为零。美国政府决定给美国豆农补贴120亿美元，但现在可能连10亿美元都没到位，所以，美国的豆农非常着急，他既领不到补贴，更看不到未来最大的市场前景，他会失去中国最大的出口市场，有一些农场主破产了，有些农场主的产品在囤积等待，有的农场主的产品绕道巴西、阿根廷向中国出口。这使美国3.5万豆农，加上为豆农服务的11万人损失惨重，这些人分布在美国7个州，都是特朗普的铁粉，特朗普票仓基础已发生动摇。美国出口中国的农产品还包括牛肉、猪肉等，都受到了很大影响。

三是美国能源出口中国受到影响。美国从2018年9月开始，日产的石油天然气已经超过1100万桶，它的日产量超过了沙特阿拉伯、俄罗斯，现在居于世界第一位，2019年美国日产石油将达到1180万桶，成为世界老大。而它最大的能源出口市场在哪里呢？世界上第一大能源的进口国是中国，第二大进口国是印度。全球的能源供给地在西移，向美国为首的北美地区转移，当然也在趋向多元化。全球需求地则向东移，主要集中在亚太地区，且主要是亚太地区的亚洲，包括中国、印度、日本、韩国等经济体。

2017年4月，习近平主席与特朗普总统在美国海湖庄园会晤之后，中国主动提出了“百日计划”，其中中国要扩大从美国进口农产品，包括扩大从美国进口牛肉、能源、飞机，当时提出了10项计划。中国政府很好地履行了承诺，2017年从美国进口能源比2016年增加了8倍，2018年美国出口到中国的能源占美出口量的15%。但现在倒好，贸易战升级，而且美国不仅使贸易摩擦升级，还用了极其流氓的手段，反制制裁讹诈，甚至最后发展到利用国家力量委托第三方绑架华为高管等。这惹怒了中国人民，中国不高兴了，近两个月中国从美国进口的石油和天然气降为零，美国这个最大的能源出口国，失去了最大的能源市场。特朗普是商人，美国政府成了交易型政府。所以，特朗普也成功地把中美关系完全搞乱了，特别是把中美经贸关系搞乱了，当然，他也搞乱了自己，搞乱了本国市场，搞乱了他的交易筹码。

第四，特朗普“成功地”搞乱了美国自己。美国社会现在是有史以来最混乱的时候，它放弃了很多过去坚持的东西，如过去每一位美国人都无比骄傲和坚持的文化价值观，包括它的所谓普世价值，包括它的自由民主的斗士形象，包括它曾以自由灯塔而自居的形象，现在的美国社会处于分裂状态。

尽管说民主党、共和党形成共识，美国社会形成共识，对华态度强硬，似乎在反思我们中国改革开放40年是否达到了美国的目标，像彭斯、班农，包括特朗普总统自己也说，是美国重建了中国，没有美国就没有今天的中国。回顾中国改革开放40年走过的道路，中国毫不讳言，中国今天得益于中国坚持改革开放，打开大门，向世界学习，首先向美国学习，学习了美国先进的经济制度、先进的科技、先进的教育文化。中美建交40年的历程，实际上也是改革开放40年历程，二者几乎是同步的，这两个重大的事件是同时发生的，向前发展也是同步进行的，所以中国不会走回头路。但是美国却在反思，一些人认为中国发展得这么快，他们原来指望中国发展起来能够成为像美国这样的国家，但是突然回头一看，中国啥也没变，只不过变得越来越强大了。所以，美国借此把自己的社会矛盾、解决不了的问题转嫁给中国，找出气筒，找标的物，找斗争对象，找发泄民族情绪、社会情绪和党派情绪的出口，把中国作为对手，并且将矛盾外化和升级，把贸易战作为突破口，结果两败俱伤，打痛了中国，也打痛了自己。所以，特朗普已经成功地把美国也搞乱了。我认为特朗普现在这种胡作非为，言而无信，反复无常，大大损耗了美国的大国信用和大国威信。反而从另一个方面提升了中国的国际威信、国际地位，而这些实际上是花多少钱都很难买来的。

我认为对于中美关系，对于中美贸易战，我们应该换一个角度来看。我们这个社会特别是中国还没形成接受这种常态的思想准备和社会氛围，我们的心理承受能力、冷静思考能力和反思能力还不够，把我们经济建设中过度浮躁的这种作风带到了对经济问题的研究上，带到对中美贸易战的过激反应上。中美贸易战还没开打，股市、债市就“哗哗”地下降，中美贸易战刚一开打，对500亿美元输美商品还没开始制裁，股市债市就开始有强烈反应。加征2000亿美元输美商品的关税还没有真正对实体经济产生特别大的影响，我们的股市债市首先就放大了影响，市场的剧烈动荡一下子就引导企业改变了预期，一下子就影响到我们的心理，一下子就改变了对投资的信心。

我刚才特别欣赏曹会长提出的企业家需要“三信”，而首先就是要有自信。现在很多企业在一些方面还是不自信，我们缺少对整个国际大势的把握以及分析，缺少对未来大趋势的判断，缺少对对手的了解。有的时候是由于我们的不自信，才导致了一些经济上的过度反应，而有些过度反应，却给我们带来了经济上很多不必要的麻烦。当然，我们自身确实有问题，需要加大改革力度，需要进一步开放，但是我们也需要冷静地进行分析。在这样一个中美两个大国史诗级、历史性、跨世纪的博弈中，中国会走向何方？对此，我和美国的一些智库，包括战略家的交流对话，在媒体上也有刊登，大家如果感兴趣可以找一找看，我就不再占用大家时间了。我想先谈谈对于我们现在中美关系怎么看。因为贸易问题，大家都开始学习这些常识性的知识了，每个人都在关注，其实大家几乎都知道美国对中国开始加征关税的商品是多少，后来是多少，加征税负的比重是多少，中国是怎么反制的，这些过程基本上都是普及性的了。我认为这场贸易战，使全体中国人民空前关注中美关系，空前关注世界格局，空前关注中国未来的命运。而且这场贸易战，激发了中国人民空前的爱国热情。改革开放 40 年使中国人民空前的自信，对祖国有空前的认同感，这场贸易战又使我们顿悟，中国已经成了世界最强大的国家的对手。就像摔跤一样，我们成了最强量级的摔跤手了，我觉得这是中国的巨变，这对中国是个好事，中国要成为真正的强国，到 2050 年成为一个社会主义现代化强国，这个坎儿是必须过去的，这一场较量是不可避免的。因此我认为中美目前遇到的问题，它不是一个遭遇战，而是一场持久战，比的是耐力、定力、爆发力，比的是可持续的发展能力和综合竞争力，它是一场世纪性大比拼。在这场世纪大比拼中，我认为中国将延长四个周期。

第一，中国会成功地延长经济发展的周期。

因为中国经济已经经过了 40 年快速发展，年均 9.5%，近五年年均 7.2%，未来十年，我认为中国仍会保持中高速增长。而我们现在的中高速，我认为不能按照这个纯粹的数字来看，要按照它每一个百分点所蕴含的 GDP 的绝对值来看。在 40 年前，中国 GDP 是美国 GDP 的不到 5%，在 1992 年中国的 GDP 是美国 GDP 的 7.8%。在 2017 年，中国 GDP 是美国 GDP 的 65%。所以，如果预测未来中国保持 6% 的增速，美国保持 2% 左右的增速，我国的增速仍是美国的 3 倍。即使我们的增速是 5%，我们还是美国增速的 2.5 倍。按照国际上这些权威机构的预测，在 2030 年，如果不出大的战略错误，不出现颠覆性的问题，中国经济总量成功地超越美国，成为世界第一大经济体，那是毫无问题的。届时中国将成为第一大经济体，第一大贸易体，制造业排在第一位的国家，人民币国际化也会有大的进展。而美国则会随着国家信用的丢失，大国形象的损耗，使现在支撑美国的三大经济支柱，受到空前的挑战。目前这些挑战已经开始，未来的挑战将加剧。

一是美元遭到了挑战。美元是靠美国国家信用支持的，因为美国强大的经济实力支持了美国的信用。在过去，布雷顿森林体系实行双挂钩，美元和黄金挂钩，然后各个国家货币和美元挂钩。在布雷顿森林体系之前实行的是金本位、银本位制。1971 年 8 月 15 日，法国总统戴高乐觉得美国经济当时出了问题，他怕美国经济出问题影响到法国货币的价值，因此派轮船把存在美国纽约地库的黄金拉回法国，其他国家也准备效仿。此时，尼克松总统宣布，美元脱离黄金，不再跟黄金挂钩，不再承担世界货币的责任。由此世界的货币体系就发生了非常大的变化，这个变化就是各国货币变成了信用体系，所有国家都没有了一个锚定的货币，变成了靠国家信用支撑的、实行浮动汇率的这样具有先天缺陷的世界货币体系。美元则因为各个国家都在使用，有一个使用的惯性，一直还被作为准国际货币。因为美国始终是经济上最强大的国家，因为美国基本上信守了国家的信用，信用始终没有倒塌，所以美元在贸易结算货币中的比重、在外汇储备中的比重、在大宗商品交易中作为结算工具的比重，仍然在全世界占第一位，而且长期以来一直占 2/3 以上。

后来出现了欧元，再后来人民币也成为 IMF 的 SDR 篮子的成员，现在美元在国际结算货币中的比重已经下降到了 39%，在各国储备货币中的比重已经下降到 62%。过去一直是石油美元，国际上买欧佩克国家石油必须用美元进行结算，现在这些国家中已经有 10 个国家准备放弃或正在放弃用美元进行结算，包括欧盟国家。欧盟主席容克在 9 月 3 日就提出来说，我们从美国进口能源只占能源进口总量的 2%，我们所有的包括从伊朗进口的、从其他国家进口的能源，为什么要用美元结算？我们要建立一个独立于美元的欧元支付体系。俄罗斯也开始并在很多方面加快了“去美元”的历程。如俄罗斯的武器出售全部采用卢布和本币结算。美国是军事武器出售的第一大国，出售给 98 个国家，出售武器价值量占全球的 34%。军售排在第二位的是俄罗斯，出售给 47 个国家，过去全部都是用美元结算。俄罗斯现在就宣布，凡是从俄罗斯进口武器，必须用卢布和本币结算，用人民币也可以。原来作为不结盟国家的印度，跟美国关系非常密切，现在印度首先表示即使放弃用美元结算，也要从俄罗斯进口武器，也要从伊朗进口石油。所以，美元地位正在遭到挑战。

现在人民币的国际威信正在上升，有 60 多个国家已经把人民币纳入货币储备体系。现在全球 1600 个银行已开展了人民币的结算业务，有 28 个国家和中国签订了货币互换的协议。2018 年 10 月，安倍首相访问中国，签订了 52 个合作项目，第一项就是实行 2000 亿元人民币货币互换。英国最近也和中国签订了 3500 亿元人民币货币互换协议。所以，美元现在遭到了挑战。

二是美债受到了挑战。大家都说美国剪全世界的“羊毛”，美元升值、贬值都是“割羊毛”，因为它是各国的主要储备货币，其中2/3在发展中国家，中国就占了1/2。美国发行美元购买各国实物商品，一些国家通过购买美债又使美元回流到美国，支撑了美国用超低成本借贷，因此，购买美债是又一次“剪羊毛”。

换句话说，你用美元买进了我的实物商品，美元变成了我的外汇储备，然后我的外汇储备还得要去买美国国债，当然我们自己也是为了保值增值。而现在美债的地位也遭到挑战，34 个拥有美债的国家，现在减持和放弃美债的达到 21 个，占到60%。所以，随着美国信用大幅度下降，你还能骗谁呢？现在美国欠下 21.8 万亿美元国家主权债务，占美国 GDP 的 106%，美国的家庭债已经到 40 万亿美元，其余是美国的企业债，加总起来美国债务高达 150 多万亿美元。美国政府靠发政府债券度日，过去大家都认为美债是最保险的，美债是可以增值保值的，而现在美债在世界上遭到了最大的质疑。日本 2018 年连续六次抛售美债，金额达到 226 亿美元；俄罗斯六次抛售，金额高达 330 亿美元；中国三次抛售，金额近 200 亿美元。我认为美国是在利用美债把全世界的钱拿来，用高债务来支持美国的低通胀和高福利，然后像 2008 年那样再向全世界进行金融危机或者经济危机的转嫁。

三是美国的大国地位受到挑战。美国的价值观、信用、国家形象受到了空前的质疑。对美国质疑的不仅是中国，美国对相关国家发起的贸易战引起了公愤，美国既和中国打，也和欧盟、日本、韩国打。在美国退出 TPP 以后，现在开启了一个进行双边谈判的进程，美国已经放弃多边，采用双边，一对一地进行谈判打压。美国贸易谈判团队其实主谈手是莱特希泽，就是现在的美国贸易谈判代表。据说莱特希泽进行了 40 多年的国际贸易谈判，参加了当年美日贸易摩擦谈判，这次莱特希泽在谈判中仍是非常强硬的。我认为，虽然他有 40 年谈判经验，但是在日美贸易摩擦的时候，世界经济联系远不如现在这样紧密，所以可借鉴的经验不是太多。

这次莱特希泽作为主要的谈判成员之一，他对中国谈判基本上用的还是 40 年前的思路，集中到贸易的逆差、顺差、进口、出口上，完全没有一点新思维。在他们的思维中，根本没有考虑面向当代和未来的贸易方式会发生什么变化，贸易规律会发生什么变化，服务贸易的逆差如何解决，国际规则怎样调整才能适应国际经济发展需要，将来下一代线上线下融合的贸易业态会怎样发展。而我们中国要解决的是适应新经济发展，是要设计面向未来的下一代贸易方式，而这些贸易形态和需要的规则美国都视而不见，所以两者努力的方向不同。中国在互联网领域发生的商业变革和业态革命，正在影响着中国，也影响了世界。但这恰恰是莱特希泽这些人所没有注意到的，他们认定的仍然是货物贸易，这种谈判是在传统贸易方式中博弈，但是过去已去，而现在美国这个团队还没弄明白。其实，对于中美经贸关系中的问题，中国政府发布的白皮书已经说得非常清楚了，美国用几分钱成本印刷的美元，换了我们大量的实物商品，你说贸易逆差是什么？是它的纯收入啊！所谓贸易逆差，就是他用不值钱的现在越来越失信的一张张绿纸，换回的我们那么多的实物商品。我们到美国各个超市去买东西超便宜，对吧？在中国国内几千元一套的西服，在美国仅几百元。我记得 2013 年我陪春正主任到美国去发布《中美未来十年经贸关系研究》成果，其间春正主任买了一套西服，才 172 美元。当时我就想不通为什么美国超便宜呢？我在美国超市买的新秀丽箱子，大箱套小箱子，两个箱子加起来 168 美元，这些商品怎么会比我们的生产成本还低？原来如此，就是他的钱因为没有实物做支撑，没有黄金做支撑，只是一张纸，所以，这些纸可以换回全世界这么多的商品，按道理说，贸易逆差就是他的纯收入。

现在这些贸易谈判的代表，包括特朗普其实做了一辈子房地产生意，和建筑行业有些关系，但却根本不懂国际贸易。有一次我在中心接待了美国彼得森研究所一位资深的金融专家，他告诉我说，不要把特朗普想得那么复杂，他不懂国际贸易，也不懂国际金融，他实际上只懂房地产生意。其实，我认为如果他的房地产生意到中国也不灵，中国的房地产市场和美国也不太一样。正因为他不太懂国际贸易，他就认准了贸易逆差就是美国的损失，贸易逆差就是中国在美国赚的钱。而且他公开说，中国每年从美国拿走 5000 多亿美元，中国赚了我们 5000 多亿美元，中国出口美国的商品一共就 5000 多亿美元，怎么会是赚你 5000 多亿美元呢？所以，他根本不懂国际贸易。

我认为现在对中美贸易摩擦或者贸易战，我们既要重视，也不要把它过度地放大。要把它作为一次重要的历史机遇，它会延长我们中国经济发展周期，中国经济未来 10 年还会保持中高速增长，加上之前的 40 年，即中国经济周期的中高速增长会持续半个世纪，那时中国将成为真正的第一大经济体。

第二，它会延长我们的战略机遇期。

因为美国在失信，因为美国在国际上的地位在下降，因为美国的大国威信也在直线下降，才给了中国新的战略机遇，现在大国威望和影响力直线上升的是中国。中国实际上一直在韬光养晦，牢记邓小平的教导“绝不当头”，但现在没有办法，因为中国的主张正确，因为人家觉得中国主张代表了全世界的发展潮流，代表了大多数国家的利益，所以拥护中国。经济全球化的旗手不是我们抢过来的，不是说要你拿一个旗子移交给我，我来扛旗，而是大家推举、拥戴、信服中国，认为中国的主张代表了世界发展的潮流，中国现在是被推到世界舞台中央和美国在共同演戏，成为两个主角。所以，我认为由于中国的大国地位、大国威信、大国影响力、大国主张、大国战略的提升，中国产生了新的战略红利，从而延长了我们的战略机遇期。2000 年党的十六大报告指出，未来 20 年是中国重要战略机遇期，也就是到 2020 年。我认为，现在的战略机遇期又有了新的含义，如中国提出的“一带一路”倡议、现在区域发展的新布局、国家创新发展战略、中国的人口脱贫战略等，国家推出的一系列重大战略，正在产生新的战略红利。比如说中国迅速发展的新经济、新业态、新动能、新商业模式，比如说中国新一代的信息技术和第四次工业革命，包括大力发展共性技术、基础性技术、颠覆性技术、前沿技术等，这些正在形成中国未来创新驱动的组合红利。新的战略机遇期的内涵发生了变化，叠加的战略红利不仅会延长中国战略机遇期，而且会放大战略红利。

第三，中国将延长制造业繁荣周期。

过去一段时间，我认为在产业调整中出现了两个误差：第一个误差是，对于三次产业结构，认为服务业占比越大越好。这就导致了过度服务业化将使我们制造业空心化，制造业空心化以后，就会使我们的国之根本动摇。美国、欧盟、日本想重振制造业如此艰难，如果是 14 亿人的国家，想重振制造业则难上加难。因此，应该对制造业高度重视，对实体产业高度重视，对实体经济高度重视，现在的贸易战正在使我们警醒。第二个误差是，在我们制造业的结构中，在我们的产业转型升级中，过度地强调了发展重化工，使原来具有优势的纺织、服装、鞋帽、箱包、玩具、家具等实体产业加速消失。中国重化工现在已经超过 71%，而我们的消费品工业现在占比才 20% 多，这些劳动密集型产业正在向东南亚、南亚、非洲、北美、南美转移。这种转移会使我们未来制造业吸纳就业的能力大幅度下降，而且会使我们消费品进口成本大幅度增长，由此使国民的福利下降。中国制造业是我们最大的底气，我们拥有全球最完整的工业体系，完整的产业链、供应链、服务链和价值链，在这些链条中我们要迈向中高端，要占据价值链高端。应以我们的研发为龙头，形成新的产业布局，而制造业本部也好，制造业基地也好，中国是万万不能丢的。所以，延长中国制造业的繁荣周期，这是中国通过贸易战获得的一个极大的警示。而且在制造业中，我们要掌握核心技术大国之重器，不然，我们产业链就会被这种突发的非正常的制裁或无端的打击所切断。所以我认为，中美贸易战反而会使我们的这个周期拉长。

第四，会延长全体中国人民的生命周期。

增加人民群众的获得感、幸福感、存在感、责任感、价值感，我认为这是改革开放给中国人最大的福利和最大的福音，也是中国人对自己国家最满意、认同度最高的原因所在。今天我们回顾改革开放40年，各行各业都在回顾，每个人都会非常感慨。12月8日中国网和北京大学在北京大学联合举办了一个“炉边讲堂”，对话改革开放40年，找了五方面代表，有铁道部部长傅志寰，有航空英雄杨利伟，有北大的前常务副校长王义遒，有香港的太平绅士陈鑑林，经济学家则请了我。这一场对话持续了三小时，现场的人比今天的人要多得多。大家回顾改革开放40年，为中国的巨变感到骄傲。

最近我看了英国《经济学人》杂志对50个国家国民进行的抽样调查。主要围绕两个方面：一是你是否认为自己的国家未来十年会越来越好。中国人给予正面回答的占多大比重？占91.4%，高居榜首。美国有多少？38%。意大利有多少？12%。这之间差距非常大，但这是人民的意愿。二是你对自己所在国家的满意度。中国为83%，也排在所有国家前列。英国《经济学人》是全球权威的刊物，是真正的第三方。作为一个中国人，作为一个中国企业家，作为一个中国智库的研究者，我为自己的祖国骄傲。

从文化视角认识经济全球化与中国和平崛起

——兼评特朗普、彭斯等鹰派的历史常识性错误

（2018 年 10 月 18 日）

注：10 月 18 日，太湖世界文化论坛第五届年会在北京召开。习近平主席向论坛年会发贺词祝贺。习近平主席指出：文明因交流而多彩，文明因互鉴而丰富。作者受邀参加了本次论坛，并在“经济全球化及其文化意义”论坛上做主旨发言，以下为发言要点。

感谢主持人先给我做了一个广告，向各位参加会议的代表隆重推荐了我。刚才普罗迪先生和各位外宾发表了非常精彩的演讲，高培勇副院长是我国经济学大家，刚才也发表了非常精彩的演讲。我一般在参加的会议上大部分都是谈经济问题，今天这个会议的主题是“经济全球化及其文化意义”，因此我想从文化的视角谈谈我所理解的经济全球化。

第一个方面，要认识当今的经济全球化以及全球化发展的新趋势，就必须重新认识中国和平崛起的文化基因。

人类在从 20 世纪到 21 世纪这样的一个百年历史进程中，也是习近平主席所指出的“百年未有之大变局”中，人类社会最大的变量，从全球看就是中国的和平崛起。中国经历了百年屈辱后到中国人民站起来、富起来，现在从富起来走向强起来，这九个字好说，但是千辛万苦，来之不易！

我记得亨廷顿在《文明的冲突》这本书里面援引了新加坡国父李光耀的一句话：“中国参与世界地位重组的规模，使得世界必须在 30 年或 40 年的时间内找到一种新的平衡。假装中国不过是另一个大国参与者，是不可能的，它是人类历史上最大的参与者。”所以，我认为过去经济全球化的历程和面向未来的新型经济全球化的前进进程，没有中国的文化元素和中国伟大复兴是根本不可能的。

前几天在中国国际经济交流中心我和中心研究人员接待了菲律宾和文莱两个国

家的记者团，我和他们之间有一个对话。我说：实际上中国有5000多年的历史，而美国建国也就是200多年，一个200多年的国家和一个5000多年的国家，其历史的厚重和文化积累是不可比的。中国历史的积淀和文化的积淀，历朝历代人民群众战胜各种困难、发展生产力的能力，中国为人类社会创造的物质财富与精神财富，等等，不论哪个方面，美国与中国都不是一个量级的。虽然近年来国际社会、美国主流经济学家和我国的一些专家总是说，中国与美国是新兴大国和守成大国的关系，把中国看成或者作为新兴大国，把美国看成或者作为守成大国，但我认为这个说法是一个历史性错误。

在历史发展的长河中，纵观世界上人类社会兴替，还原经济社会发展的轨迹，中国才是历史最悠久的文明古国与现代最开放的文明国度的交织体，中国才是真正从历史上、从文化源头上一路走来从来没有消失并一直走到现代社会的世界五大文明的唯一集存。中国的古代文明和现代文明交汇，中华文明和中国灿烂的文化长河从来没有干涸过，中华文化和文化创造对世界影响至深。中华的文化源头，有人概括是儒、释、道三源合流，有人概括是儒、释、道、医、易五源合流，中国文化本身就是一个包容体，既有外来的文化，也有本土的文化。比如说，儒家是中国自身的文化，道家也是中国自身的文化，道家文化产生比儒家文化早，道家文化又相当多地出自《黄帝内经》医家文化，《易经》产生自公元前的周代，“朗朗乾坤”中的乾坤，就来自《易经》的乾卦和坤卦。而释迦牟尼创造的佛教文化就是外来的文化。唐代的陈玄奘到西天取经，西天是在哪里？就是现在的印度、尼泊尔一带，唐僧取来的经在中国落地生根了，在中国变成了大乘佛教。中国大乘佛教始祖是达摩祖师，他是一位印度人，六祖是中国的慧能法师，慧能法师在中国佛教发展中的地位非常之高，所谓“六祖坛经”，里面就有“顿悟”的思想，就有放下屠刀立地成佛的理论，就有佛在心中、我即是佛、佛即是我的文化。汉语中很多语言来自佛教，外来的文化很多融入了中华文化，外来文化转化并成为中华文化表达的过程就是中华文化最大的包容性，也是中华文化丰富多彩、博大精深的动因。后来中国成了佛教传承的地方，而在印度佛教却断裂了，印度早已经没有大乘佛教了，佛教在东南亚变成了小乘佛教，到中国变成了大乘佛教，而印度又重新创立了印度教。因此，我说中国的文化不仅从来就没有断流，而且流入的支流也渐次进入主流。

中国的文化就和我们的长江一样，长江源头的径流量仅占长江水量的16%，而流经地方的支流占长江的84%。我曾经做过三江源生态问题调查研究，才知道长江在发源的地方只是涓滴之溪，由雪山融化的溪流形成若干个湖泊，青海玛多县就曾有4000多个湖泊，这些湖泊和溪流汇集成长江的源头，长江从源头一路走来又不断地加入金沙江、乌江、嘉陵江、沅江、汉江等，才形成了一条长6300多千米的绵延不断的母亲河，这就是中国。中华文化就像我们的长江一样，有它的发源地，有它的支流，有它的毛细血管，汇入之后交融在一起形成滚滚长江东逝水，最后奔向大海。

所以，中国的文化就是中国的根脉，是中国发展和走向世界提出一系列主张的根脉，中国的根脉是强大的，是无法被割断的，也是任何人都无法战胜的。虽然在近现代中华民族百年屈辱史中中国人民和中国文化被压抑、被摧残，但从1949年中华人民共和国成立之后，流在中国人民血液里的文化基因就被激活了，中国人民站起来了，中华文化也站起来了。尤其是改革开放40年，中国的文化基因和中国的经济基因一样进一步被激活，而且正是这种基因的激活、经济制度的重塑、改革开放的国策、微观基础发展的冲动和中国政府的正确战略抉择，才给中国带来了今天。

中国的发展也像我们的长江一样，兼收并蓄，点滴努力汇成发展的大势。中国人民在自己努力和奋斗的同时，学习借鉴吸收世界上各国先进的经验、先进的制度、先进的管理方式，在吸收的基础上创造创新。其实，中国经济之所以快速发展，就是因为坚持对外开放，坚持包容性发展，坚持“引进来”与“走出去”并重，坚持多元文化交汇交融互鉴，我认为这就是中国发展的一个重要密码。

中国领导人习近平主席多次强调，中国改革开放的大门不会关上，只会越开越大。我们为什么要关上呢？没有改革开放就没有中国今天的快速发展，就无法向世界上所有的国家，特别是发达国家学习，中国经济制度、管理方式就不会有如此巨大的进步；没有引进资本、引进技术、引进商业模式、引进人才，中国创新能力就没有突破性进展；没有开放，就没有今天中国的发展。所以，美国不要着急，美国不要看中国发展快了就羡慕嫉妒恨，就产生战略疑虑、战略焦虑和战略误判，怕中国超过你，其实这种心理状态还是一个不成熟的婴儿心智，哪怕你是一个巨婴，哪怕你现在是世界老大，但是你血液里没有中华文化博大而包容的伟大基因。对美国特朗普总统、彭斯副总统抹黑中国的各种谬论，我在接受记者采访时也抨击了他们，我说美国总统有点太没有学识了，更没有历史的纵深感。彭斯副总统说美国用25年时间重组了中国，特朗普说他每年让中国拿走5000亿美元。你们懂不懂中国？中国五千年历史就像浩瀚的长江一样，什么时候断流过？什么时候的中国是美国恩赐的？我觉得美国总统、副总统真的是不自量力，井底之蛙，只看到了美国的伟大，只看到了历史的瞬间。我们不否认美国伟大，用200多年时间建立了一个超级强国，确实伟大，美国有先进的经济制度，有很多先进的管理经验，但是就文化来说，就支撑经济全球化的文化基因来说，美国和中国是没有办法抗衡的，就凭经济全球化的文化价值这一点，美国就打不败中国。

第二个方面，要构建新型经济全球化，就必须打破霸权文化和霸权思维。

实际上现在世界上所有的矛盾和纷争，归根结底在于不公平、不公正，在于个别国家的冷战思维，而这种思维是建立在霸权文化和霸权理论基础上的，唯他独大独尊，只能他是第一，只允许他剪别人的“羊毛”、吸别人的鲜血，别人发出叫声都不行。在与美国国会议员助手代表团对话的时候，我曾经对他们说：我们希望美国永远保持世界第一，但是你不能不允许别人第二，中国第二不行吗？中国第三、第四不行吗？世界上只有美国而没有其他国家的存在，还能称其为国际社会吗？世界历史从来没有一个国家永远是第一，都是在你追我赶中前进的。当前世界面临的问题是前进还是后退，是单边还是多边，是保护主义、民粹主义还是“构建人类命运共同体”，是唯我独尊独大还是携手共商共建共享发展，是正义战胜邪恶还是破坏性修正国际秩序。这不仅是中美两个国家之间的博弈，而且是站在一个历史的关头世界到底向何处去的重大问题，是两条道路、两个方向、两种命运、两类愿景之争，说到底，是两种文化价值观、道德道义的博弈。我非常赞成美国一位学者写的文章，题目非常鲜明：《特朗普正带领美国大踏步迈向 19 世纪》。这个文章写得特别好，标题也特别好，但它不是标题党。我认为世界现在处在一个特别特殊的历史关头，实际上中国已不是为了一个国家的利益与另一个国家竞争，是谁多赚钱还是少赚钱，是顺差还是逆差，而是一种道义之争，是历史观、价值观、世界观之争。

“二战”以后，美国高举经济全球化大旗，推动了经济全球化，推动了贸易便利化、自由化，推动了几大国际机构创建，在构建“二战”之后的国际秩序、国际规则方面美国是有功劳的。但是现在特朗普政府和鹰派团队站在了自己曾经坚持的理念、主张和价值观的对立面。我们讲不改初心，但美国的初心早已经改变了，全球都搞不清楚美国还有没有初心，美国政府和执政的鹰派团队还有没有心。

第三个方面，要推进经济全球化，其重要的文化要义是构建面向新型经济全球化的 21 世纪人类的新文明。

21 世纪人类新文明，我认为就是指跨越不同文化，具有更多交叉重叠的文化和价值观的部分叫作跨越文化隔阂。当今世界最高境界的理念就是构建人类命运共同体。新一代信息技术突破性发展，要求推动经济更加紧密地、无壁垒地顺畅联系与分工交易，比如中国“一带一路”倡议推进的跨国界、跨行政壁垒、跨领域、跨多元文化的互联互通，就是打破发展软硬约束和有形与无形壁垒，推进各种要素自由流通，使经济的联系更加紧密，使经济的活动降低成本，提高经济收益，创造携手发展、共享发展、协调发展、可持续发展的新格局。中国提出“一带一路”倡议，到目前为止，得到了 103 个国家和国际组织的高度赞成和响应，签订了 118 份合作协议，这就是世界各国和国际组织对中国主张、中国理念、中国价值观的最好回答，也是对美国反对全球主义，讹诈、恐吓、制裁、打击、抹黑中国的最好回答。

应该跳出传统贸易理论分析中美贸易摩擦与冲突
——在有关部委举办的中美经贸关系座谈会上的发言

（2018 年 8 月 27 日）

注：本文根据陈文玲在有关部委组织的中美经贸摩擦专题研讨会上的发言整理，发言内容对开展相关工作发挥了重要参考作用，并得到有关领导高度评价。

中美贸易战是当前一个非常重大的事情，应跳出传统贸易理论分析这个问题。

这场贸易战表面上看是“贸易战”，但实际上它已经超出贸易战的范畴。贸易战是表象，美国战略转向是其实质。美国以贸易战作为发端，对中国发难、遏制、封杀、围堵乃至围剿，以实现它的战略目标。

实际上如果不是“9·11”，这个过程或许早就开始了。奥巴马时期美国就与中国存在这种竞争与博弈，只不过与特朗普政府的表现形式不同而已。我和美国一个代表团对话时，有一位美国代表说了一句话，对我触动比较大。他说：现在中国专家都在批评特朗普，包括他的个人性格，但如果特朗普的任职是有期限的，如果他到了任期，或者说提前结束任期，你们对美国是什么看法呢？这个问题是非常深刻的，我们不能将中美之争，定位为单纯的贸易纠葛，是你 340 亿美元、160 亿美元，还是我 340 亿美元、160 亿美元的问题。最近美国学者也问了我一个问题：如果中国现在还是对等或者是同等规模进行反制，美国对 2000 亿美元商品征税的时候，中国准备怎么办？如果对 3000 亿美元征税，中国准备怎么办？如果说我们有什么值得反思的问题，实际上这就是需要反思的地方。

我们开始时提出来对等、同样规模、同等数量反制，也还是局限于传统贸易理论的处理方式。我们按照正常的国际关系处理原则，把美国当成了君子，结果发现他不仅不是一个君子，还表现得像个“疯子”；不仅不按规则出牌，而且四面出击，非理性、非常规、非规则地乱点鸳鸯谱，棒打群雄。美国政府现在的行径，早已超出处理贸易摩擦的边界。我们如果继续采用传统贸易的思维和善意的行动，局限于贸易对贸易，以这样的方式往下打，确实不太容易把握主动权。2017 年，中国对美国出口总共是 5056 亿美元，进口 1300 亿美元，即使我国对美国进口中国的商品 1300 亿美元全部征税，仍达不到他第二步准备祭出的 2000 亿美元的标准。未来他再增加 3000 亿美元，我们如何回应？当然，美国射出去的箭，将有一部分落在自己的阵营里，遭到美国和在华其他国家有对美出口企业的反对，但也必将伤及中国利益。

所以，我们现在要转变对特朗普的看法、对美国政府的看法，重新认识在历史长周期中的这个百年未有之大变局。美国至上、美国第一、让美国再次伟大，与奥巴马提出的美国要主宰世界规则等，都是要维持美国的存量霸权，放大其增量霸权，力图在一个历史长周期维持美国的霸权。而世界上最广大国家和人民求发展、求自己选择发展道路的权利必然会打破这种霸权平衡，霸权、霸道和霸凌与发展权、王道与和平的斗争和角力将是长期的、复杂的，也将是此消彼长的。

因此，特朗普式的贸易战，以及除特朗普本人外，将来包括民主党、共和党所做出的战略选择，是一个战略组合，贸易战只是其中一部分，其他各方面的竞争博弈都会成为美国长期战略的组成部分。比如说在奥巴马时期，2010 年就提出“重返亚太战略”，希拉里 2011 年提出“新丝绸之路计划”。“新丝绸之路计划”实施区域实际上也是在中亚、西亚地区，包括巴基斯坦瓜达尔港，包括缅甸的皎漂港，很多方面和中国提出的“一带一路”是重叠的。2015 年，我曾经接待到访的美国国务院的一位战略研究专家，他问我：中国“一带一路”有没有具体计划？和美国提出来的“新丝绸之路计划”有没有可能合作？我说：你们提出来的“新丝绸之路计划”确实是计划，而且你们有项目设计，你们有投资计划，有实施路线，而中国提出的“一带一路”是倡议，希望与参与国携手共建，所以在项目设计、推进方法，以及我们与参与国的关系上是不一样的。我们应该看到，在奥巴马卸任之前，他在美国西点军校讲话的时候说，美国至少还要领导世界 100 年，美国不能让像中国这样的国家来制定国际规则。所以，如果特朗普不再执政，如果执政者换成希拉里，我认为会比特朗普执政的局势更加严峻，对我们的挑战也更大。特朗普长于战术，当然也有战略，但是他的战略和战术配合得不太好。美国提出的战略转向是战略家提出来的，把中国作为第一大竞争对手、第一大打击对象，但特朗普在战术上则采取了“混合群打”。如果是希拉里，那么她在战略上就不会说仅从贸易开始，很可能会从国际外交舞台上、地缘政治上、军事上、网络空间战上，还有道德道义、人类普世价值观上全方位对华遏制。这些方面美国建制派对于中国的挑战，可能会比特朗普的挑战更大，对中国造成的战略挤压效果会更显著。所以，我们现在的经济学家，特别是研究贸易战的专家，只是集中在几个贸易数字上，有的时候还觉得不以为然，说我是研究贸易战的专家，这是我的研究领域，怎么你们都开始说话了？我认为这是非常狭隘的，因为你根本没有看到中美两个大国在历史长周期中的这种博弈是一种国运之争，是一种大国战略博弈，是未来长时期的大国之间的一种交替所必然进行的斗争。就贸易说贸易，而且这种贸易问题和纠纷，又局限于特朗普所说的贸易，什么贸易逆差、顺差，还是基于在一个国家各种要素形成的比较优势而进行的分析，然后用来衡量一个国家收益，这就完全成为传统的贸易之争，等于跟着他的指挥棒转，“随鸡起舞”。我们说我们的贸易顺差有道理，美国贸易逆差是贸易的必然结果，而美国则说中国的贸易顺差是赚美国的钱了。这样的话，我们就很可能步步为营，你打我多少我就打你多少，你出什么招我就回应你什么招。

现在我们需要换一种思路和打法，就是要面向未来，明确提出发展新一代贸易方式——E国际贸易，用未来击败倒退。我们应该出其不意，声东击西，你打你的传统贸易战，我打我的未来攻坚战。我们的商务部每天跟你打传统的贸易战都可以，或者组织一个班子天天跟你打，把这个问题作为常态化的斗争。但是我认为，作为党中央、国务院决策者，以及建言献策的智库，必须要跳出贸易看贸易，从一个更长的历史周期，对美国真实的战略转向所形成的社会合流、民主党和共和党的合流进行深刻思考，研究它究竟为什么这么做。应该清醒地认识到，美国当前的战略转向主要是基于保持美国的霸权地位，保持美国在世界第一的优势地位，保持美国多年来形成的美元优势、军事优势、科技优势、人才优势，使之在一个相当长的时间内不会消失，不会被中国这样新兴的、具有活力的、具有超过美国潜在能力的国家所剥夺，不被中国所超越，我认为这是核心的核心。

我们可以看到，在贸易战中，美国从想获取更大利益开始，已经发展到失去了更大的战略利益，渐次失去了大国形象、大国地位、大国信用，失去了美国在全球区域布局中形成的存量优势。美国正在退出一部分国际组织，如联合国教科文组织、联合国人权组织、TPP，现在准备退出WTO，退出联合国费了很大劲搞的《伊核协议》，现在这些东西都使美国从道德道义、国家信用的制高点上跌落下来，对美国国家信用是极大的损耗。

特朗普是一个商人，不是政治家，他的优点是效率快，在经济政策，特别是减税政策上雷厉风行，使美国的经济增速第二季度提高到了4.1%，使美国经济确实有了回升。但是这些政绩随着美国四面出击将昙花一现，使美国陷入四面楚歌境地。

现在美国的盟友关系也正在改变，美国 88 个盟友，中国 90 多个伙伴，中国的伙伴关系虽然不像美国盟友关系，但是伙伴关系越来越紧密。美国将从贸易战开始，到贸易讹诈结束，最后彻底失败。美国发起跟几十个国家的贸易战，这些国家没有一个不反对的，没有一个国家不反制的，跟美国关系最好的北美自贸区也正在分化，加拿大提出 160 亿美元的反制措施，各个国家都提出反制措施，包括盟友，包括美国企业。对中国 2000 亿美元商品征收 25% 的关税，美国贸易代表办公室在征求意见的时候，第一天 61 家只有 3 家赞成，其余全部反对。到 26 日征求意见结束，表示支持的企业也不到 10% 。近日，美国纽约联邦储备银行发布了一个调查数据，这一次美国对华贸易制裁和中国反制到现在，美国已经有 68% 的制造企业、44% 的服务企业成本大幅度上升，1/3 的制造业企业、1/4 的服务业企业海外销售额大幅度下降，51% 的制造业企业、40% 的服务业企业认为未来在贸易中所得利润会受到负面影响出现大幅度下降。

美国从贸易战开始，会向制造业之争、高科技之争、货币之争、军事之争蔓延，会导致全球性的政治、经济、外交、文化、社会的格局，乃至区域布局发生一系列的调整，而这个调整最终将有利于中国，时间和胜利都在中国一边。如果特朗普再当两年多总统，这对于中国来说将是一个非常大的时间窗口期，特朗普的非理性，他的这种“混不吝”，使中国在大国形象、道德道义上的威信上升，我们应该抓住“特朗普机遇”，抓紧解决我们的发展短板，发挥中国的特有优势，加快我们的全球经济战略布局。当然，我们也会有一些痛苦，也可能会遭受临时的损失，比如说像中兴通讯。但是反过头来看，我们中国人最大的聪明就是“顿悟”，我们“顿悟”的能力特别强，美国对中兴通讯的制裁使我们马上“顿悟”：核心技术是大国重器，必须高度重视原始创新。

我认为在这次中美贸易战中有几个方面需要反思：一是我们的定力还不够。美国用单边主义、国内法律和规制来对中国进行制裁，在一定时期内我们应该说不谈就不谈，这种战略定力应该是要有的。当然被制裁也挺难受，但美国以为想谈就谈，想不谈就不谈，不该这么容易。二是我们统一意志不够，对贸易战发出的不同声音太多，尤其是一些所谓专家学者是专门拔气门芯的，是为美国说话的，是唱衰中国的，这是特别不应该的。美国民主党、共和党高度一致，对中国态度达成了罕见的共识，尤其是在制裁中国、制裁中兴通讯，还有通过五个与中国台湾有关法案的时候，国会一致同意，只有两个法案有几人不同意，其余全都同意。反观我们中国有 14 亿人，确有很多种想法，在大敌当前、大国博弈的时候，国内的舆论并没有同仇敌忾。三是我们的整体谋划能力不够。现在还是局限于贸易战，从贸易来谈贸易，没有真正看到两个大国未来长周期的博弈。如果特朗普到任怎么办？如果他继任总统怎么办？如果执政者换将怎么办？四是发挥智库的作用不够。智库面临着出国限制、言论限制、经费限制、跟外国人接触的限制。所以，新闻舆论媒体怎么配合国家战略，如何用国际语言发声，这是需要认真研究的重大问题。

在与美国的战略博弈中，必须真正深化改革，建立比美国更优的体制机制，我们在这些方面还有很大差距。我认为我们开放的速度快，说开放就开放了，但是开放以后相应的体制机制改革跟不上。如果我们的制度优势不足，开放了以后将来就会很被动。深化改革必须要动真格的，把每项改革，特别是当前我国与美国战略博弈所必需的顶层设计做到位，改出成效。

世界经济格局演化与当前的中美关系

——在中国国际经济交流中心第109期“经济每月谈”上的发言

（2018年7月17日）

导语：大国战略的竞争、大国谋略的竞争、大国实力的竞争将成为当今时代特别突出的特征。中国的战略空间就在大国的竞争和博弈之中，在这些不断发生的新的利益组合变化之中。现在全球面临五大风险：一是中美贸易战的市场风险乃至经济风险将会打断或者影响到全球经济复苏的态势，会破坏全球的治理体系，打乱正常的国际关系，中国要以战止战、以变止战。二是美元霸权和美国任性的金融政策可能会引发金融风险。三是一些国家公共政策调整和美国的宏观经济政策调整有可能引发全球性债务风险。四是大宗商品价格上涨将引发通胀风险。五是军备竞赛将引发局部战争风险。中国当前应办好几件事：一是在贸易冲突方面我们不能失去定力，不能失去耐力，也不能失去强有力的反制能力。二是必须加快把中国的制造业做大做强、做精做优。三是加大改革开放力度，使中国更加符合WTO规则，使我们的开放更加具有引领性、主动性和可持续性。

外面现在大雨滂沱，实际上现在经济形势和政治、外交等大格局也像滂沱大雨，洗礼着这个世界，发生着深刻调整和演化。按照传统的西方经济学和我们理解的一些经济理论已经不能解释当今的国际经济问题，因为当今世界发生了非常重大的调整、变化、演化，而且还在继续加快调整。这种调整按照中央文件来说是深刻调整。我所理解的深刻调整不是像以前那种缓慢的、渐进的、局部的调整，而应是一个大的格局调整。

一、对世界格局深刻调整和演化的总体看法

世界现在正站在历史的十字路口，中国也站在历史的十字路口，大家之所以对当前的国内外形势非常关注，实际上就是在关注世界向何处去，中国向何处去，美国向何处去。

我在谈国际经济形势变化之前，首先对世界大的格局调整谈一些我个人的研究和看法。今天来的都是媒体朋友，很多都是我们的老朋友，一直在关注国内外新的观点。今天想借这个宝贵的机会，向各位朋友再一次提出我的新看法和新判断。对于世界整个大格局的变化，我个人有一些看法，在我们内部讨论时我谈过，还没有成为我们的正式表述，现在提出来供大家参考。我个人认为，现在世界格局发生了非常重大的变化。过去在党的十六大上，中央做出了一个大的判断，未来20年中国处在一个重要的战略机遇期，这个判断基于和平与发展是时代的潮流。后来中央文件、国务院文件又加上了两个字：和平、发展、合作是时代的潮流。我认为现在应在和平、发展、合作后边再加上“竞争”两个字，而这种竞争也不是我们原来讲的那种正常的市场竞争，而是大国战略的竞争、大国谋略的竞争、大国实力的竞争。这种竞争可以说是当今时代特别突出的特征。

在冷战时期两个超级大国抗衡，冷战结束后一超多极，目前来说整个世界进入了类似我国春秋战国时期的合纵连横、大国博弈，新威权主义、强人政治、强人时代横空出世。不仅中国提出了“中国梦”，现在几乎全世界都在做梦，尤其是这些大国，没有一个大国是没有梦想的。美国有“美国梦”，美国梦加上特朗普时代新的内涵，就是美国第一、美国优先、让美国再次伟大，而他所渴望的这种伟大建立在把一个国家的利益凌驾在全球利益之上、把国内规则凌驾在国际规则之上。他要保持美国第一，要保持美国利益至上，在这样的前提下让自己再次强大和伟大，实现他的“美国梦”。俄罗斯有俄罗斯的梦，普京从当总统的第一天就提出“给我20年，还你一个强大的俄罗斯”。当了两届总统以后，才当了8年，还差12年怎么办呢？修改法律，每届总统从原来的任期4年延长到6年。现在正好是他的第四个任期，未来做完这两任总统正好是20年，他的梦想是使俄罗斯重视历史的辉煌。我们中心课题组2014年在俄罗斯调研的时候，听到俄罗斯很多人都管普京叫“普京大帝”。据说普京最崇拜的是彼得大帝，在俄罗斯的莫斯科河上修建了一个巨轮，这个巨轮是一个固定景点，巨轮上站着的就是彼得大帝，他到西方取经回来之后励精

图治，使俄罗斯成为当时最强大的帝国。印度的莫迪也在做“印度梦”，他的梦是重振印度，使印度更加强大，目标是超过中国，也就是大家所说的“龙象之争”，现在我们把它变成了“龙象共舞”。实际上莫迪有非常大的雄心，他推行的是改革开放，被称为“印度的邓小平”，他的家乡成为印度经济最强大的一个邦，因此他被选为印度总理，当了印度的一把手。他被选为印度总理之后，梦想就是使印度强大，超过中国。印度已连续多年是军事采购排在世界第一位的国家。

比如说法国的马克龙，马克龙当总统以后的口号也是让法国再次强大，他在国际舞台上非常活跃。加拿大特鲁多是 31 岁的总理，他的目标也是让加拿大更加伟大。意大利竞选总统，口号就是让意大利再次伟大。日本首相安倍晋三结束了日本的十年九相，他的梦想是俯瞰地球仪外交，使日本改变战后战败国的形象，变成一个正常国家，所以他要修改宪法、培养军队，这意味着今后他要参战，要使日本强大。土耳其的总统埃尔多安也是强人，埃尔多安的梦想是恢复奥斯曼帝国的辉煌，2023 年是土耳其建国 100 周年，那时候他的目标就是要将土耳其建成东西方的大走廊。

环顾世界，没有哪个国家说我不想让自己再次强大，不想做梦，很多国家不再做那种非此即彼、非你即我、非敌即友的选择了。各国不再站队，而是在维护自己国家的权益的前提下，在不同的利益组合中站队，对我有利我就站在这一边，对我不利我就站在那一边。当今这个时代非常突出的特点是强人政治、强人时代、新威权主义，大国之间的竞争博弈合作就是这个时代的新特征。它加剧了世界格局的演化，会对世界的政治、文化、军事、外交都产生一系列影响。在某种意义上，现在没有绝对的敌人，也没有绝对的朋友，只有绝对的利益和权益。所以，我认为中国对国际形势的认识必须是比较清晰的，美国到目前为止是 88 个盟国，中国是 90 对合作伙伴，我们的合作伙伴有 12 种关系，最密切的是全天候战略合作伙伴关系，也就是 24 小时全天候都必须合作，也有全面战略合作伙伴关系、合作伙伴关系等。12 种类型的合作伙伴，都是奔着一个共同的发展目标，为共同发展而结成伙伴。美国原来的 88 个盟友，现在在这样新的历史大背景下，不一定在所有问题上都和美国保持一致，这就出现了大家看到的局面。在进行国际经济形势分析的时候，我们肯定要对全球这种格局的深刻演化有一个总体判断和清醒的认识，改变传统的对国际格局简单划分阵营的方法，也要改变就经济逻辑单一分析国际经济形势的方法，特别是要改变过去传统的按照一定之规来划分敌人和朋友的思维方式，需要寻找新形势下我们的战略空间。我们的战略空间在什么地方呢？我们的战略空间就在大国的竞争和博弈之中，在这些不断发生的新的利益组合变化之中。今天各位朋友都在场，我就先谈谈对世界格局演化的一点认识。

二、对当前世界经济形势的分析与判断

2016 年底，我们对 2017 年的经济形势做出判断，提出 2017 年全球经济会从 8 个方面出现拐点，这些判断在我们对国际形势判断的分析报告里有明确表述，我不再赘述。后来联合国贸发组织、IMF、世界银行也先后提出这样的观点，实际上我们的判断是在它们之前的。后来它们先后指出 2017 年是世界经济的一个拐点，而 2018 年这个拐点将完全形成。世界经济出现了 2008 年以来首次广泛而强劲的增长，世界经济按照 IMF 的预测，75% 的经济体也就是占 2/3 的经济体将出现快速的经济增长或经济的复苏。2018 年，IMF 4 月 17 日在春季会议上预测，全球 GDP 增长会达到 3.9%，过去 5 年平均是 3.5%，世界经济经过 10 年的底部运行艰苦的努力，基本上走出低谷，走向广泛而强劲的增长。世界银行 6 月最新预测，世界经济 2018 年增长速度会达到 3.1%，它比 IMF 的预测稍微低一点，但也认为全球 2/3 的经济体会呈现经济的快速增长。美、日、欧三大经济体经济按照预测都好于 2017 年，IMF 预测美国 2018 年 GDP 会增长 2.9%，比 2017 年底的预测调高了 0.6 个百分点。美联储的预测比较乐观，认为美国 2018 年 GDP 增长会达到 4.5%。美国有些经济学家更乐观，认为美国下半年有可能达到 7%，全年有可能超过 6%。我认为 IMF 的预测是比较准确的，我后面会说原因。

欧元区 2018 年的预测是增长 2.4%，比原来调高了 0.5 个百分点。日本 2018 年全年预测增长 1.65%，调低了 0.05 个百分点，2017 年底的预测是 1.7%。IMF 对中国的预测是 2018 年增幅达到 6.6%，比 2017 年底调高了 0.1 个百分点，我认为这个预测会实现。中国前 5 年 GDP 年均增速 7.2%，2017 年 GDP 增速是 6.9%，2018 年上半年数据刚出来，是 6.8%，全年 6.6% 还是比较准确的。新兴经济体，IMF 预测全年将达到 4.9%，也就是 5%。其中，亚洲新兴经济体和发展中国家加起来，其经济增速会超过 6.5%。而发达经济体 2018 年的预测平均增速 2.5%，比 2017 年底 2.2% 的速度增加了 0.3 个百分点。大家可以看到，全球经济 10 年的底部运行，IMF 总裁拉加德曾经说的世界经济在浅水领域行驶，现在基本靠岸了，开始复苏、增长，而且有强劲的增长态势。

我想展开谈谈当前和今后一个时期的各种风险。世界呈现这样强劲的全面增长

能不能实现？在什么情况下能实现，在什么情况下不能实现？不能实现的深层次原因是什么？这应该是今天我要谈的重点。我认为如果按照现在这种复苏走势，是应该能够实现的。现在中国按照预测是能实现的，一些新兴经济体也是能够实现的，比如像印度、斯里兰卡，这些新的“钻石 11 国”。发达经济体，还有一部分发展中国家，2018 年存在着巨大的风险。有几大风险将成为全球经济复苏和全球经济发展良好态势的变量，甚至会断送世界经济的前程。

第一个大的风险，可能会引发世界经济产生问题的最大变量是国际贸易冲突。全面开战引发的这种市场风险乃至经济风险将会打断或者影响全球经济复苏的态势。全球的贸易冲突集中在中美之间，中美之间的贸易冲突加剧、贸易摩擦加剧。关于此，媒体有很多表达的口径，一会儿是贸易摩擦，一会儿是贸易摩擦升级，一会儿是贸易战。到底是什么？最近两天商务部发表了声明，是贸易战，今天我也就不妨讲讲贸易战。贸易战对世界经济的影响将是巨大的，OECD 预测，它将使全球的关税快速上升，由于全球关税的快速上升，将使全球贸易成本增加 10%，使全球经济增长速度降低或者减缓 1.4%。IMF 预测 2018 年 GDP 增长 3.9%，如果减去 1.4% 就变成 2.5%，2.5% 的增速已低于 2017 年，破坏了全球全面而强劲的经济增长。OECD 预测，贸易战将使超过 60 万人失业。我个人认为，中美之间的贸易战，会使我们的一部分外贸企业受到伤害，影响就业不止 60 万人。这次贸易摩擦加剧加征高额关税之后，对我国东南沿海出口比较密集的省份影响较大，将影响很多企业的出口，影响大量的就业。现在中兴通讯开业了，如果中兴通讯没有开业，一下子就影响这个企业 8 万人，还有 1000 多个大的供应商链条上的百万人，同时对美国企业的就业也会有很大影响。美国进行的单边贸易制裁会从五个方面造成极大的破坏：会破坏国际贸易秩序、贸易规则，甚至瓦解贸易体系；会破坏全球产业链、供应链、服务链、价值链，使很多虚拟的但上下游黏性很强的链条断掉，重组的成本非常高；会破坏经济复苏的态势，打断全球经过十年来之不易的复苏进程；会破坏全球的治理体系，打乱正常的国际关系；会破坏中美关系。因此，它造成的破坏性是极大的。

现在对中美贸易战的总判断应该是什么呢？大家可能非常担忧。首先分析首期 500 亿美元。我前两天曾经在中国网做过一个分析，我们对美国进行的反制，主要是对大豆、汽车、能源等进口商品加税，总的来说对中国消费市场价格影响不太大。在中国网的采访中，我一个品种一个品种地进行了分析，这里就不再展开了。我们反制的这 500 亿美元，整体看对美国影响是比较大的，美国豆农 2.5 万，围绕大豆销售相关的人员 8.5 万，分布在美国的 7 个州。我们从美国进口大豆的数量，在反制之前就已经下降了26%，而美国的豆农现在比较紧张，据悉美国大豆协会正在和巴西大豆协会加快沟通，因为美国大豆补贴占其成本的45%，所以他们在与巴西大豆协会沟通时，要向巴西让一部分利，把大豆卖给巴西，再从巴西转给中国。这对美国的种植结构调整、对美国大豆种植产生了很大影响。这些办法只能解决2018年的问题，如果这种贸易战继续下去，虽然中国现在从美国进口大豆占整个大豆进口的31%，但却占60%左右的美国大豆出口。我记得朱镕基总理时期，中国从美国进口大豆占到80%以上，后来占到60%，再后来占到31%，再加上从美国进口的大豆是转基因的，按照我国的规定，只能有两种用途，一是榨油；二是做豆粕饲料，因此，对中国市场价格产生的影响还不算大。

习近平主席2018年3月在海南博鳌论坛讲话，提出进一步扩大四方面的开放，其中有一个方面就是降低汽车、船舶等进口关税，把汽车关税降低到15%。这次反制对美国进口的汽车加征25%关税，等于又恢复到40%的关税。我们从美国进口的汽车主要是福特汽车、通用汽车、特斯拉汽车，特斯拉汽车2017年进口2万辆。最近特斯拉汽车的第二条生产线已经转移到中国上海，年产量是50万辆。通用汽车也已经明确发出信号，准备把生产线转到中国，福特目前还没有发声。在它们没有转移之前，我们有很多替代产品，欧洲有很多的高端车可以替代，中国现在像吉利生产的沃尔沃、奔驰都可以替代。所以，如果分析一下价格，卖100万元一辆的汽车加25万元，大部分消费者都会选择替代产品，汽车对我们也不会有太大影响。

猪肉会有一点影响，原来猪肉的进口价是1公斤11元多，是农业部刚刚公布的价格，加征关税以后的猪肉价格是1公斤17.24元，也就是说1公斤猪肉加了6元多，平均1斤是3元多。中国生产生猪和消费生猪是全世界最大的国家，一年能吃掉7亿头猪，而从美国进口的猪肉一年是120多吨，也占不了太大的比重。如果说我就非吃美国的猪肉，那就1斤再加3元钱，如果说吃中国生产的猪肉也行，价格影响就不大了。所以，第一批我们对美国进口商品的反制，对美国市场的影响比对我们的影响要大一些。因为美国对我国500亿美元进口商品加征关税，第一期340亿美元和第二期160亿美元，主要还是瞄准“中国制造2025”涉及行业的产品，是我们要升级的这些制造业出口到美国的产品。它的目的很明确，加征25%关税增加生产成本，给你的制造业继续转型升级造成阻碍，加大转型升级的成本，打断你迈向制造业强国的进程。这样对谁影响大？对中国制造业企业影响大，但对美国从中国进口零部件的生产企业影响也加大了。对美国的消费者影响暂时不大，这是一个渐进的过程，链条是很长的。所以第一批的340亿美元，对于双方市场的消费者影响都不会很大。针对第二批160亿美元，中国反制计划第二批114项，其中108项对从美国进口的油气产品加征25%的关税，我认为我们的石油天然气、能源已经形成全球多元化的格局，也有很大的替代性，恐怕对我们的影响也不会太大。

贸易战打来打去，最后会是什么结果呢？我个人认为，第一是以战止战。中国不愿打贸易战，我们从一开始就声明了，也做了各种努力，百日计划、全年计划、和美国主动沟通等。但美国是一意孤行，依靠着霸权为非作歹，一战再战，这样的情况下就必须以战止战了，该反制的一定要反制，该反对的一定要反对，该维护中国权益的一定要维护，这是绝对要坚定不移的。第二是以变止战。我们要以进一步变革、以更大力度的改革开放来引导和控制战局。7月6日、7日WTO对中国进行第七次加入WTO的贸易政策审议，中国在2001年12月21日加入WTO，给了中国5年的政策过渡期。这5年期间，WTO对中国一年进行一次贸易政策审议。很荣幸，当时我是中国内部WTO贸易政策审议的专家小组成员之一。这个时段已经过去了，那5年中，每年都要向WTO交一份答卷，到5年结束的时候，中国交了一份非常漂亮的答卷，中国完美履行了WTO的承诺。这次是第七次审议，是WTO历史上规模最大的、参与国最多的、发言人数最多的、提的问题最多的一次。因为目前正好是在中美贸易战之际，所以这次会议是在很多国家有各种质疑的情况下召开的会议。在这次会议上，42个国家提了1960个问题，70多位代表发言。商务部副部长王受文带队，我驻WTO大使张向晨全程参与，对所有的问题一一作了解答，有的是书面解答。最后WTO的主持人做了总结发言，这个发言已经翻译成了中文，大家现在都能找到，他对中国的评价很高，认为中国很好地履行了WTO的承诺，中国维护了WTO的多边体制，提出了“一带一路”倡议，主动开放市场，降低市场准入标准，改进外商投资环境，他对这些方面都进行了充分的肯定。但是也提出了中国存在的问题，问题提得也很尖锐，比如产业政策、补贴政策、贸易政策透明度、知识产权保护等，同时给出了中国现有问题的改进方向。美国驻WTO的大使代表美国政府提出，要求WTO重新审议中国作为WTO成员的资格，认为中国打着自由贸易的旗号加入WTO，利用这个舞台，成了贸易恐怖主义者，成了经济侵略者，但这些结论都被推翻了。现在美国在贸易问题上，在单边和多边的问题上是孤立的。5月8日，美国驻WTO大使谢伊和我国驻WTO大使张向晨有4场辩论，非常激烈。在辩论中，包括日本、印度、澳大利亚，还有很多国家，大家都支持多边，支持中国的看法和做法，所以美国大使刚一到WTO组织就懵圈了，最后表态说，他到这里就像进了爱丽丝幻镜，黑白颠倒、上下倒错。可以看到美国现在已经与34个国家发生全面的贸易冲突，实际上美国不仅是对中国，包括对他的盟国，如德国、日本这些国家都是同样地进行贸易制裁。而且，特朗普特别有意思的是，他是用美国国内1974年的贸易法单边制裁其他国家，没有任何国际规则依据，用美国国内法律替代国际规则。在实施制裁过程中你向我申请豁免，如果我豁免了，我就不对你征高额关税，比如他豁免了对8个国家钢铝加征关税，其他的都没有豁免。我觉得可能特朗普的感觉特别爽。太好了，你得向我申请，然后我豁免，美国第一、美国优先充分表现了出来。但各个国家这次都没有手软，在美国发起贸易制裁时，和它有贸易之争的国家和地区，即跟它有进出口关系的101个国家和地区里的34个，除了中国台湾蔡英文任何话没说，其他的都在反制，包括印度、俄罗斯、加拿大，几乎所有的国家和地区都进行了反制。美国在这次贸易战中是不利的，当然对全球的影响也是坏的。他破坏了贸易规则，大家觉得今后没法和美国做生意了，和它做生意完全不可预期，它用国内规则想加税就加税，想一出是一出的，还怎么跟它打交道呢？美国肆意破坏世界经济秩序和国际贸易规则，WTO负责人曾经指出，现在是WTO最艰难的时刻。美国特朗普上台以后退出TPP、《巴黎协定》、联合国教科文组织、联合国人权组织、《伊核协议》，现在扬言要退出WTO，后来又说他没有说过这话，但是他的官员，包括驻WTO的大使却多次强调，必要时不排除退出WTO。他退出WTO之后基本就没有什么可退的了，再退就是退出联合国了，现在美国真的在国际贸易上是被孤立的。然而必须看到，虽然美国在国际社会受到孤立，但是特朗普在美国的民意支持率却在上升，与在国际上的民意下降正好相反。比如墨西哥2015年的民调66%对美国有好感，2017年有30%对美国有好感，65%反感，现在对美国反感的则达到了80%以上。如果在中国做一个调查，对于美国挑起对中国的贸易战，除了极个别的人不知道站在什么立场上，恐怕95%以上都是要反对的。

我再补充一下，OECD预测还算是比较乐观的，国际上一些经济学家，包括美国经济学家在贸易战全面展开以后，将它看得更为严重。比如诺贝尔经济学奖获得者保罗·克鲁格曼最近表示，全面贸易战将使全球增加30%～60%的关税税率，会导致贸易大幅度下降，特别严重的话会降低70%，这是有史以来没有过的影响。他认为，美国GDP将由于贸易战降低2～3个百分点，如果出现这种情况，IMF预测美国2018年有可能出现负增长。而且他最终预测，如果特朗普的贸易战不中止的话，将会出现全球经济大萧条。我觉得这不是危言耸听，因为美国在1930年为了解决美国的经济危机就通过《斯穆特—霍利关税法》对全球2万种商品加征了40%的关税，使当时商品进口到美国的关税上升到了57.3%，导致了1930年全球经济大萧条，持续了13年。1918年第一次世界大战结束的时候，美国的平均关税不到20%；1929年美国的平均关税是28%，美国通过这个法律，关税上调40%，达到57.3%。这时候全球的贸易量下降30%，美国的对外贸易量下降30%，最后贸易战引发了第二次世界大战。所以，我认为美国经济学家不是危言耸听，他是从历史纵深的角度来看贸易战冲突升级以后的危险局面，这个风险还是很大的，是不容忽视的中美之间激烈的贸易摩擦会是一种常态，但是它可能会在一定的情况下止战，即以战止战，以变止战，以中国更大幅度的改革开放，让全世界来做判断和评判。现在全世界已经做出了判断，美国的贸易孤立者的形象已经确立。还可以以静止战，我们静观其变，把竞争博弈的时间拉长，因为从历史的长周期看，中国是向上的，美国是向下的，如果给我们的时间足够多，中国自己的事情做得足够好，这种战役将会不战自破。

第二个大的风险，也是大家比较关注的风险，就是美元霸权和美国这种任性的金融政策可能会引发的金融风险，这个问题恐怕比现在大家都在关注的贸易战风险还要严重。

从国际角度讲，美国给世界带来的金融风险第一就是美元的加息，2015年12月第一次加息，2016年12月第二次加息，2017年三次加息，2018年又已经加息两次了，下半年预测还会加息两次，而根据美联储已经释放的明确信号，2019年将加息三次。美元这一轮的加息周期，要连续加息12次，而从历史上看，美元加息是每10年一个周期。近几十年，1985年到1990年日本经济危机期间，那时候美国从1988年到1989年连续加息了11次；1995年到1997年亚洲金融危机期间，美国从1994年到1995年连续加息了7次；2006年至2008年，美国次贷风波引发了国际金融危机，从2004年到2006年，美国连续加息了17次，所以，美国次贷风波导致很多大的金融机构破产，像雷曼兄弟的破产。美国国会曾经请格林斯潘去听证，让他解释美国为什么会发生金融危机，当时格林斯潘回答说，其中一个很重要的原因，就是美国实行了过度宽松的货币政策，连续加息17次。再过10年，美国从2015年到2018年连续加息9次，再加上2019年3次，一共就12次了。每次美元连续加息都会使全球资本向美国流动，美国就成为资本流动的洼地，会抽干美元在全球的流动性。因为用美元作结算的比重占62%，用美元做外汇储备的比重接近60%，这是现在的数据，以前更高。用美元做锚货币的国家现在占85%，美元还是实际上的准国际货币。在这种情况下，抽干美元的流动性将使大量经济脆弱的国家破产。美元连续升息以后紧接着的将是美元的贬值，美元贬值持续的时间要比美元升值的时间长、幅度大。大家可以看到，布雷顿森林体系采取货币双钉住政策，那时候 1 盎司黄金相当于 35 美元，上一轮黄金价格最高的时候，是 1 盎司黄金可以兑换 1800 美元，现在下降到 1300～1400 美元。2015 年，也是在“经济每月谈”上，记者朋友问了我一个问题：你对黄金价格怎么看？那时候是第一季度，黄金从 1600 多美元 1 盎司，降到 1300 多美元，在中国引起了抢购黄金的热潮，第一季度中国大妈买了 300 多吨黄金。我当时回答说：这些中国大妈不太懂，从长周期来看 1 盎司黄金原来是 35 美元，到现在 1300 多美元并不是一个低位。媒体朋友非常会抓眼球，“经济每月谈”还没有散，马上就有一条新闻标题说，“中国国际经济交流中心总经济师陈文玲指出，中国大妈购买黄金将血本无归”，当时就有人给我看了，我话音还没落文章题目就出来了。我说：大家都可以做证，我可没有说过这句话。

现在我们对经济问题的判断要建立在大量的研究分析基础上，要有历史的纵深感，否则你无法准确地判断趋势。我个人认为，美国现在这种加息的深刻背景是，特朗普政府力图在全球形成一个资本洼地，使全球资本、全球产业、全球财富加快向美国回流，创造美国的繁荣盛况。美元如果不加息怎么会流向美国？如果特朗普政府不减税，产业怎么会流向美国？个人财富回流的时候，如果不是只有 6%～10% 的成本，怎么会流向美国？包括苹果承诺汇入美国 2500 亿美元，它以前为什么不汇？因为成本高。特朗普是要建立一个产业资本的财富吸引洼地，当他把美元流动性抽干，当这种连续的升值达到了他的预期，马上会出现一个转折点，即美元贬值，再压人民币升值。现在人民币对美元是连续贬值，2018 年以来贬了 4%。如果升值，经济发展的环境就又会发生变化。美元指数目前突破了 95 大关，这也是非常清晰的一个信号。

第二就是美国债务缩表去杠杆，缩表的整个盘子是 45000 亿美元，最终目标是压缩 1.2 万亿美元，缩表的过程也是收紧美元的过程，配合着美元的升值，也在回收美元。我们现在可以看到，美债的收益率达到历史最高点 3%，摩根大通预测，未来会突破 4%，美国国债收益率从来没达到过 4%，很多国家的资本会进一步向美国流动，购买美国国债。我国现在还持有 1.12 万亿美元美国国债，难道在国债收益率比较高的时候我们就不能卖掉吗？我们现在卖掉当然可以赚一笔钱，但是我们还有在那里存的钱，占的比重比卖掉的还要高，将来美元一旦大幅度贬值，损失将会更大。

现在跟随美元政策最紧的是英国、加拿大这两个国家，都在收紧货币。欧盟、日本原来对美国跟得很紧，实行宽松的货币政策，现在除了日本仍坚持宽松的货币政策外，欧盟、加拿大已经结束了宽松货币政策，趋向收紧货币。这种金融风险是非常大的，大到什么程度？这一轮美元的升值和货币政策收缩，使得委内瑞拉、津巴布韦、莫桑比克、南苏丹基本上到了破产边缘；出现了一批负利率的国家，比如捷克、波兰、匈牙利、菲律宾、韩国等，日本负利率已经连续好几年了；还有一批国家的货币贬值，上一轮俄罗斯在受到美欧联合制裁的时候，卢布贬了80%，这一轮俄罗斯卢布仍在贬值，股市在暴跌，汇市也在跌，阿根廷比索贬值35%，基准利率上升40%，土耳其里拉贬了19%，股市、汇市、债市三大市场大幅下挫，意大利银行股全面暴跌，债市暴跌、股市暴跌、汇市暴跌，巴西雷亚尔前5个月下跌了25%以上，特别重要的是巴西2018年GDP预期下调了33%～40%，印度卢比也大幅度贬值。我们可以看到这一轮美元升息、收紧、缩表、去杠杆，已经对世界造成了很大的影响，使很多国家受到重创。当然，对中国的影响也比较大。但是我认为，有时候由于我们没有沉住气，把预期风险放大了。第一轮贸易战对市场价格并没有多大影响，但影响到股市、债市、汇市、房市，按说这与贸易战本身没有直接关系，但人们对市场的预期发生了变化，所以我国这几个市场也受到了非常大的冲击。人民币对美元的汇率也在贬值，现在到了6.7∶1，有人预测将达到7∶1。我认为人民币汇率是可预期、可控的，不会有过大的升降幅度。

第三个大的风险，即一些国家公共政策调整和美国的宏观经济政策调整有可能引发全球性债务风险。全球性债务风险不是现在才有的，高债务一直是国际金融危机以来全球经济的显著特征，但现在债务风险加剧了。国际金融协会做了一个最新的分析是比较权威的，到2018年第一季度，全球债务已经达到了247万亿美元，比全球GDP差不多高4倍，全球的GDP是70多万亿美元，其中美国GDP是19.36万亿美元，中国GDP是12.2万亿美元，两个国家的GDP占全球的40%。主要的经济体和G7债务已经是GDP的3倍。美国债务是美国GDP的110%，已经达到21万亿美元，GDP是19.36万亿美元。日本的债务占比最高，已经是GDP的2.5倍。欧盟国家平均债务已经是GDP的95%。中国政府债务地方加中央是GDP的60%多，但是企业的债务率超过了200%，家庭债务大体上占70%。所以，全球的债务风险是在加剧，全球债务比10年前增加了70万亿美元，增加了一个全球的年GDP总量，其中发达国家增加了50万亿美元。全球债务风险在一定条件下会转化为巨大的经济风险，如曾经的欧债危机。

第四个大的风险，即大宗商品价格上涨将引发通胀风险。发达国家在前十年都是处于通缩状态。中国 2017 年通胀率在 2% 以下，2018 年出现了通胀上行的趋势。对大宗商品价格影响比较大的有以下几大类：

一是石油、天然气。石油价格上一轮最高点是 146 美元/桶，布伦特价格指数最低价格为 28 美元/桶，现在上升到 75 美元/桶，最近在几个区间上下波动：70～75 美元/桶、80～83 美元/桶、78～83 美元/桶，比上一轮平均价格翻了一番，它会导致大量用油企业成本上升。国际能源署预测 2017—2020 年，美国石油产量每天会增加 300 万桶，全球石油消费量每天增加 370 万桶，如果加上美国的页岩气、天然气，美国现在日产油气产品最高达 1080 万桶，现在已经超过沙特阿拉伯了，全球日产最高的是俄罗斯 1100 万桶，美国将会很快超过俄罗斯。目前全球能源格局将发生重大变化，中国是石油进口第一大国家，石油市场依存度达 70%，未来可能会达到 80%，所以石油市场价格上升和美元升值是紧密关联的，因为美国很快将成为全球最大的能源供给方。2017 年我们和美方有“百日计划”，扩大牛肉、飞机、原油三类商品进口，全年中国从美国进口能源增加了 8 倍，2018 年中美谈判的时候中国也承诺从美国多进口原油，但是有一条，如果美国不守信用，我们所做的承诺也将无效。所以，美国如果继续打贸易战，它的潜在的能源第一大市场也会失去。

石油价格还与能源供求结构变化有关系。美国为了使出口增加，上半年一天出口 160 万桶，退出《伊核协议》，强令所有国家都不能买伊朗石油，伊朗是石油大国，如果只能买美国的石油，就意味着伊朗的衰退。美国还制裁委内瑞拉，不准任何国家从委内瑞拉进口石油，委内瑞拉也是石油生产大国。所以，能源格局最大的变化和美国的经济霸权、美国石油产量增加超过沙特阿拉伯成为第一大产油国、第一大出口国直接相关。大宗商品价格首先是能源价格，2017 年下半年以来上升非常快，从 2017 年到 2018 年翻了一番之多。

二是铁矿石。从 2017 年下半年到 2018 年铁矿石价格也在快速上涨，现已上升到每吨 55～70 美元，恢复了高价位。2018 年预测铁矿石进口量会达到 10.9 亿吨，中国占一半以上。

三是非能源类大宗商品。2017 年该类商品价格上升 21.8%，2018 年会继续上升。国际组织做出关于价格的分析认为，2018 年全球 CPI 下半年将会超过 2.45%。美国通胀率以前一直在 1% 或者 1% 以下，2018 年上半年已经达到 2%，下半年预计超过 2.5%。因此，全球和一些国家通胀风险还是存在的。我国通胀率也出现了变化，上半年 CPI 指数达到 2%，虽然月环比有少许下降，但一些商品特别是农产品价格在上升，如 6 月蛋类价格上涨 15.1%，蔬菜价格上涨 9.3%。

第五个大的风险，即军备竞赛将引发局部战争风险。到目前为止，美国连续25年军售排在全球第一位，靠售卖武器获得了巨大的经济利益。美国与130个国家正式缔结了军售协议，售卖武器销售占全球的34%，在军售中获得了巨大利益。美国和俄罗斯有矛盾，也对俄罗斯出售武器的国家都提出限制，比如对印度提出不能买俄罗斯的哪款武器的要求，对日本也提出不能买俄罗斯的哪款武器的要求。这是军售之争，更是利益之争。

特朗普上台以后有几个方面管制放松，其中很重要的就是放松对军售的管制，要把军火商利益最大化，所以美国不仅直接用最先进武器打击叙利亚，还主动挑起战争。到中东后挑拨很多国家和卡塔尔断交，把以色列的首都搬到耶路撒冷，不在乎发生冲突和战争。特朗普说他是华盛顿首席军火推销员，在他眼里，战争就是交易和生意。现在美国所有的管制放松背后都是代表大财团、大资本家利益。放松军事管制是代表军火商利益；放松金融监管是代表金融资本家的利益，废除奥巴马关于金融管制的《多德—弗兰克法案》；放松传统化石能源的管制是代表传统能源资本家的利益。现在的美国总统与历史上历届总统都不一样，特朗普和纯粹的政客的经济政策和打法完全不同。2018年，美国军费高达7000亿美元，是中国军费的4倍多，印度、俄罗斯、日本、欧盟都在增加军费支出，军备竞赛可能引发局部战争危险，这当然关系到全球经济格局。一旦战争发生会导致灾难性的后果，难民潮将成为世界经济、政治、外交上最大的问题之一。所以，我们要对这些问题进行分析。

上述五大风险，是我们分析国际经济形势时必须要看到的重大变化，它可能断送经济发展的良好态势。有没有消除这些风险的稳定器？有。总览全球，中国仍是世界经济的“稳定之锚”。在新的国际格局中，中国大的战略、大的站位，以及策略总体上看是成功的。在历史长河中，美国的错误做法，从反面证明了中国的大国气派和大国力量。美国的大国信用正在加快损耗，美国的大国影响力加速降低，美国的大国软实力、软竞争力日渐式微。特朗普一系列不靠谱的做法，一是给了我们压力；二是给了我们动力；三是提高了我们的威信。这对中国来说是重大的历史机遇。

三、中国的应对之策

中国在当前和未来应对国际金融危机、金融风险、市场风险、经济风险、战争风险等各种风险时，必须按照党中央、国务院部署，立足于把自己的事情办好，立足于把中国国内的事情办好，这是我们的立身之本，也是我们的决胜之道。当前要办好以下几件事：

第一，在贸易冲突方面我们不能失去定力、耐力，也不能失去强有力的反制能力。

现在美国挑起的贸易战的指向绝不单单是贸易，这是美国战略转向的表现之一。美国对中国遏制、封杀和打击，力图打断我们的现代化进程，现在拓展到制造业之争、高科技之争，这也是未来之争。在这个重要关头中国要坚定不移地按照我们的道路走下去，必须坚持“四个自信”，在遇到大风大浪之前，它可能是我们学习的理论，但是遇到国际上这种大的变动和博弈，它就要真正成为我们的信仰，我们必须真正坚持道路自信、理论自信、制度自信、文化自信，让它成为我们在博弈中取胜的基础力量。

在这场国际贸易博弈中，我谈几点不同的看法。

一是我们不能轻易放弃美国市场，不能轻言退出。按照商务部的口径，我们对美国出口5024亿美元，从美国进口1300亿美元，这么大的市场规模，目前即便是“一带一路”沿线国家，甚至是整个非洲国家，都难以替代。如果我们因为加征关税、打贸易战了而主动退却，就会失去拉动中国经济增长的非常大的一个动力，就会使我们的经济受到重创。如果不放弃，我们怎么办？有三点特别重要：

（1）政府应该发出清晰的信号，对于在华企业出口美国加征关税的所有行业按照WTO允许的规制给予政策支持。这种关键时刻的支持至关重要。比如美国对我2000亿美元商品加征10%关税，我们的出口退税是17%，我们应该马上告诉企业，加征的10%，出口退税照此幅度全数退还，这也符合WTO规则，而且要即出即退，不能拖延。现在出口企业很恐慌，企业不知道未来还要不要订单，面向美国的生意还做不做，不敢再签订单。我认为一定要做，这个市场一定要占住，我们的商品物美价廉，我们在美国有很大消费群体，这个市场不能放弃。出口即退，就意味着要改革政府管理方式。政府管理方式要为国家之间的这种重大战略竞争服务，应该为企业在国际市场竞争获胜服务，而不是让企业为政府服务，方便自己管理而不方便企业参与国际竞争。那么征税25%怎么办？17%全部退，剩余8%减税。商务部发言人说，我们要把从美国进口加征的关税用于给企业补贴。这些不能停留在口号上，马上要变成操作方案，使所有的出口企业保持稳定，不要让企业恐慌、关闭、裁员，政府动作必须快，政策必须要变成操作性方案。要把这场贸易战对我们企业和社会的负面影响，特别是心理影响，降到最低程度。

（2）不能有过激反应。要给社会民众算算账，不能由于盲目恐慌间接打击我们的股市、债市、汇市、房市和日用消费品市场。对于中美贸易冲突中的500亿美元、2000亿美元涉及哪些商品，哪些商品对我们的生活有影响，影响到什么程度，要如实告诉大家，首先要稳定民心。我认为过激反应不利于我们保持经济稳中向好的态势，贸易战还没有开打，我们自己却先倒了；价格的链条还没有传导到，股市却先下降了。所以舆论引导特别重要。我看到前一段时间很多媒体出发点是好的，但是很多道理上没有说清楚，所以老百姓是恐慌的。现在出现了两个极端，特朗普现在在中国有一部分铁杆粉丝，觉得他真了不起，什么都敢干；另一部分则特别讨厌特朗普，觉得他凭霸主地位为非作歹。因此，媒体有义务给中国民众清晰的预期和正确的舆论引导。

（3）要以战促合。要让美国有一天主动找我们认错，一定要把握主动权，不能说他不打我就去主动谈，他没请我就去主动谈，我们将来的筹码在哪儿？将来贸易战的风险一定会转嫁到美国国民身上。7月7日格林斯潘在上海会议上的发言非常精彩，他说美国现在加征高额关税最后要由美国国民来买单，而且这种做法会抵消美国减税以及放松管制带来的好处，会使它走向反面。现在德国在美国的汽车企业准备转移到中国，美国有两家汽车企业转移或准备转移到中国。通用汽车在中国市场年销售400万辆，美国市场300万辆，高额关税，双方互加，使汽车成本大幅提高，企业就会失去巨额利润，甚至失去最大的市场。

二是可以利用“一带一路”的平台扩大出口。现在对“一带一路”的国家，我国出口2017年增加了26%，是增加最快的部分。随着“一带一路”的推进，贸易、投资多元化的格局会进一步展现，市场空间还非常大。

三是特别重要的一点，中国应该主动提出发展下一代贸易方式——E国际贸易，一个利用互联网、物联网、大数据、云计算、云服务、人工智能形成的大平台经济，它将是若干企业的集成、消费者的集成、市场的集成，从而形成新的贸易方式、贸易方向，将会从根本上和长远上突破传统贸易壁垒。

第二，必须加快把中国的制造业做大做强、做精做优。

美国“301调查”报告瞄准的就是我们先进的制造业。中国制造业产值占全球制造业产值的25.5%，现在中国实际上比日本当年第三轮制造业转移时占全球产值比重还要大得多，日本当时占全球的16%。所以，我国强大的制造业产能应该是新一轮竞争的巨大优势。我们要减缓制造业转移的速度、力度以及规模。第五轮制造业转移已经开始，我们优质的制造业、龙头的制造业、核心的制造业要留在国内，这一点要大声疾呼。制造业是强国之基、立国之本、国之重器，制造业发展要扭转几个误区。美国“301调查”报告攻击“中国制造2025”一系列中国国内文件，包括发改委文件、工信部文件、地方政府文件。我个人认为，不能惧怕这些责难，我国好的产业政策一定要坚持。美国2011年的《确保美国先进制造业领导地位》文件就是美国的产业政策，2012—2014年出台的《制造业促进法》《先进制造业伙伴计划》也是产业政策。美国国防部制定了《制造技术战略规划》《振兴美国制造与创新法案》，这都是美国政府产业政策。我们还是要坚定地推动中国产业转型升级，迈向中高端，但不是所有的产品都一定要是中高端。制造业结构要和需求结构相匹配，实现制造业结构的多元化、多层次化，一部分在高端，还有很大一部分有即期需求的在中端，供给侧结构性改革一定是结构性的，一定是多元化的，一定是和消费需求相匹配的。我们要把产业链上的每个环节、每个产品、每个核心零部件做好，而不是把一个个原来有优势的服装、鞋帽、箱包作为落后产业消灭掉。现在实际上出现了很大的畸形，我们的装备制造业、重化工现在已经占制造业产值的71%了，消费品工业下降到20%多。将来如果我们的服装、鞋帽、箱包全部靠进口，只要进口的关税上升，中国13.9亿人口的福利就会大大减少，劳动力就业也会出现问题。中国制造业门类齐全，而且是多元的、多层次的，这符合现阶段的需求结构。

在三次产业结构中，若只是强调现代服务业发展就意味着降低制造业的比重，我认为这已经进入了一个特别大的误区。特别是一些地方政府在操作过程中，把服务业占比作为衡量产业结构优化不优化的唯一标准。我们国家在相当长时间内，制造业还应该是主体，而服务业要和制造业所需要的服务能力相匹配，与人民生活不断提升的服务要求相匹配，而不是盲目为了一个比重数字、为了一个业态去刻意发展，把我们最优的东西、最应该坚持的东西丢掉。

再有一个很重要的问题，即：第五轮产业转移开始的时候，我们应怎样调整制造业的整体布局？我们应把中国制造业龙头企业留在国内，向东西部地区转移，向周边国家转移，在我们的沿边形成以我国制造业龙头企业为顶端的产业链、供应链和价值链，带动周边国家发展。

第三，加大改革开放力度，使中国更加符合WTO规则，使我们的开放更加具有引领性、主动性和可持续性，使中国真正成为令世界尊敬的大国。

第四，要重视培育中国的创新能力，拉长我们的战略机遇期。我们的战略机遇期原来是指从2000年到2020年，2020年之后能不能继续拉长和创造新的战略机遇期，或者创造更大的战略机遇期？我认为事在人为。我们要保持战略定力，使国家重大战略形成组合优势，创造巨大红利。中国现在最大的红利是市场红利，我们的市场规模2017年和美国持平，2018年会超过美国。这种市场吸引力是中国未来最大的经济发展红利，也是对全球外商投资最大的吸引力。再一个就是新人力资本红利，新人力资本红利和过去的劳动力红利不同的是，它是智力型的、创造型的、未来型的红利，可以形成创新发展的红利、生态环境全面修复改造优化的红利、区域布局调整的红利等。我认为从长期看，只要坚定不移把中国自己的事情做好，不断地环顾世界，吸取一些国家的教训，同时吸收这些国家成功经验为我所用，中国就将无往而不胜。

谢谢大家！

答记者问环节：

记者：

参加这种论坛好几次了，非常感谢国经中心给予这样的交流机会，我想问一下陈主任关于中美贸易的问题。刚才已经提到，中国对美国500亿美元商品的反制对我们的影响不是很大。现在美国又提出了一个2000亿美元商品的贸易制裁，中国政府能做出什么样的反制裁措施？因为我国从美国进口只有1300亿美元，数量上是不对等的，所以我想知道我们政府将有什么样的措施？还有一个是中美贸易战一直处于升级的态势，下半年有的人分析认为他主要是为了他的竞选造势，如果他的选举朝着对他有利的方向发展，或者是到中期竞选确定性增加，贸易摩擦或者是贸易战会不会有所缓和？谢谢。

陈文玲：

谢谢您的提问！中国从美国进口1300亿美元，我们对美国出口5024亿美元，美国把我们的出口全部制裁完了会产生一些可以预料的结果，但也会产生一些难以预料的结果。美国醉翁之意不在酒，是想通过贸易制裁遏制中国制造业转型升级，针对的是我国的高技术产业发展，所以他500亿美元的单子里面基本都是中国要在2025年转型升级的装备制造业、电子信息等产品。2000亿美元里差不多有60%的消费品，包括传统的商品。到5000多亿美元的时候，现在《中国制造2025》中产业的产品占的比重肯定就不大了，因为美国的产业层次在高端，我国还是在中低端。我国对美国出口的机电产品大概占50%，其余的还是日用消费品。这样的出口结构会导致贸易战出现两方面的结果：

一是对日用消费者的加价，会使美国市场的消费价格上升，给经销商带来更高的进口成本，最终像格林斯潘所说的，要由美国的国民买单。它会体现在市场的销售价格上，市场的销售价格如果对等地加征关税会增长 20% ~40%，美国市场、美国消费者会有反应，对美国的生产者也会产生影响。全球国际贸易中，有 2/3 是中间品贸易，中国和一些亚洲国家贸易额中高达 4/5 是中间品，在出口的商品里表现为最终商品的占比不大，表现为中间品的商品，实际上就是工厂用作原材料在产业链上的产品反复进口出口的贸易。我以前做过国货复进口调查，就是产业链的商品出口再进口。我认为贸易战打下去最大的影响是使美国生产商、生产制造商、原材料商成本拉升，所以才有了特斯拉汽车向中国转移，才有了通用汽车准备向中国转移。如果这种成本传递到产业链的上下游，可能以中国作为销售目的地、市场目的地的企业，还会继续有工厂或者制造商向中国转移，这会使美国制造业发生很大的振荡。

二是现在美国社会对贸易战开始反思。原来大家都认为，特朗普说到做到，想制裁谁就制裁谁，对中国很强硬。现在美国社会正在反思，1100 名经济学家写信反对贸易战，270 个行业组织反对贸易战，特别是美国总商会会长多诺霍公开发文反对贸易战。7 月初的时候美国参议院通过了一个没有约束力的议案，88 票对 11 票，反对美国总统特朗普加征高额关税，主张国会限制总统权力。我认为现在美国社会是在进行再反思，一开始是反思美国对华政策全面失败，美国对华不够强硬。现在则反思美国这种非理性的、单边的高额征税是“双刃剑”，在打击中国的时候也伤害了自己。特朗普中期选举时这样做是为了争取民意，他的这种强硬态度使他获得了民意，他的民意支持率在上升，皮尤调查是 44%，盖洛普调查“认为特朗普是最聪明的总统”的人高达 56%。随着美国企业、消费者所受到的伤害日益加深他们开始再反思，有可能认为特朗普是最愚蠢的总统，这时候他的民意支持率可能会下降。特朗普的抗压能力非常强，谁反对他都不在乎，包括他夫人反对他也不在乎。但是他在乎的是他能不能执政下去，能不能中期选取成功，能不能连任。他为什么对金正恩这么“宠爱”，6 月 12 日北约开完会，在一片争论声中就去新加坡会面，就是因为美国国会共和党有些人提议，如果特朗普和金正恩会见以后解决了朝鲜半岛问题，他可能会获得诺贝尔和平奖。

记者：

我提一个问题，首先很感谢给我这个机会。当前的形势是，美国针对“中国制造 2025”，那制造业企业怎样去应对？谢谢。

陈文玲：

美国“301 调查”报告有 1335 个脚注，英文版有 185 页，翻译成中文版有 200 多页，还有 5 个附件，里面说的是中国产业政策，这其中对于《中国制造 2025》引用了很多，还引用了发改委、商务部、海关总署的文件，还有一些省的文件、上市的公报、一些专家的文章。有人吹捧美国“301调查”报告，也有人吹捧美国智库研究，说中美贸易战还没打，美国稍胜一筹，美国的报告有理有据，数据翔实，中国的报告没有数据。我觉得这肯定是美国的写手在引导舆论，把中国老百姓的认识一下就搞乱了。实际上，美国“301调查”报告十分混乱，它里面有很多“可能、大概、也许、听说”，以及“据美国贸易委员会企业调查反映”这些模棱两可的表述。我们和美国专家讨论的时候也问过他们：美国声称中国窃取知识产权，到底有没有依据？有什么依据？他们也说不太清楚，他们只是向政府提供了他们要求的数据，但至于政府怎么用就把握不了了。一些智库专家也表达了一些看法，他们实际上也只是有建言权，但是最后这个报告不是他们起草的。我个人认为，不能说美国稍胜一筹，美国的“301调查”报告本身就立不住，因为它粗暴地干涉了中国的内政。

“中国制造2025”是中国国家治理的一个指导性意见，是引导产业升级的正确做法，没有任何理由受美国1974年贸易法的制裁，这是风马牛不相及的两件事，如果非把它们联系到一起，“就是醉翁之意不在贸易”。如果“中国制造2025”实现的话，就会实现对美国的超越。这是美国贸易谈判代表莱特希泽在公开场合说的话。面对美国的无理指责，我们没必要退却，还是应该按照党中央、国务院的部署，按照我们国家未来2035年实现社会主义现代化，2050年建成社会主义现代化强国的目标，使我们的制造业从大变强。制造业要具有能够和世界最先进制造业水平分工的能力，在将来的全球产业链中既有纵向的分工能力，可以向产业链的上下游延伸，也有在产业链的关键环节、核心零部件上占据高端的实力。比如前段时间，我们做了福耀玻璃改革开放40年成就的调研，福耀玻璃把汽车产业链上的一块玻璃做到了全球最高水平，路虎、福特、通用都用他的玻璃，曹德旺在美国建了3个分工厂。我问他中美贸易战对他们有什么影响？他说：“没有什么影响，因为他们需要我的玻璃。”美国汽车用我们的玻璃占到70%，高端车都用我们的玻璃。我们的制造业转型升级，不是说把产业链所有的环节都做了，而是要做产业链的高端和顶端，要做这些核心零部件，做具有颠覆性技术的产品，这些产品一定是尖端。这些尖端产品不一定是所有的行业、所有的企业都做到，而是要有一定的产业层次。所以“中国制造2025”中的建设制造业强国不是放弃我们的日用消费品工业，不是放弃我们现在具有广大需求的、与需求结构相匹配的制造业，而是要在核心零部件和关键环节上形成国家创新能力。

比如芯片，“万众一芯”是不行的。所有企业一哄而上都投资芯片，可能会造成芯片产能过剩。好的芯片，靠的是原始创新能力的比拼。美国现在生产芯片到了5纳米、7纳米，我们正在从64纳米做到32纳米，攻关十几纳米级的芯片，我们与美国的差距在核心零部件上，有的东西有十几年甚至二十年的差距。如果阿里巴巴、格力集团等很多企业投资芯片，就可以和美国相抗衡，或者和美国生产出一样水平的芯片。我认为“中国制造2025”中的中国产业转型升级一定要在最尖端领域形成有国家支持的创新能力，以企业为主体，以科学家为主体。我们改革的真正要义，就是要适应国家的这种战略需要。“中国制造2025”只是一个产业形态的问题，背后涉及了很多制度的比拼、体制机制的比拼、创新能力的比拼，而人才是第一生产要素，能不能够释放出人的聪明才智，在什么样的体制机制下他才能成为真正的创造者，这是一个关键性问题。

记者：

下半年习近平总书记要去非洲，9月要举办中非合作论坛，各位老师对总书记去非洲有什么看法？对于民营企业去非洲有什么建议？还有就是针对非洲当前的情况您有什么看法？

陈文玲：

非洲是个非常大的市场，可能也是最有潜力的市场。非洲有40多个国家，整个非盟53个国家，非洲的人均劳动力月收入水平为154美元，非洲的劳动力成本非常低，而非洲的人口是十几亿，未来是潜力最大的市场。现在非洲比较贫穷，但发展比较快。2014年国家三部委发布的《“一带一路”愿景与行动》，只涉及非洲地区部分国家，现在很多非洲国家都想加入“一带一路”建设。习近平主席2017年5月14日在“一带一路”国际合作高峰论坛上讲“一带一路”是开放平台，欢迎各国参加。在非洲有很多发展机会，比如埃塞俄比亚，重庆力帆集团生产的力帆汽车，在中国没有多少市场，但在埃塞俄比亚做成了很大的汽车产业园区，现在成为非洲最大的汽车制造商，在非洲的中低端汽车市场基本上都是力帆汽车。我认为民营企业在非洲投资关键是要选准市场，弄清楚它的最大市场在哪里。应重视非洲的投资环境，在有的国家要规避一些政治风险，还要避免投资风险。我们2017年和英国IISS（国际战略研究所）讨论，他们提出一个很重要的建议，毕马威、渣打银行、汇丰银行在全球，特别是在非洲有很强的服务能力，都有分支机构，假如中国的投资和他们的融资能力、项目风险评估服务能力结合起来，“一带一路”项目就能规避很多风险，开拓出更大的空间，这是很重要的推进与合作路径。

中美贸易战带给我们的深刻启示与教益

——在中国国际经济交流中心第107期“经济每月谈”上的发言与答记者问

（2018年5月24日）

导语：①当今世界冷战思维、民粹主义正在回潮，这种回潮给世界秩序、国际规则带来了极大的挑战；②中美之间的贸易战不是简单的贸易上的加减乘除，不是仅仅用贸易顺差和逆差就能计算得失的，它更是道德之战、道路之战、理念之战、规则之战和人类命运之战；③中美之间的贸易战既是遭遇战，也是持久战，时间在中国一边；④任何国家都不可能靠打压其他的国家永远保持第一，靠遏制别人发展保持第一，终将失去第一。

贸易问题是地球人都知道的事，是近些年来中国老百姓关注度最高的一件事，这件事超越了国界，既是美国社会关注的事，也是全世界各个国家都聚焦的事。这件事从根本上将改变世界的格局，有可能成为一个历史转折点或者新的历史起点、节点，实现百年未有之大变局。如果说原来正在积蓄着能量，现在就是双方的能量都在加快释放。

我的很多观点在中心的公众号上都有，包括和美方的一些对话，包括我在《人民日报·学术前沿》上发表的关于中美关系问题16000字的长文。在座的各位可能对我的一些观点和看法都有所了解，或者都比较熟悉，所以我今天换一个角度来谈一些新的思考。作为国经中心“经济每月谈”，我们每期都要推出一些新的观点，和大家共同探讨，使大家对中美之间的贸易之争看得更加透彻。

今天我想从几个大的方面谈谈，当前的中美贸易战使我们在哪些方面警醒了，也就是说，中美贸易战告诉了我们什么，告诉了世人什么，给了我们哪些重要的启示。我们对于它的发生过程和事实已经很清楚，这个发展脉络是清晰的。美国发起贸易战，先从钢铁、铝开始，之前还有洗衣机、工具箱等，这还都属于正常的贸易摩擦。从钢铝加征高额关税开始，340 亿美元、160 亿美元，发展到 2000 亿美元从加征 10% 到 25%，后面还待定 3000 亿美元。美国挑起的贸易战扑面而来，气势汹汹。中国对此的应对，这个脉络大家也很清楚，开始商务部、外交部新闻发言人表态，口径都是一致的，第一“不怕”，第二“不躲”，第三“奉陪到底”。我们怎么奉陪？开始我们强调是对等的，以同等规模、同等力度强烈反制，现在我们要精细化地精准打击。这个过程的事实大家很清楚，我不再赘述。

中美贸易战到底告诉我们什么？在当前的国际大环境下给了我们哪些深刻启示？

第一，它告诉我们当今世界冷战思维、民粹主义正在回潮，这种回潮给世界秩序、国际规则带来了极大的挑战。

我认为，现在的贸易战是把“二战”之后的冷战思维、冷战做法，由过去的军事战变成了经济战。大家可以看到，美国在对中国进行制裁的同时，还对 11 个国家进行严厉制裁。如果说对中国的制裁还是有步骤的，那么对伊朗制裁则是一步到位的，要禁止所有国家跟伊朗做生意。11 月 4 日开始第二波制裁，禁止与伊朗做生意，哪个国家与之做生意他就制裁谁，我们中兴通讯芯片的问题，就是因为中兴通讯在出口到伊朗的设备里面安装了美国生产的芯片等核心零部件，美国就采取长臂管辖的国内法律，将制裁延伸到了第三国。美国对 11 个国家的制裁是军事打击式的制裁，是断崖式的制裁，是不容商量、不容置疑的制裁，是不经过任何国际程序，不受任何国际规则约束的制裁。对伊朗、中国、土耳其、委内瑞拉的制裁，对几乎所有国家的制裁都不受任何国际法的限制，不受任何规则的限制。

所以，中美贸易战本质上是美国冷战思维、民粹主义在当代贸易冲突、贸易纠纷、贸易摩擦中的再现或表现。我认为，这是贸易摩擦的最高形式，用这种类似战争的方式进行贸易制裁、贸易打击和贸易讹诈，越来越暴露了美国的本质。对中国的制裁是贸易讹诈，对伊朗、委内瑞拉的制裁就是贸易的核战争。所以，这种冷战思维、民粹主义的回潮，直接破坏了国际秩序。除了这些，美国还直接退出了一系列国际组织，包括推出《巴黎协定》、联合国教科文组织、联合国人权组织，尤其是退出联合国作了大量工作形成的《伊核协议》。还扬言退出 WTO，美国认为 WTO 做出的所有决定对美国都是不公平的，美国要坚持公平贸易，就不排除退出 WTO。

第二，中美之间的贸易战不是简单的贸易上的加减乘除，不是仅仅用贸易顺差和逆差就能计算得失的，它是道德之战、道路之战、理念之战、规则之战和人类命运之战。

美国现在举起了民粹主义的大旗，反全球化、反贸易便利化自由化，反政治正确。作为特朗普政府来说，它有一个非常鲜明的特点，就是顺之者昌、逆之者亡。美国的白宫一共有 150 个编制，到目前为止岗位上有人的仅有 60 个，还有 90 个空位置。白宫工作人员轮换率比例非常高，达到 40% 以上，特朗普周围决策层小圈子的人已经全部换成对华的强硬派，也就是我们说的“鹰派”。这样一个极端派小集团决策群体，它在贸易战中表现出来的是非理性、非常规、非规则、非道义，而且从根本上违背了经济全球化的规律、贸易发展的规律、人类历史发展的规律。比如说在当今的国际贸易中，中间品的占比高达 2/3，像中国和东亚一些国家中间品贸易占到 4/5。什么叫中间品贸易？就是它不是最终产品，它是在产业链上的原材料和半成品的相互贸易。所以，大家可以看到全球的产业布局，它不再像传统的贸易理论中那样在国家形成最终贸易，是这个国家本身的生产要素集成，从而形成比较优势，以这样的比较优势去和另一个国家的比较优势对比，分析一个国家的实际收益，而是全球产业链、供应链和价值链的重构，是在一个国家形成的贸易链，是这个国家吸引外商投资、吸引全球产业集聚形成了的平台，在这个平台上产生的贸易链条是多种生产要素跨国界的组合，是多个国家的产业的组合排列，是多个国家的企业在一个国度或产业链上下游产生的生产量和贸易量的组合或集成。所以它不再是一个国家和另一个国家传统贸易的比较优势，而是一个国家在全球产业转移和要素重组中吸引优质资源的能力。你还用传统的贸易理论来计算贸易的顺差、逆差，显然是违背国际产业转移规律和贸易发展规律的。切断产业链之间的联系，是特朗普政府的重要特点。我将特朗普政府的施政概括为“四禁”：一是“禁墨”，禁止墨西哥人来夺走美国的就业岗位，2018 年美国预计在美墨之间修建 500 千米长的“长城”，完善 612 千米的“长城”，这样加起来 1112 千米，美墨之间的边境线总共才 3000 多千米，所以特朗普非常骄傲。开始大家认为这简直是开国际玩笑，但是现在这个国际笑话已经形成了事实。二是“禁穆”，禁止 7 个伊斯兰国家的人进入，禁止难民进入。三是“禁贸”，包括与中国的贸易，实际上就是要打击你对美国的出口。我们在与美国专家对话的时候，美国大型企业联合会代表说，其实特朗普先生并不希望中国扩大对美国的出口，也不希望美国的产品更多地出口到中国市场，而是希望在中国的美国企业能回到本土。所以，我觉得特朗普实际上不太懂国际贸易，他想回到中世纪，回到十七八世纪，他是在向回走，开历史倒车。四是“禁言”，禁止言论，在美国凡是反对特朗普、说特朗普坏话的，凡是在决策圈他有权力任免的，基本上都被免掉了，国务卿、美国安全顾问、安全顾问助手、贸易谈判代表这些关键岗位全都被撤换了。

所以，美国现在的做法是切断贸易联系、切断供应链、退出 TPP、推迟 TTIP、重启北美自贸区谈判、重启美韩自贸区谈判，所有这些都与贸易的自由化、便利化和经济的全球化、区域经济一体化是背道而驰的。中国一方面坚持经济全球化，另一方面坚持贸易的便利化、自由化，坚持国际产能在国际上重新布局，来完善全球的产业链、供应链、服务链、价值链。中国提出“一带一路”倡议，为更多的国家参与经济全球化、参与贸易便利化自由化，在共享发展中获得发展机会搭建了新的平台，开辟了新通道。所以两厢比较，中国的理念是构建人类命运共同体，美国的理念是美国第一、美国利益至上，买美国货，雇美国人，让美国再次伟大。一个是唯我独尊，唯我独大；一个是天下大同，和而不同。在道德道义上谁高谁低，谁能走得更远，昭然若揭。我认为当前这场纷争，它既是坏事也是好事。坏事是消耗了我们太多的精力去应对，本来我们可以全心全意去做中国自己的事，现在却需要用很大的精力去应对这场纷争。好事是在应对的过程中锻炼了队伍，而且教育了全世界的人民。全世界的人民都说，没有特朗普这个世界真的没戏看了，这是一部很好看的闹剧。作为一个大国总统，上午说的话下午不算数了，今天说的明天就不算数了，特朗普说的很多话离题万里，他给世界增加了很多喜剧元素，很多人在追踪特朗普，天天看他的推特。虽然我们看不到，但国际上对特朗普的关注度特别高。美国《华盛顿邮报》给特朗普总统做了一个统计，从他当总统到现在，在他所发布的推特上有 4229 句话是错误的表述和错误的声明，其中六七月最多，每天平均说 16 句错话。美国国会助手代表团问：我们总统说了这么多话有媒体跟踪，你们的领导人说错话，你们的媒体有没有人敢跟踪？我说我们领导人不发推特，我们领导也不会在推特这样的平台上说这么混乱的话，我们的领导人在所有的会议上都有充分的准备，一个大国的治理领导人怎么可能信口开河呢？所以，美国的行径让人们越来越看清，这不是一个贸易的问题，美国输出了美元，获得了实物商品，美国哪儿有损失？应该是美国的纯收入。

第三，中美之间贸易战既是遭遇战，也是持久战，时间在中国一边，中国人“顿悟”的能力会成为中国在新时代实现跨越式发展的新动力。

大乘佛教在中国发扬光大，六祖慧能法师做出了巨大贡献，中华文化是儒、释、道、医、易五源合一，中华文化元素中很多方面来自佛教，其中一个最大的贡献是“顿悟”。所以，我认为中国人“顿悟”的能力特别强。比如说在美国对中国的文化舆论战中，过去抹黑中国，抹黑英雄，抹黑历史，这曾经是美国的一个文化战略，是对中国的一种文化渗透，是一种颜色革命，一旦中国人明白了这一点，社会舆论就完全转向，那些愚民的宣传不仅再也不会发挥作用，而且被嗤之以鼻。贸易战也是如此，当人们认识到美国不是用这种贸易战对我国进行贸易加减乘除，而是想进行针对中国、打压中国的战略转向，是想遏制中国继续发展，遏制中国走向社会主义现代化，遏制中国成为社会主义现代化强国，遏制中国实现“两个一百年”梦想，遏制中国到21世纪中叶成为一个伟大的强国时，我认为中国人就会“顿悟”，我们这个进程绝不会被打断，我们也绝不会向美国屈服。这是我们的第一个“顿悟”。

我们的第二个“顿悟”就是，当我们认识到中美之间的差距时，我们既不会盲目自大，也不会盲目自卑，也就是说我们不能妄自菲薄。在这场贸易战中，美国用芯片对我们的企业“一剑封喉”，中国所有的企业，中国所有的人民，都更加认识到习近平主席所指出的“核心技术是中国大国之重器”如此正确且如此重要。这必将激发中国进行原始创新的热情，激发中国发展自己的颠覆性技术、突破性技术、前沿技术、世界顶端技术的自尊和自信，激发创新驱动发展的热情，激发中国突破美国对我“卡脖子”的这些瓶颈的决心。中国企业、中国科学家、中国技术工人将立足于自身努力取得突破。我们将取得像高铁这样的整体性的突破，不仅具有生产制造能力，具有产品输出能力，还将超越对我们实行封锁的国家。中国被激发出这样的热情，明确了前进的方向，在某种程度上这种限制从更长的历史时期、更多方面给了我们很大的教益，使我们深刻认识到，中国人的命运必须掌握在中国人手中。对核心技术的创造能力，对核心技术、核心零部件、核心环节、核心研发等，我们必须要有掌控能力，我们不能被外部的环境所干扰，在某个核心零部件上被“一剑封喉”。

我们的第三个“顿悟”就是通过贸易战中国人明白了我们的分量。从历史上看，美国和西方国家对中国有遏制也有合作，但是改革开放初期美国为什么不把你当作竞争对手，20年前也不把你当作对手，甚至10年前都不把你当作对手？真正把我国当作势均力敌的对手，美国从战略疑虑到战略焦虑，然后到战略误判，然后到失去理性，也就是在这几年，尤其是特朗普执政、鹰派掌权这一年多以来。所以，美国对中国近乎歇斯底里的打击制裁使我们“顿悟”，中国能够发展成为世界上最强大国家的对手，这是国家和人民的骄傲，这是中国能力以及巨大的发展前景给对手带来的强刺激。在2002年我参加了当时吴仪副总理主持的一个外贸专家座谈会，在这个会上我是第一个发言的，记得我在发言中列举了三个85%，我说现在中国的贸易结构表现为三个85%，一是加工贸易占中国进出口贸易总额的85%；二是加工贸易中的贴牌生产占85%；三是出口总量中外商在中国形成的出口占85%，这就是当时的贸易结构。但是现在我们是两个60%，一是中国的GDP是美国GDP总量的60%以上；二是现在外商出口占中国出口的60%，也就是从当时的85%降到60%。2002年，中国的GDP连美国的10%都不到，现在是67%。也就是说，当所有的第二大经济体占美国的经济总量的比重达到60%以上的时候，美国就开始下狠手了，当年是苏联解体，后来是日美贸易摩擦，大都是如此。这使我们“顿悟”，美国的这种战略转向既表明了美国的霸道、霸权、恶霸、霸凌，也表明了中国正在走向强大，而且中国未来的发展潜力、中国未来可能释放的能量，已经足够让美国焦虑。这给我们的启示是非常深刻的。

中国在世界上有12种类型的伙伴关系，最紧密的是全天候战略合作伙伴关系，还有战略合作伙伴关系、全面战略合作伙伴关系、合作伙伴关系，我们现在的伙伴比美国的盟友还多两对。中国的外交政策是结伴不结盟，但是我们的伙伴与我们的联系越来越紧密，尤其是中国“一带一路”倡议和携手共建，使古丝绸之路沿线的65个国家形成了巨大的增长潜能。昨天，中央召开“一带一路”五周年座谈会，习近平主席在会议上做了重要讲话，指明了发展方向。我们看到，这五年来“一带一路”建设取得了丰硕的成果，我国和101个国际组织包括国家签署了108份“一带一路”的合作协议。现在美国对我国发起的贸易战，正在向意识形态、国家战略等方面延伸，向对中国的战略遏制方面延伸。美国是幕后推手，给中国造了很多谣言，设置了议题和难题，力图抹黑“一带一路”，使一段时间内质疑声甚嚣尘上。所以，这个遭遇战中国不得不打，但是持久战是我们必须要做好准备的，必须要有备而战。

第四，任何国家都不可能靠打压其他的国家永远保持第一，靠遏制别人发展保持第一，终将失去第一。

世界产业的转移和科学中心的转移是有规律可循的，是不以人的意志为转移的客观规律。比如说世界制造业的产业转移，先后经历了四轮，第一轮是在欧洲，主要在英国、法国、德国，当时这里发生了蒸汽机革命；第二轮到美国，当时美国发生了电力革命，世界制造业中心转移到美国；在美国持续了几十年后第三轮转移到了日本和“亚洲四小龙”；第四轮从日本“亚洲四小龙”转移到了中国和新兴市场经济体。我认为第五轮产业转移现在正在开始，从中国向东南亚、南亚、拉美等地区转移。产业转移的规律是什么呢？一是要素成本驱动，当一个国家的要素成本不足以支撑密集的制造业作为产业基地条件的时候，它会产生转移。二是劳动力因素，现在中国人口的平均年龄已接近40岁，印度平均年龄28岁，印度尼西亚平均年龄27岁，非盟国家平均年龄不到30岁，这些地区很多国家的劳动力红利会持续释放十年、二十年甚至三十年，所以现在劳动密集型的产业在向这些地区转移。三是资源环境压力太大，不足以支撑制造业的发展，第一轮莱茵河遭到污染，被称为“世界下水道”“世界厕所”，治理了这么多年，莱茵河还没有恢复到被污染之前。第二轮制造业转移到美国，密西西比河、田纳西河全流域遭到污染，密西西比河和田纳西河实施全流域管理，当时的主要任务就是治污。第三轮到了“亚洲四小龙”，日本的沿海岸线都是重化工业，近海的鱼类都死亡了，所以他们得远洋捕捞，因为他们得吃鱼，所以日本很早就开始利用远洋的资源。现在这一轮从中国正在向周边转移。所以，制造业转移是有规律可循的。特朗普说：“中国夺走了我的岗位，中国11亿吨钢铁产能是从美国夺走的，就业岗位是中国夺走的。”你懂不懂国际产业转移？美国钢铁产能高峰时候是1973年，美国当时钢铁产能是1.3亿吨，77万人就业。20世纪70年代美国制定了《1974年贸易法》后钢铁业就开始转移了，不是向中国转移，而是向日本和“亚洲四小龙”转移。中国承接的钢铁产能转移是在20世纪80年代中期，也就是中国1985年之后才开始了钢铁产业的快速发展，跟美国一毛钱关系都没有。美国产能和就业根本不是直接转移到中国，美国钢铁业岗位从77万到现在的14万，一部分是向“亚洲四小龙”和北美一些国家转移，另一部分是转为国内的服务业岗位，一次产业、二次产业、三次产业之间相互替代。

科学中心发展也有规律，世界上差不多80年左右有一次科学中心的转移。最早的世界科学中心在意大利，是从1540年到1610年；之后的世界科学中心在英国，是从1660年到1730年；后来世界科学中心转移到法国，是从1770年到1830年；接着世界科学中心又转移到德国，是从1810年到1920年；最近的世界科学中心在美国，是1920年至今。我认为下一个世界科学中心肯定是中国。2016年美国的研发费用高达5103亿美元，中国的研发费用才2378亿美元。而通过这次中美贸易战，中国政府和企业空前重视原始创新，重视研发投入。所以我想，国家的创新投入加上企业的创新投入，中国研发经费会爆炸式增长，这种研发投入和13.9亿人爆发出来的创造力的潜能是不可限量的，未来世界科学中心一定在中国。当然，事在人为，还在于我们的努力。所以，我认为这也是这场贸易战给我们的一个非常深刻的启示。

谈了以上这四点启示，最后我谈谈中美贸易战将在哪些方面延伸发展，会对世界经济在哪些方面带来重创。

第一，会使全球经济增长蒙上阴影。从 2017 年开始，世界经济开始复苏，IMF、世界银行都做出明确预测，2018 年全球 GDP 增速会在 3% 以上，全球 75% 的经济体会恢复增长或加快增长，也就是说，世界经济会回到 2008 年以前的增长状态。但是让美国这一闹，很多国家经济都会受到影响。马骏曾经算过一笔账，他说美国对我征收 500 亿美元高额关税的时候，可能会对 GDP 影响 0.1 个百分点。到 2000 亿美元的时候又会怎样？到 3000 亿美元的时候又会怎样？美国对 30 多个国家实行贸易制裁，对 11 个国家实行重点打击，对世界贸易的影响将会比较大，这将给世界经济的增长带来极大的不确定性、不稳定性。

第二，美元霸权以及美元利率的调整、汇率的调整，会对世界金融体系带来很大的影响。美元这一轮加息是从 2015 年 12 月开始的，2016 年 12 月第二次加息，2017 年三次，2018 年两次，美联储预计 9 月可能还会再一次加息，到 12 月还会再一次加息，预计 2019 年还会有三次，加起来从 2015 年到 2019 年就是 12 次，美元近几十年有四次升息，最长的一次是格林斯潘时期，连续加息 16 次，每次都是 0.25，降息的时候也是 0.25。美元加息已经像抽水机一样，把美元抽回到美国，造成美元的流动性短缺。所以，特朗普非常有信心，他说将有 4 万亿美元回流美国。但是其他国家像土耳其，一年内里拉已经贬值 40% 了，委内瑞拉货币也已经贬值 50% 以上，而且通胀率达到几万倍。人民币到现在为止贬值超过 10%，卢布、卢比、韩元等都在贬值。美元的霸权及其反向操作，对于全球金融特别是发展中国家金融带来的冲击是巨大的。

第三，对世界制造业影响也将是巨大的。在全球产业布局已经形成全球产业链、价值链的格局下，有很多高端的核心零部件在美国。美国切断产业链之后，不是切断了和单一企业的联系，而是整个产业链。比如说对中兴通讯的制裁，上下游大的供应商就有 1000 多个，本企业工人有 8 万多人，加上供应商达到 200 多万人。所以，这是一个产业体系，一个零部件摧毁了一个产业体系，一个靠供应链、产业链连接的更具黏性和关联性的虚拟企业群体，美国切断产业链对世界制造业的打击是巨大的。

第四，美国将会由于它的减税造成现在的一时繁荣引发全球竞争性减税，增加日趋严重的全球债务风险。美国包括制造业的繁荣，包括经济的繁荣，GDP 第二季度增速达到 4.1%，也包括失业率的下降，确实给美国社会注入了强心针和兴奋剂。

但是从长期来看，美国经济有几点不可持续：一是债务负担不可持续，美国现在的债务已经超过 21 万亿美元，美国 3.1 亿人口，一个人平均负债 7 万美元。二是美元升息不可持续，因为美元升息—美元回流—抽干美元—美元紧缩—全球重创，美国的出口成本将大大增加。三是美国贸易战争、贸易讹诈不可持续，因为美国的贸易战在开始的时候达成了共和党、民主党高度“罕见共识”，得到了美国社会的支持，但是现在随着贸易战的升级，很多人在反思，到底贸易战会给美国带来什么影响。最近几个月，美国 107 个行业组织、1000 多名经济学家写信对贸易战表示反对，8 月 20—26 日，美国贸易谈判办公室组织 350 家企业对美国 2000 亿美元加征 25% 的高额关税进行论证评估，反对者占近 90%，第一天 61 家企业只有 4 家表示支持，其他全部反对，这六天结束后，他得到的支持率不到 15%。所以，这种贸易战争打下去，美国射出去的箭也会落在自己的阵营里。中国出口企业中的 60% 是外商投资企业，其中包括美资企业，未来的这种贸易讹诈式的战争是不可持续的。

我的最终结论是什么呢？从历史的长周期看，时间在中国一边；从秉持的理念看，道德道义在中国一边；从两个国家未来的发展潜力和潜能看，胜利也将在中国一边。

谢谢各位！

答记者问环节：

记者：

刚刚结束的美国关于对中国 2000 亿美元商品加征关税的听证会上，有九成以上都是持反对意见的，在上一轮也是九成以上持反对意见，那么为什么这些意见没有阻止关税措施的进一步推进？如果推进对 2000 亿美元商品加征关税，消费成本的上升能不能有效地降低特朗普的支持率？另外，您怎么看待中美贸易战跟中期选举的关系？

陈文玲：

上一轮听证会美国企业有很多反对，但是没有这次的比重大，这次反对的企业尽管比重很大，但是我认为特朗普政府不会改变打法，即便百分之百反对，特朗普和他的执政团队还是会继续打下去。2000 亿美元加征 25% 高额关税，我认为秋季将是他开始的新一轮贸易大战，为此，我们应该提前做好准备，要真正有效应对。两国目前基本上都没有谈成功，而打都是说打就打，按照日期打。美国国内的舆论、美国企业的态度、做贸易的企业的态度、和中国有贸易往来的人都反对这种做法，再打下去恐怕会百分之百反对，当然大部分是通过与中国的贸易往来获得了收益。但是特朗普和中国没有贸易关系，他考虑的是美国利益至上，考虑的是美国战略转向，考虑的是遏制中国、打垮中国。这完全是两条道上跑的车，所以，我认为美国企业的意愿不会影响特朗普及其执政团队贸易战的打法。如果打的话，现在60%的出口额是外资企业的出口，其中有一部分是美国企业，第一轮340亿美元，绝大部分都是瞄准了“中国制造2025”的战略性产业，到160亿美元的时候，这些战略性产业就不够数了，有五个品种被PASS掉了，因为这五个品种伤及了美国出口企业。到2000亿美元时伤及美国出口企业的占比会超过40%，而且不属于战略性新兴产业的产品会超过60%，美国的消费者、生产者的成本会大幅度上升。

最近美国纽约联邦储备银行做了一个分析，认为美国加征25%的高额关税后，美国已经有68%的制造企业、44%的服务企业成本大幅度上升，1/3的制造业企业、1/4的服务业企业海外销售额大幅度下降，51%的制造业企业、40%的服务业企业未来所得利润会大幅度下降。这是8月25日美国的纽约联邦储备银行刚刚做的一个调查，所以我想等这个2000亿美元再出来的时候，对美国市场的打击就不仅是美国出口企业了，对美国市场消费者成本、对美国从中国进口的原材料成本压力将相当大。能不能使美国回心转意？我认为2000亿美元还达不到这个程度，如果未来3000亿美元征税方案还要出的话，那就等于对中国出口到美国所有的商品都要征高额关税，那个时候美国所射出的箭，将大部分落到自己的阵营里，这种伤害会使美国的贸易战打不下去。

关于中期选举，现在属于拉锯战，尽管还有不到70天，但是美国现在的形势很诡异。民粹主义、冷战思维在回潮，所以对美国民意我认为是比较难判断的。我们2016年4月到美国调研走访了10个美国智库和大学，其中百分之百的人认为不管特朗普得了多少支持者，但是一定会是希拉里当总统，因为美国是一个精英社会，精英说了算，结果实践证明美国是一个民众社会，民众的意愿决定了谁当总统。

现在我认为对于特朗普来说有几点比较有利，一是美国的经济状况在好转，GDP第二季度增速4.1%，美国股市从特朗普上台之后连续80多次上涨，虽有几次下跌，但总体还是上涨，美国居民30%~50%的财富来自股市，所以股市给老百姓带来了实际利益，使他的民意支持率上升。目前特朗普民意支持率接近50%，在共和党中支持率超过88%。失业率上个月是3.8%，这个月是3.9%，低于4%。通胀率是2%左右，达到宏观调控的预期目标。二是特朗普是个商人，懂得经济运作，懂得企业需求，懂得怎么能够吸引产业回流、资本回流、财富回流，推出的这些措施尽管是短期的，可能是昙花一现，可能会由于道德的缺失、大国形象的破灭，在长周期会带来摧毁性的影响，但是短期会形成虹吸效应，使资本向美国回流，使制造业和财富回流，所以这一点可能对特朗普中期选举是比较有利的。三是美国现在执政团队的核心人员，经过一年多已经被洗干净了，所以他的团队意愿是高度一致的。四是对华强硬的方面，共和党、民主党已经形成合流，社会形成了主流，美国国会议员助手代表团到我们中心的时候，他们说了一句话让我印象特别深，他说现在在对华的态度上，共和党、民主党形成了罕见的共识。所以就这一点来说，我认为特朗普就像疯了一样，我们把美国当成个君子，但是美国不是君子，我们发现它是个伪君子，而且不仅是伪君子，现在还是好战的疯子，处于一个癫狂的状态，特别兴奋。他说人民币正在像巨石一样坠落，他说他已经战胜了中国，阻止了中国超越美国。他们现在的自我感觉特别好，社会注入了强心剂，不管民主党做了多少工作，但是这些基本面对特朗普与共和党中期选举都是有利的。

不利的地方是，他信口开河，他不靠谱，在对待国际组织、国际规则、国际形成的共识方面背叛、背离，在这些方面美国政客、专家、学者中的很多有识之士都持反对态度，但是他们能不能左右民意，我觉得还是要打一个问号。从社会的主流方面、经济的基本面上看，我觉得不会对特朗普执政产生太大影响。特朗普的梦想是“两个伟大、一个目标”。两个伟大：一是让美国再次伟大，二是让自己成为美国最伟大的总统。一个目标是美国第一，美国永远第一，不能让别的国家超越，而且用打压的手段阻止别人超越的步伐。

记者：

关于“顿悟”，为什么我们挨打了才“顿悟”？我们自身为什么不能主动“顿悟”？我们自身存在什么问题？贸易战也有历史的教训，也有可能发展到军事斗争。我是军人出身，我常常想到如果中美开战，我们会是什么结果？我们应该有一个预判，当然这个问题讲得不一定对。

陈文玲：

您问的问题已经超过我研究的范围了。刚才您问为什么不早点“顿悟”，所谓“顿悟”，就是在你受到打击、受到触动、受到感动那一刹那的感觉，豁然开朗、茅塞顿开。不是说以前我们没有这种认识，但是可能我们的认识不够清醒，以前也有这种研究，但是可能我们重视不够，企业以前有这种防备，比如说像中兴通讯，但他认为全球供应链是合理的，在全球供应链产业链的分工，你是高端我是中端，下面还有低端，这种组合对你我都有利，怎么会被打断呢？一旦被打断，一旦美国采取贸易保护主义，在高科技方面对我们进行限制，包括现在的投资限制，这种外部环境的挤压使你产生了痛感，痛感越强烈，你的思考越深刻，你领悟到的道理也越深刻，然后要做事情的决心也比没有痛感的时候更加强烈。尤其是中美之间的竞争博弈，美国对我们的战略挤压，这种痛感从一系列的事件而来，包括对中兴通讯的“一剑封喉”，包括对美投资的限制，2017 年中国企业对美投资比 2016 年下降 80%，2018 年上半年下降了 90%，就剩 18 亿美元了，美国阻止你进入美国市场，阻止高科技产品出口中国市场，中国怎么办？

新中国在成立初期，以美国为首的西方国家对我们进行封锁，中国自力更生，艰苦奋斗，几十年建成了工业体系。现在中国已经发展成第二大经济体，形成了完备的工业体系，我们“顿悟”后难道不能突破吗？我们肯定会突破，而且在美国限制越严苛的领域、封锁越严密的地方，我们突破的速度会越快。实践已经证明，中国人有的时候往往是逆风千里，在逆风中走得更平稳，没有压力反倒忽视了很多应该重视的东西。

中美之间的军事斗争，可能是斗争的最高层次。和打贸易战一样，中国不希望发生战争，但是中国也不怕，过去不怕，现在不怕，将来也不怕。美国现在在战争方面加快了步伐，第一，它的军事预算 2018 年是 7160 亿美元，是中国的 4 倍多，加大了军备的支出。第二，美国加快筹建第六兵种——太空军。实际上在奥巴马时期，美国就组建了网络军，一开始是 3000 人，后来发展到 6000 人，然后发展到上万人，现在网络空间战美国占了先发优势。美国在全方位地进行军事准备，包括他的军费开支和一系列军事行动。第三，美国是军事武器生产第一大国，当然它有些武器不如俄罗斯，但是极少，大部分比俄罗斯强。美国现在向全球 101 个国家出售武器，占全球出售武器的 34%，所以，美国的军事实力还是相当强大的。但是中国的军事实力也在上升，美国的国防部五角大楼过度渲染中国的军事力量，刚刚发布的中国军力报告有 800 页，描述了中国的军事布局，他研究中国就是准备和中国进行军事博弈。但是我认为，世界上的核大国，哪个国家都不应该也不愿意事先出牌，出牌就会置对方于死地，也会使自己陷入死地，而且会造成世界性灾难。

当前的贸易战，中国是依据国际规则来进行有理有据、有力有节的斗争，是在以习近平同志为核心的党中央领导下，保持了中国的战略耐心、战略耐力、战略定力、战略谋划能力和战略反制能力，从总体上来说，正义在中国一边，加上在世界上得道多助，中国最终会取得胜利。

记者：

向陈老师请教，7 月美方已经对我国 340 亿美元商品开始加征关税，从 2017 年的经济运行数据和贸易数据了解到，没有任何影响，影响微乎其微，很多专家计算出对我们整个 GDP 的影响确实很小。我们在下地方调研的过程中，很多企业提出对

2000亿美元加征关税，因为延伸到一些消费品领域，他们觉得对企业的压力会很大，有些企业提出订单已经开始转移。以后这样长期持续性的贸易摩擦是否会影响我们企业的市场预期？当然市场预期已经受到一定的影响，从股市都可以看出来，影响到了民营企业的投资信心。从贸易延伸，美国在接下来对我们国家去美国投资高新技术领域的方面是否会有进一步的限制？

陈文玲：

谢谢您的提问！刚才张茉楠研究员对这个问题已经回答得很好了。现在的企业之所以有压力与现在的改革速度、力度，以及中美之间形成的税制和企业负担的差异有很大的关系。怎么才能减少这种不必要的企业恐慌情绪以及对未来的预期？我认为对企业的支持要体现在几个方面。

第一是减税。减税要马上减，从三个方面减：第一个方面是出口退税，原来是17%，现在到16%，降得微乎其微，企业几乎感觉不到。美国对我们加征的25%的关税，所有涉及的企业出口退税应实行全征全退。退17%～25%，还有8个点怎么办？降税，降低同等数额的关税税率或所得税税率。我认为现在要给企业发出明确的信号，如果不发出明确的信号，没有马上办的精神，企业没有预期，政府没有方案，市场肯定恐慌。明摆着这个问题扑面而来，你不马上采取措施，只讲方向是不行的，必须要动实的，链条不能长。第二个方面是加大税收体制的改革，我们的增值税美国没有，美国只有企业所得税，在美国这次减税之前法定税率为39.1%，现在减到25%，以前公司实际税负18.1%，现在减了之后会更低。世界银行对各国宏观总税负进行的一个分析指出，中国的宏观总税负为68%，美国减税之前为44%，减税之后由39%下降到25%，又降了14个百分点，也就是44%再减14%，只有30%，我们比人家高一倍，宏观总税负这么高，说明我们的税制税收结构不调整，企业感觉不到你减税，只有总额，没有结构性调整不行。第三个方面是对现在的高技术产业和企业，属于要培育核心竞争力的产业，属于我们要突破美国瓶颈的核心产业，应该免税或者政府公共采购。当前，马上要在这三方面下功夫、做文章。

第二是清费。清理企业的税负，没有必要的费用一律取消，企业统计几百种费用，到底是多少种谁也说不清楚。真改革就要一项一项进行清理，所有给企业加上的费用一律取消，如果是必要的费用，应转化为税率总的计征，不要再收费了。

第三是减负。减轻企业的负担，降低企业的成本。

第四是增信。一是对中国宏观长周期的预判，中国肯定会是向上，美国向下，这个信心要充足。二是对以习近平同志为核心的党中央，对“一带一路”这些重大措施以及中国在全球的外交布局、经济布局、区域地缘政治经济的布局要有充分的信心，我们只要坚持下去，就会从量的积累到质的突破。“一带一路”五年已经见到了成效，再有几年世界各个国家的响应程度会更高，那个时候中国会创造更多与世界更多国家和地区共享的机遇，对此要有信心。三是对中国当前的经济要有信心，发改委秘书长丛亮总结了六个字，我认为特别好，即“行稳、质优、势好”，2018年上半年GDP增速6.8%，并没有降低，我们的贸易出口也没有降低，我们的进口也没有降低。中国经济是有韧性的，是有抗风险能力的，是能够长期稳中向好、稳中向远的。

美国发起贸易战会失去五方面利益

——在第十轮中美工商领袖和前高官对话（“二轨”）会议上的发言

（2018 年 5 月 15 日）

注：2018 年 5 月 15—16 日，由中国国际经济交流中心和美国全国总商会联合主办的第十轮中美工商领袖和前高官对话在北京召开。双方围绕中美经贸关系问题展开坦诚交流，内容涉及中美贸易摩擦及双方未来政策走向、“一带一路”、数字经济、能源、农业、工业等议题。王岐山副主席会见了美方参会代表。中国国际经济交流中心理事长曾培炎和美国全国商会会长托马斯·多诺霍以及中美两国工商领袖、政府前高官及专家学者共 23 名代表参加了对话。本文为中国国际经济交流中心总经济师陈文玲在中美“二轨”对话上的发言实录。

一、在“中美经贸关系”全体讨论会议上的发言

谢谢主持人，对刚才美方代表的发言，我想做一点评论。刚才您谈到“301 调查”报告，我也看了“301 调查”报告，它有 183 页，1139 个注脚，还有 5 个附件。这里面用您的说法，就是“似乎”“好像”“听说”这种表述比较多。中国政府在营商环境的改善方面，现在做了非常多的工作。习近平主席在博鳌论坛上提出从四方面进一步开放的承诺，要求加快开放的步伐。所以，我想谈一下，咱们能不能换一个思路来考虑中美贸易冲突，考虑解决的新出路。我的一个主要观点，就是贸易战会两败俱伤，它会从五个方面损害中美两国巨大的利益：

第一，它会失去中美两国未来合作的广阔空间。2013 年曾培炎理事长到彼得森研究所访谈，提出来中美在进行 BIT 谈判的基础上再加一个“T”，即两国的贸易合作，彼得森研究所后来据此做了一个量化的研究分析，认为中美如果合作，推进

BITT（FTA），会增加5000亿美元的进出口贸易额，会增加480万个就业岗位。我觉得这个研究是客观的，而且也是可以实现的。但是如果现在纠结于传统贸易的逆差，没有向前看、向远看，那么推进中美更加紧密合作和融合的前景就不存在。

第二，会失去全球产业链分工给中美两国带来的巨大利益。如果按照“301调查”提出的“似乎”“好像”“听说”，而实际上在中国并不存在的这种市场准入障碍来制裁中国，那么就首先会使连接全球产业的信用链条断掉，信用的链条断掉之后又会失去产业链、供应链、价值链的连接。全球化条件下的分工、合作与贸易，这种本来属于市场选择的事情，由各国市场行为产生收益的这个好处，就会失去，中美两国都会失去，而且还会影响到第三国，影响其他国家在产业链上的分工。

第三，会失去世界经济复苏、转暖的重大历史机遇。世界经济从2017年开始转好，2018年整体上开始转暖，75%的经济体经济都在上升，全球经济可以说进入了一个由正常发展向快速发展转变的轨道。如果中美这个贸易问题不解决的话，我觉得世界经济的复苏会受到挑战。根据有关研究机构的研究，如果中美这种贸易冲突不能很好地解决的话，会影响到全球贸易，甚至下降40%。我认为这不是危言耸听，这是完全可能的，因为中美两个国家的贸易就占全球的接近25%，所以我觉得这个结果是非常可怕的。如果中美两国贸易冲突不能很好解决，对全球经济将是一场灾难。而且，我特别关注到，美国特朗普总统在世界经济论坛上提出来美国的股市2017年在他执政期间上涨了74次。但是最近我们可以看到，每当中美贸易紧张的时候，美国股市就下跌，只要特朗普总统发出缓和的信号，股市就上升。所以我觉得，他执意挑战中国，将失去世界经济复苏的机遇，对于中美两个国家的经济发展也会带来影响，包括美国的经济。

第四，会失去全球多年以来形成的国际秩序、国际规则，失去它的权威性和约束性，这就可能会使世界经济出现混乱。刚才曾培炎理事长在致辞中讲，中美合则世界兴、中美斗则世界乱，这是非常正确的。如果用单边主义来代替多边主义、代替WTO规则，可能会给中美两国甚至世界规则与秩序带来很大的挑战。2017年7月我参加WTO的一个专题讨论会，和6个国家的驻WTO的大使进行了一次座谈。他们非常担忧，他们认为WTO现在处在有史以来最艰难的时刻，就是一些国家用单边主义来替代多边主义，用国内规则来替代国际规则。所以，现在如果美国这样的话，将会对世界产生很大的影响。从1974年到WTO成立之前，美国曾经用“301调查”条款对35个国家发起了125起贸易制裁。1995年WTO成立以后，对此提出了意见，认为这不符合WTO规则，从1995年开始美国就没有再使用“301调查”

条款进行贸易制裁。这一次美国重拾“301 调查”条款对中国进行贸易制裁，而且还延伸到制造业、高技术产业、军民融合发展等一系列领域，我认为用单边主义替代多边主义、替代 WTO 规则，将会给世界经济、世界秩序、世界规则带来极大的挑战。

第五，最重要的是它会失去中国巨大的市场红利。中国的市场发展得非常快，以前美国是世界上最大的市场，2017 年中国市场规模和美国市场规模已经持平，按照中国现在的发展速度，中国的市场每年以 13% 的速度递增，所以，中国市场很快会成为世界最大的市场。而且，中国未来五年进口额将增加 10 万亿美元。

所以，我想我们如果换个思路，中美两个国家合作特别是更紧密地进行贸易合作、投资合作以及各个方面的合作，我认为将使美国能分享中国市场红利，而且会给美国带来更多的投资机遇。我特别赞成刚才多诺霍会长在发言中所提出的，两个国家应该携手来创造未来，携手创造更多的属于两国发展机会和潜力的广阔发展前景。谢谢!

二、在“中国政策走向、美国政策走向及双方未来行动”全体讨论会议上的发言

2018 年 3 月到美国总商会，傅瑞伟先生就给我们介绍了很多情况，与我们进行了很深入的对话。今天早晨古特雷斯先生说，美国的问题不在于民间，而在于政府、在于特朗普政府的执政方式。后来我跟他讨论的时候说，实际上特朗普的性格像是跳探戈，两步一抬头、三步一回首，基本上没有太大的定力。解决中美贸易冲突，中国要调整，美国也要调整，我觉得当前关键是美方要调整思路，换一个思路解决中美贸易冲突。心平天下平，才会找到解决问题的思路。我想从五个方面着手可能创造新的奇迹：

第一，放松美国对高技术产品的出口。我想这一条可以增加 1000 亿美元的进口，因为我们的芯片 2017 年进口额达 2600 亿美元，其中来自美国的 875 亿美元，美国现在是严格控制，如果在有些方面能够放开的话，我相信达到 1000 亿美元是非常容易的。

第二，共同推进数字经济，包括数字品的贸易，包括我们提出的数字化的贸易，就是 E 国际贸易，也包括开放数据的流通。美国的跨境电商贸易总额 2017 年是 11.6 万亿美元，中国跨境电商贸易总额 2017 年是 4.6 万亿美元，如果开通跨境电

商、数字贸易，我想至少会增加 1000 亿美元的中国进口。

第三，我觉得要加快推进 BIT 的谈判。BIT 谈判已进行了 34 轮，如果加快谈判形成文本，它会形成中美两国企业可预期的制度性环境。2016 年中国企业对美投资，按荣鼎集团荣大聂先生他们的统计达到了 456 亿美元，如果美国对中方企业的投资按照 BIT 不是限制而是放松的话，我想中国企业的投资每年的增长将不止 456 亿美元，可能会更高。美国对华投资如果按这样的速度增长的话，我想每年增长 500 亿美元是没有问题的。

第四，加强“一带一路”的合作，包括基础设施投资的合作，包括合作开发第三方市场，也包括发挥美国企业，特别是美国的智力服务型企业、高科技服务型企业在“一带一路”投资重大项目中的咨询防控风险评价能力，这样不仅可以开发“一带一路”沿线国家的市场，而且可以获得巨大的利益。

第五，中美推进 FTA。第二轮中美“二轨”谈判的时候，布隆伯格先生提出要中美推进 FTA，我们中心也向中国政府提出了建议，但到现在 FTA 也没有进入议程。如果启动推进 FTA，按照彼得森研究所研究的结论，可以增加 5000 亿美元的贸易额，我想 5000 亿美元的贸易额里起码一半是进口。

所以这样的话，我认为特朗普提出的 2500 亿美元还不够多，实际上可能会大大地超过进口额，但关键是美国要调整思路，思路决定出路。如果我们有一个新的思路，有一个良好的出发点，然后从各个方面想办法，我觉得中美的贸易中，美国可能会出现顺差，这个奇迹是可以发生的。谢谢各位。

高度重视美国对华的战略转向

——在中国国际经济交流中心与中国宏观经济研究院共同举办的中美贸易研讨会上的发言

（2018 年 4 月 5 日）

参会专家：

中国国际经济交流中心：

张晓强　常务副理事长、执行局主任

魏建国　副理事长、执行局常务副主任

陈文玲　总经济师、执行局副主任

张茉楠　战略研究部外交与安全处处长、研究员

中国宏观经济研究院：

毕吉耀　副院长、研究员

叶辅靖　对外经济研究所所长、研究员

黄汉权　产业经济与技术经济研究所所长、研究员

汪　鸣　综合运输研究所所长、研究员

导语：陈文玲在发言中指出，美国发起的这场贸易战，醉翁之意不在酒，这次贸易战是美国战略转向在经贸领域的一种体现。“301 调查”报告是一个粗暴干涉中国内政的调查报告，是美国社会出现误判、误解和误区的表现。特朗普和作为鹰派的人物悉数上位，使得当前美国对华强硬成为主流。现在要打好舆论战、反击战、防御战、防守战四大战役。

我刚刚从美国调研回来，在美国有体会，在国内也有体会。我觉得刚才魏部长、吉耀院长谈得都非常好，切中要害。我想今天借宝贵的机会谈几点看法：

第一个观点，美国发起的这场贸易战，醉翁之意不在酒。这次贸易战是美国战

略转向在经贸领域的一种体现，美国的安全战略报告、核安全报告、国情咨文等最近出台的四五个报告，非常突出的一点就是表明了美国的战略转向。美国国家战略主要的竞争对手和打击对象，原来排在第一位的是恐怖主义，也基本上在全世界形成共识，然后是半岛无核化，就是朝鲜问题，还有伊朗无核化，朝鲜、伊朗两个国家，并没有明确提出来把中国作为第一位打击遏制和竞争的对手。但是现在美国连续出台几个报告，把这个战略斗争对象、战略竞争对象位置完全颠倒了，现在恐怖主义排在第三位，朝鲜和伊朗这两个国家排在第二位，中国、俄罗斯排在第一位，其中中国排在俄罗斯之前。所以，我觉得美国从对小额贸易钢铝加征关税，到“301 调查”报告，都是美国战略转向在经济领域中的表现。因此，我特别同意刚才毕院长谈的，未来可能是一个常态，这种大国的博弈竞争激烈将会是一个常态，我们要有充分的思想准备，不可能通过一个贸易谈判就能解决问题。有的专家学者最近说不能提“贸易战”，应提“贸易摩擦”，贸易谈判就是妥协。这个观点我不赞成，现在并不只是贸易战的问题，贸易战只是发端，现在正一步步从工具箱、钢铝，然后到“301 调查”报告，然后是全面的竞争与博弈。贸易战可以说揭开了中美战略博弈的一个序幕，未来这种竞争会更加激烈。

第二个观点，从目前美出台“301 调查”报告来说，虽然还有 60 天的时间再说执行不执行，但是已经在全球掀起了轩然大波。对美“301 调查”报告，我们必须从四方面认识它的实质：

第一，这个调查报告是一个粗暴干涉中国内政的调查报告。这个调查报告把中国的所有文件都梳理了一遍，从党的十九大报告，中国“十三五”和“十二五”规划、“中国制造 2025”、国务院若干文件，还有发改委文件、各省的文件、行业协会的文件，还包括一些企业上市说明。正如中国驻 WTO 大使所说的是“东拼西凑”，基本上看不出逻辑关系，论点论据都非常混乱，甚至是错误的，绝大部分是我们中国治国理政、中央国务院各部委的合法权利。中国的五年规划、政府工作报告、国务院文件、各部委文件都是依法来行使治理国家的权力，美国没有权力跨过国际组织，对中国国内的执政方式和我们的执政纲领，以及我们现在出台的若干合法文件横加指责，并作为指责我们的口实，这是非常不对的，应该认识到“301 调查”报告错误的实质。

第二，“301 调查”报告表明了美国的战略转向，是从单纯贸易问题转向全面遏制中国现代化进程，全面围堵中国产业从中低端迈向中高端，针对的是中国未来 2050 年的宏伟蓝图。我觉得美国现在有点害怕，其实是从战略疑虑到焦虑，再到误判，再到整个战略被打乱，美国是自乱阵脚了。其实，美国现在自乱阵脚也有它深层次的原因，由于美国社会分裂，美国舆论从特朗普竞选一直到现在，始终处在混乱之中。美国最怕的是我们中国高技术的发展，是我们制造业发展并迈向中高端。我国要延长制造业的繁荣周期。中国制造业产值现在在全球按 2016 年数据是占 25.5%，美国现在则下降到 15%多，在“二战”时期，美国制造业产值占全球比重最高达到 50%，我国改革开放的时候，美国制造业产业占全球的 1/3。这样一个位置的变化，绝对不只是 GDP 的变化、经济总量的变化，不是像有人认为的是因为我国总量增加了。我国总量是有很大的变化，1991 年美国经济总量是中国的 14.86 倍，我国 2017 年 GDP 总量是美国的 63%，总量的确有很大变化。但总量的变化只是一个表象，最重要的是制造能力的变化，我国的制造业 2010 年超过美国，占到全球的 19.8%，而美国首次下降到 19.4%。制造业意味着什么，意味着一个国家的国之根本、军事生产能力，以及国家经济持续繁荣的能力。我们说制造业是强国之本，我觉得当我国制造业在中低端的时候，美国还没有怎么惧怕，现在我国产业迈向中高端，在这个过程中，国家出台了一系列引导产业迈向中高端的大政方针，引起美国很大的恐慌。

我们在和美国智库座谈中他们提出，“中国制造 2025”实际上是在用国家行为支持高技术产业发展。我说对，这是肯定的，美国也有国家行为，支持美国的高技术发展。克林顿时期信息高速公路就是用国家行为支持信息产业发展，2011 年美国保障制造业领导地位也是用国家行为保持制造业发展处在全球最先进水平，还有获取先进制造业的国别竞争优势也是引导制造业发展。特别是 2014 年美国加速先进制造业发展的联邦政府的文件，全都是制定国家产业政策引导美国制造业发展。德国 2011 年出台的德国“2020 高技术产业战略”，还有 2013 年 9 月提出的“工业制造 4.0”，无一不是国家行为。日本也有“机器人计划”等。为什么唯有中国受到美国国内的过时法律法规的调查以及指责，而且还加上惩罚，我觉得这完全没有道理！从贸易战到制造业之间的 PK，到国家军事能力的 PK，特别是军事工业的 PK，“301 调查”报告很大一大部分指责的是我国的军民融合战略。军民融合战略是 2017 年提出来的，现在正在进行但还没有真正融合的体制机制安排，还没有真正实现，美国则早就实行了军民融合，有上百年的发展历程。这个调查报告剑指我们中国先进制造业，然而我们和美国制造业现在还不是一个量级，美国制造业总体上在高端，在世界上第一梯队，我们中国目前总体还是在中低端，在跟跑阶段，部分行业、产业、产品能够并跑，极少部分能够领跑，我们还有很大差距。中国是在靠自己的努力走向国际市场，稳步地实现转型升级。这个过程还很长，美国提前下手就是要打断中国制造业迈向中高端的进程。

第三，美国“301 调查”报告是美国社会出现误判、误解和误区的表现。不仅仅是美国政府，我们在跟一些智库交流的时候，特别是知名的智库专家，他们提出“中国制造 2025”用国家行为来引导制造业发展，中国有的部门文件提出来要强迫美国企业向中国企业转让技术，特别是新能源汽车等。“301 调查”报告说中国政府支持强制性技术转让，对此我们给予了澄清，中国政府并没有这样的文件。工信部部长苗圩说，对于我们的企业和美国企业之间的技术转让，我们中国企业付出了代价，进行了公平谈判，转让不转让是自愿，是和中国企业进行平等的交易交换，这完全符合国际法，符合美国企业的利益，符合中国企业的利益。

美国的战略误判还表现在，美国的智库学者、政府官员提出：美国推动中国走向开放道路，把中国引进 WTO 组织，是不是做错了？是不是培养出了自己的对手？现在中国强大了，成为对美国的威胁。这种反思在美国社会有相当大的市场，这是美国的社会舆论转向，而且特别突出的一点，共和党、民主党虽然有矛盾，但是在这一点上非常一致。从 2017 年 8 月 18 日美国公布了“301 调查”方案，现在经过了一年多的时间，我们接触了一些学者和调查机构，从提供的一些数据和报告看，我觉得美国的社会舆论出现了很大误判，把中国看得比美国强大。皮尤调查中心做了一个民意调查，问题是你认为现在世界上哪个国家最强大，比美国高 8% 的第一位是中国，中国是最强大的，排在世界第一位，美国是第二位。美国社会发生了误判，这可能跟我们自身的宣传有关系，比如说我们也有学者和美国社会论调差不多，也有国际组织像世界银行、IMF 根据 2014 年购买力平价判断，说中国已经成为最大的经济体。我们国内一些人也认为中国已经超越了美国，这就可能使美国社会产生误判，因此美国社会才有这样的社会舆论、社会民意，认为世界上最强大的是中国。在经济上，人民币国际化后，占全球货币交易的 1.12%，人民币在国际储备中 2017 年是 1.23%，而美元是 62%。人民币和美元没有可比性。我们国内也需要清醒，对美国的误判进行引导，不然美国社会会认为特朗普做得对，美国企业也想通过特朗普非理性的做法争取更好的投资环境和更大的利益。不过有一点，民主党和共和党形成合流，社会民意和特朗普决策形成合流，这个非常危险。危险不在于现在美国违背 WTO 规则，对中国实行单边制裁，对这个全球肯定反对，WTO 肯定反对，和我们贸易有关联的利益受损的国家肯定反对，很多专家学者也肯定反对，很多企业家也肯定反对；而是我觉得我们特别要重视美国社会对中美现在的经贸关系、中美在国际上的经济地位的误判，要引导大家认识中国和美国的巨大差距。党的十九大提出未来要实现社会主义现代化强国，不是现在就是强国了，而是37年之后，而且要一步步干起来，而不是敲锣打鼓得来，不是写在文件上得来。我2017年在中德经济对话中就谈了这个观点，德国一些人也很惧怕，包括德国的财政部首席经济学家谈到“中国制造2025”对德国有威胁。要认清中国现在的发展阶段，中国还要付出极大的努力才能达到我们的目标，对此必须要有清醒的认识。

第四，特别值得关注的是，特朗普和鹰派人物悉数上位。当前对华的强硬成为主流，2017年美国原国务卿蒂勒森来中国访问的时候，中央电视台采访我，因为蒂勒森说特朗普想构建面向未来50年的中美关系，那时候的表述和与习近平主席的通话基本上都是正向的，而现在完全调转头了，特朗普变脸比川剧变脸还快。现在蒂勒森下台了，负责贸易的三个人，商业部长、贸易谈判代表、总统助理兼贸易委员会主任都是鹰派。纳瓦罗是非理性的鹰派，写了《致命中国》《谁杀死了美国》等著作。美国贸易谈判的三个人已经全部换了，安全委员会已经换将，经济委员会也换将，总统安全助理换将，在美国总统特朗普周围，所有的决策岗位前温和派都没有了，都成了对华主战的鹰派。我特别同意刚才魏部长说的观点，说不定在对华这场贸易战中失败之后，他们都会被当作替罪羊。因为美国从特朗普当总统之后，换将率是历届总统最高的，现在高达35%以上，白宫现在150个编制，在岗的仅有60个人，很多重要岗位没有人。我们要跟美国进行谈判，我们要与美国进行沟通，我们要通过沟通解决问题，但是它那边很多岗位是空缺的。所以我认为虽然说美国用了半年多时间东拼西凑搞了这么一个东西，但是他们与我们博弈的能力相比，在现在的情况下还是比较弱的。一是他不用智库，将主流智库排除在外；二是他不用建制派、温和派和主和派，这些人基本上都被排除了，只留了建制派中的鹰派；三是他不用专家学者，只用唯我适从、和自己气息一致的人。特朗普觉得现在可以施展抱负了，但是离正确的道路却越来越远了，而且错上加错。这一步的错误，会导致美国在这场博弈战当中受到极大的损失，甚至最终失败。

不仅这些人会成为替罪羊，会被踢出白宫，比如班农被踢出去了，蒂勒森正在访问其他国家指责中国，一看推特上也被特朗普免职了；而且有可能大家会重新反思特朗普的这些政策，尤其是对华政策。但目前他在美国国内政策方面有一些还是受到好评的，比如说他的减免税收政策，在我们专家学者中一些人认为特朗普懂经济、有效率，这些经济政策对美国有利。所以，特朗普的经济政策值得重视，因为他确实比其他历届总统懂商业、经济，如果他的经济政策使美国经济持续复苏走好，可能会给特朗普带来很大的威信，会使他更加不理智。我们应该防止特朗普经济取得成功之后“一俊遮百丑”，把民意煽动起来，这样我们对美工作就有很大难度。我们对美战是为了和，不战不能和，战不赢不能和。习近平主席在对美关系上，始终保持着一种特别强的战略定力和耐力，保持着强大的反制能力。

建议在当前要打好四场战斗：

第一，舆论战。这很重要，因为确实从国际规则，从各个方面看，我们都是符合国际规则的，我们是得道者。当然不能说得理不让人，我们现在得理也谈判，我们也战，我们也谈，谈判的大门是开着的，中国一直是主动地谈，“百日计划”也是主动的，之后的“一年计划”也是主动的。开始应对美国的贸易制裁也是主动的，美国现在单方面不谈，所以才有了贸易战的烽烟。舆论战一定要取胜，我们要谈国际规则和国际秩序，要谈不能把一个国家的利益凌驾在全球利益之上，不能把一个国家的国内规则凌驾在国际规则之上，把一个国家的主观臆想凌驾到国际的经济政治外交布局上。在原有的演化当中，中国崛起是对人类走文明和平发展道路最稳定的力量。美国现在成了一个最大的变量。对世界经济、政治、外交、地缘政治格局各个方面来说，由于特朗普的这种执政方式，美国成为一个最大的变量。中国成为定量，所以中国才能够在长周期中加快向上发展的速度；美国成为变量，而且方向错了，会加快在长周期中衰败的速度，向下的速度。国强必霸，国霸必衰，要在舆论上说出我们这个道理来。

第二，反击战。现在我国政府的反击战打得很漂亮，看了微信，网民都是一片叫好，包括外交部的表态，包括商务部精心组织的反击战，包括驻 WTO 大使在国际场合严正声明号召全球各个国家行动起来，反对违背 WTO 的行动，加上媒体、智库、学者，这是一次全方位的反击战。如果特朗普还坚持这样走的话，不再实行新的战略转向，转向和中国友好合作，走合作共赢的道路，这种反击战我们还要一仗一仗打，还得有准备。

第三，防御战。美国对华战略转向以后，贸易战可能会扩展到高科技、制造业、军事外交等各个方面，我觉得防人之心不可无，要有打防御战的准备。我们不主动挑起战事和纠纷，但是要和打贸易战一样，一不怕，二不躲，三要奉陪到底，四要打胜打疼，这个也很重要。

第四，持久战。如果美国战略转向沿着这个方向继续前行的话，我们就要有长期的思想准备以及战略准备，还要有战略谋划。智库需要发挥更大作用，到美国最大的体会就是智库之间的沟通非常重要，智库面对面地交流沟通，才能解疑释惑，如果专家、学者、民间没有沟通，只是两个国家打来打去，既伤害我们已经培养起来的这种中美之间的感情，也会使特朗普在错误道路上越走越远。我们还要积极地做工作，打好持久战。

总之，现在是一个特殊的时期，这个特殊的时期不仅是全中国人民关注，全世界也都关注。中美的关系已经超出了双边的意义，具有世界性的意义，中美和则世界兴，中美斗则世界乱，中美破则世界衰，结论就是这样。谢谢各位！

中美如何找到利益的交汇点

——在美国纽约中美智库对话会上的发言

（2017 年 6 月 14 日）

注：2017 年 6 月 14 日，国经中心与美国亚洲协会政策研究院在美国纽约举办“中美高端经贸对话会”。围绕“中美经贸关系：新的合作”“中美经贸关系：百日计划及后百日计划”和“中美在全球经济体系中的合作”议题展开深入讨论。会上国经中心总经济师陈文玲做了主旨发言，发言内容如下。

非常感谢尊敬的董建华先生、陆克文先生，非常荣幸能来参加这次对话会。自 2011 年以来，这是我第六次来纽约参加有关中美经贸问题的对话会。刚才董先生简单地回顾了中美的建交历史，我认为，历史就是现在留给未来的记忆和痕迹，我们参加会议的各位正是在书写中美向好、向远、向前发展关系的历史，今天中美两国，包括政府、智库、企业家和中美人民共同做出的历史性贡献，将是历史长河中留下的光辉的一页，今天的对话有着重大的意义。

正如习近平主席和特朗普总统在海湖庄园会晤时所指出的，中美之间有一千条理由把中美关系搞好，没有一条理由把中美关系搞坏。对此我是从两个方面来理解的。

一、中美站在新的历史起点上，这个新的起点对中美双方以及世界都有决定性的重要意义

中美两国合则两利，并且会产生巨大的、正面的溢出效应，而这一效应就是世界的定海神针。如果中美精诚合作，那么就能稳定世界经济。中美两国是世界上两个最大的经济体，两者经济总量占全球的 40%、投资占 30%、制造业占 30%、货物出口占 25%、占货币篮子的 52.6%、占外汇储备的 50%、拉动世界经济增长的

45%（2016年），2008—2009年中国拉动世界经济增长曾达到50%，在此之前，美国是拉动世界经济增长的“火车头”。现如今，中美两国经济的融合度更高、更紧密，“你中有我、我中有你，一荣俱荣、一损俱损”。两国的关系十分重要，十分重大，大到不能离、大到不能破、大到不能随意、大到不能任性。处理好两国关系不容易，维护好中美关系非常重要，有着极大的战略价值和意义。用杜甫的一句诗来概括：“会当凌绝顶，一览众山小。”中美两国智库必须站得更高，才能看得更远，提出的思想才能更明白、更透彻。

二、中美两国若想处理好关系，尤其是经贸关系，必须向前看、向远看、向深处看

中国有句老话叫“思路决定出路”。因此，我们必须用创新的思路来认识和拓展中美经贸合作的新空间。中美的利益交汇点有很多，共同点和互补点也有很多。比如：

（1）制造业。中国具有全世界最完备的工业体系（高铁、航天、深海钻探、大型计算机、核能核电已经迈入世界第一梯队），而美国在很多制造业领域处于世界顶端，所以，中美可以重构产业链，形成互补、互动，甚至互换。中美双方互补互惠，可以避免双方重复建设，不必盲目竞争，以减少制造业上的摩擦。

（2）基础设施。我们国经中心在2013—2014年和美国彼得森研究所曾做过中美基础设施投资的双向研究：2030年之前，美国需要3.6万亿美元基础建设投资，无论从哪方面来说都有巨大的差额。美国处于上一轮投资上升曲线顶端向中端和低端转变的下降通道，而中国正处于投资曲线的上升期，因此，双方基础设施建设可以互补。例如，中国有100万座桥（新/混凝土），美国有60万座桥（旧/铁），最高的桥梁、最寒冷地区的桥、最长的桥都在中国，中国基础设施建设能力远超过现在的美国，可以为美国带来施工设备、技术和管理人才，有巨大的合作空间。

（3）贸易。不能仅从顺逆差来看待贸易。应面向未来、面向下一代贸易——E国际贸易，推动两国贸易发展。鼓励促进新的贸易平台建设、大通关项目（250单/秒），中国班列可以在15~16天到欧洲（与沿线国家建立大通关协议）。下一代贸易是重要的着眼点，我们可以开启中美FTA谈判，如果谈成FTA，将会增加5000亿贸易额和大量工作机会。中美双方需要找到新的钥匙和发展空间，需要深入思考中美之间如何找到利益的交汇点，如何能够真正实现互利共赢。

处理好中美经贸关系，必须向前看、向远看、向深处看，应用创新思维来认识和拓展中美经贸合作的新空间。如制造业，美国提出重振制造业，中国的制造业现在占世界的比重接近30%，中国制造业有39大类、191中类、525小类，现在中国是制造业体系在全世界最完善的国家，制造业的门类要比美国更加完善，在这种情况下，中美制造业完全可以互补，甚至可以互换。全球的产业链、供应链、价值链是跨国界的，可以推动中美的优势产业形成全球的价值链，美国不应该把国门关上。实际上中国海尔早就在美国南卡州建设了产业园区，美国的高端制造业产业链也在全球包括中国形成了产业布局，比如，在中国就有几个波音飞机零部件的制造基地。所以，美国如果把国门关上，美国和中国制造业就不能产生良性互动。

又如投资，美国现在有主权债务20万亿美元，如果再加上1万亿美元2017年新增的债务，再加上未来十年1万亿美元的基础设施投资，总计22万亿美元。据美国总商会测算，实际上当前美国的投资能力和中国没法比，2016年中国基础设施投资1.75万亿美元，制造业投资是2.76万亿美元，这两项加起来投资超过4万亿美元。所以，在投资方面特别是基础设施建设方面，中美之间的利益交汇点非常多，中国有最大的工程承包集团，世界上最大的工程承包十大企业中前八位都是中国的企业。国经中心2013年做的中美基础设施研究成果，有中英文两个版本，在中美“二轨”对话会上发布。美国特朗普总统执政后出现了一个非常重要的变化，即支持中国提出的“一带一路”倡议，美国的很多企业都具有参与“一带一路”建设的实力，可以在很多方面做出贡献。我希望美国公司能在“一带一路”的建设和发展过程中保持开放心态，寻求参与的机会。美国总商会和彼得森研究所2013年也做了同样题目的研究，美国基础设施到2030年需要投资3.6万亿美元，中国也同样可以做出重大贡献。

在中国“一带一路”的推进过程中，中美之间有很多利益交汇点。我记得2016年美国国务院有一位战略研究专家到国经中心来访问，他当时提出：美国的“新丝绸之路计划”和中国“一带一路”能不能有合作的交汇点？比如瓜达尔港，美国“新丝绸之路计划”中也有瓜达尔港建设，也有孟加拉国，对此美国和中国能不能合作？我说当然可以合作。当时我们是作为学者在探讨“一带一路”的合作。中美这种交汇点是非常多的，我认为这也是美国派工作组来参加“一带一路”会议的重要原因，更多的是看到了利益交汇点。美国财政部原部长保尔森在中国“一带一路”国际合作高峰论坛智库分论坛上讲，美国也是明显支持“一带一路”倡议的国家之一，美国支持“一带一路”的公司都具有参与的实力，可以在很多方面做出贡献。所以，我希望美国公司能在“一带一路”的发展过程当中保持开放心态，积极寻求参与的机会。我们算了一笔账，未来十年亚欧板块通过“一带一路”建设的合作，GDP将占到全球总量的60.4%，新增就业占全球的46%，累计资本形成总额将达到150万亿美元，占全球的65.3%。

还有高科技产业，美国原来对中国限制出口，特别是对高科技产品的出口。但是美国限制哪一方面，中国哪一方面就发展得快，所以这种限制实质上是限制了美国高技术的溢出效应，缩小了美国高科技市场的份额，实际上是“自损八百”。就机器人来说，中国现在使用的机器人达到9万台，占世界的27%，这是2016年的数据。现在世界家政机器人方面生产能力最强的是日本，高技术机器人生产能力最强的是美国和德国，但是中国是一个最大的市场。虽然中国也有几百家机器人生产企业，但目前总体上还处于中低端。所以，如果美国的高端产业和中国的中低端形成产业链，就可以实现互补。中国现在也有处于高端的产业，如高铁，成套设备可以输出，美国特朗普竞选时提出也要修高铁，原来奥巴马也提出来修高铁，中美双方完全可以形成高铁的产业链，重新连接中美之间的产业。中国在马来西亚、巴基斯坦都建立了高铁的机车生产车间，形成了新的产业链。中美之间也完全可以重构产业链，形成新的优势互补的高科技或高端产业体系。

在贸易方面，应研究从实质上解决问题的思路与出路。最近，我们做了关于中国企业在美进行加工贸易的研究，可将“中国品牌+美国代工+返销中国”的经济合作模式作为削减美中贸易逆差的一条新思路。一种较好的方式是选取若干产业，采取“两头在我、制造在美”的做法，即品牌和市场在我、加工制造在美，中国提供品牌、技术和部分原料，在美国加工制造，再将产品出口中国，将我国改革开放初期的加工贸易方式转化为我国在美国离岸加工贸易，削减美中贸易逆差。以Harvest Water Cooper公司在浙江省和加利福尼亚州生产香肠的数据作对比，中国除劳动力成本约为美国的一半外，其余成本均远高于美国：原材料成本约是美国的1.12倍、土地成本是9.01倍、物流成本是1.88倍、借贷成本是2.40倍、能源成本是3.17倍、零配件成本是3.23倍、税负是3.38倍。根据新的形势和成本比较优势，中国应鼓励食品加工环节转移至美国，美贴牌生产后将产品返销中国，既能减少美中贸易逆差，又能推动中国品牌走向世界，中美将深化产业链合作，密切两国产业联系，这是一件互利共赢的好事。美国具有较强的食品加工生产能力，是世界第一食品生产大国。据美国经济分析局公布的数据，2015年美国食品加工业产值约为2575亿美元，占美国国内生产总值（GDP）的1.39%。根据投入产出表计算，与其相关的零售、包装、设计、研发、能源供应、厂房建设、废品回收等关联产业总规模达到9454亿美元，占美GDP的5%。尽管美国食品加工业已形成一定规模，但产品出口规模相对较小，2016年美国食品对外出口约200亿美元，仅为其产值的7.6%，这与美国食品加工制造业的比较优势和产业规模极不相称。中国是世界食品进口大国，据中国质检总局数据，目前我国每年进口加工食品约500亿美元，其中从美国进口仅55亿美元，约占我国进口食品总额的11%。当前中美加工食品贸易基数很小，如果双方通力合作，再过几年，食品进口贸易规模达到现在的10倍应不是难事。假设我国食品企业每年能够向美国食品代工企业发出500亿美元订单，将会带动我国向美国出口食品原料及相关设备100亿美元，那么美对华货物贸易逆差会直接减少400亿美元。如果食品加工可以产生400亿美元的贸易顺差，将占到美对华实际贸易逆差的约1/4。此外，该模式也将为美国创造大量就业机会，按每1亿美元产值雇用342人的美非农产业雇佣率平均值计算，500亿美元订单将直接解决就业17.1万人，间接解决就业62.8万人，总计约80万人。

另外，中美可以联手推动基于互联网、物联网、云服务、现代物流体系和跨境大通关的下一代贸易——E国际贸易。中国12个城市在进行跨境电商的试点，正在加快转向下一代贸易方式，郑州的通关速度从秒通关提高到每秒通关能力500单，2016年实际每秒平均250单。阿里巴巴已经建立了跨境交易的准公共服务平台，拥有让中国和更多国家中小企业参与下一代贸易的基础设施——EWTP。美国正在研究数字贸易，其内涵是数字产品的交易，我们研究认为，国际贸易的业态变革呼之欲出。E国际贸易简言之就是国际贸易的E化，将再造贸易规则、贸易方式和贸易流向。EWTP将成为下一代贸易方式的基础设施，消费者、生产者、经销者利用这一新平台产生流量经济，产生市场集成，产生去中间化的贸易集成。如果美国能与中国合力推动下一代贸易方式——E国际贸易，将会打破2008年以来国际贸易低迷的状态，激活国际贸易，拉动世界经济增长。

像这些方面的交汇点，我认为中美之间还有很多，关键在于转变思路。思路决定出路，中美之间只要有一个正确的思路和美好的愿景，采取实实在在的行动，中美关系就一定能向好的方面发展。我们面对问题时如果用诚意解决，而不是采取冷战思维和行动，很多问题就能迎刃而解。

五个大规模行动助力特朗普实现执政目标

——在中国国际经济交流中心第95期“经济每月谈”上的发言

（2017年5月22日）

注：本文为陈文玲在国经中心第95期“经济每月谈”上的发言，由新华社整理刊出。

非常感谢晓强主任，晓强主任在开场的时候就对特朗普上台之后的一些重大政策变化做了概述。刚才阮宗泽院长从内政、外交和中美关系三个维度对特朗普进行了进一步分析。我今天主要想围绕三个方面来分析一下特朗普的新政：一是特朗普是不是从政治素人转向了政治家；二是中美之间从目前的走势来看，能不能超越“修昔底德陷阱”；三是中美在哪些方面有更多的利益交汇点，能不能真正实现建设中美新型大国关系。

首先，谈谈第一个问题。因为特朗普上台时间不长，11月14—15日，国经中心就举办了中美智库对话，美方三家智库，中方三家智库，就是在这个会议室举办的。当时在会议上，美方的三家智库主要分析了特朗普其人、其事、其性格，中国智库在特朗普执政之后也提出了若干建议及忠告。在当地对话会议上，我对特朗普提出了五点忠告。2017年1月23日特朗普上台之后，“经济每月谈”请了阮宗泽院长，谈谈对特朗普执政以后走势的分析。

现在百日新政已经过去了，到2017年4月28日正好100天，但是他整个的内政、外交的变化可以说很大。阮院长说特朗普70多岁的人了，人的性格不会有特别大的变化，但是性格导致的美国内政外交以及世界的变化不小。特朗普执政后，中央电视台有一个专访，让我谈一谈特朗普上台以后国内政策的主要变化，我归纳了他会采取五个大规模的行动：

第一个大规模行动是大规模进行非理性的贸易保护主义，这可能是他政策上的选择，也是一个大规模的行动。这表现在：第一，他上台第一天就废除TPP，导致美国从多边转向双边，但是双边现在还没有真正开启，多边基本上被废除，还重启和北美自由贸易区的谈判。第二，他叫得非常响的是雇美国人、买美国货。第三，修墙，这个墙有 2160 千米，要投资 210 亿美元。前一段时间，特朗普准备了第一期投资，投 10 亿美元，因为美国的债务是非常重的，他就减少了一些部门的行政经费。为什么说特朗普民意测试支持率越来越低，因为他损害了美国人的利益，包括美国建筑业公务员的利益。第四，他对进口商品高征税，包括墨西哥的，包括在德国加工后返销到美国的产品要征 25% 的税收，这也是历史上最高的进口税。当然对其他对他产生贸易顺差的国家也要采取行动，但是现在还没有采取。因为美国贸易逆差有 7000 多亿美元，其中占第一位的是中国，中国占 46. 7% ，美国如果采取行动，中国首当其冲。排在后面的是德国、日本。现在这个行动还没有开始。从他竞选的时候，这种非理性贸易保护主义，他提出的这些主张，基本上都兑现了。除了对产生贸易顺差的国家还没有真正采取行动，其他的行动都采取了。

第二个大规模行动是大规模负债，继续增加债务。美国财政部统计，到 2016 年 6 月底，美国债务总额已经是 22. 8 万亿美元。美国向外公布 1 月 9 日的世界债务是 19. 95 万亿美元，美国的国家债务、主权债务已经 20 万亿美元了。特朗普上台之后还要增加 1 万亿美元债务，如果不批准的话，特朗普政府就有可能关门。奥巴马执政期间，美国政府 2 次关门，最长关了 17 天。这次特朗普增加债务的计划被批准了，共和党批准了，所以现在特朗普政府人员虽然还有那么多没到位，但至少政府还没关门，起码有个一把手在那儿支撑着。蒂勒森没副手，但是他到世界各国巡游，他现在是举债来运作政府。

第三个大规模行动是大规模重振制造业。主要是通过四个方面在国内放松管制，重振制造业：一是放松对环保的管制。他曾经在总统就职演说中提出，要撤销美国的环保总署，而且要撤销美国对国际的承诺，即承诺在未来十年减排 32% 。对环保的管制放松，是要使传统的产业，包括高耗能、高排放的产业重新复兴。二是放松对传统能源的管制，特别是化石能源，也就是我们所说的煤炭。要使传统的化石能源行业重新振兴。三是放松对医药的管理，以前美国 FDA 对药品管制最严，他却提出 FDA 可以不管药品的功能，可以不问安全性，要对药品的生产、制药商放松管制。四是放松对金融的监管，废除法案。我觉得他正为重振制造业创造各种条件，传统的制造业加上新兴制造业，使美国的制造业重新振兴。当然振兴制造业是奥巴马总统提出来的，但他虽提出了 5 年计划，却并没有振兴。

第四个大规模行动是大规模减税。他已经开始了行动，企业所得税从最高 35%

减到15%、个人所得税从原来的7档降为现在的3档（35%、25%、12%）。大规模的减税也是中国企业关注的焦点，意味着美国将成为全世界税负最低的国家。在美国减税之前，英国是G20集团中税负最低的国家，计划到2020年将公司税降至17%，中国企业所得税现在是24%。如果按世界银行算的总税率，现在中国是68%，美国是44%，而特朗普减税之后，我们的总税率还没有太大的变化，美国的总税率却会有很大幅度的降低。

第五个大规模行动是大规模增加军费，用于军事行动、军事打击。2016年，美国的军费是6500亿美元。6500亿美元是什么概念？占全世界军费总支出的50%，是中国、德国、英国、日本这些大国军费的总和。

特朗普执政之后，美国在这五个方面的政策取向和行动是很清晰的，也就是说，他采取的所有的政策虽然和奥巴马不一样，但我觉得是异曲同工，殊途同归。不管是奥巴马也好，特朗普也好，我认为总的政策导向和目标就是八个字：存量霸权、增量霸权。现在的做法我认为是放大存量霸权，创造增量霸权。因为奥巴马曾经在西点军校讲："美国要领导世界规则的制定权。世界规则的制定权不能让像中国这样的国家拿走，美国起码还要领导世界100年。"他现在下台已经一年，领导世界100年可能是看不见了，特朗普也一定看不见。美国的这种存量霸权如何放大？我认为在奥巴马时期就做了很多的文章，包括重返亚太，包括创造军事霸权、美元霸权，在金融方面、军事方面、经济方面的这些霸权实际上在不断放大。特朗普现在说美国优先，让美国再次伟大，我觉得这也是在放大存量霸权。比如大规模增加军费，那是在增加他的军事霸权。放松金融管制，他还要创造美国金融在世界上的优势，是美元霸权。减税，他要使美国成为吸收投资、吸收产业、吸收人才的新的洼地，继续放大存量霸权。

与此同时，他也在创造增量霸权。将来大家可以算账，说特朗普减税减了几万美元的收入，增加了债务。但是特朗普在推特上讲，如果说世界各国的投资者都到美国来投资，那他创造的这些税收足以抵补将增加的债务。所以如果当一个国家成为要素集聚、产业集聚、人才集聚的洼地，美国原有的霸权会产生巨大的增量。特朗普从一个政治素人正在向一个美国国家领导人，代表美国大国的政治家转变，一方面他在学习、适应，另一方面在用他的商业智慧创造效率。

就在他执政一百天的时候，美国媒体做了一个统计，特朗普执政之后发了967条推特，除了两天没有发之外，每天都发，最多的一天是星期五发了74条推特。正如刚才阮院长说的，他是"推特治国"，他接受媒体采访，虽然说他和主流媒体正在博弈，甚至是对抗性博弈，但他也和一些媒体关系相当好，他的很多对外主张，包括海湖庄园会晤以后，王毅外交部长发表“习特会”的重要成果，概括了三个方面的重要成果，但是特朗普的白宫却没有发布重要成果。特朗普接受美国记者采访，美国记者问他：你什么时候宣布打击叙利亚？他就说：我在和习主席会谈的时候拿出最漂亮的巧克力，将制作非常精美的巧克力送给习主席的那一瞬间，我就已经发布了命令，向叙利亚发射导弹。所以我觉得他治理国家也是在适应，但不是传统的美国总统治理的方式，包括做法、思维。所以刚才阮院长说他成了变量，就来自特朗普这种性格导致的不确定性。这是第一点，对特朗普执政以后几个变化的评价和分析。

其次，中美之间能不能超越“修昔底德陷阱”。“修昔底德陷阱”实际上是希腊的历史学家修昔底德对在公元前 431 年到 404 年，斯巴达与雅典展开的战争的一个概括。这个战争的结果是你输我赢，你死我活。也就是说，一个支配型的大国和一个新崛起的国家，必须是新崛起的国家战胜了支配型大国，才能成为一个新兴大国。所以习近平主席多次指出，太平洋足够大，可以容得下中美两个大国，中美两国完全可以走出“修昔底德陷阱”。中美之间的互动，我觉得更多的是良性互动，我认为现在的形势总体上看，比奥巴马时期的中美关系更趋缓和，这种合作性博弈替代对抗性的博弈可能性更大。现在习近平主席和特朗普在领导人里各种互动是最多的，有 3 次电话，一次通信，还有一次会面。第一次说是 15 分钟结果讲了 3 个多小时，第二次说是半小时，结果也讲了 3 个多小时。特朗普和习近平主席的会面用了 7 小时，其间对中美之间，对世界上很多焦点问题、难点问题、战略性问题进行了广泛的交流。我觉得作为国家领导人来说，这种化干戈为玉帛的能力，是保持中美两个大国关系走向的决定性因素。换句话说，我觉得未来中美两个大国的关系取决于决策者，当然也取决于民意，取决于中美之间相互交融的关系。当前来说，中美之间的关系是“你中有我、我中有你，一荣俱荣、一损俱损”。现在大家都知道了，中美之间的贸易 2016 年是 5196 亿美元，是在所有经济体间贸易中排在第二位的，第一位是美国和欧盟，但欧盟有 28 个国家，美国只是一个单一的国家。因此可以说，美国是我国第一大贸易伙伴、第一大出口市场。

现在中国对美国的出口额比中美建交的时候扩大了 210 倍。中国对美国的投资从 2009 年到 2015 年达到 464 亿美元，2016 年超过了 460 亿美元，这两个数字加起来，我们对美投资已经达到了 900 多亿美元，而且增长速度非常快。

中国和美国在当前来说，我认为从高层领导人的互动上看还是良性的。因为在

2016 年 11 月 9 日，习近平主席向特朗普致贺电，11 月 14 日和特朗普通话，在通话的时候习近平主席提出，合作是中美两国唯一正确的选择。2017 年 2 月 10 日，习近平主席和特朗普通话的时候，强调中美加强合作的必要性、紧迫性进一步上升，而且他特别提出来搞好中美关系符合两国人民的根本利益，也是中美两个大国对世界应有的担当。习近平主席在和特朗普总统海湖庄园会晤的时候，对于中美关系又提出“有一千条理由把中美关系搞好，没有一条理由把中美关系搞坏”。习近平主席对中美关系的判断是在引导、主导、推动中美朝着一个可预期的、良性互动的方向前进。当然现在这四个机制要马上跟进，另外现在务实地推动解决中美之间的关系，包括“百日计划”现在推出的十条，都是在实实在在地解决中美之间存在的一些矛盾和问题。所以我个人认为，将来我们在看中美关系的时候，当前将是一个重要的历史转折点。转折在什么地方呢？

第一，超过了双边主义，超出了双边意义。现在处理的看起来是中美关系，但实际上中美关系关系到世界。正如习近平主席所说的，搞好中美两国的关系，是中美对世界应有的担当。中国现在 GDP 排第二，美国 GDP 排第一；中国制造业排第一，占世界比重为 30%，美国排第二，现在也有预测说美国 2020 年会超过中国，美国继续排第一，中国排第二。反正都是第一第二。贸易中国也是第一，美国第二。一个是最大的发达国家，一个是最大的发展中国家，这两个国家我认为合则世界兴、斗则世界衰。这已经超出了双边意义。

第二，会超出当代的意义，会对未来产生持续的影响。因为蒂勒森到中国来的时候，他说特朗普总统曾经说了，要考虑未来 50 年的中美关系。我不知道特朗普和习近平主席谈的时候谈没谈到 50 年的中美关系，但是蒂勒森来的时候肯定是把话捎到了，而且蒂勒森在和王毅部长谈的时候，在和习近平主席会见时，反复强调习近平主席在 2012 年提出来的“中美新型大国关系”的概念，即不冲突、不对抗，相互尊重、互利共赢，甚至全盘接收。奥巴马执政的时候从来没有接过盘，用的是另外的表述，而特朗普完全接受了这个提法，所以从历史的长周期来看，中美关系超出了当代的意义，这也应该是一个转折点。

第三，超出了经济的意义，就是不仅仅是要确立中国和美国的经贸关系，可能在政治、经济、外交、军事各个方面都会有一个新的中美关系。

所以我认为这三个方面的超越就预示着历史的转折。当然也有很大的挑战，也有很大的不确定性，但从特朗普竞选到当总统，再到他现在的执政来看，我个人认为他还是一个言必行、行必果的人，听其言、观其行，他的行动和他原来所表述的一致。当然他遇到了很大阻力，但还在往前走。我看他写了一本书《永不放弃》，他说他的父亲教给他要做到四条：一是入场；二是斗争；三是斗争；四是不放弃，最后一定要胜利。所以我觉得特朗普和一般的政治家的素质不同的是他具有企业家的韧性，在市场上经过反复摔打的韧性，这在他治理国家时表现得非常突出。

除了可塑性以外，他还有很大的能量有待于进一步释放。比如他对中国的善意和对中国的态度，我觉得他还有待于进一步释放成制度性的安排，长周期地构建中美关系，真正像蒂勒森所传递的，能建立面向未来50年的中美关系，形成一个制度框架，如果这样，这个总统在中美关系上就是伟大的。在这历史转折关头，中国正在从经济大国迈向经济强国，而美国采取贸易保护主义、孤立主义、封闭主义时，中国反其道而行之，是全球化的推动者，甚至可以成为引领者。在这种情况下，中美地位发生了特别大的变化，正好是交错或者颠倒过来，中国真正成为全球化的建设者。现在提出的“一带一路”，我们提的贸易便利化、自由化，提的全球价值链重构等一系列的主张，包括在G20提出的一系列主张，形成的框架、建议、声明，都是从时代的潮流方面发挥中国作为一个新兴大国的担当和作用。而且中国正处在这样的历史关头，是世界选择了中国，因为世界的潮流是经济全球化，是合作，是人类命运共同体，是各个国家能够结成人类命运共同体、利益共同体、责任共同体，共同建设一个超越冷战思维、南南思维的新世界。中国正好顺应了这个潮流，像习近平主席在G20时所说的，中国现在是“弄潮儿”，“潮头立”，“手把红旗，旗不湿”。所以我个人认为，中国处在非常重要的历史关头。美国从2008年到现在，遇到了一系列问题，而且导致了世界金融危机和经济上长时间的低速增长，还有贸易的低速增长，2016年的贸易增速全世界才1.7%，2017年我看到修改的预期是2.4%。我们的贸易增速也低于经济增速，2017年贸易增速预期仅3.4%。贸易投资作为经济增长的重要引擎，它的动力在下降。“肇事者”是美国，是美国的金融危机导致了现在全世界长周期的低迷。叙利亚危机、难民危机的“肇事者”也是美国，美国的颜色革命，干预了其他国家的政权，引发了局部战争。现在这些危机又延伸到了欧洲，延伸到了其他国家，美国“修墙”把责任挡在了美国之外，但实际上“肇事者”还是美国。

在这种情况下，中国代表的是一种历史发展的方向，是一种时代的潮流，是一种民心所向。美国原来推动了贸易的便利化、自由化，“二战”之后推动建立了联合国、布雷顿森林体系，这些国际机构主导了国际秩序，使世界保持60年的增长。那个时候美国代表了时代潮流，代表了发展的方向，所以在那个时候，美国是引领者，一直引领了这么多年。现在我觉得历史又出现惊人的相似，我们又处在当时那种情况下。所以我觉得中国现在是处在非常重要的历史关头，一方面要从大国迈向经济强国，另一方面要担当更多的历史责任，要向全世界，向更多的，特别是发展中国家提供公共品，比如“一带一路”就是中国的方案、中国的倡议、中国的公共品。这种历史的交错和历史的演化，在当前是非常深刻的，这种调整也是非常重大的。

最后，对中美之间如何找到利益的交点、如何能够实现真正的互利共赢及相关问题需要进行深入思考。比如制造业，中国的制造业现在占世界的比重接近 30%，中国制造业有 39 大类、191 中类、525 小类，现在全世界我们是制造业体系最完善的国家，我们现在制造业的门类要比美国完善。所以在这种情况下，中美制造业完全可以互补，甚至可以互换。因为价值链是跨国界的，可以推动我们的优势产业形成全球的价值链。美国不应该把国门封上，美国的高端制造业产业链也是在全球，比如波音飞机，中国有好几个波音飞机零部件的制造基地，美国如果把国门封上，和中国制造业就不能产生良性互动。又如投资，美国现在的债务 20 万亿美元，如果再加上 1 万亿美元 2017 年新增的债务，再加上未来十年1 万亿美元的基础设施投资，是 22 万亿美元。实际上美国的投资能力和中国没法比，中国 2016 年基础设施投资 1.75 万亿美元，制造业的投资是 2.76 万亿美元，这两项投资是 4 万亿美元。所以，我觉得在投资方面特别是在基础设施建设方面，中美之间的利益交汇点非常多，比如中国有最大的工程承包集团，世界上工程承包前十大企业中前八位都是中国的。

在中国“一带一路”的推进过程中，中美之间也有利益交汇点。我记得 2016 年美国国务院有一个战略研究专家到国经中心来访问，他当时提出：美国的“新丝绸之路计划”和中国“一带一路”能不能有交汇点？比如瓜达尔港，“新丝绸之路计划”中有瓜达尔港，也有孟加拉国，美国和中国能不能合作？我说当然可以合作。我们是作为学者在探讨，而这也是美国派工作组来参加“一带一路”会议的原因，因为他们看到了更多的利益交汇点。我个人认为，中国和美国利益交汇点是非常多的，比如高科技产业，美国原来对中国限制出口，特别是高科技的产品出口，但是这种限制是限制了美国高技术产品市场的扩大，实际上是“自损八百”的做法。

就机器人来说，中国现在的机器人安装了 9 万台，占世界的 27%，这是 2016 年的数据。现在世界家政机器人方面生产能力最强的是日本，高技术机器人生产能力最强的是美国、德国，中国却是一个最大的市场。虽然中国也有几百家的生产企业，但还处于中低端。所以美国的高端产业可以和中国的中低端形成产业链，形成互补。中国现在高端的如高铁，有成套设备可以输出，特朗普也提出修高铁，原来奥巴马也提出来修高铁，所以完全可以形成产业链，重新连接。中国在马来西亚、巴基斯坦都建设了高铁的机车生产车间，已形成了产业链。中美之间也可以重构产业链，形成新的优势互补的产业体系。像这些方面的交汇点，我认为中美之间还有很多，关键在于转变思路，思路决定出路。中美之间只要是有一个正确的思路和美好的愿景展望，再采取实实在在的行动，中美关系就能向好的方面发展，面对的问题如果用诚意解决，不是用冷战思维来考虑的话，有很多问题就能迎刃而解。

总之，我非常同意阮院长的观点，总体上我是看好的，对当前的中美关系评价是积极的、正面的。我希望，也非常期待有更好的中美关系，这既对中美两国有利，也是对全世界、全人类、未来的一个交代。

谢谢各位！

面向未来的中美经贸关系

——在中国国际经济交流中心第89期“经济每月谈”上的发言

（2016年11月21日）

注：本文为作者于2016年11月21日在中国国际经济交流中心第89期“经济每月谈”——“面向未来的中美关系：挑战与机遇”上的发言。其主要观点是：合作是中美两国唯一的正确选择。中美双边关系具有全球性价值，从未来的发展看，价值会越来越大。同时她也对特朗普执政提出了五条建议。

大家知道，特朗普竞选时有一个口号，就是要使美国成为一个伟大的国家。成为一个伟大的国家绝不只是一个口号，虽然能成为竞选的口号，但是执政只有一句口号还不能使其真正成为一个伟大的国家。美国要真正成为一个伟大的国家，就要处理好国际关系，要处理好和中国、俄罗斯的关系，还有和世界各国的关系。其中，我认为对特朗普来说，最重要的是对华关系，对华政策的选择将决定美国能否成为一个伟大的国家，也决定了特朗普的竞选口号能否实现，决定了特朗普能否成为一个伟大国家的领袖。

看特朗普的竞选，我个人认为他确实没有执过政，确实对经济工作不熟悉，别看他是一个成功的商人，房地产生意做得很好，流行书写得也很好，但是对政府工作确实没经验，也没有真正研究过中美的贸易、中美之间的关系到底怎么处理。他说了很多话，实际还是很幼稚的，比如一上任就要对中国加征45%的税，比如他一上任就要把中国定为“汇率操纵国”等。我个人认为特朗普在讲这些话的时候只是在哗众取宠，对于国际经济，他的视野并没有那么宽阔。

中美的关系并不随着他竞选的口号而转变，在他当选之后，他会实现从一个商人到一个领袖的转变，从一个“政治素人”到政治执政者的转变。所以我们可以看到，在特朗普当选后，习近平主席当天发去了贺电，并提出作为最大的发展中国家和最大的发达国家，作为世界前两大经济体，中美两国在维护世界和平稳定、促进全球繁荣发展方面肩负着特殊重要责任，拥有广泛的共同利益，发展长期健康稳定的中美关系符合两国人民的根本利益，也是国际社会的普遍期待。2016 年 11 月 14 日习近平与特朗普通话，习近平主席指出，中美建交 37 年来，两国关系不断向前发展，给两国人民带来了实实在在的利益，也促进了世界和地区和平稳定繁荣，事实证明，合作是中美两国唯一的正确选择。

为什么说合作是中美两国的唯一正确选择？从中美建交到现在，从中美在世界上占的地位和作用看，只能合作，不能分裂，只有共赢，不能对抗。中国和美国两个国家经济总量目前占全球的 1/3，人口总数占全球总人数的 1/4 多，贸易额占全球贸易总量的 1/5 多。中国和美国都是世界上目前最有影响力的国家，同为联合国安理会常任理事国，同为 WTO 成员、APEC 成员、G20 成员等，在国际舞台上是两个最活跃的国家。中美同为拉动世界经济增长的最大动力。2008 年以前，美国次贷风波之前，美国是世界公认的拉动经济的“火车头”。2008 年之后，中国接过了这个“接力棒”，到 2012 年，对世界经济增长的贡献率达到 50% 左右，2012 年之后为 30% 左右，2015 年为 25%。近三年，中国对全球进口的贡献率达到 37%。中美同为世界最大的消费市场，现在美国是排在第一，中国排在第二，我想在未来三年之内，中国会反超美国，成为世界最大的消费市场，但中美还是第一、第二大消费市场。最近十年，中美双向旅游的人次超过 3000 万，其中 2015 年接近 500 万。

蓦然回首，中美关系发生了重大的变化。从贸易看，1979 年建交以后，双边贸易规模增长 230 倍，1978 年是 1288 万美元，2015 年达到 5883. 9 亿美元。中国是美国的第二大贸易伙伴、第三大出口市场、第一大进口来源地。美国是中国的第二大贸易伙伴、第一大出口市场、第五大进口来源地。在投资方面，美国在华投资的项目到目前为止已经达到 6. 6 万个，实际投入资本 775 亿美元。中国在美累计直接投资刚刚开始，但已经达到 466 亿美元，2015 年是 150 亿美元，美国已经成为我国对外投资第四目的地国，2017 年将超过 300 亿美元，我们国家目前已经成为对外投资排在第二位的国家，上升的速度非常快。在金融方面，中国现在持有美国的国债 1. 16 万亿美元，是美国第一大债权国，过去第一大债权国是日本，不包括 2015—2016 年，我们一共抛售了 5700 亿美元的外汇资产。在对话机制方面，中美从 2006 年开始建立每年一度的中美战略与经济对话，到目前正建立了 90 多个对话机制、40 多对友好省市关系，还有 200 多对友好城市关系。

中美双边关系具有全球性价值，从未来的发展看，价值会越来越大。因为从中国来看，中国到 2020 年将全面建成小康社会，我国的人均 GDP 会达到 1. 2 万 ~ 1. 3

万元，中国届时将有世界上最大的中产阶级群体。麦肯锡和阿里曾经做过一个研究，认为到2020年，中国的中产阶级将超过7亿人，是美国3亿人的2倍多，是日本1.3亿人的5倍多，中国的中产阶级将爆发出非常大的购买潜力。我们在2020年将消灭5575万贫困人口，在全球最大的人口国家实现零贫困，这是一个非常伟大的成就，是世界上前所未有的奇迹。

中国还将成为世界最大的市场。按照习近平主席前天在APEC会议上的讲话，我们未来五年将增加8万亿美元的进口，将增加7500亿美元的对外投资，利用外资总额将达到6000亿美元，出境旅游将增加7亿人次。2012年以来，中国的出境旅游人次数排世界第一位，对全球旅游的贡献达到了13%，并且到2020年，国内的旅游也将达到65亿人次。中国创新驱动将迎来知识经济时代、高铁时代、城市群落时代、后工业化时代，而美国仍将是世界上最强的经济大国、金融大国、军事国和具有全球影响力的外交大国。所以，中美双边关系实际上已经超出了双边的价值，对全球产生了重大深远的影响，未来还会继续产生影响。

特朗普对华态度在他的大选中有三个方面特别突出：一是发动贸易战。要对中国进口商品加征45%的税收，他在竞选中说："你知道什么是最大的逆差吗？是智商，他们的领导人更聪明，我们的不聪明，我们不知道自己在做什么，我们必须要这么做。""这么做"就是指打"贸易战"。他还有一句典型的话，就是要发动汇率战，把中国定为"汇率操纵国"。2016年9月26日，他在首场辩论时指出，中国是这个星球上最大的汇率操纵国，他再度指责中国政府使人民币贬值，以获得不公平贸易竞争的优势。他的第三个竞选词是"我爱中国"。他说我有很多中国朋友，与中国做生意，有着同中国打交道的特权，每年从中国赚数百万美元，我爱中国，我爱中国人。最近北美小崔在接受媒体采访时说，在华人社区，特朗普对华人的选民多次高喊"我爱中国"。但我觉得他说爱中国，实际上是爱中国的人民币。

在大选之后，特朗普的态度和他大选时不完全一样，习近平主席在和他通话时特朗普表示："我赞同习主席对美中关系的看法，中国是伟大和重要的国家，中国发展的良好前景举世瞩目，美中两国可以实现互利共赢，我愿意同你一道加强美中两国合作，我相信美中关系一定能取得更好的发展。"最近几天，他和美国几代领导人的智囊基辛格谈中美关系，基辛格给他提了两条建议，说要做好两件事：第一件事，是要把一个了解中国历史与文化的人放在个人的班子里面，作为美国和中国政府之间的联络人。第二件事，是要研究清楚我们的目标是什么，我们要得到什么样的结果，我们要防止的是什么，就这些问题与中国领导人对话。实际上他给特朗普提出的建议是让特朗普研究和中国的关系怎么处理，底线是什么，天线是什么，红线是什么。把这些问题研究清楚以后，再和中国领导人对话，这样肯定作用大。我觉得，绝对不可以把特朗普和中国领导人的对话变成脱口秀。另外，是在驻华大使人选方面，最近他准备请艾奥瓦州州长特里·布兰斯塔德来任驻华大使，他说在他的团队里，没有人比他更了解中国，他是驻华大使的最佳选择，因为这个人在21年中和习近平主席三次握手。

刚才谈了中美的经贸关系，对于中美之间和中美的过去、现在、未来都是非常重要的，具有全球价值。

对特朗普总统执政以后的建议主要有五条：

第一条，解除战略互疑，增加战略互信，这是处理好中美关系的前提和保障。思想、观点、理念是属于精神境界的东西，具有引领性，所以应该继续保持中美之间最高领导人的顺畅沟通，密切交往，继续保持中美战略与经济对话。现在对话已经第八轮了，应该继续把对话坚持下去，并且促使其从纯粹的对话转向共同行动，保持到目前为止已经建立的90多个多层次对话机制。

第二条，加强沟通协调，增加政策的效能。关键是要加快建立中美政府之间的宏观经济政策协调的常设机构，加强两国政府职能部门之间的沟通与协调，特别是要形成财政、金融、产业政策与国家重大规划讨论与对接机制。财政政策、货币政策是各个国家宏观经济普遍采用的政策，其实产业政策也是每个国家都采取的重大政策。对此中国的经济学家在辩论，但是我个人认为，世界上几乎所有的国家、政府都会有产业政策的引导，或者确定产业政策的方向，通过正确的产业政策引导，实现国家的重大战略意图。

第三条，要密切交流合作，增加民心相通，特别是文化的交往。

第四条，务实推进中美经贸深度合作。中美经贸关系可以在四个方面继续推进：

一是继续推进BIT谈判。到目前为止中美已经进行了28轮谈判，应该早日完成这个谈判，为中美的双向投资提供制度性保障。过去是美国对华投资额大，现在是中国对美投资额大，现在我们的增长速度非常快，2016年会到300亿美元。将进行双向投资的安全保障变成制度性设计是非常重要的，不仅是对中国，对美国企业也是同样的。

二是尽快开启中美BITT谈判。在完成BIT谈判的基础上再加一个“T”，建立制度化的经贸关系，这有利于发挥中美两个大国的引领作用，深化两国互信，成为亚太区域一体化的桥梁，推动世界贸易和投资自由化，为全球经济繁荣稳定提供强大动力。BITT 谈判是中国国际经济交流中心在 2012 年提出来的建议，得到了美国参加“二轨”对话的代表的响应。2013 年、2014 年陆续向国家提出建议，也得到了有关领导的批示。在 2014 年彼得森研究所就这个问题进行了研究，在 2014 年 1 月发布了他们的研究成果。我们的研究成果是对内、对上的，他们是对外、对国际的。

三是启动中美建设 FTA 可行性研究，这条也是非常重要的，因为要使特朗普政府认识到中美之间的关系的重要性。美国重返亚太，退出 TPP 以后，彼得森研究所做了一个研究，他说即使 TPP 达成，未来 15 年也只能使美国国家收入增加 0.5%。2014 年彼得森研究所的研究表明，如果中美能够建设 FTA，进行贸易投资谈判并且成功，可以增加 5000 亿美元的贸易规模。从 1978 年到现在，中美贸易总规模才 5500 多亿美元，现在如果我们能够达成 FTA，一下就可以增加 5000 亿美元，就是在现有贸易规模基础上翻番。到底是中美经贸合作给美国带来的利益大，还是排他的 TPP 带来的利益大，显然从利益的比较上，如果特朗普是商人的话，他是会算这个账的。他现在提出搁置 TPP，我觉得他也算过这些账。

四是共同推进 FTAAP 进程，就是亚太自贸区进程。2014 年在中国召开 APEC 会议，会议形成了一个共同的声明，就是正式启动亚太自贸区进程。现在也正在开 APEC 会议，昨天 APEC 会议“利马”领导人非正式会议批准亚太自贸区联合战略研究报告，这是非常大的进展，习近平主席做了非常重要的演讲。不管特朗普过去是什么身份，不管过去别人对他的看法如何，但是未来他是美国总统，美国总统就要考虑把美国带向何方。

第五条，特朗普必须实现自身角色的转变。全球是一个人类命运共同体，引用毛泽东主席的诗词，就是“太平世界，环球同此凉热”。从这个视野看特朗普未来执政，必须要破除“四个主义”，才能真正实现身份的转换。

一是破除孤立主义，推动新一轮全球化进程。为什么说是新一轮的全球化，就是因为世界经济形态发生了根本性变化。新经济的表征发生了根本的变化，新经济形态的产业链接包括产业链、供应链、价值链、服务链。新经济形态引发的新一轮全球化巨大的变革要求全球必须携手同行。顺之者昌，虽然不能说“逆之者亡”，但“亡”也是有很大概率的。

二是破除排他主义，推动新一轮开放进程。就我个人来说，我比较欣赏特朗普搁置排他的 TPP、TTIP，但是我不欣赏特朗普所提出的非理性的贸易保护主义，包括抡起贸易保护主义大棒对中国施压，我觉得他的目标应该是与中国共同推进构建更为公平、公正、公开和有序、有效、有利的贸易规则和秩序。

三是破除民粹主义，推动全球治理机制改革与创新。我认为特朗普应该从一个成功的商人转变为一个世界性大国负责任的领导人，从一个成功的脱口秀演员和竞选者转变为一个成功的执政者。实现这种身份转换必须破除民粹主义和哗众取宠的职业痕迹。

四是破除干预主义，维护世界和平。特别应该废除的是可笑和过时的“重返亚太”战略。11 月 15 日，美太平洋司令哈里斯气急败坏，他说的很多话是“重返亚太”的代名词，他说美国是太平洋国家，并且是太平洋大国，美国曾经是，而且永远是。实际上 APEC 就是亚太，就是亚太地区，亚太地区 21 个国家包括美国，他就等于是在说我是美国人，我曾经是美国人，而且永远是美国人，没有任何意义。希拉里当时提出“重返亚太”，就是一个不能成立、非常可笑的战略，所谓“重返亚太”，要表现的是他在亚太的领导力，而不是他的存在感。我觉得这种存在是现实，承认、不承认都在那儿，但是不能用这种存在感代替干预主义。世界面临着共同的挑战，要求中美两国携手同行。

世界经济和世界贸易双双陷入底部，低增长、低通胀、低利率、低就业率和高债务、高流动性、高龄化风险交织并存，贫富失衡，而美国贫富失衡可能更加严重。我们在 2013 年到美国参加中美“二轨”对话时，曾经在我们居住的楼下看到了占领华盛顿的人群，打的牌子是 1% 和 99%，就是 1% 的人占据了 99% 的财富，这种贫富失衡导致了美国社会的撕裂，所以也导致了现在的“特朗普现象”。还有区域失衡，还有全球化与区域经济一体化的失衡。这次 G20 提出的结构性改革尚未完成，新一轮的产业转移和重组已经开始，世界格局也在发生深刻的调整与演化，资源环境受到挑战，局部的战争与动乱、贫困等问题仍然存在，而且很尖锐。

人类面向未来，特别是中国作为最大的发展中国家，美国作为最大的发达国家，应该肩负新的责任，应该形成新的共识，就是要形成人类命运共同体。托尔斯泰说：“人类最大的悲剧不是死亡，而是没有掌握有意义的人生。”最有意义的人生是创造更加美好的世界，创造更加美好的国家，创造更加美好的人类。中美合作还面临很多新的机遇，比如特朗普提出的基础设施建设准备投资 5500 亿美元，我们中心曾经和彼得森研究所共同做过美国基础设施双向投资报告，在这个报告中我们也预测，到 2020 年美国基础设施投资需要 3.6 万亿美元，缺口将近 2 万亿美元。特朗普执政以后，他准备废除《多德—弗兰克法案》，这就意味着他要重建金融秩序。我们认为这种金融秩序的重建可以使中美联手，既解决美国的问题，也解决中国的问题，甚至解决世界金融秩序的问题。可以把目光放得更长远一点。特朗普提出以减税支持实体经济发展，我认为这些方向都是对的，让美国再次伟大，也是要使美国的经济能够获得新的发展，寻找新的增长引擎，这无疑有利于中国企业投资美国，以及中国向实体经济回归，使我们的经济能够健康发展，使我们的“肌体”更加健壮，这也是我们共同寻找的发展道路。

新的路径，就当前来说，美国还没有找到方向，在 TPP、TTIP 搁置的情况下，我觉得可以共同推进 FTAAP 进程，共同推进国际经济新秩序、新规则建设，共同推进下一代贸易方式在全球实施，共同推进全球宏观经济政策的沟通与协调，共同推进建设全球公共安全与经济安全的新机制。新的格局，当然需要全球共同建设，但是中国无疑现在是引导者。习近平主席在 2013 年发出了“一带一路”倡议，目前已经有 100 多个国家和国际机构响应，美国也应该参与其中，特别是美国特朗普的竞选班子表示，要参加亚投行，这种态度我们很欢迎。

总之，美国发生了一个重大变化，欧洲也发生了三个“没有想到”，包括英国脱欧没有想到、德国的银行破产没有想到、难民危机这么大的影响也没有想到。所谓“黑天鹅”，实际就是出乎预料的事件，我觉得未来的世界最大的确定性就是未来的不确定性，也就是说，这种不确定性可能是常态。实际上不确定性里面既蕴含着挑战，就是不均衡可能增加了，但更多的是孕育着机遇。在这种不确定性中共同携手，只要有一个正确的方向，我想我们会寻找到更多的机遇。

谢谢各位！

对特朗普总统的五点忠告
——在2016年中美智库经济对话会上的发言

（2016年11月14日）

导语：对特朗普的五点忠告：一是加强中美之间的沟通协调。二是不管你竞选的时候说了些什么，但是当你一旦成为美国总统，就应该做一个负责任的总统。三是要面向未来，要破除冷战思维和凉战思维，对中美未来要有制度性、基础性和长效性的机制安排，保证中美双方的经贸关系、外交关系、政治关系、军事关系能够稳定可预期。四是在中美的产业布局、供给侧结构性改革方面，希望能够互动、互补，而不是互拆。五是要回到现实，面向未来，中美之间携手推动国际治理、国际秩序朝着更加公平、公正、有序、有效的方向发展。

一、在主论坛上的发言

非常感谢！刚才约翰·桑顿先生说，美国总统大选的时候所说的话不一定当真，我发现也的确如此。刚才赵晋平部长介绍了，特朗普当天发出的声明，和百日的政策趋向第一条是在墨西哥修墙，但是他在大选中对中国征45%的税，在施政纲领当中并没有，特朗普在大选中说的很多话和他未来的走势、政策走势不一定完全相同。我的问题就是：在座的各位美国专家认为，特朗普在大选期间所说的特别极端的话，哪些有可能会成为他的执政纲领？哪些有可能是为了竞选而说出来的笼络民心的话？怎么区分？

特朗普已经明确提出反对TPP，而且在他发出的初步执政信号里面，也明确提出TPP有可能要终止。刚才杰弗里·斯科特先生提出来，他觉得TPP还是要进行，哪怕是其他国家先进行，等待美国也行。我对此有不同的看法，因为TPP 12个国家，现在只有日本一个国家在美国大选明确发出信号之后通过了，新加坡呼吁美国要通过TPP，但是我们认为TPP从一开始就是排他性的。我记得美国彼得森国际经济研究所杰弗里·斯科特先生谈到，2014 年彼得森国际经济研究所做过一个研究，这个研究是曾培炎理事长到彼得森国际经济研究所交流的时候提出来的“BIT + T”，要进行中美贸易与投资的谈判，后来彼得森国际经济研究所开始做这个研究，而且提出了一个非常重要的结论，如果中美两国开启 FTA 的话，可能会增加 5000 亿美元的贸易额，大体相当于现在我们每年的贸易额，这个是非常令人振奋的，而且 2014 年彼得森国际经济研究所也发布了这个消息。因此我个人认为，如果中美两个国家能够更紧密地进行贸易的投资合作、经贸合作，比现在 TPP 受阻以后，让其他国家先行进行 TPP，然后美国再加入要更为主动。谢谢！

二、在专题二“中国金融稳定和改革”论坛上的发言

我有一点评论，两个问题。一点评论就是，我觉得金融现象、货币现象，它背后有深层次的原因。现在我们的外汇储备加快外流，其实伴随着两件大事：一是新一轮的制造业转移已经开始，特别是劳动力密集型的制造业。在中国，2015 年农民进城务工人员平均工资为 3661 元，现在非洲 53 个国家的平均工资是 154 美元，印度尼西亚 2.5 亿人的平均工资是 100 ~ 150 美元，印度不到 500 美元，因此中国的成本优势和周边国家、非盟国家相比已经丧失，所以产业加快向东南亚、南亚和非洲一些国家转移，这就导致了伴随产业转移的资本流出。二是下一代贸易方式的生成。所谓下一代贸易方式，我们认为是国际贸易，通过跨境电子商务，通过网络化的教育平台，形成这种跨境的消费者的购买，实际上生成了若干市场的集成，形成了贸易流量，这个贸易流量正在加大，我们必须面对这样的现实。刚才谢平先生提到了阿里巴巴，我纠正一个数据，阿里巴巴“双十一”的销售额是 1207 亿元，跨境的部分比 2015 年有大幅增长。移动手机下单，2015 年占 74%，2016 年占了 80% 多，所以全世界已经卷入一种新的贸易方式中，这也和金融资本流动有着非常重要的关联。

金融本身就是跨境投资，我国提出“一带一路”倡议，和 38 个国家签署了国家之间的战略协议，还有重大规划的对接。现在随着携手共建，对外投资的力度加大了。刚才那位先生已经提到，我们的对外投资和引进外资实际上从 2015 年开始基本持平，2016 年对外投资会超过我们引进外商投资的水平。

当前有几个重大问题需要解决，我提出问题不做回答：

第一，汇率问题。汇率我觉得美国从 2015 年 11 月升息以后，原来预计 2016 年

是6次升息，每次一说升息就动荡，但是过去又恢复平静，但是世界经济却受到影响。中国金融方面，有的时候会突然熔断。中国和美国在金融管理上都存在问题。我们的汇率政策和全球汇率政策如何进行有效的沟通和协调，使金融政策、货币政策不至于对世界经济带来大的影响？

第二，全世界出现了负利率的现象，负利率已经违背经济学的常识，为什么它会存在，而且还在继续发展？像德意志银行就是由于负利率而濒临破产。

第三，刚才杜大伟先生提到了金融信用问题，这种信用是金融运行的基石。传统的金融信用有美国创造的信用评级模式。而互联网金融的信用怎么产生？用传统的评级方式根本不能适应互联网金融发展。我们上个月到阿里巴巴调研了阿里巴巴的运营，我们认为未来的金融信用一定适合大数据，大数据的流量、大数据的生成、大数据深度分析和大数据产生的交易产品有直接关联。

我就想提这几个问题，供大家讨论的时候参考。谢谢！

中美两国当前正处在一个十分关键的时刻，美国总统大选落下帷幕，但是新一届政府，正如杜大伟先生说的，还存在很多不确定性，有可能还会出现颠簸和曲折。意大利、法国等国家2017年也面临着大选，中国2017年要召开党的十九大，所以全球等于进入了新一轮的大选年，这就增加了世界的不确定性。我有四点看法供参考：

第一，中美的战略对话。中美现在有90多项对话机制，我想对于这些对话机制，除了国家层面的之外，应该进行全面评估，非常有效的对话机制应该放大其效应。这其中有很多专项对话，实际上解决了很多问题，如气候问题的对话，这一次中美双方提出加入《巴黎协定》，这项对话做了大量的沟通和协调工作，这些都是非常有用的。

第二，国家层面的高层战略对话。元首的定期的会晤沟通以及电话沟通，我认为这个可能是最重要的，因为高层元首的对话直接决定了一个国家的政策导向、高层政策导向，高层的沟通交往，尤其是元首的定期交往会晤，在新形势下极为重要。

第三，国家经济战略对话现在已经进行了八轮，我们建议还要继续进行下去，不能终止，不能因为国家领导人的更替终止这种高层战略对话。对于高层战略对话，刚才张燕生首席研究员已经做了系统分析，实际上取得了很大成就，如果没有沟通协调，中美之间的政策和战略趋向会南辕北辙，会给世界带来不稳定、不安定，或者更多对抗性，所以我认为中美之间的高层战略对话必须坚持，而且要做得更好，做一些体制机制的设计。

第四，特朗普总统2017年1月20日正式上台，我觉得中美智库应该给特朗普总统提出一些建议或忠告。

第一点忠告，特朗普作为总统，要从商人的思维变成国家的思维、政治家思维，因为你毕竟是美国总统，而不是特朗普集团的总裁和董事长了，国家可能会受到商人思维的影响，但是总体上来说对处理国际问题、国家的重大战略问题、中美之间的重大问题，我觉得一定要有战略家的思维和一个伟大的国家领导人的思维。应像习近平主席这样，能够站在人类命运共同体的高度面向世界，设计中美关系的未来。

第二点忠告，不管竞选的时候说了些什么，但是一旦成为美国总统，就应该做一个负责任的总统，而不是说按照竞选时所谈的这些东西去实施政策。尤其是要防止中美之间的贸易战、货币战、网络战、汇率战，这非常重要。比如加征45%的关税，贸易战就会打响。比如网络空间如果不能沟通协调，建立共同的治理机制，网络战就会打响。当然汇率也是同样。

第三点忠告，我觉得我们一定要面向未来，要破除冷战思维和凉战思维，对中美未来要有制度性、基础性和长效性的机制安排，保证中美双方的经贸关系、外交关系、政治关系、军事关系能够稳定可预期。我认为这一点也是非常重要的。

第四点忠告，在中美产业布局、供给侧结构性改革方面，希望能够互动、互补，而不是互拆。比如说现在中国在进行国际产能的合作，中国一些企业进入美国投资，双方要加强沟通协调，要打开大门，破除壁垒。像刚才谢平先生所讲的，如果我投资什么都不行，我就会对美国市场失去投资信心。这一点对于特朗普能否把美国经济搞上去非常重要。

第五点忠告，实际上全球和美国已经给特朗普贴上了一个标签，就是孤立主义，我想我们一定要避免。这种新孤立主义，正如基辛格先生最近发文所说，是不懂外交政策的那些人们流行的浪漫的幻想。一定要放弃这种浪漫的幻想，要回到现实，面向未来。中美之间应携手推动国际治理、国际秩序朝着更加公平、公正、有序、有效的方向发展。谢谢！

CCIEE 中国国际经济交流中心
China Center for International Economic Exchanges
智库丛书

变局

中国智库专家视角 下

CHANGE

ZHONG GUO ZHI KU ZHUAN JIA SHI JIAO

陈文玲 著

中国经济出版社
CHINA ECONOMIC PUBLISHING HOUSE
·北京·

图书在版编目（CIP）数据

变局：中国智库专家视角／陈文玲著．--北京：中国经济出版社，2020.11（2021.3 重印）

ISBN 978-7-5136-6217-8

Ⅰ.①变… Ⅱ.①陈… Ⅲ.①国际关系-文集 Ⅳ.①D81-53

中国版本图书馆 CIP 数据核字（2020）第 122408 号

责任编辑 严 莉 闫明明
责任印制 巢新强
封面设计 赵 飞

出版发行 中国经济出版社
印 刷 者 北京建宏印刷有限公司
经 销 者 各地新华书店
开　　本 787mm×1092mm 1/16
印　　张 58.5
字　　数 1032 千字
版　　次 2020 年 11 月第 1 版
印　　次 2021 年 3 月第 2 次
定　　价 198.00 元（上、下册）
广告经营许可证 京西工商广字第 8179 号

中国经济出版社 **网址** www.economyph.com **社址** 北京市东城区安定门外大街 58 号 **邮编** 100011
本版图书如存在印装质量问题，请与本社销售中心联系调换（联系电话：010-57512564）

目录(下)

第四部分 媒体采访

第五部分　对话交流

第六部分 专题讲座

变局

中国智库专家视角

第四部分

媒体采访

对全球疫情下若干问题的看法与解析

——接受俄罗斯塔斯社采访

（2020 年 4 月 29 日）

2020 年 4 月 29 日，俄罗斯塔斯社采访中国国际经济交流中心总经济师陈文玲。主要提出的问题如下：

——您对中国经济复苏有怎样的评价？您对中国当前情况有怎样的评价？有什么预测？

——中国对外经济关系是不是受到了严重的冲击？在国际市场上中国商品、零件供应链现在怎么样？您对整个世界贸易情况如何评价？

——疫情期间一些俄罗斯企业说最近感觉缺乏中国零部件，这意味着中俄经贸一部分合作关系被切断了，双方需要做出哪些努力，才能把它恢复起来？

——中国能确保按照中美第一阶段协议履行自己的承诺吗？能否在数量和金额上都维持必要的水平？

——为了减小疫情对经济发展的冲击，中国运用了哪些政策工具？中国是不是有自己的经济恢复秘诀，比如说在帮助中小企业方面？

以下是陈文玲接受采访的实录。

塔斯社记者：

您对中国经济复苏的过程有怎样的评价？对当前全球抗击疫情有什么评价？

陈文玲：

中国遭受了新冠肺炎疫情的冲击，而且中国是最早遭受冲击的国家，遭受了重大的损失。疫情从 2019 年 12 月就开始了，2020 年 1 月 23 日武汉封城，1 月 24 日正值中国大年初一，习近平总书记召开了政治局常务会议，之后在抗击疫情期间，连续召开十几次政治局常务会议。全国进入了一种非常紧急的状态，实际上也是一场战斗，按照习近平总书记指出的，这是一场人民战争，是总体战、阻击战。中国用了大约两个月时间，从1月23日到2月23日基本阻断了疫情。4月8日武汉解除封城，从1月23日到4月8日，武汉封城75天，全国生产基本停顿，这两个多月时间对于中国人来说惊心动魄。

当时，全球一些国家产生了一个非常严重的误判，认为这是发生在中国大地上的一场灾难，和其他国家没有太大关系，纷纷切断与中国的人员往来，150多个国家对中国实行限制性措施。但是，中国用两个多月时间阻断疫情，这场人民战争打得很漂亮，你也可以看到，当时最严重的湖北武汉连续差不多1个月零确诊、零增长、零输出了。所以，这是很了不起的，相比较而言，一些国家和地区，如美国纽约州和纽约市情况就严重得多，在危机处理上也糟糕得多。当然，这不仅是纽约的问题，与美国联邦政府行动迟滞、处理不当也有很大关系。

中国在基本上阻断疫情之后，就开始两手抓，两手都很硬。一手抓防治疫情，叫内防反弹、外防输入；一手抓复工复产复商复市，规模以上的制造业企业复工复产率已经超过95%，中小微服务企业和小型制造业厂商的复工复产率接近90%。这些数字是中国政府经过调查发布的官方数字，换言之，中国复工复产基本上达到了疫前的水平，复商复市现在还在进行。因为您知道，大部分商业和市场都是公共场所，防止聚集性的疫情暴发是当前重要的要求，要阻断传染源在公共场所传播，复商复市就会慢一点。但是我估计到5月1日之后，复商复市会全面铺开。前一段时间主要保障人民群众正常生活，一些商业企业，包括商业零售企业、餐饮业的送餐，包括“线上生鲜食品销售+物流配送”，在疫情期间都没有停止。现在我们可以看到，一部分超市恢复了正常的运营，一部分旅游景点，特别是人员密集的景点，现在也开始有序恢复。大部分地方旅游实行预约制，预约之后可以到公园等景点游览。我估计五一以后，在做好疫情防护的情况下，全国旅游业会逐渐得以恢复，商业活动会加快恢复常态，现在这种情况不会延续太长时间。因为中国每天新增的确诊病例，属于本土病例的不到10例，现在输入性病例占大多数，主要来自现在疫情比较严重的国家。虽然对于来自全球每天进入中国境内的人，现在仍然控制流量，但每天乘坐飞机、火车到北京的人，还是有十几万。所以，对中国来说，外防输入形势很严峻，但是中国也探索了一整套防控办法。如从绥芬河入境，从哪儿入境首先在那里进入固定地点，隔离14天，然后经过核酸检测，才能去往目的地。据说隔离时间将延长到28天，之后才能进入你所要去的城市，或者做你所要做的一些工作。从外国回京原来是直接从北京下飞机，前一段时间规定了首先在外地12个地方的机场下机，包括河北石家庄正定机场、天津机场、上海浦东机场等，都是进入中国的首落地，首先要在这些地方下机，按照规定时间进行隔离，然后进行核酸检测，没有风险后，才能去往目的地。

对于外防输入，中国探索了一套有效控制疫情的办法。内防反弹方面中国也和美国情况不一样。美国一些州的人上街游行，打着“新冠肺炎是一场谎言”“宁可死也要自由”“难道我们没有选择死的自由吗”的牌子，一些地方甚至扛着枪去游行，反对隔离，要求自由。当然，美国有美国的国情，大部分老百姓没有储蓄，美联储调查，美国40%以上的家庭连400美元的储蓄都没有，80%的家庭平均存款不到3.5万元人民币，还不是美元。所以，如果他们不能出去工作，实际上就失去了生活来源。中国和大部分亚洲国家习惯于储蓄，也就是用过去和现在的储蓄，支付未来生命周期中的需求。所以一个月、两个月，甚至半年时间，大部分家庭也会有支付能力，具有用于维持家庭正常生活的资金。所以，中国不至于出现像美国这样的情况。

现在，中国的复工复产复商复市都在有序进行，中国国内农业春耕春播也没有耽误。我们这次抗击疫情一条非常重要的经验，就是疫情没有向农村蔓延，主要集中在城市，城市的医疗救治条件要比农村好得多。我们难以想象，如果疫情当时向农村蔓延，中国问题会怎样复杂。所以，现在农村复工复产实际上就是复播复种，都在如期进行，今年的春播春种，加上气候比较好，夏粮情况肯定会不错，今年又是一个丰收年。中国连续十几年粮食丰收，我们有大量粮食储备。世界上有些地方可能会出现粮荒，像东非的蝗灾，还有一些地方今年可能遇到大旱等，有些国家可能出现粮食危机，联合国粮农组织也发出了警告。但是中国的粮食是没有问题的，加上今年如期的复播复种，中国农村农业农民都是稳定的。

中国制造业现在基本上满工满产，现在最大的问题是满工满产不达产，虽然开工了，可以全力以赴地生产，但是却不能达产。为什么？因为现在世界疫情已经蔓延到了214个国家，一些国家和我国产业链、供应链、服务链链接程度很高。如美国、德国、法国、英国、日本、韩国、印度、印度尼西亚、孟加拉国、越南等，其中有的国家疫情很严重，它们停工停产，反过来影响到中国，特别是美国、法国、德国、英国、意大利等欧美国家。全球目前已经超过300万例确诊病例，欧洲44个国家有疫情，美国的疫情是全世界最严重的，确诊病例已经超过100万例。美国第一，新冠肺炎患者确实遥遥领先。本来它是后来者，但是后来者居上；本来它是隔岸观火者，但是现在火烧到了自己家门口；本来他们的政客说，这种病是中国的事儿，是黄种人的事儿，但是白种人和其他有色人种也未能幸免。美国是最早从中国撤侨的国家，今年2月2日就从中国全部撤侨；美国是最早对中国断航的国家，所有来往于中国的飞机停飞；美国对中国采取的措施最彻底、最严厉，也最决绝，迈克·蓬佩奥大言不惭地说捐助中国1亿美元，直到中国基本阻断疫情也没有兑现。我觉得，美国在隔岸观火的时候，没有想到这场火会烧到自己，烧到美国的国土上，而且火势比别处更凶猛。

在这种情况下，中国制造业和这些国家的产业链有直接关系，如高端汽车的高端发动机，从美国、德国、英国、意大利等国家进口的高端汽车发动机占到中国此类进口的50%以上。中国汽车现在的产能和市场销售量都在3000万辆以上，连续多年在世界上排第一位。中国汽车产业正在转型升级，从一般的低端车向中高端车转型，在这种情况下，中国制造业转型升级需要的高端汽车的发动机，恰恰来自这些疫情严重的国家。消费品制造业，包括服装、纺织、鞋帽、箱包、玩具这些日用消费品，中国在世界上生产和出口占比都是最高的。中国现在进出口总额占全球的12%，这些传统产业即日用消费品出口占全球比重，大大高于整个出口额的比重。例如，纺织出口占全球30%以上，中国出口的鞋占全球40%以上，美国鞋业协会做过一个统计，美国每年要从中国进口10亿双鞋，什么概念？就是说美国3.2亿人，每个人所穿的鞋就有3双来自中国。美国市场对中国的依赖程度是非常高的，美国贸易进口中，也就是在中美贸易战中他们强调的，美国对中国的贸易逆差中，按2018年的数字，来自中国的占48%。过去几十年，美国制造业已经经过几轮转移了，美国制造业现在占美国GDP的11%，农业占3%，其余全部是服务业，服务业中金融业占80%。美国用金融做武器，用美元做武器，美元原来靠信用支撑，靠美国强大的军事实力和国力支撑。现在，美国撤掉了其中最重要的一根支柱，就是大国的信用，美国成为一个最不讲信用的国家，所以美元的信用也随之下跌。

我知道俄罗斯有一个“一揽子”去美元的计划，从8个方面去美元。不仅是俄罗斯，现在整个世界对美元的认可程度、对美债的认可程度都在急剧下降。中国石油期货交易所开在上海，石油期货交易用人民币结算，然后和黄金挂钩，现在上海石油期货交易量已经占到全球期货交易量的14%。迪拜、东京这些有几十年历史的石油期货交易所，各自才占2%。当然美国、英国占比最大，布伦特原油期货、纽约原油期货都是老牌的期货交易所，占比和影响都非常大。但是中国才几年的时间，已经占到全球14%了。美元失去和黄金挂钩的支撑以后，又绑定了石油，对石油生产国又打又压又拉又踹，多措并举，美元石油或者说石油美元也已经失去往日的硬约束力。我觉得，美国非常恐惧的就是，如果石油和美元脱钩，美元就彻底垮了，因为美国退出《伊核协议》，对伊朗进行制裁，欧洲一些国家包括德国、英国、法国等国家绕开美元，建立起一个独立于美元的结算体系，以便与伊朗进行石油交易，这实际上也是一种去美元。

俄罗斯采取“一揽子”去美元计划，中国现在也有几个比较大的举措。一是推进人民币的国际化，人民币已经成为 SDR 篮子中五大货币之一了，占到 SDR 篮子货币的 10.92%。二是开始推行数字货币，由国家信用背书的数字货币，第一批试点城市 4 个，如果试点成功，将会逐渐在中国推开。您也知道，中国实际上用手机移动支付已经很普遍了，有一个国际组织去年的调查认为，在中国使用移动支付的普及率已达到 94.7%。也就是说，中国 95% 的人已经习惯使用移动支付，所以与由国家信用背书的人民币数字化结合起来，在国内会形成数字货币形式的支付市场。而且，要使人民币国际化，数字货币不仅要解决国内问题，还要在我们遭到美元结算体系阻碍的时候，人民币结算，在区块链技术支撑下，可以无网络进行点对点的支付。这也是防范美国用历史形成的美元结算体系对中国制造障碍，或者是对其他国家和中国贸易往来制造障碍的策略。美国强大的 swift 结算体系，是从 1914 年开始建立的，覆盖了 220 个国家，1 万多个大银行，这也是美元霸权的一个组成部分。美国用这个结算体系来阻止各个国家进行不符合美国要求的结算，伴生这样的结算体系，美国还有一个非常大的民营商业的运营监督体系，专门负责监督大额款项流转，看看里面有没有违规，所谓“规”，就是美国的“规”。这是美国发挥长臂管辖的重要基础，美国当年制裁法国的法兰西银行，一下罚了 90 亿美元，实际上就是因为法兰西银行对当时的古巴、委内瑞拉用美元进行了石油结算，所以遭到美国的制裁。所以，美元霸权实际上是各个国家现在既离不开但又非常想甩掉的东西。

现在世界上两种力量在角力，非常纠结，难分难解。但是未来如果随着美元信用的缺失，随着美元霸权地位的消失，美国将遭到更多国家的抛弃。美国第一、美国伟大、美国必须要站在世界巅峰，但是实际上美国的行为举止，是对人类智慧和力量的低估。随着美国大国信用的坍塌，去美元、去美债、去美国化将成为世界的一种潮流。

这次抗击疫情增强了全体中国人民对中国制度和中国道路的信心。我们确实有能力在短时间战胜疫情，又在控制疫情的情况下，全面复工复产，恢复正常的生产生活秩序，这是很不容易的。中国政府一声令下，全体人民万众一心，并没有出现像美国那样的民众上街游行抗议、“视死如归”不戴口罩、沙滩上漫步拥挤的情况。中国整个国家令行禁止，有序有效有章法有自律。在疫情防控期间，中国的商流、物流、信息流、资本流没有断流，当然，人流基本上是被阻断的，其他方面都没有断流。这说明整个国家在战时紧急状态下，可以高效顺畅地组织生产生活、物资调运、运输流通，保证人民在短时期内正常地生活，表现了国家强大组织动员能力和全社会的支持能力。所以我认为，这场疫情也是一场战时演练，锻炼了中国人民，使中国人民增强了自信心。如果说原来一些人自信心还不够强，个别政府官员可能不作为或者不会作为，受到群众和社会批评，但后来和西方一些国家特别是美国，他们最崇拜的国家一对比，发现我们国家政府做得比它们强太多了。所以，中国人民对国家的自信心、对中国经济发展的信心大大增强了，党中央和国家领导集体威望空前提升。最近，IMF 对世界经济做出预测，预测全球今年 GDP 增长 -3.3%，如果疫情继续恶化，可能会在 -6% 以下，对全球经济预期是很悲观的。对美国经济预测，最好的结果是 -5.9%。全球 90% 的国家都会是负增长，正增长的只有几个国家，其中就包括中国，预测中国今年的 GDP 会增长 1.2%，明年会强劲反弹到 9.2%，是所有经济体中情况最好的。

中国 2020 年第一季度经济数字也出来了，GDP 增长 -6.8%，这符合中国的实际。为什么呢？中国经济第一季度停摆了，停工停产停商停市，整个社会处于停顿状态。除了维持生活的部分没有停顿，其他的基本都停顿了。中国 3 月 20 日以后开始按照低风险区、中风险区、高风险区等有序复工复产。低风险区最先开始复工复产，然后是中风险区，高风险区降为低风险区之后复工复产，不到一个月时间全国复工复产。

我个人认为，第一季度之后，中国经济最主要的约束是外部约束。但是外部约束不会约束中国全部经济，表现在三个方面：第一，约束不了中国农业。对春播春种、夏粮丰收约束不了，对农业约束不了，粮食我们就有保障。第二，约束不了国内市场。国内复商复市正在加快进行，中国强大的制造能力可以满足国内市场需求，人们对市场服务的需求在国内能够得到基本满足。如对旅游的需求、对餐饮的需求，在国内完全可以得到满足。在家憋了好几个月，其实大家都想出来走走，这种被压抑的消费会出现爆发性增长。只要我们在疫情控制的前提下复商复市，服务业会迅速复苏，而且会比疫情前还要繁荣。国内市场是可以形成自我循环的，国外疫情不会对我们产生太大的影响。第三，在数字经济条件下，中国创新商业模式和网络应用是约束不了的，如线上医疗、线上教育、线上销售、线上娱乐等，都会逆势上扬。

我给您举个例子，一个叫汇通达的农村电商，搭建的 APP 平台上有 1 亿农户，12 万家农村店铺，这个农村电商的大平台就变成了一个大规模的采购商，不仅可以进行商业定制，最重要的是实现了千家万户的小生产和国际化大市场的连接。中国现在这种商业模式的创新、商业业态的创新、互联网的应用，是走在美国前面的。特别是中国的跨境电商，在国家分三批59个试点城市基础上，今年3月国务院常务会决定再扩大46个，105个城市成为国家跨境电商试点。其实，跨境电商再进一步发展，就是未来的下一代贸易方式，线上线下相融合的E国际贸易方式。我到河南去看过郑州的中大门，那里是中国第一批跨境电商试点，我也去看过深圳的跨境电商，看过杭州的跨境电商。像这种线上的跨境交易，在中国发展非常快，再加上中国原有的广交会，从前年开始的上海进博会，中国未来将会成为全球贸易中心。您也知道，上海进博会已经举办了第一届、第二届，今后规模会越来越大。今年是第三届，在疫情下，现在网上云平台已经开始启动了。俄罗斯有很多企业进入进博会，有很多原生态农产品在中国非常受欢迎。如果说疫情能过去，第三届进博会还是会如期召开，到11月，如果一些国家疫情还未能控制住，网上交易因为有第一届、第二届进博会垫底，仍然会非常活跃。现在几乎所有的市场都停顿了，但是人民群众的消费没有停顿，市场的需求还是刚性的，特别是吃穿住用等日常消费是刚性的，而不是可有可无的。文化的消费可以说是弹性的，鉴赏古玩等都是弹性的，属于享乐性的消费，或者是娱乐层面、精神层面的消费，这些也是弹性的，但是用于维护人的基本生活需求的消费一定是刚性的。当有形的市场不能实现这些需求的时候，现在正好赶上互联网的发展，这为这种无形市场创造了条件。因此，国与国之间的贸易不会停顿，国内市场的交易活动不会停顿，人民群众的正常生活不会停顿。

所以，对中国未来，您刚才问我怎么看，我对中国未来充满信心。而且从全球来看，因为中国最先走出疫情，最先复工复产、复商复市、复播复种，所以中国一定会最先走出经济困境，最先走出疫情灾难，最先恢复经济增长，最先能够和世界实现产业链链接。现在与关联国家通过互联网链接，如果在疫情可控的情况下，中国作为制造业大国，可以有更大的作为。去年中国制造业产值占到全球接近30%，我想全球占30%的制造业都能够稳定下来，如果说疫情基本过去，我们周边的国家，包括俄罗斯，也包括东北亚、东南亚，产业链、供应链、服务链就能很快重新链接，一旦重新链接，说一句不太谦虚的话，中国就成了世界经济复苏的可靠的根据地，也是世界经济复苏的最大的希望和机遇。所以，中国经济现在能够稳定，就可以为未来世界经济复苏创造条件。如果中国经济不能走出困境，不能战胜现在遭受的外部挑战和约束，我们就不能为未来世界经济的重新链接和复苏做出贡献。

上个月我在接受国内媒体采访的时候提出，中国一定要形成国内的市场大循环，形成国内制造业的内循环，使中国的产业链、供应链不断链，使我们的市场供求能够大体匹配。只要中国成为全球最稳定的一个经济体，哪怕我们的增速降下来一些，没有原来预期的那么高也不要紧，中国经济只要是稳定的，是长期向好的，中国一定会对下一轮世界经济复苏做出更大的贡献。

塔斯社记者：

那些就业弹性高的企业，它们复工复产比较难吗？它们怎么能比以前更好？您说的那些服务业，等过一段时间，相比疫情之前应该发展得更好更快，为什么？

陈文玲：

中国政府推出了很多支持复工复产、复商复市的政策，政策支持的重点，第一是服务业，因为服务业是这次遭受损失最大的。第二是民营企业，民营经济占中国税收 50%、占 GDP 60%、占创新 70%、占就业 80%、占企业总数 90%。第三是实体经济中的中小企业。政府推出了 100 多项财政政策，几十项支持复工复产的金融政策，支持中小企业的政策，如 3000 亿元人民币贷款，是专门支持中小企业复工复产的定项贷款，目前为止这些额度已经用完了，还准备出台新的政策。3 月 31 日国务院常务会提出很多条具体政策，从财政、金融、政府管理各个方面支持复工复产复商复市。

这次中国政府的政策重点和美国政府不大相同，我们没有向每个人发钱，也有专家提议向每个人发钱。我个人认为，美国发 1200 美元是管用的，但中国发 1200 美元是不太管用的。中国大部分家庭存款可能比 1200 美元多几倍、十几倍，甚至更多，1200 美元救助穷人是可以的，但中国不能从飞机上撒钱，撒完了印，印完了撒，撒完了再印，这在中国是不太合适的。中国的政策特点，我刚才已经说了，第一是支持实体经济。支持制造业复工复产，这方面是力度最大的。第二是支持服务业和中小企业快速复兴。有的地方政府提出在疫情期间免房租、免税，减免贷款中的贴息贷款及今年全年的税收额度。去年减税 1.25 万亿元，前年是 1 万亿元，大前年是 8000 亿元，这几年加起来，已经累计给企业减税 4 万亿元。今年的减税力度肯定会高于前几年，会在 1.5 万亿 ~2 万亿元，减税的力度在加大。第三是加快改进政府的服务方式。政府“放管服”改革加快，给企业创造更好的营商环境。中国营商环境这几年有明显改善，大前年排在世界第 76 位，当时国家领导人都做出了批示，中国要改善营商环境，2018 年上升了 32 位，排第 46 位，2019 年时正在加快推进，目前数字还没出来，2019 年中国商务环境肯定会进入前 30 位。我们还在下大力气进行现代商务制度的改革，也是为了给企业创造更好的环境和条件。第四是清理费用，原来政府各部门对企业征收的各种费用，现在都在清理，中国企业会有更好的营商环境、更好的政策环境。

当然，还会有很多企业非常困难，特别是中小店铺一旦关闭，流动资金就会枯竭，很多员工是从农村来打工的弹性制工人，很容易流失。不仅仅是因为疫情，还有网络平台对实体企业的替代，例如，网上销售、微商等新的销售方式对实体商业的替代，一批实体企业特别是中小微服务业企业，一部分会因为疫情受影响，一部分会因为新的营销方式、商业模式替代而受到影响，这可能是多维度的，因为很多东西是消费者的选择，是市场的选择，可能这些因素恰巧交叉在一起了。

现在最困难的是什么？一批从农村到城市的农民工，实际上已经变成城市一员，有 2 亿多人吧，这些人虽然在农村有宅基地、有房产、有口粮、有土地，但是他们已经不务农了，长期在城市工作和生活，成为城市的建筑工人、清洁人员、保姆、保安等，他们是城市的一个组成部分，但是在灾难疫情面前，停工停产对他们的影响最大，使他们不能如期回到原来的岗位。

塔斯社记者：

那他们怎么办？

陈文玲：

中国城乡这种双轨制给他们就业带来很大弹性空间。在城市里失业，不会像美国一样，今天失业明天就没饭吃。这次疫情的时候这部分人正好回到了农村，回到了他们的故乡，在城市恢复正常的生产生活秩序之前，主要靠他们在农村还存在的保障来渡过难关。真正纯失业的是哪些人呢？就是 834 万毕业的大学生中没有工作的人。还一部分是城市居民，他们本应该在城市就业，因为疫情失去工作。这部分人我估计人数不会太多。中国为什么这么多的人还没回到岗位，最近看报告分析大概有几千万人。美国不到 3000 万人失业，美国社会就出现那么大的动荡，但中国社会没有出现大的动荡，也没有人上街游行抗议，现在他们大部分人还生活在自己的家乡。2009 年国际金融危机的时候实际上也是这样，也是几千万人回到家乡，等生产生活恢复正常，等制造业需求、服务业需求上升，这些人自然就又会回到他的岗位上。从长远看，我们中国未来要解决的是什么？是有一批作为城市组成部分、作为工业制造业组成部分的这些人，怎么能使他们职业化、市民化，可能这是未来中国长周期的事情，但是我认为，这在当前正是缓解就业压力的一个重要原因。

塔斯社记者：

中美贸易签署了第一阶段的协定。现在如果看数字的话，中国国际贸易数据下降很多，中国对美国第一季度出口下降得比较厉害，对美国的进口没有那么多。将来您觉得情况会怎样？中国能不能保证对美国的承诺，因为美国要求中国大量购买美国的物品，但是中国也要出口，美国可能也会制造一些障碍，这种情况下中国怎么办？因为有一些条件跟以前不一样，当时签署协定的时候，中美贸易条件完全不一样，现在国际条件已改变，中国能不能保证履行自己之前的承诺？

陈文玲：

所谓承诺是在一定条件下的承诺，是在既定条件下的承诺，如果没有大的变化和突发性事件，用法律的词叫不可抗力，在没有遇到不可抗力的情况下，我认为中国肯定是要履行承诺的。今年1月15日中国和美国在华盛顿签署了中美第一阶段的经贸协议，中国是一个守信用的国家，而且中国实际上一直在努力，努力使中美两国的关系走向合作，而不是对抗。

作为世界第一大和第二大经济体，中美应该成为世界和平发展的正向的推动力量，而不是互相对抗，使世界无所适从。这样的话对中国不利，对美国不利，对世界也不利，当然对俄罗斯也不利。俄罗斯也是一个大国，俄罗斯也希望这个世界是一个均衡的世界，是一个和平的世界，是一个每个国家都有发言权、都有发展权的世界。我们所有的国家，可能除美国之外都希望公平，都不希望只有自己一个国家伟大，其他国家渺小。所以，我想如果没有不可抗力，中美第一阶段经贸协议签定之后，中国肯定会信守承诺的。

从2018年3月22日就开始了中美贸易的第一轮谈判，连续谈了12轮，第13轮才达成协议，差不多将近1年的时间。其实，美国启动对中国“301调查”报告，是从2017年8月开始的，美国对中国的战略转向是2017年12月在美国《国家安全战略报告》中提出的，把中国和俄罗斯作为最大的战略竞争对手，而且把中国排在俄罗斯前面，这是有史以来的第一次，是美国真正的战略转向。

美国首先向中国发起的就是贸易战。2017年8月18日开始进行“301调查”报告，2018年3月正式推出了“301调查”报告。美国首先对“中国制造2025”中提出的十大战略性新兴产业下手，对第一批500亿美元商品加征25%的关税，500亿美元之后是2000亿美元、2500亿美元，再之后是3000亿美元。所以，我认为美国这个国家思维方式出现了非常大的偏差，总统和执政集团不懂国际政治，不懂国际贸易，不懂国际金融，不懂如何处理与大国之间的关系。先打贸易战，贸易战打来打去，实际上对中国加征的高额关税，主要是由美国的进口商来承担的。美国加征关税加征到中国企业上的不多，谁进口加征谁的，谁进口呢？当然是美国的进口商啊！实际上，加征高额关税美国市场是承受不了的，美国的制造业企业是承受不了的，美国的消费者也是承受不了的。

美国和中国达成第一阶段经贸协议。中国政府为了稳定两国关系，从而使世界经济少受影响，使整个世界和平发展环境可预期，而不因为贸易战搞得乌烟瘴气，在这种情况下，中国政府与美国政府签署了这份协议，鉴于此，当时 IMF、世界银行、OECD 三大机构，同时改变了对 2020 年世界经济的悲观预期。全球经济刚刚看好，突然暴发了新冠肺炎疫情，而且这种新冠肺炎疫情又蔓延到了全球，成为任何一个国家都不能单独解决的世界性问题。所以，这就叫不可抗力，在遇到这么大的不可抗力的情况下，我个人认为，完全履行这个协议不大可能。但是，中国从签署该协议以后，就一直在向履行协议这方面努力，如扩大从美国进口农产品，从美国进口大豆、猪肉、牛肉，从美国进口猪下水，从美国进口能源。实际上，中国已经开始全面增加从美国进口了，国务院关税税则委员会也取消了很多从美国进口商品的关税。而美国并没有取消对中国已经加征的关税，只是在这次疫情中取消了 11 类医疗产品的关税，其余的还照加不误。所以，我觉得中国是有诚意的，美国是没有诚意的，而且美国是实用主义的，你需要口罩就取消口罩的，需要防护服就取消防护服的，需要呼吸机就取消呼吸机的，不需要的都不能排除。中国履行承诺，按照既定计划扩大从美国进口。但是，现在整个世界处于这种不可抗力中，生产停顿、生活停顿，其实能源产销也几乎停顿，美国 156 个军事基地都发现新冠肺炎的确诊病例，游弋在海洋上的航空母舰也出现了很多确诊病例。美国有什么办法？美国能够抵抗吗？也不能抵抗，因此，这就是全球的不可抗力。在这种情况下，我认为完全履行承诺，按照原定的协议实现承诺基本不可能，只能是努力去做，但是做到什么程度，事在人为，看看是不是能够尽快控制疫情。我不知道美国的农业种植情况，假如美国的农业种植情况受到疫情影响，大豆有没有原来那么大的出口量，其他农产品出口量也都下降，农产品进口也会受影响。现在美国生猪的产量在急剧下降，即使我扩大进口，你没有东西给我，也无法兑现承诺。中国未来两年从美国进口要增加 2000 亿美元，其中农产品 400 亿～500 亿美元，然后是能源和飞机。当然，飞机也取决于质量，波音 737MAX8 从天上掉下来了，我们肯定是不会要了。飞机如果是高质量的，也是中国市场需要的，我们一定会增加进口。对美国的高技术产品，中国市场需求量很大，但是美国却不给，美国一直限制对中国出口高端芯片等高端技术产品。据说，美国很快要修改它的长臂管辖法，其中原来美国的零部件占到25%以上的高技术产品，包括和外国企业合作的产品，要向哪个国家、哪个企业出口，必须经过美国批准。修改以后，将把比例调整到10%以下，矛头直指向华为供货的台积电和韩国一些国家企业，掐断向华为供应核心零部件的来源。美国用举国之力打压华为，鼓动所有的盟国和世界其他国家不用华为设备，这也是非常罕见的。美国是要釜底抽薪，用这样新的长臂管辖规定，限制对中国高技术产品的出口，从而打垮我们的高技术产业。

但是，我认为美国的目标是不容易实现的。虽然我们5纳米、7纳米芯片可能暂时受阻，但是中国具有这种生产能力的企业也在加快发展，很可能会像当年“两弹一星”一样，倒逼中国加快创新、追赶和超越。我和美方一些智库专家对话的时候说，实际上美国封锁什么，中国什么方面就发展得快，很快就会实现超越，而中国一旦超越，美国那些东西就是废品，永远只能在仓库里。比如说7纳米芯片的确很先进，但是如果没有上下游产业链的链接，那它只不过是零部件，零部件如果卖不出去，将来就是库存，而且是积压的库存。中国作为一个大国，为了使全球经济不受影响，做了很多方面的协商包括让步，也做出了落实协议的努力。但是在这种不可抗力之下，完全履行承诺不大可能。这个不大可能的最主要原因，还是在于美国。比如我刚才说的农产品，现在生猪产量是大幅度下降，将来大豆产量会不会大幅度下降？农产品有多少可供的？价值多少钱？从历史上看，我们从美国进口农产品最多的一年是312亿美元，现在一年达到400亿~500亿美元，美国需要出口多少农产品？你有没有这么多农产品可供出口？另外，你让我增加每年1000亿美元、两年2000亿美元的进口，你出口给我什么商品，都是波音飞机吗？你能生产那么多合格的飞机吗？高技术产品你不给我，现在的原油价格大幅度下降，去年12月原油价格约60美元1桶，买3000万吨约130亿美元，现在只有20美元1桶，价值只有40多亿美元。世界经济形势发生了非常大的变化，所以我认为，履行承诺，最关键的方面是美国。这实际上需要中美双方共同努力，为落实中美经贸第一阶段协议创造有利的氛围和条件。

塔斯社记者：

俄罗斯跟中国合作，疫情期间中俄经贸合作好像一直没有停止，一直继续发展，统计上也是这样的，情况还是比较不错的。但是有一些俄罗斯企业说，它们最近感觉缺乏中国的零件，而且影响了它们的生产效率，这是不是意味着中俄经贸一部分合作关系被疫情切断了？双方需要做哪些努力，才能将它恢复？

陈文玲：

肯定是被疫情切断的。我刚才说今年1—3月中国停工停产，零部件不光是供不上俄罗斯，所有和中国产业链关联的国家，都会受到直接影响，不仅仅是影响到俄罗斯一个国家。但是，中国现在已经复工复产，关于俄罗斯企业所需要的零部件，您可以再做一个调查，从3月底到4月以后，我认为这些问题会逐渐消失。因为中国已经复工复产，我们急需有市场需求的订单，目前我们面临的问题是订单大幅度减少，而不是增加，假如俄罗斯供应商有这样的需求，那是中国企业现在最需要的。所以，建议塔斯社在俄罗斯做一个宣传，中国现在需要订单，需要满足所有供应链上的这些制造商需求的订单。

现在中国进出口贸易中，中间品贸易已经占到2/3，最终产品只占1/3。中间品贸易中2/3都是为全球产业链的生产和流通，最后到达最终产品环节进行贸易。在全球的中间品贸易中，中国占20%，也就是全球产业链上1/5的零部件或者模块是中国制造的。所以中国1—3月停工停产，全球产业链肯定会受影响，俄罗斯企业的感觉是正确的。您应该呼吁俄罗斯在有条件的情况下复工复产，增加向中国进口的订单，现在中国缺的不是生产能力，缺的是订单，缺的是来自全球的市场需求。俄罗斯企业可以放心与中国的产业链进行链接，增加进口中国的商品。这是中国欢迎的，也是中国企业期盼的。2019年中国和俄罗斯的贸易总额已经超过1100亿美元，习近平主席和普京总统达成的目标是，到2025年两个国家贸易额超过2000亿美元。我认为，这些目标可以提前达到。第一，中国和俄罗斯都是大国。第二，两国关系上升为新时代全面战略协作伙伴关系。第三，中国和俄罗斯经济互补性很强，中国在制造业、创新能力、数字经济上，俄罗斯在军事工业、石油天然气、原生态的农业上，各自具有独特的优势，可以形成叠加优势。两个国家的跨境电商、线上交易也非常活跃。而且，现在两个国家的战略合作愈加深入，在习近平主席和普京总统的推动下，中国的“一带一路”倡议和俄罗斯的欧亚联盟正在对接，中蒙俄的经济走廊也正在建设。中国正在帮俄罗斯建设高铁，俄罗斯在基础设施方面和中国合作的空间也是非常大的。现在两国还在合作生产下一代的飞机C929，两个国家各占50%的股份，进展还是比较快的，我到上海调研时，去看了C919、C929实验基地。最重要的是，两个国家在国际社会上协调协同，能够发出共同的声音，能给世界带来希望，带来正义，带来和平。所以，中国、俄罗斯这两个国家不仅仅局限于经济往来，经济往来肯定会进一步加强，加强经济的互补性，而且可以推动俄罗斯在现有的基础上尽快实现转型升级，成为一个经济转型成功的国家，在军事强大的基础上，成为一个经济强大的国家。中国和俄罗斯携手，可以向世界负更大责任，奠定人类和平发展和更加美好未来的基础。

塔斯社记者：

还有一个问题，所谓新的现实，有些人说疫情结束之后，世界应该完全跟以前不一样，您觉得这是不是真的？这个概念是怎样的？您觉得世界应该是怎样的？

陈文玲：

疫情之前和疫情之后，有的人说可能就像公元前和公元后划分。我个人认为，疫前和疫后倒不一定像公元前、公元后，因为公元前后只不过是一个历史的纪年而已，并不是一个重大历史事件，也不是一个世界格局的颠覆性变化。我认为这次疫情会使世界发生一些重大变化：第一，各个国家对抗击疫情会有一个国际比较。包括国家执政能力、国家执政理念、国家组织能力、国家效率、国家的信用、国家的软实力等，通过对各个方面的横向比较和评价，会产生很多反思。比如说西方的民主政治是不是最好的政治？一些西方国家的体制是不是最好的体制？如西方一些国家经济组织和运行的方式，即用经济武器去收割世界各国的财富，是不是要永远存续下去？我们允不允许它继续剥削世界人民？第二，全球大国关系会发生一些调整。当然，现在美国把中国当成最主要的竞争对手，把俄罗斯也当成最主要的竞争对手，这不是中国和俄罗斯的问题。未来的大国关系，有人说会是一个去全球化、去中国化的进程。但是我认为，未来的全球通过这样一场演练，可能是新型经济全球化的进程，去美国化将会成为一种趋势。为什么这么说呢？因为现在高技术发展，互联网、物联网、人工智能、大数据、云计算、云服务、机器人、3D 打印等，所有的科学技术发展的内在逻辑，就是要求互联互通，而且不断提高联通的效率，而不是隔断、不是阻断，是更高效率的互联互通。新型经济全球化会建立在新技术的基础上，比如说 5G 的基础设施，如果在全球实现的话，或者 6G 的基础设施实现的话，会大大提高全球的联通速度。中国现在提出的“一带一路”建设，实际上核心理念是人类命运共同体，一条主线就是互联互通。我们不会侵略任何国家，不会侵占任何国家的利益，但是通过基础设施的互联互通，比如说铁路、公路、航空、港口互联互通，可以给所有参与者提供互联互通带来的好处，给联通者带来巨大利益。大家可以分享流通带来的低成本、高效率，整体受益，这是全球经济发展的“第三利润源”。我觉得，世界会重新链接，而且会更快地链接，会形成更加互联互通的世界。执意阻断互联互通，必然被新型经济全球化所抛弃、所边缘化。现在一方面，美国是在自己去全球化，退出了 12 个国际组织，可能第 13 个就是 WTO 了。现在抗击疫情中又把 WHO 作为攻击对象，对 WHO 断供、恫吓。另一方面，美国现在带头搞保护主义，在打造各种有形的和无形的壁垒，包括“美墨墙”、禁止移民、长臂管辖，都是在建造新的壁垒。其实，中美贸易战、美国与其他国家的贸易战，都不应该打，这是美国国内市场需求带来的必然结果，你自己不生产，国内市场有需要，进口商才去进口，没有一件商品是美国政府花钱直接进口中国生产的东西，换句话说，所有的商品都不是中国政府给美国政府提供的商品，都是来自市场的需求，是商品跨国交易的结果，美国政府有什么理由打贸易战呢？所以，美国是在主动地去全球化。我认为，新型经济全球化是不可阻挡的历史潮流，从中国、俄罗斯这些发展中国家和世界上所有国家的共同利益出发，建立在这个基础上的互联互通，将成为新型经济全球化的重要标志。

塔斯社记者：

“一带一路”建设一直可以继续发展吗？

陈文玲：

“一带一路”肯定是会继续发展。

塔斯社记者：

那些供应链呢？在中国会是怎样的发展趋势呢？

陈文玲：

至于供应链、产业链、服务链，在国外疫情严重的情况下，有一些产业链全部都在中国，比如我刚才说的服装、鞋帽、箱包等产业链链条短、难度小，这些全产业链在中国，没有太大问题，我们既有产业链也有市场，形成一个自循环市场没有问题。但是对于一些高端产业、我们在转型升级的产业，有些高端的核心零部件在发达国家，有些是在美国，这些产业链可能受影响比较大。一方面我们在国内加快创新替代，另一方面还要跟美国进行贸易谈判，力争它能够按照公平的贸易规则形成正常的贸易关系。另外，我们加强和俄罗斯、印度、巴西、南非等金砖国家，还有亚洲周边国家的合作，把产业链重新链接起来，这也是没问题的。我们中国对外开放的步伐不会停止，尤其是对俄罗斯这样的友好国家。俄罗斯是一个伟大的国家，良好的中俄关系相当重要。前两年我在中心接待一位俄罗斯某研究所所长，他和我探讨了一些问题。他说，俄罗斯一些人说中国“一带一路”是有战略图谋的，是把俄罗斯边缘化的。我说，这种说法是完全错误的，为什么？在美国、欧洲联手制裁俄罗斯的时候，只有中国是坚定地站在俄罗斯一边，俄罗斯是单一的资源型国家，是中国跟俄罗斯签订了 30 年的石油采购大单，使俄罗斯经济减小了外部冲击。我说，您应该回去向说这些话的俄罗斯学者宣传，中俄的战略互信特别重要。当然，美国等一些国家也在进行挑拨，要么把矛头指向俄罗斯，要么把矛头指向中国，要么就在中间挑拨离间。我感觉，俄罗斯媒体、中国的智库，都必须有一个比较清醒的认识，就是两国的利益高度攸关，在某种程度上决定了世界的方向。只要两个国家有更好的互信关系，两个国家经济都会发展得越来越好，会对世界做出越来越大的贡献。

塔斯社记者：

谢谢您接受采访！

必须推动中美关系回到正确轨道
——接受汤森路透采访实录

（2019 年 7 月 9 日于中国香港）

导语：2019 年 7 月 8—9 日，中国国际经济交流中心与香港中美基金会在中国香港联合举办“中美经贸关系：现状与未来”国际研讨会。董建华先生致辞，曾培炎理事长做了“关于美称对华贸易‘吃亏论’的客观分析”专题发言。美国尼尔·布什、新加坡总理吴作栋等国家政要和相关国家经济学家、企业家及智库专家在会议上发言。陈文玲主持了其中“中美宏观经济政策讨论”专题论坛，并在会议期间接受了汤森路透记者采访。本文为采访速记。

路透社记者：

路透社想了解中国智库的想法。我想问您一个问题，对在香港召开的这个会议（中国国际经济交流中心与香港中美基金会联合举办的“中美经贸关系：现状与未来”国际研讨会）您有什么看法？这个会议有什么结果？

陈文玲：

在香港举办的这个会议开得非常好。会议的主办方，一个是中美基金会，由董建华先生牵头，董先生在美国有广泛的人脉，在香港担任了几届特首。我认为董先生，第一是具有国际视野的人，第二对中美双方的情况都非常了解，第三更为关键的是，董先生是一个非常爱国的人，他爱中国，爱中国的香港，其实他也爱美国，他在美国有很多朋友，他希望中美关系能够更好。

2010—2012 年，我们曾经跟随董先生做了“未来中美十年经贸关系”的重要研究。中国内地的研究团队，董先生邀请了中国国际经济交流中心曾培炎理事长做课题指导，王春正主任负责，我是课题组组长。我们组织中心研究人员做了面向未来十年的中美关系的课题研究，时间从 2012 年预测到 2022 年。我们的研究成果出了一本著作，就是《未来十年中美经贸关系研究》，从十几个领域预测了未来十年的中美经贸关系。

2013 年 5 月，董建华先生和王春正主任带队，在美国召开了课题成果发布会。当时美方可能有 50 家或 60 家媒体进行了报道。2013 年 6 月初，在中国北京发布了中文版，召开了发布会，美国总商会的高级副会长薄迈伦先生、香港中文大学原校长刘遵义先生和我发布了这一研究成果。通过这个过程，对董建华先生以及中美基金会，我可能就比别人的认识要更深刻一点。我认为在香港由董先生来操办和主持这个研讨会，有一个天然的优势，而且组织得非常成功。

中方的组织方是中国国际经济交流中心，成功地举办了“全球智库峰会”，举办了中美、中欧、中日、中韩“二轨”对话，在国内外有广泛影响。曾培炎理事长亲自到会发表演讲。中心邀请了中国各领域重量级嘉宾发言，董建华先生邀请了国外重量级嘉宾发言，包括日本前首相、加拿大前总理、美国前政要、经济学家罗奇和美中关系委员会副会长等。今天早上听了尼尔·布什的发言，他的发言非常精彩，非常客观地回首中美关系是怎么走过来的，谈了很多自己深刻的感悟，说明中美关系的重要性，我觉得他说的是真心话，又能给人启示。

中方由中国国际经济交流中心作为主办方，也有天然的优势。中国国际经济交流中心是国家 25 家高端智库之一，中心理事长曾培炎先生曾经是国务院的副总理，熟悉国家的运作、运行和组织管理。他退下来之后组织了一个智库，对于国际上的一些重点问题、热点问题、难点问题，组织中心科研人员进行了深度研究。与此同时，中心举办了“全球智库峰会”，这也是开创性的，美国这么多智库都没有举办，世界上其他国家的智库也没有办。全球智库峰会从 2009 年开始两年举办一次，已经连续举办了五届，后年将举办第六届，各国智库的顶级专家，还有一些国家的前政要参加会议，发表了很多真知灼见。温家宝、李克强、王岐山、刘延东等中国国家领导人先后到会讲话或者接见会议代表。特别是第七轮中美“二轨”对话，习近平主席在人民大会堂接见了会议代表，做了关于中美关系的重要讲话，对智库提出了新的要求。习近平主席要求智库要发挥重要作用，推动中美关系健康发展，今后政府对话之前智库要先对话。

从 2010 年开始，中心就开始推动中美“二轨”对话。美国牵头方是美国总商会，会长多诺霍、高级副会长薄迈伦，他们在美国都很有影响力，组织了一批美国的前政要，还有美国的大企业家参加了“二轨”对话。像巴尔舍夫斯基、古铁雷斯、伯根斯腾、格林伯格、布隆伯格等，都参加过对话。我们的对话会议一般只是发一个公开消息，都是在内部对话，基本上没有接受媒体采访，但是双方都会把对方的想法，向各自政府来做报告，供政府决策参考。

因此，我觉得在中美对话方面，中国国际经济交流中心起了至关重要的作用。这两个机构组织这次中美问题的研讨，首先组织者就有着和其他智库不同的比较优势。其他智库组织得也很好，曾培炎理事长、董建华先生作为两个代表性的人物，实际上代表中国前政要、中国的顶级专家，美方参加会议的代表也是美国的前政要、美国的顶级专家。大家对于这个会议都是非常重视的，都把这个会议作为一个非常重要的交流平台，这是我的第一点看法。

第二点，这次会议的对话交流是在G20大阪峰会之后，中美两国元首会晤刚刚过了十天。中美经贸团队还没有正式磋商，但是准备进行磋商，在这样一个非常关键的时刻，也是中国智库在内地之外组织的第一个高层中美经贸关系对话，因此能够在会议上听到各个方面的想法。这对推动中美进一步谈判磋商，坚持正确的谈判方向，真正听到各个方面的声音，使中美对话更加理性，更加全面，更加有利于双方朝着两国元首达成共识的方向努力，助了一把力，起到了一个非常良好的舆论引导作用。

第三点，我感受比较深的就是这次的对话是坦诚的、坦率的，也是毫无保留的。对话交流在很多方面达成了共识，比如说大家都反对贸易战，大家都希望中美两国关系在过去建交40年的基础上，能够保持持久的、稳定的友好关系。我认为这反映了中美两个国家的民意，比如说大家都希望未来的中美经贸对话形成互利双赢的、对双方都有好处的这样一个结果。

对于现在中美打贸易战，加征高额关税，大家都表示了不同的意见和反对的态度，不论是中方代表，还是美方代表，对贸易战都是不赞成的。

比如说，对于全球经济发展问题的担忧。对于中美贸易战对全球经济会产生的负面影响，对中国经济会产生的影响，对中国企业和美国企业、对中国消费者和美国消费者产生的影响，大家普遍是忧虑的，也是不希望看到的。诸如此类问题，我认为是达成了高度的共识。但是也有分歧，也在各抒己见，也在坦诚地谈自己的想法。比如说，美国的一些代表就谈到了知识产权保护问题，谈到了强制性技术转让问题，谈到了中国的改革开放问题，谈到了美国社会各界、美国政府对中国的真实看法。

中国代表谈了对美国提出的对华贸易“吃亏论”的分析，谈到美国对中国国有企业的误解，谈到美国不仅打压国有企业也打压民营企业的问题。有位民营企业家说，现在不知道美国政府想干什么，他们已经乱了套路。也谈到了华为，美国原来批评的是国有企业，而华为是民营企业，大疆也是民营企业，这次论坛上发言的是正泰集团董事长南存辉，他也是民营企业家，在美国投资也同样受到打压。现在美国政策已经乱套了，到底是打压谁？国有企业不行，民营企业也不行，什么企业行呢？投资高技术不行，投资基础设施建设也不行，这些对美国有什么威胁呢？所以，这些导致中国企业对美国的投资大幅度下降。

美国有对企业投资的安全审查法，也否决了中国很多企业在美国的并购项目。按照美国荣鼎集团的统计，2016 年中国企业在美国的投资已经高达 456 亿美元了，但是到 2017 年下降到 290 亿美元，到 2018 年下降到 48 亿美元，2019 年上半年能到 20 亿美元就不错了。美国基本上把中国企业投资阻止在美国市场之外了。但实际上美国市场投资需求缺口非常大。第一，美国基础设施很落后，需要中国强大的基础设施建设能力。第二，美国投资能力比较匮乏，未来 10 年基础设施的投资缺口是 3.6 万亿美元。根据美国土木工程协会公布的数据，未来这些陈旧的基础设施要建设，缺口起码是 3.6 万亿美元，现在美国国会批准了 2 万亿美元，但现在美国的国债规模已经超过了 22 万亿美元。实际上，中国企业投资对于美国是有好处的，但是美国把它阻止在外了。

第四点，科学技术和基础设施是无国界的。在某些领域，中国技术领先了，其实是造福人类的，也包括美国。比如说 5G 技术，它实际上就是下一代信息基础设施，就像是一个麦克风，你拿着麦克风说话，可能是有噪声的，我也拿着麦克风说话，可能就像唱歌一样，但是麦克风无罪啊！是你自己的发音问题。5G 实际上就是一个设施建设，5G 无罪，下一代信息技术无罪，它是造福于全人类的。会议上大家谈这些问题，既是坦诚的，也是值得深思的。对于中美双方，实际上需要改进的地方还是很多的。

第五点，此次会议组织是成功的。几个主旨发言非常精彩，用数据说话，有理有据，思路非常清晰。比如说曾培炎理事长的发言，就做了非常充分的准备，算了很多的账，还做了很多的图表，这些图表除了两个是用国家统计局的或者是世界组织的图表，其余所有的图表都是曾培炎理事长亲自提出设计思路的。把历年的数据都梳理了一遍，基本上用的都是美方的数据，比如说用了美国商务部的数据、美国经济分析局的数据、美国消费者协会的数据。讲话包括三个方面，包括美国对外贸易逆差形成的客观必然性、全面客观看待对华贸易逆差数字、美国在对华贸易中是实实在在的受益者。这几个方面的立论，包括每个立论之下的观点，曾培炎理事长用了差不多两个多月的时间，反复推敲，精心准备了这个发言稿。我参加了稿子的讨论，但是主要观点和数据测算的要求，包括文稿的推敲，曾培炎理事长都亲力亲为。

你们昨天可能听到了他的发言，在会上这个发言也发了文字稿。我认为，曾培炎理事长提出的问题和看法是非常深刻的，是非常有价值的，建议通过路透和其他媒体，全文发英文稿，如果需要 PPT 的话，我们也可以提供。他是用说理的方式，没有一句是扣帽子的，没有一句是攻击美国的，全部是在分析算账，到底美国吃亏没吃亏，到底中美贸易逆差怎么产生的，产生逆差的根源是什么，到底美国从中得到多少好处，这些分析我觉得对整个美国社会，包括美国企业，以及中国政府、中国社会，都会有很好的引导作用。

曾培炎理事长为什么下这么大的功夫来准备这个发言？特朗普总统发推特，根本不经过深思熟虑，莱特希泽等强硬派、鹰派，他们也可以情绪化，但是中国作为一个有 5000 多年历史的国家，中心作为我们国家的一个高端智库，就是要用数据说话，要以理服人，要有能说服对方的证据和数据，有不可辩驳的事实。不能用口号式的东西，在这样的论坛上一定要发出一种客观的、清醒的、准确的、合理的、站得住脚的立论。

为什么？实际上既是为了把这个道理说清楚，也是为了推动中美两国能够真正走向合作。美国不要情绪化，中国也不要情绪化。唯一的办法是还原事情本来面目，把这个事情的来龙去脉和深层次原因说清楚，并且大家都能认可。刚才他发言以后，刘遵义是斯坦福的终身教授，他对中美两国和中国香港的情况也很了解，他对我说，曾培炎理事长刚才的致辞非常好，建议写成一本书发表，而且建议在美国发表，或者在中美“二轨”对话的时候发表。

我建议通过路透社发表和传播，因为这个致辞已经是公开的，可以在美国发表，如果美方认为哪些数据不对，我们还有一个修正的时间。因为会议上的发言大部分是智库专家和企业家说的，我们可以修正。如果美方智库也形成了这样的认识，那我们就共同推动美国政府和中国政府围绕一些问题讨论、研究，就这些问题来谈怎么解决。我认为，从这个意义上说，这个会议具有引导性意义。

其中还有一些发言，我也认为都做了充分的准备，像中方的张晓强、马秀红、周文重、朱光耀等，他们也曾经多年在政府相关部门从事中美问题的研究和政策制定工作，会前也做了充分准备，他们引用了很多数据，他们的观点都有数据支撑。专场论坛大家也做了很好的准备，但是由于没有那么长的时间，很多人都没有展开说。

我认为美方参会的代表也很有代表性，也很有思想。

路透社记者：

您觉得中美关系总的来说乐观吗？

陈文玲：

总的来说，我感觉还是乐观的，既有忧虑，也有期待。为什么呢？贸易战打得如火如荼，科技上美国采取了很多的措施，包括供应链断供，对中兴通讯、华为禁供，还有贸易流断流等。美国也出台了很多重要的文本，包括美国国家安全战略报告、美国核威胁报告、美国全球军力报告、美国国情咨文等，几乎所有的文本都把中国当成了最主要的战略竞争对手。这是一个很大的改变，它已经由过去既合作又遏制、斗而不破的中美关系，转向把中国作为最大的战略竞争对手，按道理说这是一个性质的变化。

过去是打打谈谈，既合作，又斗争，总体上斗而不破，中美关系建交40年，还是朝着一个整体往前的方向发展的，主流是合作，主流是经济上的相互依赖、相互融合，主流是两国人民的不断走近，主流是两个国家社会文化不断认同。中国先后派到美国的留学生，包括自己去美国的留学生，2017 学年到 2018 学年是 36.33 万人，在中国所有的留学生中，到美国去留学的人数是排在第一位的。中国的很多家庭如果说要把孩子送出去学习，第一选择大部分是要到美国，美国的教育得到中国民众的普遍认可。

路透社记者：

这是特朗普政府的问题。

陈文玲：

我认为是美国特朗普政府战略误判的问题，在战略误判的基础上产生了战略转向。这是错误的转向，现在是一个非正常时期，是中美关系的非正常时期。过去美国对中国也打压，也遏制，也防范，但是也合作，也交流，也相互尊重。

从 1971 年尼克松访华，到 1979 年中美建交，习近平主席在大阪会议上讲了当年乒乓外交“小球转动大球”的故事。这是在名古屋发生的一个故事，中美曾经的乒乓外交。那个时候的乒乓外交的方向是什么呢？是两国要建交，两国要合作，两个国家要恢复或者建立两个大国的正常关系，是正向的推动力量。

现在贸易战是转向反向的战略推动，是要推动对抗，推动冷战，甚至推动脱钩。极端的像美国政策规划室的主任是位种族研究者或者政策专家，我看了她在视频上、在微信圈里转发的视频，她甚至说俄罗斯好歹和他们还是一个人种，都是白色人种，中国跟他们不是一个人种，他们和中国的斗争是人种之间的斗争，是两种不同文明的斗争。我认为，这些东西实际上使两个国家关系与我们开始建交时候的政策取向，正好背道而驰，是和历史潮流相悖的。1978 年我们和美国的贸易额为 25 亿美元，现在我们一个稍微大点的企业出口也不止 25 亿美元。2018 年中美贸易额为 6335 亿美元，如果再加上服务贸易，达 7000 多亿美元，这样大的一个规模，而且中国出口到美国的这些商品，占美国贸易逆差 45% 以上，接近一半，都是中国与美国的顺差。实际上美国从中国进口的商品，支撑了美国现在的消费市场，还有制造商的正常生产。

前一段时间我想提一个什么建议呢？我想建议中国企业暂停出口美国的商品，暂时都变成库存，或者说出口到别的国家。我国对美国停供三个月到半年，损失由政府减税支持，或者说对这个企业的员工集中培训，企业先贷款，给员工发工资，半年不向美国出口任何商品，我相信美国市场一定会大乱。美国市场大乱，美国消费者肯定会造反，这么大的进口商品规模，美国需要从 102 个国家进口商品，中国占近一半，如果这近一半的商品，市场上一下子没有了，完全按照美国特朗普领导的团队的要求，消除了贸易逆差，半年消除逆差，三个月行不行，或者明天所有企业都不供给美国市场商品了，行不行？遭殃的是谁？中国没有事儿，中国一是市场有接纳能力，二是也可以向别的地方出口，三个月变成库存也无所谓，美国整个市场会不会乱掉呢？你的超市，你的制造业，是不是生产会停摆，超市里面很多东西没有了，是不是老百姓会遭殃呢？

路透社记者：

您说您是乐观的，您刚刚说美国的选择后果是非常严重的吗？

陈文玲：

我认为美国政府的做法犯了非常严重的错误。但我为什么乐观呢？我想在错误面前，美国特朗普政府会受到很严峻的挑战，现在他对中国发起的贸易战，对其他国家发起的贸易战，使全球的贸易规则、贸易秩序和贸易体系受到很大的挑战。以美国利益为核心的贸易体系不可能建立，在这样一种情况下，全球的经济增长速度会下行，IMF、世界银行和 OECD 都预测，由于美国发起贸易战，明后两年世界经济都是下行的趋势。当然，美国经济也会下行，对特朗普参加下一届总统竞选，我认为总体上还是不利的。如果今年年底、明年春季，美国经济没有好转，而是继续恶化，那么对于特朗普连选连任将是很大的挑战。

美国的股市也会出现动荡。因为你不可能指望中国不反制。中国与美国如果真的达成了一个好的对双方都有利的互利双赢的协议，那就没有问题，美国经济能稳得住，中国经济也能稳得住，世界经济也会向好。但由于美国的做法，中国现在已经受到了影响，如果美国与中国重归于好，它起码还会止损。如果没有达成一个好的协议，如果美国还继续加征高额关税，如果2500亿美元商品的高额关税不取消，后面对3000亿美元商品再加征关税，我认为世界经济真的会出现类似20世纪30年代的大萧条，甚至是严重的经济危机。

路透社记者：

然后美国再选举会选举拜登任总统。

陈文玲：

对，如果美国出现经济危机，特朗普肯定会下台。民主党的候选人除了拜登之外，还有十几个，据说有21个人都还等着。民主党拜登已经把他明确的主张表达出来了，他还是希望和中国恢复正常的国家关系，我觉得他会矫正特朗普的一些行为。美国社会实际上有一个自动纠错、纠偏的机制。一旦你当了总统，你可以组阁，你可以决定权限范围内的一切事情，但是美国还有国会、法院，三权鼎立，可以相互制约。在特朗普任总统的前两年，参议院、众议院全是共和党控制，三权鼎立相互制约的美国社会制衡机制和纠错机制失灵。为什么我说美国是非正常时期呢？因为这种制衡失灵，所以一些错误的东西得不到纠正。现在众议院是民主党控制，共和党控制的是参议院，特朗普的任性实际上也有很大的危机。

特朗普现在有几大危机。第一是信用危机。作为美国总统出尔反尔，推特治国，已经造成了很大的社会信用损耗和危机，美国的社会信用危机、两党对立危机、国家债务危机空前严重。美国在国际上的危机，由于特朗普个人信用和形象，已经变成大国的危机，这个危机是很可怕的。

第二是债务危机。现在美国实际上是靠增加债务维持经济增长。特朗普执政之后，美国债务上升速度比奥巴马时期还要快，现在已经达到22.2万亿美元了。现在美国国会决定了要增加2万亿美元的基础设施投资；每年的政府运营经费，包括军费等，还会增加1万多亿美元；美国现在还要减税，减税可能要多支付1万多亿美元。特朗普要修一个美墨的边境墙，现在遇到了很大的困难，去年12月至今年1月，政府关门长达35天。所以，我认为债务危机是特朗普总统，包括下一任总统都必须面对的重大挑战。

第三是治理危机。如两党的矛盾怎么解决？种族的矛盾怎么解决？贫富矛盾怎么解决？黑人和白人的矛盾、美国人和墨西哥人的矛盾怎么解决？美国和周边国家人民正常往来、交流、合作怎么解决？美国的文化价值观在割裂，国家治理危机空前严重，遇到了很大的挑战，尤其是特朗普总统不是建制派，并不懂得现代国家组织管理，而且他用的团队，是我们叫作鹰派的团队，充斥着冷战思维，实际上这是一个资本家团队，这些人大部分都做生意，都是大资本家，但是都没有治理过国家。

目前这个执政团队治理国家，我认为是碎片化的，是非理性的，是不按照规矩出牌的。因为您这是采访，我也很坦率，我认为他们的政策是碎片化的，而且是随性化的，也是短视化的。目前美国推出的很多措施都是短视的，是用短期利益牺牲了长期利益，用局部利益牺牲了战略利益，用商业利益牺牲了国家的核心利益。我认为这就是美国政府的治理危机，现在美国人民看到了但是不说，有两方面原因，一是民主党等着他下台，二是老百姓觉得只要他把美国经济搞上去，老百姓能就业，在股市上能挣到钱，就很满意了。但是，这是一种历史潜流，这种做法对美国未来历史长周期造成的损害，将是巨大的、难以挽回的。

第四是信任危机。这种信任危机会导致美国大国地位的下降，特朗普是推特治国，据《华盛顿邮报》跟踪，说特朗普总统任职 839 天，说了 1 万多句错话和谎言，还有前后矛盾的话。这 1 万多句谎话，据美国相关机构计算，美国伟大的总统一天说 12 句谎言，比 50% 的美国家庭平均每天上厕所的次数还多两次。我认为，作为一个大国的总统，让全世界像看西洋景一样看美国，像传播国际笑话一样讥讽美国，这是美国的悲哀，也是美国的耻辱。

原来世界大部分国家和人民说到美国，都是仰慕和向往的，包括改革开放初期，很多人一直说了很多年。20 世纪 90 年代我到日本去调查经济问题的时候，曾经翻译过上野光平先生的一本书，叫《现代流通论》。我的第一外语是日语，英语是第二外语，说得不好。我翻译过两本日文的书，一本是上野光平先生写的《现代流通论》，一本是《日本百货店经营与管理》。上野光平先生当时在日本做了民意调查，20 世纪 70 年代，日本青年最向往的国家，排在第一位的就是美国。中国改革开放之初，美国也是很多中国人向往的自由、民主、先进的现代国家。现在美国基础设施落后是无可指责的，但是美国现在的这种国家治理，使美国作为一个大国，在整个国际体系中起着破坏作用。从退出联合国教科文组织、联合国人权组织，退出 193 个国家形成的《巴黎协定》，到退出 6 个国家形成的《伊核协议》，和伊朗关系紧张，难道责任不在美国吗？现在美国又退出了和俄罗斯签署的《中导条约》，这倒是对美国没有约束了，对俄罗斯也没有约束了，但是世界战争风险骤然上升。美国还退出《维也纳外交关系公约》，作为外交官可以不遵守国际公约，国家之间关系如何处理？美国退出万国邮联，万国邮联就是一个用来协调全球的邮政快递的国际组织，对美国有什么坏处呢？美国因为包裹邮寄价格问题，说退就退。美国欠联合国教科文组织5亿美元，不打算交了，就直接退出来了，这哪里是一个政治家！

所以，全球产生了对美国非常大的信任危机，我认为美国遇到的这些危机是空前的，就像坐在一个火山口上，这个火山随时可能爆发。火山的岩浆有可能来自美国，有可能来自欧盟，也有可能来自任何一个国家。但是我认为，离火山口最远的是中国。

路透社记者：

您觉得今年中美能达成一个协议吗？

陈文玲：

前一段时间国际新闻社也问了我这个问题，你认为中美会达成协议吗？我认为会达成一个初步协议。

第一，中国的态度是一贯的，一直在努力推动两国关系正常化，避免和美国直接发生冲突和对抗。不管特朗普有多少不对的地方，但是美国企业家没有错，美国人民没有错，美国一些智库和学者没有错。美国的主流意愿、主流的舆论尽管有误解，但是这种误解，也有中国本身需要改进的问题；也有我们已经改进了，但美国并不认可，或者不被美国理解和了解；也有完全是美国误解的东西。我认为美国舆论社会的认知误区，会不断地随着中国的改革开放、中国的进步和现代化、中国民主的推进逐步得到纠正，随着时间的推移和中国的前进，这些问题都会化为乌有。

例如，现在谁还敢说中国是“东亚病夫”呢？谁还能用40年前的中国来衡量今天的中国呢？尼尔·布什在今天的发言中就讲了这个道理，美国不要希望中国变成完全美国的复制版，中国也不能希望美国变成中国的复制版。这些想法肯定是不对的，中国有14亿人，美国3.2亿人，养活14亿人和养活3.2亿人，需要的政策、管理方式完全不同。美国是“二战”以后就成为发达国家的，中国是改革开放40年才开始走向富裕、走向发达、走向现代，还没有达到未来的目标。一些目标对美国是过去时，而对中国是现在进行时。中美处于完全两个不同的历史发展阶段。完全套用哪一种模式，套用哪一个理念，或者让别人去服从你的认识，服从你的道路，服从你的组织管理方式，肯定都是不客观的。

像东帝汶、尼泊尔这些小国家，被评为世界上最幸福的国家，它的交通、工业等基础设施水平都比较低，但是人们已经习惯这种生活，宗教信仰也会带来心灵的满足，他们觉得很幸福。通过调查他们国家的民众，老百姓认为生活幸福。美国很先进，3800万人还领食品券，你要去调查他们，你告诉他他生活在天堂里面，而他绝不会感到在天堂，不会感到幸福。

从历史发展的趋势和未来看，中美唯一的正确选择还是合作。合作会给中国带来很大的好处，会使中国加快实现现代化。合作也会给美国带来很多好处，会延缓美国的衰落，美国真的想保持世界第一，需要中国配合，如果与中国合作，美国保持世界第一的时间会长一点。

第二，合作会使美元继续在全球保持相对优势地位，美元保持霸权地位的时间会长一点。现在美国对伊朗制裁，禁止其他国家进口伊朗的石油，本来石油是用美元结算的，由于美国用长臂管辖法律打击伊朗，倒逼欧洲建立一个独立于美元的结算体系，倒逼中国从伊朗进油用人民币结算，倒逼印度从伊朗进油用卢比结算。实际上等于美国把自己的美元地位放弃了。美债的信用也由此下降了，因为美国信用下降了，美债信用必然下降。通过和中国的贸易，美国不仅赚了中国商品，用信用货币美元，换来了美国市场需要的商品，而且形成在中国的美元储备。美元储备又用来购买美国国债，目前中国还有1.12万亿美元的美国国债。昨天曾培炎理事长在发言时算了账，美元国债是2%左右的利息，但是把它用于美国企业商业贷款，是5.5%的平均利息。实际上美国已经从几个层面赚了钱，美国赚钱就罢了，但是赚钱以后，还不让别人活，那就对不起了！各个国家肯定都要想自己的办法，所以我认为美国的做法是很愚昧的。

如果回归理性，回归智慧，回归原来的轨道，美国原来的优势地位也许还会延续很多年。加上美国现在的科技优势，美国还会延续很多年霸主地位。美国仍然会是世界上最强大的国家，美国作为全球第一强国的周期会拉长，这对美国是最大的战略利益。说美国与中国合作，对美国的好处更大，但是美国像现在不需要中国配合，而且把中国当成战略竞争对手，把中国当成敌人，集中优势兵力就是要打击中国。这种竞争和对抗，对美国带来的影响也是最大的。

第三，面向未来，现在是一个非正常时期。如果特朗普能够回到正确轨道，连选连任，下一任期我觉得他最主要的任务就是要改善中美关系，推动中美关系回到正常轨道。当然，不冲突，不对抗，相互尊重，互利共赢更好。如果没有这样的关系，也要建立协调、合作、稳定的中美关系，起码双方可以进行顺畅的对话和制度化的交流，建设良好的合作伙伴关系。

所以，从历史大势来看，从历史长周期来看，从美国的战略利益和长期利益出发，美国必须重新走回正确的道路。

路透社记者：

谢谢您这么详尽地谈了您的想法。

美国对中国输美产品加征关税是极限施压手段

——接受中国网《中国访谈》栏目专访

（2019 年 5 月 14 日）

注：本文为陈文玲接受中国网专访，就第十一轮中美经贸高级别磋商进行点评。

中国网：

各位网友，大家好！第十一轮中美经贸高级别磋商于 5 月 9—10 日在华盛顿举行，磋商结束后双方仅表示同意继续推进磋商。而在此期间，美国突然宣布将 2000 亿美元中国输美商品的关税从 10% 上调至 25%。此举再次引起普遍担忧，似乎中美贸易谈判在经历了十一轮谈判之后又回到了原点。究竟中美贸易关系走向何处？中美关系又将走向何处？《中国访谈》再次邀请中国国际经济交流中心总经济师陈文玲谈谈自己的看法。

陈老师，您好，感谢您接受中国网的采访。此次美国将中国输美商品的关税上调至 25%，使得中美贸易谈判处于破裂边缘，但并没有完全破裂。您如何看待这一状况，您认为美国真正的意图是什么？

陈文玲：

我觉得是这样，贸易谈判现在已经进行了十一轮，从去年 2 月 27 日开始，一年多，说明：第一，贸易谈判进行得非常艰难、非常艰苦；第二，整个谈判团队付出了极大的努力和耐力，对谈判的这些条款进行了磋商，可以说中国的谈判团队、美国的谈判团队，对于中美的谈判是高度重视的，付出了极大的心血。

我认为在第九轮谈判的时候，双方都释放了非常乐观的信号。中国外交部新闻发言人、商务部的新闻发言人都说，我们的谈判取得了建设性的进展，取得了实质性的进展。

美国不管是莱特希泽也好，特朗普也好，当时发出的信号都是谈判进行得很好，取得了实质性的进展。

第九轮贸易谈判结束以后，双方都释放了一种非常乐观的情绪，认为贸易谈判协议会达成。而且特朗普已经发出推特，说最后贸易协定将由“我和习近平主席共同签署”。在第九轮谈判的时候，他认为，名字应该叫“贸易协定”。所以我认为，中方外交部的新闻发言人、商务部的新闻发言人，当时都已经向社会发出明确的信号，认为中美贸易谈判取得了实质性进展，取得了建设性成果，对未来还是比较乐观的。美国各个方面释放的也是比较积极的、正面的信号。

我在4月15日到4月20日正好带着小型专家团到美国，和美国各个方面进行了接触、讨论，包括美国智库、美国贸易谈判办公室负责中国事务的有关人员，包括美国的国会议员，也包括在硅谷见到的一些人。当时他们都认为贸易谈判会达成协议，贸易谈判取得积极进展。我想那个时候各方面都是正面的，大家对谈判达成协议充满了期待，而且特朗普总统也多次发推特，认为贸易谈判取得了实质性的进展。

一个美国的智库，也是研究中美问题的战略专家，他有一个团队是专门跟踪中美贸易谈判的。4月20日之前，我们跟他交流的时候，他明确地说，他认为即使中美能达成协议，一年以后也会回到原点。为什么呢？因为如果中国承诺了多进口美国的商品，美国出口什么呢？比如说你要出口农产品，顶多几百亿美元，要是出口能源，就是翻番才30亿美元。大飞机也没有那么大的数额。美国出口什么呢？我说，对呀，中国需要的商品，美国不出口啊。比如说高科技产品，中国2017年进口是2600亿美元，美国能够放松高技术产品出口，仅芯片就能达到上千亿美元，再加上别的高技术产品，2000亿美元是没有问题的。

如果你的军事、武器能够放开，更没问题，一个航母多少钱呢？如果中国需要的这些东西，美国能够放松管制，能够出口，如果再加上对中国的1000多亿美元服务贸易，有可能对中国是贸易的顺差国，而不是逆差国。所以这个问题从根本上来说不是中国造成的。美国的智库也很清楚。那个时候，他们预计还会回到原点。当时我们认为这是美国难得清醒的智库专家。

4月底5月初，姆努钦、莱特希泽就到了北京，经过第十轮磋商，中国提出了磋商的文本，美国认为中国对原来提出的这些承诺做了修改，所以就引发了特朗普的震怒。特朗普发推，连续发推，而且在公开场合发飙，说中国撕毁了协议，“他们出尔反尔，我们就要加征关税，马上就对它加征关税”。而且说WTO对美国是不公平的，WTO是最坏的组织，就是因为美国允许中国加入了WTO，所以中国的经济才像火箭一样地上升。中国在加入WTO之前几十年发展是平稳的。因为它加入了 WTO，WTO 的规则是坏的，所以使中国像火箭一样发展。所以“我现在就要对它们加征高额关税”。

在这种情况下，我认为美方提出加征高额关税，是要对中国极限施压：我谈判，你做的所有承诺不能修改；我提出的条款，你没有权力讨价还价。这不符合谈判的原则。谈判原则就是讨价还价，就是互相磋商。所谓磋商不能是你命令我，那不叫磋商，那叫你通牒。磋商就是有来有往，来而不往非礼也。你提出的条件，我可以提不同意见；我提出的条件，你也可以提不同意见。单方面的要求不叫磋商，不叫谈判。

所以我认为，这是极限施压，美国认为中国提出了一些修改意见，就是中国撕毁协议，是完全不符合事实的。中国是通过正常的渠道，表达对文本的修改意见。这是谈判常有的事情，是常态。所有的谈判都这样。特朗普震怒什么呢？特朗普为什么马上就要加征关税？你以为加征高额关税就是灵丹妙药，就可以把中国置于死地吗？那是绝对不可能的。

中美博弈下的多边贸易主义实践
——接受《中国画报》“丝路瞭望”的专访

（2018 年 12 月 7 日）

注：本文为陈文玲接受《中国画报》丝路瞭望栏目专访，就中美贸易摩擦、中美经贸摩擦白皮书、中国国际进口博览会进行专题点评。

9 月 18 日，美国政府再次宣布对从中国进口的约 2000 亿美元商品加征关税，自 2018 年 9 月 24 日起加征关税税率为 10%，2019 年 1 月 1 日起加征关税税率提高至 25%。随后，中国也公布了对从美国进口的约 600 亿美元商品实施加征关税的措施。中美贸易摩擦再度升级，并引发全球关注。

在此背景下，11 月，中国国际进口博览会在上海开幕。博览会旨在坚定支持贸易自由化以及经济全球化，强调中国向世界敞开大门，进一步对外开放。一方是保护，一方是开放，究竟应该如何看待中美经贸的博弈，中国国际进口博览会将向世界说明什么？就这些问题，本刊记者专访了中国国际经济交流中心总经济师陈文玲。

《丝路瞭望》：

当前的中美经贸摩擦逐渐升级，您如何看待这个问题？美国发起贸易战的原因究竟是什么？

陈文玲：

美国单方面挑起经贸摩擦，我认为醉翁之意不在酒，其真实目的是欲以贸易战作为经济战争的武器遏制中国的和平崛起与快速发展。近来通过我们接触的一些美国智库，可以感觉到在美国民主党、共和党之间形成了一个罕见的共识——在对遏制中国发展、对华一些问题看法上是高度一致的。这个共识的形成，主要因为中国的快速发展和综合竞争力的提升，已经开始引起一些发达国家的高度警觉和警惕。尤其是美国，中国的发展和取得的一些国际公认的成就，在他们看来已经撼动了美国在全球原有的霸主地位。不可否认的是，如今中国的大国影响力，使世界在政治、经济、文化等方面都发生了深刻的变化。

我认为21世纪最大的变量就是，中国的崛起和成功道路给发展中国家、新兴市场经济体带来了新的希望。从中国的发展实践中，可以看到一条与西方完全不同的道路，这条道路就是既学习西方先进的经验，又不必完全照搬西方模式，可以根据自己国家的资源、国家的能力、国家发展的阶段以及国家发展的实际需要，选择最适合自己的快速发展道路。所以，中国的发展，使南北关系发生了重大调整，推动新兴经济体、发展中国家这个板块整体崛起，打破了原有的世界格局。

《丝路瞭望》：

9月24日，国务院新闻办公室对外发布了《关于中美经贸摩擦的事实与中方立场》白皮书。请问您能否就此做一下简要介绍。

陈文玲：

当前，国际社会高度关注中美贸易战，每次事态升级我国商务部、外交部都及时阐明我方态度和立场。白皮书的特点，就是代表政府表态，具有权威性、准确性和系统性。

在全世界聚焦中美贸易战走向的国际形势下，及时发布这样一个具有权威性、系统性的官方文本是非常必要的。中国政府以严正的态度告诉世界，这个贸易战是怎么发生的，中国的立场和做法是什么，美国发起贸易战错在哪里，将给世界、中美关系带来怎样的影响等。这个白皮书有3.6万字，文本比较长，足见当前中美贸易战的激烈和复杂程度。

白皮书分为6个部分，表明了中国对中美贸易战的看法，特别是中美经贸关系——互利共赢的事实、中美经贸关系发展的事实、美国政府贸易保护行为的事实，以及美国政府贸易霸凌主义行为的事实、美国贸易保护主义对世界经济危害的事实。白皮书系统、明确、准确地表达了中国对中美贸易战的态度，并针对公众认识不清、模棱两可的问题给予了正面的、无可辩驳的回答。

我认为这个白皮书比美国发布的“301调查”报告更具有学术性、专业性和系统性。白皮书所采用的资料大都来自国际组织、国际智库和研究机构，用大量的数据来说明这些无可辩驳的事实。因此，白皮书对澄清中美贸易中一些深刻的矛盾和问题具有很强的引领性。

《丝路瞭望》：

在您看来，未来中美贸易战的走向和前景怎样？

陈文玲：

今天的中美贸易战只是序曲，我认为未来更危险的是中美金融战。因为美元与黄金、石油和大宗商品紧密关联，而人民币在国际结算中目前只占不到2%，虽然人民币在走向国际化，包括用人民币进行贸易结算，设立石油期货和铁矿石期货，但这是刚刚开始的进程。随着人民币国际化和中国在国际社会上认同度的提高，中美金融领域博弈将会更加激烈。

美国股市在特朗普执政后的一年中涨了74次，但现在又涨又跌，10月25日之后短短几天美国股市股指下降了2600点。美元10年期国债收益在美联储缩表以后上升了3%以上，但是遭到18个国家减持或抛售，占30个美国国债持有者的60%。

美国最近一两年的主要战略是什么？我认为是吸引资本向美国集聚、吸引财富向美国集聚、吸引产业向美国集聚，把美国打造成为全世界经济状况最好的国家，保持美国第一，坚持美国利益至上，让美国再次伟大。在这种情况下，尽管特朗普总统反对，但美联储坚持让美元升值可能是一个趋势，以使全世界的资本向美国流动。美国缩表升息，已使国际上不少新兴经济体动荡不已，资本外流、资本紧缩达到一定程度，甚至导致经济危机或崩溃，但美国"剪羊毛"的行为不会停止。我预测，在美国聚敛全球财富并导致一些经济体发生危机后，未来美元可能仍会进入贬值通道，也不排除美国甚至会迫使人民币升值。

中美经贸摩擦乃至贸易战，不会伤及我们的根本，未来的金融之争，处理不好则可能会使世界和中国元气大伤。支撑美国霸权地位的美元和美债，正由于美国大国信用的损耗和倒行逆施而地位不断下降，因此，美国将拼死一搏。中国应该对未来中美有可能在金融领域的大博弈做前瞻性的研究和战略应对，对美国未来可能推出的金融战、货币战早做准备，争取战略主动，防患于未然。

从经济总量来看，美国在相当长时间内还会保持世界第一。中美之间的差距在短期内还无法总体超越。特朗普现在的战略转向，过早地、过快地、过度地、过恶地把中国作为战略竞争者和遏制对象，我认为是选错了时代、选错了对手、选错了方向。

在同美国的这场世纪性、历史性博弈中，中国人民的爱国热情被激发。这也告诉我们，既要坚定自信心，同时也不要骄傲自满。改革开放使人们的原创性及作为自由人的创造力和流动性大大增强，社会生产力得到极大解放，创造了我们在全球配置资源的能力。现在中国有6000多万华人在海外，中国"走出去"的企业越来越多，从"引进来"到"走出去"在全球配置资源，这是翻天覆地的变化。中国的高铁运行里程占了全球的80%，102个国家有中国的铁路建设项目。尽管今天的中国确实强大了，但仍然要睁开眼睛看世界，要学习那些走在我们前面的国家和地区，学习它们领先的技术、产品和商业模式。

《丝路瞭望》：

美国的单边主义和贸易保护措施，危及世界多边贸易体系，给全球经济的整体复苏带来严重的负面影响。在这一复杂的国际环境下，中国举办首届国际进口博览会，为全球经济搭建多边贸易平台，请您谈谈其实践意义何在？

陈文玲：

对中国来说，中国国际进口博览会是一个创举，一方面，可以把更多的优质商品通过进口聚焦到中国市场，满足人民群众不断增长的对美好生活的需要；另一方面，能将改革开放推向一个更高的水平，进一步敞开窗户，敞开大门，为全球中小企业和供应商降低搜寻市场信息的成本。

从中美贸易战的视角看，我们的贸易政策早已经转向进出口平衡，提高国际贸易水平，调整产业结构，让我国成为一个更为友好、更有竞争力的市场。

改革开放40年，已经使中国经济成为外向型经济、市场经济和发达的商品经济，中国重视并有能力和回旋空间解决与其他国家和地区的贸易逆差问题。我国进博会是一个具有标志性的事件，不仅证明了美国借口对华贸易赤字而发起的贸易战是无稽之谈，也证明了中国将成为维护国际秩序和国际规则的建设者和引领者。

中美贸易战正在从“遭遇战”转向“持久战”

——接受《中国访谈》专访

（2018 年 9 月 25 日）

来源： 中国网《中国访谈》节目专访。

主要观点： ①中美贸易战已经从“遭遇战”发展到了“持久战”；②美国挑起贸易战的实质是醉翁之意不在酒，它以贸易战作为经济战争的武器，想遏制中国的发展；③当前，美国存在单边主义、利己主义、保护主义、民粹主义、修正主义、孤立主义、霸凌主义、帝国主义八种“主义”。

中国网：

“中国访谈　世界对话”，欢迎您的收看。9 月 24 日，中国国务院新闻办公室发布《关于中美经贸摩擦的事实与中方立场》白皮书，阐明中国对中美经贸摩擦的政策立场，以推动中美经贸问题合理解决。如何准确地理解白皮书要传达的意思和态度，《中国访谈》特邀中国国际经济交流中心总经济师陈文玲进行解读。

陈文玲：

观众朋友好，主持人好！

中国网：

中美贸易摩擦发生以来，这是中国政府首次针对中美贸易摩擦问题专门发布白皮书。为什么要采取白皮书的形式进行回应呢？对白皮书的内容您怎么看？

陈文玲：

白皮书是国际上公认的一种代表官方立场的权威文件。在中美贸易摩擦越来越激烈的情况下，国际社会高度关注中美贸易摩擦，中国商务部、外交部每次都及时发出了中国声音，表明中国的态度。但到现在为止，我们还没有一纸正式的官方文本向世界表明态度。

从 1991 年到 2017 年，中国官方一共发布了 90 多部白皮书，都是中国政府就重大问题表明中国态度。白皮书的特点，就是代表政府表态，它具有权威性、准确性、系统性的特点。而这次中美贸易摩擦逐渐升级，一直发展到现在的贸易战，完全是美国挑起的，而且这种战争，我想它已经从“遭遇战”发展为“持久战”。这个“持久战”是中国不愿意打的，但中国又不得不应战。

所以，全世界都在关注贸易战向何处去，贸易战为什么打，贸易战到底给世界带来什么危害，特别是世界经济；在贸易战中，美国的做法到底是在哪些方面违背了国际规则、违背了经济规律、违背了国际秩序的要求。全世界都希望得到中国官方一个正式的态度。

中国的态度，原来也有，我认为都是就一个事儿说一个事儿。形成这样一个具有权威性的、系统性的官方文本，现在来说是非常重要、非常必要，也非常及时的。中国政府以严正的态度告诉世界，这个贸易战是怎么发生的。这个文本也是一部比较长的白皮书，足见当前中美贸易战的激烈和复杂（程度）。

现在这个白皮书有3.6万字，可能是迄今为止最长的白皮书之一。它分为6大部分，表明中国对中美经贸问题的看法，特别是中美经贸关系——互利共赢的事实、中美经贸关系发展的事实、美国政府贸易保护行为的事实，以及美国政府贸易霸凌主义行为的事实、美国贸易保护主义对世界经济危害的事实。中国政府对这些问题（发布）的这个白皮书非常系统地、明确地、准确地表达了中国对中美贸易战的态度。这向世界发出了非常清晰的信号，而且对很多人觉得模棱两可的问题给予了正面的、无可辩驳的回答。我认为，这个白皮书比美国发布的那些“301调查”报告更具有学术性、专业性和系统性。它的资料都来自国际组织、国际智库，用大量的数据来说明这些无可辩驳的事实。因此，这个白皮书在当前对澄清中美贸易中一些深刻的矛盾和问题具有很强的引领性。

中国网：

对于美国挑起的贸易战，可以说白皮书进行了全面系统的介绍，您认为，美国挑起贸易战的实质是什么呢？

陈文玲：

我认为，美国挑起贸易战的实质是醉翁之意不在酒，它以贸易战作为经济战争的武器，想遏制中国的发展。中国在迅速地发展，习近平总书记也在党的十九大报告中描绘了我们未来发展的蓝图，包括2035年基本实现社会主义现代化，21世纪中叶建成富强、民主、文明、和谐、美丽的社会主义现代化强国。我们接触美国的智库，感觉到他们有个共识，在美国民主党、共和党之间也形成罕见的共识——在别的问题上认识不一致，但对中国的遏制、对中国的“制裁”、对中国的打击方面，他们是高度一致的。

我在想，这样的民意是怎么形成的呢？我认为就是因为中国现在的快速发展，不仅引起了心胸狭隘国家的羡慕嫉妒恨，也引起了发达国家的高度警觉、警惕。尤其是美国，它认为它应该永远是世界老大，永远在世界各个国家之上，能够任意地欺凌其他国家；认为中国的发展打破了原来一个超级大国凌驾于全球之上的格局。因为中国的崛起，世界的政治、经济、文化——地缘政治、地缘经济的格局都发生了深刻的演化。

如果说 21 世纪最大的变量是什么，我认为，最大的变量就是，中国崛起给发展中国家、新兴市场经济体带来了希望，它们从中国的发展中看到未来它们也完全可以走一条不同的道路，不必模仿西方，可以学习西方，但不必照搬西方，完全可以根据自己国家发展的阶段、发展的实际、国家的资源、国家的能力，来走一条完全不同于西方的快速发展的道路。中国使南北关系发生了重大调整，新兴经济体、发展中国家这个板块整体崛起，就使原来那种世界格局被打破了。

美国认为自己是世界老大，它对于这种绝对优势的失去是不甘心的，它对于未来中国有可能超越它是不愿意看到的，所以提前下手，卡住你的“喉咙”，限制你的发展，把“枪”顶在你的脑门上，让你服服帖帖地服从它的制裁。我认为，这是它的实质。它发动的一系列贸易战，包括现在的贸易战，不仅制裁了一般商品，最近又制裁了军用品，直接对中国从俄罗斯进口飞机和武器进行制裁，我觉得这个霸凌主义已经到了极端的程度。美国现在想遏制中国，给中国戴了很多“帽子”，包括你是“修正主义国家”、你是“军事侵略者”、你是“战争对手”、你是“国家资本主义”、你“侵犯知识产权”、你“盗窃技术”，所有恶名全都给你戴上了，脏水不断地向中国身上泼。

我们看美国现在的行径，当然我不排除换了总统以后有可能改善，或者美国有朝一日幡然悔悟改变它的行径，但目前，特朗普的执政团队回心转意几乎是不可能的。所以，当前它挑起的这个贸易战，以及现在它从资本市场、美元等各个方面打出的组合拳，说明美国存在八种“主义”。

第一，单边主义。它用自己国内的规则、国内的法律来制裁其他国家，包括制裁中国，制裁它的盟友，制裁印度、日本、韩国以及欧盟。它所依据的不是 WTO 规则，而是国内的美国规则——1974 年的贸易法、1930 年的关税法。这些东西早已经过时，即使不过时，也没有道理用国内的规则来制裁其他国家。这种单边主义已经到了极致。

第二，利己主义。它现在采取关税措施，对中国的商品高额征税，500 亿美元 25%，2000 亿美元 10%，明年不服涨到 25%，再不服再加 2760 亿美元，基本已经覆盖了中国出口到美国的所有商品。而且特朗普讲，“我不能让中国从美国每年拿走 5000 亿”。怎么叫“拿走”5000 亿呢？我们给了美国实实在在的商品啊，美国是用印刷的美元来换我们的实物商品，美国没有吃亏。我们的白皮书说得非常清楚，美国并没有吃亏。我们从 6 个方面说明美国没有吃亏，我认为白皮书那一部分写得非常好，非常翔实。所以，我认为，美国这种保护主义也是到了极致，以至于把“买美国货、雇美国人”作为特朗普行政令，这也是举世罕见的，是美国历届总统没有做过的，也是世界上其他国家所没有的。各个国家是鼓励买国货，但也不会说只买自己国家的产品，关上国门只顾本国人，这是不可能的。特别是在经济全球化的今天，经济关系已经成为泛在，哪个国家都不可能关起门来独善其身。过去，在封建社会可能男耕女织，单门独户，但现在不可能，一个国家不可能单独存在于这个地球上。所以，这种保护主义特朗普政府也是做到了极致。他们认为，所有的东西都应该“美国至上”。去年他在世界论坛上发表的演讲是“美国利益第一”“美国至上”。今年他的发言又是对去年的继承发展，而且明确地说，这里面还是要使美国的利益优先于所有国家的利益。现在美国在处理所有的国际事务时，把美国优先、国家利己主义已经发展到了极致。

第三，保护主义。特朗普现在说了一句名言：“美国也是个发展中国家，也需要保护。”你需要保护，难道其他国家就不需要保护吗？你就可以任意去欺凌别的国家吗？还有，你要“制裁”的这些国家，这些国家的人民就不需要保护吗？你为什么要断绝和所有这些你认为不能打交道的国家的经济联系、经济利益，不让其他国家跟它做买卖？你说是保护美国的利益，我认为，美国在这里面没有保护任何人，没有保护任何国家，即使说保护也是要付出代价的。所以，美国特朗普（政府）是交易型的政府，把所有东西都当成筹码，这种保护主义实际就是他的一种筹码。

第四，民粹主义。特朗普和他的鹰派政治团队（搞的）是极端民粹主义，他在国内讲种族——“白人至上”；在美国，他的民粹主义还表现为“富人至上”。他放松市场管制不是为了穷人，放松金融监管，废除《多德—弗兰克法案》是为了资本家的利益；放松传统能源市场准入，是为了能源资本家的利益；放松药品监管，是为了制药商的利益。他作为一个商人的代表，既得利益者，知道在维护资本所得、资产所有者的利益。表面上他是为了底层的工人，是为了农民，但随着贸易战愈演愈烈，你可以越来越清楚地看到，工人和农民与他无关。贸易战涉及那么多的工厂，生产成本要增加，越来越多的工厂可能会因为不堪成本上升而转移。他手软了吗？没有。贸易战（加征关税）2000 亿美元的时候，会有接近 60% 是消费品，消费品价格上涨直接影响到消费者的利益，他手软了吗？没有。表面上，他讲的是为了美国人民，实际上他所有的政策都是在维护资本家的利益。所以，他就掀起了这种民粹主义，非常狂热的，好像捍卫国家，但实际上是他集团的利益，资本的力量以及资本家的力量。这一点在贸易战上可以看得比较清楚。

第五，修正主义。美国才是真正的修正主义，因为它正在对国际秩序、国际规则做大幅度修改，它不仅“退群”——大家都知道，挨个退，退出联合国教科文组织、TPP、《巴黎协定》等，还在退，前段时间还扬言要退出 WTO，谁对它有妨碍退谁。它也不顾国际规则，包括国际权威机构、国际法院，他这次演讲中说是官僚机构。凡是不符合它利益的，都要抨击，都要反对，说要修正这些条款。最近他准备联合欧盟和日本推行他的贸易主张，我想背后就是想形成对国际规则的最大修正，形成以美国为首的新的国际贸易体系，用这样的手段，用排他的办法把中国挤压出世界体系。我认为，这种修正主义是大幅度的修正，他的目标在于修正所有对美国不利的国际秩序、国际规则、国际条款、国际上形成的共识。从这个意义上来说，美国是真正的修正主义国家，而且它的修正是全面的修正。所以，这顶帽子戴在美国头上正合适。中国不是修正主义国家，中国没有修正国际规则，没有修正国际秩序。中国是国际规则的建设者，是国际秩序的维护者，是国际规则的参与者。中国改革开放就是在不断地加入国际体系，不断地适应国际规则，不断地推动国际秩序向着更加公平、公正、包容、可持续的方向发展。中国在做各种尝试。中国是建设者，是维护者。当然，未来我们有可能成为引领者，因为美国是在向后退，美国是在修正，而它修正的目的不是为了人类，不是为了世界，是为了一己私利。

第六，孤立主义。他（特朗普）自我感觉良好，世界唯我独尊，唯我独大，而且特朗普也在推特里说，“让美国再次伟大。”美国没有必要把中国当成竞争对手，没有必要把俄罗斯当成竞争对手，也没有必要把伊朗等很多国家当成制裁的对象，让一个国家没法活。它这样四处出击，四处树敌，是一种孤立主义的做法。他连过去的美国总统所具有的在政治上的主流意识都没有。美国有众多盟友，历届美国总统都是要输出美国的价值观的，要保护美国的盟友，形成美国的盟友体系。但特朗普连这个概念都没有，纯粹是在世界上进行利益的排列组合，什么东西对他有利，什么东西能获得利益，他就采用什么样的排列组合。我认为，他是通过一系列办法把自己孤立起来了，高高在上，包括他在演讲上、推特上，一系列问题的处理上，都是用的孤立主义办法。

第七，霸凌主义。他用美国的军事霸权、经济霸权、美元霸权，全面地恢复了冷战时期的冷战思维，而且他的团队所有人都有鹰派思想、冷战思维，这样的一个群体形成了非常怪异的组合力量。这样的力量只能往前走，只能按照一个错误的方向越走越远而不肯回头。美国的这种霸凌主义，白皮书上讲得非常清楚，无视别的国家的利益，包括它用非关税壁垒来阻止别国产品进入，对其他国家进行贸易制裁，加征高额关税，这是一系列在贸易上的霸凌主义。这种霸凌主义在美国无处不在，不仅在经济上是这样，军事上也是如此，它不允许印度进口伊朗的石油，不允许印度进口美国的飞机和武器，现在又延伸到不允许中国进口俄罗斯的武器。到 11 月 5 日，它禁止全世界的国家和伊朗做生意，谁和伊朗做生意制裁谁。我们的白皮书说了，它是用长臂管辖，也是用国内规则来制裁其他国家，比如制裁中兴通讯，它用的就是长臂管辖。长臂管辖到第三国就是霸凌主义。我认为，它现在给世界带来了非常危险的信号，霸权、强权，冷战时期的思维，民粹主义，对世界经济格局带来非常大的冲击。我认为，它激活了全球的民粹主义，也激活了那些过去没有市场的法西斯主义，我看到美国有法西斯主义的复活。

第八，归纳起来，我认为，美国正在迈向帝国主义。帝国主义是资本主义的最高阶段，是垂死的资本主义。美国所有这些事情，都走到了帝国主义最高阶段，它是在用疯狂的、歇斯底里的、非理性的各种办法来挑起战争，包括经济战，还有未来不可预测的其他方面的冲突。

所以，贸易战是经贸问题，从长远看也是两个方向、两条道路、两种价值观的斗争。长周期看，中国是一定会往前走的，会一直保持着历史长周期，美国这种做法必然会使得它在历史长周期中有很大的转折点。特朗普政府的非理性、歇斯底里、帝国式的侵略、制裁、战争都会导致（美国）由盛转衰，加速这个进程。

中国网：

刚才您说特朗普对自己的执政自我感觉很好，也确实，美国这一年来可以说经济增长强劲。您怎么看美国这种状况，这种好的状况会不会持续呢？

陈文玲：

第一是对美国经济要分两方面看：一方面，美国经济复苏确实可圈可点。美国放宽市场准入，总的来说，给微观主体企业创造了比较宽松的市场环境，使微观主体更加活跃，比如放宽一些市场准入、减税，让资本回流，产生了一种虹吸效应，导致资本回流、产业回流、财富回流，而这个虹吸效应越来越明显。所以，特朗普非常高兴，觉得现在流入美国的钱越来越多，而且他不配合美元的升值，导致了十几个国家美元荒或者大幅度贬值，或者股市大面积下跌。从美国来说，现在他的经济政策激活了美国经济。

另一方面，奥巴马几次出来发声，说这些功劳不能归功于特朗普，"我在的时候"经济就在回升，失业率就在下降。的确，美国经过 2008 年全球金融危机之后，在奥巴马时期就已经有了一些转机；特朗普时期，它的经济又继续向好发展了。这是好的一点，经济发展状况不错。这是他觉得自己（有功劳）的底气。

第二是美元霸权。美元作为准世界货币，原来曾经充当过世界货币，布雷顿森林体系（建立）时，美元替代了英镑，美元和黄金挂钩，各国货币和美元挂钩，采取双盯住的制度。美元相当长时间被作为世界货币。后来，1971 年布雷顿森林体系瓦解之后，很多国家还是沿用美元作为结算货币，作为储备货币，所以，美元的国际地位并没有下降。据我们分析，世界上有 85% 的国家用美元作为"锚货币"。在结算货币里，欧元、人民币也成为重要结算货币，还有日元、英镑，美元作为结算货币在中国改革开放初期占 70% 左右，欧元上升以后，它降到 62%，当前它降到 50% 以下，但仍然是排在第一位的结算货币。储备货币里，它占的比例高达 60% 左右。还有很多国家，包括中国，把美元国债作为保值投资的一个渠道。所以，美元的霸权短期内不会消失。

大宗商品，特别是石油，采取的是美国主导下的能源结算体系，现在世界上有十几个国家采用其他国家货币结算，因为受到美国制裁，或者不服美国制裁而采用其他货币，或者实行本币，如俄罗斯、委内瑞拉、伊朗，中国现在也在推进人民币国际化。所以，美元是受到了挑战，但这种挑战不是致命性的，也不是根本性的、全局性的、系统性的，美元的国际地位还是不可替代的，美元霸权在相当长时间内还是会对世界经济有很大的影响。美元升值的时候它会"剪羊毛"，贬值的时候它还会"剪羊毛"。所以，大家用"剪羊毛"说美元再合适不过了，它手里拿着的一把"剪刀"就是美元，它可以随意收割，这也是美国经济强大的一个内在原因、深层次的原因。

第三是美国军事霸权。美国的军事实力还是世界上最强的。美国 2018 年军费支出 7160 亿美元，是中国军费支出的 4 倍，是全世界第二位到第十二位的总和。美国向全世界销售的军事用品占全球的34%，也在全球排第一。所以，美国这种军事霸权，加上它现在组织的网络军队和太空军队，形成的军事霸权对很多国家也有很大的心理威慑。当然，核战争可以不打，但它拥有的核弹头也是全世界最多的。（美国经济）是在这样的背景下回升的。还有一点，它的股市，这两年股指一直在上升。据有的研究机构调查，美国股市上升的趋势是历年来最高的。特朗普在世界经济论坛上非常骄傲地说，"我"两年取得的成就超过美国历届总统，引发了下边讥讽的笑声。但是他经济上（的成绩）的确可圈可点，我甚至认为这也是对中国最大的挑战。贸易战对中国不一定是最大的挑战，因为对贸易战我们要反制，是可以奉陪到底的，但他这种经济战略、经济政策、经济策略，使美国在资源配置、产业重组、要素重组中，占据了制高点，而且使美国成为资源配置的高地，这才是对中国最大的挑战。

这种情况下，中国唯一的选择，就是使中国国内的条件、政策和战略选择优于特朗普、优于美国，为我们的企业创造更好、更优良的环境，使我们的微观主体更加活跃，政策体系更快地优化，使我们的行政效率更高。相信我们政府的能力，一旦形成一个统一意志，会很快形成集成优势，而这种优势很快就会超越美国。我说的是政策集成优势会超越美国。

我认为，我们整个行动还不够快，决心还不够大，比如税制改革还没有真正做结构性调整。对于企业来说，要通过总税率进行比较，我们的总税率要比美国的更优，这样我们的企业才能真正地感受到我们的环境比美国优。

至于美国这种强势经济增长会不会持续，我认为，当前看，它会持续，但持续时间我认为不会太长。以下因素会导致它的经济遭到重创：

第一，它对中国的贸易制裁如果进行下去，从2000亿美元再加到2760亿美元，这时候中国出口到美国的商品60%以上都是消费品，导致美国消费品的价格上升；60%是外国投资者，境外投资者（外资企业）的成本上升，在这个产业链的链条上，这些外资和美国本土企业就是上下游的关系，这种成本会导致下游向上游攀升，美国最后射出的这支箭会落在自己的阵营里。这种情况下，很多美国企业，包括美国豆农、制造业、消费者会形成反对特朗普政策的新的集成力量。贸易反过来又会影响到美国经济的发展，这种情况下，我认为，美国会撑不住。

第二，美国现在霸凌主义的做法会导致全球性的心理抵抗，有的是行动，有的是心理，但是我认为它已经使世界大多数国家、大多数人产生一种厌恶心理，惧怕和美国打交道，厌恶和美国打交道，加上美国这种利己主义、保护主义、民粹主义，干脆放弃和美国打交道，转而发展在其他国家和其他市场的事业或生意，所以，美国的道路会越走越窄，那时候美国经济会受到重创。

第三，美国的高负债，现在国家负债已经高达 21 万亿美元。美国财政部今年年初还说是 4.5 万亿美元，现在已经接近 5 万亿美元。它的军费支出在加大，打击其他国家的支出在加大，再加上它修建基础设施，投资要加大，修墨西哥墙……这些都会导致它的债务上升。它的债务每个人平均 7 万美元，靠借债继续下去的话，债务崩盘的时候也是美国经济崩盘的时候。

最危险的是美国股市，能升就能降，就和美国当年金融危机时一样，泡沫也是通过股市、资本市场放大的，它把垃圾债券变成金融衍生品推向世界，不仅导致了美国的金融危机，也导致了世界的金融危机。当前，美国股市的“虚胖”伴随着特朗普歇斯底里的节奏，但我认为，一旦美国股市崩盘，或急剧下降，美国的经济也会受到重创。

我们的政府也能创造更优的（环境），用我们的集成力量加快创造这样的环境，给企业家明确的信号——我看到白皮书里也谈到，我们要保护产权，保护知识产权，保护在华外资企业的利益，是非常清晰的信号。但我认为，一定要转化为具体的操作方案，转化为时间表、路线图，转化为让企业能感受到的政策和市场环境。

我们看到美国现在的经济状况，也不希望美国经济陷入崩溃，希望它一路走好。但我们也应该反观自己，要增加我们和美国竞争的能力，贸易战不可怕，可怕的是我们自身的能力不能尽快提高，自己的事儿没有做好，这才是最可怕的。

中国网：

目前来看，美国的经济状况算是良好，但未来，根据您的预测又极具危险性。

陈文玲：

对，我认为是这样的。

中国网：

您认为，中国反驳、反抗（美国）的优势在哪儿？

陈文玲：

我们反驳、反抗的优势在于，我们是正义的一方，中国坚持的态度是正确的，而且中国没有主动发起贸易战，也没有主动挑起贸易摩擦。中国人民是靠自己艰苦奋斗，积累来之不易的成果。中国发出的声音，和一些国家在有些方面是相同的，比如我们维护多边贸易体制，主张贸易自由化、便利化。这些国家和中国的主张是一样的。我看过两次驻 WTO 大使的辩论，发现绝大部分国家都是站在中国一边的，都是支持多边的，支持 WTO 的，（但是）在有些问题上没有像中国这么明确的态度，尤其像中国政府发表了3.6万字的白皮书，明确、准确、详细地阐述中国的立场。这在其他国家是没有的，包括欧盟也没有。

中国之所以这样做，第一，中国要坚定不移地向前走。中国发展的道路是任何人阻挡不了的，发展的趋势是任何人阻挡不了的。中国已经走上快速发展的康庄大道，道路上的各种障碍我们都会排除掉。中国会坚定不移地维护自己的核心利益，维护大国的尊严，这是中国始终要坚持的。特别是贸易战，中国表态，第一不怕，第二不躲，第三奉陪到底。这是中国在捍卫核心利益、国家主权，捍卫大国尊严，这是中国的基本态度。

第二，中国的经济体量大，回旋余地大，发展的空间大。到中国各地看看就知道，实际中国还深藏着很多发展的密码，包括在不同区域有不同的发展奇迹。深圳有深圳发展的奇迹，深圳的发展举世瞩目，它的经济体量已经超过了曾经需要仰望的香港。粤港澳大湾区，是由香港、澳门以及广东9个城市形成的一个大湾区，未来会成为世界性的大城市群。长三角也充满了活力，以上海为龙头，加上江、浙、沪、皖，也会成为世界大城市群。京津冀协同发展，渤海湾会成为世界级大城市群。首先京津冀就会形成大城市圈，这个发展势头挡都挡不住。前段时间我去西安（等地），看到2014年批准的国家新建新区，5个中心城市，7年（经济增长）8.7%，有的以先进装备制造业为主，有的以现代服务业为主，有的以数字经济为主。我认为，各有各的发展道路，错位发展，这种发展的势头是在任何一个国家都看不到的。7年时间能有5座中心城市崛地而起，这是以前看不到的。西安城市中心有个地方，地下要建（和）日本一样的管廊，15米深，3层，很大的空间。原来我们的城市可能重地上，轻地下，现在地下的管廊也在建设。高铁就不用说了，高铁已经形成了四纵四横，2035年会形成八纵八横，高铁运行里程占世界的80%。所以，中国的发展潜力还远远没有释放出来。

第三，通过改革开放，我们的微观主体再造已经基本完成，企业群体，不同所有制的企业作为主体已经形成。它是竞争性的，是自主经营的，是自负盈亏的，要通过市场配置资源来寻求发展，寻求利润或利益。这样一种内在的冲动，我认为是市场经济最大的一种动力，是中国经济发展最大的原动力。所以，微观经济基础的再造已经完成，中国已经成为市场经济国家。不管美国承认不承认，欧盟承认不承认，中国成为市场经济国家，这些企业成为市场配置资源的无数载体，这种机制已经形成，这是中国经济长期向好的密码。

第四，中国政府是很伟大的政府。虽然政府也有做得不是太好的地方，有些

（地方）政府也需要改进，需要放管服，创造更好的营商环境；有的地方政府执政能力、执政效率、执政方式都亟待改进。但总的来说，中国的政府是一届接一届地干，在改革开放（的道路上）这40年从来没偏离改革的方向，从市场经济取向改革，到市场发挥基础性作用、决定性作用，这都是中国政府制定的大政方针。从广东第一单加工贸易开始，到沿海四个特区，到沿海其他城市，到内地全面开放，中国开放的脚步从未停止。2001年12月11日加入WTO，实际开始了制度性的开放、全面的开放、高层次的开放。在当年，中国清理了20多万个不符合国际规则的法律法规，废除了2000多个不符合WTO规则的法律法规。我认为，中国在改革开放这个大方向上始终没有变过，这是中国政府执政的连续性，不管哪一届政府，都是坚持了这样的大方向。这才使中国一步一步地走到现在，使中国真正建设成市场经济国家、一个开放型的国家、一个国际化的国家，才使中国经济保持不竭的动力。中国政府的力量与市场的力量两种力量的叠加，美国批评说是“国家资本主义”，实际是国家治理能力。国家治理能力与市场培育的企业运营能力，这两种力量叠加才是真正的中国力量。

所以，我认为，中国不怕美国，既不会恐惧，也不会屈服，更不会低头。中国没有错啊！中国现在取得的成就是中国人民通过努力得来的。中国政府坚持正确的方向，推进改革开放，向西方发达国家学习，融入世界经济，遵守国际秩序，遵守国际规则，并且积极推动，逐步完善。而且中国还向世界主动提供了新的公共产品，比如“一带一路”。“一带一路”就是和平的方式、合作的方式、互联互通的方式，使大家能够共享发展，共同发展。所以，它才得到了国际上130多个国家和国际组织的赞同，签署了150多份合作协议，也被联合国写入4个相关协议。联合国秘书长古特雷斯在2018年5月14日“一带一路”国际合作高峰论坛上讲，“一带一路”是中国向世界提供的公共产品。这就是当代中国在国际上的威信越来越高的原因。

昨天我看了《经济参考》，有一篇报道文章，题目是：《英媒文章：中国在联合国影响力悄然提升》。我认为这都是有道理的，中国不是靠讹诈，不是靠制裁别人，不是靠强权、霸权，而是通过自己国家艰苦努力获得的成就，是靠全体人民每一天的勤奋工作，这些都来之不易。美国你羡慕嫉妒恨（就）应该加快发展。你认为你落后了，应该靠自己人民的发展；你觉得你的基础设施不如中国，没有高铁，可以和中国合作。我们可以通过契约精神、市场行为，就像贸易一样，（根据）市场需求，你到中国来采购。你采购了，用美元买了中国商品，造成贸易逆差，你又来制裁，以后谁还敢和你打交道呢？我认为，中国绝对不会向美国低头，也不会被美国的恫吓吓到。

中国网：

您认为中国这八个“坚定”又向世界传达了什么样的信号呢？

陈文玲：

我用八个字四句话来概括一下。

第一是维护。表达了大国自尊和维护国家利益的决心，表达了中国维护国际秩序、国际规则的态度。

第二是保护。表达了中国政府要保护知识产权的决心和态度、措施；保护在华外资企业的利益，这个保护也非常重要。这给世界一个清晰的信号，中国这种对外开放，不是因美国发起贸易战、挑起贸易战就能改变的，对外开放是坚定不移的，而且对外开放要使所有进来的外国企业、进来的经营者能感受到我这里的环境是长期向好的，长期开放的条件是不会变的，不像美国朝令夕改，也不会有大的变动。我们的政治环境、市场都是可预期的，我们的政策是稳定的。

第三是构建。构建人类命运共同体，因为这已经成为我们推进“一带一路”的指导思想、核心理念，也被写入联合国相关决议。构建人类命运共同体也体现了中国的境界和胸怀，中国所提出的所有倡议和行动都不是为了一己私利，也不是为了小集团利益，而是为了全球共同利益，构建合作共赢的新型国际关系和国际秩序。为了这个构建，中国在积极努力地践行自己的主张，也在不断地提出自己的建议和方案，这些方面都从正面推动了国际秩序的改善和国际规则的完善。

第四是推进。还是要坚定不移地推进改革开放，深化改革开放。习近平主席、李克强总理多次在多个会议上，也在中央多个文件上清晰地表达，中国改革开放的大门不会关上，只会越开越大，而且只有社会主义才能够救中国，只有改革开放能够发展中国。中国的发展得益于改革开放，中国是经济全球化的受益者之一。所以，中国不会放弃经济全球化、贸易便利化、贸易自由化，改革开放的脚步不会停下来。要推进中美关系向正常的方向、正常的轨道发展。中美关系概括起来就是“中美和则世界兴，中美斗则世界衰”。我们不希望这个战斗继续下去，但如果美国继续打这种战争，并且使这种战争升级，中国只能奉陪到底。

中国网：

我们一直强调在平等诚信、相互尊重的基础上对话协商来解决问题。同时，非常感谢陈老师今天做客《中国访谈》演播室，对白皮书的内容以及中美贸易摩擦问题进行了详细的解读。谢谢！同时也感谢各位网友收看！

美国为什么要发动贸易战？
——接受中国网《中国访谈》专访

（2018 年 7 月）

来源：中国网《中国访谈》节目专访。

主要观点：①封闭、保守、落后、保护，是保护不了一个国家永久的霸权地位的；②中美双方完全可以回归到贸易谈判、双边谈判，走向合作共赢的这样一条道路，但是美国是沿着错误的道路越走越远；③美国发动贸易战将带来五方面破坏。

中国网：

7 月 6 日，美国开始对第一批清单上 818 个类别、价值 340 亿美元的中国商品加征 25% 的进口关税，单方面发动贸易战。作为反击，中国也于同日对同等规模的美国产品加征 25% 的进口关税。酝酿一段时日的中美贸易摩擦正式升级。如何看待中美贸易战的前因后果，《中国访谈》节目特邀中国国际经济交流中心总经济师陈文玲女士进行分析。

中国网：

面对美国单方面挑起的贸易战，我们应该怎样应对，是否有实力应对这一挑战呢？

陈文玲：

从一个长周期来看，中国肯定是向上的。习近平总书记在党的十九大报告中也描绘了我国未来的蓝图，即我们到 2035 年基本实现社会主义现代化，到 2050 年全面建成社会主义现代化强国。这个目标是清晰的，我认为也是一定能够实现的。

为什么这么说呢？因为我们现在的情况和新中国成立初期、改革开放之前相比，都不可同日而语。新中国成立初期，我们一穷二白，在三座大山的压迫下，中国真的是一个穷国，从民不聊生到人民有饭吃，这是了不起的变化。毛泽东同志说中国人民站起来了，当家做主人了，尽管那个时候物质还匮乏，但是一个新中国诞生了。

到改革开放的时候，我们重塑了一种经济制度，我们实现了从计划经济体制向市场经济体制的转变，重塑了这个经济制度。这个经济制度就是最大限度地发挥人的原创性、原动力，使经济充满活力。

我觉得这个过程是，中国由于生产力的释放，微观经济基础再造，就像习近平总书记说的，从站起来到富起来的过程。我个人认为富起来还没有真正到那么富，特别是我们贫富之间的差距还没有完全解决，我们也不是所有人都到了一个富有的程度。我们人均收入还排在世界的第 71 位。所以，我们经济总量做大了，有一部分人富起来了，国民收入水平提高了，已经接近全面建成小康社会。中国到 2020 年要实现共同富裕，消灭绝对贫困。我觉得用 40 多年富起来也是很了不起的。我们脱贫的人口占到全球的 76%，而且我们如果实现零贫困，这在人类发展史上是一个奇迹，是史诗般的奇迹。

我们在站起来、富起来的基础上，还要强起来。中国现在和原来的基础是完全不一样的。新中国成立的时候一穷二白，我们遭受了世界性的封锁，那个时候都没有被打垮，虽然我们现在和美国还有很大的差距，但是我们的 GDP 总量已经到世界第二位，我们的货物贸易总量是世界第一位，制造业产值是世界第一位，人民币占 SDR 篮子的 10.92%。我们现在的制造业实际上已成为全世界品种、规格、品类最完整的供应体系，这也是美国害怕的地方，美国觉得你这个制造业原来是跟我垂直分工的，我是在产业链的高端，或者中高端，你是在产业链的中低端，所以双方的制造业结构是互补的。我用很少的钱可以获得你很多的商品。现在你也在迈向中高端，制造业产值又在全球的产值中占到 25.5%，美国“二战”时期占到 50%。在改革开放初期它占到 33%，现在它占到 15%，我们占到 25.5%。加上我们现在的产业结构还在升级，整个装备制造业要振兴，几大产业蓝图分三步，最后建成制造业强国。它当然会有一种天然的抵制，特别是美国的鹰派人物，认为我们将来会全面超越美国，就不能保持美国第一了。所以，这也是它发动贸易战，或者贸易冲突、贸易摩擦的主要原因，也是我们中国跟它抗衡的实力所在，我们的底气所在。

它恐惧的正是我们的实力，我觉得我们没必要因为我们跟它差距大——我们的制造业水平有差距，科技发展水平有差距，军事实力有差距，人均财富有差距，跨国公司等大的企业的国际运营能力有差距，科技创新能力有差距，我们的差距还是多方位的——就没底气。我觉得差距是我们前进的动力，差距是我们发展的空间，差距是我们追赶的方向，差距就是我们的明天。我们的明天就是要达到这个目标。

所以，我们没必要因为跟它有差距就没底气，你怎么制裁我，我都低声下气、低眉顺眼，我觉得这是不可能的。在一穷二白的时候，我们都没有被你打倒。被你封锁，中国就消亡了？不可能的。现在中国经过这么多年由一届又一届领导人带领中国人民艰苦奋斗得来的成就，全世界实际上都是很仰慕的，包括美国也认为中国取得了巨大的成绩。对巨大成绩怎么看？

如果你认为一个 13.9 亿人口的国家取得了这样的经济成就，使人民摆脱了贫困，过上了幸福的生活，你认为是对历史的贡献、对人类的贡献、对世界的贡献，你就会点赞，你就会由衷地感谢这个国家——没有给世界带来任何的拖累，而给世界带来的是贡献；没有给世界带来任何麻烦，而是给世界带来新的思想、新的理念，我觉得你应该感谢。你没有必要恐惧这个国家的发展，难道你第一，别人就必须第二，别人就必须要低于你吗，别人就不能再前进吗？以你作为一个准绳，其他国家就不能突破吗？那世界怎么进步呢？我认为世界就是在追赶中进步的。

历史上没有一个大国、强国能够永远保持它的地位。在追赶的过程中，另外一个（大的、强的）国家产生了，如果你的能力强，你再追赶，你又成为大国了。如果按照哲学来说，就是历史也在扬弃中前进，国家和国家（在竞争中）进步，世界是在互相学习、借鉴、追赶中赢得明天。

所以，我个人认为中国现在没有必要气馁，也没有必要被这种气势汹汹的霸权主义吓倒，中国完全可以靠自己的能力。

我觉得中国现在还有一个方面是美国没法比的。我们中国现在是顺应历史潮流，坚持经济全球化、贸易便利化、贸易自由化，坚持构建人类命运共同体，包括我们提出的“一带一路”倡议，实际上这些倡议都不是为中国，都是为了全球更多的国家能够参与，然后通过互联互通改变世界格局。这个格局不是势力范围的格局，而是商流、物流、信息流、资本流，它的流通更顺畅，大家的经济发展成本更低。通过这样一种方法，大家共同发展。通过互联互通来改变世界，通过降低整个公共成本来提高公共收益。我觉得这是中国向世界提供的公共产品，而它的基本原则就是共商共建共享，所以也得到了世界很多国家的拥护。我们和 80 多个国家和国际组织签订了合作协议文本。去年 5 月 14 日，“一带一路”国际合作高峰论坛有 130 多个国家的代表参加，现在在相关国家已经有 75 个产业园区。

这些说明什么呢？说明中国现在的声音实际上得到了国际社会的重视，中国提出的方案、理念、主张也得到了国际社会的重视和赞赏、响应，并且有共同行动。这说明中国站在道德、道义及人类命运发展这样一个制高点上来思考问题，得到了国际社会的赞赏。

现在就贸易问题来说，我觉得国际组织，IMF、世界银行、WTO发出声音都是一致的，都是要推进经济全球化，推进多边体制，维护多边体制，都是反对这种非理性的贸易保护主义。我觉得这种封闭、保守、落后、保护，是保护不了一个国家永久的霸权地位的。这个霸权地位不是靠你保护得来的，它是靠经济不断发展、科技不断创新——而科技创新需要把创新不断变成产品，产品不断变成市场的收益，然后把这个收益变成继续创新的动力。

美国现在这种做法恰恰把这个链条打断了，因为你创新以后，虽然现在在世界上是最高水平，但是不能保证你永远在最高水平。如果你的创新产品不输出，不向市场销售，你这种创新就不能实现技术创新所应有的垄断利润，使创新的效益递减。我觉得这种做法是损人不利己，对于美国经济的发展、美国的技术创新没有任何帮助。

中国网：

自从美国扬言对中国开始加征关税以来，双方的贸易摩擦就开始不断升级，您对此次贸易摩擦怎么看？

陈文玲：

我觉得这个过程就是一个贸易冲突不断升级的过程。我觉得本来是完全可以回归到贸易谈判、双边谈判，走向合作共赢的这样一条道路，但是美国沿着错误的道路越走越远。

从一开始，中国主动制订“百日计划”，扩大从美国进口飞机、牛肉、能源，而且2017年已经取得了非常明显的成效。我们扩大了对飞机的进口，然后我们从美国进口能源——页岩气、石油、天然气，实际上和同期比较已经增加了8倍。我们也增加了对美国牛肉的进口。中国在制订一年的计划，还想跟美国继续在贸易问题上进行谈判，不断地进行良性互动。但是美国3月推出钢和铝关税之后，接着是“301调查”报告，就宣称要对中国500亿美元商品、1333个品种规格的商品加征25%的税。

这个“301调查”报告出台的时候，我正好在美国，跟美国有关智库在做中美问题相关的调研、讨论。那个时候美国的英文版报告是185页，还有1000多个脚注，有5个文本副本。

据美国专家说，在这个报告的撰写过程中，当时专家做出的评估是300亿美元，后来特朗普总统看了以后认为太少，还要再加一倍，要600亿美元，最后出台是500亿美元加征25%的关税。“301调查”报告发布之后，实际上中国做出了非常强烈的反应。中国表示一是不愿，二是不怕，三是奉陪到底，要以同等规模、同等力度进行反制，所以就有了美国派出姆努钦为首的7人到中国谈判，也有了他们邀请刘鹤副总理到美国谈判，在美国谈判还发表了一个共同声明，说中美双方表示不打贸易战，我们不再对对方加征关税。大家认为贸易战不会打，贸易摩擦不会升级。但是让大家包括中国和美国社会大跌眼镜的是，结果下来了，不但没有终止，反而在原来的基础上再升级。

在原来的基础上升级，一个表现是7月6日它出台了第一批818个品种，即340亿美元商品加征25%的关税。这个加征关税（名单）推出之后，中国政府的态度当然是一如既往的，本来贸易战我们是不愿意打的，但是你挑起了，中国不能不反制。不管是从国家的利益、中国国民的意愿，还是从我们市场的平等的原则、WTO的规则出发，中国对这种单边制裁，用国内的法律制裁我一个国家，这种逆历史潮流而动而且违背WTO规则的行为，肯定要反制。中国在7月6日12时1分也做出了同等规模、同等力度的反制。

在美国做出这种非理性贸易制裁的前提下，中国采取反制措施，我认为是无可指责的。中国站在道德、道义制高点上，因为我们主张经济全球化，主张贸易普惠，主张全球供应链、产业链、价值链是互联互通的。所以，我觉得中国是面向未来做出这些大举措的，而且和美国也不断进行沟通，不断进行良性互动，觉得要通过两个国家进行双边谈判，至少我们如果有问题的话，可以在WTO的规则下探讨并解决。

我们现在先不说这个是不是问题，单就从两个国家对于贸易摩擦的态度来说，毫无疑问，我觉得中国的做法体现了一个大国的包容、宽容、等待、耐心、忍让。美国越来越非理性，把这个贸易摩擦推向不断升级的过程。

不管是贸易冲突，还是贸易摩擦升级，实际上，都是用贸易制裁的武器、贸易讹诈的手段，来对国际上应该受到尊重的，为国际秩序、国际规则、国际市场包括美国市场做出重大贡献的一个国家进行这种毫无道理的野蛮的制裁。我认为这应该受到谴责，应该反对，应该反制。我觉得如果任美国这样下去，它将会给中美之间，给世界包括给美国都带来重大损失。我觉得它会从五个方面给世界、给中美关系带来重大破坏。

第一，它会破坏国际贸易规则、贸易秩序，乃至最终可能会瓦解国际贸易体系。美国一直在说WTO对美国是不公平的，美国要坚持公平贸易，他们驻WTO的大使也坚持凡是对美国不利的，都叫非公平的，所以要在贸易上体现美国第一、美国优先。

咱们知道贸易是公平的，贸易是平等的，贸易不存在谁第一、谁优先，双方在平等的贸易规则下进行商品的交易、交换，是一种市场的行为，也是双方自愿的行为。实际上贸易本身，特别是跨国贸易，就是一个国家国内的需求对另一个国家商品供给的市场需求，而美国的这种国内的需求就导致了它的采购商、美国的企业到中国来进货，来进口中国的商品，是一种跨国的市场行为。所以这里面没有谁第一、谁第二的问题，是一种跨国的市场交易。你对跨国市场交易制裁的应该是美国进口商，谁让你来中国采购商品！是你采购商品造成美国贸易的逆差。你应该要批评国内的进货商，你为什么要批评中国的出口商品？而中国出口的商品不仅包括美国企业在华投资形成的贸易量，还包括欧美企业、日本企业甚至全球的产业、企业在中国产生的贸易量。比如说苹果手机，它就产在中国郑州，绝大部分销回到美国，这种出口是美国企业在华产生的贸易量。

美国市场有需求，你认为中国的商品便宜，你可以在中间获得经销利润，你才到中国进口。你还是按照采购效益最大化来中国进口商品。既不是中国政府号召你来的，也不是中国企业要求你来的，是你踏进中国，你要来中国采购商品。你用一个国家单边的规则、单边的法律来制裁本身是来自市场需求的这些出口。你觉得很爽，但实际上你是破坏了国际的贸易体系，破坏了国际规则，破坏了国际上的整个贸易方式。

自从有了 WTO，各个国家加入 WTO 之后基本上都在 WTO 的框架下进行贸易仲裁、贸易纠纷的处理，很少有一个国家用自己国内的法律、法规去制裁别的国家。当然，美国在 1995 年 WTO 成立之前，那时候是关贸总协定，也有几十次用“301”条款去制裁其他国家，但是 WTO 成立之后就终止了这种做法，因为 WTO 认为这是不公平的，所以就终止了这种做法。

这次美国再一次挥舞“301”的大棒，用美国国内 1974 年的贸易法作为依据对中国进行贸易制裁。我认为它首先是破坏了国际贸易的规则、贸易的体系，对国际贸易会产生极坏的影响。它这种制裁既包括中国，也包括日本、韩国、欧盟——它的一些盟国，目前已经达到 30 多个。所以，我觉得美国现在有一点感觉太好了：我对你进行贸易制裁，你要向我申请豁免，而不是向 WTO 等国际组织申请按照国际规则、贸易规则来商量解决。你要向我来申请，我豁免你就可以免去你的高额关税。比如钢铝，它就免了 8 个国家，据说现在它可能要免欧盟汽车（的关税）。

在这个过程当中，它感觉到美国至上、美国第一了，美国挥舞着大棒，然后其他国家向它申请豁免。我觉得它完全置 WTO 规则于不顾，而且它也扬言必要时退出 WTO。国际规则对它无效了，怎么制裁呢？包括美国很多经营商也说“谁来管管特朗普呢”，所以我觉得现在这个问题直接威胁到国际规则，特别是贸易规则，会对国际贸易产生很大影响。

如果中美开启贸易摩擦的相互反制，会对中国出口造成一定的影响，也会对美国的出口造成影响。尽管有的经济学家说它对 GDP 的影响有限，像马骏提出来，可能会影响我们 GDP 增速 0.2%。我们发现也有经济学家或研究部门提出了 0.1%。不管是 0.1%，还是 0.2%，关键是对一个市场的预期变坏了。因为这个，贸易没法做了，我到底按照什么来做呢？公平的贸易的规则、市场交易交换的规则，被破坏掉了。所以我觉得这是它带来的第一个非常大的破坏性。

第二，它破坏了全球的产业布局，破坏了全球的产业链、供应链、服务链、价值链。因为这个贸易制裁，对很多商品，包括进口到美国的商品高额征税之后，整个供应链的体系就乱了。有些高技术产品对中国的高征税，将来会影响中国一些核心零部件的进口。

比如它对中兴通讯“断气”式的制裁，会影响到我们整个产业链。中兴通讯 1000 多个大的供应商，又会影响下游的供应商，以中兴通讯这样的企业为主形成的虚拟的产业链条，就会断掉。包括它对一些参加贸易的（人的限制）——比如像墨西哥在美国工作的工人，还有其他国家的一些人，包括它现在对于中国人到美国去学习的专业限制、参加工作岗位的限制，我觉得未来都会对产业链产生很大的影响。一些核心零部件、关键零部件，核心岗位、关键服务环节，都会由于它这种非理性的做法而需要重构，重构的成本是非常高的，因为产业链的行为不是正负行为，是企业在市场中寻求需求的过程，在寻求需求中自愿组合产生的黏性非常强的、互相依赖、互为上下游的这样一个虚拟企业群体。

这个群体比市场的力量还要大，因为这个产业链有上游、中游、下游，每一个环节都有上下游的供求关系。贸易秩序被打乱之后，整个供应链也会乱掉，2/3 的全球中间品的进出口，也就是整个产业链的布局，也会无从做起。很多企业会在产业链上，包括上下游的关系，重新调整，整个过程非常痛苦，会对世界的制造业产生非常大的影响。

第三，它会对全球的经济复苏产生破坏性，会破坏全球经济复苏良好的态势。按照 IMF 的预测，2018 年 75% 的经济体趋向好转，是在增长，或者趋向增长的。75% 都在好转，就说明世界经济在美国引发金融危机之后，经过十年痛苦的调整，刚刚开始复苏，而且2/3的经济体经济开始回暖，经济上升。这种态势实际上来之不易，其中也有中国做出的重大贡献。我们的贸易对世界的经济拉动也是很大的，比重接近12%。我们的制造业对世界经济的拉动也是很大的，制造业占到全球制造业的25.5%。

在全球2/3的经济体都在回暖的情况下，美国这种贸易摩擦的升级，以及它采取的其他综合措施，我认为会断送世界经济复苏的前程，世界市场会受到重创。各国的股市有很大的反应，凡是美国出手的时候都有很大反应。美国非理性的贸易制裁行为，再加上它的美元政策的配合，我觉得对世界经济将造成重创。

第四，它会对全球的治理体系、国家与国家关系处理的原则造成很大的破坏，它破坏了全球治理体系、全球治理原则。美国说中国是修正主义国家，但实际上现在美国正在修正国际秩序，正在修正国际规则。“二战”以后，国际秩序、国际规则，包括三大国际机构都是在美国主导下建立的，WTO也是如此。而经济全球化，贸易的便利化、自由化，这些都是美国所倡导的。但是现在我觉得美国政府把这些全部放弃了，然后按照自己的想象，想一出是一出，想怎么做就怎么做。

我认为某种程度上美国倚仗它的霸权为非作歹，同时破坏了全球的秩序、全球的规则，破坏了全球处理国家关系的一些基本的原则。比如说大国之间的互相尊重、和平协商、在全球的框架下解决国家与国家之间的问题、国家之间通过双边谈判可以解决的问题。我觉得美国完全是倚仗它自己的霸权地位——美元霸权、军事霸权、经济霸权，把所有冲突都放大成一个“炸药包”去“轰炸”别人，完全没有任何道理。

中国一直在以积极主动的态度和行为争取两个国家更好的合作。特朗普也到中国来进行访问，又拿走了2500亿美元的大单，按道理来说两国关系应该是向合作共赢升级，而不是向贸易摩擦加剧升级。这种升级正好跟我们的预期是相悖的，和人们认可的这种道理是相悖的。所以，我个人认为它对国际秩序、国家与国家之间，特别是大国之间的关系，也是破坏性的。

第五，如果继续发展下去，它对中美关系也是破坏性的。因为我们想构建的是一种新型的大国关系，中美新型大国关系就包括互相尊重，互利共赢，也包括尊重对方的核心利益、在遇到问题以后处理问题的原则。

中美关系建交40周年来，实际上一直在向着一个好的方向发展，虽然中间也有一些波折，如美国在每次大选的时候都会有周期性的反华热浪，但是之后会逐渐平静、理性，然后慢慢回归到正常和平交往的方式。但是这一次正好相反，开始的一年还是在良性互动，还是在谈判、互访、对话，一年之后应该是越走越好的时候，突然出手，越来越升级。

我个人认为，这就不是单纯的贸易问题，背后还有深层次的原因。但是不管怎么说，这种做法已经破坏了中美之间的关系，给中国社会、中国民众的心理投下了不可抹去的阴影。

当一个大国失信于社会、失信于人民的时候，它对这个国家人民的伤害是非常严重的。这个国家的人民相信它是一个守信用的国家，相信的是一个大国的承诺，一个大国说的每一句话都应该是一言九鼎的，中国历史上从古至今都认为一个大国的领导人、一个大国的政府，是言必信、行必果的。但是现在反过来看，星期一说的话星期五就不算数了，上午说的话下午就不算数了，今天说的话明天就不算数了。当你把一个国家民众的愤怒点燃之后，中国领导人哪怕再忍让、再宽容，也要对自己的民众负责，也要对自己的国家负责，也要对我们国家的权益负责，不会毫无理由地向你让步。现在我们希望和所有国家都能按照构建人类命运共同体的这个理念来处理国家关系。我认为中国在这个方面做得非常好。

中国网：

请您分析一下中美双方加征关税的产品主要有哪些类型，会对两国经济以及老百姓产生什么影响？

陈文玲：

美国对中国商品加征关税，主要瞄准了中国制造的一些产业，包括我们的装备制造业，也包括我们现在准备升级的十大行业。我觉得现在这个对中国老百姓影响不大，因为毕竟这些产业的产成品属于民用的不是太多；它们出口到美国市场，我认为对美国老百姓影响也不是很大。因为美国的产品层次是比我们要高的。所以，它是为了遏制中国向中高端迈进，对这些领域的产品加征关税，是为了限制中国在这些领域发展，提高中国在这些领域发展的成本。

至于我们对美国加征的关税，我认为影响比较大的有几类，第一是大豆。美国有2.5万名豆农，相关的配套服务、营销人员8.5万人，总共是11万人，他们分布在7个州。

去年中国从美国进口大豆140亿美元，占我们进口大豆的31%，这已经比我们前些年大大降低了。前些年从美国进口的大豆占80%，后来占到60%多，现在占到31%，所以你也看到大豆进口在多元化。现在从巴西进口的大豆占到我们的第一位。

我们现在对从美国进口大豆加征25%的关税，按照去年的船价，一吨大豆是3000美元，如果加征关税就是3750美元。它占我们市场的31%，会对豆油、豆制品产生一些影响，但是按照它的比例来说，不会产生太大影响。

另外，美国的大豆大部分是转基因大豆，转基因大豆只用于榨油，我认为对（中国）老百姓的日常生活（影响不大）。

大豆加征关税会对美国的豆农产生影响，美国很多豆农现在已经很恐慌了。恐慌不在于今天价格上涨，很多农民是害怕失去中国市场，因为中国市场占美国豆农的出口比重已经达到60%，所以对他们的影响还是比较大的。对他们的影响比对中国老百姓的影响大，他们最担心未来中国这个大的市场没有了。美国农民都是农场主，是规模化种植，种植之后未来怎么销，销向何方？

我觉得对这7个州的豆农影响是很大的。一个是现实的加价的影响，还有一个是未来的市场的消失。因为现在中国政府并没有号召（不买美国大豆），这个贸易冲突刚一开始，大家就预测中国如果反制，肯定要有大豆，所以就自主自动增加了从巴西这些国家的进口，减少了从美国的进口。今年实际上从美国进口就已经减了26%，这也不是政府号召的，那个时候并没有出台反制措施，但是进口已经减少了。所以我觉得美国打这个贸易战是十分不合算的，它一而再、再而三地释放对市场负面的预期，包括中国企业对它的负面预期，包括美国豆农对它的负面预期。

此外，我觉得加征关税对美国国内豆农的影响比较大，对我们市场的影响不会太大。一个是它1吨涨了375美元，可能不会一下子到产业链下游，再说到了产业链下游，平均到每公斤加工出来的油可能价格上升也不会太多。油在我们生活当中的用量是有限的，这是第一个方面。

第二是汽车，对汽车也加征25%的关税。2018年进口到中国的汽车主要来自三家美国公司，包括福特、特斯拉、通用，这三家一年是50万~60万辆。我国现在汽车每年的生产和销售都超过2500万辆，所以从美国的进口占整个市场的份额还不是特别大，占了总生产量的2%左右。对美国的汽车，原来我们是降低关税，正如习近平主席在博鳌论坛讲的，我们把汽车（关税）降到15%，按道理说这些汽车厂商对中国的出口应该是增加的，因为它们有竞争力，特斯拉每年出口到中国的是2万辆汽车，但是加征关税以后，美国进口汽车的关税会从15%上升到40%，所以按每一辆汽车来说加价比较大。

但是我认为汽车是可替代、可选择的，高端的汽车也不光是通用、特斯拉、福特，欧洲也有很多高端的汽车。我国现在的汽车也在向产业链上游攀升，有些汽车也很不错，像吉利的沃尔沃、吉利入股的奔驰等，这也是高端车。

我觉得高端车是可替代的，不是唯美国汽车是高端，不进口你的汽车，我就没有选择了？所以，我觉得对美国进口汽车加关税，对消费者影响也不大，我可以不买，进口商可以不进。对你加税就影响了你的出口竞争力，并不会对我产生实质性的伤害。我顶多少了三个汽车品种的选择，如果加了关税消费者还特别喜欢你的车，就愿意加几万元买，这是消费者的选择、市场的选择。

第三是猪肉。中国是生产猪肉和消费猪肉最大的国家。美国猪肉的出口去年也是 140 亿美元，和大豆出口差不多。我国对猪肉的需求量是非常大的，所以实际上美国猪肉最大的市场是中国。我觉得如果对猪肉进行反制，它每公斤会从 11 元多涨到 17.24 元，一公斤会涨 6 元多。

中国网：

对于老百姓来说涨的幅度不小。

陈文玲：

对啊，一斤可能涨 3 元多。我觉得猪肉涨价的影响比较大，现在我们对猪肉还是需要进口。所以，我想跟老百姓关联度特别大的，尤其是和爱吃猪肉的人关联度比较大的，就是可能从美国进口的猪肉会涨价。但是中国的猪肉生产价格不会涨，中国生产的猪肉还是占 90% 以上，美国猪肉进口还是市场的补充。

我个人认为，总的来说，我们对于美国的反制还是比较有力的，对美国生产者的影响，比对我们消费者影响要大。但是我也很同情美国的生产者，因为美国的生产者也很不容易，大豆种植一年辛辛苦苦，最后我们市场没了，我对他们也很同情，我觉得他们不应该是美国政府的牺牲品。所以，美国政府实际上如果关心它的民众，应该考虑这些生产者的利益，这才是真正为人民着想。

我想，美国下一步对华的贸易制裁，可能对我们影响比较大的就是美国的能源，我们第二批的制裁名单，我觉得最大的反制，就是制裁它的油气产品，油气产品会加价。现在油气市场实际上也是多元化的，在国际上除了中东以外，现在包括中亚、西亚，包括南亚、俄罗斯，我们都有石油、天然气进口的渠道，也是可替代的。所以，我个人认为，贸易摩擦实际上让两个国家都有损失，美国的损失也很大，其实在制裁别人的同时也在制裁自己。

我在 7 月 7 日看到格林斯潘在中国参加一个会议，格林斯潘作为美国资深的金融专家，也是美联储连续三届的主席，他说的一个理论我还是非常赞成的。他说：贸易战最终将由美国人民来买单。而且他说，如果你要打贸易战，你用高额征税的办法，最后这种征税肯定会转嫁到本国国民身上，其实也会转嫁到本国企业身上，企业加大成本。他觉得这种转嫁将会抵消美国对企业减税和美国现在经济复苏的好的趋势。他认为这样下去，对美国肯定是不好的，而且对美国整个国民都是非常大的损失。他认为你所征的都是高额税负（所谓税负就是税收的负担），这种负担最后是国民买单。

中国网：

您认为中美双方贸易摩擦今后会如何发展，又会产生什么样的影响？

陈文玲：

如果按照特朗普这么任性，他在推特上说的，500 亿美元不行，如果中国态度不好，他要加征 1000 亿美元、2000 亿美元。2000 亿美元备选，如果还不行，3000 亿美元待定。他已经发出非常明确的信号。

但是我觉得特朗普在一定条件下会止步，会望而却步。他如果这样继续下去，我认为美国的企业、美国的国民，一开始会支持他，包括两党也非常支持他，认为他是对中国制裁，但是他们没有想到这是把“双刃剑”，在制裁别人的同时也制裁了自己，“伤敌一千，自损八百”。

在这种情况下，我觉得社会会反弹。现在 1100 名经济学家联名写信反对贸易战，还有 227 个行业组织联名反对贸易战。我觉得现在的社会舆论也正在转变。尽管特朗普进行了民意测试，包括皮尤调研、盖洛普调查是上升的，但是所谓民意，有上升就有下降。

你现在觉得履行你竞选总统的承诺，然后做这些制裁很爽，美国再次强大指日可待，但是一旦没有达到这个目标，一旦变成了负面的东西，一旦这个箭射伤自己，我觉得民意马上会改变。民意就会变成批评你的非理性，批评你违背国际规则，其实现在就在批评。包括像格林斯潘这种平常不怎么发言的人，现在也在批评；美国很多经济学家、很多研究机构都在批评。我认为所谓民意一定会随着你给国民带来的好处、经济收益，以及他的这种感受不断地变化。这种情况会让他止步，会让他重新回到谈判桌上来。

贸易战只是冰山一角　世界正站在十字路口
——接受《华夏时报》专访

（2018 年 7 月）

主要观点：①特朗普上台做了“退”“废”“减”“禁”“反”五件事。②特朗普现象背后反映的是美国发展的一种新趋势，就是民主、共和两党形成了合流，企业和政府形成了合流，美国社会民意也形成了合流。③贸易战将导致五大危害。④中国要有出其不意的战略布局，以战略和智慧来止战，要有核心技术的突破，潜心把现在的短板抓紧时间补上，特别是原创性的技术必须要有重大突破，把科学发展的主动权牢牢掌握在自己手里；此外，还要加大改革开放的力度。

7 月 14 日，在 2018 中国环境产业高峰论坛上，中国国际经济交流中心总经济师陈文玲表达了她对中美贸易战的深层次思考。她表示，当前世界正站在历史的十字路口，是开放还是封闭？是前进还是后退？是单边还是多边？是霸道还是王道？是构建人类命运共同体还是把一个国家的利益凌驾于全球利益之上？这五个问题摆在了中美两国的面前，将主导着世界方向朝何处去，并已经远远超出了单纯贸易战的范畴。

特朗普做了五件事

在陈文玲看来，特朗普是一个“奇人”，他有着非常大的抱负，手段也很强硬，胆大妄为的程度超过了美国的历届总统，不按常规出牌的一系列动作令人眼花缭乱，但万变不离其宗，特朗普上任美国总统一年多来其实就做了五件事。

第一件事是“退”。退出 TPP、退出《巴黎协定》、退出联合国教科文组织、退出联合国人权组织、退出《伊核协议》，现在还放出风来准备退出 WTO，必要的时候甚至可以退出联合国。可以说，特朗普已经没什么可退的了，再退就要退出地球了。

第二件事是“废”。特朗普已成为签署总统行政令最多的总统，他每签订一个总统令就要废除 22 个原总统的行政令。他还把奥巴马做的很多决议都废除掉，如奥巴马任命的外交大使和使节，特朗普一上任就废掉了 480 个，直到现在美国驻很多国家的大使还缺位，美国白宫里 150 个编制中有 90 个编制还空着。他还废除了奥巴马签署的金融管制政策、医保法案、有关环境保护的国内法律法规，以及药品监管法律法规等。

第三件事是“减”。一是减税；二是减少市场管制；三是减少美国承担的国际责任；四是减少对盟国和北约的财政支出。

第四件事是“禁”。第一，禁言，内阁成员一言不合就免掉，全都换上听话的人，而且他免掉的程序也很简单，国务卿蒂勒森还在非洲指责中国，特朗普发一个推特就把他免职了，效率很高；第二，禁穆，签署穆斯林禁令，无限期停止接收来自叙利亚的难民，其实这些难民很大程度上都是美国造成的；第三，禁墨，特朗普在竞选演说时说要在美国和墨西哥之间修一座长城，大家都不信，没想到现在真的在预算中支出 212 亿美元，并且已经修了 1000 多公里，还要求墨西哥人出钱；第四，禁止对中国出口高技术产品，不仅是对中兴通讯，下一步还要禁止中国留学生在美国的高技术学校就读，以及在高技术岗位就业。

第五件事是“反”。反经济全球化、反贸易自由化和便利化、反现行国际秩序和国际规则、反历史发展规律和人类发展规律。

美国的新趋势

从皮尤研究中心、CNN 电视台民意测验的结果看，特朗普的民意支持率是上升的。皮尤研究中心调查的民意支持率是 44%，盖洛普咨询公司是 46%，CNN 也超过 50%。盖洛普咨询公司的调查结果还显示，有 56% 的美国人认为特朗普是最聪明的总统，51% 的美国人认为特朗普是最果断、最有办法、执行力最强的总统，还有 50% 的美国人认为特朗普是改变美国命运的总统。

过去，大家认为特朗普不靠谱，是政治素人，为什么现在却成了“最聪明的总统”？这其实值得我们深思，它背后反映的是美国发展的一种新趋势，就是民主、共和两党形成了合流，企业和政府形成了合流，美国社会民意也形成了合流。

之所以如此，有五大原因：

一是美国的战略转向得到大部分社会民意的支持。以对华政策为例，很多美国人认为之前的对华政策是失败的，之前美国希望中国开放、加入WTO、搞市场经济，但中国开放后也变强大了，中国的GDP总量已经是美国的67%，中国已成为全球第一大贸易体，中国的制造业占到了全球的25.5%，而且还要转型升级，迈向中高端的“中国制造2025”。中国和美国的产业趋同度越来越高，美国对中国未来的恐惧就越来越大，希望打断中国的进程，这其实是美国战略转向的深层次原因。

“贸易战只不过是美国战略转向的冰山一角，中国既不希望一场谈判就会把所有的问题解决，也不可能通过一次贸易争端就解决全部的贸易问题。”陈文玲说。

二是特朗普的民意支持率正在上升。美国的经济状况是2008年以来最好的，IMF预测美国今年的GDP增幅会到2.9%，失业率从2008年的10.6%降到现在的3.8%，通胀率从原来的1%以下上升到2%，股市总体看也是上升的，今年1月又开始降低企业所得税和个人所得税，使美国的企业和民众普遍有了获得感。

三是美国巨大的贸易逆差使老百姓能够用比较低的价格获得比较高的福利。美国日常用品的价格经常比我们低1~2倍，因为美元不值钱，可以随便印，但它又是实质上的国际货币，全球把美元作为锚货币的国家占到了85%，所以美国用几美分的成本印一张美元，就可以换回我们很多的食物和商品，美国占尽了全球的便宜。

四是美国大资本家、大财团获得了利益。特朗普放松对传统能源的管制，使传统农业资本家获利。在中东挑起战争，使军火商获利。放松对医药的监管，使大制药商获利。这些大资本家、大财团都觉得终于有一个商人执政了，可以代表他们的利益，从过去的间接代表变成了现在的直接代表。

五是特朗普坚持了美国第一、美国优先，给全体美国民众打了兴奋剂。特朗普一到白宫，就把白宫网站的首页换了，主题词换成了“让美国再次强大”。

“危害将是长期的”

特朗普四面出击，不怕欧盟、不怕日本、不怕所有的盟国，特别是把矛头对准了中国，会对世界和中国造成什么重大危害？陈文玲认为，这一危害将是长期、持续、负面的。

危害之一是破坏国际贸易规则和贸易秩序，甚至有可能瓦解国际贸易体系。特朗普在WTO非常强硬，多次威胁说WTO这些年对美国是不公平的，美国不排除会退出WTO，力图用美国的单边主义替代多边主义。

危害之二是破坏全球的产业布局。现在全球贸易有 2/3 是中间品贸易，就是说某国的贸易不是最终产品，而是在产业链加工过程中产生的贸易。可以想见，全球的制造业已经不是在一个国家、一个生产线、一个工厂内完成的了，而是几乎所有的产业都是在全球布局，来完成它的制造过程。以美国对中兴的制裁为例，中兴的产业链上有 1000 多个大的供应商，制裁中兴是 8 万名员工，但 1000 多个供应商关联则远远不止这 8 万，美国制裁和切断的其实是全球的产业链。

危害之三是破坏全球经济复苏的良好态势。从去年开始，IMF 和世界银行都预测世界经济出现复苏，经过 2008 年以来十年的调整，全球已经走出了金融危机的阴影，经济出现拐点。但美国现在对全球发起了贸易战，则有可能直接破坏全球经济复苏的趋势。

危害之四是破坏全球治理体系，破坏国与国之间处理国际关系的准则。当一个国家利用霸权地位可以置国际秩序、国际规则、国际机构于不顾的时候，它给整个世界带来的破坏将是灾难性的。

危害之五是破坏中美关系，这也是最严重的。经贸关系是中美关系的压舱石，压舱石松动了，给全球、给中美、给美国人民带来的负面影响都将是巨大的、破坏性的。

中国怎么办？

有人说，美国是老虎下山很可怕。也有人说，美国是纸老虎不必在意。到底应该怎么看呢？在陈文玲看来，中国应该坚持三大方针：一是“以战止战”，我们绝不主动挑起纷争，但在非理性的、野蛮的、触犯底线的行动面前绝不能轻易退却；二是“以变止战”，就是把自己的事情做好，以变革来应对；三是“以静止战”，要有耐力，时间是在中国一边，从历史长周期看，中国整体向上的趋势是不会改变的。

具体来讲，中国要有出其不意的战略布局，以战略和智慧来止战；要有核心技术的突破，潜心把现在的短板抓紧时间补上，特别是原创性的技术必须要有重大突破，把科学发展的主动权牢牢掌握在自己手里；此外，还要加大改革开放的力度。

同时，美国国内也不会永远如此，民意有上升就会有下降，在一定情况下民意还会加剧下降，例如，当美国加征的高关税变成成本转嫁到美国企业和消费者身上时，民意可能就会转变，现在美国的特斯拉已经迁往上海，德企在美国的工厂也准备迁往中国，这都会对特朗普造成新的压力；当美元升值到一定峰值，可能会进入贬值的通道，这就会对股市产生大的震荡，那时候民意也可能发生逆转；此外，美国现在的做法是对大国信用和长远利益的一种损耗，当社会反思时，就会产生新的舆论。

“总之，得道多助、失道寡助，从历史长周期看，时间在中国一边，正义在中国一边，正确的理念和做法也在中国一边，我认为中国必胜。”陈文玲说。

雾里看花：中美贸易的博弈
——接受《中国战略新兴产业》专访

（2018 年 7 月）

主要观点：①中美贸易战实际上是制造业之争、高技术之争、国家战略之争，也是国运之争；②美国社会相当多的人出现了战略疑虑、战略焦虑、战略过虑，由此自然容易产生战略误判，主要还是美国对中国崛起的整体不适应、对中国未来成为强国的惧怕；③相比贸易战，未来更危险的是中美金融战；④中美之间还是能回到正常的轨道上，但不是原来的轨道，有可能面向未来构建一种新型关系。

今年以来，随着中美贸易摩擦的或阴或晴，多次发生戏剧性的变化，现在不仅是中国，全世界都在关注中美关系、中美贸易战。就中美贸易摩擦的起因、发展、前景，以及对中美两国的影响和对中美关系的影响，本刊记者采访了中国国际经济交流中心总经济师陈文玲。

记者：

请您简单介绍中美贸易摩擦交锋的过程。

陈文玲：

中美之间的贸易摩擦，已经进行了三场大的博弈。

第一场是钢铝之战。对钢征收 25% 的税收，对铝征收 10% 的税收。目前全球对美国有贸易顺差的国家、向美国进口的国家达到了 101 个，在向美国出口的国家中，排在前 15 位的国家，美国根据申请已经排除了加拿大、墨西哥、欧盟等 8 个国家和地区。中国排在美国钢进口的第 11 位，出口到美国的钢铁只占美国钢铁进口的 2% 左右，占中国产值不到 1%，所以钢铝排除了欧盟、加拿大、墨西哥和澳大利亚等，最后剩下了中国、韩国和日本等几个国家，矛头所向主要还是中国，但捎带着日本。中国出台了同等的制裁措施，主要是针对大豆、飞机等商品。

第二场是“301 调查”报告。在此之前美国对洗衣机、工具箱征税还属于贸易摩擦，之后就属于贸易冲突。这个报告用英文发表，185 页，其中脚注 1339 个，还有 5 个附件。这就不仅仅是贸易冲突了，而是从贸易延伸到制造业，也延伸到高技术产业、军民融合战略和党对企业的领导，几乎无所不包。

“301 调查”报告已经不单纯是贸易之争了，据此得出的要对中国近 500 亿美元商品加收关税，征收 25% 的高额关税，这是美国对中国内政严重而粗暴的干涉。美国没有军民融合的战略吗？美国没有振兴制造业的战略吗？克林顿时期的信息高速公路是产业战略，现在重振制造业是产业战略，保持美国先进制造业地位也是产业战略，以此为理由进行贸易制裁，不是纯粹的国际笑话吗？这个调查中还列举了一些学者的文章，还有一些上市公司的报告，所以将来上市企业出台公开报告要谨慎，美国也有可能在盯着。在“301 调查”报告中，使用的很多语言是可能、似乎、好像、听说、大概、据分析等，美国一个堂堂的大国怎么能以这样的词汇作为制裁另一个国家的依据？

所以，我们看到这种所谓的贸易战是虚的，实际上是制造业之争、高技术之争、国家战略之争，说白了也是国运之争。美国贸易谈判代表莱特希泽很明确地提出，如果让“中国制造 2025”实现的话，中国这些战略产业就会全面超过美国，那个时候美国会怎么办？所以美国当然要对中国制裁了。而且，美国对中国制裁所谓的“301 调查”报告依据的是《1974 年美国贸易法》，这是美国国内的法律。凭什么用自己国内的法律作为制裁别国的依据？国际制裁一定要根据国际规则进行，也就是说，要在 WTO 的框架下进行贸易争端、贸易冲突、贸易摩擦的解决，这是一个常态化的机制。美国挥舞着国内规则的大棒，而且是用过时的规则，以此作为制裁中国的武器肯定是错误的，美国制裁中国提出的 232 条款、337 条款、301 条款、334 条款都是过时的，依据的是 1974 年的贸易法、1930 年的关税法。世界发生了如此大的变化，美国的国内法律还停留在 20 世纪，而制裁别国的依据则是半个世纪甚至一个世纪之前的国内法律。美国一位学者写的文章标题就叫《特朗普正带领美国大踏步迈向十九世纪》。

第三场是贸易谈判之战。我国商务部明确表示，美国采取单边制裁，中国不与美国谈判，但美国要求谈判的话，谈判大门也敞开着。在姆努钦带队到中国谈判之后，促成了还要继续谈，并邀请刘鹤副总理访美，在美国谈判形成了一个共同声明。声明中说，双方一致认为，中美不打贸易战，不互相加征关税。6 月 2 日美国商务部部长又来了，在他来之前还先派了 50 个人的大团队来具体谈判。而在 5 月 29 日，特朗普则在推特上宣布，对中国进口的 500 亿美元的商品开征 25% 的关税。特朗普翻脸比翻书还快，脸又翻了？因此 6 月 2 日这一次谈判的声明是中方单方面的，意思是比较简单明确的，三层意思：同意从美国扩大进口，包括农业产品、电子信息产品和能源等，点了几大类进口商品名字；中美还是要进一步协商，合作要相向而行；还有一层意思最明确，假如美国对中国进行包括加征关税在内的贸易制裁，中国所做的承诺无效。

记者：

请您分析一下中美贸易摩擦的原因。

陈文玲：

美国社会很多方面达成了共识，包括民主党和共和党，他们认为美国之前的对华政策已经全面失败。当时美国的对华政策是想把中国拉进世界的开放体系中，和中国建交、使中国走市场经济道路、让中国加入 WTO。他们认为，中国只要融入世界经济体系，就能成为和美国同样的经济体系。现在蓦然回首发现中国是强大了，但中国的社会主义制度没有变，共产党的领导没有变，中国的文化价值观没有变，中国唯一变的就是从贫穷走向了富强，成为和美国距离最近的国家。

去年中国的 GDP 总量达到 12. 2 万亿美元，美国现在是 19. 36 万亿美元，中国 GDP 占美国 GDP 总量的 66%。回顾历史，每当一些国家的力量和美国接近的时候，就开始受到美国的打压与遏制，当年里根瓦解苏联，美国和日本的贸易战，也都是在这样的与美国经济距离越来越近的情况下，发生了激烈的对抗性博弈。中国的经济体量占到了美国的 66%，要比任何一个当年的经济体距离都近，而且中国还成为世界第一大贸易体，成为制造业产值排在第一位的国家，2010 年超过美国，目前占全球制造业产值的 25. 5%。最重要的是 2016 年人民币成为国际货币，成为 IMF 货币篮子里的五大货币之一，占到 10. 92%，位于美元和欧元之后的第三位，在英镑和日元之前。我们科技创新的步伐正在加快、军事实力也在加强。

现在，美国社会相当多的人出现了战略疑虑、战略焦虑、战略过虑，由此自然容易产生战略误判。主要还是美国对中国崛起的整体不适应、对中国未来成为强国的惧怕，再加上，特朗普政府把保持美国利益至上、美国第一作为根本出发点。这主要基于一个历史发展的大背景，也就是说，中国正处于整体向上的历史大趋势中，美国则整体处于向下的历史大趋势中。这原本是一个比较长的历史过程，跨越的时间会比较长。

但是，特朗普及美国鹰派包括美国社会相当一部分人对此认识有误，在他们看来，中国已经是世界第一。美国皮尤调查中心（Pew Research Center）的民意调查显示，认为世界上最强大的国家是中国的比例竟然超过了美国。世界上一些国际组织、机构、智库和学者也为此立论。甚至中国也有个别学者认为中国已远超美国。欧美一些发达国家社会民众，现在也产生一种幻觉，他们觉得中国很强大、很可怕，中国发展起来后，未来前景不可预测。由此，产生了严重的战略误判。

记者：

请您展望中美贸易摩擦的前景。

陈文玲：

今天进行的是中美贸易战，我认为未来更危险的是中美金融战。因为美国的美元黄金、美元石油、美元大宗商品紧密关联，所以美国可以翻手为云、覆手为雨，而人民币在国际结算中目前只有1.23%，虽然人民币在走向国际化，包括用人民币进行贸易结算，设立石油期货和铁矿石期货，但还是刚刚开始。刚刚开始的进程，既是对美国的挑战，也是中国人民币国际化必须迈出的步伐，这种金融博弈会更加激烈。美国股市在特朗普执政后的一年中涨了74次，但现在又涨又跌，美元国债收益在美联储缩表以后上升了3.1%。美国最近一两年的主要战略是什么？我认为是吸引资本向美国集聚、吸引财富向美国集聚、吸引产业向美国集聚，把美国打造成为全世界经济状况最好的国家，美国第一，美国利益至上，让美国再次伟大。在这种情况下，美元的升值在未来一两年可能是一个趋势，缩表也是一个趋势，全世界的资本向美国流动，国际上的新兴经济体动荡不已，资本外流、资本紧缩达到一定程度，甚至导致经济危机或崩溃，这样美国就达到了预期目标。我预测，在美国聚敛全球财富并导致一些经济体发生危机后，未来美元则可能仍会贬值，甚至也不排除美国逼人民币升值。当前与中国打贸易战的这些人，都是原来处理美国和日本贸易摩擦的人，当年他们的最后一招就是逼日元升值并签订了“广场协议”，使日本陷入连续20年的经济衰退。现在中美贸易摩擦只是一个序幕，不会伤及我们的根本，未来的金融之争，处理不好则可能会大伤元气。中国的金融行业应该对未来中美有可能在金融领域博弈做前瞻性的研究，对美国未来可能推出的金融战、货币战早做战略准备，争取战略主动，防患于未然。

在当前和今后几十年，美元在全球仍处于霸权地位。2008年以来，美元在全球资本流量中的比重不降反升，从2008年的60%升至75%，全球以美元为锚货币的国家占比从1950年的30%、1980年的50%已发展至目前的83%。尽管人民币已经开启国际化进程，但在全球外汇储备中占比仅为1.12%，和美元还不是一个量级。

从经济总量来看，美国在相当长时间内还会保持世界第一。2017年，按年均美元汇率计算的中国 GDP 总量约为美国的 67%。假如中国未来年均增长 6%、美国年均增长 2%，到 2035 年，中国经济总量才会与美国持平。即使到那个时候，按人均计算，第六次人口普查中国有 13.7 亿人，而美国目前仅为 3.2 亿人，中美之间仍有 4 倍多的差距。

从科技和教育看，尤其是高科技产业，美国总体上在目前和今后一个时期也将继续位居世界第一。美国汇聚了全球 70% 以上的诺贝尔奖获得者，世界前沿的科学技术大约八成来自美国，在世界 500 强科学研究机构 2015 年度排名中，美国有 198 家大学和科研机构进入，排在前 10 名的有 9 家来自美国，全球十大科技顶尖级公司，美国占据了 8 家。

从制造业发展水平来看，美国总体处于中高端，创新能力排在世界第一。中国的制造业产值虽然在 2010 年就超过了美国，居全球第一，但总体上仍处于产业中低端向中高端转型升级的进程中。

从军事实力看，美国还会在相当长时期处于世界第一。2018 年美国军费超过 7000 亿美元，占全球 1/3 强，而中国的军费为美国的 1/4。美国每年的军费支出规模比世界前十名国家中其他九个国家的总支出还要大，其每年出售军事武器数量占全球武器售卖量的 34%，销往 98 个国家和地区。

中美之间的差距在短期内还无法总体超越。特朗普现在的战略转向，过早地、过快地、过度地、过分地把中国作为战略竞争者和遏制对象，真的是选错了时代、选错了对手、选错了方向、选错了方法、选错了竞技场。

道路自信、理论自信、制度自信和文化自信我们还是要必须坚持的，但同时也不要骄傲自满，尤其是和美国的博弈。现在有些文章谈我国和日本的差距，有些文章谈我国和俄罗斯的差距，中国旧社会在三座大山压迫的时候，有人呼吁要睁开眼睛看世界，今天中国强大了仍然要睁开眼睛看世界，要看看并学习世界那些走在我们前面的国家和地区，看看那些领先的领域、技术、产品、商业模式。我们有我们的优势，改革开放最大的成就就是激发了人们的原创性、激发了作为自由人的创造力和流动性，提升了我们在全球配置资源的能力。现在中国有 6000 多万华人在海外，中国"走出去"的企业越来越多，从"引进来"到"走出去"在全球配置资源，这是翻天覆地的变化。中国的高铁运行里程占了全球的 80%，102 个国家有中国的铁路建设项目。

记者：

请您谈谈对未来中美关系的看法。

陈文玲：

中美之间还是能回到正常的轨道上，但并不是原来的轨道，有可能面向未来构建一种新型关系。现在看来，仍具备有利因素。

一是元首的引领性外交，最后将起决定性作用。自特朗普担任总统一年多来，和习近平主席还是保持了比较顺畅的、友好的良性互动，基调总体正面，完全不同于下面的硝烟弥漫。在这种情况下，两国关系就有处理好的希望。

二是中美关系特别是经贸关系是一个长期问题，不是现在才出现的问题，只是特朗普的执政团队把它放大了。从总体上来说，中美经贸关系还是压舱石，直接影响到两国方方面面的关系，最后双方还是要妥善处理这一问题。对于中美经贸关系，美国用落后于时代的单边的国内规则来处理国际贸易问题，不会产生好的结果，还是应该回到 WTO 框架下，在多边认可的规则下处理这个问题。与此同时，我们也要面向未来，认识到在全球产业布局下，贸易的形态以及产业的形态都已发生了翻天覆地的变化，许多规则需要调整、完善。

三是美国应该尊重新兴市场经济体和发展中国家的崛起，尊重这些国家人民的选择和他们走过的道路，尊重他们现在取得的成就。

当前世界面临着五个方面的重大选择：到底是开放还是封闭？前进还是后退？单边还是多边？霸道还是王道？把一个国家的利益建立在全球利益之上，建立在其他国家利益之上，还是构建人类命运共同体？这是两条道路、两个方向、两种选择，毫无疑问，中国代表的是后者，美国代表的是前者。得道多助、失道寡助，开放、前进、经济全球化、构建人类命运共同体代表了未来和正义，而正义的事业是不可战胜的。

“中国第一”的幻觉可能误导了美国战略转向

——接受《界面新闻》专访

（2018 年 5 月 2 日）

主要观点：①当前中美贸易战的产生，主要是由于美国对中国崛起的整体不适应、对中国未来成为强国的惧怕，再加上美国政府要保持美国利益至上、美国第一的根本出发点，这将是一场长期的马拉松，而不是短跑、不是百米赛，未来的走向，还得看双方的耐力，谁更有战略定力。②美国社会相当多的人出现了战略疑虑、战略焦虑、战略过虑，由此自然容易产生战略误判。③中美之间的差距在短期内是无法弥补的，特朗普现在的战略转向，过早地、过快地、过度地、过分地把中国作为战略竞争者和遏制对象，是选错了时代、选错了对手、选错了方向、选错了方法、选错了竞技场。

过去一段时间，中美关系发生了多次戏剧性变化，跌宕起伏，引发了世界关注。作为全球重要的双边关系，中美之间短期局势的动荡其实脱离不了长期关系的轨道，那么，从长期的角度来看，中美关系出现了什么样的变化？《界面新闻》专访了中国国际经济交流中心总经济师、第十轮中美工商领袖和前高官对话的中方代表陈文玲女士，为大家解析中美关系。

美国的战略重点发生转向

《界面新闻》：

今年以来，中美之间的贸易摩擦加大，这是因为美国中期选举吗？还是说，中美关系已到拐点，长期对抗趋势已经形成？

陈文玲：

这不只是中期选举的问题，中期选举只是一个临时性议题。主要还是美国对中国崛起的整体不适应、对中国未来成为强国的惧怕，再加上，美政府要保持美国利益至上、美国第一的根本出发点，由此，这将是一场长期的马拉松，而不是短跑、不是百米赛。未来的走向，还得看双方的耐力，谁更有战略定力。我觉得，在这场马拉松中，中国可能开始慢一点，以后会越跑越快，美国开始会因为“块头大、营养丰富”，更快一些，但未来有可能会慢下来。

《界面新闻》：

美国的长期战略出现了什么变化？

陈文玲：

美国把自己的对手分为三类，反恐降至第三类，朝鲜和伊朗降至第二类，中国和俄罗斯则排在第一类。

也就是说，美国的战略重点从反恐转向与中俄直接竞争与抗衡，而且中国排在俄罗斯的前面。

《界面新闻》：

为什么会发生这种转变？

陈文玲：

现在，美国社会相当多的人出现了战略疑虑、战略焦虑、战略过虑，由此自然容易产生战略误判。

这主要基于一个历史发展的大背景，也就是说，中国正处于整体向上的大趋势中，美国则整体处于向下的趋势中。这原本是一个比较长的历史过程，跨越的时间会比较长。但是，特朗普及美国鹰派对此认识有误。在他们看来，中国已经是世界第一。

美国皮尤调查中心（Pew Research Center）的民意调查显示，认为世界上最强大的国家是中国的比例竟然超过了美国。世界上一些国际组织、机构、智库和学者也为此立论。甚至中国也有个别学者认为中国已远超美国。

欧美一些发达国家的社会民众，现在已经产生一种幻觉，他们觉得中国很强大、很可怕，中国发展起来后，未来前景不可预测。由此，整个社会产生了严重的战略误判。

特朗普一直说让美国再次伟大、让美国第一、让美国优先，这给人一种感觉，美国早已不行、早不再是世界第一、不是那么强大了。这几乎是美国当前制定战略与决策、采取明智或不明智行动的源头。

西方的“中国第一”幻觉

《界面新闻》：

怎么认识美国的世界地位的变化？

陈文玲：

首先，在当前和今后几十年，美元在全球仍处于霸权地位。2008 年以来，美元在全球资本流量中的比重不降反升，从 2008 年的 60% 升至 75%，全球以美元为锚货币的国家占比从 1950 年的 30%、1980 年的 50% 已发展至目前的 83%。尽管人民币已经开启国际化进程，但在全球外汇储备中占比仅为 1.12%，和美国根本不是一个量级。

其次，从经济总量来看，美国在相当长时间内还会保持世界第一。2017 年，按年均美元汇率计算的中国 GDP 总量约为美国的 63.2%。假如中国未来年均增长 6%、美国年均增长 2%，到 2035 年，中国经济总量才会与美国持平。即使到那个时候，按人均计算，第六次人口普查中国有 13.7 亿人，而美国目前仅为 3.2 亿人，中美之间仍有 4 倍多的差距。

再次，从科技和教育看，尤其是高科技产业，美国总体上在目前和今后一个时期也将继续位居世界第一。美国汇聚了全球 70% 以上的诺贝尔奖获得者，世界前沿的科学技术大约八成来自美国，在世界 500 强科学研究机构 2015 年度排名中，美国有 198 家大学和科研机构进入，排在前 10 名的有 9 家来自美国，全球十大科技顶尖级公司，美国占据了 8 家。

复次，从制造业发展水平来看，美国总体处于中高端，创新能力排在世界第一。中国的制造业产值虽然在 2010 年就超过了美国，居全球第一，但总体上仍处于产业中低端向中高端转型升级的进程中。工信部部长苗圩曾将全球制造业分为四级梯队，第一梯队是美国主导的全球科技创新中心，第二梯队是高端制造领域，包括欧盟和日本，第三梯队是中低端制造领域，第四梯队主要为资源输出国，中国目前仍在第三梯队。

最后，从军事实力看，美国还会在相当长时期居于世界第一。2018 年美国军费超过 7000 亿美元，占全球 1/3 强，而中国的军费为美国的 1/4。美国每年的军费支出规模比世界前十名国家中其他 9 个国家的总支出还要大，其每年出售军事武器数量占全球武器售卖量的 34%，销往 98 个国家和地区。

中美之间的差距在短期内是无法弥补的。特朗普现在的战略转向，过早地、过快地、过度地、过分地把中国作为战略竞争者和遏制对象，真的是选错了时代、选错了对手、选错了方向、选错了方法、选错了竞技场。

《界面新闻》：

西方为什么会出现“中国第一”的幻觉？

陈文玲：

我认为，这主要来自以下几个方面：一是2014年世界银行与国际货币基金组织（IMF）按购买力平价（PPP）做了一个全球竞争力评估，中国被评为最大经济体。更早以前，美国五角大楼也做出过“中国经济世界第一”的评价。

二是中国这些年快速发展，过去40年年均增长9.5%，这样的持续时间与增幅，中国是唯一一个。与此同时，中国国际货物贸易规模增至世界第一，制造业总值也居世界第一，人民币又加入了IMF特别提款权（SDR）。

三是人员互相的大规模流动，但外国人由此获得的信息却较为片面。例如，来中国旅游的外国人，大多只看到高楼大厦、机场高铁等基础设施，却没有看到落后地区、贫困人口的生活；中国人出国旅游及海外消费的暴涨，往往给人以中国人非常有钱、中国已经颇为发达的印象，虽然确实有有钱人，但外国人不知道的是有相当一部分中国人是用生命周期中的储蓄在支付一次性的旅费。

四是有的舆论宣传把握得不太好，没有那么内敛。其实我们面临的挑战仍比较严峻。我们仍然有3000万贫困人口，城乡差距、区域差距仍比较大，未来治理生态环境需要付出的成本也很高。虽然中国GDP已经位居世界第二，但用13亿人一除，人均GDP仍在不发达国家行列，甚至排在了哈萨克斯坦之后。

我们不能妄自菲薄，但也不能自满，不能放大成就、报喜不报忧。我们得有忧虑感、危机感、责任感。我们仍需要韬光养晦，扎扎实实做事，要让我们内敛、含蓄的文化基因继续流淌在血液中。如此，面向未来的长远目标才能实现。

我曾经在德国和经济学家对话时说，“千万不要把我们描绘的2050年的蓝图，看成是今天已经实现了的现实，要实现这个目标，我们还要进行艰苦卓绝的奋斗，我们不能犯错误、不能被打断进程，也不能出现颠覆性变化”。

成长中的特朗普交易型政府

《界面新闻》：

如何认识和把握美国当前的战略转向？

陈文玲：

我们要认识到特朗普与历届美国总统执政目标的实质是相同的，可以说是一脉相承，也就是维护美国在全球的地位和影响力、打压遏制潜在竞争对手，同时，也应看透特朗普总统的执政特征。

特朗普原本是一个成功的商人，也是一个政治素人。他执政一年多来，也在转型升级，他的行为、言论与上任初期相比已经有了很大变化，正在向人们认为的“建制派政治家”转型，变得越来越“像”政治家。但是，他还不是一个政治家。我认为，他还没有完成从商人向政治家、向国家领袖的角色转变，仍在打磨中。

与历届美国总统相比，特朗普有三点比较大的区别。

第一，他把美国曾经作为核心竞争力的很多软的东西变得更软，甚至聊胜于无，他把美国对外输出所谓普世价值的传统手段，转向了在全世界追求利益最大化，成为交易型政府。他强调硬实力，强调现得利益，强调美国利益至上。

第二，特朗普政府使美国转向封闭、孤立、保守、民粹和超保护主义。

第三，特朗普是典型的非传统政治家、非建制派、非主流派、非精英派，其个人经历和风格在执政中凸显。从他采取的行动来看，可以概括为五个主义，也就是绝对的重商主义、霸权主义、绝对的实用主义、利己主义和保护主义。

在全球政治中，他表面看似没有章法，实际上是用战略挑拨的手段，用杠杆撬动了国际上的矛盾点，并且把矛盾点放大成一个地缘政治、地缘经济的冲突面或者火药桶，放大成为对所谓的战略竞争对手中俄的遏制。

《界面新闻》：

您刚刚提到交易型政府，怎么理解？

陈文玲：

特朗普的劣势是商人，而优势恰恰也是他在市场博弈中的经验。他领导下的交易型政府，最直接的表现之一便是，扮演吃亏者、受损者，以此向更多国家要订单，借此获取利益。

例如，他访问沙特阿拉伯获得 1000 亿美元订单、访问中国拿到 2500 亿美元订单，印度则预订了 300 架、每架 1 亿美元的美国第五代战机，日本安倍晋三则是“送货上门”，在美投资 1500 亿美元，还要在基础设施领域投资 4500 亿美元。即便是越南总理到访美国，特朗普也是在大谈美国和越南的贸易逆差，由此获得了 80 亿美元的越南订单。

他不仅针对中国，而且与世界几乎所有国家都在交易，包括与美国的盟国，也在交易。

必须重视原始创新

《界面新闻》：

从这次贸易摩擦中，我们可以总结哪些方面的经验？

陈文玲：

此前美国发起的贸易战可以说经历了三波：第一波利用“232 条款”对钢铁、铝等加征关税；第二波利用“301 条款”，主要的攻击目标是“中国制造 2025”、中国的军民融合战略；第三波就是中兴通讯事件。

中兴通讯事件虽然和公司本身操作不当有关，但也与美国对中国的战略转向有关，这其实是美国战略意图在经贸领域的表现。

这起事件给了我们两个深刻的教训：第一，在全球进行产业布局的时候，一定要充分考虑到风险，除了投资风险、市场风险外，也不能忽视政治风险和法律风险。第二，也是更为重要的，核心零部件有必要掌握在自己手中，否则，一旦出现美国这种极端做法，我们会受到非常大的损失。

现代产业链的链接黏度都比较高，一旦某个环节出了问题，影响的就不是一个企业，而是一群企业，是处于链条上的所有企业。在这个全球化的时代，切断产业链，就等于切断了市场、切断了与全球的经济联系。

不过，换一个角度看，这其实也算一件好事。它给我们敲响了警钟，我们一定要重视。一方面要在全球产业链中合理布局，另一方面要加快在产业链中的升级，尽快从中低端迈向中高端。在迈向中高端的进程中，首先要把最短的短板补上。

《界面新闻》：

如何才能推动核心技术的创新？

陈文玲：

我们要提高中国的原始创新能力，不能都是引进消化吸收式创新。实际上，引进消化吸收式创新是一条高级模仿道路，集成创新是在集中经验的基础上进行提炼，其实也是“拿来主义”。

我们现在最薄弱的是原始性创新，也就是原创性研究。这样的研究即使是坐冷板凳，即使是几十年磨一剑，也是有价值的。

实际上，很多原始创新开始没有收益，还需要持续地投资，积累到一定的程度，才能从量变到质变，才能产生飞跃。这需要我们整个社会克服浮躁心理和急功近利的想法。

美国对国际贸易的认识已经落后

《界面新闻》：

本次中美联合声明表示，双方同意，将采取有效措施实质性减少美对华货物贸易逆差。您觉得会有哪些措施？

陈文玲：

如果美国能放开对高技术产品的出口限制，单芯片年贸易规模就有可能从现在的不到千亿美元增长到2000亿美元。如果双方能够打通下一代数字贸易方式，那么中国通过E国际贸易平台进口的东西可能会更多，通过这种方式可以再增长上千亿美元贸易额。如果美国不再限制中国对美投资，由此产生数百亿美元贸易额也不会有问题。

彼得森国际经济研究所（Peterson Institute for International Economics）在2013年和中国国际经济交流中心共同研究过中美推行自由贸易协定（Free Trade Agreement）的课题，他们有个量化的结论，如果中美能够构建FTA，可以增加5000亿美元的贸易额和480万个就业岗位。

所谓E国际贸易是第四次科技革命的产物，简言之，是互联网、物联网、大数据、云服务、云计算、人工智能等新一代信息技术所引发的新贸易形态，也就是国际贸易的电子化，是高度信息化、智能化、国际化、网络化的线下线上一体化的贸易方式，是当代数字经济、共享经济、平台经济、信息经济和知识经济的综合表现形态。

《界面新闻》：

在国际贸易演变的大背景下，中国的贸易顺差国地位还会保持吗？

陈文玲：

现在，贸易又在加快转移，特别是劳动密集型的产品。由于中国的土地成本、劳动力成本、资源成本、能源成本、环境成本等在不断上升，劳动密集型产业正在加快向东南亚、南亚、非洲一些相关国家转移。

因此，从长周期来看，8年、10年以后，中国有可能成为贸易逆差国。现在顺差转移的进程已经开始了。今年1—4月，我们的贸易顺差同比减少24%，4月贸易顺差减少27%。

《界面新闻》：

最后，请您展望一下未来的中美关系。

陈文玲：

我认为，中美之间还是能回到正常的轨道上，但不是原来的轨道，有可能面向未来构建一种新型关系。现在看来，仍具备有利因素。

一是元首的引领性外交，最后起决定性作用。我们可以看到，自特朗普担任总统一年多来，和习近平主席还是保持了比较顺畅的、友好的良性互动，总体基调正面，完全不同于下面的硝烟弥漫。在这种情况下，两国关系就有处理好的希望。

二是中美关系特别是经贸关系是一个长期问题，不是现在才出现的问题，只是特朗普的执政团队把它放大了。从总体上来说，中美经贸关系还是压舱石，直接影响到两国方方面面的关系，双方还是有意愿妥善处理这一问题的。

对于中美经贸关系，我认为美国用落后于时代的单边的国内规则来处理国际贸易问题，不会产生好的结果，我们还是应该回到WTO框架下，在多边认可的规则下处理这个问题。与此同时，我们也要面向未来，认识到全球产业布局下，贸易的形态以及产业的形态都已发生了翻天覆地的变化，许多规则需要调整、完善。

另外，美国也应该尊重新兴市场经济体和发展中国家的崛起，尊重这些国家人民的选择和他们走过的道路，尊重他们现在取得的成就。

对特朗普总统执政两个月的政策评价

——接受央视《市场分析室》栏目专访

（2017 年 3 月 20 日）

注： 本文为陈文玲接受中央电视台《市场分析室》节目专访，对中美两国元首会晤、特朗普新政、中美经贸关系等进行点评。本专访为特朗普上台后国内较早对特朗普新政和中美关系系统点评的专访之一，所提出的“五个大规模行动”在国内外有较大影响力。

主持人：

观众朋友好，欢迎收看《市场分析室》，我是主持人罗晓芳。在刚刚过去的这个周末，中国国家主席习近平与美国新一届政府里首次到访的美国国务卿蒂勒森举行了会晤，这成为全球瞩目的焦点。除了传递出两个大国对彼此关系最新表述之外，更加令人期待的就是两国首脑预计在下个月进行的会晤，今天是特朗普总统执政满两个月的日子，特朗普新政的实施效果究竟如何评估，中美建设性关系和中美贸易发展会有哪些新内涵，会不会有更多的重磅信号出现呢？欢迎我们的嘉宾中国国际经济交流中心总经济师陈文玲女士！您好，陈老师！欢迎来到我们的节目，您是我们的老朋友。

陈文玲：

您好，晓芳。

主持人：

那么今天我们要开始度量了，从特朗普叫停医改法案到退出 TPP 再到造墙计划，包括签署禁穆令，我们看到特朗普一上任就马不停蹄地设法履行他竞选时的承诺，他上任首月的首秀怎么样？这大刀阔斧的表现如何？成果如何？您给评价一下吧。

陈文玲：

好的。对特朗普的总体评价，我觉得他是在用一个企业家的精神治理国家，从他上任到现在两个月了，你可以看出来他还是言必信、行必果的，而且处理问题的速度非常快，推出政策也非常快。据说他现在的工作量，已经超过奥巴马一年的工作量。从他推出大量政策，出台非常快的这些举措来看，我概括他现在和未来会有五个大规模的行动，有四个方面的放松，还有三个方面的反对。这样可能大家便于记忆。

主持人：

那先说五个大规模的行动。

陈文玲：

先说这五个大规模行动。从特朗普竞选到现在，可以看出来和预测的，第一个大规模行动，他要采取大规模的减税行动。这个大规模减税行动，我们上次已经解析过了。他会把企业所得税从35%减到15%，个人所得税分三档，最低档12%，然后25%，然后33%，这种大规模减税是肯定的了。

第二个大规模行动，他会大规模推进基础设施建设。特朗普认为基础设施建设是美国的短板。他在竞选中曾经说，中国修了那么多的港口、铁路、机场，中国是发达国家，而美国像第三世界国家，他要下决心改变美国第三世界国家的形象了。他最近推出1万亿美元的基础设施建设计划，包括机场、公路、铁路、船闸，还有水电、能源等，都是一些大的基础设施。而且他提出的每一个重大项目，都有施工者，都有主办单位，我觉得他真的像一个做企业的总经理来落实一个一个的项目。

主持人：

雷厉风行。

陈文玲：

雷厉风行，这是第二个。第三个大规模行动，是大规模增加军费。特朗普刺激军费增长也有具体计划，他计划美国2017年军费要达到6000多亿美元，占全世界军费支出50%以上，预计未来会继续增加，而非减少。所以你可以看到他不是军力收缩，而是军力在大规模加强。

第四个大规模行动，会大规模增加美国债务。因为现在按照美国财政部去年6月公布的数字，美国国家债务已经达到了22.8万亿美元，这是非常可怕的一个数字。特朗普上任以后计划再增加1万亿美元的债务，到时候国会能不能通过，会不会出现奥巴马时期的政府关门，这也是拭目以待。

第五个大规模行动，特朗普会大规模地反建制。包括他推出的很多东西，是和建制派完全不同的。如果按照建制派原来的行为方式，有些事情是不会发生的。前一段时间，美国移民局，还有美国一些机构的主要负责人，都遭到了特朗普的解聘。再一个方面，特朗普也反对主流媒体，和主流媒体的 PK 是很激烈的。特朗普这五个大规模的行动，他还会持续下去。四个方面的放松，我们也看得很明显。

主持人：

哪四个放松？

陈文玲：

第一是要放松金融监管。他提出来要废除《多德—弗兰克法案》。要全面放松金融监管，他的政策取向看得非常清楚。第二是要放松对传统能源的监管。能源监管这一方面，他也提出一些举措，他要恢复传统能源生产，放松原来对传统能源监管的规则，包括碳排放、碳交易等要收回来，要收缩。对国际社会美国原来承诺到 2030 年要减排 32%，现在他也要放弃这个承诺，他要放松能源监管，使能源向传统能源回归，他认为这样可以解决部分就业。第三是会放松药品监管。原来美国 FDA 药品监管是全世界最严格的，美国和欧盟在全世界对药品监管最严格，现在特朗普明确提出来要放松药品监管。第四是放松对环境的监管，前一段时间特朗普提出来，要撤销美国环境保护署，造成了很大的动荡。以上这四个方面是特朗普要放松的。

主持人：

时间关系，我们先来看看我们的投资者有什么样的问题，这位投资者就说了，“新官上任三把火”，特朗普上任这两个月，确实是“火”一把接一把，都看不过来了，但是好像没有几样能干成，要是再过个半年一年的，没有了“新官上任”的这个精气神了，是不是他接下来就会有点虎头蛇尾了，观众有这样的问题，您是怎么看待这个问题的？

陈文玲：

我觉得这既是“新官上任三把火”，也是他个人的特质。因为他本身是做企业的，企业家有一个很突出的、和一般人不一样的特质，就是执着。

主持人：

坚持。

陈文玲：

坚持，执着，所以我认为，特朗普不会说因为碰壁就失去了这种干劲。而且他还在干中学，也在不断碰壁中修正自己，这种修正不是按照商人的特质来修正，而是按照未来必须作为美国大国领袖，从政治素人到政治家转变，在不断修正自己的行为。

主持人：

好！谢谢陈老师的分析。3 月 19 日国家主席习近平会见了美国国务卿蒂勒森，指出中美关系面临一个重要的机遇，这释放出了中美关系怎样新的信号，这个问题我们想请陈文玲女士给我们分析一下。

陈文玲：

这次美国国务卿蒂勒森来以后，先是跟王毅部长会谈，然后习近平主席又接见了他。在这两次会谈中他都表示，中美两国应该是不冲突、不对抗、相互尊重、互利共赢。我认为中美新型大国关系的内涵实际上就是这些内容，这是习近平主席 2012 年提出的处理中美关系的原则。原来奥巴马没有接球，他是用的其他表述方式，这次蒂勒森来完全用了习近平主席的表述，而且他是代表特朗普总统来的，所以这释放了一个新的信号，就是中美完全可以按照习近平主席构想的和提出的这个原则构建中美新型大国关系。

主持人：

好，全球都在期待有可能于下月举行的这个“习特会”，那么当前两国元首会晤有哪些重大的意义，会有什么样的期待，我想请您谈谈您的观点。

陈文玲：

中美关系已经超过了两个国家的双边关系，它不仅是中美双边问题，也应该是世界大势、走势、局势的一个非常重要的变量。我上次也说了，中美和则世界兴，中美斗则世界乱，所以中美两国如果能走入一个正常的轨道，能增加战略互信，而不是战略互疑，也不是前一阶段在美国出现的那种战略焦虑，我想对全世界来说都是一件大好事。

第一，可以使全球的治理、全球的秩序、全球的规则稳定有序。由于两个大国的合作，能向着一个公平合理、可预期的方向发展。

第二，中美两国关系处理好了，对中美两国都是有益的。贸易上，如果中美真正能够开启 FTA，中美可以增加 5000 亿美元的贸易额，相当于我们 40 多年积累下来一年的总量，这是美国彼得森研究所所做研究的结论，这个数据是可信的。

第三，中美两国如果能够更紧密地合作，不仅对两国贸易、投资、就业有利，对两国国家的国民福祉有利，也对全世界有利。如果我们能够建立符合国际社会期待的新的价值观、安全观、义利观，站在人类道德道义制高点上，构建习近平主席提出的人类命运共同体，世界将更加美好。美国和中国能达成更多的共识，对于我们构建人类命运共同体，使全世界人民在和平发展的这个轨道上能够继续前行，能够分享更多世界经济增长发展带来的好处有重要意义。

主持人：

好的，我们知道中美关系一方面在变暖，另一方面依然存在一些矛盾和摩擦，那么这种关系后面还会不会有一些起伏，如何构建两国新型大国关系，您的看法是什么？

陈文玲：

矛盾和摩擦肯定会有的，但是中美从建交到现在，这40多年，总的来看是在颠簸中前行的。不管有多少摩擦，但是没有影响中美两国这种正常关系的发展，总的走势是正常的，是健康的，是向前发展的。未来也会是这样一个总的趋势。习近平主席这次和特朗普总统会见，将为两国继续发展中美新型大国关系开启一个新的里程碑。还会不会有摩擦？我觉得肯定会有的。

比如说对于中美的贸易顺差，我们说的贸易顺差，他说的贸易逆差，怎么看，怎么解决？比如说我们认为人民币已经在一个合理的均衡汇率水平上，如果美国认为没有在一个这样的水平上，认为中国为汇率操纵国，将会采取什么措施？肯定会有摩擦。再比如说，我们周边的南海问题、东海问题，在这些问题上，如果美国保持一个中立的立场，这种摩擦不会引发，如果像现在的一些行为方式，肯定仍然会有摩擦。所以，我觉得中美关系的大势是向好的，但是一些摩擦和坎坷也是可以预见的。

主持人：

求大同存小异，大家期待着跨越太平洋的手，紧紧地握在一起。

陈文玲：

对对。

主持人：

好，谢谢。

陈文玲：

习近平主席说，“太平洋够大，足以容下中美两国”。所以，只要跨越太平洋这两只手握在一起，就可以把全世界引向一个更加美好的、可预期的未来。

主持人：

谢谢陈文玲女士的分析。那么接下来我们就要度量中美贸易，在未来如何创造出中美合作与共赢的局面，中美贸易怎么样能够进一步发展方面，陈文玲女士有什么样的观点？

陈文玲：

你问的这个问题，我觉得大家也很关心。

主持人：

对。

陈文玲：

我认为中美两个国家，贸易和投资还有很多的机会，怎么才能使它保持一个长期的健康走势，这个问题非常重要。第一，关键是要从制度性框架入手，比如说加快推进 BIT 谈判，BIT 中美已经谈了 34 轮，可以尽快达成 BIT，使中美企业在双边投资方面能有保障。第二，在 BIT 谈判之后，我觉得可以加一个 T，进行 BITT 谈判，在投资形成协议的基础上，加上 T 这个贸易，使其也成为一个制度化的设计。第三，可以适时启动中美 FTA 谈判。因为特朗普现在放弃多边，转向双边，转向双边以后我觉得中美双边关系最重要，如果说启动双边的这种关系的话，特朗普最看重的应该是中美关系中的贸易逆差。因为中美贸易额目前已经达到 5696 亿美元，在全世界排在第一位，美国对于中国的出口，每年的增长速度是 11%。我觉得如果特朗普是一个聪明的总统，先应该抓紧启动和中国的 FTA 谈判。

再一条，推动亚太自贸区进程。这是在 2014 年 APEC 会议上形成的。我认为特朗普如果能够在亚太保持和平发展的形象，他会受到欢迎。我认为即使他把其他的多边放弃了，但是如果能够共同推进亚太自贸区谈判的进程，应该也可以成为主角，就能够和中国形成合力。

主持人：

好，谢谢，这个合作共赢是一个大的方向。陈文玲女士，特朗普新政施政纲领里面您最关心哪一点？刚才我们有四个选择，第一是财税政策，第二是基建计划，第三是放松金融监管，第四是其他，您的选择是什么？

陈文玲：

我选择第一。

主持人：

为什么？

陈文玲：

因为如果他的财税政策推出来的话，美国将成为世界上税收最低的国家，目前英国是 17%，如果美国降到 15%，将是大国里税收水平最低的。这会导致制造业回流、投资回流、财富回流，那么这一条可能会对中国的企业和投资产生很大影响，所以我最关注的是第一条。

主持人：

我想替我们的投资者、股民朋友问一个问题：那么会不会使更多的上市公司到美国去设分厂，这样对上市公司的业绩会不会有更好的促进？

陈文玲：

我觉得这也是市场的选择，是企业家的选择，比如说前一段时间对曹德旺在美国设立分厂，有很多议论，但是他更多的投资还是在中国。我认为，作为产业链的整体转移，其代价是非常大的。美国如果没有特殊的这种符合产业链、供应链和价值链转移的整体优势，尽管减税也不可能形成制造业大规模向美国转移。

弱势美元还是强势美元之争　特朗普与耶伦的博弈
——接受央视《市场分析室》栏目专访

（2017 年 2 月 15 日）

注：本文为陈文玲接受中央电视台经济台《市场分析室》节目专访，就中美关系、美国经济等问题进行点评，提出美国总统将在执政中推进弱势美元，而美联储主席耶伦将坚持强势美元。二者将展开激烈博弈。

主持人：

观众朋友们好，欢迎收看《市场分析室》，我是主持人罗晓芳。美国新任总统特朗普就任已经二十多天了，他的一系列政策的推进和各种言论，在美院和美股不断制造着“特朗普行情”，周一美国股市三大股指再创新高，标准普尔 500 指数市值首次突破了 20 万亿美元，创下了历史纪录。同时，这两天全球也都在关注着美联储主席耶伦的证词，最关键的是特朗普对中美关系的表态，与当选前相比出现了重大的转向。特朗普竞选时，美元受其政策刺激升值，他上任后，政策接连落地，近期却又不同寻常地直接表态，美元偏强。特朗普预推的政策效果和他新的表态明显出现矛盾，这将如何影响全球对美元的预期？市场分析室邀请中国顶级智库的总经济师陈文玲，全面度量特朗普新政，哪些能强力推进，影响世界经济？哪些会被制衡，只能隐而不发？欢迎收看《市场分析室》，今天我们将度量特朗普新政给世界及中国经济带来的影响。欢迎陈文玲女士，首先我们来度量小片里提到的特朗普各种新政达到的效果，他想达到的效果和美元强势走势之间的矛盾，您能不能一一给我们解释一下，或者是分析一下，您怎么看待这些矛盾？

陈文玲：

我觉得现在美国确实很纠结，特朗普强调美元太强势了，我认为，特朗普主张的是弱势美元，主张降息。昨天耶伦在国会说，美国经济增长速度加快了，就业市场强劲，通胀也达到了预期，美国应该放弃宽松的货币政策，不放弃宽松货币政策是不明智的。但是，特朗普的观点正好相反，所以我认为，美元的走势很纠结，是升是降各有各的考虑。从特朗普来说，我认为他是从几个方面考虑的，可能有这么几个深层次的原因：

一是美元实际上对各种货币已经大幅度升值了，过去 18 个月，美元对日元升值 20%，也就是日元对美元贬了 20%，欧元对美元贬了 30%，巴西雷亚尔贬了 60%，俄罗斯卢布贬了 80%，人民币从 2015 年到 2016 年，总共贬了 11%。

二是为了大幅度降低贸易逆差，来扭转美国出口逆差越来越大的局面，特别是对德国、日本、中国三个国家的贸易逆差。

三是稀释债务。从 1 月美国财政部公布的数字来看，美国债务总额已经上升到 22.8 万亿美元，我觉得有大幅度的飙升，这几年升得越来越快，已经达到了“二战”以后最高峰值了。所以，美元如果贬值的话，可以稀释债务。

四是特朗普的新政是要恢复传统能源的生产，美元贬值，传统能源生产，能源价格才能上升。美元升的时候，大宗商品还有石油就可以降，美元降的时候，它们就可以升。

另外，实际上从布雷顿森林体系崩溃的时候，美元经历了三次大的升值的过程和周期，还有三个大的贬值的周期，但是总的来看，贬值的周期长，贬值的幅度大。所以从总体上看，美元贬值可以通过印钞票获得更多的财富。

从耶伦来看，我觉得他这一轮的升值是为了巩固美元霸权，为了使美元能有更高的信用，使全世界的投资和货币向美元流动。实际上，如果不加息，如果没有达到他预期的目标，美联储说要行走在轨道上，如果没有在这个轨道上，他认为美元的信用下降了，如果美元一路贬下来了，世界上投资、财富、资本就不会向美国流动。所以，我觉得这是他们之间最主要的深层次的矛盾和斗争。

主持人：

好的，我们知道在历史上美国总统直接评论美元是否强势时，几乎都认为不强势，这都是比较罕见的，但是特朗普这么做了。还有一点，我们都非常关注，周二美联储主席耶伦在国会证词上究竟说了什么，他的原话说，太久加息是不明智的，实际上延续了美联储主席一贯说话的习惯，含而不露，感觉说了，又感觉好像不知道在说什么。您觉得他这个不明智指的是什么？美元究竟会不会加息？什么时候会加息？

陈文玲：

这是历任美联储三届主席格林斯潘的性格。格林斯潘就是说话从来让你不太明白他说什么，但是，又能知道他的含义、他所传达的观点。我觉得，耶伦说的不明智，还是希望为了促进美国经济和吸引美元回流投资美债，能够尽快加息，能够按照原来的预期，今年加息三次，美联储有的官员提出来，3 月就要加息，但是高盛这些机构预测会到 6 月第一次加息，9 月第二次加息，12 月第三次加息。但是，究竟是加几次，哪个时段加？我觉得还是取决于美国国内的博弈，特别是总统和耶伦之间的博弈。

主持人：

美元加息了以后，特朗普之前的表态，就等于是放空炮了，这个矛盾怎么让资本市场消化？我们最近看到美国股市表现非常亢奋，道指、纳指周一都冲上了历史的新高，周二也是在涨的，在这种情况下，大家憧憬着刺激政策和放松监管，但是耶伦又来一个特别鹰派的表达。所以，市场总的来讲是很矛盾的。

陈文玲：

对，有的是赌现在，有的是赌未来。赌现在的，耶伦已经放出来非常明确的加息的信号，而且从美国历史上看，美联储是独立的，不受总统的制约的，所以只要他放出信号，市场就会亢奋，加息的信号就会亢奋。但是，特朗普也不能说了不算，特朗普也在努力争取，在力争自己的这种控制权。据美国专家预测，也不是预测，就是说特朗普准备在美国政府设置问责局，将来更多地干预美联储的事务。所以，这样的话，有可能削弱美联储的独立性，以达到特朗普压制强势美元的目的。

主持人：

好的，接下来我们看看网友有什么样的问题要跟我们一起沟通。这位网友说，美元近期的表现能否减弱市场对人民币贬值的担忧？影响人民币汇率走向的因素主要有哪些？想请陈文玲女士分析一下。

陈文玲：

是这样的，人民币从 2015 年到 2016 年，已经贬值 11% 了，我认为它现在应该处在一个非常均衡的状态，2015 年之前的 10 年间，人民币累计升值 30%，这两年贬值累计 11%，实际上是人民币的适度回调。目前，从中国经济的走势看，中国经济去年增速是 6.7%，IMF 预测，今年是 6.5%，我们今年从中央经济工作会议放出的信号也是 6.5%。因此，中国经济增长是平稳的，所以我们汇率的走势和我们经济的走势是一致的。另外，美元忽上忽下，我们和美元这种调整也是到位的。所以我认为，人民币现在是在一个合理的汇率区间。

主持人：

好的，谢谢陈文玲女士的分析。习近平主席指出，“中美加强合作的必要性和紧迫性进一步上升，中美两国发展完全可以相辅相成、相互促进，双方完全能够成为很好的合作伙伴”。2 月 8 日，特朗普总统致信习近平主席，表示期待中美两国建设性关系发展。2 月 10 日，在与习近平主席通话时，特朗普总统表示，相信可以通过共同努力，推动两国关系达到历史新高度。那么特朗普的这两次表态，能不能说给中美关系带来一番新气象呢？反映在经济领域又会有什么样的结果呢？我们想问问陈文玲女士。

陈文玲：

首先，对特朗普的这次致信和通话中对中美关系的表态，我们应该表示欢迎和赞赏。因为，他毕竟表明了他未来到底对中美关系采取什么样的政策和战略，解决这么一个人们长期以来的疑虑。

我认为，特朗普如果能够把中美关系拉回到正确的轨道上来，是一个值得赞赏的事情。习近平主席在通话中，也明确表示了高度赞赏特朗普这种态度。另外，习近平主席指出，中美完全可以实现合作伙伴关系。对于特朗普为什么这样提出来，能不能出现一番新气象，关键的问题不只是口头表态，而是看行动，我们知道他怎么说的了，但是还要看他的行动，听其言，还得观其行。

主持人：

怎么才能达到一个历史新高度？我们怎么来度量这个？

陈文玲：

我想，首先对中美关系，不仅是说一个建设性，要真正地认识到建设性表现在哪些方面。比如说，中美两国合作，能够使世界局势稳定，是世界和平发展的稳定锚，如果中美两国经常博弈，世界各国就会选边站，世界秩序就会混乱。中美之间，如果能够沟通、能够合作，能够保持合作共赢，能够构建建设性的关系，我觉得中美就可以作为世界和平的稳定锚、世界经济发展的稳定锚。另外，构建全球治理体系，以及新的全球秩序、全球规则。中美两个大国，合则两立，斗则两败，而且，中美合则全球兴，中美斗则全球乱。我觉得，这个问题是显然的，建设性是非常重要的。

主持人：

您的分析非常精准。

陈文玲：

但是要达到新高度，我觉得必须得认清中美之间有什么利益交汇点，恐怕可以概括为四个共同：

第一，中美之间面临着共同的世界性的挑战和难题，包括就业、产业结构、贫富差距、恐怖主义袭击等问题，中美两国面临同样的世界性的问题。

第二，中美也有很多共同利益的交汇点。上一期我们已经谈了，这期不再说了，包括经贸关系，包括人文、交往，已经是你中有我，我中有你，一荣俱荣，一损俱损。

第三，中美有共同的愿望。中国要成为一个强国，要实现中华民族伟大复兴的中国梦，美国要再一次伟大，其实都是共同的愿望，都是希望本国能够强大，能够把自己本国的事情做好。世界各国也只有把自己的事情做好，才是对世界的贡献，尤其是世界上第一大经济体和第二大经济体，如果把自己本国的事情做好，无疑是对世界的贡献。所以，我觉得这个愿望是共同的，也是相通的。

第四，中美两个大国对全球有共同的责任。要为全球提供更多的公共品，要促进全球的可持续发展，要建立更加公平、公正的全球的秩序和规则。

主持人：

我们先说到这，我们先看看网友的提问，当前特朗普众多政策落实程度有多大，这个可能才是全球关注的焦点，从他就职20多天的表现来看，哪些政策会被强力地推进？而且通过各种程序表决，哪些政策又只是引而不发？这也是我们观众在互动专区提出来的问题。您能否简短地回答一下？

陈文玲：

我觉得美国现在有些政策是坚定不移在实行，比如说禁穆令，比如说恢复传统能源的生产，三个放松，即放松金融监管、放松药品监管、放松能源监管，这些都在推行。还有一些引而不发的，我觉得最主要在大国关系上引而不发，要真正想明白了才能发言，比如说中国，开始的时候大家都有很多的推断，这就是引而不发，得想明白了才能表态。对一个大国的表态，他是要非常慎重的。

主持人：

好的，谢谢陈总经济师的分析，我们再来重复一下互动问题，在全球加息预期背景下，从资源配置角度来看，您觉得下列选项哪个最值得投资？大家也可以思考，随时在微信公众号直播互动平台进行投票，《市场分析室》稍后继续。美国的刺激政策会不会给中国带来一些新的订单？比如说中国在美国的基础设施建设方面能否发挥一些作用？就这个问题我们再和陈文玲女士沟通一下，您的观点是什么？

陈文玲：

我觉得完全可以发挥作用。我们在2013年曾经做过美国基础设施双向投资的研究，美国彼得森研究所也做了这项研究。我们认为，美国在基础设施方面中国是最能帮上忙的。我觉得只有中国才能解决美国的问题。美国基础设施是比较陈旧的，桥梁的平均年限是40多年，像一些船闸都已经60多年了，1/3的道路都亟待修缮、更新。所以，投资美国基础设施，绝对是有很大的空间的。

对特朗普任总统后经贸政策的分析与预判
——接受央视《市场分析室》栏目专访

（2017 年 1 月 23 日）

注：本文为 2017 年 1 月 23 日接受中央电视台经济台《市场分析室》专访，就美国贸易保护主义、中美经贸关系走向等进行点评，提出中美贸易战美国将失去七方面利益，具有较大社会影响力。

主持人：

欢迎收看《市场分析室》，我是主持人姚振山。就在上周末特朗普宣誓就任美国总统，美国正式步入特朗普时代。市场也担心美国贸易保护主义抬头，中美经贸未来如何闯关。今天我们《市场分析室资本舆论场》栏目，将会邀请国家顶级智库专家进行重点度量。我们邀请中国国际经济交流中心总经济师陈文玲全面分析特朗普时代中美经贸如何闯关，解码投资，度量价值，就在《市场分析室》。

2017 年 1 月 20 日特朗普在美国华盛顿国会山正式宣誓就任美国第 45 任总统，美国由此进入特朗普时代，特朗普表示他领导下的美国政府提出的所有关于贸易、税收、移民和外交等政策都将致力于使美国工人和美国家庭受益，他还强调买美国货和雇美国人将是其执政的两大准则。特朗普时代正式到来，现在大家都担心美国的贸易保护主义也正式抬头，所以大家很担心到底未来的贸易格局对于中美的贸易往来等中美关系有哪些影响，今天就请我们的嘉宾，中国国际经济交流中心总经济师陈文玲为大家一一度量。

陈文玲：

我想刚才您也看到特朗普在就职演说中提到两次美国优先，大家给他解读是两大准则，第一是购买美国货，第二是雇用美国人。所以市场担忧，像现在中美的双边贸易额已经突破了 5000 亿美元，也都知道是合则两利。

主持人：

所以大家关心到底中美经济贸易摩擦或者贸易战是不是可以避免，您作为国内著名的智库专家，也参与了很多中美贸易相关问题重要研究，您怎么看这个问题？

陈文玲：

我认为从我们来说，是不愿看到中美贸易战发生的。我们第一不愿意打，第二也不怕打，第三也不会坐以待毙。从特朗普竞选和他在 1 月 20 日的就职演说来看，我认为贸易战不可避免。

主持人：

不可避免？

陈文玲：

为什么呢？因为他提出两条准则，要购买美国商品，雇用美国工人。这就意味着美国将采取保护主义，将闭关锁国，在现在这种开放的世界，就意味着他必须要打贸易战了，而不是别的选择。

主持人：

他们只考虑自己利益了。

陈文玲：

对！只考虑自身利益，美国优先，也就是美国利益优先，我觉得他们是把美国战略利益放在第一位的，不管世界上怎么样，也不管中国怎么样，墨西哥怎么样，德国怎么样，只考虑美国自己。

主持人：

这可能就是商人的思维：我的利益最大化。

陈文玲：

对，自己的利益最大化，商人思维。我觉得特朗普总统还没有转向一个大国的领袖，没有一个执政者的正常思维。

主持人：

所以您刚才说了，可能贸易战不可避免，但是如果真有贸易战的话，谁会伤得更重，可能这也是见仁见智的一个问题，可能有不同的解读，您自己看呢？

陈文玲：

习近平主席在今年 1 月世界经济论坛上有一句话说得非常精彩，他这句话说完之后，会场上长时间地鼓掌。这句话就是，“打贸易战的结果只能是两败俱伤”。我认为打贸易战对双方绝对都没有好处，结果是两败俱伤，但是谁伤得更重呢？我认为美国伤得更重。为什么这么说呢？

主持人：

可能很多人不会这么认为，都认为会不会中国伤得更重。

陈文玲：

我认为美国会伤得更重，我为什么这么说呢？我认为美国将会失去七个方面的利益。

第一，会失去就业岗位。因为特朗普想在未来十年新增2500万个就业岗位，但是彼得森研究所最新研究表明，如果打贸易战美国将失去480万个就业岗位。所以，我觉得这和他的执政目标是完全不一致的。

第二，将会失去中国的大额订单。比如说我们未来可能要从美国进口2000多架波音飞机，如果打贸易战我还会进口吗？我绝对不会进口。

主持人：

也许我就会买空客了，因为是你逼我了。

陈文玲：

也许我自己生产了，中国现在也具有生产大飞机的能力。那么我们还要每年从美国进口3000多万吨的大豆，我还会进口吗？那我肯定也会减量，甚至我可以不进，生产大豆的也不只是美国一个地方。美国会失去中国的大额订单。

第三，会失去世界上最大的出口市场。美国对中国的出口连续7年每年增长11%，是所有国家中增长最快的，但是如果打贸易战，美国会失去这个增长最快的市场。

第四，会失去来自中国的投资。中国企业从2005年到目前，对美投资已经超过900亿美元。

主持人：

是美国对华，还是中国对美？

陈文玲：

中国对美。

主持人：

中国对美投资超过900亿美元。

陈文玲：

900亿美元。对，2015年底累计是466亿美元，2016年上半年达到150亿美元，下半年超过300亿美元，全年达到456亿美元，我们中国企业已经累计对美投资900多亿美元了。如果封锁美国市场，实行贸易保护、投资保护，只是购买美国商品，只是雇用美国工人，我们中国企业的投资还会去吗？我觉得它会失去来自中国的投资，而中国是目前投资能力最强的国家。

第五，会失去全球供应链的有效链接。你只雇美国工人，现在墨西哥工人在美国占很大的比重。从全球产业链构成看，如果在德国生产或者在墨西哥生产的这些汽车返销到美国，那么美国就会加征35%的税。全球的供应链就这样被切断了吗？你绝对是切不断的，你切断了供应链，受损失的只能是美国。

第六，会失去潜在的机会。如果中国和美国合作的话，经贸利益是相当大的。我们2013年和彼得森研究所都做过相关的研究，如果中国和美国能够启动FDA，就是投资和贸易合作的话，彼得森研究所研究的结论是，中美可以增加5000亿美元的贸易额，我认为这种潜在的市场对美国来说是非常重要的。

主持人：

也是影响很大，那最后一点是什么？

陈文玲：

第七，我认为美国会失去美国精神。美国的立国精神很多，其中自由贸易是美国倡导的，美国是扛旗的，但是失去自由贸易，采取贸易保护主义，它就失去了美国精神。

主持人：

在您看来这是不是影响？其他都是在术的层面，这个是在道的层面了。

陈文玲：

在道的层面，在质的层面，而且它会使美国在全世界的威望大幅度降低。

主持人：

好，七个方面，刚才陈总讲到了中美贸易摩擦如果加剧会带来的影响，那么到底带来哪些影响？刚才是谈到了美国方面，可能我们也是做了一些整理，整体会有哪些重要的影响呢？让海璐给我们梳理一下，稍候我们再请陈总继续分析对中国会带来哪些影响。

配音：

美国是世界最发达的国家，而我们中国是世界最大的发展中国家，这两个最大通过几个数字就可以看出来。中美两国的人口占全球的1/4，经济总量占全球的1/3，贸易额占全球的1/5多，要是说影响力这两个国家也是带头的。2008年次贷危机之前，美国是公认的拉动世界经济的火车头，而2008年之后中国的拉动作用开始爆发，2008年到2012年中国对世界经济增长的年均贡献率超过20%，而2012年之后是30%左右，到了2016年最新数据是33.2%。要是说消费能力，目前世界上最大的消费市场，美国排第一，中国排第二。再来看几个数字的变化吧，贸易方面中美的贸易额从1979年两国建交时的25亿美元，增长到2016年的5196亿美元，38年增长了211倍。中国已经是美国的第二大贸易伙伴、第三大出口市场和第一大进口来源地，而美国是中国的第二大贸易伙伴、第一大出口市场、第五大进口来源地。投资方面，美国在华投资项目达到了6.6万个，实际投入资本是775亿美元，而中国在美国的直接投资刚刚开始，到2015年累计投资已经达到了466亿美元，而2016年一年中国企业在美国的投资就达到了创纪录的456亿美元。

金融方面，中国现在持有美国国债1.05万亿美元，是美国的第二大债券国，至于两国关系现在可以说是“你中有我、我中有你”。目前中美之间不到20分钟就有一个航班跨越大洋，每年有将近500万人的人员交流，而中美旅游已经成为全球最重要的双边市场之一。除了短期的旅行，中长期的文化交流也是如火如荼，到2016年3月为止，全美国际学生人数达到了118万人，其中中国留学生有353069人，占所有国际生的三成左右，继续蝉联所有生源国家的榜首。通过简单计算加保守估计，如果一个学生每年在美国花费6万美元，那么每年仅中国留学生就会给美国带来2118414万美元的消费。至于这能带来多少的就业机会，我想美国人心里清楚得很。

主持人：

好，谢谢海璐，海璐是把目前中美的经贸关系和现状做了一个比较详细的梳理，那么接下来继续有请今天的嘉宾中国国际经济交流中心总经济师陈文玲继续围绕特朗普时代中美经贸如何闯关进行度量。

刚才您详细分析了中美如果打贸易战或者贸易摩擦加剧，美国方面的损失有很多方面，那中国呢？

陈文玲：

中国当然也会有损失，这个刚才谈了一些。

主持人：

按照重要性排序的话，最大损失有可能是什么？

陈文玲：

最大的损失，第一，影响我们的出口，因为美国出口毕竟在我们的出口中还占到15%～20%，美国把门关起来肯定影响我们的出口。第二，美国会减税，通过减税和贸易保护形成美国的产业回流、制造业回流、投资回流、财富回流，它这个减税的幅度还是很大的。但是从在华投资的美资企业看，90% 的是在华生产在华销售，6% 是在华生产在亚洲销售，4% 是在华生产在美国销售。

主持人：

这个比例很低。

陈文玲：

比例很低，它会影响到美国企业，但是我个人认为影响不会太大，因为产业链转移成本很高，所以它有一个时滞效应。第三，它会影响到中国的投资。因为我们吸收外商直接投资，连续多年外商直接投资在发展中国家都排在首位，如果特朗普真正地把税减下来，会产生一种虹吸效应，美国低税负、低物流成本、低土地成本会吸引一些制造业向美国转移。

主持人：

其他国家的，或者全球其他方面的产业转移到美国。

陈文玲：

对，投资和贸易。当然它的前提是不关上国门。

第四，我觉得对我们中国可能已经和美国形成的这种制度性的框架会有影响。比如说中国和美国已经进行了 30 多轮 BIT 的谈判，即双边投资保护协定谈判，由于特朗普这种保护主义有可能停止，停止以后对于美国在华投资和我们中国企业在美投资都是非常大的损失。我们原来可以建立的制度性框架，现在会受到影响。两国企业相互投资中的不确定性和风险就加大了。

主持人：

就目前来讲，虽然说这个贸易战还没有开打，但是里面的不确定性越来越多。

陈文玲：

对。

主持人：

所以在这里面也有一些人有一个分析的观点，就是明明全球化的自由贸易和全球化趋势是不可逆转的，那美国一方，包括特朗普一方提出来这个问题，这种逆全球化的逻辑，无论是在全球还是在美国的国内，包括国会等是不是会把它阻碍掉？

陈文玲：

现在美国有两种可能，一方面可能就是特朗普坚定不移地要打贸易战，就是要做这件事。另一方面美国的企业界、美国的智库、美国的政要，还有美国的民众，实际上我认为从主流来看是不愿意打贸易战的。不管是基辛格也好，还是现在这些智库发出的声音也好，包括索罗斯在前两天发出的声音。

主持人：

在达沃斯。

陈文玲：

对，达沃斯发出的声音，都是对特朗普非常不满意的，打贸易战不是美国的主流，我认为主流社会都是反对贸易战的。

主持人：

所以就是您的判断，可能是非打不可了，但是在哪个时点上可能这个事的不确定性还是存在的。

陈文玲：

还是存在的。

主持人：

也许是变成一个讨价还价的策略。好，谢谢陈总给我们做的精彩度量。

配音：

美国开启特朗普时代，上任后连烧三把火，叫停医改方案，推翻气候政策，退出 TPP，市场担心贸易保护主义、国家利己主义将使世界经济承受巨大压力，影响很多人的钱袋子。《市场分析室》资本舆论场，邀请中国国际经济交流中心总经济师陈文玲全面分析特朗普时代中美经贸如何闯关，解码投资，度量价值，就在《市场分析室》。

随着美国新任总统特朗普宣誓就职，白宫网站上也发布了新政府施政纲领，在题为“带回就业与增长”的声明部分中，特朗普给出了一个长远的经济目标，10 年内创造 2500 万个新的工作岗位，并让美国经济增长率重回 4%，该计划的第一点便是进行税制改革，降低美国企业税率，简化税法。特朗普的计划是为美国人民降低每一种税的税率，简化税法，并降低美国企业税率。能源方面，白宫网站还宣布特朗普将推翻奥巴马气候问题核心政策——气候行动计划，新计划承诺发展清洁煤技术，复兴受到太久损害的美国煤炭产业，并承诺实现能源独立。此外，特朗普还在白宫椭圆形办公室签署了上任以来的首个行政命令，指示联邦政府机构减轻奥巴马医改带来的负担，分析认为这正式拉开了废除和替换奥巴马医改政策的序幕。

近年来特别是次贷风波和国际金融危机以来，美国经济遭受严重冲击，国内贫富差距拉大，美国的全球地位发生动摇，特朗普希望通过减税政策推动全球产业资本回流美国，通过贸易保护主义使美国重新获得国际贸易的竞争优势，通过放弃或修改某些金融法案，使美国继续保持全球金融中心的地位，通过基础设施的建设发展制造业，培育美国经济新的增长点。但美国经济能否重新成为拉动世界经济增长的动力，特朗普新政能否缓解美国内部矛盾，这一切可能都是未知数。

主持人：

好，回到节目中，继续请陈总给我们度量一下美国现在遇到的一些问题，在特朗普当选时大家就说美国社会将面临很大的撕裂，而且这个撕裂越来越严重，也说了美国社会充满了矛盾和担心，那在您看来美国社会现在的主要矛盾和担心是什么？

陈文玲：

我觉得美国现在的矛盾点太多了，这个是社会撕裂的表现。

主持人：

所以选出这样的总统。

陈文玲：

所以才选出这样的总统，这个总统是矛盾的集结物，是一个矛盾体。所以他提出了很多矛盾的经济政策。他提出非常宏伟的目标，但是和他的政策又很矛盾。比如说他提出来将来要降低税负，这可能会使美国成为全世界税负最低的国家，但是这与美国的高债务是很大的矛盾。到 1 月 9 日，美国的债务总额已经达到 19.95 万亿美元，这也是美国历史上最高的债务，在里根总统就任时，美国的债务总额是 1 万亿美元，现在接近 20 万亿美元。这种高债务就意味着一定要削减开支，要有一个适当的税负，他的这个降税方案和国内的高债务是极其矛盾的。

主持人：

您觉得美国核心矛盾在哪儿？

陈文玲：

核心矛盾是美国的社会矛盾，包括贫富矛盾、种族矛盾、劳资矛盾，还有黑白矛盾、性别矛盾等，这种社会矛盾已经非常的激烈了，以前总统竞选，当一个总统上任以后，整个社会都拥护，会让一个总统开启一个时代，现在从特朗普上台以后，这种社会矛盾仍然是撕裂的，这几天的游行，不仅是美国，而且是全球性的。所以，我觉得特朗普真的是一个矛盾体。

主持人：

这个可能也是现在美国面临的一个重要问题，这个问题又和中美之间的贸易摩擦，及种种中美之间的问题连接起来构成了一个非常大的矛盾体。接下来还是一个问题，如果中美贸易摩擦加剧，您从开始就说了，中美贸易战或者贸易摩擦加剧可能是不可避免的，那对于我们在这个过程中，如何去处理好这种矛盾，在这个贸易战中如何维护好我们自己国家的利益，您有什么建议?

陈文玲：

我认为，我们应该按照习近平主席提出的，处理中美新型大国关系，要坚持“不冲突、不对抗、相互尊重、互利共赢”，我们仍然应该坚持这样的总的处理中美关系的原则。但是，我们也不怕贸易战，因为贸易战最后伤得最重的是肇事者，正如习近平主席所指出的，“搞保护主义如同把自己关进黑屋子里，看似躲过了风吹雨打，但也隔绝了阳光和空气”。

主持人：

和空气。

陈文玲：

对，我觉得美国如果真的在这样一个开放的世界，把自己封闭起来，3 亿多人躲进小楼成一统，那这个 70 亿人的大世界，你真的会放弃吗？你放弃以后，你能不能自己独立发展，我是要打一个大大的问号的。

主持人：

但是这个可能，大家都看得到，我相信美国的智库，包括美国的决策层也能看得到，包括您刚才分析的，给美国带来七大伤害，但是似乎评估完了之后特朗普还会继续推进这个贸易战，所以大家也在说，到底他希望美国达成的目标是什么?

陈文玲：

我觉得他希望达到的目标是美国再次伟大，因为他上任的第一天，美国的网站就把奥巴马那时候的蓝绿两色变成了美国国旗的颜色，他的主题词就是让美国更伟大，他为了让美国更伟大，所以美国优先，美国第一，所以不惜伤害国际规则、国际准则。

主持人：

但是实际上是实现不了的。

陈文玲：

是实现不了的。

主持人：

那作为研究中美关系、中美贸易知名的智库专家，您对他有什么建议吗?

陈文玲：

至于对特朗普的建议，在2016年11月14日、15日，中美智库对话时我发言谈过。这个对话有美国3家智库参加，包括美国布鲁金斯、彼得森研究所和大西洋理事会，包括CCIEE、中国国务院发展研究中心和金融40人论坛，几十位中美智库专家对话。我当时对特朗普如果上任提出了五条忠告，概括起来实际上是三点。

第一点，美国是一个大国，要对全球负责，既要对美国负责，也要对全球负责。如果采取孤立主义、排他主义、贸易保护主义，那将失去美国大国威信。

主持人：

是一个不负责任的做法。第二点。

陈文玲：

对，不是一个大国的做法。第二点，特朗普要尽快从一个政治素人转向一个大国领袖，要成为一个执政者，思维不能停留在商人阶段。

主持人：

要从一个商业领袖变成一个政治领袖。

陈文玲：

要变成国家的政治领袖，不能唯利是图，你要懂得什么是道，什么是义，什么是德。

主持人：

第三点您觉得是什么？

陈文玲：

第三点，我认为处理国际关系，特别是大国关系，尤其是中美关系，不能用冷战思维，也不能用凉战思维，更不能像特朗普现在每天在推特上的这种热战思维。要本着对历史负责、对美国负责、对中国负责、对世界负责的精神，来重新梳理思路，重新面向世界、面向未来。

主持人：

这个可能是大家对美国的一个认知和一个希望，也是对特朗普的一个希望。

陈文玲：

我希望特朗普不要采取贸易保护主义和孤立主义，如果是这样，肯定是会受到惩罚的。

第五部分

对话交流

中美合作比对抗的收益大

——《中美企业家小型对话》会议上的发言

（2019 年 9 月）

注：2019 年 9 月 10—11 日，在北京召开了《中美企业家小型对话》会议。会议由中国国际经济交流中心与美国总商会共同举办。中国国际经济交流中心总经济师陈文玲在会议的几个时段发言，指出中美两国合作比对抗收益大。

一、在圆桌讨论环节发言

我认为，现在中美之间最重要的是要解决信任赤字和两国关系的定位问题，到底中美两国是什么样的一种大国关系？现在中美两国的贸易战实际上已经给中国、美国乃至世界带来了不利影响。刚才曾培炎理事长已经从几个方面进行论述，我不再赘述。

但是，我回顾了一下，中美建交 40 年以来，中国和美国都是世界经济增长火车头。我算了一下账，40 年间美国对世界经济拉动年均是 22.4%，中国对世界经济拉动年均是 19.6%。但 2008 年国际金融危机之后，中国对世界经济的拉动年均已经到了 30% 以上。美国 2018 年下降到 15.3%，中国 2018 年还保持 30%。中国和美国这两个大国，对于世界经济稳定有着至关重要的作用。中国经济好，美国经济也好，世界经济才能好，哪一个国家经济不好，世界经济都会受到影响，两个国家唯一正确的选择是合作。面对 10 月初的中美贸易磋商会议，我认为有几个问题是中国老百姓、中国智库专家以及中国企业想解决的。

第一，必须取消相互加征的高额关税，高关税这个大棒应该放下来了。

第二，美国应该放宽高科技产品的出口。美方实际上在这方面从来没有做过承诺，我认为如果双方达成建设性协议，一定是对两国都有利的。所以，对中国这个方面的诉求，美国也应该做出承诺。

第三，中国要进一步推进改革，对美方提出的合理诉求，凡是符合中国改革开放方向的，我们应该答应，应该签署。签署有利于中国开放、有利于中国改革的贸易协议，既是对中国改革开放的推动，也是对美国提出诉求的回应，对世界经济也是一个稳定剂。谢谢！

二、在第一时段中的发言（9月11日）

非常感谢荣大聂主持人，我2017年到美国访问的时候，专门和荣鼎集团副总裁进行过交流。我对荣鼎集团对数据的严谨、对数据的分析，是非常佩服的。当时在美国也交流了关于中美之间的相互投资问题，荣鼎集团告诉我们，中国企业2016年在美国投资456亿美元，但是现在下降的速度很快，一些政治家甚至提出想要中美经济脱钩。昨天薄迈伦先生的发言非常精彩，他说现在是一个重要的里程碑时期，既是中美建交40周年，也是中国改革开放40周年，又是新中国成立70周年。所以，这是个具有里程碑意义的时刻，将决定中美两个国家的前途和命运，我认为中美经济脱钩是完全不可能的，只能是拥抱。这是第一个观点。

第二个观点，企业家是中美关系的“压舱石”。因为现在全球的产业链、供应链、服务链、价值链已经形成，实际上所谓的这些产业链、供应链、服务链和价值链，就是人类命运共同体。虽然它没有国家的归属关系，没有行政的归属关系，也没有产权上的归属关系，但是它在供应链上的链接关系、在产业链上的关系是高度依赖的，是相互支撑的，是具有高度黏性的，缺哪一个环节都不可以，缺哪一个零部件都不可以。全球产业链的构成是全球性的，它不是以行政力量就能打断的。所以我认为，中美企业家是中美关系的“压舱石”，就是因为这些产业链上的所有的企业、企业家都懂得产业链上的互相依存的关系。

第三个观点，美国的企业在中国其实已经形成了产业链。从美中贸易委员会8月29日公布的数字看，据对美国在华的900个企业的统计，97%的受访企业认为企业在中国是盈利的，中国是美国最重要的市场；83%的企业过去一年没有削减对华的投资；还有46%的企业在华获得利润率高于美国企业在全球平均利润率。

所以，我认为实际上在中国投资的美国企业，在中国已经形成一个产业链，围绕着产业链的供应链、服务链，现在已经成套了，如果转移产业链，成本是非常高昂的。我认为，美国企业在中国市场获利，是美国企业可以亲身感受到的好处，中国企业也已与美国企业形成了一个相互交融的关系，中国企业也是如此。

我认为，人为地脱钩不合理，这种产业转移已经开始了。中国的产业转移实际上从2008年就开始了，2008年之后因为中国的劳动力成本、土地成本、环境资源成本的上升，劳动密集型产业就已经开始向东南亚、南亚转移了。这几年的转移速度的确是在加快，中美贸易战只不过是一个推进器，加快了这种转移。受到影响最大的是那些原来不准备转移的企业，它们在中国已经形成产业链，而且已经获利。这些在中国形成非常配套的体系、利润情况非常好的企业，并不打算转移。如果是美国的政府像特朗普总统命令它们转移，那我就认为这是人为的切割，而不是企业愿意的脱钩和断链。

三、在第二时段中的发言（9月11日）

刚才晓强主任说了中美两国用于创新的经费占全球的46.4%。

我的第一个观点，就是中美两国如果进行科技合作，会有巨大的爆发力，会有乘数效应。两国的科研经费占全球46.4%，能够合作的话，比相互禁止交流合作产生的正向作用大得多。科技无国界，创新无国界，我今年4月到了美国硅谷，和有关华人组织座谈，他们告诉我在硅谷的清华校友会有1.2万人，北大校友会有8000人，还有中国科大等学校，在硅谷总共几万人。留在美国的几十万名留学生，其中也有人在做着创新的事业，人的流动带来了创新第一要素的流动。科技无国界，创新无国界，两个国家应该合作。

第二个观点，中美合作领域还是蛮大的。我刚刚看到联合国贸发组织发布的数字，在数字经济领域，中美两国在区块链专利上总共占全球的75%；在全球公共云计算领域，两国占全球的75%；在全球物联网支出中，两国占到50%；全球70个刚才讲到的数字平台中，两国占到90%；在全球7个最大的超级平台中，中国企业和美国企业占全球2/3，其中有5个是美国企业，有2个是中国企业，即阿里巴巴和腾讯。

我想，这么大的创新能力说明两个国家在全球数字经济和创新能力上是具有引领性的。我们仅在数字贸易、数字经济方面就有很大的合作空间，为什么非要打仗呢？为什么不进行合作呢？合作产生的效果对全球是多大的贡献！而相互打仗彼此力量抵消，美国非得把中国打趴下有什么好处？对美国企业有什么好处？对美国人民有什么好处呢？不能为了满足政客的需要，而打断人类社会所共同需要的科技创新。

第三个观点，中美两国如何进行创新合作？简短几句话。第一，不妨从5G合作开始，因为中国企业在5G标准中占35%，但是这是属于世界的，如果能为世界服务，能为美国服务，说实在的就是美国利用了中国的创新资源，这对美国是有极大好处的。这比美国某一个公司还没达到5G标准就宣布已经达到5G，美国老百姓感觉你这还是4G，没有到5G，这种做法要好得多。可以从标准上开始合作，从最先进的领域开始合作。

第二，中美两国应该进行研发合作。华裔科学家在美国已经占到第一位，第二位是印度裔的科学家，然后才是其他国家的。如果说中美两国合作，中国的科学家在美国能够安心搞研发，不受歧视进行创造，这对美国有什么坏处呢？

第三，应该在国际贸易上合作。进出口贸易不应该被打断，美国的高技术产品出口到中国，中国是美国高技术产品出口的第一大市场。美国高通、博通等高技术企业的芯片等产品60%是供给中国企业的，如果美国政府非得要限制出口，等于美国断了自己企业的后路，失去了未来自己创新产品的市场，这是很危险的。中国企业一旦具备了这方面能力，美国企业产品的第一大市场就没有了，对美国的潜在的损失，我认为是巨大的。

第四，应该在社会信用、安全监管、网络空间治理上进行合作。这是世界秩序与规则上的一个空白或者短板。数字经济将来肯定会成为主要的经济形态，当然数字经济的监管、网络空间的监管、网络空间的秩序等，就成为亟待解决的大问题。中美两国应该共同推进WTO改革，但是应该是面向未来的改革。谢谢！

世界经济格局的演化与中美关系视角下的香港问题

——与香港明天更好基金交流对话实录

（2019 年 8 月 9 日）

导语：2019 年 8 月 9 日，由国务院港澳事务办公室组织和委托，香港明天更好基金代表团访问中国国际经济交流中心。中国国际经济交流中心总经济师陈文玲研究员和中心研究人员与香港明天更好基金主席陈启宗带领的企业家代表团就国家发展形势、国际局势、中美关系、中国香港问题、中央对港方针政策等进行了深入交流。

香港明天更好基金会由一批在香港商界和社会具有重要影响力的爱国爱港人士于 1995 年成立，是一个非政治性及非营利性组织，旨在增强各界人士对国家包括香港在经济社会发展方面的信心，并致力于增进国际社会对香港特别行政区发展的了解，推动国家包括香港特别行政区与世界各地的交流与合作，为“一国两制”成功实践和促进国家对外交往做出了重要贡献。

非常欢迎陈启宗主席率香港明天更好基金访问团到我们中心来，今天高朋满座，蓬荜生辉。在这个会议室我们接待过很多朋友。香港明天更好基金，这个名字叫得好，香港明天一定会更美好。特别欢迎你们到中心来！刚才陈主席讲了这次主要想了解的问题，一个是中美关系和国际经济形势，另一个是中国内地发展情况。今天我想从三个方面，也结合您想了解的两个方面，谈谈我的看法。

第一个问题，对当前国际经济形势分析研判。

第一，整个世界在深刻调整和演化，新旧动能加快转化。这些变革是深刻的，而现在变革实际上已经开始了。未来随着 5G 时代的到来，随着人工智能、大数据、云计算、云服务全面应用，全球可能将会实现真正的万物互联、万物遥感、万物可视、万物智能，这不是很远的未来。

最近，我带中心课题组战略研究部徐部长、任部长，美欧所张所长和产业规划部李部长去参观了华为最新在北京的布展，感觉非常震撼。未来中国会率先实现5G网络的全覆盖，今年4月中国工信部已经发了4张5G商用牌照。第一个试点城市是上海，上海到2020年将基本完成这个试验。

在世界所有的大国中，中国会率先实现5G的全覆盖。它会使商业模式、生产制造模式、贸易形态和方式、服务业业态发生非常大的变化。香港朋友都知道，互联网在中国境内的应用，带来了支付方式的变革，2017年中国移动支付的渗透率就达到77.2%，按照现在有美国际组织的调研结果，现在中国移动支付率已达到了94.7%。

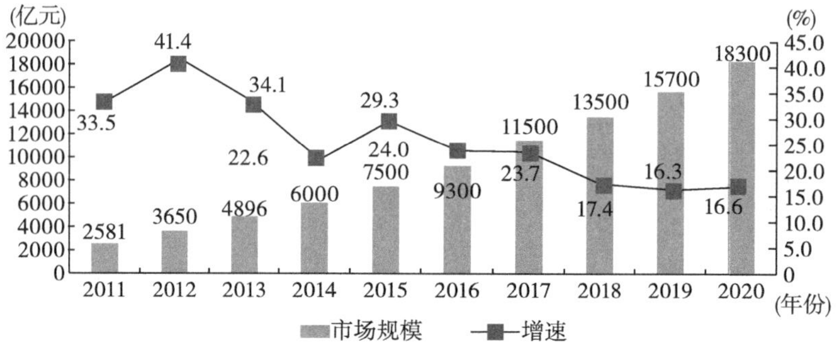

图1 工信部：2020年中国物联网市场整体规模将超1.8万亿元

在中国内地，你去买东西，连小摊贩卖东西基本上都是手机扫码了。我到医院去做体检，拿着现金，以为挂号非得要现金呢，后来大夫说挂号也可以扫码，我就扫码缴费了。现在中国内地都不愿意接触现金了：一是现金实际上是很脏的，虽然大家还是很喜欢它，但是现在可以不接触它了；二是现在移动支付太方便了，不用找零，结算的过程特别简单。

这仅仅是一个方面的变革，未来工业上的遥感技术，使万物互联。还有真正的低时延、高速率和泛在化，将迎来无人驾驶汽车、无人飞机等靠定位系统操作的工具。下一代互联网、物联网和信息技术基础设施在中国很快就会实现。新的泛在的技术革命率先从哪儿实现？肯定会从中国实现，而不是从美国实现。

美国很着急，所以用举国之力来打压华为，打压中兴通讯，打压大疆无人机，现在列入美国打击和遏制实体名单的中国企业，第一批有3个，第二批75个，第三批180多个。这些中国企业都是科技水平走在世界前列的，其中只有少量的是国有企业和科研机构，只占不到20%，其余全部都是中国民营企业。

7月8日，我主持香港的那一场论坛，南存辉作为民营企业家发言，他是正泰集团的董事长。他说，我现在真的搞不懂美国的政策取向是什么了，一直认为美国是针对中国国有企业的，他们说国有企业是国家资本主义的化身，是美国要反对的。但是为什么美国现在打击的都是民营企业呢？从华为到大疆，包括正泰集团，进入美国都受到了阻止。美国打击的正是中国在新一轮科技革命处于前列的企业，以遏制中国在新旧动能转换中再站在时代前列。

第二，世界大国关系改变，大国的竞争和博弈非常激烈。现在是“合纵连横”，全球主要国家在新一轮竞争中都在做“梦”，我们是“中国梦”，印度是“印度梦”，俄罗斯是“俄罗斯梦”，土耳其也在做“奥斯曼帝国的梦”，大家都在做“梦”，都想让自己的国家强大起来，使自己国家再现历史的辉煌。所以，现在世界各国不再选边站了，美国原来的盟友是 88 个，如果把欧盟算成一个整体的话，现在是 66 个。

美国现在四处出击，不按规则和惯例出牌，对既有的盟友也打击，比如说通过贸易战加征高关税，对中国是集中力量打击，对欧盟也打击，对印度也采取了打击行动，取消了印度的最惠国待遇，对印度输美商品加征关税。美国原来计划和中国签署贸易协议后，接下来和日本进行贸易谈判，对日本也要进行贸易制裁。

美国实际上已经破坏了全球的贸易规则、贸易秩序和贸易体系，把 WTO 空置起来。WTO 应该设置 7 个大法官，现在只有 3 个，按照 WTO 的惯例，7 个大法官中美国要派 4 个人出任，因为 WTO 是“二战”后美国主导建立的，规则和话语权是有利于美国的，但是美国现在坚决不派，等着 WTO 瓦解。

美国特朗普总统认为现在 WTO 规则不利于美国，不是当初所建立的那个向美国等发达国家倾斜、以美国利益为核心的组织了，所以特朗普总统先是威胁 WTO 如果不改革就退出，近期则是力图联手其他国家把中国挤出去。

第三，南北关系发生了重大变化，发展中国家快速崛起。“二战”结束的时候，发达国家 GDP 占到全世界的 70%，发展中国家和贫困国家 GDP 仅占全球的 30%，仅当时 G7 的几个发达国家就占到了全球 70%，而其他国家总共才占 30%。

到目前为止，因为中国的崛起，新兴经济体和发展中国家 GDP 占比已经达到全球的 56%，发达国家下降到 44%。这就是世界经济格局发生的重大变化，南北关系发生的重大变化。现在围绕着世界的规则、世界的话语权，发达国家的影响在减弱。

现在南北关系发生很大变化，新兴经济体崛起速度非常快，其中中国发展最快。中国改革开放 40 年，年均 GDP 增长 9.4%，2018 年增长 6.6%，虽然增速是 6.6%，但我们要看绝对量的增加，2018 年中国 GDP 总量实现了 13.6 万亿美元，占世界

GDP 总量的 16%，增量达到 1.4 万亿美元。

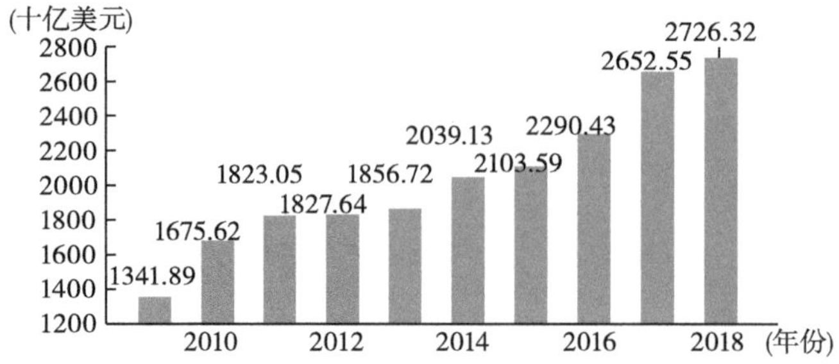

图 2　2010—2018 年印度 GDP 变化

资料来源：世界银行。

美国 GDP 实现了 20.5 万亿美元，占世界总量 24%，中国 GDP 在改革开放初期不到美国的 5%，现在占到 66%。印度 GDP 增速也很快，自 2003 年以来，有 12 年经济增速在 7% 以上。越南 GDP 增长也很快，自 2000 年以来，有 14 年增速在 6% 以上。孟加拉国、印度尼西亚、埃塞俄比亚经济增长也很快。现在闪亮登场的“E11 国”，也叫“灵猫 11 国”，发展势头强劲。

原来新兴经济体是金砖四国，后来叫金砖五国，现在加上“E11 国”，新兴经济体发展速度很快。所以，现在整个世界经济发展的南北比重是倒过来的，是 56∶44，估计到 2035 年，会形成和“二战”结束时期完全不同的格局，新兴经济体和发展中国家占 70% 左右，发达国家占 30% 左右，这是一个非常大的历史变化。

第四，由于美元作为国际货币的地位受到挑战，国际金融体系将逐步重构。国际金融体系重构表现在以下三个方面：

一是美元信用遭到了空前的质疑。从布雷顿森林体系解体以来，从 1971 年 8 月 15 日尼克松总统宣布美元不再和黄金挂钩开始，国际货币体系发生了根本性变化。

国际货币体系开始是金本位、银本位制，后来是美元盯住黄金，各国货币盯住美元，也就是布雷顿森林体系。那个时候 35 美元相当于 1 盎司黄金，拥有美元就等于拥有黄金，它与黄金有一个恒定的比价关系。

现在美元在贸易结算货币中已经降到了 39.6%，而欧元上升到 34%；在储备货币中美元“二战”后长期保持在 90% 以上，现在降到 62% 左右，但美元还是储备货币的主体。

美元现在最主要的储备者是发展中国家，这些发展中国家用美元来避险，将美元作为结算和储备货币。目前发展中国家美元储备占全球美元外汇储备的 2/3，总共在全球有6.7万亿美元的储备，其中发展中国家、贫困国家占2/3，仅中国就占近1/2，中国现在外汇储备达到3.2万亿美元。

据美国最新数据，美国只有1400亿美元作为自己的储备货币。因为美国不用储备，可以随便印美元，我们没法印美元。由于美国发起贸易战，重创包括它自己主导构建的国际机构和体系，美元信用大跌。美国的国家信用大跌就导致了美元信用大跌，全球去美元化进程已经开始了，尽管美元还占相当高的比重。

现在十几个石油输出国都开始采用本币结算，原来的用美元结算的体系，已经被撕开了很大的口子。伊朗、沙特阿拉伯、巴基斯坦这些产油国的结算开始用本币、欧元、人民币结算。俄罗斯从八个方面去美元，包括武器的结算、石油的结算等，都是用卢布和对方的本币，例如和中国用卢布和人民币结算。

这就是说美元作为实际上的国际货币，现在遭到空前的质疑，由此带来各国对美债空前的质疑。全球共有34个国家拥有美债，最主要的是21个国家，现在基本上都开始抛售美债。2018年是抛售美债最多的时候，也是各国央行储备黄金最多的时候。中国也在抛。中国前年持有美国国债1.2万亿美元，去年年终是1.18万亿美元，目前是1.12万亿美元。

中国也在增加黄金储备，从去年到现在增加了82吨，到今年5月达到1855吨，排在全球第七位。排在第一位的是美国，美国在“二战”之后形成布雷顿森林体系的时候，有2.3万吨黄金储备，这两年一直保持在8133吨，排在第二位的是德国，3000多吨黄金，然后是意大利、法国、俄罗斯，俄罗斯是去年增加黄金最多的国家。

中国一年生产多少吨黄金？中国一年生产300吨左右，中国人和印度人都喜欢黄金饰品，民间储备黄金占比很大，2015年黄金兑美元价格下降的时候，中国大妈一个季度就买了300吨黄金，中国现在官方储备不到2000吨，民间储备可能多于官方，据估计，加上民间储备有可能超过3万吨黄金。

二是国际金融体系发生了变化。原来国际上主要有三大金融机构，包括：IMF，主要是欧洲人主导；世界银行，主要是美国人主导；亚开行，主要是日本人主导。现在正在形成多元化的金融机构和多边的国际货币体系。

比如说亚投行是2015年由中国倡导成立的，到现在已经发展了97个成员，这97个成员既包括亚洲的，也包括其他洲的，既包括发展中国家，也包括发达国家。金砖国家银行已经运营，上合组织金融机构也在筹建。

三是货币体系正在重建。IMF篮子里的五大国际货币，包括美元、欧元、人民

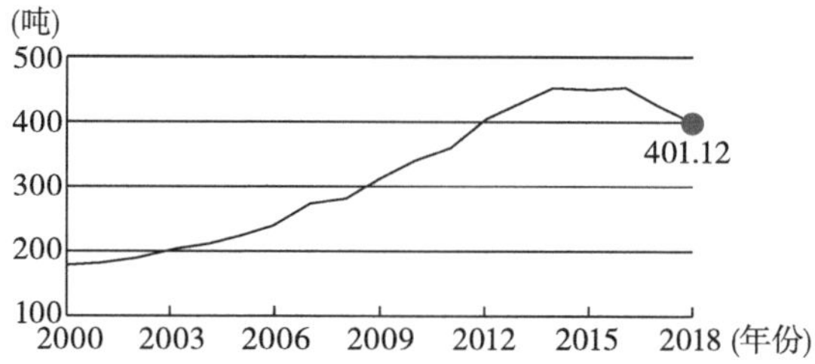

图3　2000—2018 年中国黄金产量

资料来源：中国黄金协会。

币、英镑、日元，美元占比近 42%，欧元占比近 31%，人民币占比 10.92%。由于美国这两年的大国信用尽失，未来美元作为结算货币、储备货币的比重也会下降，而增持黄金就意味着减持美元。

所以，未来国际货币体系将会形成美元、欧元、人民币三足鼎立的格局。当然，港元、新台币、澳门元实际上都是中国的货币。我待会儿会谈到为什么现在中国香港会出现动乱，实际上和一些人想动摇中国香港金融中心地位有关，和美国想打乱中国金融布局有非常大的关系。很多年轻人实际上根本不懂得未来中国香港将失去什么?!

第五，除了上述这些变化，当然国际贸易格局也在发生重大变化。美国用高关税的大棒乱打群雄，可能会导致产业链重构和全球贸易受到重创，最严重、最悲观的结果是导致国际贸易体系瓦解。特朗普开始威胁要退出 WTO，认为 WTO 对美国是不公平的，全球不应该有差别待遇原则，不管什么国家都应该一律平等，美国达到的各个国家都应该达到。

联合国 190 多个国家的 GDP 排位，排在第一位到第十位的国家，GDP 占到全球的 80%。第十一位到第二十位的国家，GDP 占到全球的 10%，剩余 170 个国家 GDP 才占全球的 10%。所以，如果说发展中国家、贫困国家和发达国家都是一样的，都是没有差别的，没有必要给予政策支持，那么 WTO 就没有存在的必要了。

特朗普总统开始威胁美国要退出 WTO，现在改变了战略，要求把中国赶出 WTO，但这绝对是不可能的。全球经济重心正在向亚太地区转移，亚太地区的中心在亚洲，亚洲的中心在东亚，实际上就是中、日、韩。大家可以看到，去年以来中日韩自贸区谈判加速，日本和韩国本来都是美国的盟国，但是现在两个盟国打得如火如荼。

中日韩三国首脑去年在日本开会，决定加快中日韩自贸区的进程，现在日韩在美国挑唆下，争端再起。朝鲜半岛先是出现半岛危机，朝鲜和韩国打，现在是日韩危机，日本和韩国打。

中巴经济走廊进展顺利，巴基斯坦瓜达尔港建设如期完成，我们和印度的关系也在缓和，莫迪总理到中国来访问，习近平主席和他在武汉东湖宾馆漫步长谈之后，印度对华态度有了变化。但是现在印巴战火重新燃烧起来，这些事情背后都有美国的影子，都涉及中美之间的博弈。

在当前世界大的格局演化中，中国在世界上的地位正在快速提升，不仅是因为我们的经济规模大了，而且是因为中国在国际道义上是站在制高点上的。比如说习近平主席提出构建人类命运共同体，而美国特朗普总统则主张美国第一，美国利益至上，让美国再次伟大。特朗普6月18日在佛罗伦萨竞选连任总统的时候明确地说，我已经让美国伟大了，我连选连任，是要让美国更加伟大。

现在世界处在一个非常重要的时期，美国给全球带来巨大风险和不确定性。美国除了退出联合国教科文组织、联合国人权组织、《巴黎协定》等，现在又退出了对它发动战争有约束力的《中导条约》，抓紧在亚洲布局中导基地，目前美国已经谈了几个国家，这些国家都没答应。

最近蓬佩奥去澳大利亚，要求在澳大利亚设立美国的导弹基地，已经被拒绝了，被铁杆盟友拒绝，这是美国没有想到的。在世界大战面前，哪个国家也不想让战火首先从自己这里燃起。所以，现在世界处在一个非常重要的时刻，也处于非常关键的十字路口，关系到世界是和平还是战争，人类是更加美好还是被毁灭，这绝不是危言耸听，国际形势确确实实非常严峻，这是我想谈的第一个问题。

第二个问题，谈谈当前的中美之间的斗争，特别是中美经贸关系。

第一，美国对华发起贸易战，进行各方面的挑战和打击，是为了维护美国霸权地位。

为什么中美贸易谈判谈了十二轮？谈了十一轮没谈成，第十二轮在上海也没谈成，未来贸易谈判还会谈多少轮，美国还准备干什么？和各位香港朋友谈谈我的看法。

我认为美国不是换了一个总统，才出现了这种状态和问题，而是几乎所有的美国总统，包括奥巴马、布什、克林顿、尼克松，这么多年来美国的基本国家战略就是维护美国的霸权。美国之所以保持霸权地位，就因为它有三根支柱支撑，即美元、军事和科技。

美国霸权地位可以支撑美国收获美元的铸币税，可以使美元作为国际货币，包括结算货币、储备货币和直接交易物，轻易地收割别国的财富。美国的国家债务，包括引发2008年的金融危机、50多万亿美元虚拟资产泡沫破裂后，实际上已经向全球成功地转嫁。

在特朗普竞选的2016年，美国对34家大银行做了一个压力测试，看看如果再发生类似2008年的风险，会不会出现雷曼兄弟这样的破产倒闭。结果34家抗风险、抗压力测试全部成功。说明美国已经度过国际金融危机，但却把金融危机转嫁到了欧盟，转嫁到了新兴经济体，转嫁到了整个世界。

美国把中国当作主要威胁和战略竞争对手，是从特朗普总统上台开始的。从2017年12月美国安全战略报告开始，之后美国几乎所有文本，包括美国安全战略报告、美国核安全报告、美国全球军力报告、美国国情咨文等，都把中国当成排在第一位的竞争对手，作为对美国最大的安全威胁。

“9·11”事件以后，美国的最大安全威胁一直是恐怖主义。排在第一位的是恐怖主义，第二是“流氓国家”，曾经列了十几个，包括伊朗、朝鲜、委内瑞拉、安哥拉等，第三是其他大国，但从来没有点中国的名。2017年12月，把中国列为和俄罗斯并肩的战略威胁，而且把中国放在俄罗斯前面。

美国现在认为最有可能超越自己、对自己威胁最大的是中国。美国是用举国之力，凝聚美国两党共识和社会共识，对中国实行强硬政策。而且特朗普执政团队所有核心成员都是鹰派，还有鹰派中的鹰派。

第二，美国阻止中国快速发展，遏制中国可能要打的几张牌。

第一张牌是贸易牌。我认为贸易牌基本出完了，先是500亿美元征税，后是2000亿美元，现在是3000亿美元，贸易牌已经出完了。结果是两败俱伤，对中国出口到美国商品的征税，大部分是由美国方承担，所以美国市场的反应比中国还要激烈，反对贸易战的声浪比没有打贸易战之前还要高涨。

现在美国的农场主，包括种大豆的、种高粱的，已经有964家破产。美国农场主规模都挺大的，接近1000家农场主破产，这是美国历史上从来没有过的。原来美国的猪肉主要出口中国，62%的大豆出口中国，17%的波音飞机出口中国。

还有美国的能源，美国现在已经是原油生产第一大国，产量已经超过俄罗斯、沙特阿拉伯，如果不打贸易战，它的第一大市场应该是中国，现在美国执意打贸易战，中国肯定不会增加进口。

所以，贸易战肯定导致两败俱伤。美国会失去最大的市场，包括现实的市场和潜在的市场。贸易战继续打下去，美国的伤痛可能比我们要严重。美国社会的反应现在就比我们还要激烈。

第二张牌是科技牌。我国拥有核心技术的，或者在某些方面超过美国的高科技企业，大部分都被列入了美国实体清单。列入第一批实体名单的，是华为、中兴、大疆，都在深圳。当时美国第一批实体名单出来以后，中国的很多网民都说，美国是在和深圳南山区粤海街道办事处打贸易战，因为这三个企业全在那个街道办事处。

后来美国把实体名单扩大到 180 多个，这些企业大部分拥有核心技术。比如说有中科院做超算的企业，中国现在有 110 台超算，大型计算机超算能力超过了美国，在世界上都是领先的。

所以，美国实际上是用了流氓、无赖加恶霸的手段，没有任何道义可讲，也没有任何行为根据。所谓的依据是 1982 年里根制定的一个关于科技的法律条文，那个时候的科技创新、科技联系和现在完全是两个概念。美国发动贸易战用的是 1930 年的关税法、1974 年的贸易法、1962 年的贸易扩大法，根本和现在的贸易形态没有任何的关联。

科技战现在也是如此。在科技战中，美国暂时会领先，比如说量子技术、生物技术和空间技术，但是再过几年，我认为美国的科技优势就会被自己断送，它用锋利的刀切断技术的产业链，从而放弃它的技术出口市场，就会因此走下坡路，失去技术创新的动力与出口的巨大优势。

为什么这么说？比如说计算机超算领域中国已经领先美国了，中国核电建设能力领先美国了，到 2024 年美国就将退出空间工作站，整个太空唯一的空间站就是中国的，世界各个国家将来要向中国申请，中国允许不允许你在空间站工作？至于目前卡脖子的芯片，你们可能前两天看到中兴通讯已经攻克 7 纳米的了，现在正在研发 5 纳米的芯片。

其他方面中国的科技发展，特别是互联网的商业应用，已远远超过美国了。当然我们还有一些短板，以前很多企业认为可以和美国形成上下游的产业链关系，现在被美国打断以后，中国政府下决心，企业下决心，科学家下决心，像“两弹一星”一样，我们一定能搞出来。

为什么呢？因为中国人的聪明才智和勤奋。我今年 4 月到美国去调研，在美国旧金山召开了几个座谈会，其中有一个华人座谈会。在硅谷的科学家，华裔排在第一位，华裔后面是印度裔，真正的美国人并没有多少。

在硅谷工作的清华校友会有 1.2 万多成员，北大校友会有 8000 多成员，还有中国科技大学和各个地方毕业的大学生、硕士生和博士生，在美国有数十万人顶尖级人才。前些年在美的华人科学家陆续回国，打贸易战之前已经有4000多人回国了，各个领域顶尖级科学家都有。

其实如果不打贸易战、不打科技战，两个国家进行科技合作，一是可以提升全球科技发展水平；二是可以共同造福人类；三是可以巩固美国的科技大国地位，也有利于中国提高创新能力；四是有利于华裔科学家安心于科研工作。

美国打科技战，中国科学家遭到歧视和怀疑，肯定会加快向祖国回流。各地的英才计划，包括企业的人才抢夺，将形成人才回流潮。像华为一个企业，就有700多名数学家、800多名物理学家，还有多名搞原始创新的科学家，一个企业就这么大容量。

去年一年华为的科研经费就达到1000多亿元，占销售总额的14%，累计科研经费超过4600亿元，高于美国这些领域企业的研发投入。其实中兴通讯的研发投入也非常可观，获得的专利在全球通信行业排在第三位。

所以，我认为，如果美国不打科技战，其维持霸权地位时间可能会长一点，这样打下去的话，中国科技水平会上升得更快一点，这方面的短板会补得更快一点，美国衰落得更快一点，中国是被逼出来的，必须得自己干。中国现在的创新能力，特别是原创能力在迅速提高。原来中国企业发展主要是模仿，是引进消化吸收再创新，也有一种集成创新，是各取所长为我所用。当然，模仿也是进步，也是各国经济起飞初期普遍的做法。现在中国强调原始创新，在原始创新上开始下苦功夫、笨功夫。所以，我认为美国的科技牌现在难解难分，但是现在我们可以看到，美国以举国之力打击华为和其他科技水平走在前列的中国企业，对华为禁供，对中兴通讯禁供，对列入实体名单企业禁供，结果是美国股市大跌，股市上涉及禁供板块的企业股价大跌，这些企业在裁员、在关门，在考虑未来产业链是不是要转移。

第三张牌是金融牌。打金融牌说明美元地位在下降，但是美国绝不甘心放弃美元霸权地位。我认为美国最想打的是金融牌，我们一是要防止美国像当年与四个国家共同逼日本签署《广场协议》一样，把中国列为汇率操纵国以后，逼人民币大幅度升值或者大幅度贬值，这是美国打过的金融战。二是要特别关注和防止美国的一些政治家破坏中国香港的国际金融中心地位，直接搞乱香港。我认为美国在幕后下了一盘很大的棋，这盘大棋是什么呢？就是把香港搞乱，导致香港长期动乱，香港社会得不到有效治理，逼迫资本从香港流出。

所以，我认为香港动乱实质上是金融战的一部分。表面看起来是学生闹事，是利用暴力造成动乱，但是深层次原因和潜在战略目标，都是通过香港暴乱打击香港，打击香港作为人民币最大的离岸中心地位，从而打击和遏制中国发展。

我认为，中国香港的金融中心地位近些年正是由于内地因素才得到进一步提高，现在香港股市70%以上是内地资金，在香港60%以上上市公司是内地公司，把香港搞乱之后，港元将大幅度贬值，在港的国外资本会很快撤离中国香港，国外资本一个是向美国回流，一个是向新加坡转移。

所以，现在对于香港，和索罗斯那个时候一样，面对的是一场金融保卫战，如果我们不能认清这样的事实，香港不稳固下来，还会有什么优势？香港制造业已经转移到以广东为主的内地，而且香港企业家在内地都做大了，原来香港10万家企业，到广东以后变成了1000多万家，改革开放初期曾经做过这方面的统计。这些香港企业家，包括香港四大房地产开发商，实际上在内地获得的利润要高于几十年在香港的积累。

我认为，汇率战可能是美国发起的金融战的第一战，把中国香港搞乱可能是第二战，至于第三战，到明年，中国金融领域全面开放，包括股市、债市、银行、保险等，中国政府承诺明年全面对外开放。那个时候我们将面临美国一些金融机构进入之后的挑战。它们会不会在中国金融市场上掀起波澜，可能是对中国金融的重大考验。现在很多人主张对中国金融开放可以设限，只要美国不放弃对中国高关税和科技制裁，我们对所有的国家都可以开放，就是不应该对美国开放。

我认为，美国一定会打金融牌，美国感觉到了来自中国的几个威胁：一是人民币国际化的威胁，人民币国际化进程加快，人民币信用水平提高。二是亚投行、金砖银行等新金融机构后发优势明显，国际上对这些金融机构投资造福于民的重大项目参与度很高。三是美元的地位下降。所以，美国一旦发动金融战，可能会比科技战还要激烈。

金融领域的博弈现在是刚刚开始，人民币8月9日离岸价、到岸价双双破7，但是这有什么了不起？人民币汇率弹性增加是好事，但美国财政部仅就一天汇率变动就宣布中国是汇率操纵国，这是很荒谬的。按照美国自己的国内标准，汇率操纵国需要具备三项条件，现在中国只有一项即贸易顺差超过200亿美元，其他两项都不具备。所以，美国想跟你打金融战，什么理由都可以打，没理由也可以打。

第四张牌是南海牌。南海牌现在也打不下去了，南海问题原来有五个声索国，越南带头，菲律宾冲在前面，而现在已经基本平复。这两天与南海有关的诸国正在讨论南海行为准则，各个国家将共同签署这一准则。王毅部长昨天刚发表讲话，南海行为准则基本上谈成了，极个别的条款正在协商。

美国让这些国家做与中国抗衡的马前卒，已经挑拨不动了，怎么办呢？美国直接派军舰到南海，但是被我方驱逐。6 月它派了无人机群进入南海，没想到中国的干扰系统很厉害，美国飞机进入南海上空，整个机群控制系统失灵，所以它们掉头又飞回去了，从那以后再也不敢到南海上空了。

第五张牌是东海牌。东海牌具体就是钓鱼岛，那个时候中国和日本已经开始讨论货币互换并开始推动亚元进程，结果出了钓鱼岛事件，中国和日本就打起来了，就跟现在韩国和日本打起来一样。打了半天大家都受损失，美国渔翁得利。

安倍晋三 2018 年访问中国，达成了 52 项合作协议，2019 年 6 月 27 日习近平主席在大阪会见安倍晋三，两国领导人达成十条共识，日本表示支持“一带一路”建设，参加第三方市场合作。这两天中日两国的外长进行会谈，重启中日合作的谈判。所以，美国的东海牌基本上打不了了。

现在美国要打什么牌呢？我认为美国现在要打的是中国分裂牌。他们一直在打，但是这将是它的最后一张牌，其他的牌基本都没什么用了。

美国一直在打“台独牌”，这两年尤甚，从去年开始到现在，通过了七部和（中国）台湾有关的规定，其中两部是直接关联的，一个叫“台湾旅行法”，另一个叫“台湾安全保障法”，美国国会讨论时全票通过。这七个规定触犯了中国底线，一是允许美国的高官将来和中国台湾当局互访；二是允许未来在中国台湾驻扎军队。美国还增加了对中国台湾的军售。

美国现在正在打“港独牌”，中国香港暴乱实际上就是美国在幕后支持。因为蔡英文威信很低，下次台湾竞选选上谁还不一定。如果是国民党执政，“台独牌”就有可能失败。所以美国现在转向了“港独牌”，现在“港独”的影响极坏，有一部分人闹得太凶了！已经影响到香港机场秩序了，事情变得很麻烦。

再一个，现在美国联手西方国家打“疆独牌”。就是利用新疆问题，从去年开始要求到新疆实地调查，派大使馆人员和记者等，想在新疆做文章。“藏独”的牌美国也没有放弃。“藏独”领头人达赖一直在他们操控之中。你看，现在“台独”“港独”“疆独”“藏独”，再加一独就“五毒俱全”了。

我个人认为，美国最后一张牌就是打中国分裂这张牌。面对这样的挑战，关键在于我们中国自己，能不能借这样的机会实现大中华经济圈，真正实现祖国的完整，完成祖国统一大业，这是我们一个千载难逢的机会。我们要把美国的分裂牌打成祖国的统一牌，这是历史赋予我们每一位中华儿女在这个时刻的最正确选择。

第三个问题，香港怎么办？对解决香港问题提一点建议。

我想强调，首先就是人心的回归，领土回归以后的人心回归，这是最大的问题。关键是怎么强化“一国”？

我建议从以下五个方面解决香港问题：

第一，创新发展思路，要推进在“一国两制”基础上的与时俱进，坚持一个国家即中华人民共和国。

内地和香港都实行市场经济制度。同时，大力推进粤港澳大湾区一体化经济安排。粤港澳这三个地方如果实现了规则对接，未来可以形成一个大的超级经济区，将是中国最有竞争力的一个湾区，将会超过东京湾、纽约湾、旧金山湾。

作为世界级的创新高地，深圳是公认的创新型城市，创新确实是走在前面的，不仅走在香港前面，也走在全国前列。如果说大家都有这样的认同感，中国将更加强大。现在中国内地（大陆）是13.95亿人，香港现在是752万人，台湾是2369万人，再加上澳门67.9万人，中国总共有14亿多人。中国内地（大陆）加上香港、澳门、台湾几个地方的GDP，我们和美国差距将进一步缩小。

如果这些地方的服务能力、创新能力加起来，中国可能超过美国的步伐。要强化一国的概念，完善市场经济制度，要素流通应该是无障碍的，包括商流、物流、信息流、资本流和技术流。这样的话，香港才能通过这样一个新的融合和链接，把优势重新树立起来。

第二，要保持香港成熟的和成功的制度和做法，保持香港的长期繁荣。

香港是现代营商环境最好的地方之一，按照国际竞争力评价，连续多年被多个组织评价为全球前几位，是名副其实的国际金融中心。上海金融发展水平目前与香港比还有差距，北京与香港也有差距。

香港是法治社会，保持香港长期繁荣稳定的东西不能丢，如果丢掉了这个之后，“一国两制”就没有意义了。粤港澳大湾区一体化，经济发展和创新驱动要向高地看齐。

我觉得先进的地方就应该互相学习，粤港澳大湾区要优势互补。特别是“一国两制”，要保持“两制”，通过实践证明，沉淀下来的最好的东西，三地可以互相学习，香港好的东西内地使用，内地好的东西香港使用，使香港继续保持优势。我们要突破一些思想的壁垒，现在思想壁垒是非常严重的。

第三，进行爱国主义教育，要真正实现香港的人心回归问题。

香港回归20多年如果不能实现人心回归，就是一大败笔。所以，中央现在强调的三条底线是必须要坚持的，这三条底线就是：绝对不允许任何危害国家主权和安全的行为；绝对不能允许任何挑战中央权威和香港特别行政区基本法律的行为；绝对不能允许香港一些人对内地进行渗透性和破坏性的活动。我去过香港多次，除了今年7月8日，2006年温家宝总理去香港，他的祝酒会致辞就是“香港明天更美好”，我当时在国务院研究室工作，参与了这个致辞的起草。

2008年、2009年、2010年，我们连续三年做了粤港澳更紧密合作的研究，做了粤港、粤澳合作框架的研究，当时提出未来粤港澳三地合作的战略定位，总共有五条，其中第一条就是建设世界级城市群。我们最早研究和提出了关于粤港澳合作的一些重要建议，过去在体制内从来没做过宣传。今天因为和大家的交流涉及香港问题，我才和大家谈了这个过程。

当时我们去香港时，广东港澳办的负责同志和相关人员与我们一起进行调研。我们曾经参观了英国统治下的香港公务员办公楼，当时的香港公务员只有执行权，没有任何决策权，上班的第一件事是向伦敦汇报头一天的工作，请示当天的工作。

因此，长期以来香港的大脑在伦敦，执行是在香港，英国在香港驻军需要香港支付75%的费用。我们做这个调研的时候，也到了内地给香港供水、供猪肉、供菜的地区，梅州是叶剑英同志的老家，是专门给香港提供肉类的生产基地。当时提供给香港的食品采用的是最高标准，内地吃得都是马马虎虎、吃饱了就算的时候，就给香港提供最好的水、最好的菜、最好的肉。

所以在做粤港澳调研的时候，大家非常感慨，对香港这个地方，内地付出了多少。我们一定要保护好香港，用好香港的优势，而对香港市民，确实应该进行爱国主义教育，起码应该让他们懂得内地是怎么来呵护香港的，是把香港当成自己的眼睛一样爱护，给香港提供了那么多东西，而且都是无条件提供。包括香港的驻军，他们全部的供给都是内地提供，没有让香港出一分钱。

香港回归以后，中央政府没有收一分钱的税，没有向香港索取任何东西，但是香港遇到任何问题，中央政府都不会坐视不管。所以，为什么不能在香港进行爱国主义教育呢？香港苹果电视等媒体特别反动，都是配合美国做反内地宣传的，但是却没有多少人去反驳和抵制，没有多少人去说中央政府给香港带来了什么，整个社会舆论缺少这些正向的东西。

20多年了，真的应该回过头来反思这些问题了。现在香港市民，80%以上是从内地过去的，包括老市民，也包括新市民，70%以上的资本来自内地。香港原来的制造业90%以上是在内地。香港在面向内地和全球化过程中，实际上是可以“左右逢源”的，是可以获更大好处的，可以发挥更大优势的，怎么现在弄成了这个样子？

有一次我在珠海横琴参加一个讨论会，当时也有香港的朋友参加。那个时候香港正在反对内地人到香港去买奶粉，把买奶粉的人当成走私客抓起来，内地的妇女到香港做产检，也被限制了。

在会上我发言说，这么多内地人去香港买东西，香港是不是应该敞开胸怀欢迎？香港经济困难时，内地自由行，2014 年香港 77.7% 的游客来自内地，旅游业支撑香港度过了金融危机。

现在内地游客需要从香港买东西，香港完全可以扩大从全球进口，可以利用这个市场机遇把服务业做大，可以发一笔大财，而一些香港人为什么反过来用大拇指往下嘘呢？为什么要把他们抓起来呢？我一直在想，有很多东西是需要深刻反思的。

第四，解决香港问题，从更长周期看，要加快实现“三去”。

一是去殖民文化。英国遗留的殖民文化要坚决地去掉，这也是其他国家解决国内问题的普遍做法。

二是去特殊化。香港曾经是中国对外开放的窗口，曾经是中国唯一通向国际的通道。香港曾经比内地发达得多，所以使很大一批人认为香港人有天然的优越感，自认比内地人高一截。我认为，一定要去特殊化，当然香港居民也不应该矮一截。

香港的特殊地位还是要呵护的。香港居民要平和地看待内地的发展，要正视内地的发展，美国不能正视就算了，香港为什么不能正视呢？香港本身就是中国的一部分，美国怕中国超过它，打压遏制中国，而如果内地超过香港，对香港来说那是好事。在一个祖国，哪个地方发展得快都是好事。深圳发展超过上海，上海跟深圳就打仗吗？它只能努力再次超过深圳。

三是去美国化。美国在中国香港特别行政区驻了多少人？驻了 2000 多人，这些人在做渗透，凡是中国有布局的地方，美国现在都驻了很多人。我去年去巴基斯坦开会，是伊朗、巴基斯坦、阿富汗三边政府召开的“一带一路”会议，会上我有一个主旨发言。

我听当地智库说，美国驻巴基斯坦的外交官有 2000 多人，还有 1000 多雇员，一个巴基斯坦就有 3000 多人，中国大使馆才几十人，还要接待很多内地去考察的代表团。我们外交部的人员编制有限，但是美国有 2000 名正式的外交人员，还有在当地的雇员。所以，我们可以看到美国在国外的布局，它在这些重点的领域、重点的国家、重点的地区，使用的力量是不一样的。

我认为香港现在是真的处于历史的十字路口。希望在座的各位回去后要呼吁香港各界，醒来吧！香港！我建议各位除了到智库来交流，也可以到那些发达地区，那些我们国家走在世界前面的企业，还有我们的科研机构去看看，用未来世界发展的眼光、经济技术发展的趋势再次对标香港，在内地寻找与香港深度合作的领域、企业，获得新的发展。

第五，香港也应该实实在在地解决存在的一些长期解决不了的社会问题。

比如说香港的养老问题，即使公务员也没有养老制度，退休时给你一笔钱，养老有的时候也没保障，其他人都没有养老保障制度。比如香港青年人的就业问题、向上的通道问题。比如说香港的房价问题，当然北京房价也高，但是香港的房子就更买不起了。

总之，现在我们面临的世界局势非常复杂、多变，正在发生深刻的演化。世界正处在历史的十字路口，中国包括香港也处在历史的十字路口。如何抉择？昨天的抉择决定今天的命运，今天的抉择将决定明天的命运。我想今天我们这个讨论，就是为了做好抉择。谢谢！

香港明天更好基金访问团成员名单：

陈启宗，基金执行委员会主席、恒隆地产有限公司董事长

丹斯里 拿督邱达昌，基金信托人、远东发展有限公司主席

胡珠，基金理事、新光酒楼（集团）有限公司常务董事总经理

文肇伟，基金理事、中美国际集团有限公司主席及行政总裁

陈明耀，基金理事、童乐诗有限公司主席兼行政总裁

吕庆耀，基金理事、吕元祥建筑师事务所副主席

彭一庭，基金理事、亚洲联合基建控股有限公司主席

余伟杰，基金理事、裕华国产百货有限公司董事总监

区妙馨，基金理事、史宾沙合伙人

史立德，基金理事、华彩集团有限公司主席

钟小锋博士，基金理事、东方汇理资产管理香港有限公司北亚区行政总裁

陈婉珊，基金理事、利记控股有限公司副主席兼行政总裁

邓淑德，基金行政总裁

周伊萍，基金传讯事务经理

陈文博，恒隆地产有限公司执行董事

中国国际经济交流中心参会研究人员名单：

陈文玲，研究员、中心总经济师、执行局副主任、学术委员会副主任

徐占忱，战略研究部部长、研究员

任海平，战略研究部副部长、研究员

袁幽薇，交流部副部长

张焕波，美欧研究所副所长、研究员

李锋，创新研究所副所长、副研究员

孙葵，交流部智库合作与研究处处长

张瑾，产业规划部副处长、研究员

颜少君，战略研究部副处长、副研究员

夏友仁，产业规划部助理研究员

着眼未来历史长周期构建中美建设性合作伙伴关系

——与美中关系全国委员会希尔斯、欧伦斯一行会谈速记

（2019 年 7 月 12 日）

导语：2019 年 7 月 12 日，来北京参加中美关系对话交流的美方人士到访中国国际经济交流中心交流，中心总经济师陈文玲和有关研究人员参与会见。此次来访的美方人士中多位曾在美政府部门服务，和政府的沟通管道畅通，对美方政策制定具有影响力。美方牵头人、前贸易谈判代表希尔斯女士和美中关系全国委员会总裁欧伦斯先生在发言中表示，目前中美关系存在障碍，希望双方能够理性沟通以推动中美关系前进。美中关系全国委员会愿与中方学者共同寻找客观实际、具有可操作性的解决方案，促进形成稳定的中美关系。陈文玲表示，中美关系现在走进了人设的迷局，走出迷局需要双方从中跳出来看问题，不能以枝节问题、技术性问题、当前问题替代全局问题、战略性问题和长周期问题。中美之间存在信任危机，解决危机需要美方走出中美之间是否存在既有大国与新兴大国博弈、是否存在“修昔底德陷阱”、是否存在“霸权转移”、是否存在“中国威胁”等四大误区。应从长远视角着眼，落实两国元首关于共同推进协调、合作、稳定中美关系的共识，寻求利益交汇点，推动中美形成机制化、建设性的合作伙伴关系。

陈文玲：

非常欢迎来北京参加中美关系对话交流的美国学者到访国经中心，感谢北京大学国家发展研究院姚洋院长带领美国朋友一同前来，和我们一起分享观点和看法。在座的各位前政要、专家学者都是很有影响力的，我们和一些朋友刚刚在香港的中美经贸关系研讨会上见过面，罗奇教授的发言令人印象深刻。美中关系全国委员会是很有名的研究中美关系的智库，我知道美中关系全国委员会曾经在中美建交过程中发挥了关键作用。今天我们在此交流非常高兴，再次欢迎大家！

希尔斯（前美国贸易谈判代表）：

感谢国经中心能够接待我们，谢谢陈女士和您的同事一起抽出时间和我们交流。我们知道，国经中心是中国非常有影响力的智库。很高兴有机会在这里共同交流关于中美关系的看法。我想，我们美中关系全国委员会从事中美关系研究已经几十年了，包括中美最早开始接触的“乒乓外交”，美中关系全国委员会也起到了关键的作用。今天和我们一同前来的有许多美国学者，他们很多人曾经在政府工作，现在也在继续研究中美关系。我们可以坦诚交流，传达理性的声音，推动中美关系向前发展。我的同事对你们也有一些问题要提，现在我就把发言权交给我们的美中关系全国委员会主席——欧伦斯主席，他也是非常熟悉你们的，对你们的评价非常高，也想问你们一些问题，从你们这里得到答案。

欧伦斯（美中关系全国委员会主席）：

非常高兴贵方能够在访问美国期间去我们在纽约的办公室做客，我们也可以到你们的办公室来做客。在过去时间里，我们一直都在试图找到方法，来改善目前的美中经济关系。非常清楚的一点是，美中关系现在处于一个比较僵化的阶段，双方的立场，双方政府的立场似乎都比以前更加的强硬了。虽然说财政部部长姆努钦曾经说过，我们的问题已经得到90%的解决，但是剩下的10%的解决是最为困难的。

在最近的几天里，以及在我最近的一些公开讲话当中的一个观点，就是我们需要向做决策的人，说出真实的情况。

我相信大家也已经看到了之前希尔斯大使和我，以及另外的148名美国的学者一起签署的一封联名信，在这封信中，我们批评了美国政府对中国妖魔化的行为和将中国称作敌人的这种行为。

所以我的问题是，我们是不是能够跳出现在这个局面，来思考一下我们到底可以做什么，不仅仅是思考我们现在做什么，而是要思考一下我们今后可以做什么，什么是我们还没有想到的，中国和美国政府可以采取什么行动打破当前的僵局。

陈文玲：

非常感谢！非常尊敬的欧伦斯先生和希尔斯大使，各位美国朋友们，非常欢迎大家造访中心！欧伦斯先生、希尔斯大使和美国148位朋友的文章我拜读过了，写得非常棒。我就刚才欧伦斯主席谈的这些问题，尝试做一些回答，请我的同事们再做补充。

欧伦斯主席和希尔斯大使，你们写的那封信在中国广为流传，大家称之为“知华派”发出的声音，而且认为这个声音非常理性、非常客观，有很多建设性的意见和建议。正如刚才欧伦斯主席说的，中美关系，特别是中美经济关系如何能跳出现在的局面，跳出现在的局限，有什么我们可以做的，就您这个问题我谈谈想法。

我认为，现在中美关系已经走入了一个迷局，我们应该从这个迷局中跳出来。而这个迷局实际上是人设的，人把自己放在一个迷局里边出不来，一方面在里边打架，另一方面又觉得打架是很不值得的。

一、必须正确认识中美两国关系，走出我们自设的迷局，当前最重要的是要从四大误区中走出来

现在美国是世界上最发达的国家，中国是最大的发展中国家、是发展最快的国家。美国现在是世界第一大经济体，中国是第二大经济体，这样两个国家现在不能像小孩过家家一样，打来打去，打了半天，谈来谈去，说了不算，扯大锯拉大锯，对中美两国、对世界都会产生很大的负面效应。

我认为中美贸易战，总的看贸易顺差逆差还是个技术层面的问题，在中美关系大的关系中属于枝节问题。用技术层面的问题替代战略层面的问题，用枝节的问题替代全局性的问题，用当前的问题替代整个历史长周期的问题，那么就会使两个国家陷入一个用当前的竞争博弈牺牲掉未来巨大的共同战略利益的困局。

我认为当前中美两个国家，最需要解决的是信任危机。由于不信任，由于互相之间对于对方说的话已经听不进去了，所以才产生战略误判、战略转向和非理性的行动和政策。要解决信任危机，必须要澄清四个大的误区。

第一个大的误区，认为中美之间是一个既有的大国和新兴大国之间的博弈。其实我认为，这个立论根本就不成立。如果说既有大国，按历史的演化的时间周期来说，应该是中国，中国有 5000 多年历史，美国只有近 250 年历史，既有大国是中国，新兴大国是美国。而新兴大国近 250 年的发展，已经超过世界上所有的国家，已经成为世界上最强大的国家，这值得研究，应该是人类历史上一笔宝贵的财富。

中国这样的一个历史大国，经过新中国成立后的 70 年努力，特别是经过改革开放 40 年，同时中美建交 40 年，向美国和发达经济体学习，借鉴美国等国家的经济制度，建立市场经济体制，才有现在的快速发展，才能取得今天的成就。但是历史并没有终结，历史仍然要延续，而且历史还要重写。

美国过去走出了成功的道路，但是现在出现社会矛盾、两党矛盾、贫富矛盾、

种族矛盾，还有民主的异化，出现了很多国家治理中的问题。在历史长周期中，这一阶段美国自身的这些问题，实际上给各个国家一个反思的机会。所以，中国没有照搬美国的模式，但是中国借鉴了美国的经验，同时按照中国的情况选择发展道路，使14亿人消除了贫困，使中国得到了快速发展，中国的经验也值得总结。所以，各个国家的发展历史并没有终结，它还要发展，还要创造，还要创新，还要不断地进行扬弃。

在这样的情况下，根本没有所谓既有大国和新兴大国的关系，而是看谁能跟得上历史潮流，看谁的政治制度、经济制度、为人民谋福利的制度更优。我个人认为，采用既有大国和新兴大国的说法，并且把中美这两个国家对立起来，这是一个伪命题。

美国并不是那么美好，完美无缺，没有改进的地方。中国也不是那么完美无缺，没有改进的地方，中国需要改革，并且仍在不断地进行变革，习近平主席指出中国的改革永远在路上。我认为美国现在面临着深刻的矛盾和问题，也同样需要变革和改革，解决自身的问题。

第二个大的误区，我认为是“修昔底德陷阱”，这实际上也是一个伪命题。美国很多学者认为，中美两个大国会陷入“修昔底德陷阱”，认为大国之间是零和博弈，美国一位非常知名的学者写了一本书，名字就叫《注定一战》，其实，我认为“修昔底德陷阱”也是一个伪命题。两千多年以前还是奴隶时代，用那个时候两个国家争夺领土、争夺霸主地位类比当前中美关系是十分不合适的。当时的世界是没有关联的，各个国家之间除了产品的物物交换，并没有经济上紧密的联系。而当代的世界经济是高度交融的，下一代的信息技术，现代信息技术，互联网、物联网、高铁网、高速公路网、港口网、航空网这些都密不可分，加上在此基础上形成的全球产业布局，产业链、供应链、服务链、价值链，实际上已经把世界连接成为一个整体。世界只有通过合作、通过互联互通，才能降低各个国家行政管理的成本和世界经济发展的成本，才能获得更大的发展。

用那个时候的“修昔底德陷阱”来比喻现在中美之间会陷入这个陷阱，我认为本身就是错误的，用中国唐代六祖慧能法师的一句话来说，“本来无一物，何处惹尘埃?”本来就没有这个事，你非得要把这个事套在中美两国关系上，非得要“注定一战”，这就是一个悖论。

第三个大的误区，就是关于霸权转移的理论，把中美关系中的问题归咎于此缺少常识。现在很多外交方面的专家，也包括研究中美问题的专家，都引用了关于霸权转移的理论，特别是海权论等经典的著作，套用到现在的中美关系上。认为如果中国强大了，中国科技发展了，中国必然形成霸权。中国领导人和中国政府多次庄严承诺，中国未来即使强大了，也绝不称霸，但是这样也解除不了美国和一些国家的担忧。习惯了冷战思维和历史惯性替代，使一些人非要用固化的理论和思维来分析研判问题，把中国和平崛起作为霸权转移，这在当代也是一个非常大的悖论。

第四个大的误区，就是“中国威胁论”。“中国崩溃论”已经消退，用“中国威胁论”来阻止中国与其他国家进行和平交往。中国现在的确是发展了，2014 年世界银行和国际货币基金组织按照购买力平价标准，认为中国已经排在第一位了，但实际上中国的经济实力、科技实力和军事实力与美国还有很大的差距。特别是中国 GDP 虽然排在第二位了，但按人均排在第 72 位，还有非常大的差距，我们东西部地区的差距、南北部地区的差距也是很大的。所以，中国自身的发展任务比所谓去世界上争第一、争第二这个任务要重要得多。

我认为，中国在和美国的关系上实际上一直是处在一种被动状态，在整个中美发生贸易摩擦的过程中，中国总是在应战、退让、妥协，一直处在这个状态。为的是什么？为的是和美国处理好关系，使两国能走向建设性的合作伙伴关系，所以“中国威胁论”是一个很大的误区。

这几十年对中国实际就两种理论，一种是“中国威胁论”，另一种是“中国崩溃论”。现在“中国崩溃论”基本上已经退出舞台，但是“中国威胁论”的气场越来越强，这是一个很大的误区。包括很多国内学者也说，当一个国家 GDP 占到美国 GDP 2/3 左右的时候，美国就会和这个国家直接竞争，就会打压这个国家。我认为这些东西实际上也是立不住的，中美之间不是世界第一、第二的问题，是国际上的大国关系到底应该怎么处理的问题。以上几个误区导致了中美关系重要认识上的偏差。

二、面向未来，需要构建稳定的中美建设性伙伴关系，如果美国实现对华战略再转向，当前的贸易谈判的纠结点将会迎刃而解

正如欧伦斯主席刚才所提出的问题，面向未来，我们到底有什么可做的，我们应该怎么办？

我想谈一个最主要的观点，我们应该超越当前的迷局，应该构建面向未来 50

年、100 年甚至更长时期的中美关系，现在两国元首定的中美关系的基调是协调、合作、稳定。我想未来更长历史周期应该是机制化的合作伙伴关系、建设性的合作伙伴关系，不因为美国总统的换届、中国领导人的换届而影响到中美关系。应该形成在历史长周期中制度框架下的中美关系，而这样的中美关系，不是要解决当前的一个枝节问题、贸易的逆差顺差问题，而是要解决两个国家永续友好、造福于人类的问题。

现在要解决的第一个重要问题是美国的战略转向问题，美国必须实现战略再转向，不再把中国作为战略竞争对手。第二个重要问题是美国的民意转向问题，改变贸易战的民意基础，纠正社会共识的偏向。第三个重要问题是美国必须有一个舆论的转向，澄清前一段基于冷战思维产生的舆论。

聚焦在哪几点上？

第一，中美两个大国对于世界经济增长的作用是无可替代的。如果两个国家合作，对于世界经济带来的动力和正面的溢出效应将是其他国家所不能替代的。中美人口和贸易占全球总量的 25%，中美 GDP 和制造业产值占世界总量的 40%，中美在 IMF 这个篮子里边的国际货币占全球总量的 52%，中美在创新方面取得的成果占全球的 60%，中美在人工智能、独角兽企业发展上占全球的 80%。因此，中美经济上如果是合作，能够形成互补，对世界经济发展，对带动世界经济进步繁荣，作用是巨大的。

第二，在世界地位和影响力上，如果两国是合作而非对抗，对于全球治理与秩序建设的作用也是巨大的。中美两个国家都是联合国安理会常任理事国，都是 G20 成员，都是 APEC 成员，都是在世界上产生重大影响的国家。所以，我认为对于世界的和平，对于世界的繁荣，对于维护世界规则和秩序，如果两个国家能形成一种合力的话，会使这个世界更加稳定。

我个人认为，因为现在我们是讨论问题，真的正如习近平主席在 G20 上所说的，“合作比摩擦好，对话比对抗好”。中美之间如果能够真正推动决策层实现战略转向，而不是把对方当成战略竞争对手或者敌手进行打压与遏制，推动中美之间的合作，利益交汇点是非常之多的。

第三，应该澄清对当前的几个焦点问题认识的偏差，这些认识偏差是导致贸易谈判受阻的症结之一。

（1）关于中美贸易谈判问题。现在经过 11 轮的谈判，G20 以后又会开始第 12 轮谈判，我们希望不要 12 轮之后再谈 12 轮。尽快地使中美经贸关系稳定、可预期，使两个国家企业投资、世界各国企业投资不会受到重大影响，使两个国家乃至全球的产业链、供应链、服务链、价值链不会受到重大影响，从而稳定世界经济和世界贸易。姆努钦财长说中美在90%方面都达成了共识，还有10%。我想剩余的10%，美国也要做出一些承诺，也要实实在在解决一些问题。中国要从符合经济全球化发展大势、符合未来中国改革开放发展这个角度，抓紧解决一些美国关切的问题。

最近美国特朗普总统表示，对华为可以开始恢复供应，但是在美国商务部实体清单里面，并没有把它剔除，这个问题也没有从本质上得以解决。但是美国希望中国解决的几个问题，其实都已经不是什么问题。

（2）关于知识产权保护问题。实际上中国在加快解决这个问题，中国经过几十年努力，建立了完备的知识产权保护体系，而不是只做了一件事情或者几件事情。我希望听到你们提出在知识产权方面还有哪些问题是中国没有解决，需要下一步推进解决的。

（3）关于国有企业改革问题。国有企业改革是中国改革开放40年来一直在推动的，现在国有企业产权已经向多元化、市场化、社会化和国际化迈出了很大的步伐。你们认为国有企业还有哪些根本性的问题没有解决，也可以直言不讳地提出来，推动中国国有企业改革向着市场化的方向更快推进。

（4）关于强制性技术转让问题。这个问题一开始就是伪命题，本来中国没有这样的法律法规，也没有这样的地方规制允许中国企业强制美国企业转让技术。美国企业提出在实际运作中有这样的问题。为了彻底解决问题，中国在今年两会期间，在2019年3月已经正式出台了《外商投资企业法》，《外商投资企业法》中有十几个“不得”“禁止”这类的法律规定，而其中一条非常重要的法律，就是“不得强制性进行技术转让”。原来在贸易谈判中，美方要求中方把这一条写进法律，现在实际上中国已经将其变成了法律。还有哪些你们认为中国确实存在、现在还没有解决的问题，我们希望你们要真的能提出具体问题，而不是扣“帽子”，加上一个什么概念。我也认真看过美国出台的“301调查”报告，去年3月22日我们正好去美中关系全国委员会拜会，那时候刚刚出台“301调查”报告，我看到“301调查”报告中涉及很多问题，但是表述都是“基本上”“据说”“推测”等，都是比较含混的，并没有实际的证据。

中国驻美大使崔天凯在美国的一次演讲中也说，希望美国朋友告诉我，到底是谁强制性技术转让、盗窃知识产权，还有市场准入等问题，请你们告诉我确切的证据。所以，不能造一个概念，然后就把它作为制裁中国的依据。

（5）关于市场准入问题。现在中国政府也做了改革，自贸区负面清单从开始的190项减到了现在的40项，当然我们负面清单还需要进一步改进，应该向美国学习，就是负面清单按类别来说，比如说涉及国家安全的，就这一类就可以，不要拉那么多的项目。

（6）关于现代营商环境问题。虽然去年世界银行关于国家营商环境排名中国上升到第32位，但是目前还在第46位，美国是在前几位，中国营商环境和美国比较，按照国际评价来说也还有很大的差距。这两年中国政府一项重要改革就是“放管服”改革，大大放宽准入范围，提高办事效率。

（7）关于数据流动和网络管制问题。关于数据的流动问题，我不代表我们中心，也不代表政府和其他各个方面看法，我个人认为，网络空间需要共治，而这个共治不是中美共治，而是全球共治。要建立全球数据流动的规则，使网络空间不至于因为网络开放造成混乱，如果造成网络空间混乱，比在实体空间的混乱给人类造成的危害要大得多。我想能不能由中美两国推动网络空间治理，形成有序的全球网络空间治理框架，在这种情况下，中国开放网络空间，允许数据流动，这不仅仅是美国的诉求，也是中国的需要，是全球各国的共同需要。现在中国的网络管理带有管制的性质，这是我个人看法，不一定对。

网络的开放，数据的流动，这是大的趋势，但现在的问题是，在没有形成网络空间规制、网络空间共治、网络空间有序流动的情况下，像中国这么大一个国家，一个14亿人口大国真的需要国家稳定发展，如果一旦舆论混乱，或者说一旦网络上出现了很多给人民群众思想上带来非常大的冲击的负面东西，就可能使中国产生很大的社会问题。可能会对于中国带领14亿人脱贫，保持经济健康发展带来很多负面的影响。所以，我个人认为，中国政府现在是有顾虑的，它的顾虑不在于说网络未来不开放、数据要管制，而是在于开放以后能不能形成全球数据有序流动，能不能使网络开放以后的数据流动和网络空间推动经济社会发展，造福人类社会。我个人认为，这个问题的焦点不在于开放不开放，而在于在全球网络空间开放之前，能不能形成一个有效的网络空间治理规则与框架。

大家可以看到，真实世界的实体经济治理现在还乱得一塌糊涂，很难形成全球共识，如果虚拟空间出现混乱，对人类确实是个灾难。在这种情况下，我们怎么推动网络空间开放，怎么确保开放条件下的安全有序，可能是关键问题。

第四，贸易战打了不到两年，但是给世界各国包括美国带来的反思和影响将是长远的。实际上，对于美国对中国的这些诉求和关切，绝大部分中国都在做了，或者正在做或将来要做，当然我们也有必须坚持的底线。我个人认为贸易战打了快两年，打明白了几个道理。

一是贸易战导致两败俱伤。实际上美国现在也受到很大影响，美国4月、5月的经济数据都很不好，和贸易战有直接关系。二是高关税这个武器不那么好使。力图用高关税解决贸易问题，解决大家关注的问题，几乎是不可能的。三是贸易战违背经济规律，违背贸易规律，这是传统贸易方式下贸易战的打法，在当代信息社会、在经济联系越来越紧密的世界经济格局中，用这个打法是打不赢的。四是就像弹簧一样，压力越大反弹力越大，美国对中国的施压是不会奏效的。包括美国对华为的断供，对中兴的断供，对中国高技术企业的断供，压力越大反作用力越大，这些企业乃至我们整个国家，都会把创新作为最主要的国家战略，而当我们的创新能够达到和美国同样水平，甚至超越的时候，美国就会完全失去这些企业的市场，那对美国来说将是无法想象的损失。

谢谢希尔斯大使、欧伦斯主席，还有各位美国朋友，能用这么长的时间听我来讲自己的看法，我非常荣幸。

谢谢各位！

希尔斯：

非常感谢您刚才的谈话，我们同意习近平主席的说法，那就是对话比对抗要好。您可能知道我们美中关系全国委员会是一个致力于帮助美中关系的非营利性组织，正是在我们的努力下，中国的乒乓球员到了美国，打破了当时的外交僵局。我们的努力一直在继续。我也同意您的说法，其实美国和中国双边都是有问题的，我也相信像您和我这样，虽然说现在不在政府任职，但对于政府确实还是有一定影响力的，我们也可以为中美双边关系的改善做出一些贡献。

美国嘉宾：

有的人需要赶飞机，他们会今天回美国。

欧伦斯：

希望下一次您再来美国的时候，我们可以荣幸地再继续和您讨论。

陈文玲：

好的，非常感谢！我们有几本书要送给您，大家一起合个影。这是中心关于“一带一路”研究的三部著作和“一带一路”贸易投资指数报告英文版。

来访嘉宾名单：

卡拉·希尔斯（Carla A. Hills），国际咨询公司董事会主席兼首席执行官、美中关系全国委员会主席、前美国贸易谈判代表、美国对外关系委员会联合会长

史蒂芬·欧伦斯（Stephen A. Orlins），美中关系全国委员会总裁、美国对外关系委员会委员

姚洋（Yang Yao），北京大学国家发展研究院院长

罗伯特·多纳（Robert Dohner），前美国财政部亚洲事务副助理秘书长、美国亚特兰大委员会高级研究员

史蒂芬·罗奇（Stephen Roach），摩根士丹利亚洲区前主席、耶鲁大学高级研究员

丹尼尔·罗森（Daniel H. Rosen），中国策略顾问委员会成员、美国对外关系委员会委员、美中关系全国委员会理事会成员

杰弗里·谢弗（Jeffrey Shafer），纽约联邦储备银行、美国政府经济顾问委员会委员

巴里·诺顿（Barry Naughton），美国加州大学圣迭戈分校教授

金·舍恩霍兹（Kim Schoenholtz），纽约大学斯特恩商学院教授

厄尼·瑟瑞舍（Ernie Thrasher Xcoal），能源资源公司首席执行官

乔安娜·蔡（Johanna Chua），花旗集团董事总经理、亚太地区经济与市场分析负责人

胡佳胤（Jiayin Hu），北京大学国家发展研究院助教授

郭海妮（Haini Guo），美中关系全国委员会高级项目经理

张迪（Di Zhang），北京大学国家发展研究院协调人

参加会见的中心人员：

陈文玲，中国国际经济交流中心总经济师、执行局副主任、学术委员会副主任、研究员、博士生导师

许朝友，中国国际经济交流中心交流部部长、外交问题专家

任海平，博士、中国国际经济交流中心战略研究部副部长、副研究员

张影强，博士、中国国际经济交流中心产业规划部研究员、城镇化处副处长

颜少君，博士、中国国际经济交流中心战略研究部副研究员、综合处副处长、中心科研办负责人

梅冠群，博士、中国国际经济交流中心战略研究部副研究员、世界经济处副处长

田栋，博士、中国国际经济交流中心美欧所副研究员、美国处副处长

与旧金山湾区协会首席经济学家兰多夫会面

（2019 年 4 月 19 日）

时间：2019 年 4 月 19 日上午

地点：旧金山湾区协会

中方出席人：陈文玲、张焕波、田栋、陈肖龙、孙佳

美方出席人：兰多夫（Sean Randolph）

注：2019 年 4 月，陈文玲带队拜访美国重要机构、重要专家，就中美经贸关系问题开展专题调研。拜访了旧金山湾区协会首席经济学家兰多夫，以下为对话内容。

兰多夫：

很开心你们见了伯克利大学实验室的同事，本来我要过去的。

陈文玲：

非常感谢您今天能在百忙之中会见我们，我们 15 日来到美国，先到华盛顿，昨天到的旧金山，也会见了您的朋友。今天我们非常高兴跟您有机会交流，想交流三个问题：第一，您怎么看待当前中美关系，特别是经贸关系？第二，旧金山湾区现在的发展情况及发展前景如何？因为我们中国也是开始发展粤港澳大湾区，未来我们可以从旧金山湾区吸取一点什么经验？第三，面向未来，中美之间的合作，特别是湾区之间的合作、地区之间的合作，多层面的合作，我们能找到什么契合点？

兰多夫：

首先，关于中美的经贸关系，一年以前中美经贸关系发生变化的时候，我当时认为可能只用三个月的时间就可以解决这个问题，但是很明显我的这个想法是错误的。通过媒体，当时我认为很快就会解决这次经贸之间的摩擦，但是现在很明显，事实证明我的想法是错误的。

我们现在也是通过媒体来了解中美之间经贸关系的发展，但是我认为按照现在的情况来看，不管怎么样，不可避免的变化是会出现的，再也不会回到一年以前的

情况，新的格局会出现，新的角色会出现，大家在经贸关系中的地位会重新调整。

作为湾区经济的顾问团，我们一直支持中美之间的经济发展。我们在中国设立了三个办公室，分别在上海、南京和杭州，我们将在北京设置第四个办公室。我们想通过努力，通过推动在中国的工作，帮助我们的合作伙伴，将他们介绍到中国，推动两国经贸合作的发展。但是我们和大家一样，目前也只能通过媒体得到关于中美经贸关系的变化情况，我们并不知道新的合作关系什么时候出现，什么时候形成，我们也和大家一样，希望能够在新的合作关系形成以后，继续推进中美之间的经贸关系发展。

我最近被邀请参加了很多的会议和会谈，大家还有很多的问题没有解决。现在大家还有很多的疑问，我并不知道底线在哪里，也并不知道最终的方案会怎么样，是全部撤销加征的关税，还是逐渐地减免关税？很多的问题没有公开的答案，大家都很有疑问。所以，我们现在并不知道最后的解决方案会是什么样的。

中国企业在美国的投资主要分布在三个地方，旧金山、洛杉矶和纽约，无论是高科技，还是房地产，旧金山有很多来自中国的高科技领域方面的投资，我很了解中国的投资者，这三个城市的大部分投资者来自中国。在旧金山地区，也有很多来自中国的孵化器和加速器，但是很明显，将来的格局肯定会发生变化，我现在的感觉是将来可能会受到来自国会或者是联邦政府更加严格的审查，但是我们还并不清楚这样的审查会有多么严格，与法律会有怎样的联系，或者是影响到哪些审查，或者这些审查会给将来的中国投资者带来哪些困难，这些我们都是不清楚的。

刚才我们提到的法律，我不清楚以后国会新制定的法律会怎样影响外资审查局，以及影响到进口和出口。我认为现在有很多不确定性，汇集中在高科技领域，包括对高科技产业领域的影响，有很多的不确定性。这个不确定性更多的是在能源和投资方面的不确定性，比在经贸方面的不确定性更大。

我们这个办公室有一个专门针对中国进行研究的工作小组，过一会儿我会和工作小组开会，讨论未来怎么样和中国合作。因为这个办公室和中国有很多的合作项目，他们会写一个白皮书，来考虑未来的环境会怎么样，虽然我们并不清楚中美经贸之间的合同将来是怎样的，好比我们考虑到过去 40 年的外交地位，也会考虑未来 40 年中美之间的外交关系，我们之间的关系会非常复杂，但是我们会在目前不确定的情况下，考虑会有什么新的机会和新的投资方向。

公司经常派我们的代表团去访问中国，去年 11 月我们的代表团去了北京的中关村和上海，参加了上海的进口博览会，今年秋天我们准备再次去。我听说我们作为湾区的代表团，是去年中国进口博览会唯一的美国政府代表团，今年我们还会去参加，我们也希望今年美国会派出美国政府机构其他的代表团。

关于旧金山的经济发展，首先这里的经济发展得非常好，在五六年前我们已经完全从经济危机中恢复了，目前大概在美国的大城市中经济增长水平最高，失业率最低。这里不仅有很多美国的投资，也有很多来自国外的投资。大家知道像谷歌、苹果、Facebook，都是估值最高的公司，全世界十大独角兽企业有四个在旧金山。旧金山确实是以大型的科技公司著名，我们已经有很多所谓的独角兽公司，就是估值10亿美元的企业，甚至一些更大的是100亿美元估值，上市的时候估值超过100亿美元。在过去的三个星期，刚刚上市的（lifet），像滴滴打车的（zome），这几家公司在过去三个月刚刚上市。除此之外，我们还有很多家公司没有上市，但是已经是独角兽型的公司。我们已经有很大的后备团，以此来说明旧金山的经济是非常繁荣的，而且发展得非常好。

旧金山经济的核心就是数字化经济，它并不是全世界唯一的数字化中心，但肯定是处在领导位置的一个城市。很多来自美国本土，还有国外的投资者将其作为创业创新的中心，并且把总部设在这里。包括没有上市的公司，都是旧金山经济发展的原动力和保持持续长久发展的后备力量。

我们刚才谈到的都是一些新的非常大的科技公司，同时还有无数的很小的创业公司，这些创业公司有可能来自国外。旧金山的风险投资占美国所有风险投资的45%，45%就很多了。我们现在看到的发展趋势，就是投资的数量在减少，但是每一项投资的份额在增大。所以，我判断投资人更加倾向投资于发展后期，即较为成熟的公司，而不是很早期的创业公司。这也使我们担心那些很早期的创业公司，从哪里拿到钱，或者能否拿到足够的钱。

刚才我们谈到的旧金山这边繁荣经济的发展，也带来了负面影响，因为没有任何一件事情是完美的。在过去8~10年，我们的经济有了长足发展，但同时给基础设施带来了很大的压力，比如说我们没有足够的住房来容纳劳工，我们的交通也不够畅通，难以支持这样高速的经济发展。从区域经济来说，给旧金山湾区的区域经济带来了很大的压力。大家都知道这里是全美国最贵的生活和工作的地方，纽约的曼哈顿也是最贵的地方，在这里的生活成本极高，另外，从区域经济的角度，我们要加速建更多的房子，来容纳我们激增的劳动力，要加速地去修建更好的交通设施，来保障这里的经济发展。

第三个问题，你问到将来中美之间的关系会怎么走，或者从哪些方面我们可以进行合作。很明显我们会有在国家层面的讨论，包括在国家层面去协调经贸关系，但是我们也应该有一些民间会谈和讨论，包括州和州之间、地区和地区之间，以加州为代表，或者是针对旧金山湾区开展地区之间的讨论。当然我们会考虑到国家层面最后确定的经贸关系和协商合同，但是作为地区来说，我们也一直致力于推动中美之间的紧密合作，推动中美之间经贸关系的发展。

我们将来准备写一部白皮书，在这个白皮书中，我们会从我们的角度提出中美之间有哪些合作的机会，特别是可能从加州的角度、从湾区的角度来看这个问题。比如，我们有哪些门还是开着的，我们之间有哪些共同的利益点，我们会有哪些障碍，我们怎么样克服这些障碍，在哪些方面我们可以有更多的机会去发展。

我们现在并没有看到来自中国的投资受到任何的影响，或者受到任何的削减。当然不知道明年结果会怎么样，因为大概率今年法律、条例、政策就会有一些改变，明年我们会看到一些变化。但目前看从中国来的投资者还是很多，并没有受到任何影响，当然现在非科技方面的投资、房地产方面的投资在削减，原因主要是美国政府对房地产的投资做了现金限额的限制，但是即便是这样，在旧金山市中心也有一些新建的房地产，是中国的公司投资的。

我们现在还看到一个发展趋势，就是美国的一些公司，主要指中小型公司，逐渐地把公司迁出中国，可能会侧重于在东南亚发展。我们可以从两方面看这个问题，因为中国本身就很大、很强，一方面我们目前并不清楚大公司会怎么样面对现在这个局面，但是大公司首先有很多讨价还价的余地和手段，所以它们正在紧密地关注未来政策会对中国有什么影响，或者中国是否适合它们继续做生意。另一方面中小型公司本身并没有太多讨价还价的余地，所以可能觉得中国的政治情况和中美之间的关系太复杂了，担心未来在这里不能生存下去，所以虽然会继续保留在中国的办公室、场地，但是也会选择在新加坡建立亚太地区的核心办公地点，选择马来西亚和越南作为生产基地。也可能这只是美国中小型公司重新平衡企业投资的方式。在过去 20 年，他们只关心中国，把所有的投资都集中在中国。现在美国在华的中小企业一是担心未来的复杂性给它们生意带来影响；二是重新调整方向，会保留在中国的办公室，但是也会重新考虑在亚太其他地区增设办公室。

请问您怎么看待中美经贸之间的关系，特别是今年后半年和未来会有哪些变化？

陈文玲：

非常感谢！刚才您介绍了三方面的情况，对我们都很有启发。特别是您谈到了旧金山经济形势很好，实际上这源于它是一个全球创新高地。

现在看起来，创新高地不仅发展的动力强劲，而且要有很强的规避风险能力。即使现在中美关系特别是经贸关系，出现了一些冲突或者是摩擦，在硅谷、在硅谷所在地旧金山的投资没有明显下降，其实这就说明了旧金山对中国来说，对中国的投资者来说，是非常重要的。中国企业特别是创新型的企业，现在在美国投资的首选地就是旧金山的硅谷，学习美国的创新机制、创新理念和创新路径。

我很感兴趣，就是刚才您提到了明年或者说今年这种好的形势有可能发生逆转，美国的投资审查委员会有可能进一步收紧中国的投资，特别是对像硅谷这样的创新地区的投资。我认为这种政策收紧是毫无道理的，人类所有的技术革命都是为全人类服务的，所有的创新走在世界前列的这些地区、企业和技术，对全球的科技革命都具有引领性。

旧金山这个湾区之所以有很强的生命力和发展的动能，就在于这种创新不仅是美国企业的，而且被很多国家复制、学习和借鉴，美国的创新不断输出，这是形成世界创新动能的一个过程。您说世界几个最大市值的企业，像苹果，它在中国市场的销售量在全球是排第一位的。其实现在全球排名前十的独角兽企业，有 6 家是美国企业，有 4 家是中国企业。

我认为中国也在走创新的道路，而且创新水平的提高还是快速的。所以我特别赞成你们抓紧出台白皮书，能够把中美之间的合作机会、合作的合理性、合作给双方带来的好处显示在白皮书上。

中美之间开展地方合作，其实是一条非常重要的路径，因为美国的体制和中国的体制还是不一样的，美国联邦制下的各个州实行自治，所以州有更大的权力，也可以在州的层面推动与中国地方政府的合作，促进和中国企业的合作，这是非常重要的路径。我建议州通过立法来稳定预期，因为美国有联邦的法律，也有州的立法。假如旧金山能够通过州的立法，确定外商投资政策，确保外商投资的安全性和可预期，中国企业在其他地方预期不明朗的情况下，或者说可能在其他方面发生矛盾的情况下，将更多的投资转移到旧金山。这会使旧金山发展得更快，通过形成一种外部挤压，使好的投资，还有科技资源进一步地向旧金山集中，这对旧金山未必是坏事。

所以，我建议除了你们的白皮书，还要积极向联邦政府呼吁，讲明你们的立场和观点。加快州的立法，使外商投资在旧金山能有保障，能安全。这样的话，我想对于中美两个国家的合作，特别是和地方政府的合作，和中国企业的合作，会有一个比较长期和正向的放大效应。

兰多夫：

首先回答您的问题，这是一个非常复杂的问题，我不清楚加州的政府能做什么，因为不管怎么样，联邦政府的任何法律都会超越或者推翻加州的任何法律。所以您刚才提出希望通过加州立法来提高投资的安全性，我不清楚加州政府能不能这么做，或者做了有没有用。因为联邦政府什么都会推翻，但是从加州的角度来说，他们努力提供更加友好的环境。

我们这个办公室的人都很清楚中国是一个非常创新的国家，也有很多创新的想法，目前这个可能就牵扯政治方面的因素。美国的企业希望到中国去，同样美国的创新企业也希望能够成为中国创新圈的一部分。但是当美国的企业到中国去做创新的时候，有很大的担心，就是关于知识产权的担心：一是他们的知识产权是不是会被盗取；二是是不是会强迫进行合资，是不是必须建立合资公司，是不是会受到过多的虚拟审查、安全性审查和监控。在中国我们就担心我们的数据和服务器是不是一定要设置到政府指定和拥有的服务器上面。知识产权会很容易受到侵犯，很危险，这是我们的企业所担心的问题。

现在看来，中国有中国的体系，美国有美国的体系，这两个体系是平行发展的，但是中美之间并没有进行更好的交流。美国的企业到中国去就会有刚才那些担心，但是中国的企业到美国来并不需要担心这些事情，因为在美国这些事情是不存在的，所以他们就觉得不对等。他们的企业、他们的创新团队如果去了中国，会担心知识产权方面的问题，但是中国的团队来到美国是不用担心这些问题的。

中美之间的体系现在是平行发展的，两者之间并没有进行很好的沟通和交流，我们能够做什么？我想是努力使美国的企业减少这一方面的担心，使它们愿意去中国开展它们的创新事业。

我很理解中国的很多独角兽公司，和美国一样，关注高科技领域，比如说人工智能。我跟很多欧洲人合作，欧洲人对人工智能就不感兴趣，现在人工智能研究方面，全球就集中在中美两个国家，我们两个国家的系统还是平行发展的，并没有进行更好的交流。

这份是去年的报告，里面有我们做的关于中国创新情况的报告，这份报告是关于今年湾区的创新系统的，还没有发行。其中这一页列出了所有在湾区的公司，包括欧洲的公司、中国的公司。这里几乎有所有创业公司和大型公司，湾区有多少公司在这里有代表办公室。后半年我们会写关于这方面的白皮书，因为大家都很关心，我会在白皮书中写不确定性的情况下，中美之间有哪些合作点，因为大家都很想知道有哪些更好的合作机会。

陈文玲：

现在中美两个国家的贸易谈判已经到了第九轮，不久美国代表团会到中国继续谈判，下个月刘鹤副总理会到美国来继续谈。我想这个协议主要还是基于中美两个国家平等、协商的一个结果，会使中美贸易摩擦暂告一个段落。按特朗普先生的推特，他希望和习近平主席亲自签署这个贸易协定。

谢谢！

与旧金山 Runway 创新孵化公司会谈

（2019 年 4 月 18 日）

时间： 2019 年 4 月 18 日下午 2 点

地点： 旧金山市 Runway 公司

中方出席人： 陈文玲、张焕波、田栋、陈肖龙、孙佳

美方出席人： 创新服务总监泰勒（Tyler Steinke）

注： 2019 年 4 月，陈文玲带队拜访美国重要机构、重要专家，就中美经贸关系问题开展专题调研。

陈文玲：

您对美国硅谷这边的创业情况，和中国深圳、杭州、上海这几个地方做一个比较，现在中国内地的创新创业和这里比有什么差距，这里有什么长处？

泰勒：

我认为中国很多创业公司技术含量都很高，主要侧重于人工智能、物理科学、机器人，以及基因方面的研究，虽然在基因方面的研究受到了很多政策的管制，但是也有很多这个方面的创业企业。

中美这两个创业市场有相似之处，也有不同之处，在硅谷这边商业模型是非常重要的，注重怎么样能够为客户提供方便，并且你的创意知识产权也有重要的意义。我在中国参观和访问一些创业公司的时候，发现它们在开拓市场方面有两个主要的方法，第一个方法就是快速地成长、快速地发展，像滴滴打车这样的公司。

第二个方法就是开拓市场，它们可能侧重于一小部分市场，然后为它们提供一些服务，虽然它们单个的盈利很少，但是因为中国人口众多，也可以生存下去。

在中国我觉得有意思的事情，就是每个城市有不同的技术，可能侧重于发展不同的技术，这跟硅谷不一样。虽然硅谷以科技著名，但是并没有侧重于某一项技术，中国可能是某一个城市会侧重于某一项技术的发展，以及建立与之相关的

生态系统。我也很感兴趣，就中美在创业方面的市场环境和创新生态的异同也想听听您的观点。

陈文玲：

我对美国的创新创业，特别是硅谷一直非常关注。实际上中国一直在学习美国硅谷，中国现在出现了很多像硅谷一样的地方，如北京中关村、武汉光谷等。也出现了一大批向硅谷学习的企业，而且中国也有一批做互联网的企业，还有做新技术的企业家，有的就来自硅谷。

现在中国不同的地方有不同的创新特点，像安徽合肥，原来不是太先进，但是现在出现了一批来自中国科技大学的创业者，中国科大系在那里创新，以科大的研究为基础进行创业。

杭州是以阿里巴巴为龙头的互联网应用创新，包括淘宝、天猫、蚂蚁金服，出现了一系列新的商业业态。深圳主要是腾讯、华为、中兴等，有的是互联网应用，有的是半导体行业，有的是电信基础设施，还有大疆无人机、华大基因、比亚迪电动汽车等几个领衔企业的创新板块。

上海原来就是一个工业城市，制造业走在全国前列，现在在创新和新经济方面还比不上深圳、北京和杭州，但是在重型机械，像振华重工这些重型机械方面，在全球市场占有率已经达到了80%，市场占有率很高。另外，上海的微电子，包括遥感技术这些方面也还是在全国领先的。北京最早进行创新的中关村，实际上就是学习硅谷，现在中关村整个创新环境在全国也是最好的。这些城市都很有特点，但是中国有一个最大的不同，就是从国家层面看，整个政府鼓励创新。我们认为，中国要向美国企业学习创新，要建设创新型的国家、创新型的社会，要进行全员创新，大众创业、万众创新，实际上这些大都来自向美国硅谷学习的经验。

现在中国每年有900万名大学毕业生，还有几十万名硕士生、几万名博士生，这些毕业的学生第一选择是创业，而不是就业，不是去给别人打工，如果创业不成功，再考虑打工。像美国出现的一些创新的神话，如苹果的乔布斯、特斯拉的马斯克、微软的比尔·盖茨，在中国几乎家喻户晓。

过去美国是一个创新的先驱者，而且树立了榜样，现在中国整个国家都在转向创新，创新成为中国经济发展的第一拉动力量，美国的创新、中国的创新，实际上对人类都是贡献。所以，我想请问您中国和美国在技术创新领域应该怎么合作，绝大部分的领域美国都是领先的，但是中国出现了华为这样的5G公司，在5G技术上领先，是不是就应该受到打击？还是说我们应该共同寻找创新的道路？

泰勒：

您提到了华为在5G方面做得很成功，美国就要打击华为，这可能是一个很有趣的观察，我并不认为真的会发生。我们在过去的几年，做了很多在中美之间互相沟通合作的工作，来促进我们之间的交流。可能政府之间的交流是有一些停滞，但是在私营企业之间、在民间还在继续进行交流。

硅谷创业的生态情况、波士顿的创业情况，以至美国的创业情况和中国有很大的不同，美国这些创业生态系统中都没有政府的投资，都是私人企业，但是我知道中国很多创业的机构都是受国家投资的，受到国家和政府的影响特别大。所以，我们也在探索如何能够使私有企业与民营企业和中国半私有的企业进行更好的交流和沟通。

陈文玲：

您可能观察得有一点不太准确，中国有两种企业，一种是国有企业，国有企业在创新方面不如民营企业的动力强，体制机制也没有那么灵活。另一种是民营企业，比如说像阿里巴巴、华为，这些企业都是纯粹的民营企业，它不属于半官方的民营企业。腾讯、百度这些企业，也都是民营企业，但是实际上即使这些民营企业的创新体制和机制，比美国也差得很远，美国有成熟的政府采购制度，实际上美国政府对企业的支持力度比中国政府的支持力度要大得多。

比如说像下一代信息技术，美国政府是国家财政通过国防部进行公开招标采购，像英特尔、亚马逊、谷歌这些企业都可以中标，然后可以获得巨额的资助。据我了解，它们得到的资金比中国企业如阿里巴巴、腾讯得到的资金，不知道要多多少倍。

泰勒：

我认为中国政府现在是非常积极地支持创新和创业的，相反，中国这些私有企业并不那么积极，因为它们想做自己的创新，它们跟中国政府合作，更多的是受到政府的奖励基金的引导，但是最终这些鼓励的投资用完了以后，这些私营企业可能就不会那么积极跟政府合作，因为它们想自己来做研发。

陈文玲：

我觉得中国和美国还有一个方面有很大的不同，就是美国在硅谷一些地方，投资者大部分是风投跟进。就是靠市场的机制进行投资项目的评估，然后风险投资基金跟进，如果投资成功，风险投资者再变现，形成了一种市场决定的投资驱动力。这种风投现在在中国还不是很活跃，现在有一些私营企业也有自己的投资方向，如华为，它持续20年坚持一个投资方向，再如阿里巴巴，它有自己的创新系统，现在也在吸收和吸引全球的科学家进行投资，现在企业所有的技术开发都是用的自己的团队，不是受政府的驱动，是受它自己创新目标的驱动，主要有它自己的体系和目标。

我曾经问过阿里巴巴高管，我说你们所有的研发是自己形成的技术投资，还是和其他国家合作？他们说开始的时候有合作，但是现在基本上都是自己的研发。最近这些年，美国不断说中国窃取美国的知识产权、商业机密和强制性技术转让，如果是和美国这些高科技企业合作，肯定是技术合作，肯定要涉及股权问题，涉及收益分配问题，在这方面进行技术合作，很怕被美国政府戴上窃取商业秘密、强制性知识产权转让这样的帽子，所以中国更多的企业现在立足于自主开发。

泰勒：

现在美国也确实对中国有一些很大的误解，就是关于知识产权方面。就像我前面说到的知识产权可以是一个创业公司进入市场的一种手段，所以我们经常把它称为“护城河”，因为这一项技术是我的知识产权，这个就应该是我所特有的。可是我所了解的中国创业公司，它们的所谓“护城河”是能够多快地抢占市场，能够多快地达到一定市场的份额，赢利或者在市场上得胜是它们必须关注的事情，而不是知识产权。一方面这与教育相关，通过教育，让大家知道中美市场的不同，另一方面就是让大家知道知识产权相关的内容。5 月我去中国的时候，会邀请中国和美国在知识产权方面的律师，来进行有关的话题讨论。

陈文玲：

关于什么叫知识产权转让，什么叫强制性知识产权转让，什么叫技术合作，什么叫通过市场合作手段转让技术，我觉得这些方面要有一个清晰的边界。我们最近几年与美国的智库，还有美国一些制定政策的人在讨论的时候，多次提出来你们能不能给我们举一个例子，即中国的法律在哪一条，或者中国的政府文件在哪一条，规定过中国允许强制性技术转让？他们说没有，这是我们在华经营的美国企业反映的，在跟你们合作的过程中，有强制进行技术转让的情况。

还有两个方面的可能，一方面，确实你的合作方提出了要求，你必须要转让技术，我才能跟你合作。另一方面，有可能我们两个人进行技术合作，但是我们双方在自愿的基础上，平等协商，我转让技术，你出钱，出多少钱才是合适的，这个应该叫平等竞争合作和通过市场定价的方式转让技术，这种转让技术应该是符合市场要求、符合双方企业诉求的转让，我认为这应该是合理的一种市场交易行为。我认为更多的是把这种市场交易行为和强制性的技术转让划分开来，作为必要的条件，就是您说的“护城河”，这两个方面并没有分开。

泰勒：

在我跟很多的创业企业、小企业合作过程中，它们其实大多数并不特别担心强制性技术转让的问题，它们主要是担心一个小企业进入一个新的国家的时候，是不是会碰到更强大的、更有资金背景的对手，能够很快地学到它们的想法，很快地抢占市场，这是它们所担心的问题。我的专业主要是帮助这些小企业怎样和大型企业进行合作，关于两个大企业之间合作，我没有太多的经验。

我也在这里给一些大企业做客户服务，我的工作就是帮助它们更好地和早期小型企业、创业企业进行合作，这种合作可能是多方面的，可能是建立合作关系，可能是大企业收购小型创业公司，可能是通过认证和许可证的方式。这对大公司成长有利，也帮助一些小企业更好地和一些全球性的公司进行合作。通常这些大型企业都有内部的研发中心，同时还可能需要和一些外部的研究公司合作，使它们获得更快的成长。我的工作就是帮助它们和这些外部研发团队进行合作，我现在在帮助一些小型的早期创业公司和联想、日本东芝公司等企业合作。

陈文玲：

您觉得现在创新的条件上，将美国硅谷和中国这几个您去过的地方对比，中国还有什么差距?

泰勒：

首先硅谷整个的发展投入了很多的时间和研究的力量，硅谷这里有几所著名的大学，它的根基来自学校的研究。学校的研究在刚开始的阶段来自美国的空间政策和冷战时期的政策，当时空间政策和冷战时期的政策使得美国政府投入了大量的军方资金在学校的研究上，培养了学校的这些人才。硅谷这个地方与众不同的一点，就是它已经完全可以自己通过创新获得繁荣了，不需要外界的投资了。通常的情况是这样的，一个有才能的人，通过在学校的研究，有一个新的创业想法，申请知识产权，并把它转向市场，获得盈利。获得盈利以后在硅谷整个生态环境下，企业得到了扩大，最后它可以上市，创始人就有资金了，又重新投资，又成了一个风险投资人，把这个资金回馈到整个生态系统中，这个生态系统就成了一个循环。

在硅谷有这样核心的几点：首先，要有特殊的高科技，然后要有一个非常适宜的生态环境，适宜高科技企业从小到大地发展，使技术变成可盈利的技术。当然这其中时间是很重要的一个因素，当高科技获得巨大的收入、巨大的盈利以后，这些投资人又很愿意继续留在这个生态圈中，他们本身可能进行再次创业，或者进行再次投资。所以，把他们获得的盈利又重新补充到这个生态圈，这就使硅谷成为一个在世界上与众不同的地方。

陈文玲：

我听说，在这个生态圈内，这些投资人在成为投资人之前，一般都是专家、工程师。

泰勒：

很多投资者在做投资之前，本身就是创业者，或者本身就已经做了很多创业了。一方面是投资，另一方面他们可以给这些新的创业公司做一些技术指导，希望它们能够迅速成功。作为一个投资者，他们希望能够快速得到回报，所以就会希望推动这些创业公司发展。一般 8 ~ 10 年为一个盈利期，8 年或 10 年以后，也可能上市了，或者被其他大公司收购了，他们的投资得到回报。

这些投资人的存在，推动了硅谷整个创业圈快速地发展。我不了解中国的情况是怎样的，是什么推动了中国企业快速发展，是中国的风险投资人的作用，还是他们个人本身的驱动力，就是按照谁的愿望去推动快速地成长。

陈文玲：

其实中国还没有形成这样的生态圈，这可能是和硅谷极大的差距。在硅谷，大部分创业者本身就是科学家或技术人员，他创业成功以后，再做投资者，会对项目进行风险评估。投资项目会非常精到，一般很少会产生投资风险，收益是可以保障的。中国实际上还缺乏这样一批投资人。

阿里巴巴开始寻找投资时，在最困难的时候找不到风险投资人，最后找到了日本的孙正义，孙正义给阿里投了 2000 万美元，阿里的最大投资者就是日本软银的孙正义。华为是没有风险投资的，主要还是企业的自循环。一部分企业获得政府支持，还有一些企业和外资企业合作，最后一小部分企业才是获得风险投资的企业，也是这几年开始兴起来的，像滴滴出行，其中有一部分属于风投，但是共享单车的投资遭到了比较大的失败。因为投资者本身投的是创意，并不是他所熟悉的技术。所以要真正形成靠市场机制来发挥作用的创新生态圈，中国还是要继续学习。

泰勒：

我想强调一点是，整个创新生态圈形成后，在投资人成功了以后，又投资到生态圈里面，我真是没有在中国看到太多这样的情况。形成这样的生态圈需要一定的时间，也可能中国会在研究中形成不同的商业模式，比如说中国很多的创新中有政府的投资，因为政府的投资会使他们更专心。我也知道中国在人工智能以及基因方面的研究已超过了美国，可能就是因为得到了政府方面的投资，创业者可能更加专注于这一方面的研究。

而美国和硅谷的模式，是以市场来决定的，以市场驱动的这样一个投资模式，要受到市场很大的影响。

陈文玲：

您说得非常正确，中国在创新机制这一方面确实要学习硅谷。但是有一点不太正确，就是中国基因技术虽然超过了美国，但是华大基因本身是一个私营企业，并不是政府支持的企业，政府没有给华大注入资金。

非常感谢！今天时间比较短，还有很多要交流的问题，但因为下一站还有人等，已经约好的，所以只能到此结束，非常遗憾。

与布鲁金斯学会研究人员杜大伟对话

（2019 年 4 月 17 日）

时间：2019 年 4 月 17 日上午 10 点

地点：华盛顿布鲁金斯学会

中方出席人：陈文玲、张焕波、田栋、陈肖龙、尼苁苁

美方出席人：布鲁金斯学会杜大伟等研究人员

注：2019 年 4 月，陈文玲带队拜访美国重要机构、重要专家，就中美经贸关系问题开展专题调研。

杜大伟：

原定跟你们一起会谈的几位同事，现在正在出差，所以今天就由我们就大家主要关心的中美之间经济问题谈谈看法，最好的方式是陈总经济师先说一下此行的目的，还有最关注的问题到底在哪些方面。

陈文玲：

非常感谢！我 2016 年到访过布鲁金斯，那次会谈大家交流很多深刻的思想和看法，给我留下了很好的印象。那次我们一起探讨了中美关系，当时是 2016 年上半年，大家对美国大选做出预测。我记得当时您的预测是无论如何也不可能是特朗普。我们那次拜访了 9 家智库，9 家智库所有的预测都是希拉里女士，都不是特朗普先生，但是历史总是爱跟人开玩笑，到 11 月 20 日特朗普成为候任总统，从此世界就发生了翻天覆地的变化，中美关系也开始发生了很多重大变化。特朗普总统对全世界进行了贸易规则的改写，其中主要的对手就是中国。现在中美经贸问题谈判已经进行了九轮，在这样的一个关键时刻，再一次与大家讨论，看看我们的预测准不准。第九轮中美贸易谈判会是什么样一种前景？第九轮中美贸易谈判之后，如果是比较好的一种前景，双方能够达成共识并签订协议，那么未来中美进一步经贸关系发展应该解决哪些重要问题？这是第一个问题。

第二个问题，从2017年12月美国发布了《美国安全战略报告》之后，其实美国政府的战略转向就已经完成，把中国作为最主要的战略竞争对手，除了国际贸易之外，在哪几个方面竞争和博弈会更加激烈？

第三个问题，能否对特朗普总统两年多工作进行一个评价？另外，下一任的总统大选，特朗普有没有可能连选连任？如果连选连任，就现在的政策特别是中美关系，他会采取什么样的战略和政策，会不会发生调整？如果调整，是向好的方向调整，还是向更加激烈的方向调整？

杜大伟：

非常高兴，非常感谢！今天请我的同事给大家介绍一下美国的经济形势，他是这方面的专家，顺带着介绍目前与中国之间贸易谈判的进展，如果他能讲的话最好。经济学家一般在对2020年分析当中更多偏重考虑的是经济方面，先由他来介绍一下美国经济方面的情况。

美国现在的经济非常强势，它的强势依赖于国内的经济，失业率已经创下了历史新低，通货膨胀率也是在2%之内。现在有一个向好的方面，原来一直没达到，目前薪资增长速度跟进了通货膨胀和经济发展增长速度。还有一点利好是什么？美联储最近把连续升息的频率放缓，终于踩了刹车，暂时没有快速加息，对经济其实也是一个比较好的稳定预期。美国经济发展会随着时间的推移向好，但是深层次的问题也一直没解决，随着经济整体发展，更多的收益流向更少的人群，财富分配更加不均。还有一点，就是区域发展越来越不均衡，地区差距不断两极化，劳动力的流动情况也并不是很好。

还有一点，美国公司债务有可能会有杠杆过高的隐患，目前可能是有了一些不良因素。当然，目前整体的状况是比较乐观的，但是至于美国的经济增长能够持续多长时间，和一个人去参加棒球比赛找位置一样，很难预测。换句话说，就像现在美国职业棒球比赛，以前的话大概只维持2小时赛程，但现在越来越长，变成3小时，这种情况变成了常态。之前美国的经济增长一般持续维持五年左右一个周期，但现在好像不断地延长，十年成为一种常态。当然，他刚才只是很全局地看美国经济，他举了一个例子，从三万英尺的高空来看美国经济的状况。大家关注的是美国经济具体哪个方面，比方说是公司债，还是其他各个细节领域，可以展开再继续讲一下。

陈文玲：

我想请问一下，美国现在的国债已经达到22万亿美元了，您估计到2019年、2020年，每年会增加多少？另外，现在针对这个债务问题，美国有什么解决办法？

杜大伟：

美国的总统应该叫“债务之王”，基本上是能够负多少债就负多少债。现在美国看起来宏观经济一片向好，其实依赖于大量的负债，每年新政府带头超过万亿美元负债的状况，其实已经牺牲了美国之前长期保持财政稳健的做法。所以有经济学家说，这种大量债务会推高利率，这种说法其实跟之前30多年来收集的数据得出来的结论是相悖的。现在这种新左翼的经济流派的做法，如果用现代货币理论来分析的话，对于经济长期发展的不良影响，其实是没有补救措施的。

我的年龄已经很大，记得在我小的时候，在共和党执政的时候，采取长期的稳健财政政策，这是对于我们后代所负的一种最深厚的责任，这是我们道义上应该去做的事情。当然也是在我小时候，当初美国说俄罗斯是它们的对手。但现在的发展情况，跟当初我小时候听的有点相反。现在回答您刚才提出的一个问题，刚刚召开的IMF全球经济年会中，有很多关于中美关系的讨论。我们对于大概以月为单位，中美双边达成一个成功的贸易协议这点是比较乐观的。

但是目前我对于这个贸易协议会持续多久，还是持比较悲观的态度。在这个过程中美国特别强调，贸易协议的达成要依靠中国短期内采购大量美国商品，主要是大豆、天然气、波音飞机，还包括半导体这些商品。经济学家不认为中美之间这种双边谈判是一个很大的问题，但是我们看到要中国进行大量采购，确实是其中应该探讨的很重要的部分。其实现在通过波音我们就可见，对于美国，为什么经济学家不太乐观，波音出了这次事故之后，虽然协议里面可能会涉及对波音的采购量，但是由于安全这个方面的隐患，中国不一定购买大量波音飞机。

现在也有比较积极的对话，中国加强对美国液态天然气的大量进口，其实我们跟能源方面的专家讨论，他们认为从可行性上来讲，业内预测就算4～5年之后，中国购买量能达到30亿美元左右就不错了，短期不会有这么快的增长。还有一点，目前这届政府也说，在新的贸易协定里面有一个向好的方面，可以解决贸易赤字问题。但是实际上减少贸易赤字，基本上大都是通过直接采购，就是刚刚我们说过的采购大量商品。刚才也说了，目前美国国内经济非常好，其中有一个因素就是过去两年来自中国的进口产品增长了17%。如果经济持续向好的话，从中国这边不断进口的产品还会继续增加，尤其是如果我们解决了两边的紧张态势。我们一分析就不难看出，其实后面要真正解决贸易赤字问题好像看起来并不是如贸易协定约定这般简单，实际上可能不会向贸易协定方向去发展。

陈文玲：

我非常同意您的看法。从现在全球出口来说，美国占全球出口的8.9%，大约是9%，德国占8.2%，中国占15%，美国总共出口才占全球9%，所以美国可以出口中国的商品额度到底有多少？2017年中国进口美国的商品是1300多亿美元，2018年稍微增加了一点，为1400多亿美元。整个中美贸易额2018年是6335亿美元，这是中国商务部的统计数据。贸易战打了半天，去年中国对美国的贸易顺差不是减少了而是增加了，增加了17.2%。因此，怎么进口美国商品，进口美国什么商品，什么商品值那么多的钱，这是很大的问题。

有三种可能可以改变这种状况：一是不再禁止向中国出口美国高技术产品，高技术产品的价值量是很大的。二是美国尽快改进飞机，未来中国可能需要美国几千架飞机，这方面的进口额度会增加。三是对美国的一些军事装备，比如说航空母舰等，如果你开口，那中国对美国就不是顺差，而是变成逆差了。关键是你卖不卖，你卖什么，值钱的东西你不卖，卖的能源才30亿美元，是很少的钱。

杜大伟：

这点我也不太满意，有些时候我会比较倾向旅游产品的服务贸易，这些服务是在美国本土进行的，大家到美国这边来产生的服务需求，说实话很广泛。

陈文玲：

服务，还有商业存在、留学生留学费用，都不反映在中国和美国的贸易顺差里面，都不统计在这个数字里面。这应该统计在里边，每个学生过来之后，在美国的本土消费都会被统计，会缩减两国之间的贸易顺差。

但是现在美国的政策不是鼓励扩大在这里的消费，而是采取收缩的政策，中国留学生来美国学习你们是限制的，有很多学科是不让进入的。现在对中国学者来访，也开始收紧了，中国商品也收紧，我不知道用什么能够消灭贸易逆差！

杜大伟：

确实是这样，我们从经济学的角度来看，这些服务都是可以来帮助解决逆差的，但是这届政府并没有为全球经济进展做出多大努力。法国估计在昨天听到特朗普向他们建议如何去灭火后，也不太愿意再来美国了。

所以，两边站的角度不太一样，对于我们刚才所分析的这方面问题，主要是中国怎么多采购来解决贸易赤字，站到美国的角度讲得更多是服务的输出，这是现在这个阶段经济增长的一个主要方式。所以，特朗普在思考向中国的这些服务输出，主要包括金融服务产业、旅游服务产业、电信服务产业和娱乐产业。娱乐产业包括好莱坞电影等输出，在这些服务输出中，需要采取比较强有力的知识产权保护的保障措施。但在之前一些领域，比方说教育产业和娱乐产业，包括好莱坞等产业在输出过程中，发生了一些知识产权侵权问题，会影响到这方面的一些输出。

我们是为了解决问题，我刚才对美国政府也进行了批评，所以也会很坦诚开放地谈谈对中国政府的一些直接的想法。之前奥巴马执政时期，美国跟中国在进行谈判过程中发现，中国不管是在某些产业方面，还是在市场准入方面，尤其是外国直接投资进入市场方面，还是关上大门了，大部分都是上面提到的这些服务产品，包括刚才提到的金融产业、娱乐产业，除此之外还有电信产业、交通产业和医疗产业。

这一点和中国也有很好的契合点，在中国有大量的老龄化人口，中国马上进入一个需求很强的时期。美国在这方面已经发展得非常成熟，针对不同年龄的老年人，有辅助生活的全套医疗服务体系，在这方面的服务输出也和中国有很好的契合点。如果美国公司很难直接在这些领域投资，就是一个很大的障碍。希望在这次贸易谈判中，形成这些产业有所放开的局面。从这一点上看，刚刚所说的贸易赤字，货物贸易量占绝对地位，对减少贸易赤字不可能有多大帮助。我们刚才后面谈到的问题，除了贸易之外，中美之间还有哪些方面的关系是需要解决的？我们尤其关注到美国企业在这方面缓和了，有更多美国公司进入中国相关产业，对于中国信心会有所加强，未来会加强中美之间对话。

陈文玲：

先生谈到了这几个问题，刚才您谈的是奥巴马时期，现在特朗普时期有几个大的变化，中国的对外开放，特别是服务领域的开放是进一步扩大，而不是收缩了。和当时的情况相比还是有很大改变。2018 年 4 月在亚洲博鳌论坛上，习近平主席提出从四方面推进中国进一步开放市场。中国人民银行行长易纲先生提出，金融领域会从 11 个方面扩大开放，未来 3 年在证券业、保险业、银行业将会允许外商独资进入中国。中美进行 WTO 谈判的时候，中美双边当时谈到一年可以允许进口 20 部好莱坞大片，现在好莱坞的电影进口市场仍然是敞开的，但是恕我直言，好莱坞的大片越来越少，中国自己的大片现在对观众的吸引度也在增加，比如说近几年中国拍的《战狼》。

现在中国的旅游市场是开放的，并不限制游客到哪个国家去旅游，特别是因私护照是没有什么限制的。现在有 50 多个国家对中国游客落地签证，但是美国对中国签证还是管得非常严，所以赴美旅游不是中国没有放开，是美国没有放开，美国放开的话，我觉得中国的游客会很多。

现在正在广东珠海横琴做教育试点，澳门大学已经开始在横琴办大学，未来会允许全世界的优质医疗、教育资源进入中国，现在开始进行这些方面的试验。

所以正如杜大伟先生刚才谈到的，未来的服务领域合作、服务贸易合作的市场空间是非常大的。中国现在有 2.55 亿老年人，这是 60 岁以上的老年人口，美国总共 3.2 亿人，中国的老年人都快跟美国整个人口差不多了。而且现在中国实际上由于生活方式、运动方式等问题，慢性病患者的群体非常大，我可以跟你说几个病种，如高血压、脑血管、心血管患者现在已经达到 2.6 亿人，糖尿病患者是 9700 万人，中国医疗市场是非常大的。当然像这样的一个市场，光靠吃药是不行的，主要靠买美国药是不行的，还得要有一个健康服务，包括倡导健康的生活方式、健康的运动方式，才能从根本上解决这些大的疾病群体的问题。

中美现在进行的贸易谈判，可能还没有涉及服务贸易的问题，未来的服务贸易肯定是中美合作的一个很大的空间。我想我们未来九轮贸易谈判之后，是不是应该形成一个制度性的设计，比如说中美真正启动 FTA，通过 FTA 建立两国的自由贸易区，使我们的自由贸易，还有服务贸易、货物贸易都能纳入 FTA 这样的一个框架里面。

杜大伟：

我认为其实应该考虑中美 BIT，应该首先考虑这种双边投资保护协定，应该放在 FTA 中美之间合作之前。刚才所说的大量服务贸易要真正能够成形，少不了要有投资保障，不然美国公司怎么能够在中国进行直接投资？但是目前特朗普这届政府旗下，至少说 BIT 等谈判是不太可能有任何进展的。因为特朗普谈的是贸易协定，而要谈 BIT 协定，必须要通过国会确认，换句话说，目前参议院这块对于通过各种各样全球性的协定是没有任何意向的，所以就算是行政这块来参与讨论，最后也不大可能会通过。

陈文玲：

如果是 FTA 呢？

杜大伟：

对于 FTA 等这种比较大的框架，比较坦诚地说，现在在美国并不只是执政党特朗普，或者共和党方面，包括民主党和广泛的人士，其实长期以来都积累了对中国非常多的不信任，这是一种全面性的问题。换句话说，这个大的这些方向的合作，我们先放一放。就从现在最细节的这些问题解决着手，从贸易谈判着手，慢慢再有效地执行一段时间，重新慢慢赢得美国信任之后，再来谈这些比较深入的、达成全面协定的东西会比较合适。

最早的时候，美国本来认为TPP其实是一个非常好的合作模式，12个国家继续坐在一起讨论我们刚才所说的所有这些主要贸易国家之间的投资、知识产权保护、服务输出等方面的问题，都能解决掉。但是由于政治立场不同，特朗普总统上台之后就撤出了，少了一种很好的解决方案。中国有没有考虑参加这种新版本的TPP，昨天我们也提到了。

陈文玲：

中国目前是这样，很多学者主张中国加入CPTPP，因为美国退出了，日本现在成了领头羊，日本现在基本上已经推动CPTPP成形，所以有学者主张加入CPTPP。也有学者反对，觉得日本已经是领头羊了，中国加入需要经过11个国家审查，另外美国已经退出了，中国加入是不是会加深和美国的误解？学者之间的观点是不相同的，据我了解，政府现在好像还没有打算加入CPTPP，也没有做出这样的安排。

我认为如果中美九轮会谈之后，能达成一个双方都满意的、平等的、双向的、管用的，而且特朗普不会变卦的协议，中国目前是不会去再考虑新加入其他别的什么多边。但是中国还会继续推进RCEP。所以我考虑，如果九轮谈判达成了一些协议，这个成果来之不易，如果形成一个制度性框架，启动中美FTA谈判，谈判的时间可能比较长，不可能谈判的时候就需要国会批准，要谈判形成方案，决定要真正建立FTA的时候才需要国会批准。所以，我想中美双方学者应该提出启动FTA谈判，那么谈多长时间，取决于双方谈判的要价，以及谈判最后能不能达成共识。而且中美FTA谈判具有标志性的意义，标志着中美在九轮谈判之后将进入一个制度性框架和轨道，使中美关系长期化、制度化的这样一个轨道，可以对全世界释放一个正面的信息，给世界经济一个最大的稳定要素。

如果第九轮谈判只是形成了一个协议，而且现在美国总统特朗普又比较多变，我们不知道，全球也很难预测他未来还会不会再变，因为他以前变过几次了，我觉得是不是中美两国的学者现在应该积极推动中美两国的经贸关系向制度化轨道发展。因为特朗普先生任期还有一年多，下一届会是什么样还不一定，如果说特朗普连任的话，这样一个贸易政策、经济政策持续下去，将会对美国经济带来很大的不确定性，对中国经济也会带来很大的不确定性。我知道，美韩自贸区谈判十二年，中美自贸区FTA谈判还没有开始，万事开头难，只要开始就是一个标志性的事情，就能释放一个非常大的信号，谈成谈不成另当别论，而且谈多长时间也另当别论，但是只要谈就说明中美两国在向好的方向发展。

杜大伟：

您刚才提到的这些服务产业，比方说娱乐产业，包括医疗、卫生产业和教育产业这些领域，可以纳入这个轨道。这些领域不论采用哪种形式，比方说采取中美自贸区还是其他的形式，都是未来中美之间可以大力拓展的合作领域。您刚才还问了一个问题，美国国家安全战略把中国列为竞争对手，除了目前贸易这个方面之外，还有其他哪些领域可能会和中国竞争？当然不会只是在军事这个方面有这些战略方针，这方面不是我的研究领域。其实有一个跟贸易紧密相关的，就是科技方面的竞争。现在美国已经通过正式立法，对这些敏感科技产品的出口有了更强的管控，同时对进口投资进入美国的敏感领域也有了更严格的审查。这个立法已经在国会通过了，现在已经到了由商务部来启动制定具体办法、草案的环节。他们在起草具体办法过程中，希望辨识到哪些技术在美国叫作基础核心技术，哪些叫作新兴国家安全相关技术，现在处于这些概念的辨识阶段。

美国商务部现在做的这个草案，起草阶段其实是非常关键和技术性的，它到底会以一个比较狭隘的定义来圈定，还是以一个非常广泛的定义来限定，对我们之后这些法案的涉及面影响非常大。我们打一个比方来说，对于生化科技这一块，他们现在要起草和定义具体内涵，如果说商务部在最后办法中定义非常宽泛，说所有生化相关产业都属于敏感产业，那么中美合作就很不可能。但是如果只是把生化武器作为敏感的一类，那么在其他的生化科技领域中美可能还有合作。

另外一个科技领域，我自己比较关注的，就是5G竞争这个领域，现在华为在大家印象深处都是巨大的竞争对手。像现在遇到的问题，美国和欧盟缺乏在很久以前就建立起来的比较好的联盟关系，美国缺乏长期的维系，产生了一些长期的负面效应。现在我会觉得比较悲观，换句话说，商务部在最后认定这些敏感技术领域时，可能会采取比较宽泛的定义，那这样会进一步地限制美国在这些领域和中国进出口商品的合作、输出。

当然，美国有一点很好，它有一个自动纠错机制。它的好处就是靠这个市场，在它真正采取了非常广泛（措施）但是影响两边大量贸易时，它自己国内相关企业、大学等，包括医药公司遭受了很大损失的时候，可以通过这个市场渠道反馈到政府纠错，但它可能需要一段时间，它会通过这种渠道来帮助纠正过度的倾向。

陈文玲：

但这几年过去以后，对美国和中国都造成重大损失了。

杜大伟：

其实现在我们都已经感受到这个影响了。问大家一个问题，我们都知道孟晚舟事件，在美国的要求之下加拿大那边收押了孟晚舟，正在考虑是不是要把她送到美国，就这个事件和目前的贸易谈判，你们认为是不是有潜在的联系？

陈文玲：

孟晚舟这个事件，美国说没联系，我个人认为有联系，但我不代表中国政府和所在单位。美国说这是法律问题，加拿大也说是法律问题，但是我认为这是美国对中国极限施压的一种手段。对于中美贸易来说，美国对中国发起贸易战，对其他国家也进行贸易制裁，但是科技方面，我看美国现在主要集中针对中国。“301 调查”报告主要还是针对中国的制造业，“中国制造 2025”中提到十大战略新兴产业，那么逮捕孟晚舟主要还是针对华为，针对 5G 技术。我感到特别奇怪的就是，美国用了整个国家的力量，包括美国国务卿蓬佩奥、安全顾问博尔顿，都到全球去做演说，让其他国家不要购买和使用华为的 5G 产品，我想作为一个国家来说这是很反常的事情。

美国是崇尚自由市场经济的国家，各个国家决定是不是采购这些商品，是不是用它的技术，对它的安全评价怎么样，实际上都有自己的选择标准，都有自己的国家定义，我认为没有必要由美国来代劳。就像美国发明了电，发明了互联网，现在这种技术革命已经成为全球的公共产品，互联网已经改变了人们的生活方式和生产方式，我们不可能说所有互联网上的安全问题都是美国造成的，因为是美国发明了互联网，安全问题还是在运行过程中，不同的国家因为不同的原因造成不同的问题。

现在世界互联网的根服务器有 12 个，9 个都在美国，如果全世界都对美国产生不信任的话，互联网技术就不能为全球服务。它是一项技术革命，技术革命会带来正向的溢出效应，改变人们的生活和生产方式，但也会带来负面的东西，比如说出现互联网的金融诈骗，这跟互联网没关系，是诈骗者的罪行。

5G 技术也和互联网一样，是一个基础设施的新技术应用，是电信基础设施的升级版，它的技术水平提高了，可以更好地为社会提供服务，更快地提供服务，更低成本地提供服务。但是在这个服务设施上出现的安全问题，如果不是技术发明者和设备提供者有意识地安装窃密设备或者是偷盗，或者是故意用这些不安全的东西，那么就可以说这个设备、这个技术是为人类服务的。

我坦率地说，是不是现在美国的心眼有点太小了，不像以前那么豁达了。

杜大伟：

在 5G 这个方面，就像您刚才所说的，这里面还涉及长期商业战略问题，很多的美国通信产业，已经长期占据一定主导地位，而且它的这个产业一直处于相对比较开放的姿态。但是华为这么大的具有竞争实力的公司，一旦允许进入美国市场，短期看不出什么效应，是怕后来它占据这个市场之后，会对美国通信产业的市场造成冲击，在长远会有进一步的战略跟进，致使未来美国本土产业很被动，这是我们比较担心的问题。

所以任何一种新的科技诞生的时候，不同国家尝试做结合和讨论怎么样应用科技标准的时候，往往会带来长期的互惠繁荣，但是并不一直如此。我们再举另外一个例子，您刚才提到在电力诞生的时期，欧盟和美国也尝试就这个插头到底用一种什么样的构型讨论统一的标准，结果到现在我们仍旧是各用各的，如果从欧洲到美国来，我们要带一个转换插头，它的插头还是不一样。

杜大伟：

时间不多了，我来谈谈您提的第三个问题，谈谈对2020年大选的预期。现在年轻人选票，也是很有决定权了，我们可以听听在座的年轻人的意见。

在美国历史上，总统连任的概率是非常高的，在“二战”之后相对平稳的发展时期里，只有两任总统没有连任，但是这两任期间都发生了非常大的经济衰退。投票的人是非常注重短期效应的，所以有经济学家分析，人们甚至是在投票的当天，根据那天经济好坏来决定自己投什么票，当然这个是不正确的，肯定不会这样。OK，但是确实有一个提前量，后来真实经济研究发现，是由投票那一年之前的春季和夏季的经济状况决定的，即使第四季度是投票日，但是投票当年的第二季度经济数据决定了选情。这就是为什么总统现在施加很大压力给美联储，现在施加压力，货币的政策都有一定的滞后期。在2000年之前，只出现过一次实际选票少、最后当选的这种情况，就是选举人团多，但是实际参选人数少。但是2000年之后，在五次选举当中都发生了这种频率很高的情况。美国的人口分布现在发生了变化，对选区等方面影响也是很大。这种人口的分布变化，导致在投票过程中，经济发展缓慢的地区、发展落后的地区，反倒是投票当中话语权更多的地方。2020年的大选，会对在2010年人口普查结论基础上做的选区进行分区。但是这十年当中，其实人口的迁移很大，密歇根那边，尤其这些落后地区的人现在已经出走了非常多。

特朗普有很多铁杆支持者，拉丁美洲裔以及墨西哥非法移民群体当中有30%左右，1/8的黑人群体也是他的支持者。特朗普没有明显的种族偏向，各种族中都有他一定的铁杆粉丝。在一些主要的国家媒体，把特朗普核心支持者形容成年纪比较大的白人男性，这一点确实没错，但是实际上我们分析一下，他当选那一年，在白人女性当中他也是胜出者。我的太太怎么也想不通这个问题，她说美国是一个心怀天下，而不是老是招致全世界愤怒的国家，换句话说，我认为从美国历史上特朗普的这种现象是比较特别的。但是这次大选，2020 年到底是什么方向，很难说。从前面分析来看，连选的可能性还是比较大的。

还有另外一点评价，每次的选举，对选民来讲，是在可选的两个人当中进行选择。从历史上看，民主党这边一般在推出党内候选人的时候，都会有一个在当届比较有实力去直接竞争的人，跟对立党派竞争总统。另外一个是继任者，让他出面，是为了在未来能够有实力真正登上总统宝座。共和党这边的战略，他们推出的这些主张通常来说可以赢得更多年轻人的选票，但是他们推出的这种党内资格比较老的这些进行推测，反倒效果并不是都很好。年轻人也是一个具有决定性的因素，有多大的投票率？所以我可以问问在座的茱莉亚，她代表年轻人的心态，她说这次 2020 年会有多大的概率都会去投这一票，她说她应该会的。

陈文玲：

非常感谢！今天上午虽然时间不长，但是我们非常坦诚地讨论了一些问题，希望今后我们能够保持联系，也欢迎你们到北京，到北京以后一定到 CCIEE。

与战略和国际问题研究中心（CSIS）交流

（2019年4月17日）

时间： 2019年4月17日下午1点

地点： 华盛顿战略和国际问题研究中心

中方出席人： 陈文玲、张焕波、田栋、陈肖龙、尼苁苁

美方出席人： 相关研究人员

注： 2019年4月，陈文玲带中国国际经济交流中心小型专家团拜访美国重要机构、重要专家，就中美经贸关系问题开展专题调研。

甘思德：

只有一个小时的时间，请同事简单介绍一下自己，之后就看我们最关心的是哪些问题。

赖因施（William Alan Reinsch）：

我在这边主要关注贸易方面的问题。我是高级研究员。

邱明达：

在这边做关于中国创新方面的研究。

Ann Listerud：

我在这边主要做政治经济学方面的研究，尤其是美国和中国竞争和经济这一方面的研究。我们在这边主要有三个方面的研究课题，我的研究课题是中美之间的贸易战，是在做一个模拟，来看贸易冲突大概有多大的升级可能性。

Jack Caporal：

我是杰克，做的是贸易方面的研究，不只是研究亚洲包括中国这个板块，还包括美国现在讨论的美墨加的自由协定，欧盟贸易谈判当中，有很多我引领全国的辩论和观点。我有很多这些领域很出名的博客，在网上访问量是非常高的。

甘思德：

我们两位负责中国创新方面的研究项目。今天把我们这个小组做的一些研究报告带来了，之前召开了一次中国创新的论坛，刚刚结束，有中方和美国方面的代表参加。

陈文玲：

非常感谢在座的各位！去年3月26日，我记得也在这里拜访了甘思德先生，那个时候我们就中美贸易问题，特别是美国的“301调查”报告，交换了一些看法，甘思德先生提出了很多好的想法，对我来说很有启发。

我们当时都希望中美之间的贸易战不要爆发，希望中美两国关系走向正常化。现在经过这一年多的时间，中美已经进行了九轮贸易谈判。

今天，我们主要想就三个问题听听在座各位的想法。

第一，对中美第九轮贸易谈判的结果，大家是如何预期的？如果达成了一个符合两国利益的贸易协定，未来在中美之间贸易和创新等方面还存在哪些主要的矛盾和问题？怎么解决？

第二，去年3月的时候，我们一起讨论美国战略转向，因为当时刚刚出台了美国安全战略报告和核安全威胁报告，还有当年的国情咨文，其中美国一个重大的战略转向就是把中国作为了主要竞争对手，现在对于美国战略转向，在座的各位怎么评价？未来长久的中美关系应该是什么样的？

第三，想了解一下各位对未来2020年美国大选有什么看法，有什么预判？

甘思德：

这些都是很好的问题。因为比尔这个团队是紧跟贸易谈判进行研究，也在做有关模型，先由他们两位讲一下。

赖因施：

甘思德先生和我都在紧密关注现在正在进行的中美贸易谈判，对贸易谈判的看法，我们的意见大部分一致，但是某些时候甘思德先生的意见跟我的意见有一些不同。

现在看起来，双方是走得越来越近了，我的看法是比较乐观的，中美会达成协议。第一大部分，就是中国大量采购美国的物品，我们对此研究感到其实有一个挑战，中国承诺购买大量美国商品，但是美国能不能生产出这么大量的物品，够不够中国购买，这是一个很大的问题。

第二大部分，主要是针对之前商业调查这个方面的关注，中国在这些领域已经做了很多工作，有了一些提高，但是在条款里面还要明确，希望中国未来在知识产权保护，包括强制技术转移过程当中，纠正发生的一些不愉快。

另外是关于政府的补贴和国有企业这一方面的问题。我认为，在这个问题上中国会妥协的可能性并不是很大，这一块可能包含在现在达成的协议当中，也可能不会包含。

第三大部分，是关于如何来保障执行的问题。我们看到这一块目前是执行的焦点，美国的立场是想用单边执行条款，换句话说，是由美国独自决定到底中方是否遵守了承诺，如果没有遵守，美国可以单独采取行动。

从这一点看来，要最终达成协议有很大的困难，我们要看最后的结果如何。

为什么我比较乐观，说两边最终能达成这个协议？因为现在两边放出的声音都在向好，而且更加接近达成协议的方向。之前如果不满足特朗普的条件，他都会向对方发出一些声音，采取威胁的做法，但是目前为止我们没有看到他这么做。所以换句话说，两边主要的领导层发出的都是不错的信号。

当然，美国这边定义达成的这个协议，是不是一个好的协议？大家比较关注的，一个是最终是不是对美国比较有利的方案，另一个是执行能否比较到位。

但是，我大胆预测，一年之后和目前实际的状况相比没有什么大的转变，虽然说新签署的协议已经生效将近一年，但是它执行的效果可能不尽如人意，所以特朗普又继续威胁对方，又要加征关税。

所以说短期的效应是不错的，先签署了这个协议，双边都有一个交代，而且签署协议会比较愉快。但是在一年之后，我们发现可能并没有实际的作用，又回到问题的原点。

Ann Listerud：

我们在做谈判和贸易方面的研究，不仅关注过去几个月当中贸易谈判的进展，对与贸易相关的结构性对接的构架，我也做一些分析和建模，就是研究整体的贸易关系。

从长期来看，从 5 ~ 10 年的关系来讲，双方都愿意在短期快速达成这个协议，对双方都有好处，但是从近期就是比较短期的效应来看，双方都希望在谈判中得到更多，想要对方给更多。到底是哪一方最终觉得满意了，或者不能够再要求更多了，终止了这种诉求，然后达成这个协议，这就很难讲。

我的团队就是要搞清楚特朗普谈判小组的目标，到底想要实现什么样的目标。

当然有一个明确的目标来源信息，是贸易谈判总代表莱特希泽。莱特希泽在讲话中表达得非常明确，就是现在只停留在中国钢铁制造产业等方面的政策使得产业发展非常迅速，具有极强的竞争力，影响了国际市场，这种能力同样也能够延伸到未来高端的产业当中。

有一些是涉及供给侧改革这一方面，国内已经开始在操作了。这一块是通过供给侧来解决，但是高科技正好是国家现在大力发展的，所以在高科技这个领域里面的冲突，在未来应该会加重。

甘思德：

在去年我们那次谈话当中，我的观点跟很多专家不太一样，我就说美国会采取关税制约形式，当然最后的结果确实是美国有三次关税。今年 3 月我也说了类似的话，我预期美国还要进一步加征关税，但是这一次加征关税的可能性被中国马上愿意来进行实质性的谈判和妥协压制下去了，所以换句话说，这一次没有发生。

现在我们对于达成贸易协定持相对乐观的态度，其实目前在两国之间还是有一定的空白没有被填补，中方这一块还能更多满足美国到什么程度，或者说美国这一块什么时候能够终止，再去索取或者要求中方做更多的承诺，目前中国的经济开始恢复，在自己经济向好的过程中，美国迎来下一届的政府选举，中方会不会突然改变态度，愿意等政府换届后看一下情况再谈，这个也有可能。

所以现在我们预计双方能够达成协议的成功率是 70% ~80%，但是就算这个协议达成，中美双方之间还是具有深层次的问题。高科技领域仍旧会是两边持续有争议的领域，包括以华为为代表的科技型公司，现在矛盾有进一步升级的倾向。我们看到了已经开始发生一些以个人化为标志的事件，像孟晚舟事件，表现了两边的矛盾升级，集中在高科技领域里面。

在华盛顿这边智库当中，对贸易不平衡的方面，就是赤字这一方面，谈论比较少。莱特希泽贸易谈判的焦点是怎样改变产业政策，只有特朗普特别关注贸易赤字，在打这个牌子，就是贸易平衡这个问题。其实大家都有这个方面的知识，或者会算数的人计算一下都知道，贸易赤字这个问题最后并不会有实质性的改变。

如果达成这个协议，大家期望产生的效应是什么样的？比如说基于这个协议，对中国来讲是贸易的顺差，这个方面会不会缩减，会不会有变化？另外一个就是中国的市场是不是持续地向外开放，尤其是向美资企业提供更加开放的空间？市场准入门槛是不是也会越来越少，尤其是某些产业领域，会不会达到一种新的贸易平衡模式？

陈文玲：

对这个问题我想谈谈看法。现在进行了中美贸易第九轮谈判，刚才甘思德先生谈了未来几个预期，我还是同意他的预期，中国肯定要增加进口，另外，中国还是可以在符合中国改革开放的大方向下做一些事，比如说减少政府补贴，或者是取消大量的补贴，实际上中国的补贴分散在各个政府部门，现在也在进行调查研究和清理，未来要大规模地取消补贴，这肯定是中国政府在坚持做的。

关于国有企业的改革，中国一直在推进，现在也有人提出来按照竞争中立这样一种思路推进国有企业的改革。在市场准入上中国实际上也在改变，对外商实行负面清单管理，2012 年刚刚提出来的时候接近 200 项，现在经过三次改革，已经缩减到 48 项，未来还要进一步缩减。

但是正如甘思德先生刚才谈到的，即使中国承诺扩大进口，美国卖什么东西？美国卖的东西值多少钱？能不能达到所预期的增加进口的额度？这是个问题。2017 年中国从美国进口是 1300 多亿美元，2018 年是 1400 多亿美元。从美国进口的大豆，已经占了美国出口的 62%，2018 年从美国进口的能源实际上占了美国能源出口的 15%。从美国进口波音飞机，本来计划未来到 2030 年几千架，但是现在波音飞机质量出了问题，光是波音的 737MAX8，原来计划是每年在中国进行总装，然后一年向市场交付 100 架，这个现在肯定已经停了。其他型号的飞机，能有多大的供货能力，增加的这些进口贸易额，到底由什么商品来组成，我认为这可能是美国需要考虑清楚的问题。到底是出口什么东西，出口的金额到底是多大，即使中国说购买，买什么？我需要的东西包括高技术产品、核心零部件等，现在美国是禁止出口的，我需要的商品是你禁止出口的，现在你允许出口的东西，价值又很低，比如说农产品，把美国农产品都进口了，也就是几百亿美元。能源未来增加一倍，也就是 30 亿 ~ 40 亿美元。

2012 年、2013 年我们和美国彼得森研究所做过关于中国启动 FTA 的研究，当时彼得森研究所的研究结论是，如果中美能够启动投资和贸易的谈判，就是实质上的 FTA，中美之间可以增加 5000 亿美元的贸易额。当时中美贸易额还不到 5000 亿美元，也就是说，如果两国达成 FTA，贸易额是可以翻番的。同时增加 480 万个就业岗位。这个结论是 2013 年做出的。

能不能设想在中美九轮贸易谈判之后，能够达成一个对于双方都是公平的、双向的、可持续的这样一个贸易协定，在这样一个基础上，中美启动 FTA 谈判，把中美两个国家的贸易投资纳入一个制度框架里面，使中美两国有一个稳定的经贸关系。

现在全世界各个国家都有一个很大的担忧，就是美国伟大的总统特朗普先生有太大的不确定性。正如刚才您谈到的，如果说一年你也没有什么商品出口，我想要的商品你也不给我，最后还是没有达到减少贸易赤字的目的，特朗普先生手里的“大棒”是不是又会继续打，又加征高额关税，那也说不定。这就使两国的经贸关系常年处于竞争博弈和贸易战的状态，我觉得对于两国的市场都会有很大的影响，对两国经济都会有很大的影响。

其实我们感觉现在之所以中美两国能坐在谈判桌上，就是因为两国的经济联系非常紧密，实际上美国经济和中国经济已经形成了一个命运共同体，一荣俱荣，一损俱损。现在虽然说高端芯片、核心零部件在美国高通、英特尔生产，但是其中70%是供给中国企业的，如果供不出去，生产的这些高技术产品怎么能转化为市场价值呢?

所以，我想现在实际上美国的产业有些是在高端，有些是在顶端，但是它要和处于中游、下游的这些企业形成一个全球的产业链，然后才能实现这些美国企业的价值，如果说禁止这些产品出口，实际上损害的是美国企业。所以作为智库，我们不担忧贸易谈判谈不成，对达成贸易谈判协议也是非常乐观的，因为两国元首也都明确表态，而且特朗普说如果要签的话，也是由他亲自和习近平主席签，所以两国元首最后见面是要签协议的，所以我们对这个事情并不担忧。

但是我担忧的是未来中美两个国家怎么能建立一个持续的制度性的经贸制度安排。如果按照这一方向推动的话，两国政府的智库，或者是学者，可以向政府提出启动中美 FTA 谈判，推动完成中美 BIT 谈判，那么整个中美的经贸关系，就会一下子稳定下来，而且给世界释放了信号，世界经济增长的确定性会大大地加强。

甘思德：

目前中美双方的贸易进程不顺畅，有一部分是美方的原因，但是也有一部分是中国国内的原因，比如说我们观察到中国某些产业供需不平衡的现象已经变成了一种常态，整体来说，现在中国在国内很多产业的平衡把握上还存在很多低效的层面，使得外界对整个经济和金融稳定性还存疑。所以我建议中国在这些领域，比如说每次大力推进的产业政策，像钢铁、太阳能，包括风力发电、机器人制造，还有玻璃、水泥、铝等这些产业，在内部先把这一块的稳定性调节做好，在这样的前提下，美方可能更加放心，才会来进行这种全方位的 FTA 谈判，或者 BIT 合作的谈判。

另外，关于高科技领域，因为美方感觉中国在这个战略领域里面是把美国当成了敌人，或者是竞争对手，所以中方可能已经在这些产业当中融入了自己的一些情报行为，包括在网络安全方面是有很多的操作的。所以在这一点上美国自动采取了防御的措施，如果中方在这一方面没有改变，美方应该不会改变目前的防御态势。

有些人说得比较过头，两国要真正能够有这种深层次的互信，必须要在政治体系上有很大的改变，比如说中国不能是共产党一党执政。但是我不这么认为，政治或者是经济这一块的合作和发展，其实不一定需要双方在政治的本质上做出多么大的改变，而是可以找到一些共同遵守的规则，双方都认可，在这个基础上，就可以达到经济和国家安全这个方面的公正。

关于大家问到的 2020 年大选的问题，实际上大选的结果对中国的影响很难说，现在民主党和共和党对于特朗普针对中国的这些做法，其实都还是蛮支持的，就算大选结果出来之后，比如说是民主党获胜，民主党主要的竞选对象已经表明了对中国的一些看法，就算是民主党不用现在的贸易战的方式，或者是像共和党那样采用关税的手段，但是已经提出了中国在经济和人权治理方面的问题，会有更多的意识形态的调整。特朗普虽然是很有争议的总统，而且具有不确定性，但是就算他自己党派当中有分歧意见，他也被形容成能够被管理好的总统，换句话说，他们可能到最后还是继续选他，特朗普连任的可能性是很大的。

赖因施：

关于大选我再多说几句，第一，当初第一次选举的时候，包括我们在内，都说特朗普不会赢，但是结果大家已看到了，所以我们说的并不代表是最后真正发生的。

第二，大选的结果其实并不是取决于特朗普一个人，因为永远是两个竞争对手的博弈，最后产生一个获胜者，竞争对手是什么样的人对于最后的结果影响是非常大的，不能光看特朗普一个人。

回头看一下 2016 年，特朗普没有拿到多数票，但是由于是选举人的体制，所以确定他在合适和正确的地区拿到足够的票数，最后就可以确保他上任。2020 年我们也相信在美国目前这个态势下，他拿到半数以上的票、多数票的这种可能性还是很低，但是他在这种游戏规则方面的胜任能力还是很强的。

我们期待您一年之后再来美国，那个时候情况会明朗很多，因为那个时候两党的最后选举人大概已经确定，不会像我们刚才讨论的有 18 个或者 20 个候选人，现在还太早。

陈文玲：

我们去年来的时候，见到了甘思德先生，那个时候美国刚刚提出来战略转向，然后把中国作为主要的战略对手，按照刚才您说的即使民主党上台，这种战略转向也不会再改变，也不会说对中国采取友好的态度，还是会把中国当成主要的战略竞争对手。是不是说这代表未来美国社会主流呢？

甘思德：

就像我们刚才所说的大环境，不论是谁上任，对中国的态度都好不到哪里去。但是民主党对中国的看法是由不同的原因产生的，在共和党派这边，我们看到现在关注的焦点是贸易这些方面，民主党派还细分为不同的党派，主流的自由党派认为中国目前不平衡和不公平的体系，比如说大的公司占绝对上风的体系，不光是影响中国的经济和财富分配，也会使全球包括美国在内主要从这个角度对中国提出一些看法。不同的党派上台，虽然对中国都有一定的负面影响，但是解决这些问题的出发点是不太一样的，因为他们的看法不太一样。

所以在不同党派执政的时候，中国解决争议的方法和出发点不同。回到刚才说的一句很重要的话，共和党现在的党派中，我比较关注的焦点，是把中国当成一个系统性和战略性的对手，认为中国挑战美国之前一直维持的绝对权威地位，或者是权力地位，对美国在全球的地位和政治影响力造成了威胁，共和党是从这个角度来看的。如果说民主党上任，解决自由党派的诉求，中国可以在人权平等方面做得更好，比如说解决劳工保障问题，在这些方面做得更多，可以解决民主党方面的诉求。

陈文玲：

刚才谈到了这几个方面，如果现在共和党认为是这种战略转向，主要是认为中国挑战了权威，实际上你们叫权威，我们叫霸权，我觉得现在美国社会从特朗普总统到美国社会民主党、共和党，是不是进入一个非常大的误区，本来不应该把中国作为竞争对手，但是非要把中国当作竞争对手，非要树立一个敌人，树立一个靶子，然后消耗很大的精力，没有打败对手，自己也受了伤，这样是不是很不合算？因为中国的目标并不是打败美国，也并不是把美国当成自己要超越的对象，中国虽然改革开放40年，发展得很快，但自己内部的问题还很多，中国下了最大的力气解决自己内部的问题。

比如说这两年，中国政府把力量集中在脱贫、减贫上，今年的目标是减贫人口达到1000万人，明年还剩600万人，到2020年实现零贫困。但是中国的零贫困是低水平的，是按照年均4000元人民币，实际上才600美元左右的贫困线标准，这和美国是没有办法比的，美国的贫困线应该是2万多美元，我们是美国的1/4左右。要按照联合国人日均1.95美元的标准，中国应该还有2亿多人没有达到这个标准。

中国的整体创新能力与美国有很大的差距，我认为在中国还没有一个地方能达到硅谷的水平，尽管中国学习美国，叫光谷、健康谷和生态谷等，也叫谷，但是这个谷还没有你们的谷深。

尽管美国波音飞机737MAX8出了一些问题，但是波音客机比中国的C919承载的乘客还是多不少，中国到2025年下线的C929，也才200多个座位，和美国飞机制造的水平还有很大的差距。中国华为虽然取得了23项5G技术专利，在全球四大企业里面算是专利取得最多的，但是在整个半导体产业，还有电子信息产业，以及集成电路方面，总体上中国还是只有一个华为。中国整个创新还是在学习和追赶阶段，在全球产业创新方面，美国还是在高端和顶端，中国总体上还在中低端。

中国像华为这样的企业，用了20多年的时间搞技术的原创，吸收了全球700位数学家、800位物理学家、6000位原始创新的科学家，每年的研发投入都在几百亿美元，去年达到了1000亿美元，是实实在在地在搞原始创新，中国企业这些个别领域有突破，美国着什么急，干吗非要把它掐死呢？

华为现在在全球已经建了4万个基站，30个国家都与华为签约，美国政府从蓬佩奥到博尔顿，到中东欧等很多国家去游说，动员他们不要买中国华为的产品，但是美国这么多的企业在世界领先，中国不仅请美国的企业到中国投资生产，而且没有跟世界上任何一个国家说不要买美国的产品，包括美国苹果手机。很多人都说美国的苹果手机有后门，可以随时窃听，但是中国的老百姓没有说因为存在安全问题，政府也从来没有说因为存在安全问题，号召或者强制大家不要买苹果手机，苹果手机在中国的销量仍然是全世界最多的。

甘思德：

刚刚我们所说的这些信号，确实是已经超出了在经济领域能够解释的范畴，我们也都是在经济领域做研究，这也并不是我们的主意。我们有一个小组做的是中国创新方面的研究，所以刚才他们总结的一些结论，跟您刚才所说的是比较类似的。

美国对华为主要有四大方面的担忧：第一，华为从西方的这些主要的公司当中，窃取了一些知识产权。一个是思科公司，还有一个是摩托罗拉公司，已经听说了消息，最近我们关注了一下美国司法部提起的公诉书，上面有足够证据证明华为公司公开给予员工激励政策，如果有人能够从合作当中或者说其他西方公司带回这些技术，会给予奖励。

第二，华为可以在全世界自由扩张，但是它不能扩张到美国实施经济制裁的国家和地区。

第三，华为通过全球的产业布局，布局自己基础网络的构架，有可能是故意留有后门，也有可能是无意，因为系统薄弱，让人有这个机会通过网络获得想要的信息。

第四，华为是很成功的公司，但是毕竟是中国的公司，所以它要符合中国政府的要求和法律，在中国政府要求之下，可以对外给出这些信息。

今天并不是做辩论，上面只是列出了美国对华为四方面的担忧，针对前面您问的那个问题，现在采取了应对措施，在美国层面合适不合适，今天我们也不会讨论，但是他们确实在战略中心当中，已经开始有这个讨论，就是解决美国这些担忧，肯定不是通过直接扼杀华为公司，或者让它消失能够达成的，肯定不是走这种路线。

邱明达：

我分享一下关于创新方面的研究。首先不可能将中国整个创新产业直接跟其他国家的创新产业进行对比，因为产业的特性不太一样，参与的对象也不太一样，产业本身也不一样。

举一个例子来说，对于某些产业，政府的角色会更加直接一些，比如说商用飞机制造产业，以及半导体产业，背后国资和政府的产业都更加直接。某些产业，现在看好像政府还没有过多涉及，但是未来可能会有，比如说与互联网相关的网络产业，对人的生活影响非常大，政府看到其重要性之后，现在要加强对这些产业的干预，未来这些产业会不会也变成政府干预度比较大的产业，现在也很难说。

所以美国的很多观点来看，因为中国的市场极其大，中国的创新不光是国内的问题，中国某些产业的生产量占全球生产量的 40% ~50%，中国国内创新的相关政策，不光影响中国国内，对全球都是有吸引力的。

陈文玲：

我非常同意您的看法，中国有一些产业在世界占的比重比较大，有些产业产能排名世界第一。比如说中国的高铁现在在产业能力、输出能力和建设能力上，肯定是全球最高的，而且占比还不止 40%，恐怕得占 70% 以上，但像这样的产业毕竟还是少数。

我认为美国应该和中国合作，应该用好中国现在已经取得的产业优势，比如说高铁，美国也要发展高铁，但是我看到去年美国从澳大利亚进口了 400 列高铁，基本上都是有毛病的，都没法运转，为什么不和中国合作呢？

再比如说中国基础设施建设能力非常强，世界上最高的桥、最难的桥、最寒冷地带的桥都是中国建的，很多高楼大厦都是中国建的，而且速度非常快，中国建墙是非常容易的一件事，如果特朗普总统不是打贸易战，而是合作，把美墨边境所需要的墙委托给中国，早就建好了。

中国 2000 多年前就开始建长城，中国长城两万公里，现在美国边界总共才 3100 公里。不同的朝代建不同的墙，按现在的基础设施建设能力，更是没有问题。

2016年中国对美国的投资就达到了456亿美元，这是美国荣鼎集团计算的，到2017年下降到290亿美元，去年美国全面禁止中国企业进入，去年中国企业在美国的投资才48亿美元。我们曾经和彼得森研究所做过研究，美国现在有3.6万亿美元的基础设施投资的缺口，如果中国的企业投资美国基础设施建设，建设特朗普这个墙不成问题，不用政府关门35天，很快就会建起来。

我不是就建墙这个事说事，我的意思是说如果美国特朗普总统换一种思路，从斗争、对抗、遏制，转向合作、互利、共赢，大家都会找到非常多的合作点。而这个点可以把中国的优势变成美国的优势，把美国的优势变成中国的优势，那对中美两个国家都是天大的好事，为什么这样的事不做，非得要打贸易战呢？

现在中国政府正在几个方面进行大的改进。对于外商投资，出台了新的外商投资法，外商投资法中明确不得强制进行技术性转让，不得在从公开信息可以获得的情况下，再请企业上报有关信息，外商投资法做了法律上的规定。

甘思德：

刚才所说的中国尝试做的这些承诺和努力，都是对的，但是很重要的一点是，我们要看最终执行的效果，这是我们非常关注的。美国现在只关注微观，就是他们想要的诉求这些细节方面，到底最后是不是能够执行。当然会有一段时间来考验，听听在中国投资的美国企业的声音，是不是觉得中国市场准入慢慢放宽了，是不是中方企业对它们在技术方面的一些强制要求慢慢变少了，还有中方这边尊重知识产权偿付的费用是不是变高了，如果一段时间内反馈的这些指标确实都是向好的，基于这一点的信任，可能会有更加全面的合作和磋商的可能性。

另外一点，就是你刚才提到的，可以跳出圈子来思考这个问题，双方可以采用更多的合作方式，比如说利用中国高铁的建设能力，帮助美国建设地铁，或者完善基础设施建设，完全可以有更好的开拓空间，为什么要对立造成双输呢？

其实回应您的说法，美国这边也可以跳出圈子来建议中方，也可以做类似您刚才提的建墙的建议，中方能不能尝试在国企当中随机地选择一些试点，可以将它出售给外资经营，或者说在防火墙网络这一块，能够降低防御性，使得外国的电商能够进入中国，跟中国的电商有一个比较平等的竞争舞台。跳出圈子来想，刚才您提到的和中国帮助美国来建高铁其实是一样的看法。我个人认为如果真正能够落实，其实都是好事。

陈文玲：

您说得非常对，实际上是需要跳出这个圈子来考虑，不要仅从自己本身的角度来考虑合作。

还有一个问题，就是说美国企业对中国市场管理和政府管理提出批评，然后你们现在说要看美国企业的感受，其实现在中国企业的感受比美国企业更加痛苦，根本就进不来，中国是敞开大门欢迎美国企业投资的，只不过是一些管理上的方法问题，现在美国是根本不让我们进来，这种投资大规模地减少，实际上很多中国企业是非常喜欢在美国投资的，如果换一个角度、换一个思路，能把中国的企业投资吸引到美国，在美国的基础设施建设，美国的核电、智能电网方面的建设能力中国都是最强的。我认为现在是在一个历史的十字路口，怎么选择，实际上决定了两个国家未来是整体受损，还是整体受益。

甘思德：

感谢大家今天到访，今天跟大家的谈话，我觉得是我最近这几年，不光是在中国，还有在这边，最有建设性的一次谈话，这可能跟目前两国正在进行的比较紧密的磋商、比较良好的氛围有一定的关系。

今年 11 月，我会参加创新经济体论坛，你们是中方参与者，而且是组织方之一，到时会有机会见到大家。希望 CSIS 和 CCIEE 之间已经形成的很好的合作和探讨关系，在未来进一步拓展。

陈文玲：

谢谢！希望那个时候您能晚一天走或者早一天来，我们邀请您做一个学术报告。

与美国相关部门人员会谈

（2019 年 4 月 16 日）

时间：2019 年 4 月 16 日下午 2:30

中方出席人：陈文玲、张焕波、田栋、陈肖龙、尼苁苁

美方出席人：国安会相关部门人员

注：陈文玲带队拜访美国重要机构、重要专家，就中美经贸关系问题开展专题调研。

陈文玲：

我们今天非常高兴也非常荣幸，您能在百忙之中会见我们。我想就关心的一些问题向您请教，也有一些问题咱们一起讨论。现在中美经贸的问题其实还不是大问题，我觉得比较大的问题还是您的领域里的问题。美国战略转向到底是不是真正转向？我去年 3 月也来到美国，那个时候美国安全战略报告、核安全威胁报告、国情咨文陆陆续续出来，在这些文件里美国把中国作为主要战略竞争对手、修正主义国家等，当时美国专家介绍说共和党、民主党形成了一个高度共识，认为美国主要战略竞争对手就是中国。这种战略转向给中国一个很强烈的信号，原来中国认为美国和中国只是贸易问题，是顺差、逆差的问题。

那么从去年初到现在，就给我们一个很清晰的信号，美国整个战略转向了，把中国当成美国最大的竞争对手，或者是最大的遏制的对象和打击的对象。而且现在不仅局限于贸易，还包括技术、科技方面的禁止出口，高科技、5G 技术禁止进入美国，并且动员美国的朋友圈也禁止进入。再加上现在军事上的这种博弈，包括（中国）台湾问题，美国连续出台了“台湾旅行法”，加大对中国台湾的军售等。这就不仅仅是一个单纯的经贸问题、一个顺差逆差的问题，而是变成两个大国之间的战略博弈和较量，这将会给两国带来什么样的损失？贸易战两败俱伤，那么将来这些战略上的对抗性博弈，是不是会造成更大程度的两败俱伤？我想这个问题是您领域

的问题，主要听听您的高见。

美国相关部门负责人：

您观察得非常准确。就像您刚才所说的，这一届政府在2017年12月出台了新的国家战略，紧接着在出台国家安全战略报告之后，就一系列国防战略等进一步展开。在2017年，即新政府上台的第一年，其实特朗普那一年所做的工作就是制定大的方针，所以说在这一年是设定大的一些战略、目标。当然情况还没有这么严重，包括您刚才所说的这些主题，他重新定位、思考和中国的这种关系，包括军事方面、外交方面、贸易方面、经济方面及中国台湾问题。就像您刚才所说的，最大的战略调整是从之前美国、中国之间的合作关系，变成了现在的竞争关系。

为什么会有这种转变呢？我们刚才所说的所有这些议题，再加上人权方面的问题，之前美国跟中国这种建设性的关系并没有很大进展，或许这个就是关系转变的原因。我要强调一点，对竞争的理解是有误会的。竞争并不一定是对抗，竞争是完全符合这种市场机制的，是从原来比较建设性的关系转变成了交易性的逻辑与思维。换句话说，如果你做这件事的话，我会跟你对抗，同样做这件事情，来跟你对冲，是以这种对冲的思路展开的。

换句话说，竞争并不是说一定就把中国放在不良的关系当中，仍旧可能会维系很好的关系，但是只是说用更加商业化的思维来处理中美之间的关系，或者贸易关系。所以，现在属于什么？中国没有完全了解现在美国想要进入新的阶段的实质。当然，现在美方也是致力于怎么样加速这个过程。尤其在“301调查”报告出台之后，在两国引起很大的紧张。我想强调的是，特朗普这届政府的策略着重在贸易这块做文章，但是并不意味着现在在两个国家之间只是贸易顺逆差问题，而是全面存在我刚才所说的所有这些细节问题。

在这届政府上台的第一年，即2017年，一开始我们有过尝试，有过百日计划，也有后来战略性的经济对话，涉及美国解决贸易逆差的细则，财政部部长和总统也做了尝试，但是后来在美国这个报告出来之后，他们认为美国没有得到实际的收效，所以开始采用更加所谓交易化的思路来对待中国。

还有一些问题，像关于南海的争端，我们美方派到南海的军舰，包括科技出口的限制等，这些方面的问题其实都不是现在才出现的。长期以来，美方包括在中国的美资企业都有一定的抱怨，反馈到国家层面，国家先是尝试让中国主动做出一些改变，但是尝试了一段时间之后，发现没有明显的变化，现在是要逼迫中国做出一系列变化。

我还想强调，换个方式，并不意味着两国之间会有更好的关系，而且我们更加希望的是在新形势下，能够维持比较好的在基层尤其在工作层面的这种关系，能够解决之前的这些问题。

陈文玲：

实际上跟我刚才提的一样，在2007年12月，美国安全战略报告等出台之前，主要还在纠结贸易问题，出台之后它实际上就是美国一个全面的战略转向。这个战略转向之后，美国从贸易到科技，特别是“301调查”报告就是针对中国制造业转型升级，再到对500亿美元、2000亿美元商品加征高额关税，然后开始九轮贸易谈判。那么到现在为止，是否说中美贸易摩擦能够降温？或者能够写下休止符？未来您认为中美最大的博弈、竞争，刚才您说的这个竞争会转向哪几个方向？

美国相关部门负责人：

就目前贸易谈判过程中的最后磋商，我们也是非常高兴，也是非常欣赏他在这个过程当中的努力，预计下个月之后，美中会达成一个比较不错的贸易协定，具体下个月才知道。

在达成贸易协定、解决第一个问题之后，很有可能大家认为是中美之间所有一系列问题的终结，但其实是刚刚开始。在下一环节，会把解决矛盾的战略转移到形成这种贸易格局的原因上，尤其是最新出现的高科技及知识产权问题，美国和中国之间将会保持一种持续长期的竞争。

这很重要，在目前谈判里面，他们会签署关于执行机制的问题，这是因为他们预见到美国不只是贸易谈判本身，在未来将会有越来越多的问题在执行过程中浮出水面，需要这种长期的机制来保证，遇到这些问题时怎么样解决。

当然，这种执行机制的设立保障谈判，我们是要达成一致的，实际上它的本质就是一种交易，通过交易来达成合作，所以这是更加具有竞争性的形式。这使美方谈判团队想到，一旦达成这种协定，对于全球经济是一个比较良好的信号，至少在中美之间是一个比较良性的协定，当然还需要完成实施机制。

陈文玲：

非常感谢！我想就您谈的几个问题也谈谈看法，我们可以交换一下。我现在觉得，美国现在进行战略转向有点太早，而且这种战略转向的方向是错的，我说说我的理由。我觉得中国除了经济总量和美国接近以外，它的人均GDP的水平、制造业发展的水平、高科技发展的水平、军事发展的水平以及社会发达程度，和美国还不是一个重量级，还有很大的差距。

在这种情况下，美国这么早地把中国当成竞争对手，是不是有点用了太大的力量做了当前最不应该做的一件事情？如果说现在中国和美国合作的话，我认为比现在这种竞争收益要大得多。为什么这样说呢？第一，中国和美国的产业是互补的，美国现在产业是在高端、顶端，中国总体还是在中低端，个别领域在走向中高端，但是这个过程是漫长的，有极个别的企业，比如说像华为5G领先，这更是极个别的，也可能是绝无仅有的。在这种情况下，美国整体破坏了中美两国的合作，这是得不偿失的。

比如说现在高通的芯片、英特尔的芯片，70%是供给中国企业的。因为美国企业是在产业链高端、顶端，其他的国家没有那么大的客户，没有那么大的承接者，没有那么多（企业）在产业链上有能力接受美国高端、顶端的核心零部件。因此，你禁止出口，你是制裁了中兴，制裁了华为，同时也制裁了高通、英特尔。那么在整个产业链上，它们的产品没有办法变成市场价值，就没有办法在全球赢得共同的利益。实际上在这个共同利益里边，处于顶端、高端的这些芯片产商，盈利占了80%以上。加工这个环节再到中游、下游盈利只占了不到20%，所以说谁获利大？美国获利大。因此，我觉得打破这种产业的平衡，使美国处在顶端、高端的这些芯片、核心零部件不能变成市场的收益，这是对美国非常大的损失。

第二，从现在的产品结构来看，从去年9月以后，美国能源在日产量上就已经超过沙特阿拉伯、俄罗斯，达到1100万桶。未来美国会成为世界上最大的石油输出国，国际能源署和BP预测最晚是到2025年。中国到2040年之前都会是石油进口的第一大市场，如果美国和中国的这种贸易摩擦继续下去的话，相互制裁，中国肯定不会再进口美国能源。去年9月、10月，中国从美国进口能源已经降为零。您刚才提到的百日计划，中国落实了百日计划的承诺，2017年从美国进口的能源增加了8倍，2018年1—9月美国出口到中国的能源占美国总出口能源的15%，中国是美国的第一大能源市场。

如果这种贸易战打下去的话，美国失去的将是中国这个最大的市场，去年9月、10月，中国从美国进口的石油已经降为零了。中国可以从俄罗斯、委内瑞拉、安哥拉、中东等国家进口，还可以从中亚、西亚等国家进口。

另外，中国还可以发展水能、电能、风能、核能，现在能源多元化格局也已经形成。那么我想问，美国一旦失去了最大的市场，未来哪有这么大的市场可以替代？当美国成为能源出口第一大国的时候，没有了第一大市场，对美国是不是非常大的损失？

第三，美国农产品最大市场也在中国。美国出口到中国的大豆，占美国大豆生产量的62%，占中国进口大豆的34%。这么大的一个出口市场，现在因为顺差也好，逆差也好，你把贸易战打起来以后，我们去年9月、10月从美国进口的大豆也降为零。去年全年下来从美国进口的大豆降低40%多，所以对美国来说，你还将失去农产品的最大市场。未来到2035年，中国原计划是从美国进口3700架波音飞机，就是现在出了事故的737MAX8，实际上是在中国建立了一个组装基地，每年交付100架飞机。

如果说美国继续实行关税制裁，中国肯定要降低波音飞机进口。737MAX8出事以后，中国从法国进口了300架空客，它的机型和美国的机型是一样的，这就是替代性。中国也在发展C919、C929，这对这个市场是有替代性的。原来全球只有波音和空客两家相互替代，现在中国也在发展飞机，那么将来美国在出口商品方面，起码能源、农产品、飞机这些大宗商品，还有高端、顶端的核心零部件，就会失去第一市场。现在实际上我觉得日本也好，欧盟也好，俄罗斯也好，都是非常紧张的，紧张在哪儿？我看欧盟现在已经放出一些消息，它认为如果中美贸易谈判成功的话，将会使中国从欧洲、俄罗斯、日本进口减少，这是他们很担忧的。

所以，我认为现在中美之间关系对全世界有三个方面的意义或者说价值。

第一，如果九轮谈判能够达成一个比较好的协议，那么对于全世界来说是一个稳定的因素。全世界觉得中美贸易战给世界经济带来的不确定性会减少。

第二，中美贸易谈判如果是公平的、双向的，而且对双方都有好处，美国接下来和欧盟、日本、印度及其他国家的双边谈判，也会非常顺利。假如说大家看到这个谈判是单向的，是不公平的，是施压的，那么这种示范效应就会是负面的。

第三，如果在这个谈判的基础上，再形成进一步的制度安排，就可以使中美经贸关系真正进入常态化。比如说我们能够一鼓作气把它变成制度化的设计，中美启动FTA，中美形成FTA的框架，这样的话就可以把这个贸易关系变成一个制度性的安排。中美就不会长时间去花精力谈判，而要长时间地来考虑建设性的中美关系，特别是经济关系。这样的话我认为对中国有好处，对美国有好处，对全球也有好处。中美两个国家，贸易合计占全球的25%；制造业产值占全球的40%；GDP经济总量占全球的40%；人口占全球的25%。对于这么大一个体量，我认为如果中美在处理好九轮谈判之后，有一个好的协议，这不是中美经贸问题的终点，而是中美建立制度性安排的起点，可以说是一个好的基础。

如果在这个基础上能够形成一个制度性的安排，来推动中美FTA，我觉得是一个长远之计。而中美两国的领导人和团队，现在就应该谋划，完成九轮贸易谈判之后，应该如何形成更长远的制度性安排，这是我对于贸易谈判的一个看法。

关于中美关系中的其他问题，您刚才谈到人权问题，美国可能有一些看法，但是这些看法有很大偏误。人权问题，我觉得和若干年前比，现在中国是走向好的一方面，美国是走向差的一方面。人权问题第一是生存权，第二是发展权，第三是幸福获得权。关于生存权，到 2020 年全体中国人民过上比较富裕的生活，13. 9 亿人脱离贫困，实现零贫困，2019 年我们还有 1000 万的特困人口，2020 年还有 600 万，2020 年全部脱贫。当然我们还是低水平脱贫，人年均 4200 元，但是按照中国的购买力平价，是可以实现温饱和小康的。而美国现在有 3800 万人还是靠领食品券生活的，还有 4400 万人没有医疗保险。中国起码是在社会保障方面取得很大进展，现在城镇医疗实行职工医疗保险，农村实行农村合作医疗，现在已经百分之百地全覆盖了。养老保险全覆盖了，大病保险全覆盖了，工伤保险全覆盖了。

整个中国的社会保障体系已经建立，实际上在这些方面，中国比美国具有普及性。美国还有一个很大的问题，美国 3. 2 亿人，现在还有 3800 万人贫困，起码占 10% 以上。所以，在人权这个方面我觉得，中国有很大的改进，特别是生存权。在人权问题上，美国应该改变以前对中国的看法，应该重新认识一个发展中的中国、在发展中解决人们生存权的中国。这是一个根本性的问题，如果这个问题不解决，你认为中国的意识形态、人权还是原来那种状态，其实完全不符合实际。中国未来是要保障人们的发展权，还有追求美好生活的权利。党的十九大报告指出，新时代我国社会主要矛盾就是人民日益增长的美好生活需要和不平衡不充分的发展之间的矛盾。

我们要解决的是这样一个问题，所以在这个方面我觉得美国是要重新认识中国的，中国已经完全不是过去那个中国了，这是第一个方面，关于人权的问题，需要重新认识中国。

第二个问题，关于知识产权保护，要重新认识中国。中国在改革开放的前些年，存在着知识产权保护法律制度不完善、企业知识产权意识不强、对于知识产权不尊重、滥用知识产权等问题。但是近十几年中国政府下了很大的功夫来做知识产权体系的构建，不是说单一地解决单个问题，是一整个体系的构建。出台了若干关于知识产权保护的法律、法规，再就是建立了 3 个知识产权法院，一个在北京，一个在上海，一个在广州，建立了 16 个知识产权法庭、200 多个知识产权保护中心。

现在知识产权保护是中国政府最重视的一件事情。所有进入中国的外资企业，包括中资企业，知识产权发生纠纷，有专门的法院、专门的法庭、专门的调解中心，现在是一整套的体系。另外，中国出台了《专利法》《知识产权保护法》，为什么要出台这些法律？实际上中国并不是为了满足美国提出的要求，而是中国自己也需要知识产权保护。现在中国论文的发表量，仅排在美国后边，在全球居第二位。中国的专利技术，特别是核心的原创性的专利技术，在世界排第三位。现在中国在核心期刊上发表的论文排在世界第一位，已经超过了美国，论文的被引用率现在已经上升到了世界第二位。中国也在转型升级，制造业转型升级，整个国家也是在进行创新，所以经常会牵扯技术竞争问题，中国也有很多知识产权需要保护。所以，不仅美国外资企业进入中国需要保护知识产权，中国的知识产权也需要保护。因此，必须建立知识产权保护体系，从知识产权的产生、使用、保护到纠纷调解，现在实际上我们已经有了一整套知识产权保护体系，这是第二点，这个方面是需要美国重新认识的。

如果说你还停留在10年、20年、30年之前来看今天的中国，可能很多问题是解释不通的，也不符合中国现在的实际。

第三个问题，怎么看中国的高科技发展？中国现在实际上整个制造业处在中低端，和美国整个产业处在高端还有非常大的差距。但是，中国未来5~10年一个基本经济政策的走向是从高速增长转向高质量发展，经济增长保持中高速。我们中国改革开放过去的40年，平均增速为9.5%，去年是6.6%。2019年政府工作报告提出来是6%~6.5%。我估计“十四五”的经济增长速度应该是6%左右，所以中国经济增速是在下调，但是保持一个中高速。所谓中高速，我觉得4%~5%就应该算是中高速了，我认为中国还会保持10年到15年这样一个经济发展周期。同时，中国的制造业要转型升级，要迈向中高端。中国的制造业现在已经占到全球25.5%。这么大的体量，但是中低端产品是主体。中国资源消耗很多，劳动力成本提高了很多，土地成本也在提高，环境受到污染，资源承载力也在下降。中国的制造业发展必须减少消耗，提高质量，提高产业的发展水平，这是从中国的实际出发，并不是针对美国展开竞争。美国在高端，我们也迈向中高端，形成跟美国的产业同质化，是出于中国自己经济发展的压力、资源环境承载能力和劳动力成本上升的压力，我们占这么大比重——1/4制造业产业的规模。如果继续这么只做低端，只做地摊货，只走规模，已经难以为继了，已经没办法发展了。

现在中国的制造业出现了两极化的趋势，一个就是我们通过在国际上加强国际产能合作，来与更多国家分享制造业产能，不仅是低端，更主要的是高端的制造业，和一些国家，包括与“一带一路”沿线的国家合作。

另一个就是劳动密集型的、资源消耗型的、劳动力成本上升比较快的这些行业，正在加快向东南亚、南亚、非洲等国家和地区转移。实际上第五轮产业转移已经开始了，已经开始从中国向东南亚、南亚、非洲、南美、北美转移了。这次转移还是比较快的，去年中国贸易顺差和前年比已经下降了18.3%。我们估计未来几年，中国顺差会下降得更快。你可以看到中国现在的制造业虽然占全球规模的比重这么大，但是资源环境的承载能力下降，成本上升，受成本影响，我们的制造业很难在原有的水平上发展，所以就要进行结构性调整，要转向中高端。这个中高端不是跟美国竞争的中高端，而是中国根据自身发展的需要和现在的各方面条件约束要求的转型升级。

所以，美国对于中国的转型升级、制造业走向高端、“中国制造2025”过度敏感，认为这是对美国的威胁，我认为这真是有点自作多情。真的，中国要解决自己的问题，结果被一些美国人解读为是要和美国竞争，是要全面超越美国。包括贸易谈判代表莱特希泽，他在美国发表演讲的时候说，如果“中国制造2025”能够实现的话，中国将全面超越美国，那么中国会是美国最大的对手。现在美国包括彭斯，包括一些主要的官员还是持这种看法，我认为他们对中国现在的经济结构不太了解，也不太了解中国经济转型的动因，所以我觉得这是第三个很大的误解，这是需要解决的。

第四个问题，我认为美国社会可能不太了解现在中国社会的民意。中国的社会民意是多元化的，并不是说政府怎么说，所有老百姓都相信，对于政府谈判其实社会反应也是多元化的。有的人是希望和美国能够达成长期的这种互利合作的关系，有的人认为对美国不能客气，因为我们并没有惹美国，美国主动对我们发起贸易战，然后对我们加征高关税，对5G进行封杀，逮捕华为孟晚舟，所有都是美国发起的，认为中国政府没必要那么软弱，该示强的时候要示强，该斗争的时候要斗争。还有一种看法认为，中国政府还是太软弱，担心在美国的极限施压下，中国可能会有更多让步。其实中国的民意也是多元的。中国政府实际上一方面要和美国进行艰难的谈判、磋商，另一方面还要做好中国舆论宣传工作，特别是民意工作。这个谈判的结果和民意如果差别特别大的话，会对中国整个社会稳定产生影响，实际上在这个方面中国情况和美国是差不多的。

如果说这个谈判没有达到美国老百姓的预期，或者没有满足共和党、两党主流的诉求，可能导致他们对谈判团队有想法，对特朗普有想法。中国同样也是这样，所以两国在这样的一个情况下，我认为不能只是单纯考虑本国的利益，而是需要站在对方的角度，考虑到对方国家的民意，中国需要站在美国的立场上来考虑美国的民意，美国需要站在中国的立场上考虑中国的民意。两个国家现在要以平等的、双向的、对等的态度来对待对方。要建立一个基于信任的、基于规则的、基于制度的可以长期保持健康互利协调合作的中美两国大国关系。这种大国关系应是可预期的，是建设性的，对两国和世界能带来好处的。这样的一种关系就能给世界起到正向的、示范的作用。

我认为如果这样的话，就是中美两国对世界最大的贡献，因为中美问题虽然是双边问题，但是它已经超越了双边，已经是世界性的问题。全世界现在都在看中美，所以我认为特朗普总统只讲交易、只讲生意、只讲赚钱还是不够的，虽然特朗普在国际会议上明确地说，他们不再坚持全球主义，他们还是要坚持美国至上、美国第一。但还是要考虑美国作为一个大国肩负着的使命。

如何看美国至上和美国第一？哪一个国家都会坚持国家利益至上，这并没有什么错。但是本国利益至上和本国第一，不能损害全球的利益，不能给全球带来大的风险和不确定性，不能把国家利益凌驾在其他国家和国际规则之上。

我认为现在实际上要走出对中国认识上的几个误区，才能把美国的民主党、共和党的意愿，还有美国社会民众的意愿引导到一个正确的方向上。现在中国也需要引导对美国社会的看法，对美国政府的看法，比如您刚才谈到希望我们的竞争还是良性的竞争，而不是对抗性的竞争，是对两国都有好处的竞争。我觉得，美国这些坚持的东西也需要中国政府去做工作，包括中国智库去做解释工作。我认为两个国家必须基于信任，现在要解决的最大问题是信任赤字，没有信任的话，一切都无从谈起。

我们最近看到美国对中国一些学者来美国已经开始拒签，吊销护照。我前一段时间到杭州乌镇参加一个世界互联网大会，我在这个大会上听到参加会议的美国学者，包括李侃如、李成等，说他们现在到中国来签证也很困难，比如说今天来开会，昨天才获准签证，拿完签证直接就到这儿来开会了。所以实际上你看现在是一个双向的问题，美国政府认为有不利于自己的言论就拒签，中国智库、中国学者不能够有正常的交往，那等于封闭了这个思想交流的大门。如果中国政府觉得谁的观点与自己的不同，就不同意谁来，那也等于封闭了和美国学者的交流。我认为，不可能两个国家的学者都是唱赞歌的。唱赞歌的学者得有，但是不允许大家谈问题，问题就难以解决。所以，还是要有不同观点的交流、思想的碰撞。我认为当前实际上要解决信任赤字，而且要走出很多重大认识上的误区，而实际上有些问题过去存在，但是早已经成为过去式；有一些问题现在存在，但是正在改进，未来可能会成为过去式；有一些问题现在存在，可能还没有达成共识，但是需要答案，需要交流，需要达成共识。

当然，但像动员一些国家不要使用5G的设备等，这个就有点像对抗性竞争了。非常感谢，您刚才谈了很多重要的观点。

今天下午时间太短，我们来不及讨论更多比较深入的问题，希望今后还能有机会见面，更深入地探讨问题。希望将来您到北京的时候，能到CCIEE做客。

与保尔森基金会副主席、前贸易谈判副代表戴青丽会谈

（2019 年 4 月 16 日）

时间：2019 年 4 月 16 日上午 9 点

地点：华盛顿 OMNI SHOREHAM 酒店

中方出席人：陈文玲、张焕波、田栋、陈肖龙

美方出席人：戴青丽（保尔森基金会副主席）、戴青丽助手

注：陈文玲带队拜访美国重要机构、重要专家，就中美经贸关系问题开展专题调研。

戴青丽：

非常高兴你们来到华盛顿。

陈文玲：

非常高兴，我们今天在这个场合见面，也是很有创意的。

戴青丽：

此行的目的都有哪些？

陈文玲：

我们多次到美国来，去年 12 月 3—7 日，正好是特朗普总统和习近平主席在阿根廷布宜诺斯艾利斯会谈之后，我们 12 月 3—7 日到美国，和美国总商会进行“二轨”对话。那次“二轨”对话，曾培炎理事长亲自带队，并在会议上致辞。我们见到了库什纳先生，在晚餐会上多诺霍会长与他进行对话。他当时谈到了中美两国的贸易谈判团队已经开始了紧张的谈判工作，那个时候是第七轮谈判之前，12 月 1 日以后，开始第八轮和第九轮的贸易谈判。

戴青丽：

之前我正好在美国总商会工作，做这些双轨方面的工作，现在我到了保尔森基金会这边。

陈文玲：

保尔森先生是中国人民的老朋友，特别是 CCIEE 曾培炎理事长的好朋友。在中美谈判现在进入第九轮的这样一个历史时刻，到底中美谈判会形成什么样的一个结果？对中美两国意味着什么？面向未来中美两国之间应该消除哪些误会？还应该共同合作来办哪些大事？我特别想听一听您和保尔森基金会的真知灼见，因为你们是朋友，所以朋友讲话就可以毫无保留。

我也知道您过去在国务院工作过，也做过贸易谈判的相关工作，是非常有素养、非常有经验、非常有见地的一位杰出女性。

戴青丽：

再次感谢你们这么繁忙还抽出时间跟我们见面。就像您刚才所说的，中国国际经济交流中心和保尔森基金会有很好的合作关系，不只是在业务上的合作，其实我们已成为很好的伙伴。现在是中美关系非常重要的时间节点，我们双方除了贸易之外，还有其他非常多的重要话题，就像您刚才提到的一样。

保尔森建立这个基金会的时候，他说在中美之间我们要坦诚相待，除了寻找各自的共同利益之外，还要在双方现在遇到的比较大的挑战方面开展工作，这也是我们工作的重点。所以保尔森基金会也是尽力支持这一届政府做到更加公开，能够倾听中国的声音，也找到了一些人做工作，尤其是在中美贸易谈判当中，这一方面做得比较好。

还有我们非常幸运，这次双边谈判中国由刘鹤副总理带队。刘鹤先生在过去的谈判过程中在美国赢得了非常好的声誉，他的智慧，以及他能够在这种困难的情况下，有创造性地来做一些艰难决策的能力，已经被双方认可。一些重要的人物是在双方的谈判当中互相认识的。

我们现在对双方达成一致的协议持非常乐观的态度，而且会对全世界造成很大的影响。另外，除了大体上达成一致的协议之外，一些方面还是有比较大的挑战，其中一个是在技术转移方面，一个是在双方投资的领域，还有就是强制性技术转移过程中的一些细节，这些方面也是希望在未来能够着重探讨的话题。

同时，在保尔森基金会和 CCIEE 之间，也要重新尝试一些创新性的合作方式。之前我们所关注的城市可持续发展这一方面的项目，有一些看起来是完成了，有一些是转移到了独立的机构去做研究，在这些相关的领域怎么跟 CCIEE 合作，在未来我们还有探讨的空间。

陈文玲：

非常感谢！我们这次想了解一下中美贸易谈判，是不是绝大部分的问题都得到了解决？美方现在还关心哪些问题，希望在未来的合作中进一步加以解决？

戴青丽：

几个比较有挑战的方面，一个是关于云服务，涉及 VPN 跨界等这一方面的使用领域，现在还是存在很大的矛盾和焦点，比较有挑战性。

陈文玲：

在云服务和网络空间方面，您觉得两个国家怎样才能建立一个基于互信的网络空间的流通与管理？

戴青丽：

这在一个领域里面是产业竞争根源性的问题所在，所以以我个人的观点来看，中国这领域的云服务公司不要尝试进入美国这个市场，其中有一个很大的原因，是中国企业自己的数据，以及符合中国法律的监管模式，必然会导致它在美国市场这一块会有影响。

陈文玲：

是不是指华为的 5G 技术？

戴青丽：

不是专指华为，我们在贸易谈判当中，其实是把华为这个事情孤立看的，没有把它融在一起来做这个谈判。对于 5G 这个方面的竞争和这个方面的讨论，和现在的贸易谈判是两回事，是独立开来的。

陈文玲：

现在其实全世界都很关注中美两个国家的贸易谈判，我在上周五会见了日本的一位朋友，他也是做贸易问题研究的，他说中美现在正在进行贸易谈判，实际上日本也很关心，其他国家也很关心，中美之间到底能不能签署一个基于规则的、平等的、对两个国家都有好处的双边贸易协议，对各个国家有很大的影响。

戴青丽：

大家都很关注，这是两个世界最大的经济体之间的谈判，至少互相不能够有太大的争议，不能打贸易战，这样对全世界都不好。同时我们也关注到，应该在美国和中国之间达成比较平等的互惠协议。我们还关注美国这边的收益会不会受到影响。

陈文玲：

在中美第九轮贸易谈判之后，我看美国白宫不断发出积极的信号，昨天姆努钦又进一步说中美接近谈判成功，那从您的角度能不能谈一下，这一次谈判中，您觉得哪几个方面会有比较重大的进展，是成功的，对全球其他国家会是一个好的榜样，哪些方面我们可能还有解决不了的问题，有待于今后解决。

戴青丽：

我这边的信息可能滞后了两周，所以对于现在正如火如荼进行的第九轮会谈，现在能够解决的最重大的问题方面，在我两周前离开的时候，我了解到一个是 VPN 和云服务方面的问题，另外一个就是执行力方面的问题，在我离开前，比较关注这两大争议焦点。但是在第九轮贸易谈判当中，是否这两点已经有比较重大的突破，现在我个人还并不是完全了解的。我上周正好在出差，所以还没有跟现任的政府就这一方面谈过话。

我认为中美双方现在进行的贸易谈判，已经给全世界其他国家树立了比较好的榜样，是在不同的国家、不同文化和不同想法之间去除不同的基础之上来找到共同利益达成协议，来解决双方的矛盾。

在之前的谈判当中，最大的一个困难是什么？是因为中国的机构要和美国的机构互相对口，这一方面产生了一定的障碍，当他们现在已经完全了解到是哪些机构，主管哪个方面的事项，然后主要负责人是谁，哪些人直接对口，当这些全部都对接后，进展能够非常快。

在对接之后，我们还要关注到两边的投资问题，包括国际留学生一些关注话题的焦点，我们相信在双方那些机构对接后，也会有比较快的进展。

陈文玲：

有几个我们关心的问题，同时想谈一下我们的一些想法，听听您的意见。中美经过九轮的谈判，实际上是很艰难的过程，因为既要找到对口，又要一条条进行贸易协商条款的磋商，不可能说常年都在磋商，所以我觉得中美之间要解决贸易的问题，要解决一些结构性的问题，实际上需要建立一个有长效机制的制度性框架，我们有这么几个想法，听听您的意见，看有没有可能达到。

比如说，中美两国之间能不能启动 FTA 谈判，然后构建两国的 FTA 框架？因为中美两个国家贸易总量已经占到了全球的 25%，GDP 已经占到了全球的 40%，制造业产值占到全球的 40%，如果两个国家要解决长期的问题，建立一个 FTA 制度型框架，是不是将来就不用天天谈判了？

此外，中美两国其实在奥巴马时期，就进行了 30 多轮的 BIT 谈判，就是双边投资保护协定谈判，实际上现在投资的政策，既受美国投资政策的影响，美国出台了很多的法律，也受到了中国投资政策的影响，美国投资者对中国的投资，包括投资政策也有很多的意见。如果说我们把原来进行了30多轮的BIT谈判文本基本上完成了，在这个基础上能够把BIT谈判完成，建立一个双边的投资保护协定，是不是也可以把投资纳入可预期的制度性框架？

戴青丽：

其实在奥巴马那届政府，是两边达成BIT协定的最好机会，但是那届政府没有成功。是因为政府提出这个商议之后，最后要真正成形，必须通过参议院最后投票认可和确认。现在因为参议院的支持度，没有办法确认能够进行类似的事情。

好消息就是，可能这一点您也了解到了，之前在BIT当中我们两边关注的很多话题，现在是以另外一种形式，纳入目前正在谈判的双边的贸易协定当中，在绝大多数的条款当中，投资条款已经被包含进去了。有两种形式，一种是能够对之前大家所共同关注的问题进一步研究、探讨和解决，另一种是一旦通过这个版本，不需要像以前的协定那样必须要走国会审批程序，可以绕开这个程序。

陈文玲：

中美FTA的谈判有没有可能？

戴青丽：

中美FTA目前不是美方关注的重点，包括环境。现在主要是关注贸易的谈判，在贸易谈判方面，大家认为是最有可能达成的，而且是最有成效的，在贸易谈判达成协议之后，看中国方面是否履行自己的承诺，然后再看第二步是否可能有FTA的谈判，它是有一个顺序的。

背景需要提一下，在20世纪80年代，开始双边关系的时候，中国和美国签订了各种各样磋商的条款，包括三个知识产权相关的条款，包括一系列关于劳工问题的条款，包括两个贸易的条款。但是在中国加入WTO之后，就是在整个WTO框架下来工作，在那之后，中国和美国再也没有类似条款的磋商，实际上中国在履行WTO承诺方面，做得也是比较好的。但是在前七年快速的承诺履行时期过后，美国尤其是在中国的这些美国公司，就意识到了中国在这一方面的变化，或者是开放程度问题，感到不再有更大的开放空间，在七年之后开放长期停滞，对美方这些企业和产业界造成了很大的影响。所以目前尤其在中国最近市场发展得非常快速、成熟，形成了巨大的世界竞争力背景之下，它们觉得需要跟中国单独再来谈判贸易问题，这是比较重要的。

根据这一点来讲，现在要使美国产业界能够对于中国在达成贸易谈判、履行承诺方面有信心，最后才能有比较好的结果。

陈文玲：

我特别高兴听到您说中美在20世纪80年代，有很多双边的协议，在1971年尼克松访华，1979年中美建交之后，实际上美国很快给了中国最惠国待遇，尽管原来每一年都要研究一次，后来形成了一个制度框架的最惠国待遇。在中国加入WTO的时候，您也谈到中国前七年很好地履行了WTO的承诺，这方面国际社会包括美国有一些误解，我认为您是一种澄清，因为美国很多人认为中国没有履行WTO承诺，您认为很好地履行了WTO的承诺，这是符合实际的。当时中国加入WTO，对做出的承诺每年都要有一次政策的评估，我是中方评估小组专家组成员，而且每一年我们都会按照中国的承诺，评估开放了哪些领域、开放的程度，这些都有政策评估，当时包括WTO，包括美国，对中国履行WTO的承诺是非常满意的。

关键是之后七年，我们讲“七年之痒”，七年之后怎么看，这方面是有分歧的。后面七年，实际上中国在几个方面是有重大进展的，这被美国朋友忽视了。

第一，中国不断降低关税总水平。我们的平均关税总水平，加入WTO的时候是15.3%，中国履行WTO承诺，五年之内降到了9.8%，在这之后七年，实际上到目前为止，关税总水平降到了7.5%，又进一步降低了2.3个百分点。

第二，中国在不断地改善对外商投资的管理办法。从2012年开始，在上海进行自贸区试点，现在已经发展到了12个省份，现在的负面清单，从开始的176项，减少到48项，政府准备再进一步地缩短负面清单，改善对外商投资中国的管理办法。

第三，中国不断调整产业政策。产业投资目录已经更新了很多轮，而每一轮更新的基本方向是，凡是对内资开放的，都对外资开放，在产业政策上是不分内资和外资的。

第四，中国不断推出对外开放新举措。从2017年开始，中国连续推出了很多比较重大的对外开放的举措，离最开放的国家越来越近。比如说2018年4月，习近平主席在博鳌论坛上做出关于四个方面对外开放的承诺。包括汽车关税从40%下降到15%，降低25个百分点。当然特朗普总统说还是高，美国的关税是2.5%，我认为这一次第九轮的贸易谈判，也许会涉及关税，有可能在这一方面达成进一步的共识。中国现在的关税总水平是7.5%，如果跟美国和一些发达国家比，其实差距已经不大了，进一步降低还是有可能的。

第五，去年中国人民银行行长易纲做出了关于金融领域开放的11项措施，也就是说在未来3年，到现在为止还有两年，中国的证券、保险、银行等这些行业，将实现全面开放，也就是说对外商不再设立合资比例、股权比例这些限制，外资完全可以成为独资企业。如果到大后年，也就意味着中国的金融市场会全部开放，中国的资本市场原来是经常项目下的开放，现在资本项目下的43个项目领域，90%以上已经开放了，只剩下7个项目，我想在未来一两年内，就会实现全部开放。

国务院去年还出台了关于22个领域开放的重大政策。我有一个感觉，也是中国老百姓的一个感觉，就是中国不断在开放、开放、开放，然后就是把该开放的，还有其他国家没有开放的，到现在为止基本上都已经承诺和正在落实承诺，就是实行全方位的开放。但是我们有另一个感觉，我们不断在开放，美国不断在关门、不断在收缩。我举几个例子，中美贸易逆差一个很大的问题，也是中国政府一直向美国政府提出来的问题，放开高技术产业的出口，那么多禁止出口的产品，正好是中国市场所需要的，这一块却是美国管制最严的，而且到现在为止也没有真正地开放，不知道这一次贸易谈判是不是能够承诺开放。再一个，就是要消除逆差，我们需要扩大从美国的进口，现在我们从美国进口的实际上都是金额比较小的商品，比如说农产品，即使把美国的农产品都买下来，也没有几百亿美元。然后是能源，能源我们是可以扩大进口的，而能源是美国未来最大的一个产业，但是如果双方相互制裁，中国停止从美国进口能源，那美国会失去一个非常大的市场。再比如说飞机，本来中国是美国第一大出口市场，从波音飞机737MX8出了问题之后，现在市场也等待观望，但是这个原因不在中国，而是波音飞机本身的技术出了问题。

另外，我觉得实际上对于高技术产品，特别是处于顶端和尖端的产品，美国最大的出口市场是中国，如果你禁止向中国出口，也会导致自己创新的动力降低，这些产品不进入产业链，不进入全球产业体系，不变成市场的价值，受损的不是中国市场，是美国自己的企业。所以，我想在中国开门的时候，美国是不是也应该开门，这样才能真正实现贸易的平衡。

戴青丽：

您提到的这些问题，从20世纪90年代开始作为中美两边关注的焦点，一直在讨论和谈判，要看这一次是否能真正找到突破的机会。

陈文玲：

还有一个问题，在WTO框架下，如何在双边和多边之间进行选择？现在WTO改革也处于停顿状态，有没有可能中美两国共同达成一些关于WTO的改革方案，然后推动WTO改革，而这个改革不仅是为了中美两个国家，而是为了整个全球的贸易更加公平，而且更能适应未来高科技发展和贸易业态的变革。

戴青丽：

在我们这两届政府，能够再研究两边共同为之努力的新问题，比如像 WTO 的改革，还比如说像环境问题，虽然跟奥巴马这一方面的观点不完全一致，但是这届政府也要符合他的利益诉求，像环境相关的服务，以及在贸易和货物等出口贸易方面，仍旧在两边可以找到共同的利益。

中国国际经济交流中心有没有参与到 WTO 改革研究过程当中呢？之前有过跟周小川先生的午餐会，他提到他们正在组织一个团队研究这一方面的改革。

陈文玲：

我们中心也在研究，关于 WTO 的改革也是研究的重点。

戴青丽：

这个项目是跟美国总商会一起研究，还是一个独立的研究项目？

陈文玲：

我们中心自己在研究，我们跟美国总商会曾经先后研究过几个共同的问题，一个是中美基础设施双方投资，就是中国投向美国基础设施有什么机会，有什么条件，然后美国投向中国基础设施有什么机会，有哪些领域，有哪些优势，在这个方面做过一个比较研究。CCIEE 做过研究，也有研究成果，彼得森代表美国总商会做过这个研究。我们在之前也做过中美 FTA 的研究，FTA 的研究是在 2011 年第二次中美“二轨”对话的时候，布隆伯格先生提出了中美启动 FTA 的建议，然后我们中心也提出这个建议，也提交到了国家相关的决策层，当时中美双方还没有真正启动 FTA，但是我们前期已经做了这个研究。在 2013 年 5 月，我和我们中心的执行副理事长王春正到美国，就在华盛顿，在美国总商会和彼得森研究所老所长博格斯腾先生共同讨论过中美 FTA。后来他们又做了中美投资和贸易的研究报告，在 2014 年 1 月提出了如果中美两国能够达成投资和贸易的协定，那么两个国家的贸易额会增加 5000 亿美元，会由此给美国带来 480 万个就业岗位。

我们中心当时做了中美启动 FTA 13 个方面重点领域的研究，我们的结论也是如此，如果中美两个国家能够启动 FTA 谈判，形成制度性的框架，可以从 13 个领域推动中美之间的经贸合作。2011—2013 年，在董建华先生的主持和曾培炎、王春正指导下，我作为中心课题组组长，组织中心课题组进行了未来中美十年经贸关系的研究。那个时候是研究从 2012 年到 2022 年，中美之间未来发展趋势，我们当时研究了 15 个领域，也出了一本专著，就是《中美未来十年经贸关系的研究》。

2013 年 4 月，这项研究成果在美国开了成果发布会，当时美国有 120 多家媒体进行了报道，然后5月在中国召开了发布会。我想2022年马上就要到了，未来十年中美经贸关系会怎样，我们现在又站在一个新的历史起点上。

所以，我想刚才您谈到了保尔森基金会还会做一些重大的项目和研究，我倒是建议如果有可能的话，我们重新从现在开始展望未来十年的中美经贸关系，然后进行深度的研究，再形成下一个中美未来十年的研判。

我们上一次对未来十年中美经贸关系的研判，有美国ASIS的一位战略家，几位诺贝尔经济学奖获得者参加，香港刘遵义教授是这个课题指导小组的成员。课题研究的过程中，召开了若干次电话会议，还有面对面的讨论。

戴青丽：

我现在要赶去芝加哥和保尔森见面，今天时间非常有限。但是我对CCIEE在中国做类似于中美之间的经贸方面的研究声誉，是非常了解的，你们一直做了比较好的工作。虽然保尔森基金会并不在两国之间做这么大主题的合作研究，但是我们可以找到一些细节的方面，能够来合作，这还是可能的。

陈文玲：

比如说城市可持续发展？

戴青丽：

像类似于这些具体的方面，并不是直接来做合作的研究，可以在互相研究中，找到一些利益共同点来合作，这种方式还是值得探讨的。有一些方面，比如说您刚才提到的WTO改革方向，包括两国之间的经贸关系走向等方面，我们也会比较乐意来帮忙收集相关的数据。还有一点，就是保尔森基金会是专注于中美之间的经贸方面，但是站在更加全球化的视角，比如说在全球不同的板块，在拉丁美洲，由于它的特性，中国和美国在这一块更多的是机遇，在一些领域还是容易形成一些争议和挑战，比如说在中东地区和非洲地区，包括欧洲，在这些板块中两国关系会有平衡或者不平衡方面的研究，我们也可以提供很多的帮助。

举一个例子，我们这边也有很好的合作伙伴，叫作中东合作院，我们一起合作的时候，也有之前参与中国和美国“二轨”对话研究的机构，也同时在讨论中东方面的问题，通过中美之间的“二轨”对话的可行性，来解决相关的问题。在这些领域，如果CCIEE也感兴趣，我们可以在之后找到一些机会，来进行探讨，开展具体的工作。

陈文玲：

刚才您谈到还有两个难题没有解决，我看了最近《华尔街日报》公布的消息，实际上两个难题就是关于落实机制的问题，现在达成的是双边各自建立落实监督的机制，而不是单方面的。世界现在发展到了一个新的阶段，中国需要开放，美国也需要开放，中国需要解决内部的问题，美国也需要解决内部的问题，在怎么解决好内部问题的情况下，处理好两国关系，现在的选择决定了中美两国未来的发展，也会对世界经济带来非常大的影响，或者是正面的，或者是负面的，解决好了就是正面的，解决不好就是负面的。

戴青丽：

非常感谢您今天的对话，在和 CCIEE 研究合作方面，我们也会继续探讨，有更多的一些领域可以拓展。

陈文玲：

也非常感谢您！您在这么繁忙的情况下，在出发之前还赶到这里，这儿条件比较简陋。

戴青丽：

荣幸！

陈文玲：

欢迎您到北京的时候，到 CCIEE 来做客！

与美国国会能源与商业委员会首席成员、众议员沃尔登办公室主任罗丽莎会谈

（2019 年 4 月 16 日）

时间：2019 年 4 月 16 日上午 11 点

地点：众议员沃尔登办公室

中方出席人：陈文玲、张焕波、田栋、陈肖龙、尼苁苁

美方出席人：罗丽莎（Lorissa Bounds）

注：2019 年 4 月，陈文玲带队拜访美国重要机构、重要专家，就中美经贸关系问题开展专题调研。

陈文玲：

您是能源和商务方面的顾问，对于美国能源在世界上的地位和全球的能源格局变化，您有什么看法？

罗丽莎：

在我所代表的俄勒冈州议员所在的这个选区，有西部地方的特征，很少用煤炭发电这种传统火力发电方式来提供能源。在俄勒冈州，消耗的能源 40% 都来自水力发电，这个州是非常绿色的州，以推行可再生能源和洁净能源为主。但是在推进过程中，我也意识到洁净能源的成本目前跟传统能源相比有劣势，所以要兼顾怎么样来保持原来的制造业团队，以及促进商业发展的经济利益，在这两者之间要保持平衡，我们对越来越多的洁净能源持非常严肃的态度。

陈文玲：

现在 40% 来自水力发电，我想问一下水的能源和你们现在的页岩气、石油、风电价格和成本有多大的差距？

罗丽莎：

您刚才所说的四种，像水力发电、页岩石油、传统石油、风力发电这种成本之

间的比较，我要去查一下，才能发给你。但是就我自己从小在那里生长的经历来看，因为俄勒冈州的水力发电设备一般都是比较老旧的，在很早的时候建成，初始投资早就已经回收，或者折旧完成了，现在还继续沿用这些老的水力设备发电，它的成本其实非常低。也是因为这一点，它的定价可以做到非常低，在议员当时成长的那个郡，正好在华盛顿州和俄勒冈州之间交接的哥伦比亚河的周边地区，也是建了很多老的水力发电站的地方，是大量使用电能的数据中心，很多工厂就在那边，在这个地方形成了产业带。

俄勒冈州也具有天然条件，具有很大的风力和太阳能源，所以现在也在开拓新能源，包括提高太阳能和风能的比重，但是在整个国家层面的能源委员会里，不只是俄勒冈州这边的利益代表，还有一些来自其他的地区，那些地区可能煤炭等传统能源占较大的比重，考虑到所有这些地区的利益，要综合来考量，做一些决策。

陈文玲：

美国现在能源增长最快的还是石油和天然气，从去年开始，日产量已经超过了1100万桶，超过了沙特阿拉伯和俄罗斯，所以未来美国的能源，包括石油、天然气、水电、风能、太阳能，您估计会是什么样的一个结构？

罗丽莎：

天然气会作为未来大力发展的能源，是提高比重的一块，尤其在能源出口方面占了非常大的比重。俄勒冈州的南部地区，现在正在建液化天然气的传输场。另外，还有7个类似的厂，或者是待建，或者是正在建设。其实在天然气这一块，一个是带来这种经济方面的利益，它的成本已经降得比较低，另外一点，就是在政治方面可以权衡世界的能源格局，以前俄罗斯“一家独大”，在这领域占有优势。

陈文玲：

现在我发现美国页岩气的成本不断下降，一开始的时候，开采成本在55美元以上，现在有的地方已经降到15美元了，未来能源的成本越来越低，是不是预示着全球的能源价格会越来越低？

罗丽莎：

单纯从市场的角度来看，您刚才所说的这个推理在未来当然成立，由于页岩气越来越多的低成本的运作和大量的开采，使全球供应链当中单价不断地竞争，使其他所有的连带能源价格降低，这也是对全球都有益的，也是我们希望看到的。但是在美国这方面具有不确定性，有一个政治的影响因素，就像现在中期选举的众议院里面民主派占多数，所以推进这些能源政策的议题就走得比较顺。

陈文玲：

我想知道现在您服务的议员对能源的预测和能源政策有什么大的建议？

罗丽莎：

我所服务的俄勒冈州的议员，对尤其是以天然气为主的这些可再生能源，包括洁净能源持支持态度和提出议案的态度，尤其和煤炭相比，天然气更环保，而且对改善空气更有好处。所以是不断地推进天然气发展，天然气现在在美国国内的开采量非常大，还能解决美国在之前依赖于大量能源进口的问题，带来国家安全方面的收益，所以我是持非常支持的态度。

陈文玲：

全球所有的能源里面，两个板块是增长最快的，第一是天然气，天然气可能在未来几年会取代煤炭，成为第二大能源。第二就是可再生能源，可再生能源每年的增长速度都在 15% 以上。所以，将来有可能是石油第一，天然气第二，可再生能源第三，在这样一个能源结构中，我想中国会是美国出口最大的市场，美国现在的石油、天然气出口排在沙特阿拉伯和俄罗斯后面，但是生产能力已经超过它们。我认为美国在达到能源自给以后，会成为未来最大的石油出口国，中国是最大的石油进口国，在石油能源的合作方面，您认为中国和美国可以找到哪些契合点？

罗丽莎：

在全球能源市场当中，中国占比非常大，以未来美国这边大量出口的天然气为例，就像我所在州风风火火建设的这些液态天然气工厂，它们也要依赖这种长期稳定的合同，或者是长期合作的这种购买方，才有可能不断地建设和投产，所以中国未来跟美国在能源方面肯定是一种很契合的关系，当然在具体的合作方面，会受到全球地缘政治的一些影响，所以在这些方面不好说。

陈文玲：

现在中国和美国就能源合作，其实已经有几轮的磋商。在 2017 年 4 月习近平主席、特朗普总统海湖庄园会晤之后，有一个百日计划，中国计划从美国增加能源的进口。2017 年实际比 2016 年增加了 8 倍，2017 年中国从美国进口的能源占美国出口能源的 15%。如果中国和美国能够加强能源的合作，我想会促进缩小中美之间的贸易逆差，形成更加稳定的经济关系，我认为这是一个非常大的合作领域。

但如果打贸易战，美国能源出口最大的市场就没了，中国能源进口还可以多元化，但是美国失去了最大的市场，实际上我认为美国损失更大。

罗丽莎：

我们也非常希望特朗普总统和习近平主席能够达成贸易协定。因为美国西部的州与中国的市场联系更加紧密，所以对我们的经济影响是非常大的，这一点只能依赖于现在的总统团队来做这个事情，来谈判。

陈文玲：

您对现在的总统和他的团队是什么看法，您认为他们会实现你们的愿望吗？

罗丽莎：

天知道！我还是持乐观的态度。只是总统比较喜欢在中间讨价还价，但是最后达成一致还是很有希望的。

陈文玲：

如果您的议员能够见到特朗普总统，给他捎一句话。

罗丽莎：

他们说了，但是好像特朗普没有听见。

陈文玲：

如果按照传统贸易的思维和以前中美贸易结构来打贸易战，最后输掉的是美国。因为对于几个方面的美国产品，中国已经是美国最大的、最有潜力的市场，第一就是能源。

罗丽莎：

完全同意您刚才所说的在两国贸易之间，对于经济利益这一方面的影响，中国是举足轻重的。但是在美国这边，还要平衡其他方面的价值观，比如说知识产权等方面，美国特别珍视，这一精神被写入当初宪法核心价值观当中，所以美国会在全球价值观体系中持续为自己的价值观去争取。

陈文玲：

恕我直言，美国现在的价值观发生了很大的改变，而且变得越来越不太好了。美国以前的价值观是推进经济全球化，是贸易便利化、自由化，还照顾到全球的利益，还是全球秩序和规则的建设者和维护者。

现在美国政府坚持美国利益至上，美国优先，美国第一，再加上特朗普优先，特朗普第一，所以就形成了一个全新的价值观，即在所有的全球利益、共同利益中，美国必须要站在全部利益的制高点。而且我觉得现在比较可怕的一件事，就是美国把中国当作最大的战略竞争对手，美国战略转向以后，非要遏制中国，这是非常悲哀的一件事情。

中国一直在向美国学习市场经济，一直想和美国建立新型大国关系，一直希望和美国加深合作，一直希望和美国能够共同发展，现在要用中国的一句俗语来说，就是“热脸贴到了冷屁股上”。

罗丽莎：

我完全同意您所说的一点，现在不管是在国家层面还是社会层面，美国都已经承认了一点，就是中国现在在全球经济体当中的规模，包括影响力已经是举足轻重。还有一点，以前美国在全世界的影响力，包括经济方面，属于单极，但是现在并不是这种状态。就像您刚才所说的，美国还想在新的世界格局之下，维持它比较强大的地位。不光是国家层面，现在也有很多民众认为在目前世界格局之下，尤其在中国和美国之间，美国没有得到更加公平的机遇，而且在全球的定位上，是相对处于下风，或者不占优势的地位。基于这一点，美国急于调整战略或者政策，特朗普总统主要的意向就是解决这一方面的问题。

陈文玲：

我特别理解特朗普总统，他现在非常焦虑，认为原来美国占上风，现在正在转向下风，但是如果不跟中国合作，这种转向下风的速度会越来越快。如果我以一个人作为对手，那么我有可能赢，如果我把所有人都当成对手，所有人如果一旦醒悟，大家都会把我作为目标，来打击我，我肯定要输。

能源问题也是这样，我看了国际能源署、BP 等机构对未来的预测，现在能源的需求实际上是疲软的。到 2040 年，石油、天然气年均增长率仅有 0.6%，未来我认为最大的优势方是在市场。凡是有市场需求的，就有主动权，因为能源供给现在正在多元化，加上水能、风能、太阳能、核能这种可再生能源，包括锂电池、石墨烯。美国现在应该抓住未来最大的潜在市场，加强合作，而不是加强打击，如果这样的话，它会失去中国这个最大的市场，中国可以有俄罗斯，可以有中亚、西亚，可以有水能和风能，中国自己也可以发展能源，虽然我们现在 70% 的石油要靠进口，但是未来的市场会发生很大的变化。所以特朗普政府，尤其是国会议员能不能给特朗普做更多的工作，要他不要只看当前的利益，虽然他是商人，商人重利轻离别，但是只有看得远的商人，才能赚到大钱。

罗丽莎：

议员也非常希望两边的谈判最后能产生双赢的结果。但是在他们的思维里，双方就像在球场上打比赛一样，两国各自有各自的利益，我们可以来竞争，但是私下我们仍旧在一起共进晚餐。双方是在互相尊重、互惠的关系和立场之下，不太光明的私下的作为会损害双方相互尊重的关系。

陈文玲：

对，我完全同意。我还有一个问题，现在美国中期选举已经结束了，2020 年就会进行总统大选，对未来的民意和总统的大选，您的预判是什么？

罗丽莎：

这个没有办法预测。但是 2020 年的大选应该是非常激烈的，而且看起来会有很多的惊喜，有很多的角逐。

陈文玲：

现在特朗普的民意怎么样？大家对特朗普的经济政策有什么评价？您是如何评价的呢？

罗丽莎：

对特朗普的支持率，我们可以关注另外一个数字，就是特朗普当选总统时的支持率只有 38%。我们发现人们现在只是关注他的支持率，并不能说明问题。有一个独特的“特朗普现象”，就是有很多人最后的票是投给他的，但是并不公开表示支持特朗普，所以在他的身上，民调数字是不太能够准确反映事实的。

2020 年特朗普能够连任的可能性还是非常大的。其中有一个原因，就是在对立面的民主党目前并没有很好的战略，也没有宣传口号的设定。但特朗普已经有明确的思路，虽然有些人喜欢，有些人不喜欢。另外一点，在他的任期内，宏观经济非常好。还有另外一点，在民意上大部分的人觉得自己的生活已经有了新的希望，包括现在的金融业是几十年来最好的状态，这些都是有利于他的宏观条件。

陈文玲：

股市未来会如何？

罗丽莎：

对资本市场我们的信心非常充足，除了一般的小调整，会随着时间不断地上涨。在特朗普上台之后减税政策反馈非常明显，特朗普只要连任成功，共和党不断在税收政策方面努力，资本市场会有很明确的进一步的反馈，未来还是会跟进。

陈文玲：

但是我发现美联储对美国 2019 年、2020 年的经济预测是悲观的，他们认为 2019 年美国的经济增长率会从 2018 年的 2.9% 下降到 2.1%，2020 年会下降到 1.9%，而且美国很多经济学家和研究机构认为，2020 年美国会爆发经济危机，对此您是不是有什么看法？

罗丽莎：

美联储做研究的这些人，比我更加智慧，知道这些数字是怎么算出来的，当然我知道这个背景是什么。美联储是针对未来的全球经济的状况，认为全球的经济不景气，所以给出了预测，预测下降不只是针对美国本土，也是针对全球所有的经济体的一个不良的趋势和压力的体现。你要看到这个数字的增长其实体现出了一定的疲软，但是在这一届政府中，税收优惠政策以及资本市场良好的表现，仍旧会使全球的资本大量流入美国来做各种各样形式的投资，所以他们在投资方面的政策也会继续跟进，来保证在这方面互相受益的状况，使美国的经济有进一步的全球影响。

陈文玲：

特朗普总统在经济政策上和以往的历届总统都不一样，我认为跟他的企业家、商人出身是有关系的。他对市场很敏感，您认为他现在这些政策能够持续发酵多少年，然后发挥多少年作用？在什么样的时点会发生改变？

罗丽莎：

美国经济在他这一任期内不可能有大方向的调整。所以我们只能期待换届，换了别的总统之后，会有一些经济政策的变化。特朗普的顾问团，有很多也是来自产业界，来自当初他所工作过的地方，或者熟悉的人。

陈文玲：

特朗普在放开市场准入方面、在化石能源方面加大了放开的力度，他想把过去的煤炭等传统的能源再恢复起来。但是我关注到，实际上收效甚微，而且传统能源中的煤炭能源在美国能源结构中比重还是继续下降的，您怎么评价他的能源政策？

罗丽莎：

能源政策方面，他为什么对煤炭想要有一定的保留或者是加强，因为他们考虑未来的能源结构并不是这种单一化的，只依赖于其中某一种作为主要的能源。这种结构比较有风险，每一种能源都有自己的优势，比如说煤炭能源，它在美国的储量非常大，所以从国家能源独立性和国家能源安全方面来讲，保留一定的煤炭能源来源是非常重要的。但是他们认为，同时要强化技术改造，使得它在环保方面做得更好，可以达到某种平衡。所以，他们不希望把煤炭完全剔除掉，整个能源结构应多元化。

陈文玲：

全球认为气候变暖和能源消耗方式有很大的关系，现在美国已经退出《巴黎协定》，退出《巴黎协定》之后对美国有什么好处？

罗丽莎：

对这一点会有误解，特朗普总统并没说不再承诺，或者不再加强解决气候变化的问题，而是说他们比较反感受制于这种全球化协定和框架的束缚，所以他上台之后，就撤出了这种全球化的体系，不太信任这种全球化的体系。其实在美国国内，比如说国家政府机关，还有民间，在汽车尾气排放等方面，在气候变化和温室气体排放方面是在加强，在不断地更好地工作，并不意味着国家对这个方面的政策有很大的变动，而只是特朗普不太信任这些全球的框架体系。

陈文玲：

非常感谢！我还想问一个问题，现在美国的能源政策也好，其他政策也好，你们是通过发文件，还是通过总统的推特发文，或者其他渠道来把握美国的政策走向？

罗丽莎：

以前传统的模式，比如说能源和商贸委员会会有常设的渠道，从具有各种各样工作关系的行政部门，以及白宫直接获得一些前期的信息发布。特朗普总统上任之后，由于他的这种特殊的操作，我的日常工作也多了一项，我要关注特朗普的推特，看每一天可能传播什么主题信息，因为他经常通过推特来制造爆炸性的新闻。

陈文玲：

我发现华尔街邮报跟踪特朗普的推特是跟踪得最好的，在他上任800天的时候，跟踪了一次，说特朗普发了9000多条错误的推特，都是互相矛盾的，或者是完全错误的。怎么判断他的哪些推特是正确的，哪些是错误的，你们怎么来鉴别和推进相关政策的落实？

罗丽莎：

对于特朗普这种独特的沟通交流的方式，我们已经习惯了。一定要说是通过什么样的技巧来做这个鉴别，其实很难描述清楚，但实际上心里都很容易判断，已经熟悉了这种沟通交流的模式。他喜欢夸张，达到传送一种信息的效果，通常来讲在他发表这些主题言论的时候，因为不是依赖于一方的信息来源，这些主题通常在其他各大媒体，包括其他的信息渠道已经有所讨论，所以我们都了解这个背景，对推特中不实和夸张的部分，其实我们都已经清楚，所以比较容易辨别。

陈文玲：

美国政府发不发文件呢？

罗丽莎：

总统发推特这个东西，对我们来讲就是一个故事，并不真正对我的工作有直接影响力，我关注的是事实。在日常工作机制中，以跟相关部门直接沟通获得的数字和信息为准，来指导我们的工作。

陈文玲：

这些部门是不是有定期的文件，或者是工作计划之类的？

罗丽莎：

所有这些部门都有一种长期的机制，会定时定期把一些信息和数据传递给我们，这是指导我们工作的主要依据。现在都通过网络。

陈文玲：

其实我也挺佩服特朗普，他很辛苦，我看到说他最多一天在推特上发了 78 条信息，也是挺累的。

罗丽莎：

他刚上任的时候，有一段时间养成了习惯，每天早上 6 点整要发推特，所以那个时候我都设一个闹钟，那个时候要看特朗普的推特。

陈文玲：

现在是不是美国人民都习惯了特朗普发的推特？

罗丽莎：

很明显，是的。

陈文玲：

我也在想，他这一年发推特成本很低，他节约了很多的纸张，节约了很多的会议费，为美国节约了很多政府支出。

罗丽莎：

有可能，但是我认为特朗普不是直接这么考虑的。

陈文玲：

非常感谢您在百忙之中会见我们，谈了很多东西，我们认为很有价值，非常感谢！我们也欢迎你到北京，到 CCIEE 去做客。

与美国贸易谈判代表办公室中国事务处负责人会谈

（2019 年 4 月 16 日）

时间：2019 年 4 月 16 日下午 4 点

地点：美国贸易谈判代表办公室

中方出席人：陈文玲、张焕波、田栋、陈肖龙、尼苁苁

美方出席人：温兰德（Timothy Wineland）（美国贸易谈判代表办公室助理、贸易代表助手）

注：2019 年 4 月，陈文玲带队拜访美国重要机构、重要专家，就中美经贸关系问题开展专题调研。

陈文玲：

我知道全球也很关心中美贸易谈判进展，上周五我在 CCIEE 接待了一位来自日本的研究者，他说他们非常欢迎中美达成贸易谈判协议。我现在想请教您几个问题，第一是中美贸易谈判最后能达成一个什么样的效果；第二是中美贸易谈判形成一个比较好的符合预期的协议框架之后，今后怎么才能形成一个更为长久的制度性安排；第三是现在中美贸易还有哪些深层次的矛盾和问题，面向全球还应该解决哪些问题，中美可以共同做哪些比较大的事情。

温兰德：

这是三个大问题。我们来自美国贸易谈判代表中国办公室，辅助贸易总代表莱特希泽来做中美贸易谈判。在回答您第一个问题时，我们可以追溯到几个月前莱特希泽被请去在国会上做证词和陈述的那段内容，里边非常详细地描述了他想通过这个贸易谈判达到的目标。

内容非常多，我简单概括一下，总体来说莱特希泽在发言当中指出，在过去很长一段时间内，中国的经济发展起来了，目前中美之间并不是在完全平等基础上进行贸

易，所以要解决不平等的这些领域，比如说补贴、技术强制性转移，从而使两国的贸易关系更加平衡，这是当初要达到的目标。而且他们分析了过去一段时间对于美国与中国之间关系所做的努力，包括通过对话的模式，ACCD，IC、ID 的会议和两国领导人峰会会面的模式，都没有达到他们的预期，所以他们就采取了更加交易性的做法，先提出了“301 调查”报告，促使两国进行有效性更强的谈判。

关于第二个问题，您问到的是如何建立长效机制来解决今后的问题。我们还是可以引用当初莱特希泽在国会做的陈述和发表意见当中的一些观点。那次讲话至少反映出目前我们在思考一种长效机制，也体现在这次贸易谈判当中，通过有效执行协议文本，来帮助提高长期的效率。当然最后谈判的结果，我们目前还不确定。

所以对莱特希泽来讲，这个机制最重要一点是如何确保长期落实协议。他说这个速度会比较快，在未来的几个月就会有工作层面，比如办公室主任这个级别的接触和参与，以确保落实协议的效率。他们会着力做一些分析，由在中国的公司提供一些信息，对于在执行过程当中出现的一些公司个体化的问题、系统性的执行等方面的问题，做一定的评估。当然，所有的问题都不可能通过基层的努力解决，在中高层的层面，比如说副总统和莱特希泽作为美国贸易总代表的这种磋商，也会继续进行。几个月之后这种工作层面的具体合作，是比较细节地落实具体事项，针对贸易原则和条款来进行。

莱特希泽的这个方案已经赢得了广泛的支持，最后就他的这种模式，是否建立新的办公室并不重要，肯定会有专门的负责人积极投入现在这些现实工作当中。在美方他是很有信心能够达成协议，希望中方也能够达成。

最后一个问题非常好，是目前深层次的问题，要怎么样来解决。对于美国这边的观点，所有在贸易协定当中涉及的实质性的问题，都是现存的中美之间比较深层次的问题。当然，我们意识到，仅依靠贸易协定这些条款不可能解决我们两国之间所有的问题，尤其是长期积累的问题。所以在现在这个时间点上，因为最终的贸易谈判还没有出结果，所以进行假设还太早。如果我们把这个时间快进两到三年，假设中国在执行方面效率非常高，在中方的美方企业的反馈也不错，中国的商业环境有很大改观，在这种情况下，两三年之内在更好的信任关系基础上来解决深层次的矛盾就会容易得多。

另外一种假设，如果目前这个贸易谈判在几年之后反馈并不良好，包括遭受到了美国国会、各州，及在中国的美资企业一些不良的反馈，没有发挥出它应有的作用，美国可能就会采取一些新的措施、采取对双方都不利的一些做法。

我们刚才所说的这些都是假设，因为还太早。我们最后要看真正出台的双方达成的协定，但可以肯定它里面涵盖的内容非常广泛，会把我们前面所关注的这些所有贸易方面的焦点问题全部覆盖，然后还要看执行的效果如何，再确定未来的解决方案。

陈文玲：

好，非常感谢您介绍情况。现在中美贸易谈判进行到第九轮了，如果贸易谈判达成一个符合双方预期的这样一个协议，那么这样的协议怎么能形成制度性框架，能不能试想中美两国继续推进 FTA 谈判，使我们贸易谈判的结果变成一种制度性的安排，不知道您对这个问题怎么看，可不可行？

温兰德：

目前莱特希泽他们正在尝试做贸易谈判，是不需要经过国会最终确认就能够生效的，所以这种形式跟您刚才提到的 FTA 是不同的形式，目前这届政府专注于怎么使谈判形成的贸易协定最后能够成形，而且特别关注具体的落实情况、执行情况，他们这种路径可能跟您刚才所提的不同。

陈文玲：

好，那么第二个问题是，现在世界上都非常关注 WTO 的改革，美国也提了关于 WTO 改革的一些想法，日本、欧盟和加拿大组织 12 个国家，都分别提出了 WTO 改革，将来的中美现在这种贸易谈判，包括顺差逆差，一些结构性问题达成协定之后，对于 WTO 改革会有什么样的作用和影响，下一步对于 WTO 改革美方的主要主张是什么，中国和美国在 WTO 改革方面如何进行合作才符合中美两国的利益和达到 WTO 改革的目的？

温兰德：

我们毕竟不是 WTO 的办公室，我们现在是站在双边贸易协议上，针对美国这边反馈的一些具体和现实问题来推动这些细节问题的解决，推动 WTO 改革是站在全球宏观角度来思考问题，这并不是完全一样的思路。所以在这两点当中，可能有一些方面会有重叠，但是这两者应该不完全一致，所以应考虑从两个范围把可能的重叠去掉。

陈文玲：

除了贸易谈判之外，以前在奥巴马时期谈了 30 多轮的 BIT 谈判，有没有可能重新把它完成？

温兰德：

目前他们谈判的所有重点和焦点全部在达成这个贸易协议方面，在贸易总代表莱特希泽的讲话当中，也没有丝毫体现出要重新进行双边投资贸易协定的谈判。

陈文玲：

我想就几个问题谈谈看法，我们进行交流，您看这些想法你们认不认可。现在国际贸易发生了根本性的变化，主要表现在四个大的方面：第一，原来的国际贸易都是最终品的贸易，是每一个国家的比较优势。现在的国际贸易从 WTO 这些年数字来看，已经有 2/3 是中间品贸易了，像东亚国家 4/5 都已经是中间品了。

所以，在美国开始提出对于中国加征 500 亿美元商品关税的时候，其实我们算一下账，70% 是中间品和投资品；在对 2000 亿美元加征关税的时候，78% 是中间品和投资品。这么大的一个比重，也说明中美之间的这种贸易不是中国对美国的贸易，是全球产业链在中国完成的商品的出口，在美国市场根据本国需求进口的中国商品，看起来是中国商品，实际上是全球产业链上的中间品。所以，将来要解决中美之间贸易结构性问题，实际上要重新认识现在的贸易构成。

第二，贸易形式已经发生了很大变化。过去主要是货物贸易，货物贸易主要是一般贸易、加工贸易、小额边境贸易，未来的贸易主要是数字贸易，数字贸易美国谈的是数字品的贸易，中国的数字贸易是贸易的数据化，线上线下形成的一种新的贸易方式。所以现在数字品的贸易，美国占全球的一半以上，数据化的贸易，中国占一半以上，现在中国有 37 个城市在进行这种跨境电商的试点，现在数字贸易、数据化的贸易已经占全球贸易 30% 以上。

所以未来的数字贸易和以前纯粹的货物贸易完全不同，它的贸易规则、贸易管理方式、贸易管理流程都不一样。从这个问题看中美经贸关系，看全球的经贸关系，可能要有一个新的视角，面向未来，在信息技术已经泛在化的情况下，贸易形态会发生非常大的变化。

第三，贸易转移。现在第五轮制造业产业转移已经开始，从中国向东南亚、南亚、非洲、北美、南美转移，而且转移的速度非常快。中国的贸易顺差 2018 年下降了 18.3%，2019 年会继续下降，我们预计差不多五年左右的时间，中国将从一个顺差国变成一个贸易的逆差国。其他的承接转移比较多的国家，会成为新的贸易生成地，新的贸易额会在这些国家产生。

第四，关于现在国际贸易机构、国际贸易组织 WTO 的改革。我认为过去传统贸易的规制与规则阶段已经过去了，从关贸总协定到 WTO，以前都是针对货物贸易的，也就是传统的贸易方式。我们现在面向的是未来的贸易方式，我认为 WTO 的使命是要填补面向未来的贸易方式和空白。所以我认为你们的角色非常光荣，你们作为莱特希泽的助手和参谋，能不能给莱特希泽先生提一些建议，我们不仅要讨论过去那种传统的贸易方式形成的贸易顺差、逆差，我们更要讨论未来新的贸易方式、新的贸易结构、新的贸易转移，还有中间品贸易。在这种情况下，贸易规则到底应该怎么改革，才有助于中美两国以及全世界贸易的正常进行。

温兰德：

您刚才说的关于国际经济、国际贸易有非常多的很好的建议，莱特希泽也认识到其中的重要性，希望两国通过谈判能够达成一个比较好的贸易协定，使双方在更加公平的舞台上进行公平贸易，开展更加开放和良性的竞争。比方说中国对美国开放更多服务行业，中国也会有更多的收益，包括可以促进很多的创新和产业竞争，都会带来收益。我很惊讶你们为什么没有问大概什么时候能够得出一个结论，什么时候贸易协定最终有结果？我会见的每一个人都会问这个问题。

陈文玲：

我们也很想问这个问题，但是考虑到是敏感时期，怕您不方便回答。

温兰德：

我尝试不让大家问，但是不可能做到。虽然说没法阻止每一次会见的人问这个问题，但是问的话我也是非常无奈，我现在没办法告知大家大概在什么时候会有最终的结论。而且据我了解，莱特希泽和总统都有明确的意愿进行沟通，最终达成的重要的协议，必须是一个正确合适的协议，而不急于求成，虽然他们限定了一个工作时间表，但是有可能最终突破这个时间表，达成一个非常好的协议是大家最终要做的。

陈文玲：

我们实际上也很想问这个问题，但是我们想问这个问题，你们也不会回答，所以干脆就不再问了。因为特朗普总统在推特中已经说了，再延长四周，由他和习近平主席亲自签署协议，他既然说了和习近平主席亲自签署协议，我们想就有两种可能。一种可能是在日本 G20 会面的时候，今年 6 月有可能签署协议，这个前提是 6 月之前这个协议必须谈成。如果说 6 月之前这个协议谈不成的话，那么我想 G20 可能是两位领导人见面，进一步表态，那么等着协议真正谈妥了，大家认为成熟了，两国领导人再见面，或者是国事访问，这也是有可能的。

对谈判达成协议，美国是不着急的，一定要达成一个满意的结果，我认为中国更不着急。其实，着急签协议有什么用呢，这个协议不仅要满足美国的要求，要符合美国的利益，也要满足中国的诉求，不可能达成的协议只是满足单方面的诉求。

如果中国不满意，就再接着谈，时间还是很长的嘛！就像习近平主席说太平洋足够大，可以容得下中国和美国两个国家，我们时间足够长，历史是无限期的，可以让两个国家谈下去，直到谈到两个国家都满意。

我想莱特希泽先生谈了40多年了，他还可以再谈40多年，我们的刘鹤副总理是刚刚谈，以前他是研究宏观经济的经济学家，对世界经济、对中国经济都非常了解。他开始进入和莱特希泽先生的谈判进程，我个人觉得他也可以再谈40年，没有问题。但是我觉得还是要尽早解决中美之间的问题，这样对中国和美国两个国家的经济发展有好处，对整个世界经济稳定发展有好处，可以减少世界经济的不确定性和风险。

2018年12月1日，在阿根廷，习近平主席和特朗普总统见面之后达成了一个元首的共识，现在两国谈判团队主要是落实两国元首的共识，我认为如果两国元首已经达成共识，双方的谈判团队能够按照共识的方向，尽早地达成协议，第一显示了两国元首说话是有分量的，这个团队是重视的，效率是高的。第二说明中美谈判团队是有能力的，有办法的，是聪明的，是智慧的。如果两位元首达成共识，但是谈判团队没有朝着这个方向努力，就会给两个国家带来很大的损失。

现在有102个国家对美国有贸易顺差，所以美国接下来除了和中国谈，还要跟日本、印度等国家谈。那么这些国家也都在看，在双边谈判过程中，能不能秉承这种公平、公正、对等、开放的原则，最后协议结果对双方都有利，对世界有利，能不能达成这样的协议，对其他国家是有很大影响的。

中国改革开放40年，贸易的发展是非常快的，在这个发展过程中，实际上我们第一大出口市场是美国，虽然打了一年的贸易战，但是在激烈的贸易纠纷中，中国和美国之间的贸易并没有下降，而是上升的。按照中国商务部统计数据，2017年中美贸易额是5800亿美元，2018年是6335亿美元，中国对美国的贸易顺差上升了17.2%。这说明了什么呢？说明美国对中国的商品是有需求的，这是一种市场需求，不是政府需求。比如说政府本意要减少逆差，但是市场有需求，它又增加了出口，又提高了对中国市场的依赖程度。它是一种经济的互相联系，不是按照政府意愿来形成的这样一个最终结果，所以这个东西是值得我们深思的。

温兰德：

其他还有什么方面的问题，还可以再交流一下。

陈文玲：

美国退出TPP以后，现在以日本为代表剩下11国形成CPTPP，美国有没有打算重新加入TPP呢？

温兰德：

特朗普在这个方面一直表达得非常清楚，他现在没有任何的意向加入类似的贸易协议当中。他现在采取的方式，就是和各个国家来谈双边贸易协议，要不就是对现有的贸易条款进行改进，要不就是重谈一个新的条款，这个模式目前已经形成了，从北美自由贸易协定谈成开始，当然涉及日本其他 11 国也是类似的。

陈文玲：

也就是说特朗普政府没有想再申请加入 CPTPP。

温兰德：

至少现在没有。还不能说未来，因为随时可能发生变化，不确定性一直都是存在的，但是目前为止总统表述得非常清楚。

陈文玲：

有没有可能 TTIP，原来大西洋投资与贸易伙伴关系，因为在奥巴马时期也已经谈得差不多了，TTIP 有没有可能重新启动呢？

温兰德：

他们只是针对中国这块贸易，关于欧洲国家的情况莱特希泽没办法做更多的一些表达，所以他直接回绝了。当然莱特希泽现在已经非常紧密地在和欧盟的贸易代表进行磋商。

陈文玲：

虽然您是负责中国事务的，我想您能不能对特朗普贸易政策做一个评价，他跟以往的美国历任总统最大的区别是什么？他的贸易战略对美国有哪些好处？会给美国带来哪些负面的影响？

温兰德：

这届特朗普政府的贸易政策主要注重两点：一是怎样把制造业带回美国；二是不同贸易伙伴在长期的贸易关系中怎么能够更加平等和对等，怎么样才能有比较公平的贸易关系，与之前的政府不太一样。

陈文玲：

美国现在主要的贸易策略正在从多边走向双边，双边就是一个一个地谈，比如跟中国谈、跟欧盟谈、跟日本谈，你大致上排一下序，他有没有计划，比如先跟谁谈，后跟谁谈？

温兰德：

欧盟、日本以及非洲及其他和美国都是重要贸易伙伴关系，现在都在紧锣密鼓地开展一些双边磋商和谈判，不论是奥巴马政府，还是这一届的政府，美国不会完结一个国家的贸易谈判之后再启动下一个国家，会多管齐下，不同的国家贸易谈判处在不同的阶段。

陈文玲：

我想问一个贸易之外的问题，美国现在的经济走势怎么样，2020 年特朗普总统有没有可能连任，他现在民意基础如何？

温兰德：

因为您是 CCIEE 的总经济师，所以您这块要比我更加清楚。关于特朗普是否当选的问题，他是比较有争议的两极化鲜明的一个人物，有些人非常爱他，有些人非常恨他。所以，我只是从一个普通的选民角度来谈，不管是有这么多爱他的人，还是恨他的人，他已经赢了第一次，这一点很能说明问题。在下一次选举的时候，共和党、民主党会非常谨慎地严肃考虑这个问题，所以现在没办法简单地得出一个结论。我又同时想到中国和美国之间的贸易问题，有一点跟中美都有很大关系。在民主党、共和党两极分化的情况下，无论是民主党还是共和党，都支持现在的特朗普，私下有很多民主党朋友，现在并不是在台上，属在野党派，他们也跟我说，特朗普没有做对任何一件事情，唯独针对和中国的贸易还是做得对的。像现在分歧这么大，两极化国会投票，在所有其他问题上几乎都针锋相对，但绝大多数无论是共和党还是民主党都认为，对中国的贸易这块必须要改一种方法，或者调整为一种新的战略，所以特朗普现在采取这种方法得到了所有党派的广泛支持。

所以，中国也不要把希望放在下一届的总统选举会改变目前的一些状况，不管是哪个党派都达成对中国采取这种办法的共识，大家普遍认可，广泛支持这种战略表态，美国跟中国的关系从现在开始也进入一个新的时期，这是必须要承认的一件事情，就算换总统也不会有大的调整。

陈文玲：

是越来越严重，还是能够解决，重新走向合作呢？

温兰德：

具体来说，在 2020 年选举的时候，不论选出哪个党派，什么样的总统，通常就他们目前已经达成的共识，在中国的问题上不能像以前那样只是通过对话，信任对方能够做出改变，而必须要逼迫对方改变，通过一个有具体执行力的条款来解决问题，这一点几乎不会有大的改变。

陈文玲：

中美关系回不到以前，这是基辛格先生最近说过的一句话，中美关系再也回不到以前。但是我又想了一句话，我们回不到以前，我们是不是可以共同面向未来呢？

虽然民主党、共和党，还有您说的社会民意，认为特朗普没有做对一件事，只是在对华的态度和做法上是对的，也就是说整个社会，包括两党都支持特朗普对华强硬、对华制裁、对华遏制。我还想到另一个问题，其实中国值得美国这样大动干戈吗？中国值得美国现在把它当成战略对手，而不是战略伙伴吗？

现在中国和美国 GDP 总量占到全球 40%，制造业产出占到全球 40%，国际贸易占全球 25%，人口占 25%，这么大一个体量，如果进入一种对抗性的博弈，那么给两个国家带来的到底是好处多，还是坏处多呢？

我认为经过这一年的贸易上的摩擦，美国现在两党的情绪，还有老百姓的这种看法，包括美国企业家的看法，现在也正在改变，和我们去年 3 月到美国来相比，氛围已经不大一样了。

去年我们到美国的时候，正好是美国战略转向最明显的时候，那个时候真是形成了高度共识，现在经过一年多，大家也可以看到，现在对 500 亿美元商品加征关税，其中 70% 是中间品和投资品，2000 亿美元中 78% 是中间品和投资品。现在贸易制裁上等于美国加征 25%，中国对等加征 25%，那就意味着美国企业的商品如果出口到中国，再回到美国市场，等于加征 50% 的关税，中国的商品如果出口到美国，再回到中国的话也要加征 50% 的关税，那么两个国家的企业、中间制造商都会增加很大的税收负担，这么大规模的中间品加征关税，是不是对两国的制造业都会带来很大的打击，这是不是也是美国企业反对贸易加征关税的主要原因呢。

据我了解，像英特尔、高通这样的企业，它们生产的这种芯片和核心零部件，70% 是卖给中国企业，但是现在美国采取的政策恰恰是要禁止这种高技术产品出口，包括核心零部件，这个产品卖不出去，怎么能产生经济效益？刚才谈到，现在美国要进行这种交易，要进行贸易谈判，要赚钱，而这样的话美国企业怎么能赚到钱？我不太理解。

未来中国市场可能需要几千架波音飞机，像前一段时间出事故的 737MAX8，实际上在中国东南沿海地区新建了一个很大的飞机组装港，每年要向中国交付 100 架这一款的飞机，当然这一款飞机现在停飞了，全世界现在都停飞了，这是另外一个问题。如果不停飞，除了这款飞机，还有其他飞机，中国将是美国最大的飞机出口市场。如果说没有出现这样的问题，我们来分析中美贸易的话，也就是说美国生产的波音飞机，虽然是在西雅图最后组装，但是是在全世界的79个国家来完成整个产业链的构成。如果打贸易战，你在全球的产业链怎么能保证呢？

现在实际上中国有好多家美资企业，美国也有一些中资企业。贸易摩擦加剧之后，美国修改了很多外商投资规定，加强了安全审查，2018年中国对美国的投资已经下降到48亿美元，据美国荣鼎公司计算，2016年中国企业对美国投资是456亿美元，2017年下降到290亿美元。

实际上，美国债务问题是很严重的，现在已经达到22.2万亿美元了，如果修一堵墙的话需要80亿美元，还要向其他的盟友加征军费才能实现。来自中国的投资对美国有什么坏处呢，为什么因为贸易问题而影响到投资呢？

温兰德：

您提到的都是非常大的、很重要的一些问题。刚才您提到的这些更广泛的交织在一起的互相联系的问题，我们也希望在这次贸易谈判过程当中，都被充分评估到，也期待最后这个贸易谈判会解决这些问题。

陈文玲：

但是您的期待和我们的期待不一样，我们期待是我们有一些问题还不清楚，您期待的问题非常清楚了，但是现在还不能说。

温兰德：

目前不能说的一些观点，也并不像您想象的那样，我并非完全知晓这些问题谈判的走向。在这个贸易谈判当中，对于最后要达成一致的这些最困难的，其实是最有决定性的，也是最重要的问题，我现在也没办法预测，最后就两国最重要的项目能否达成协议，到底会成功还是会失败，我确实不知情，所以这一点是跟您一样的。当然了，我能够表达的是，我知道在解决这些重点问题最后议题方面，两国都投入了非常大的精力。

陈文玲：

我还有最后一个问题，除了贸易谈判，对于在国际经济上特别是贸易规则、WTO的改革，您认为我们有什么重要的合作方式和合作点？

温兰德：

对于这方面在研究WTO的同事可能更容易回答，但是我已经想到了其中一点，也是您刚才提到过的，关于数字经济时代，我们现在的经济体和当初WTO形成全球条约的时代已经完全不同，所以，怎么适应数字贸易时代的新规则，这一点是两国共同考虑的。

当然，虽然大家都关心这个领域，也都倡议在这方面推动 WTO 进行改革，但是不可否认的是，两国对于数字经济和数字贸易的具体解释和一些看法，还是会存在一些分歧，这需要我们更多的注意。

陈文玲：

现在更多的是美国认为数字贸易是数字品的贸易，中国认为数字贸易是数据化的贸易、贸易方式的数据化。在中国的河南郑州，我们的贸易通关速度原来是秒通关，一秒钟通关一单货，可以五个政府部门联合实行电子通关单，现在整个现代物流的流程结合起来，一秒钟可以通关 1000 单。去年实际下来，一秒钟通关达到 500 多单，所以在中国内地，跨境电商和快速通关现在基本都形成了。如果各位朋友有时间的话，欢迎你们到中国内地去看一看，其实这种贸易发展的形态变化非常之快。

温兰德：

上一次我到中国类似的港口去参观，大概是七八年前的事了，最近这七八年中国的变化应该是太大了，这个是肯定的。

陈文玲：

对，我们请您给莱特希泽先生捎个话，希望他能到中国这些跨境电商发达、快速通关的地方去看一看，找一找中国和美国两个国家在哪些方面可以合作，推动世界贸易规则向着未来的方向发展。我们对莱特希泽先生很尊重，我也了解到他过去的很多历史以及事迹，我们发现他从和日本进行贸易谈判的时候，就是非常棒的谈判高手。但是总的来看，包括现在和中国谈判，都还局限于传统贸易，如果面向未来新的贸易形态，如果莱特希泽先生能够走在世界前列，能够和中国共同推动世界贸易规则的改革与完善，那将是对人类的贡献。请转达我们对他的致敬以及对他的期盼。

温兰德：

再次感谢您到访！

陈文玲：

好的，我们非常感谢您和您的同事，这是我们中心 CCIEE 的简介。欢迎到北京来做客！

对中美建交历史历程回顾带给我们的启示

——与马克·布热津斯基先生的对话与交流

（2018 年 11 月 7 日）

导语：2018 年 11 月 7 日，美国著名智库专家兹比格涅夫·布热津斯基之子马克·布热津斯基到访中心。兹比格涅夫·布热津斯基是卡特任总统时期的国务卿和国家安全顾问，为中美建交做了大量工作，著有《大棋局》。马克·布热津斯基曾经是美国驻瑞典大使，此次到访中心首次公开了父亲当时的40幅照片和部分私人日记。陈文玲携研究人员与他进行了深入交流对话。

陈文玲主要观点：①美国放弃了美国200多年在国际上形成的大国地位、大国影响力、大国威信和形成的无形资产，使美国从山巅上跌落下来；②特朗普和他的执政团队，已经放弃了美国的核心价值观和文化价值观，已经放弃了向世界输出美国所谓的正确的普世价值；③特朗普放弃了美国历届总统，还有美国人民经过200多年艰苦奋斗形成的社会秩序和社会共识，包括美国一些良好的制度设计；④美国放弃了“二战”以后形成的国际秩序和国际规则，是最大的修正主义者；⑤美国放弃了已经形成的对美国非常有利的国际格局，以自己的背信弃义和错误理念、错误判断和错误行动，颠覆了人们对美国的盲目崇拜和遵从；⑥美国放弃了中国作为美国最好的经济合作伙伴关系，放弃了最好的战略合作关系和最大的现实市场及其潜在市场。

主持人张永军（CCIEE 副总经济师）：

照片里的是布热津斯基的父亲、美国著名智库专家兹比格涅夫·布热津斯基。布热津斯基先生是卡特政府时期总统安全顾问，在推进中美关系正常化方面做出了很多贡献。我们面前的马克·布热津斯基先生，曾经在奥巴马时期任大使，做过美国驻瑞典的大使，是一位比较资深的外交官，现在尽管他不再做外交官了，在一个资产管理公司做合伙人，但是他对于以往中美关系的发展，对于他父亲和他亲身经历的很多事情，对中美关系方面的问题也有很深的见解。我们非常高兴有这么一个机会，请他给大家先做一个讲座，然后请大家与他做一个交流。

布热津斯基：

非常感谢中国经济交流中心，感谢陈文玲女士、张永军先生今天接待我。我今天要做的这个报告，是为了把过去与现在、把历史与当代相结合来看中美关系。

从40年前开始，中美两国已经走过了一个漫长的旅途。虽然现在在媒体上有各种各样的报道，但是总的来看，过去40来，双边关系已经发展得非常紧密。在1978年11月，也就是中美关系正常化一个月之前，在北京居住的外国人有1200人。而不久前，仅美国新设在华的大使馆，就容纳了1500名美国的外交官员，而据估计有20万美国人居住在北京。

在40年前，中美两国就为两国的长期外交、政治、贸易、能源、科技的交流奠定了基础。在目前中美关系充满着不确定性的时刻，我们应该回过头来问一个问题，就是40年前，中美两国的关系到底是怎样的？我们要问这样的问题，就是当时中美关系正常化，为什么能够成功？中美关系的正常化后来引起了什么？它的影响是什么？它又推动了什么？在回顾过去40年的时候，我们也可以问一问自己，在接下来的40年，中美有什么共同的大目标？中美两国关系的正常化，使得两国在安全信息情报等各方面，还有政治方面，形成了真正的一个有利于两国的关系，从而也推动了邓小平提出的经济改革。当时，即使我们仍存在一些问题，比如说对中国台湾问题、越南问题，还有柬埔寨当时的一些情况，我们有一些不同的意见，但是两国的关系走向正常化，关系还是越来越紧密了。

今天上午，我想给大家展示的是将近40张照片，是从我父亲私人珍藏照片里面取出来的几乎从未公之于世的照片。而且我还将给大家念几段我父亲私人日记。我父亲有一个习惯，他生前每天从白宫回来之后，晚上都要写私人日记，而这个日记除了我们最亲近的家人以外，从未向外人展示过。我之所以想做这件事，是因为这不光是我们自己家庭的一个事情，而且展示了在当时一个非常模糊的、存在很多不确定性的情况下，两国怎样依靠着这种模糊性，建立了一个紧密的国际关系，我觉得它对我们当今也有很大的启示意义。我想，在推动两国关系的正常化中，有几条主线是我必须要强调的。

第一，求同存异。这是当时卡特总统和邓小平合作的一个重要的基础。求同存异，也就是我们就可以共同推动的问题向前推动，而把双方不同的意见先搁置一边。

第二，中美关系正常化本身并不是一个目标，而是一个推动实现其他目标的途径。对于美国来说，当时它是以与苏联进行一个战略性武器限制谈判的方式，对此进行推动。但是当时的中国领导人非常聪明地抓住了这个机遇，把两国的关系发展成为不只是一般的政府之间的关系，而使它更加符合中国人民的需要，并且使其推动中国的科技发展，从而推动了邓小平当时的改革开放布局，那也是邓小平的个人鲜明特征之一。

在 1975 年 9 月，邓小平发表了一篇重要文章，是关于重视科学技术发展在经济发展中的作用的一篇报告，他提出了科学技术发展对于提高国民素质从而推动经济发展的重要性。我刚才谈的那两点，我认为就是两国关系的一个重要基石，一会儿在结束的时候，我也会再次强调，我认为这两点在我们当今的环境下，也非常具有启示意义。1977 年，在水门事件爆发之后，卡特开始担任总统，他希望重新来过。所以我觉得这个事件对我们当今的状况，也是有意义的。

当时吉米·卡特刚刚当选，他只是一个来自佐治亚州的不太为人所知的政治家，所以他当时在美国外交方面面临着两个选择。第一个选择就是要扩大或者说把重点放在与苏联的战略军事限制对话上，扩大美苏之间的关系。第二个选择就是把重点放在与美国同盟国之间的关系上，而限制美苏之间的关系，把它仅仅局限在战略军事限制对话上，增进与中国的关系，把与中国的关系提高到一个同等重要的位置上。同时，在不与苏联合作的情况下，来解决中东的问题，解决南部非洲的问题。刚才说的这两个选择中的第一个选择，是美国的国务院以及当时的国务卿赛乐斯·万斯所倾向的。

而第二个选择，就是卡特总统当时的国家安全顾问，一个持反苏立场的国家安全顾问，也就是我的父亲布热津斯基所持的态度，对于卡特总统来说，跟苏联关系的恶化，是他最大的担心。所以当时他们寻求通过一个积极政策，来加强与中国的关系，从而对美国与苏联的关系形成一个平衡。我父亲当时的战略思想在他的私人日记上写得非常清楚，他的日记原话是这样说的，如果说苏联对于美国与中国的关系多一份担忧，那么对于美国和苏联之间的关系，就会少一份担忧。

同时卡特总统又叮嘱他的白宫团队，对于跟中国的关系要持小心谨慎的态度，这是卡特总统的原话。当时卡特那一任政府，不像之前的尼克松和基辛格一样迎合中国，同时也要注意不要激化美国国内选民的情绪。中国当时的心态跟美国也不一样，我的父亲在 1977 年 6 月 16 日的一篇日记中写道："当天晚上我参加了中国驻华盛顿的代表处晚宴，因为当时中美关系还没有恢复，所以没有使馆，参加了中国驻华盛顿代表处的晚宴，这个晚宴并不愉快，他们不断地就美国与苏联的政策问题来对我发难，认为美国对苏联太软弱了”。“但是最终我还是说服了他们，就是两国之间的关系要以充分的信任为基础，我们并不是害怕苏联，我们如果想要跟苏联竞争的话也是可以的，然而我们也希望加强与中国的关系”。

经过白宫内部激烈的讨论之后，最后他们决定派国务卿万斯去迈出第一步，也就是在1977年8月万斯来到中国，来试探中国对于中美关系的态度。当时万斯国务卿向中国领导人传达的信息，是美国将减少与中国台湾的接触，而深化与中国大陆的关系。通过磋商，还有信息的交流等一系列机制，来推动双方关系的正常化。但是我父亲非常担心，所以在1977年7月30日，也就是在国务卿访华的前期，在他的日记中写道:“我们现在把过多的重点放在了美国国内的反应上，还有对于中国台湾的事务上，而没有把足够多的精力放在与中国的正常化上，这个方面的进展非常少。”所以，他认为万斯访华可能取得的进展会很小，他在日记中继续写道:“我们应该在关系不正常化的前提下，加深与中国的政治经济的来往。”确实当时国务卿的访华不成功。

当时的国务卿万斯在他的回忆录中写道：我离开华盛顿的时候就认为，在我们与《巴拿马协议》，就是当时美国把巴拿马的控制权交还给巴拿马，这个事情还没有解决的时候，就来处理中美关系的问题，我觉得不明智。他当时并不期待中国会全盘接受中美关系的正常化。当时国务卿万斯访华遭到美国媒体非常严厉的批评，所以在他回国的时候，美国总统甚至亲自去机场迎接他，以表示对他的安慰和支持。在当时这样一个情况下，正常化可以说也很有可能会被搁置起来。我父亲在他的日记中认为卡特总统对中国的态度是非常务实的，对于中美关系的正常化非常务实、非常认真、非常严谨，认为在美国和中国台湾关系得到处理之后，中美关系的正常化会有可能实现。我的父亲在他的日记中写道：中国不希望接受在美国成立一个没有国旗的大使馆这样的情况，但是中国愿意接受其他的可能性。而当时地缘政治情况也在不断地发生变化，当时由于西欧的一些情况的恶化、苏联在埃塞问题的参与，以及美国对于中苏关系的忽视，在1977年，美国面临着很多的威胁。

基于以上情况，我父亲布热津斯基博士说服了美国总统卡特，将其本人派到中国来进行磋商。当时美国总统卡特批准了我父亲在与中国的磋商中展现出一定的灵活性，而我父亲也以此为基础，来试探与中国邦交正常化的可能性。为了使美国提出的条件对中国来说更有吸引力，在1978年4月10日，我父亲在日记中写道:“我建议卡特总统，我们可以开始考虑，为了中美邦交的正常化，向中国转移技术，那将会成为我们邦交正常化中的一个重要的工作内容。”我父亲非常积极地投入到了推动中美关系的工作当中。

我父亲在1978年5月20日的日记中写道："随着我越来越接近中国的国土，我已经准备好跟中国全面详尽、有建设性地分享意见，我们的世界观，还有我们的政策，希望我们能为中美之间建立战略性关系奠定基础。"当时，我父亲在机场得到了中国外交部部长的迎接，而在人民大会堂，他对中国外交部部长做了三个半小时的关于美国外交政策的报告。他的发言非常直率，非常犀利，但是他也一再强调中美两国朝着共同的战略目标开展合作的重要性。在第二天上午，外交部部长就中国的外交政策做了两个小时的报告，而我父亲做了一个小时的反馈，这个交流使得中国认识到美国面临的困难以及双方建立战略关系的重要性。当天晚些时候，他与总理华国锋见面，又与副总理邓小平见面，并且向邓小平传达了这样的信息，就是我们向他确认了，美国已经确定跟中国恢复正常化的关系了。

我父亲在他的日记中写道：我与邓小平的对话中，邓小平展示了中方的灵活性，这种灵活性是我完全没有预见到的。之后在仿膳餐厅，就是能俯瞰北海的一个餐厅中，我们又进行了一个非正式的晚宴，在这个晚宴上，邓小平所展示的态度也是这样的，展示了极大的灵活性。在那天傍晚的晚宴上，准备了中国戏曲的表演，两国领导还上台跟演员握手。我作为前美国驻瑞典的大使，深知歌舞艺术在外交关系中的重要性，我本人作为大使，也曾经邀请马友友等中国的艺术家来为美国和瑞典的一些外交活动表演，而在当时他们也是通过与演员握手，来拉近与中国人民的关系。

当天下午，华国锋主席再次在人民大会堂会见了我父亲，而我父亲则向他赠送了一个来自卡特总统的非常惊喜的、意外的礼物，就是一块来自月球的石头，而这个礼物，是当时和我父亲同行的其他美国代表团成员都不知道的，这是卡特总统和我父亲布热津斯基博士，专门为华国锋主席所准备的一个精细的礼物。当天晚上，在我父亲所主持的晚宴上，他致敬酒词的时候，加入了当时他对于政治局势非常犀利的看法，包括苏联和古巴在非洲所发挥的作用，以及中国和美国在这个情况下，所需要采取的行动。当时我母亲在这个晚宴上也做出了一个不同寻常的举动，她提出来要敬酒，这跟通常的外交礼仪是非常不一致的，当时的中国外交部部长非常吃惊，但是当时外交部部长的夫人则对此举非常支持，她认为这展示了妇女的地位、妇女的重要性。

刚才展示的几张照片，是我父亲在北京此行最后几天的一些照片，包括他会见中国的一些海军战士，还有登上长城的一些照片。他的感觉是他完全实现了这次来访的战略目的，就是强调中美之间在政策上相似的基础，以及使中方认识到美国与中国关系正常化的决心。1978 年 5 月 25 日，我父亲在离开中国的时候，在日记中写道："我现在还无法完全消化我对于中国的印象，但是当我回顾这几天来的行程以及对话的时候，我非常震撼于中国领导人所展示出来的成熟风度，以及双方的你来我往，这种磋商，这种相互的试探，这种微妙的一些来往，邓小平当时也提到了，对于中美关系的正常化，我们只有三年时间了，而且他也提到了想要对美国进行高层访问。"

在我父亲回美国的路上，他向韩国和日本的外交部部长介绍了他对中国的访问。在我父亲回到华盛顿之后，美国就做好了开启双方对话的准备，并且准备在 1978 年 11 月中旬，使双方关系正常化。当时这是一个非常重要的决定。我父亲在他的日记中写道："我们准备在接下来与中国每十天进行一次接触，来讨论双方的正常化，我们要讨论的主要有四个主题，一是代表处；二是贸易；三是和平的处理；四是处理事务的模式。"当时，特别强调的领域是科技和能源，因为这是邓小平提出的特别关注的领域，然后美国马上安排了白宫的科技顾问，以及能源部部长的访华。他们知道苏联对这样的访问肯定会非常敏感，但他们希望展现出卡特政府对于中国需求响应的灵活性。而且最重要的是，当时中国正在反对美国的飞机飞往中国台湾，而这样的行动就是在那样的背景下展开的。

在我父亲从中国回到美国一个月之后，也就是在 6 月 27 日，白宫宣布，美国将派出美国有史以来出访任何外国的最高级别的科技代表团去访问中国。这次是由白宫的科技顾问布莱斯带领，在他到达北京之后的一天，他突然半夜给卡特总统打电话，说邓小平有一个非常紧迫的问题要问。他说，邓小平想问一下，中国是否可以派 5000 名学生到美国大学来学习？卡特总统回复道，告诉邓小平，可以派 1 万名。而我要提的一点是，现在中国有 30 多万名学生在美国留学，有 1.5 万名美国学生在中国留学。当时这个科技交流非常成功，使得中美之间至少在部分领域开始了接触。

另外，在其他的一些领域也开展了合作的行动。当时的科技顾问跟中国达成了关于发射通信卫星的协议，另外，还有我们的能源部部长、商务部部长和国防部部长，都马上访华。最重要的是，当时白宫与中国的磋商，是以一个非常认真、非常坦诚的态度开始的。

有一些磋商是非常具体的，同时涉及的问题也是非常微妙、非常敏感的。但表明即使对于一些非常困难的问题，双方已经开始进行讨论。1978 年 12 月，我父亲告诉中国大使说，卡特总统将与苏联领导人见面。并且我父亲说，美方将邀请邓小平或者华国锋在 1979 年 1 月访问美国，他建议中国做出积极的反应。我父亲之所以提出这样的建议，是因为邀请中国的领导人，比如说像邓小平这样的领导人来访问美国，可以与当时美国和苏联的关系，包括卡特总统会见苏联领导人勃列日涅夫，形成一个平衡。

1978 年 12 月 16 日，我父亲在他的日记中写道："我告诉苏联驻美国的大使说，美国将与中国实现全面的外交关系正常化。苏联驻美国大使非常震惊，他震惊得说不出话来，然后我就跟他说，'这并不是针对任何一方的，美国和中国的关系的正常性，将会恢复到美国和苏联关系的一个水平。'"这个话是没有错，但是里面含着一些讽刺意味。您也可以看到，当时《纽约日报》的封面报道，也就是在 1978 年 12 月中旬，宣布了跟中国关系的正常化，为了让苏联放心，这个正常化并不是针对苏联，当时卡特总统就这个消息打的第一个电话，就是给勃列日涅夫。

在邓小平访美的前期，卡特总统指示我父亲一定要精心安排好整个行程，他希望能够提前知道，邓小平对什么感兴趣，到底是歌剧还是音乐，是迪士尼，还是纽约或者其他的什么。而当时就准备好了一周的访问行程，里面既有外交的内容，又有商务的内容，还有政治宣传的内容。这个访问的地点不光是华盛顿，还有亚特兰大、休斯敦、西雅图等。在美国白宫举行的国宴上，红色中国的领导人与可口可乐、百事可乐，还有通用电气的领导人坐在一起就餐，而尼克松也在他下台以后，第一次回到了白宫。

当时在肯尼迪中心举办的活动上，邓小平与篮球队的队员握手，有一个小女孩还唱了一首她最喜欢的中国歌曲献给邓小平，邓小平亲吻了她，观众热烈鼓掌。邓小平是一个天生的政治家、外交家，他当时到美国骑牛比赛的现场观看了比赛，还参加了烤肉的活动，又戴上了美国西部牛仔的礼帽，同时还乘坐了马车。

在邓小平的访美过程中，他一再强调，他需要外国的科技来推动中国经济的发展，所以应他的要求，也安排了对于一些制造企业的访问，比如说佐治亚州的福特汽车的装配工厂，还有波音飞机在西雅图的公司和工厂。在休斯敦的约翰航空中心，邓小平还进入航天模拟器当中，当时的一家报纸也报道，说邓小平为了强调美国科技对于中国经济发展的重要性，专门进入这个模拟器当中，以感受最新型的美国飞机，从十万米的高空降落到中国大地的感受。

卡特总统还特别喜欢的一个点子，就是让邓小平到我父亲在弗吉尼亚的家里，以强调两国领导人的私人关系。我父亲在他的日记中写道，我们当时把整条街都封了，我们已经听到消息，邓小平所乘坐的车马上要到了，我们就在客厅的壁炉里面点起了火，但是非常不幸的事发生了，壁炉的烟囱不通了，整个房间都弥漫着烟雾，所以就在我出去迎接邓小平的时候，我母亲以及白宫的官员，就在那儿忙着疏通烟囱，但是烟囱里面的灰全都掉到客厅里面，把客厅弄得乱七八糟，最后没办法，我们把整个客厅封闭起来，在第二客厅里面接待了邓小平。

当时的晚宴还是进行得非常成功，上了大量的酒、美食，当时我本人只有 14 岁，在晚宴上大家讨论了国际形势，还开了很多的玩笑。我父亲当时就跟邓小平说，由于他夫人在中国的时候没有遵守一般的外交礼仪规则，亲自敬酒了，所以回来之后，美国的国务卿就禁止她以后再去访问任何其他的国家了。当时邓小平就朝着这个国务卿竖起了大拇指，说他居然不尊重她的人权，要知道妇女可占世界上人口的一半。当时大家在儿女、孙子孙女的培养等各方面，开了很多的玩笑，聊了很多，而我个人也成为邓小平女儿的好朋友。大家还谈到了对于礼物的喜好，然后我父亲就跟邓小平开玩笑，说他现在所喝的伏特加，就是勃列日涅夫最喜欢的。

但是，在整个过程当中，我在我演讲一开头所提出的主题，比如说求同存异，是一直贯穿其中的。这个求同存异的意义，涉及的主要问题是什么呢？其中非常重要的一个问题，是中国台湾问题。即使是在邓小平访问美国前期最后的时刻，关于美国对中国军事的问题，仍然是双方的一个很大的冲突所在。而中国的预设，是美国对中国台湾军售应该立即停止，而美国的态度，是只有在美国跟中国台湾断交的一年里，军售会暂停一年。我父亲在他的日记中写道："这样的历史机遇是不可错失的，所以我们不能因为一种形式上的一些问题，错失这个机遇。"

中美关系的正常化，在地缘政治的秩序上带来了一个重大的变化。对于美国来说，我们寻求了这样一个政策，就是尽可能地寻求多元化，而不是把重点完全放在容忍苏联上。

1980 年，里根击败了卡特，成为下一届的美国总统，就在里根的班子搬到白宫的这段时间，在 12 月 1 日，我父亲与中国大使会面，当时中国大使对我父亲说，中国对于里根团队的一些表态非常震惊，因为里根团队强调了美国与中国台湾关系的重要性，并且批评了美国与中国的关系。我父亲当时对于中国驻美大使的回应是，虽然中国和美国的关系会有一些短期的困难，但是我们两国关系的长期发展和扩大，是不可避免的。于是当时父亲在他的日记中写道："我希望能够为中美关系进一步的发展做出努力，我希望在明年再一次访问中国，我相信我跟中国领导人之间，已经建立了非常良好的关系，他们非常信任我，也不会忘记我这个老朋友。而我也希望在接下来几个月内，推动中美关系的保持和进一步巩固。"

在卡特总统下台一年之后，我父亲应邓小平的邀请，再一次访问中国，这一次他带来了他的全家，包括我的母亲和我本人，我的哥哥，还有我的妹妹，我们一起重新走了一遍长征路，访问了当时毛主席长征的重要地点，包括大渡河、泸定桥、腊子口等。

我本人现在是一位民主党人，曾经为奥巴马政府工作，而我哥哥是共和党人，我妹妹是美国一个著名的电视节目主持人，我们都非常重视或者尊重中美之间的关系。我们当时之所以能实现中美关系的正常化，是因为在中国和美国所关心的问题上，达成了平衡。正如基辛格博士在他关于中国的那本书中写的一样，模糊性有时候是外交工作的生命线，在中美关系四十年的历史当中，模糊性发挥了很大的作用，而我们希望双方都有明智的、睿智的领导人，来利用这个模糊性，来推动两国关系的前进。我就以基辛格的这句话来结束我今天的报告。谢谢！

主持人：

下面请中心陈文玲总经济师发言。

陈文玲：

非常感谢马克·布热津斯基先生，您侃侃而谈了一个半小时，虽然时间并不长，但是谈了40年的历程。中美建交40年，其实回过头来再品味，的确可以给人很多启发和教育。中国有一句老话叫“三十年河东，三十年河西”，我想三十年前如果说我们是在河东，现在则正站在河西。布热津斯基先生，您的父亲和当时他的同仁，经过这么艰苦卓绝的努力，在当年卡特总统执政的时候，恢复了中美正常的关系，尼克松总统也在其中建立了很大的功劳。40年后回过头来看，到现在经历了八任美国总统，然后有几十位像您父亲一样杰出的战略家、国务卿，一直以来在世界舞台，中美外交、中美经济、中美政治、中美文化各个方面发挥了重大的作用。

您父亲多次见到的邓小平先生，后来历届中国领导人，包括江泽民、胡锦涛、习近平及领导集体，40多年来，始终在推进中美关系正常化，而且在正常化的基础上，把它变成一种互利共赢新型大国关系，不冲突、不对抗、相互尊重、互利共赢，这是中国处理中美关系始终坚持的一个原则。实际上就是把老一代这些政治家和国家领导人，当时做出的对中美两国至关重要的历史性选择，对世界至关重要的历史性选择的正确道路继续走下去。

我听了您刚才对这40年的回顾，还是非常感慨。看到这记录您父亲与中国的40幅珍贵照片，听您读了很多段您父亲的日记，应该说不管是谁的日记，都是真实的记录，都是当时心境、当时事件的真实还原的最好的佐证。我看到您那个时候是那么帅气，刚刚14岁，今天您坐在我们面前，仍然很帅气。

布热津斯基：

谢谢！

陈文玲：

但是您说您已经50多岁，按照中国孔夫子的话，就是“五十而知天命”，我觉得您现在已经知道了天命，就是中美关系的真谛到底是什么。中美从原来没有关系到建立了关系，到维护一个良好的关系，再到现在面临着挑战，总结这40多年走过的路程，我认为您谈到的中美求同存异、中美互利共赢、中美互相尊重，这就是它的真谛。其实在中国历届领导人和中国所有的社会民众心里，美国对中国都是最重要的大国。

从建交的时候邓小平先生提出来，要派5000名中国留学生赴美学习，卡特总统很有魄力地提出1万名，到现在中国每年在那儿有36万名留学生，刚才您提到了这个数字。但是中国现在在美国居住和工作的人，可能有几百万了。从中国改革开放以来在全球各个国家居住的华人已经超过6000万了。在中国与美国建交的时候，中美之间的贸易只有25亿美元，而现在中美之间的贸易达到了5800亿美元。现在我们中心，差不多有十个研究员的孩子在美国学习。每天从华盛顿到北京、从洛杉矶到北京的飞机，都有十几个航班，航班上都是座无虚席。

中美之间的经济关系越来越密切，中国领导人一直在讲，中国企业也认为中美的经贸关系是中美关系的“压舱石”，是“稳定器”，但是现在受到了非常大的挑战。在2012年和2013年的时候，我们中心和美国彼得森研究所曾经分别研究了一个比较重要的课题，就是如果中美启动FTA，将会是一种什么样的情景。2014年1月，彼得森研究所发布了他们的研究成果，在美国发布时邀请中心派代表参加，由于您也知道的原因，中国出国办理手续非常麻烦，所以中心就没有去成。但是他们的研究成果和我们的研究成果一样，我们认为中美启动FTA，建立制度性的合作框架，将会使中国和美国在经济发展上获得巨大的利益，同时使中美两国真正成为世界经济发展的引擎和稳定器。

彼得森研究所得出来的数字是，如果中美两国能够谈判，并且建成FTA，那么中美两个国家之间的贸易额将增加5000亿美元，将给美国带来480万个就业岗位。习近平主席提出构建中美新型大国关系，其要义就是不冲突，不对抗，相互尊重，合作共赢。所以不管是已经过去的40年，还是今天或者明天，中美两国是合作还是对抗，它直接关系到两个国家经济发展的前景与核心利益，关系到世界经济发展与世界的前途命运。

布热津斯基：

完全正确。

陈文玲：

我算了一笔账，曾经在去年6月14—15日纽约中美智库对话时讲过这个观点。中美两个国家，合起来人口占世界比重接近25%，国际贸易占世界的比重接近25%，制造业产值占世界比重达到40%，经济总量占世界比重也高达40%。可以说，中美和则世界兴，中美斗则世界衰，如果中美全面对抗或者脱钩，那将是世界的灾难。过去的40年，尽管中美之间有分歧，甚至有不同的主张、看法或者做法，但是总体来说还是在合作的轨道上。也就是说，布热津斯基先生，您的父亲那个时候开创的事业一直在发展中。

布热津斯基：

完全正确。

陈文玲：

但是正如您现在的家庭，您是民主党，您的哥哥是共和党，还有一个妹妹是主持人，我觉得您妹妹作为主持人，可以组织你们兄弟俩分别代表民主党和共和党进行家庭辩论了。

布热津斯基：

我父亲还健在的时候，晚饭时我的家庭经常会发生这样的事情。

陈文玲：

我认为中美关系现在受到了严峻挑战，就是您哥哥那个共和党中出现了一位非常不同寻常的总统——特朗普总统。我看到有文章说，特朗普像一头大象，冲进了瓷器店，把瓷器店里的瓷器全都打碎了。

布热津斯基：

对。

陈文玲：

但是现在的问题是，瓷器店的瓷器被打碎了，大象还安然无恙。

布热津斯基：

对。

陈文玲：

而且大象还在继续砸其他的瓷器店。这头大象在砸的时候，完全不看瓷器是古董价值连城，还是就是一个瓦罐，他统统地要砸掉。其实我觉得即使是一个商人，也不应该是这幅图景。中国的历朝历代也有很多杰出的商人，商人的核心理念是，如果要想长期赢得市场，长期赚钱，一定要讲求信用，商业信用就是他的生命线。但是美国这头“大象”完全没有信用，他承诺了我今天砸这个瓷器店，以后别的瓷器店我就不砸了，但是马上就忘了承诺，接着开始砸店。即使别的瓷器店还继续经营，也都在担忧，什么时候这头“大象”闯到我的店里面，把我的瓷器也全部砸掉呢？

本来去年 4 月，习近平主席到美国访问，在特朗普总统的海湖庄园进行了会晤，两个国家的元首形成了对中美关系的总体判断和总体态度。去年 10 月，特朗普总统偕夫人来到中国，习近平主席陪着他看了中国的故宫，其实我在想，中国有五千年的历史，请特朗普先生尊重中国！同时他在那次访问期间签订了 2553 亿美元的大单。所以，当时几乎所有中国人都预期，特朗普这次一定非常高兴，中美关系一定会向着更好的方向发展。

10 月开始，特朗普总统和他的执政团队，就开始对中国发起贸易攻击，从 30 亿美元到 500 亿美元，再到 2000 亿美元，现在还准备对剩下的 2670 亿美元商品征收高额关税。中国副总理刘鹤带队到美国谈判，两个国家发表了共同声明，共同声明的最后一句话，就是“中美两国政府表示，不再对对方加征高额关税”。但是刘鹤副总理回国的第三天，美国就发布对中国 500 亿美元商品征收高额关税。6 月 2 日，姆努钦带领 6 人到中国进一步进行贸易谈判。当时在发表的声明文本中，最后一句话是，“如果美国不能信守承诺，中国所做的一切承诺无效”。一个国家从国家元首到执政团队，毫无信用可言，给中国社会民众和中国企业，包括国家领导人带来的伤害都是巨大的。所以，中美关系现在处在一个历史的十字路口，世界也处在历史的十字路口。

中国进一步推进改革开放，坚定不移地维护经济全球化和贸易的便利化、自由化。中国不仅是这样说的，也是这样做的。中国在和美国特朗普政府打交道的过程中，一直采取了被动的应战方式。比如说 500 亿美元也是应战，2000 亿美元也是应战，中国始终不愿意打贸易战，不愿意使两国关系走向激烈的竞争，甚至发展到对抗。但是特朗普先生和他的执政团队，现在感觉好极了，认为其已经是世界霸主了，他在推特上说，我已经成功地超越了中国，我已经使美国再次伟大了。

我认为，特朗普政府对中国的这种无理的行径，违背 WTO 规则，违背国际规则，所有的行动都是站不住脚的。而且，他不仅针对中国，也针对他的盟友，美国有 88 个盟友，我认为现在它们对美国的态度也在发生分化。包括他对国际组织的态度，“二战”以后，是美国推动建立了三大国际组织：世界银行、IMF、联合国，这三大国际机构目前受到最大的挑战不是来自别人，正是来自美国。一言不合，特朗普可以辞退白宫里的任何人；一言不合，他也可以退出世界上任何一个组织；一言不合，他可以撕毁任何一个协议，不管你是 TPP 还是 WTO、《伊核协议》《中导协议》。这些规制、机构、规制和协议，只要不符合特朗普和他的执政团队的利益，就都失去了它的约束性。

联合国人权组织、联合国教科文组织，美国现在都退出了。当然也在准备退出 WTO 了，下一步我想他会退出什么呢？有可能就是退出联合国。我 6 月和美国世界大型企业联合会在交流的时候，也是在这个屋里，我对这些朋友说，如果特朗普退出联合国后还不行的话，那么就应该退出地球了。

主持人：

当时那个机构，叫美国大型企业联合会（The Conference Board）。

布热津斯基：

是的。

陈文玲：

我特别理解特朗普总统，他现在正在筹建太空军，我想，太空军最后的任务就是把特朗普送到太空，那里只有特朗普一个人说了算，再也没有干扰了，也没有纷争了。所以我想，现在人类面临着巨大挑战，中国面临着巨大挑战，中美关系也面临着巨大挑战。这个挑战的根源，基本上都是来自特朗普以及他的这个执政团队。我认为，特朗普和他的执政团队放弃了六方面最重要的东西。

第一，放弃了美国 200 多年在国际上形成的大国地位、大国影响力、大国威信和形成的无形资产，使美国从山巅上跌落下来，而曾经人类自由的灯塔，昔日的光芒都已经退去。弗朗西斯·福山以美国民主制度作为历史终结，最近几年，福山提出西方新自由主义已死，这段历史也将终结。

第二，美国特朗普和他的执政团队已经放弃了美国的核心价值观和文化价值观，已经放弃了向世界输出美国所谓的正确的普世价值。特朗普现在的价值观是什么呢？是真正商人的重商主义价值观，是交易性政府，是唯利是图，利益至上。他想让美国再次伟大，实际上是让美国更多地赚钱，更多地赚世界各国的钱，让美国利益凌驾在其他国家利益之上，利用各种经济手段，包括贸易讹诈、贸易制裁，还有货币政策，形成一台对全世界进行压榨的巨型“轧道机”。对于全世界，如果他觉得哪里坎坷不平，就要把那里的一切都碾平，然后只剩下美国，美国利益至上，美国第一，但是他不允许第二、第三、第四的存在，第二、第三、第四只能甘当他的喂给国。

第三，放弃了美国历届总统，还有美国人民经过200多年艰苦奋斗形成的社会秩序和社会共识，包括美国一些良好的制度设计。回首美国历史，从“五月花革命”开始形成了宪政思想，还有华盛顿先生在第一任总统任期内形成的政治和建制，还有美国南北战争流淌的鲜血，以及像黑人马丁·路德金当年的演讲，这些东西实际上是在美国人民心里扎下了根的。但是现在美国的种族矛盾空前激烈，美国的社会矛盾空前激烈，美国的贫富矛盾空前激烈，美国的两党矛盾也空前激烈，这是任何一届美国总统任内都不曾出现过的一种社会分裂。我看到美国学者写的一篇文章，这篇文章最早给特朗普总统起了一个特别恰当的名字，叫美利坚合众分裂国总统。

第四，放弃了“二战”以后形成的国际秩序和国际规则，是最大的修正主义者。不管是退群的行动，还是他用国内单边的法律法规代替国际规则，对其他国家进行制裁；不论是处理盟国关系，还是非盟国的大国关系，都无视国际秩序和国际规则。

第五，放弃了已经形成的对美国非常有利的国际格局，以自己的背信弃义和错误理念、错误判断和错误行动，颠覆了人们对美国的盲目崇拜和遵从。世界从两个超级大国，到里根任总统的时候苏联解体，剩下了美国一个超级大国，美国的科技、经济、军事力量，在全球都是最强的，而这种最强的能力，由于特朗普政府的种种行为和对全世界各个国家的冒犯，正受到全世界的质疑和挑战。例如，一些国家去美元化，不再用美元进行石油结算；8个国家从美国纽约地库拉回黄金，纽约地库各国储存的7000吨黄金正在减少；美国国债最近一期认购率还不到5%；30个持有美债的国家有18个在减持美国国债。这些都是各相关国家在用脚对美国投票。

布热津斯基：

很精彩。

陈文玲：

第六，最重要的是放弃了中国作为美国最好的经济合作伙伴关系，放弃了最好的战略合作关系和最大的现实市场及潜在市场。去年，中美制订“百日计划”。中国表示出对外开放的决心和对美国的诚意，扩大了对美国能源的进口，去年一年增加了8倍，今年中国从美国进口的能源占美国出口的13%，但是特朗普总统和他的经济团队看不到这些，一再加码打贸易战，所以中国9月已经停止从美国进口石油，

9 月、10 月中国从美国进口的石油减为 0。前天我刚从上海进口博览会回来，美国 180 家企业参加了这次进口博览会，而且今年 1—9 月，美国的贸易逆差并没有因为打贸易战而减少，比同期还增长了几百亿美元。所以，特朗普和鹰派团队做的这些事可以说都没有见到效果，见到的却是反向的东西，是对美国越来越不利的局面。

当然，特朗普先生也有很多令人称道的地方，比如说他的经济政策、减税政策、金融政策、放宽市场准入和市场管制等政策，这些政策对美国经济的复苏起到积极作用。美国现在的经济状况不错，美国的股市总体上上升了，美国的失业率总体上下降了，美国的 GDP 总体上稳定了，美国的老百姓总体上口袋里的钱多了。所以，我认为美国的一部分人还处于一种亢奋状态。他们跟着特朗普“随鸡起舞”，跟特朗普一样兴奋。特朗普认为美国经济状态已达到预期目标了，但是他没有算清一个大账，就是他获得的眼前利益，会让美国失去多少长远利益，局部利益会让美国失去多少整体利益。美国也有很多的战略家、经济学家、金融家、企业家在预测，美国有可能在 2020 年出现金融危机，在 2008 年后再一次爆发金融危机。实际上美国已经出现了债务危机，2018 年 10 月底美国的债务已经达到 21.7 万亿美元。所以，我认为特朗普现在所说的经济形势好，不是构筑在坚实的土地上，而是构筑在沙滩上，换句话说，他正坐在火山口上。这种经济形势持续不了一年，就会发生逆转。

今天很高兴能和布热津斯基先生在这里交流，对于特朗普总统来说，我认为应该进行扫盲教育了。特别是要请布热津斯基先生去给他讲讲，中美 40 年之前是如何建立的外交关系；也要请很多有识之士，给他讲一讲中美关系 40 年是怎么过来的；还要和他讲一讲，中美未来合作会给美国带来什么利益，会给中国带来什么利益，会给世界带来什么利益。希望能够使他“放下屠刀，立地成佛”，这是中国佛教《六祖坛经》里面很著名的一句话，希望能在特朗普总统身上应验。谢谢！

布热津斯基：

谢谢！我完全同意您说的每一句话，每一个字。

陈文玲：

谢谢！

布热津斯基：

您完全抓住了当前中美关系和国际形势的要点。我甚至能够感受到，接下来 1 月，马上就要有一个周年庆典了，这个庆典活动将取得成功，因为 2019 年 1 月，我们将举办中美邦交正常化四十周年的庆祝活动。2009 年，在人民大会堂举办中美邦交恢复正常化三十周年的庆祝活动，出席活动的有中国领导人胡锦涛、习近平和美国卡特（前）总统、基辛格博士，还有我父亲。当时我们提出一个概念，即两大伙伴、两大地缘政治伙伴。由于您刚才所说的特朗普总统所引起两国关系种种问题，导致中国领导人都不想在明年举办四十周年的庆祝活动了，这就非常说明问题。

中美关系是世界上最重要的双边关系，如果说我们双方把它维护得好，那它可能就会扩大，如果说管理得不好，它可能就会收缩。我可以跟您说，在特朗普当选总统之前，我曾经跟他进行了一对一的足足30分钟的对话，我感觉他是一个非常冲动，又超级敏感的人，对历史一无所知，但与此同时，他又非常聪明，而且在一些问题上，他可以采取非常灵活的视角，从不同的角度来看待，这也是为什么他能成为总统。我认为他对于中国和美国的关系的态度，是他可以赢取选民的一个着眼点。

我个人非常关切也非常焦虑的一件事，就是特朗普有一天发一条推特，突然就说他们欠中国的债不还了，我完全可以想象，特朗普完全是可以发出那样的推特的。而且今天美国中期选举的结果马上就要出来了，我的感觉是很多人会反对特朗普主义。但即使如此，即使共和党这次中期选举不利，在我们面前的特朗普至少还要担任两年的美国总统。他完全可以对中美关系造成严重的迫害。所以，我想说两点看法：

第一点，虽然现在中国和美国在贸易和政治关系上面临很大的困难，但是绝对不要低估中美两国之间复杂的相互依存性。如果说中美两国有一方或者双方所采取的行动，忽视了这样一个复杂的相互依存关系，双方都会受到很大的伤害。这是美国和中国很快就会遇到的、面临的一个现实。

第二点，虽然过去40年来，中美两国人民非常努力地推动两国关系的发展，并且取得了很大的成功，但是有一个领域并没有取得成功。我们在解释中美关系，就是清楚明白地解释中美关系对于中美两国老百姓的生活和钱包的广泛的、清晰的影响方面，做得还太少了。这就跟英国脱欧有点相似，虽然之前欧洲有这样一个完整自由的统一的政治经济架构，但是大家没有很清晰地向欧洲或者英国人民解释清楚这样一个架构对于他们的切身利益，对于他们的钱包到底有什么影响。如果说人们看不到这个东西，看不到这些问题对切身利益的影响，就不可能指望他们真的来支持中美关系。

中美关系为美国带来的就业岗位是数十万，甚至上百万，但是很多美国人并不知道这一点。所以他们把崛起的中国，视作他们自己和他们子女子孙的一个竞争对手，而不是他们幸福生活的来源。所以，希望真正关心中美两国关系的人，能够清晰地向我们的国民解释，中美关系对于人民生活的具体的利害关系。比如说以美国为例，我们可以一个州一个州地向他们解释，这个州有多少就业源自中美两国的关系，再向他们解释他们的生活是怎样依赖于中美之间的关系，而我们说的这些都是事实，并不是说一种虚无缥缈的指望。现在知道这个事实的人太少了，这也就是为什么特朗普能够成功，也是我们努力得不够的一个地方。谢谢！

陈文玲：

您后面又谈了两方面看法，我也是每个字每句话都同意，非常感谢！

布热津斯基：

非常感谢！

陈文玲：

非常感谢！

特朗普政府已经触碰了中国的底线和红线

——在接受美国记者团采访时的发言

（2018 年 9 月 11 日）

导语：2018 年 9 月 11 日上午，在中国国际经济交流中心会议室，中国国际经济交流中心总经济师陈文玲与中心中美课题组成员，接受了受中美基金会邀请而来的美国关于“香港明天更美好”采访记者的集体采访。

主要观点：①特朗普政府已经触碰了中国的底线，也触碰了中国的红线；②美国对中国发起的贸易战升级速度越快，反弹的速度就越快，美国必然从伤害别人开始，到伤害自己结束；③要处理好中美关系，双方必须都要有诚意，有一个良性竞争合作的环境，希望世界各国能你追我赶，使世界永远保持一种活力，这样才能推动人类明天更美好。

陈文玲：

非常欢迎美国这个非常重要的记者团，上周接到你们要来访的消息以后，大家非常高兴，在座几位是中心中美课题组成员和中心研究人员。这位是战略研究部的处长徐长春研究员，这位是战略研究部副处长、中心科研办负责人、副研究员颜少君博士，这位是战略研究部副研究员梅冠群博士，这位是产业规划部赵春哲博士，这位是交流信息研究部胡敏一，这位是交流部刘隽。非常欢迎中美记者团前来交流，欢迎带他们来的各位朋友到中心来。

一直以来中心都在做中美问题的研究和开展重要的交流活动。中心 2009 年建立，从 2011 年就开始了中美“二轨”对话，中国国际经济交流中心和美国总商会作为对话的主办单位，每年两度进行“中美工商领袖与前高官对话”，到目前已经第 11 轮了。在第七轮对话期间，习近平主席在人民大会堂接见了参加会议的美方代表。中国代表也几度到美国进行对话和交流，在美国期间也有很多美国的前政要和现任高官参加会议，发表重要讲话或参加对话。

在这个会议室，最近一两年我们曾经和美国国会议员助手代表团、美国世界大型企业联合会、彼得森研究所、美国国务院战略研究机构、美联储研究部门等机构和专家进行过深入交流和对话。前几天我们与哈佛大学库珀教授进行了深入交流。今天和中美记者团交流，正好处在中美关系一个非常重要的历史时刻。

我知道从中国的领导人到中国智库、中国企业到中国民众，从内心希望中美两个大国能够向好向远。能够不冲突、不对抗，相互尊重、合作共赢，中国一直在朝这个方面不懈努力。但是由于众所周知的原因，特别是美国现任总统特朗普先生和他的执政团队在很多方面做出了让中国人难以相信，也难以接受的非理性选择和非理性行为。

特朗普政府已经触碰了中国的底线，也触碰了中国的红线。中国的底线就是中国忍耐力的底线，比如对中国出口美国的500亿美元商品加征25%的高额关税，紧接着推出对2000亿美元商品加征10%、明年到25%的高额关税，现在扬言对2670亿美元商品加征高额关税。我们知道，美国这样做既没有国际法的依据，也没有WTO组织规则的依据，而是根据美国国内相关法律法规，用一个国家国内法律和规定，以及一个国家领导人随心所欲的意愿，来对另外一个国家施加制裁，这绝对是前无古人的！这种做法超出了贸易摩擦的范畴，真正成为一种贸易战争，成为通过贸易战争遏制中国制造业发展、遏制中国高技术发展、遏制中国经济持续稳定发展的战争工具。美国挥舞的这个大棒，我觉得醉翁之意不在酒，实际上是想通过贸易战争引发全面的经济战争，以遏制中国走向强大。

所以我说美国触碰了中国的底线，中国的底线就是有事可以商量，有问题可以协商解决，但是要依据国际规则，要符合两国共同利益，而非采取贸易战的方式、贸易讹诈的方式，甚至这种歇斯底里地对一个国家进行大规模制裁的方式。美国退出《伊核协议》对伊朗进行制裁，要求全世界各个国家都不跟伊朗做生意，你们敢不敢强制全球所有的国家都不跟中国做生意呢？这可能吗？切断全球的经济联系，这种做法最后制裁的是谁呢？是中国吗？我认为制裁的是全球产业链，最终伤及的必然包括美国自己。现在中国已经是120多个国家和地区的第一大贸易伙伴，是70多个国家和地区的第二大贸易伙伴，而10年前这正是美国的状态。美国现在在国际贸易上的地位正在下降，靠这样的办法，靠贸易讹诈的办法能阻止中国和这些国家进行贸易吗？能解决中美经济之间千丝万缕的联系吗？我认为这是不可能的，也是愚蠢的。

特朗普政府还触动了中国的红线。中国的红线是什么呢？台湾是中国的领土，这是神圣不可侵犯的，而美国今年连续通过了5个与中国台湾相关的规定，最近有美国国会议员提议通过所谓的“台湾法”，我认为这完全是触碰了中国红线，这就把两个国家从原来的合作性博弈推向了对抗性博弈。

中美建交40多年来，今天的情况是历届8位总统从来没有出现过的。现在美国特朗普政府既触动了我国的底线，也触动了我国的红线，中国不得不反击，而且中国的反击我认为也是有力的，中国的反击无法顾及美国的疼痛。中国有一句古话叫“来而不往非礼也”，当前这些矛盾、争端、冲突、对抗不是中国引起的，是美国主动挑起的，而且使它快速升级。所以，“来而不往非礼也”，中国必须要做出反制和反击。

我有一个非常重要的会议要去参加，我请中心课题组徐长春、梅冠群、颜少君先和各位谈，有什么问题可以向他们提问。一会儿我再过来。

（中间时间是课题组研究人员回答美国记者提问与交流）

来访记者代表团长：

我们还要赶到下一个会见地方，想邀请陈女士最后跟我们说几句。

陈文玲：

刚才没听到你们关心的问题和讨论情况，非常抱歉！但是当前对几个问题我认为是需要明确的。

第一，美国对中国发起的贸易战升级速度越快，反弹的速度就越快，美国必然从伤害别人开始，到伤害自己结束。现在美国的企业、美国的消费者开始有感觉了，但是感觉还不太明显。之前美国对中国500亿美元商品加征25%关税，已经使美国有的企业成本提高、利润降低，2000亿美元商品加征25%关税以后，将会有60%渐次传递到消费品上，消费者的生活成本会上升，生产者的生产成本也会上升，这种情况美国是走不下去的。如果再加上2760亿美元商品加征高额关税，会导致美国市场大乱。最近我关注到美国8月20日到26日6天的听证会，莱特希泽领导的贸易办公室组织听证会，就对中国出口美国的商品加征高额关税，90%参与听政企业表示强烈反对。这就说明美国的企业已经感到疼痛，等到这个价格链传递到美国消费市场，消费者感到生活成本大幅度上升的时候、感到疼痛的时候，就会使美国整个社会更加疼痛。

第二，对美国特朗普政府的期待越大，失望就越大。我认为现在美国社会还打着“兴奋剂”，不太正常，有一种很强的“兴奋剂”迷惑了美国社会。一是美国的经济状况还不错；二是美国就业状况还不错；三是美国股市状况还不错；四是美国减税以后资本回流状况、财富回流状况还不错。这四个方面的不错，导致了美国社会的非理性兴奋，对特朗普评价的民意上升，这种民意里边包括了美国民众自己在经济增长中获得的收益增长，这使美国社会失去了理性。

但是这种看法是一种短视，我认为到今年下半年美国情况就会发生非常大的逆转。

第一，贸易战的升级会波及美国企业，会波及美国经济增长速度。美国第二季度经济增速达到2008年以来4.2%的情况，将成为昙花一现。

第二，美国特朗普政府和现在的执政团队失去了理智，自我感觉太好了，不仅对中国，而且对全世界四面出击，四处树敌。美国迅速在世界上失去大国信用、大国形象、大国地位，从长周期来说，这对美国是损害而不是收益。

第三，特朗普作为总统出尔反尔，言而无信，反复无常，导致了美国作为一个大国将失去重大战略合作机会与利益。比如说中国副总理刘鹤带队到美国谈判，双方发表声明就是双方达成共同意见，对于对方国家不再高额征税，如果高额征税，中国政府所做的承诺无效。但是这个声明发表没有几天，特朗普政府就连续推出对500亿美元、2000亿美元、2760亿美元商品加征关税的制裁措施，不断加码。

第四，美国的人才正在外流。美国对于华裔科学家和中国留学生态度不友好，认为他们不能在重要岗位任职，不能在重要学科留学，对他们充满歧视，甚至怀疑有些人为间谍。现在在美国的中国人才正在大规模地回国，回到祖国既可以发挥作用，也可以得到和在美国差不多，甚至高于美国的待遇。我认为美利坚合众国之所以成为第一大强国，在于集聚全世界优秀人才，现在全世界优秀人才不是向美国走，而是在向中国走。所以美国对中国是封锁不住的，中国的科技创新会加快步伐，在这种情况下，我认为经过一段时间美国的狂热和对特朗普过度的期待，会慢慢沉淀下来。人们回归理性后会认识到特朗普给美国带来的重大政治损失和经济损失。中国有句古话叫“一俊遮百丑”，美国当前的经济状况遮住了特朗普的种种不良行径，使美国社会和一些民众忽视了这种行径将给美国带来长周期的负面影响。

我还想补充一下，刚才这位记者问贸易战是好事还是坏事，我认为中美贸易战是坏事，但是也是好事。所谓坏事即两败俱伤，对两边都有伤害，最后可能伤害美国更重一些。所谓好事，是激发了中国政府、中国企业、中国科学家、中国人民自主创新、加快进行核心技术突破的决心和信心。现在中国企业正在觉醒，原来认为可以依靠全球产业链和美国有上下游之分，中国甘于在产业链的中下游，认为大家可以合作共赢。但美国这次下手之狠，使中国企业认识到，必须突破美国的技术封锁，必须加快原创性研究。美国不能不允许别人发展，美国保持第一我赞成，你能永远保持第一是好的，但是不能因此遏制中国的发展，如此很有可能更快地丧失第一的地位。

特朗普在推特上说要让美国再次伟大，“现在美国已经伟大了，我已经成功地阻止了中国超越美国”。我想对特朗普这两句话做一个评价。美国本身就是一个伟大的国家，但这是美国人民创造的，不是特朗普创造的。中国也是伟大的国家，中国人民创造了五千年的辉煌历史和文化，谁也无法切断这个伟大国家的历史脉络。近代史上中国受到了一些国家的侵略，落后了，现在中国正在追赶上来，尽管我们追赶的速度很快，但是和美国比还有很大的差距，包括科技、教育、制造业水平，美国整体上比中国强大。对此，中国领导人是清醒的，从来没有说我们已经超越了美国，所以特朗普说他已经成功地阻止了中国超越美国可以说是无稽之谈，中国超越美国的日子在后面，中国一定会超越的，但不是现在。

再说一句，要处理好中美关系，双方必须都要有诚意，有一个良性竞争合作的环境，希望各国能你追我赶，使世界永远保持一种活力，这样才能推动人类明天更美好，大家才能够合作共赢。谢谢！

从长周期看中国的历史巨变与当前的中美博弈

——与美国国会议员助手代表团对话

（2018 年 8 月）

导语：本文为陈文玲与美国国会议员助手代表团交流对话速记。该文被多家媒体和公众号转载，获得超过千万点击量。

主要观点：①特朗普认为中国成了美国最大的威胁、最大的对手，他要保持美国第一，美国优先，美国再次伟大，把中国当成了最主要的敌人；②特朗普总统现在把中国作为主要的打击对象、遏制对象，是选错了时代，选错了方向，选错了对手；③中美之间最大的问题不是总统个人产生了什么误判，而是美国的社会民意形成了一种合流，包括共和党和民主党的合流，包括社会民意的合流，这种看法越一致，实际上对中美关系未来的危害越大；④中国有中国的治理方式，美国有美国的治理方式，每个国家都有治理自己国家的方式，要考虑的是中美两国如何相处，而不是去考虑对方应该怎么治理国家。

陈文玲：

本来说贵代表团下午两点半到，而且大家要求座谈的内容也很多，所以我们本来是准备了一个比较长的情况介绍，现在不知道你们下午几点钟要从这里离开，大概给我一个时间，我先把想介绍的内容介绍一下。我知道这个团非常重要，是美国国会议员助手团，希望了解中国改革开放、中国经济发展和中美关系三方面内容，我就大家关心的三方面问题，先代表中心课题组谈一谈看法，如果有什么问题，请你们提出来，或者是有感兴趣的问题随时可以打断我的发言，今天下午可以进行充分的交流与讨论。

我简单地介绍一下中心在座的各位同事，战略研究部副部长任海平先生，交流部副部长袁幽微女士，科研处负责人、战略研究部副处长、副研究员颜少君女士，战略研究部副研究员梅冠群博士，交流部的杨迪娜女士。

我先谈谈你们关心的问题。

第一个问题：关于中国的改革开放。

1949 年中华人民共和国成立，1978 年 10 月党的十一届三中全会决定实行改革开放。中国改革开放 40 年到底发生了什么样的变化，我想全世界是有目共睹的，中国经济的快速发展实际上也是人类发展史的一个奇迹。

中国的 GDP 从 1978 年的 2165 亿美元增长到 2017 年的 12.24 万亿美元，40 年间中国年均 GDP 增幅达到 9.6%，而世界经济在同期年均增幅是 2.78%，也就是说，中国 GDP 年均增幅是世界的三倍多。按照国际组织的数据，1980 年中国在 148 个国家中的排位，人均 GDP 排第 130 位，那个时候人均 GDP 才 312 美元。到 2017 年在 232 个国家和地区中，中国 GDP 排名上升到第 70 位，人均 GDP 达到 9481 美元。

中国外贸进出口总额 1979 年是 109 亿美元，2017 年达到了 4.1 万亿美元，居世界货物贸易进出口的第一位。中国对外投资近几年上升很快，累计已经达到了 1.9 万亿美元，已经上升到了世界第二位。

中国制造业产值在 2010 年首次超过了美国，占全球制造业产值的 19.8%，美国制造业产值自“二战”以来首次下降到第二位，占全球制造业产值的 19.6%。2016 年中国制造业产值占全球的 25.5%。

改革开放以来，中国逐渐摆脱了贫困，中国脱贫人口占全球脱贫人口的 76%。中国人均预期寿命从新中国成立初期的 43 岁，到 2017 年已经达到 76.7 岁，我知道美国是 77 岁，还差 0.3 岁就和美国的人均寿命持平了。

所以，我特别理解特朗普总统，他认为中国成了美国最大的威胁、最大的对手，他要保持美国第一，美国优先，美国再次伟大，他把中国当成了最主要的敌人。

我也特别欣赏特朗普总统，他要使美国再次伟大，使美国保持第一，他的这种雄心壮志非常值得钦佩。但是我必须指出，特朗普不太懂得人类发展的规律、经济发展的规律、国际关系的规律。一个国家要保持第一，不能抑制别人的发展，靠抑制别人的发展保持第一，这从根本上是错误的。

按照我们去年的人口统计，中国的人口已经达到 13.9 亿，而美国为 3.1 亿，要让中国这样一个人口大国能够摆脱贫困，能够人人有饭吃，能够使所有的人过上小康的生活，这在人类历史上本身就是一个奇迹，就是一个了不起的事情，就应该值得全世界肯定、褒奖、表扬，或者钦佩。

虽然中国取得的这些成就是一个奇迹，但是总体而言，从人均水平看，我国和美国的差距还非常大。比如说人均 GDP 中国才排在第 70 位，而美国现在是第 5 位。比如说人均收入水平，中国还是美国的 1/7 ~ 1/5。比如说在科技发明上，在很多原创性的发明、颠覆性的技术、共性的技术方面，美国在全世界占最大的优势。比如说军事力量，美国的核弹头全世界第一，美国的军费开支全世界第一，美国的军售全世界第一，美国年度的军费支出是中国的 4 倍还要多。

特朗普政府没有必要把中国作为对手、作为敌人，作为要打击和遏制的对象。中国经济发展是快速的，社会进步是快速的，人民生活水平的提高是快速的，这些并不是任何人赏赐给中国的，也不是从天上掉下来的，中国人民的艰苦努力、辛勤劳作，中国政府制定的连续性政策，使中国像一艘大船缓慢地在世界的大海中向前航行。我可以给大家说一个数字，1978 年，中国有 1.7 亿人在城市，有 7.9 亿人在农村，而我们现在有 56% 的人即 9 亿人在城市，农村只剩下 44% 的人，即 4 亿多人，而这些进入城市的大量的“农民工”，就是从农村转移出来的劳动力，在制造业的产业链上，他们长期以来是低工资、低福利、低待遇，在城市里没有房子，老家还在农村。像这样辛勤努力的几亿在城市打拼的农民，加上城市的工人，加上城市的职员，加上政府的公务员，大家共同努力，才一步一步使中国经济获得了今天的发展。

每年春运期间，几亿农民工回到他们的家乡，有的坐火车，有的骑摩托车，有的甚至骑自行车、步行，回到农村去过年。2008 年，中国遭遇了非常大的冰雪灾难，一直到广东的韶关，大雪长时间不化，我们有上亿的农民工滞留在道路上，在湖南的郴州，汽车在道路上停留了 13 天，那个时候我们还没有高铁。你们想象不出来，有超过美国总人口两倍的农村人口，在中国制造业的全球产业链上，用低工资、低福利，包括没有住房保障，来参与这样的一个商品制造过程，然后才有了中国的低价商品在全世界市场的销路。包括在美国市场，为什么中国商品的价格那么低廉？美国次贷风波引发了国际金融危机，中国政府一次性投资 4 万亿元，在中国修建高铁，大规模进行基础设施建设，同时也有一些产业在那个时候上了产能，导致之后的产能过剩，比如说钢铁。

我当时在国务院研究室工作，任综合司的司长，我记得当时中国政府出台了 4 万亿元的刺激经济的政策，曾遭受了很多人的批评，他们认为中国没有必要出手救美国。实践证明，这 4 万亿元的中国投资虽然导致了一些产业的产能过剩，但是也取得了三个比较好的、持续的效果：一是稳定了世界经济，G20 会议上各个国家采取正向、趋于一致的宏观经济政策，缓解了美国次贷风波引发的国际金融危机。

二是稳定了世界经济的增长，使世界经济没有陷入如1930年连续13年的大衰退之中。三是像高铁这样的投资，形成了中国的高铁生产能力，目前在中国形成了四纵四横的高铁网络体系。

所以每当我听到美国批评中国过剩产能的时候，我就在想实际上最不应该批评中国的应该是美国，如果没有当时中国的宏观经济政策，美国要承担的国际责任更大，美国经济衰退的时间会更长，渡过金融危机会更难。

中国改革开放取得的成绩不论从什么角度来看，都确实是伟大的，我把这些成绩主要概括为以下六个方面：

第一，中国社会生产力水平跨上了一个新的台阶。改革开放后中国采取了世界通行的市场经济制度，调动了人的积极性，调动了企业的积极性，使社会的生产力得到了释放。

第二，中国的城市化水平迈上了一个新的台阶。中国城市化率从改革开放初期不到20%，增加到现在的56%，按照城市人口，不包括农村户口，仅以在城市工作和生活的人口来算，也接近50%。

第三，人民生活水平迈上了一个新的台阶。我们现在的人均GDP接近1万亿美元，人均收入水平是改革开放初期的200多倍，中等收入群体已经超过了3亿人。当然，我们所说的中等收入和美国的中等收入是有差别的，美国的贫困线标准是年收入3.5万美元以下，3.5万美元以下在中国就应该是富裕阶层了，但是我们的价格指数是不一样的，发展阶段是不一样的，所以按照中国的中等收入概念，中等收入群体已经超过了3亿。

第四，对外开放水平迈上了一个新的台阶。我国从1978年实行对外开放政策，这是一个自主的、渐进式的、从试点开始的开放，到2001年12月11日中国加入WTO，开始了制度性的全面开放。我记得当时WTO是美国主导的国际组织，中国为了适应WTO的要求付出了巨大的努力。我当时是中国加入WTO政策评估小组的成员之一，所以我参加了每一年度中国履行WTO承诺的自查情况。从2001年到2006年的5年间，中国废除了20多万部地方的法律法规，清理了2000多部国家部委的法律法规，关税总水平从15.6%下降到9.8%，我们做出承诺的领域全部开放，开放了102个领域，近几年中国又进一步推进改革开放，很多方面都超过了我们当时对WTO的承诺。我认为，中国进入了一个更高层次的自主开放、主动开放的阶段。习近平主席在今年3月亚洲博鳌论坛上提出了四个方面的进一步开放，包括进一步降低汽车船舶这些商品的关税，如汽车的关税原来是40%，在我们进一步开放中降到了 15%，特朗普说 15% 还不够，美国汽车的关税是 2.5%，还是高，但中国原来的基数是 40%，下降的幅度还是非常大的，但对等开放到 2.5%，也是可以谈判的。这说明中国在进一步开放，中国在 WTO 并没有承诺降低汽车的关税，这也超出了我们的承诺。中国人民银行行长易纲提出金融业 11 个方面的开放，也就是说再经过 3 年过渡期以后，我们的银行、证券、保险，就会取消所有的设限，这样的开放承诺是非常大的一个进步，而且意味着中国金融的全领域的开放，意味着我们进口商品的关税进一步降低。

第五，中国政府执政水平迈上了一个新的台阶。中国改革开放的进程就是政府在市场经济条件下执政水平不断提高的过程。大家知道，中国过去是计划经济体制，在迈向市场经济体制以后，我们向美国和发达国家学习市场经济条件下如何治理国家，如何发挥市场的作用，如何建设现代化经济体系，政府管理方式不断变革，在这些方面都迈出了很大的步伐。

第六，中国处理国际关系的水平也在不断地提高。20 世纪 50 年代周恩来总理就提出处理国际关系的五项原则，得到了国际社会的认可。习近平主席在“一带一路”的倡议中又提出了共商、共建、共享的处理国际关系的原则，也得到了大多数参与国家的支持和拥护。

第二个问题，关于中国发展的趋势。

从中国发展的大方向来看，第一，开放是中国选择的大方向。中国是走向开放的，而且中国领导人也多次提到中国改革开放的大门是不会关上的，只会越开越大，所以开放是中国的一个大方向。

第二，发展是中国选择的大方向。从新中国成立初期到改革开放之后，一直到未来，中国都会保持一个持续的、稳定的发展态势，而我想中国的发展是任何力量都阻挡不了的。一个具有 14 亿人口的大国能让人民过上好的生活，我们从来没有提出中国要第一，但是我觉得即使中国第二、第三，哪怕第四，只要让 14 亿人民过上好的生活，中国政府的执政目的就达到了。

第三，合作是中国选择的大方向。中国实际上是在开辟各种与各个国家能够和平发展、合作发展的方式来寻求合作之路。比如说中国主动向美国提出构建中美新型大国关系，习近平主席和特朗普总统在去年 5 月海湖庄园会晤的时候，主动提出来制订“百日计划”，增加从美国进口飞机、牛肉、能源，而中国也按照“百日计划”，去年履行了自己的承诺，我们从美国进口能源增加了 8 倍，从美国进口的波音飞机增加了，从美国进口的牛肉增加了。去年 6 月 14—15 日，我在纽约参加了中美智库的对话，我在发言中算了几笔账，认为如果中美合作会给两个国家带来非常大的收益，而如果中美对抗结果将两败俱伤。

中美两个国家 GDP 的总量合计占世界的 40%，制造业产值合计占全球的 40%，人口合计占全球近 25%，对外贸易合计占全球近 25%。如果两国合作会产生正向的能量，给两个国家带来巨大的好处。如果是对抗，如果是打贸易战，对两国的影响都是巨大的。我们在 2013 年曾经和彼得森研究所分别研究了中美启动 FTA 谈判和中美基础设施双向投资两个专项的课题，彼得森研究所做了量化的分析，结论是如果中美两国能够启动 FTA 谈判，能够构建中美 FTA，可以使双方的贸易额增加 5000 亿美元，可以给美国带来 480 万人的就业。所以，合作是中国的一个大方向，中国希望和美国合作，希望和世界上其他大国合作，也希望和新兴经济体、发展中国家合作，这也是中国提出"一带一路"倡议的初衷。所以，合作也是我们选择的一个大方向。

第四，和平是中国选择的大方向。我们希望世界和平，我们希望周边和平，我们希望与美国共同创造和平的世界，我们希望世界上的人类更加美好。中国在几十年快速发展过程中，没有挑拨任何一个国家发动颜色革命，没有支持任何一个国家进行局部战争，没有主动地和任何国家哪怕是局域发生战争。中国希望 14 亿人口能够发展起来，作为具有几千年历史的一个文明古国，能够受到世界的尊重，因为人民的生活更美好得到世界的认可。

我觉得有一个事是必须要说明的，就是中国的发展速度确实很快，但也是付出了巨大的成本和代价的。比如说中国也存在和美国相同的贫富差距很大的问题，比如说我们还有接近 3 亿已经在城市工作的农民，这么大的一个群体，就和美国现在的人口一样多，我们需要解决他们的住房、医疗和子女的教育问题。中国在经济快速发展的过程中积累了一系列的问题，比如说水的污染、土壤的污染、空气的污染，治理起来需要付出非常大的代价。比如说我们的城市化进程很快，高楼大厦林立，大家一看很发达，但是我们的地下管网非常落后，即使像北京这样的大城市，它的地下管网也是管道，而不是地下管廊。比如说我们过去经济增长的速度快，但是发展方式是粗放的。就拿城市建筑来说，城市建筑的平均生命周期才不到 30 年。比如说虽然 2020 年要使全体中国人民脱贫，但是这个脱贫还是低水平的脱贫。我们脱贫的标准是人年均 4200 元，才 700 美元左右。比如说政府的执政方式还需要改进，如何更好发挥市场的作用，使中国政府的执政能力、治理现代国家的能力能够大幅度提高。比如说腐败问题，前几年中国政府下了很大的力气治理腐败，取得了很大的成就，但是并没有从根本上完全解决这一问题。我认为中国领导人非常清醒，认为我们国家的主要矛盾不是与美国的矛盾，不是与国际社会其他国家的矛盾，而是自身的矛盾、自身的问题、自身的发展。

因此，我认为特朗普总统现在把中国作为主要的打击对象、遏制对象，是选错了时代、选错了方向、选错了对手。而美国也有一部分人产生了一种错判，或者产生了一些认识上的误区。不仅美国，还有欧盟、日本，以及其他不少国家。有一些研究机构、一些经济学家也认为中国现在是世界上最强大的国家。美国皮尤调查中心调查的结果是，认为中国是世界上最强大的国家的民意超过了40%，认为美国是最强大的国家的比中国要低10个百分点。这是一个非常大的认识上的误区，特朗普就觉得你比我强大，所有人都认为你比我强大，你强大了，我怎么保持第一呢？所以我必须要打击你。我看了最近几个美国的调查结果，觉得还蛮有意思的，8月1日华盛顿邮报网站报道，特朗普总统执政558天，发布了4229个错误的或者是误导性的声明，他是美国历届总统说错话最多的总统。说错话最多的是今年六七月，在这两个月中，特朗普平均每天说16句错话。

我还看了一个盖洛普的民意调查结果，这是今年6月25日发布的，调查如何评价特朗普总统，其中56%的人回答说特朗普是一个很聪明的总统，51%的人回答说特朗普坚强而有决断力，50%的人回答说特朗普为美国带来了所需要的变革。

我这里谈一谈个人的看法，不一定对，可以跟大家讨论。我认为特朗普总统说了一些错话，错话率比较高，这不算是总统的问题，因为他在推特上发的东西多，推特是想什么就说什么，所以不断来纠正他自己所说的错话，这是可以理解的，但是他的错不在于错话多，而在于在大的判断上错了，就是把中国作为他的竞争对手，这一点上是错了，而不是错话，是战略上的错判。

我认为，如果特朗普及其周边这些决定政策的人能够换一种思路，将会是完全不同的两种结果。

美方代表1：

您想听一听我们代表团的一些反馈意见吗？

陈文玲：

可以。

美方代表1：

感谢您在今天我们迟到的情况下还招待我们，还和我们进行交流。在我们的代表团中，有美国众议院的议员以及服务的工作人员，有美国参议员的助手，我想在座的代表团的成员都有各自的看法。但是，在我们看来，如果中国的政策制定者认为，就像刚才您提到的仅仅是特朗普总统一个人对中国是这样的看法，那我想中国政策制定者的这种意向和看法是错误的。现在美国的民主党和共和党在大部分的问题上都是有分歧的，但是涉及中国的投资和贸易政策，美国国会达成了罕见的共识，这种共识就是中国采取了不公平的贸易行为，这种行为损害了美国劳动者的利益。对于美方加征中国商品的关税，是否是解决这个问题的最佳的办法，在国会是有争议的。但就目前局势的严重性，以及必须解决问题的必要性，两党是没有分歧的。很明显我们不能够再一切照旧了，以上是美国国会中大部分民选议员看问题的视角。我想请我的同事也介绍一下他们的想法。

美方代表2：

在您刚才的发言中，您提到美方不应该在军事上把中国视为主要的竞争对手，中国也不寻求跟美国和国际社会其他的成员进行对抗，但您这种说法让我们觉得难以理解，就目前的南海形势而言，我认为您的说法跟目前的南海形势是不能够协调的。今年美方的国防战略有了重大的调整，在2001年“9·11”事件后，纽约和华盛顿发生了袭击之后，反恐是我们的第一要务，但今年的调整首先是俄罗斯，然后因为南海形势把中国也加进来，列为美方的潜在的威胁。

美方代表3：

我也有一个问题，您刚才也提到了华盛顿邮报网站上跟踪特朗普总统说的谎言和误导性的陈述，我想问中国是否有报纸跟踪中国领导人发表的言论，如果有这样的报纸，是否能够让人们看到，还是这样的报纸会被屏蔽掉？

陈文玲：

刚才三位都提出了问题。首先，我回答第一个问题，美国民主党和共和党达到高度一致，您认为加征关税是有争议的，但是对于中国的判断，对中国的看法还是一致的，您说目前的局势非常严峻，对解决问题的必要性两党没有争议，这就正说明现在的问题所在。因为我认为，最大的问题不是总统个人产生了什么误判，而是美国的社会民意形成了一种合流，包括共和党和民主党的合流，包括社会民意的合流，这种看法越一致，实际上对中美关系未来的危害越大。为什么这么说呢？假如说整个社会是清醒的，认为中国是美国的合作伙伴，而不是敌人，中美之间的问题解决难度就小得多。而整个国会如果说民主党和共和党形成共识，认为我们的敌人就是中国，中国夺走了我们的工作岗位，中国对我们不公平，中国有这样那样的问题，必须把中国和俄罗斯并列在一起，而且把中国作为美国最大的潜在敌人，两国就缺少了解决问题的战略互信的基础，这是最可怕的地方。

如果说这是个问题，而且你们又认为这样的东西是对的，这个基础是正确的，那么解决中美之间的问题就会越来越艰难。如果我们在座的各位认为中国是善意的，中国希望和美国能够通过合作、通过协商，来解决两国存在的问题，那我认为中美之间解决问题的难度就小得多。所以，我觉得就给在座的各位包括社会民众提出了一个非常严峻的，也是非常严肃的问题，就是说作为美国的民意，到底怎么来认识中国，中国到底是你们的敌人还是你们的朋友？中国是可以合作的还是必须要对抗的？这是认识问题的一个前提。

中国也是如此。其实在中国社会也有很多的看法。中国人民的第一种认识，很多人认为我们必须和美国搞好关系，美国现在是世界老大，美国各方面的实力都在中国之上，而且中国改革开放是向美国学习的结果，中国采取市场经济的道路，采取改革开放的国策，我们是在向美国学习的过程中发展起来的，这是中国人民的一种认识。

中国人民的第二种认识，对于美国形成了这样一种社会的民意，中国人民是不理解的，中国人民对美国人民是友好的，那么多中国人，把自己的子女送到美国去接受教育，实际上还是希望我们的下一代也在美国学习，在互相学习中使中国更快地成长和进步。

中国人民的第三种认识，认为中国政府太软弱，特朗普政府提出对中国进行贸易制裁，而且500亿美元不行，加2000亿美元，2000亿美元不行，加3000亿美元，5000多亿美元，2000亿美元加征10%说不行，马上又加征到25%。中国政府一直在做工作，表明我们的态度，我们是坚决反对的，这是一种贸易讹诈，这不是贸易制裁，这是违背WTO规则的。美国认为问题再严重，单方面用国内的法律制裁另外一个国家，是错误的，要按WTO的规则来处理。世界有世界的规则，没有规则，世界大乱。很多中国的老百姓认为中国政府软弱，为什么对美国这种贸易讹诈不表现出更强硬的态度？所以，中国的民众、中国的社会也是处在各种看法纷争之中。

在这种情况下，实际上需要做两方面工作：一方面中国政府引导中国的民众，正确地认识中美之间的差距，正确地认识中美之间存在的贸易逆差问题，正确地处理中美之间的分歧，需要教育民众，引导民众。

另一方面美国也需要两党有识之士引导舆论正确地看待中国，正确地看待中国对美国的友善和友好的态度，正确地处理中美之间存在的贸易问题。美国不能因为存在这些问题就一个“帽子”扣下来说中国是经济侵略者，导致这些问题有中国的因素，也有美国的因素，美元是结算货币，输出美元换回了商品，中国何罪之有？美国老百姓有需求，美国企业要从中国采购商品，是中国政府让你来的吗？是中国企业让你来的吗？是中国老百姓让你来的吗？是美国市场有这样的需求，美国企业才来采购，所以才有贸易逆差，怎么能是中国的错误呢？如果要打板子，应该打在美国经销商身上，谁让你去采购中国商品的？将来美国政府要制裁，你直接制裁和管制美国企业就行了，美国企业就不要从中国进货了，凭什么你从中国进货造成了贸易逆差，还说是中国的错呢？所以，双方面的问题都有，都有一个正确引导舆论、正确看待事物本身的问题。现在不能说因为您说的大家都同意了，民主党和共和党高度一致了，你们的做法就是正确的了。中国 14 亿人都同意了，我们同意的人口比你美国多 10 亿人，那就说明我们说的所有东西都对了吗？所以，不能说在国会上两党形成共识，这种共识就是对的。中美之间这个时刻的对与错，让历史来见证吧！现在来看，美国有美国的错误，中国有中国的问题，如果不以这样的态度来解决问题，中美之间变成一种对抗的关系，我认为对中国不利，对美国也不利。

而从长期来看，对美国产生的不利影响可能会更大，全世界都在看，美国为什么这么霸权呢？美国采取这样霸权主义的做法来制裁另外一个国家，用国内的法律来制裁另外一个国家，这是没有道理的。不能因为有这样的认识就采取这样的行动，而这种行动毫无国际法的依据，这是我回答的第一个问题。

刚才您提出来关于南海的形势，我认为现在南海形势很好。中国和南海诸国已经签署了南海行为准则的协议，最近中国与东盟会议上，中国和南海诸国还进一步制定了详细的实施细则。我认为从域内看，南海这个问题的处理是平稳的，也是正确的。南海问题并不涉及美国的航海安全，也不涉及航海自由，因为南海历来就是一个航道必经之路，但是从来没有因为中国在其中导致航海不自由，或者是南海出现了什么样的问题。现在南海的问题不在于南海诸国，南海诸国和中国的协商机制已经形成，而且形势是平稳的。我不知道您担心的这个问题到底是什么问题。

第三个问题非常尖锐，说特朗普的言论有很多错误的地方，这不是我说的，是华盛顿邮报网站公布的，它一公布，当然全世界都知道了，不是我们错误地引用。您说为什么中国的网站上没有人来攻击中国政府领导人言论的错误，我觉得是这样的，因为中国领导人的言论一般都是通过会议报告和讲话发布的，并没有像特朗普总统一样发推特，他们发表言论的方法是根本不同的。

推特的特点是新媒体、传播快、发文短、说得更直接，而且传播的速度也很快，如果他说的话错了，传播得也很快，如果说的话是正确的，传播得也很快。我倒是希望《华盛顿邮报》和CNN各个美国的媒体，能把你们总统说的金句，就是特别好的话、特别伟大的话统计一下，然后向全世界推介。

到目前为止，还没有中国领导人开设推特，也没有中国领导人有微信公众号，他们发表的所有言论都在媒体上，或者是书面的文章，或者是在中央电视台上。他们所有的言论在发表的时候，几乎都是有文字稿的，比如说习近平总书记在党的十九大上所做的32440个字的报告，虽然很长，但并不保密，是在实况下全中国、全世界公开进行转播，所以不存在他们的言论需要回避民众。允不允许民众评论呢？我认为是允许的，而且您可以看到在每发布一位中央领导的讲话，还有中央领导某个行为之后，后面都有很多的跟帖，有赞扬的，也有批评的。但是他们没有推特，所以他们不会犯推特上的错误，还因为他们本身的讲话是严谨的，习近平主席和李克强总理都是博士，而且他们都经过各级地方长期的历练，所以从本质上来说，是政治家执政，而特朗普先生是一个商人，是做商业的，他讲究效率，所以他表达得也很直率。特朗普的性格非常直率，而且他是有一说一，说错了马上就改，所以才导致你们的报纸上有这么多的评论。

美方代表3：

也许您是误解了我提出的问题，也许我们的交流出现了误解，是因为我们这次交流是通过翻译来进行的，我的意思并不是对推特这样的媒体性质，对准确性而言来进行一次全民公决，也不是对特朗普总统是不是跟真相过不去这个事进行全民公决。尽管在座有很多的朋友在，但是我可以明确地说，我当时没有投特朗普的票，我也认为他是一个跟真相有点说不过去的总统，但是我觉得特朗普总统并不是美国第一个说谎的总统。我首先指出的是在特朗普总统之前，我们的媒体因为是自由的媒体，可以对总统做出不真实的表述，无论它是无意的，还是有意误导公众做出的表述，我们的媒体是可以自由地进行分析和批判的。您刚才提到了《华盛顿邮报》，这是我国最大的报纸之一，也是最可靠的报纸之一，几十年来一直对领导人的表述进行跟踪，但是在贵国，《纽约时报》是被屏蔽的，《华尔街日报》是被屏蔽的，英国广播公司BBC是被屏蔽的。我并不是说贵国领导人是通过什么样的媒体跟民众进行沟通，也不是说贵国领导人是否有博士学位，或者是有法律学位，我认为在世界上任何一个国家，包括中国在内，政治家都有可能有的时候出于某种目的，没有说出真相，在这种情况下报纸是否有权利称这样的政治家是说谎者，如果真的某家报纸说领导人是说谎者，这样的报纸是不是被封掉，或者被屏蔽掉，在贵国，我国的诸多媒体是被屏蔽掉的。

陈文玲：

我理解了您的意思，关于媒体的屏蔽问题，这可能是中国政府有关宣传部门在媒体宣传方面有一定的规制。美国也不是说所有的媒体都可以自由评论，像对特朗普先生的这些评价，特朗普也是非常反感，而且他说媒体都在说谎，那么到底是总统在说谎，还是媒体在说谎？这在美国现在也是一个很大的问题。

中国的媒体管理和美国的确不同。因为中国有 14 亿人口，而且中国是一个转型中的国家，我们从计划经济转向市场经济，是要有一个过程的。在这个过程中，作为一个 14 亿人口的大国，社会思想和认识观念不能形成非常分裂的状态，社会不能陷入混乱之中，那就会使中国无法集中精力求发展，这是中国和美国所不同的地方。在美国近 250 年的历史，从建国之始采取的就是三权分立的制度框架，就是“自由”的、“民主”的政治制度，而中国经历了长达几千年的封建主义制度，新中国成立初期几十年是计划经济体制，改革开放后才从计划经济转向市场经济，经济体制有一个转轨的过程，中国政治文明也有一个逐步进步的时间跨度，也有一个逐步转变和完善的过程，而在这个过程中是不能让这个国家由于思想的混乱出现分裂的，因为作为一个经济上还不够强大的人口大国，它和美国的基础是不一样的。所以，在这一方面我觉得你不能用现在的美国和中国做这样的比较，这种比较的基础是不存在的。

美方代表 3：

我再解释一下，刚才是您提出的例子，说明新闻媒体是跟踪并指出了我们总统说谎的次数，您还是没有回答我的问题，如果出现中国领导人说谎的时候，哪家媒体能够进行跟踪和揭露？

陈文玲：

我再一次回答您的这个问题，中国领导人的言论、所有的讲话都是公开的，没有什么时候可以秘密地去说一些错误的话。另外，中国领导人和美国领导人不同，中国领导人没有推特，不会随意随时发表自己的言论，也不会在推特这样一个新媒体上每天都在发表完全不同的混乱言论，媒体跟踪的都是公开的消息，公开的消息都是可以评论的，也是可以批评的。关于中国新闻的管理、新闻的自由，有些管理工作也有待于改进，我并不是说我们的管理完美无缺，但是中国的情况和美国的情况是不同的。

美方代表 2：

中国现在有 13.9 亿人口，因此不能让中国社会出现思想上的分歧，这会导致混乱，我觉得贵国是不会出现这种思想问题的，因为贵国政府就是不允许的，除非这个问题解决了，否则的确中美两国之间这一方面是不能够进行对比的。

陈文玲：

我并没有在这个方面和美国作对比，因为中国有中国的治理方式，美国有美国的治理方式，每个国家都有治理自己国家的方式，没有一种相同的模式，包括对国家的管理方式、对媒体的管理方式。所以，我认为我们要考虑的是中美两国如何相处，而不是去考虑对方应该怎么治理国家，对方治理国家是对方的自由。所以，我认为您在这个问题上执拗，如果反复强调这个不属于两国关系的问题，这本身就是一个问题。

世界上各个国家有很多不同的治理国家的方式，中国有中国的，印度有印度的，俄罗斯有俄罗斯的，美国有美国的，我认为对所有的国家不能用一种模式来衡量，一种管理方法来要求，不能说只要是采用美国这个方式就是对的，其他方式就是不对的，各个国家根据自己的国情治理国家，采取不同的管理办法，这是无可指责的。

美方代表1：

令人遗憾的是这次活动到此结束，我们还有另外的活动。再次感谢您今天招待我们，为了表示感谢，我给您带来一个礼物，这个礼物就是美国国会大楼穹顶中局部的复制品，美国一位艺术家在美国国会内部有多个绘画作品，我给您带来的是他给我国首任总统乔治·华盛顿的一个画像，一个复制品。

陈文玲：

谢谢！

附：美中跨太平洋基金会国会议员助手团名单

1. 约书亚·辛克曼（Joshua Sheinkman）

团长，俄勒冈州民主党联邦参议员罗恩·怀特（Ron Wyden）的立法主任

2. 露西·莫菲特（Lucy Murfitt）

阿拉斯加州共和党联邦参议员莉莎·穆考斯基（Lisa Murkowski）的高级顾问

3. 克里斯托弗·索霍（Christopher Soghoian）

俄勒冈州民主党联邦参议员罗恩·怀特（Ron Wyden）的高级顾问

4. 萨姆·比弗（Samuel Beaver）

得克萨斯州共和党联邦参议员约翰·科尼恩（John Cornyn）的政策顾问

5. 塞斯·恩达尔（Seth Engdahl）

印第安纳州民主党联邦众议员彼得·维斯克洛斯基（Peter J. Visclosky）的立法助手

6. 亚当·斯图尔特（Adam Stewart）

犹他州共和党联邦众议员罗布·毕晓普（Rob Bishop）的立法主任

7. 凯特兰德·杰克逊（Kateland Jackson）

亚利桑那州共和党联邦参议员杰夫·弗来克（Jeff Flake）的顾问

8. 汤姆·布兰特（Tom Brandt）

堪萨斯州共和党联邦参议员杰里·莫兰（Jerry Moran）公关主任

9. 罗伯特·萨姆纳（Robert Sumner）

爱达荷州共和党联邦参议员迈克·克拉波（Michael D. Crapo）的新闻秘书

10. 卡罗琳·范维克（Caroline Vanvick）

佐治亚州共和党联邦参议员戴维·珀杜（David Perdue）的公关副主任

11. 伊丽莎白·惠特洛克（Elizabeth Mann Whitlock）

犹他州共和党众议员约翰·柯蒂斯（John Ream Curtis）的立法助手

12. 布伦丹·戴利（Brendan Dailey）

西弗吉尼亚州共和党联邦参议员谢莉·穆尔·卡皮托（Shelly Moore Capito）的立法助手

13. 安娜丽斯·戴维斯（Annaliese Davis）

马里兰州民主党联邦众议员斯坦尼·霍耶（Steny Hoyer）的新闻助手

14. 埃里克斯·麦克奎德（Alex Mcquade）

众院外委会听证会协调员

15. 劳伦·麦卡锡（Lauren McCarthy）

众院能源和自然资源委员顾问

16. 杨杰宾（Winston Nyo）

美中跨太平洋基金会副会长

17. 克里斯托弗·科尔（Christopher Cole）

美中跨太平洋基金会副会长

18. 瑞秋·威尔金森（Rachel Wilkinson）

美中跨太平洋基金会公关主任

特朗普总统及其鹰派正在把美国带入沼泽地
——与美国世界大型企业联合会研究者对话

（2018 年 6 月 12 日）

导语：2018 年 6 月 12 日，美国世界大型企业联合会中国代表处负责人弗莱德等一行拜访中国国际经济交流中心，本文为中国国际经济交流中心总经济师陈文玲与其座谈的对话实录。对话中美方介绍了他们的研究成果，陈文玲总经济师进行了有针对性的回答，并指出特朗普正在带领美国走入沼泽地，同时也对此进行了分析。

主要观点：中兴通讯只是一个标志性的事件，拉开了中美之间科技竞争的序幕。特朗普现在陷入了一个很大的误区，如果他不从这个沼泽地走出来，他就会成为全世界的孤立者。特朗普把美国一个国家的利益凌驾在全球利益之上，把美国的国内规则凌驾在全球规则之上。

陈文玲：

非常欢迎美国世界大型企业联合会弗莱德先生一行造访国经中心，中心是国家高端智库，理事长是国务院前总理曾培炎先生。中心把中美关系研究作为最重要的研究方向，在座的各位都是中美关系课题组的研究人员，你们来了两个人，我们来了一大群，好像有点不对等。因为交流部袁幽薇部长通知我说，你们准备了一个 40 分钟的 PPT 讲你们的观点，希望与更多的人分享你们的研究成果，这对我们来说是一个学习的机会，也是一个讨论问题的机会。今天我们先洗耳恭听，然后再展开讨论。

美方：

很荣幸受国经中心邀请来到这里，首先我花一些时间介绍美国世界大型企业联合会的组成和工作。世界大型企业联合会成立已经有 100 多年，总部在美国纽约，我们是一个非政府组织，也是一个智库类型的研究机构。我们的任务是开展全球范围的经济、商业讨论。世界大型企业联合会和 CCIEE 很相似，都是智库，和许多在华盛顿特区的智库也十分相似，但是与其不同的是，在华盛顿特区的智库更多的是为政府、学术机构进行服务和研究，而我们更多的是为商业领袖进行类似的学术研究。

我们是一个比较私人的机构，我们更多的是为公司、商界领袖提供研究成果。我们很少接触媒体，但我们为他们提供了公正的、非党派的观点和研究成果。我的工作是了解中国在全球的影响，以及全球跨国公司在中国的工作和商业行为。我们为他们提供我们的研究成果和见解。

我有许多同事分别研究中国的经济监管、中国的教育、中国的老龄化等问题，今天我在这里将展现我的特长，就中美贸易问题进行分析，因为近期中美贸易关系紧张。今天我准备的内容十分多，我希望今天的会议是一个互相交流的平台，而不是我单独的展示，有问题可以随时打断我，对我进行提问。

诚然，特朗普当选美国总统加速了中美对抗，然而我一直认为，中美之间的对抗是不可避免的，即使是希拉里当选总统，我也会在某一天来到这里，与大家进行类似的对话。特朗普在很多年前就开始对中国这一贸易伙伴做出一些针对性的行为，而且这也使国际上很多国家改变了他们与中国贸易的看法。

我将第一个时代确定为中国刚刚加入 WTO 的时候。那个时候国际金融社会对中国有更多的耐心，他们承认中国的不同，但是他们欢迎中国加入 WTO。他们的目标是随着时间的推移，中国将会成为一个与美国更相似的经济体。西方国家从一开始就认识到，中国处理贸易的方式和中国国内的发展方式，与西方国家是十分不同的，但是当时他们愿意等待，希望有一天中国能够改变，然而事实上中国从未对此做出承诺。

如今西方已经认识到，中国的经济体制不会改变，正如习近平主席所说的“中国有信心走好自己的路”，而西方的耐心和对中国对此进行改革的希望也就到此为止了。针对中国市场看法的改变是全球性的，不仅仅是美国，欧洲许多国家也对此做出了改变。而对于西方国家来说，我们的办法就是变得像中国一样，建立贸易屏障，阻止中国在本国的投资并购，采取这种并非互利互惠的行为。

在奥巴马时期，他们的主张是签订双边协定，他们在协定中要求中国开放这个，开放那个。然而现在美国政府意识到，中国并没有做出相应的行为，所以停止了这样的要求。特朗普十分执着于与中国的贸易逆差，诚然我和许多的同事都认为，特朗普并不需要那么在意贸易逆差。但西方国家也认识到这一点，像德国、英国、法国的方式是，直接对中国的境外直接投资进行限制，他们也得出了与我们相似、相同的结论。这就是我谈的第一点，这个趋势是不可避免的，或许特朗普使其加速了，但这一趋势是全球性的。

特朗普的确是一个易变的人，他或许在周一、周二、周三说的话，到周五的时候就已经不算数了，但是有一点他是一直坚持的，那就是过去几十年来美国与中国的贸易关系是不平等的。接下来我将要展示自己的观点，这并不都是我自己的观点，也是特朗普政府的，因为只有理解他们，才能够预测他们将会怎样行动。

在与美国国际贸易这个议题上，特朗普一直认为贸易关系是不平等的，他认为，从 20 世纪 80 年代开始，美国与日本的贸易不平等，到后来是墨西哥，再到现在的中国，他一直认为局势需要改变。特朗普针对中国贸易的一些细节，在特朗普竞选时就已经展现出来了，纳瓦罗和罗斯都曾在竞选的白皮书中发过类似的声明。过去许多任总统在选举时都会攻击中国，然而当选以后他们会侧重于国内的事务，似乎所有人都忘记了他们曾经说过的话。然而像我们这些一直跟随特朗普竞选的人，对于他所说的那些，我们非常好奇之后将会发生什么。特朗普当选后，带领当时非常强硬的一批人进入了白宫，可见他对此事非常认真。

他们是怎么说的呢？他们认为美国国内所有的军事问题都与中国的跨国投资、中国的贸易直接相关，当然这并不是我个人的观点，特朗普一直是这么认为的。特朗普认为，首先如果美国与其他国家或贸易伙伴产生对抗，那么美国一定是占上风的。美国认为，与美国相比，美国的贸易伙伴依靠美国的成分更多。特朗普政府一直认为，如果启动更有侵略性的贸易制裁，中国并不想真正打一场贸易战，中国更有可能进行退让，因为中国在国际贸易上和经济体量上并不占上风，看上去强硬，但事实上十分脆弱。

美国经济学家会做出数据上的支持，认为事实上美国的贸易伙伴的确比美国自身更依赖美国。当然，中国是否会退让，是不是会打一场贸易战，我们还要看在座的各位是怎么认为的。我们要预测白宫的行为，我们需要知道白宫里面都有些什么人，我们并不是很关注那些媒体上的传闻、谣言，但是这些人在什么样的职位上，哪些人是鹰派的，哪些人是更中庸、更缓和派的，都在这一张表上展现出来。

在特朗普执政初期，我们可以看到他的内阁还是比较平衡的，有相对亲中国的和相对鹰派的，大约各占一半，然而近期持国家主义和对中国持强硬态度的人占了上风。罗伯特·莱特希泽将会是这场贸易战的主帅，与中国的许多事务是由他指挥的，如今他被提到非常高的职位。现在我将简要回顾一下过去几个月发生的一系列事件，当然我相信在座各位对此已经十分了解。

首先，我们看到四项由美国率先挑起的制裁行为，随后中国也对此进行了反制。在初期都是一些非常小型的对抗，美国发起关税和一些反倾销的税，在太阳能板、洗衣机、管道配件、硬木板夹等行业对中国提高关税和反倾销税，而中国很快做出反应，向WTO贸易组织进行诉讼，在高粱、乙烯等产品的进口上做出了反应。

随后是更严肃的制裁，对钢铁和铝的30亿美元罚金，很快中国也做出了30亿美元的反应。随后是我们都在关注的“301调查”，有500亿美元的针对中国知识产权的调查，这也是由莱特希泽团队率领的，他们将很快公布调查结果，随后我们预测中国会很快对此做出反应，这将会是一场非常正式的贸易战。虽然这个项目近期被推延了，但是我相信或许在这一周，或者最迟本月，将会对此有进一步的内容宣布，而且在短期内，会对这项500亿美元的商品制裁进行实施，我也相信中国很快会对此做出反应。

与此同时，还发生了两件事情，一是中美之间的贸易战；二是科技上的竞争。很多媒体错误地把这两件事情——贸易战和科技竞争——认为是同一件事情，然而事实上这背后有两个故事，贸易战当中的关税，非常可能只是短期的，它或许撑不过特朗普的政权，而科技上的竞争则是一件长期的事情。在美国，两党对于加征关税来阻止中国的进口都持不支持的态度，然而对于中国科技与学习的限制是得到许多支持的。

我列举了许多美方阻止中国投资并购的案例，许多是高科技和高端制造业，这或许是美国两党之间唯一同意的一件事情，那就是阻止中国在美国境内的投资和对于美国科技的学习。我那些商界的朋友都是这么说的，加征关税或许会发生，然而并不会长久，而这些科技上的制裁或者限制，将会是长久的。

美国认为中国一些公司与朝鲜和伊朗的贸易，违反了美国对其制裁国家的有关政策，对这些公司进行制裁，这是美国的一个工具。我们熟知的案例是中兴通讯，还有现在正在进行的对华为的调查。中国的反制无疑是美国对华政策的最大限制，中国的反制能力非常强。中国的反制给美国特别是特朗普政权带来的疼痛是非常强烈的，尤其是针对基层选民以及精英的相关利益者的政策，都会影响到特朗普政权。在美国，我们已经可以看到许多生气的生意人，以及许多对关税持反对意见的金融学家，所以特朗普在接到习近平主席电话的时候，也同意在中兴事件上做出让步。

在我的商界朋友当中，有些是跨国企业的领导人，他们十分担心他们将会暴露在美国的制裁之下，因为他们在中国留下了实质性的资本印记，他们十分担心美国的制裁会影响到在华的跨国企业。

如同加拿大和其他欧洲国家的反制措施一样，它们的选择是十分聪明的，它们针对那些能够对特朗普政权施压的利益群体进行反制。欧洲国家、加拿大和中国都很聪明地找到了那些基层人群作为它们的反制目标，因为他们投票给特朗普，他们对于这样的贸易战会感到疼痛，他们会对此非常生气。但很有趣的是，我们还没有看到任何国家对特朗普家庭和个人的利益进行攻击，这或许是一个非常有趣的现象。

我今天展示的四点内容，其中前三点分别是：第一，贸易冲突是不可避免的。第二，特朗普对于全球化贸易一直持有非常强硬的看法，就是贸易不公平。第三，有两个故事，分别是贸易战和科技竞争。而我要说的第四点是，要想寻找一个完整的解决方法，对双方来说都是不太可能的，因为双方的利益相差很大。

在中美双方代表的谈判桌上，中方做出的退让，与中国的改革和转型步伐是相符合的，所以这些是特朗普政府不希望看到的。中国发出了全方位的进一步开放邀请，在金融行业和汽车行业，美国资本进入中国市场，在中国进行生产，雇用中国工人，这都是特朗普政府不希望看到的，特朗普希望美国公司离开中国，回到美国。特朗普对于贸易逆差十分执着，中国提出将购买美国更多的商品，而特朗普则希望美国购买更少的中国商品，但这是中国领导层不希望做出的妥协。

由于我所提出的这些对抗点，或许在短期达成一些小规模的协议是可能的，然而从长期来看，对抗仍然会加剧。让人欣慰的是，除了贸易战，我们现在还没有看到更多地缘政治上的对抗，习近平主席和特朗普总统的关系似乎还不错，但是我并不认为这场贸易战的协商会有一个好的结果。

这就是我提出的观点，我非常想知道在座各位对我的观点有什么想法，也非常希望和在座各位进行讨论，谢谢！

陈文玲：

非常感谢！您用了这么长时间谈了您的观点，您的观点很鲜明，而且也代表了美国社会的普遍看法。有些看法我是认同的，比如说您谈到了美国发起这四轮贸易争端，或者叫贸易战，其实第一轮和第二轮，还算是正常的贸易摩擦。第三轮“301 调查”报告，我也特别认同您的观点，您说一方面是贸易战，另一方面是科技上的竞争，贸易战是暂时的，科技战将是持久的，这个观点我很赞成。第四个事件，您列举了中兴通讯的案例。中兴通讯尽管已经接受了这种制裁，也达成了和解协议，但是我个人认为，当然我不代表中兴通讯，也不代表政府，我认为代价实在是太高昂了。我认为，在美国历史上的贸易战中，包括与日本的贸易摩擦，与墨西哥的贸易摩擦，也包括和其他国家的贸易摩擦，这种制裁是史无前例的。

之前从未发生过这样的事情，因为美国长臂管辖的法律，触及第三方的销售，要置一个企业于死地。现在对于中兴通讯的制裁，包括罚金，未来的保证金，累计已经超过 20 亿美元了。而且还规定了很苛刻的条件，未来十年随时可以激活对中兴通讯的制裁，并且派人进驻企业进行监督。我相信美国的企业，特别是跨国公司，在世界各地有违规的，在中国也有违规的，但是都没有遭到这么严重的制裁。而且这个制裁，我非常关注，它不仅仅是特朗普的制裁，美国商务部的制裁，美国贸易委员会、贸易办公室做出的制裁，而且是美国国会通过的制裁法案。

因此，我特别相信您说的，这是科技之争，而这种竞争，是远比贸易之争更加激烈的竞争和更加严重的问题。实际上中兴通讯只是一个标志性的事件，拉开了中美之间科技竞争的序幕。贸易的冲突，贸易的摩擦，贸易战，可能是就事论事的，可能是有一个时限的，正如您所说的，也可能伴随着特朗普的任期，也可能他的任期还没结束，有些事件就结束了。所以，我就在想，处理贸易战，处理贸易冲突，实际上现在不是中国和美国的问题，而是所有和美国有贸易争端的国家同样面临的问题。我们发现，最近这一两个月，世界上有四个非常重要的会议同时召开，或者是非常重要的活动同时召开。比如说 G7 的会议，在这个会议上，6 个国家都对美国的贸易制裁提出了反对意见。

我觉得特朗普总统这个人非常可爱，不管在什么情况下都能“坚持己见”。虽然是不欢而散，他仍然登上了美国的“空军一号”飞往新加坡，留下了他们之间的分歧，这在世人面前都已经非常清楚了。我认为特朗普更渴望的不是打嘴仗，而是要飞向新加坡与金正恩会面。因为美国的共和党有人提议，如果说朝核问题能够得到解决，能够结束对抗，走向半岛无核化与和平进程，应授予特朗普诺贝尔和平奖。但是我希望，特朗普能获一个诺贝尔经济学奖，希望他不要把国际贸易规则，不要把国与国之间处理经济关系的国际规则完全打乱，使全世界处于混乱状态。现在特朗普是全面出击，他对 34 个国家都提出了贸易制裁。

您刚才说中国对美国的依赖程度，比美国对中国的依赖程度要深，但是我们研究认为，全世界对美国进口商品的国家中，有顺差的国家达 101 个，所以不是说因为它对中国的依赖程度深，它对全球的其他国家就没有依赖，美国的经济仍然是全球化的，否则它出口到哪些国家呢？否则它从哪些国家进口呢？实际上美国现在最大的、增长最快的市场是中国，依赖程度最深的是中国。从 2011 年到 2017 年，美国出口中国市场的贸易额年均增长 11%，是美国在全世界增长最快、最大的市场。我很理解特朗普对于贸易逆差为什么看得这么重，因为没有一个国家领导人能把贸易逆差作为一个国策，作为一个国家战略发起全球性的进攻。而这种全球性的进攻，既不符合 WTO 的规则，不符合国际贸易发展的规律，也不符合经济全球化的时代潮流，全球各地相互之间的经济联系和相互之间的依赖，是历史的必然。

您刚才说，中国的反制能力还是非常强的，而且中国对美国的反制，关系到很多选民，也关系到很多企业和相关人的利益，所以在美国社会还引起了一些波动。但正是由于美国采取了如刚才您所说的这四个大规模的行动，才使中国迫不得已采取行动。因为您知道，从 2017 年 4 月习近平主席访问美国和特朗普总统在海湖庄园会晤之后，中国主动提出制订“百日计划”，“百日计划”中形成了十条共识，其中就有中国要扩大从美国进口牛肉、能源、飞机这几大类商品。中国是个言必信的国家，与美国制订的这些计划在 2017 年得到了履行，比如按照我们的承诺增加了进口波音飞机，2017 年从美国进口的能源增加了 8 倍。我们也进口了美国的牛肉，但是口感差、售价贵，中国消费者不太喜欢，这并不是说我们没有履约。相对而言，澳大利亚的牛肉比美国的牛肉更受欢迎。

然后，中国就开始制订一年期中美合作的计划。在此期间，特朗普总统到中国来访问，习近平主席亲自陪着他参观了中国的故宫，并且进行了长时间的会谈。特朗普这次在中国签订了 2553 亿美元的大单，回国以后把它作为这次访华的丰硕成果，他在推特和所有场合都大肆宣传他很了不起，他在中国签订了大单，和他去沙特阿拉伯签了 3000 亿美元大单一样骄傲。

所以，你看我们中国的领导人，中国的社会民众，中国老百姓，中国的企业，一直都非常努力，采取措施和行动：怎么做才能和美国保持良好的互动关系，使中美之间的贸易有利于两国经济发展，而不是单纯地有利于中国。

去年特朗普总统展现了他对中国非常友好的一面，与习近平主席多次通话，表示对中美关系的重视以及发展中美关系的良好愿望。还有，他访问中国的时候，展示了他小外孙女用中文朗诵的诗歌，在中国俘获了很多的粉丝。中国人认为，我们与人为善，别人也一定与我为善。但是恰恰相反，紧接着就出现了您说的这四个重大事件。因此我觉得从这一点上来说，特朗普在中国已经失去了民心，正如我们中国的老百姓所说的，我们中国领导人对他这么友好，我们中国人民对他这么友好，我们又做了很多的努力改善两国关系的工作，特别是习近平主席在博鳌论坛上提出的开放的四个方面，易纲行长在博鳌论坛上提出的金融开放的 11 个方面，难道特朗普就真的没有看到，没有听到，没有想到吗？

我认为特朗普现在陷入了一个很大的误区，或者说进入了一个沼泽地。如果他不从这个沼泽地走出来，我觉得他会越陷越深，会成为全世界的孤立者，最后会被时代潮流所抛弃。我不知道您观察到没有，实际上特朗普在几个方面，在国际上已经被孤立了。这种孤立局面不能都怨他的对立面，从时代发展的潮流来看，特朗普现在几个方面的孤立状态，对于美国整个国家的信用、国家威信，还有国家软实力都是非常大的消耗和损失，将成为加快美国转衰的“加速器”。

第一，就是我刚才所说的，特朗普在处理国际贸易方面存在问题。包括他对待国际贸易的态度，包括他处理国际贸易逆差的态度，包括他打贸易战选择的对象。最后的结果，我认为都将是不好的。今年5月8日在瑞士日内瓦中美两国驻WTO大使有一场很激烈的辩论，我不知道您关注到没有，这次会议有20多个国家驻WTO大使都参加了，其中支持美国观点的国家几乎没有。连澳大利亚、日本、印度都选择站在WTO多边的立场上，反对美国的单边主义做法。比如您说的“301调查”报告，世界不可能以美国国内的《1974年贸易法》作为制裁其他国家的依据，显然这种单边主义做法是大家都不赞成的。所以，美国驻WTO的大使谢伊先生刚刚到任，在这场辩论里有点发蒙，他说他在这里好像进入了爱丽丝幻境，黑白颠倒了。实际上是他自己的认识错了，现在世界经济是一个高度关联的经济，不管是从经济形态、经济联系还是经济结构都是相互依存的，我认为全球经济相互间的联系度和依存度从来没有像现在这么高。

所以，刚才听到您说的两个消息，我特别惊讶！这是我们第一次听到这两个信息。第一个信息，您说对于中国提出的全方位开放，在金融和汽车方面的开放使更多的投资者进入中国市场，特朗普实际上是不感兴趣的。他不希望雇用中国人，他希望美国的公司离开中国回到美国，这是我第一次听到。因为我们3月底到美国与美国智库和相关机构交流，美国朋友5月到北京参加“中美工商领袖与前高官对话”时，都还没有听到这个说法。

美方：

对美国汽车的进口是欢迎的，但不希望在中国设工厂，在中国生产。

陈文玲：

这里有一个定语。还有第二个信息，我们也从来没有听说过，也是第一次从您这儿听到。特朗普希望中国购买更多的美国商品，而不是说希望美国购买中国更多的商品。所以，就国际贸易来说，特朗普希望中国是这样，对德国、法国、日本，实际上他的希望都是一样的。因为我听介绍说您是研究商业问题、国际贸易问题的专家，我觉得这里有一个重要的理论问题应该探讨一下。国际贸易的形成是不是国家行为？我认为国际贸易行为是一个跨国界的市场行为，是跨国的市场需求产生的贸易进口或者出口，是各国企业自主在市场上交易而形成的贸易流量，而不是说哪一个国家政府可以命令美国企业从我国进口，中国政府命令美国企业也不会听啊。

况且，在中美贸易冲突方面，特朗普也在大大地失分。比如说在形成“301 调查”报告的过程中，专家认为应该对中国涉及300 亿美元的商品进行征税，据说特朗普看了这个报告以后说不行，300 亿美元太少，起码要翻番，就直接翻成600 亿美元，结果公布的是500 亿美元，但是到6 月2 日姆努钦、莱特希泽、罗斯等七人到中国来谈判的时候，特朗普在谈判之前的5 月29 日在推特上就发出了这样的言论，意思是说他要求中国2017 年减少1000 亿美元的逆差，其中75% 要从美国进口；2018 年要求再减少1000 亿美元逆差，其中50% 要从美国进口。我觉得这真是漫天要价，您说他星期一说的话可能星期二就不算数，我觉得即使是他当时说的话，也没有任何一句有可信度，包括对于“301 调查”报告最后确定的这个数，也是他拍脑袋拍出来的，减少逆差的数字也是他推特上信口推出来的。有什么依据对中国进行这样的制裁？道理何在？特朗普在推特上还说，中国每年至少赚美国5000 亿美元，中国占了美国大的便宜。我想说，中美之间贸易总额是5500 亿美元，难道5500 亿美元的贸易额就算盈利额，就算中国赚的钱吗？因为我们是讨论问题，有什么想法咱们可以直接说，您如果不同意我的看法，咱们可以互相讨论。所以，我刚才所说的特朗普总统包括他的强硬派，您说强硬派现在越来越占上风的这些人，我认为他们是逆历史潮流而动的。

第二，我认为现在特朗普执政一年多，使美国陷入沼泽地的原因是，把美国一个国家的利益凌驾在全球利益之上，把美国的国内规则凌驾在全球规则之上。以美国第一作为“兴奋剂”给美国人民注入了一种超强激素。这样继续下去的话，我认为会使美国在国际社会的威信急剧下降，而且会使美国多年来形成的大国影响力大大递减。

当然，这不是贸易问题，但是与贸易问题也直接关联。比如说美国退出《巴黎协定》，这关系到全球的环境保护和人类可持续发展。据我了解，《巴黎协定》的参与国是193 个国家，目前是“192 +1”，只有美国一个国家退出，192 个国家都没有跟进。

比如说美国退出《伊核协议》，据我了解，现在是“5 +1”，6 个相关国家中有5 个坚定不移地坚持《伊核协议》，只有美国一个国家退出了，是“5 +1”。比如说美国退出联合国教科文组织，比如美国准备退出联合国人权组织，比如说特朗普一直在说 WTO 所有的已形成的决议，对美国都是不公平的，在必要的时候，美国可以退出 WTO。比如说美国参加最近召开的北约的财长会议，就是“6＋1”这样的格局。再比如说特朗普决定把美国驻以色列的大使馆搬到耶路撒冷，据我了解是“167＋1”，168 个与以色列建交的国家，只有美国一个国家做了这样的决定。我就在想美国还能退什么呢？

美方：

TPP。

陈文玲：

那是美国在区域方面的，我还没讲到。我想，再退可能就要退出联合国了。我认为美国的这种做法，实际上对于国际上“二战”以后形成的国际秩序、国际规则是非常漠视的。美国的安全战略报告把中国指责为修正主义国家，实际上现在对国际秩序、国际规则最大的修正者不是中国，而恰恰是美国。

第三，我认为特朗普的这些政策和这些做法，实际上对地缘政治、经济、外交都产生了很大的负面影响，在这方面美国也是很失分的。比如您刚才说的美国退出 TPP，这是上任总统奥巴马最大的政治遗产，特朗普上任的第一天就把它废掉了。比如说重启北美自贸区谈判，对参加北美自贸区长达几十年合作的墨西哥和加拿大都会产生很大影响。

比如说美国原来的大西洋伙伴关系现在已经搁置了，TTIP 作为美国上一任总统推进的战略也被束之高阁。美国与他的盟友，包括韩国、日本现在也都在重新进行贸易谈判。日本、印度、澳大利亚等很多美国的盟友国家，原来对特朗普亦步亦趋，特别是安倍晋三首相，还不惜与中国进行对抗性博弈。比如说莫迪总理访问美国之后即爆发了中印边境的洞朗冲突。但现在这些国家都在反思，跟着特朗普走对不对，这个大方向是不是错了。

美国有 68 个盟国，这些盟国现在也没有那么“盟”了，这种盟国关系和以前的美国与盟国的关系也在发生变化和调整。我觉得现在这些国家都在看，看什么呢，看特朗普这样下去到底能支撑多少天。尽管特朗普采用了很多经济手段，使美国现在经济正在复苏，或许繁荣，但是你把一个国家的复苏和繁荣建立在损害别的国家利益基础之上，你在全世界得到的是什么？当然将是发自维护自身利益的共同行动。

中国采取的是结伴不结盟的外交政策，现在已经和 90 个国家建立了各种伙伴关系。我认为中国的主张是正确的，中国的方向是正确的，而特朗普现在和那些强硬派，是把美国在向后拉，力度越大，美国后退的速度就越快，对美国国际影响力是一种极大的损耗，会加速美国向下的这个历史周期。

第四，也是最重要的，我觉得特朗普不太聪明，在某种程度上他这种天真或率性，会造就一个时代的悲剧。刚才您说似乎特朗普总统和习近平主席的关系还不错，我们原来也是这样认为的。我觉得习近平主席作为一个大国的领袖，保持了相当的包容、宽容以及容忍。在习近平主席努力地把中美关系拉回到正常轨道的实际行动中，我个人认为在某种程度上特朗普总统是非常虚伪的。他每次发推特的时候，而且一到关键时候就发推特，第一句话就说他和习近平主席是很好的朋友，保持着很好的工作关系和个人友谊。但是中国人民不太明白，既然是“最好的朋友”，你为什么还专门打击“最好的朋友”呢？你的这个“最好的朋友”到底是你的朋友还是你的敌人？

美方：

特朗普真的不在乎。我们今天来是想讨论中美的贸易关系，并不讨论特朗普地缘政治上的问题。

陈文玲：

没有关系。贸易问题和这些问题都有关联，所以就想从这些方面也说说我们的观点。在国际贸易问题上，实际上特朗普也陷入了很大的误区，刚才我已经谈到了。在当前中美关系上，他陷入了最大的误区。我认为中国是希望中美合作，合则两利，斗则双输，贸易战两败俱伤，在这个方面，我认为这是中国和美国最大的不同点。

美方：

我与我的同事都持有这样的观点，美国是从国际化中受益的，美国是从与中国的贸易中受益的，美国是从参与 WTO 中受益的，而特朗普并不这么认为，他是一个疯狂的人，我们也是这么认为的。所以，更多的讨论并不能帮助我们理解他是如何到达这一步的，也不能预判未来的发展。

陈文玲：

我非常赞成您的观点。我们去年 6 月 14 日、15 日在纽约和亚洲协会也有一次智库对话，在这次对话会上，中美有很多的专家与您持有相同的观点。我们认为，中美两个国家如果深化合作的话，给世界带来的能量是巨大的，而且对美国的好处也是巨大的。中美两个国家 GDP 总量占到全球 40%，制造业产值占到全球接近 40%，贸易额占到全球接近 25%，人口数量占全球接近 25%。如果说占全球这么大比重的两个国家能够合作，整个世界格局将会随之改变。这两个国家的合作会带动世界经济复苏，推动世界可持续发展，会很好地解决国际贸易中的一些问题。

关于高科技之争，我也赞成您的看法，这可能是一个漫长的历史过程。但是您谈的看法中有一点我是不赞成的，科技成果是人类进步、人类创造的成果，它应该为人类所共享，或者叫分享。比如说第一次工业革命出现的蒸汽机，比如说第二次工业革命出现的电力，比如说现在的互联网，实际上都是科技革命的产物。当然，这些产物肯定不是发明者独有或独享，或者是发明者所在的国家独有独享，历史证明这些都变成了全世界的财富。

我们知道，中国科技发展水平与美国还有很大的差距，在很多的核心技术、核心零部件、共性技术、颠覆性技术等方面现在和美国还不是一个重量级，还处在学习和追赶美国的过程中。美国现在对中兴通讯的制裁，并不怎么样。其实，中国2017年从世界进口的芯片是2600亿美元，是我国所有进口商品中占比最大的，也是数额最大的一类商品。其中从美国进口是870亿美元，所以美国现在发起的高技术之争，限制美国高技术产品向中国出口，限制中国人到美国去学习，我觉得这是非常愚蠢的做法。

我个人认为，如果美国能够把高技术产品的出口放开，中美之间的贸易逆差就会变成顺差。因为恰恰这才是现在中美两国的产业结构互补性最强的，也就是说中国和美国差距最大的领域。我记得当年胡锦涛总书记访问美国的时候，凤凰台对我做了一个专访，当时就问了这个问题，问我对美国高技术产品对中国出口限制怎么看。这篇采访现在在网上还可以找得到，当时我的回答是，美国限制了高技术产品的出口，就失去了最大的一个中国市场。而如果美国扩大高技术产品的出口，能够形成一个庞大的市场，它既可以获得技术创新带来的垄断利润，也能够减少贸易逆差，更重要的是会激发美国继续创新的动力，使它不断地产生由于技术创新获得的垄断利润，获得不断有产品需求的市场。而美国一旦在此方面进行限制，那么即使你的技术再高端，反而会激发中国人追赶的决心、信心和脚步。

美方：

中国一直以来都是这个观点，但是我并不同意。

陈文玲：

对，美国政策一直没有改变，因为美国没有改变，所以我觉得这种贸易逆差的产生就是一个结构性的，中国在不断地要求美国放松高技术产品出口限制，但是美国始终都没有放开。所以，它的贸易逆差怎么会弥合？加上美元的输出，换回的实物商品，贸易逆差怎么会减少？美元是准国际货币，现在用美元做锚货币的国家达到85%，美元在外汇储备中占62%，那么用美元来购买各国商品怎么会是顺差呢？

肯定是逆差。

美方：

正如您所提到的，我们是如何走到现在这一步的呢？我们为什么到了这样一种境地，我们如果不能知道为什么，那我们也很难预测未来的发展。

当我和美国商界听众交谈的时候，我们讨论的不是政治问题，我们和跨国公司都持有一致的意见，我们都是倾向于开放的，但是我们需要了解整个事件的来龙去脉。的确，特朗普是疯狂的，但是我们也要和他做生意。中国的领导人需要意识到在过去的几十年里，全球的市场对中国都是非常支持的，然而现在他们的观念在改变，我们需要认识到自己做了什么使他们有了观念上的改变。

如果我们把一切都推到特朗普身上，那么当他离开的时候，我们会非常失落，因为没有什么大的改变。的确，下一任总统很大可能会重新加入《巴黎协定》，会对国际贸易组织更加友好，但是我们仍需要构建一个双向的交流通道，找出我们为什么走到了现在这一步。

陈文玲：

我觉得您说的这个问题非常重要，现在特朗普很有代表性，他是一个非常独特的人，具有很多看点，也有很多故事。但是特朗普卸任以后，下一届是不是会比特朗普对中国更加友好，这是我们需要深刻思考的。

我个人认为，我不代表任何人，如果是希拉里当总统的话，不一定比特朗普更好。因为她会“重返亚太”，而且 TPP 会很快达成，TTIP 也会启动，她的这些行为也都是要排斥中国的。我想希拉里可能从战略上对中国的遏制能力会比特朗普更强。所以，我觉得现在可能不是要研究一个“特朗普现象”，特朗普这样一个独特的人，他不可能永远执政。但是历史的脚步是不会停止的，还会继续向前，时代的潮流还会继续向前，所以我认为我们当前需要研究的最重要的问题，还是今后这个世界怎么办，中美关系怎么办，中国怎么办，美国怎么办。

我不认为中国做得十全十美，我也不认为中国现在就没有改进的空间。正如习近平主席所指出的：“中国的改革永远在路上，中国开放的大门永远不会关上，只会越开越大。”新中国成立的时候我们一穷二白，我们的钢铁产量不过是几十万吨。当时毛泽东同志提出来，如果我们能生产 500 万吨钢铁那就很了不起了。1973 年，美国的钢铁产量就达到了 1.3 亿吨，而中国那个时候才几百万吨。

所以，中国的这些产能实际上是通过国际产业转移形成的，大部分产能是转移过来的。我非常同意您刚才的说法，说美国是经济全球化最大的获益者，我也认为中国是经济全球化最大的获益者之一，但不是唯一。2001 年 12 月 11 日中国加入 WTO，在此之前中国经历了 15 年的谈判才进入 WTO 组织。WTO、世界银行、国际货币基金组织、联合国等国际机构都是“二战”以后美国主导建立的，这些国际机构在维护国际协调机制、国际秩序、国际规则方面发挥了重要的、持续的作用。

中国加入 WTO 以后，废除了 20 多万个法律法规，新建了 2000 多个法律法规，来适应中国加入 WTO，来适应这种国际规则。我们按照加入 WTO 的承诺开放了 102 个行业，今年 3 月习近平主席在博鳌论坛上又做了从四方面进一步扩大开放的承诺。所以，我认为中国虽然还有很多需要改进的地方，但是大的方向、开放的方向、前进的方向，是符合时代潮流的。

今天这个机会非常难得，我们特别感谢您谈了很多重要观点。弗莱德先生，我们对您提一点希望，就是能把我们的一些观点，您觉得可以接受的观点向您的同事，还有在美国社会进行一些宣传和推介。如果您能够见到特朗普先生，也请您转告一下我们的看法。

非常感谢！

美方：

我一定会这么做的。值得庆幸的是我的同事们和我的商业伙伴都是支持中国开放的，我会和他们进一步讨论。

陈文玲：

好的，谢谢！

美国特朗普执政一年干了些什么？
——与挪威驻华大使对话交流

（2018 年 6 月 5 日）

导语：2018 年 6 月 5 日，陈文玲总经济师在中国国际经济交流中心会见挪威驻华大使 Perdersen 先生，本文为陈文玲在会谈时的发言。

主要观点：①美国采用贸易制裁的方法、打贸易战的方法、国内规则替代国际规则的方法、把一国利益凌驾在别国利益之上的方法，中国是不能接受的；②特朗普上任后做了“退”“放”“减”“禁”“反”五件事。

陈文玲：

欢迎大使到中心来！北欧五国，我去过瑞典，但是没有去过挪威。我到瑞典去了两次，见到了当时的瑞典国王。后来瑞典国王到中国来，他启程之前复制了明代曾经到中国广州来运输商品的哥德堡号，依靠动力风帆使那条“古代的商船”漂洋过“海”又到了广州。广州市领导请他吃饭，我就坐在他边儿上。他跟我说，昨天他见到广东省的副省长，副省长告诉他广东省遭受水灾，他前两天去组织抗灾。他问影响大不大，副省长说，不大，不到 2000 万人。国王说，啊！他们国家才 900 万人。今天非常欢迎大使先生。北欧是一个非常美丽的地方，也是很有特点的地方。我想这次大使先生到中心来，肯定是有重要的问题进行交流。先请大使谈谈您的想法，然后我们再开始，好吧。

大使：

非常感谢您今天接待我们，我们对今天的会见一直都很期待。我们听说过很多您的事情，也读过很多您的文章。像您多次提到的，中国经济发展是中国未来的关键。在我提问之前，我想再一次说，我非常希望能邀请您访问挪威。因为我相信对于挪威来说，了解中国，了解中国的经济和金融情况非常重要。另外，挪威比瑞典美多了。虽然在您访问挪威时不能保证您能见到国王，但是我要说，国王和王后将访问中国，就在今年的 10 月底。所以我将邀请您参加为国王和王后举办的招待会，那时候您能看到他们两位。

我的同事龙博森曾经在广州挪威总领馆工作多年，我本人也有幸在 20 世纪 80 年代在驻华使馆工作过。80 年代的中国和现在完全不一样，自从邓小平同志提出改革开放的政策，我们看到了中国发生的巨大变化，但是如果在 80 年代有人跟我讲中国能发展到这样，我是不会相信的。中国的经济体量在 80 年代只占世界的 3%，但是目前占世界的 15%，这是极其巨大的变化。而且从人均国民生产总值来看，当时我记得中国是人均 100～200 美元，是非常小的数目，但是今天全国平均下来超过 8000 美元，这跟保加利亚和匈牙利两个欧洲国家的人均 GDP 的水平差不多。

当时从北京乘火车去上海要用 20 多个小时，但是今天只用 4 个半小时，这是非常令我难以置信的。而且，我觉得中国的经济社会发展是人类发展史上一个最伟大的奇迹，有 8 亿人脱贫，这不仅改变了中国，也改变了世界，包括挪威在内。我们看到最近中美之间发生一些问题，其后果会影响到我们所有人，所以我非常有兴趣了解您对中美关系的观点。包括上周末刚刚举行的谈判，您认为出路在哪里？下一步中美应该怎么做？我已经听说中国将取消一部分关税，并且进一步扩大外国在中国的投资，所以我想听听您这方面的意见。谢谢！

陈文玲：

首先非常高兴您能来我们国经中心。国经中心也不是政府的部门，是一个智库，大使先生对智库这么重视，我们觉得非常荣幸。大使先生对于中国经济的发展，特别是改革开放前后的比较，我觉得比我们很多中国人都熟悉。刚刚您讲得非常精辟、非常正确。

我左边这位是战略研究部的部长徐占忱研究员，右边这位是战略研究部的副研究员梅冠群博士，左边这位是战略研究部的研究人员田栋博士。他们都跟我一起在研究中美问题、“一带一路”问题及一些重大的战略问题。

大使：

我们对“一带一路”也非常感兴趣。

陈文玲：

正如您所指出的，在 20 世纪 80 年代初，您是想象不出来也不敢相信，我们跟您的感觉一样。当时我们也想象不出来，也不敢相信中国能有今天。习近平总书记在党的十九大上把这个过程，就是新中国成立之初到现在这个过程概括成九个字——“站起来、富起来、强起来”。

“站起来”实际上是毛泽东同志带领中国人民站起来，成立了中华人民共和国。“富起来”是邓小平同志提出改革开放建立了市场经济制度，使中国成为一个开放型的市场经济国家，使中国迅速发展起来。“强起来”是习近平总书记带领中国更加开放，通过改革开放能够实现到2050年中国共产党的目标、中国人民的目标，中国成为社会主义现代化强国。

我们在“站起来”的时候不被以美国为首的国际社会接受，但是后来也接受了，中美建交，中美两个大国之间回归到正常的国际关系的轨道。“富起来”实际上是中国在邓小平领导下融入国际社会的一个过程，也是中国不断地向美国、挪威这些发达国家学习，借鉴这些国家的发展经验，不断发展的过程。其实，我觉得“富起来”的过程应该感谢美国、感谢发达国家、感谢邓小平带领中国融入了这样一个国际体系。今年是改革开放40年，回过头看，没有改革开放就没有中国今天的发展，这是我们想象到的中国的发展与风貌。

所以，中国从自己走过的道路总结出一条非常深刻的道理，就是这个世界是一个互相关联的世界，这个世界是一个开放的世界，这个世界是一个包容的世界，这个世界是一个各个国家应该和平共处的世界。否则的话，这个世界上所有的国家都没有办法发展。习近平主席在今年3月海南博鳌论坛上讲，“中国开放的大门不会关闭，只会越开越大”。我们过去“富起来”这个过程靠的是改革开放，它是一个强大的推动力。今后“强起来”依然要靠改革开放的推动。

其实中国认为，各个国家都强起来，这个世界就强起来了。而不能说我强，你一定不要比我强，我觉得这样世界就永远不会发展。现在中国还没有真正实现“强起来”的目标，我们正在谋划未来到2050年中国要建设成一个强国，那是37年之后的事情。而在这个时候美国就有点沉不住气了。美国的一些政治家，包括特朗普总统，就在反思：“我们接受中国进入世界体系，我们帮助中国改革开放，我们使中国加入WTO，是不是我们做错了？我们是不是培养出来一个我们的敌人、培养出来我们的一个竞争对手?”所以，我认为特朗普总统是很虚伪的。他说“我跟习近平主席是好朋友”，每次在推特上都这样说，但是他专门打击好朋友，不知道是什么道理。

大使：

还好没和他做朋友。

陈文玲：

当他的好朋友带领一个14亿人口的大国摆脱贫困，靠着自身的努力不断地发展的时候，真正的朋友应该为此而骄傲、高兴、欢欣鼓舞。他到中国来访问的时候，中国以最高的礼节接待了他，习近平主席在故宫请他看了中国的传统文化，他把他小孙女用中文朗诵的诗歌展现给了中国人。中国人当时非常感动，说："特朗普总统真是太好了，对中国太好了，对中国文化太热爱了。"他那次来中国，一下拿到了2553亿美元的大订单，等于是中国给了他一个很大的礼包，他回去以后就开始炫耀在中国访问取得了巨大成功。但是对这个大礼包他只是瞬间感谢，紧接着就发起了贸易进攻。

如果说美国对中国向美国出口洗衣机、工具箱的制裁只是正常的贸易摩擦，那么后来他对钢铁和铝的制裁就带有贸易冲突的味道。中国出口到美国的钢铁只占到了出口国的第11位，占美国进口钢铁总额的2%左右，占中国的钢铁产能不到1%，实际上是微不足道的。但是特朗普让各个国家向他提出豁免的申请，连续豁免了八个国家和地区的进口关税，就是排在前八位向美国出口钢铁的国家和地区，最后剩下了中国、日本和韩国等少数国家。我觉得这个时候特朗普应该感觉非常爽，因为各个国家都向我申请，我成了世界老大。中国没有申请，虽然占的份额小，但是我一定要制裁中国。

更为严重的是，在对钢铝的高额征税之后美国推出按照国内《1974年贸易法》第301条进行的"301调查"报告。"301调查"报告错在三个方面：一是用过时的、落后的《1974年贸易法》的第301条作为制裁中国的依据，这个制裁的依据错了，因为这是美国国内法律，不能替代国际法和国际规制作为制裁的依据。二是这个报告加了1339个脚注及5个附件，这些脚注、附件有很多地方都是不准确的。引用了很多"似乎""好像""也许"和"听说"这种形容词，不能作为认定事实的依据。三是已经从贸易之争转向对中国国内政策的批评，对中国国内政策以及执政方式的制裁。比如批评"中国制造2025"，那就是指向中国政府引导中国制造业转型升级的指导性文件，但是，美国有什么样的权利对中国政府的文件进行制裁呢？

大使：

您刚刚说的是2025还是2050？

陈文玲：

2025，"中国制造2025"，这是中国国务院的一个文件。类似这样的文件，美国出台的比我们多得多。比如说克林顿时期的信息高速计划，奥巴马时期的先进制造业计划、重振制造业计划以及特朗普现在的国家创新计划。美国的科技创新、产业计划比我们定得早，我们是向美国学习的结果。那么如果我们也制定一个国内法律，然后根据中国国内法律制裁美国制订的这些计划，这样行不行呢！

我今年3月下旬到美国与美国智库有关专家讨论这些问题的时候，他们其中有一些专家曾经参与“301调查”报告相关工作。据他们说，当时他们提出的建议是对中国相关300亿美元产品增收25%的税收。特朗普总统看了以后说：“不行，太少，至少加一倍。”我认为特朗普很有随意性，一拍脑袋就是600亿美元。后来他的团队姆努钦带队到中国，来之前特朗普又提出来500亿美元不行，还要加上减少顺差1000亿美元，紧接着又增加1000亿美元。要求2018年要减少1000亿美元，2019年还要1000亿美元，要增加对美国的进口。他说2018年要减少1000亿美元，加上这500亿美元，也就是1500亿美元，要从美国至少进口75%的商品。2019年要减少1000亿美元的逆差，至少要从美国进口50%。

我认为美国最重视的是几项商品的出口，排在第一位的是能源，他希望中国从美国扩大能源进口。因为2009年中国成为世界第一大能源消费国，2017年能源消费达到了30.43亿吨。中国能源消费2030年可能会达到峰值，对外依存度将占到80%。2011年美国成为净出口国，国际能源署发表的报告预测，2017—2020年全球石油消费将增加370万桶，其中美国能源在这个区间就可以增长300万桶，基本上能够满足国际社会的需要。2017年全球石油消费每天增长170万桶，而美国每天的产量就增长200万桶。我觉得，特朗普不愧是一个成功的商人，也是一个狡诈的商人。

所以特朗普是想做笔大的生意，我觉得他是在布大局。比如说他退出《伊核协议》，实际上是要断掉伊朗出口石油的渠道。所以现在特朗普是想将来把他的能源做成一笔大买卖，而最大的需求国和消费国就是中国，最大的市场就是中国。特朗普压制中国增加进口减少逆差，其中第一个最主要的目标是想把他的能源倾销到中国市场。第二个大的商品我认为是美国的大豆。2017年中国进口大豆9950万吨，是全球最大的大豆进口和消费市场。原来我们80%从美国进口，因为美国不靠谱，特朗普执政现在这种不确定性，中国企业更多选择从巴西进口。因此现在从美国进口的大豆不到40%，其余是从巴西和其他国家进口。但是对美国来说，其实大豆种植的相关就业人口并不多。美国的豆农是2.5万人，相关的人口是8.5万人，总共涉及11万人，但是分布在7个州，基本都是特朗普的“票箱”。第三个是美国出口的波音飞机，波音飞机集团预测到2030年中国还需要进口6000架飞机。我们如果减少从波音进口，必然从空客增加进口。要减少贸易逆差，美国必然要求我们从美国进口飞机。

我认为，如果两个国家非常友好，以互利共赢的态度处理相关问题，中国市场需要，可以扩大从美国进口，也可以扩大从世界各国进口。但是美国用这种贸易制裁的方法、打贸易战的方法、蛮不讲理的方法、国内规则替代国际规则的方法、把一国利益凌驾在别国利益之上的方法，那么中国肯定是不接受的。更为关键的是，对特朗普总统的评价，我们中国老百姓都会说这句话了——“他翻脸比翻书还快”。在美国发出单边制裁之后，中国表达了强硬的态度，绝不退让。一不怕，二不躲，三奉陪到底，也制定了对美国出口中国500亿美元相同等额的商品征税，包括对大豆等其他商品的制裁方案。所以特朗普派出了以姆努钦财长为首的七个强硬派到中国来谈判，只是形成了再谈的共识。

受美国政府的邀请，5月17—18日国务院副总理刘鹤又带队到美国谈判。双方发表了共同声明，声明中明确指出中美之间不打贸易战，互相之间不加征关税。但是在6月2日商务部部长罗斯到中国之前，5月29日特朗普总统又发推特宣布要对中国500亿美元商品加征25%的税收，6月15日施行。所以，连中国的老百姓都很惊讶，一个大国的总统怎么能这样呢？一个国家的总统言而无信，这个国家还怎么治理呢？这个国家还有没有希望呢？所以这次6月2日罗斯部长到中国来，中美谈判之后，中方发了一个非常简短的声明，表示中国愿意扩大进口，中国愿意相向而行，中国愿意保持中美关系向好的方面发展。中国同意对农业、能源等商品的进口，具体细节进一步商量。但我认为声明中最重要的是最后一句话，即“如果美国出台加征关税在内的贸易制裁措施，中国所做出的所有承诺将不会生效”。所以从整个过程来看，中美的经贸关系包括中美关系，中国一直在努力、在忍让，在推动中美关系回归正确的轨道。

我看有关评论说，特朗普总统得了“精神分裂症”，他实行的政策是精神分裂式的政策。这个话不是中国学者说的，是美国卡特研究所的一个资深研究员说的，他文章的题目就是《美国精神分裂式的政策》。中国在中美关系的处理上想保持斗而不破，如果中美两个国家真的分道扬镳、对抗性博弈，那么就会对世界经济、政治，甚至是世界和平带来很大的影响。从2017年4月习近平主席到美国访问与特朗普总统在海湖庄园会晤以来，中国做的第一件事情就是制订“百日计划”，增加从美国进口牛肉、能源、飞机。中国紧接着制订未来一年的计划，研究未来怎样推进中美的经贸关系发展。所以我认为，中国政府该做的都做了，不该做的也做了，比如说对特朗普的性格和多变政策的包容，始终就没有说因为你说话不算数我怎么怎么样，我们反对单边主义，但只要你要谈判我还会跟你谈。所以，中国该做的都做了，不该做的也在做，都是为了向着一个方向——使中美两个国家能回归到正常的对话轨道，努力推动中美合作共赢。

我们中国有句话叫“敬酒不吃吃罚酒”，我看美国特朗普和周边的鹰派就是这样。处理问题有先发制人，也有后发制人，我觉得中国没有先发制人，但是我们一定会后发制人。而且从全世界来说，我认为美国现在在道德、道义和规则方面也陷入了孤立。在中美贸易冲突中，美国1100多名经济学家联名写信给特朗普总统反对贸易战，117个行业组织联名反对贸易战。高盛的一位研究者在他的报告中说，美国如果发动贸易战，美国股市就会崩盘。

我认为对特朗普这种非理性的粗暴的贸易战，全世界都是很反感的。以前跟美国跟得很紧的日本，最近非常明显地和美国开始保持距离。日本财长在G7会议上说，美国的单边主义对任何国家都没有好处，他已经明确表达了反对这种单边主义的做法。法国财长在G7会议上说，现在G7是G6+1。G6是一致的，“1”即只有美国不一致。俄罗斯近两天已经公布了，禁止从美国进口食品。印度总理莫迪先生和习近平主席4月底在湖北武汉东湖进行了会晤。上周在新加坡香格里拉的会议上，莫迪总理发言明确指出，不应针对世界上任何一个国家做出威胁。欧盟近两天决定对美国出口到欧洲的珠宝、威士忌、汽车玻璃、电信服务、牛肉加征关税。加拿大近两天宣布对进口美国的钢铁、威士忌、橙汁、食品加征关税。墨西哥宣布对进口美国的钢铁、农产品、猪肉、苹果、葡萄加征关税。所以，我想这就体现了一句话，也是中国的一句古话，即“得道多助，失道寡助”。所以说，中国并不孤单，中国不是在孤军奋战。美国政府现在在特朗普带领下已经成为一个交易型政府，他把美国变成了“美利坚合众国有限责任公司”，他是董事长。有一篇美国学者的文章说，特朗普正带领美国大踏步迈向19世纪。

大使先生，我概括了一下特朗普上任一年多做的一些事情，我认为用几个字可以概括。

第一个字是“退”。退出《巴黎协定》、退出联合国教科文组织、退出TPP、退出《伊核协议》，还准备退出联合国人权组织，也叫嚣如果WTO不能反映美国的公平贸易的要求也可以退出WTO。我想如果再退可能就退出联合国了，联合国退出之后，可能要退出地球了。特朗普想这个地球太不公平了，为什么不能以特朗普作为世界之王呢！

第二个字是“放”。他在国内实际上代表了商人的利益、资本家的利益、财团的利益。他一是放松了金融管制，废除《多德—弗兰克法案》，这代表了美国金融资本家的利益。二是放松了军事武器的销售限制，就是放开军售的限制。美国向99

个国家销售武器，占全世界的34%。我们看到叙利亚被轰炸、伊拉克战乱、伊核战乱，全世界各个国家都很担忧，这种战乱会给世界和平带来挑战。但是特朗普很高兴，特朗普认为他是美国最成功的军工产品的推销商。他说他是在全方位、全天候推销军火产品。他还触碰了中国政府的最底线，扩大向中国台湾销售军事武器，通过“台湾旅行法”，在某种程度上扩大了与中国台湾的武器交易。他直接代表了军火商的利益。三是放松了环境监管。在他的经费支出方面，最大的压缩部门就是环保部门。他说要恢复化石能源的生产，为此不顾所有参与国家退出《巴黎协定》，不受全球形成的关于环境治理共识的约束。四是放松了药品监管，代表制药商的利益。原来我们知道美国 FDA 是对药品监管最严厉的部门，这个部门非常有战斗力。但现在他说，美国这些药品可以不考虑功能，只要这些药品安全就可以上市。另外，对于现在试验阶段的药品，他最近立法试验阶段药品也可以应用，只要是你有特殊需要。当然这也有利有弊，可能有些需要救命的，正好赶上试验药品也有可能有用，但总的来说是在放松对药品的监管。美国的药品销售占全球的50%，但美国人的预期寿命现在比中国人还短。中国去年人均预期寿命达到76.34岁，美国才74岁。

第三个字是“减”。一是减税，当然减税会产生虹吸效应，会给美国经济带来一些正面的东西。二是减少承担的国际责任和义务。回归到美国至上、美国第一，所有的东西都服从于美国的主要目标。三是减少公共产品的供给，包括对世界和平、安全、扶贫等方面的公共产品的供给。

第四个字是“禁”。一是禁言。现在特朗普的禁言比历届总统都要厉害。他周边的这些高层管理者一言不合就被免掉了。据说副总统彭斯专门组织了一个班子，收集全世界和美国国内表扬特朗普的话，而且听说特朗普同时要看四部电视，看看全世界和国内对他的反应，特别是表扬。白宫150个编制，现在只有60个岗位有人。换掉了22个主要政府部门的负责人，不到一年更换率高达40%。二是禁穆。禁止穆斯林进入，这个大家都知道了。三是禁墨，禁止墨西哥人进入。我们3月到美国的时候，他们讲美国的预算，今年要修500千米，加固612千米的“长城”，加起来是1100多千米，这墙要达到8~9米高。四是禁止高技术产品出口，尤其是向中国出口。拒绝全球更多的国家和地区分享人类科技进步的成果。

我们中兴通讯这个企业，大家都知道它有8万多员工，由于它在美国成立的一家公司违背了美国的法律，向伊朗出口有些产品，其中有美国供应的零部件，美国对它进行了8.93亿美元的罚款，现在又涨到了15亿美元，并且禁止向中兴通讯出口芯片。最近美国还修改了一些中国留学生进入美国的规定，像机器人、电子通信设备等专业已经禁止向中国学生开放。这种“禁”实际上是要切断国家与国家之间的经济联系。

第五个字是“反”。我觉得如果说“反”的话，全球可能都有共识。一是反经济全球化进程，采取保护主义、民粹主义、封闭主义的做法。二是反贸易的自由化、便利化，本来这个大旗是由他扛着，现在他已经累了，不扛了。三是在国内反建制、反精英、反政治正确。四是反现有的国际秩序、国际规则和处理国际关系的一些准则。总的看来，我觉得还是违反了历史发展的规律、经济发展的规律。所以我非常为美国惋惜，美国本来是一个头号强国，应该在国际上起到更多的引领作用，但它恰恰是在走向反面。

今天能和大使先生就大使先生非常关心的中美问题比较完整地谈一谈我们对美国当前以及特朗普总统还有中美经贸关系的看法，我们也感到非常高兴。谢谢！

大使：

谢谢！非常感谢您为我们深刻地讲解了中美之间的关系以及贸易关系，也感谢您这么清楚地向我们介绍了中方的观点。在我去年9月搬到中国以前，我在纽约生活了五年，所以我很荣幸和特朗普先生住得挺近。人们普遍认为他已经达到了他的顶点，已经过了他的顶峰，他在事业上已经达到最高点，已经变成一个历史了。大家知道的，他开始竞选总统，他自己也不相信能被选为总统。原因就是他自己也承认他对于美国和世界的了解还是很肤浅的。在他后来的竞选活动中就能清楚地看到，他对这个世界既缺乏兴趣也缺乏知识。

我也看了几乎全部的共和党候选人之间的一些电视节目，能够很清楚看出来特朗普本身就是霸凌，他对他自己共和党的同事也不尊重。有一次在当选之前他说，他可以走在第五大道上随便杀一个人，但是他的支持者还是会支持他。所以我觉得特朗普当选就反映了美国在政治、经济和社会存在的危机。这包括不平等，以及在过去30年美国工人的实际收入都没有增长，还有就是占社会总人口的1%以及这其中的1%的人占据了社会最大部分的财富。

在这期间美国老百姓付出了代价，不管是医疗、教育还是住房，都越来越贵。所以美国的工人阶级和中产阶级都深刻地感受到他们正在失去，他们也确实正在失去。但是悲剧的是人们认为特朗普先生是能解决这些危机的，但实际上我认为他是加深了这些危机，而且看上去，他的人生中只有两个信条，一个就是反对移民，另一个就是保护主义。所以，特朗普当选总统，我们在这个历史过程中，现在处在一个很困难的时期。而且还要指出的是，他本人也愿意被大家认为是一个无法预测的人。令人无法预测，这是他自己的一个商业模式。就是既要不可预测，又要霸凌，而且爱吹牛。

这就给世界上的其他人带来了巨大的挑战，我们应该如何应对他？因为他已经拥有了真实的力量，所以他的行为会带来真切的后果，不管是贸易战还是真正的战争，这就要求我们大家要使用智慧来应对。在这方面，中国需要扮演一个领导的角色，不管中国愿不愿意。目前对于世界上其他国家来说，非常重要的一点就是，我们可能比较容易地去了解美国，但是了解中国相对比较困难，中国是一个相对来说不是很开放的社会，所以如果现在我们互相之间不了解的话，也许对中国或世界来说就是“后院起火”。

现在的挑战是，当然特朗普是一个非常极端的人，但是就他所推崇的东西，现在在欧盟、日本也有人持相同的观点，他们认为在经济和金融发展方面中国并没有进行平等的竞争，缺少对等和公平等。当然，也许从中国方面看是完全不同的观点，但是非常重要的是中国要了解这种状况，也就是特朗普的一些行为可能在其他人那里会得到一些共识。就像您刚刚指出的，特朗普的许多做法是对国际秩序的挑战，这也是为什么中国和欧盟希望在现有的国际秩序内共同寻找一个解决的方案。我们也注意到，中国已经发出过几个声明，都是非常具有意义的。但也有人说，我们看到了中国现在的发展趋势，也希望中国所有的改革政策能够执行，能够真正达到对等并获得平等的待遇。

所以，这些看法还是很重要的。像您刚才的观察就特别重要，您提到中国的崛起使一些国家害怕，它们觉得中国现在已经非常强大了。我知道，美国现在还是比中国更强大的，但中国到了2050年也会变成一个非常强大的国家，尽管对于中国来说还是一个很长的进程，但现在已看出美国开始找中国的麻烦了，在技术转让、技术创新方面都找麻烦。所以说，对事情的看法、对世界的看法是很重要的。我认为对于中国来说，不仅要和美国展开坦诚和深入的交流，也同时要和其他国家，如欧盟、日本和东盟国家进行这样的交流，不然的话，大家可能都会有大麻烦。

像您刚才指出的，关于钢材进口，美国也豁免了一些国家，但是将中国、日本和韩国排除在外，其实我们挪威也被排除在外，因为挪威不是欧盟的成员国。所以这也证明了我的观点，就是我们必须要加强互相的理解，共同保护目前的国际贸易系统。我认为，这个系统在过去30~40年中一直还是比较成功的。您刚才也提到了中国和美国之间就能源和农产品进行的交流，挪威是一个能源大国，这方面的合作对我们来说也很重要。我们知道6月12日特朗普将会见朝鲜年轻的领导人，6月15

日是美国对进口钢铝征关税的最后截止日期了，所以未来的几周就是非常关键的时候。如果他们高峰会谈得好，我们就没有这个进口税了，但是如果谈不好，我们就会有这个进口税。再一次非常感谢您！

陈文玲：

您是把“特金会”和中国关税联系到一起了。

大使：

在特朗普的脑子里也许是这样的。

陈文玲：

非常感谢！您刚刚谈的很多观点我也非常赞成。特别是您提出来的，中国不仅要与美国对话、沟通，也要重视与欧盟、日本、东盟的沟通。其实我也发现，欧盟28个国家，英国脱欧以后还剩27个，毕竟欧洲还有很多国家没有加入欧盟，但这些国家也非常重要。像挪威，是北欧的第一产油大国，贸易潜力还是非常巨大的。挪威的造纸、造船、水电、化工、木材产业都很发达。2017年挪威还被评为“世界上最幸福的国家”，所以我们也真想了解最幸福的国家是什么样。中国去年是50亿旅游人次，未来几年会越来越多。我们去年出境旅游是1.3亿人次，未来5年会有7亿人次到国际上旅游，希望这个最幸福的国家成为最有吸引力的国家。

大使：

挪威和德国差不多大，但是德国有8200万人，挪威只有500万人，所以挪威还可以接纳更多的中国游客。我一个朋友说1949—1979年，中国每年只有10万人出国。您现在说每年有1.3亿人次出国？

陈文玲：

我想未来还会更多。中国很多人都读过《挪威的森林》，如果宣传力度够大，让更多的人知道挪威，我想到挪威的中国游客会越来越多。

大使：

谢谢您！除了中国游客，也欢迎中国的商界到挪威投资。除此之外，也希望加强学术间的交流。最近挪威所有大学的校长组团来中国访问，非常成功。除了世界向中国学习成就之外，中国的学者和智库人士也可以多了解西方不同的模式，在北欧有北欧的模式，在南欧有完全不同的模式，而美国的社会模式又完全不同。在北欧，我们认为我们是建立了历史上最先进的福利制度体系，在挪威不平等的差别还是非常小的，相比中国有一些人说挪威更像是社会主义国家。原因之一就是设定了很高的赋税，我们必须要缴税才能维持公众的福利，包括免费教育、免费医疗。但我想这样中国人理解起来会更容易一点，当然这是另外一个话题了。我希望今后继续有机会和您交流，同时我也希望挪威智库能与贵中心建立往来。

陈文玲：

非常感谢！我觉得您后面说的这些更为重要。除了游客，你们也欢迎企业家、投资者，更高层次应该是智库、学者之间的交往，我们可以共同探讨一些面向世界的带有规律性的理论和观点，在引导世界舆论方面发挥更大作用。同时，挪威创造的很多经验也值得中国学习，而且挪威这个国度2017年被评为最幸福的国度，我想肯定也有很多值得我们学习的东西。

大使：

谢谢您今天拨冗会见我们，我希望很快再见到您。

陈文玲：

谢谢，我们也期待着！

中美贸易战关乎全球经济和人类命运
——与澳大利亚驻华公使裴丽莎女士对话与交流

（2018 年 5 月 11 日）

导语：2018 年 5 月 11 日，中国国际经济交流中心总经济师陈文玲会见澳大利亚驻华公使裴丽莎女士一行，双方围绕中澳关系、中美关系、经贸合作等问题进行了深入交流。

主要观点：全球命运之争集中在了五个大的理念方面：是开放还是封闭，这关系到人类的命运，关系到经济全球化的发展；是前进还是后退，是向前走，拥抱未来，还是向后退，墨守成规；是单边主义还是多边主义；是霸道还是王道；是面向未来，构建人类命运共同体，还是把一个国家的利益凌驾在全球利益之上。

陈文玲：

从经济上来说，中澳的经济互补性很强，澳大利亚是中国最重要的贸易伙伴之一，而且两个国家友谊源远流长。但是最近在中美关系发生一些变化的情况下，澳大利亚的态度也发生了一些变化，我们也关注到这一点，所以我想知道你们这一次到 CCIEE 来，主要想聊一些什么话题。也想就我们关注的一些问题，和你们进行交流。

公使：

非常感谢您能在百忙之中抽时间与我们见面，感谢您的团队与我们见面。CCIEE 是中国最重要的智库之一，也是和澳大利亚有很多工作往来的一个智库。澳大利亚政府与 CCIEE 之间有长久的友谊和关系，而且我一来到中国，就了解到 CCIEE 已是一个有非常深入研究的机构。张晓强先生在与澳大利亚国立大学的合作研究方面，扮演了非常重要的角色，中国与澳大利亚所发布的联合研究报告是非常有影响力的一份文件。陈教授，今天我想跟您讨论两个问题：一是在美国和中国摩擦大背景下，讨论一下相关的议题。二是想与您讨论一下澳大利亚和中国之间的贸易，向您进一步更新和汇报一下目前两国双边关系的状况。此外，如果您有任何感兴趣的问题，我也可以跟您进行进一步讨论。

陈文玲：

请公使女士先谈一谈您对这两个问题的看法。

公使：

我们可以先来谈一下中美贸易摩擦的这个大背景。中美贸易摩擦升级的问题，也是让澳大利亚非常担心的，因为这是全球两个最大的经济体，中国是澳大利亚最大的贸易伙伴，美国又是澳大利亚最大的投资国。我们有两方面是比较担心的，一个是在流程方面，另外一个是在实质问题方面。

两国高层，从总理到贸易部部长，到外交部部长都清晰地指出，中美之间贸易摩擦的升级，是不会有任何未来的，这不利于中国，也不利于美国，更不利于全球。我想说，这个世界上没有哪一个国家能比澳大利亚更加支持世贸组织，更加支持多边贸易，以及贸易投资的自由化。我国最高层的领导也清晰表达出我们的担忧，那就是美国在利用他们的国内法，而非国际法来推动。在过去几年当中，在很多这种多边的场合，包括 APEC，包括东盟峰会，还包括二十国集团峰会上，澳大利亚都大声提出支持多边机制，而且我们就美国在 WTO 争端解决机制当中，也向 WTO 提出了严正的声明和反对。所以在这种大背景下，在很多的问题上，我们的立场是很清晰，也是一致的，而且我们在一些问题的处理上，也是和中国有共同点的。

在实质的问题上，美国提出了他们对中国的一些担忧和关切，实际上和澳大利亚的看法是不太一样的。中澳之间的经济互补性非常强，我们的经济结构不同于欧洲，也不同于美国。所谓经济结构不同，是指我们经济结构当中有一些产业并不会与中国形成很强的竞争，美国对中国最关切的当然是中国高科技产业，但是澳大利亚这个产业的规模并没有达到同样的水平。正因如此，中国和澳大利亚才能够达成中澳自贸协定，而且这也是中国所签署的质量最高的一个自贸协定。我们一直在说要请中国加速贸易的自由化，我们也承认在过去 20 年间，中国在这一方面取得了非常大的进步、长足的进展。虽然澳大利亚的企业一直对中国的知识产权保护、技术转让表达出一些担忧，但是我们也认为中国尤其是在知识产权保护，以及打假的问题上，已经取得了很大的进展。我们在广州有一个澳大利亚最大的服装厂，在中国有澳大利亚最大的一个红酒出口商，这两家企业与中国当地的公安部门在反造假方面已经取得了很大的成绩，而且违法违规的人也受到了严厉的惩罚和处理。所以，如果说所有事情的进展都符合我们所预期的安排，应该说未来的进展会更多。但是目前有一些问题处于停滞状态，主要是因为中国政府在澳中双边关系上的一些态度。因为澳大利亚与中国在政治体制、历史文化上都是有差异的，所以说不可能在每个政治问题上都达成一致。

在过去8~12个月的时间，我们与中国政府在一些政治问题上一直都没有达成一致，大部分还是在南海问题上。我们一直在尽量与中国政府保持沟通渠道的畅通，这样才能够保证在有差异的问题上，我们能够一直保持沟通。我们很担心中国政府正在采用一些方式，切断我们与中国政府的政治接触，这也让我们比较难见到中方这些政府官员，而且有一些证据显示，因为我们之间政治上的观点差异，中国采用了一些经济上的威胁，或者是胁迫。其中有两个例子：一个是中国政府在各大网站上，包括中国驻澳大利亚大使馆和领事馆，以及中国教育部的网站上，都发布了一些消息，警告在澳大利亚学习的中国学生要注意安全。看到这种安全警告发布，澳大利亚也是非常吃惊，因为澳大利亚历来都是一个非常安全的国家，而且从澳大利亚返华的这些学生，对在澳学习的经历感觉都非常好，这也是中国的家庭愿意把学生送到澳大利亚学习的原因，所以我们觉得这种发布安全警告的做法，是比较极端的，因为像美国这样的国家校园会发生枪击案，但是中国竟然不会发出对在美学生的安全警告，所以我们觉得这种警告对澳大利亚而言并不基于事实。

另一个是很多澳大利亚的出口商历来都在中国信誉很好，但是近年来总是受到海关严格的审查。比如说他们的清关总是遭到延迟，或者总是需要支付一些额外的费用。我们一直在向中国政府表达我们的一个看法，就是澳大利亚愿意与中国长期保持建设性的关系，并且是一种基于互相尊重和信任的关系，我们也希望能够通过打开沟通的渠道，把一些差异的问题谈开。

但是我们对于两国双边关系重返正常轨道，还是非常乐观的，下个星期贸易部部长就会访华，这也是今年他第一次来到中国，我们希望以此为契机，重新打开我们两国对话的渠道，并且以此为机会，寻找我们两国的共识。我们也一贯声明支持中国的改革开放，以及贸易自由化的进程，但是如果双边在政治上出现了一些困难，那么这一点做起来会比较难。谢谢！

陈文玲：

非常感谢您非常坦诚地谈了看法，您关心的问题也是我们关心的问题。现在整个世界处在一个重要的十字路口，全世界都在经受一场考验，是向左，向右，还是向前，向后，这决定了人类的命运。这不是中澳两个国家之争，也不是中美之争，我觉得是人类命运之争，实际上全球命运之争集中在五个大的理念方面，这些理念指导行动，会走出完全不同的道路。

第一个问题，到底是开放还是封闭，这关系到人类的命运，关系到经济全球化的发展。澳大利亚是开放型的经济体，中国今年正好是改革开放 40 年，经过 40 年的努力，中国也已经成为一个开放的经济体。中国加入 WTO 以后，全面履行了对 WTO 的承诺，102 个行业全部放开，我们现在正在推动对外开放迈向一个新的台阶。习近平主席在今年 3 月的博鳌论坛上，明确提出了中国下一步改革的方向，从四个方面推进中国更高层次的开放。这些开放的措施有的是对 WTO 做出的承诺，有些是我们超出了对 WTO 的承诺。习近平主席、李克强总理在多个国际场合明确指出，中国改革开放的大门不会关上，只会越开越大。中国现在正在进行商务制度改革，改善投资环境，还在进一步放宽外资投资的限制，如在船舶、汽车、金融领域放开限制，取消一些领域的股比限制，我认为中国实际上在做的开放措施更多，在进行更艰苦的努力，来建立一个完全开放的经济体。

但是美国现在是在向回走，是在走封闭、孤立、保护主义的道路。如禁穆令、在美国与墨西哥之间修墙、切断全球供应链、对进口商品高额征税，现在这种封闭主义已经在特朗普政府发挥到了极致。我注意到 5 月 8 日在 WTO 组织有一场辩论会，是中国和美国两国驻 WTO 大使非常激烈的辩论，辩论之后有关国家发了言，我关注到澳大利亚也发了言，对贸易的便利化、自由化和开放表示支持。

第二个问题，是前进还是后退，是向前走，拥抱未来，还是向后退，墨守成规。中国是 13.9 亿人的人口大国，要让将近 14 亿人能在衣食住行上有保障，难度是非常大的。中国在近几十年，使几亿人脱离了贫困，中国脱贫减贫的人口占到全球脱贫总人数的 76%。中国要想使近 14 亿人生活得更好，它肯定要向前走，不会向后退，肯定是要把中国建设成一个现代化的强国，与世界上发达国家一样。澳大利亚也属于发达国家的行列，中国的目标是向发达国家看齐，是向前走，是让人民生活得更加幸福。在党的十九大上，习近平总书记做了 32440 字的长篇报告，描绘了未来中国要走向何方，就是中国到 2035 年要基本实现社会主义现代化，到 2050 年要建成社会主义现代化强国。这个目标和表述实际上在以前的中国共产党的文件中也有，就是达到中等发达国家水平，而现在的描述是建立一个社会主义现代化强国，它的意思我想都是一样的，就是要把中国变成一个发达的国家。占全球人口 1/5 这样一个大国，能够成为一个发达国家，这是一件全世界的幸事，对全世界不是威胁，对全世界是一个天大的好事。但是美国恰恰认为这对其形成了威胁，它把中国未来的目标当成了中国的现在，中国要实现未来的目标还要经过 37 年的努力，而且中间还不能出现大的问题，如果一旦出现问题，类似于美国现在这样想打断我们的进程，从各个方面进行制裁，那么我们的目标实现还要打一个问号。我们的外部环境，或者说我们内部发生了一些变化，我们还不一定能够实现这样的目标，我们是要竭尽全力实现。现在我觉得美国过早把中国当成了竞争对手，中国是在向前走，美国力图把中国向后拉，在前进或者后退这个问题上，中美之间产生了很大的冲突。

中国向前走就必须实现产业的转型升级。中国的制造业产值占到全球制造业产值的25.5%，这么大的一个规模，长期以来处于产业的中低端。我们的劳动力价格非常低，同时中低端产业消耗了大量的资源能源，造成了我们水的污染、空气的污染、土壤的污染，这一系列的问题都需要解决，所以中国产业结构调整不是针对哪一个国家，而是针对中国自身存在的问题。中国需要调整产业结构，调整一次产业、二次产业、三次产业的结构，需要调整制造业的结构。中国制造业不能永远在中低端，有些制造业要迈向中高端，有些需要发挥工匠精神提高产品质量，形成多层次的产业结构，满足中国国内的需求，同时满足国际市场的需求。所以，中国政府制定了“中国制造2025”，中国还有每五年的五年规划，现在这些都被美国作为制裁中国的理由，美国看到中国向前走是不高兴的，这是美国心理上很大的障碍。莱特希泽特别直率地说，如果“中国制造2025”实现了，那么中国将实现全面的超越，就会在世界上处于领先地位，就会超过美国，那是绝对不行的。

第三个问题，到底是单边主义还是多边主义。刚才我注意到公使女士谈到也反对这种单边主义，反对用单边主义的做法、国内的法律法规替代国际规则。我觉得美国对于中国发起的这种贸易制裁，实际上就集中在这个问题上。美国应用国内的法律法规，从1930年的关税法到1974年的贸易法，全部都是美国国内的法律法规。如果我们也用中国国内一部部法律去衡量美国，对美国进行制裁，那是不是也算是一个国际笑话呢？但这种国际笑话就发生了，而且现在就发生了。在5月8日中美两国大使的三场辩论中，我发现大部分国家，包括日本、印度，都支持WTO，都站在WTO多边的立场上，也包括澳大利亚。美国驻WTO大使谢伊因为刚刚到任，说他在这里好像进入了爱丽丝仙境，这里黑即是白，白即是黑，上下颠倒，他认为全世界都错了，只有美国是对的。我认为，这不是一个处理贸易问题的方式，而是用一种什么样的态度处理国际关系问题，是如何对待国际规则，如何对待其他国家，进行国与国之间正常交往的问题。

第四个问题，是霸道还是王道，所谓霸道就是霸权主义，所谓王道还是要讲规则，理性地处理问题，以真理为王，以规则为王。美国的“301调查”报告中有

1300 多个脚注，5 个附件，英文版 185 页，这里面绝大部分都是对中国内政的干涉。比如批评中国用的是党的十九大的报告、“十三五”的规划、“中国制造 2025”，把这些作为制裁中国的依据，而且根据这些错误指责确定了一个加征关税的额度。3 月底我们到美国的时候，我听美国的专家说，一开始的时候，他们的评估是，要对中国 300 亿美元商品加征 25% 的税，后来特朗普看了以后说不行，300 亿美元太少，要 600 亿美元，最后综合评估，评估出来是 500 亿美元。你们也看到了，美国贸易代表到中国来，提出来要 1000 亿美元，特朗普说明年再加 1000 亿美元，2000 亿美元。这完全是一种非常霸道的做法，完全是霸权主义在经贸问题上的表现，而不讲任何的规则和道理。

第五个问题，到底是面向未来，构建人类命运共同体，使整个人类获得发展的机会，使人类生活更加美好，还是把一个国家的利益凌驾在全球利益之上，用一个国家至上的利益来压制其他国家的发展。美国的很多鹰派人物，即我们所说的强硬派人物，现在整个换班已经差不多了。3 月底我到美国的时候，美国的蒂勒森刚刚被免职，国务卿和中央情报局局长、美国经济委员会主任、美国安全顾问、安全顾问助理，所有的重要岗位全部都换成了我们所说的鹰派。负责贸易问题的“三驾马车”，包括商务部部长，总统助理、贸易办公室主任，贸易谈判代表，三个人在贸易主张上都还是 20 世纪六七十年代的主张。他们处理贸易问题的手法，和当年处理美国和日本贸易摩擦的手法如出一辙。习近平主席提出构建人类命运共同体，包括“一带一路”，中国主张共商、共建、共享，使大家共同发展。美国的意思是要保持美国第一、美国至上，美国的利益不能做任何的让步，而且所有美国的利益可以凌驾在国际规则之上，可以凌驾在剥夺其他国家的利益之上。从 300 亿美元到 500 亿美元，到 1000 亿美元，到 2000 亿美元，这不是敲诈吗？美元作为准世界货币，虽然布雷顿森林体系已经解体了，但是大家都使用美元进行结算，使用美元结算和作为储备货币的还占全球的 60% 多。所以，美国输出美元，从这些欠发达国家换回了低价格的商品，支撑了美国国内的高消费、低价格、低通胀。进口多少商品，完全取决于美国市场需求，美国企业通过国际贸易在中国进行了采购，并不是中国政府强行向美国倾销商品。我认为贸易逆差是美国占到了便宜，并不是吃了亏，特朗普政府目前的这种对中国进行贸易制裁，或者是惩罚的理由，从本质上就是错误的。贸易逆差是国际分工产生的必然结果，是美国国内市场需求导致的必然结果，是美元作为准国际货币的必然结果。所谓中国占了美国的便宜是伪命题，恰恰是美国占了中国的便宜，因为美国的制造业在 20 世纪 70 年代，实际上就已经转移到了日本和亚洲四小龙。

中国1978年开始改革开放，那个时候才开始面向国际市场，而那个时候制造业从美国向日本和亚洲四小龙已经转移完毕。中国制造业的发展，包括钢铁、铝这些产业，是在1978年以后，主要承接的是日本和亚洲四小龙、东南亚国家向中国的转移，还有中国香港、澳门、台湾向中国内地（大陆）的转移。美国国内制造业的工人一方面在国内的产业之间流动，从制造业流向了服务业，另一方面转移到日本、亚洲四小龙和东南亚地区。在美国钢铁产业达到峰值的时候，正好是美国贸易法出台的前一年，1973年美国钢铁产量达到峰值，达到了1.3亿吨；制造业工人当时达到了77万人。20世纪80年代初，美国钢铁产业产能过剩，开始向外转移，美国的钢铁产量下降到8000多万吨，就业的工人减少到14万人。特朗普说中国夺取了美国的就业机会，这是毫无道理的。我觉得特朗普并不懂得国际经济，也不懂得国际贸易、不懂得经济发展的历史。昨天上午，我和美国彼得森研究所的一位资深研究员探讨中美之间的问题，我说美国特朗普总统主张弱势美元，而美联储现在还是在一直推动美元升值，你对美国金融市场的未来如何预判？这位研究人员说话也非常有意思，他说不要相信特朗普总统，他根本不懂金融，他根本不知道什么是弱势美元。所以，我也相信特朗普不懂国际贸易，不懂得国际贸易之间产业转移的历史，以及美国就业岗位转移到哪儿，这些他可能都不太清楚。

所以，我觉得美国发起的贸易战是一场混战，是一场乱战，是完全没有规则约束的冷战，是毫无道理的，是对中国和相关国家的无端指责。而且这种东西是他主观臆想出来的，很多东西既没有国际规则，也没有准确的事实，更没有道理。更为严重的是，他正在把经济问题政治化。我觉得特朗普有一个任何国家领导人都不具备的“优秀品质”，就是他可以把所有的问题做成交易的筹码。

我认为特朗普在中国问题上打了五张牌，现在基本上这些牌都输了，已经没有牌可打了。

特朗普曾经打的一张牌是南海牌，希望南海一些国家能和中国干仗，包括五个“声索国”，当时也是气势汹汹，包括越南、文莱、菲律宾等五个国家。菲律宾还一纸诉状状告中国，后来菲律宾杜特尔特总统执政之后，中菲两国关系回归到正常的轨道，中国和周边的国家签订了维护南海秩序的有关协议，使南海问题得到了妥善的解决。美国想利用南海问题，利用南海所在的国家，对中国形成周边的干扰。这一张牌，现在已经是一张“臭牌”了，基本上这个牌出不来了，我想不管是越南也好，菲律宾也好，南海的周边国家也好，还是想和中国友好往来，共同开发、共同建设，共同寻找发展的机会。

第二张牌就是盟友日本牌。我觉得这一张牌现在也打不出去了，为什么呢？因为2012年中国和日本曾经合作关系非常紧密，两个国家开始商量，是不是要推动两个国家的货币互换，并且推动建立亚元，对这件事美国是非常着急的，后来发生钓鱼岛事件，中日关系政治上冷却，两国关系基本上被切断了。日本从作为中国第一大贸易伙伴，连续几年下降到第五大贸易伙伴，被印度超越。我个人认为，日本只是被利用了，日本并没有占到任何便宜。特朗普总统候任的时候，因为他竞选演说说退出TPP，安倍晋三非常着急，就跑到美国去见他，希望他不要退出TPP，但是安倍晋三还没有回到国内，特朗普总统就宣布退出TPP。今年年初特朗普表示可以考虑重返TPP，我关注到除了澳大利亚和新加坡表示欢迎，日本并没有表态，其他的九个国家也没有表态。最近中日韩在日本召开了中日韩三国会议，李克强总理到日本访问，和日本达成了若干合作协议。三个国家一致同意，加快推进中日韩自贸区建设进程，同时加快推进亚洲经济一体化（RCEP）进程。

第三张牌是朝鲜半岛“朝核牌”。我去年4月16日到韩国首尔去参加中日韩三国秘书处举办的中日韩三国论坛，那个时候美国的军舰正驶向韩国，朝鲜正在加快试验核武器和导弹，战争似乎一触即发，美国加紧在韩国部署萨德。我记得当时开会之前，有朋友劝我不要去，那里很危险，但是我想没有关系，如果三国政府秘书处召开的会议都不安全，整个半岛就完了。结果平昌奥运会在韩国举办，韩国和朝鲜关系迅速转暖，然后出现了大家看到的局面，6月12日金正恩将和特朗普在新加坡会面，我看特朗普按捺不住他的喜悦。企图用朝核矛盾使中国周边的关系紧绷，对中国形成压力，这张牌我看也打不出去了。

第四张牌是印度牌。中国和印度都是人口大国，都是发展中国家，其实在特朗普就任之前，莫迪总理和习近平主席就进行了几次互访，李克强总理到印度访问，两个国家建立了比较正常的合作关系，两个国家同属金砖国家，同在G20，同在APEC等机构。两个国家领导人互访，两个国家也建立了良好的关系。莫迪总理到美国访问，和特朗普总统有一个“熊抱”，回来之后在中印边界的洞朗，发生了大家都知道的洞朗事件，中印两国关系迅速冷却。去年5月14日在中国召开“一带一路”国际合作高峰论坛，亚洲的“一带一路”沿线国家都参加了，只有印度没有派代表参加。我想美国从根本上不希望中国和印度两个国家友好，希望它们的争乱越大越好。但是从去年下半年到今年，中印关系也发生了很大的变化和调整。这个月习近平主席在中国的湖北武汉东湖会见了印度莫迪总理，进行了非常友好的会谈，并且形成了很多重要的共识。其中最重要的共识是商量百年未有之大变局，构建面向未来的建设性的合作伙伴关系。中印之间不能再因为任何国家的挑拨，放弃最好的合作前景和最好的合作历史机遇。我想，这第四张牌也已经打不出来了。

现在美国把中国台湾当作最重要的牌，正在继续打“台湾牌”，这是第五张牌。但是，台湾是中国不可分割的领土，这一张牌肯定是要打输的，因为中国这个底线是不能触碰的。

所以，特朗普能量挺大的，把所有的东西当成筹码，现在这些筹码一个个都失去了，他还拿什么做交易？我发现最近美国提出美日印澳同盟，想用美日印澳替代“一带一路”，形成对中国的压力。而且特朗普提出，要利用美日印澳同盟，形成类似中国“一带一路”这样的基础设施投资计划，我认为这基本上也是天方夜谭。我看到美国的年度预算，其中有长远的预算，未来十年计划在美国投资基础设施 1.5 万亿美元，其中政府投资仅占 2000 亿美元，很少。我想特朗普计划在美国修千里长城，现在都很难筹到资金，有什么样的力量建设美日印澳的“一带一路”？美国的债务现在是 21 万亿美元，他有多大能力能够把这个事忽悠起来，这个我不知道。澳大利亚对中国“一带一路”是非常支持的，澳大利亚的总统和总理先后参加了北京去年 5 月 14 日的会议。而且澳大利亚总统还在上海一所大学进行了演讲，这个演讲是非常精彩的，在中国的网络上，还有微信群有很多人在转发。我刚才说的美日印澳，是美国提出来的，并不是澳大利亚主动发起的。

公使：

其实我们也同意国内的各个高层部长，还有我们签订的这些两国之间的备忘录，也确实代表了我们对于“一带一路”倡议的巨大支持。刚才您说的这五张牌，给我们画出了一个非常清晰的图景，各国与美国、与中国之间是什么样的关系，都非常清楚。上个星期美国的贸易代表团来跟中国谈判，美国确实也提出了一些非常强硬的办法，有些甚至我认为比较极端，中国对于美国提出的这个文件的内容，以及谈判的这种策略，是否会相应出台一系列的解决办法和应对的措施呢？

陈文玲：

全世界都看到美国一是强硬，二是无理，但是中国基本态度也很明确，我们不会退缩，中国也空前强硬。中国以前在处理国际贸易摩擦的时候，是有进有退的，现在我们仍然是以两手对两手，美国如果回到正常的对话渠道，然后进行正常的沟通、磋商，我觉得有一些贸易问题还是可以谈的。如果说下一个通牒，你就是要怎么样，就像在拍卖市场一样，从 300 美元拍到 600 美元，从 600 美元拍到 1000 美元，从1000美元抬到2000美元，中国肯定是不干的。

另外，中国也表示了三个绝对不可能，让我们打断中国改革开放的进程，打断制造业转型升级的进程，打断“中国制造2025”的进程，打断中国建设社会主义现代化强国的进程，在这些问题上绝对是会寸步不让的。但是在贸易问题上，在经济问题上，因为中美现在的贸易额已经超过5500亿美元了，我觉得贸易本身就是谈判，就是有妥协，就是有退让，就是讨价还价，贸易的本质实际上就是交易，交易的本质实际上也是讨价还价，公平交易、双方认可、市场认可，才能成交。我认为在这些问题上，如果美国继续蛮横、强硬、无理，中国也不会惧怕，而且会奉陪到底。如果美国能够回到WTO的规则上，回到正常对话的轨道上，按照对话的渠道进行交流和沟通，我觉得可能有些问题会形成一些妥协，包括美国方面的妥协，包括中国方面的妥协，会达成一些共识，或者会达成一些互相之间在让步基础上的新的合作方式。

习近平主席去年1月19日在世界经济论坛上就说打贸易战会两败俱伤。就中美的贸易冲突，我觉得还是中国在尽最大的努力，使它能够回到对话的轨道上。中国的努力，全世界也都看得到，我们还是想通过多边的国际规则，在WTO机制下解决一些贸易争端，努力建立正常的贸易关系。特别重要的是中国希望我们是面向未来的，而过去传统的贸易方式、传统的贸易统计、传统的贸易理论以及传统的贸易规则有相当大的一部分实际上已经过时。各个国家应该携起手来，研究世界发生了什么变化，经济形态发生了什么变化，产业的构成发生了什么变化，贸易的形态发生了什么变化，我们应该建立一个什么样的新规则来适应这个变化，使更多的国家获利，而不是受损。

我还关注到公使女士谈到了两个问题，一个是网站的警告问题，一个是进口的检查问题。中国的确应该公布一下美国治安情况提醒注意安全，也应该在所有的国家提醒大家注意安全，而不是警告。现在据我了解，6000万中国人在海外，现在中国越来越多的企业在海外，人身安全、投资的安全，包括我们企业对这个国家环境的适应，在中国都是一个很大的问题，也是一个普遍的问题。

中国驻各个国家大使馆可能关注点不一样，所以对中国公民的提示不太一样。我们到美国，到英国，到意大利，到很多国家落地之后，中国大使馆马上就发布一个信息，请你注意人身安全，有任何事情可以和中国大使馆联系。落地以后都有这种信息，可能你们的手机都不是中国移动和中国联通的，或者不是中国公民，你们可能在落地的时候，不会收到这样的信息，我们都会收到，只要系统是畅通的。如果有一些语言，或者是在一些国家有提示，一些国家没有提示，这些问题我们可以向有关部门反映，请他们对这个问题有一个统一的口径，不至于使所在的国家产生一些误解。我还认为，在国际关系问题上，特别是中美关系现在比较复杂、纠结、博弈激烈的这种情况下，在关系到全球命运的这样大的一场博弈中，各个国家应该都有自己的战略定力，而不应该对一些国家的核心利益指手画脚，这样会引起中国极大的反感。如南海问题、台湾问题，其实这都是中国的底线，而关于南海问题，中国和相关方已经达成了协议，南海的问题已经平复。我觉得澳大利亚并不在南海圈里，作为一个域外的国家，我认为这个时候在南海问题上指责中国，那就极不合适。这是我从智库的角度来看的，并不代表政府，但完全拥护中国政府的态度。

公使：

澳大利亚在南海问题，包括贸易问题上，提出的观点和立场也是一致的，所有的国家无论大小都必须要遵守国际规则，我们对美国也是同样的，它不遵守 WTO 准则的时候，我们也是这样跟它说的。我们在南海问题上是这样的，在贸易问题上也是这样的，但是在与韩国、挪威以及菲律宾出现这个问题的时候，中国会用经济的手段来进行威胁，这一点又是与多边主义的准则相违背的。中国面对这种政治问题，确实不应该背离多边的准则，而应该是遵守多边的准则，保持在各个问题上的这种多边主义遵守的一致性，我们对美国也是一样的，如果说你用经济的手段来胁迫，我们也是不支持的，希望它们能返回到对话的轨道上来，正确解决争端。所以最后的解决方法是要建立新的贸易规则和解决中美之间的贸易摩擦。中国与澳大利亚，与其他的国家都一直非常遵守各方贸易协定的要求，我们也希望中美能够继续参与到 RCEP 和 TPP 当中，并且能够通过参与这些多边机制来解决和避免贸易战的升级，我们也跟我们在美国的伙伴朋友们提到，希望美国能够回到谈判桌上来，我们和中方的伙伴朋友也提到中国能够继续待在谈判桌上，从而避免贸易战的升级，也要保持克制，不要采取报复性的手段。

因为您是中国非常重要的一位经济学家，也是一位非常有思想的思想家，我们想问一下，中美贸易摩擦哪些方面对我们也是不太合理的，比如说像中兴这个事情，中兴要自己来开发芯片，自给自足，但是在这样一个经济全球化、全球供应链背景下，这个事情又是不太合理的，这个事情您怎么看？

陈文玲：

我觉得这个不合理的选择是被逼无奈，本来全球供应链是正常的一个链条，有分工有合作，全球产业链形成就是国际产业分工和交易的结果，而不是目的，在这种分工中，肯定是各有各的生产重点，有的生产芯片，有的生产手机壳，有的生产交换机，但是美国对中兴，也是世界四大通信企业之一，进行了“断子绝孙”式的制裁，所以中国没有办法，只好自己来生育。

公使：

中兴这个案子一下子激发了整个中国在高技术产业当中自给自足。

陈文玲：

其实中美贸易摩擦不是特朗普当总统以后开始的，一直就存在，其中一个很重要的问题，就是中国一直在要求美国放松对中国的出口限制，特别是高技术产品的出口限制，但是美国一直就没有行动，所有高技术产品都封锁，没有向中国出口，中国都在自己制造，而且中国制造成功了，所以中国不是没有能力。但是中国是在追赶，我们的差距还很大，所以我们还是希望全球的产业链分工不被切割，使大家都能各得其所。但是当一方采取了这种限制的措施，另一方必须要自给自足。在全球产业链分工中，原来认为这种分工是合理的，每年中国要进口 2000 多亿美元芯片，2017 年就是 2600 亿美元，其中从美国进口 875 亿美元，这么大的一个额度，美国企业在出口芯片中赚了多少钱？赚了很多钱，但是你现在反过来限制出口，实际上对中国企业有影响，对美国出口企业也会有影响，两败俱伤，但是没有办法，7 年不供货，这个企业难道就自生自灭了吗？那绝对不会的。这个企业牵涉 8 万员工的就业，8 万个家庭，还有 1000 多个服务商和供应商，怎么会让这个企业倒下呢？所以，这是中国和美国对待贸易问题的根本不同点。

我们一直在采取各种措施扩大进口，开始的时候中国主动提出了“百日计划”，扩大从美国进口牛肉、进口能源、进口飞机。2017 年中国从美国进口的能源已经排中国进口来源地的第一位，增长了 8 倍。中国也进口了很多美国的牛肉，但是价格很贵，也不太好吃，中国的进口企业并没有赚钱，消费者认为澳大利亚的牛肉比较好，还有日本神户的牛肉也比较好。河南郑州开通了航空物流，每天从澳大利亚运活牛进入中国市场，当天到达，当天屠宰，第二天上市，澳大利亚牛肉在中国卖得好，每公斤的运输价加了 5 元钱，价格比美国牛肉还低。因为一架飞机从澳大利亚到郑州的运价是 37 万美元，大概运 85 头活牛。所以，我觉得中国在贸易方面，在任何经济问题上，并没有像美国一样胁迫哪个国家，也可能您了解的情况和我了解的不一样，中国在经济政策上对所有的国家都是一致的。菲律宾改变态度不是中国胁迫，而是杜特尔特上台主动改变了态度，中国没有用任何胁迫手段使杜特尔特和中国合作，杜特尔特在年初曾经说了一句特别的话，他说他愿意成为中国的一个省，中国哪能胁迫他说这样的话呢？

对进口商品的检验，现在中国是比以前严格了。以前中国的消费者认为，凡是外国的商品就一定比国内的商品好，比如说荷兰的奶粉，大家认为一定比中国的好，中国当时市场上也出了问题，出现了三鹿奶粉事件，往奶粉里面添加三聚氰胺等化学品，所以大家通过各种渠道买进口奶粉。后来中国加强对食品的安全管理，对所有进口商品也进行安全检查，包括新西兰的奶粉，发现菌群竟然严重超标，也不比中国的奶粉质量好。现在消费者心态就比较平和，不管是进口商品，还是中国产的产品，主要是看你的商品是否安全，中国消费者对安全是非常重视的。制造业也是如此，以前可能对于进口商品基本上都不检查、不检验，现在不仅是对澳大利亚，对其他国家的商品、原材料都在进行检查和抽查，如果拖延时间长，我想一定不是和政治方面有多大的联系，也可能是办事效率的问题，而这些是需要改进的。

公使：

今天下面还有一个会，本来是真希望全天跟您好好聊一下，真的很抱歉，对您的团队今天百忙之中抽时间和我们交流，我们也非常感谢。希望有一天您来我们的使馆，很愿意到时候一起探讨。

陈文玲：

招待不招待，我们都会非常真诚、毫无保留地谈我们的观点和看法，但是我们不代表政府，是智库研究者自己的看法，希望您能理解。尽管我以前一直在国务院研究室任职，但现在是在智库工作。

公使：

其实我们非常重视 CCIEE，因为 CCIEE 是中国最重要的智库之一，而且您的思想非常有见地，您与我们的这些探讨也非常坦诚，我们也非常珍惜，也非常重视您给我们提供的这些观点。

陈文玲：

虽然我没有去过澳大利亚，但是我很喜欢澳大利亚。

公使：

希望您来澳大利亚，我们非常欢迎您！

陈文玲：

欢迎你们再来中心！

美金融领域对华政策的可能选项
——与美国彼得森研究所资深研究员威廉先生对话交流

（2018 年 5 月 10 日）

导语：本文为陈文玲与美国彼得森研究所资深研究员威廉先生的对话，双方围绕国际金融、美国经济等问题进行了深入交流。

陈文玲：

非常欢迎您！中心和彼得森研究所是有很深的渊源的，我们曾经共同研究过一些重要的问题，特别是对中美经贸关系，包括中美共同推进 FTA，包括中美基础设施双方投资，包括中美未来十年经贸关系等，我们做了很多共同的探讨。

2013 年我们的理事长曾培炎先生在美国开会期间，我们随他一起到了彼得森研究所，在那里我们共同探讨了一些重要的问题，比如说中美在 BIT 的基础上，共同推进 BITT。后来彼得森研究所也就这个问题专门发布了研究报告。我记得是 2014 年 1 月，当时特别邀请我们参加，由于我们办理出国手续比较麻烦，来不及去，所以那一次机会就失之交臂了。

今天非常高兴威廉先生到中心来，我们想先听听您对当前中美关系，特别是经贸关系的一些看法，然后有一些什么问题，我们可以进行交流。

威廉：

我很高兴今天能够来到这里，再次和您见面，还有和各位之前曾见过的同事见面，我也很高兴能够代表彼得森研究所来这里与您进行问题的探讨。

3 月的时候，我在欧洲没有跟您见面，非常遗憾！但是很高兴我们的主席之前也参加了中心的活动，当时我记得是参加了郭树清同志主持的那个会议，和建行的一些领导进行了探讨，所以我对中心印象还是非常深刻的。上个月我们也在华盛顿跟李金波老师见面了，跟他的同事也探讨了一些问题，这是我第一次来到中心，非常高兴。

我相信你们对我应该有一些了解，我同时在彼得森研究所和德国布鲁盖尔工作，这个月中心应该是有去拜访布鲁盖尔的计划。所以这样一个研究者的身份，也让我能够同时从美国还有国际的角度，来探讨一下中美的关系。另外，因为我不是美国公民，所以可能我的观点会比较有批判性。我必须要强调的一点，就是我的专业领域是金融系统，还有产业政策，所以我必须承认我可能对“301 调查”都不太分得清，但是我还是尽可能去全面理解中美关系，包括考虑到它的一些政治因素，所以，我相信还是能够进行很好的交流。

我觉得现在是中美关系一个非常有意思的阶段，我们根本没有办法去预测下一步中美关系将会如何进展，可能需要您来说一下这个讨论从什么地方开始。

陈文玲：

我刚才听您说是研究金融领域和产业政策的，还是从专业层面来考虑，您估计全球金融市场会发生什么样的变化？美国的金融政策、货币政策、资本市场会有哪些变化？特别是在今年之内。另外，美国“301 调查”报告主要还是针对中国的产业政策，对于中美之间现在的产业结构、产业布局，从全球的角度看，您有什么看法？我们就按您的所长，来讨论问题。

威廉：

说到美国的金融改革，特朗普政府并没有在积极的引导，金融政策不像贸易政策，还得从地缘政治，包括气候变化、移民的问题上考虑，有些因素是破坏性的。所以说到特朗普总统，他会寻求美联储的帮助，我们知道美联储这些机构有很多非常有能力的人，他们都非常专业，而且经验丰富，所以在放宽金融管制政策这方面，特朗普的影响不是非常巨大。所以结果就是，这不是全球金融和美国金融的一个政策方向的改变，其实特朗普政府在全球金融改革上还是有一定贡献的，比如说《巴塞尔协议Ⅲ》，所以就金融领域，还有金融稳定性来说，我并不担心特朗普政府会有一些不好的举动。

说到美国对中国的产业政策，我认为“301 调查”只是特朗普用来对中国进行政治影响的一个借口，我认为他这个做法并不是为了取代“中国制造 2025”，或者想要做什么，我认为他个人对“中国制造 2025”并不了解。政府内部对这个事没有任何的共识，再就是，我对“中国制造 2025”也不了解。这个行为当中并没有一个连贯性的政策，而只是从政治的角度来说明中国就是不好的，所以这使得我们预测下一步中美关系的走向比较困难，因为当前的决定并不是理性决定。

陈文玲：

您刚才谈到了金融政策，其实《巴塞尔协议Ⅲ》不是特朗普做的贡献，也不是奥巴马做的贡献，而是奥巴马前任的时候，克林顿和小布什时期制定的，所以这个不能归功于特朗普。

威廉：

我之所以提到《巴塞尔协议Ⅲ》，是因为尽管谈判是2010年开始的，但是去年才完成了最终的工作。我们看到最后一章，当时进行谈判的奥巴马政府谈判员（丹塔卢）态度非常强硬，所以导致该协议花了很长的时间，一直持续到特朗普政府执政的时期才完成。但是从全球的角度来讲，该协议对全球金融贸易是有一定的贡献的。我自己认为，我们对这些进行谈判，特朗普并不了解，所以谈判得不完全成功。

陈文玲：

《巴塞尔协议Ⅲ》确实有很大的作用，规定了银行准备金率等非常重大的对金融起稳定器作用的制度，正如你所说的特朗普不知道内容，所以就通过了，如果他知道内容的话，我觉得可能通过的难度会加大。因为2008年国际金融危机之后，奥巴马制定了《多德—弗兰克法案》，实际上就是力图用这样的法案加强金融监管，然后抑制华尔街的那些金融大亨。但是特朗普执政以后，没几天就废除了该法案。

威廉：

特朗普说他会废除该法案，然后做一个更好的，但实际上他并没有废除。可能即将成立一个法案，但是实际上这个法案非常的温和，只是对这个法案做一个微小的修改。

陈文玲：

有几个观点跟您探讨一下，我们对美国金融的判断是不是能够和您一致？我们非常关注特朗普未来在金融方面会出什么样重大的政策和变化，因为特朗普总统不是个一般的总统，和世界上的总统都不一样，和美国历届的总统都不一样，他是一个奇人，也是一个难以预测的人。

那么现在就有几个问题，在金融方面有可能对全球产生很大影响的问题。美元到底是升值还是贬值？关于这个问题，美联储从耶伦开始就主张美元升值，而且升了五次以后，就从主席的岗位退下来了，而特朗普从竞选的时候，一直到现在，都主张弱势美元，您估计到底会是强势美元，还是弱势美元，是会在升值的通道上，还是有升有贬，或者走在贬值通道上？

威廉：

我认为特朗普总统并不了解货币政策，所以当他说弱势美元的时候，他实际上并不知道在说什么，但所有人都知道他在说什么。但是好的是就像我说的，美联储的各位专家都是非常有能力的，短期的一个问题就是这些人有多大的自主权，能够排除特朗普的这种影响。

陈文玲：

白宫可能要成立一个机构，那个机构将来会加大对美联储的监管。

威廉：

我不确定您指的是哪一个机构？

陈文玲：

那个机构用中文来讲，应该是一个金融监管办公室。

威廉：

这个机构应该是奥巴马时期就开始建立的，现在是由美国财长姆努钦来指导的，但是这个办公室没有办法直接对美联储进行政策指导。就是财政部部长牵头的金融稳定办公室。

陈文玲：

据说这个办公室将来会按照特朗普的要求，加大对美联储的管理，有没有这个可能？

威廉：

我要强调的是特朗普很害怕华尔街，也很害怕金融市场，如果他采取这种冒进的行为，影响到美联储的独立性，将会对金融市场产生很大的不良影响。尽管他不了解经济，但是他对这些问题还是很敏感的。

陈文玲：

我发现特朗普有的时候不是不知道，但是就是要反其道而行之，比如说美国这些执法部门也是独立的，美联储有没有可能未来的独立性会受到影响，要按特朗普的意图办事？

威廉：

我认为他实际上没有开除任何的法官，倒是把 FBI 的首领给换了，法官是不能开除的，他们只能退休，虽然换上去的这些任职人员非常激进，但是这个过程会非常缓慢。在法官的任免上，可能任职的都是一些比较激进的人，但是在美联储的任职上，他选择的这些人员都非常理性，能力很强。

陈文玲：

如果理性就好，就怕“随鸡起舞”，总统不履行，下面也不履行，那就和现在中美贸易战一样，金融战也就开始了。第二个问题，关于美国的金融，您认为美国的货币政策，从长周期看，是会趋紧，还是会在一定程度上放宽？因为在 2008 年金融危机以后，美国实行了四轮宽松的货币政策，现在是在升值区间，是在缩表，您认为这个周期会持续多长时间？货币政策总体上是松还是紧？今年当然看得比较清楚，它可能不会有大的变动。

威廉：

货币政策将会根据数据来进行，所以基本上是由美国的经济发展状况决定的。如果美国的经济过热，美联储当然会收紧货币政策，我认为现在美联储制定政策的标准和当时耶伦在职的时候是一样的。所以就目前的状况来看，我们在货币政策制定上并没有看到明显的变化。说不好会不会再次发生金融危机，同时我们也没有办法预测一旦发生，美联储会怎么应对。

陈文玲：

有没有发生金融危机的可能？或者存在某些比较严重的问题，会引发金融危机？

威廉：

我认为从当前来说，美国的金融产业还是非常强劲的，所以今年和明年，我认为不会发生金融危机。但是我认为现在美国的财政政策有问题，因为美国的财政系统并不稳定，所以我非常关心下一轮财政政策的缩紧。我相信如果发生财政缩紧，那么美国政府也会采取一个紧缩的财政政策，增加税率，因为政府没有办法负担它的支出。这在政策上会有非常大的影响。但这是关于财政政策的担忧，并不会影响金融产业的发展。

陈文玲：

特朗普现在这种减税政策，这种产业政策，实际上是税收政策，税收政策实际上也是包含在大的财政政策里面，这个减税政策会不会影响到下一步美国的财政缩表？

威廉：

现在特朗普政府正在进行的减税政策，其实造成了很大的债务问题，美国政府的债务正在上升。所以负债不是问题，赤字在经济中占的比例才是一个大的问题。

陈文玲：

最近的比例是多少呢？

威廉：

大概就是 5%，我可能对数据不是很敏感，但是我猜应该是 5% ~6%。

陈文玲：

因为国际通行的赤字占经济的比重 3% 以下是在风险警戒线以下，3% 以上应该是具有很大的风险。

威廉：

这个问题并不能这么简单来看，在经济衰退的时候，举债比较高，其实是一个比较理想的情况。但是现在美国经济是在扩张，所以我觉得现在美国的债务率应该要小于 3%。

陈文玲：

我不知道您有没有最新的数字，到第一季度，美国整个债务总额到了多少？我们看的绝对额是 21 万亿美元，财政部公布的是 22.8 万亿美元，现在财政部的数据和美联储的不太一样，您所了解的美国现在的债务总额是多少？

威廉：

联邦债务增长了 621 亿美元，第一季度增长了 13.1%。

陈文玲：

绝对额，威廉先生了解吗？

威廉：

不是很了解，因为我的专业不是这个领域，只是了解大概的情况，具体数字不了解。

陈文玲：

从您的看法是不是能够得出这样一个结论：第一，起码是今年和明年这两年，美国的金融政策不会有太大的变动；第二，美元的走势不取决于特朗普，而取决于美联储，不取决于这种非理性，而取决于理性。

威廉：

但是这个汇率应该是由市场决定的。

陈文玲：

我听您的意思是特朗普还是有所惧怕的，还是惧怕华尔街的，还是比较害怕金融市场跌宕的。特朗普在今年世界经济论坛上说，他执政一年多，股市涨了 74 次，所以我看特朗普是非常关注金融市场走势的。

威廉：

其实就现在的美国经济而言，我有三个比较担心的地方：第一就是财政的稳定；第二就是贸易战；第三就是长期的这些挑战，包括教育，还有基础设施方面存在的一些问题。就现在这个阶段，我并没有特别担心金融系统，因为金融系统目前来说非常强劲，而且发展得很好。创业和创新也还是非常强劲，货币政策也没有什么可担心的，因为美联储能力非常强，但我还是很担心特朗普总统。

陈文玲：

您担心特朗普，我们也担心特朗普，全世界都担心特朗普，您觉得特朗普的对华政策会发生哪些重大变化？

威廉：

我觉得他对华没有具体的政策和战略，他也不够理性。这就是为什么我觉得他非常危险，因为他并不做一些详细的计算，但是好的是他这些行为使他并不是一个强势的领导人，因为没有人相信他，但不好的就是他非常不可预测和非常危险。

陈文玲：

虽然没有人相信他，但是他作为总统，还是能干很多事，您相信不相信他会发挥很大的作用？

威廉：

我同意他作为美国总统，有非常大的权力。我认为全世界其他国家，包括中国、欧洲国家，还有美国，人们都在尽职责，然后去减少特朗普总统对全球带来的这种不良的影响，这件事我觉得是在发生的，包括中国政府，还有欧洲国家政府，他们都在采取一定的行动。他们并没有继续相信特朗普总统，他们也没有和特朗普总统签订长期的协定，这是正确的决定。我觉得安倍晋三首相其实是在基于信任的基础上来跟特朗普进行交流，但是我认为现在他应该很后悔。

陈文玲：

安倍晋三已经在调整了，他的后悔已经表现在脸上了。还有最后一个问题，就是我们在美国发现有很多机构都在做民意的研究，有的机构研究结果是特朗普的民意是上升的，为什么特朗普这么不靠谱，大家对他还看好呢？

威廉：

我觉得这是因为特朗普总统很特别，但是我觉得这个调查结果并不可信。我觉得这个民意调查范围很广，而且做了一些修正，所以我不认为它的结果是显示上升的。我必须要说的是，2016 年的时候，大家并不认为特朗普总统能当选，结果他还是当选了，我说错了。所以在选举这个问题上，您可能不能咨询我的意见了。我必须说这个民意调查比我说的话要可信得多，今年即将进行的中期选举，将真实地展现民众对于特朗普总统的看法。这次中期选举非常重要，能够使我们这些民众也进行一个分析，然后来做一些结论，但是我还是想说，我不相信民意调查。

陈文玲：

我觉得您说的这一点特别重要，我们在 2016 年 4 月去美国，我们走访了八家美国智库，也包括彼得森，都是美国顶级的智库，大家的结论一致，肯定是希拉里当选，但是大家都错了，所以威廉先生您不算错，因为整个的预测都是这样。

威廉：

我承认我还是错了，就算知道不是我一个人错了，我还是觉得这不能使我感到开心。

陈文玲：

请您转告一下我们对伯根斯滕先生的感谢和问候，还有对杰弗里先生的感谢和问候。

威廉：

他们也很感谢能够与你们开展深入的讨论。

推动中新关系健康发展新形势下应正确地选择国家立场
——与新加坡参赞吴俊明关于中美经贸关系的对话交流

（2018 年 4 月 24 日）

导语：新加坡是东南亚地区重要国家，中国与新加坡合作具有广阔空间。中新两国应共同在“一带一路”框架下就陆海空多式联运、共建经贸合作园区等方面开展合作，中新两国应共同坚定反对美国等国的贸易保护主义，积极推动全球化进程。

陈文玲：

今年 3 月我去美国调研，这个月去英国参加《习近平治国理政（第二卷）》英文版首发式，参加了一个国际研讨会。所以，您约了我好几次都没有约上，非常抱歉！

上次您到中心来，大家聊得非常好。目前中新关系越来越好，我特别关注到最近新加坡李显龙总理在《华尔街日报》上发表了一篇重要文章，是关于对中美贸易问题的看法，我认为李显龙总理谈的观点很好，这是很长的一篇文章，非常有说服力。

我认为，新加坡在现在的国际博弈中，就应该扮演这样的角色。不是看谁的眼色，而是看谁做得对，看谁符合国际规则，符合社会发展规律，符合全球的共同利益，应该看谁做得对，而不是看谁大谁强。这样的话，新加坡的威信就会越来越高，国实际上不分大小，但是发出什么声音影响很大，对一个国家形成软实力作用很大。李光耀先生在国际上威望很高，就是因为他在一些问题上看得深刻，看得比较长远。上次我记得咱们讨论的就是这个问题，新加坡怎么能够摆脱左顾右盼，怎么能够做一个有独到见解的、受人尊敬的国家，我觉得现在这个事更是特别重要。

新加坡从去年以来一系列的做法，一直到现在，我个人认为每一个大的步骤做得都是很好的，所以我不知道吴参赞这次来谈的主题是什么，可以就您关心的问题，我们再深入探讨。

吴俊明：

过了年就想过来给您汇报一下。就是新中两国在这半年内的双边合作的一些进展，我也想跟您汇报一下。所以很感谢，今天抽空见面，刚好是李显龙总理刚刚访华，参加了博鳌论坛，很感谢中方的邀请。

李显龙总理2017年9月刚刚访问中国，估计是中共十九大之前最后邀请的一位元首访问。而这一次，不到半年，再次访问中国。双边高层领导的交流互访非常频繁，而且我们两国领导人谈的内容也非常务实。这一次访问在海南博鳌论坛上李显龙总理也见到了习近平主席，在北京李克强总理、王岐山副主席会见了他，都谈了双边合作的一些进展，包括未来的一些合作领域，也包括在“一带一路”框架下，上一次我们谈过的“一带一路”合作。主要是我们双边国家领导有这个共识，是中新在三个框架下推动“一带一路”的务实合作，一是基础设施合作，二是金融合作，三是在第三国进行合作。

这次习近平主席在与李显龙总理会谈中，习近平主席特别重视在国家级重大项目上的合作。目前，国家层级的合作项目有三个：一是苏州工业区；二是天津生态城；三是在重庆的互联互通项目。重庆这个项目是在2015年习近平主席新加坡国事访问期间，即在新中建交25周年的时候，两国确定的在重庆进行的第三个国家合作项目。这项合作是在习近平主席特别提到的重庆与新加坡互联互通的框架下，我们有一个南向通道的方案，主要是从重庆通过贵州，然后到广西，就可以打通一条铁路和一条海路，同时在广西钦州等北部湾地区合作，发展钦州港。货物可以从重庆到达钦州，从钦州港海运到新加坡。

陈文玲：

钦州港口规模大还是防城港港口更大，是不是防城港港口更大一点?

吴俊明：

南向通道，这条经济走廊与铁路联系得多，特殊的一点就是，一般我们谈到“一带一路”项目，都是在“一带一路”沿线国家。我相信南向通道上也是新加坡第一个与中国合作，在中国国内的“一带一路”项目，特殊性也是把“一带”与“一路”连接起来，把陆与海连接起来。习近平主席在会见李显龙总理的时候，也谈到特别重视这个项目的合作与进展。

我们开始谈的南向通道，当然是通过四个省份，重庆、贵州、云南、广西，目前已经有甘肃，现在也有其他西部的一些省份想参与，包括四川、青海等。当然，我们谈互联互通，主要连接两个点，不是把新加坡连接到重庆，而是通过这个起点与终点的联通辐射到周边。因为重庆这个项目开始的时候，就是遵循习近平主席提出的“一带一路”倡议，也包括参加中国西部大开发的建设，把西部的金融与物流成本降低，这是主要的目的。

从2015年开始，我们已经起步两年多了，目前还在继续推进，同时探索有什么新的合作项目，我们可以进一步对接。当前比较明显的、突出的就是南向通道，最近中方媒体也在报道。

商务部统计数据也显示，中方对“一带一路”沿线国家落地项目最多的就在新加坡，占总额的33%。因为新加坡的国际化金融平台，都是应用新加坡的一个金融和管理团平台，来推动“一带一路”周边国家的项目。所以，我们也在进一步探讨，怎么可以方便中国企业，或者方便新加坡企业在金融方面到“一带一路”沿线国家去投资，去做项目。这个跟第三个平台也有连接。我们谈到双方合作，所以这个项目主要是中新的企业可以怎么合作，一起到“一带一路”沿线其他国家去做项目。这方面有各种方式，可以是民间和企业去建立一个合资公司，然后到第三个国家去做项目；或者可以通过苏州工业园区进行第三方合作，因为苏州工业园区是中新两国的合作项目，通过这个平台成立合资公司，到周边国家，比如说越南，或者是印度，继续合作投资，因为是苏州工业园区，就是做工业；或者可以探讨共同做培训，因为“一带一路”沿线国家如果是做项目，不可能全部由中方去做所有管理，或者是做所有项目，主要需要依靠当地人做项目；也可以探讨在哪些领域，新加坡和中国还可以一起合作，如做政府官员的培训，我们也在与组织部，与国家发展改革委探讨用什么方式可以一起合作，去推进这些方面的合作。

现在也在探讨“一带一路”这一框架下的三个平台合作。李显龙总理访问的时候也谈到了一些区域的问题，包括中美贸易，李显龙总理也在博鳌论坛发表了讲话。在访问中国之前，他在《人民日报》发了一篇专访。

陈文玲：

最近几天《华尔街日报》发表了李显龙总理的专文，比在《人民日报》发表的文章还长。

吴俊明：

《人民日报》主要是采访，谈到新中的关系，谈到“一带一路”合作。这些都是李显龙总理访问中国的一些成果。当然在李克强总理会见李显龙总理的时候，李克强总理也宣布了双方有每年的联委会机制。在中国共产党召开十九大之前是张高丽副总理主管新加坡的联委会，他是联委会主席。李克强总理宣布下一任是由韩正副总理来抓中新联委会工作，我们也在与韩正副总理办公室积极取得联系。

陈文玲：

不是《华尔街日报》，是《华盛顿邮报》，对中美关系特别是中美贸易问题提出独到看法，写得非常有见地。

吴俊明：

所以下一个阶段，我们希望能够尽早召开联委会，因为这次联委会谈到整个双边合作的领域，包括政治、经济和人文交流，希望在近半年内，能够开联委会，也非常欢迎李克强总理到新加坡参加东盟峰会，欢迎李克强总理到新加坡进行双边访问。以上都是我们使馆这一年工作的一些亮点，也希望能够与中心更多地进行交流，怎么可以更深一步地促进和推动双方务实的合作。

今天我也想了解中心今年有没有一些重大项目，或者是有哪些重要的工作领域？我们也想了解一下，当然也希望能够听一下您的意见，刚才您也谈到了中美在贸易上的一些议题，我们也非常关注。

以新加坡的立场，因为贸易是新加坡 GDP 的三倍多，将近四倍，所以这个问题对新加坡非常重要。自由贸易是在一个多边的公开框架下进行的，我们非常重视。如果两个国家有一些贸易的纠纷和意见，还是应该通过多边的机制，包括在 WTO 框架下谈判。我们也不赞成单方的一些行动、单方面的措施，这是逆自由贸易的做法。这是新加坡一个很基本的立场，新加坡不是选边站，或者在中美贸易议题上有立场，或者意见，可是在原则上，我们是希望如果有一些贸易的纠纷，应该通过 WTO，通过多边的机制去妥协，去谈判，这是我们的一个基本立场，我也想沟通一下。当然也希望能够听听您的意见，您怎么看中国与美国现在在贸易上的形势，以及未来的一些进展？

陈文玲：

谢谢吴参赞，刚才您谈到新加坡现在与中国在“一带一路”方面的合作，我觉得这个合作的点找得非常好。因为新加坡是国际金融中心，在国际上，在亚洲影响力都是非常大的，如果中国能够和新加坡进行金融合作，可以说是强强联合。中国虽然是后来开始建金融中心的，但是中国国内也有几个金融中心发展很快，像上海、北京，这两个城市也基本上是国际化的金融中心。像重庆，是我们国家西北部地区，特别是长江上游的金融中心，是长江上游的成渝大城市群的两个重要城市之一，是我们国家西部大开发的重镇，是“一带一路”的战略支点，也是“一带一路”和长江经济带“两带一路”的交会点。所以，重庆的位置是特别重要的，金融合作从重庆开始，构建新加坡、重庆在西北的金融中心，把新加坡的这种金融能力，复制到重庆，是非常重要的。在重庆建立立体化物流大通道，也是很好的设想。苏州工业园区是一个制造业的园区，假如说能够把重庆这样一个西部重镇，变成一个国际化的金融中心和南向大通道，这种合作我认为肯定会获得成功。再比如说，在天津合作的中新生态城，生态城当然做得很好，但名气不如苏州工业园区大。

吴俊明：

苏州工业园比较成熟，到去年已经是25年了。

陈文玲：

因为它建设得早，是在改革开放初期，所以影响也很大。现在搞生态城的地方也比较多，当然与新加坡共建的水平是比较高的，海南的乐城，还有全国各地的生态城，还需要进一步加入新加坡的特点，突出国际化的要素。

我认为硬设施的联通，特别是南向通道，是个可行的合作方案。最近我参加了重庆市委市政府召开的专家座谈会，也是一个专家高层咨询会，请了北京、上海等地的专家，主要谈重庆未来的发展，其中包括与新加坡合作建设南向大通道。重庆市委市政府提出未来发展思路，很大的一个战略就是南向通道，把南向通道作为实施“一带一路”最重要的选择，提出要连通贵州、甘肃、云南、广西，进而连通通向越南的“两廊一圈”，连通中老经济走廊，重庆想在“一带一路”建设中与新加坡和相关省份共同创造一个新优势。

这个通道的新优势不在原来六条经济走廊中，但是可以连接这六条经济走廊。六条经济走廊中没有贵州，也没有甘肃，实际上有新疆，有云南，云南是孟中印缅，新疆是中巴，有广西，广西主要是和中南半岛即东盟的经济走廊。所以，我认为如果新加坡与重庆真正把南向通道打通，很有意义。南向通道将来可以以长江上游的成渝大城市群为中轴，一边链接孟中印缅经济走廊，将来还可以链接中老泰经济走廊，中国与老挝铁路正在修建，中老铁路修通了后，未来可以直接连接泰国，中老泰铁路能够连通，就可以直达泰国湾，到达新加坡。所以，我们不要忽视南向通道，要考虑到中国和东南亚、南亚的关系，充分发挥新加坡和中国的作用，这才叫南向通道。

严格来说，贵州这边还不算南向，甘肃也不算南向，甘肃是在北边，所以南向通道我认为还需要调整一下。我这几年到云南调研的时候，发现云南和南亚这几个国家关系比较好，和东南亚国家的关系也比较好，包括广西也是比较好。但是他们认为云南的带动力不够，瑞丽也好，磨憨也好，都是一个边陲小镇，以此为起点，根本无法带动经济走廊，不论哪个方向都带不起来。他们希望能以整个长江经济带为起点，使之与经济走廊连接起来，把长江经济带与东南亚国家连通起来。但如果连通到整个长江经济带，这个长度太长，带动力不够。我个人认为，将来如果与成渝对接，把重庆做好，把重庆作为南向通道的起点，就成为几个经济走廊的腹地、起点和战略要地，这样一下子就可以带动起来了。

吴俊明：

我反映两点，中方明确是叫南向通道，其实这个不是单方的，就是货不是从渝新欧到重庆聚集，再从重庆到钦州，然后到新加坡。

陈文玲：

重庆实际上是一个立体的交通枢纽，还要到欧洲去，渝新欧实际上是通过中亚、西亚、中东欧然后到欧洲的卢森堡。

吴俊明：

因为贸易不是单方的，不是只往南，往北也有，从新加坡，从周边聚集的货，运到钦州，然后到重庆，再由重庆发给其他的西部城市。站在中国的立场上，只有南下，但这个通道还是双向的，当然物流也往南方走，同时从新加坡的观点上也是往北走。

陈文玲：

到广西钦州，是海运，然后到东盟，如果是到防城港，或者从广西东兴出境，就可直接到越南了。所以南向通道可以再琢磨琢磨这个路线，怎么能把陆上的、海上的现在已有线路，已有的跨境合作区用起来，可能这样作用就大了。

吴俊明：

第二点跟这个提法也有关系。当然我们现在谈到重庆，但因为这个项目是新加坡、中国两个国家的合作项目。商品流通可能到贵州，可能会到云南，或者到缅甸、泰国，都有可能。如果是通过重庆，有比较优势的政策，我们觉得货要到新加坡，如果没有到新加坡，利用这个政策，也不能算是两国之间的项目了。

陈文玲：

两国合作，还有第三方市场。两个项目是面向第三方，既面向两个国家市场，也面向第三方市场。

吴俊明：

也可以用同样的思路合作，其实谈到税，通过苏州、天津，是因为通过国家项目，好像有特殊的政策。可是如果这个货到了钦州，然后再到别的地方，没有到新加坡，我觉得就不能说是新中，可能会有一点区别。

这个路已经有了，或者已经打通了，当然我们欢迎。可能通过经济上的考量，如果是要把物流成本降低，还是需要量，需要规模。如果这个货不能聚集足够规模的话，可能成本也不能降低太多。新加坡可能发挥的优势，就是作为一个区域的物流中心，我们能够聚集的量比较大。

陈文玲：

我谈的看法仅供您参考。我在重庆参加了他们的讨论，他们提出的是南向通道，好像跟您说的稍微有点差异。利用南向通道这个概念，我们怎么能够更大程度地发挥我们的优势，将来不仅是新加坡和重庆，不仅是新加坡和中国两个国家在重庆这个地方进行合作，以这个地方为合作载体，然后进行拓展。

吴俊明：

因为我们刚刚起步，先要把新加坡和重庆的基础做好，有了这个基础，主要的目的是增强辐射性，如果基础没有做好，路开得太多，就可能不行。

陈文玲：

我的意思不仅仅是开路，是要利用经济通道，你去开路，那个周期太长，风险太大。除了硬设施的联通，还有金融合作，还有第三方市场合作。“一带一路”建设除了海上、陆上的，还需要关注一下空中的丝绸之路，新加坡有这个优势。新加坡是空港里面周转速度最快的、周转量最大的，也是中转率最高的，包括海运。重庆将来肯定是国际化的大的航空枢纽，这两个航空枢纽之间，变成两地空中连接的丝绸之路，然后再连接其他国际上的航空枢纽，包括欧洲的卢森堡、阿姆斯特丹，要是从空中连接起来，这个空中丝绸之路的范围就宽了。而且空中运输肯定是价值最高的、体积最小的、最高端商品的现代物流。不要只关注陆上和海上运输，海上和陆上运输的肯定是大件货物，特别是内河河运，基本上是原材料型的货物，所以要根据不同的类别，和重庆讨论立体化的丝绸之路。

吴俊明：

很高兴听到陈老师这么说，因为其实对于我们与中国在重庆的项目，我们主要是关注四个领域。刚才我们谈到物流、金融，其实还有航空互联互通，也是四个领域之一，最后是在 ICT 通信、网上的合作。

陈文玲：

我上次在重庆开会也提出这个建议了，希望重庆做一个整体设计，领导人指了方向，但是关键是操作方案和怎么落地，必须有可操作的方案，这个方面挺重要的。

再一个就是网上丝绸之路，包括跨境电商，包括下一代贸易方式——E 国际贸易，我们提出了 E 国际贸易的概念，用两年半时间做了这项研究。我们提出线上线下相融合的下一代贸易方式。要使新加坡、重庆的优势叠加，不仅是一个国际航运中心，因为新加坡的航运周转量已经超过了 40%，在整个亚洲是周转量最大的，虽然现在货运量排在第二位，第一位是上海的大洋山，但是完全可以把新加坡与重庆变成将来的空中枢纽。再一个就是网上的枢纽，还可以使下一代贸易 EWTP 这个平台成为中转贸易的枢纽。这样，新加坡整个就火了，然后重庆也就火了，合作就有创意、有新意了。如果只是聚焦于修路，你修一条路得多少年？要重视软联通，软联通先行。我记得上次与您见面时我就与您谈，硬联通应顺势而为，软联通成本低、见效快，才能真正取得明显收效。软联通包括很多方面，如制度联通、新加坡方快速通关、高效率的金融结算、全球一流的营商环境这些“软”的东西，可以率先在重庆复制。我觉得要通过和重庆的合作，让大家看到新加坡不仅是在制造业，在苏州园区曾经起过引领作用，未来在金融，在国际航运，在国际物流，包括航运物流、海运物流、内河航运，也包括互联网的联通，都能创造两国合作的奇迹，那就大不一样了。

吴俊明：

这也需要西部地区各省份的沟通，因为谈到物流体系或者是大通关，这个方面需要协调。

陈文玲：

这的确需要两个国家做一些合作研究，比如说中国与新加坡的智库可以合作研究，做一些整体设计，供政府来用。没有这些深入系统的研究和方案，合作在政府谈判层面上，就很难落地。

以上是我从“一带一路”建设中新加坡跟重庆的合作，以及下一步工作的想法，提几点建议，供您参考。

再一个问题，就是关于您所关心并希望我介绍的中美贸易问题。全世界现在都关注中美贸易，新加坡也关注，新加坡不仅关注，现在做的也是非常正确的，因为你们不是选择站在哪个国家一边，而是站在经济全球化、站在维护国际规则与国际秩序、站在有利于世界经济发展这一边，因此你们发出的声音就非常有力，而且也站得住脚了。

现在美国单方面挑起贸易冲突，我认为醉翁之意不在酒，或者说项庄舞剑意在沛公，不是真正因为和中国有一点点贸易逆差。如何看贸易逆差？大家都知道，这是市场的选择，哪个国家也没有可能命令其他国家企业来自己国家进货，中国如果命令美国企业来中国进货也不可能奏效啊！之所以产生国际贸易额，是美国企业根据美国市场的需求，自愿到中国来进行采购，这种采购只要是在市场上进行的交易，它就是平等的，只要是市场交易，或者以货换货，或者是以货币为媒介进行商品交换的，都是等值的，而且是通过合同协议来达成交易的，变成呈现在市场上的供求关系。所以，国际贸易从来就是这种要素之间的交换，所以才有 WTO，所以才有国际规则，所以才有贸易的自由化和便利化。而美国现在犯了几个比较严重的错误。

第一，它是用国内的单边规则来处理国际贸易问题。特别是对另外一个国家发起贸易制裁，应用的法律法规就是不符合国际规则的。比如说他们关于 337、232、301、201 的调查，所有规制方面的东西都是美国国内的规定，而且是 1930 年的关税法和 1974 年的贸易法。假如我们用中国国内的规定去处罚美国，行吗？我们用国内的规则去处罚新加坡，行吗？新加坡用新加坡的法律来处罚中国，行吗？这样全世界都乱套了。哪个国家不能制定自己的国内规则呢？凭什么以自己的规则管别的国家？这在某种程度上是严重干预了其他国家的内政，是非常霸道的、野蛮的行为。

第二，即使使用国内规则也是过时的国内规则。用的 337 条款是 1930 年制定的，过去了近一个世纪，世界经济形态，制造业的衔接，全球产业链、供应链、服务链、价值链的形成，已经发生了翻天覆地的变化。去年我到 WTO 组织参加了第 96 场专题讨论会，在会上我们发布了中心课题组关于下一代贸易方式——E 国际贸易的研究成果。其间我们跟 WTO 有关研究机构和专家也进行了座谈讨论，他们的研究我觉得很有说服力，他们认为全世界 2/3 的贸易现在是中间品贸易或者中间环节的贸易，而不是最终品的贸易。以前出口一个杯子，现在可能一个杯子、一个盖子，特别像电子元器件可能要出口进口很多个国家，然后才能完成一个模块的半成品。这种中间品的贸易，现在全球占了 2/3，而在十年前、二十年前中间品贸易占比还没有这么大。我在 16 年前遵照国务院领导同志的指示，去进行国货复进口调查研究，那个时候国货复进口在国内才占 17%。现在按照 WTO 组织的统计，中国还有东南亚一些国家，中间品贸易占比高达 4/5，就是 80% 的贸易品，都是全球产业链环节上需要的中间品，而非最终产品。所以，美国怎么可能切断这个产业链呢？怎么能用 1930 年的法律、1974 年的法律，来衡量现在的国际贸易呢？来衡量现在的贸易得失呢？这显然是过时的，是陈旧的，是僵化的，是不合时宜的。

第三，它的这种所谓贸易制裁，已经延伸到了中国的制造业，特别是高技术产业。现在美国进行“301 调查”，贸易代表莱特希泽明确提出，就是要针对“中国制造2025”，就是不能让中国的制造业超过美国。哪有这么霸道的？中国制造业永远不能超过美国，那中国制造业就没有权力发展了吗？只有美国才有资格永远在第一吗？美国第一是要靠实力的，不是靠打压别的国家，我前进了，你要比我前进更快，你才能保持第一。而不是说你在那个位置上静止不动，我前进了，你就要把我打趴下，你永远当老大。中国具有5000年历史，美国也就243年历史，按说世界上有一些说法都不太对，说美国是一个守成大国，中国是一个新兴大国，完全弄错了！中国是一个历史悠久的大国，美国是一个新建的国家，你是发了“一战”和“二战”的财，然后也发了美元的财，美元成了国际货币，除此之外美国凭什么就成老大了呢？当然美国有一批金融家，当时建立了一个政治制度，吸引了全球一大批人才，包括特朗普的爷爷也是德国人，美国很多科学家都是犹太人，都在美国创新创业。全世界最优秀的人才、掌握最高技术的人才，特别是金融人才，都被吸引到了美国。美国还是一个移民国家，靠这些外来人才，把美国科技创新推到一个高度。

再一个，美国是靠“二战”以后美元的霸权地位。1944年建立了布雷顿森林体系，美元作为结算货币，和黄金挂钩，各国货币和美元挂钩。但是1971年以后被美国自己废除了，因为大家习惯了还在使用，目前这个优势还在。现在特朗普也好，奥巴马也好，扬言美国还要领导世界一百年，要使美国在世界上永远保持第一，这有可能吗？我觉得领导者地位不是靠自封的，我尊重你，我觉得你的主张是正确的，你造福于全人类，我当然拥护你永远当领导者，我觉得美国如果这样做最好不过。

但是不能说我既当领导者，又当第一，别人不能有所作为。现在你看到中国只是定了一个目标，我们要经过十年的努力，才能使制造业转型升级取得一些进展，到2050年经过37年的努力，建设成强国。到那个时候目标能不能实现，也还是未知数，哪个国家不能画蓝图呢？班农说美国人要好好学习中国共产党十九大报告，他说他都读了七八遍，你们没有学习好中国共产党十九大报告，没有看到中国是美国最大的威胁。美国认为中国努力的目标变成现实了，把中国当成它的敌人。即使中国强大了，一个14亿人的国家解决了世界上这么多人口的就业和生计，也是对世界的贡献，如果中国成了叙利亚，中国成了伊朗，中国人成了流离失所的难民，哪一个国家能接受呢？习近平主席提出到2020年消除贫困，实现零贫困，这就是对世界的贡献。美国怎么能这么考虑问题呢？所以，我认为美国心胸狭窄，仍然是霸权主义，仍然是冷战思维，只能我有，不能你有，只能我强，不能你强，况且我们还没有美国那么强。

第四，我觉得美国战略转向的依据是完全错误的。美国的依据，就是认为中国马上要超过它了，而且特朗普认为，美国的火车比中国破，机场也比中国破。但是实际上这种依据是严重不足的，美国的 GDP 今年还是 19.36 万亿美元，中国是 12.2 万亿美元，是美国的 63%。要是按照人均 GDP，14 亿人的中国要和 3 亿人的美国持平，按照现在的经济增速，可能还要四五十年的路程要走。这几十年间，美国也还要发展。所以，中国这么多人口真的要富裕起来，非常不容易。这个时候美国把中国当成战略对手，没有道理。美国指责中国是经济侵略者，我没有侵略你，我现在是低福利、低价格，你从我这里采购了商品，保持了国内的低通胀、高福利，你不是占了中国的便宜吗，怎么能说是吃亏了呢?

美国特朗普一直说中国抢走了美国的就业岗位，实际上美国制造业的产业转移在 20 世纪 90 年代初就完成了。我曾经看了美国智库所做的关于美国产业转移的研究，产业转移实际上是两个方向：一是制造业的工人转移到了本国服务业，在国内转移；二是制造业转移到了日本和亚洲四小龙，特别是日本。那个时候中国还没有大规模发展装备制造业和钢铁，到 1987 年，美国的钢铁工人从峰值时候的 70 万人，减到了 14 万人，也就是说 56 万人已经转移完了，一部分转到日本和亚洲四小龙，一部分转到服务业了。中国的钢铁真正出口，是在 1995 年以后，跟美国的就业一点关系都没有。美国整个一、二、三次产业结构，在 20 世纪 90 年代就调整完了，中国改革开放初期，它的服务业的产值就占 GDP 的 70% 以上，服务业就业人口占就业总人口的 80% 以上。中国改革开放的前半期，就是 90 年代以前，美国制造业占比就是很低的，美国的服务业就已经占到了 GDP 的 85%，就业接近 89%。当时我做过这些比较研究，现在特朗普和莱特希泽是张冠李戴，把不同历史阶段完全搞混淆了，说中国现在产能过剩，中国制造业发展，中国把美国工人的岗位都夺走了。请问中国什么时候夺你的工作岗位了？这完全是张冠李戴！特朗普既不研究历史，也不研究国际贸易，更不研究中美之间经济联系问题，也不听智库专家的意见，他整天发推特，那么这些东西谁去给他澄清？他周边又是鹰派纳瓦罗这些人，经济学家里面做得最烂的，这不是我说的，是美国人说的，是美国专家认为他是最烂的。

吴俊明：

下一步解决中美问题的出路在哪？因为我也了解中方的立场，美国现在的观点不纠正，中国是不会进行谈判的。

陈文玲：

现在姆努钦提出到中国来，要跟中国谈，中国商务部已经表态了，说你来谈，我们欢迎。中国不是不谈，你要打我就打，你要谈我也跟你谈，中国的前提是不愿意打贸易战，打贸易战两败俱伤。中国也不怕打贸易战，美国执意要打，中国奉陪到底。再一个，如果两个国家能够合作，我觉得总比打贸易战好，合作的收益大于对抗，如果是两国合作，我们也有很多的方案，也有很多的路径，可以大大推动两个国家合作。

吴俊明：

其实中美关系中有对话交流机制，现在中美有四个对话机制，其中之一是经济对话机制。

陈文玲：

一个是经济对话机制，一个是安全对话机制，一个是人文对话机制，还有一个是军事对话机制。

吴俊明：

经济对话这个框架下，这些议题能够谈。

陈文玲：

美国没有建立机制，据目前了解，美国四个机制下都没有明确具体负责人。3月底我去美国调研，有美国智库专家告诉我，美国白宫关键岗位150个编制，现在岗位上有人的只有60个，有90个还空着，另外，60个岗位的人换来换去，他身边的决策者已经换了22个，白宫主要岗位负责人的更换率超过35%。现在美国国务卿换了，安全委员会安全顾问和安全顾问助理换了，中央情报局局长换了，美国贸易谈判办公室主任换了，除了美国商务部部长，其他全换了。美国国防部部长没有换，但是美国国防部部长是鹰派。现在特朗普周边几乎所有的人和特朗普本人，基本上是性格相同，做事也相投，我看缺少一个理性的、睿智的、成熟的人，缺少懂得基本规则和规矩的决策层，现在美国政府决策层有很大的问题。

所以你说的四个机制，中国哪个机制都有负责人，美国找谁谈呢？都没有明确，都跟特朗普一个人谈吗？而且美国也没有像中国有中组部这样的机构考察干部，特朗普说让谁上谁就上，说免谁就免谁，不论免什么级别的干部都没有手续，发一个推特，说免就免了。

现在中美之间的关系，实际上处在一个极度的不对称状态。中国是非常守规矩，非常维护多边体系，维护经济全球化，维护各个国家的利益。美国则是极度自私，极度维护本国利益、本集团的利益和本人的利益，两国理念极度不匹配，两国的思想境界和对话不是一个量级。我认为，中国现在在国际上，完全代表了一种国际潮流、国际先进的理念，而美国在特朗普领导下是在大踏步迈向19世纪，在往回走。包括特朗普修墨西哥墙，去年特朗普提出总预算有230多亿美元，修7～9米高，今年要加固600多千米，新修500千米，在美国和墨西哥之间修1000多千米的墙。修墙也不能切断产业链，在现代经济形态下，还有什么人用修墙的办法来割断经济联系呢？有的时候这些做法既不可理喻，也违背历史前进的方向。

美国退出了《巴黎协定》，《巴黎协定》原本有193个国家参与，除了美国一个国家退出，其他192个国家没有一个跟风的。对于现在美国极度自私的做法，加上多变的态度，外国人搞不清楚，国人也搞不清楚，现在美国四处出击，对世界几乎所有的地方都要出击。只要美国认为你占了它便宜，不管是不是盟国，都进行钢铁制裁和铝制裁，如果需要豁免，你要向我申请，也是居高临下。美国是世界霸主，各个国家要向美国申请，要美国豁免你，那你得站我这一边，共同对付别的国家。没有这样处理国际关系的，世界上最大的一个发达国家这样做，把正常的国际关系处理得乱七八糟。我认为全世界真正跟美国走的国家和人民并不多，美国总体上正在走向衰落。从历史长周期看，虽然美国现在还是一个最大的、最强的国家，但是其倒行逆施的做法使它加快走下坡路，这将是美国由胜转衰的转折点。如果特朗普继续这种做法，只会加快美国走下坡路。

全世界大部分国家，基本上是冷静的、理智的，能够站在历史前进的方向，真正跟风的不是太多。原来日本紧跟美国，跟了半天，差点掉到坑里面，特朗普并没有领情，与安倍晋三轻蔑性握手众人皆知。美国退出TPP，安倍晋三前去求情，请求美国不要退出TPP，还没有等安倍晋三回到日本，特朗普就宣布退出了。这一段时间传出特朗普又考虑加入TPP，日本始终没有表态，新加坡也没有表态，11个国家也没有任何一个国家说欢迎美国重新加入TPP。美国的做法和小孩过家家一样，所以世界上跟风的国家还不是太多。

美国现在很多做法不得人心。可能经过近几十年几轮折腾以后，大家看得越来越清楚了，包括打伊拉克，说伊拉克有化学武器，最后啥也没有。包括这一次打叙利亚，说有化学武器，最后说是白头盔组织，结果是在影棚里拍摄的，俄罗斯公布了白头盔拍摄的现场，不知道到底怎么弄到手的。我认为，美国打伊拉克也好，打叙利亚也好，包括世界上这些难民问题，实际上没有一个问题不是跟美国有关的，包括美国制造的阿拉伯之春。全球性难民问题，所有世界上局部动荡问题，这些国家的分裂，这些国家人民的流离失所，这些国家经济下行，都与美国有直接关系，但是美国却概不负责，只负责制造问题。这哪里像一个领袖国家，像一个负责任的大国？

我想，现在全世界处在一个非常重要的历史节点上，中国之所以现在的态度比较强硬，就是因为美国太不讲道理了，太霸道了。

中国始终是想跟美国把关系搞好，觉得处理好与美国的关系，保持良好的、正常的中美关系，不仅对中美有利，对整个世界也有利。习近平主席和特朗普总统在美国海湖庄园会晤之后，中国马上就实施“百日计划”，扩大从美国市场的进口，包括牛肉、飞机、能源等商品。2017 年中国从美国进口的能源排在从全球石油生产国进口的第一位，比 2016 年增加了 8 倍，中国是非常有诚意的。接着中国提出来两国共同商量制订一年计划，推进加强中美之间的沟通协调，但是这个计划还没有开始，美国就发起贸易战了。美国不仅向中国，也向几乎所有贸易国发起了这种挑战。而且，2017 年 10 月，特朗普总统到中国来还拿走了 2500 亿美元的大单，中国一直表现出了特别大的诚意。

但是，美国则是一步步地紧逼，从对中国出口到美国的工具箱，这些零散的商品，到对出口美国的钢铁、铝产品加征关税，然后到出台“301 调查”报告，到中国先进制造业，到中国的执政方式，到中国的军民融合，全都在他制裁之内，这就完全违背了道德、道义，还有国际通行规则，一切处理大国关系的脸面都没有了。

吴俊明：

现在中美贸易议题是刘鹤副总理负责，还是王岐山副主席负责？

陈文玲：

现在按照分工可能是刘鹤副总理负责，刘鹤副总理是经济学家，有很深的经济学和战略研究、决策研究和政策研究功力。当然，谁抓谁不抓，我还不太清楚。

吴俊明：

美方因为他们的认识一直在改，与中国对接的人员也不太确定。

陈文玲：

我觉得从发展的长周期来看，美方的这些做法一定是站不住脚的，而且它在伤及别人的时候，肯定最终自己也会受损害。因为 2017 年两国 5800 亿美元的贸易额在全球排第一，中国出口美国的商品占中国出口总额的 19%，美国出口全世界的商品，中国现在占第三位，同时中国是美国出口增长最快的市场。仅 2017 年全球芯片出口到中国，就是 2600 亿美元，还不算现在的石油、天然气进口。我是这么考虑的，中国全年进口芯片2600亿美元，其中从美国进口的是875亿美元，没有中国市场，一些美国企业死定了，当然我说的不是整个美国出口企业。

吴俊明：

美国这样持续下去，在一个阶段之后，可能也会转过头，或者你会觉得它会坚持这个方向？

陈文玲：

我认为美国是万变不离其宗，它现在的战略转向就是一个非常错误的选择。他们感觉中国快超过它了，绝不能让中国超过美国，所以集中力量打击中国，打压中国，阻止中国，制裁中国，这个立论的基点确实是错误的，这条路是走不通的。

吴俊明：

也有一些看法，可能这是特朗普打牌，为了拿到一些利益，进行利益交换。你也谈到了进出口，我们也是挺关注上海今年将要召开的第一次进口博览会。

陈文玲：

不只是今年召开这个进口博览会，以后每年都召开。

吴俊明：

一般我们是举办出口博览会，进口博览会比较少。

陈文玲：

这是中国第一次举办，以后会成为常态。我个人认为，这个事和将来的产业转移重构是有关系的，因为中国制造业，特别是纺织、服装、鞋帽、箱包和玩具等这些劳动密集型的产业正在加快转移，这不是中国政府推动的转移，而是很多国家企业在这里投资，现在中国劳动力成本也上来了，土地成本也上来了，成本驱动型转移是主要原因。现在有很多企业包括中国企业向东南亚、南亚、非洲转移，所以可以预计，将来中国也需要进口一些消费品。

再一个是国际产能合作，现在中国与几十个“一带一路”沿线国家在进行产能合作。美国现在减税之后，美国的一些企业也会向美国回流，中国一些企业其实在2016年对美国投资就达到了一个峰值，当时一年下来是456亿美元，如果不是美国去年打压中国投资，那我想中国企业对美投资增长速度还会更快。美国的企业回流，中国之外的一些企业到美国投资，这也可能会影响到全球的产业格局。所以未来我觉得各个国家出口的产品不可能纯粹由这个国家的资源要素组合或者集成，都要不断进行全球产业转移和要素重组，每个国家和地区不过就是一个平台或者载体。

吴俊明：

举办进口博览会从中方看，这些产业重组以后，有些不再生产了，就需要进口，包括高端的，也是希望能够进口。

陈文玲：

现在中国的消费需求层次也在上升，很多老百姓也需要一些品牌商品，或者质量更高的商品。国外生产的一些高品质产品，原来通过旅游购物购买，现在通过跨境电商采购，将来进口博览会是重要渠道，这一块也会扩大进口。

吴俊明：

我们也在想主要还是归功于中国开放。在自由贸易这块，博览会的亮点或者是主题又会是什么呢？

陈文玲：

进口博览会是类似广州进出口交易会的国家举办的博览会。广州的一开始叫进口交易会，持续了很多年，100 多期，一年有两季，春季交易会、秋季交易会。后来我们要调整贸易政策，进出口保持平衡，改为进出口交易会，现在仍然叫进出口交易会。但是上海这个不一样，一开始就叫进口商品博览会，还带有展览功能，就是各国的商品在这里展览和成交，叫博览会。

所以，我想它会成为中国扩大进口的一个新的平台，而且每年都办。一方面是广州进出口交易会，另一方面是上海进口博览会。持续下去，中国未来可能会成为一个国际贸易转口中心。刚才说重庆要注意转口，虽然进口博览会是在上海，但是同在长江经济带，跟重庆的关联度也很高。我谈的大体上就是这些看法。

吴俊明：

非常感谢陈老师！

第六部分

专题讲座

对当前中美经贸关系的分析
——在广西壮族自治区的专题讲座

（2019 年 7 月 22 日）

注： 本文为陈文玲接受广西壮族自治区区委区政府邀请，就中美关系、中美经贸摩擦等问题进行专题讲座。

非常荣幸接受自治区党委的邀请，和大家一起讨论当前的国际形势，特别是中美关系、中美贸易摩擦等这些大家非常关心关注的大事。

面向未来，中国如何把握大势，如何抓住机遇，如何做好自己的事情，如何战胜对手，如何能够顺利实现两个百年的奋斗目标，到 21 世纪中叶能够建成社会主义现代化强国？

在党的十九大报告中，习近平总书记指出，世界面临百年未有之大变局。在多次会议上习近平总书记反复强调重复着这句话。现在百年未有之大变局确实已经到来，包括学者在内的很多人理解，我们中国经过了百年奋斗，现在正在和平崛起。回顾这百年的来之不易，结合这几年的国际形势变化，我认为我们面临百年未有之大变局，不是过去式，而是现在式和未来式。未有之大变局，不是已有之大变局，已有的变局已经成为历史，但是未有之大变局，需要我们研究探讨。我理解百年未有之大变局，是当前中美两个大国之间的竞争与博弈的最大变量。在党的十九大报告中，习近平总书记指出，中国正在日益走近世界舞台中央。特朗普就任美国总统后，美国实现了战略转向，把中国当成了最大的竞争对手，或者是叫敌手，把中国推到了世界舞台的中央。世界舞台上演了一场大剧，精彩生动曲折，剧中的主角就是世界第一大经济体美国和世界第二大经济体中国。

一、中美贸易战产生的背景

我们以前一直强调韬光养晦，一直强调中国永远不称霸，不和美国争第一。我们一直把整个党的工作重点、政府工作重点放在经济建设上，以经济建设为中心，以改革开放为动力，以为人民群众创造更美好的生活为目标，我们一直把所有的重心放在做好自己的事情上。我们非常希望有一个和平的外部环境，有一个能够对中国持续快速增长、更长周期增长包容的世界环境。我们希望全世界都能看到中国作为一个14亿人口的国家，解决自己的问题多么不容易，我们解决好中国自己的问题就是对世界最大的贡献。世界总共70多亿人，中国现在14亿人，印度13亿人，这两个国家加起来27亿人。因此，发展中的大国首推中国，解决了人们的衣食住行问题，实现了14亿人小康社会的目标，到2020年，按照习近平总书记的要求，我们要全面建成小康社会。要使所有人脱离贫困、实现零贫困，这在世界人类历史上、在我们横向比较的所有大的经济体中，也包括小国中是没有的。一个国家，使自己国家实现零贫困，只有在中国共产党领导下才能实现。中国共产党的每一届领导朝着一个目标努力，政策是连续的，党的百年目标是连续的，我们的战略是连续的，我们人民群众艰苦奋斗精神是连续的，因此才迎来了中国14亿人的脱贫。

按照统计局的国际横向标准的比较，我们现在有4亿人进入中等收入群体，美国总人口3.2亿人，比中国中等收入人口少8000万人；日本总人口1.26万人，比中国中等收入人口少3倍左右；欧盟28个国家总人口5.1亿人，与中国中等收入人口差不多。在这种情况下，世界各国看到中国的发展都非常赞赏，国际组织也是非常赞赏的，而且很多发展中国家和贫困国家，从中国的发展中也看到了自己未来的希望。去年我到巴基斯坦参加巴基斯坦、阿富汗、伊朗政府三边会议，做了一个关于“一带一路”的主旨报告，分别和巴基斯坦的智库、中国大使馆进行了深度交流，我了解到巴基斯坦感觉自己最主要的问题是贫困。后来在演讲中我说巴基斯坦现在3000万人口、GDP总量3000亿美元，而中国改革开放那一年是8亿~9亿人、GDP总量是1500多亿美元，所以中国的今天就是巴基斯坦的明天，巴基斯坦通过奋斗，通过选择适合自己国情的道路，完全可以成为一个富裕发达的国家。我们周边的越南和缅甸也是在向中国学习改革开放中发展起来的，缅甸现在和中国做最好的朋友，共建中缅经济走廊，成立缅甸“一带一路”指导委员会，昂山素季资政亲自任主席，工贸部部长任副主席，全力以赴推进“一带一路”建设和中缅经济走廊的建设。

我们的发展得到了世界上绝大多数国家的认可和赞赏。在今年4月15日召开的“一带一路”国际合作高峰论坛上，出乎全世界预料，也出乎中国预料的是，到目前为止共有132个国家和中国签订了“一带一路”的合作文本，包括谅解备忘录、“一带一路”的战略规划对接，有30个国际组织和中国签订了“一带一路”的合作协议和文本。联合国共有197个国家，有132个国家和中国在进行深度的“一带一路”合作，还不包括英国、法国、德国、日本等国，在和我们进行第三方市场合作。大家可以看到，已经有超过2/3的国家在响应中国的倡议，参与“一带一路”跨国的经济合作，中国在世界上的地位和影响力在迅速提高。在中国共产党领导下，能把一个在废墟上的国家建成一个工业化的国家，能把一个在改革开放初期还是一穷二白的国家建成一个繁荣昌盛的国家，解决了14亿人的衣食住行问题，而且在国际上能够让这么多的国家参与其中，共享它的发展机会、发展思路和发展经验，世界上绝大部分国家对中国的态度都是点赞的，是赞赏的。

但是也有少数国家，特别是现在GDP总量排在世界第一位，科技水平、军事水平在世界上处在第一位的最强大的美国并不赞赏。在这种情况下，我们按照习近平总书记提出的构建中美新型大国关系，遵循不冲突、不对抗、相互尊重、互利共赢的原则。但美国并不想走合作的道路，而且心态也发生了非常大的变化，美国从战略疑虑，到战略焦虑，到战略误判，再到战略转向，实际上在奥巴马时期，甚至更早时期就对中国怀有芥蒂，非常戒备中国的发展，但是那时是合作加遏制，是斗而不破。我们和美国建交40多年，1971年尼克松和基辛格访问中国破冰之旅，打开了中美关系的大门，1979年卡特总统和中国正式建交，这40多年基本上是合作竞争。开始是合作加竞争，但是当时的竞争性还不强。因为那时中国的GDP不到美国的5%，根本不是美国的对手，美国对中国不屑一顾，可以说是忽略不计，主要是要把中国拉进世界的经济体系，使中国成为美国主导的世界经济体系中的一员，以更好地为西方世界服务。

特朗普曾说，允许中国加入WTO，使中国像坐火箭一样上升。实际上中国加入WTO经过了15年非常艰苦的谈判，最后一个双边谈判的对手就是美国。现在中国的GDP是美国的66%，中国制造业的生产总值已经占全球的28%，接近30%。而原来的制造业大国是美国，“二战”后美国制造业产值曾经占全球的50%，在我们改革开放初期占全球的33%，现在下降到14%以下，所以中国成为制造业产值排在第一位的国家。我们在贸易，特别是货物贸易方面，2018年达到4.62万亿美元，我们从2013年就成为世界第一大贸易体，我们是120多个经济体的第一大贸易伙伴，是70多个经济体的第二大贸易伙伴。而这个数字在我们改革开放初期是美国的，当时美国是120多个国家的第一大贸易伙伴，是70多个国家的第二大贸易伙伴，但现在美国的产业结构发生了很大的调整。美国的制造业从20世纪60年代占美国GDP的25%，下降到现在的不到11%，美国的服务业占GDP的85%以上，就业占比接近90%，因此，美国制造业空心化。美国历届政府早就想重振制造业，从小布什开始，这个梦想已经延续了好几任总统，到特朗普总统，他非常清晰的目标是重振制造业，让制造业向美国回流。中国经济经过40年快速发展，成为第二大经济体、第一大贸易体、第一大制造业工业化国家，人民币在2016年被纳入国际货币基金组织特别提款权货币篮子，人民币成为国际储备货币，还包括美元、日元、欧元、英镑，其中人民币第三位，占到了整个货币篮子的10.92%。在这种情况下，特朗普总统在竞选演说时就说，中国是发达国家，美国才是发展中国家。所以他的目标就是让美国再次伟大，美国第一、美国利益至上就是他整个执政的核心理念，而他认为影响美国伟大、美国第一的最大竞争对手就是中国，所以美国的战略发生了非常大的调整。

2001年“9・11”事件之后，美国战略安全报告把对美国最大的威胁分为三类：第一类是恐怖主义，也叫非传统安全因素；第二类是“流氓国家”，包括伊朗、朝鲜、委内瑞拉、安哥拉、叙利亚等国，是它打击的对象，或者是叫它认为的敌对势力；第三类是其他，没有点名。2017年12月美国安全战略报告中则提出：影响美国安全的最大战略竞争对手，第一是中国和俄罗斯，中国排在俄罗斯前面；第二是“流氓国家”，范围缩小到了伊朗和朝鲜两个国家；第三是恐怖主义等非传统安全因素。在美国安全威胁报告、美国国情咨文、美国全球军力报告等国家战略报告和国家政策文件中，中国都是被放在首位的遏制打击防范的战略竞争对手，有的文件就公开说中国是美国最大的威胁，有的文件说中国是修正主义国家，有的文件说中国是经济侵略者。在奥巴马之前，美国精英层对中国是遏制加防范、遏制加竞争，他们对中国的快速发展存有疑虑，我们叫它战略疑虑。到特朗普任总统后，就变成了战略焦虑，加上特朗普总统本人的特性，这个战略焦虑就迅速地放大。

我们对特朗普应该怎么进行评价？为什么他上任以后会发生这么大的变化？我认为，特朗普是影响中美关系从而引发世界百年未有之大变局中最大的变量之一，是美国对华政策以及现在对华竞争博弈的最大变量之一。因为特朗普个性是比较鲜明的，也可以说是比较奇葩的。基辛格对特朗普的评价是：我们不管怎么对他评价，他起码结束了一个时代，我个人认为，他结束了美国的巅峰时代、黄金时代，他是一个把美国从巅峰状态推向衰落转折点的人物，他是一个有代表性的人物。

我觉得特朗普是一个政治素人，特朗普从来没有担任过任何领导职务，没有任何从政经历。没有从政经验，导致了现在的随心所欲。去年我带一个小型专家团到美国做中美问题的相关调研，我当时问美中关系全国委员会的一个副会长，我说特朗普这么随意，想换谁就换谁，特朗普发一个推特给国务卿蒂勒森，他就不用到白宫上班了，就算是解聘了。我们看美国历任总统任期两年的解聘率，特朗普在历任总统中高居榜首，他对他身边人的解聘率是83%，几乎全换了一遍，到今年应该是90%以上了。他一上任，就免除了奥巴马任命的480名外交官，导致全世界很多国家没有美国外交官，澳大利亚是一年半以后才有美国驻澳大利亚大使，所以说他完全没有章法。比如，他要修一个墨西哥墙，将美国和墨西哥隔开，他要修500千米需要57亿美元，用钱需要国会批准，但是美国众议院议长佩洛西是民主党，佩洛西已经79岁了，和特朗普势不两立，国会不批准，特朗普说你不批准我就关门，所以美国政府关门了35天，是历史上最长时间的政府关门。特朗普关门，国会还是不批准，而且认为特朗普的国情咨文不能在国会发表，最后特朗普被迫开门，80万公务员当时处于失业状态。政治素人没有任何从政经验，处理所有问题都是超常规超建制的，没有从政经验的规则规范。我认为特朗普已经使美国的社会秩序发生了非常大的扭曲。

美国对中国整个战略博弈有深层次的原因，即对中国现在和未来发展前景的恐惧。他们认为中国按照现在的发展速度，中国产业迈向中高端，科技超常规迅速发展和崛起，军事力量日益强大，是对美国未来保持第一、保持再次伟大、保持霸权地位的最大威胁。

美国维持霸权地位实际上有三大支柱，即美元、军事、文化。美元霸权靠美国的信用支撑，大家认为美元是强大的，它靠世界的领导者来支撑。世界的货币体系，最早进行国际贸易是金本位制、银本位制，用金银作为货币尺度，但是由于它的储量、分割、储运都比较麻烦，后来从1944年建立布雷顿森林体系后，国际贸易用美元做结算货币，而美元和黄金挂钩，各国货币和美元挂钩，意味着得到美元就得到黄金，35美元相当于1盎司黄金，这是一个恒定的比值。在20世纪70年代初，美国出现了金融危机，当时法国总统戴高乐唯恐美国经济问题会拖累法国，所以就把法国存在美国纽约地库的黄金拉回法国，之后各国准备效仿法国。当法国准备再去一艘轮船把黄金全部拉回法国的时候，尼克松总统8月15日向全世界宣布美元脱离黄金，美元不再跟黄金挂钩，这样美元就成为一张有价值符号的纸。它和黄金没有联系，和实物商品也没有联系，它实际上就是一个价值符号。但是由于美国是世界老大，由于美国的军事霸权地位，由于美国经济上的话语权，获诺贝尔经济学奖的都是美国经济学家，包括原来的2000多家有名的智库全在美国，美国实际上在国际舆论上也是“一国独大”，所以美国的道理就是真理。直到改革开放的时候，我们很多从西方留学归来的经济学家基本上认为西方经济学、美国经济学就是世界上的真理。当然中国的改革开放和中美建交40年是同时进行的，也就是说，中国改革开放也是在向美国等发达国家学习市场经济的过程，开放的过程就是融入世界体系的过程，而世界体系从本质上是以发达国家为主导的世界经济体系，所以实际上我们改革开放是在学习融入的过程中不断发展起来的。

美国还控制了石油等大宗商品，所有的大宗商品都是用美元结算。在欧元出现之前，美元在国际贸易结算的货币分布中，占比高达90%以上，欧元出现之后，美元目前占到39.6%，欧元占到34%。各国外汇储备中，现在全球是6.7万亿美元，美元占62%。但是美国的外汇储备是1100多亿美元，中国是3.2万亿美元，占世界外汇储备接近50%。美国作为霸权国家的时候，美元可以维持这样的地位，但是如果美国一旦失去霸权地位，不能保持世界第一，美元就会走下坡路，用美元收割别的国家财富的经济武器就会失效。美国为什么非得要当老大，一看别人有可能超过它就这么着急？因为它的产业结构、它的制造业已经空心化了，它全部都是金融业、服务业、高科技，美国人日子过得那么好，人均GDP有6万多美元，人均财富那么多，当然穷人也很多，现在还有4000万处在贫困中的美国人口。它为什么非得要霸权地位？就是因为有了霸权地位，就有了美元信用，有了美元信用，美元就可以有铸币税，美元就可以换来财富、就可以换来实物商品、就可以换来服务。

美国军事霸权也是为经济霸权服务的，文化的霸权舆论主导权也是为经济霸权服务的。实际上美国在全球的经济格局中是最大的获利者，美国没有那么完备的制造业体系，消费品工业制成品靠102个国家出口给它，因此才有可能有逆差。中国对美出口最多，它对我们第一批制裁了500亿美元商品，第二批制裁了2000亿美元商品，最近发出威胁要对3250亿美元商品加征关税。美国对我们的出口去年是1400多亿美元，实际上我们对于美国的逆差是4000多亿美元，占美国贸易逆差的48%。中国用物美价廉的商品支持了美国消费者以及低价格低成本高福利的整个美国社会的运行，这不是得了便宜还卖乖吗？

今年5月31日，在济州国际论坛上有一场中美经贸关系的讨论。由韩国全国企业协会会长主持，美国彼得森研究所的经济学家、日本一个战略家、韩国两个学者参会。本来我们每个人都准备了十分钟的发言稿，但主持人没让念稿，他上来就问问题，第一个问题就问我：你认为即将召开的 G20 大阪峰会，中美两国会达成协议吗？两国元首会见面吗？奇迹会发生吗？我说我回答你两句话：第一句话是奇迹不会发生。因为中国绝不屈服，11 轮贸易谈判以后，我们把三个分歧点已经说得非常清楚了，这三个分歧点就是我们的底线，美国如果不放下高关税大棒，我们是不会屈服的。第二句话是奇迹也许会发生。因为特朗普是多变的，他出尔反尔的速度是非常快的，而且他现在又要竞选连任，美国经济下行是他最大的问题，如果他失去选民，他就会失去选票，他唯一最大的政治目标是连选连任，所以奇迹也许会发生。结果奇迹真的发生了！在大阪峰会上，两国元首再一次达成共识，然后两国的经济团队再进一步磋商，跟去年 12 月 1 日在阿根廷布宜诺斯艾利斯两国元首的共识是一样的。

美国战略转向把中国当成最大的战略竞争对手，第一，不是怕中国当世界老大，怕中国超过它，怕中国进步，而是怕失去它的霸权地位。第二，是转移国内矛盾，因为美国的国内矛盾，特别是民主党和共和党的两党矛盾，白人和黑人的矛盾即种族矛盾，穷人和富人的矛盾已经到了峰值。美国现在领食品券的人达 3800 万，在美国贫困线以下的是 4000 万人。美国真正的白人现在占比 60% 左右，墨西哥裔美国人占美国工作岗位很多，这也是特朗普打击的对象。美国两党的矛盾已经非常明显，种族矛盾非常尖锐。2008 年国际金融危机以后，贫富矛盾又到了一个顶峰。曾经有占领华尔街运动、占领华盛顿运动，游行示威的人们胸前挂的牌子都是 1% 和 99%，就是 1% 的人占有 99% 的财富，99% 的人占有 1% 的财富，当然这是形象的说法，社会的不公平已经到了极致。而现在美国的执政团队又是资本家，所以他们需要找一个敌人，他认为最大的敌人、最能转移老百姓视线的就是中国。

所以我认为中美贸易战，醉翁之意不在酒，不在贸易的逆差顺差。对中国的贸易战只是一个开始，对中国的制造业发展、高科技发展、金融发展、人民币的国际化，它更加恐惧，将下更大力气进行遏制，也包括中国新一代信息技术发展、人工智能的发展。信息时代，中国基本上和美国同步发展，现在我们一些军事的武器技术又超过美国，它把中国当成最大的竞争对手，实际上是美国在统一社会的共识、两党的共识。7 月 8 日香港国际论坛上，美国代表发言，说他们现在在对华问题上，共和党与民主党是达成高度共识的，整个社会是达成高度共识的。的确，在 2017 年和 2018 年，美国社会包括共和党、民主党两党主张对华强硬占比最高。从去年下半年，特别是今年第 11 轮贸易谈判受阻之后，对中国的贸易，对中国的高科技发展，包括对华为这样的企业的遏制打压，他们的共识在历史上是空前的，是用举国的力量进行打压。

我觉得导致美国国际金融危机的根源并没有解决，美国的股市债市存在泡沫化的问题并没有解决。而在当前这种泡沫经济又变换了新的形势，比如 Facebook 推出全球 27 亿人参加加密货币或者比特币，在美国有可能形成更大的金融泡沫，美国有可能爆发的金融危机比 2008 年还要严重。

美国精英层认为，这些年美国对华政策已经失败。他们认为美国欢迎中国改革开放，欢迎中国强大是为了让中国加入以美国为首的西方资本主义国家体系。中国确实强大、发展了，但中国并没有加入这个体系，中国走出了自己的道路，这也是他们主张对华强硬的最主要原因。对华强硬的表现是贸易制裁、高关税这个大棒始终不放下，在科技上也是强硬的。去年 4 月打击中兴通讯，今年开始打击华为，而且用美国的举国体制打击华为，在全世界范围内动员盟友打击华为。在金融上，现在的美联储主席鲍威尔实际上也在向特朗普让步，美国货币政策可能从原来的美元升值开始走向美元贬值，新一轮全球的量化宽松货币政策可能将形成一股新的浪潮。目前 151 个国家采取了宽松货币政策，有可能形成新一轮的流动性过剩，或者是流动性冲击。在这样的形势下，美国实际上对华是全面的战略转向，而且是从各个方面、各个领域全面遏制打压。所以实际上贸易谈判还要进行，该谈还要谈，该打还要打，但是要做长期的准备。中美之间的博弈是一场持久战，是艰巨复杂的。在中美的竞争和博弈中，全球的地缘政治、地缘经济、地缘外交格局也将发生非常大的变化。

二、中美贸易战的焦点问题

第一是关于中美贸易谈判。中美贸易谈判 11 轮，世界上很多国家在问中美还会开启贸易谈判吗？G20 大阪峰会，习近平主席和特朗普总统见面进一步确定中美要相向而行，对话合作比对抗好，合作比摩擦好。确定了这些基调，中美继续进行谈判。最近贸易谈判、贸易磋商，刘鹤副总理和莱特希泽通话。我想第 12 轮贸易谈判会很快开始。

最近两天，美国宣布对中国 110 种商品不再征高额关税。中国同意进口美国高粱，但是取消进口美国大豆。原来美国农民种的高粱 80% 是出口到中国市场的，美国农民种的大豆62%是出口到中国市场的。从2017年到现在，美国种大豆和高粱的农场主破产的接近1000家，特朗普2017年给美国的农民，特别是种大豆的农民补贴了140亿美元，2018年补贴了150亿美元。但是这些破产的种大豆和高粱的农民分布在七个州，都是特朗普得票最多的州，所以特朗普现在最着急的就是中国赶紧进口美国的农产品。第12轮谈判，我认为会围绕这几个问题开展，就是中国是否能尽快恢复对美国农产品的进口，特别是大豆的进口。因为2017年，中国进口大豆9550万吨，其中从美国进口3400万吨，2018年下降到1700万吨，今年才几十万吨。所以特朗普提出，要我们抓紧进口大豆，要看我们的行动。但是我们没有进口大豆，我们现在第一批是进口它的高粱，与此同时取消了对大豆的进口。

我们的要求是美国必须放弃加征高额关税。刘鹤副总理在第11轮谈判的时候已经说得非常清楚，取消相互加征的高额关税。实际上我国对美国加征了1110项，第一轮500亿美元是同等规模、同等力度。第二轮美国对我国2000亿美元商品从去年9月1日到12月加征10%的关税，今年5月10日宣布提高到25%。5月10日我国对美国600亿美元出口中国商品一部分提高到25%，一部分提高到20%、10%，除了保持宝石是5%以外，其他都提高了。实际上我国对美国加征关税是比较少的，因为美国2018年对中国出口总共是1551亿美元。特朗普还提出来对未来中国3250亿美元商品加征5%的关税，6月17日进行听证，314家美国企业参加，但是有96%的企业坚决反对。

我认为第12轮贸易谈判中国会明确提出几个条件：一是取消高额关税；二是美国提出到2020年中国要多进口2000亿美元的商品，中国市场要有需求。其实在去年12月1日与阿根廷元首会晤时，中国基本答应了2000亿美元商品的进口，我们本来就要多进口，但是第10轮贸易谈判的时候，美方把加征关税提高到3000亿美元，后来又提高到了3300亿美元。到第11轮贸易谈判之前，中国对谈判文本进行了全面的修改，修改的这些条文经过外交部递交美国，然后第11轮谈判受阻。特朗普说中国出尔反尔，但是在这之前他有三次大的出尔反尔。大阪峰会再次准备磋商。中国有三个底线：其一，要求美国取消加征的高额关税，放下高关税的大棒。其二，不能强买强卖。必须按照市场需求来增加对美国的出口和进口，而美国限制高技术产品的出口，还有对华为的禁供进攻必须要停止。其三，谈判文本的平衡性在两个大国之间是对等的，在文本表述上也是平等的。美国居高临下，不能让中国签订城下之盟。美国现在最着急的几件事，就是大豆、高粱、牛肉、猪及其内脏的出口。它们最大的市场在中国，现在中国基本上对它关了大门。

第二是能源问题。页岩气革命之后，美国这几年能源发展非常快，去年 9 月，美国的石油、天然气日生产量超过了沙特阿拉伯。中东石油出口占全世界石油出口的 40% 以上，沙特阿拉伯占欧佩克组织的 40% 以上，现在美国日产量已经超过了沙特阿拉伯，也超过了俄罗斯，成为世界最大的产油国。整个国际能源格局供给方在向西方转移，需求方在向东方转移，东亚最大的进口国是中国，其次是印度，然后是日本、韩国等。美国原来在中美制订“百日计划”的时候，要求中国增加对它能源的进口。在第 12 轮谈判中，估计美国还会提出能源的要求。现在美国页岩气的成本已经降到 30 美元 1 桶，随着技术革命，有些产油地的成本已经降到 15 美元/桶以下，因此美国将成为世界上最大的石油、天然气的供给国。而它的第一大市场是中国，所以美国和中国的贸易协议最终一定会签的。因为它不会放弃世界最大的市场。特朗普是商人，商人最看重的是从市场上获得利益，中国这种战略定力其实也来自我们已经形成的巨大的市场潜力、市场红利，所以美国一定会要求中国增加石油的供给。

第三是飞机问题。美国波音飞机和法国空客飞机的竞争很激烈，我们原是美国飞机的第一大买主，是进口飞机最多的国家。波音飞机的董事长曾经算了一笔账，他说中国到 2035 年会进口美国 4700 架飞机，我们原来进口签单最多的就是波音 737MAX，这款飞机在我们的舟山新区建立了最终组装生产线，一年可以组装 100 架这款飞机，然后再交付中国市场使用。已经交付给我们使用的 96 架在全世界排在第一位，加拿大排在第二位，是 72 架。当波音 737MAX 飞机出事后，中国第一个停飞。中国停飞之后，其他各个国家效仿，因为我们买的飞机最多，最后美国被迫停飞 737MAX。到现在它的飞机也还没有整好，因为它是设计原理上的问题。习近平主席今年到法国访问，和法国签订了 300 架空客飞机合同，正好是我们原来签订的美国波音飞机 737MAX 的数量，所以美国着急了，距习近平主席访问法国不到一个礼拜，美国就发起对欧盟的反补贴制裁。

其实美国高科技产品的最大市场也在中国。2018 年我们从美国进口的高科技产品总共是 391 亿美元，占它出口的 1/10。2017 年中国进口芯片 2600 亿美元，比我们进口的能源还要多上千亿美元，2018 年我们进口芯片 3200 亿美元。如果美国的高技术产品可以出口的话，这个贸易平衡很快就能实现，所以现在的贸易谈判是不会终止的。

每次贸易谈判都是美国主动提出来的，每次出尔反尔都是美国开始的。我们的老百姓、我们的企业、我们的政府、我们的谈判代表信心越来越强了，应对美国的战略和策略越来越成熟了，我们有底线、有红线、有基线极限，这些原则不会动摇。你说谈我们就谈，你说打我们就打，你制裁我们就要反制裁。当贸易摩擦成为一种常态以后，就看最后谁能胜出了，胜出的一方一定是站在道义制高点的一方，一定是坚持多边主义、维护世界规则、维护世界秩序、维护全球体系的一方，也就是，经济全球化是大势，逆全球化只不过是大潮中的一个回头浪。当然有时候回头浪也挺猛，也可以打翻船，但是它瞬间就会消失。这个瞬间可能在当前这一年，也可能瞬间还没结束。关于贸易谈判，我们按照刘鹤副总理提出来的取消相互加征高关税，不能强买强卖，不能让中国做违背经济规律的、不切实际的承诺，文本必须保持平衡。贸易谈判中涉及的主要问题有很多东西已经解决，还需要得到美国的认同和世界的认同。有些我们正在解决，有些还在讨价还价，有些是不能让步的。按照美国财长姆努钦讲的，90%达成了共识，已经解决了90%，这是符合中国利益、中国实际和中国未来改革开放方向的，我觉得这些问题应该写到协议里面，不是中国的妥协退让，是现在中国发展的需要。

三、影响中美关系的其他几大问题

第一个问题，知识产权问题。美国是非常强调知识产权的，但是知识产权问题恰恰是中国做工作做得最多最好的。原中国知识产权局局长、现知识产权保护协会会长田力普曾说过，40年来，我们已经形成了一个完善的知识产权保护体系，从知识产权的产生、使用、保护到对侵犯知识产权的惩罚已经形成一个非常完善的体系，到目前为止，我们已经建立了3个知识产权法院、16个法庭、200多个保护中心。而且我们的知识产权创造，如5G标准占全球的35%，其中华为占15%，现在我们的发明专利居全球第二位，论文数量相当于美日德三国的总和，论文的被引用率居全球第二位，在世界上创新知识产权拥有率越来越高，在中国形成几大板块、几大高地。如深圳半导体产业、无人机产业，这次美国加征高额关税的实体清单第一批全在深圳，而且全是深圳南山区粤海街道办事处开发区的企业，所以很多网友在微信圈里传这是美国在和深圳南山区粤海街道办事处打贸易战，因为创新企业全在这里，这是一个创新的高地，日本等国都组团到深圳考察怎么创新。

为了引进科学领军人才，深圳政府最近宣布，把他们的个人收入所得税由原来的45%降到15%，其余30%由市政府承担。所以现在深圳成了一个科技领军人才的高地。仅是华为就有700个数学家、800个物理学家、几万名原始创新的科学家。

华为创新中心占地 5000 亩，有一栋栋移动的欧洲式别墅，东莞的松山湖有 1.5 万人。基本上这些科学家、领军人才都占有股份，接送我们的司机师傅都有 10 万股华为的原始股。所以深圳是一个非常突出的创新高地和人才高地。北京的中关村、武汉的光谷系、合肥的科大系，西安、贵州、成都、重庆的电子板块、大数据板块，现在后发优势都很大。杭州阿里系的智慧城市、数字社会，走在全国最前列。所以说科技创新、知识产权保护是我们国家最紧迫的战略需要。因此美国提出的知识产权保护，是我们中国自身的需要，不是美国压着我们要保护，而是我们自己需要保护，是在保护我们的知识产权，也保护所有来华投资的企业的知识产权。

第二个问题，关于强制性技术转让。美国“301 调查”报告里提出，中国强制美国在华企业进行技术转让。到底哪个企业被强制了？转让了哪些技术？我们要求他们提出一些案例，他们提不出来。美国调查报告的依据是美国在华企业的反映。今年 3 月两会期间，我们通过的外商投资法就规定不得强制企业进行技术转让，这已经形成了法律。美国在谈判的时候要求我们形成法律，变成中国的法律，实际上这一条就已经是我们的法律。而且我们以前也没有任何法律法规和政府要求规定在华企业进行强制性技术转让。包括广西的经济社会发展规划也没有强制外商进行技术转移转让。

第三个问题，关于市场准入。放宽市场准入，实际上也是中国政府一直在做的。因为我们是从计划经济转向市场经济，有的方面还需要改革，李克强总理连续几年都是在抓“放管服”改革，政府的“放管服”改革“只跑一次”都已经具体化了。在现代营商环境中，我们从 2017 年排在第 76 位，到 2018 年上升了 32 位，进步已经很大了。市场准入实际是我们政府管理方式的变革，将来 5G 时代，这个速度将使政府的管理方式发生革命性变化，我们未来的营商环境、市场准入等方面不亚于美国，因为我们正在朝这个方向努力，我们政府改革、国家治理能力也提高得非常快。

第四个问题，关于我们的产业政策。我们现在已经实现了国民待遇，所有产业政策都是非歧视的，对于国有企业、民营企业、外资企业，都实行同等的产业政策。我们政府对外资和内资没有不同的两套产业政策。美方、欧盟包括我们自己有些经济学家原来对我们的产业政策攻击最大的问题，就是认为政府不应该制定产业政策、政府不能替代市场等。但是全球国家，包括美国在内，没有一个国家是不制定产业政策的。美国制定的政策最多，包括信息高速公路计划、重振城镇制造业计划、先进制造业计划等，现在特朗普制订了 2020 年人工智能 AI 计划。德国的工业 4.0，也是德国政府的两个部门在推动。欧盟制订了2035年先进制造业计划，也是产业政策。所以我们的产业政策是没有问题的，我们引导产业转型升级是没有问题的。

第五个问题，关于国有企业改革问题。他们认为中国国有企业是代表国家的，是国家资本主义的化身。美国的单个企业很难和中国国家力量抗衡，所以他们认为中国的国有企业是不公平的，国有企业也必须要坚持到竞争中立之中，要按照竞争中立的原则进行改革。实际上，我们现在的国有企业改革，包括市场改革都将采取市场中立的方向，国有企业、民营企业和外资企业都在一条起跑线上平等地参与市场竞争。同时我们也给国有企业减负，企业不能承担那么多的社会责任，而企业所需要承担的社会责任和职能，由国家进行政府采购，然后变成公共品。美国就是这样做的，美国的政府采购，特别是高科技信息技术，就是通过美国的国防部把它变成若干个国防部的国家安全项目，然后面向企业进行招投标，政府进行采购后变成公共品。我们也可以通过政府采购，使国有企业和其他所有制企业公平竞争。国有企业改革任务还很艰巨。如何给国有企业松绑，让它成为一个在市场上的自由竞争者？如何实现国有企业的职业经理人制度？如何形成国有企业的现代治理框架？可以按照美国这种做法，改变一种路径，国有企业继续成为国家现代治理的一个最重要的微观主体，而且放大国有资产。通过这种改革放大国有资产，而不是使它收缩，这一条肯定是要触及的。

第六个问题，关于WTO改革问题。这是美国最关注的问题，也是欧盟、日本最关注的问题，美国退出TPP（跨太平洋伙伴关系协定）以后，TPP由原来12个国家变成了11个国家，但它不但没有解散，并且由日本等国建设CPTPP组织，通过了美国退出批准案。去年日本跟欧盟达成了自贸区协议，现在也在修复与中国的关系，要和中国在“一带一路”进行第三方市场合作。所以这一次G20大阪峰会，安倍晋三出尽了风头，第一天与习近平主席会谈就形成十点共识，与中国开展第三方合作。现在中日之间的合作交汇点也在增多。

现在东盟RCEP（区域全面经济伙伴关系）进展也在加快。RCEP由东盟十国发起，邀请中国、日本、韩国、澳大利亚、新西兰、印度共同参加（“10+6”），通过削减关税及非关税壁垒，建立16国统一市场的自由贸易协定。这个自贸区和我们广西的联系最大，“一带一路”和广西的联系也最大。对于“一带一路”，广西实际上是我们面向东盟、中国—中南半岛经济走廊的主通道，这条通道主要参与省份是广西和云南。云南现在有两条通道，一条是中老铁路，另一条是未来的中缅铁路。中老铁路明年竣工，从云南的西双版纳到老挝的万象共414千米。现在中泰铁路也在推进，正在商量中老、中泰铁路连接线，如果实现全程连接，我们面向中南半岛的铁路大通道很快就会修通，从中国云南的西双版纳修到万象，然后从万象经过连接线修到泰国湾，泰国湾是太平洋的一个非常重要的海湾，和新加坡隔海相望。

现在广西加入了南向大通道，从成都、重庆开始，有 6 个省份参加，广西南向大通道实际上将来通过南、北、钦、防作为出发地，未来泛亚铁路中线，也就是中老、中泰铁路中线修通了，就会形成中南半岛的铁路大动脉。这条大动脉的连接线一边连接越南，一边连接缅甸，这样连接老挝、越南的广西就会成为与东南亚中心最近的省份。将来中老铁路和越南铁路连接，又和越南的“两廊一圈”形成一个新的通道，未来的中南半岛整个区域布局会有很大的变化。越南现在是经济增速最快的国家，也是贸易增速最快的国家，特别是中美贸易战以后，对美国的出口以 60% 以上的速度增长，所以特朗普在推特上说越南是一个最坏的小国。

未来的 WTO 改革，一方面是区域布局，会使贸易的流向、流量、生成都发生很大的变化。另一方面数字经济会使贸易发生很大变化，所以 WTO 改革实际上是应有之义。对于数字贸易的规则、数字经济形态下的贸易、全球新的贸易产业链及供应链形成的贸易流量、贸易方向的改变等，有些规则都是空白的，所以 WTO 不仅要解决过去的问题，还要解决现在和未来的问题。

第七个问题，关于数据流动和网络管制问题。数据流动和网络管制是焦点问题。中美之间怎样构建更有建设性的关系？怎样才能不局限于当前的贸易，而是建设更长周期的中美关系？我认为，面向未来的中美关系，应该有一个长周期的制度化的安排，而不是聚焦于枝节问题，我们不能因为这些问题牺牲了战略利益，不能因为当前的问题牺牲了长远利益，不能因为单方的利益牺牲了共同利益。

我认为，我们现在实际上面向未来的是 50 年、100 年或者更长周期的中美两个大国建设性合作伙伴关系，而不是你输我赢的博弈。现在实际上中美关系进入了一个迷局、方阵，双方都在方阵里打架，双方都出不来。我们应该从迷局中出来，构建新型的大国关系。两个国家合作要有利于人类社会，要有利于世界经济，要有利于中美两国的利益。

网络空间管理不是中美共治的问题，而是全球共治的问题。网络空间需要全球的规则，全球数据流动要有序，要有规则规矩，要保证这种流动的安全，否则在数字经济条件下出现问题比在实体经济状态下给人类带来的灾难还要严重。

第八个问题，关于进口问题。在三种情况下，中国有可能变成逆差：一是中美能够进行深度合作，例如启动中美自贸区谈判。美国彼得森研究所得出的计算结果是：中美之间增加5000亿美元的贸易额，美国就会增加480万人的就业岗位。二是美国放松对中国高技术产品的出口。三是随着“一带一路”的推进，我们的贸易更加多元化，以美国为目标市场的企业会骤减。这两年中国对美国的贸易逆差还在上升。2017年中美的贸易额是5880亿美元，2018年是6300亿美元，我们对美国的贸易是上升的，对美贸易逆差也是上升的。

四、打贸易战要明白的几个问题

第一，打贸易战的结果是两败俱伤。美国的贸易战是伤敌八百自损一千，不是伤敌一千自损八百，我觉得贸易战结果是两败俱伤，习近平主席在2017年1月18日世界论坛上关于全球化演讲中就已经指出了这个问题。

第二，高关税到底由谁承担。特朗普说，我加征的25%的关税中国承担21%，美国承担4%，但是美国的经济学家论证了这个观点：加征的高关税将全部由美国进口商承担。

第三，美国已经站在世界的对立面。美国基本上成了世界孤儿。因为美国是瞎打这个贸易战，是用美国的国内法律、国内法规来制裁别的国家。用美国1930年的关税法、1974年的贸易法、1962年的贸易扩大法，用的都是它本国的法律法规来制裁中国、欧盟、日本和印度等国家和地区。

所以很多国家现在都在谴责美国破坏了世界经济，破坏了世界贸易秩序，给世界带来了巨大的负面作用。如WTO、世界银行、国际货币基金组织、联合国贸发组织等都曾预测：2017年世界经济将进入一个拐点，75%的经济体将会恢复增长和快速增长，世界经济增速将增至3.9%。但是，特朗普当总统以后，世界经济在这两年是一路向下的。对2019年的预测，国际货币基金组织4次改变了预期，从开始的3.9%降到3.7%，降到3.5%，又降到3.3%，有可能还继续下调。特朗普原来在竞选中提出来要保证美国的经济增长达到4%，结果2017年是2.3%，2018年是2.9%。今年第一季度是3.1%，从4月、5月开始，美国的制造业指数下降，消费者信心指数下降，市场零售额下降，股市开始动荡，尤其是5月10日对中国加征关税被中国反制以后，美国股市大跌。现在美国自身预测美国的经济，特别是美联储预测，美国今年的经济增速会下降到2.1%，明年则会下降到1.9%。

中国去年GDP增长6.6%，总量13.6万亿美元。中国的经济还是平稳的，还是稳中向好的。贸易战打到这种烈度，中国的经济还是在进行优化和调整，在进行产业升级，我们是在这样的前提下被迫打贸易战，与此同时，我们内部还做了很多调整，我们是在脱贫攻坚的前提下保持稳定增长。

五、美国输了中美贸易战

特朗普说赢了中美贸易战，但是美国人说美国输了，参加中美问题研讨的美国智库的学者、一些前政要员，包括美国的前商务部长、前贸易谈判代表等，都认为其实美国输了。美国主要输在五大方面：

第一，输在道义上。中国站在道义的制高点，中国提倡的是经济全球化，是人类命运共同体，是共商、共建、共享，是希望其他国家更美好、发展更快的理念。美国秉承的是美国第一、美国利益至上的理念，把美国的利益凌驾在全球利益之上，凌驾在其他国家利益之上，只允许美国强大，不允许别人强大，不允许别人发展，用战争的手段、遏制的手段、打压的手段、极限施压的手段来阻止别的国家发展，这是失去道义的。

第二，输在大国信用上。特朗普出尔反尔，翻脸比翻书快，上午说的下午就不算了，今天说的明天就不算了，这个月说的下个月就不算了，这种事比比皆是，当它成为一种行为方式的时候，大国的信用就完全丧失了，他把美国建国以来 200 多年积累的无形资产挥霍一空。美国历届总统政客也确实大部分都出尔反尔，或者是竞选的时候说的话和执政后的行动与政策不同。但是特朗普作为一个国家领导人，这样频繁地出尔反尔、频繁地说谎，成为家常便饭，就没有任何信用可言了。比如，他想制裁伊朗，当时签订协议时 6 个国家有 5 个是站在他对立面的。又如它退出《巴黎协定》，签署《巴黎协定》的是 193 个国家，它退出了，但是没有一个国家跟着退出。再如，它主张将以色列首都设在耶路撒冷并决定将美国大使馆搬到这里，也没有一个国家跟进。

第三，输在外交政策上。在外交政策、外交布局上赢得国际尊重和共同利益是外交政策的主旨。现在美国和盟友的结盟都变成了交易，它在盟国驻扎军队，除了收军费还要收 50% 的利润，变成了交易。它欠联合国教科文组织 5 亿美元，不愿意缴费，催它缴费它就退出了，等等。按理说，它应该在外交上联合盟友，形成真正的对峙中国的统一战线，这样才能真正地实现战略目标，但它现在的战略目标、策略与行动是完全互相不搭的，所以它在外交政策上也是失败的。当然美国在有些地方的外交渗透还是很厉害的。比如美国在巴基斯坦有 2000 名外交官，有 1000 名雇佣人员，在这些重要节点上，它的外交力量还是很强大的，这主要在于它原来形成的体系。美国作为现代国家，有200多年的历史，不管换什么样的总统，政府运营的一些机制是我们要学习借鉴的。

第四，输在对全球制造的负面影响上。特朗普激起了全球公愤，实际上影响了全球经济增长和贸易增长，给全球经济带来极大的风险和不确定性，这是全世界的共识。世界各国都希望中美能尽早达成协议，给世界带来稳定的预期，都不希望中美继续打贸易战，中国也不希望，但这个不以中国意志为转移。

第五，输在了未来上。未来中国一定会走向社会主义现代化强国，实现“两个一百年”的奋斗目标。中国的发展是不可遏制的，这一点全世界也认识到了。如广西的经济技术开发区、国家级开发区，还有广西的其他地方，包括发达地区如广东、江苏、浙江、北京等，我们到处都可以看到中国正在快速发展和崛起，在中美贸易战之后，转向了突破美国对我们制约的短板。

美国打贸易战实在不合算，因为打的是传统贸易战，而由于5G时代的到来、新一代信息技术的到来，互联网、物联网、人工智能、云计算、云服务的到来，贸易形态会发生巨大的变化。

中国现在已经有37个跨境电商走在世界前列了，我们的移动支付渗透率2017年已经达到77.2%，现在已经达到94.7%了。虽然美国有些领域是领先的，但是如果和全球的产业链不匹配的话，领先的东西也卖不出去，而现在跟它匹配度最高的就是中国的制造业和半导体产业。中美这种产业上的难分难解，经济上的高度融合，有什么可打的！只有合作。所以习近平主席指出：合作是处理中美关系的唯一正确的选项。

面向未来，中国打得起、等得起，我们一定会赢得未来！面向未来我们充满信心，中国经济有着巨大的潜力和空间，有着光明的未来！

对当前中美经贸关系的分析与研判

——在吉林省委中心组学习会上的专题讲座

（2019 年 6 月 14 日）

注： 本文为陈文玲受邀在吉林省委理论中心组扩大学习会议上的讲座，讲座内容下发吉林各有关部门学习，在社会上引起较大反响。

主持人：

同志们，按照组织教育工作安排，今天我们组织一次专题讲座，这也是省委理论中心组的一次扩大学习。我们很高兴邀请到我国著名经济学家、中国国际经济交流中心总经济师、国务院研究室原司长陈文玲同志为我们做专题辅导讲座。陈文玲同志长期从事国际战略、国际经济、宏观经济、区域经济、流通经济等方面的研究，先后出版了 30 多部著作，在核心期刊发表论文 600 多篇。多年来陈文玲同志跟踪研究国际战略、国际经济，特别是美国的战略调整、中美经贸关系，多次受中宣部、外交部的委派和中心组织的工作，参与相关重大调研或者中美“二轨”等对话。2018 年陈文玲同志被中国社科院与《经济日报》联合评为“中国智库领军人物”。在上海社科院所做智库评价的专门议题中，中心的中美经贸关系研究被评为全国智库第一位。所以，我们很高兴这次能够请到陈文玲同志给我们做报告。下面我们以热烈的掌声欢迎陈文玲同志为我们做辅导报告。

陈文玲：

非常感谢巴音朝鲁书记刚才的介绍和溢美之词。我曾经在国务院研究室做国家经济决策和政策咨询研究工作。2010 年到中国国际经济交流中心从事智库工作，主要围绕国际战略、国际经济及一些国家重大战略、中美经贸关系、“一带一路”等相关问题进行研究。多年来一直没有离开过研究工作。

在研究的过程中，我们中心一方面要紧跟党中央、国务院的重大战略部署，研究如何解决当前的热点、难点、重点问题；另一方面还要做一些前瞻性的、战略性的、储备性的研究，为党中央、国务院建言献策。吉林省委省政府邀请我来，我感到非常荣幸，这对中心和我是一种很大的信任，所以我想今天就当前每一位中国人所关注的问题，也可以说是世界上很多国家和人民关注的问题，当前中美的经贸斗争形势和世界经济格局的演化同大家做一个交流。

世界经济格局演化和中美之间的斗争有很大关系，中美之间的矛盾斗争将是未来百年未有之大变局中最大的变量。这个最大的变量如果处理得好，将对整个世界产生正向的溢出效应，世界将会变得更好；如果相互对抗、斗争、博弈，甚至冷战、脱钩、断裂，对世界经济、政治、外交、军事，还有世界和平发展将会产生巨大的负面溢出效应。所以，当前的中美关系，特别是当前中美经贸摩擦和斗争，实质上已经超出了中美两个国家的双边的意义。不是决定两个国家的命运，而是决定人类的命运、世界的命运。因此，党中央组织中美经贸斗争的战略部署是非常正确的，整个斗争过程有理、有力、有节，谈判中有妥协、有退让，有坚持、有底线。

近几年，中心围绕服务党中央重大部署和决策做工作，接受了很多服务国家的重要任务和研究，我多次参与有关部委委派和中心组织的中美“二轨”对话、智库对话等，多次和美国智库专家交流，和有关机构讨论与商榷。2017 年 11 月 14—15 日我参加了中国国际交流中心和美国布鲁金斯学会牵头的中美六家智库对话，参加了外交部两次赴美小型专家团，带队到美国做相关的调查研究。在中心我们也接待了美国很多研究机构和智库的专家学者，举办了多场中美问题研讨会。包括美方国会议员助手代表团、大型企业代表团、记者团等，他们到中国来进行中美问题讨论，其间进行了几十场对话交流。在这样的过程中，我感觉这对中国是一个千载难逢的历史机遇，使全世界对中国进行了再认识，中国的国际威望迅速提高。去年，英国独立杂志、权威杂志《经济学家》对 50 个国家进行了抽样调查，进行 50 个国家的民众对自己国家满意度和对自己国家未来是不是看好的民意测验，中国老百姓对我们国家最有信心，对未来非常看好，对政府信任度高达 91.4%，这是超出我们预料的。如果说是中国自己做的调查，包括统计局的数据，国内好多人会说调查肯定有水分，肯定是政府操纵的。但是像这样的一个公信力很高的国外第三方机构的调查结果，中国被调查者对中国政府的认可率和未来看好的比重高达 91.4%，美国民众对美国的认可率是 38%，欧洲一些国家是 18%。大家可以看到人心向背，在这场国际博弈中最后的胜方一定会是中国，现在的胜方是中国，未来的胜方也会是中国。

下面我给大家介绍一下自己研究的结论与体会。

合作是中美唯一正确的选项。我们与美国所有的斗争，包括贸易战也好，金融战也好，网络战也好，所有战的最终目的都是和。按照毛泽东同志所指出的，我们的战是为了和，不战不能和，战不赢不能和。当时中国共产党和国民党的斗争，就是坚持了毛泽东同志的军事思想。

其实，我们在和美国的这场前所未有的历史博弈中，并不存在什么“修昔底德陷阱”，那是古希腊时期的事情，根本套用不到现在的中美关系上，套用不到现在的大国竞争与博弈上，本来没有什么所谓“修昔底德陷阱”。中国是具有5000年文明史的国家，美国建国不到250年，到底谁是既有大国，谁是新兴大国？当前中国和美国的竞争与博弈在历史上是空前的，是人类社会从来没有遇到过的，是在当代科技高度发展，全球的经济文化各个方面的要素高度融合，分工和交易越来越细密，世界的联系越来越紧密的情况下产生的。所以，我们遇到的这种挑战和问题是前所未有的，不能用历史上任何一个时期的东西来类比。包括日美贸易摩擦，日本那个时候还不像现在的中国成为制造业大国，还没有中国现在的制造业地位，日本那时候仅仅是GDP达到了美国的60%，到了美国的三分之二。所以，我们现在用美国与日本的摩擦，用德国、法国的摩擦，用原来的苏联冷战之后解体等情况，都不足以解释当前中美之间的斗争和博弈。

中美之间的斗争和博弈不是世界第一、第二的博弈，是正义与非正义的博弈，是前进和后退的博弈，是开放与封闭的博弈，是经济全球化还是逆全球化的博弈。其实，是当代全球化和逆全球化的选择问题。那些陈旧的过时的一些理论，我们可以从中吸取经验教训，但解释和解决不了当前中美之间的问题。

中国当前与美国的战是为了和，为什么要和？就是因为中美唯一正确的选项是合作。其实中国一直是为了合作，为了与世界最强大的国家、最发达的国家，也是我们改革开放学习借鉴最多的国家进行合作，搞好中国发展外部环境，中国总体上是被动和隐忍的，是不愿打的。中国认为，在处理国际外部环境上有很多方面的工作要做，但是在所有国家里面最重要的是处理好中美之间的关系。因此，习近平主席在奥巴马时期就提出来构建中美新型大国关系，核心内容是不冲突、不对抗，相互尊重，互利共赢。特朗普时期呢？当时的国务卿蒂勒森在第一次访问中国的时候，原封不动地用了习近平主席的这几句话，并且说要构建稳定的、面向未来50年的中美关系。但是可惜的是特朗普并不是政治家，在特朗普上任的第一天，习近平主席就给他发了贺电，在贺电中明确提出，中美是最大的发展中国家、最大的发达国家，是世界前两大经济体，中美两国在促进世界和平稳定、经济繁荣方面肩负着重要的责任，拥有广泛的共同利益，发展长期稳定、健康的中美关系，符合两国人民的根本利益，也是国际社会的普遍期待。11 月 14 日习近平主席和特朗普通电话，习近平主席强调，“中美建交 37 年来，两国关系不断向前发展，给两国人民带来了实实在在的利益，也促进了世界和地区和平、稳定、繁荣”。事实证明，合作是中美两国唯一正确的选项。我个人认为，在特朗普 2017 年 1 月 20 日成为正式总统之前，习近平主席的贺电，习近平主席和特朗普通了电话，确定的基调就是中美两国必须合作，中美两国合作对世界是幸事、是好事、是要事、是大事。特朗普 1 月 20 日正式担任总统之后，先后和习近平主席有四次见面和会晤，在这四次见面和会晤中，特朗普表态都是正面的、正确的，但是行动却是另外一回事。

第一次会晤，习近平主席和特朗普总统在美国佛罗里达州海湖庄园举行了会晤。会晤时两国元首高度评价中美关系取得的历史性进展，同意在新的起点上推动中美关系取得更大的发展。当时的小插曲，是特朗普的孙女、外孙演唱了中国的歌曲《茉莉花》，然后背诵了《三字经》和唐诗。特朗普是个演员，演技还是很好的，第一次会晤就显示出了对中国文化的热爱。

第二次会晤，是 2017 年 7 月 8 日在汉堡召开 G20 会议期间，两国元首见面形成共识，特朗普还特别指出，当前中美关系发展的态势很好，美方愿同中方拓展相关领域的对话与合作，在重大国际和地区问题上保持沟通协调。第二次会晤特朗普说得也很好。

第三次会晤，2017 年 11 月 8—10 日，特朗普到中国来访问，中国对特朗普这次的访问极其重视，王毅部长在当时的记者招待会上答记者问时说，特朗普这次访问中国，中国是按照“国事＋”，高规格接待特朗普来访，还签署了 34 个合作项目，合作项目金额高达 2535 亿美元，特朗普满载而归。当时特朗普在故宫参观的时候，他拿出来平板电脑，里面有他孙女唱的中文歌曲，可以说表现也很好。而且特朗普在推特上，当天就换上了他在故宫和习近平主席合影的照片。

这次会晤之后，特朗普并没有感谢中国并消停下来，从 8 月 18 日美国开始着手“301 调查”的前期工作，2017 年 11 月特朗普回去之后，接着就在 2017 年底开始提出对中国进行贸易制裁。2018 年 2 月 27 日正式提出对中国输美的 500 亿美元商品加收 25% 的关税。在这次美国对中国商品加收关税之前，正好我带领小型专家团在美国调研，和美国的智库和有关机构进行交流。美国 2 月 27 日提出对中国商品加收关税，3 月 22 日宣布加征关税。我在美国调研期间问美国智库专家特朗普加征关税的依据是什么，他说他们专家也都提供了自己的意见，包括贸易谈判办公室给特朗普总统报的单子，是对中国300亿美元输美商品加收关税。特朗普当时一看就说这个数量太小，起码要增加一倍，所以马上决定对600亿美元商品加征关税。大家可以看到，美国总统也是拍脑袋决定问题，没有任何依据。前面是让专家包括贸易谈判办公室提出意见，尽管大家意见是加征300亿美元商品的关税，但特朗普拍脑袋说太少！600亿美元！最后推出来的是500亿美元，就这样给中国输美500亿美元商品加征了关税。

可以说，2018年3月22日中美贸易战就正式开启了，而美国开启贸易战的依据有三个方面是站不住脚的：第一，加征商品的数量没有任何依据。刚才我说是总统拍脑袋拍出来的，他说300亿美元太少，拍脑袋要600亿美元，最后公布的时候是500亿美元。第二，加征关税的依据是不合法的，是根据美国1930年的关税法案、1962年的贸易扩大法案、1974年的贸易法，都是依据国内的法律法规对另外一个国家进行贸易制裁，没有国际法和国际规则的任何依据。第三，在美国加征关税的500亿美元商品中，针对的是"中国制造2025"中提出的十大战略性新兴产业的产品，500亿美元商品把"中国制造2025"中的十大产业输美产品尽收囊中。而"中国制造2025"是中国的内政，是中国自己的产业政策。美国批评中国不能有产业政策，说中国出台的产业政策是干预市场，欧美批评中国产业政策干预市场，是举国体制，但实际上他们也都搞举国体制。原来奥巴马的时候制订了重振制造业计划、先进制造业计划、先进制造业伙伴计划。克林顿时期制订了信息高速公路计划。特朗普开始一年还没有，但是最近向中国学习，推出了美国2030年的AI计划，而且计划里的产业政策，支持力度比中国大得多，网上有公开的文本，大家可以看看。"中国制造2025"只不过提出了制造业发展的目标和十大战略性新兴产业，文件中只不过提出提高产品国有化的比重。而美方认为我们提出了中国产品在世界占有率的目标，实际上，世界占有率是专家提出的一些看法，并没有写入国家文件。因此，美国针对"中国制造2025"，确实是犯了方向性错误。在"301调查"报告中，美国根本就没有弄明白，什么是"中国制造2025"，文件中提出的所谓比率是什么，专家绿皮书中提出的国际市场占有率是什么，奋斗目标和政策支持的行动区别是什么，其实这根本就是两回事。所以，特朗普一开口就提出对中国输美600亿美元商品加征关税，宣布对500亿美元商品加征关税后，中国政府马上以同等规模、同等数量做出反制。接着美国提出来，再增加600亿美元，中国也提出对美输华600亿美元商品的反制措施。但是2017年中美之间的贸易额是5880亿美元，美国对中国的出口是1300亿美元，剩下都是中国对美国的出口，2018年中美贸易增加到了

6335 亿美元，美国对华贸易逆差不但没有减少，反而逆市上扬，在 2017 年是 2700 多亿美元，到 2018 年达到 3700 多亿美元。

美国接着提出，对我国 2000 亿美元出口美国的商品加征 25% 关税，首先要加征 10%，从 2018 年 9 月 1 日到 12 月 1 日加征 10%，中国不能采取反制措施，否则到 2019 年 1 月 1 日就把 2000 亿美元商品再加征到 25%。

在这种情况下，2018 年 12 月 1 日，习近平主席和特朗普总统在阿根廷布宜诺斯艾利斯进行了第四次会晤，达成了两国元首共识，原定会谈一个小时，最后延长到两个半小时。两个半小时达成的元首共识里，最重要的一句话就是取消相互加征的高额关税，指示两国经济团队加快磋商，朝着取消所有加征关税的方向达成互利双赢的具体协议。

从中美元首四次会晤中，我们可以看到，前三次中国做出了具有极大诚意的实际行动。在 2017 年 4 月 6 日海湖庄园会晤之后，中国主动提出“百日计划”，推动中美两国改善关系。“百日计划”共形成 10 条承诺，其中 8 条是中国的承诺，美国承诺派高级代表团参加中国“一带一路”会议，就是 2017 年 5 月 14 日在北京召开的“一带一路”国际合作高峰论坛。“百日计划”这些承诺中国都实现了，2017 年我国从美国进口能源增加 8 倍，2018 年我国从美国进口能源占美国出口能源的 15%，我国增加的进口飞机数量也实现了，中国是美国波音飞机的第一大客户。所以，我们可以看到，在解决美国提出的贸易逆差问题方面，中国显示了足够的诚意，中国市场也有需求。中国政府又提出来双方要制订一年期的合作计划，这个时候美国就开始对中国进行贸易制裁，要求中国必须取消“中国制造 2025”计划。莱特希泽是美国贸易谈判办公室主任，是美国贸易谈判代表，在美国公开讲我们不能让中国实现“中国制造 2025”，如果实现了“中国制造 2025”，中国这十大产业就会全面超越美国，美国的地位就会全面受到威胁。我们可以清晰地看到，不管中国做出多少承诺，采取多少措施，做得多好，美国还是要坚持对中国实施贸易制裁。

在 2018 年 12 月 1 日两国元首阿根廷会晤之后，中美双方开始了紧张的贸易磋商，第八轮、第九轮、第十轮、第十一轮。在整个贸易谈判当中，美国对中国不断提高价码，步步紧逼，极限施压，力图使中国签下城下之盟。一开始说要增加从美国进口商品 1000 亿美元，后来加到 2000 亿美元，然后直接加到 3000 亿美元。中国可以承诺，但是即使中国承诺了也没有用，美国没有什么商品可出口。我今年 4 月 15—21 日到美国调研，和美国专家讨论这个问题的时候，甘思德先生，就是 CSIS 研究中国问题的战略专家说他们有一个研究团队专门跟踪中美贸易谈判，研究团队的结论是，即使中美达成了贸易协定，中国承诺对美国进口商品达到美方要求的数量，美国能出口什么呢？美国能不能出口那么多商品呢？他们认为，即使中美达成协议，一年之后仍然会回到原点上。2017 年中国从美国进口芯片 875 亿美元，从全球进口 2600 亿美元，现在美国政府要求高通、博通、英特尔等企业一律对华为禁供，对中兴禁供，而且对中兴的禁供时间延续到 2025 年 3 月 13 日，正好是实现“中国制造 2025”那一年。所以，美国对高技术产品禁供，你想多进美国商品，美国没有那么多，也不可能实现。因此，贸易战责任完全在美国。

在今年 G20 之前，习近平主席访问俄罗斯，在俄罗斯圣彼得堡论坛上有一个会议互动。当时习近平主席在会议上向国际社会，也是向特朗普政府发出一个清晰的信号，他说，中美之间出现经贸摩擦，但中美已经是“你中有我，我中有你”，所以我相信我的美国朋友特朗普总统也不愿意看到中美关系全部割裂开来。习近平主席还说，很难设想中美全部割裂开来了，在那种情况下我想不仅是我不愿意看到的，我们的美国朋友也不希望看到，我的朋友特朗普总统，他也不愿意看到。这是习近平主席在视频里的原话。习近平主席还讲，当前的贸易摩擦问题是全球化和逆全球化的问题，全球化是一个历史潮流，这个潮流还会继续发展，逆全球化也是当前的一种现象，但是我视其为全球化大潮中的一种回头浪，它会激起一些涟漪和浪花，但阻挡不了全球化这种时代大势，要解决全球化遗留的问题，各国不能因噎废食，也不能采取保护主义。

中国为什么在打中美贸易战时一直说，中国不愿意打，不怕打，不得不打，奉陪到底。中国不愿意打的一个原因是，为中国经济发展以及未来实现“两个一百年”目标创造好的环境。另一个原因是，中美两国的双边关系已经超过了双边价值，它对全球的影响非常大。我可以给大家算一个账，美国和中国这两个国家占全球人口的 25%，占世界贸易总量的 25%。中国的经济总量加美国的经济总量，制造业产值总量分别占世界的 40%，其中经济总量美国占 25%，中国占 16%；制造业产值 2018 年中国占 28%，美国占不到 15%，改革开放初期美国占 33%，中国仅占 2.18%。所以，世界 40 年期间的变化是非常大的。我们中国对世界的增量贡献，加上美国的增量贡献，占世界经济增量的 50% 以上。在世界货币篮子 SDR 中，作为国际货币，美元占 40% 多，人民币占 10.92%，加起来超过 50%。所以，如果世界上第一大经济体、第二大经济体合作，对世界经济发展绝对具有非常大的正向引领性作用。

中国和美国也是世界上两个最有影响力的国家，都是联合国的常任理事国，都是 WTO 重要成员，都是 APEC 重要成员，都是 G20 的重要成员，而且都是核大国，所以对世界和平的影响、对世界经济的影响、对世界贸易的影响都是巨大的。在能不能成为全球领袖型国家的民意测验中，非常权威的美国调查机构盖普洛的结论是，美国在走下坡路，从 2010 年到现在，美国的调查指数下降了 17 个百分点，中国是在走上坡路，中国被认可度提高了 20 多个百分点。而且，中国和美国也是拉动世界经济增长最大的动力，2008 年以前主要是美国，2008 年以后主要是中国。改革开放 40 年的分析对比，从 1978 年到 2018 年，美国对世界增量的贡献是年均 22.4%，中国是 19.6%。1978—2008 年，美国是世界经济增长的火车头，在这之后特别是 2008 年美国次贷危机引发国际金融危机后，美国作为世界经济火车头的拉动力量在减弱。而中国在 2008—2018 年，拉动国际经济增长的力量年平均高达 30.6%，去年仍然在 30% 以上。

所以，世界经济能不能复苏，能不能发展，能不能快速发展，取决这两个大国是合作性竞争还是对抗性冷战。同时，中美两个国家是世界最大的消费市场，中国去年的市场规模和美国持平，未来中国将是世界上最大的市场。按照统计局最新公布的数据，中国已经有 4 亿人的中等收入群体。美国全部人口是 3.2 亿人，日本 1.26 亿人，欧盟加起来 3.75 亿人，中国中等收入群体的人数就超过了这些国家中任何一个国家的总人口。中国市场有巨大的活力与空间，市场红利将是最大的红利。当然美国市场也很大，但其是一个存量市场。这两个最大的市场能不能继续发展，对世界经济的影响也非常大。

经过几十年发展，现在中美两国的经贸关系相互交织，正如习近平主席在俄罗斯互动讲话时所说的，是“你中有我，我中有你”，而且多次讲两国关系一荣俱荣，一损俱损，合则两利，斗则俱伤。的确是这样，从 1979 年中美建交到 2018 年，中美双边贸易增长 352 倍。1978 年中国和美国的贸易只有 25 亿美元，2018 年达到 6335 亿美元，服务贸易达到 1250 亿美元。到目前为止，中国是美国的第一大贸易伙伴、第一大出口市场、第六大进口来源地，是美国的飞机、大豆、汽车、集成电路最主要的出口市场。美国是中国的第一大贸易伙伴、第三大出口市场、第一大进口来源地。中美累计投资已经超过 1600 亿美元，美国在华的投资项目已经超过 7 万多个。大家知道，美国很多大企业在中国都有投资，美中贸易全国委员会每年都有一个美国在华企业的调查，近 20 年以来的调查显示，美国在华企业的利润率超过了在全球的平均利润率，中国已经成为美国很多公司的第一利润来源地。美国在中国投资累计 851.9 亿美元，2017 年在华实现利润 500 亿美元。中国在美投资 731.7 亿美元，这两年美国用投资安全法限制了中国企业的投资，中国企业投资额最高的一年是 2016 年，按照美国荣鼎集团数据，中国企业对美投资 456 亿美元。第二年美国开始打压中国企业赴美投资，2017 年下降到 296 亿美元，2018 年下降到 48 亿美元。美国一方面限制高技术产品出口，一方面限制中国企业投资，特别是限制中国企业投资高技术产业，在美国进行购并。2018 年第一季度美国就否定了中国 9 个企业购并的议案，如阿里巴巴在美国准备购并一家企业，也被否决了。

现在，中美金融领域的联系也非常紧密。截至 2019 年 3 月 1 日，中国拥有美国国债 1.12 万亿美元，2017 年是 1.18 万亿美元，一年减持 600 亿美元。中国拥有美元资产近 3 万美元。美国的金融机构作为中国金融机构的战略投资者或者投资人，投资的收益超过了 300 亿美元。这个数我认为还是一个不完全的数字，初步估计 2017 年美国自中国获得资金流总额 1.37 万亿美元，这些年累计 7.3 万亿美元。也就是说，美国一方面在中国投资形成我国的外汇储备，另一方面我国的外汇储备转化为美国国债、美元资产流入美国。所以，美国的投资对中国经济发展、就业起到了重要的作用，美国企业在中国赚的钱形成了美元储备，变成了美国国债，用很低的资金成本支撑了美国的经济发展。所以，在金融方面中美也形成了这种经济交织、犬牙交错的状态。

从 2006 年开始，中美之间建立了每年一次的中美高层战略经济对话。当时是副总理级的，吴仪副总理参加了多届，汪洋副总理参加了多届。到特朗普总统上台就废了，就没了这个机制。中美原来有 90 多个对话机制，这两年也没有了。后来形成了特朗普政府下的四个对话机制，但是长达一年时间基本没有对话。

这种相互交织的中美经济关系与现在这种非正常时期的中美关系现状，产生了非常大的落差。我认为主要原因有以下五个方面：

第一，美国实行了战略转向。这个战略转向就是美国把中国当作了最大的竞争对手，就是把原来既竞争也合作变成了以竞争为主，甚至以对抗为主。这个战略转向从 2017 年 12 月美国出台的《美国国家安全战略报告》开始，该报告明确地提出，对美国安全威胁排在第一位的是中国、俄罗斯；排在第二位的是伊朗、朝鲜；排在第三位的是恐怖主义等非传统安全因素。2001 年“9·11”事件以后，美国把安全威胁放在第一位的是恐怖主义，第二位是“流氓国家”，包括朝鲜、委内瑞拉、安哥拉、伊朗等十几个国家，第三位是其他大国。但是在 2017 年 12 月这份报告开了先河，美国的战略转向就是把美国战略斗争重点、竞争重点变成了中国，目标非常清晰。这就是美国的战略转向，包括之后的核威胁安全报告、全球军力报告以及国情咨文等几乎所有重要的美国国家文本，一而再、再而三地强调了这种战略转向。

第二，美国这些年社会矛盾激化。美国贫富矛盾非常突出，财富占有率的99%和1%的关系，导致了华尔街富人和穷人之间的矛盾，导致了贫富之间的矛盾。而特朗普能够当选就是白人中的穷人、铁锈地带的工人，还有那些生活水平下降的中产阶级成为他的支持者，希望他能改变他们的生存状态。美国最近做了一个调查，说美国40%的家庭连400美元的存款都没有，50%的人这些年的生活水平下降了。财富集中在哪里？集中在华尔街的精英手里，集中在像特朗普这样的大资本家手里。面对美国的这种社会矛盾，他们要转移视线，把美国这种社会矛盾外移，他们希望美国所有的人，把中国当作最大的战略竞争对手，忽略造成美国整个社会深刻矛盾的根本原因和内部原因。特朗普非常情绪化，他公开演讲就说“中国人好日子过得太久了”。他竞选演说时说“中国是发达国家，美国才是发展中国家”。拿中国的高铁、基础设施与美国的高铁、基础设施相比，的确美国的基础设施非常差，美国土木工程协会统计，美国的桥梁平均年龄是43年，高速公路平均年龄是50年以上，基础设施评级为D+，的确很多东西落后了。美国正在把社会矛盾向外转移，他要找一个出口，让美国人把这个账记在中国人身上。

第三，导致2008年国际金融危机的根本性问题没有解决。2008年金融危机，实际上美国的坏账达到50多万亿美元，最终这些坏账是怎么消失的呢？是通过美元的升值贬值，通过美债的卖出买入，通过黄金的升值贬值，通过石油价格的高涨下跌，在不同方面转移了危机形成的巨额负资产。尽管通过各种途径转移，也没有解决美国2008年导致金融危机的根本性问题。导致金融危机的矛盾就是美元是信用货币，而这些与实物和黄金没有任何关系的价值符号成为金融衍生品，成为泡沫经济的源头。美元现在是信用货币，最早的货币体系是金本位制、银本位制，以金银为结算体系。后来是双挂钩制，就是布雷顿森林体系，美元和黄金挂钩，各国货币和美元挂钩，美元和黄金有固定的比值，1盎司黄金相当35美元。现在1盎司黄金相当于多少美元？最多是在2011年，1921美元，现在是1400多美元，美元一直处于升值通道，它也有贬值时间，但贬值时间长，升值时间短。所以，美元的升值给世界货币体系带来了极大的混乱，美元已经不再是和实物挂钩的货币，不是和黄金挂钩的货币，成为在一个国家强权支持下，国家信用扩张支撑下的经济武器。所以，金融危机的根本性矛盾是解决不了的，因为美元仍然作为准世界货币，美国仍然用美元作为武器来“剪羊毛”，并承担着国际货币的职能。因此，这次中美之间的贸易冲突，在某种程度上，从更深层次看，也是金融货币体系矛盾的大爆发。

第四，美国精英阶层认为几十年对华政策失败了。从 1978 年到现在，美国希望中国通过改革开放融入世界体系，成为像美国这样的“民主国家”，而且永远要做美国的跟班。美国各界开展了一个对华政策的大讨论，认为美对华政策已经失败。美国从奥巴马时期就开始实施重返亚太战略，对中国实行挤压政策。奥巴马当时提出，制定国际规则，不能让像中国这样的国家说了算。特朗普是把这种大辩论形成的对中国的误判转向战略，对华战略转向又极端化，变成了对华的打击行动。

第五，美国对中国的制度有认识偏差。美国很多人认为，美国的市场经济和中国的市场经济不同，美国坚持自由市场经济、企业行为为主，而中国是用举国体制和美国的单个企业进行竞争。所以，中国经济发展快了，他们认为，中国的体制出了问题，制度设计出了问题，中国改革开放没有融入美国希望的那个体系。实际上，美国也是举国体制，但是我们的举国体制能办大事，而他们办大事比较难。现在美国真正把中国当成战略竞争对手，把中国当成了敌手。美国战略转向是基于美国重大的战略预判和美国自身深刻的社会矛盾，包括两党矛盾、种族矛盾和贫富矛盾，是美国矛盾的一个大爆发。因为美国的各种矛盾大爆发，特朗普才能被选上来。中国有中组部，有各级组织部门对干部把关，有干部考察程序，我们大部分干部是好的，虽然也有一些出问题的。但是美国没有这一套组织管理制度，谁当总统谁说了算，所以特朗普当总统头两年把白宫的主要领导换了 83%，基本上都换完了。国务卿换了两任，美国安全顾问也换了。去年我去美国调研时，与美中贸易全国委员会副会长交流，我问特朗普总统这么随意，想换谁换谁，为什么美国没有人反对呢？为什么美国总统发个推特就能免职，特朗普也不需要跟他们谈个话呢？做个思想工作什么的？她说，美国不需要，美国在竞选总统之前是充分民主的，是由大家投票的，但是竞选后一旦是谁当总统，就由谁来组阁。但是我没想到别的总统组阁以后比较稳定，而特朗普组阁以后换人的频率这么高，美国法律没有办法对他制约，他的做法是符合美国法律的。特朗普政府现任的 24 个内阁成员，还有 6 个是临时的，特朗普感觉很好，他说我很愿意用临时的，看谁不行马上就炒掉，马上可以解雇。特朗普解雇执政团队的方法很简单，就是发个推特，说你不用来了，你就被解雇了，然后这个人就从白宫消失了。哪像中国组织上还要给你一个工作鉴定，组织上还要跟你谈谈话，考察干部有一个过程，解聘也有一个过程。特朗普执政团队经过这两年的大清洗，现在核心成员都是鹰派，还有鹰派中的鹰派，非常的强硬派。所以，现在贸易战看起来是逆差、顺差问题，实际上已经进入了两国的战略对弈。

特朗普执政团队有几个主要鹰派人物，关于特朗普本身，我给他的概括是：

第一，他是一个政治素人。他没有当过任何一级政府领导干部，除了任特朗普集团的董事长、自家企业的负责人，没有任何一级的从政经验。去年布隆伯格提出竞选美国下一任总统，他还当了三任纽约市市长，但特朗普什么都没当过，是一个政治素人。

第二，他是一个成功商人。所谓成功商人，也是三次破产，三次崛起，在交易中极限施压，做了很多次成功买卖，任美国总统之前他的资产评估是35亿美元。特朗普的资产和布隆伯格差很远了，布隆伯格的资产是500亿美元，特朗普是35亿美元，但也是大资本家，是个成功的房地产商。

第三，他是一个狂人。他是非常疯狂的一个人，历届总统没有这么疯狂的，对与美国有贸易逆差的国家，特别是对中国极限施压，对伊朗极限施压，对委内瑞拉极限施压，对俄罗斯极限施压。下一步可能继续与中国贸易谈判，准备谈成之后和日本谈，原来美国和日本谈判时间确定的是2月，为了跟中国达成协议以后再跟日本谈，把中国当成样板压日本，所以把和日本的谈判推到几个月以后。所以，他所有行动几乎都是疯狂的，包括美伊战争，包括对叙利亚几次导弹的打击、轰炸，都是非常疯狂的。

第四，他是一个孤家寡人。实际上特朗普周边的鹰派，最强硬的就是贸易谈判办公室的莱特希泽。莱特希泽原来是在1986年逼日本签订《广场协议》和日美贸易谈判的副代表。我们中心去年12月3—7日到美国，与美国总商会共同举办中美"二轨"对话，在对话过程中，美国总商会会长请到了特朗普的女婿库什纳，库什纳坐在台上，美国总商会会长与他进行对话。会长问库什纳，"您认为中美的贸易谈判会是什么样一个前景?"库什纳说，"我对中美贸易谈判抱有很高的期待，因为莱特希泽是一个优秀的谈判高手，总统非常信任他，总统给他充分授权，他完全可以在谈判中决定任何事项。所以，美国与中国进行贸易谈判，不管来多少人，但真正做主的是莱特希泽。"莱特希泽在日美谈判中大获全胜，他原来是律师，口才非常好，专门打国际贸易官司。他和日本代表谈判的时候，除了谈判之外，你能想到他做了什么事情？日本代表坐在对面，莱特希泽一言不发，一会儿折了一个纸飞机，隔着桌子把飞机扔过去，日本人不知道他要干什么。莱特希泽说，我所有的诉求都在这个飞机上，日本人赶紧打开飞机看有什么诉求，而莱特希泽就跷起腿来，把腿放在桌子上。莱特希泽对日本人非常蔑视，根本就不好好谈，从精神上压垮对方。所以，刘鹤副总理到美国去，莱特希泽还是彬彬有礼的，还是到门口迎接的，坐到那还是正儿八经地谈。当年日本做了很多的退让，包括扩大从美国进口，包括禁止很多日本商品出口美国，直到最后，美国联合英、法等国逼迫日本签订了《广场协议》，要求日元大幅度升值，一直升到日本经济垮下来，美国大获全胜。莱特希泽就是这样一个人，日美谈判之后他就在美国的四大律师事务所中最大的一个律所，专打国际贸易官司。这次他被特朗普起用和中国进行贸易谈判，我认为，莱特希泽对中国的贸易谈判，一开始和日本的打法是一样的，居高临下，极限施压，提高要价，然后让你签订一系列退让妥协的协议，这样一直到第九轮。

第九轮谈判之后，今年 4 月 15—20 日我们正好在美国调研，在美期间我们见了美国贸易谈判办公室中国方面的负责人，也就是莱特希泽谈判的助手，见了美国国会一些议员，见了美国白宫国安会有关官员和研究中美问题的专家。当时我们感到，美国各方面认为他们赢了，说中国很快就要同意签字了，按他们说的，中国已经做了很多退让。特朗普当时在推特里发的推文也说，中美贸易谈判很快就要结束了，这个协议将由他和习近平主席亲自签署。莱特希泽说是贸易协议，特朗普说应该改成协定，希望它更加稳定。在中美第十轮谈判之后，就是美国莱特希泽到中国来进行第十轮贸易谈判之后，中国对文本进行了一些修改，提出了中国的修改意见，由外交部正式递交美国，美国贸易谈判代表团办公室报给特朗普以后，特朗普和莱特希泽愤怒了。特朗普马上发推文决定对中国 2000 亿美元商品加征 25% 关税，说如果中国反制，将对剩余的 3250 亿美元中国输美商品加征 25% 关税。

第十一轮贸易谈判受阻，刘鹤副总理在美国召开记者会第一次把两国谈判的分歧向全世界公开了，大家都知道了中美三个重大分歧点：一是要求美方必须取消相互加征的高额关税。二是中国不能做不切实际的承诺，美国不能强买强卖。三是文本的平衡性。就是在文本的表达上必须要平等、对等、相互尊重，不能说美国只要求中国做承诺，要对中国建立监督落实机制，而美方却不做承诺和退让。

对于贸易战，中国不愿意打，是中国不愿意破坏和平发展的环境；中国不愿意破坏中美建交 40 年来积累的“你中有我、我中有你”的经济联系；中国不愿意由于中美两个大国这种对抗性博弈给世界经济、世界和平带来负面影响。中国不怕打，是因为中国现在发展的体量、发展的速度、发展的质量、发展的能力和战略博弈的能力，已经具备和美国在很多领域进行竞争与博弈的能力，有进行反制的能力。当然，我们在高科技很多领域还比不上美国，教育、医疗、军事能力总体上还比不上美国，但是我们的优势也非常明显。比如说中国的市场规模，未来肯定比美国大，科技创新的后发优势，再加上我们现在的人才储备都有很大的潜力。中国拥有每年 800 多万的大学生，累计 900 多万的博士生、硕士生，600 多万的原始创新的工程师，任何国家都没有这么大规模的人才队伍。我们在一些领域的创新走向世界前列，包括高铁、智能电网、深海探测等；我们也在有些领域走在世界前列，包括现在华为的5G，5G申请专利标准核心占到全世界的15%，加上华为，加上中兴，加上其他企业，中国占到了35%。旧中国受到三座大山和帝国主义铁蹄压迫和践踏，中国共产党领导中国人民推翻了三座大山，浴血奋战，那是多么不容易啊！中国在一穷二白的情况下，新中国成立70年，改革开放40年，通过艰苦奋斗取得了现在的成绩，确实也是非常不容易。

现在中国成为世界第二大经济体、第一大贸易体，制造业产值排在第一位的国家，人民币已经成为国际货币。我们正在成为创新型国家，现在的实力、底气、韧性和战略博弈能力要大大地超过以前，我们肯定是不怕打的。美国非要打，我们就不得不打，我们就坚决奉陪到底。

在贸易战上，实际上美国是已经完全输了。美对华极限施压的过程大家都知道，一开始是对30亿美元钢铝商品加征关税，然后对500亿美元商品加征25%的关税，再后来是对2000亿美元商品加征10%，从2018年9月1日到12月1日，原定2019年1月1日加征25%。后来中美进行贸易谈判，第十一轮谈判受阻，美方5月10日提出，从6月1日开始加征到25%，现在推迟了15天，和习近平主席见面的时候，再决定是不是加征，而且特朗普非常可笑地发了推特，跟福克斯电视台连线说，习近平主席必须参加G20，如果习近平主席不参加G20，他将立即对中国加征关税。中国外交部直到现在也没有给予明确答复，但是我认为，G20习近平主席肯定要参会，肯定要与特朗普见面，肯定是要往好处谈的，两国元首会晤以后肯定是要让两国经贸团队继续磋商的。

今年5月31日我在韩国济州召开的“世界和平”国际论坛上，参加了论坛关于中美关系的那场讨论。讨论会由韩国企业家协会会长主持，本来我有10分钟的发言材料，但是韩国的主持人不按这个套路，而是上来就提问，每个人回答5分钟。第一个问题就问我，“陈总经济师请预测一下，中美现在互相加征关税，美国放出了很多施压的信号，中国也表示进行反制，G20如果习近平主席和特朗普总统见面，你认为奇迹会发生吗？”我当时回答了两句话：第一句话是奇迹不会发生，因为特朗普这个人的特点和执政团队的特点、他出尔反尔的特点、他不讲信用极限施压的特点，决定了奇迹不会发生，中国不会让步，中国已经把分歧告诉全球。第二句话是奇迹也许会发生，为什么呢？因为特朗普是多变的，他和金正恩可以隔空互怼，兵临城下马上就要开战，然而却在新加坡握手言和。特朗普6月18日要在佛罗里达州宣布竞选下一任总统，他目前最大的诉求是连选连任，需要美国有一个好的经济形势，而从 4 月、5 月开始，美国的经济、市场零售额、贸易开始下滑，美元、美债遭到抛售，反对贸易战的声音开始多起来，在这种情况下特朗普为了连选连任，奇迹也许会发生。

所以，美国发起贸易战，对中国极限施压，几次加征高额关税，特别可笑和可恶。特朗普甚至表示，如果习近平主席不参加 G20，他将立刻启动高额关税，如果中国反制，将在现有的 25% 的基础上翻番。特朗普自 5 月 30 日至今，不到半个月攻击了 35 个国家，所以连美国人也说特朗普疯了，国际社会很多人都说特朗普疯了。即使是导致世界经济第一次大萧条的那个胡佛总统，也对对手加征高额关税，最后导致全球经济衰退，但是也没有像特朗普这样疯狂。所以，如果特朗普还要继续打下去，美国经济包括美国股市都不排除下降甚至崩盘的可能性。在中国宣布对美国反制的 5 月 10 日，美国股市就下跌了 600 个点。当前特朗普第一个需求是什么？就是竞聘下一届总统，连选连任。所以在这种情况下，美国现在的经济由于贸易战受到极大影响，他们是揣着明白装糊涂，仍然对中国极限施压，但实际上内心还是特别着急地想回到谈判桌上来，特别希望和中国能签订贸易协议。但他们希望的贸易协议是不平等协议，是要回到第九轮那个磋商文本的协议。

中国是绝对不会让步的，刘鹤副总理在美国召开的记者招待会上，向全世界公布了中美之间的三大分歧，我们怎么会回过头来去向美国妥协让步，那是不可能的。11 轮的经贸谈判，从 2018 年 2 月开始一直到今年 5 月 9—10 日，这 11 轮谈判中美国有三次大的出尔反尔，而且每一次提出重启谈判的都是美国。第一次是在 2018 年 2 月，刚才我讲了对中国 500 亿美元加征 25% 的关税，两国元首也提出不能相互加征关税，而且我们在 2017 年 11 月给了特朗普 2500 多亿美元的大单，这实际上是中国对特朗普执政的一个很大的帮助，他回去吹嘘在中国取得重大成果，但接下来是对中国输美商品加征关税。2018 年 5 月 19 日，两国谈判达成相互取消加征关税的共识，但美国 5 月 29 日就毁约，对中国输美 2000 亿美元商品加征关税。2018 年 12 月 1 日，在阿根廷两国元首达成共识，接着 2019 年 5 月 10 日美国宣布对 2000 亿美元商品提高加征关税力度，一年多整个过程都是美国出尔反尔。

美国的霸凌主义行径，实际上已经损害到中美两国利益和全球利益，我概括已经产生了以下几个方面的破坏作用：

一是破坏了国际秩序、国际规则，还有多边贸易体系，违背了最惠国待遇、差别待遇、关税约束等一些基本规则。全球和美国有贸易逆差的 102 个国家，现在都遭受了这样的威胁。

二是破坏了世界经济向好的形势。本来在 2016 年 IMF、世界银行、国际经合组织都预测，2017 年世界经济将全面转好，75% 的经济体将实现经济的增长和恢复增长。但美国发起贸易战，从 2017 年到 2018 年世界经济形势急转直下，现在则是 75% 的经济体受到重创。所以 IMF 对 2018 年世界经济的预测，去年以来连降四次，从 3.9% 降到 3.7%，降到 3.5%，再降到 3.3%，对美国经济的预测连降三次。最近美联储对美国经济进行预测，2019 年可能会下降到 2.1%，2020 年降到 1.9%。有很多研究机构，包括美国研究机构和巴菲特等金融家认为，如果再这样折腾下去，美国经济将崩盘，会出现比 2008 年国际金融危机更大的经济危机。

三是破坏了全球产业链、供应链、服务链和价值链已经形成的布局。包括美国对中国企业断链、断供、断流的风险加大，以经济规律、产业转移和要素组合规律形成的全球产业链、供应链、服务链和价值链，将受到人为的破坏，将导致很多企业破产、亏损、成本增加、产业无序转移。被迫进行产业转移，成本肯定是会大幅度增加的。现在中国很多企业转移到周边的越南，越南对美国出口急剧上升，还有泰国、柬埔寨、日本等国。产业链转移原来是一个比较长的过程，有比较强的适应度、舒适度和自由度，是随着科技革命、成本驱动、环境约束、资源约束而产生的自发选择过程。现在纯粹是贸易战和其他政治选择切断了产业链，包括像芯片的断供、高技术产品的断供，包括对伊拉克、伊朗的经济断流。对伊朗的两次制裁，第一次是去年 11 月 5 日，美国命令所有的国家都不能跟伊朗做生意，根据的是美国国内法律——长臂管辖的法律。当时豁免了八个国家，包括中国，但是做出规定，每个季度进口多少，这个数字不能超过。到今年 5 月 5 日，就是豁免国待遇也结束了，所有的国家都不能和伊朗做生意。但是现在谁听他的呢？中国没有听，还在做；俄罗斯、欧盟没有听，绕开美元结算体系还在和伊朗做生意；包括印度，美国下一个要制裁的是印度，印度也仍在和伊朗做生意。美国挥舞大棒乱打群雄，已经使全球产业链受到了极大的影响，正常的国际贸易秩序受到极大的影响。

四是破坏了正常的中美经贸关系。中美经贸关系一直是中美关系的“压舱石”和“稳定器”。现在呢？由于美国的战略取向、战略误判，中美关系由原来的和平竞争、合作竞争转向对抗性竞争和战略性博弈，从“竞合”关系到“零和”博弈。中美经贸摩擦双方都是受损的，正如习近平主席指出的，“贸易战两败俱伤”。今年 1—4 月，中国对美国出口的商品下降 9.7%，美国对华出口商品连续 8 个月下降。

五是破坏了美国自身的经济发展。美国经济现在是一路向下，美国商会、哥伦比亚大学都对美国经济做出预测，如果美国对中国所有出口美国的商品加征关税，未来十年美国至少损失 1 万亿美元。

六是破坏了美国的大国形象。原来被称为山巅上的国家，从巅峰开始下滑，所谓自由灯塔的光芒也正在熄灭。美国的大国形象受到了非常大的影响，主要是丢掉了真正的美国精神。美国精神的核心是契约精神、商业精神、贸易便利化和自由化，包括民主自由平等所谓的普世价值观。现在从美国的种种行为看，美国还是民主国家吗？美国的做法还是民主国家的做法吗？美国还是市场经济国家吗？美国过去是经济全球化、贸易便利化和自由化的旗手，现在已经放弃了；美国原来是国际秩序、国际规则的主导者、推动者和建设者，现在是破坏者、搅局者和肇事者；美国原来主张并向全球提供公共产品，现在几乎全部退出认为会影响美国利益的国际组织和国际共识的约定。由于出尔反尔，美国国家信用受损，现在对美国形象造成的损失，我认为多少年也补不回来。而在中国和美国的博弈中，中国威信的上升是因为中国是站在道义制高点上，中国是在推动世界和平发展、共享发展、协同发展，是创造与各个国家共同发展的机遇与格局，中国是在扎扎实实做事儿，是在通过互联互通推动经济发展，造福于更多的国家和人民。而美国是在找事儿，找更多的事儿挑起矛盾，使世界秩序和规则大乱。美国的信用丧失、信用损耗，大国形象颠覆，美国精神丢失，将使美国由盛转衰。基辛格说特朗普结束了一个时代，但是他没有解释这个时代是什么，我认为这就是美国从黄金时代开始了历史的转折，逐步走向黄铜时代甚至砖头时代，所以美国的损失是非常大的。

七是破坏了中国和平崛起和快速发展的外部环境。美国现在与中国集中表现是贸易之争，但实质上是制造业之争、高科技之争，未来不排除金融之争、网络之争、国家安全之争。包括中国台湾问题，现在是美国的一张牌，从贸易之争到国家安全之争，这实际上是国运之争，是世界前途和人类命运之争。

所以，这场竞争与博弈不是遭遇战，而是一场持久战。它不是短期通过贸易谈判可以解决的事情，是一个长周期的问题。我们必须有战略定力、战略耐力、战略反制能力，从这场历史大比拼中胜出。我个人认为，它将伴随着中国崛起成为社会主义现代化强国的全过程。在这个过程中要准备好受打压，准备好受遏制，丢掉幻想，准备斗争。那么，换个美国总统是不是会好一点？换个美国总统，可能打法不一样，但是为了保持美国的霸权地位，他们的核心价值观是一样的。为什么美国要保持霸权地位？因为这种霸权地位能使美国以美元作为经济武器，成为获取其他国家利益的收割机，美国才能用低的成本、低的投入获得高的收益，才能把别人地里的庄稼、收获的财富放进自己的存钱罐里。美国的威信下降、信用崩塌，作为信用货币的美元也会面临崩溃的问题，因为美元本身已经与黄金和实物没有直接联系，所以如果美国的信用崩塌，美元未来必然会失去在世界上的垄断地位，世界必然会出现多元化的货币体系。现在美元在贸易结算货币中占39.6%，以前占多少？“二战”后的几十年中高达90%以上。现在欧元占34%，人民币国际化刚开始，人民币现在占2.12%，占比还比较小。但多元货币结算体系已经开始了，欧元建立了一个绕过美元进行石油结算的体系，目的是和伊朗做生意。俄罗斯等8个国家从美国拉回了在纽约地库存放的黄金。五个联合国安理会常任理事国中，有四个常任理事国现在大幅度压缩美国国债，当一个国家没有信用，所有靠信用支撑的东西，包括经济武器都会失去往日的锋芒。美国的做法破坏了世界和平发展、合作共赢的大势，包括各个方面的制裁，包括颠覆别的国家政权，进行颜色革命，制造文明冲突，包括现在的制造冷战局面，使全球制造业供应链脱钩，使人的流动受到阻隔。美国《华盛顿邮报》专门有一个小组跟踪特朗普，说他执政839天说了10796句谎言，平均每天12句，而美国50%的国民每天上厕所的次数是10次，多于上厕所的次数。一个大国的领袖成为世界笑柄其实是挺可悲的。

美国抹黑中国散布了很多谎言，我归纳最主要的五大谎言如下：

谎言之一，美国重建了中国。美国建国才200多年，中国历史5000多年。新中国成立70年，改革开放40年，特朗普、彭斯说美国用25年时间重建了中国，可以说没有任何依据。美国有什么能力和可能重建中国？

谎言之二，中美贸易逆差美国吃亏了。但实际上美国占了最大的便宜，贸易逆差实际是美元作为实质上的信用货币，利用其曾经作为世界货币的使用惯性，在国际贸易上占据了巨大的优势，用几十美分印刷的一张纸，就可以换来同等价值、同等币值的商品，实际上美国是最大的受益人。去年中国政府白皮书已经讲清楚了这一点。全球102个贸易逆差国，用自己生产的实物商品换取美元，大部分又购买了美国国债或者美国商品，使美国第二次受益。美元作为结算货币和储备货币，需要承担为国际贸易结算清偿的职能。美国贸易逆差背后，根源是利益基础和国际货币。按照经济学原理，一国出现贸易逆差，意味着这个国家的国民享受了更多的物质财富，它是超出本国生产能力的福利与收益。美国用美元换得的中国商品最多，2018年中国输美商品占美贸易逆差的48%，换句话说，用中国商品的低价格、低成本保证了美国的低通胀和高福利。回顾改革开放40年的进程，我们最大的优势是开放，是通过学习世界最先进的东西，包括学习借鉴美国先进的东西，获得了发展。而美国从中国和其他发展中国家用最低的成本获得了低价格的商品，保持了美国几十年的低膨胀、低成本，保持了美国几十年持续增长，保持了美国的超额收入。

谎言之三，污蔑中国盗窃美国知识产权。2018 年 9 月中国发布了中美经贸关系的白皮书，其中介绍了中国知识产权保护的体系构建，介绍了中国知识产权的发明、使用和保护制度。中国重视知识产权保护，打击破坏知识产权的行为，设立了 3 个知识产权法院、16 个知识产权法庭、200 多个知识产权保护中心。

谎言之四，美国加征的关税全部由中国承担。特朗普说，美国对中国输美商品加征的25%关税，其中美国承担4%，中国承担21%，美国从中国征收了1000 多亿美元关税，是通过贸易战从中国获得的最大便宜。但美国专家说，美国征税额最多 100 多亿美元，而各国智库研究机构计算的结果，包括中国智库专业队伍计算的结果是，我们输美加征的这些高额关税，90% 以上由美国进口商承担。进口商承担后要向美国的制造商转移，要向美国市场转移，要向美国消费者转移。现在美国经济为什么会受到这么大的影响呢？这就是其中非常重要的原因。

谎言之五，美国已经打败了中国。今年 6 月 10 日，特朗普和 CNBC 电话连线的时候说，自他上任以来，中国已经损失了 15 万亿～20 万亿美元。他上任总共才两年，去年中国 GDP 总量是 13. 6 万亿美元，前年是 12 万多亿美元，美国媒体 CNN 反驳说，中国 GDP 全部损失掉了吗？中国财富全部转移到美国了吗？现在美国的媒体都在批评特朗普，说他是一个连常识都不懂的总统。特朗普一直鼓吹高额关税对中国打击很大，已经把中国打败了，但实际上加征 500 亿美元的商品，70% 是中间品和投资品，2000 亿美元的商品中，78% 是中间品和投资品。所以每次美国举办企业听证会，90% 以上企业都坚决反对。6 月 17 日美国贸易谈判代表办公室开始调查听证，准备对 3000 亿美元的商品加征关税，其中 60% 以上是消费品。也就是说，高额关税已经转移到美国生产者身上，下一步将转移到消费者身上。除了特朗普公开的这些信息以外，2019 年 5 月 15 日，中心和美国总商会进行了小规模内部交流对话，我发现美方最着急的事儿，是向中国政府传递美国政府的想法，他们说来中国之前总统是知道的，希望中国能尽早地回到谈判桌上来，越快越好，越早越好。所以，美国现在是色厉内荏，实际上打贸易战美国经济是撑不下去的，美国的打法也是打不下去的。他们希望中国能够尽快与美国谈判，让中国接受他们的协议。

这场中美贸易战，我认为总体看两败俱伤，都有损失，但实质上中国赢了，美国输了。美国输在哪几个方面呢？

第一，输在道义上。美国站在世界的对立面，逆经济全球化大势而动，成了世界孤儿或者叫时代的弃儿。美国坚持美国第一、美国利益至上，通过打击中国、俄罗斯和一切有悖于美国利益的国家，来换取美国的伟大，用围堵扼杀中国科技企业的方式保持美国的领先，用国内法律法规替代国际规则维护美国的利益，其核心诉求和重要关切经不起推敲，受到了越来越多的批评和反对。

第二，输在了朋友圈上。美国现在不仅打击中国，也打击俄罗斯，连它的盟友也惨遭涂炭，美国四处出击。我们是集中优势兵力打歼灭战，它是打击所有与美国利益有冲突的国家和企业乃至个人，遭到了全世界反对。特别是5月30日以来，特朗普提出对36个国家进行打击，包括贸易打击、网络打击和军事打击，所以美国国会一些人和社会上有些人说特朗普疯了，要对特朗普的精神状态进行调查，认为特朗普可能不再适合担任美国总统，要成立一个对总统健康情况进行调查的小组，7月开始工作。

第三，输了人心。开始人们认为不就是打贸易战吗？但现在越打越大，最后美国贸易战也打不赢，社会民众从对华强硬的亢奋期转向中美关系利益攸关的反思期，美国的民粹主义的市场正在逐步收缩，美国的做法将遭受重大挫折。

第四，输了未来。如果美国和中国形成建设性合作伙伴关系，不冲突、不对抗、相互尊重、互利共赢，美国的大国地位、美元的霸权地位、科技优势、技术创新形成的垄断利润还会延续更长时间。由于美国这一系列行为，我认为这些存量霸权带来的天然优势会戛然而止，尽管美国今后还会有一些发展和突破，但综合优势和以霸权支撑的局面不会太长久。比如对华为断供，推动华为加快了创新脚步，华为已经与30个国家签订了46个合同，5G基站建设超过10万个。中国工信部给华为发了商用牌照，而且将使中国从政府、企业到科研机构，以此作为突破口，加快5G布局。全世界总共有4G基站800万个，中国的基站就达到500万个。为什么中国境内手机这么好用呢？为什么中国移动支付渗透率前年就达到77.2%呢？今年有关研究机构公布调查结果，中国移动支付率达到了94.7%。没有这么多广覆盖的基站，没有这么完善的基础设施是不可能的。

美国一些人竟然把贸易冲突上升为对华的文明冲突。将冷战思维、霸权思维、商人思维、孤岛思维集于一身，想把中美之间的贸易冲突上升为文明冲突，激化中美两个大国的关系。美国国务院负责规划的主任说，中国和美国的斗争是两个不同人种的争斗，说俄罗斯好赖还是白种人，中国和美国不是一个人种。我认为，现在美国沉渣泛起，这些打法也必定要失败。

我们今天研究美国发起的这场贸易战，这是一个重要的历史时刻，中国通过努力让世界看清了美国，也让世界看清了中国。中国的威信、话语权、影响力在直线上升。中美贸易战这场博弈带给我们一些深刻的启示：第一，违背世界发展大势和历史潮流，终将成为世界孤儿和时代的弃儿。第二，当一个国家的执政者丧失了道德、信用和理智，把一个国家的利益和规则凌驾在其他国家利益和规则之上，这个国家将由于它的过度嚣张和信用损耗，受到时代和人民的唾弃，受到惩罚。第三，世界经济发展史上若干次重大经济危机都是三分天灾、七分人祸。美国正在成为导致全球不确定性加剧的风险源和导火索，换句话说是当今世界最大的人祸。第四，中美唯一正确的选项是合作，中美合则世界兴，中美斗则世界乱，中美破则世界衰，中美两个大国合则两利、斗则双输。第五，中美贸易战仅仅是开始，即使休战也并不是结束，而是新的开始。现在潘多拉的盒子已经打开，我们要丢掉幻想、准备斗争，做好全面应对。所以，推动国内的改革开放、经济发展要有更宽阔的国际视野，重新进行谋篇布局，把中国的事情做好。

今天因为时间关系，我想我的发言就到这儿，与大家共同探讨，有不同看法还可以一起磋商，当然不能像中美谈判那样进行面对面磋商，我们可以通过各种途径进行磋商。对大家感兴趣的问题，我把相关材料和我做的 PPT 给大家留下，请大家指正或参考。

谢谢各位！

主持人：

陈文玲同志给我们对中美斗争做了专题辅导，她讲得非常好，非常系统，大量的信息都是平时我们了解不到的，有大量的信息、大量的素材、大量的研究观察，特别是对这场斗争产生的原因、本质讲得非常清楚，报告也很精彩。她全面介绍了中美经贸关系以及国际经济格局变化的进程，也深刻分析了中美经贸的摩擦、斗争、实质，系统解读了中美经贸斗争对中国的影响以及我们采取的一些应对措施和战略。听了报告以后，感觉报告站位很高，视野宽广。同时报告的政治性、理论性、针对性也很强，对我们准确把握党中央对中美关系和中美经贸斗争的战略判断，正确认识中美经贸斗争的背景、过程、本质，进一步统一思想，坚定信心，进一步做好我们自己的事情具有非常重要的指导意义。我们非常感谢陈文玲同志为我们做的一场专业性很强的报告，让我们以热烈的掌声对陈文玲同志表示感谢和敬意。

中美经贸斗争与国际经济格局演化

——在吉林大学《名家讲座》上的专题讲座

（2019 年 6 月 14 日）

嘉宾：著名经济学家、中国国际经济交流中心总经济师陈文玲

主持人：李政（吉林大学中国国有经济研究中心主任）

主办单位：吉林大学中国国有经济研究中心、吉林大学中国特色社会主义理论体系研究中心、吉林大学社会科学处

注：本文为陈文玲受邀在吉林大学面向广大师生围绕中美关系进行专题讲座。

李政：

尊敬的各位领导、各位来宾、老师们、同学们，大家下午好。值此新中国 70 年华诞即将来临之际，在举国上下深入贯彻落实党的十九大精神、认真学习习近平新时代中国特色社会主义思想之际，今天我们非常荣幸地邀请到著名经济学家、中国国际经济交流中心总经济师陈文玲研究员百忙之中为我们做一场当前形势下重要和必要的专题辅导报告，陈司长昨天晚上抵达长春，今天上午为吉林省委理论学习中心组集体扩大学习会做形势政策辅导报告，下午又来为我们吉大师生做报告，晚上返回北京，非常辛苦，让我们以热烈的掌声对她表示诚挚的感谢！

陈文玲：

非常高兴，也非常荣幸到吉林大学来和大家交流当前中美竞争博弈与国际经济形势，上午是在吉林省委省政府给四套班子讲课，会场比今天下午的大。我非常认真地做了 PPT，虽然可以不照 PPT 讲，但是我一定要做一个，以表示对吉林省委省政府四套班子的重视和尊敬。在下午这个会场不太好放 PPT，我就不放 PPT 了。向各位师生汇报一下我研究这些问题的体会，这样可以更放开一点，我把平常对中美问题的一些研究、一些体会、一些看法，还有当前大家关注的一些问题，与大家进行一个交流。如果有时间的话，大家也可以提出感兴趣的问题。

现在对于中美问题关注度特别高，我相信在座的各位可能对中美贸易谈判的过程、中美贸易谈判的焦点、中美博弈的分歧点都非常关注。因为中美两国的竞争和博弈，已经超出了两个国家的范畴，已经不仅仅是世界上第一大经济体和第二大经济体的竞争与博弈。如果两个大国合作，可能给全世界带来正向的溢出效应，对世界的和平与发展，对稳定国际秩序、完善国际规则、提振全球经济等方面，会有巨大的推动作用。如果陷入对抗或者冷战，伤害的可能就不仅是中国经济、美国经济，中美两国的经贸关系，伤害的将是整个世界经济，会伤及世界上几乎所有国家。

中美当前叫世纪性的、史诗级的、前所未有的冲突也好，博弈也好，谈判也好，磋商也好，不仅是中国和美国两国的问题，而且是关乎世界发展的问题。中美经贸问题到底是个什么问题呢？到底中美经贸关系会往什么方向发展呢？未来在历史长河中看今天，我们处在一个什么样的时刻呢？我们可以看到，这是一个非凡的历史时刻。我前一段时间发表了一篇关于世界经济的文章，名字是《世界经济正处于历史的十字路口》，比较全面地阐述了对世界经济的看法。习近平主席多次在国际场合、在国内重要会议上一系列重要报告中，提出了一个大判断，就是世界正面临百年未有之大变局，我认为，世界经济是大变局的背景板。

很多专家对百年未有之大变局的理解和诠释是有偏差的，他们仅仅回顾 100 年前国家经历了哪些屈辱，这 100 年又发生了哪些变化。我理解习近平主席指出的是"百年未有之大变局"，不是已有之大变局，"未有之大变局"是现在进行时和将来时。当前中美之间的竞争与博弈，会使整个世界格局发生非常大的变化，也可以说"百年未有之大变局"最大的变量是中美两个大国竞争与博弈所引发的世界格局变化。

为什么这么说呢？因为仅从经济上看，如果中国和美国两个国家经济总量加起来，人口和贸易总额分别占世界的比重为 25% 左右；制造业产值和经济总量分别占世界 40% 左右；对世界经济的增量贡献和美元、人民币在 IMF 货币篮子里的比重分别占 50%、52% 以上。所以，第一大经济体、第二大经济体合作，两国国家力量如果加起来，在世界上发挥的作用是很大的，某种程度上可以起到决定性作用。联合国 197 个国家，其中排在前 10 位的国家，GDP 占全球的 80%；排在第 11 位到第 20 位的 10 个国家，GDP 占全球的 10%；另外 170 个国家 GDP 占全球的 10%。这说明什么？大国是这个世界发展、合作、竞争、博弈的主体。大国关系、大国竞争博弈现在和以往任何时候都不一样，不仅空前激烈，而且瞬息万变。所以，我们套用任何过去形成的理论、概念、观点、判断以及分析方法，来解析当前这场中美之间的竞争和博弈，都不完整，甚至可以说不正确。

有人说中美之间是不是陷入了“修昔底德陷阱”？这是习近平主席明确否认的。“修昔底德陷阱”是在古罗马时期，那个时候的世界互不关联，两个大国争地盘，新兴大国和原来既有的大国之间通过战争争夺疆域，有学者把它概括为“修昔底德陷阱”。而现在的世界，是一个高度融合、高度关联、高度联系、高度交织的世界经济，新一代信息技术、互联网、物联网、人工数据、云计算、云服务、空中设施连接的都是无限的空间。硬的基础设施互联互通方面由于中国“一带一路”的建设，也将把高铁、高速公路、航空、管道网等连接起来。产业链、供应链、服务链、价值链的链接，实际上你是根本看不见的。这些链条上的所有的企业，几乎都没有行政隶属的关系，没有产权所属关系，没有血缘亲缘关系，但它却在一个个虚拟的链条上形成产业的上下游，由此进行国际的分工与交易，这种链接的黏性更强，彼此的支撑和依赖度更高，缺少其中一个零部件、一个环节、一个流程，都不能完成全球布局下的生产制造过程。因此，世界贸易中目前2/3是中间品，什么叫中间品？就是没有形成最终产品之前经过加工的半成品或者模块。比如说手机没有形成最终产品之前，在世界相关国家互不关联的工厂生产芯片、摄像头、手机壳等，这些产品之间的交易就是中间品贸易。半导体的芯片就是中间品，它不是最终产品，如果不安装在其他产品中，就是一个孤立的零部件。在国际贸易中，现在2/3是这样的半成品。按照WTO相关研究机构的研究报告，东亚贸易中4/5是中间品。美国对中国加征500亿美元商品的高额关税，这500亿美元商品中70%是中间品；后来加征2000亿美元商品的高额关税，其中78%是中间品和投资品。所以，你用远古时期争霸的“修昔底德陷阱”的概念，用原来互不关联的一个国家和另一个国家争夺霸权和霸权转移的过程，解释不了当前中美之间的竞争与博弈。

有的人说，中美现在是老大和老二的关系，任何一个老二经济规模到了老大的60%以上，老大必然打击老二。去年美国GDP是20.5万亿美元，中国是13.6万亿美元，大概是美国的66%，正好是2/3，所以有人说当年苏联成为世界老二的时候遭到美国打击，日本成为世界老二的时候遭到美国打击，列举了四五个国家来说明这个事情的必然性。他们认为，现在中国发展到世界老二了，所以老大打老二不可避免。我认为，这个道理也不能解释当前中美之间的竞争与博弈。因为新中国成立70年，我们是在一座废墟上建立的新中国，改革开放40年，我们是在一穷二白的基础上，解决了14亿人口的衣食住行和即将全面建成小康社会，这是人类历史上从来没有过的，我们成为制造业大国，中国制造业有全球39个大类、191个中类、

525 个小类中所有的产能，中国是全世界工业体系最完备的国家，是所有的大类、中类、小类都有的制造业国家。2018 年中国制造业产值占到了全球制造业产值的28%。美国在“二战”时，制造业产值曾经占到世界制造业产值的50%，德国最多时占到世界33%，日本最多占到世界16%，中国现在占到世界28%。美国在我国改革开放初期的时候，制造业产值还占世界33%，现在不到15%。制造业是一个国家的真正的核心竞争力，中国现在已经成为制造业大国。当我国成为第二大经济体的时候，美国并没有发起对中国这么强烈的攻击，当然也遏制，遏制、竞争加合作。但是现在中国制造业产值已经占到全球的28%，美国降到了不到15%，与此同时中国的制造业在转型升级，还要迈向中高端，有些领域还要走到无人区，美国怎么能不着急呢?

中国在5G 技术中的最核心的标准专利中占到全球35%，华为占到了15%。中国高铁成套的设备、成套的技术可以在全球输出，联合国共有197 个国家，中国的铁路修到了105 个国家，包括一般铁路，也包括高铁。实际上中国高铁开始建设差不多只有10 年，第一条是北京至天津的高铁，也就不过10 年。现在高铁运行里程达到2. 9 万千米，到2030 年会实现3. 6 万千米，可能还会超过这个数字。现在不仅在我国境内形成了高铁网络体系，而且“一带一路”上的雅万铁路、中老铁路、土耳其的伊斯坦布尔到阿卡拉等铁路，全部是中国公司修建的，中国修建的高铁和铁路在世界上占的比重已经超过70%。当然有一部分是日本修建的，日本采取的是新干线技术，占比是比较少的，其余全部是中国的。我国现在的航天、深海勘探、智能电网等领域都走在世界前列。习近平总书记在党的十九大报告中列举了很多中国的重大贡献和进展。

这种情况下，美国发起贸易战打击的不是贸易，贸易品是靠制造业生产出来的，美国非常着急，从奥巴马时期就有重振制造业计划、先进制造业计划、先进制造业伙伴计划，起码出台了不亚于十几个关于制造业振兴的计划。欧洲现在制造业也在重新振兴，日本也在重新振兴，经过四轮国际产业转移，美国的制造业除了一些仍然在高端的，实际上已经转移到日本和亚洲四小龙，日本和亚洲四小龙又转移到了中国内地等新兴经济体。美国国内就业主要是从第二产业转向第三产业，完整的制造业体系基本不复存在了。因为美国制造业空心化，生产不了日用消费品和制造业的中间品，必须大量进口，所以美国才与102 个国家有贸易逆差关系。换句话说，全球102 个国家都是美国的贸易输出国。美国需要这么多国家对自己的贸易输出，说明美国的市场需要这些国家制造业的制造品，各国与美国进行国际贸易，是用自己制造业的产品，来换取并没有实物和黄金作支撑的美元价值符号。

在这样的情况下，给美国最大刺激的是“中国制造2025”。中国制造业规模稳居全球第一位，“中国制造2025”还推动制造业迈向中高端，国务院2016年出台了这个文件。其实这个文件力度还不够，提出了10个战略性新兴产业，对这10个战略性新兴产业发展提出了规划方向和提高国产率的目标，而对美国卡我们脖子的半导体零部件等还没有具体部署，我们是按照产业划分的十大战略性新兴产业。这个文件划分了三个阶段，到2020年是第一个阶段，到2025年是第二个阶段，到2035年是第三个阶段。当时的目标是，到2025年要建成制造业强国。我个人认为中国真正要成为制造业强国，起码应该伴随着“两个一百年”目标的实现。因为我们制造业虽然门类多、规模大，但总体上还处于中低端，正在迈向中高端，个别领域走向高端，极个别领域进入无人区。工信部苗圩部长说中国仍在第三梯队。即使如此，美国也着急了。中国制造业规模已经上去了，再推动产业转型升级，再推动高质量发展，再迈向中高端，那还有美国什么事儿？本来美国与中国在产业链上是水平分工，美国虽然已经有很多制造业不复存在，但是一些领域仍在高端、顶端，可以毫不费劲地用知识产权、高技术垄断获得高额利润，可以通过全产业链实现高额利润，在价值链上获得超额财富。但是中国产业转型升级，就必然对美国部分产业和处于高端甚至顶端产业和产品有替代作用，这种替代就是对其利润的替代，就是对其用专利、用技术、用关键或者核心零部件收割中国财富的这种剥夺方式的摒弃。所以，美国最着急的是中国制造业的发展，而非中国贸易的发展。

美国第二个最着急的是什么问题呢？是我们的人民币国际化。人民币国际化是从2009年开始试点，一开始在中国的4个城市试点，然后在十几个城市，后来开始用人民币进行贸易结算。人民币国际化开始时，我们提得非常含蓄，叫适度推进人民币国际化。在人民币国际化推进过程中，随着中国成为最大的贸易国，我们扩大了在贸易结算中使用人民币，与40多个国家进行货币互换，与20多个国家进行货币直兑，在全球设立了十几个人民币清算或者结算中心。再加上“一带一路”的亚投行、丝路基金、金砖国家银行、上合组织银行，人民币国际化的进展超出预期。世界上新兴经济体建立的金融机构，再加上中国倡议成立的亚投行迅速发展为93个成员，中国在上海建立了石油人民币的期货交易所。这个交易所实行人民币石油和黄金挂钩。这意味着什么呢？意味着在金融上挑战了美国美元的霸权地位。美国多年来实际上把美元作为经济武器，既是一个“收割机”，也是一把“剪刀”，剪其他国家的“羊毛”，收割别人的“庄稼”，轻松地获得别国的财富。随着人民币国际化，现在IMF货币篮子里五种国际货币中，有美元、欧元、日元、英镑、人民币，而人民币从2016年10月1日成为正式成员之后，发展还是比较快的，现在在国际贸易结算货币分布中，用人民币进行结算比重已经超过中国贸易额的30%，中国的石油期货和黄金挂钩，一年以后上海期货交易所就成为仅次于纽交所的第二交易所。亚投行2015年提出倡议，当初是57个成员国，到现在发展到93个成员国，仅次于世界银行。金砖国家银行已经开张，第一任行长是印度人，现在正在筹建资金池，这个资金池未来也要建立新的结算体系，也要和黄金挂钩，金砖国家已经形成了共识，正在朝这个方向推进。

所以，我认为在金融方面，对美国的刺激也是很大的，直接威胁到美元的霸权地位，使美国“剪羊毛”的“剪刀”不好使了。美元曾经和黄金挂钩，曾经是世界货币，布雷顿森林体系没有解体之前，美元就是黄金，黄金就是美元。在金本位、银本位的时候，国际贸易中所用的货币是黄金和白银，因为黄金和白银的储量是有限的，跟不上国际贸易的扩大和需要，实行了布雷顿森林体系，美元和黄金挂钩，各国货币和美元挂钩，在国际上叫“双钉住”制度，实行固定汇率制度，当时1盎司黄金相当于35美元。布雷顿森林体系瓦解后，美元不再跟黄金挂钩，美元与任何实物和黄金没有任何关系。通俗一点讲，美元就是一张纸，是一张代表着国家信用或者由信用作支撑的一个价值符号。

为什么大家还认美元呢？布雷顿森林体系解体之后，美国为了使美元保持霸权地位，在石油OPEC组织形成了一个货币联盟、石油联盟和结算体系，所有国家进行石油贸易必须用美元进行结算。所以大家可以看到，美元与石油结算体系是挂钩的，美元和黄金仍然有很强的关联性，美元和大宗商品交易结算也密不可分。所以，美元实际上还是国际贸易的主要结算货币，在欧元诞生之前全球用美元结算仍占到90%以上，欧元出来之后，美国和欧洲的斗争加剧。欧元目前占到贸易结算货币的34%，美国下降到39.6%。人民币国际化，人民币进入了IMF的SDR篮子，很有可能形成美元、英镑、人民币三足鼎立的国际货币体系，英镑和日元当然还会存在，但是经过几十年发展并没有形成很大的规模，所以这两种货币的占比是有限的。对于金融方面的变化，如果一旦美国失去金融霸权地位，就不能顺利地用它的经济武器——美元“剪羊毛”，失去这种潜在的巨大利益。虽然到现在为止在贸易战中美国还没有提出来，但实际上对美国刺激是比较大的。所以，现在并不是老大和老二的关系问题，而是美国过去剥夺其他国家财富的手段受到质疑，变得不那么容易了。

第三个问题，也有一些人包括美国国务院政策法规研究主任，甚至说中美之间是人种之争，是两个文明之争，她说毕竟俄罗斯还是我们白色人种。黄色人种怎么了？真正文明的冲突，不仅仅是基督教和宗教激进主义的冲突。世界现在实际上进入了一个多元文明、多元文化、文明互鉴、文明交流的时代，人类要寻找共同点、寻找价值的重合点、寻找利益的交汇点。这样的时代，没有文明的基础，不可能迎来知识经济、数字经济和信息化时代，不可能迎来互联互通的时代，联通降低成本，联通造福人类，联通冲破文明冲突和隔阂，霸权思维、冷战思维、逆向思维、零和思维和种族歧视，不可能适应这样的时代。

所以，我个人感觉，世界现在遇到了前所未有的挑战，遇到了前所未有的难题。这不是两个文明之间的对峙，不是两个国家之间的对峙，不是贸易逆差和顺差之间的对峙，是我们在新的经济全球化大势中，世界到底是走向开放还是回归封闭？人类是向前进还是向后退？是要构建一个人类命运共同体，还是重回 19 世纪之前的以邻为壑、丛林法则？实际上就中国和美国代表的两种博弈力量，我认为很多国家都希望中国赢。我在中心接待日本住友商社研究院院长，他说日本特别关注中美贸易谈判的结果。我说我非常理解，因为接下来就是美国跟日本谈判，如果美国与中国谈判占了很多便宜，日本肯定没有像中国这样的胆量，肯定会签约，就和美国与墨西哥、与加拿大签约一样，美国要的就是双边谈判，各个击破。为什么要在单边主义和多边主义之间选择？美国现在采取单边主义，一个一个地谈判，不打群架，打群架现在美国占不到便宜，所以利用强势和霸权一对一地摔跤，制服一个是一个。原来北美叫美加墨自由贸易区，美国重启谈判先和墨西哥谈，谈了无数次，墨西哥让步后再与加拿大谈判，所以叫美墨加自由贸易区。

我们中心去年 12 月 3—7 日到美国参加中美“二轨”对话。美国总商会会长多诺霍先生，也是原来奥巴马时期带头反对美国对中国加收关税的 56 家商业行会之一的会长，当年曾经成功地阻止了美国对中国商品加征 27.5% 的高额关税，现在他们和美国 100 多个行业组织依然反对美国对中国加征高额关税。从 2011 年开始我们中心与美国总商会每年有两次“中美前高官与工商领袖对话”的对话交流，2018 年 12 月 3 日我参加了这次会议。晚宴的时候，多诺霍会长邀请了特朗普的女婿库什纳进行对话，多诺霍会长坐在台上，手里拿着麦克风，问库什纳，“你对中美贸易谈判的预测是什么？中美会不会达成贸易协议？”库什纳回答：“我认为中美双方会达成协议，美国贸易谈判代表的团队在高效而低调地开展工作，我们的团队很小，起主要作用的最主要的高手是莱特希泽，总统对他非常信任，高度授权，他可以在谈判中决定一些事情。”莱特希泽是日美贸易谈判时的贸易谈判副代表，是一个资深的律师，是美国四大律师事务所中专门负责国际贸易谈判的律师，在对日谈判中发挥了非常重要的作用，曾经把日本打得稀里哗啦，日本被迫减少出口，并签订《广场协议》，日元被逼升值。在美国的打击下日本经济一下停滞几十年。这次与中国进行贸易谈判，他又是主谈判手，美国贸易谈判办公室主任莱特希泽、总统助理贸易办公室主任纳瓦罗、商务部长罗斯，被称为美国贸易的“三驾马车”，其中起决定性作用的是莱特希泽。

进行贸易谈判的中方牵头人、负责人是刘鹤副总理，刘鹤副总理一直带领谈判团队努力专业地开展工作。2018 年 2 月 27 日，美方提出要进行贸易谈判，3 月 22 日开始进行谈判和交涉。但实际上美方是什么时候开始准备打贸易战的？是 2017 年 8 月 18 日，美国正式开始进行“301 调查”，2018 年 3 月公布了“301 调查”报告。“301 调查”报告就是针对“中国制造 2025”量身定做的。我正好在 2018 年 3 月带领一个小型专家团到美国做相关调研，其间跟美国 CSIS 的甘思德先生做过交流讨论，他是著名的中美问题专家，也是著名的战略研究专家。我问他关于“301 调查”报告提出的数字和事实有什么依据。美国“301 调查”报告是 3 月 22 日发布的，我们正好是 3 月 21 日到美国。甘思德说，其实我们都是有依据的，美国政府动员了在华的企业及行业协会，还有美国各政府有关部门提供的资料。我说，我看了这个报告，里面绝大部分内容都是很模糊的，用了大量“据说”“据反映”“大概”“可能”等词语，依据这样的一个调查报告对中国进行制裁，是不是缺少真正的依据？甘思德说，美国很多企业都反映这些问题，但是不敢报名字，怕在中国受到制裁。我问，你们对中国制裁的数字是怎么算出来的？对 500 亿美元商品征税是怎么决定的？甘思德说，他们专家评估后大部分提出意见，是要对中国加征 300 亿美元商品的关税，特朗普看了这个方案后说，300 亿美元太少了，起码要翻一番，就变成了 600 亿美元，而最后公布的是 500 亿美元。

这是第一轮贸易摩擦的开始，实际上美国哪里是民主社会？总统哪里听专家意见？他也是拍脑袋，比我们政府一些领导人拍脑袋决策还快，讨价还价一下子就到 600 亿美元。当美国公布加征我国输美 500 亿美元商品高额关税时，中国进行了同等数量、同等力度的反制。中国的反制措施，主要集中在几大类进口商品上，第一是农产品，农产品中首先是大豆。然后是飞机、能源等。我国反制的这些商品，是对特朗普的选区有比较大影响的美国农民的产品。我挺同情美国的农民，特别是美国种大豆的农民，招谁惹谁了，大豆种得好好的，突然就卖不出去了，中国这个最大的出口市场就不要了，大豆烂在地里，烂在仓库里，有的农民就破产了。特朗普虽然2018年给了美国豆农150亿美元的补贴，今年给了160亿美元的补贴，但是他们不希望补贴，希望有市场。

美国通过制裁中国，打击“中国制造2025”中的十大战略性新兴产业输美的产品，我国反制打击的是美国的农产品和对特朗普中期选举影响比较大的选区的产品。所以，很多美国企业特别是美国农民，开始反对美国加征高额关税的政策，后来美国加征2000亿美元商品的关税，涉及很多制造商和进口商，一大批企业反对。现在共进行了11轮贸易谈判，每一次提出来谈判的都是美国，每一次出尔反尔的也是美国。没有一次加征关税是中国主动提出来的，我们不愿意打贸易战。主动要求谈判也没有一次是中国提出的，因为发起贸易战的是美国。

每一次提出谈判的都是美国，进行几轮贸易谈判，3次出尔反尔的也是美国。第一次中美达成协议相互取消加征关税，是在2018年3月对500亿美元商品相互加征关税的时候，之后美国出尔反尔，接着加征关税。5月19日美国莱特希泽、姆努钦等到中国来谈判，形成了双方的共同声明，因为上一次美国出尔反尔，所以在共同声明中特别加了一句话，双方承诺取消相互加征的高额关税，如果不能取消，中方做出的一切承诺无效。结果不到10天，5月29日美国就推翻了共同声明，提出对中国出口美国的2000亿美元商品加征高额关税。先加征10%，中国不得反制，如果反制的话就加征到25%。中国进行反制，对美国出口到中国的600亿美元商品分别加征5%、10%、15%、20%和25%的关税。特朗普非常高兴，说中国已经没有炮弹了，我们加征2000亿美元，中国只有600亿美元。中美贸易额2018年是6335亿美元，中国从美国进口不到1300亿美元，出口到美国5000多亿美元，所以美方说他们的炮弹多，美国现在加征2000亿美元商品的关税，如果中国不服还要反制，再加剩余的3250亿美元商品的关税。也就是说，对中国出口美国的所有商品全部加征25%的关税。2018年5月19日刚刚达成共识，5月29日美方就推翻共识，决定对2000亿美元商品加征关税。加征关税从9月1日开始，到12月底加征10%以观后效，如果中国反制、表现不好，将从2019年1月1日开始从10%提高到25%。当然中国还是反制了，中国对600亿美元美国出口到中国的商品进行反制，除了一部分保持5%以外，分别提高到10%、20%、25%的关税。

所以，我认为美国在整个谈判过程中毫无诚意，每一次都在加码，每一次都在施压，每一次都在说中国不能反制，每一次都在说中国不能向WTO起诉，不得、不得、不得。在这样的情况下，美国已经对500亿美元商品加征25%、对2000亿美元商品加征了10%的关税。

2018 年 12 月 1 日，习近平主席和特朗普总统第四次会晤，在阿根廷布宜诺斯艾利斯，形成了大家都知道的两国元首共识。共识之一就是取消双方加征的高额关税，两国经贸谈判团队要落实两国元首共识，要达成互利双赢的协议。后来就进行了第 8 轮、第 9 轮贸易谈判，12 月 1 日以后进行了 4 轮贸易谈判，第 8 轮、第 9 轮谈判应该是达成了 6 个方面的文本，第 10 轮谈判于 2019 年 4 月底在中国进行，5 月 9 日刘鹤副总理带队到美国进行第 11 轮贸易谈判。第 10 轮谈判之后，中方对文本提出了修改意见，特朗普勃然大怒，指责中国出尔反尔，第 11 轮谈判受阻。11 轮谈判结束后，刘鹤副总理在记者招待会上公开了中美双方的三大分歧：第一，强调必须取消双方加征的高额关税。但这一条实际上美方是不答应的，美方要保留随时加征关税的权力。第二，美方要中方多进口，不断加码。从 1000 亿美元到 2000 亿美元，从 2000 亿美元到 3000 亿美元。虽然现在大家都没看到具体文本，但是从《华尔街日报》外媒报道和好多网络版透露的情况，美国完全是强买强卖。第三，文本的平衡性。美方居高临下，让中国承诺这样那样，让中国签城下之盟。对这三方面分歧，中国对文本有些方面做了修改无可厚非，其实这就是磋商。文本修改意见通过中国外交部正式向美国递交，递交之后特朗普总统就愤怒了、发飙了，接受记者采访，发推特指责中国出尔反尔。其实美国出尔反尔好几次了。原来他们对文本很满意，认为我们一定能签署文本，签订不平等协定。特朗普说，协定要由他和习近平主席亲自签，说谈判取得了建设性、实质性的成果，基本上达到了美国的要求。但是我们做了修改，这次特朗普不干了，认为中国出尔反尔，在国际社会上开始大造舆论。所以第 11 轮中国去美国谈判是 5 月 9 日，刘鹤副总理带队到美国。这一次贸易谈判受阻，刘鹤副总理在美国召开了记者招待会，向全世界公布了这三大分歧，潜台词是贸易谈判必须是公平的，必须是互相尊重的，必须对两国都有好处。

在 11 轮贸易谈判之后，国内有几次重要的关于中美经贸关系的讨论会，包括中国人民大学、北京大学、社科院、国经中心等智库，围绕中美问题发声。《人民日报》连续发表 12 篇文章评中美经贸关系，《人民日报》、新华社、《光明日报》、《求是》杂志、《环球时报》等主流媒体就中美问题纷纷撰写重磅文章，强调绝不妥协、绝不退让、绝不放弃中国的原则和底线。中美贸易战整个过贯穿一条主线，什么主线？就是对于中美贸易战，中国不愿打，中国不怕打，必要时不得不打。我们不惹事，需要一个和平发展的世界，需要一个宽松的外部环境，需要起码有几十年的和平发展的时期，保证中国实现最大的目标，就是中华民族伟大复兴的中国梦，实现“两个一百年”的奋斗目标。中国不愿打，是为了换来我们未来的发展空间和发展的外部环境。

中国不怕打，你既然非要打我们也不怕，该反制坚决反制，该谈判敞开大门，做最坏的准备，向最好处努力。必要时不得不打。我退让不行，你认为我软弱可欺，你对我变本加厉、极限施压；我跟你谈判也不行，一边谈判台上握手，一边台下打击，拿出更严苛的惩罚办法。所以，在这种情况下中国不得不打，不得不奉陪到底。

中国政府处理当前中美贸易摩擦，始终坚持着这一条主线，不愿打、不怕打、必要时不得不打，奉陪到底。我认为，如果美国稍微知道点，也不会把矛盾激化到现在这个程度。2017 年 4 月习近平主席访美在海湖庄园与特朗普会晤，就提出了"百日计划"，中国很好地实现了所有承诺，接着又提出了一年计划，双方还没来得及磋商，美国就开始对中国制裁了。所以，从整个过程看，是美国逼得我们不得不打，而且是步步紧逼，把中国作为最主要的竞争对手。美国有以下几个重大的转向：

第一，战略转向。从 2001 年开始，美国战略打击对象主要为对美国安全有最大威胁的恐怖主义，而在 2017 年 12 月，美国国家战略安全报告里第一次提出，对美国最大的安全威胁是中国。原来的安全问题排队是：第一是恐怖主义；第二是"流氓国家"，如伊朗、朝鲜、委内瑞拉等国家；第三是其他大国。这个顺序从 2001 年一直持续到 2017 年，2017 年 12 月之后，美国政府认为安全威胁和战略竞争对象第一是中俄，中国排在第一位；第二是伊朗、朝鲜等"流氓国家"；第三是恐怖主义。所以，美国对中国的贸易战只是开始，整体战略转向是本质。美国已经不把中美关系看作竞合关系，可以合作与竞争，可以斗而不破，可以既合作又遏制，这样持续将近 40 年的关系基本结束。

第二，美国社会舆论转向。2017 年美国社会各界开展了对华政策大讨论，实际上美国社会延续了十几年此类问题的讨论，在 2017 年达到了一个高峰。美国绝大多数精英认为，美国对华政策已经失败，美国自 1979 年与中国建交 40 年以来，希望通过向中国打开市场，促进中国开放，把中国拉入开放的世界体系，使中国成为像美国这样的国家。但是他们发现，虽然中国经济快速发展，但是政治体制、意识形态、党的领导都没变，所以他们觉得把中国拉入这个体系错了，对华政策失败了。而这也确实形成了美国的一种舆论转向，所以美国社会包括共和党、民主党虽然在其他方面有分歧，但是在对华强硬的政策方面没有分歧。从 2017 年到现在，美国先后通过了 5 个涉及中国台湾的规定，除了有一次有两票弃权，其余的是全票通过。在对中兴通讯进行制裁的 2018 年 4 月，特朗普总统发了推特说，我已经命令商务部对中兴通讯要考虑重新处理，因为涉及几十万人的生计。第二天美国国会讨论全票通过对中兴通讯的制裁。所以，这个转向是非常厉害的，就是社会的舆论转向。社会舆论转向对华强硬，大部分精英认为美国几十年的对华政策已经失败。

第三，美国和中国经贸关系发生了转向。中美建交40年以来，中美经贸关系都是中美关系的压舱石、稳定器，现在所有的中美竞争与博弈，主要集中在经贸关系上，贸易战打得如火如荼，科技战接踵而来，人才战已经开始，包括教育、留学生、千人计划，人才战更加激烈，金融战始终没断。所以，原来作为中美关系的压舱石、稳定器的经贸关系转向了，这个转向也是很突出的。

第四，我觉得特别可怕的就是从政府向民间转向。本来美国是一个自由市场经济国家，是一个最讲契约精神的国家，企业完全有自主经营权，可以决定产业链的上下游的关系，可以决定买谁的卖谁的，美国的大学可以独立招生，美国的大学历来强调独立精神。现在呢？这种战略转向开始蔓延到企业、学校甚至一些民间组织。比如说大学，大家看到斯坦福大学等学校停止招收中国学生，我们4月到美国调研旧金山伯克利大学，也感到了冷意，说他们明年也有可能停止。大家看到很多华裔的科学家都受到审查。中国的留学生将来到美国去留学，不可能进入它的核心学科，特别是先进的科学技术，以及具有基础性、创新性的学科。美国战略转向蔓延到了学校，学校独立精神没有了。蔓延到企业，企业按照政府的意愿，对华为断供，谷歌安卓系统没有对任何其他企业在任何其他国家断供，也要对华为断供。芯片断供，华为有备胎，有麒麟芯片，安卓系统断供，华为说我有鸿蒙，但是整个安卓系统谷歌如果不让使用的话，就不仅仅影响一个华为，而会影响到中国的整个产业。所以供应链断裂，关键零部件断供，贸易断流，美国已经没有了市场的原则，没有了自由交易的原则，没有了契约的原则。按照英国《金融时报》马丁·沃尔夫的文章说，美国已经变成一个流氓国家了，哪还有自由、民主、平等、博爱精神？只有商人精神，只有特朗普的交易了。修一道和墨西哥的隔离墙，与国会佩洛西“打架”，打得天翻地覆，国会还是不批准，特朗普就让政府关门，政府关门多少天？35天，开门后还没解决，特朗普还是精明的商人，挺聪明的，他说解决不了，因为美国是国会来审预算，没有纳入预算的就没法去做。所以，特朗普想了一个办法，所有受美国保护的盟国必须支付驻军的所有费用，除此之外要收取50%的利润。交的保护费加50%，这样一下凑了80亿美元，美国修墙终于有钱了，但是完全建好美国与墨西哥的墙也没那么容易。中国长城先后修了上千年，修了2万里，从秦始皇一直修到明代。美国和墨西哥边境3100多公里，要全部隔离起来，是不太容易的。

最近，中国外交部对赴美公民进行提示，国家旅游局、教育部对赴美人员进行警告，我们现在赴美进行学术交流的学者包括智库专家大量被拒签，被取消护照。所以，美国现在向民间蔓延的这种转向是挺可怕的。因为现在中国和美国的人文交流实际上是很紧密的，和美国经济上是“你中有我，我中有你”。中美贸易1979年才25亿美元，到2018年增长了232倍。中国和美国相互投资超过1600亿美元，美国有7万家企业在中国投资经营，中国有几千家企业在美国。到2019年3月，中国拥有美国国债1.12万亿美元，加上美元资产，2017年中国流入美国的资金总额为1.37万亿美元。中美两国金融也是“你中有我，我中有你”。所以，在这样的一个情况下，你非要把供应链切断，把资金链切断，把人文交流切断，非要把两国关系推向冷战，不管是贸易谈判的出尔反尔，还是现在的这种科技战、人才战，进入冷战状态的一系列做法和责任确实在美方。我认为，到现在美国可能快清醒了，虽然特朗普非常执拗，他认为他一定能够赢，从开始就说加征高额关税是最简单、最容易赢的办法，但是他没有想到两大问题。根据中国智库对关税的相关研究课题以及美国的智库研究结果，包括IMF 5月公布的研究报告，美国对中国加征的25%的高额关税，90%以上是美国进口商承担，并转移到了美国的制造商、美国的市场和消费者。特朗普说加征的25%高额关税，美国承担了其中4%，中国承担了21%。美国媒体说这是胡说八道，谎言，确实是谎言。特朗普说，美国已经因为对中国加征的高额关税多了1000多亿美元的收入，美国智库专家和媒体说这是胡说，连100亿美元都不到，连10%都不到。6月10日特朗普和美国一个媒体电话联线的时候说，美国现在对中国的贸易战已经取得了巨大的成功，已经使中国损失了15万亿~20万亿美元。美国媒体反驳，胡说，中国GDP去年总共13.6万亿美元，你怎么能使他们损失15万亿~20万亿美元，剩下的钱从哪来的？

所以，我认为贸易战打到现在，美国基本上是输了。为什么说美国输了呢？从以下五个方面看美国确实已经输了：

第一，美国已经输掉了道义，站到了世界的对立面。为什么说输了道义？因为美国是用国内的法律法规制裁其他国家，包括1974年的贸易法、1962年的贸易扩大法、1930年的关税法等，301条款、232条款等都来自这几部法律法规。美国对其他国家进行制裁，没有通过WTO的仲裁，想制裁谁就制裁谁。全球与美国有贸易顺差关系的102个国家，现在美国已经制裁了其中很多国家，所以它已经输掉了道义。已经把美国的契约精神、民主、自由、平等、博爱的面纱都撕去了。特朗普的身价，在他竞选总统的时候是35亿美元，原来的国务卿蒂勒森是美孚石油公司的董事长，现在的商业部部长、财政部部长都是大资本家，都是身价几十亿美元的资本家，执政团队是资本家阶层。过去像克林顿是律师、里根是演员、奥巴马是律师，他们多少还是建制派，还打着为美国民众服务的旗号，还没有放弃美国所宣称的价值观。但是特朗普什么都不用了，我就是资本家，我就是要交易，我就是要挣钱，保护你你也得给我钱，得给保护费。过去用经济学讲叫提供公共产品，现在叫交保护费，保护费之外再加 50% 利润。所以我觉得美国输掉了道义。

第二，美国输掉了大国的无形资产，出尔反尔，毫无信用，使大国形象被破坏殆尽。美国《华盛顿邮报》追踪特朗普两年多发的 3 万多条推特，发现其中 1 万多条是错误的，是谎言，是前后矛盾的。特朗普发的这些错误推特平均一天 12 条，比美国 50% 的家庭每天上厕所的平均数 10 次还多两次。美国家庭上厕所次数有点多，特朗普谎言也有点多，大国的信用完全没有了，可以随意地说，没有国家执政者的风范。所以美国国会议员助手代表团到中心交流时，我提出了这个问题，作为大国的领袖特朗普是不够格的，靠推特治国，如果推特正确还行，结果推特发出的 1/3 是谎言。美国一位国会议员说，我们起码还有这样的报纸和媒体，专门跟踪和披露执政者的错误。你们中国有吗？我说，可惜中国的领导人都没有发推特，他们说的话都是要对国家、对 14 亿人民负责的。美国大国信用可以说差不多损失殆尽，为获取局部的利益牺牲掉了长期的利益，加速了美国从盛转衰的历史进程。有人评价说，特朗普将结束一个时代，文章没有说是什么时代，我认为，是要结束美国的强盛时代、美国的黄金时代，会使美国走向衰落时代。

第三，美国特朗普政府逐渐输掉了朋友圈，四处出击，全部用交易的思维，使美国成为美利坚合众国有限责任公司。美国有 66 个盟国，如果加上欧盟国家是 88 个。现在美国出牌是没有什么套路的，有人说特朗普很高深，甚至也有人推崇特朗普。但我认为实际上特朗普在国际上出牌是没有套路的，他对盟国也打，对手也打，兄弟也打。2019 年 5 月 30 日以来不到 20 天时间，美国提出制裁的、恫吓的、威胁的已涉及 36 个国家。这引起美国社会很大关注，美国社会说特朗普疯了。美国国会参议院民主党现在成立了一个“关于特朗普疯还是没疯的重大项目评估组”，7 月开始正式对总统进行评估。如果总统疯了的话，真的就不能治理这个国家，现在开始讨论总统是疯还是没疯，这也是有史以来最奇葩的事。所以，现在的美国真的是输掉了朋友圈，输掉了世界上大部分国家和人民对一个大国应该有的起码尊重。

中国改革开放40年，中美关系建交40年，这两个时间是高度重叠的。在某种程度上中国借鉴了美国的市场经济制度、学习了美国先进的科学技术、学习了美国教育和科技等很多方面的经验，美国目前在一些方面仍是先进的，值得我们学习借鉴。但是美国经不起特朗普这样的折腾，美国的大国威信已经受到很大影响，美国对中国各方面的遏制，进一步暴露了美国霸权、霸凌的行径，美国未来的发展也会受到越来越大的影响。

第四，美国已经输掉了这场贸易战，搬起石头砸了自己的脚，美国市场、企业和消费者均受到重创。美国发起贸易战的借口是要解决贸易逆差，但是贸易逆差不但没有解决，而且直线上升。美国2018年实现6220亿美元贸易逆差，其中货物贸易逆差达到8900亿美元，服务贸易顺差达到2500多亿美元，两项相抵贸易逆差总额上升了17%。美国对中国的贸易逆差也并没有减少，美国对中国的贸易逆差上升了12%。美国市场对所有的国家需要的商品这个市场规模没有缩小，仍然需要进口，贸易逆差怎么消除呢？要用美元换你的商品，这些国家得到美元再从美国采购商品，美国是最大的获利者，美国获利还制裁别人。所以，贸易逆差问题不可能解决，今年1—5月美国对全球的贸易逆差仍然是上升的，去年美国的货物贸易逆差达到8900多亿美元。减去美国服务贸易的顺差，美国全口径的贸易逆差是6220亿美元。在这个过程当中，由于美国对中国加征高额关税，正在断掉全球产业链链接，很多企业遇到空前的困难。比如说博通、高通、英特尔等美国生产高端芯片的公司，其中50%、60%、70%的产品都是供给中国企业的，美国禁止向中国企业供应核心零部件，所以美国企业的产业链也断掉了，即使在产业链高端、顶端，没有上下游的产业链的协同，也变不成商品的市场价值。所以，这些企业也在大量裁员，利润大幅度下降，在股票市场下降最多的就是这个板块。我们可以清晰地看到，贸易战真的是两败俱伤，中国确实受到了很大的外部环境挑战，中国出口美国的企业由于贸易战也许会失去美国的市场，进入美国的成本也会加大。但是美国的企业也受到了很大的影响。

鉴于这一点，有一些在中国投资的企业现在选择转移。有的企业转移到墨西哥，但刚刚转移到墨西哥，特朗普就说对墨西哥加税，让墨西哥必须解决移民问题，要不解决移民问题，6月对全部墨西哥输美商品加征5%的关税，7月加征到10%，8月加征到15%，9月加征到20%，10月加征到25%，还是对墨西哥全部的输美商品。特朗普的做法遭到了内部执政团队一些人的反对，包括莱特希泽的反对，莱特希泽是特朗普贸易谈判最得力的助手，他说我费这么大劲刚把美墨加自由贸易区谈下来，现在一句话开始加征高额关税，整个美墨加自贸区协议就会泡汤。所以，我认为特朗普政府对全球的贸易战失败了，而通过这场轰轰烈烈的贸易战，大家看到了美国的霸权、霸道、霸凌的嘴脸。

美国对伊朗进行贸易制裁，要求全球所有国家到2018年11月5日都不能与伊朗进行任何的交易。当时豁免了8个国家，但是豁免的时候给了半年的时间，在这半年中还规定了限额，比如说中国从伊朗进口石油不得超过多少桶，给你限额。美国要求到2019年5月5日所有的国家不得从伊朗进口石油。欧盟主要从伊朗进口石油，欧盟就要绕开美元结算体系，建立独立的结算体系去跟伊朗做生意，才能从伊朗进口石油。中国在伊朗有投资，有油田，可以用人民币结算。印度跟伊朗也有协议，也是伊朗排在中国后面第二位的石油进口大国，印度也不会放弃伊朗市场，和伊朗仍然要保持石油交易。最近，特朗普到日本访问，之后安倍晋三首相去伊朗访问，一方面是劝说伊朗和美国谈判，因为特朗普多次给伊朗打电话，说伊朗领导人你只要给我打一个电话，我马上答应跟你谈判，伊朗就是不给特朗普电话，不跟美国谈判。安倍晋三去做伊朗工作，一边做工作一边说要跟伊朗建立友好关系，今后日本要加大从伊朗进口石油。所以，美国打了半天的贸易战，最后所有的贸易问题还得回归到贸易上。

第五，美国的所作所为输了人心，如果不能改弦易张，事实教训美国人民进行再反思，特朗普连选连任会直接受到影响。本来，美国形成了对华的战略转向、舆论转向，现在美国社会舆论批判特朗普的越来越多。会不会影响特朗普连选连任？2019年6月18日特朗普正式宣布要竞聘下一任总统，有两个方面可能会对他有影响。第一，要看7月民主党组成的关于特朗普总统疯还是没疯的调查怎么样，如果认定总统是疯了，肯定不行。第二，看美国的经济垮还是没垮。我认为特朗普是商人，他制定的经济政策是有利于市场、有利于微观主体的，比如说减所得税，从39%减到21%；减个人所得税，减到10%、15%、30%、35%；减资金回流税，就是企业在国外挣钱回流，纳税减不到10%。特朗普政府还放宽市场准入，在传统能源、药品、金融方面放宽准入，包括废除限制华尔街的著名的《多德—弗兰克法案》，这是奥巴马针对2008年金融危机制定的金融法案，被特朗普一下废掉了。他确实给美国的微观主体带来了机会，在墨西哥修墙确实挡住了墨西哥的移民，确实是给美国腾出了就业岗位，美国很多原来的工人、很多的失业者现在有了就业岗位，美国就业率达到历史上最好水平。

还有一个很重要，美国炒股的国民占家庭数的50%以上，特朗普上台以后的特点是股市只能升不能降，他在联合国讲话的时候说，我当总统以后股市上升了74次。跟中国打贸易战，每次美国出台政策中国进行反制时美国股市就下跌，今年5月10日中国政府进行反制，美国股市当天下跌600点。特朗普现在要求美联储的货币政策必须配合股市，原来按照美联储的计划，美元应该走入一个升值的通道，2015年升了一次，2016年升了一次，2017年升了4次，2018年升了3次，2019年还要继续升，另外，还要进行财政缩表。但是特朗普说我们必须是弱势美元，美元需要贬值，要保证股市只能涨不能跌。但美联储鲍尔森是财政部部长推荐的，是个金融专家，我曾经在中心接待美国彼得森研究所一位金融专家，我问他一个问题，我说中美贸易冲突很激烈，金融会不会出问题。他非常肯定地说，金融不会出问题，因为美联储全部是金融专家，不会照特朗普的意见办，特朗普不懂金融，所以他们不会听特朗普的。第一年是这样，第二年是这样，从去年下半年开始，美联储有点向特朗普妥协，今年开始美联储开始降息，现在引发了全球15个国家跟着降息。在这种情况下，美国4月、5月经济开始下行，美国商品零售的销售额在下降，美国经济景气指数指标现在在下降。IMF、世界银行、OECD包括美联储调整了世界经济政策走势，对全球经济增长的预期，IMF从去年预测3.9%连续下调了4次，现在到3.3%，OECD调到2.9%，世界银行调到3.1%。全部调低了对美国经济增长的预期，美联储预测美国2019年会降到2.1%，2020年会降到1.9%。像索罗斯、巴菲特这些人，干脆现在就是唱衰美国，说美国2020年会崩盘，而且会出现比2008年更为严重的金融危机。所以，决定特朗普能不能竞选总统的第二个因素，就是美国的经济到底行不行。如果美国的经济仍然是保持强劲的，我认为特朗普连任没有问题。因为我们批评美国太自私，美国再次强大，美国第一，美国利益至上，但是美国人民高兴，哪个国家都愿意让自己第一，哪个国家都愿意让自己的利益至上。所以我们要从世界衡量，从美国的霸权主义衡量，中国人肯定不投特朗普的票，但是美国人从自己的收益出发，经济状况好了，充分就业了，美国还能在世界有霸权地位，不干活能收割别人的庄稼，怎么能不愿意呢？

我认为两个情况下特朗普不可能连任，一个是他疯了，另一个是他把经济搞垮了。不是这两种情况，他连任的可能性还是比较大的。对于中美之间的竞争和博弈，我认为要有长期的准备。贸易战只是开端，未来可能更为艰巨更具挑战性的是科技战、人才战、网络战、金融战。当然，军事的战争，除非他疯了才会挑起来，所以美国的国会议员建议现在要控制美国总统，要没收他的核按钮的权力，也有人要取消总统对贸易的裁量权。

中国现在实际上跟美国要比拼的不是说贸易是不是逆差、顺差，而是我们将来的制度设计与供给，我们整个的市场环境，我们人才培养能力、企业的创新能力能不能比美国更好。只有在这些根本的问题上加大改革力度，我们才能比美国有更好的人才培养环境和人才使用环境，比美国有更强劲的微观主体的创造力，我们才能最后取胜。

谢谢各位！

李政：

十分感谢陈总经济师的精彩演讲，将近两个小时，娓娓道来，我们再次用热烈的掌声感谢陈司长。下面请吉林大学党委常委、常务副校长邴正先生致辞。大家欢迎！

邴正：

各位老师、各位同学，今天下午我们用了接近两个小时的时间聆听了陈文玲总经济师为我们做的中美经贸斗争与国际经济格局演化的报告。陈老师的报告恰逢其时，现在中美贸易战成为全国乃至全世界的关注焦点，它今后的发展趋势是师生们普遍关心的，陈老师用清晰的逻辑、翔实的数据、丰富的资料、深刻的分析为我们剖析了中美贸易战的原因、走势，对中美两国相互的影响和今后我们的总体对策。陈老师讲了两个小时，娓娓道来，从容不迫，数据充分、说理透彻，对我们来说上了一堂精彩的课，既是学术课，是政治课，又是实事课。在此，我谨代表吉林大学以及国有经济研究中心对陈老师今天下午的精彩报告表示衷心的感谢！欢迎陈老师经常来吉大为我们答疑解惑、传经送宝。

李政：

非常感谢邴校长，时间关系我们的报告会就到此画上句号。很想谈一点感受，我表达一下我的感受。

第一，今天陈老师的报告具有权威性，陈总经济师多年长时间研究国内外经济形势，研究中美贸易问题 ，发表了大量的文章和报告，做了相关的课题，极具权威性。

第二，分析得很透彻，很深入，就像邴校长说的用了大量的数据和事实，有理有据。

第三，具有指导意义，不仅清晰地分析了中美贸易战的原因、背景和走势，同时也指出了我们面临的问题以及解决问题的方法。

第四，最具有正能量，中美贸易战谁都说不清，今天的报告澄清了很多杂音，让很多鱼龙混杂的理论或者是一些论述变得无足轻重了。陈总经济师对中美贸易战的理解应该说是做出了权威解读，让我们能够真正地把握未来应对的方向以及我们未来学习研究的方向，以及我们作为中国人努力的方向。

国际国内经济格局与中美关系
——在华润集团高管培训班的专题讲座

（2019 年 2 月 23 日）

注：2019 年 2 月 23 日，中国国际经济交流中心总经济师陈文玲应邀在华润集团高管培训班进行专题讲座。深入分析了当前国际国内经济格局的发展与演化趋势，对中国改革开放 40 年的历史新方位、当前中美贸易摩擦、未来中国在历史长周期的五大新红利，做出全视角的解读。讲座采用漫谈的方式，娓娓道来，生动而深刻。

各位学员：大家好！

本次培训班学员都是企业的后起之秀，是华润企业正在成长中的栋梁，未来你们将成为企业的参天大树。因为华润本身就是国内外知名的参天大树。

2001 年，我带队到美国考察美国社会信用体系，曾经赴美国最大的企业评级公司——邓白氏集团调研，它的数据库里有 8000 多万家企业的资料，对这些企业进行信用评估，并把企业的组织结构叫作企业的家族树。

它的树根是什么？树梢是什么？树干是什么？树上结的果子是什么？一个真正的跨国企业，一个大型的企业，一定像一棵参天大树，现在华润集团也像一棵参天大树。所以，今天非常荣幸，也非常高兴受华润集团的邀请，与大家一起讨论大家关心的国际国内的一些大事。你们所关心的问题，华润大学的老师已经发给我了，这让我感受到各位胸怀祖国，放眼世界，家事国事天下事，事事关心。

目前，我们的国家处在一个非常重要的历史十字路口，在这样的时刻，我们需要有一些大的判断，特别是对未来一个长周期大的判断，但不是说经济学家对短期的判断没有用处，也是很有用的。

中国国际经济交流中心于 2009 年成立，聚集了一大批曾经在政府和决策研究部门工作的老领导、老专家，作为中国首家以智库命名的研究机构，取得了很大的成绩。

2014 年开始，中心就开始做“一带一路”的总体构想。2014 年 9 月 28 日，中心提交了相关研究成果，为国家三个部委发布关于《“一带一路”愿景与行动》文件，做了前期战略性研究。我们课题中提出的很多思路、提法、布局建议，被吸收到国家向外发布的公开版《愿景与行动》中。我们最近正在做第二届《国家“一带一路”国际合作高峰论坛》相关报告撰写，目前已经完成白皮书和作为成果清单的中老经济走廊、中缅经济走廊的研究编制任务。

目前，中美之间的斗争和博弈非常激烈，中国国际经济交流中心一直站在最前列，在中美经贸问题专项议题研究上，上海社科院智库评价中心给出的评价中，在全国所有智库里中心是排在第一位的。

另外，在智库发声、发文以及重大的国际活动上，中国国际经济交流中心也发挥了重大作用。2017 年 6 月 14—15 日，中心与美国亚洲协会在美国纽约举办了中美经贸关系论坛。2018 年 3 月，我受外交部委托带领小型专家团到美国去做相关工作。去年下半年中心受中宣部委托，组织专家到访欧洲进行宣介。

从 2010 年开始，我们中心与美国总商会建立了中美“二轨”对话机制，每年两次，现在已经到了第 11 轮。在第 7 轮对话的时候，习近平主席在人民大会堂接见了美方代表，就中美关系发表重要讲话。今天能够就大家关心的一些问题，和大家进行交流，特别是面向华润优秀的、年轻的管理干部，非常高兴。

你们代表着企业的竞争力，企业竞争力的核心是人。如果我们这支队伍能够有宏大的战略意识，我们国家的这些大企业只要具有全球视野和正确的基本竞争战略，中国的企业不管是国有企业还是民营企业都将是战无不胜的。中国走过改革开放 40 年历程，已经取得了非常伟大的成绩。概括起来：

第一，重塑了经济制度。中国从计划经济体制迈向了市场经济体制，使我们的经济制度在全球达到了 WTO 所要求的、与国际大部分市场经济国家接轨的经济制度。如果没有这种经济制度上的对接、规则上的对接，没有这种经济制度的重塑，中国经济快速发展是不可能的，中国经济原发动力和发展冲动也是不可能的。

第二，重塑了微观经济基础。中国经济发展之所以成功，很大程度上是由于我们再造了微观经济基础，也就是说，中国企业作为市场经济的主体，实际上也是中国经济发展的基本动力。说句稍微内部一点的话，就是不管产业政策出了哪些毛病，政府的效率或者政策有了哪些偏差，但是我们有一个基本点，就是微观经济基础和企业主体已经形成一种机制在市场上运行，进行竞争博弈，获得了发展的原动力，成为中国经济持续快速发展的基础。改革开放重塑了中国的微观经济基础，保障了我们的经济动力不减，保持了中国经济持续快速发展。这种运行机制只要不被破坏，中国经济发展是不会走回头路的。

第三，重塑了中国的大国形象。在改革开放之前，我们是穷国，是贫困的国家，85%以上的人口是处在贫困之中，大部分人口是农村人口。当时中国1.7亿人是城市人口，7.3亿人是农村人口，加起来是9亿人。

现在世界76%的脱离贫困的人口，都是来自中国。我们现在城市化率已经达到54%。在城市居住的绝大部分人口解决了社会保障问题，包括医疗保障、大病保障，还有贫困人口的救助，建立了一整套社会保障制度。

到2020年，我们可以告诉全世界，中国14亿人已经脱离了贫困，实现了零贫困。中国获得了快速的发展，GDP年均增长速度达9.5%。虽然说近几年经济增速下降了，最近5年年均增速7.2%，但是经济增长的每一个百分点，所包含的GDP总量大大提高了。我们计算了一下，目前中国经济每增长1个百分点，相当于5年以前增长1.5个百分点，相当于10年以前增长2个百分点。

用2017年的数字和2007年的数字比较，中国2017年GDP增长6.7%，相当于2007年的9.9%。中国2018年经济增速是6.6%，如果和2007年比相当于10%。所以，如果按照我们的经济增量来看，现在每增长1个百分点就接近1300亿美元，6.6个百分点接近9000亿美元。我们现在一年的GDP增量是9000多亿美元，相当于法国、土耳其现在一个国家的经济总量。

在全球所有的大国中，除了印度有的年度排在中国前面，其他的国家，大的经济体都排在中国之后。印度GDP这两年以7%以上速度增长，但基点比较低，到去年全国GDP总量是2.6万亿美元，而中国2018年是13.6万亿美元，美国是20万亿美元。中国现在占美国GDP的总量已超过68%，改革开放初期，仅为美国GDP总量的6%。改革开放使中国大国形象完全改变，以前中国是穷国、是弱国，是经济上不堪一击的国家，城乡差别非常大，是绝对的平均主义，即贫富差别很小，但是穷人很多。过去区域差别也非常大，重工业和轻工业比重也严重失衡。当时重工业已经占到67%，而轻工业即消费品工业才占30%多一点。

所以，中国在改革开放之前是个物资极其匮乏的国家，是个商品极其匮乏的国家，是个财富极其匮乏的国家。那个时候中国的市场供不应求，是短缺经济。你们年轻，没有当时的痛苦记忆，每人一年一丈七尺三寸布票，每户家庭有一个副食本，每个月一斤肉，二斤豆腐。那个时候人们不存在肥胖问题，没有“三高”问题，只有营养不良问题、贫血的问题。现在的病和以前的病完全是两码事，慢性病多了，绝大部分是吃饱撑的，基本上都是营养过剩。现在中国城乡差别在缩小，城市一座比一座漂亮，农村的面貌也在改变。

刚才马总说请我有时间看看华润，我知道华润在各地有很多很好的建筑，华润是做贸易起家的，是中国最大的贸易商，也是最早的贸易商，是中国走向世界的贸易商，代表着国有企业当时的最高水平，也是国家企业的最高水平。

可以说，像华润这样的企业，中国崛起了一大批，出现了一大批杰出的中国企业家，包括民营企业家，成为世界公认的最有水平的企业家群体。改革开放重塑了大国的形象，这是非常了不起的，使全世界对中国刮目相看，使我们曾经学习和追赶的国家把中国作为打击和遏制的对象。

过去像美国、日本、欧盟的一些发达国家，我们是望尘莫及，大家都不敢想我们要有多少年才能追上他们啊！我 1991 年在日本研修百货店管理，乘坐日本新干线，不敢想我们中国多少年才能有这样的新干线！当时确实不敢想。中国现在的高铁四纵四横，到 2035 年八纵八横。高铁运行里程接近 3 万千米，占全球高铁运行里程的 70% 以上。将实现八纵八横，迎来高铁时代，中国的区域布局和人们的出行方式将发生新的变化。现在中国在全世界 102 个国家修建高铁和铁路。

我刚刚从老挝回来，中国将与老挝共同建设中老经济走廊，其中老挝铁路 414 千米，第一期修到老挝万象，这条铁路从国内云南西双版纳勐腊州磨憨出境，然后到老挝万象。下一段的高铁正在规划中，中国政府与泰国政府也达成了修建高铁意向。将来中老铁路和中泰铁路对接，并且在老挝建立换乘站，在泰国建立换乘站，形成中老泰经济走廊和经济发展大动脉。这条经济走廊到泰国后就可以连通泰国湾，直接通江达海，形成中国"一带一路"和中南半岛经济走廊的中部通道，也是泛亚铁路的中线。这条大通道再连接柬埔寨、越南、缅甸等国家，中南半岛的交通网络体系就会形成，泛亚铁路的中段就会打通。

重塑中国大国形象，是从各个方面进行的，包括人的精神面貌。现在中国人也是意气风发的，虽然也有一部分"土豪金"，自我感觉太好了，在全世界喧闹，但是大部分中国人正在慢慢沉淀下来。

第四，重塑了国际经济政治和地缘格局。中国人的悟性极高，坐落在广东韶关的南华寺，是六祖慧能法师修行和圆寂的地方，他对佛教最大的贡献就是《六祖坛经》，其中的一个核心理念就是顿悟。其实中国人的顿悟能力特别强。中国人一旦认识到错了，马上就会转向，这种转向就是一个民族的觉醒。比如在旅游方面存在问题，出国之后太闹，影响了中国人的国际形象，但是一旦认识到问题，人们马上就转向，就改变自己的修为。

在特朗普执政之前很多年美国对中国的战略是什么？是和平演变，是文化渗透，是对中国历史的抹黑，是对英雄的抹黑，是对中国文化的抹黑，是对中国公务员队伍的抹黑。造成了政府和民众的对立，造成很多中国人对自己文化的质疑，造成中国人对国家发展的不自信。但是一旦顿悟，中国人的向心力迅速形成，对中国辉煌文化的骄傲，对中国英雄的尊崇，对政府的公正评价，就开始成为主流。美国等国家对中国国有企业进行攻击与污蔑，但是华为事件发生后，人们恍然大悟，民营企业技术超越了美国照样受打击。我认为中国人一旦认识到了一些东西，会非常迅速地自动纠偏。所以美国一个个有预谋的战略，实际上已经被我们粉碎了。这是中国人民粉碎的，是中国人民通过顿悟和行动，击退了这种文化、经济上的战略性侵略。

中国重塑了大国形象，中国走近世界舞台中央，这是党的十九大报告提出的。中国走近世界舞台中央，主要是靠我国的实力，靠我国经济崛起，靠我国这么多年改革开放发展的持续推进，人民生活水平迅速提高。现在中国是被美国又推了一下，就从“走近”直接到“走进”去了，走进了世界舞台中心。中美两个大国的博弈，现在是世界舞台上最激烈的，也是最好看的一场大剧。

改革开放 40 年，我觉得中国崛起也重塑了世界格局。世界原来的所谓南北关系是以北部发达的经济体为主的发达国家，实际上是西方的国家占主导地位。所谓南就是在整个南半球以贫困国家为主体的，所以就形成了实际上的发展中国家和发达国家的关系，也叫作南北关系。北富南穷，北强南弱。

由于中国的快速崛起，中国成为影响世界经济政治外交格局最大的一个变量，使南北关系发生了非常大的调整。发展中国家在国际上的话语权和国际地位迅速提高。比如说发展中国家中发展最快的是美国摩根大通经济学家所说的金砖五国，当然金砖五国后来也有的出现了一些问题，金砖五国包括中国、印度、俄罗斯、巴西、南非这五个国家，被称作金砖五国，开始是金砖四国，后来加了南非。金砖五国形成了每年的会晤机制，在中国召开了两次，在俄罗斯召开了两次，在印度召开了两次。金砖国家以这五个国家为代表，形成了一个新的机制。

比如建立上合组织时，成员国主要是中国、俄罗斯、中亚、西亚一些国家，2017 年印度、巴基斯坦加入，其他一些发展中国家也在申请加入。

区域性、次区域合作组织发挥着重要作用，比如澜湄合作机制。什么叫澜湄合作机制呢？从中国青海三江源有三条大江顺流而下，一条是长江，6300 千米，这条河在中国境内；一条是黄河，5464 千米；另一条是南北走向的澜沧江。澜沧江从青海三江源发端，一直流到中国云南，出境以后叫湄公河。湄公河浇灌了东南亚的五个国家，被称为东南亚的母亲河。沿澜沧江和湄公河流经的国家形成了一个澜湄合作机制，每年都召开相关会议，很多事情通过澜湄合作机制商量。

全球在国际金融危机之后形成了G20，G20既包括发达国家，也包括发展中国家，特别是包括中国、俄罗斯、印度、南非这些重要的发展中国家。G20会议每年都开，形成了G20常态化机制，讨论一些国际上的重大事情，G20会议在中国也召开了两次。

除此之外，还有一些重要的民间国际论坛。比如说达沃斯论坛，瑞士大学洛桑研究院的施瓦布教授搞了一个指数评价，叫国家竞争力指数评价，每年发表国家竞争力指数报告。在竞争力指数评价中，开始中国排位在后，后来不断上升。多年以后，这个论坛成为很多国家领导人、企业家和专家学者参加的国际会议，成为展示国家竞争力的一个平台。现在的达沃斯会议，夏季的、冬季的搬到中国召开，天津是其中一个永久性的会址。

当然，全球最重要的国际机构仍然发挥着重要作用，包括原来形成的国际组织与国家机制及其规则，联合国及世界银行、WTO组织、IMF这几个重要国际机构，是最重要的全球性多边组织，在这些组织中，中国的话语权和影响力越来越大。

大家知道，从2016年10月1日开始，人民币成为IMF的SDR货币篮子里的主要货币，这个篮子一共有五种货币，纳入这个货币篮子就等于是国际货币，中国人民币占10.92%。随着人民币国际化进程推进，人民币的比重还会进一步加大。中国现在在联合国缴纳费用比重不断提高，发挥的作用也不断增强。

美国现在退出了很多国际组织，已经退出联合国人权组织、联合国教科文组织，退出了联合国193个国家签署的《巴黎协定》，退出了与俄罗斯签署的《中导条约》，退出了在联合国调停下六国签署的《伊核协议》，退出了国际《维也纳外交关系公约》，退出了万国邮联，等等。从国际组织到国际机构，从国际协定到国际共识或者条约。但是，中国在这些组织里的地位越来越高。

2017年5月14日，在中国北京召开了“一带一路”国际合作高峰论坛。在这个会议上，联合国秘书长古特雷斯表示，中国提出的“一带一路”和联合国新千年计划宏观目标一致，都是向全球提供的公共产品。这一次会议有130个国家的1600名代表参加，有29个国家元首参加。2015年中国发出成立亚投行倡议那年参加者57个，现在“一带一路”建设过去5年多了，亚投行成员达到93个，加入“一带一路”建设的国家现在已经达到了122个，国际组织达到了29个。今年将要召开的第二届“一带一路”会议，将是一场盛大的会议。

2018 年 8 月 27 日，在人民大会堂习近平主席主持召开了“一带一路”建设五周年座谈会，且在会上就“一带一路”发表了重要讲话。我非常荣幸地参加了这次会议，新华社发了一个会议照片，照片上有一个穿蓝色与白色条纹上衣的人，坐在习近平主席的斜对面，那就是我。

中国通过改革开放，取得了举世瞩目的成就。对 40 年改革开放总结的文章很多，这里我只是简要谈一下中国站在这样的一个历史起点上，未来会如何？中美两个大国之间的博弈成为影响全球经济的最大变量。其实国外包括经济学家、包括政要、包括企业家，越来越看好中国，越来越欣赏中国的做法，越来越认可中国取得的成就。而且对中国提出的理念、战略和方案，对于中国的经济社会的稳定与前途，越来越有信心，我们所做的这些事情，得到了世界上大多数国家的赞成和拥护。

但是，中国也受到了以美国为首的西方国家的围追堵截，特别是美国。美国开始时对中国是战略疑虑，北大王缉思和美国布鲁金斯学会李侃如两人曾经合作写了一篇文章，论述中美互疑问题。我认为，在特朗普总统上台之前那段时间可以叫战略疑虑，是要研究解决中美之间认识上的误解如何消除的问题。特朗普总统上台之后，加上美国自身的问题，美国从战略疑虑迅速发展到战略焦虑，从战略焦虑发展到神经失常，然后到几乎所有的举动和措施都违背了常理，既违背了国际规则，也违背了作为一个大国起码应该具备的行为准则。

美国不管是战略焦虑也好，还是现在歇斯底里地对中国的遏制打压也好，要是让我个人说，早已经晚了！不是晚了半年，而是晚了 10 年，乃至 20 年。如果 10 年之前美国这样对中国打压，那我们会比较困难；如果 20 年以前，美国阻止中国可能会易如反掌，但是今天绝不可能。

为什么这样说？这里我谈谈中国未来的发展前景。在未来一个历史长周期，我国为什么能战胜美国？我国为什么是不可战胜的？由于自己内部信心不足，自己的底气不足，我国有一些专家或者是有一些老百姓还有一种恐惧感，觉得美国是庞然大物，我们不能惹，我们唯一应该选择的就是让步。

但是他们没有看到，对于美国来说，不是你让步它就能让路的；不是你软弱它就可以怜悯你的；不是你退让它也往后退一步的。并不是“退一步海阔天空”，而是你越退让，它极限施压的力度越大；你越软弱，它就越强硬。为什么说我们处在历史的十字路口呢？就是因为中美这场竞争与博弈，远远不像我们定位中的中美贸易战。贸易战只是发端，是美国以贸易为借口，以消除贸易逆差为借口，发起对中国进行的第一轮打击。而贸易战确实是“醉翁之意不在酒”。我在美国沃顿商学院中国中心举办的峰会上对特朗普政府有一个分析，我把中美的这场博弈分成六个层次。第一个层次是贸易战，就是它的发端；第二个层次是制造业之战，也就是制造业之争；第三个层次是高技术之争；第四个层次是金融之争和军事之争；第五个层次是国运之争；第六个层次是世界前途命运之争。完全不像有些专家所说，中国对美消除了贸易逆差，就能解决中美之间的矛盾。

中美之间的竞争博弈是历史发展到今天的必然产物，是中国已发展到美国不可遏制的情况下，一个现在的经济强国和一个不可遏制、未来会成为经济强国的两个国家之间的较量。从未来一个长周期看，中国一定会超过美国。中国的 GDP 会超过美国，现在即使中国按年均 6% 的增长速度，美国按年均 2% 左右的增长速度，中国 GDP 总量也会在十年左右超过美国。

更为重要的是中国的制造业发展。中国制造业规模已经占全球的 25.5%，美国已经下降到了 15%，而“二战”以后美国曾经占到 50%，中国改革开放初期，美国还占 33%。中国制造业产值在 2010 年超过美国，占到全球制造业产值的 19.8%，美国占到 19.4%。在那个时候，美国并没有像现在这么恐慌，而中国在制造业规模扩大的同时，又推动制造业稳步迈向中高端，出现了像华为、阿里巴巴、腾讯这样的企业，做实体的企业，像华为、中兴通讯，做互联网的企业，像阿里巴巴。

华润也是中国企业的骄傲。华润原来主要的业务是国际贸易，现在是多元化经营，包括酒店、房地产，也包括健康产业等各方面，成为一个综合性的产业集团。中美制造业之争，华润集团并没有参与其中。制造业之争远比国际贸易的博弈更为激烈。去年 4 月美国直击中兴通讯，我们付出的代价是近 20 亿美元，其中罚款 8.93 亿美元，然后还要交抵押金，还要交其他额外的罚款，美国还将派合规员常驻中兴通讯。这等于中兴通讯被美国“殖民”了，美国派人来监督中国的企业。美国对中兴通讯的核心芯片断供，到什么时候？到 2025 年 3 月 13 日。而到 2025 年正好是按照“中国制造 2025”，中国要建成制造业强国这样一个关键时期。所以当时很多人的信心受到了打击，美国在关键技术上对中国企业“一剑封喉”，一个芯片，就可以把一个企业毁于一旦。中兴通讯有 1000 多个主要供应商，产业链上下游有几十万工人。其实，中兴通讯在全世界电气设备供应商中，排在第四位，发明专利在全世界排在第五位。我国企业对全球产业链的上下游难以控制，核心零部件在美国高通、英特尔手里，在没有发生中美贸易战的时候，全球供应链肯定是有分工的，中兴通讯在产业链中具有重要地位。2017 年中国进口芯片总值达到 2600 亿美元，其中从美国进口875亿美元，主要是中兴通讯、华为和一些电子信息产业中的龙头企业进口。

去年华为做出了非常快的反应，立刻就从美国撤出来了，我不进入美国市场，撤离美国市场总可以了吧！但是去年12月美国通过加拿大把华为财务总监孟晚舟逮捕了。我们原来认为美国只针对他们批评的国有企业，现在全世界都看清楚了，不管是中国的国企还是民企，只要你在制造业和高科技上有可能超越美国，或者已经超越美国，它都会不择手段地进行无情和无理的打击。

所以，中美第二个层次、第三个层次的竞争博弈就是制造业之争、高技术之争。接下来还要预防的是金融之争！我昨天看到媒体透露的消息，今天中国代表团将在美国会谈，主要议题是金融议题，我心里非常担忧。为什么呢？美国负责谈判的主谈判手莱特希泽70多岁了，是专门进行贸易谈判的法律专家，是当年美国和日本进行贸易摩擦贸易争端谈判的副代表，那个时候他35岁，逼日本接受了《广场协议》，逼日元升值，直到美日以贸易战为始点，以金融战为结果，美国击败了日本。之后他进行了40多年贸易谈判，是美国四大律师事务所的著名法律专家。特朗普在上台以后，再次起用了这位强硬的谈判者。

我们中心2018年12月3—7日，由中心曾培炎理事长带队，到美国参加“中美工商领袖与前高官对话”，正好是习近平主席和特朗普总统达成阿根廷元首共识的第二天，中心与美国总商会进行“二轨”对话期间，曾培炎理事长会见了基辛格和布隆伯格，还有布鲁金斯学会的约翰·桑顿。

12月4日双方代表对话结束以后，在晚宴上，美国总商会邀请了特朗普女婿库什纳到会，进行了一个多小时的对话。美国总商会会长亲自主持对话，总商会会长提问，库什纳回答。我记得当时库什纳说，美国和中国的贸易谈判正在两国元首共识指引下紧张地进行，美国团队低调而高效地开展工作。我们对任何事情对外不做解释，我们的团队规模很小，莱特希泽是主谈判手，总统对莱特希泽非常信任，充分授权，莱特希泽具有40多年的谈判经验，是一个具有很高水平的谈判高手。库什纳还说，实际上美国现在更喜欢的是双边谈判。

现在世界上的国际组织都是多边的，但是美国现在采用的做法基本上是单边的，就是一个国家一个国家地进行谈判。比如说美国主导北美自由贸易区重新谈判，先跟墨西哥谈判，当然包括极限施压，与墨西哥双边谈判成功之后，美国再跟加拿大谈判。加拿大一看美国和墨西哥谈判已经成功了，因此也就让步了。在这样的一个对美国有利的条件下，一个原来叫美加墨自由贸易区的多边区域组织，现在改叫美墨加自由贸易区。库什纳说，其实有些情况并不像外界所说的那样，墨西哥的外长已经到美国来了一百多次了，我们开玩笑说，他应该到白宫来上班了。

大家可以看到，美国现在要构建的是一个什么体系？是要构建一个美国利益至上的新的国际经济合作的体系和体制机制，哪怕是甩开联合国，哪怕是甩开 WTO，哪怕是甩开 IMF 这些原来由美国主导建立的国际机构。“二战”以后主导建立的三大国际机构，现在实际上都不在话下，也不在美国的眼中。美国对中国采取的贸易制裁，对其他国家采取的贸易制裁，现在使用的都是美国的国内规则和国内法律。比如说美国 20 世纪对日本的“301 调查”报告，和现在对中国的“301 调查”报告的情形几乎一模一样。那个时候，日本的电子产业、汽车产业远超过了美国，日本对美国贸易也是严重出超，和我们现在局势差不多，美国与日本进行贸易谈判，莱特希泽是贸易谈判副代表。谈判的结果除了贸易问题得以解决，最后还进入了金融领域，美国把其他 4 个国家拉进来，5 个国家联合签署了《广场协议》，逼日元大幅度升值，导致日本经济一蹶不振。美国彻底把日本降伏，使日本在经济上多少年翻不过身来。现在美国与中国进行贸易谈判的主谈判手仍然是莱特希泽。还有一个参与谈判的就是纳瓦罗，纳瓦罗是美国总统助理、美国贸易办公室的主任。他原来是一个大学的三流学者，因为写了三本抨击中国的书，深得特朗普的信赖，就把他吸收到特朗普的执政团队，也就是美国开展贸易战“三驾马车”中的贸易办公室主任。纳瓦罗写了三本书，书的题目是《即将到来的中国战争》《被中国杀死》《卧虎：中国军国主义对世界意味着什么》，纳瓦罗被称为“鹰派中的鹰派”。

中美贸易谈判已经第七轮了。2018 年 3 月 22 日，特朗普政府宣布对中国出口美国的 600 亿美元商品加征高额关税。4 月 4 日，美国贸易代表办公室公布建议对中国 500 亿美元商品加征关税清单，涵盖约 1300 项商品，目标直指“中国制造 2025”。中国国务院关税税则委员会当日决定，对美国出口中国的 14 类 106 项商品加征 25% 的关税。4 月 6 日，特朗普责成美国贸易谈判代表办公室依据“301 调查”报告，对中国出口美国的 1000 亿美元商品加征高额关税。中国表示绝不会让步，做好了应对美国采取升级行动的准备。4 月 16 日，美国发布对中兴通讯的制裁。

第一轮贸易谈判，5 月 3 日，美国总统特使、财政部部长姆努钦率美方代表团到中国进行贸易谈判。

第二轮贸易谈判，5 月 16—17 日，刘鹤副总理率中方代表团赴美进行谈判，并发表联合声明，双方表示不打贸易战，并停止相互加征关税。6 月 15 日美国仍旧对 1102 种商品加征 25% 的关税，中方当天声明，双方谈判达成的所有经贸成果将不会生效。

第三轮贸易谈判，6 月 2 日，美国商务部部长罗斯带队到中国进行贸易谈判，谈判没有取得实质性成果。6 月 15 日，美国决定仍然对 500 亿美元商品征收高额关税。中国同日决定对美国 659 项 500 亿美元商品加征高额关税。7 月 11 日，美国政府决定对中国出口美国的 2000 亿美元商品加征 10% 关税。8 月 2 日，美国贸易代表声明，拟对 2000 亿美元商品加征 10% 关税。8 月 22 日，中国商务部副部长兼贸易谈判副代表王受文率中方代表团赴美进行副部长级磋商。9 月 18 日，美国宣布对中国出口美国的 2000 亿美元商品加征 10% 关税，并于 2019 年 1 月 1 日上调至 25%。2018 年 12 月 2 日，在阿根廷 G20 峰会期间中美两国元首达成共识，暂时停止加征新的关税，为后续贸易磋商营造条件。

第四轮贸易谈判，2019 年 1 月 7 日，美国贸易代表团赴中国商务部进行副部级经贸磋商。

1 月 30 日，为落实两国元首 2018 年 12 月 1 日在阿根廷形成的共识，应美国政府邀请，刘鹤副总理率中国贸易谈判团队到美国进行第五轮谈判。在这之前美国态度已经有过几次反复了。

第六轮贸易谈判，2019 年 2 月 14—15 日，莱特希泽、姆努钦又带队到中国进行贸易谈判，习近平主席会见了美国谈判代表。

第七轮中美经贸高级别磋商，2019 年 2 月 25—26 日，刘鹤副总理带队再次赴美进行贸易磋商，取得实质性进展，美国将延后原定于 3 月 1 日对中国产品加征关税的措施。中美第七轮贸易谈判内容没有公开，但是我想有几个基本的判断。

第一，双方经过谈判会达成一项协议。因为习近平主席和特朗普总统在阿根廷布宜诺斯艾利斯就中美关系达成了若干共识。两国元首都要求本国工作团队落实两国元首共识，元首共识就是要维护中美关系正常发展。

第二，这次谈判美国的态度比中国的态度要更主动。美方到中方和中方到美方基本是对等的，主要是基于近两年的贸易战，美国在伤害别人的同时，也使自己的经济受到了重创。从 2018 年 10 月开始，美国股市大跌，美国股市连续一周跌掉了 2600 点。美国股市去年 10 月以后可以称为股灾，而美国国民 60% 以上是股民，30% ~50% 的家庭财富来自股市的收入。

为什么特朗普能这么胡作非为？《华盛顿邮报》披露，特朗普总统任职后，到 2018 年 9 月，在其发的推特中有 4229 条都是错误的，或者是前后矛盾的，根本经不起推敲。这样一个总统，为什么他的民意在上升？实际上对华强硬是一个重要原因。美国社会很多人认为他是在给美国争取利益，是一个把美国利益放在第一位的，一个拚了老命为美国效力的总统，自然受到不少美国人的支持。特朗普当选总统时有 35 亿美元的资产，他做总统是做赔了，现在评估他的资产贬值十亿美元。但如果他不做总统了，是不是家庭资产又会升值？目前还不知道。

特朗普的执政理念，我认为既没有全球视野，也没有全局观念，更没有考虑别国利益，把美国利益放在第一位，受到美国人认可。在美国的价值观中，美国利益至上深入人心，美国作为一个经济强国长期形成了冷战思维、霸权思维和零和思维，这是占统治地位的思维方式，特别是在处理国际关系上。

美国至上，美国第一，让美国再次伟大，不是特朗普独有的思想，奥巴马时期也是如此。美国奥巴马总统在西点军校最后一次演讲时说，美国至少还要领导世界 100 年，尽管他很快就要下台了，他还要美国领导世界 100 年，而且他说，制定国际规则，绝不能让像中国那样的国家说了算。特朗普和奥巴马只不过表现的方法和人的个性不同，但是他们的战略思维是一样的。即使是希拉里或者什么人上来以后，战略思维也是一样的。希拉里在给奥巴马当国务卿的时候，提出重返亚太战略，提出建设新丝绸之路，目标都是要遏制中国。

所以，我认为中美这场贸易战看起来是贸易之争，但实际上是国运之争。因为我们要发展，因为党的十九大报告提出了中国要在 2035 年基本实现现代化，到 2050 年建成社会主义现代化强国，提出了具体实现路径。

美国总统原来的军师班农在日本发表讲话说，美国人应该认真地读习近平总书记所做的十九大报告，习近平总书记的十九大报告 32440 字，他看了七八遍，中国未来的整体战略、中国的野心全都在所做的报告中。他批评美国人学习得不好，美国人没怎么看习近平总书记的报告。我感觉特朗普总统也可能没有看，去年我到美国调研，听美国智库专家说特朗普实际上不读书、不看文件，他在候任总统的时候，对奥巴马签署的所有文件几乎都没看，只废不看。每签署一个行政命令，同时废除奥巴马已经签署的 22 项行政令。他一上台，就把奥巴马时期任命的 480 名外交官全免了，到现在为止美国在一些国家还没有大使。澳大利亚是美国的盟国，大使空了一年多，后来把太平洋总司令哈里斯调到澳大利亚当大使，没过几个月又撤回到美国，现在大使还没有到位。特朗普政府的 24 个内阁成员，目前有 6 个是临时的，特朗普说我特别喜欢用临时的人员。特朗普想换的人太多了，他现在最想换的是美联储主席鲍威尔。特朗普主张弱势美元，需要美元贬值，使制造业振兴和提高出口商品竞争力。而美联储是一个独立于政府的金融机构，在耶伦时期美联储就认为，美国经济已经复苏，就业强劲，宏观目标特别是通胀指数达到了预期的目标 2%，失业率已经在 4% 以下。美联储认为应该缩表，减少美国负债，与此同时美元应该升息。因此，美元 2015 年 12 月升息 1 次，2016 年 12 月升息 1 次，2017 年升息 3 次，2018 年升息 4 次。美国股市去年 10 月开始下降，特朗普真的急了，连续 14 次发推特怒怼鲍威尔。特朗普在世界经济论坛上说，他是美国历届总统中成绩最大的总统。他连建国时候的华盛顿都算上了，所以底下一片哗然，大家哄堂大笑。他说，没想到你们反应会是这样！

美国有一个油画家，拍特朗普马屁画了一幅油画，把历任共和党的总统都放到一张画里，让美国历届总统同框。特朗普坐在中间，穿着白色衬衣，打着红色领带，创造最伟大总统的形象。最近，日本安倍晋三首相建议特朗普获诺贝尔和平奖，他说奥巴马能，为什么特朗普不能呢？为朝鲜半岛做这么大贡献。本来提出这种议题是不能公开姓名的，但是被特朗普给卖了，特朗普称赞安倍晋三写了 5 页纸推荐自己获得诺贝尔和平奖，这很好！

我感觉，美国总统现在是世界上的一个西洋景，给大家带来很多欢乐以及思考，使人大开眼界。以前美国从来没有这样一个总统，贸易谈判代表莱特希泽也是这样一个人，说话带脏字，骂骂咧咧，很强硬很伤人。他在里根时期是贸易谈判副代表。这个人也很富有，他的家和特朗普的家都在纽约曼哈顿第五大道上，两个人的家有 10 分钟的距离。甚至他们俩的爱好都一样，都喜爱黄金的颜色。特朗普家庭的装修，全部都是金色的，他用的餐具也是金黄色的。总统办公室的窗帘在奥巴马任总统时是酱紫色，特朗普任总统后全部换成了金黄色的，地毯也换成了金色的，他是真正的美国“土豪金”。

莱特希泽跟他的爱好一样，也属于鹰派、强硬派，谈判中绝对的强硬派。他当年与日本贸易谈判的时候，事先把谈判中对日本的诉求和对日本提出的要求叠在了一个纸飞机里，两方坐在谈判桌前，他突然拿出一个纸飞机，唰地一下子就扔到对面了，把日本人的思路打乱了，把谈判阵营也打乱了。他告诉日本人，我的想法全在飞机里边。日本人打开飞机开始回答问题，而他则开始看其他东西，显得漫不经心。

所以，这个人也跟特朗普一样，都是不按常理出牌的。美国总统安全顾问博尔顿胡子是白的，眉毛也是白的，但是说出话来很疯狂。华为和中东欧国家进行合作，包括 5G 进入捷克斯洛伐克、波兰、匈牙利这三个国家，中东欧这三个国家与中国企业合作关美国什么事儿？博尔顿到中东欧去煽风点火，告诉这三个国家，你们不能用华为设备，华为设备有安全隐患。

当时波兰政府外长很不高兴，说你好像没有权力在我们国家发号施令，当场就与博尔顿闹翻了，但是捷克斯洛伐克、匈牙利跟得比较紧。以美国为首的五眼联盟国家，另外包括英国、法国、澳大利亚、新西兰，这五个国家原来经济情报、军事情报互通分享，等于是盟国中的盟国。现在英国已明确地在国际社会表态，华为的设备是安全的，英国考虑使用华为设备。新西兰也已经反抗，澳大利亚也反抗了，它们都在考虑使用华为设备。五眼国家除了加拿大还没有表态，除了日本还在紧跟美国，其他所有国家现在基本上都表态，他们可以考虑使用华为设备。

上个月华为任正非接受采访，华为已经在 30 个国家建设了 3 万个基站。我认为，华为今后发展的速度会更快。特别有意思的是，昨天特朗普发推特，也体现了他的特点，他说，美国企业也要加快发展，不能靠控制别人进入。我们需要的是美国企业加快发展，特别是先进技术，不能靠控制先进技术进入。所以，我想以美国为首的五眼联盟对华为的包抄，基本上已经被打破了。

对于现在中美之间的博弈，如果中国没有这种硬实力，那么美国对华为就会像对中兴通讯一样。对待华为，现在是“青山遮不住，毕竟东流去”。因为华为有核心技术，它的核心技术成本低，世界上其他企业短期内综合优势没法跟华为比，而且华为的设备是安全的，华为发展的势头不可阻挡，华为最后的结局和中兴通讯将是完全不同的。

美国下一步又想对阿里进行打压，我认为下一步他们的目标将针对中国的互联网企业。最近美国准备对在美国上市的中资企业进行严格审查，目标肯定会瞄准中国的阿里。马云是一个非常聪明的人，从去年就宣布退休了，我不跟你打了，我退休了，但退休他也没闲着，在干更大的事情。现在阿里是多元化的高科技企业，在美国上市的只是其中一小部分。现在最核心的业务是什么？是下一代信息技术，是高科技。中心去年接受中宣部任务，进行改革开放 40 年相关企业的经验总结，我带队负责去做阿里巴巴和福耀玻璃的总结。调研中我感觉非常震撼，阿里现在的淘宝、天猫这个板块基本上是不赚钱的，赚钱的部分是蚂蚁金服。蚂蚁金服在国内发展迅速，在国际上现在与英国最大的运营商已经签署协议，要在全球搞移动支付和金融服务。蚂蚁金服就没有包括在阿里美国上市的板块中，还有像菜鸟物流、盒马鲜生、平头哥，发展得都不错。阿里云的规模和功能强大，成为国家的云系统之一，国家现在一共五朵云，阿里云是其中一朵。我们与阿里的高管座谈，我问企业设备是否会出现中兴通讯现象，美国断供将使云系统受到重创。阿里的领导讲，他们的所有技术都是自主可控的。阿里系企业所有板块使用的名称大都是动物，除了阿里巴巴用的芝麻开门概念外，其余所派生出来的机构全都是动物。蚂蚁金服，积少成多，像蚂蚁一样，但是集中起来不得了。菜鸟物流、盒马鲜生，菜鸟、河马用的也是动物名称。现在在做平头哥，平头哥也是动物。唯一不是动物的是什么呢？是新成立的达摩院。达摩是中国大乘佛教禅宗的始祖，是印度人，在中国南梁王时期到中国来传教布道。释迦牟尼创立了佛教之后，印度好多高僧到全世界特别是东南亚地区布道，到中国来的就是达摩。达摩来到中国与南梁王见面之后，说了很多佛教的道理，南梁王听不大懂，就说达摩是假的，就把他轰出去了。后来达摩在少林寺、在定林寺、在天台山的国清寺都待过，一直在中国传教布道，成为中国佛教禅宗的始祖。广东韶关南华寺那里有六祖慧能法师的真身。佛教禅宗现在已经到了 40 多代。

马云要吸引全世界最顶级的科学家到中国来，成立了达摩院。我去年 8 月去阿里调研的时候，达摩院 70 多人，今年 1 月阿里召开年会的时候，已经发展到了 500 多人。一些世界顶尖级的科学家，很多是来自美国的华裔。中美高技术之争是很激烈的，美国对很多科学家都在进行严格审查，进行控制打压。

美国现在调整了对中国留学生的政策，凡是重要的高技术领域的学科，都不允许中国学生在美国留学时选修。所以高技术之争，不仅必须现在应对，而且必须面向未来。当然，中国发展的势头不可阻挡，中国互联网应用在全世界最领先，美国的互联网在基础研究和技术方面领先。美国的下一代信息技术的基础性研究与核心零部件在全世界最领先。我们与美国差距还很大，但是正在奋起直追，加强国家创新体系建设。

原来中国有六个国家实验室，国务院做出新的部署，未来要增加国家实验室，形成国家实验室系统，形成强大的国家创新系统。有很大的可能未来在一些共性技术、颠覆性技术、前沿技术和关键技术上取得突破，这些技术建立在原创研究的基础上，要求把国家创新体系和企业创新体系结合起来，共同攻关突破瓶颈性难题。

所谓中国的举国体制，不仅是指国家，也包括企业，包括科学家，包括企业吸引来的世界顶尖级人才。美国现在一方面说中国是举国体制，拼命打压华为，另一方面自己也开始搞举国体制了。奥巴马搞了很多举国体制要干的事情，包括重振美国先进制造业计划、先进制造业振兴计划、工业互联网计划、振兴装备制造业计划等。特朗普原来不搞，攻击中国是举国体制，现在一看抵挡不住，终于开始学习中国，在这个月也发布了一个举国体制的文件，美国到 2030 年的 AI 技术发展计划，就是美国国家计划。最近，德国制定了先进制造业2030。日本政府发布先进制造业白皮书，连续发了17年，这是一个引导性的政府文件，在美国商务部网站上可以查到。

我认为，在全球性大国竞争中，中国实际上站在世界舞台中央了。总体看，中国是被推上去的。一方面是我们越走越近，党的十九大报告用的话是“走近世界舞台中央”，而现在应该用“走进”了，因为中国被美国狠狠地推了一下，推进世界舞台中央了。

中美这场博弈，为什么我们会赢？除了我刚才说的这几条之外，我认为中美之间的经济联系是剪不断、理还乱。世界经济形态发生了很大变化，真的是剪不断理还乱，如果真的脱钩，后边带来的连锁反应和繁杂的问题，是根本理不清的。比如美国现在打击了中兴通讯，打击了华为，但是它的高端芯片，按照2017年统计，当年中国从美国进口了875亿美元的芯片。比如说中国也对从美国进口的500亿美元商品加征25%关税，从美国进口大豆2018年降了一半以上，美国很多豆农破产，3.5万个种大豆的农民，加上卖大豆的和技术服务人员，一共涉及11万人，这11万人分布在美国7个州，原来都是特朗普的铁粉。而现在铁粉都变粉条了，快成了反对他的阵营。去年美国政府拿120亿美元补贴这些农民，但是你能补贴当年，补贴不了长远，失去了中国最大的市场，如何靠补贴解决？美国出口到中国的大豆，占美国生产大豆总量的62%，占中国进口大豆的34%。如果说农产品的市场问题不解决，它将失去最大市场，这才是美国农民最担心的。

中国很多老百姓并不了解这些情况，认为恢复大豆进口就是谈判让步了，美国要求恢复农产品特别是大豆进口，如果谈判签约，我推测会答应一部分恢复。但是，你想想，我们从美国进口农产品，前几年进口3000多万吨，再以前是进口6000多万吨，后来加大了从新西兰的进口，新西兰成为中国最大的大豆进口基地。中美还没有打贸易战的2017年，中国总共进口大豆9500万吨，从美国进口占34%，占美国出口大豆的62%，一打贸易战，它最大的市场一下就没有了。不仅大豆受到重创，牛肉、猪肉特别是猪下水都受到重大影响。猪下水在美国以前是废料，后来出口到中国都是赚钱的。中国人喜欢吃猪蹄和猪下水，每年从美国进口很多，中美贸易战后我国也不进口了。所以，现在美国与我国谈判，中国如果答应恢复对农产品的进口，即使是进口500万吨或者1000万吨，和以前的3000万吨还差很多。

2017年4月，习近平主席和特朗普总统海湖庄园会晤的时候，曾经制定了“百日计划”，我国承诺要从美国增加能源、农产品和牛肉等商品进口。2017年中国从美国进口能源增加了8倍，2018年中国从美国进口能源占美国出口能源的15%，但是到2018年10月，中国自美国进口能源降为零。美国现在石油、天然气日产量为1100万桶，已经超过了沙特阿拉伯和俄罗斯，成为全世界日产石油最大的国家。美国在2025年有可能成为世界上最大的能源出口国，而能源的最大市场在哪里？在亚洲，中国排第一，印度排第二，日本、韩国也是纯进口国家。

还有美国的高技术产品出口，对中国是长期实行封锁的。如果美国高技术产品放开的话，那么中国和美国不是贸易逆差的问题，很有可能中国成为逆差国。我们中心和彼得森研究所曾经分别研究过中美FTA问题，如果中美启动FTA谈判，达成FTA会是什么样一个情况？量化研究的结果是相同的，彼得森的结论是，如果中美两国达成FTA，会增加5000亿美元的贸易额，会增加480万个就业岗位。

为什么中美之间如果能达成贸易协议会有这么大的收益呢？如果达成贸易协议，就将是无障碍通关，就是大部分商品零关税。在这样的情况下，对美国生产的商品，中国的需求量会更大，包括它的高技术产品，包括能源，美国能源价格目前还是全世界最低的。本来特朗普2017年11月到中国来签订了一个2553亿美元的大单，这个大单中其实有1000多亿美元是投资美国修建石油管道的，这个管道一直修到阿拉斯加，然后从阿拉斯加将石油装船运到中国，到岸价比我们从其他国家进口还便宜。美国在石油、天然气革命之后，迅速成为石油第一生产大国。

中国对美国的市场，对美国生产的产品，包括它的高技术产品，包括它的农产品，都会有很大的需求。所以，研究的结论是会增加5000亿美元贸易额，相当于中美积累了40多年才形成的贸易规模，还会给美国增加480万个就业岗位。在特朗普上台之前，2017年11月14—15日，中美6家智库在国经中心对话的时候，我当时谈了这个观点。我说，如果美国转变思路的话，贸易逆差就不是问题，很可能的结果是中国产生逆差，美国产生顺差，关键在于思路，关键在于你采用什么样的办法，贸易战肯定不是一个解决问题的办法。

再有一个很重要的方面，中美两个国家的合作已经远远超过了双边价值和双边意义，它的正向溢出价值是非常高的，它的影响也是全球性的。中美两个国家不仅经济联系紧密，而且这两个国家的体量也非常大，一个是发达国家的老大，一个是发展中国家的老大，这两个国家经济要素加起来，人口占全球的25%，GDP总量占全球的40%，制造业产值占全球的40%，在国际货币基金组织SDR篮子里边占52%，贸易占全球的25%。因此，举目世界最有合作价值的是中美之间的合作，如果中美两个国家能够形成一个良性合作关系、互利共赢的关系，不仅能带动全球经济的复苏，带动长期的稳定发展，而且能给两个国家带来巨大的利益。所以，特朗普傻不傻？特朗普团队傻不傻？只知道打，不知道合作的收益大于对抗。

我认为，中国人是有5000年历史文化的民族，既懂得韬光养晦，也懂得不战而屈人之兵，这让特朗普理解起来是比较困难的。美国有一个三流的学者白邦瑞，也到中国来参加过会议，他的中文特别好，他写了一本书，名字叫《百年马拉松》，他说中国人太狡猾了，中国人学《孙子兵法》学得特别好，中国人是明修栈道，暗度陈仓，别看中国韬光养晦，实际上早就按《孙子兵法》的三十六计，与美国展开一场马拉松竞赛了，他一条一条地分析了中国的这些计谋。

这两年我在与美国智库对话的时候，在一些会议发言中都讲，其实特朗普也好，彭斯也好，班农也好，白邦瑞也好，这些人对中国的了解只是皮毛。美国是个只有200多年历史的国家，中国是有5000多年文明历史的国家，即使是春秋战国时期，孙子的兵家，也只是诸子百家中的一家。而中国占主导思想的，形成中国文化渊源的是儒、释、道、医、易，博大精深，美国人根本不可能了解任何一个流派的全部，只把三十六计拿出来诠释不了中国。

其实，中国不是靠三十六计活着的，三十六计是军事计谋，而那个时候是冷兵器时代，现在是核武器时代、导弹时代，三十六计的好多计谋根本用不上了。所以，美国对中国的理解很浅薄，中国的文明和文化是不可战胜的。习近平主席讲中华文明是古代五大文明唯一能走到今天并与现代文明连接的文明，中华文明是历史长河中唯一没有干涸、没有断流的文明。

未来中国会怎么样？对未来为什么我们要有信心？面向未来，为什么我们要有更大的担当？2018年12月27日，我在中国经济大讲堂有一个专题讲座，主要讲了全球经济格局的演化。那次在演讲现场我讲了三个小时，电视台删成了45分钟，删去了一些讲得比较深入的东西，但也基本表达了我的观点，电视台几位制作者非常敬业，大家如果感兴趣可以在网上找到我在经济大讲堂的演讲。对未来中国，我概括一下自己的认识。

中国会延长四个周期：第一个周期，习近平总书记2018年在改革开放40年讲话中提出，“中国会延长战略机遇期，而且我们还会创造新的战略机遇期，中国的战略机遇期并没有结束。”战略机遇期提法是在党的十六大中提出来的，党的十六大报告指出，从现在起到未来20年，中国处在一个重要的历史机遇期，这20年也就是到明年的2020年。这个战略机遇期是否结束了，是不是还有新的战略机遇期？我认为，中国的战略机遇期不仅还在，而且会延长。因为党的十六大的时候，中国的经济体量、中国的国际影响力、中国在全球的战略布局和调整，和今天都不能同日而语。中国的发展就是一个连续的过程。

第二个周期，中国经济发展的周期会延长。中国经济经过了40多年高速和中高速发展，改革开放40年，中国以年均9.5%的增速增长，近5年GDP增速放缓，2018年是6.7%，2017年是6.9%，2016年是6.8%，2015年是7.0%，明年GDP的指标，即2019年GDP增长6%左右应该是没有问题的。到2020年“十三五”结束，“十四五”开始，国家确定的“十四五”规划目标是多少呢？6%左右是可以实现的。如果有个增长幅度区间的话，也可能会增长5%~6%或者是5.5%~6%，但仍然是中高速。有一点可以确定，未来10年，中国经济增速肯定会在5%以上，而且还会持续10年，因为中国经济体量大了。

中国这次经济发展的周期是多少年呢？至少是延续了半个世纪，50年，现在已经过去40年了。预测未来10年，我认为这个长周期是可以成立的，中国经济发展的周期还会延长。如果中国发生了颠覆性技术革命，整个创新体系和创新驱动动能获得突破性进展，把目前还落后于美国、欧盟等国家地区的共性技术、基础性技术和前沿技术的短板补上来，如果绝大部分能够赶上的话，中国不仅会经济增长，而且还会更快，会实现高质量发展。现在中美贸易战把中国人打醒了，使中国人顿悟了：原来中国经济体量大，但是整体上的创新能力还不强，我们还要奋起直追。制造业虽然形成了完整的体系，但是核心零部件、关键零部件和核心技术，在很多方面还处于劣势，需要奋起直追。中国是善于学习的民族，可以把这些东西拿过来，很快地变成中国国家战略，变成企业战略，中国很快就会超越。

我给大家举个例子，中国从1996年才引进国外的商业模式，比如说沃尔玛、家乐福，1996年才进入中国市场，第一家落户在深圳，第二家落户在上海。现在这些所有的商业业态中国都有，1996年到现在没多少年，所有的业态中国都有，而且他们没有创造出来的业态，比如说移动支付在中国渗透率已经超过80%。所以世界上很多国家的人到中国来都感觉震撼，一些国家还组团到深圳学习创新，到杭州学习创新，他们觉得中国真的不可思议，中国台湾的教授在电视台上讲，奉劝台湾人你们睁眼看看大陆发展吧。

我是阿里研究院聘请的两届学术委员会委员，有时候参加一些重大问题讨论。2016年、2017年阿里召开新经济论坛，我都应邀发言。我制作发言的PPT，曾经在PPT中插用了一个短视频，是法国的一个小伙子在法国大街上录的一段视频，那个法国小伙子在中国生活了8年，会说中文，他说我现在到了法国，就像到了乡下，这里太不方便了，我想给朋友发红包，我不知道用什么方式，我想跟朋友交流，也不知道用什么方式，我想发微信，也没有 Wi - Fi，法国太落后了，法国就像一个大农村。他大声疾呼说马化腾叔叔，你快到我们这来投资吧！如果谁认识马化腾叔叔，请把我这个视频转给他。我在 PPT 中就用了这个视频，后来阿里一看说不行，因为你宣传的是腾讯，所以把那段给掐去了，我开玩笑说，我也不能让法国小伙子改成说马云叔叔啊。

我认为，中国经济发展的周期还会延长，要能够拉长到 50 年，就是半个世纪，这在全世界绝无仅有。而且中国是一个 14 亿人的国家，让人民能过上幸福安康的生活，同时能够保持经济的快速发展，动力不减，这确实是奇迹。实际上，我们的企业家是很伟大的，我们的人民是很伟大的，在中国共产党的领导下，中国沿着改革开放的方向从来没有偏离过，当出现一些偏离的时候，就会马上纠偏或止损。中国沿着改革开放这条正确的道路，继续推进。

其实我在这里还特别想说，中国公务员队伍也是伟大的。中国政府公务员“5 +2”“白 + 黑”地工作，我现在在智库工作，以前一直在国务院研究室工作，深知政府公务员的工作状态。最近，我到缅甸、老挝调研，与国家有关部门公务员一起做相关工作，他们白天外事活动，晚上加班加点修改材料。可以说，中国如果没有这支公务员队伍，国外的先进经验、先进做法，怎么能转变成国家战略、国家规划和政策文本呢？我连续 9 年参加政府工作报告和中央经济工作会议相关讲话起草，当然肯定要表现出领导同志自己的思想，领导同志也会反复审改并多方面征求意见。

当然也有人说，现在有的地方是材料出政绩，但也不完全是。像国家一些重大规划，科技从 2005 年到 2020 年 15 年的长周期规划，之后又是未来 15 年的科技规划，这些规划都起到重要引导作用。每年一度的中央经济工作会议总结当年的经济工作，提出第二年经济工作思路，每年一度的政府工作报告，这些都是全国工作的指引。

还有企业高效的运行机制，中国成长出一大批成熟的企业家，都是这几十年在市场经济中拼杀出来的。我认为国有企业也很了不起。在朱镕基任总理的时候，我在国务院研究室工作，朱镕基总理对国有企业提出的政策是什么呢？是国有企业改革脱困。当时国有企业大面积亏损，哪有世界 500 强？2/3 处于亏损状态。现在世界 500 强中，最近几年也进去了一批民营企业，但是最早进入世界 500 强的是中石化，是中国的国有企业。银行进入 500 强的有中国工商银行、中国建设银行、中国农业银行、中国银行等，也是国有企业。这并不奇怪，因为国家的资源在国有企业比较多，人才也在国有企业比较多，有时候民营企业做大了也迷茫，体制也变成类国有企业了。实际上，中国国有企业改革的步伐从来没有停止过。

中国国有企业和国外的国有企业比，到底差在哪里？新加坡淡马锡到中心来交流，他们也非常关心中美贸易战对新加坡的影响，那天我与他们也进行了半天的交流对话，他们谈到了淡马锡在中国有多少业务，在美国有多少业务，如果中美两家打起来，淡马锡会受多大损失。这使我反思，淡马锡是国有企业，为什么没有受到国际社会的遏制，没有受到美国的批评，新加坡还被评为全世界竞争力最强的国家，2018 年评价为世界第一位，2017 年也排在第一位。因为它没有突出国有企业的这种意识形态、国有的这种产权关系，这使它变成一个国际化的企业，就是一般意义上的企业，国际化运作，市场化运作，专业化运作。

美国也有国有企业，英国、法国都有国有企业，唯独中国的国有企业受到诟病，为什么？我为此专门写了一篇文章，到时候可以发给你们，内容是国有企业改革必须从基础理论上进行突破。我认为，中国改革开放 40 年，但是国有企业改革的基础理论没有大的突破。一是把国有企业当成了意识形态；二是把国有企业当成了所有制的标志；三是赋予国有企业过多的社会责任；四是国有企业承担了过多的国家责任。总之，没有把国有企业还原为一般意义上的企业，然后放在和其他所有制企业同等的市场主体地位上，赋予它什么样的国家职责，就要给它什么样的权力，或者实行国家购买公共品的政府采购。对国有企业如此，对其他企业也是如此。我国政府购买公共品包括公共服务，尚未形成一整套体制机制和制度。国有企业改革任务还很艰巨，刘鹤副总理、易纲行长最近讲话，也讲到市场中立问题，也在渐渐地接受这些看法。其实，政府公务员和国有企业中的精英太多了，我去阿里巴巴调研，菜鸟物流、蚂蚁金服、研究院骨干，80% 来自政府和国有企业，这些人才到市场上成了企业游刃有余的高管或创业者。阿里巴巴的盒马鲜生项目负责人，原来是上海农工商集团做农产品的专业人才。他提出这个创意，然后他就是项目负责人，就由他组建团队，负责项目实施。这在国有企业怎么可能呢？我们的董事长、总经理，董事会，再有各个管理层次，什么时候一个人才能脱颖而出呢？民营企业很多是合伙人制，合伙人主要看对企业的贡献，有的是发起人，有的是对企业贡献最大的人，即使发起人也有淘汰制。阿里巴巴的年薪有多少个级别？最高级别好像应该是 14 级，马云就是 14 级，阿里研究院的院长，也是阿里副总裁，大概应该是 7 级。商务部的一位处长，他在阿里应该是 9 级。基本级别再加上股份分红等，使个人发展与企业命运成为一个共同体。福耀玻璃则是完全不同的体制，现在是儿子接班，女婿在企业管理国际业务，是现代管理和家族管理相结合，实行全员持股的共有制，建立现代企业治理构架。

所以，中国经济发展周期会延长，就在于我们的微观主体进行了再造，民营企业中出现了一大批具有国际竞争力的企业。一批民营企业在规模上也进入了国际一流的行列，但是在体制机制上还有很大的改进空间。当前国有企业改革，我不认为凡是混改一混就灵的，其实好多民营企业是不愿意参加混改的，有些民营企业有很大的顾虑，他说“一混就把我混没了。原来是我的企业我做主，现在我的企业别人做主，混进去以后就没我什么事儿了”。所以，我们要探讨的问题太多了，但是中国的企业充满了活力、动力和竞争力，不断发展壮大，这是不争的事实，肯定是中国经济长期向好、长期发展壮大的基础。

我们的地方政府其实也是中国经济发展的很大助力和动力。中国的地方政府其实形成了竞争机制，要创造政绩就要不断地进行竞争，GDP 发展竞争，招商引资竞争，基础设施竞争，落实国家政策也竞争。国家制定什么政策或者指标，会分解到各级地方甚至个人，什么人头上都有指标压力。地方政府更是“5 + 2”“白 + 黑”地工作。虽然有些人进去了，进去了是因为犯错误了，但不能因此否定整个公务员队伍。在改革开放过程中，地方政府发挥了积极作用，在对改革开放、对微观主体企业的支持力度上，地方政府比中央一些部委更大更直接。改革现在存在的深层次矛盾和问题是，生产关系的调整落后于生产力的发展，上层建筑改革落后于经济基础的调整。相关部委在管理思维和管理方式上，对企业发展和生产力进一步释放造成了一定的阻力。

第三个周期，中国会延长制造业繁荣的周期。在产业结构的调整中，一些地方曾经出现了偏差，不断缩小制造业比重，增加服务业比重，把此作为产业转型升级的目标，盲目追求服务业占比。现在这种认识偏差得到了扭转，把制造业作为强国之基、大国之要、大国之重器，制造业繁荣的周期将会延长。除了中国劳动密集型产业在向东南亚、南亚转移，实际上中国高端制造业正在加快发展，2018 年中国高端制造业增长速度达到 19%，而传统产业不到 3%。中国战略性新兴产业的发展、高技术产业的发展非常迅速。这一轮制造业繁荣周期是中国制造业稳步迈向中高端，占据世界制造业发展前端的一个过程。所以，延长制造业繁荣周期将是中国成为强国的重中之重。

第四个周期，中国人的生命周期会延长。现在中国人平均预期寿命是 76.7 岁，这也不简单了，都快到 80 岁了，北京、上海超过 83 岁了。中国健康 2030 规划，到

2020 年中国人均预期寿命达到 77 岁，现在肯定要超过了。到 2030 年中国的人均预期寿命达到 79 岁，按现在势头发展，肯定要超过 80 岁了。现在全球人均预期寿命排第一位的是日本，日本平均 84 岁，女人 88 岁，男人 83 岁。全世界排位，包括中国，都是女人寿命比男人长，大概女人的心态比较好，没有男人这么多负担，既要养家糊口，还要寻找上升通道，在社会上出人头地。当然女人也养家糊口，但是女人要释然很多，比如说要退休，就没有那么重的失落感，可能反而获得感很强，可能更轻松快乐幸福，可以做点家务什么的，带带孩子，也可以旅旅游、跳跳广场舞，愉悦自己，没有什么怨言。男同志如果从革命岗位上退下来以后，马上就有失落感。日本的男人也是，日本男人以前工作养活女人，但是他需要交社会保障费用，这些费用女人是没办法动的，建立社会保障，国家拿一块，企业拿一块，个人拿一块。按照日本法律，到 60 岁退休年龄，女人养老金就可以落实到自己身上了，由自己自主支配。

所以，日本有一个 60 岁现象，就是一些女人到 60 岁就提出离婚了，我伺候你一辈子了，我再也不伺候你了！现在有了独立的财务支配权，可以离开她认为是负担的男人了，这叫 60 岁现象。而很多男人一旦离婚，不知道衣服在哪，饭谁做。正常的生活秩序全打乱了，很孤独一个老头，生命周期就缩短了。

中国人的生命周期会延长。党的十九大提出我国的基本矛盾就是要满足人民群众日益增长的对美好生活的需要和发展不平衡不充分之间的矛盾，这里包含着满足人的全生命周期的需求。

未来中国，我认为还会实现“四个中高”：一是中国还会保持中高速的经济增长，至少延续 10 年以上。二是中国制造业会稳步地迈向中高端，实现从跟跑、并跑到领跑，“任重而道远”。三是我国会成功地跨越中等收入陷阱，而且实现中高收入水平之后不发生大的逆转，拉美一些国家实现了中高收入，跨越了中等收入水平，但是美国后来对其进行打压，使其货币贬值，物价飞涨，一下子又回到解放前了，要研究如何使中国不发生这种逆转，保持中高收入水平，跨越到高等收入国家水平。四是人才队伍以中高级的人力资本为主。

到 2020 年乃至“十四五”“十五五”，中国未来十几年还会实现四个 100%：

第一，中国会实现 100% 脱离贫困，成为零贫困国家。这在世界上是唯一的零贫困国家，美国现在还有 3800 万人要靠领食品券过生活，贫困人口达到 4200 万。公务员其实挺凄惨的，特朗普为了修美墨墙，从 2018 年 12 月 22 日政府关门，关到 2019 年 1 月 25 日，关了 35 天，80 万公务员中 42 万人无薪上班，而且美国人事部门通知说，不给你发薪水，如果你不来上班按离岗处理，很不讲道理。38 万人不发工资，也不用来上班，所以他就得打零工补贴家用。现在美国政府好不容易开门了，但特朗普修墙计划的钱也没有落实。特朗普着急了，准备发布国家紧急状态，从军费中拨出 80 亿美元修墙。他要修多长的墙？美国和墨西哥之间 3100 千米边界线，中国秦始皇修长城，从秦始皇时期到明代才形成了万里长城。特朗普挺伟大的，一下子就要修起来美墨长城，这个墙高八九米。原来有 1100 千米栅栏什么的，需要加固，其余的需要新修，在美国和墨西哥之间修一个长墙，总投资是 230 亿美元，现在他首期要投资 57 亿美元都这么困难。

我昨天在昆明与缅方谈中缅经济走廊，其间我到昆明的一个叫昆明呈贡新区的省级新区去考察，参观了这个新区的规划馆，声光电非常现代，未来的呈贡新城，真是太漂亮了，比现在的深圳还漂亮。这样的地方得投多少钱？中国各地都有这样的规划和建设，而且很快就建成了。华润集团在大亚湾的大学和社区也非常壮观，建设没有几年时间。你说特朗普可怜不可怜？为了争取 57 亿美元修墙，政府关门 35 天，关了门还没实现目标。所以，中国现在举国体制和市场机制的结合，政府作用和企业主体作用的结合，是非常成功的。中国的经验、中国的体制、中国的经济学，有很多内在的机理，这是中国人民靠艰苦奋斗和聪明才智创造的。

第二，中国会实现 100% 的社会保障全覆盖。中国现在的医疗保障，城市叫城镇居民医疗保险，农村叫农村合作医疗，但是未来会并轨。中国已经建立了大病统筹医疗保险，建立了贫困救助制度，社会保障体系会 100% 全覆盖。其他国家，北欧是从摇篮到坟墓高福利，但是如果减一点点福利社会就闹事。中国如果没有改革开放 40 年经济快速发展，不可能有这样的保障能力和水平，而且医疗保障方面国家出钱的部分不断在增加。

第三，中国会率先实现 100% 的 5G 全覆盖，下一代信息技术基础设施全覆盖。中国建设互联网、物联网、AI 技术等下一代信息技术基础设施，960 万平方千米的土地，再加上海域面积 340 万平方千米，在这么大的国土面积上，中国将再次发生翻天覆地的变化。5G 全覆盖中国应该是全球第一家。英国现在态度也很积极，除了政府表态，英国的运营商基本上和华为达成了协议。为什么呢？因为英国的各大运营商是李嘉诚控股，李嘉诚从中国撤出投资后，投资主要砸到两个国家，一个是英国，另一个是以色列，以色列是创新走在世界前列的国家，英国是金融走在世界前列的国家。原来很多人认为李嘉诚跑路了，不爱国，现在英国大运营商是李嘉诚控股的，李嘉诚投资 180 亿元与华为合作，关键时候他说了一句话：中国人要帮中国人。他肯定是为赚钱，当然也是中国人帮中国人。中国实现下一代信息技术的全覆盖、5G 的全覆盖，现在还在进行 6G 的研究，进行下一代信息技术的布局，包括下一代智慧城市、下一代语音技术，还有无人机等，这些研发都在加快前行。据说深圳大疆生产的无人机，没有任何先进的零部件，从淘宝网就可以买到，但是组装起来，无人机产量占了全球的 70%。我没有去大疆调研，是看材料道听途说，你们都在深圳，可能了解得更为准确。

第四，我认为，中国还将有一个 100% 的东西，现在我们正在努力使中国的山水 100% 地成为绿水青山。最近，美国科学家做了一个空中遥感拍摄，发现世界绿化增加最多的是中国，然后是印度，中国和印度为世界增加绿色植被做出了巨大的贡献，我认为中国比印度的贡献更大。我 2018 年 8 月带队去做京津冀战略评估。我们到了北京、天津，感觉很震撼，因为规划京津冀地区是三条生态屏障，一条是沿着海洋的生态屏障，一条是湿地生态屏障，一条是太行山生态屏障。北京未来要建设四大湿地，建设一个城市公园体系。天津干脆在老城和滨海区之间留出 700 平方千米，做成了绿化带。

绿水青山真的就是金山银山，恢复生态环境现在没有一个国家比中国抓得更紧。当然，我们现在还有很大差距，在北京和一些地方还有雾霾。沙尘暴是没有了，沙尘暴当年也很厉害，我记得那个时候在中南海工作，办公楼当时还没有装修，像生产队一样，都是木头的门窗，一夜的沙尘暴，屋里厚厚的一层灰尘。我们办公楼装修是朱镕基总理到研究室来视察工作时决定的，他带着当时的国务院秘书长王忠禹，在我们单位会议室座谈，我正好坐在他的后面，在他的四卷文集中，还有当年座谈会的照片。那个时候沙尘暴一年发生十三四次，大家都很发愁，说再有几年，沙尘暴就会把张家口吞没，北京过不了 100 年就不复存在了。当时从阿拉善开始治理沙漠，沙漠治理了，风道没有了，雾霾又出来了，所以现在又开始治理雾霾，叫蓝天白云保卫战，这已经写入了政府工作报告，写入了中央文件。

所以，我想中国通过举国体制和市场经济机制的结合、政府作用和微观主体的活力的结合，没有办不成的事情。如果我们中国的战略不出问题，没有发生颠覆性的错误，中国一定会继续往前走，肯定会超过美国，不光是 GDP 总量超过美国，中国的社会治理能力、企业运营能力、人民的文化素质都会超过美国，也包括中国的智库水平。

过去美国让我们望尘莫及，现在中国和美国用一个形容词来说，变成了望其项背。美国蓦然回首，中国已经赶上来了，马上就要超过美国了，所以，美国觉得如果再不打压你，你就跑到它前面去了。它并不是让自己跑得更快，而是脚底下使绊子让你趴下，来保持自己的暂时领先。如果我们提高警惕，可以换道前进，可以把他们绕过去。综上，我们一定会实现这四个 100% 。

中国还会有六大红利，这也是其他国家没有办法比的：

第一，中国最大的红利是市场红利。我们将成为世界最大的市场、最有发展潜力和吸引力的市场。中国的市场规模去年已经超过美国了，美国原来是世界最大的市场，现在、未来相当长时期中国会成为最大的市场，中国的市场红利会持续释放。中国 1979 年社会消费总额 1559 亿美元，到 2017 年达到 36 万亿元人民币，2018 年达到 38.1 万亿元人民币左右。经过 40 年改革开放，中国市场体系已经非常完善，有期货市场，比如说上海金属期货交易所和石油期货交易所，石油期货用人民币结算，和黄金挂钩，实际上，通过石油的结算，等于中国率先把货币、实物和黄金结合起来。在布雷顿森林体系建立的时候，美国有 2.3 亿吨黄金储备，占全球黄金储量的 80% 。现在美国有 8133 吨黄金，中国 1843 吨，德国 3371 吨，意大利 2452 吨，法国 2430 吨，俄罗斯 1910 吨。而且各个国家都在增加黄金储备。

中国还有粮食期货交易所，像郑州粮食期货交易所、大连大豆期货交易所，中国期货交易的影响力也越来越大。我们还有成熟的批发零售市场，包括各种形式的批发市场、各种业态的零售商，包括现在的移动支付。

中国服务行业市场繁荣，餐饮业销售额已经超过 4 万亿元，“民以食为天”，现在外食成为主要生活方式。2017 年中国旅游人次达到 50 亿，2018 年超过了 55 亿。中国人现在是能吃能玩，当然也能干，生活品位也越来越高了，中国市场非常活跃，奢侈品消费占全球超过 30% 。

再看中国汽车市场，原来很多人担心中国加入 WTO 会不会使汽车行业全军覆没。结果现在中国汽车销售和生产都超过 2800 万辆，占世界第一位已经保持了很多年。尽管美国总统反对迁出，美国的特斯拉也要转移到中国来，在上海建了生产线，准备年产 50 万辆特斯拉。美国福特汽车也加大在中国投资力度，关闭了在美国的 5 家工厂，关闭了在澳大利亚的 2 家工厂，裁员 1.47 万人。特朗普非常愤怒，本来想通过减税吸引制造业回流，结果这些制造业不但没有回流，反而转移出去了。为什么呢？因为企业要靠近市场，要靠近产业链，要靠近创新源。中国现在有 600 多万名工程师，每年 900 万以上的大学生毕业，硕士研究生 79 万，博士生十几万，中国的人力资本也是其他国家比不了的。

中国的市场红利是我们最大的底气。我们跟美国谈判也是一样，不行的话，中国可以不要你的商品了。现在中国不从澳大利亚进口煤炭了，澳大利亚着急了，这就是市场化的办法。对加拿大也是一样，我们是加拿大第二大贸易伙伴，它的第一大贸易伙伴是美国，将来加拿大的东西我国也可以不要。澳大利亚是我们铁矿石进口的第一大来源国，特别是三大铁矿石供应商，他们挣的钱来自中国，中国也可以不进口你的商品。中国市场的这种吸纳能力很强，反制能力也很强，这是一个很大的红利。

第二，中国制造业红利会持续释放。中国制造业产值占全球 1/4，而且制造业正在稳步迈向中高端，制造业创新能力迅速提高。根据世界知识产权组织公布的 2018 年全球创新指数报告，中国创新指数已经上升到世界第 17 位，进入了前 20 位，这是很不容易的。比如深圳成为创新城市，受到全世界公认，有无人机、基因工程、电子通信、电动汽车、互联网等一大批创新型企业，还有每年的创新论坛，在国内外影响很大。比如中国目前在合肥形成了中科系，就是中国科技大学系统的创新企业；郑州形成了富士康系，富士康几乎把整个产业基地转移到郑州，已经形成包括郑州周边十几个县域 30 多万人的生产基地；武汉的光谷系，还有西安、成都、贵阳的大数据、半导体、电子产业、光电等。中国不仅在沿海发展布局了高技术产业，在中部、西部和沿边，都布局了一批高质量发展的制造业。我昨天在昆明参加中缅经济走廊会议，抽时间考察了一个省级新区，信息产业的发展规模非常大，清华紫光、华为的大数据中心，在那个地方都可以看得到。

所以，中国有制造业的红利、产能的红利，在 525 种制造业品类中，我们有 225 种国际产能排在第一位，其余大部分在第二、第三位。我一直认为，行政化去产能是错误的，我当时就发表了文章，在有关论坛上也不断发言，现在有很多人才开始提出这些观点。行政化去产能是我们的损失，我当时执笔写给《决策参考》的一个上报材料，明确提出应该把中国的产能变成新一轮国际竞争优势，应该用全新的思路来考虑中国的产能问题。“一带一路”建设的国际产能合作，就采取了全新的思路，我们不是转移落后产能，而是先进产能合作与有效产能合作。在“一带一路”建设中，我们找到了新的发展和市场空间。制造业的红利，不仅将在中国进一步释放，还将会在“一带一路”沿线国家、在国际合作中继续释放，制造业形成的产业链、供应链、服务链和价值链，是中国现实的并可以持续发挥作用的重要红利。

第三，中国形成了组合战略红利。战略红利就是现在国家一系列新的战略安排，比如说创新发展战略，比如说“中国制造 2025”，比如说“一带一路”重大倡议，比如说京津冀协同发展、长江经济带、粤港澳大湾区战略，形成了一个战略组群，形成组合战略红利。国外一些国家现在在学习中国，但是很多方面已经学不了了。比如说“一带一路”，美国提出美日印澳已经为时晚矣，美国在奥巴马、希拉里时期的重返亚太战略、新丝绸之路计划都没有成功。中国“一带一路”的国际经济合作，主题词是互联互通、降低流通成本、提高共享收益，使更多的国家特别是发展中国家、贫困国家共享发展机遇，分享发展经验，加快经济发展，造福于“一带一路”沿线国家，构建人类命运共同体。所以，中国提出的“一带一路”倡议，核心理念是构建人类命运共同体，基本原则是共商、共建、共享，重要内容是政策沟通、设施联通、贸易畅通、资金融通、民心相通。所以受到国际社会的欢迎，从倡议到响应和行动，再到转化为公共产品，仅仅用了几年时间。

中国提出“一带一路”建设空间布局主要是什么呢？概括起来发展最快的是“六廊六路多国多港”，这些内容主要体现在中国政府 2015 年 3 月发表的《愿景与行动》中。

在六条经济走廊中，第一条是新亚欧大陆桥，新亚欧大陆桥目前有三个方向：

第一个方向，从连云港出发，经过郑州、兰州、重庆到新疆乌鲁木齐，再过阿拉山口，和中亚、西亚连接，过中东欧到欧洲的铁路大动脉。

第二个方向，从沿海的天津穿过内蒙古，过二连浩特，或从东北出发，与俄罗斯远东铁路连接，然后再连接亚欧大陆桥，通过中东欧到达欧洲。

第三个方向，从深圳出发，通过铁路到达昆明，再和中亚、西亚连接，再与亚欧大陆桥连接。从昆明出发，有一条到老挝和中老铁路连接，未来形成中老泰中南半岛的中部经济走廊。昆明现在与重庆、贵阳、北京、上海、深圳的高铁已经通了，形成一个高铁枢纽。

第二条经济走廊是中蒙俄经济走廊，就是中国、蒙古国、俄罗斯的经济走廊，这三个国家已经签署了合作协议。

第三条经济走廊是中国—中南半岛经济走廊。主要是中国和东盟十国的中南半岛经济走廊。

第四条经济走廊是中国和南亚半岛经济走廊。主要是中国与印度、斯里兰卡这些国家的经济走廊。

第五条经济走廊是孟中印缅经济走廊。就是从中国、缅甸、孟加拉国到印度，然后注入印度洋的经济走廊。

第六条经济走廊是中国中亚、西亚经济走廊。

现在这几条经济走廊参与国在携手推进建设。在中国北京 2017 年 5 月召开“一带一路”国际合作高峰论坛的时候，沿线是64个国家，加中国是65个，这是按照古丝绸之路提出的沿线国家。而在北京召开的第二届论坛上，就是2019年4月25—27日召开的“一带一路”国际合作高峰论坛上，中国已和122个国家签署了“一带一路”合作的备忘录或者是协议，或者是合作文本，和29个国际组织签署了合作框架协议。会议规模比2017年5月14日要大得多，影响力要大得多。当时是29个国家元首参加，这一次报名参加的元首超过了40个，很多国家元首都希望参加这次会议。

再加上国内区域发展的战略，比如说京津冀协同发展、长江经济带、粤港澳大湾区战略，这些形成了战略组合，或者是叫战略群。这种战略红利是其他的国家难以比拟的，既有区域的战略，也有制造业发展的战略，还有走向国际的开放战略，实际上正在逐渐形成国家整体战略的组合优势。大家要了解我们国家，现在我们不是在打太极拳，是在打一套战略的组合拳。

第四，会持续释放基础设施的红利。中国基础设施建设的红利是即期的，也是长期的。硬基础设施建设基本上已经完成了，软基础设施建设正在加快。比如说在城市的基础设施建设、高铁的基础设施建设、高速公路的基础设施建设、管道的基础设施建设这些硬基础设施的建设上，中国走在世界前列，有效使用周期还在初期。下一轮基础设施建设将主要集中在软基础设施建设上，如下一代信息技术的基础设施、公共服务的基础设施、提高社会运行效率的基础设施，对这些方面基础设施建设的投资正在加大，政府在投资，企业也在投资。比如说智慧城市研究主要由阿里巴巴承担，下一代语音技术主要由科大讯飞承担。

如何看待地方用于基础设施的债务？把地方借款一概作为债务我是强烈反对的，很多基础设施建设投资就是可以摊薄很多年的优质资产，对这些投资形成的优质资产必须进行价值评估，用价值评估减去借债才是真正的债务。所以，有的时候在基础理论或者是基础统计经济分析方法上的误差，会误导政策的制定和执行，有时候是我们自己把自己搞乱了。

产能问题也是如此，去产能应该是去掉那些绝对过剩的产能、过度行政化造成的过剩产能、污染环境的落后产能、技术落后的低水平产能，这是坚决要去的。但是后来一些地方用行政化的手段去产能，把很多先进产能也去掉了。基础设施建设也是如此，我们需要真正好的基础设施建设，西方一些城市地下管廊可以支撑几百年，难道这些投资都是负债吗？基础设施的公共性怎么体现呢？我发现中国城市的地下管廊，德国在青岛建设的是最先进的，后来我在西安西咸新区看到有一个区在建设地下管廊，总共三层，高15米，第一层能够过汽车，第二层、第三层是设备层。我认为这就是城市基础设施建设的新未来，如果形成了这样的布局，基础设施红利会持续释放很多年。

还有高铁建设，不少人说高铁负债是多少多少，但是高铁会运行多少年？高铁给中国人带来的福利是多少？这些债务怎么计算呢？其实高铁作为中国形成的整体创新能力、产业输出能力，已经成为中国制造的品牌。中国在102个国家修了铁路，赚的钱和现在的负债又是什么关系呢？所以，如果换一个视角的话，中国经济发展视野会更加开阔，路子会越走越宽。

第五，中国人力资本的红利。中国现在工程师已达到621.4万人，我们有“973计划”“863计划”“火炬计划”。我们科技进步的贡献率2005年是43.2%，到2017年已经达到了57.5%。中国现在高校是2913所，博士点是418个，硕士点是321个，国外的三大搜索引擎工具年度收入中国的论文，已经达到32.4万篇，在全世界居第二位。现在国家重点实验室是503个，国家实验室是6个，国家计划还要再建一批国家实验室，国家工程创新研究中心是131个，国家工程实验室是217个，国家级企业、技术中心是1276家，产品检测实验室是3600家，等等。中国投资人力资本，包括地方英才计划，包括企业家直接聘用国外顶尖级人才。我曾经到广州知识城调研，他们制定了引进人才的一系列政策，待遇已经优于这些科学家在国外的待遇了，创业环境加上高素质低价格人才，迅速形成有竞争力的研发团队。所以，中国人力资本是未来非常大的、起决定性作用的红利。

第六，中国改革开放释放的红利。中国改革开放40多年了，已经形成了219个国家级经济技术开发区、168个国家级高技术开发区、14个保税区和保税港区、31个现代物流园区，建设12个自贸试验区，包括上海，第二批3个，第三批7个，去年3月习近平主席提出建设海南自贸区。中国还有37个跨境电商试点，也都是国家级的。中国目前批准了19个国家级新区，还有6个特区。第一批特区包括深圳、珠海、汕头、厦门。深圳、珠海、厦门做得很好，就是汕头有一点问题。现在广东小珠三角，深莞惠、珠中江、广佛肇这9个城市是比较好的，但是粤东、粤西、粤北发展相对落后。广东的区域差距现在也在缩小，汕头也在发展，汕尾布局了一批重化工。

中国改革开放的步伐迈得很大，特别是开放的步伐，迈得更大。习近平主席在去年博鳌论坛的讲话中提出了中国进一步开放的四个方面，中国人民银行行长易纲提出了金融开放的11个领域，国家发展改革委发布了对外开放的22个领域，当然一些方面仍值得推敲，受到了一些网民的批评。习近平主席指出，“国家对外开放的重大举措，要尽快使之落地，宜早不宜迟，宜快不宜慢，努力让开放的成果及早惠及中国企业和人民，惠及世界各国的企业和人民”。

中国加大开放力度，首先是自己发展的需要。现在全球第五轮产业转移已经开始了，服装、鞋帽、箱包、家具、玩具等产业，已经向东南亚、南亚、非洲等地区的一些国家转移了，因为这些国家的劳动力成本比我们更低，劳动力密集型产业在中国越来越少。

我 2008 年曾经到香港做调研，在座谈会上香港的港商讲，原来在香港的 10 万个企业，转移到广东后一下子放大成几百万个企业，拉动了 2000 万人的就业。同样，中国现在的制造业转移并不是把制造业都转移走了，而是中国投资者带着制造业转移到其他国家，形成了新的产业布局，增加了 GNP。而我们现在的统计都是按 GDP 计算了，是国内产生的国民生产总值，中国企业，包括将来通过“一带一路”进行投资的企业，包括通过国际产能合作的投资，包括第五轮产业转移出的投资，都将带动中国企业形成新的产业格局，在那里创造新的 GDP，既给当地政府创造了收入，形成了当地的税收，拉动了当地的就业，也给中国企业带来了可以回流的财富。国家统计应该是既有国内的 GDP，也有中国企业在境外创造的 GNP。

中国对外开放既是国内开放的布局，也是通过“一带一路”建设，形成国内外一体化的新布局。原来中国东南沿海是对外开放的前沿，现在中国 2.2 万千米的边界线、沿边地区将成为新一轮开放的前沿。比如说，我从老挝刚刚回来，西双版纳勐腊州磨憨，靠近边境，大家认为非常神秘的地方，现在是中老经济走廊、中老铁路的起点。比如说云南的瑞丽，那是中国的最边陲，现在成为中缅经济走廊的起点，中缅两国政府合作的项目之一，就是云南瑞丽的木姐和对面的缅甸姐告形成新的跨境经济合作区。

新疆变成了向西开放的经济通道，面向中亚、西亚的新一轮开放前沿。新疆的边界线是 5670 千米，与 6 个斯坦国接壤，将来是“一带一路”中国—中亚—西亚经济走廊的前沿。所以，对外开放国内布局通过“一带一路”建设和未来国际布局、产业布局、企业布局、区域战略布局融为一体，新一轮对外开放将是更加国际化的、更具有引领性的、更高层次的开放。和中国改革开放初期从广东开始的加工贸易，渐次地向内陆推进的开发开放完全是两个概念。

为什么习近平主席要求我们改革越早越好，宜早不宜迟，我认为这是中国的全球经济战略，“一带一路”建设本质上应该说是跨国界的经济合作倡议。参与各国是自愿的，在携手共建的过程中，能够分享机遇，分享发展的好处，这些国家获得发展机遇，中国企业也从中找到新的投资机会。所以，我认为中国现在的开放不完全是为了别人而进行开放，也是为了自己发展而进行开放。

关于知识产权保护，我认为这一条最有可能和美国达成共识。加强知识产权保护，禁止强制性知识产权转让，首先是中国发展的内在要求。现在中国的论文发表排世界第二位，专利发明排世界第一位，尽管原创性专利还不如美国，但是中国的专利数量已经排在世界第一位了。中国发表在核心期刊上的论文被引用数量也排在世界第二位了。中国企业也在加快创新的步伐，每个企业将来都会有核心技术，比如说像阿里巴巴、华为，难道我们不需要知识产权保护吗？我们能允许别的国家让我们强制性进行转移技术吗？这首先也是我们的内在需求。

中国对外开放还会创造出更大的红利。但是总的来看，中国的改革还是落后于开放，恕我直言，虽然连续几年发了1600个文件，但是落地不够，包括体制机制改革，特别是对于人的管理制度的改革，还是太滞后了。比如说对智库的管理，出国审批的手续太烦琐了，去美国走一天回来一天，一共五天，一天都不能延长。2013年我随董建华先生、春正主任一起到美国发布未来中美经贸关系的十年展望研究成果，我和春正主任等几个人，香港董建华先生、刘遵义先生等几个人，在华盛顿发布了研究成果，随后到纽约发布，最后应该去洛杉矶发布时，我们就到出国规定的时间了，于是我们几个人从纽约直接返程回北京，后面就由董建华先生代表中方进行成果发布。你说赔钱不赔钱？事没有干完就必须回来，不然不符合出国要求。

比如说智库研究粤港澳大湾区，去香港特区手续挺繁杂的。到香港后，香港居民出关特别快，内地人在另外一边且排队呢！研究中国问题出境都这么困难。我认为其实有一些人，特别是一些公众人物，未必不爱国，但是现在国内出境手续这么繁杂，他就跑到新加坡去了，跑到其他国家去了，入了外国国籍，出国无障碍，活动无障碍，图的是便利。当然，不能为了出国去转国籍，现在国家也在改进，落地签证的已经有几十个国家了，但是有一条，自由行可以，给人家去送钱可以，做游客可以，买东西欢迎，但是正常的公务出国，包括智库专家、国有企业人员出国，手续却非常繁杂。所以，有的时候很多方面的实质性改革并没有真正触及。

我曾经到云南的磨憨调研，和跨境合作园区的同志座谈。这边是磨憨，那边是老挝磨丁，从老挝可以随便进入中国，而我们进入老挝，即使是跨境合作区管委会的成员都要办全套手续，而一套手续没有几个月是办不下来的。而且作为公务员还有出国限制，两年一次，因此负责跨境园区的管委会的负责人3年没有去过老挝，他跟我说，原来对面的老挝的一个省领导跟他关系特别好，儿子结婚说请他参加，他自己知道办手续复杂，就说实在有事过不去，结果伤害了人家的感情，现在人家当副总理了。

中老这个关系，光修一条铁路不行，人员的往来也要放开，应该对中国人有更多的自信，对中国的公务员有更多的自信，对中国的国有企业有更多的自信。原来出国是每 10 个人有 7 个人留在美国，现在统计，每 10 个人有 7 个人回国，未来的比重会更高。

因为时间关系，今天就讲到这里。谢谢各位！

中美贸易战将是一个历史长周期的转折点

——在汕头2018企业家年会的专题讲座

（2018年10月28日）

主要观点：经过改革开放，中国堂堂正正地走近世界舞台中央。美国的大国信用受到空前的损耗，昔日的光芒正在退去。特朗普总统的下一步目标，主要是争取连任。当前是人类历史上一个非常重要的历史时点，也是一个历史长周期的转折点。

注：本文为陈文玲受邀在汕头2018企业家年会上围绕中美关系所做的专题讲座。

各位企业家朋友：

非常高兴，也非常荣幸接受英盛企管的邀请来参加这个论坛，我知道在座的都曾多次参加大讲堂，也听过多位嘉宾的演讲。

我们现在正处在一个历史性的大时刻，也是历史的十字路口。中国人10个人中有9个人是研究中美问题的专家，每天微信朋友圈、媒体上都可以得到大量公开的信息，可以说，全球的10个人中起码有5个人在关注着这场中美之间的博弈。

为什么呢？中国改革开放40年，可以用两个成语来形容中美之间的关系：40年前，中国对美国是“望尘莫及”，那时候的美国是很多人心中的“人间天堂”，是“山巅上的国家”，而现在是“望其项背”，我们被美国当作了战略竞争对手。

中国改革开放40年，向世界敞开了对外开放的大门，GDP以年均9.5%的速度增长，成为世界第二大经济体、世界第一大贸易体，成为世界上制造业产值排在第一位的国家。中国现在制造业产值占世界制造业产值的1/4，人民币成为五大国际货币之一。

这是历史的巨变，中国堂堂正正地走近世界舞台中央。一方面，我们走近世界舞台中央，是靠中国人民干出来的，不是靠任何人恩赐的。另一方面，我们也是被推向世界舞台中央的，本来我们按照中国改革开放总设计师邓小平同志的要求“韬光养晦，绝不当头”，其实中国也没有想去争取世界霸主的地位，也没有想超越美国、成为世界老大，让世界各国围着我们转，我们和世界各国相处遵循的是和平共处五项原则，中国在“一带一路”倡议中提出的“共商、共建、共享”，成为新时代中国处理跨国间经济合作关系的原则。

这场中美之间的博弈与竞争，由于中国站在了道义的制高点上，提出了符合经济发展规律、贸易发展规律、历史发展规律和社会发展规律的一系列主张、方案和行动，中国成为维护世界秩序、国际规则的参与者、推动者、建设者和贡献者。

“二战”以后，在国际秩序的形成过程中，美国曾经推动并主导建立了维护世界秩序的三个国际机构，包括世界银行、IMF、WTO。这些国际机构和由此形成的国际规则，主要代表了美国和西方发达国家的利益。由于中国的崛起，世界南北关系发生了很大的变化与调整。到目前为止，新兴经济体和发展中国家由于中国崛起的因素，整体 GDP 占到了全球 GDP 的 56%，而发达国家下降到了 44%，这是历史上南北关系的重大调整，也是发展中国家和发达国家之间总体力量的此消彼长。

美国的社会矛盾、种族矛盾、阶级矛盾、党派矛盾、内外矛盾到了一个集中的爆发期，福山提出历史终结的历史正在终结，新的历史正在书写，美国一不小心选举出了总统特朗普。

“天上掉下一个特朗普”，有人说特朗普是美国罕见的一个奇葩总统，有人说特朗普根本不懂得执政之道，是个政治素人。我说“天上掉下一个特朗普”，则是感觉他带来了一种改变世界格局的内在的逆向的负面动力，使世界短期内看清了美国冷战思维、霸凌主义的实质。换个角度看，这对世界是一个重大机遇，既是严峻挑战，更是重要机遇。

为什么这样说？

现在，特朗普已经“成功”地搞乱了世界。战后形成了几十年的国际秩序、国际规则，原来各个国家都是遵守的，也是各个国家的共同认知。但是特朗普总统上台之后，退出了一系列国际机构，包括联合国教科文组织、联合国人权组织；退出了一系列已经形成的国际共识、国际公约和国际条约，比如退出《巴黎协定》，《巴黎协定》是为应对全球气候变暖，各国形成的关于保护生态环境方面的共同约定和各个国家做出的承诺。全球 193 个国家参加了《巴黎协定》，167 个国家在国内履行了批准的程序。其实，美国在奥巴马时期也履行了批准程序。特朗普任总统之后，他就立即决定退出《巴黎协定》。他退出了联合国经过几年调停好不容易形成的 6 个国家关于伊朗问题的《伊核协议》。他还准备退出里根时期和苏联签署的《中导条约》。美国还退出了《全球移民协定》《维也纳国际外交官公约》、万国邮联等。

这些国际组织、国际上已经形成的共识、约定，美国总统感觉对美国有约束的，或者感觉不合算的，已经都退出来了，这样就可以不受这些协议约束。

现在全球人都知道，美国的大国信用受到空前的损耗，昔日的光芒正在褪去，靠美国经济霸权特别是美元霸权掠取别国财富、剪羊毛的行为受到质疑，美国用经济武器欺凌世界的做法遇到了阻力。美国邪恶行为已经把国际秩序、国际规则全部打乱了。美国对中国、对盟友、对贸易伙伴发起贸易战，用美国国内规则替代国际规则，用美国国内法律替代国际法，挥舞大棒四处出击。比如美国对中国发起“301 调查”报告，对中国进行 500 亿美元、2000 亿美元商品征税制裁的依据，是 1930 年美国的关税法和 1974 年的美国贸易法。这些法律法规在形成和制定的时候，全球还处在工业化中期，知识经济时代并没有到来，互联网时代并没有到来，全球产业链、供应链、服务链和价值链并没有形成，全球的经济联系并没有像现在这样密不可分。

但是美国执政者把过去了半个世纪甚至 100 年的国内法律与规则，作为制裁中国的依据，作为制裁与美国发生贸易关系国家的依据，用国内规则替代国际规则，把美国一国利益凌驾于全球和各国利益之上，这就完全搞乱了国际秩序和国际规则。

在 2017 年 9 月 WTO 组织会议上，我有幸参加了其中的一个分论坛。其间我们在瑞士组织了座谈会，其中有六个国家驻 WTO 大使参加了会议，他们一致认为，WTO 现在处于非常艰难的时刻。因为美国驻 WTO 大使不管 WTO 什么规则不规则，按照美国政府对他的要求，只要不符合美国利益就不算是公平贸易，美国就不予支持与配合。

特朗普认为，这些年 WTO 做出的所有决定对美国都是不公平的，因此美国也随时准备退出 WTO。美国加上欧盟、日本、加拿大的贸易部部长发了一份声明，要推进 WTO 改革，美国甚至扬言 WTO 应该开除中国。所以，美国完全是随心所欲，目空一切，根本没有把国际组织和国际规制放在眼里，特朗普非常任性，在美国国内任性，在国际上也非常任性。不仅《伊核协议》说退就退，他还命令各个国家，在 2018 年 11 月 5 日之前，必须切断和伊朗的一切经济联系，不能再从伊朗进口石油商品。最近他豁免了 8 个国家，中国也在其中，但是他在豁免期间的三个月，对每个国家每个月每一天从伊朗进口多少石油，都做了规定。美国用“长臂管辖”的国内法律替代了国际贸易规则。

“长臂管辖”是什么？就是美国利用国内法律管辖第三方国家的贸易，以国内法律规定限制其他国家与伊朗进行贸易。像最近发生的华为孟晚舟事件，美国通过加拿大拘捕孟晚舟，理由之一就是孟晚舟曾经在华为设在美国的一个公司工作过，这个公司向伊朗出口了含有美国生产的零部件的商品，美国认为华为在美国的公司违反了美国长臂管辖的法律。

美国在 1807 年建立了原产地规则，那个时候世界性的工业化进程还没有开启，美国原产地规则规定，在美国生产的产品必须百分之百的零部件是美国本土的，即使有从国外进口的零部件或者商品，也必须在美国加工成美国的商品以后，再进入美国生产的产品行列，这才叫美国产品。如果在美国的生产直接用了进口的商品，必须从总体上不改变这个商品主体是美国生产的，才叫符合原产地规则。美国之后形成了世界上最完备的原产地管理体系，规定得非常具体，用了这么多年时间，形成了一个强大的美国原产地规则。美国现在运用的原产地规则，还是那个时候产生的法律，早已经成为陈年旧账，但是却被他们用来对付世界上其他国家，以此作为依据对别国进行制裁，发动贸易战，当然不仅仅是对中国。

我们可以看到，在美国实施钢铁制裁加征 25% 高额关税的时候，制裁对象还包括日本、德国、加拿大，其中加拿大对美国出口排在第一位，中国对美国钢铁出口在第十位左右，占比不到 5%。美国一位学者写了一篇文章，标题是《特朗普正带领美国大踏步迈向 19 世纪》，特朗普总统真的是大踏步迈向 19 世纪，如果回到原始社会可以赚钱，他也可能带领美国迈向原始社会。

我认为特朗普是一个心智不太成熟的政治家。当然，这和他的个人经历有关系。我之前参加了一场高端论坛，台上几个人谈中美经贸关系，其中有一个人说，我们不应该跟美国打贸易战，因为美国太强大了。实际上，这种想法在中国占有相当大的比重。

我认为，我们应该站在历史的长周期上来看待中美关系。因为美国现在所用的东西都是过时的，都是违背国际贸易规律和规则的，因此它的政治统治也不像以前那么巩固。

冷战时期，世界上有两个超级大国，苏联解体后，是一超多极，美国一个超级大国，然后是日本、欧洲、俄罗斯、中国、印度几个经济体。现在全球格局已经出现了非常大的变化，有点类似我们春秋战国时期的“合纵联横”，所有的大国不再像冷战时期那样，选边站队，无论是站在中国一边，还是站在美国一边。各个国家都在做自己国家和民族复兴和再次伟大的“梦”，中国有中国梦——实现中华民族伟大复兴的梦，美国有美国梦，美国梦曾经是很多国家和人向往的梦，现在的美国梦则是特朗普要实现“两个伟大、一个第一”。第一个伟大是美国要成为最伟大的国家，第二个伟大是特朗普要成为美国历届总统中最伟大的总统。他过去的直接目标是成为“里根第二”，现在的目标是成为“超里根”的排在第一位的伟大总统。最近有一个美国的油画家画了一幅历届共和党任总统的同框画，画面中特朗普坐在最中央，穿着白衬衣、打着红领带，俨然是历届总统中最伟大的、最显眼的，特朗普对这幅画非常满意，就直接挂在白宫了。他还要保持美国第一、美国利益至上，把美国利益凌驾在全球利益之上、凌驾在其他国家的利益之上。所以，我说他已经成功地搞乱了世界秩序、国际规则、国际认知。美国的大国信用正在迅速下降，正在从山巅上跌下来，从自由灯塔这样一个人们向往的高峰跌落下来，由此这将成为美国由盛转衰的一个拐点。“二战”以后，美国政治、经济、军事、文化、外交等方面在全球的影响力没有国家可以匹敌，而现在美国在多个方面遭到世界越来越多国家和人民、研究机构、专家、企业家的质疑。

我记得2016年在浦东干部学院举办了全国高端智库高级管理人员培训班，其中有一个半天请我讲课。那个时候，中国的学者对美国提出质疑的还很少，跟美国专家和政要面对面的交锋还很少。大多数中国学者与美国学者交流的时候，都是以学习的态度或学生看老师一样的目光看他们。在那次讲课的时候我提出，为什么世界上没人敢对美元的信用提出质疑？为什么美国发起了两伊战争，世界上没人敢质疑？为什么美国打伊拉克的理由是伊拉克拥有化学武器，但这竟然是假情报，最后的结果是把这个国家灭亡了，世界上没人敢质疑？我记得那是2016年，我们提出了这样的问题。

2017年1月20日，特朗普任总统，不到两年的时间，不仅我们中国的学者质疑，而且国际上的学者质疑，各个国家都开始对美国的大国地位、美国的国家形象、美国的国家信用以及美国赖以欺凌别国的经济武器如美元、美债产生了严重的质疑，所以说，这是美国由盛转衰的一个历史拐点。

目前，国际社会在几个方面对美国发出了质疑呢？

世界上很多国家对美国的经济地位、经济武器、经济政策产生了严重的质疑，这将导致美国由盛转衰，这是一个重要的历史拐点。目前，对美国主要有以下几方面的质疑：

第一，对美国国家信用产生了质疑。2017年初，我接受中央电视台采访，记者问：“如果中美发生贸易战，哪一方会伤得更重？”当时我就指出：“中美贸易战一定会发生，特朗普的执政理念尽显他的个性，而他的个性注定会引发贸易战。”中美发生贸易战，对中国有伤害，但美国会伤得更重，当时很多人不认可这个观点，现在看来，已经成为现实。

现在，美国的出尔反尔，美国大国信誉的缺失，美国用国内规则替代国际规则，就使美国以往用作利器的经济武器，正在加快失去往日的锋芒，尽管美国依然会驻守在舞台中央，但是已经变成了丑角。美国国会议员助手代表团造访中心，我和他们进行交流时说：美国总统是一个不讲信用的人，出尔反尔，今天说的话明天就不算数了，上午说的话下午就不算数了，你们的《华盛顿邮报》统计了一下从特朗普当总统到2018年9月，他在推特上发的有4229句是谎言，或者是不真实的、前后矛盾的表述。代表团有人就反问：你们中国有没有这样的记者，你们中国有没有这样的媒体，像《华盛顿邮报》这样专门报道国家领导人的负面信息？我说我们国家的领导人，是经过基层各个层级历练的成熟的政治家，他们要带领14亿人向前走，他们不会随便去发推特，他们也不可能靠发推特治国。

特朗普现在用推特治国，不同于世界上任何国家领导人，这成为特朗普的一个典型特点，其实也挺好的，它好在哪呢？他的想法可以随时让全世界知道，节省了多少会议费！特朗普不用开会，直接发一个推特，全美国、全世界都知道了。再一个信息传输无障碍，他随时想随时说，随时说就随时做。据统计，美国历任总统任期两年内的换人率，特朗普排第一位，换掉了白宫人数的83%；第二位是里根，换掉了59%；第三位是克林顿，换掉了37%；换人率最低的是老布什和小布什，两年内均换了17%。

所以，失信的特朗普也成功地搞乱了美国。美国现在呢，实际上领导人、决策圈的干部，听说最近要被开掉十几个。特朗普被指不满财政部部长，因为财政部部长推荐了美联储主席鲍威尔，鲍威尔上任之后，坚持了美元连续升息，2015年1次，2016年1次，2017年3次，2018年4次，原来准备2019年再升3次，而现在公布的是2次，他受到特朗普的极大压力。实际上，就美国的股市，特朗普9月到联合国大会讲话的时候是引以为荣的，他说美国的股市从他当总统之后，连续74次上涨。74次上涨意味着什么？美国的国民，对股市参与率为60%以上，个人财富30%~50%来自股市，这两年股民日子比较好过，收益大部分来自股市。2018年10月以后，美国股市直线下跌，一下子跌了2600多点。特朗普非常着急，股市直线下跌，他的政绩将不复存在，他14次在推特上说后悔任用鲍威尔，但是按照美国法律，美国总统不能任免美联储主席，美国股市哗哗地跌，美联储主席还是坚持让美元升值，在这种情况下，据说特朗普准备向财政部部长，就是推荐鲍威尔的姆努钦开刀。姆努钦2018年5月曾经到中国来参加中美贸易谈判，他的观点和纳瓦罗、莱特希泽有所不同。美国贸易谈判“三驾马车”，一个是商务部部长罗斯，一个是贸易谈判代表莱特希泽，一个是美国总统助理贸易办公室主任纳瓦罗，特朗普与他们三位有细微的差别，他稍微偏中性一些，其他三位偏强硬，非常鹰派。

我们对美国选出这样的总统很不理解，为什么这样一个奇葩的人能当总统，为什么他上任之后想干什么就干什么？美国原来三足鼎立，国会的参议院、众议院会对美国总统在一些方面的决定形成制约，而在美国中期选举之前，美国参议院、众议院都是共和党，这种制约基本上没有了，美国总统的行动基本上是畅通无阻的。美国中期选举之后，民主党控制了众议院，所以，可以预测从 2019 年开始，美国总统的一些行动会受到制约，但这不会改变他的根本方向。

美国的根本方向，对中国的一个根本性改变，就是整体战略转向。在美国的国家安全报告和国情报告等一系列报告中，美国认为，对美国威胁最大的战略竞争对手是中国。“9・11”事件以后，美国始终把恐怖主义列为对美国最大的威胁，得到了国际社会的共识，中国也参加了反恐国际组织行动。但现在美国做了最大的战略调整，就是把原来放在第一位的恐怖主义放到了第三位，把中国、俄罗斯排在第一位，而且把中国排在俄罗斯前面，名列对美国威胁的首位，第二位仍是美国认为的“流氓国家”伊朗和朝鲜。

美国这个战略转向具有历史必然性。请各位企业家注意，当前民主党和共和党形成了高度共识，就算换一个总统也不会改变这个转向，因为在对华强硬这方面，他们已经形成了共识。近期美国连续出台 5 个涉台规定，在国会表决的时候，其中有两个是缺几票，其他的 3 个全票通过。美国政要、一些战略家、经济学家和企业希望制裁中国，希望打压中国，希望中国不要超过美国，希望美国永远保持第一。奥巴马总统卸任那年在西点军校演讲时就说，美国至少还要领导世界 100 年，不能让像中国那样的国家在制定国际规则时说了算。

大家可以看到，现在中美之间的博弈，不是简单的贸易顺差和逆差问题，贸易战只是一个序幕，贸易之争只不过是第一个层次的竞争，紧接着就是制造业之争。美国和欧洲国家对中国制造业的发展，尤其是转型升级，还是非常恐惧的。因为中国长期处在产业链的中低端，我们的商品开始走向世界的时候还是地摊货，中国商品是低价商品的时候，也是受到反倾销最多的时候。然后我们开始转型升级，推动制造业从中低端走向中高端。这个进程仅仅是刚刚开始，我们一部分制造业走向了世界一流水平，但是占的比重比较小；一部分产业正在追赶中，追赶的速度比较快；一部分产业仍然在中低端，这部分将长期存在。中国制造业的进步是巨大的，我们的制造业产值占到了全球 1/4，但是我们制造业的水平还远远没有达到“中国制造 2025”制定的目标。在一些专家研究解读的著作中，还提出中国制造业占世界市场的比重过高，更是不切实际，特别是制造业战略性新兴产业占实现国产化的比重，引起了美国的恐慌。美国的“301 调查”报告对中国最开始实行的 500 亿美元进口商品制裁，瞄准的就是“中国制造 2025”中提出的十大战略性新兴产业。因此，我认为中美博弈的第二个层次，就是制造业之争。

第三个层次是高科技之争。就是竞争那些高端的、尖端的、顶端的行业、领域和产品，这个领域的竞争，是一场“你死我活”的竞争。美国 4 月打压中兴通讯，这是历史上从来没有过的事件，对一个国家的企业实行这种制裁，一开始罚了 9. 93 亿美元，后来加上各种费用接近 20 亿美元，还派驻了美方代表监督中国企业。11 月，对华为发起了攻击，从委托加拿大追捕孟晚舟，到组织“五眼联盟”国家反对中国企业 5G 进入本国市场，使五眼国家有四个明确禁用华为 5G 设备。

华为目前已经跟 25 个国家签署了协议。“青山遮不住，毕竟东流去”，当你的技术站在世界顶端，靠打压和制裁是不可能挡住的。5G 不是政治制度，5G 是一项信息技术的重大突破，它可以使下一代的信息基础设施发生根本性变革，包括数据的传输效率、包括物联网的链接黏性，都会产生革命性的变化。所以，美国现在急了，美国从战略疑虑到战略焦虑，再到一系列违反国际规则的非理性行为，已经引起了世界的公愤。当然也有一些国家跟着它走，有段时间新加坡跟得很紧，新加坡驻中国大使馆的公使造访中心，我和他进行了半天时间的对话交流。新加坡希望能理解小国的难处，他们对谁都不好表态，都不能得罪。我说，不好表态也不能表错误的态，小国也有一个国家的道德和标准，很多事情不应该盲目跟随。新加坡从去年下半年到今年以来有非常大的变化，在国际事务上，第一保持中立，第二按正确的事情来站队。对于这次的中美贸易战，新加坡总理李显龙最早在《华尔街日报》发表长文，表明要推进经济的全球化、贸易自由化，反对贸易战。

世界每天都在发生重大变化，我们可能在 10 年、20 年、100 年后再回首这个时刻，这可能是人类历史上一个非常重要的历史时点，一个历史长周期的转折点，美国将会整体向下，走向衰弱。

第二，作为经济武器的美元霸权受到质疑。美元在国际贸易结算的货币分布中，比例曾经高达 80% 以上，在国际储备货币中占比曾经高达 90% 以上，在石油的贸易结算上占 100%，但现在美元受到了越来越多的质疑。实际上，在布雷顿森林体系解体之后，世界上的各种货币都变成信用货币，既没有黄金、白银作为支撑，也没有实物商品作支撑，基本上都是靠国家信用支撑。因此，美元本质上就是一张纸。我在 2017 年的文章中就谈到，我们必须与美国算清几笔账。其中第一笔账，就是美国用几分钱成本印刷出来的美元，换回了中国的实物商品，换回了世界上很多国家的实物商品，美国的逆差就是美国的纯收入。2018 年中国政府发布的中美经贸关系白皮书中，已经明确提出了这个观点，美国输出几分钱一张的美元，换回了中国的大量商品。

现在美元正在遭到质疑，因为越来越多国家认为美国是在利用美国的霸主地位，用一纸换回了实物商品，反过来又对别人进行制裁。这种霸权主义和霸道的行径，使人们看清了美元霸权作为美国收割机的真实性。现在有十几个石油输出国开始放弃使用美元进行结算。俄罗斯从八个方面提出去美元计划，现在正在全面推进。从俄罗斯进口武器的国家有 47 个，俄罗斯要求进口国全部用卢布、人民币或者欧元进行结算。欧盟主席容克 2018 年 9 月 3 日提出，欧盟从美国进口能源只占它们能源进口的 2%，其余 98% 都是从其他国家进口，它们为什么非要用美元结算？它们必须建立欧元的结算体系。中国建立了石油期货，用人民币结算、与黄金挂钩，提高了人民币的信用度。现在，美元的地位已经受到了很大的挑战和质疑，去美元化，已经成为一个世界潮流。

第三，美债正在受到质疑。原来像我们国家出口商品，然后换回了美元，美元变成我们的外汇储备，美元在全球外汇储备中占 62%，发展中国家的外汇储备中美元占 2/3，我国占了 1/2，3 万多亿美元。而我国用储备的美元，就是用外汇去购买美国的国债。美国国债 30% 是外国人购买，31 个债权国，现在有 21 个债权国开始减持和抛售。

美国上个月向全球发售了美债，认购率不到 5%，我们可以看到，美债的地位也在下降。美国通过美债输出债务，以维持美国运营，保持美国强大的根基，也越来越被人们看清了面目。

第四，美国的贸易行径遭到质疑。质疑美国的不仅有中国，也包括日本、韩国、印度、俄罗斯等与美国有贸易关系的国家，还有被制裁的欧美国家。2018 年 10 月 16 日，WTO 进行了三场讨论，在包括美国驻 WTO 大使谢伊在内 40 个国家参与的讨论中，中国商务部副部长张向晨进行辩论发言，阐明中国的态度。在辩论中，所有国家包括加拿大在自由贸易、多边主义方面都是站在中国一边，站在多边主义一边维护 WTO。最后美国驻 WTO 大使谢伊说，他来到这里，就好像进入了爱丽丝幻境，黑白颠倒，完全错了。实际上是美国错了，美国的单边主义和霸权主义已经激起公愤。世界上的大国博弈现在已经不是选边站，而是根据各自的核心利益和战略需要进行不断的排列组合，形成新的国际竞争格局。这种竞争格局，对美国来说越来越不利。

特朗普总统的下一步目标主要是争取连任。他未来的选民可以分成三大部分：

第一部分是原来的铁杆粉丝，基本上没有动摇，但其中豆农已经摇摆。他在与中国谈判中，要求中国恢复大豆采购，大豆涉及 11 万人，分布在 7 个州，都是他的支持者，如果这个问题解决不好，会对选民产生影响。第二部分是坚定不移的反对者，不论特朗普做什么，做得优秀或者糟糕，都不会改变态度。第三部分是且行且看且选择者，取决于未来一年多美国经济能否撑得住。特朗普想把身边的所有人，都换成完全的支持者，为下任选举做准备。特朗普能不能当选下一任总统？据义乌小商品市场预测（因为义乌小商品市场预测比较准确），他们在特朗普没有当选总统之前的半年，就预测特朗普会胜选，他们是根据特朗普竞选时定制的小红帽和旗帜数量进行推测的。现在他们正在承接新的订单，就是下届美国总统竞选所需要的物料，特朗普还是排在前面。

我认为，特朗普现在最大的功劳是通过减税、放松市场准入和调整国内政策，保持了美国经济的强劲，保持美国失业率下降到 3.8%。但如果美国经济在明年出现问题，股市坍塌，企业竞争力下降，人们来自股市、来自放松管制的收入降低，就存在很大变数。

总体来看，中国政治是稳定的，中国经济也是稳定的，中国经济政策是不断调整的，以创造有利于发挥市场作用的政策环境。中国的改革步伐始终没有停止，开放步伐也没有停止，中国将成为世界上最开放的国度。美国现在对外采取保护主义、民粹主义和单边主义，对内维护资本家利益，而中国提出构建人类命运共同体，中国提出的“一带一路”倡议，是要更多的国家通过携手共建、互联互通，降低流通成本，提高流通效率，实现共同发展和共享发展，已经得到了大多数国家和国际组织的赞同与响应。现在有 122 个国家、30 多个国际组织和中国签订了 170 份“一带一路”合作协议，美国是挡不住的。美国蓬佩奥第一次提出要投入 1.13 亿美元建设美日印澳联盟，对抗中国的“一带一路”，但是没人响应，后来美国又说要拿 600 亿美元，还是没有响应者。

当前的中国仍处于整体上升时期，建成社会主义现代化强国，得靠我们的政府，靠在座的各位企业家继续打拼，只要我们中国变得足够强大，让对手自乱阵脚、杂乱无章出拳，让对手自己倒下，那就是我们的胜利。“帝国主义和一切反动派都是纸老虎”，毛泽东主席的话到现在仍然是真理，历史将证明这一点。

谢谢大家！

后记 1

此情无关风与月 衣带渐宽终不悔
——陈文玲和她的中美问题研究

中美关系是当今世界最为重要的双边关系，中美关系的性质和发展成为形塑当今国际关系基本格局和共同解决人类面临重大公共问题的基础性因素。中华文化五千年延绵不绝，中国共产党以国家幸福和民族复兴为己任，坚持改革开放拥抱世界发展，经济发展成就举世瞩目，国家面貌焕然一新，民族复兴心志饱满昂扬。不同于历史上历次大国权力关系转换，中美两国在文化传统、政治制度、意识形态、社会运行等各个方面都有着巨大的不同，中美关系的健康发展不仅关系着两国人民的福祉，更关系着人类共同的未来。推进形成健康发展的中美关系无论从世界还是从中国来说，都是“非常之事”。

国内外近来很多相近领域都把研究重心转向中美关系，中美关系自然成为当下之“显学”，但中美关系研究也确有其难，它需要宏阔的历史和时代视野，需要多学科复合型知识背景，需要深入思考和强大的分析能力。同时，还要能够紧跟中美关系发展大势和两国关系发展中的实际问题，现实参与式而不是书斋游离式的研究。

陈文玲同志为国经中心总经济师、执行局副主任、中心学术委员会副主任。从她 2010 年来国经中心工作，到今天已整整 10 年了。她对中美关系问题的研究始于 20 世纪 90 年代。1999 年朱镕基总理访美，当时是中国总理时隔 15 年再次访美，美国国内反华气氛浓厚，中美双方就中国加入世界贸易组织发表了联合声明。朱镕基总理赴美访问的讲话稿和参考材料，就是在国务院研究室主任魏礼群主持下，陈文玲同志和时任商务部美洲大洋洲司司长张向晨参与执笔完成的。2003 年 12 月温家宝总理访美，她又和时任商务部美大司司长王超一起，共同参与总理访美文稿的起草和相关材料准备。张向晨现任中华人民共和国常驻世界贸易组织代表、特命全权大使，2017 年 7 月我随陈文玲同志赴瑞士调研，在日内瓦两位昔日的“战友”会面，谈起中美关系之变化和那段合作经历，亦是感慨良多。王超后来担任商务部副部长、外交部副部长，现为中国人民外交学会党组书记、会长。

经党中央批准，2009 年 3 月中国国际经济交流中心成立，国经中心是一家专注于国家重大战略、国际经济与对外关系研究和交流的国家高端智库，是国家确定的首批重点建设的 25 家智库之一。2010 年当时还在国务院研究室重要岗位工作正酣的她，受国家使命和国经中心发展前景召唤，毅然转岗来到国经中心，由此开始了她新的一段智库工作历程，也开始了她研究国际问题特别是中美关系新的研究之旅。

2009 年 7 月 2—4 日，中国国际经济交流中心发起的首届全球智库峰会在北京成功举办，峰会有来自全球近 100 个智库和国际组织的数百位政、商、学界要人参会，可谓高朋满座，盛况空前。美国前国务卿基辛格、美国布鲁金斯学会主席约翰·桑顿等一批美国知名人士专程来华出席。应该说，中美关系研究自中心成立以来就是一号选题。2010 年陈文玲同志来中心后，即开始参加和组织国经中心中美关系问题研究。

2011 年国经中心受全国政协副主席、香港特区前特首、中美交流基金会主席董建华先生委托，开展“未来十年中美经贸关系展望（2012—2022 年）”研究。董建华先生和国经中心曾培炎理事长、王春正执行副理事长作为课题指导委员会主席，陈文玲同志任中心课题组组长。这是一项中美两国联合开展的具有开创性的重大研究，目的是进一步锚定中美双方未来十年重大合作前景和潜在利益，为切实推进双方合作提供政策指引。作为中心课题组组长，陈文玲同志投入极大的热情和精力，多次赴美国、中国香港就研究工作问题进行磋商和交流对接。她带领课题组同志反复研究，就研究框架、要点、数据、案例等深入讨论。当时中心研究人员加起来不到 20 位，尽管是国内各名校的博士、博士后，但毕竟大家到岗时间还不到一年，知识背景和工作阅历也各不相同，稿子出来无论从行文、写法和要点把握上难免参差不齐，陈文玲同志把所有人带到北京市昌平区的一个招待所，进行封闭式讨论并逐篇进行修改，最后形成中方关于中美贸易、投资、产业、金融、科技、农业、旅游、能源与环境、知识产权等领域中美未来十年经贸关系的专题报告。她亲自执笔撰写了总报告——“未来十年全球经济与中美未来十年经济形势分析与展望”，报告系统分析中美之间的差异性和互补性，基于“基准”“乐观”“悲观”三种情景做深入分析，提出一系列重大判断。总报告和十个分报告都是高水平的，董建华先生审阅后给予高度评价，先后两次写来亲笔信，对陈文玲同志及其研究团队的出色工作表示感谢。2013年5月和6月，未来十年中美经贸关系报告先后分别在华盛顿和北京发布，并正式出版了《未来十年中美经贸关系研究》。在美国举行的研究成果发布会上，全美50余家主要媒体参加，在美国社会各界产生了积极影响。

陈文玲同志是我国著名经济学家，长期在国务院研究室工作，曾任国务院研究室司长，连续多年参加《政府工作报告》和一些重大文件起草，在宏观经济、对外开放、区域经济、产业经济、医药卫生体制改革等领域深耕，提出很多重要政策建议，相当多的建议得到党和国家领导同志重要批示。陈文玲同志当时主持或者亲自撰写的有关外资外贸、义乌国际贸易转型、三江源生态保护、国家医药卫生体制改革、深化粤港澳合作等重大问题研究，都转化为国家重大政策。说来这些已是二十几年、十几年前的事情了。特别的，陈文玲同志把个人研究重点放在对外开放和国际化大流通等方面，在我国对外开放中的外资外贸和国际经济形势研究方面提出很多独到的见解。长期的思考和研究，为她后来的中美关系研究奠定了深厚的基础。

当今世界正经历百年未有之大变局，我们所面临的问题都是过去未曾遇到甚至难以想到的。国经中心作为国家高端智库，研究工作都是从党和国家发展需要出发，经常会遇到一些研究人员专业范围之外的题目，一些研究人员觉得难以把握甚至无所适从，陈文玲同志借赴美国智库交流的机会，专门向美国智库同行询问这一问题。回来后她向中心研究人员提出了力争“三个月成为业内专家”并能提出超越业界的政策建议。“三个月成为业内专家”谈何容易？但她就是这样来要求自己的。第一条就是大量地占有资料，在繁忙的行政工作中，她花费大量时间阅读，显示出忘我的工作热情和如饥似渴的学习精神。无论是在候机、等车甚或是在医院挂号排队当中，她都会从手边的口袋中拿出材料来看。她乘坐的车后排座位总是堆着各种材料，她的车简直就是一个个人微型图书馆，在上下班、参加各类会议的路上，她都在阅读各种研究报告和材料。

国经中心汇集了长期在一线工作的老领导、老同志，他们熟识世情国情，工作经验丰富，对党的事业一片忠心。她常对中心年轻的研究人员讲，这些年来在中心工作付出很多，但能和这些领导同志一起工作，学习到的东西和收获非常多。她说，这些年从这些领导同志身上学习到的天下情怀、国家责任感、使命担当，令她终生受用。

记得几年前，我和她一起到曾培炎理事长办公室讨论稿子修改，看到办公室墙上挂着范文正公“先天下之忧而忧，后天下之乐而乐”字样，这是曾培炎理事长的笔墨，随性而写，应该是刚写过不久。陈文玲同志深受触动，她对我说，曾培炎理事长是我们学习的榜样，作为智库研究人员，不能仅仅为“稻粱谋”，而应当首先要为“家国谋”，这是检验一个国家高端智库研究人员是否合格的最根本的一条标准。

陈文玲同志时时遵照中央领导对智库提出的要求，智库研究要想国家之所想，急国家之所急，有敢为天下先的精神，勇于开拓思想，善于提出国家有创见、用得上的大主意好主意。2013 年初，鉴于中美关系发展可能出现的一些问题，两国学者都认为有必要从推动两国经贸关系深入发展出发，合作为两国关系健康发展找到新引领。在美国华盛顿与美国彼得森国际经济研究所交流中，曾培炎理事长率先提出，中美两国应先从 BIT（双边投资协定）谈判开始，在 BIT（双边投资协定）的基础上，再加贸易这个“T”，即共同开展 BITT（双边投资与贸易协定），接下来再以 BITT 为基础，开展中美 FTA（自由贸易协定）谈判的中美经贸关系发展路线图。从美国回来后，陈文玲同志很快带领研究人员完成了《应该加快推进中美 BITT 进程》的研究报告，在中心经济每月谈上发布。这一想法受到包括美国彼得森研究所等在内中美关系权威专家的认可，彼得森研究所在次年也完成并发布了同样主题的研究报告。

2016 年底，美国总统特朗普上台，中美两国关系遇到转折，美国对华关系发生重大战略转向，中美问题研究的重要程度、研究难度、社会关注度均超过以往。陈文玲同志组织课题组对中美关系发展及时进行研判，围绕特朗普内阁班子、TPP、中美经贸摩擦、美国对中兴制裁、中美经贸谈判、国家安全战略、中美大国博弈、美国战略取向等重要议题，亲自执笔撰写或组织课题组撰写大量研究报告，呈报有关部门参考。她个人作为政策咨询专家，直接参与了中财办、中宣部、国安办、外交部、国家发展改革委、商务部等有关部门组织的相关会议。

她多次接受国内主流媒体、国外权威媒体采访，撰写了大量文章，驳斥美国的不实指责和污蔑言辞。2018 年陈文玲同志撰写了《特朗普战略转向究竟意味着什么——与特朗普交易型政府必须算的几笔账》，引发了强烈的社会反响。她的文章不拘一时一事，纵横恣肆，据实说理，而又不失洒脱。她在文章中明确指出，特朗普所谓的“新政”，实际上是撕掉了美国作为资本主义国家传统价值观、美国总统是大资本代言人、正确处理国际关系原则、冷战结束以后处理大国关系政治正确的四张面纱，道破了特朗普“新政”的本质。文章中提到的一些重要观点，如特朗普是典型的非传统政治家、非建制派、非主流派、非精英派，其个人经历、个人风格烙印将在执政中日益凸显，特朗普政府已经成为交易型政府，美国从倡导包容、开放、贸易和投资自由化便利化的“旗手”，转向封闭、孤立、保守、民粹和超保护主义的“打手”。中美贸易战凸显出美对华遏制、打击和战略围堵的意图，它将大大损耗美国信用和国家形象，这些观点在后来的中美贸易战中不断被印证。特别是，文章中讲到必须要和特朗普及美国的主战鹰派算“四笔账”，即：美国在全球到底算老几？在中美经贸关系上，美国到底是受损者还是获利者？到底是美国负天下人，还是天下人负美国？中美经贸如果产生对抗性博弈，到底谁会伤得更重？“四笔账”既娓娓道来、丝丝入扣，又义正辞严、铁证如山，这篇文章一时在社会上广为流传，堪称对美不义之行的讨伐檄文。之后，她又对美国霸权的制度基础进行了深入研究，撰写了《美国收割世界财富的经济武器和运作密码》，呈送中央有关部门参考，之后发表在人民日报主办的刊物《学术前沿》上。这篇长达 2.5 万字的文章被新华社《瞭望周刊》、中宏网、《经济参考》和多家媒体公众号转载。

国经中心自成立初期，便创立了“中美工商领袖和前高官对话会”，陈文玲同志深度参加对话会工作领导致辞与相关议题等工作，她也数次作为代表参加对话，其在对话会上的多次发言令美方参会人士印象深刻。近几年来，常有美方一些朋友来中国，点名约见陈文玲同志交流对话，在不定期的沟通交流中，她也与一些美国智库同行和专家交上了朋友。本书收录了她与有关专家就中美关系的一些对话，可以说是相当精彩。

还记得美国国会议员助手代表团来访，美方代表在发言中对我方提出很多质疑，应该说起初谈话气氛很不友好。陈文玲同志据理力争，就中美经贸摩擦、市场开放、南海问题等与美方代表进行了激烈的辩论，有力地驳斥了美方代表的错误观点。由于对方的时间安排，美国客人只能离席赶赴下一场活动，但他们觉得此次讨论是难得的，也是高质量的，可以说是意犹未尽。这个发言被网络整理出来后，形成了现在书中的《从长周期看中国的历史巨变与当前的中美博弈——与美国国会议员助手代表团对话》一文，当时这篇文章在网络、微信等媒体中广泛转载传播，曾瞬间达到了数百万点击量，排在各大网站点击率前列。陈文玲同志在中宣部参会时，中宣部主要领导同志在会上对这篇谈话给予高度肯定。

近年来，陈文玲同志每年都赴美进行专题研究，与美国智库、大学、政府部门、企业开展面对面交流，掌握大量第一手信息。每次调研回来，陈文玲同志都会组织形成调研报告，把重要情况、信息、判断和建议第一时间向领导同志、有关部门反映。2018 年春，陈文玲同志带队到美国进行相关调研，此行她带领调研组飞赴美国东西海岸华盛顿、旧金山等地，走访美国国安会、美国贸易谈判代表办公室、美国国会、布鲁金斯学会、保尔森基金会、加州大学伯克利分校等重要机构，与美国多位著名中国问题专家深入交流，仔细甄别梳理美方专家观点，回国后及时形成了《处于敏感时间节点上美各界对华态度——中国国际经济交流中心小型专家组赴美调查报告》，对于国内讨论颇多的美国对华战略是否发生转向等重大方向性问题，报告给出了大量美方观点和有信服力的证据，对领导同志和有关部门决策发挥了重要的参考作用。

2019 年 12 月 5 日，中国外交学会与美国基辛格中心举办中美关系内部研讨会。陈文玲同志 11 月 22 日在《中美创新论坛》接受媒体采访时被电缆线绊倒，右脚第五趾骨骨折，眼看着离动身赴美日子近了，同志们都劝她多休养，但考虑到中美经贸谈判处于关键时刻，此行内部对话事关重大，她带着脚伤被人推着轮椅登上了赴美的飞机。

陈文玲同志就中美关系问题发表了大量文章，可谓成果丰硕。同时受国内外一些机构之邀，就中美关系发表演讲，在国内外有相当的社会影响力。她多次获得有关部门和社会机构授予的重要奖项，她所率领的国经中心中美研究课题等研究成果多次获得国家发展改革委优秀研究成果奖，多次收到国家有关部委就其中美研究向国经中心和她本人发来的感谢信。2019 年 4 月上海社会科学院智库研究中心发布的《2018中国智库报告》中，在国内“中美贸易争端”研究议题最具影响力的智库排名中，中国国际经济交流中心排名第一位。2018年中国社会科学院社会科学评价研究院和《经济日报》联合评选出中国智库人物最高奖——中国智库领军人物，陈文玲同志获此殊荣。

陈文玲同志在工作中具有一种“拼命三郎”的精神，精力旺盛，工作上敢担当、肯付出、不畏难。这些年陈文玲同志每年都是国经中心发表文章、接受采访最多的人。她对工作要求非常严格，加班加点是常事，我们有过年三十为赶写报告在北京城此起彼伏鞭炮声中回家的经历，也有同事大年初二被从老家叫回来改稿子的事情。我们差不多每个人最盼的就是放长假，盼放假当然不是为了休息，而是为了可以把她交代的研究撰写任务往前赶一赶。她是一位亦师亦友温厚可亲的长者，说起中心个别研究人员遇到的生活困难，多次见她眼噙泪光。这些年我们出国或出差调研的紧密行程中，总是不乏最欢快的笑声，想来也是一件乐事。这些年在陈文玲同志带领下，中心研究人员快速成长，一些同志成长为本领域专家。我个人这些年一直配合陈文玲同志工作，担任国经中心中美关系课题组组长，参加中美课题组的每一位同事都非常努力，我们都是在忙累和紧张并快乐中进行着一轮又一轮的研究。

陈文玲同志不仅是一位优秀的专家学者和战略研究家，更是一位才情丰绰的书法家和诗人，她是中国书法家学会会员，是中国诗词学会的副会长，出版有个人诗集多部，可以说这方面也成就斐然。我们前些年一同去美国知名智库交流，携带的礼品就是她亲自书写的个人诗词书法作品。草书飘逸，诗意隽永。我常常想起和美国智库朋友就中美关系这一庞大时代主题交流后，就是向美国同仁赠送礼物，当他们得知书法是其本人所书、诗为其本人诗作后的惊喜甚至是惊异的表情，令我觉得他们是被眼前这位就中美关系发展战略问题侃侃而谈的女性惊到了！

今天中美关系遇到了一些困难，中美关系何去何从？时下各种讨论、看法可谓层出不穷，其中很多看法经不住推敲，更有些是错误观点混淆视听，对此特别需要权威的声音能够深入剖析、以正视听。在国经中心同事、国内专家和各界好友的鼓励下，陈文玲同志将2016年底以来她关于中美关系的文章、采访、对话交流甚至是辩论速记整理出版，形成大家面前的这本书，希望为社会各界更好地理解中美关系提供一些参考。

陈文玲同志为人谦逊，对于她在国经中心所做的工作，我和我的同事们可以说都是见证者，而对于她先前在国务院研究室所做的工作，她则很少向我们提及。以上所记如她和张向晨大使为领导人合作撰稿事，都是我个人陪同她出差、参加学术会议等活动中，从她与朋友会面中了解到的，只能算是吉光片羽。

值此《变局——中国智库专家视角》一书出版之际，作短文附赘于此，祝愿她出更多、更好的思想点，作为国家智库的一员，愿我们共同携手努力，继续贡献自己的力量。

徐占忱
研究员　博士后
中国国际经济交流中心战略研究部部长
2020 年 3 月 18 日

后记2

《变局——中国智库专家视角》（上、下册）即将付梓。此时的我，有太多感谢的话要说。

今日之中国，正前所未有地接近实现中华民族伟大复兴梦想，前所未有地走近世界舞台中央。世界正经历百年未有之大变局，发生深刻复杂的变化。感谢在此百年未有之大变局中，自己能有在国家高端智库的研究前沿报效祖国和服务决策的机遇。不论是在中国国际经济交流中心还是在国务院研究室，这些特殊的工作岗位，给了我不一样的使命与机遇，使我留下了思维的“足迹”和行万里路为祖国鼓与呼的“足迹”。

感谢中国国际经济交流中心理事长、国务院原副总理曾培炎先生。他既是我们大家尊敬的前国家领导人，更是充满智慧和博大胸襟的智者。10年多来，我为他殚精竭虑为国事谋的精神深深感动。在他的带领下，在中心一大批学者型领导和研究人员的共同努力下，中心在资政启民中作出了孜孜不倦的探求与努力，作出了贡献，在国内外产生了广泛影响。在这部书出版之际，曾培炎理事长对本书给予的肯定和支持令我感动。是的，中国国际经济交流中心作为国家高端智库，在国际舞台上发挥了重要的公共外交作用，创办了“全球智库高峰论坛”，中美、中欧、中日、中韩等“二轨”对话机制，我参与了其中一些工作，出版这部记录自己思考和对话交流的文章，仅是其中片麟而已。

感谢全国政协副主席、香港前特首董建华先生。10年前他曾经主持了“中美未来十年经贸关系研究”重要课题研究。中心曾培炎理事长和王春正执行副理事长亲自指导研究，我作为中心课题组组长，组织研究人员完成了这项工作，由此结下了友谊与信任。当我到香港参加由国经中心与中美基金会合作举办的《中美关系：创造亚洲与世界新未来》的国际高峰论坛期间，我将书稿呈送董先生，董建华先生欣然撰写了珍贵的鼓励之辞。

感谢原国务委员戴秉国先生。在2019年一次国际问题讨论会议上，有幸认识了戴秉国国务委员，聆听了他基于国际局势深刻洞察的即席讲话，深为折服。于是将我的书稿呈戴国委指教。他的秘书德乐告诉我，首长请他打印出来，看了其中的多篇，对我所做的研究给予了充分肯定，撰写了对本书的评价。

感谢外交部原部长李肇星先生。他既是一位外交家，也是一位文采飞扬的诗人。我曾经在2017年4月参加中日韩三国秘书处在首尔举办的《中日韩携手创造亚洲未来》的国际论坛，李肇星部长也参加了这次会议。我向部长呈送了自己的诗词集，部长也回赠了他的诗集。在中国人民大学重阳研究院执行院长王文《强国长征路》一书发布会上，再一次听到部长演讲。之后我将书稿呈部长并拜托赐予序言，部长欣然应允。

感谢我国驻美大使崔天凯先生。我真的是非常幸运，几次受外交部委派带领中心小型专家团赴美调研，得到大使和使馆同志们的关心与支持。2018年3月赴美期间，受邀为使馆年轻外交官作了专题讲座，回国后即收到大使的感谢信。那次和大使并未谋面，但大使在中美两国处于特殊时期的历史责任与繁重工作尽人皆知，如此的细节至今令我感动之至。恰巧2019年12月初，我随周小川副主席和王超会长赴美参加一个会议，其间见到了崔天凯大使。我向他汇报了将出版本书的事情，他非常高兴，他说希望更多的中国学者在推动中美关系健康发展方面多做工作多发声。

感谢国际战略和中美问题权威专家王缉思、吴白乙对本书的高度评价、肯定与鼎力推介。他们是令人尊敬的学者和大家，我拜读过他们的很多著述，能得到他们的支持，对于我来说殊是珍贵。

感谢国务院参事室主任王仲伟先生，我参加王主任主持的专家座谈会，之后把书稿呈送给主任指教，他不仅给予了鼓励，并提出对国际局势及一些问题的深刻思考。

感谢中国国际经济交流中心张晓强、魏建国、张大卫、朱光耀、姜增伟、王一鸣等领导和同仁的信任与支持，工作使我与他们有深度的思想交流，获益匪浅。感谢国务院研究室历任主任魏礼群、谢伏瞻、宁吉喆、黄守宏和朝夕相处的同事们对我的信任与鼎力支持。与他们共事是我人生中的难得际遇，每个人身上都有优长和修身养性治国平天下的情怀，我在这个群体中得到了历练。

感谢国家发展改革委领导和各部门给予中心的信任与指导，使中心有更多的机会围绕国家重大战略进行研究，也使我有了更多服务国家的机遇。

感谢中国国际经济交流中心战略研究部部长徐占忱。10年前我从国务院研究室到中心工作时，他还是一个小伙子。后来他在中心评上了研究员，当上了副处长、处长、副司长和部门负责人。他是中心研究人员成长的一个代表和缩影，与我朝夕相处的那些年轻人们，现在都已成为中心的顶梁柱。占忱在我新书出版之际，撰写了令人感动的、可以回忆起历历往事的散文或曰杂文，颇为珍贵。

特别难以忘怀的是，这些年在工作中结交了一些我国对外战线的朋友。商务部原副部长马秀红、中国人民外交学会会长王超、中国常驻世界贸易组织代表张向晨、外交部政策研究室刘劲松司长、边海司洪亮司长、中国驻希腊大使章启月以及几个月前去世的中国驻以色列大使杜伟等。和他们大多是在共同参与国家重大决策研究任务或出访时相识，多年的交往使我不仅收获了真挚的友谊，也为我的学习和研究注入难得的思想营养。

感谢中宣部王晓辉、徐麟、胡海红、操晓理、张强、兰斌等领导和同事对我的鼓励与支持。感谢国家外文局黄友义、于运全、丁洁的鼎力支持与推介。感谢出版社毛增余总编辑、严莉编辑、闫明明编辑艰苦细致的工作。感谢在本书出版过程中以各种方式给予我支持和帮助的王战、黄仁伟、黄文生、孙世芳、袁幽薇、李洋、黄砥中、卢德乐、陈旭、雒春建、颜少君、张焕波、梅冠群、田栋、张瑾、陆军荣等领导、同事和朋友们。

2016年我曾经将之前在国务院研究室和中国国际经济交流中心发表的文章整理出版了11部著作。而本次出版的这部著作，则记录了我近几年关于国际战略和中美关系领域的相关研究成果。大体分为：重要文章、研究报告、演讲发言、重要采访、对话交流和专题讲座等六个部分。书中肯定有不少瑕疵和疏漏，恳请朋友们不吝赐教。在这些研究成果中，除个别篇章集体调研和课题总报告为合著外，其余均为我自己研究和撰写。我把每一场对话都作为一次与对方交流沟通从而捍卫国家权益的机遇，事前都亲力亲为做认真准备，哪怕是在美国期间的通宵达旦。

终日忙碌，蓦然回首，形成了一些研究成果，又得到我尊敬的领导和同事们的认同，忽然溢出了很多莫名的感慨、感动与感悟。对我们所处的这个伟大时代、对各位领导的信任与支持、对同事们的共同奋斗的历程，恍若昨日，感激之情再次涌出。

毫无疑问，在当前和未来世界大变局中，中美关系是全球最重要的双边关系之一，也面临着中美建交以来最严重的挑战。中美关系这艘已经航行了四十多年的巨轮，能否继续保持正确航向前行，不仅与两国人民利益密切相连，也关乎世界与人类的共同未来。所以，这不仅对中国智库，也对美国智库乃至全球智库提出新的重大课题，解决全球性问题与挑战，需要智库学者超越思想的局限和知识的局限，形成更有胸襟和视野的智慧与方案。

习近平主席指出："智库是国家软实力的重要组成部分。"中国智库在特殊时期具有特殊的历史使命，智库应该做拨云见日的先行者，应该做优质思想品的创造者，应该提高在国际舞台上的斡旋和工作能力。我们不仅要拿起笔，做好书面文章，还要善于与对方交流对话，增强把对手变为朋友的力量。当务之急是，必须防止美国社会对中国进一步的战略误判，避免真的引发危及全球的"新冷战"。中国智库专家应该以"太平世界，环球同此凉热"和构建"人类命运共同体"为己任，站在大国竞争博弈的前沿，站在中国迈向新时代的前沿，站在实现中华民族伟大复兴历史进程的前沿。

陈文玲

2020 年 6 月 22 日